마한·백제의 분묘 문화 III

- 충남VII : 서산·보령편 -

중앙문화재연구원 편

진인진

총　괄·조상기
기　획·성정용, 오재진
자　문·김범철

책임연구원·성정용
공동연구원·권오영

연구원
　중앙문화재연구원·오윤숙, 신연식, 도문선, 조용호
　충북대학교·정한나, 김다희, 권오근, 박정민, 윤여헌, 조아영, 이정원
　한신대학교·황다운

교정·교열
　성정용, 오윤숙, 김다희, 박정민, 조아영

마한·백제의 분묘 문화 Ⅲ -충남Ⅶ : 서산·보령편-

초판 1쇄 발행 2017년 2월 27일

집필인·(재)중앙문화재연구원
발행인·김영진
발행처·진인진
등　록·제25100-2005-000003호
표　지·정하연
본문 편집·배원일
주　소·경기도 과천시 별양상가 1로 18, 614호(별양동 과천오피스텔)
전　화·02-507-3077~8
팩　스·02-507-3079
홈페이지·http://www.zininzin.co.kr
이메일·pub@zininzin.co.kr

ⓒ 진인진 2017
ISBN 978-89-6347-322-2　94900
ISBN 978-89-6347-082-5　94900 (세트)

책을 펴내며

우리 연구원에서는 그동안 연구·학술지원 사업의 일환으로 우리나라 고고학 연구와 관련된 다양한 주제를 선정하여 『동아시아의 고분문화』, 『아시아의 고대 문물교류』, 『한국 신석기문화의 양상과 전개』, 『한국 신석기시대 토기와 편년』 등을 간행하였고, 한국고고학의 전반적인 흐름을 파악할 수 있도록 『한국 신석기문화 개론』을 비롯하여 『신라고고학개론』, 『낙랑고고학개론』, 『한국 청동기문화 개론』, 『가야고고학개론』 등의 개론서를 간행하였습니다. 또한 『마한·백제의 분묘 문화』와 함께 고구려와 발해의 고분에 좀 더 쉽게 접근하여 그 문화상을 이해할 수 있도록 『고구려의 고분 문화』와 『발해의 고분 문화』라는 제목으로 학술총서를 간행하고 있고, 연구진들을 중심으로 그에 대한 연구도 진행되고 있습니다.

한국고고학계에서 중요한 위치를 차지하는 마한·백제에 대한 연구는 그동안 많은 연구자들에 의해 다양하게 이루어졌습니다. 그러나 마한이 백제라는 고대국가로 성장하는 시대적 중요성에 비해 그 문화상을 이해하기에는 어려움이 있었고, 더불어 1990년대 이후 폭발적으로 증가하는 자료를 체계적으로 정리하기에도 한계가 있었다고 생각됩니다.

이러한 상황을 공감한 우리 중앙문화재연구원과 충북대학교는 마한·백제의 분묘에 대한 자료를 집성하고자 두 기관의 연구자 외에 한신대학교와 서울대학교의 연구자를 포함시켜 연구진을 구성하고 2011년부터 5개년 계획으로 진행하고 있습니다. 그 성과품으로 2013년 『마한·백제의 분묘 문화 I -서울·경기·인천·강원-』편과 『마한·백제의 분묘 문화 II -충북-』편을 간행하였습니다. 2013년도부터는 충남지역의 분묘유적과 유물을 대상으로 하였으나 그 분량이 너무나 방대하여 연기·천안·아산·공주의 동북부권, 대전·금산·논산·부여·청양의 동남부권, 서천·서산·당진·예산·홍성·보령의 서해안권으로 나누어 순차적으로 정리하기로 결정하였습니다. 또한 각 권역에서도 분량이 방대하여 한 권에 모두 담아내기에 역부족이어서 부득이 지역별로 분권하게 되었고, 2013년에 동북부권의 자료를 정리하여 2014년 2월 『마한·백제의 분묘 문화 III -충남 I :연기(세종)-』편을 시작으로 7월 『마한·백제의 분묘 문화 III -충남 II :천안-』편과 『마한·백제의 분묘 문화 III -충남 III :아산-』편, 8월 『마한·백제의 분묘 문화 III -충남 IV :공주-』편을 간행하였습니다. 2014년에 동남부권의 자료를 정리하여 2015년 10월 『마한·백제의 분묘 문화 III -충남 V :부여1-』편, 12월 『마한·백제의 분묘 문화 III -충남 V :부여2-』편과 『마한·백제의 분묘 문화 III -충남 VI :금산·논산·대전·청양-』편을 간행하였습니다. 2015년부터는 서천·서산·당진·예산·홍성·보령의 서해안권을 대상으로 자료를 정리하였으나, 분량이 방대하여 부득이 『마한·백제의 분묘 문화 III -충남 VII :서산·보령-』편과 『마한·백제의 분묘 문화 III -충남 VIII :서천·당진·예산·홍성-』편으로 분권하여 간행하게 되었습니다.

『마한·백제의 분묘 문화』는 너무도 방대한 양을 다루다 보니 곳곳에 오류가 있으리라 생각되지만, 아무쪼록 이 학술총서가 연구자 여러분의 연구에 많은 도움이 되기를 기대합니다. 더불어 우리 연구원에서는 앞으로도 다양하고 심도 있는 주제를 선정하여 학술총서를 발간하여 한국고고학계의 발전에 이바지하고자 합니다.

끝으로 이 학술총서가 간행될 수 있도록 연구 책임을 맡아 주신 충북대학교 성정용 선생님, 공동연구자인 서울대학교 권오영 선생님, 자문을 맡아 주신 충북대학교 김범철 선생님께 감사드리며, 어려운 여건에서도 방대한 자료를 집성하는데 적극적으로 참여해 주신 충북대학교·한신대학교·서울대학교, 중앙문화재연구원의 여러 연구자께 진심으로 감사드립니다. 또한 전반적인 진행을 맡아준 학예연구실 직원 여러분과 이 학술총서의 간행을 맡아주신 진인진 김영진 사장님을 비롯한 관계자 여러분께 감사드립니다.

2017년 2월

중앙문화재연구원장 조 상 기

마한·백제의 분묘 문화 III "충남VII : 서산·보령" 편을 내며

1990년대 이후 폭발적으로 급증하고 있던 마한과 백제의 분묘자료를 한 곳에 모아 연구자들이 쉽고 정확하게 이용할 수 있는 양질의 자료를 제공하고자 하는 소박한 목적에서 2011년부터 시작한 "마한·백제의 분묘문화" 자료 집성작업이 5차년도를 맞게 되었으니, 세월의 빠름을 다시 한 번 실감하게 된다. 2011년에 처음 이 작업을 시작하였을 때에는 여러 기관에서 출간한 자료들을 어떻게 모으고, 이를 연구자들이 이용하기 쉽게 편집할 수 있을지에 대해 많은 고민을 하였다. 그런데 고고학자료의 원천이라 할 수 있는 보고서에 기술된 내용과 도면·사진 등이 서로 맞지 않는 것은 물론 어떤 것이 타당한지 확인할 방법이 없는 것들이 계속 나와 연구 팀원들을 참 당황스럽게 하였다. 신뢰할 수 없는 텍스트를 가진 보고서는 곧 고고학 연구의 신뢰도를 저하시키는 것이므로, 신뢰도가 없는 보고서가 다시 나오지 않기를 바라는 마음이 간절한 것은 비단 이 작업에 참여한 연구원들의 바램만은 아닐 것이다.

어쨌든 2011년에 마한·백제의 중심부였던 서울·경기·인천·강원 지역을 대상으로 처음 작업을 시작하여《마한·백제의 분묘문화 I : 서울·경기·인천·강원(2012)》편으로 발간하였으며, 2012년에는 충북지역의 자료를 정리하여《마한·백제의 분묘문화 II : 충북(2013)》편으로 간행하였다. 3차년도(2013)부터는 마한·백제의 분묘가 집중되어 있는 충남지역에 대한 작업을 시작하였는데, 이 지역의 마한·백제 무덤 기수만 해도 4,000여기가 훌쩍 넘어 부득이 충남지역을 연기·천안·아산·공주(동북부권), 대전·금산·논산·부여·청양(동남부권), 서천·태안·당진·서산·홍성·예산·보령(서해안권) 등 크게 3개의 권역으로 나누어 작업하기로 하고, 2013년도에는 먼저 동북부권을 정리하여 그 결과를《마한·백제의 분묘문화 III : 충남 I -연기(2014)》,《마한·백제의 분묘문화 III : 충남 II -천안(2014)》,《마한·백제의 분묘문화 III : 충남 III -아산(2014)》,《마한·백제의 분묘문화 III : 충남 IV -공주(2014)》편으로 나누어 간행한 바 있다. 이어 2014년(4차년도)에는 동남부권에 대한 자료를 집성하여《마한·백제의 분묘문화 III : 충남 V -부여1·2(2015)》및《마한·백제의 분묘문화 III : 충남 VI -금산·논산·대전·청양(2015)》편으로 발간하였다.

2015년(5차년도)에는 서천·태안·당진·서산·홍성·예산·보령 등 서해안권의 자료를 정리하여 충남지역에 대한 집성작업을 마무리하였는데, 역시 모두 1,400여쪽에 이르는 방대한 분량이어서 부득이《마한·백제의 분묘문화 III : 충남VII-서산·보령》편과《마한·백제의 분묘문화 III : 충남VIII-서천·당진·예산·홍성》편으로 나누어 발간하기로 하였다. 본 책은 이 중 보령과 서산지역의 자료를 집성한 결과로서, 분량이 방대한 탓에 부득이 여러 번의 교정과정을 거쳐 이제야 그 결과를 세상에 내놓게 되었다.

언제나 그러하듯이 이 자료집이 나오기까지에는 자료 수집부터 스캔, 도면 보정, 일러 작업과 표 작성, 교열·교정 등 모든 과정에서 눈에 보이지 않는 시간이 많이 들어가는 고된 작업의 연속이었음은 물론이다. 서울대학교의 권오영교수님과 함께 이 작업을 위해 헌신해 준 한신대학교의 황다운 학생, 그리고 충북대학교 고고미술사학과의 김다희(현 중원문화재연구원)·정한나·권오근·박정민·윤여헌·조아영·이정원 학생에게 깊은 감사의 마음을 표하지 않을 수 없다. 또 이 작업이 온전히 이루어지기 위해 뒤에서 물심양면 지원하고 교열까지 애써주신 중앙문화재연구원의 조상기 원장님과 오윤숙선생님, 그리고 이 책이 더욱 돋보이도록 만들어준 진인진의 김지인 팀장과 배원일 선생에게도 또 다시 고마운 마음을 전하고 싶다. 모쪼록 이 자료집들이 이 분야 연구에 조금이라도 유용하게 활용될 수 있기를 기대할 따름이다.

2017년 2월

마한·백제의 분묘문화
책임연구원 성정용

일러두기

1. **집성 시기** : 마한의 시작이 언제부터인가에 대해서는 여러 논란이 있으나, 점토대토기의 출현이 한반도 중남부지역 문화변동의 주요 획기라는 점에서 점토대토기 관련 물질문화가 출토되는 무덤을 포함하였다.

2. **집성 대상** : 2013년 상반기까지 정식으로 보고서가 간행된 유적을 대상으로 수록하는 것을 원칙으로 하였으며, 수록 대상 지역은 서산시와 보령시 지역이다.

3. **도면의 방위** : 磁北을 기준으로 하였다.

4. **본문에 삽입된 유적위치도** : 국립지리원에서 발행한 1:50,000 지도를 이용하였다.

5. **축척** : 도면의 기본적인 축척은 아래와 같이 하였으나, 예외인 경우 별도로 명기하였다.
   1) 유구 : 토광묘 1/40, 석곽묘·석실묘 1/60, 분구묘 1/120, 옹관묘 1/30
   2) 유물 : 토기류 1/6, 철기·석기류 1/4, 청동기류 1/2, 구슬·장신구류 1/1
   3) 보고서에 기술된 제원과 도면 축척이 상이하게 되어 있는 경우
   ① 보고서 제원과 도면의 가로·세로 비율 등이 일치하지 않지만, 기술된 제원을 신뢰할 수 있다고 판단되어 이를 기준으로 도면의 가로 세로 비율을 임으로 조정한 경우에는 특기사항에 "보고서 기술과 도면의 축척이 상이하여 보고서 기술에 따라 가로·세로 축척을 조정하였음."이라고 표기하였다.
   ② 보고서 도면의 스케일 바에 단순 오류가 있다고 보이는 경우에는 기술된 제원에 따라 도면 축척을 단순 조정하고, "보고서 기술과 도면의 축척이 상이하여 보고서 기술에 따라 축척을 조정하였음."이라고 표기하였다.
   ③ 보고서 제원과 도면의 가로·세로 비율·스케일 바 등이 전혀 일치하지 않아 어느 쪽이 맞는지 알 수 없는 경우, 유구 개요표의 제원에는 보고서 기술을 그대로 적고 도면은 보고서의 스케일바를 기준으로 축척을 조정하여 유구 개요표의 제원과 도면 축척이 상호 일치하지 않게 되어 있다. 이 경우 특기사항에 "보고서 기술과 [유구/ 유구·유물/ 유물] 도면·스케일바의 비율이 모두 상이하여 상호 조정하지 않고 자료집에 게재하였음."이라고 표기하였다.

6. **유적명** : 행정구역 변경 등으로 인해 조사 당시와 현재 지명이 다른 경우 현재 공식적으로 통용되고 있는 명칭(시군+동리명)을 표제어로 사용하고 조사 당시 보고된 지명은 ( )안에 표기하고 유적위치에도 ( )안에 舊 주

소를 기재하는 것을 원칙으로 하고 있다.

7. 유적개요표

1) 경·위도 및 GPS값은 보고서 기재내용을 따랐으며, 기재되어 있지 않은 경우에는 http://mygeoposition. com에서 주소 및 경·위도를 검색하여 나온 값을 기재하였다.

2) 유구현황은 해당시대 칸에 맞게 구분하여 종류와 기수를 기재하였다.

3) 토광묘의 합장묘(동혈·병혈·이혈 포함)는 1기로 계산하여 해당 유적의 전체 분묘 수를 기재하였다.

4) 시대·성격은 보고서의 고찰을 기준으로 요약하되 일부 내용을 첨삭하여 기술하였다.

5) 참고문헌은 지표조사·시굴조사·발굴조사 보고서와 함께 현장설명회 및 지도위원회의 자료 등도 가능한 모두 기재하는 것을 원칙으로 하였으며, 유적과 관련된 단행본 및 논고가 있을 경우 추가 기재하였다.

8. 유구제원표

예시)

1호 토광묘

(단위 : cm)

묘광	크 기 (길이×너비×깊이)	183×64×(32)①	목관	크 기 (길이×너비×높이)	?×(30+)×?
	장 폭 비	2.86:1		장 폭 비	?②
	장축방향④	N-3°-W	목곽	크 기 (길이×너비×높이)	-③
	두 향⑤	남서쪽		장 폭 비	-
유물	토 기	흑도장경호(1)			
	철 기	-			
	청 동 기	-			
	옥석류	-			
	기 타	-			
	특기사항				

1) '(수치)'는 추정길이이고 '+'는 당초 크기를 알 수 없는 잔존길이를 의미하며, 묘광크기는 조사당시 남아 있던 묘광의 상부를 기준으로 통일하여 기재하였다.

2) 보고서기술과 도면 축척이 상이할 경우 어떤 것이 정확한지 알 수 없기 때문에 도면은 보고서의 스케일바를 기준으로 축소하고 제원은 보고서 그대로 기술하였다. 단, 석실묘의 경우 묘광과 묘도의 기준이 상이

한 경우가 많아, 아래의 그림과 같은 기준으로 측정하였다.

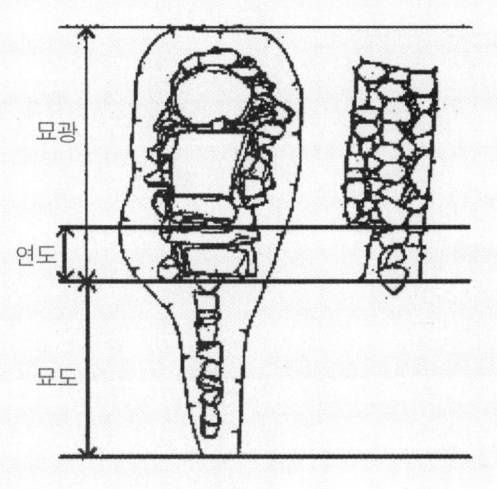 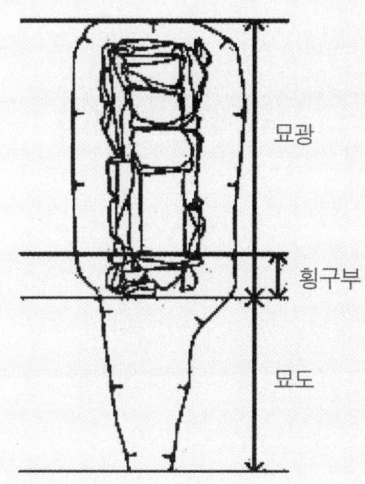

횡혈식 석실묘 수치 기준안   횡구식 석실묘 수치 기준안

3) 2)와 같은 경우 횡구부, 연도, 묘도 등 보고서상에 제원을 기술하지 않은 경우는 그대로 빈칸으로 놓아두
  었고, 보고서기술과 도면 축척이 동일한 경우에는 도면 축척을 이용해 크기를 재서 '( )'안에 기입하였다.

4) 장축방향 : 기본적으로 보고서 내용을 따랐으나, 부정확하거나 기재되어 있지 않는 경우 도면을 토대로
  재측정하였다.

5) 두향 : 기본적으로 보고서에 기재되어 있는 내용을 따랐으나, 기재되어 있지 않는 경우 착장유물의 위치
  를 토대로 추정하되 괄호 안에 넣어 구분하였다. 구슬 및 목걸이 등의 장신구류가 한쪽에 치우쳐 있는 경
  우와 환두도의 환두부 방향을 두향 추정의 근거로 활용하였다.

6) 토광묘의 관곽에 대한 구분 : 별도의 관이 확인되지 않거나 보고자가 관으로 보고하였더라도, 단경호를
  비롯한 일반적인 부장용 토기가 주체부 안에서 출토되었을 경우 곽으로 구분하였다.

7) 부장공간에 대한 용어

① 부장칸 : 목곽 안에 격벽을 두어 공간을 분리하고 유물을 부장한 경우.

② 부장곽 : 부장품을 매납하기 위한 곽을 별도로 만들어 부장한 경우.

③ 부장갱 : 부장곽과 달리 별도로 곽을 만들지 않고, 유구 주변에 부정형으로 굴광하여 유물을 매납한 경
    우.

8) 유구명칭 : 기본적으로 보고서에 있는 것을 따르되, 다음의 경우에는 바꾸어 표기하였다.

① 목관묘·목곽묘 → 토광묘

② 주구묘 → 분구분 (지하식으로 先매장주체부-後 분구 조성의 경우는 주구토광묘로 하고, 그 외의 것은 분구분으로 구분하였다)

③ 무기단식 적석총 → 적석분구분

④ 주구만 잔존할 경우 → 주구토광묘

⑤ 분·묘 : 연구자에 따라 석실분·석실묘와 같이 뚜렷한 기준없이 혼용되는 경우가 있으나 매장주체부는 종류에 관계없이 모두 '~묘'로 통일하여 표기하였다.

9) 횡혈식석실묘의 장단비는 연도가 있는 前壁부터 後壁까지를 길이로 하고 좌·우벽을 너비로 하여 계산하고 표기하였다.

10) 횡혈식석실묘의 연도부 위치 표기는 연도 밖에서 석실을 바라보는 것을 기준으로 하여, 오른쪽에 있는 경우는 "우편재", 좌측에 있는 경우는 "좌편재", 가운데 있는 경우는 "중앙", 현실과 연도 폭이 같은 경우는 "일체형"으로 기재하였다.

11) 횡구식은 기본적으로 횡혈식과 같이 추가장이 가능한 구조로서, '室'의 개념을 갖고 있으므로 크기에 관계없이 모두 "석실"로 구분하였다.

12) 수혈식은 석실로 보고된 것을 포함하여 모두 "석곽묘"로 표기하고, 석곽 유구제원표를 사용하였다.

13) 횡혈식과 횡구식의 경우 표 제목은 "ㅇㅇ호 석실묘"로 통일하였으나, 유구 제원표는 횡혈식과 횡구식을 구분하여 사용하였다. 단, 유적 내에서 횡혈식과 횡구식이 함께 확인되고, 이를 일괄적으로 "석실"로 구분하는 경우 유구번호가 중복될 수 있다. 이 경우에는 유구 제원표 제목을 "ㅇㅇ호 횡혈식/횡구식 석실묘"로 기술한다.

14) 보고서에 기술이 불분명하거나 심하게 파괴되어 횡혈식과 횡구식 또는 수혈식의 구분이 어려운 경우에는 표 제목을 "ㅇㅇ호분"으로 하고 연도나 횡구부 등을 제외한 유구제원표를 사용하였으며, 특기사항에 "석곽(석실 또는 횡구식석실 또는 횡혈식석실)으로 보고하였으나 파괴가 심하여 정확한 구조는 알 수 없음"으로 표기하였다.

15) 토광묘 가운데 합장묘는 유구 개요표를 하나로 작성하였다.

9. 유물 도면의 편집 순서 : 유물은 출토위치에 따라 구분하여 편집하였다. 편집순서는 관내→관외·관상부·곽내 →곽외·곽상부→부장칸·부장곽→함몰토·충전토→봉토·부장갱→주변 출토유물 등으로서, 관을 기준으로 유물의 출토위치가 멀어질수록 뒤쪽에 배치하였다. 다만, 분구묘의 경우 분구상면과 주구에서 출토된 유물을 먼저 배치하고 각 매장주체부 별로 구분하여 위 편집순서와 동일하게 편집하였다. 또한 각 출토위치 내에서도 토기를 우선 배열하고 철기와 청동기, 그리고 옥석류 및 장신구류의 순서로 배치하였다. 또한 같은 류의 유물 내에서는 작은 것을 앞에, 큰 것을 뒤쪽에 배치하는 것을 원칙으로 하였다.

목 차

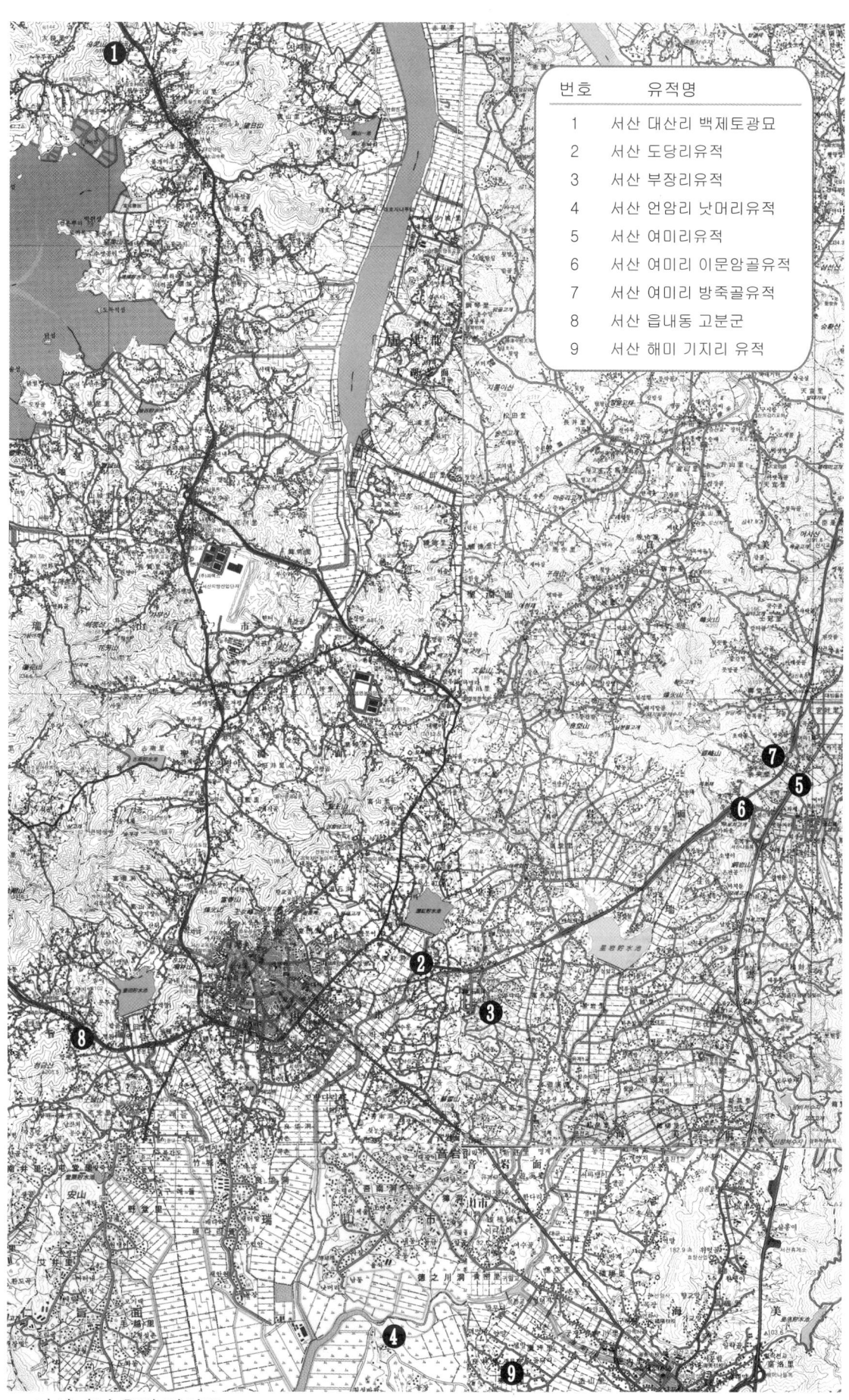

번호	유적명
1	서산 대산리 백제토광묘
2	서산 도당리유적
3	서산 부장리유적
4	서산 언암리 낫머리유적
5	서산 여미리유적
6	서산 여미리 이문암골유적
7	서산 여미리 방죽골유적
8	서산 읍내동 고분군
9	서산 해미 기지리 유적

● 서산지역 유적 위치도

서산 대산리 백제토광묘 瑞山 大山里 百濟土壙墓

조사사유	대산중학교 교장 김기풍의 제보로 인한 발굴조사
조사연혁	지표조사: 1969. 5. (김영배 · 한병삼) 발굴조사: 1969. 5. 20. ~ 1969. 5. 26. (김정기 · 김영배 · 한병삼 · 김종철 · 최몽룡)
유적위치	충청남도 서산시 대산읍 대산리 132-36 (舊 충청남도 서산군 대산면 명지리 일원)
	경 · 위도 126°26′07″E /36°56′17″N
유적입지	망일산 서록에 대산면 소재지가 위치하고 있는데, 여기서 서쪽으로 나 있는 차도를 따라 가다 서북쪽으로 가면 명지부락에 이른다. 명지 부락에 들어서기 직전에 차도의 오른편에 논이 있으며, 왼편에는 좁은 계곡이 있고 계곡의 끝에는 봉화대가 있던 높은 산이 솟아있다. 이 계곡의 왼편에 약 30도 경사진 낮은 언덕이 있는데 이 언덕에 15기 가량의 토광묘들이 자리하고 있었다.

유구현황	초기철기시대	-
	원삼국시대	-
	삼 국 시 대	토광묘(3)
	기 타	-

주요유물	환두도, 겸, 단조철부
시대 · 성격	이 고분군에서 확인할 수 있는 토광묘는 모두 15기인데 그 중 3기만 조사되었다. 이들은 백제 토광묘로서는 규모가 아주 작은 편인데, 토광에 널을 사용하지 않은 것으로 생각되며 벽도 수직으로 파지 않고 밑으로 내려가면서 차차 좁아지는 형태를 하고 있다. 또한 묘광 장축이 등고선과 평행하게 배치되어 있으며, 부장품의 출토상태로 보아 西枕이었던 것으로 추정된다. 이곳에서 출토된 단경호와 환두도 · 철검 · 철부 등의 철기는 이 고분군의 성격과 편년에 중요한 자료들을 제공한다. 유물상으로 보아 조성시기는 대략 4세기대로 추정된다.
참고문헌	金永培 · 韓炳三, 1969「大山面 百濟土壙墓 發掘報告」,『考古學』2, 韓國考古學會.

서산 대산면 백제고분군 전경

서산 대산면 백제고분군 발굴조사 모습

A호 토광묘

(단위 : cm)

묘광	크 기 (길이×너비×깊이)	270×60×(10+)	목관	크 기 (길이×너비×높이)	?
	장폭비	4.50:1		장폭비	?
	장축방향	N-73°-W	목곽	크 기 (길이×너비×높이)	?
	두 향	?		장폭비	?
유물	토 기	소호(1)			
	철 기	환두도(1), 단조철부(1), 鐵鍬(1)			
	청 동 기	–			
	옥석류	–			
	기 타	–			
	특기사항	해발고도 미기술.			

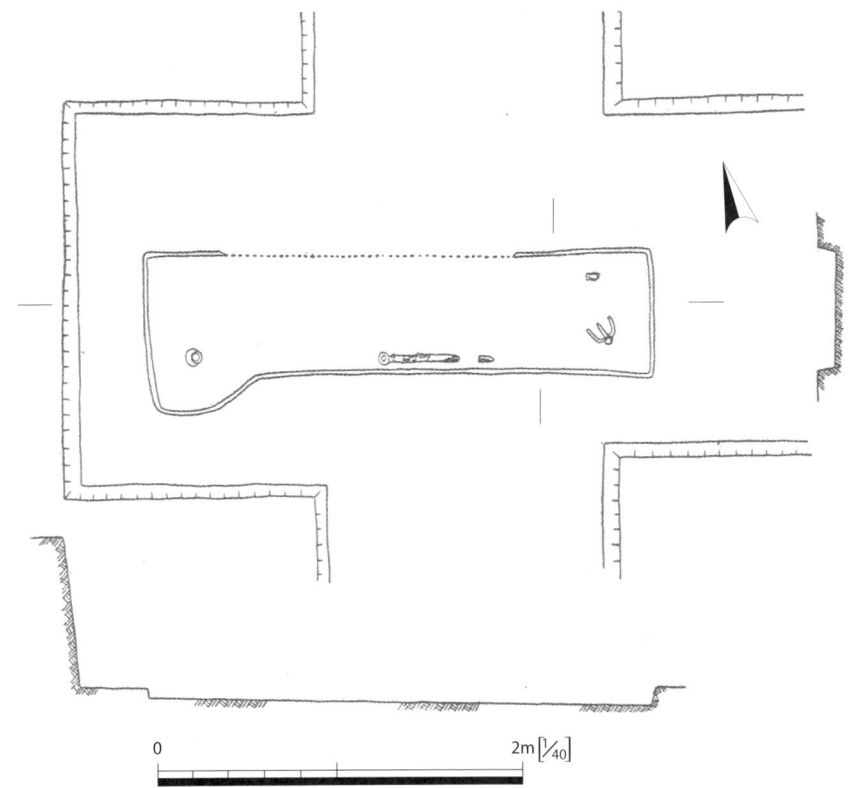

0   2m[¹⁄₄₀]

[출토유물]

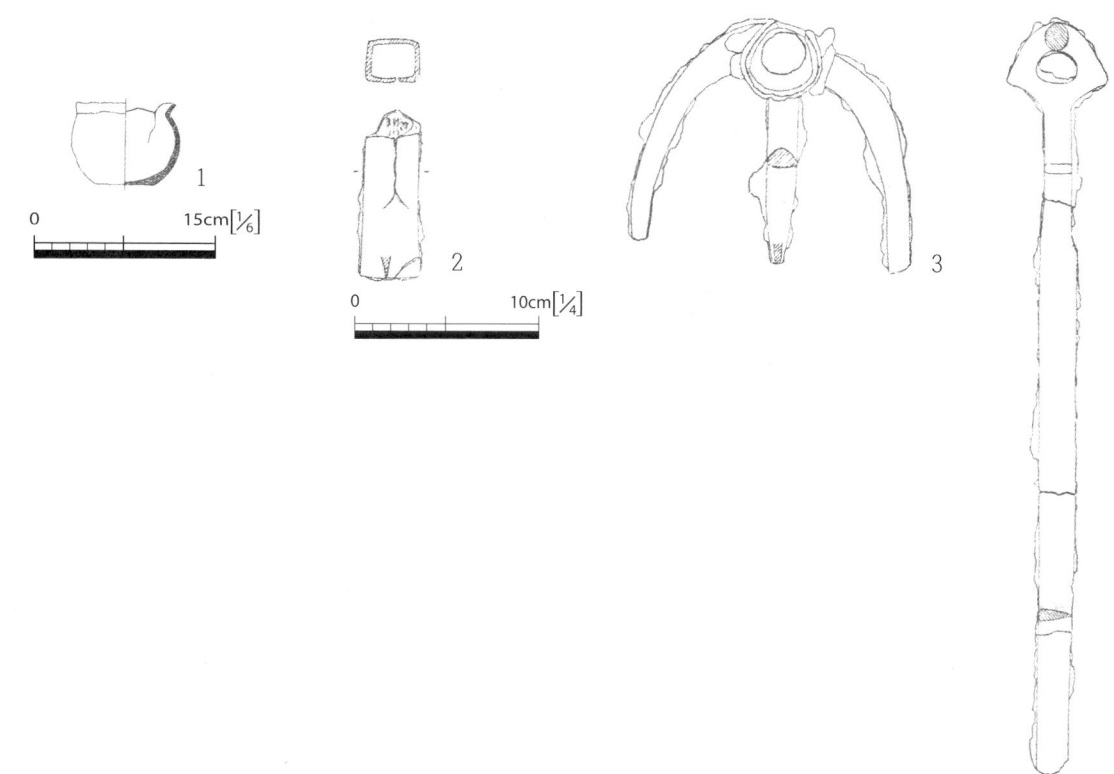

0   15cm[⅙]

1

0   10cm[¼]

2

3

4

B호 토광묘

(단위 : cm)

묘광	크 기 (길이×너비×깊이)	?	목관	크 기 (길이×너비×높이)	?
	장폭비	?		장폭비	?
	장축방향	N-28°-W	목곽	크 기 (길이×너비×높이)	?
	두 향	?		장폭비	?
유물	토 기	단경호(1)			
	철 기	환두도(1), 단조철부(1), 겸(1), 鐵鋌(1)			
	청동기	-			
	옥석류	-			
	기 타	-			
	특기사항	해발고도 미기술. 환두도 1점 도면 미게재. 토광묘로 보고하였으나 파괴가 심하여 정확한 구조는 알 수 없음.			

[유구사진]

0   2m [1/40]

[출토유물]

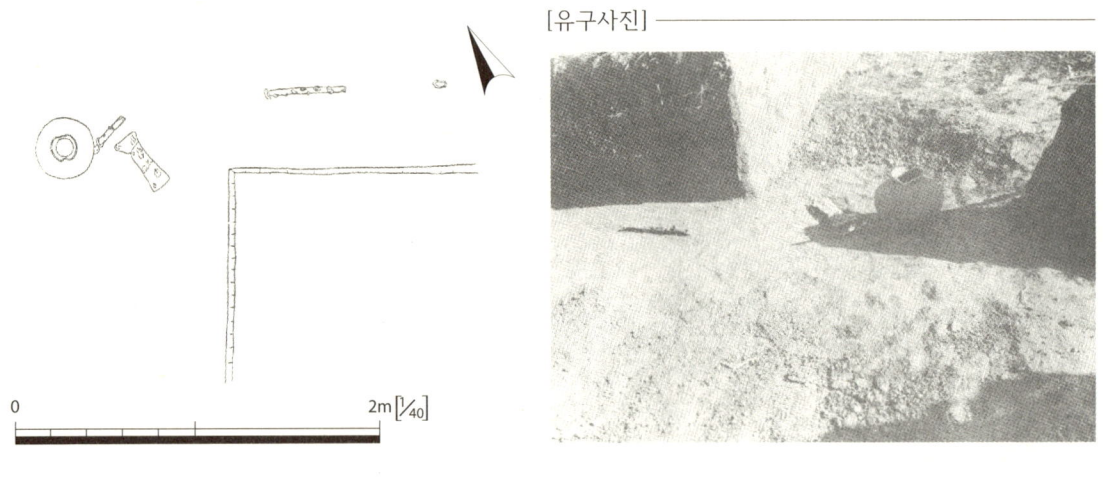

1

2

3

4

0   15cm [1/6]

0   10cm [1/4]

C호 토광묘

(단위 : cm)

묘광	크 기 (길이×너비×깊이)	?	목관	크 기 (길이×너비×높이)	?
	장폭비	?		장폭비	?
	장축방향	?	목곽	크 기 (길이×너비×높이)	?
	두 향	?		장폭비	?
유물	토 기	단경호(1)			
	철 기	-			
	청동기	-			
	옥석류	-			
	기 타	-			
	특기사항	유구·유물도면 및 사진 미게재.			

서산 도당리유적 瑞山 道堂里遺蹟

조사사유	서산시 국도대체우회도로 음암~성연간 건설공사에 따른 구제발굴조사
조사연혁	지표조사 : 2004. 05. 10. ~ 2004. 05. 25. (公州大學校 博物館) 시굴조사 : 2009. 02. 03. ~ 2009. 03. 30. (錦江文化遺産研究院) 발굴조사 : 2009. 07. 28. ~ 2009. 09. 24. (錦江文化遺産研究院)
유적위치	충청남도 서산시 음암면 도당리 일원
	경·위도 126°30′01.77″E / 36°47′43.04″N
유적입지	조사지역은 행정구역상 상홍리와 도당리에 위치하고 있는데, 먼저 상홍리는 대부분의 지역이 평지로 이루어진 전형적인 농촌마을로, 마을 전면에 농경지가 조성되어 있으며 잠홍저수지가 자리한다. 도당리는 대부분의 지형이 완만한 구릉성 지대로 이루어져 있으며, 마을 북쪽에서 남쪽방향으로 하천이 흐르고 있다.
유구현황	초기철기시대 —
	원삼국시대 —
	삼국시대 토광묘(1)
	기 타 청동기시대 주거지(12) · 수혈유구(2), 조선시대 토광묘(2) · 삼가마(1) · 숯가마(3) · 수혈유구(1), 시대미상 수혈유구(3)
주요유물	단경호, 환두도, 겸, 주조철부 등
시대·성격	주구토광묘는 도당리 유적 2지점 조사지역 중앙에 위치하고 있으며, 능선 정상부에서 남쪽으로 뻗어내린 능선의 상단부 해발고도 49m의 높이에 자리하고 있었다. 야트막한 능선의 정상부에 인접해서 주구토광묘가 입지해 있으며, 주변으로 미능선과 충적지가 발달해 있는 특성을 감안하면 중서부 지역에서 확인되는 주구토광묘의 일반적인 입지 조건과 유사하다고 볼 수 있다. 유물의 일부 편만 출토되어 조성연대를 파악하는 데 어려움이 있으나, 서산지역에서 조사된 여미리 방죽골 분묘군과 예천동 유적의 조성연대와 비슷한 시기에 조성되었을 것으로 추정된다. 더욱이 4세기 중후반이 되면 충남 내륙의 곡교천 유역과 정안천 유역, 미호천 유역에서 주구토광묘가 더 이상 지속되지 않고 토광묘가 성행하는 것을 감안하면 이 시기 이전에 조성되었을 것으로 유추된다.
참고문헌	錦江文化遺産研究院, 2013, 『서산시 국도대체우회도로(음암~성면) 건설공사 4·5구간 내 瑞山 上紅里 숯가마터 · 道堂里 遺蹟』.

부장리유적

도당리2지점

도당리1지점

음암~성연간 국도대체우회도로

상홍리2지점

서산 도당리유적 전경

서산 도당리유적 전경(남동쪽)

1호 토광묘

(단위 : cm)

묘광	크 기 (길이×너비×깊이)	(265+)×110×(19+)	목관	크 기 (길이×너비×높이)	?
	장폭비	?		장폭비	?
	장축방향	N-69°-W	목곽	크 기 (길이×너비×높이)	(160+)×76×(10+)
	두 향	?		장폭비	?
유물	토 기	호(2)			
	철 기	환두도(1), 주조철부(1), 겸(1), 따비(1)			
	청동기	–			
	옥석류	–			
	기 타	–			
	특기사항				

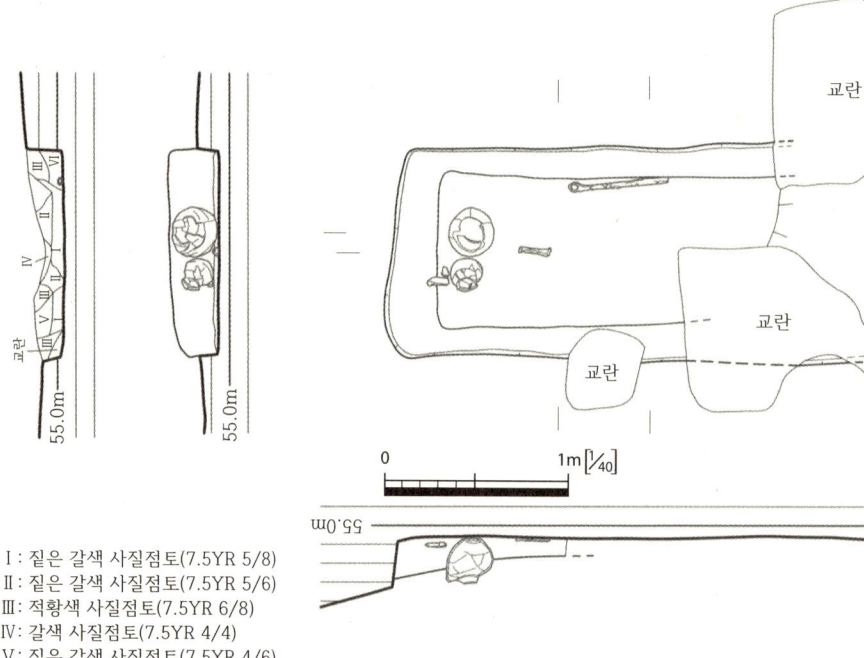

Ⅰ: 짙은 갈색 사질점토(7.5YR 5/8)
Ⅱ: 짙은 갈색 사질점토(7.5YR 5/6)
Ⅲ: 적황색 사질점토(7.5YR 6/8)
Ⅳ: 갈색 사질점토(7.5YR 4/4)
Ⅴ: 짙은 갈색 사질점토(7.5YR 4/6)
Ⅵ: 암갈색 사질점토(7.5YR 3/4)

[곽내]

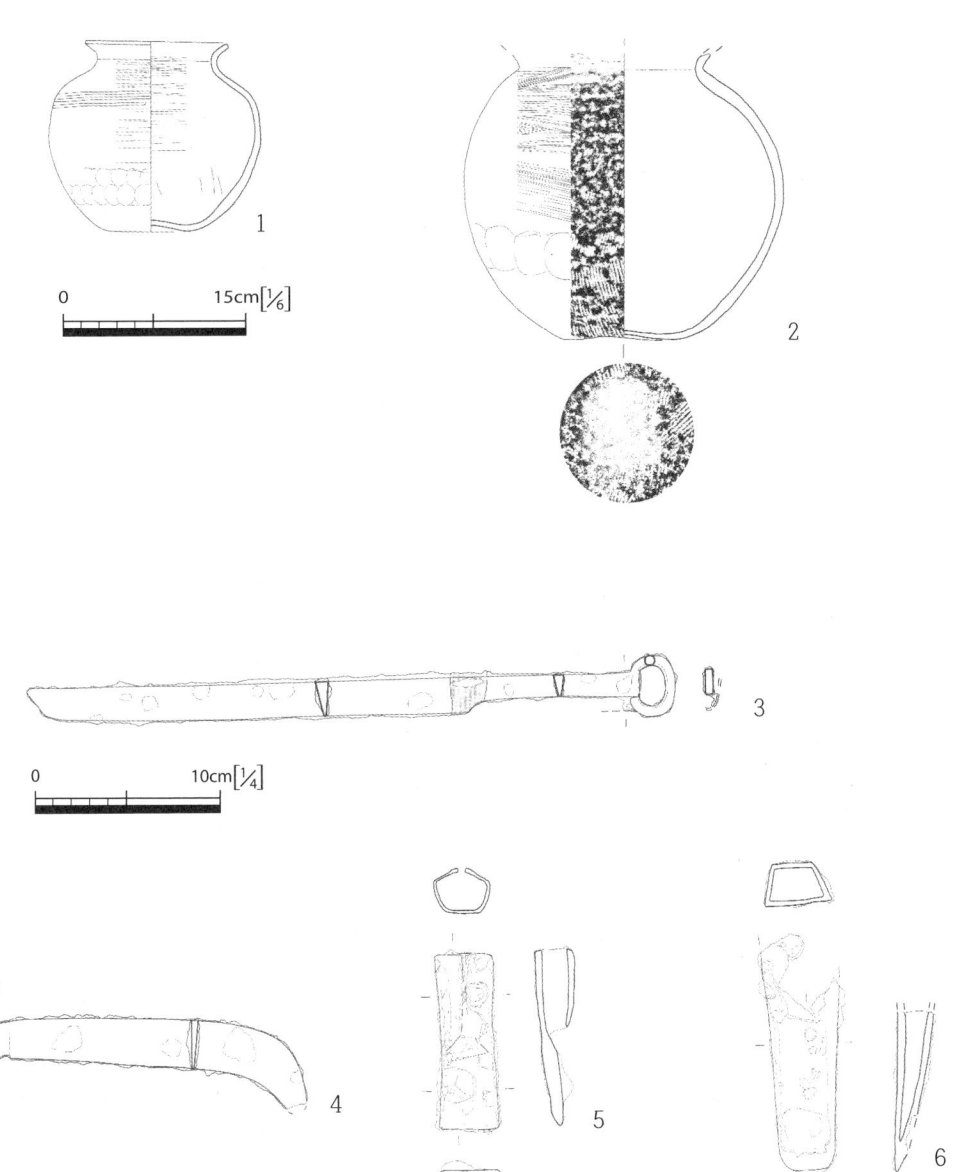

1

0   15cm[⅙]

2

3

0   10cm[¼]

4

5

6

서산 부장리유적 瑞山 富長里遺蹟

조사사유	아파트신축공사로 인한 구제발굴조사
조사연혁	지표조사 : 2003. 06. 02. ~ 2003. 06. 11. (忠淸南道歷史文化硏究院) 시굴조사 : 2003. 08. 25. ~ 2003. 09. 08. (忠淸南道歷史文化硏究院) 　　　　　 2003. 11. 10. ~ 2003. 12. 09. (忠淸南道歷史文化硏究院) 발굴조사 : 2004. 03. 22. ~ 2004. 12. 20. (忠淸南道歷史文化硏究院) 　　　　　 2005. 09. 05. ~ 2005. 12. 09. (忠淸南道歷史文化硏究院)
유적위치	충청남도 서산시 음암면 부장리 산 46-1번지 일원 경·위도 126°31′18.26″E / 36°47′8.98″N
유적입지	유적은 해발 35~50m 정도의 저구릉성 산지에 위치하며 일부에 관상수가 심어져 있다. 인근에는 대교천이 집수되는 성암저수지가 위치하며 주변의 구릉, 계곡, 평야지역은 주로 논과 밭으로 경작되고 있다.

유구현황	초기철기시대	–
	원삼국시대	–
	삼 국 시 대	분구묘(13) · 석곽묘(3) · 주거지(44) · 수혈유구(15)
	기　　타	청동기시대 주거지(34) · 수혈유구(8), 조선시대 토광묘(87) · 주거지(8) · 수혈유구(2), 시대미상 수혈유구(29)

주요유물	광구원저호, 직구단경호, 광구장경호, 철제초두, 모, 겸, 도자, 三葉環頭大刀, 銀裝小環大刀, 금동관, 금동식리, 금동제 이식, 금제 이식, 곡옥, 유리구슬
시대·성격	분구묘는 6호, 8호, 9호 분구묘의 주구가 일부 중복된 것 이외에 묘역이 뚜렷하게 구분된 13기가 확인되었으며, 축조 주체는 백제 지방세력으로 판단된다. 매장시설은 토광묘로 목곽묘, 목관묘가 혼재되어 있는데, 하나의 분구 내에서 토광묘가 10기까지 확인된다. 5호분은 다른 분구묘와 달리 매장시설이 1기만 존재하는 단독장의 형태로, 규모나 부장품이 탁월한 점으로 보아 피장자 역시 최고수준의 위계를 가진 지역 수장일 것으로 추정된다. 이러한 자료는 4~5세기 백제 지방통치체제를 살펴볼 수 있는 중요한 근거를 제시하고 있다.
참고문헌	忠淸南道歷史文化硏究院, 2008, 『瑞山 富長里遺蹟』, 學術調査報告 第55冊.

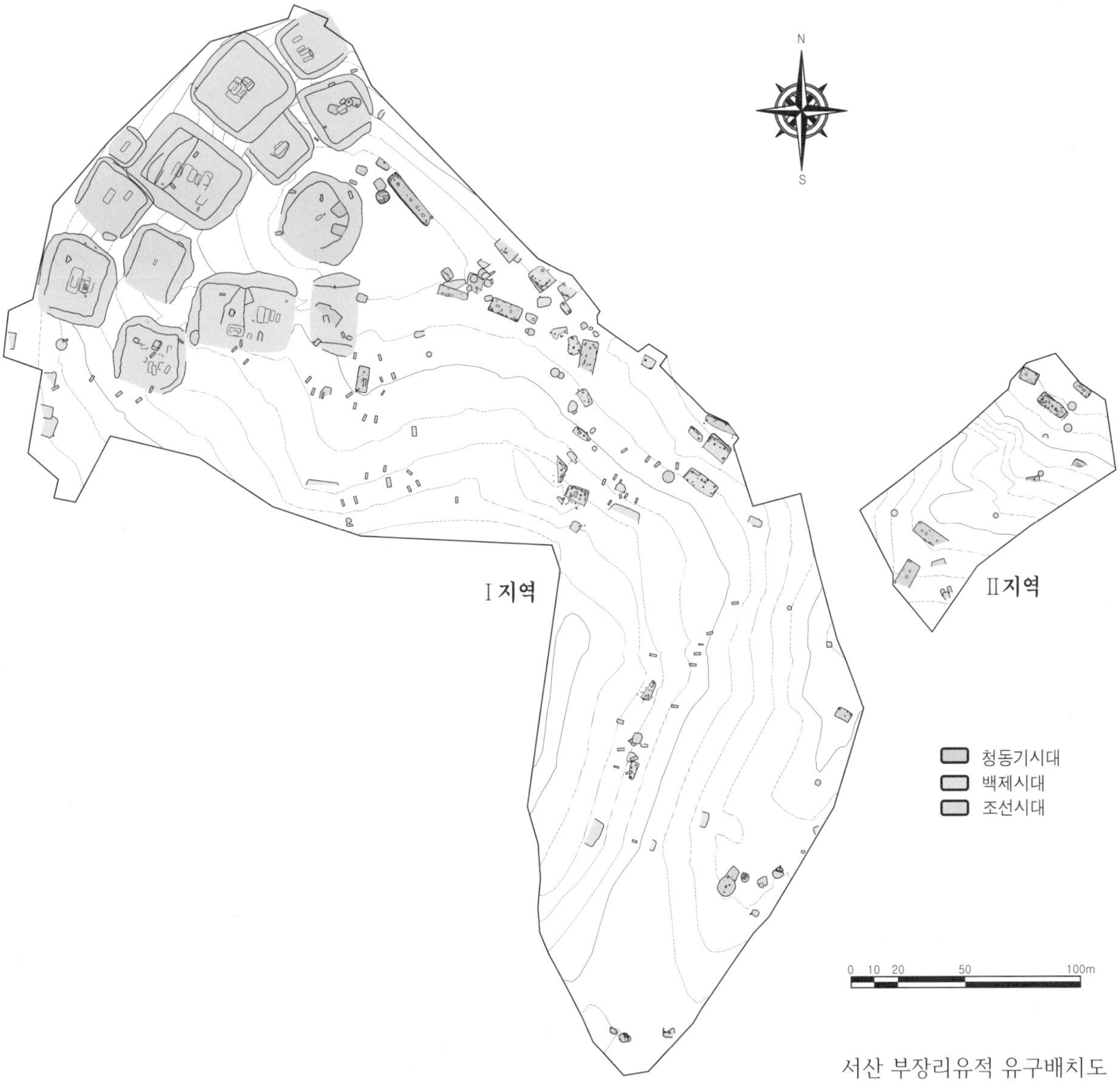
N
S
Ⅰ지역
Ⅱ지역
청동기시대
백제시대
조선시대
0 10 20 50 100m

서산 부장리유적 유구배치도

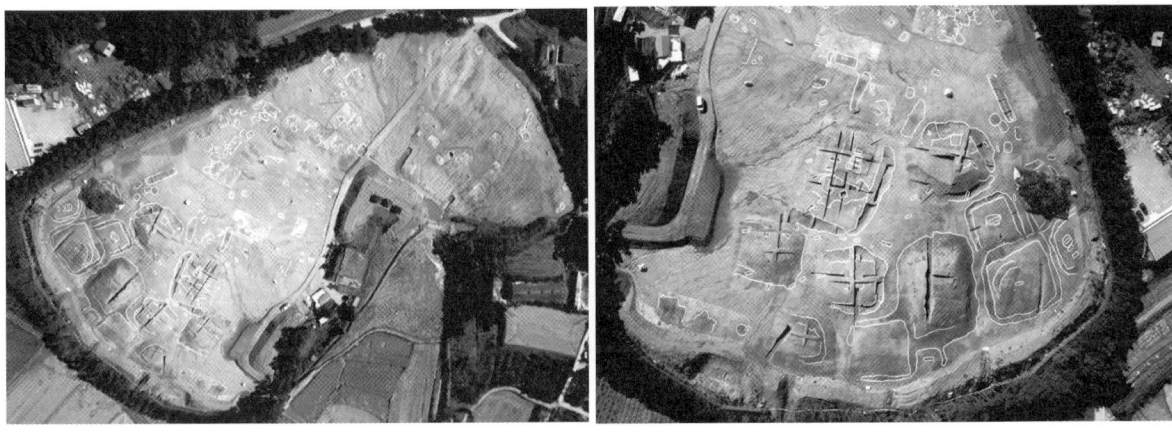

서산 부장리유적 전경

서산 부장리유적 분구묘군 전경

Ⅰ지역 1호 분구묘

(단위 : cm)

분구크기 (길이×너비×높이)	2,100×2,600×(180+)	분구평면형태	장방형
분구장폭비	1:1.23	분구장축방향	N-9°-W
매장시설	토광(1), 옹관(1)	주구형태	'ㄷ'자형
유물	토기	완(1:주구1), 발형토기(1:주구1), 단경호(2:주구2), 삼족기(1:주구1), 원통형토기(1:주구1), 기대(1:주구1), 구연부편(4:주구4), 동체편(2:주구2), 저부편(11:주구11), 파수부편(1:주구1)	
	철기	-	
	청동기	-	
	옥석류	-	
	기타	-	
특기사항	1호 토광은 내부 조사 하지 않음.		

1호 옹관

묘광	크기 (길이×너비×깊이)	104×45×(15+)	옹관길이	82.6
	장폭비	2.31:1	결합형식	합구식
	장축방향	N-40°-E	안치형태	횡치
	두향	?		
유물	토기	장란형토기(2)		
	철기	-		
	청동기	-		
	옥석류	-		
	기타	-		
특기사항				

[유구사진]

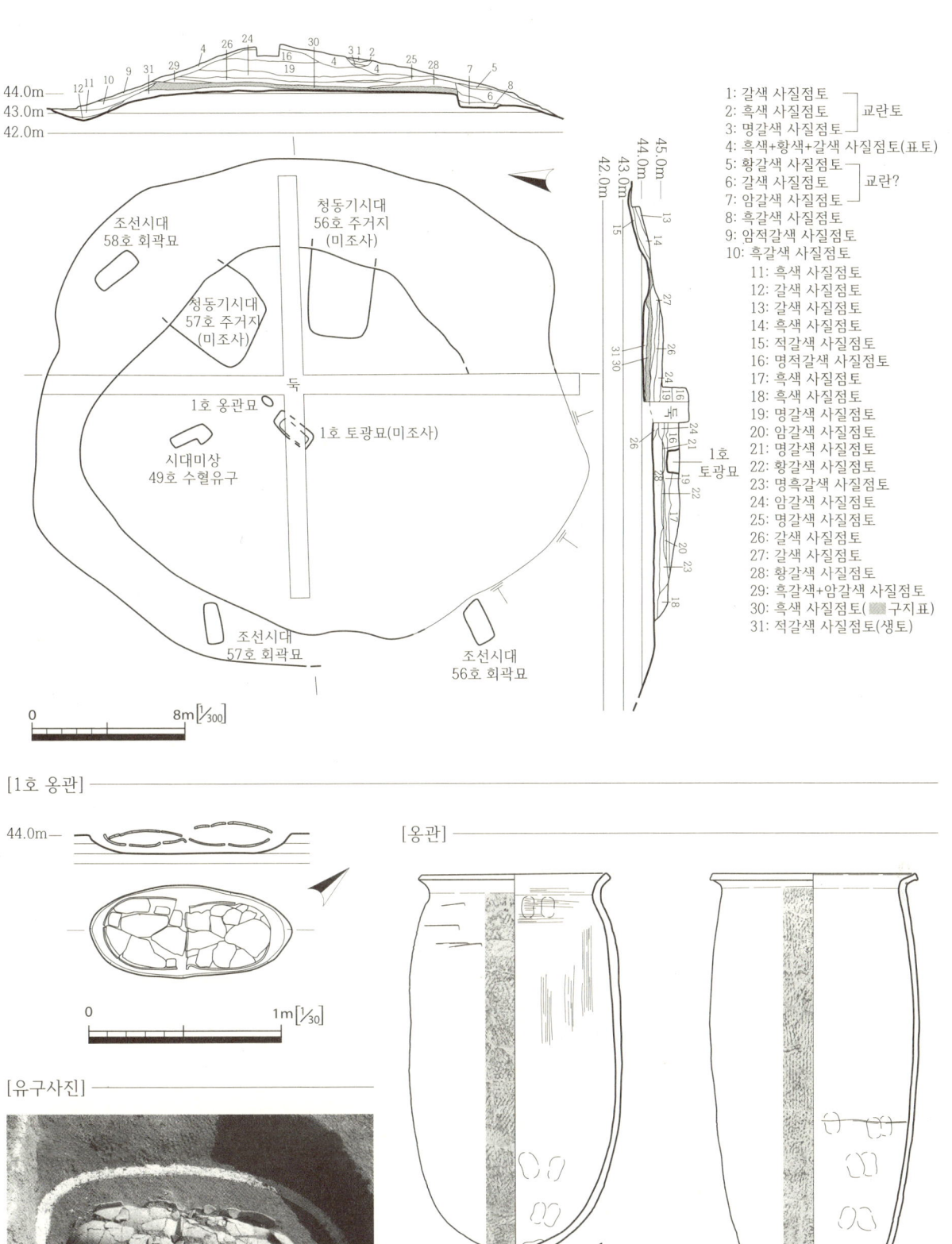

청동기시대
56호 주거지
(미조사)

조선시대
58호 회곽묘

청동기시대
57호 주거지
(미조사)

1호 옹관묘

1호 토광묘(미조사)

시대미상
49호 수혈유구

조선시대
57호 회곽묘

조선시대
56호 회곽묘

둑

44.0m
43.0m
42.0m

45.0m
44.0m
43.0m
42.0m

1: 갈색 사질점토 ⎫
2: 흑색 사질점토 ⎬ 교란토
3: 명갈색 사질점토 ⎭
4: 흑색+황색+갈색 사질점토(표토)
5: 황갈색 사질점토 ⎫ 교란?
6: 갈색 사질점토 ⎬
7: 암갈색 사질점토 ⎭
8: 흑갈색 사질점토
9: 암적갈색 사질점토
10: 흑갈색 사질점토
11: 흑색 사질점토
12: 갈색 사질점토
13: 갈색 사질점토
14: 흑색 사질점토
15: 적갈색 사질점토
16: 명적갈색 사질점토
17: 흑색 사질점토
18: 흑색 사질점토
19: 명갈색 사질점토
20: 암갈색 사질점토
21: 명갈색 사질점토
22: 황갈색 사질점토
23: 명흑갈색 사질점토
24: 암갈색 사질점토
25: 명갈색 사질점토
26: 갈색 사질점토
27: 갈색 사질점토
28: 황갈색 사질점토
29: 흑갈색+암갈색 사질점토
30: 흑색 사질점토(▨구지표)
31: 적갈색 사질점토(생토)

0   8m[1/300]

[1호 옹관]

44.0m

0   1m[1/30]

[유구사진]

[옹관]

1

2

0   15cm[1/6]

0   15cm[1/6]

Ⅰ 지역 2호 분구묘

(단위 : cm)

분 구 크 기 (길이×너비×높이)	2,400×1,400×(60+)	분구평면형태	장방형
분구장폭비	1.71:1	분구장축방향	N-80°-W
매 장 시 설	토광(7)	주구형태	1차: 'ㄷ'자형 2차: 'ㄱ'자형

유물	토 기	파수부동이(1:주구1), 호(2:주구2), 무문토기편(1:주구1), 토기편(1:주구1)		
	철 기	-		
	청 동 기	-		
	옥 석 류	석촉(1:주구1), 지석(1:주구1)		
	기 타	-		
	특기사항			

1호 토광

묘광	크 기 (길이×너비×깊이)	480×217×(46+)	목관	크 기 (길이×너비×높이)	-
	장 폭 비	2.21:1		장 폭 비	-
	장축방향	N-9°-E	목곽	크 기 (길이×너비×높이)	370×92×(22+)
	두 향	?		장 폭 비	4.02:1

유물	토 기	단경호(2)		
	철 기	-		
	청 동 기			
	옥 석 류	관옥(1), 금박 연주옥(1), 유리 구슬(128)		
	기 타	금동제 이식(2)		
	특기사항	금박 유리 구슬 3점, 유리 구슬 122점 도면 미게재.		

2호 토광

묘광	크 기 (길이×너비×깊이)	410×150×(34+)	목관	크 기 (길이×너비×높이)	-
	장 폭 비	2.73:1		장 폭 비	-
	장축방향	N-33°-E	목곽	크 기 (길이×너비×높이)	350×92×(31+)
	두 향	?		장 폭 비	3.80:1

유물	토 기	단경호(1), 병(1)		
	철 기	도자(1)		
	청 동 기	-		
	옥 석 류	유리 구슬(20)		
	기 타	금동제 이식(1)		
	특기사항	유리 구슬 16점 도면 미게재.		

3호 토광					
묘광	크 기 (길이×너비×깊이)	290×100×(36+)	목관	크 기 (길이×너비×높이)	-
	장폭비	2.90:1		장폭비	-
	장축방향	N-32°-E	목곽	크 기 (길이×너비×높이)	210×60×(9+)
	두 향	?		장폭비	3.50:1
유물	토 기	광구호(1), 단경호(1)			
	철 기	도자(1), 겸(3), U자형 삽날(1)			
	청 동 기	-			
	옥석류	-			
	기 타	-			
	특기사항				

4호 토광					
묘광	크 기 (길이×너비×깊이)	252×75×(9+)	목관	크 기 (길이×너비×높이)	?
	장폭비	3.36:1		장폭비	?
	장축방향	N-32°-E	목곽	크 기 (길이×너비×높이)	?
	두 향	?		장폭비	?
유물	토 기	직구단경호(1)			
	철 기	-			
	청 동 기	-			
	옥석류	-			
	기 타	-			
	특기사항				

5호 토광					
묘광	크 기 (길이×너비×깊이)	(142+)×(100+)×(30+)	목관	크 기 (길이×너비×높이)	-
	장폭비	?		장폭비	-
	장축방향	N-15°-E	목곽	크 기 (길이×너비×높이)	(101+)×(72)×(26+)
	두 향	?		장폭비	?
유물	토 기	병(1), 호(1)			
	철 기	-			
	청 동 기	-			
	옥석류	-			
	기 타	-			
	특기사항				

6호 토광					
묘광	크 기 (길이×너비×깊이)	(162+)×140×(7+)	목관	크 기 (길이×너비×높이)	?
	장폭비	?		장폭비	?
	장축방향	N-80°-W	목곽	크 기 (길이×너비×높이)	?
	두 향	?		장폭비	?
유물	토 기	합(1), 병(1), 대부토기(1)			
	철 기	-			
	청 동 기	-			
	옥 석 류	-			
	기 타	-			
	특기사항				

7호 토광					
묘광	크 기 (길이×너비×깊이)	526×340×(100+)	목관	크 기 (길이×너비×높이)	-
	장폭비	1.54:1		장폭비	-
	장축방향	N-60°-W	목곽	크 기 (길이×너비×높이)	340×112×(72+)
	두 향	?		장폭비	3.03:1
유물	토 기	단경호(2)			
	철 기	도(1), 모(1), 도자(2), 주조철부(3), 단조철부(2), 횡공부(2), 겸(1), 미상철기(2)			
	청 동 기	-			
	옥 석 류	-			
	기 타	-			
	특기사항				

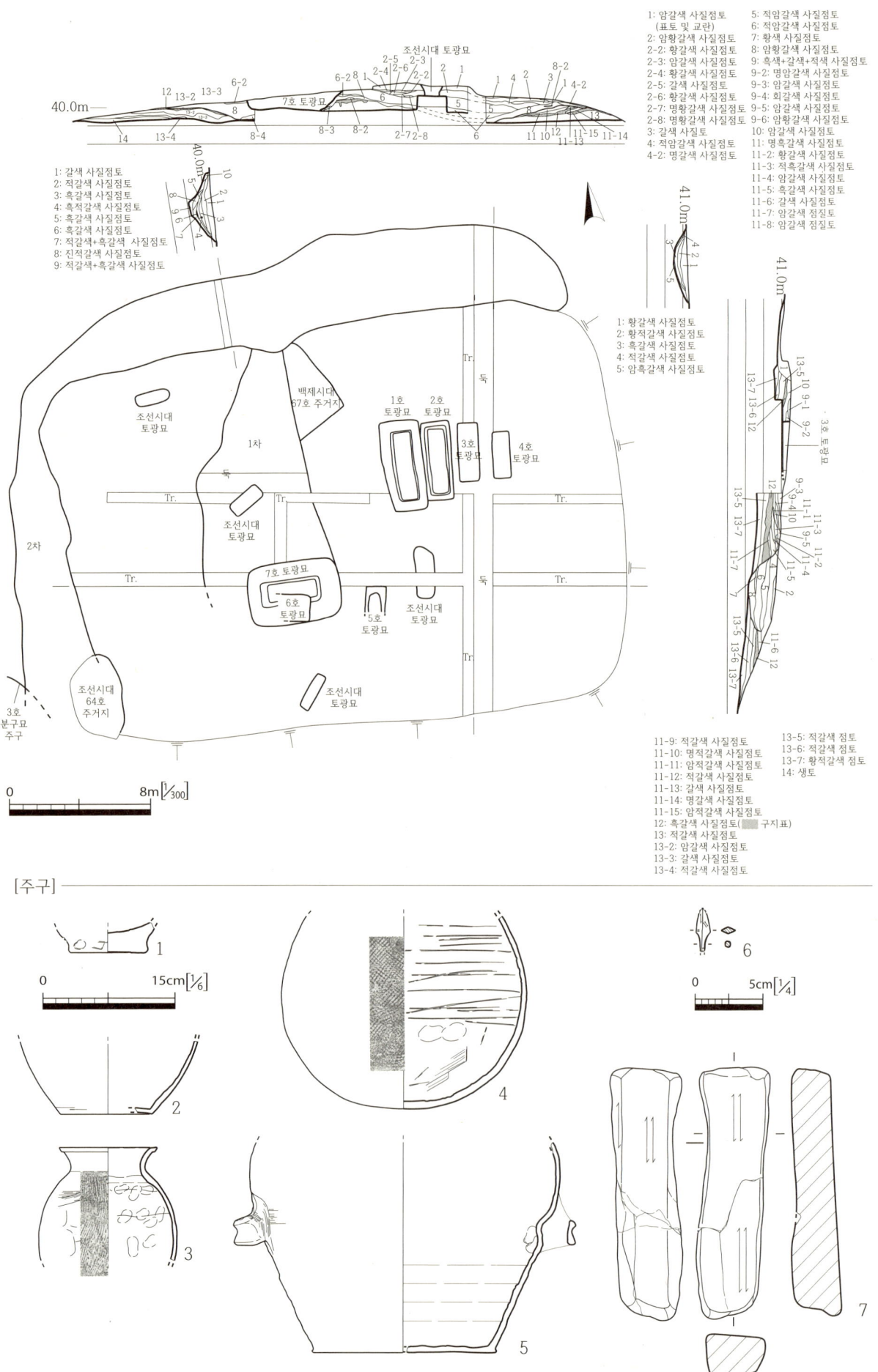

40.0m

1: 암갈색 사질점토 (표토 및 교란)
2: 암황갈색 사질점토
2-2: 황갈색 사질점토
2-3: 암갈색 사질점토
2-4: 황갈색 사질점토
2-5: 갈색 사질점토
2-6: 황갈색 사질점토
2-7: 명황갈색 사질점토
2-8: 명황색 사질점토
3: 갈색 사질토
4: 적갈색 사질토
4-2: 명갈색 사질토

5: 적암갈색 사질점토
6: 적암갈색 사질점토
7: 황색 사질점토
8: 암황갈색 사질점토
9: 흑색+갈색+적색 사질점토
9-2: 명암갈색 사질점토
9-3: 암갈색 사질점토
9-4: 회갈색 사질점토
9-5: 암갈색 사질점토
9-6: 암황갈색 사질점토
10: 암갈색 사질점토
11: 명흑갈색 사질점토
11-2: 황갈색 사질점토
11-3: 적흑갈색 사질점토
11-4: 암갈색 사질점토
11-5: 흑갈색 사질점토
11-6: 갈색 사질점토
11-7: 암갈색 점질토
11-8: 암갈색 점질토

1: 갈색 사질점토
2: 적갈색 사질점토
3: 흑갈색 사질점토
4: 흑적갈색 사질점토
5: 흑갈색 사질점토
6: 흑색 사질점토
7: 적갈색+흑색 사질점토
8: 진적갈색 사질점토
9: 적갈색+흑갈색 사질점토

40.0m

41.0m

1: 황갈색 사질점토
2: 황적갈색 사질점토
3: 흑갈색 사질점토
4: 적갈색 사질점토
5: 암흑갈색 사질점토

41.0m

조선시대 토광묘
조선시대 토광묘
백제시대 67호 주거지
1호 토광묘
2호 토광묘
3호 토광묘
4호 토광묘
1차
2차
조선시대 토광묘
조선시대 토광묘
7호 토광묘
6호 토광묘
5호 토광묘
조선시대 토광묘
조선시대 64호 주거지
3호 분구묘 주구
Tr.
둑
3호 토광묘

0   8m [1/300]

11-9: 적갈색 사질점토
11-10: 명적갈색 사질점토
11-11: 암적갈색 사질점토
11-12: 적갈색 사질점토
11-13: 갈색 사질점토
11-14: 명갈색 사질점토
11-15: 암적갈색 사질점토
12: 흑갈색 사질점토(▨ 구지표)
13: 적갈색 사질점토
13-2: 암갈색 사질점토
13-3: 갈색 사질점토
13-4: 적갈색 사질점토

13-5: 적갈색 점토
13-6: 적갈색 점토
13-7: 황적갈색 점토
14: 생토

[주구]

0   15cm [1/6]

0   5cm [1/4]

1
2
3
4
5
6
7

[1호 토광]

41.0m
40.0m

2호 토광묘

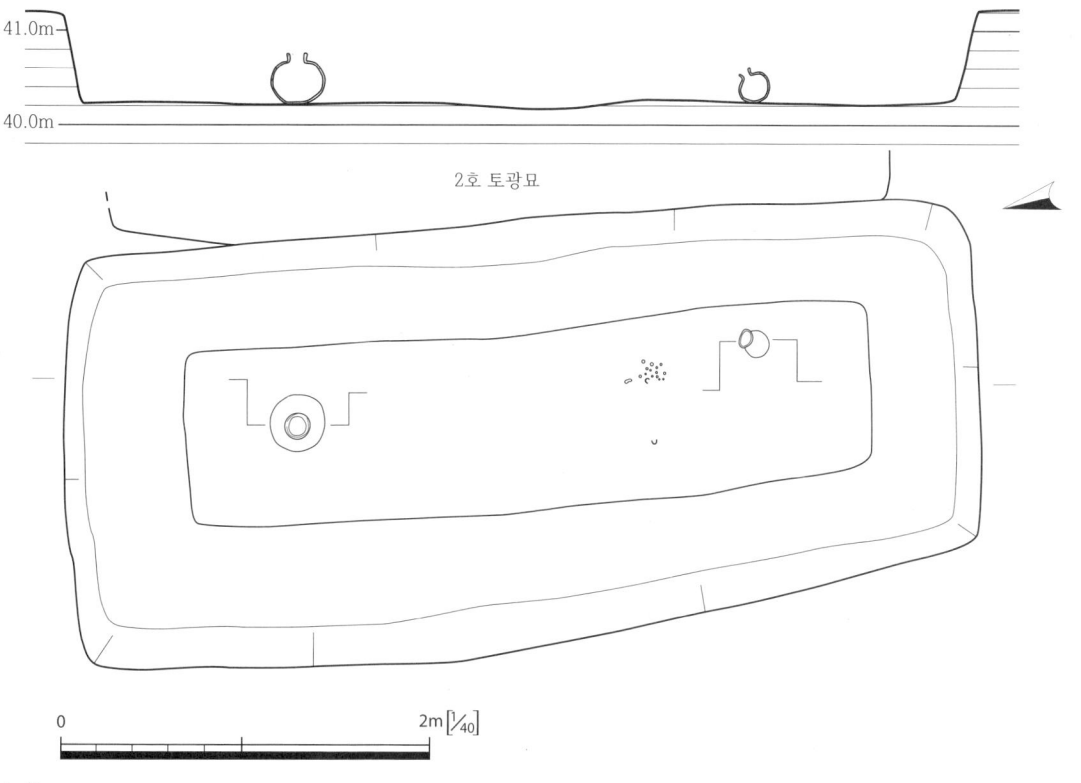

0   2m[1/40]

[유구사진]

[곽내]

1

2

3

4

5

6

7

0   15cm[1/6]

0   2cm[1/1]

0   5cm[1/2]

[2호 토광]

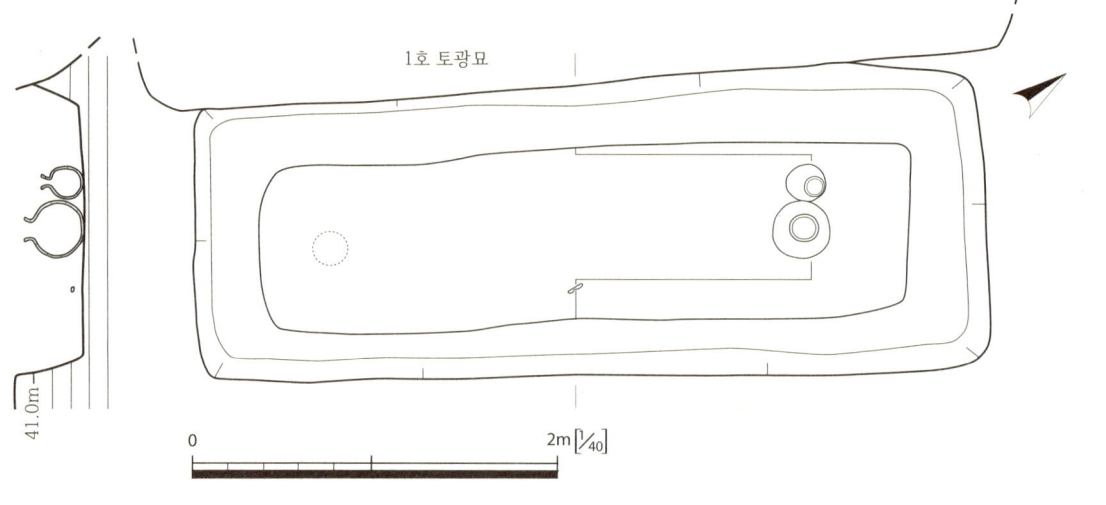

1호 토광묘

41.0m

0   2m [1/40]

[곽내]

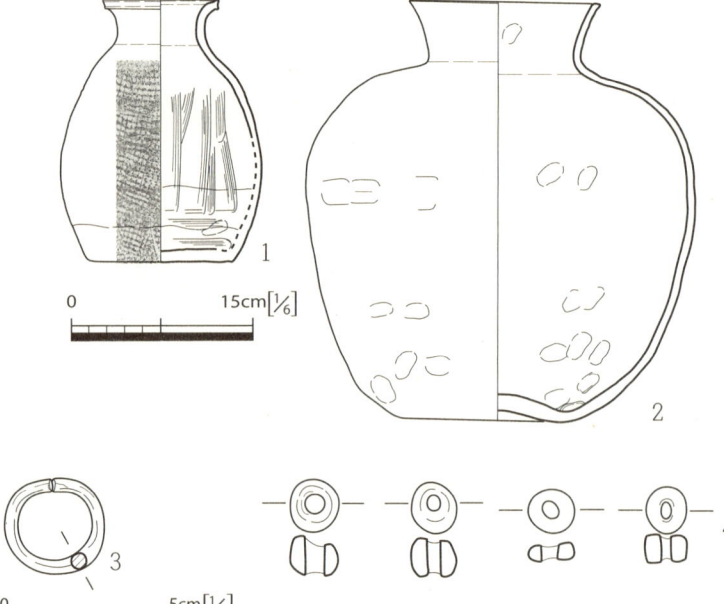

1

0   15cm [1/6]

2

5

0   10cm [1/4]

3

0   5cm [1/2]

4

0   2cm [1/1]

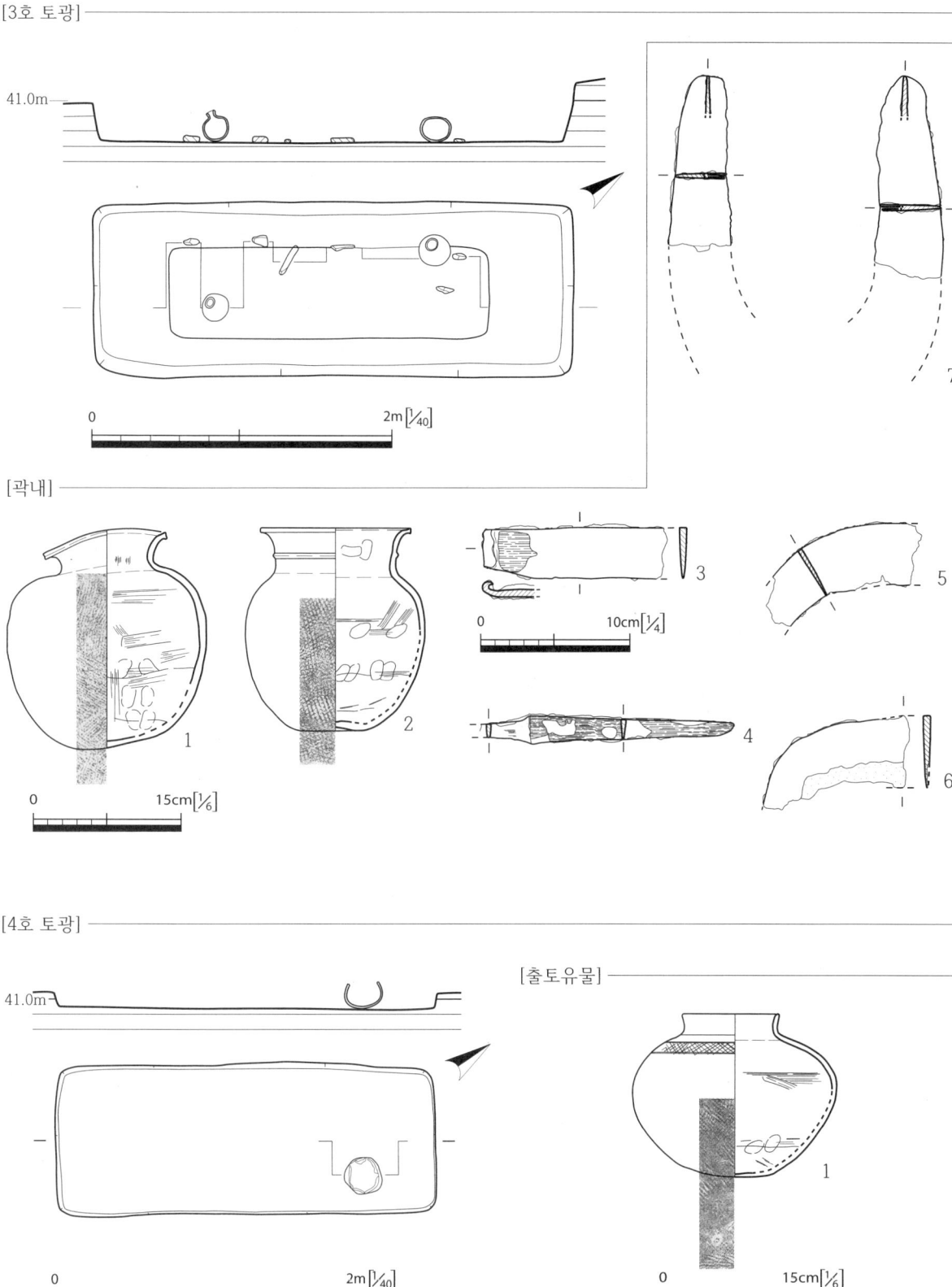

[3호 토광]

41.0m

0   2m[1/40]

7

[곽내]

0   10cm[1/4]

0   15cm[1/6]

1

2

3

4

5

6

[4호 토광]

41.0m

[출토유물]

0   2m[1/40]

0   15cm[1/6]

1

[5호 토광]

1: 암갈색 사질점토
2: 흑갈색 사질점토

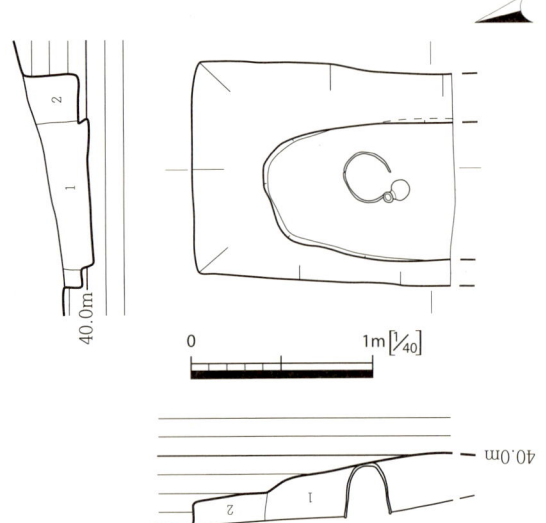

[곽내]

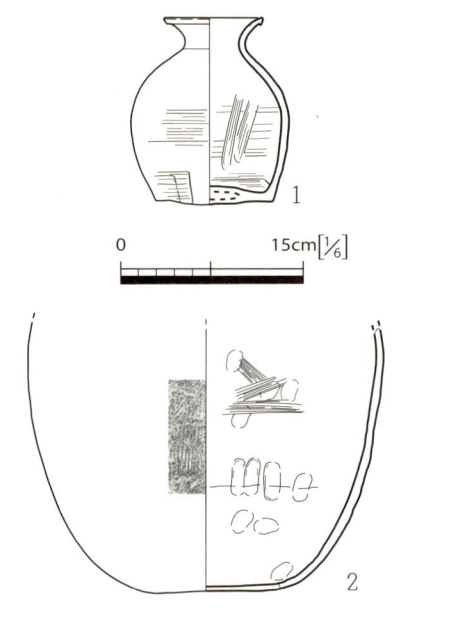

0   15cm[1/6]

40.0m

0   1m[1/40]

[6호 토광]

40.0m

1: 적갈색 사질토

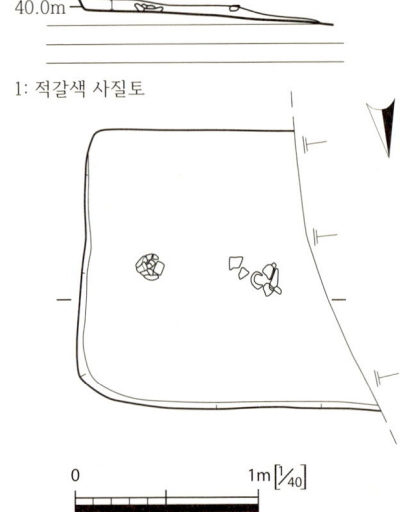

0   1m[1/40]

[출토유물]

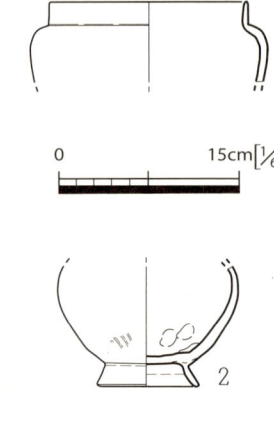

0   15cm[1/6]

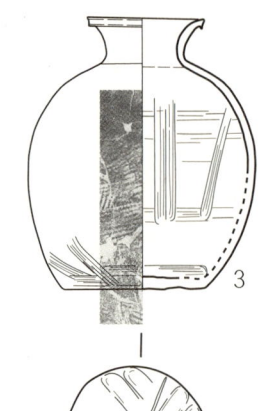

[7호 토광]

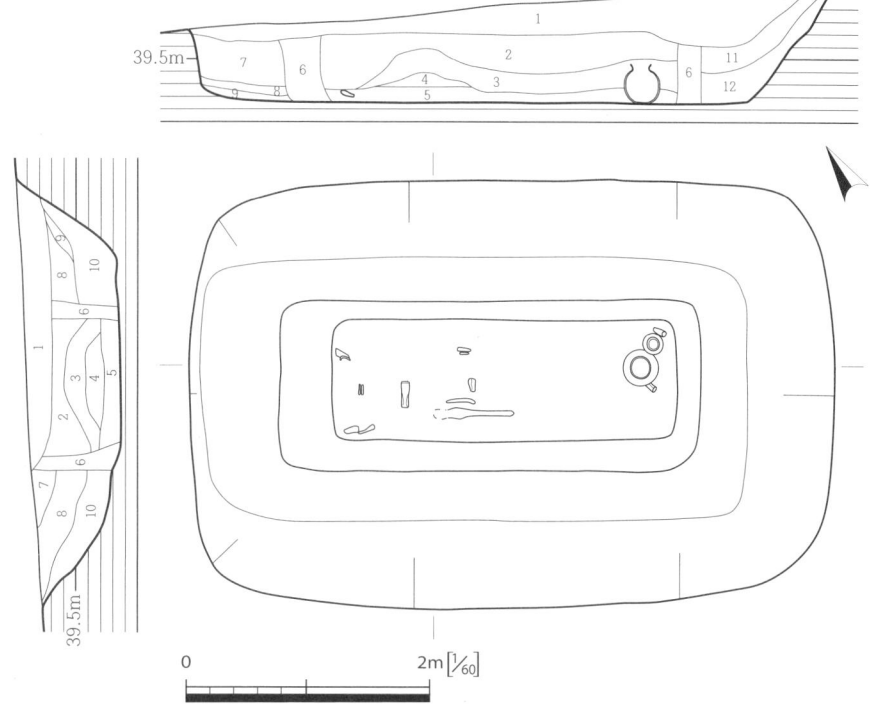

1: 황갈색 사질점토
   (백색 모래알 다량)
2: 암갈색 사질점토
   (백색 모래알 다량)
3: 갈색 사질점토
4: 암갈색 사질점토
5: 흑갈색 사질점토
   (백색 모래알 다량)
6: 갈색 사질점토
7: 적갈색 사질점토
   (백색 모래알 다량)
8: 암적갈색 사질점토
   (백색 모래알 다량)
9: 암갈색 사질점토
10: 흑갈색 사질점토
   (백색 모래알 다량)
11: 암갈색 사질점토
   (백색 모래알 다량)
12: 갈색 사질점토

0   2m[1/60]

[유구사진]

[곽내]

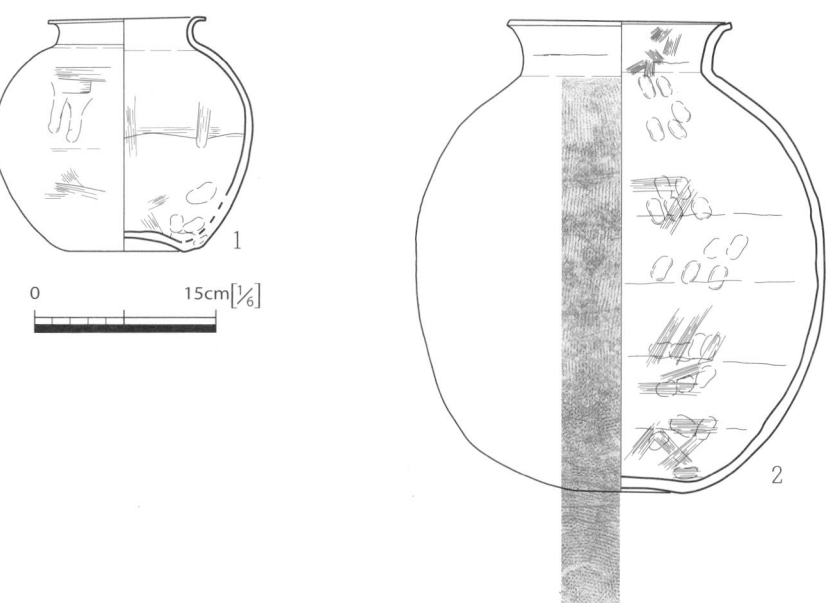

0   15cm[1/6]

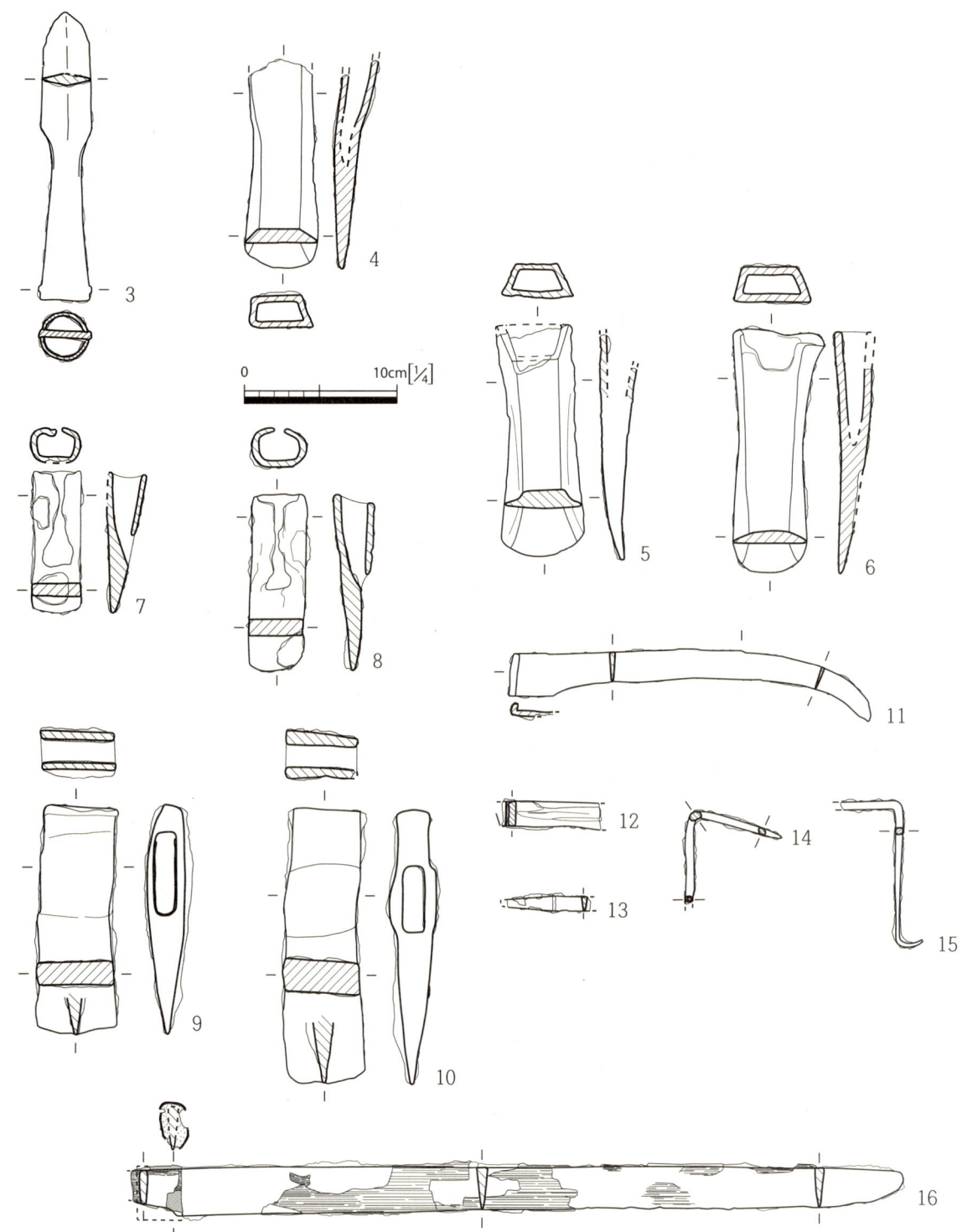

0 ———— 10cm[¼]

I 지역 3호 분구묘

(단위 : cm)

분구크기 (길이×너비×높이)	2,700×2,800×(90+)	분구평면형태	방형
분구장폭비	1:1.03	분구장축방향	N-83°-W
매장시설	토광(10)	주구형태	('ㄷ'자형)

유물	토 기	시루(1), 병(1), 파수(1:주구1), 토기편(1)		
	철 기	도자(1)		
	청동기	청동제 이식(1)		
	옥석류	석촉(1)		
	기 타	납제 장식(1)		
	특기사항			

1호 토광

묘광	크 기 (길이×너비×깊이)	(264+)×(126+)×(27+)	목관	크 기 (길이×너비×높이)	(234+)×(70)×(27+)
	장폭비	?		장폭비	?
	장축방향	N-5°-W	목곽	크 기 (길이×너비×높이)	?
	두 향	?		장폭비	?

유물	토 기	장경호(1), 병(1)		
	철 기	도자(1)		
	청동기	-		
	옥석류	-		
	기 타	금동제 이식(2)		
	특기사항			

2호 토광

묘광	크 기 (길이×너비×깊이)	(92+)×(32+)×(30+)	목관	크 기 (길이×너비×높이)	?
	장폭비	?		장폭비	?
	장축방향	?	목곽	크 기 (길이×너비×높이)	?
	두 향	?		장폭비	?

유물	토 기	-		
	철 기	-		
	청동기	-		
	옥석류	-		
	기 타	-		
	특기사항	출토유물 없음. 2호 토광묘 도면 미게재.		

3호 토광					
묘광	크 기 (길이×너비×깊이)	(148+)×(50+)×(48+)	목관	크 기 (길이×너비×높이)	?
	장폭비	?		장폭비	?
	장축방향	N-14°-E	목곽	크 기 (길이×너비×높이)	(70+)×(28+)×(48+)
	두 향	?		장폭비	?
유물	토 기	소호(1), 병(1)			
	철 기	–			
	청동기	–			
	옥석류	–			
	기 타	–			
	특기사항				

4호 토광					
묘광	크 기 (길이×너비×깊이)	264×106×?	목관	크 기 (길이×너비×높이)	?
	장폭비	2.49:1		장폭비	?
	장축방향	N-19°-E	목곽	크 기 (길이×너비×높이)	?
	두 향	?		장폭비	?
유물	토 기	호(1)			
	철 기	–			
	청동기	–			
	옥석류	–			
	기 타	–			
	특기사항				

5호 토광					
묘광	크 기 (길이×너비×깊이)	(140+)×(230+)×(52+)	목관	크 기 (길이×너비×높이)	–
	장폭비	?		장폭비	?
	장축방향	N-81°-W	목곽	크 기 (길이×너비×높이)	(78+)×(98+)×(52+)
	두 향	?		장폭비	?
유물	토 기	단경호(2), 단경소호(1), 병(1)			
	철 기	–			
	청동기	–			
	옥석류	유리 구슬(1)			
	기 타	–			
	특기사항				

6호 토광					
묘광	크 기 (길이×너비×깊이)	335×147×(74+)	목관	크 기 (길이×너비×높이)	?
	장 폭 비	2.27:1		장 폭 비	?
	장축방향	N-5°-E	목곽	크 기 (길이×너비×높이)	203×68×(60+)
	두 향	남서쪽		장 폭 비	2.98:1
유물	토 기	반(1), 단경호(2)			
	철 기	도자(1)			
	청 동 기	–			
	옥 석 류	–			
	기 타	–			
	특기사항				

7호 토광					
묘광	크 기 (길이×너비×깊이)	(78+)×(145+)×(74+)	목관	크 기 (길이×너비×높이)	?
	장 폭 비	?		장 폭 비	?
	장축방향	N-62°-W	목곽	크 기 (길이×너비×높이)	?
	두 향	?		장 폭 비	?
유물	토 기	–			
	철 기	–			
	청 동 기	–			
	옥 석 류	–			
	기 타	–			
	특기사항	출토유물 없음.			

8호 토광					
묘광	크 기 (길이×너비×깊이)	220×(121+)×(26+)	목관	크 기 (길이×너비×높이)	151×70×(14+)
	장 폭 비	?		장 폭 비	2.15:1
	장축방향	N-83°-E	목곽	크 기 (길이×너비×높이)	?
	두 향	?		장 폭 비	?
유물	토 기	–			
	철 기	–			
	청 동 기	–			
	옥 석 류	–			
	기 타	–			
	특기사항	출토유물 없음.			

9호 토광						
묘광	크 기 (길이×너비×깊이)	(145+)×(60+)×(34+)	목관	크 기 (길이×너비×높이)	(110+)×(40+)×(18+)	
	장폭비	?		장폭비	?	
	장축방향	N-84°-W	목곽	크 기 (길이×너비×높이)	?	
	두 향	?		장폭비	?	
유물	토 기	-				
	철 기	-				
	청동기	-				
	옥석류	-				
	기 타	-				
특기사항		출토유물 없음.				
10호 토광						
묘광	크 기 (길이×너비×깊이)	244×156×(16+)	목관	크 기 (길이×너비×높이)	200×66×(16+)	
	장폭비	1.56:1		장폭비	3.03:1	
	장축방향	N-7°-W	목곽	크 기 (길이×너비×높이)	-	
	두 향	?		장폭비	-	
유물	토 기	호(1), 병(1)				
	철 기	도자(2)				
	청동기	-				
	옥석류	-				
	기 타	-				
특기사항						

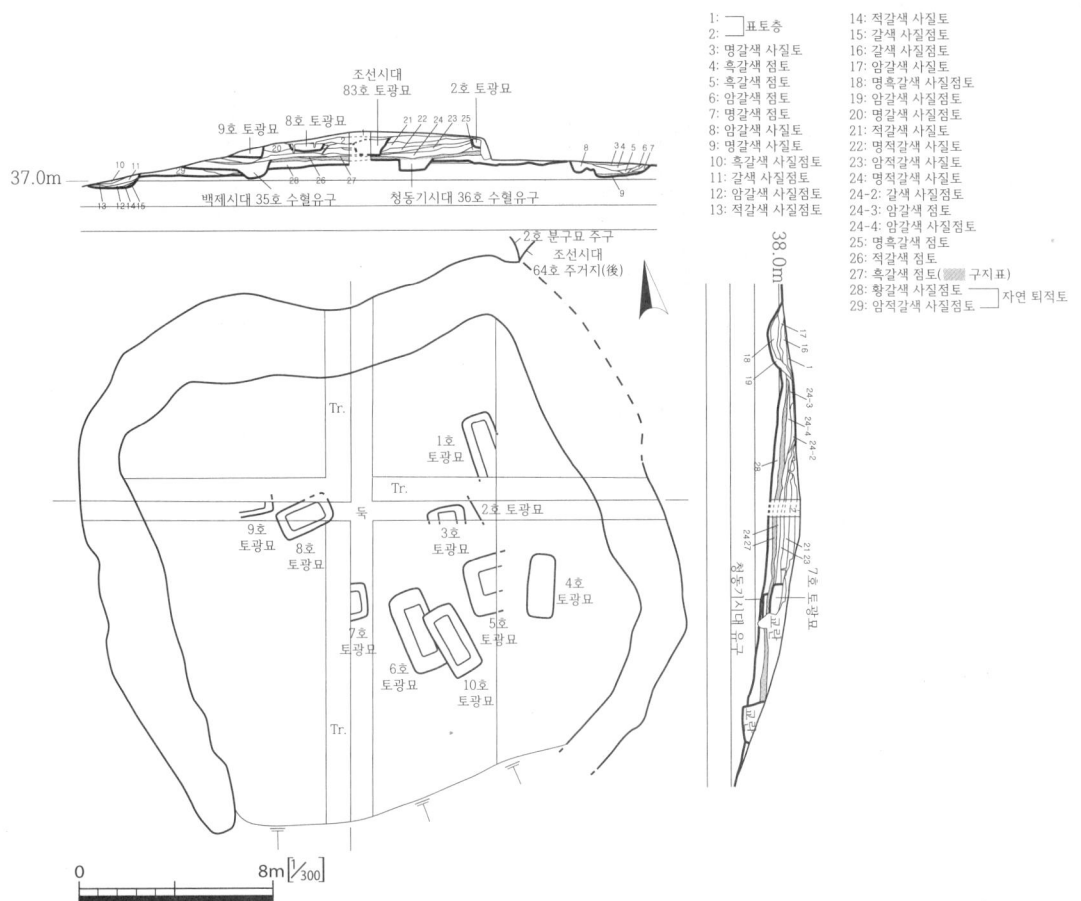

9호 토광묘　8호 토광묘
조선시대
83호 토광묘　2호 토광묘

37.0m

백제시대 35호 수혈유구　청동기시대 36호 수혈유구

2호 분구묘 주구
조선시대
64호 주거지(後)

38.0m

1호
토광묘

Tr.

9호
토광묘

8호
토광묘

2호 토광묘

3호
토광묘

4호
토광묘

7호
토광묘

5호
토광묘

6호
토광묘

10호
토광묘

청동기시대 유구　7호 토광묘

1:	표토층
2:	
3:	명갈색 사질토
4:	흑갈색 점토
5:	흑갈색 점토
6:	암갈색 점토
7:	명갈색 점토
8:	암갈색 사질토
9:	명갈색 사질토
10:	흑갈색 사질토
11:	갈색 사질점토
12:	암갈색 사질점토
13:	적갈색 사질점토
14:	적갈색 사질토
15:	갈색 사질점토
16:	갈색 사질점토
17:	암갈색 사질토
18:	명흑갈색 사질점토
19:	암갈색 사질점토
20:	명갈색 사질점토
21:	적갈색 사질토
22:	명적갈색 사질토
23:	암적갈색 사질토
24:	명적갈색 사질토
24-2:	갈색 사질점토
24-3:	암갈색 점토
24-4:	암갈색 사질점토
25:	명흑갈색 점토
26:	적갈색 점토
27:	흑갈색 점토 (▨ 구지표)
28:	황갈색 사질점토 — 자연 퇴적토
29:	암적갈색 사질점토 —

0　　　　　　　　8m [1/300]

[유구사진]

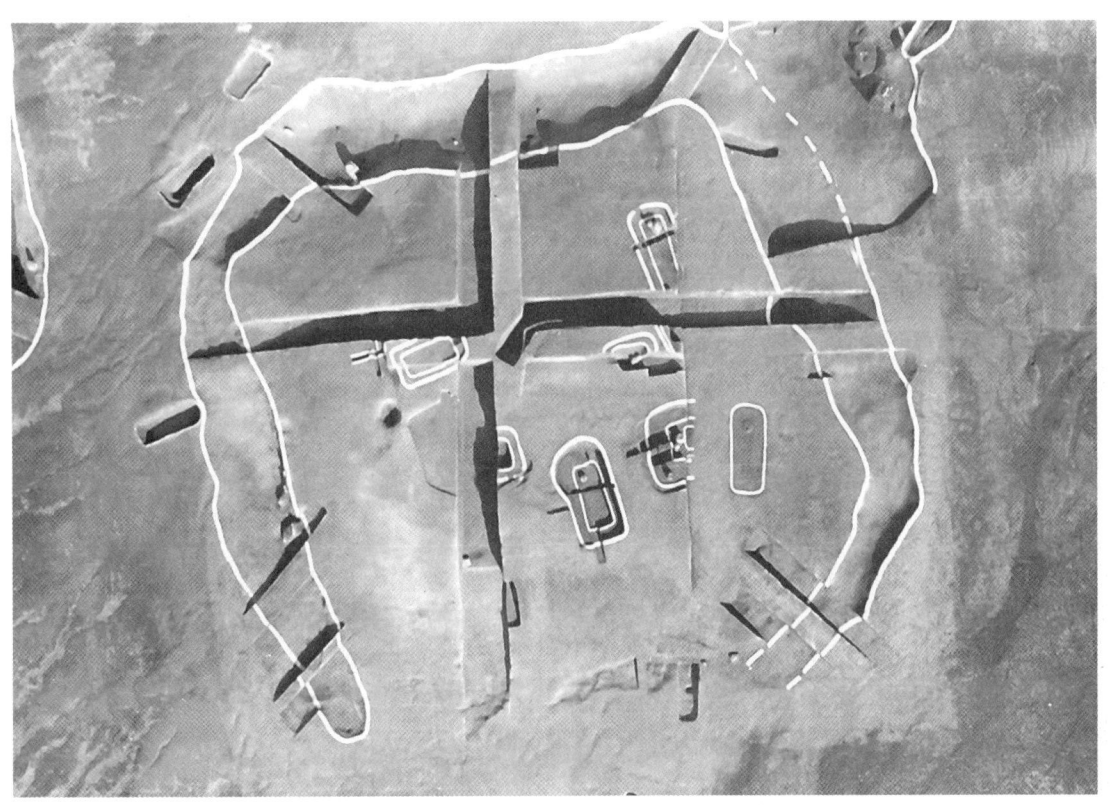

[주구]

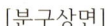

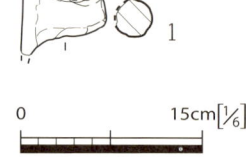

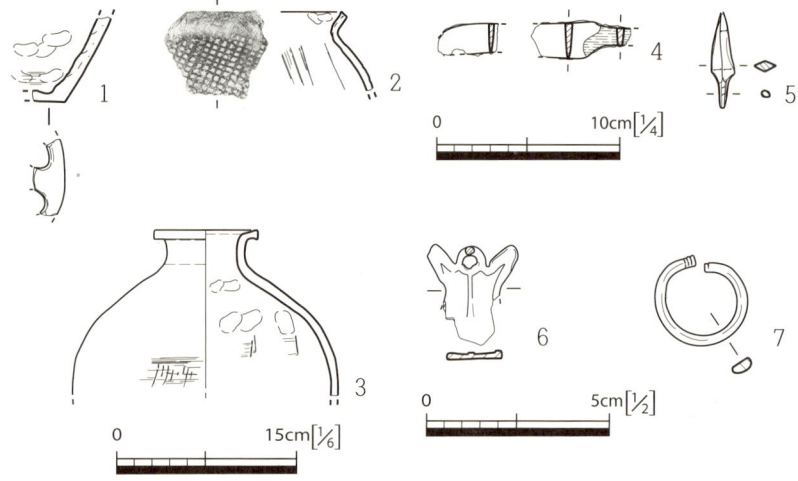

[1호 토광]

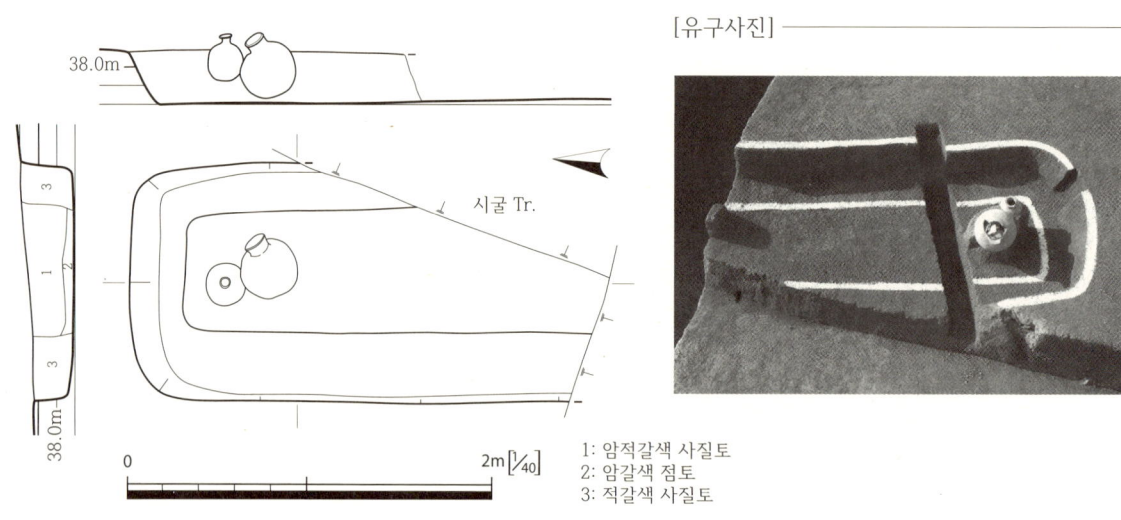

[유구사진]

1: 암적갈색 사질토
2: 암갈색 점토
3: 적갈색 사질토

[관내]

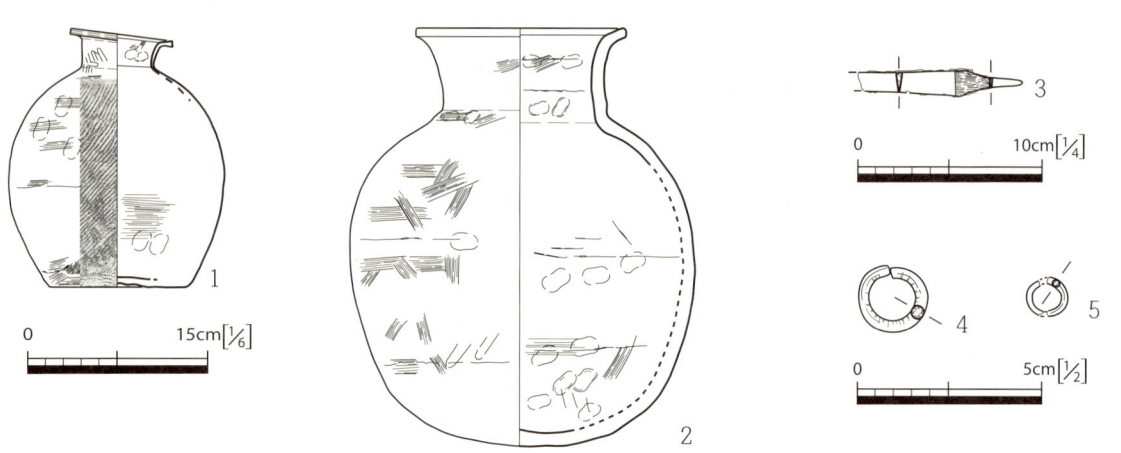

[3호 토광]

1: 갈색 점토
2: 암갈색 점토
3: 암갈색 사질점토
4: 갈색 사질점토
5: 갈색 점토
6: 갈색 사질점토
7: 암갈색 사질점토
8: 암갈색 점토
9: 갈색 사질점토
10: 암갈색 사질점토

시굴
Tr.

2호
토광묘

Tr.

둑

38.0m

38.0m

0   1m [1/40]

[곽내]

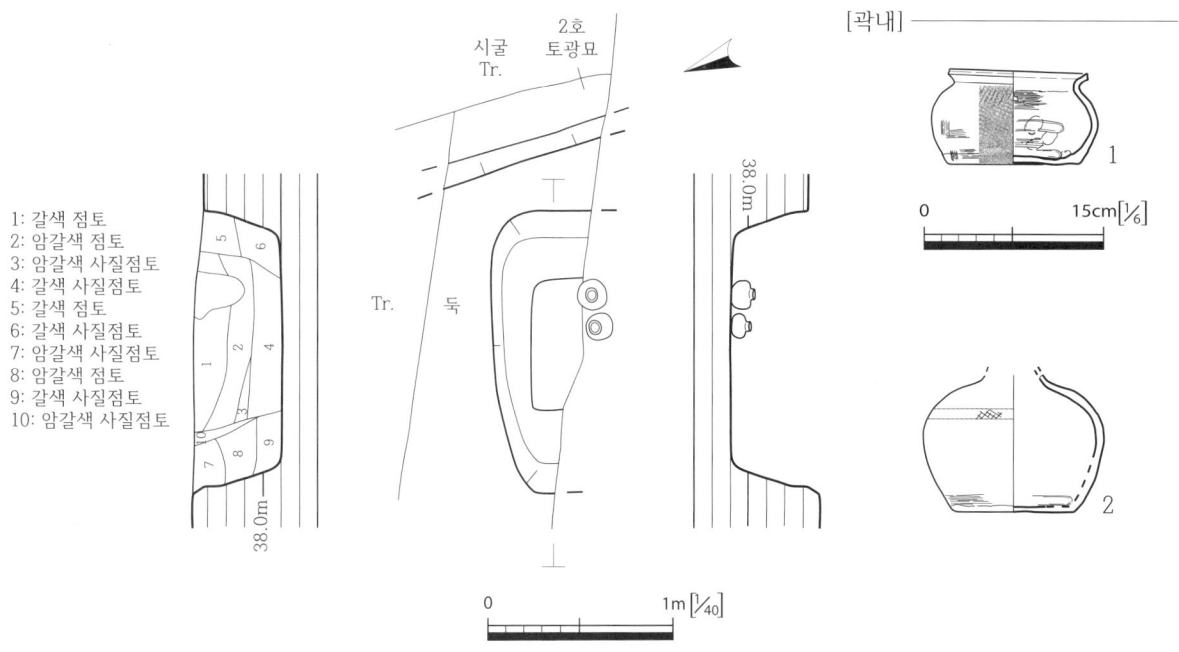

0   15cm [1/6]

1

2

[4호 토광]

37.5m

0   1m [1/40]

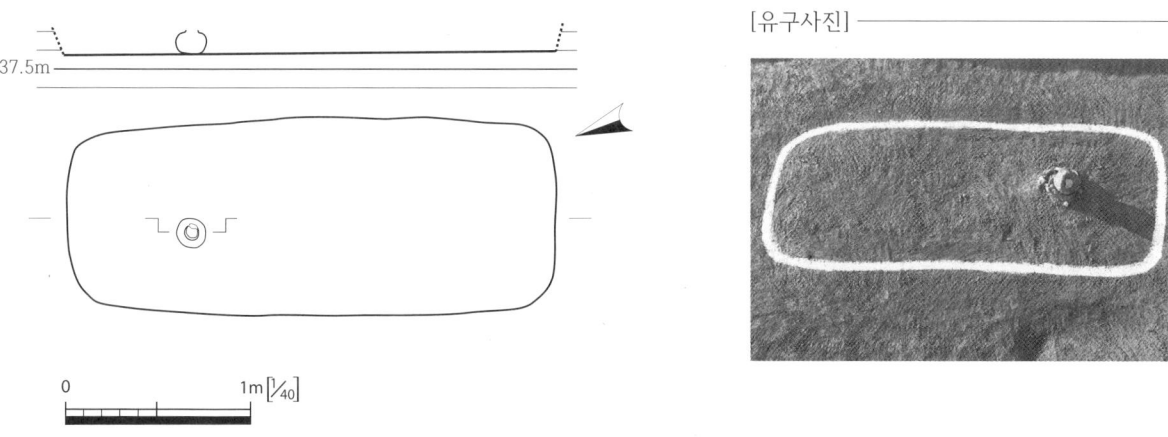

[유구사진]

[출토유물]

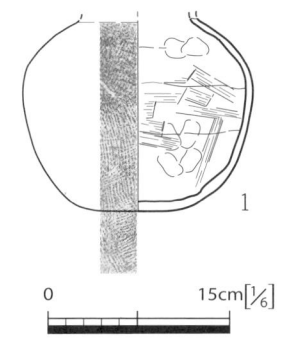

1

0   15cm [1/6]

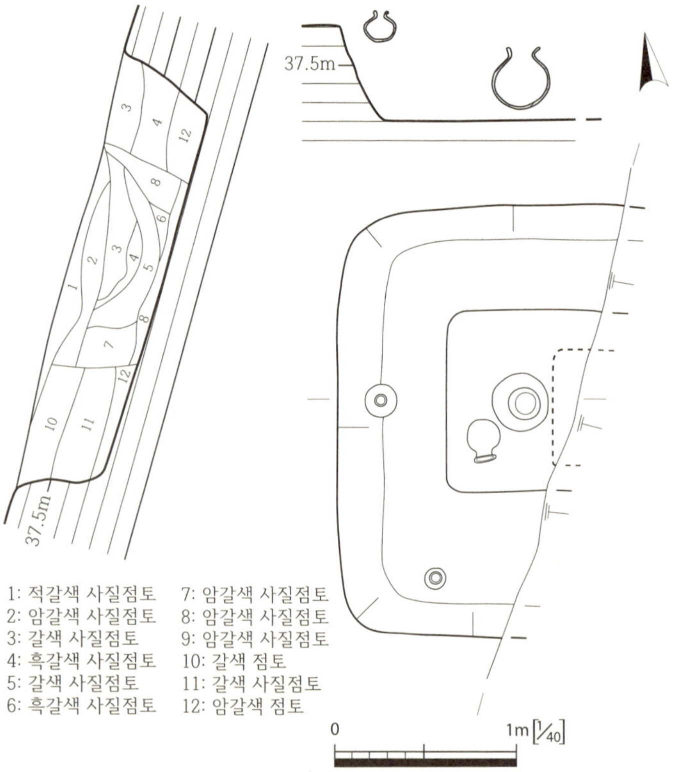

37.5m

37.5m

1: 적갈색 사질점토   7: 암갈색 사질점토
2: 암갈색 사질점토   8: 암갈색 사질점토
3: 갈색 사질점토   9: 암갈색 사질점토
4: 흑갈색 사질점토   10: 갈색 점토
5: 갈색 사질점토   11: 갈색 사질점토
6: 흑갈색 사질점토   12: 암갈색 점토

0   1m[1/40]

[유구사진]

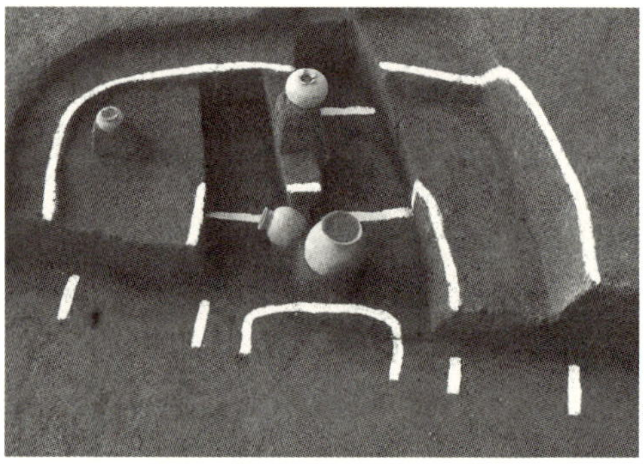

[관내]

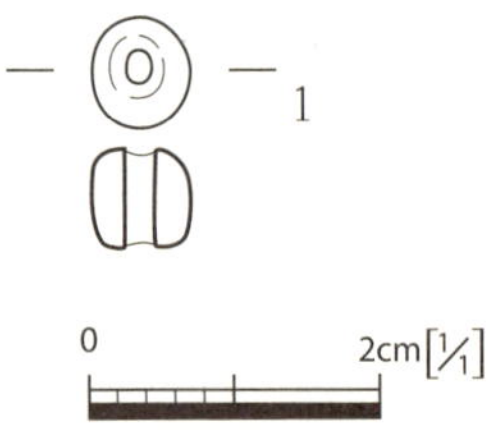

1

0   2cm[1/1]

[곽상부]

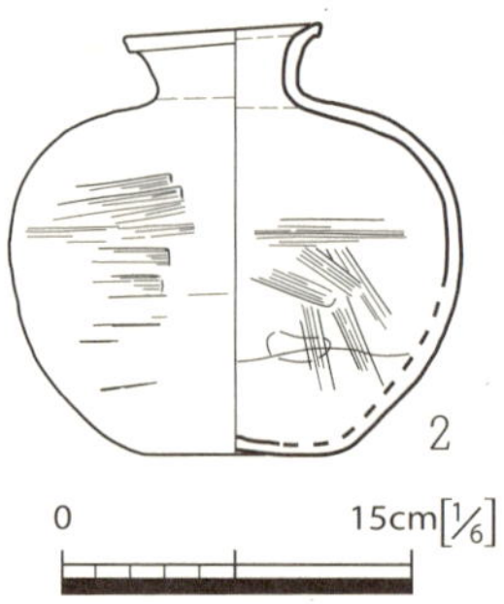

2

0   15cm[1/6]

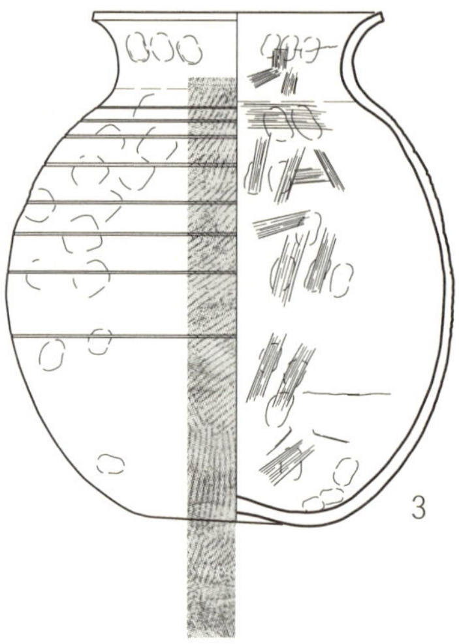

3

[출토유물]

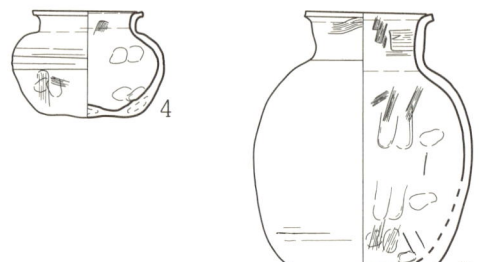

4

5

[6호 토광]

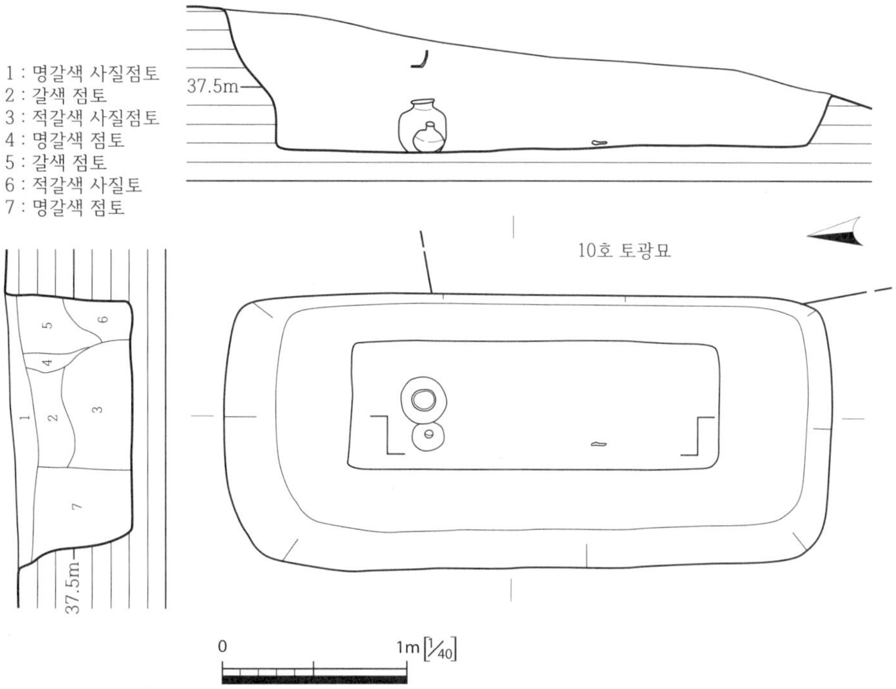

1 : 명갈색 사질점토
2 : 갈색 점토
3 : 적갈색 사질점토
4 : 명갈색 점토
5 : 갈색 점토
6 : 적갈색 사질토
7 : 명갈색 점토

37.5m

37.5m

10호 토광묘

0   1m[1/40]

[곽내]

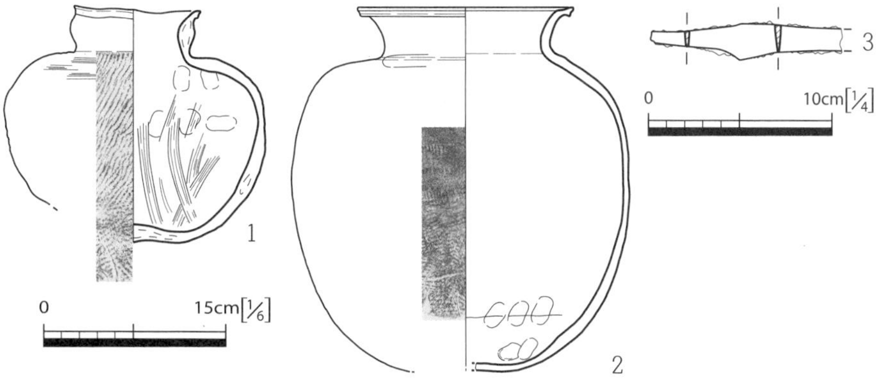

1

2

0   15cm[1/6]

3

0   10cm[1/4]

[곽상부]

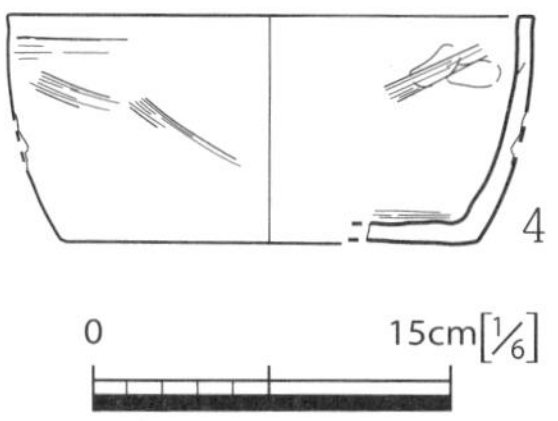

4

0   15cm[1/6]

[7호 토광]

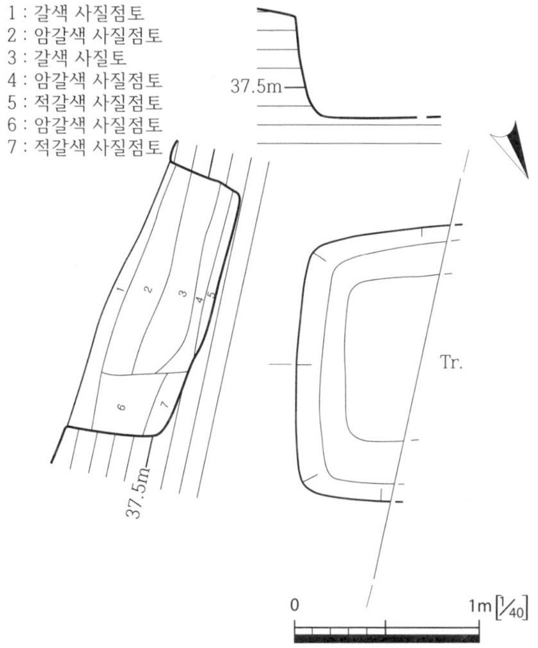

1 : 갈색 사질점토
2 : 암갈색 사질점토
3 : 갈색 사질토
4 : 암갈색 사질점토
5 : 적갈색 사질점토
6 : 암갈색 사질점토
7 : 적갈색 사질점토

37.5m

37.5m

Tr.

[유구사진]

0   1m[1/40]

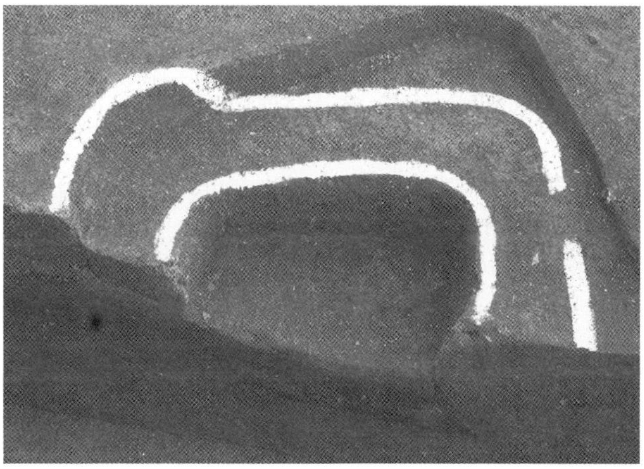

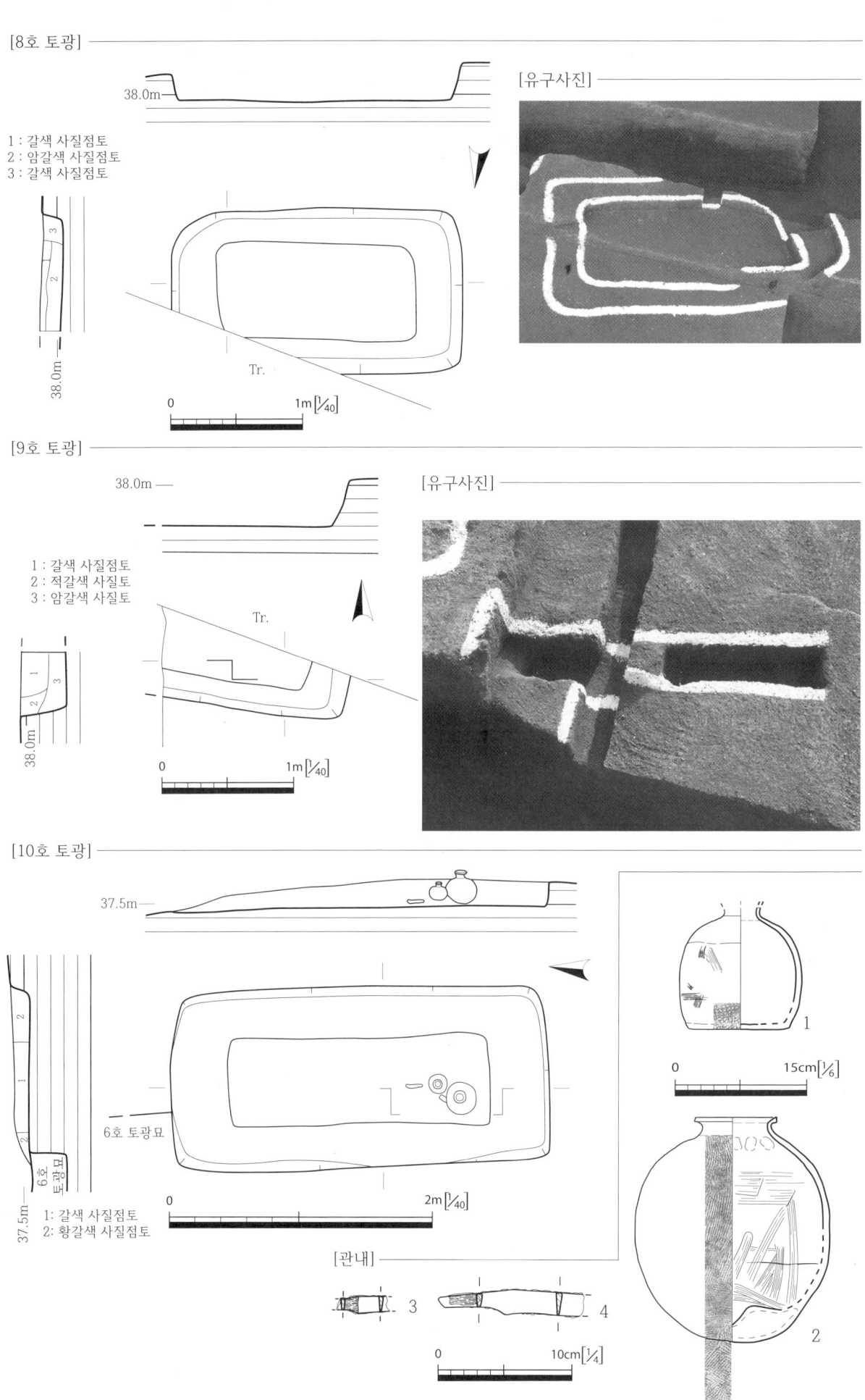

[8호 토광]

38.0m

1 : 갈색 사질점토
2 : 암갈색 사질점토
3 : 갈색 사질점토

3
1
2

38.0m

Tr.

[유구사진]

0   1m[1/40]

[9호 토광]

38.0m

1 : 갈색 사질점토
2 : 적갈색 사질점토
3 : 암갈색 사질토

2 1
   3

38.0m

Tr.

[유구사진]

0   1m[1/40]

[10호 토광]

37.5m

2

1

2

6호 토광묘

37.5m

1: 갈색 사질점토
2: 황갈색 사질점토

6호 토광묘

0   2m[1/40]

1

0   15cm[1/6]

2

[관내]

3   4

0   10cm[1/4]

Ⅰ지역 4호 분구묘

(단위 : cm)

분구크기 (길이×너비×높이)	3,000×2,700×(97+)		분구평면형태	장방형
분구장폭비	1.11:1		분구장축방향	N-13°-E
매장시설	토광(7), 옹관(3)		주구형태	'ㅁ'자형
유물	토 기	장경호(1), 호(1), 대옹(1:주구1)		
	철 기	미상철기(3)		
	청동기	-		
	옥석류	-		
	기 타	-		
	특기사항			

1호 토광				
묘광	크 기 (길이×너비×깊이)	392×164×(18+)	목관	크 기 (길이×너비×높이)	-
	장폭비	2.39:1		장폭비	-
	장축방향	N-15°-E	목곽	크 기 (길이×너비×높이)	(260+)×63×(18+)
	두 향	?		장폭비	?
유물	토 기	직구단경호(1), 광구호(1)		
	철 기	-		
	청동기	-		
	옥석류	-		
	기 타	-		
	특기사항			

2호 토광				
묘광	크 기 (길이×너비×깊이)	(100+)×(20+)×(31+)	목관	크 기 (길이×너비×높이)	?
	장폭비	?		장폭비	?
	장축방향	N-15°-E	목곽	크 기 (길이×너비×높이)	?
	두 향	?		장폭비	?
유물	토 기	소호(2), 삼족기(1)		
	철 기	-		
	청동기	-		
	옥석류	-		
	기 타	-		
	특기사항			

3호 토광					
묘광	크 기 (길이×너비×깊이)	(56+)×(77+)×(37+)	목관	크 기 (길이×너비×높이)	?
	장폭비	?		장폭비	?
	장축방향	N-25°-E	목곽	크 기 (길이×너비×높이)	?
	두 향	?		장폭비	?
유물	토 기				
	철 기	-			
	청동기	-			
	옥석류	-			
	기 타	-			
	특기사항	출토유물 없음.			
4호 토광					
묘광	크 기 (길이×너비×깊이)	(350+)×184×(45+)	목관	크 기 (길이×너비×높이)	-
	장폭비	?		장폭비	-
	장축방향	N-39°-E	목곽	크 기 (길이×너비×높이)	(280+)×82×(32+)
	두 향	?		장폭비	?
유물	토 기	호(1), 병(1)			
	철 기	도자(1)			
	청동기	-			
	옥석류	유리 구슬(9)			
	기 타	금동제 이식(2)			
	특기사항	유리 구슬 6점 도면 미게재.			
5호 토광					
묘광	크 기 (길이×너비×깊이)	528×230×(114+)	목관	크 기 (길이×너비×높이)	-
	장폭비	2.29:1		장폭비	-
	장축방향	N-13°-E	목곽	크 기 (길이×너비×높이)	352×104×(60+)
	두 향	남서쪽		장폭비	3.38:1
유물	토 기	광구호(1), 단경호(1)			
	철 기	도(3), 모(1), 도자(2), 단조철부(1), 관정(1), 미상철기(2)			
	청동기	-			
	옥석류	유리 구슬(2)			
	기 타	금제 이식(1)			
	특기사항				

6호 토광					
묘광	크 기 (길이×너비×깊이)	(340+)×202×(130+)	목관	크 기 (길이×너비×높이)	(260+)×62×?
	장폭비	?		장폭비	?
	장축방향	N-20°-E	목곽	크 기 (길이×너비×높이)	(304+)×124×(130+)
	두 향	북동쪽		장폭비	?
유물	토 기				
	철 기	모(1)			
	청동기		-		
	옥석류	유리 구슬(1)			
	기 타		-		
	특기사항				

7호 토광					
묘광	크 기 (길이×너비×깊이)	806×360×(110+)	목관	크 기 (길이×너비×높이)	-
	장폭비	2.23:1		장폭비	-
	장축방향	N-40°-E	목곽	크 기 (길이×너비×높이)	(348+)×102×(60+)
	두 향	남서쪽		장폭비	?
유물	토 기	단경호(1), 장경호(1)			
	철 기	銀張環頭刀(1), 도자(1), 주조철부(1), 단조철부(1), 횡공부(1), 겸(2), 미상철기(1)			
	청동기		-		
	옥석류	유리 관옥(1)			
	기 타	금제 이식(2)			
	특기사항				

주구 내 1호 옹관				
묘광	크 기 (길이×너비×깊이)	73×36×(14+)	옹관길이	(51.5)
	장폭비	2.02:1	결합형식	합구식
	장축방향	N-45°-W	안치형태	횡치
	두 향	?		
유물	토 기	심발형토기(1), 흑색마연직구단경호(1), 호(1)		
	철 기		-	
	청동기		-	
	옥석류		-	
	기 타		-	
	특기사항			

주구 내 2호 옹관				
묘광	크 기 (길이×너비×깊이)	73×37×(20+)	옹관길이	(63+)
	장폭비	1.97:1	결합형식	합구식
	장축방향	N-64°-W	안치형태	횡치
	두 향	?		
유물	토 기	심발형토기(1), 옹(2)		
	철 기	-		
	청동기	-		
	옥석류	-		
	기 타	-		
	특기사항			

3호 옹관				
묘광	크 기 (길이×너비×깊이)	113×83×(26+)	옹관길이	(59.3+)
	장폭비	1.60:1	결합형식	합구식
	장축방향	N-68°-W	안치형태	횡치
	두 향	?		
유물	토 기	단경호(1), 옹(1)		
	철 기	-		
	청동기	-		
	옥석류	-		
	기 타	-		
	특기사항			

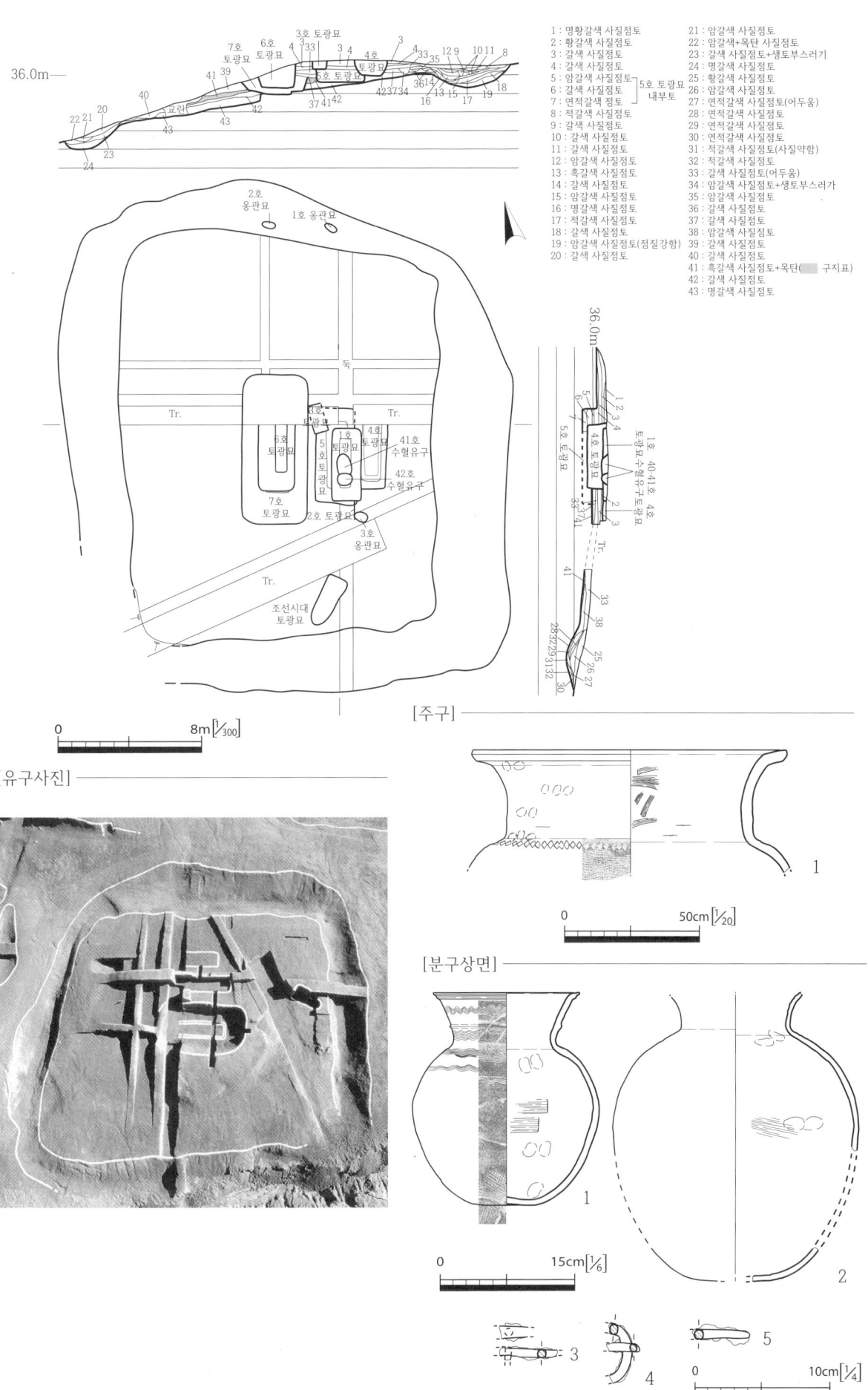

36.0m—

3호 토광묘
7호 토광묘
6호 토광묘
4호 토광묘
5호 토광묘 내부토
교란

1 : 명황갈색 사질점토
2 : 황갈색 사질점토
3 : 갈색 사질점토
4 : 갈색 사질점토
5 : 암갈색 사질점토
6 : 갈색 사질점토
7 : 연적갈색 사질점토
8 : 적갈색 사질점토
9 : 갈색 사질점토
10 : 갈색 사질점토
11 : 갈색 사질점토
12 : 암갈색 사질점토
13 : 흑갈색 사질점토
14 : 갈색 사질점토
15 : 암갈색 사질점토
16 : 명갈색 사질점토
17 : 적갈색 사질점토
18 : 갈색 사질점토
19 : 암갈색 사질점토(점질강함)
20 : 갈색 사질점토

21 : 암갈색 사질점토
22 : 암갈색+목탄 사질점토
23 : 갈색 사질점토+생토부스러기
24 : 명갈색 사질점토
25 : 황갈색 사질점토
26 : 연적갈색 사질점토
27 : 연적갈색 사질점토(어두움)
28 : 연적갈색 사질점토
29 : 연적갈색 사질점토
30 : 연적갈색 사질점토
31 : 적갈색 사질점토(사질약함)
32 : 적갈색 사질점토
33 : 갈색 사질점토(어두움)
34 : 암갈색 사질점토+생토부스러가
35 : 암갈색 사질점토
36 : 갈색 사질점토
37 : 갈색 사질점토
38 : 암갈색 사질점토
39 : 암갈색 사질점토
40 : 갈색 사질점토
41 : 흑갈색 사질점토+목탄 (▨ 구지표)
42 : 갈색 사질점토
43 : 명갈색 사질점토

2호 옹관묘
1호 옹관묘

독

Tr.
6호 토광묘
3호 토광묘
5호 토광묘
4호 토광묘
41호 수혈유구
42호 수혈유구
7호 토광묘
Tr.
2호 토광묘
3호 옹관묘

Tr.
조선시대 토광묘

0   8m[1/300]

36.0m—
5호 토광묘
4호 토광묘
1호 40·41호 토광묘 수혈유구 4호 토광묘
Tr.

[주구]

0   50cm[1/20]

1

[분구상면]

0   15cm[1/6]

1   2

3   4   5

0   10cm[1/4]

[유구사진]

[1호 토광]

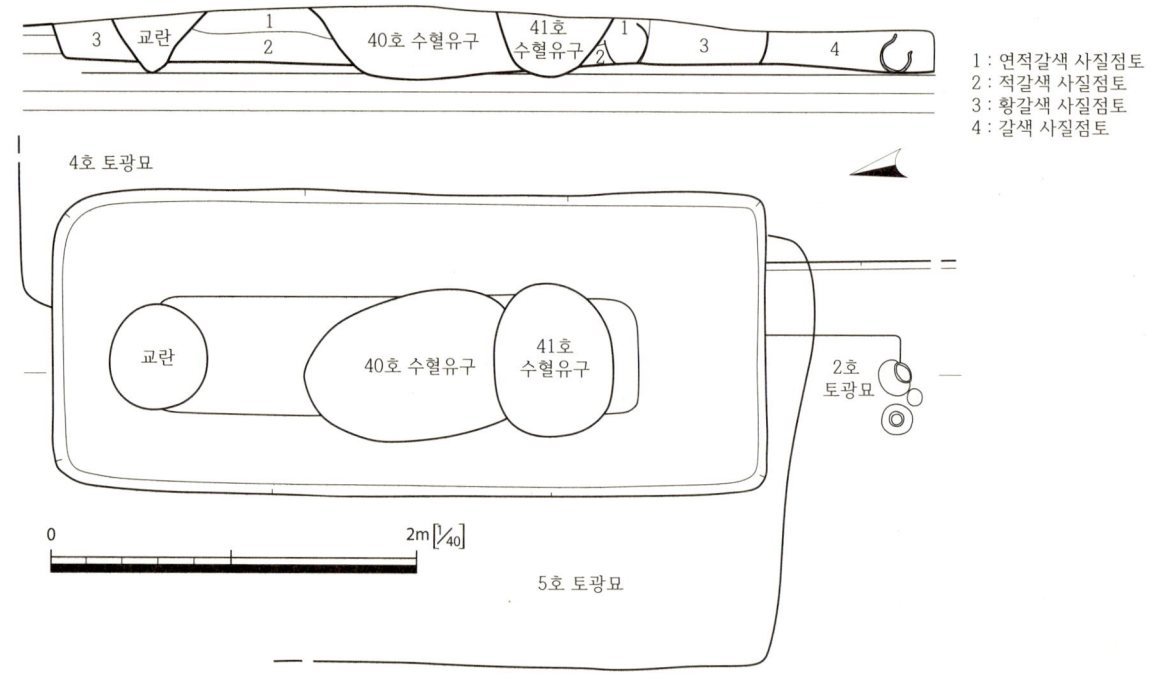

1 : 연적갈색 사질점토
2 : 적갈색 사질점토
3 : 황갈색 사질점토
4 : 갈색 사질점토

0   2m [1/40]

[출토유물]

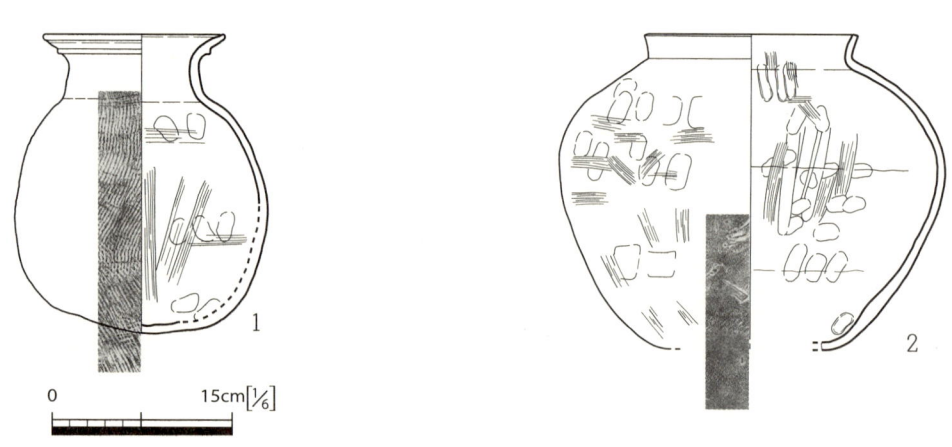

0   15cm [1/6]

[2호 토광]

[출토유물]

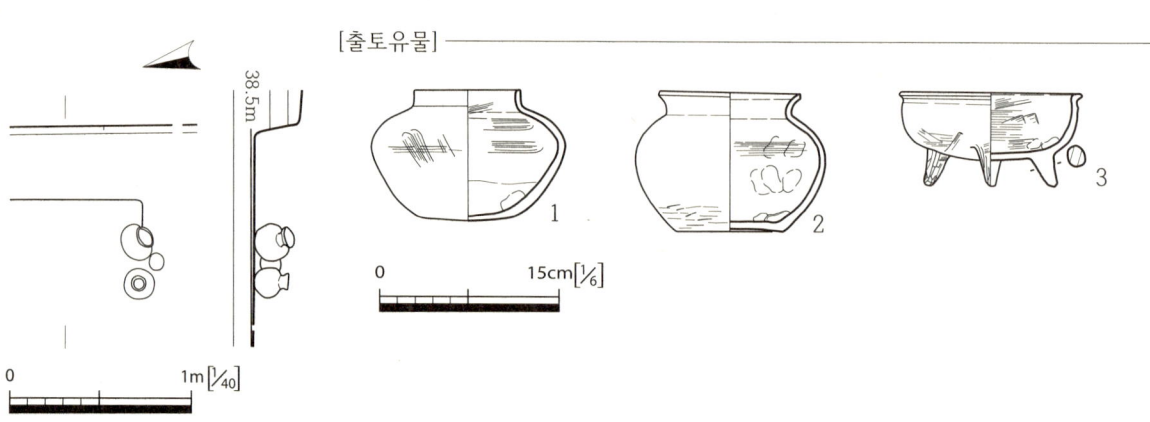

0   15cm [1/6]

0   1m [1/40]

[3호 토광]

36.5m

Tr.

36.5m

1

1 : 암갈색 사질점토

0   1m[1/40]

[4호 토광]

4~5
36.0m
6
1~2

Tr.

4
6
3
1 2
6

4
5

36.0m

Tr.

1 : 암갈색 사질점토
2 : 암적갈색 사질점토
3 : 갈색 사질점토
4 : 적갈색 사질점토
5 : 암적갈색 사질점토
6 : 암갈색 사질점토
  -입자 고움, 붉은 빛 돔

0   2m[1/40]

[곽내]

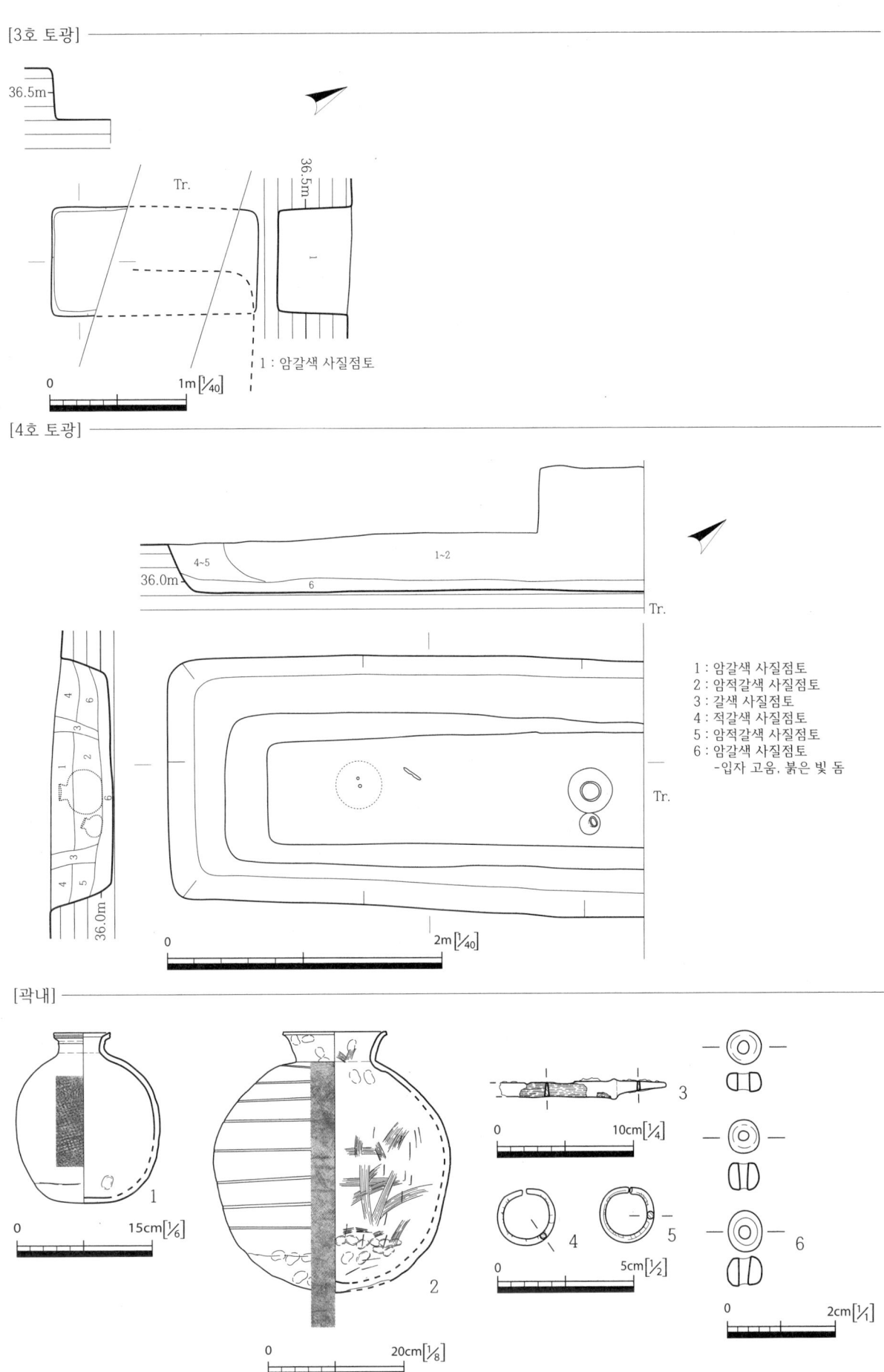

1

0   15cm[1/6]

2

0   20cm[1/8]

3

0   10cm[1/4]

4   5

0   5cm[1/2]

6

0   2cm[1/1]

36.0m

4호 토광묘

4호 토광묘
36.0m
분구 성토층
3호 토광묘

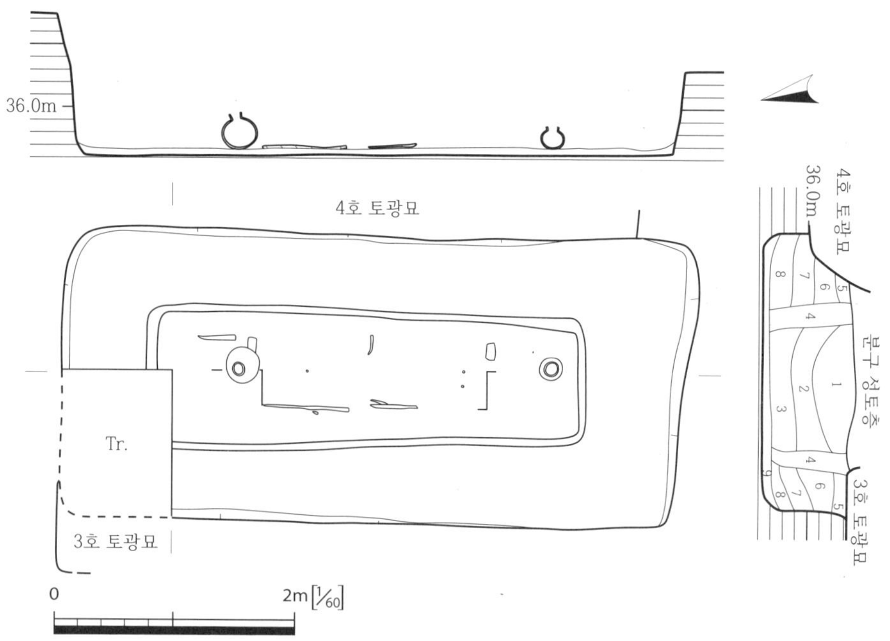

1 : 적갈색 사질점토
2 : 명갈색 사질점토
3 : 암갈색 사질점토
4 : 황갈색 사질점토
5 : 명갈색 사질점토
6 : 갈색 사질점토
7 : 적갈색 사질점토
8 : 암갈색 사질점토
9 : 흑갈색 사질점토

Tr.

3호 토광묘

0   2m[1/60]

[곽내]

0   15cm[1/6]

1

2

0   10cm[1/4]

7

8

3

5

4

6

9   10   11

0   10cm[1/4]

12

0   20cm[1/8]

13

14

0   5cm[1/2]

0   2cm[1/1]

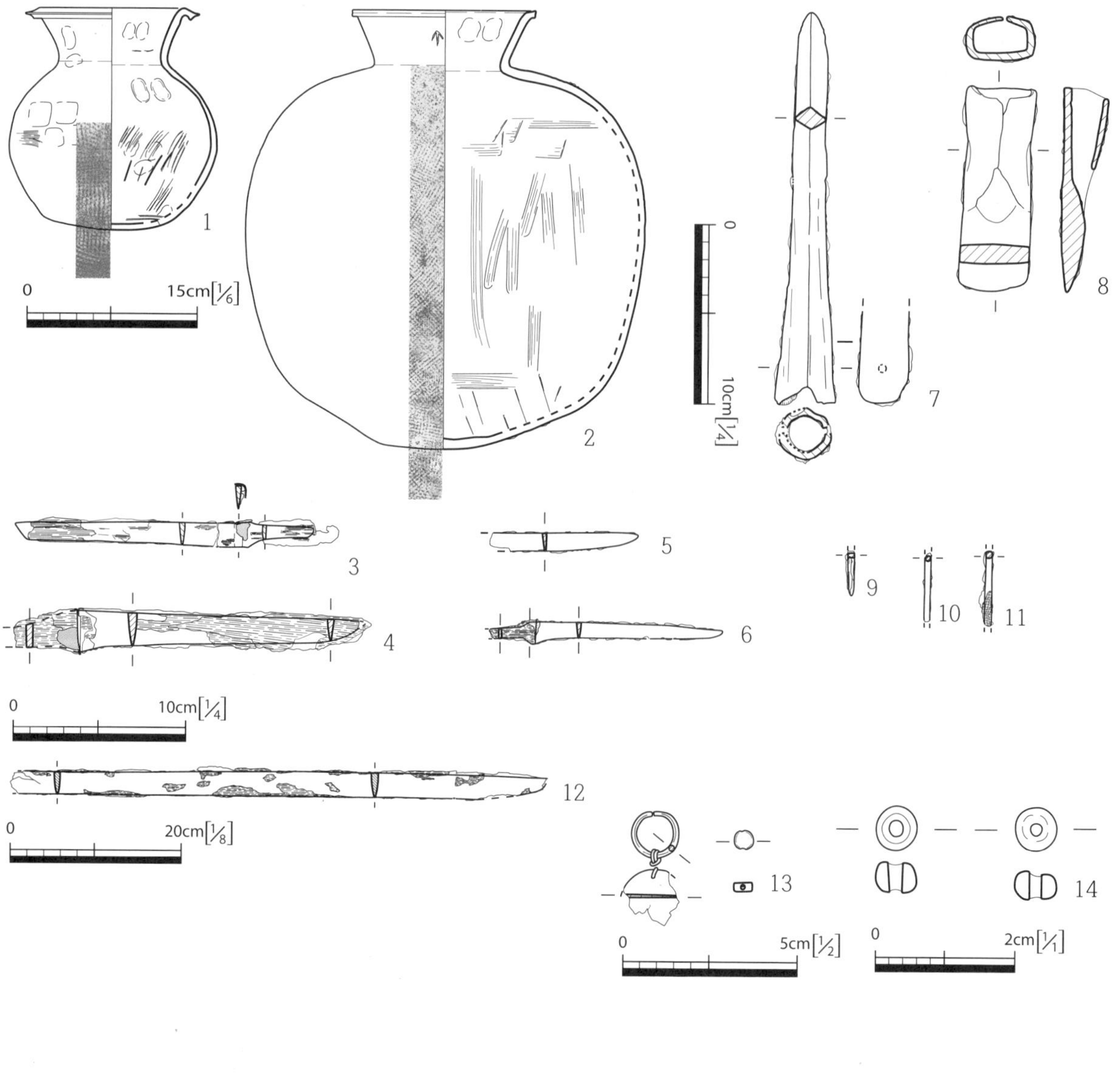

[관상부]

35.5m —

Tr.

3

1

2

3

35.5m

0   2m[1/40]

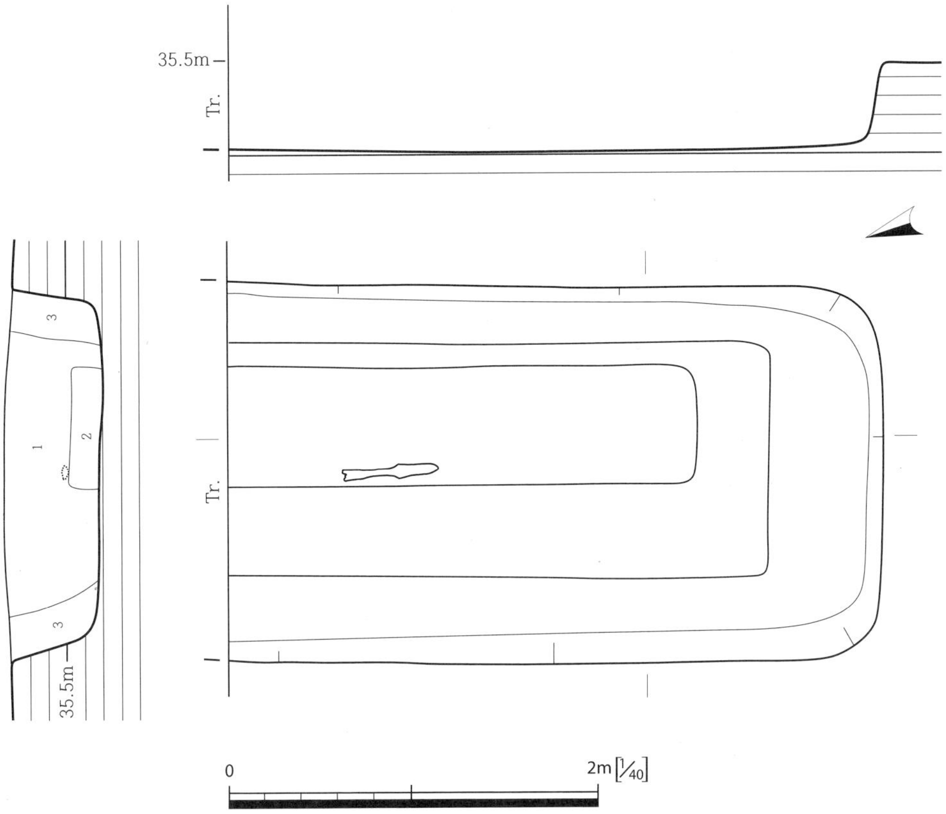

1 : 적갈색 사질점토
2 : 적갈색 사질점토(목관흔적)
3 : 갈색 사질점토

1/4

10cm

0

1

2

0   2cm[1/1]

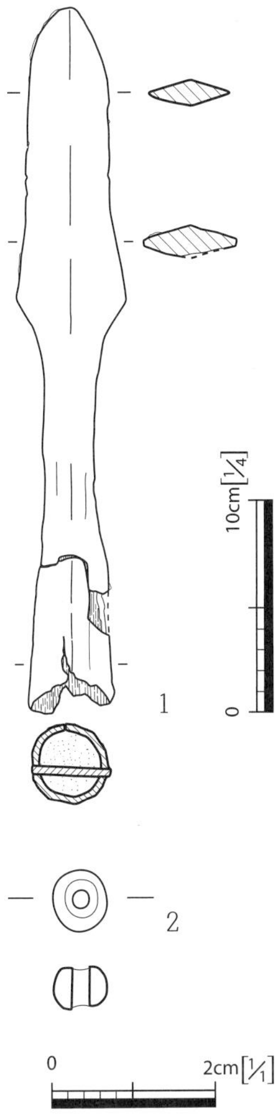

[7호 토광]

1 : 암갈색 사질점토
2 : 갈색 사질점토
3 : 황갈색 사질점토
4 : 암갈색 사질점토
5 : 황갈색 사질점토
6 : 명갈색 사질점토

35.5m

35.5m

35.5m

6호 토광묘

5
6
3
4
4

Tr.

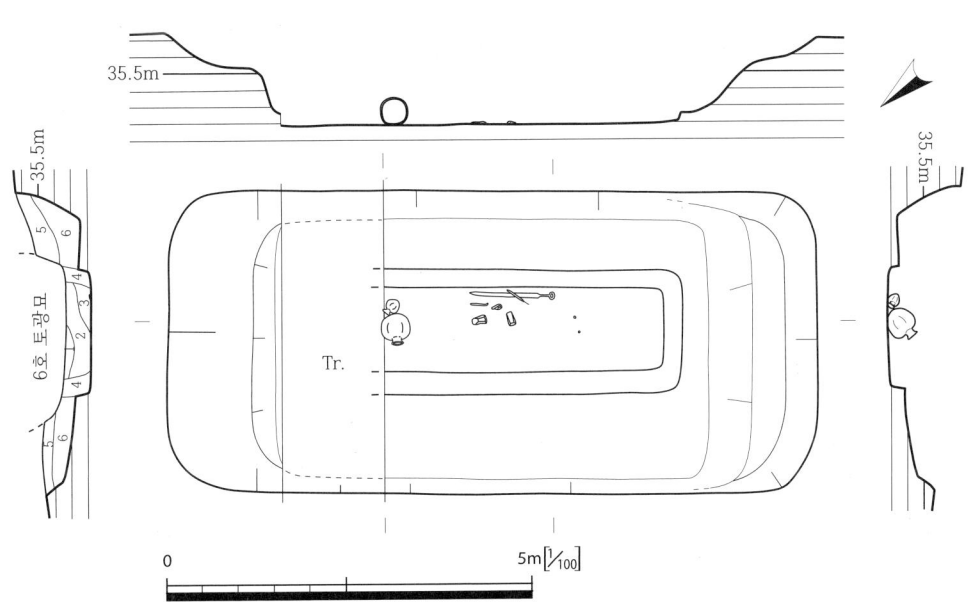

0   5m[1/100]

[7호 토광]

[유구사진]

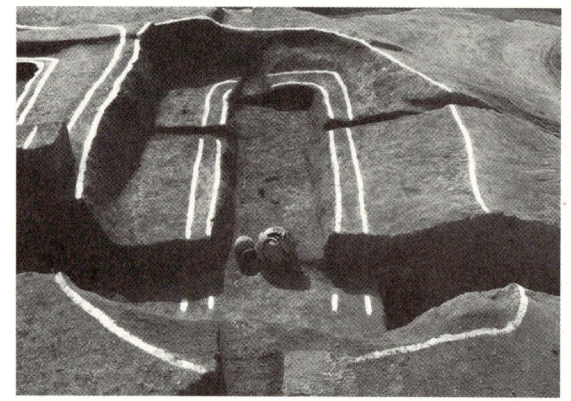

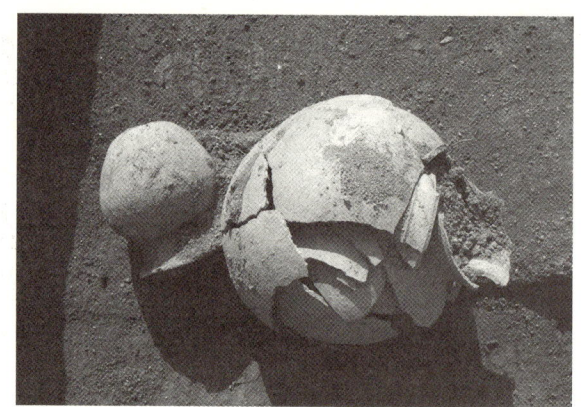

[곽내]

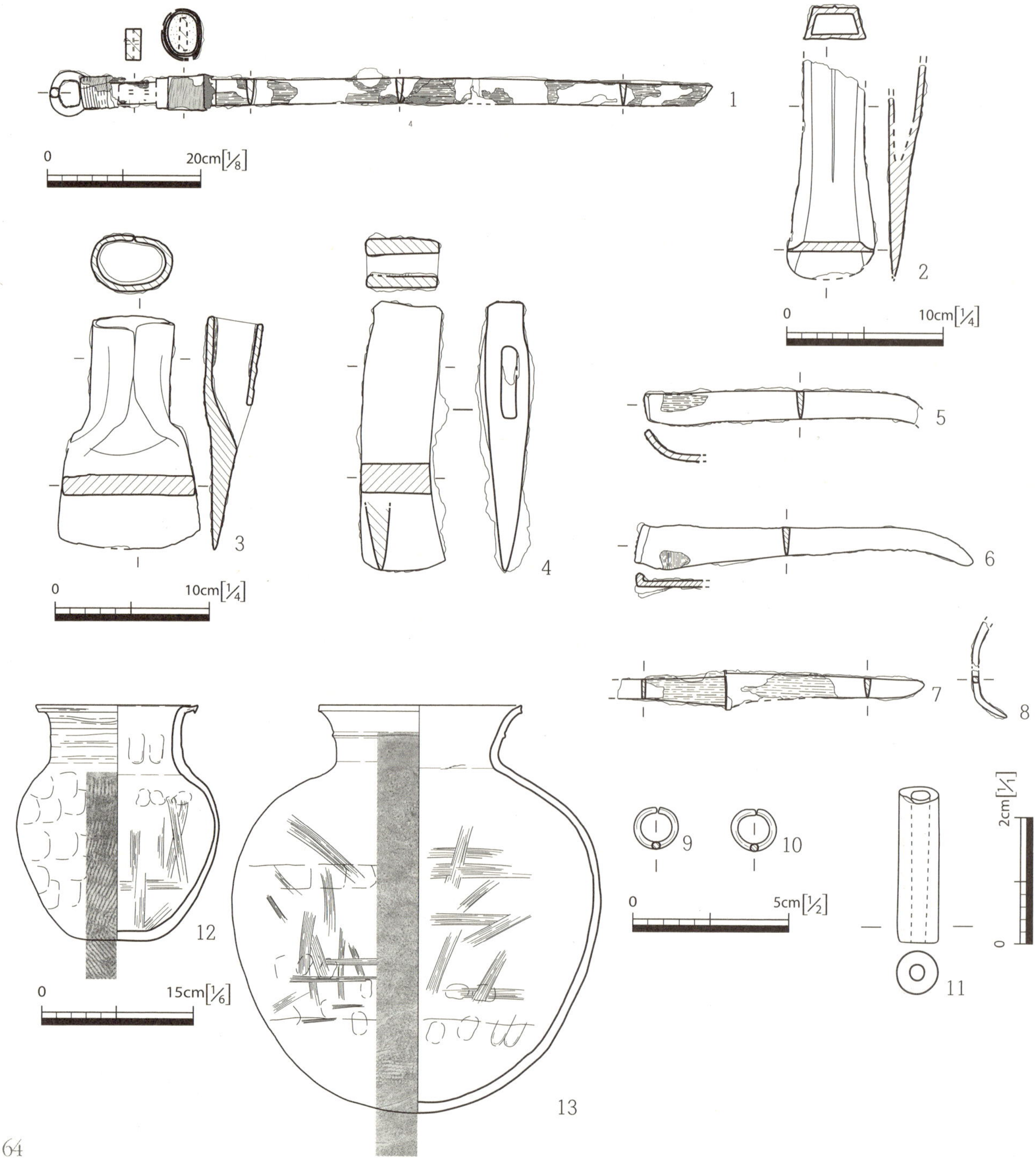
1
0
20cm[1/8]
2
0
10cm[1/4]
3
4
0
10cm[1/4]
5
6
7
8
12
0
15cm[1/6]
13
9
10
0
5cm[1/2]
11
0
2cm[1/1]

[주구 내 1호 옹관]

[유구사진]

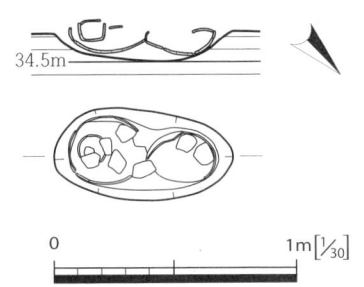

34.5m

0　　　　　　　　1m[1/30]

[옹관]

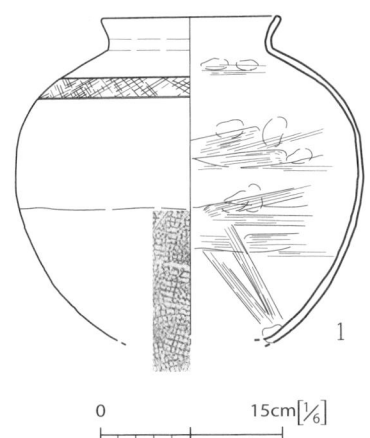

1

2

0　　　　　　　　15cm[1/6]

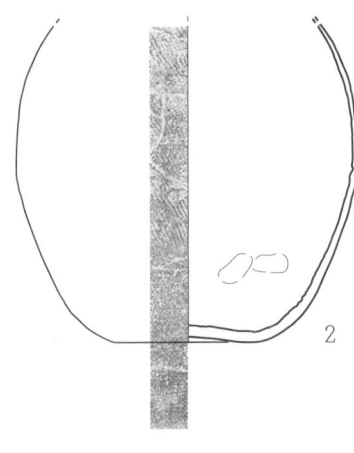

[출토유물]

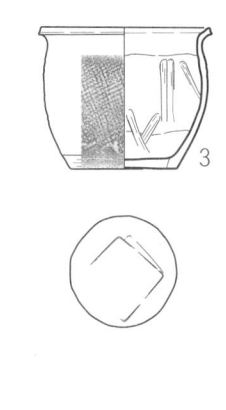

3

[주구 내 2호 옹관]

[옹관]

34.0m

0　　　　　　　　1m[1/30]

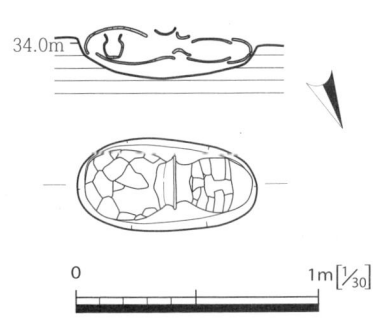

[출토유물]

3

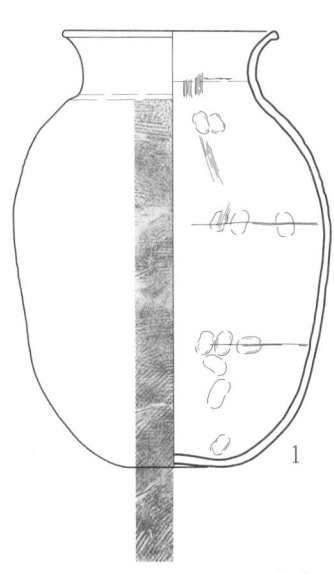

1

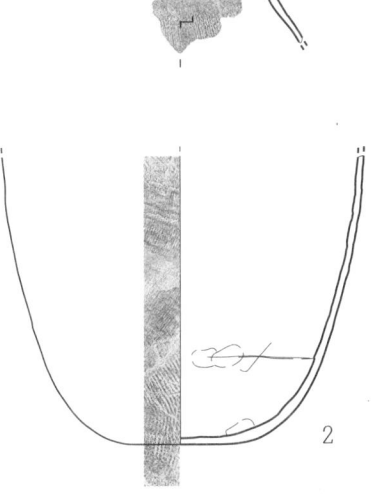

2

0　　　　　　　　15cm[1/6]

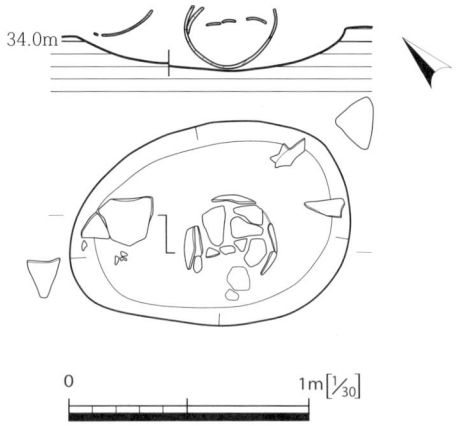

34.0m

0　　　　　　　　　1m[1/30]

[옹관]

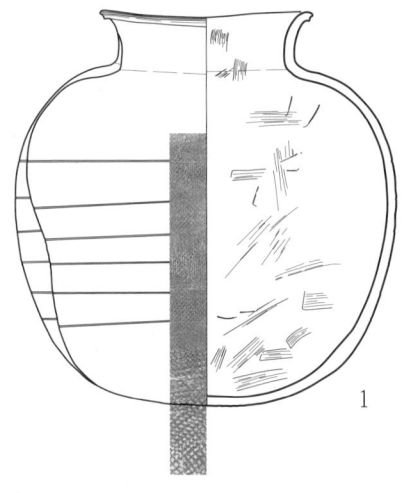

1

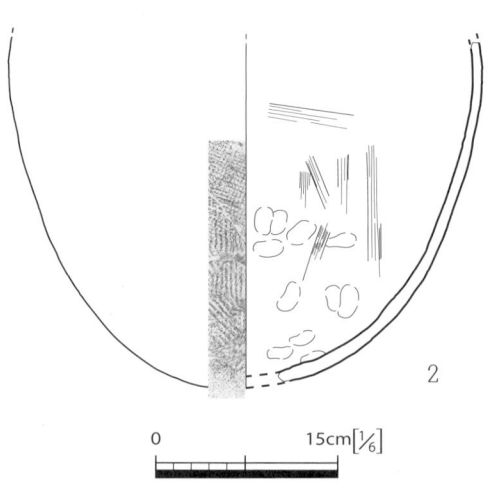

2

0　　　　　　　　15cm[1/6]

I 지역 5호 분구묘

(단위 : cm)

분구크기 (길이×너비×높이)	1,900×1,400×(90+)	분구평면형태	장방형
분구장폭비	1.35:1	분구장축방향	N-64°-E
매 장 시 설	토광(1)	주구형태	(방형)

유물	토 기	심발형토기(2), 호(4)
	철 기	-
	청 동 기	-
	옥 석 류	-
	기 타	-
	특기사항	

			1호 토광		
묘광	크 기 (길이×너비×깊이)	620×328×(104+)	목관	크 기 (길이×너비×높이)	(192+)×60×(56+)
	장 폭 비	1.89:1		장 폭 비	?
	장축방향	N-49°-W	목곽	크 기 (길이×너비×높이)	(408+)×152×(80+)
	두 향	북서쪽		장 폭 비	?
유물	토 기	직구호(1), 광구호(1), 단경호(3), 단경소호(1)			
	철 기	三葉環頭刀(1), 모(1), 촉(1), 도자(1), 단조철부(1), 겸(1), ㄴ자형철기(1), 초두(1), 미상철기(1)			
	청 동 기	-			
	옥 석 류	곡옥(1), 유리 구슬(32)			
	기 타	금동제 관모(1), 금제 장식(1), 금동제 이식(1)			
	특기사항	유리 구슬 29점 도면 미게재.			

[유구사진]

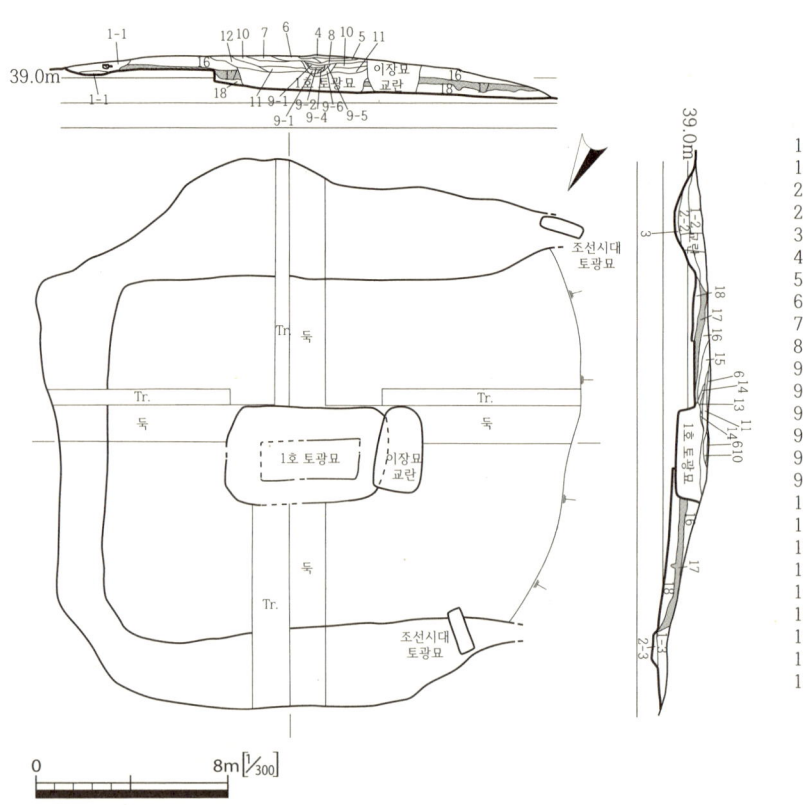

1-1 : 암갈색 사질점토
1-2 : 흑갈색 사질점토
2-1 : 흑갈색 사질점토
2-2 : 암갈색 사질점토
3 : 흑갈색 사질점토
4 : 갈색 사질점토
5 : 갈색 사질점토
6 : 암갈색 사질점토
7 : 명갈색 사질점토
8 : 적갈색 사질점토
9-1 : 암적갈색 사질점토
9-2 : 갈색 사질점토
9-3 : 갈색 사질점토
9-4 : 암갈색 사질점토
9-5 : 적갈색 사질점토
9-6 : 암갈색 사질점토
10 : 명적갈색 사질점토
11 : 적갈색 사질점토
12 : 갈색 사질점토
13 : 갈색 사질점토
14 : 적갈색 사질점토
15 : 적갈색 사질점토
16 : 적갈색 사질점토
17 : 암갈색 사질점토 (▓ 구지표)
18 : 적갈색 사질점토

[분구상면]

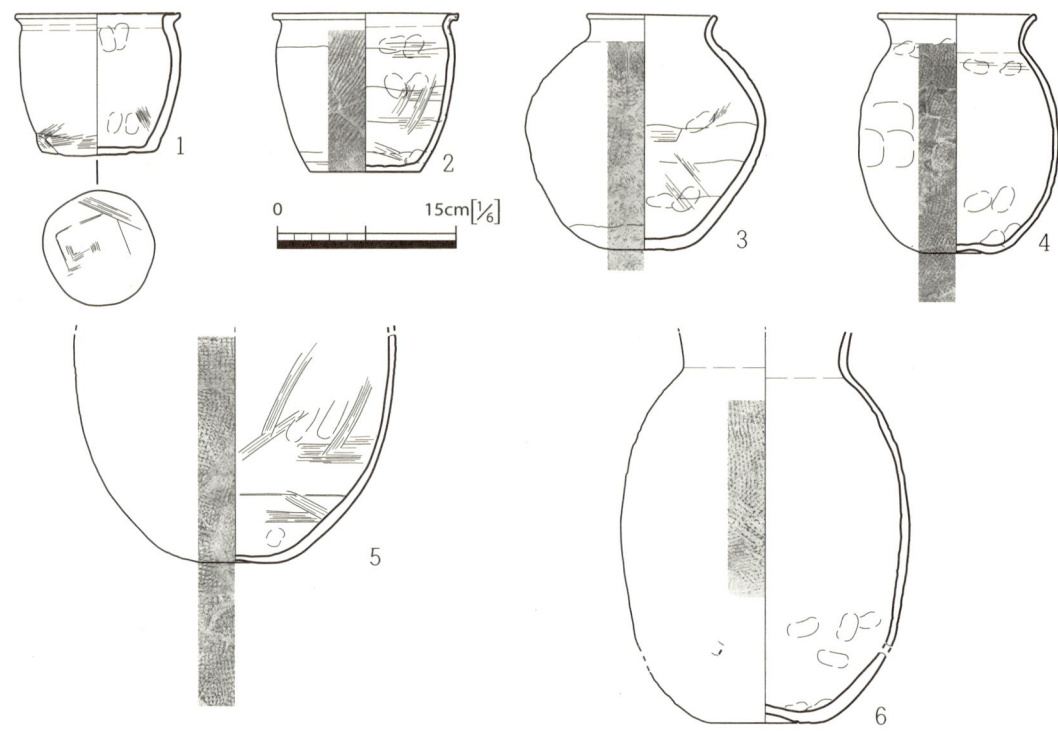

[1호 토광]

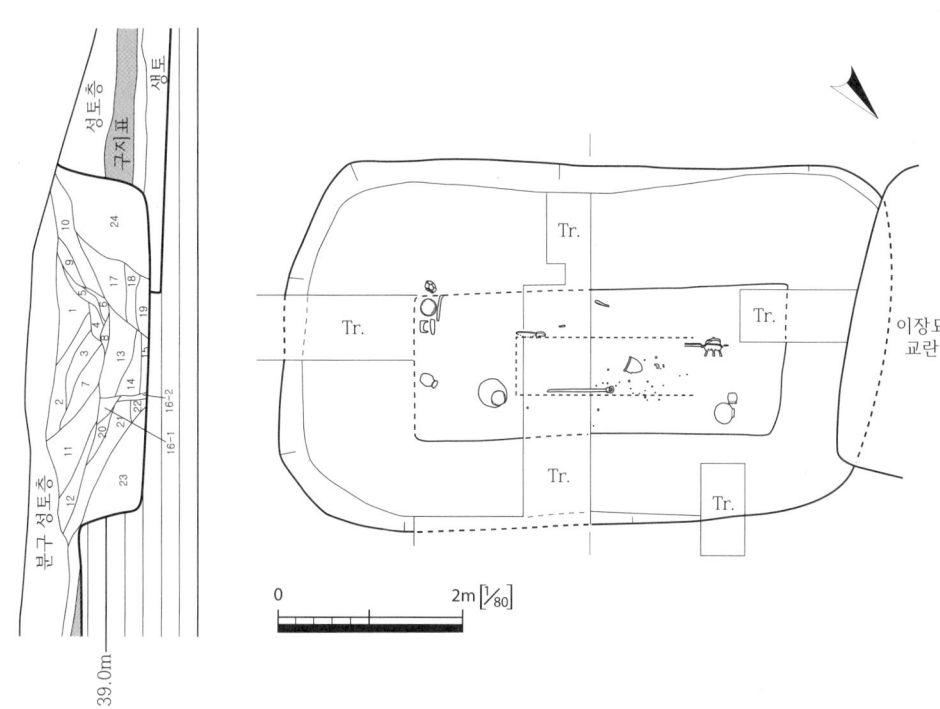

1: 암갈색 사질점토
2: 암적갈색 사질점토
3: 갈색 사질점토
4: 흑갈색 사질점토
5: 암갈색 사질점토
6: 갈색 사질점토
7: 갈색 사질점토
8: 갈색 사질점토
9: 암적갈색 사질점토
10: 적갈색 사질점토
11: 갈색 사질점토
12: 적갈색 사질점토
13: 암갈색 사질점토
14: 암갈색 사질점토
15: 암적갈색 사질점토
16-1: 적갈색 사질점토
16-2: 갈색 사질점토
17: 갈색 사질점토
18: 갈색 사질점토
19: 암갈색 사질점토
20: 암갈색 사질점토
21: 암갈색 사질점토
22: 암갈색 사질점토
23: 암적갈색 사질점토
24: 암적갈색 사질점토

성토층
구지표
생토
분구 성토층
39.0m

Tr.
Tr.
Tr.
Tr.
Tr.
이장묘
교란
0
2m[1/80]

[관내]

1
2
3
4
5
6
7
0
20cm[1/8]
0
20cm[1/8]
0
10cm[1/4]
0
5cm[1/2]
0
2cm[1/1]

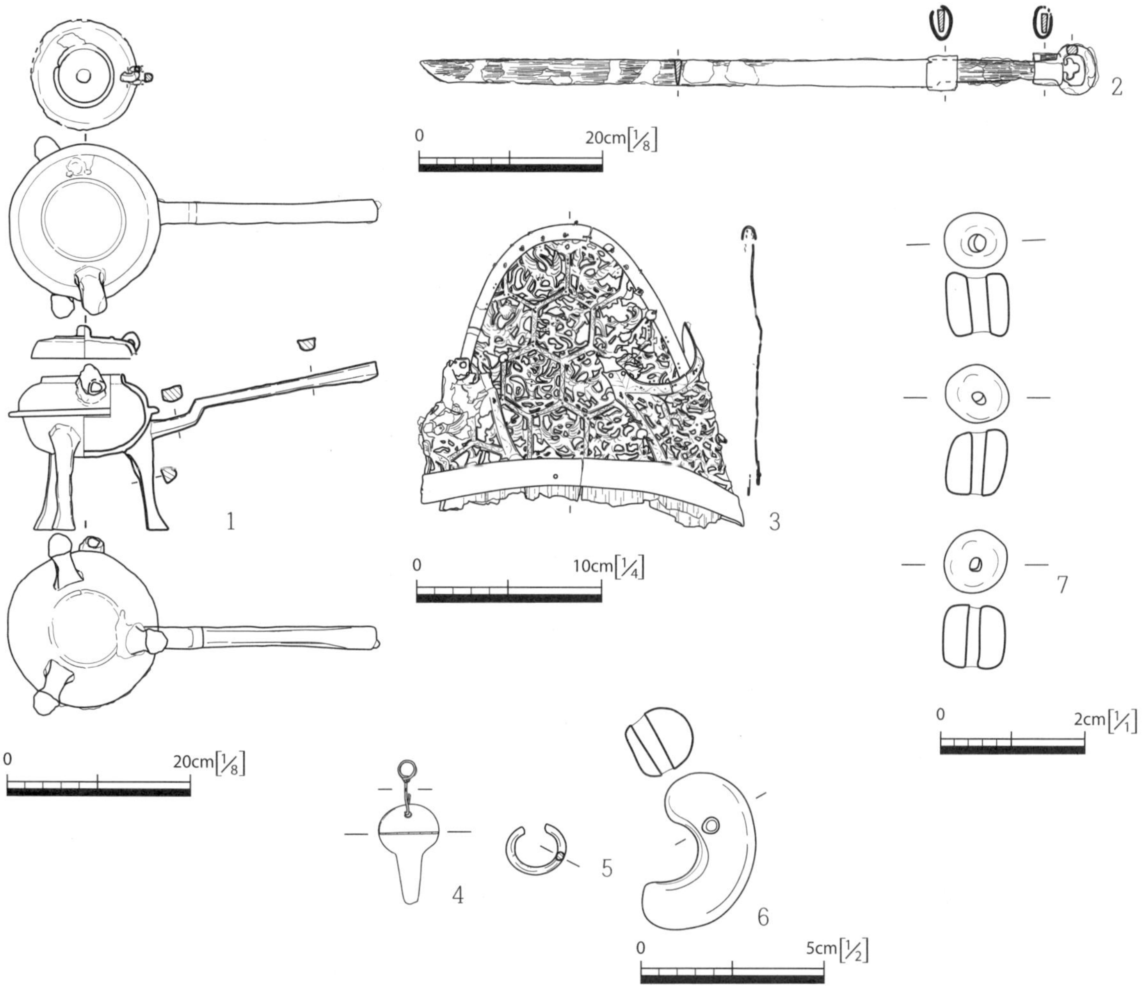

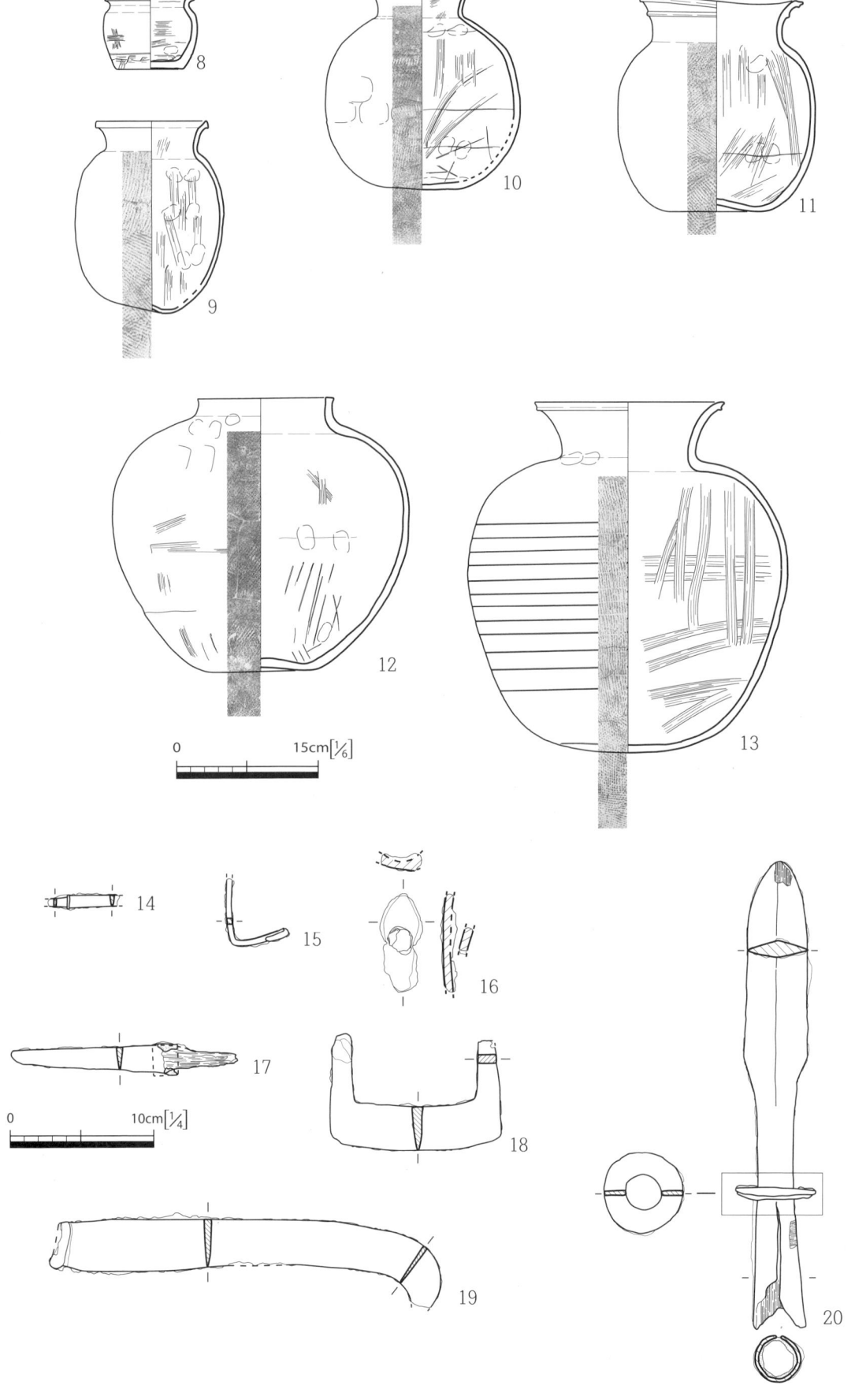

0   15cm[⅙]

0   10cm[¼]

Ⅰ지역 6호 분구묘

(단위 : cm)

분구크기 (길이×너비×높이)	3,000×4,000×(90+)	분구평면형태		장방형
분구장폭비	1:1.33	분구장축방향		N-62°-W
매 장 시 설	토광(8), 옹관(1)	주구형태		방형
유물	토 기	삼족기(2), 병(1), 직구호(1), 광구장경호(1), 단경호(3:주구2), 소호(1)		
	철 기	도자(1)		
	청 동 기	-		
	옥 석 류			
	기 타	녹유사이부호(1:주구1)		
	특기사항			

			1호 토광		
묘광	크 기 (길이×너비×깊이)	(268+)×(240+)×(22+)	목관	크 기 (길이×너비×높이)	?
	장 폭 비	?		장 폭 비	?
	장축방향	N-51°-E	목곽	크 기 (길이×너비×높이)	(252+)×(140+)×(12+)
	두 향	?		장 폭 비	?
유물	토 기	광구호(1), 단경호(1)			
	철 기	-			
	청 동 기	-			
	옥 석 류	-			
	기 타	-			
	특기사항				

			2호 토광		
묘광	크 기 (길이×너비×깊이)	(153+)×(260+)×(90+)	목관	크 기 (길이×너비×높이)	(61+)×(110+)×(61+)
	장 폭 비	?		장 폭 비	?
	장축방향	N-75°-W	목곽	크 기 (길이×너비×높이)	?
	두 향	?		장 폭 비	?
유물	토 기	-			
	철 기	주조철부(1)			
	청 동 기	-			
	옥 석 류	-			
	기 타	-			
	특기사항	토광으로 보고하였으나 유구의 성격이 확실치 않음.			

3호 토광

묘광	크 기 (길이×너비×깊이)	?	목관	크 기 (길이×너비×높이)	?
	장폭비	?		장폭비	?
	장축방향	?	목곽	크 기 (길이×너비×높이)	?
	두 향	?		장폭비	?
유물	토 기				
	철 기	-			
	청 동 기	-			
	옥석류	유리 구슬(1)			
	기 타	-			
특기사항	토광으로 보고하였으나 유구의 성격이 확실치 않음.				

4호 토광

묘광	크 기 (길이×너비×깊이)	(428+)×132×(43+)	목관	크 기 (길이×너비×높이)	226×82×(38+)
	장폭비	?		장폭비	2.75:1
	장축방향	N-23°-E	목곽	크 기 (길이×너비×높이)	-
	두 향	?		장폭비	-
유물	토 기	단경호(2)			
	철 기	-			
	청 동 기	-			
	옥석류	-			
	기 타	-			
특기사항					

5호 토광

묘광	크 기 (길이×너비×깊이)	(433+)×(275+)×(85+)	목관	크 기 (길이×너비×높이)	251×80×(85+)
	장폭비	?		장폭비	3.13:1
	장축방향	N-20°-E	목곽	크 기 (길이×너비×높이)	(386+)×160×(85+)
	두 향	?		장폭비	-
유물	토 기	광구호(1), 단경호(1)			
	철 기	도자(2), 관정(2)			
	청 동 기	-			
	옥석류	유리 곡옥(1), 금박 연주옥(2), 금박 유리 구슬(9), 유리 구슬(137)			
	기 타	금동제 이식(2)			
특기사항	금박 유리 구슬 7점, 유리 구슬 131점 도면 미게재.				

	6호 토광				
묘광	크 기 (길이×너비×깊이)	(384+)×209×(106+)	목관	크 기 (길이×너비×높이)	264×83×(47+)
	장 폭 비	?		장 폭 비	3.18:1
	장축방향	N-36°-E	목곽	크 기 (길이×너비×높이)	343×114×(70+)
	두 향	남서쪽		장 폭 비	3.00:1
유물	토 기	단경호(2)			
	철 기	象嵌文環頭刀(1), 도자(3), 단조철부(2), 횡공부(1), U자형 삽날(1), ㄴ자형 철기(1), 겸(1), 관정(7), 미상철기(2)			
	청 동 기	-			
	옥 석 류	다면옥(1), 유리 구슬(50)			
	기 타	금동제 식리(?), 금제 이식(2)			
	특기사항	유리 구슬 44점 도면 미게재. 금동제 식리 도면 미게재.			
	7호 토광				
묘광	크 기 (길이×너비×깊이)	(540+)×268×(152+)	목관	크 기 (길이×너비×높이)	270×74×(116+)
	장 폭 비	?		장 폭 비	3.64:1
	장축방향	N-31°-E	목곽	크 기 (길이×너비×높이)	390×140×(116+)
	두 향	남서쪽		장 폭 비	2.78:1
유물	토 기	단경호(2)			
	철 기	鐵鋌(4), 관정(1)			
	청 동 기	-			
	옥 석 류	곡옥(1), 관옥(1), 유리 구슬(142)			
	기 타	금제 이식(2)			
	특기사항	유리 구슬 139점 도면 미게재.			
	8호 토광				
묘광	크 기 (길이×너비×깊이)	?	목관	크 기 (길이×너비×높이)	?
	장 폭 비	?		장 폭 비	?
	장축방향	N-28°-E	목곽	크 기 (길이×너비×높이)	?
	두 향	?		장 폭 비	?
유물	토 기	단경호(1), 병(1)			
	철 기	관정(1)			
	청 동 기	-			
	옥 석 류	관옥(1), 유리 구슬(7)			
	기 타	-			
	특기사항	유리 구슬 4점 도면 미게재.			

1호 옹관				
묘광	크 기 (길이×너비×깊이)	144×45×(41+)	옹관길이	76.1
	장폭비	3.20:1	결합형식	삼옹식
	장축방향	N-36°-E	안치형태	횡치
	두 향	?		
유물	토 기	심발형토기(1), 단경호(2)		
	철 기	-		
	청동기	-		
	옥석류	-		
	기 타	-		
	특기사항			

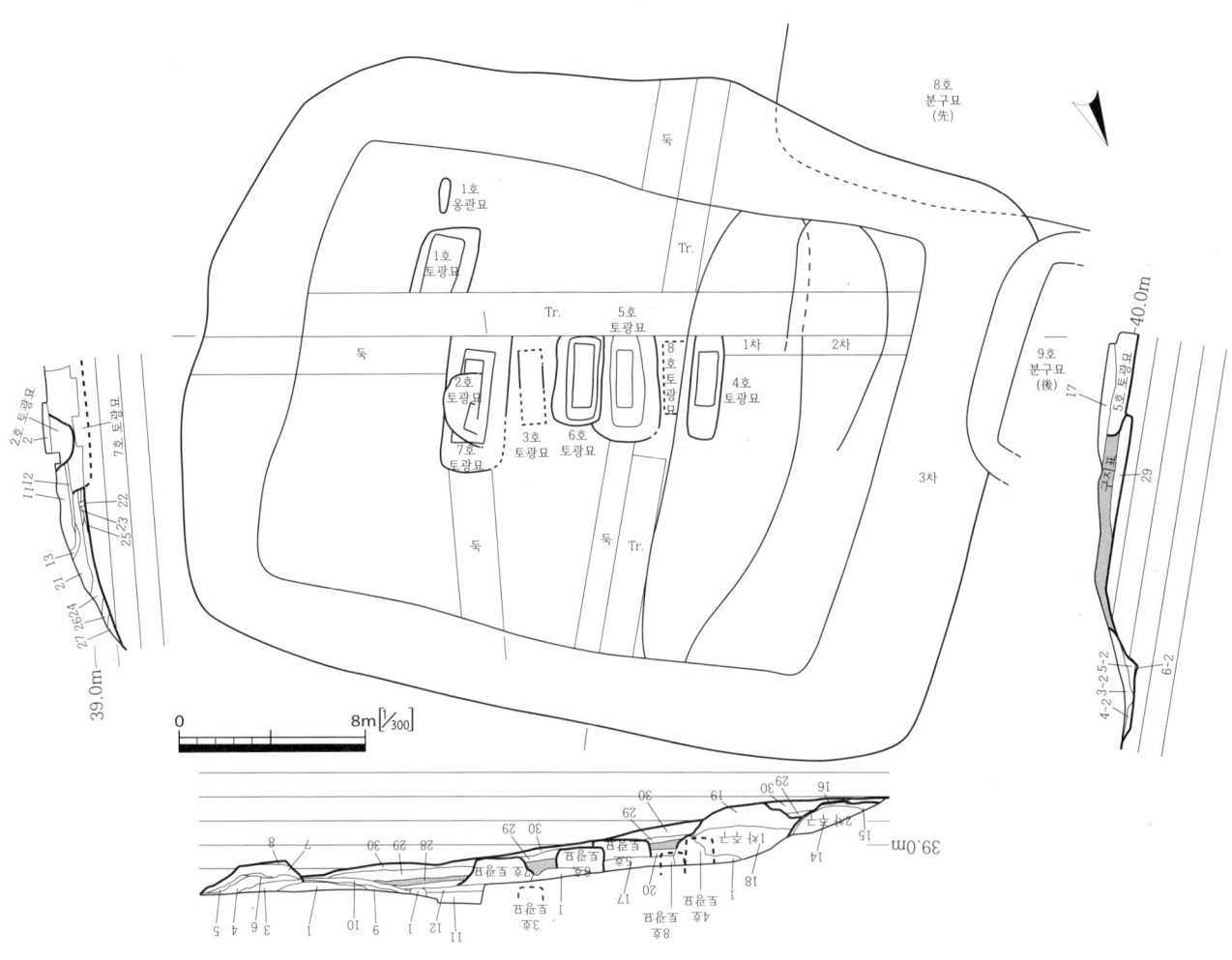

1 : 표토 및 교란   5 : 흑갈색 사질점토   9 : 암갈색 사질점토   15 : 흑갈색 점토   21 : 흑갈색 사질점토

2 : 암적갈색 사질토   5-2 : 암갈색 사질점토   10 : 갈색 사질토   16 : 암적갈색 사질점토   22 : 회색 사질점토+흑갈색 사질점토

3 : 갈색 사질점토   6 : 흑갈색 점토   11 : 명적갈색 사질토   17 : 명적갈색 사질토   23 : 흑갈색 사질점토   27 : 암갈색 사질점토

3-2 : 흑갈색 점토   6-2 : 암갈색 점토   12 : 적갈색 사질토   18 : 적갈색 사질토   24 : 암갈색 사질점토   28 : 흑갈색 점토(■구지표)

4 : 암갈색 사질점토   7 : 암갈색 사질점토   13 : 암갈색 사질점토   19 : 흑갈색 사질점토   25 : 흑갈색 사질점토   29 : 갈색 사질점토

4-2 : 암갈색 점토   8 : 적갈색 사질토   14 : 암적갈색 사질토   20 : 적갈색 사질토   26 : 흑색 사질점토   30 : 황갈색 점토

[분구상면]

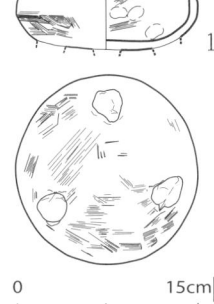
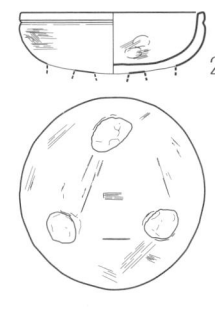
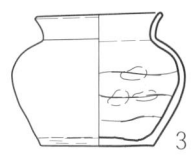

0   15cm[⅙]

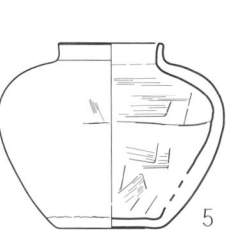
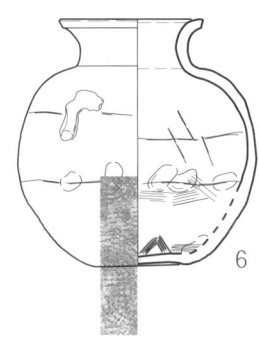
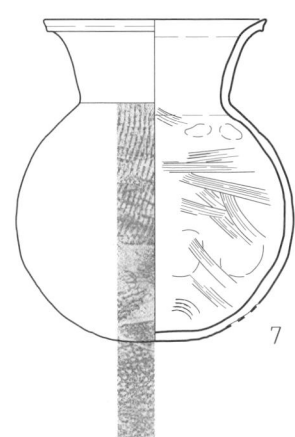
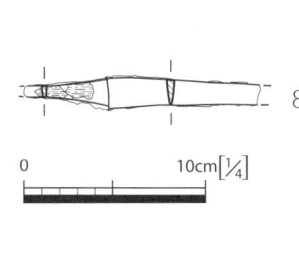

0   10cm[¼]

[주구]

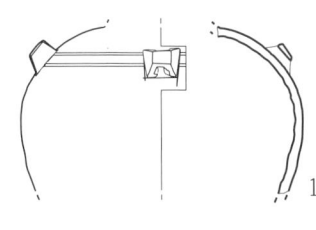

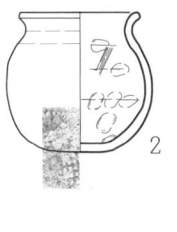
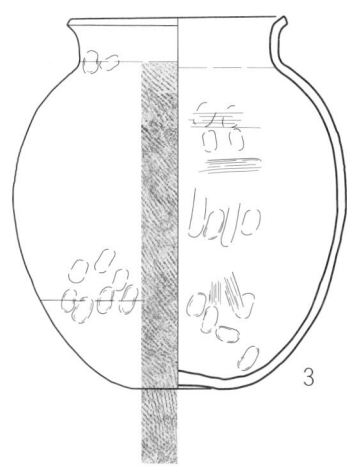

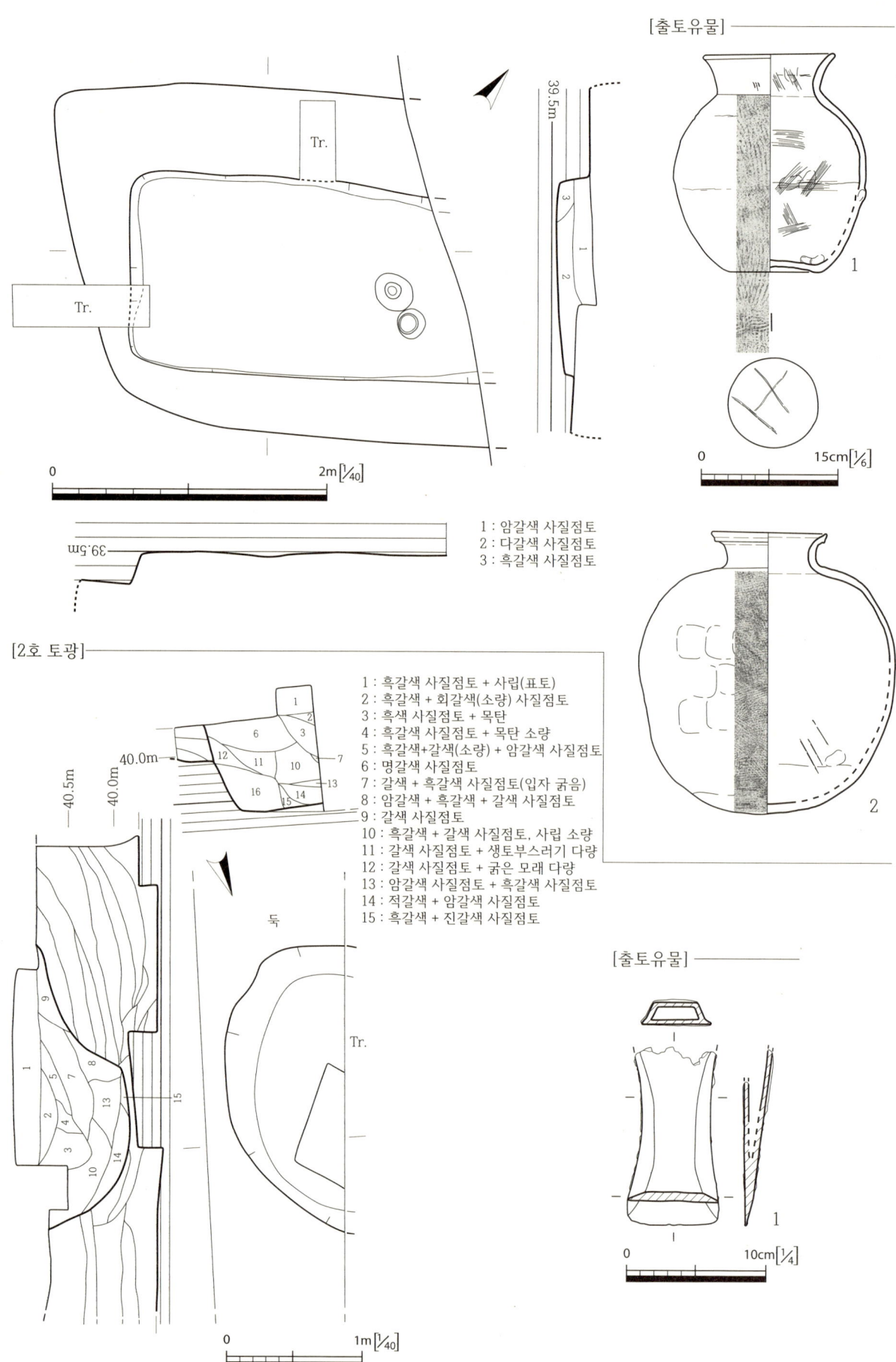

[1호 토광]

[출토유물]

39.5m

2m[1/40]

0

39.5m

1 : 암갈색 사질점토
2 : 다갈색 사질점토
3 : 흑갈색 사질점토

15cm[1/6]

0

1

2

[2호 토광]

40.5m
40.0m
40.0m

둑

Tr.

1 : 흑갈색 사질점토 + 사립(표토)
2 : 흑갈색 + 회갈색(소량) 사질점토
3 : 흑색 사질점토 + 목탄
4 : 흑갈색 사질점토 + 목탄 소량
5 : 흑갈색+갈색(소량) + 암갈색 사질점토
6 : 명갈색 사질점토
7 : 갈색 + 흑갈색 사질점토(입자 굵음)
8 : 암갈색 + 흑갈색 + 갈색 사질점토
9 : 갈색 사질점토
10 : 흑갈색 + 갈색 사질점토, 사립 소량
11 : 갈색 사질점토 + 생토부스러기 다량
12 : 갈색 사질점토 + 굵은 모래 다량
13 : 암갈색 사질점토 + 흑갈색 사질점토
14 : 적갈색 + 암갈색 사질점토
15 : 흑갈색 + 진갈색 사질점토

[출토유물]

0   10cm[1/4]

1

1m[1/40]

0

[3호 토광]

40.5m 둑

[출토유물]

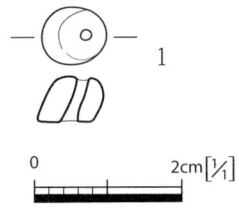

1

0   2cm[⅟₁]

둑

Tr.   Tr.

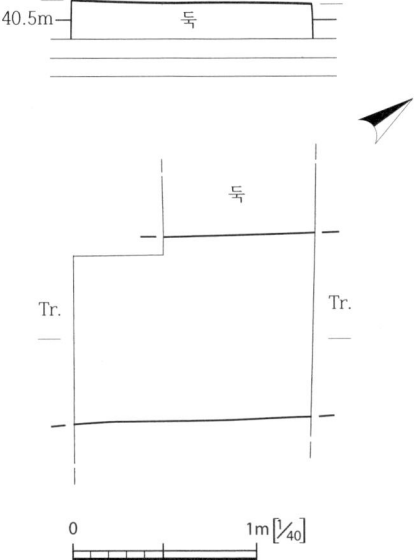

0   1m[⅟₄₀]

[4호 토광]

38.5m

1 : 황갈색 사질점토 + 굵은 사립 다량
2 : 암갈색 사질점토 + 굵은 사립 다량
3 : 진갈색 사질점토 + 굵은 사립질 다량
4 : 갈색 사질점토 + 사립질 + 생토덩어리
5 : 갈색 사질점토 + 굵은 사립질 다량
6 : 진갈색 사질점토
7 : 진갈색 사질점토 + 굵은 사립질 다량
8 : 갈색 사질점토 + 굵은 사립질 다량
9 : 암갈색 사질점토

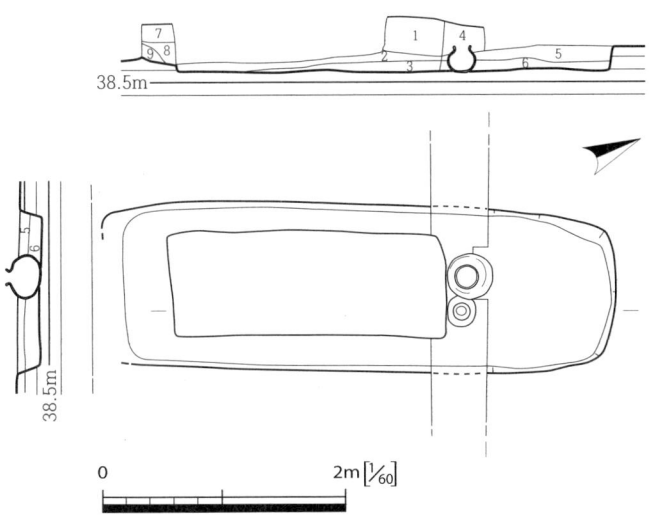

38.5m

0   2m[⅟₆₀]

[관외]

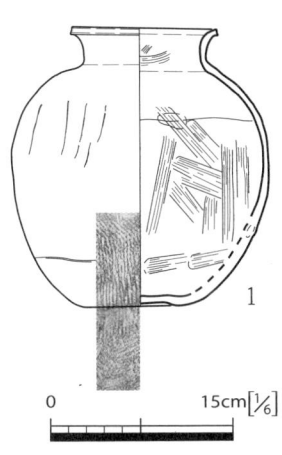

1

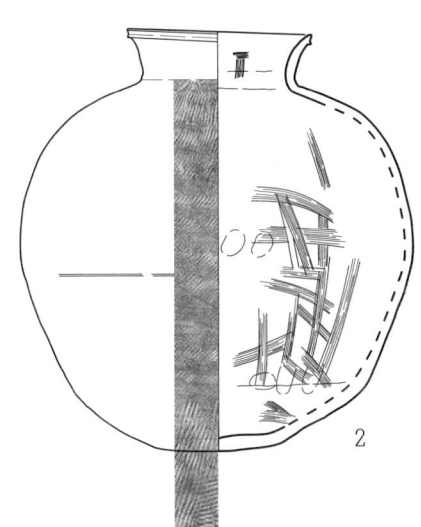

2

0   15cm[⅟₆]

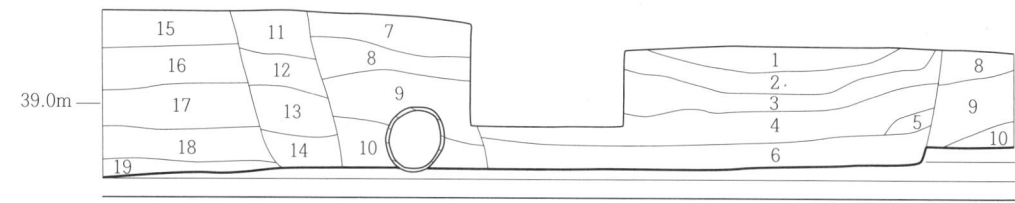

39.0m

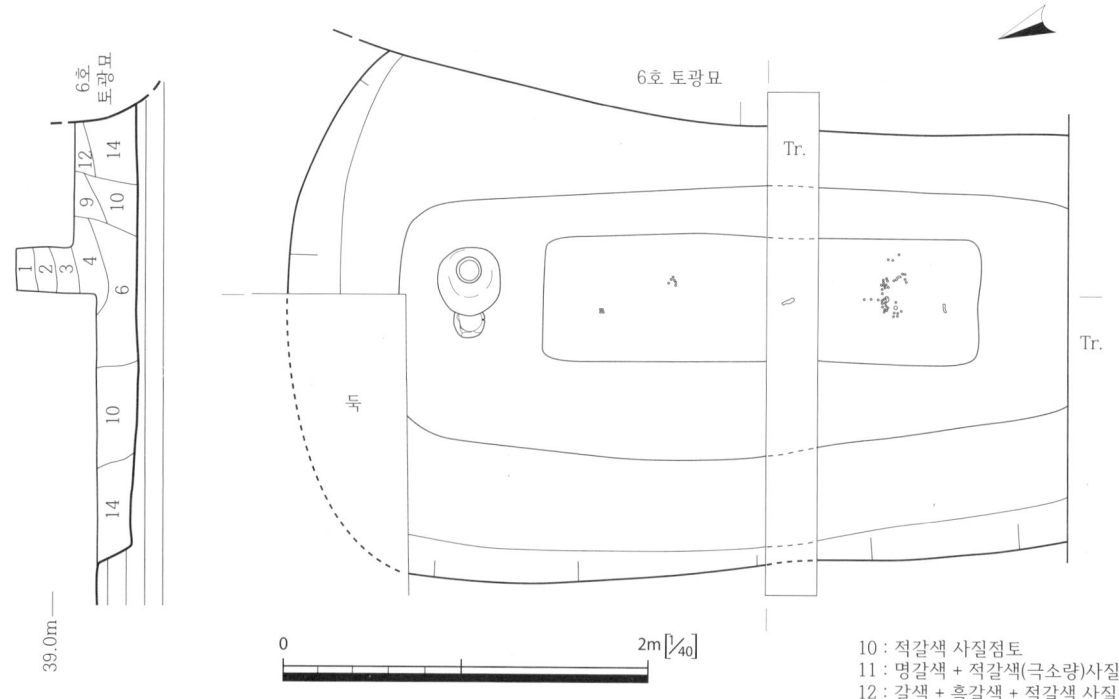

6호 토광묘

6호 토광묘

Tr.

Tr.

독

39.0m

0   2m [¹⁄₄₀]

10 : 적갈색 사질점토
11 : 명갈색 + 적갈색(극소량)사질점토
12 : 갈색 + 흑갈색 + 적갈색 사질점토
13 : 암갈색 + 흑갈색 사질점토
14 : 암갈색 + 적갈색 사질점토
15 : 명갈색 사질점토
16 : 명갈색 + 흑갈색 사질점토
17 : 암갈색 사질점토
18 : 암갈색 + 흑갈색 사질점토
19 : 흑갈색 + 암갈색 사질점토

1 : 명갈색 + 적갈색 사질점토   5 : 흑갈색 + 적갈색(소량)사질점토
2 : 암갈색 사질점토   6 : 암갈색 + 적갈색(소량)사질점토
3 : 명갈색 사질토   7 : 명갈색 사질점토
4 : 갈색 + 암갈색 사질점토   8 : 명갈색 사질토
                          9 : 암갈색 사질점토

[관내]

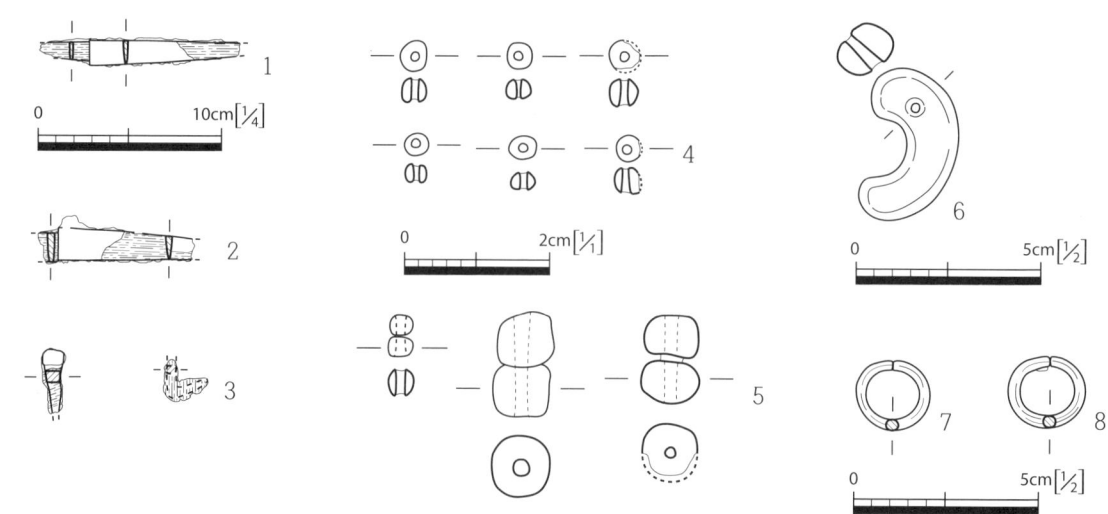

0   10cm [¹⁄₄]

0   2cm [¹⁄₁]

0   5cm [¹⁄₂]

0   5cm [¹⁄₂]

[곽내]

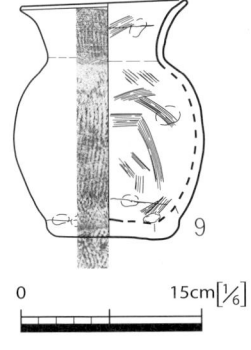

9

0   15cm[⅙]

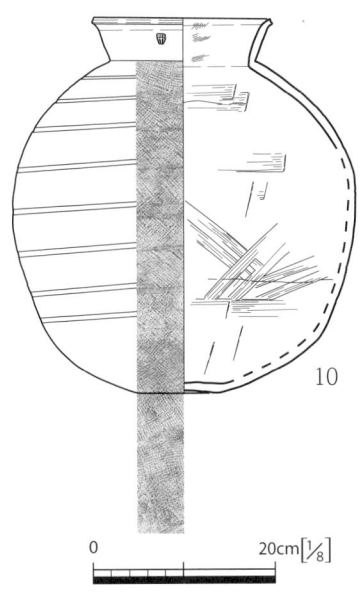

10

0   20cm[⅛]

[6호 토광]

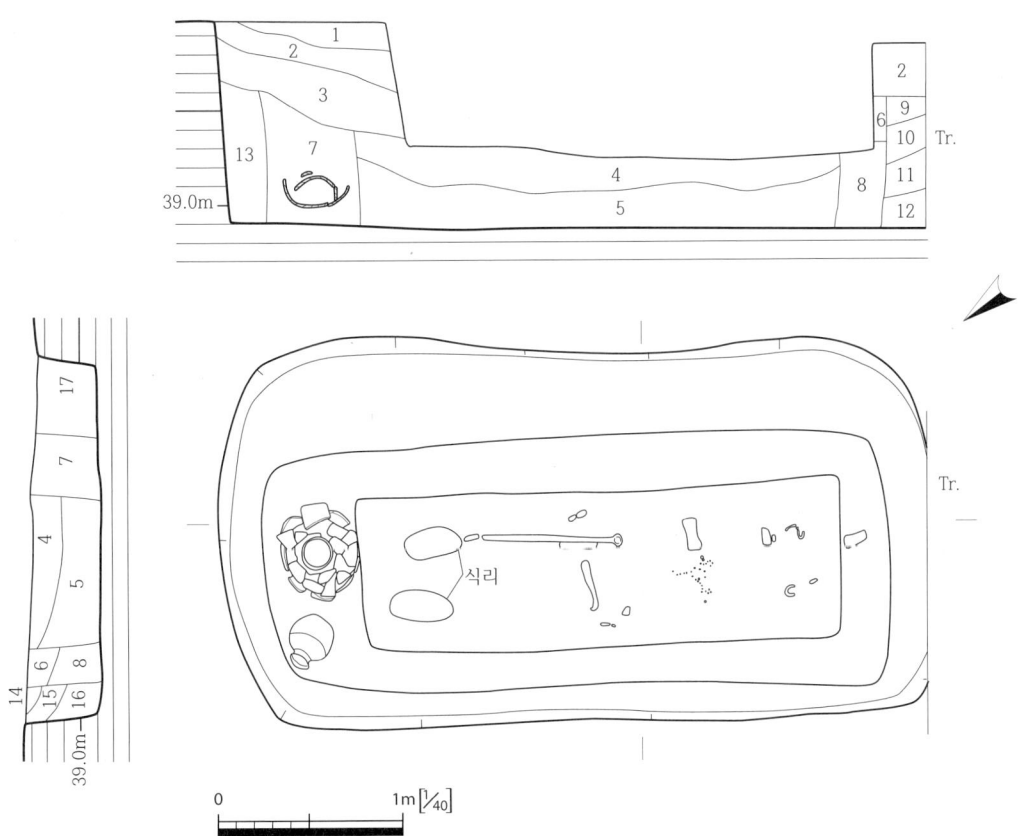

0   1m[1/40]

1 : 흑갈색 + 갈색 사질점토
2 : 적갈색 + 흑갈색 사질점토
3 : 암갈색 사질점토(굵은 사립 소량)
4 : 명적색 + 갈색 사질점토
5 : 암적색 사질점토
6 : 갈색 사질점토
7 : 암갈색 + 진갈색 사질점토
8 : 암갈색 + 갈색 사질점토
9 : 적갈색 + 갈색 사질점토
10 : 갈색 사질점토(사립 다량)

11 : 암갈색 + 갈색 사질점토
12 : 갈색 + 암갈색 사질점토
13 : 진갈색 사질점토
14 : 암갈색 + 적갈색(사립 소량)사질점토
15 : 갈색 사질점토 + 적갈색 점토
16 : 명적갈색 사질점토
17 : 암갈색 + 적갈색(굵은 사립 다량)사질점토

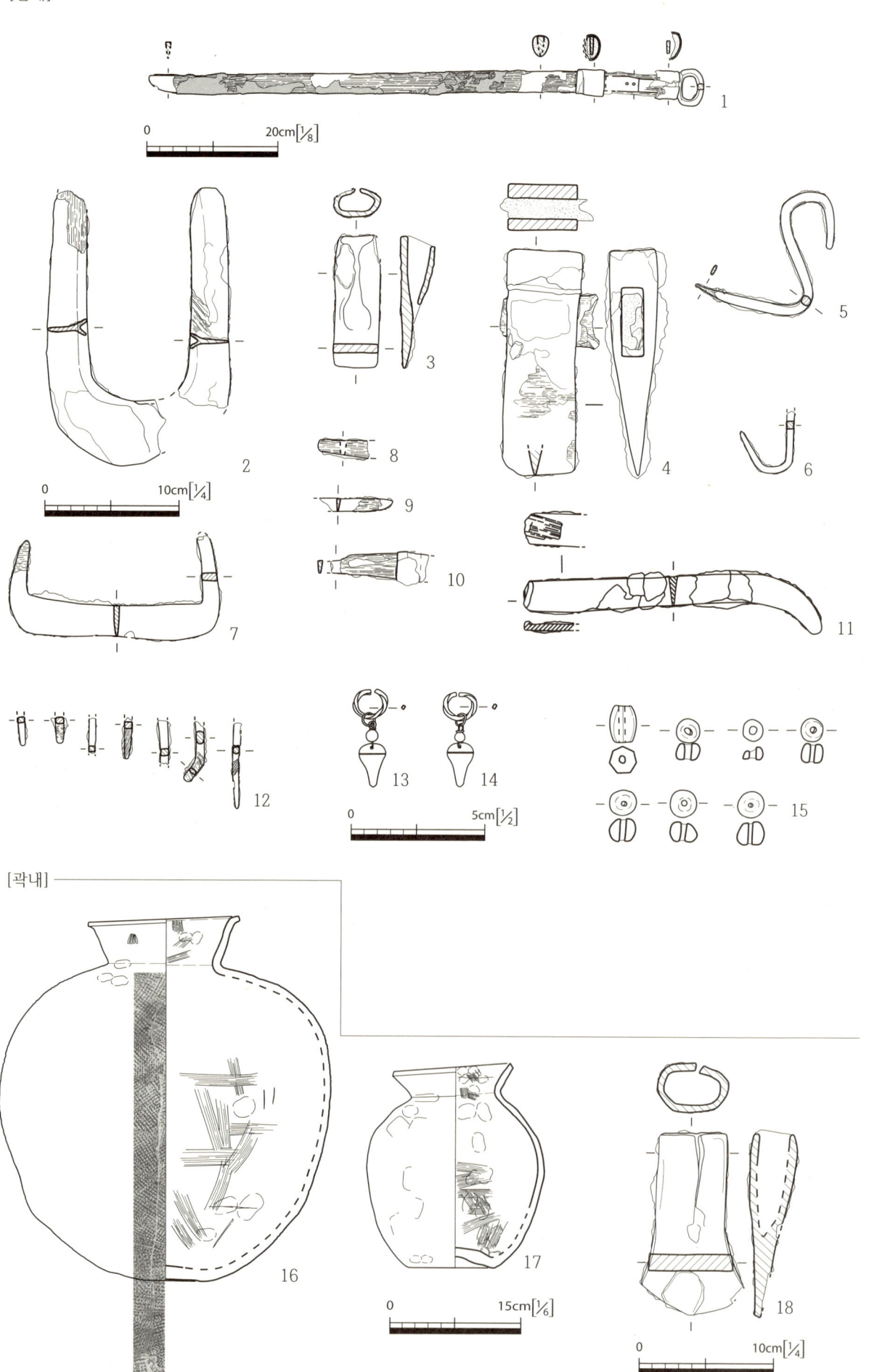

0   20cm[⅛]

0   10cm[¼]

0   5cm[½]

[곽내]

0   15cm[⅙]

0   10cm[¼]

[7호 토광]

목곽보강토

40.5m
40.0m
39.5m

Tr.

40.0m
39.5m

0   2m [1/60]

1 : 암황갈색+암갈색(소량)사질점토+
　　사립
2 : 암황갈색+암갈색(소량)사질점토
3 : 암갈색+흑갈색(소량)+
　　적갈색(소량)사질점토
4 : 암갈색+암적갈색(소량)사질점토
5 : 흑갈색+흑색(소량)사질점토
6 : 갈색+적갈색(소량)사질점토+
　　사립 소량
7 : 암적갈색 사질점토
8 : 암갈색+명갈색(소량)+
　　흑갈색(소량)사질점토
9 : 진갈색+적갈색(소량)사질점토
10 : 흑갈색+암황갈색(소량)사질점토
11 : 암황갈색+적갈색 사질점토+
　　 사립 소량
12 : 적갈색 사질점토
13 : 암황갈색+흑갈색(소량)사질점토
14 : 갈색 사질점토+사립 소량
15 : 진갈색 사질점토
16 : 암갈색+암황갈색(소량)사질점토
17 : 암갈색 사질점토
18 : 갈색+암갈색(소량)사질점토
19 : 흑갈색+암갈색(소량)사질점토
20 : 암황갈색+적갈색(소량)사질점토
21 : 암황갈색 사질점토
22 : 갈색 사질점토
23 : 갈색+적갈색(소량)사질점토
24 : 암황갈색 사질점토+회색 점질토
25 : 흑갈색 사질점토
26 : 암갈색+적갈색(소량)사질점토
27 : 흑갈색+적갈색(소량)사질점토

[관내]

1

2

3

4   5

0   5cm [1/2]

[곽내]

6

0   15cm [1/6]

7

8

9

10

11

0   10cm [1/4]

12

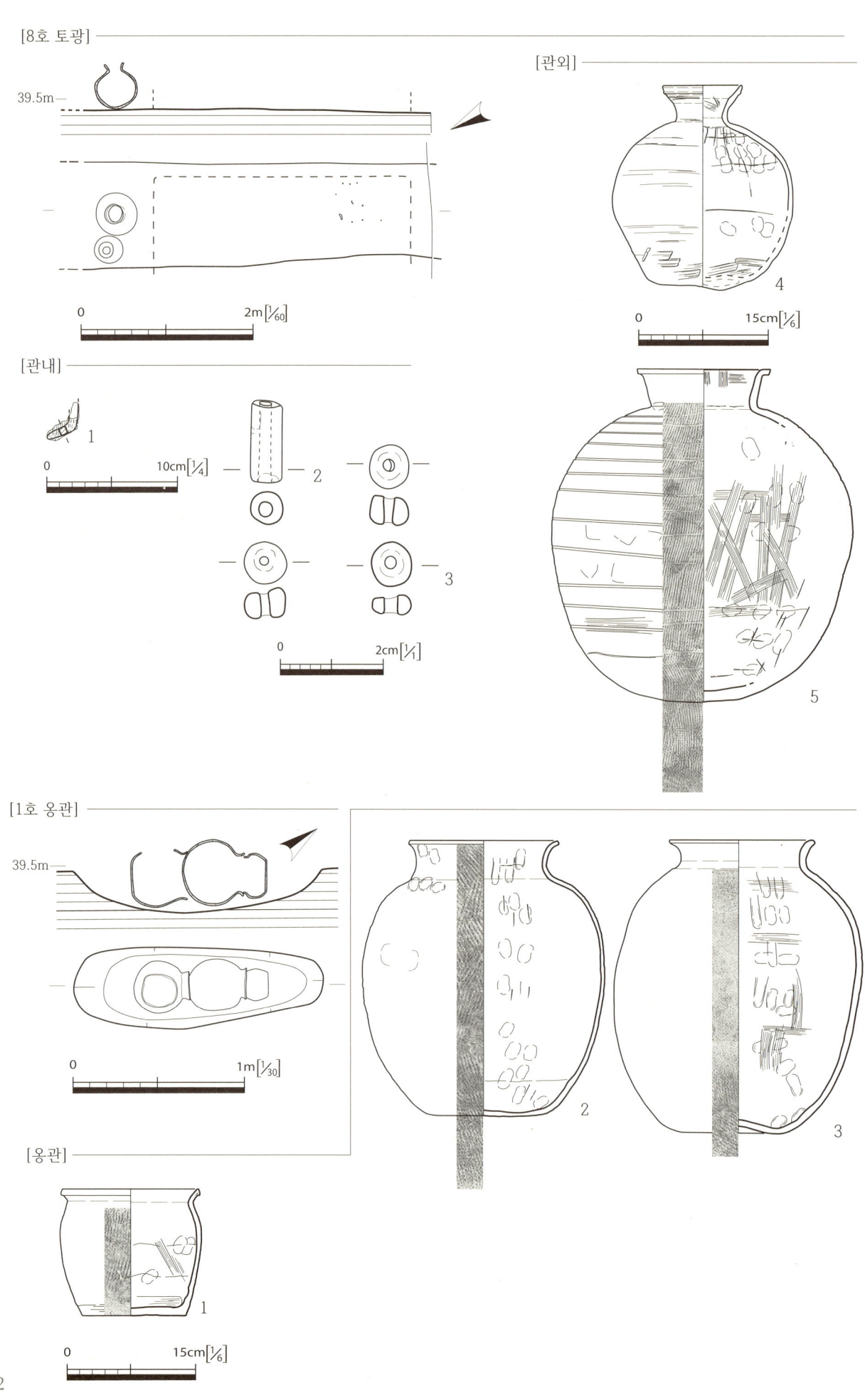

[8호 토광]

39.5m —

0 2m[1/60]

[관내]

1

0 10cm[1/4]

2

3

0 2cm[1/1]

[관외]

4

0 15cm[1/6]

5

[1호 옹관]

39.5m

0 1m[1/30]

[옹관]

1

0 15cm[1/6]

2

3

I 지역 7호 분구묘

(단위 : cm)

분구크기 (길이×너비×높이)	3,600×3,000×(30+)	분구평면형태	장방형
분구장폭비	1.20:1	분구장축방향	N-41°-E
매장시설	토광(7), 옹관(1)	주구형태	'ㅁ'자형

유물	토 기	소호(1), 단경호(1), 옹(1:주구1)		
	철 기	-		
	청 동 기	-		
	옥 석 류	-		
	기 타	-		
특기사항				

1호 토광				
묘광	크 기 (길이×너비×깊이)	(320+)×(218+)×(46+)	목관	크 기 (길이×너비×높이)	(232+)×(76+)×?
	장폭비	?		장폭비	?
	장축방향	N-31°-E	목곽	크 기 (길이×너비×높이)	?
	두 향	남서쪽		장폭비	?
유물	토 기	-		
	철 기	주조철부(1)		
	청 동 기	-		
	옥 석 류	중층 유리 구슬(1), 유리 구슬(20)		
	기 타	금동제 이식(2)		
특기사항		유리 구슬 16점 도면 미게재.		

2호 토광				
묘광	크 기 (길이×너비×깊이)	390×218×(90+)	목관	크 기 (길이×너비×높이)	-
	장폭비	1.78:1		장폭비	-
	장축방향	N-34°-E	목곽	크 기 (길이×너비×높이)	262×106×(70+)
	두 향	남서쪽		장폭비	2.47:1
유물	토 기	고배(1), 광구호(1), 단경호(2)		
	철 기	三葉象嵌環頭刀(1), 모(1), 주조철부(3), 단조철부(1), 횡공부(1), U자형 삽날(1)		
	청 동 기	-		
	옥 석 류	곡옥(1), 유리 구슬(2)		
	기 타	-		
특기사항				

	3호 토광				
묘광	크 기 (길이×너비×깊이)	(390+)×300×(22+)	목관	크 기 (길이×너비×높이)	-
	장폭비	?		장폭비	-
	장축방향	N-52°-W	목곽	크 기 (길이×너비×높이)	232×88×(10+)
	두 향	?		장폭비	2.63:1
유물	토 기	심발형토기(1), 대부직구호(1)			
	철 기	도(1), 주조철부(2), 단조철부(1), 겸(1), 미상철기(1)			
	청 동 기	-			
	옥 석 류	-			
	기 타	-			
	특기사항				

	4호 토광				
묘광	크 기 (길이×너비×깊이)	482×223×(120+)	목관	크 기 (길이×너비×높이)	286×62×(37+)
	장폭비	2.16:1		장폭비	4.61:1
	장축방향	N-45°-W	목곽	크 기 (길이×너비×높이)	(340)×(136)×?
	두 향	?		장폭비	(2.50:1)
유물	토 기	-			
	철 기	꺾쇠(1)			
	청 동 기	-			
	옥 석 류	-			
	기 타	-			
	특기사항				

	5호 토광				
묘광	크 기 (길이×너비×깊이)	(302+)×(220+)×(44+)	목관	크 기 (길이×너비×높이)	?
	장폭비	?		장폭비	?
	장축방향	N-36°-E	목곽	크 기 (길이×너비×높이)	(253+)×(81+)×?
	두 향	?		장폭비	?
유물	토 기	단경호(1), 소호(1), 병(1)			
	철 기	도자(2)			
	청 동 기	-			
	옥 석 류	유리 구슬(3)			
	기 타	금동제 이식(2)			
	특기사항				

		6호 토광				
묘광	크 기 (길이×너비×깊이)	(480+)×(208+)×(58+)	목관	크 기 (길이×너비×높이)	262×38×(34+)	
	장폭비	?		장폭비	6.89:1	
	장축방향	N-28°-E	목곽	크 기 (길이×너비×높이)	294×103×(35+)	
	두 향	?		장폭비	2.85:1	
유물	토 기	-				
	철 기	-				
	청동기	-				
	옥석류	-				
	기 타	-				
	특기사항	출토유물 없음.				

		7호 토광				
묘광	크 기 (길이×너비×깊이)	(420+)×(296+)×(72+)	목관	크 기 (길이×너비×높이)	(210+)×(96+)×(53+)	
	장폭비	?		장폭비	?	
	장축방향	N-39°-E	목곽	크 기 (길이×너비×높이)	?	
	두 향	?		장폭비	?	
유물	토 기	광구장경호(1)				
	철 기	ㄴㅣ자형 철기(1), 겸(1)				
	청동기	-				
	옥석류	-				
	기 타	-				
	특기사항					

		주구 내 1호 옹관				
묘광	크 기 (길이×너비×깊이)	(70+)×(40+)×(19+)	옹관길이		66	
	장폭비	?	결합형식		합구식	
	장축방향	N-33°-E	안치형태		횡치	
	두 향	?				
유물	토 기	심발형토기(1), 단경호(2)				
	철 기	-				
	청동기	-				
	옥석류	-				
	기 타	-				
	특기사항					

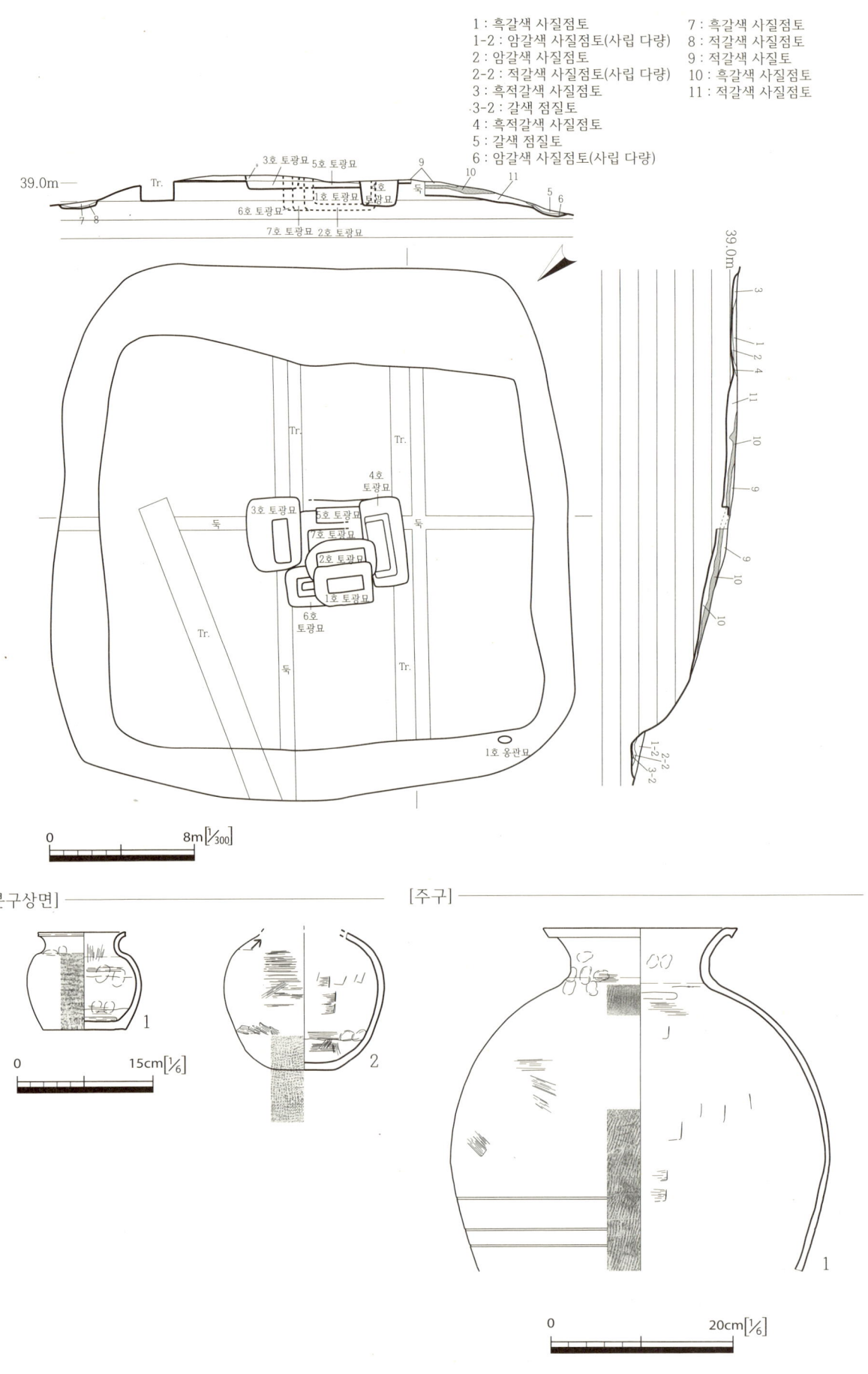

1 : 흑갈색 사질점토
1-2 : 암갈색 사질점토(사립 다량)
2 : 암갈색 사질점토
2-2 : 적갈색 사질점토(사립 다량)
3 : 흑적갈색 사질점토
3-2 : 갈색 점질토
4 : 흑적갈색 사질점토
5 : 갈색 점질토
6 : 암갈색 사질점토(사립 다량)
7 : 흑갈색 사질점토
8 : 적갈색 사질점토
9 : 적갈색 사질토
10 : 흑갈색 사질점토
11 : 적갈색 사질점토

39.0m

Tr.

3호 토광묘 5호 토광묘   9
1호 토광묘   10
6호 토광묘
7호 토광묘 2호 토광묘   11

39.0m

Tr.   Tr.

4호
토광묘

3호 토광묘
5호 토광묘
독   7호 토광묘   독
2호 토광묘
1호 토광묘

6호
토광묘

Tr.   Tr.

독   1호 옹관묘

0   8m[1/300]

[분구상면]

1   2

0   15cm[1/6]

[주구]

1

0   20cm[1/6]

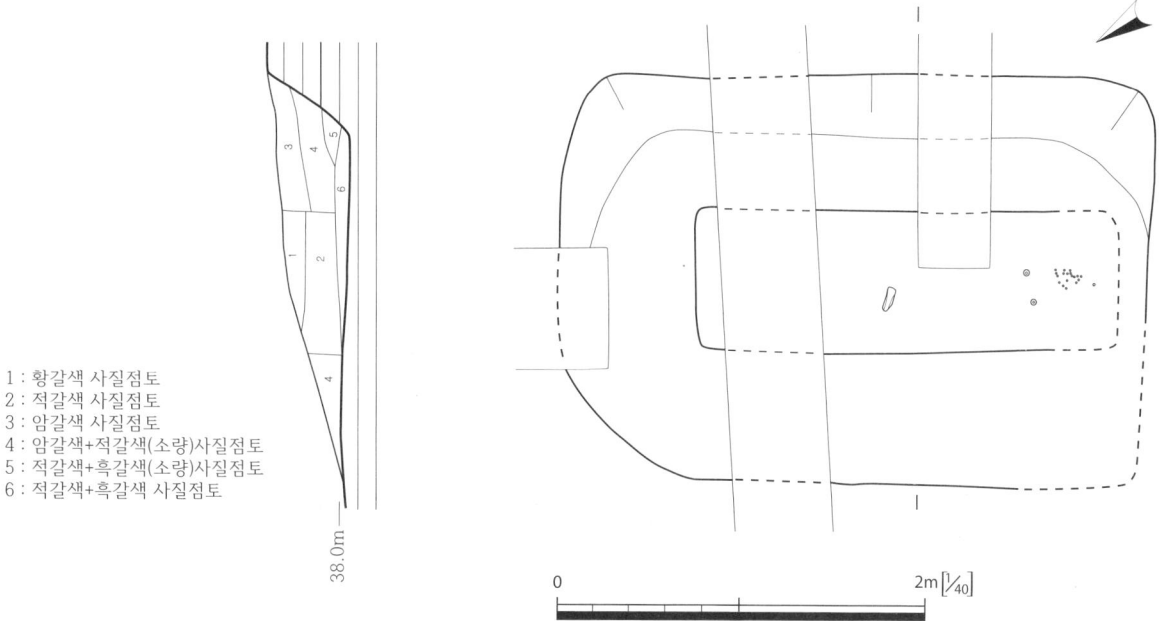

1 : 황갈색 사질점토
2 : 적갈색 사질점토
3 : 암갈색 사질점토
4 : 암갈색+적갈색(소량)사질점토
5 : 적갈색+흑갈색(소량)사질점토
6 : 적갈색+흑갈색 사질점토

38.0m

0   2m[1/40]

[관내]

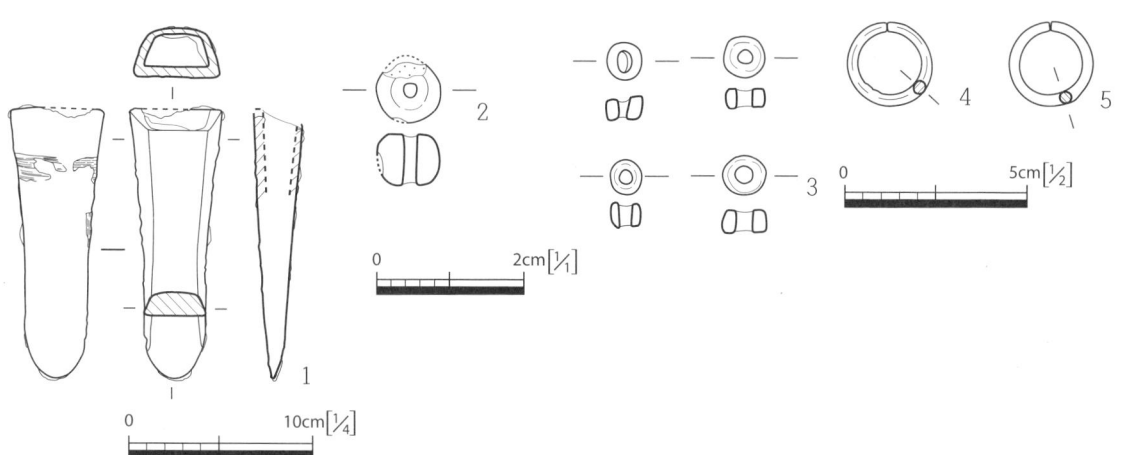

0   2cm[1/1]

0   5cm[1/2]

0   10cm[1/4]

[유구사진]

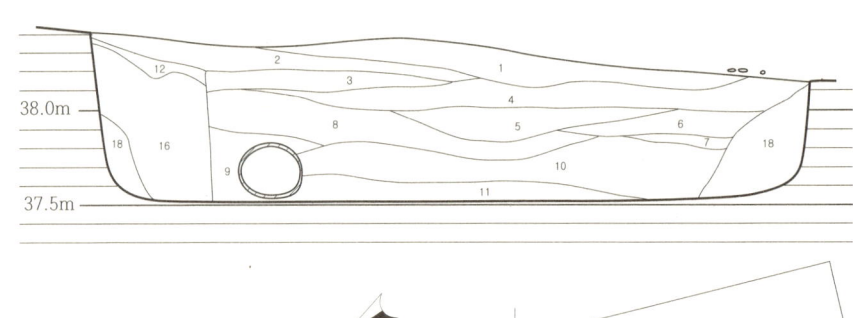

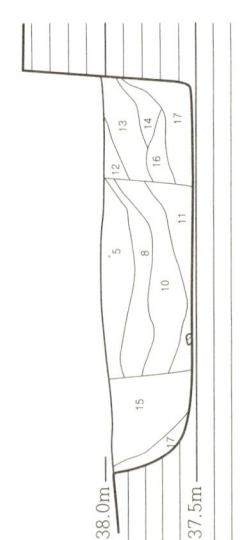

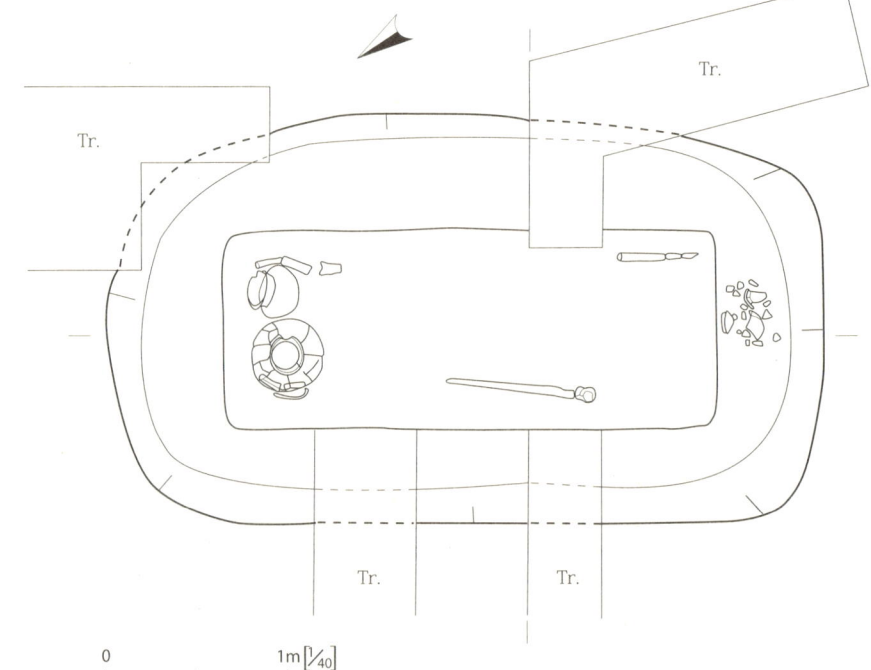

0   1m [1/40]

1 : 흑갈색+암갈색(소량)사질점토
2 : 적갈색+황갈색(소량)사질점토+사립 다량
3 : 적갈색 사질점토+사립 다량
4 : 황갈색+명갈색(소량)사질점토
5 : 적갈색+갈색 사질점토+사립
6 : 황갈색+갈색(소량)사질점토
7 : 황갈색 사질점토
8 : 적갈색+적색(소량)사질점토
9 : 갈색+암갈색(소량)사질점토

10 : 적갈색+암회갈색(소량)사질점토
11 : 적갈색+갈색(소량)사질점토
12 : 적갈색 사질점토+사립
13 : 암회색 사질점토
14 : 적갈색+황갈색(소량)사질점토
15 : 암갈색+황갈색(소량)사질점토
16 : 암적갈색 사질점토
17 : 적갈색 사질점토
18 : 암적갈색 사질점토+점성

[유구사진]

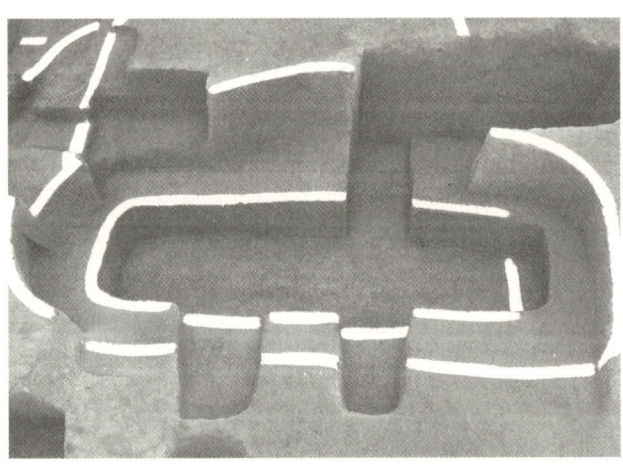

[곽내]

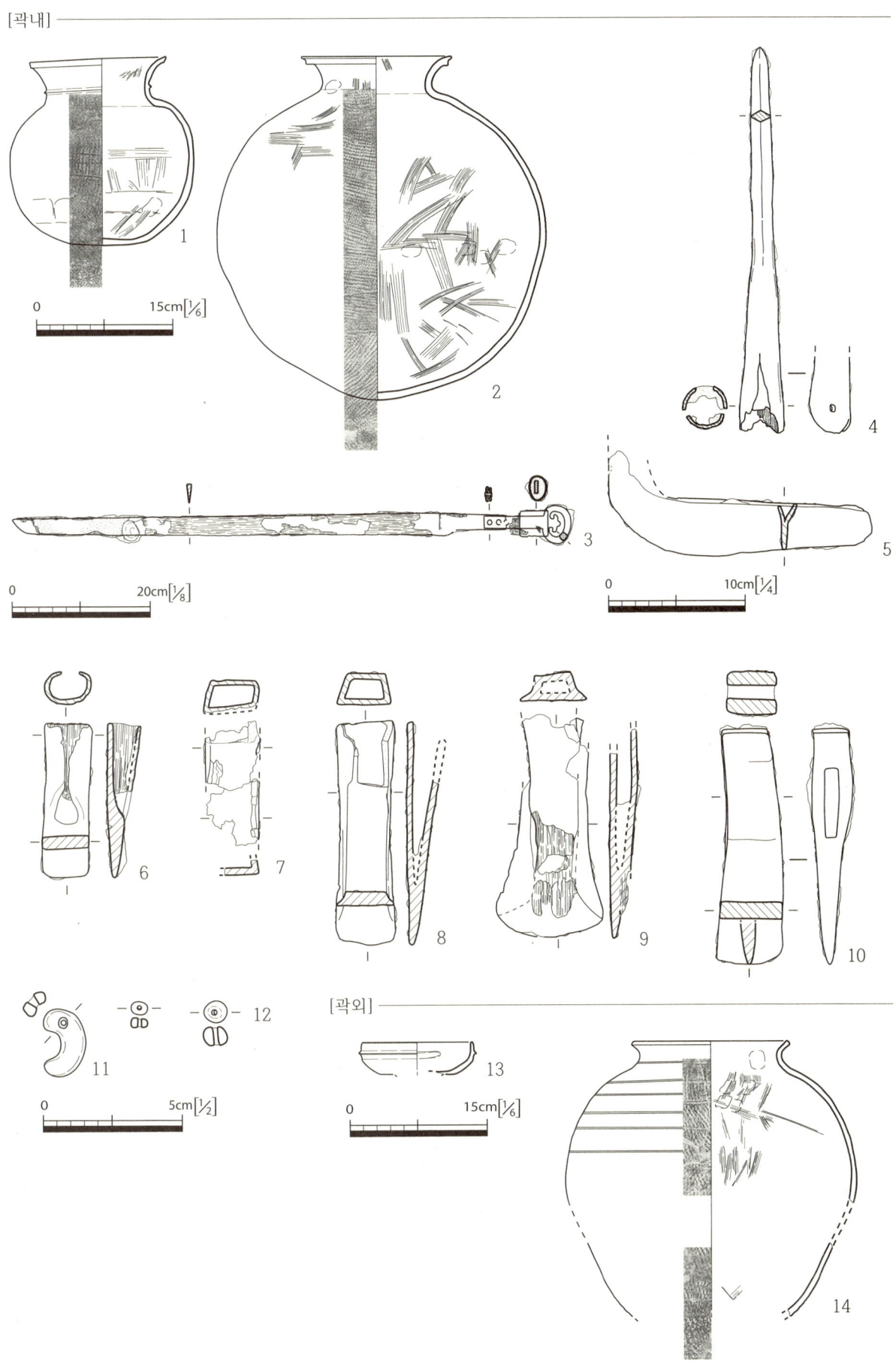

1

0   15cm[⅙]

2

4

0   20cm[⅛]

3

5

0   10cm[¼]

6

7

8

9

10

11   12

[곽외]

13

0   15cm[⅙]

0   5cm[½]

14

[3호 토광]

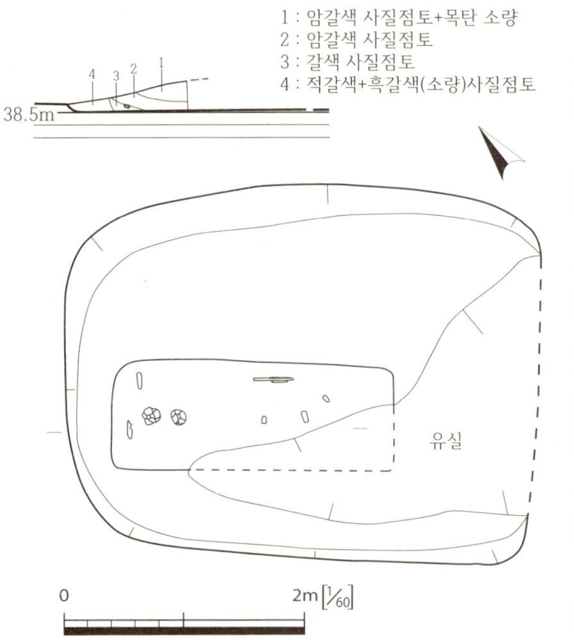
1 : 암갈색 사질점토+목탄 소량
2 : 암갈색 사질점토
3 : 갈색 사질점토
4 : 적갈색+흑갈색(소량)사질점토
4 3 2 1
38.5m
유실
0
2m[1/60]

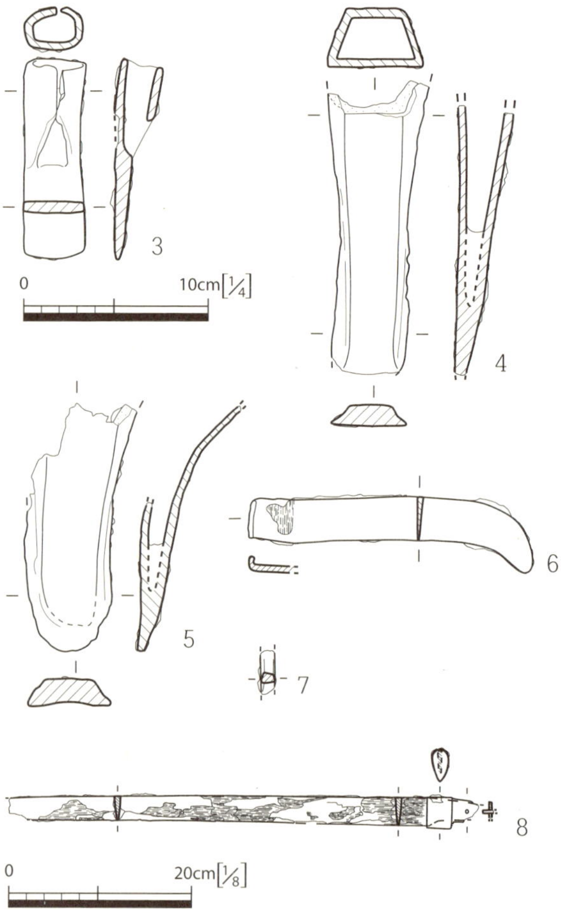
3
0
10cm[1/4]
4
5
6
7
8
0
20cm[1/8]

[곽내]

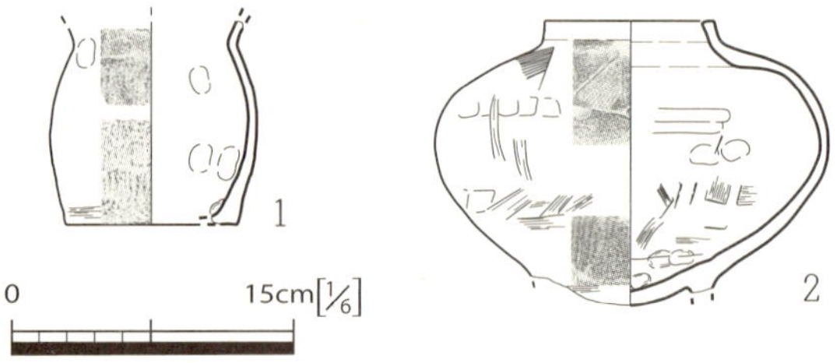
1
2
0
15cm[1/6]

[유구사진]

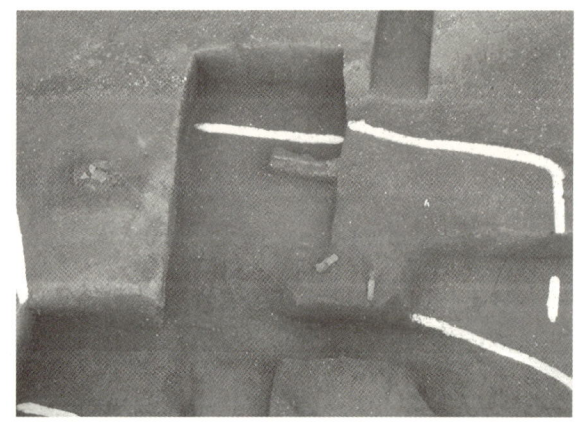

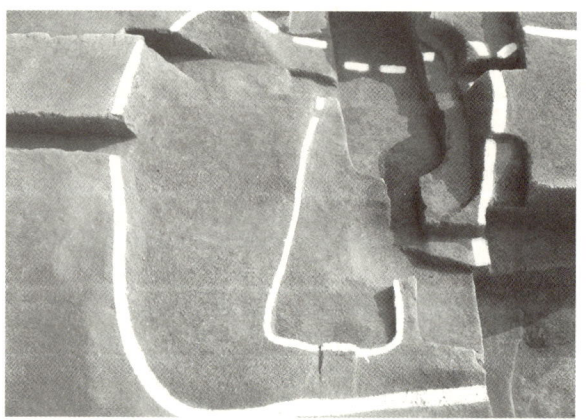

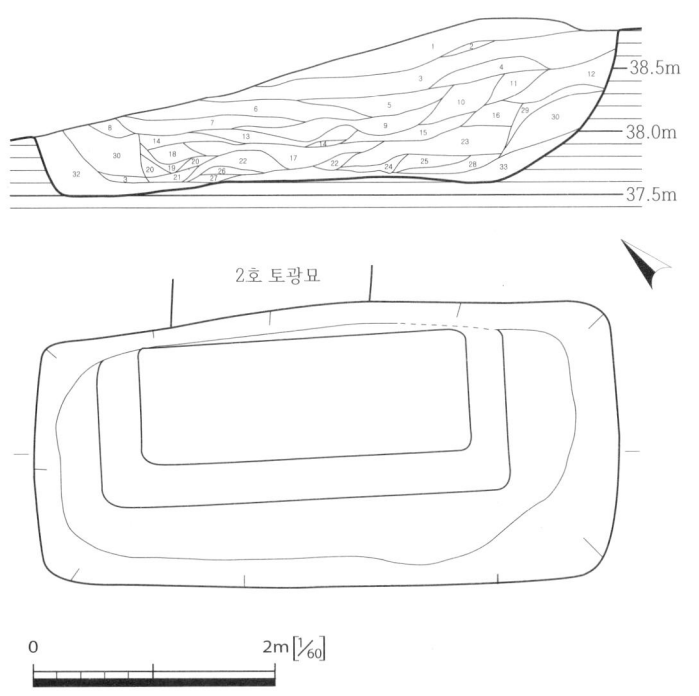

[출토유물]

38.5m
38.0m
37.5m

2호 토광묘

0   2m[¹/₆₀]

0   10cm[¹/₄]

1 : 적갈색+회갈색(소량)+암갈색(소량)+사질점토+사립 다량
2 : 흑갈색 사질점토
3 : 적갈색+황갈색(소량)+암갈색(소량)사질점토+사립 다량
4 : 황갈색+암회갈색(소량)사질점토+사립
5 : 황갈색+회갈색(소량)사질점토
6 : 황갈색+갈색(소량)사질점토+사립
7 : 암회갈색+암갈색(소량)사질점토
8 : 황갈색 사질점토+갈색(소량)사질점토
9 : 적갈색+암회갈색(소량)사질점토+황갈색 사질점토
10 : 암회갈색+갈색(소량)사질점토
11 : 갈색 사질점토
12 : 암적갈색 사질점토
13 : 황갈색 사질점토+사립 다량
14 : 황갈색+갈색(소량)사질점토
15 : 암회갈색 사질점토
16 : 적색 사질점토+사립 다량
17 : 암흑갈색 사질점토
18 : 적갈색+명황갈색(소량)사질점토
19 : 적색 사질점토
20 : 적갈색+적색(소량)사질점토
21 : 갈색+황갈색(소량)사질점토
22 : 적갈색+명갈색(소량)사질점토+사립 다량
23 : 암갈색+적갈색(소량)+녹갈색(소량)사질점토
24 : 명갈색+황갈색(소량)사질점토
25 : 적갈색+암회갈색(소량)사질점토
26 : 암갈색+적갈색(소량)사질점토
27 : 적갈색+암갈색(소량)사질점토
28 : 갈색+적갈색(소량)사질점토
29 : 적갈색+황갈색(소량)사질점토
30 : 적갈색+명갈색(소량)사질점토
31 : 암갈색 사질점토
32 : 적갈색 사질점토
33 : 명갈색+적갈색(소량)사질점토

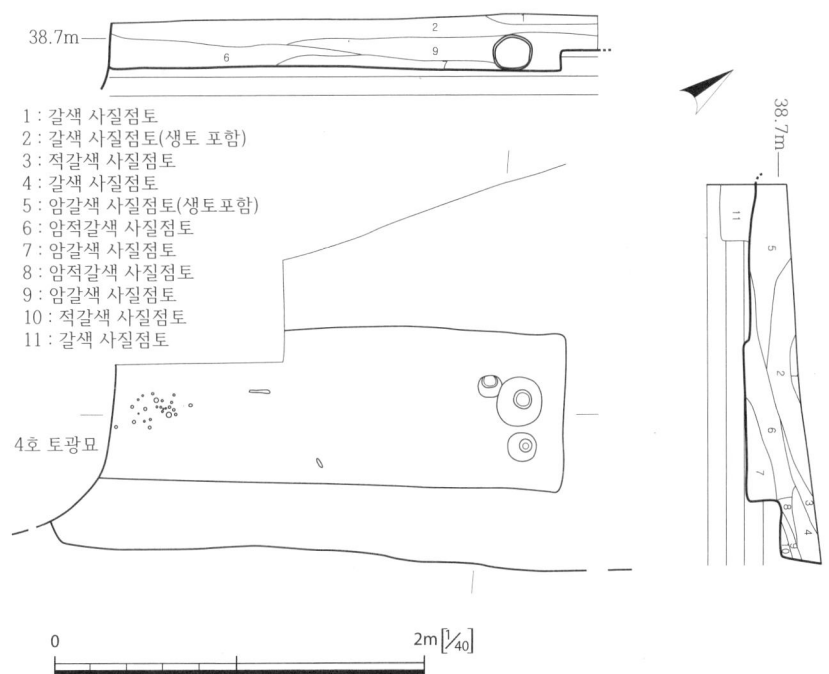

38.7m

38.7m

1 : 갈색 사질점토
2 : 갈색 사질점토(생토 포함)
3 : 적갈색 사질점토
4 : 갈색 사질점토
5 : 암갈색 사질점토(생토포함)
6 : 암적갈색 사질점토
7 : 암적갈색 사질점토
8 : 암적갈색 사질점토
9 : 암갈색 사질점토
10 : 적갈색 사질점토
11 : 갈색 사질점토

4호 토광묘

0   2m[¹/₄₀]

[곽내]

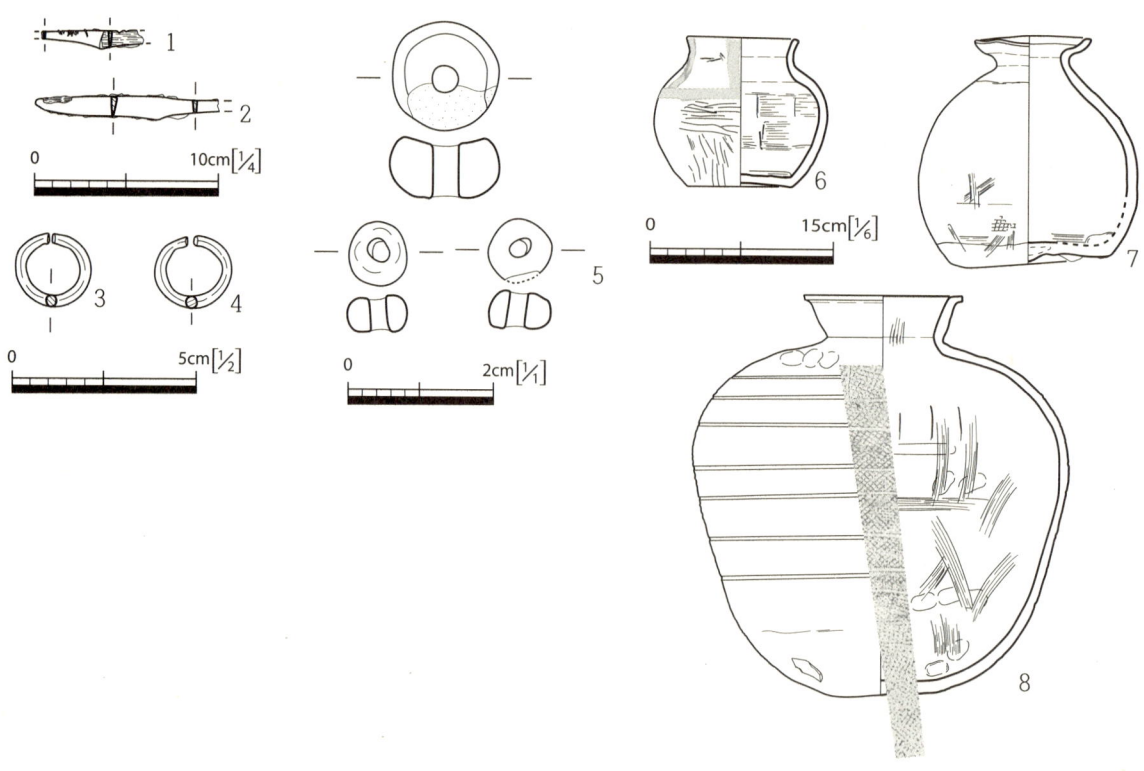

0   10cm[⅟₄]

0   5cm[⅟₂]

0   2cm[⅟₁]

0   15cm[⅟₆]

[6호 토광]

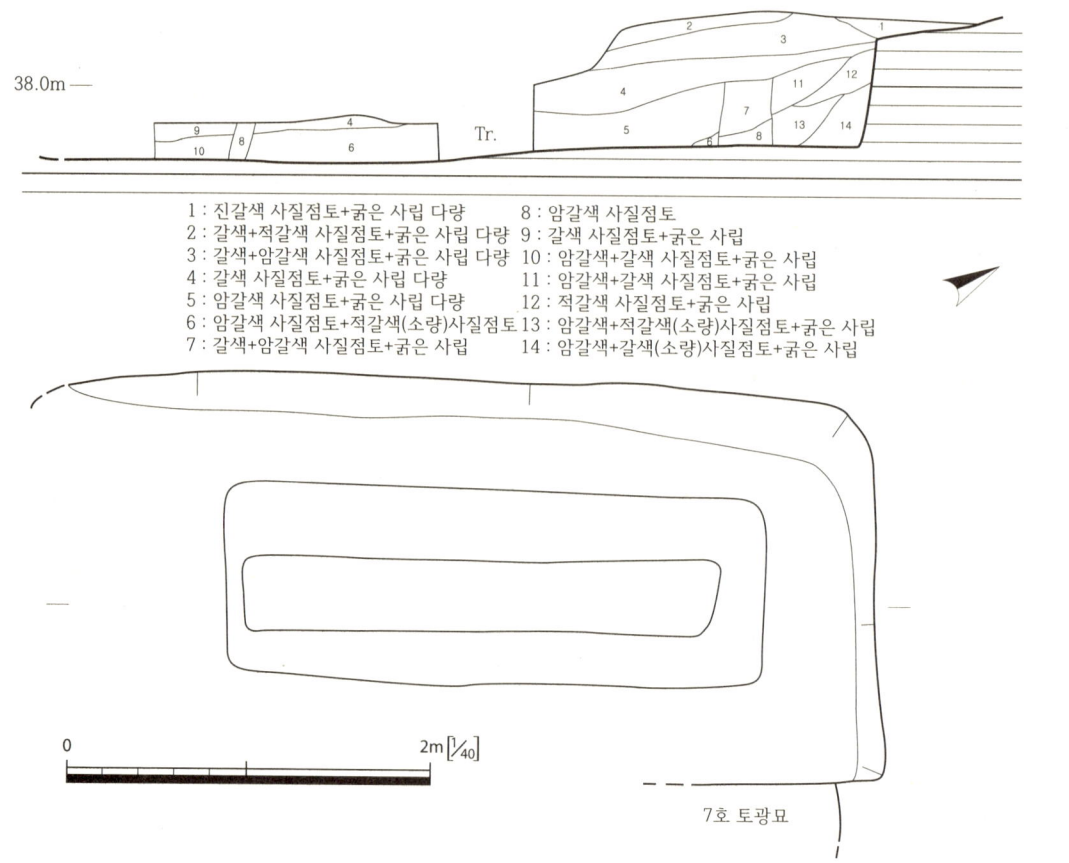

38.0m —

Tr.

1 : 진갈색 사질점토+굵은 사립 다량   8 : 암갈색 사질점토
2 : 갈색+적갈색 사질점토+굵은 사립 다량   9 : 갈색 사질점토+굵은 사립
3 : 갈색+암갈색 사질점토+굵은 사립 다량   10 : 암갈색+갈색 사질점토+굵은 사립
4 : 갈색 사질점토+굵은 사립 다량   11 : 암갈색+갈색 사질점토+굵은 사립
5 : 암갈색 사질점토+굵은 사립 다량   12 : 적갈색 사질점토+굵은 사립
6 : 암갈색 사질점토+적갈색(소량)사질점토 13 : 암갈색+적갈색(소량)사질점토+굵은 사립
7 : 갈색+암갈색 사질점토+굵은 사립   14 : 암갈색+갈색(소량)사질점토+굵은 사립

0   2m[⅟₄₀]

7호 토광묘

[7호 토광]

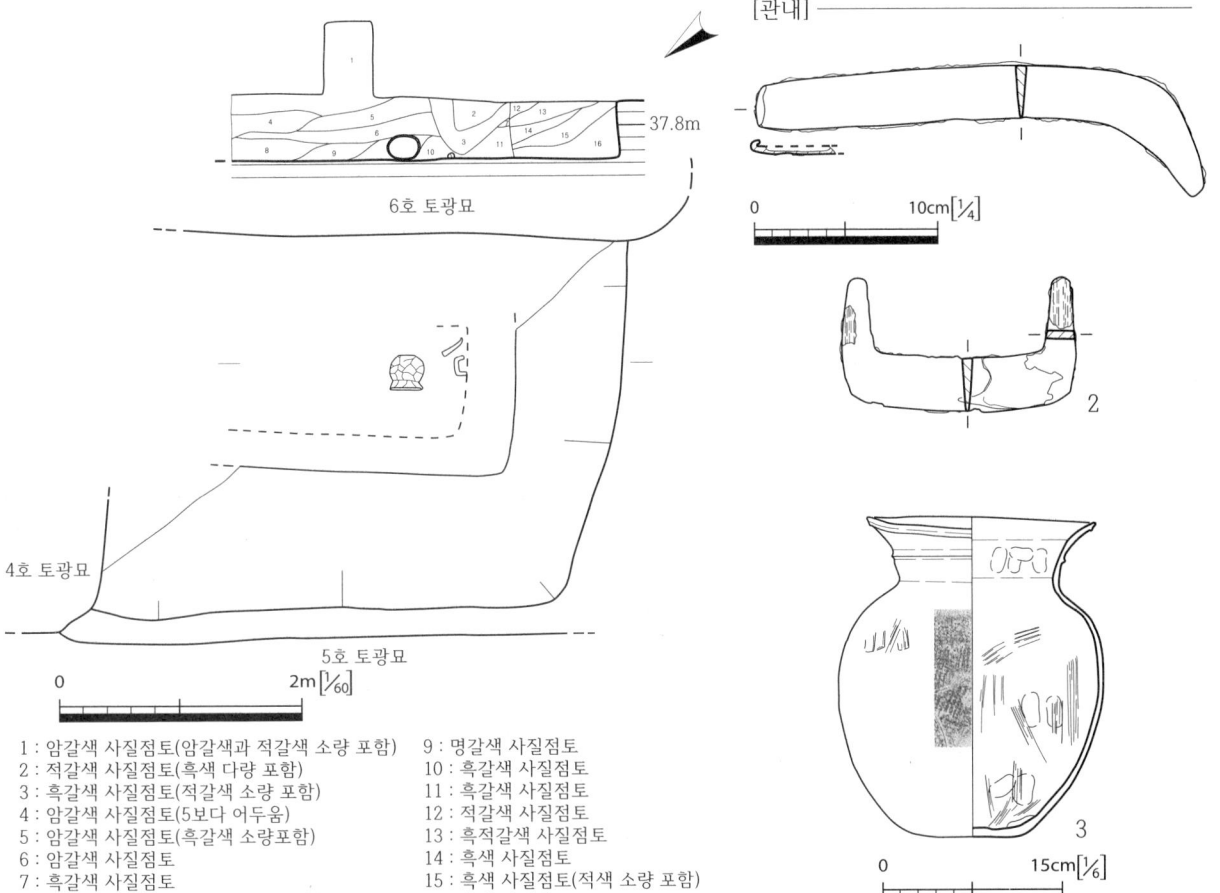

[관내]

0   10cm[¼]

1

2

3

37.8m

6호 토광묘

4호 토광묘

5호 토광묘

0   2m[1/60]

0   15cm[1/6]

1 : 암갈색 사질점토(암갈색과 적갈색 소량 포함)
2 : 적갈색 사질점토(흑색 다량 포함)
3 : 흑갈색 사질점토(적갈색 소량 포함)
4 : 암갈색 사질점토(5보다 어두움)
5 : 암갈색 사질점토(흑갈색 소량포함)
6 : 암갈색 사질점토
7 : 흑갈색 사질점토
8 : 명갈색 사질점토(흑색 소량 포함)
9 : 명갈색 사질점토
10 : 흑갈색 사질점토
11 : 흑갈색 사질점토
12 : 적갈색 사질점토
13 : 흑적갈색 사질점토
14 : 흑색 사질점토
15 : 흑색 사질점토(적색 소량 포함)
16 : 흑색 사질점토

[주구 내 1호 옹관]

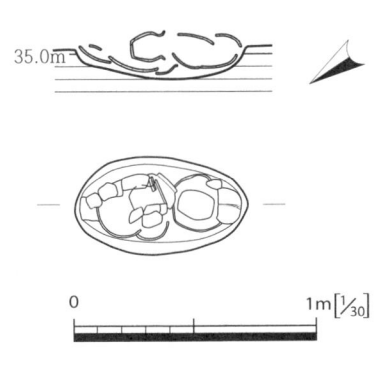

35.0m

0   1m[1/30]

[유구사진]

[옹관]

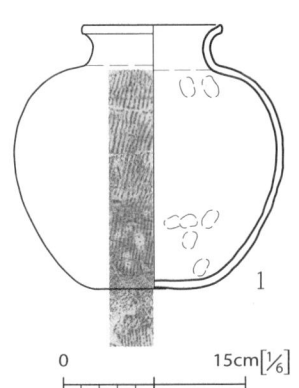

1

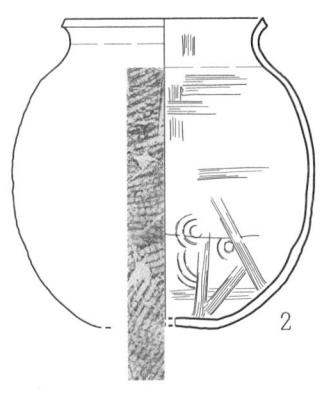

2

0   15cm[1/6]

[출토유물]

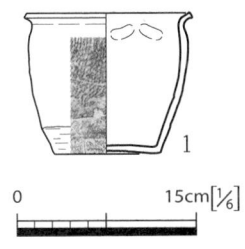

1

0   15cm[1/6]

I 지역 8호 분구묘

(단위 : cm)

분구크기 (길이×너비×높이)	(1,500+)×(1,700)×?		분구평면형태	(장방형)
분구장폭비	?		분구장축방향	N-70°-W
매장시설	토광(2)		주구형태	'ㄷ'자형
유물	토 기	파배(1), 단경호(2:주구1), 흑색마연직구단경호(1:주구1)		
	철 기	-		
	청동기	-		
	옥석류	-		
	기 타	-		
	특기사항			

1호 토광

묘광	크 기 (길이×너비×깊이)	456×206×(66+)	목관	크 기 (길이×너비×높이)	-
	장폭비	2.21:1		장폭비	-
	장축방향	N-24°-E	목곽	크 기 (길이×너비×높이)	320×78×(38+)
	두 향	남서쪽		장폭비	4.10:1
유물	토 기	배(1), 광구장경호(1), 단경호(1)			
	철 기	二葉環頭刀(1), 도(1), 모(1) 도자(3), 단조철부(2), 겸(1), 미상철기(1)			
	청동기				
	옥석류	유리 관옥(1), 유리 구슬(3)			
	기 타	금동제 식리(?), 금동제 이식(1)			
	특기사항	금동제 식리는 파손이 심하여 정확한 양상을 알 수 없음.			

2호 토광

묘광	크 기 (길이×너비×깊이)	304×128×(12+)	목관	크 기 (길이×너비×높이)	?
	장폭비	2.37:1		장폭비	?
	장축방향	N-31°-E	목곽	크 기 (길이×너비×높이)	?
	두 향	?		장폭비	?
유물	토 기	직구단경호(1), 호(1)			
	철 기	도자(1)			
	청동기	-			
	옥석류	-			
	기 타	-			
	특기사항				

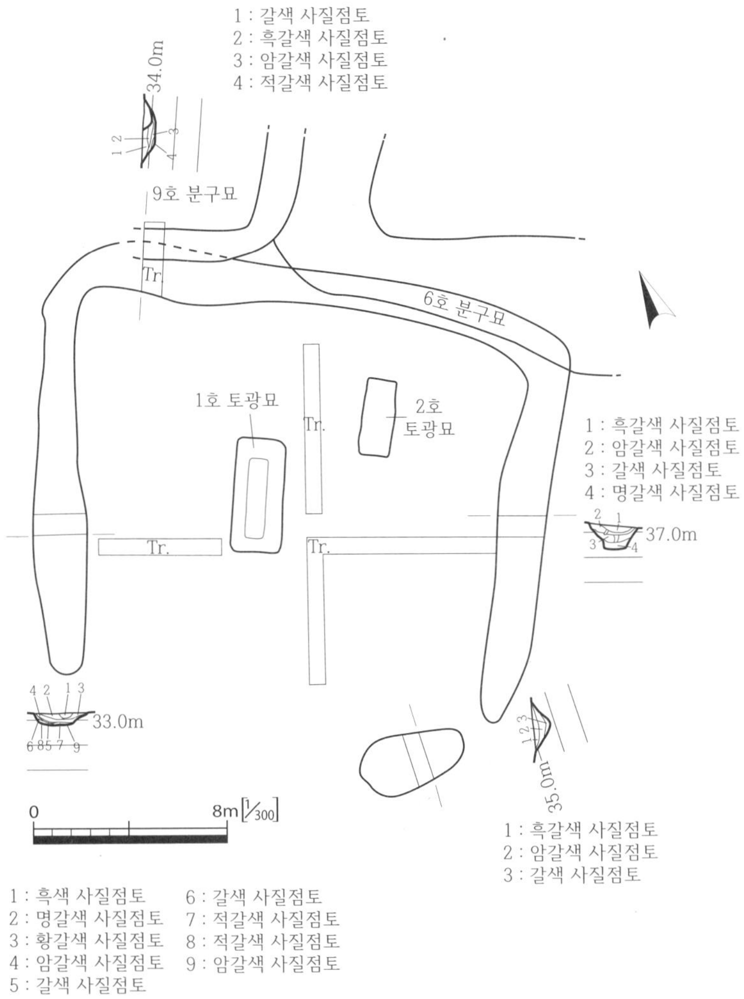

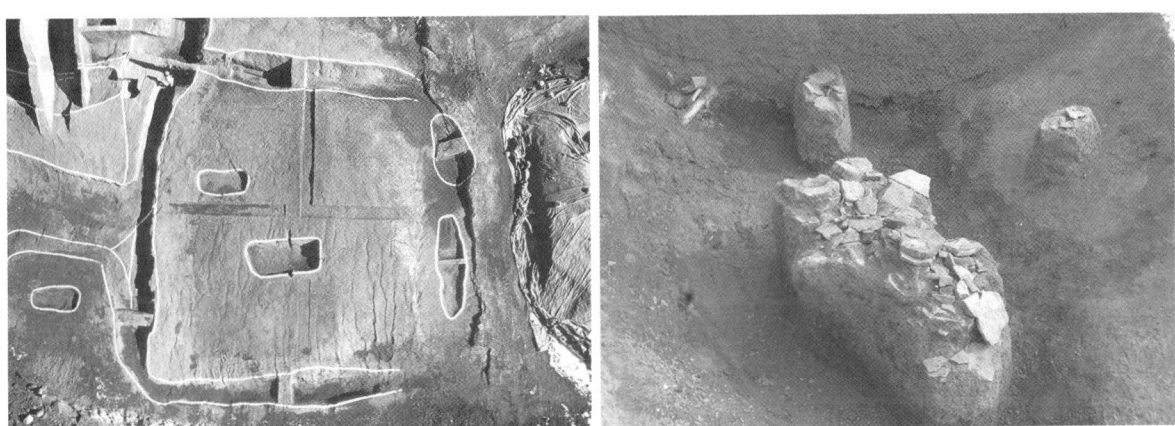

1 : 갈색 사질점토
2 : 흑갈색 사질점토
3 : 암갈색 사질점토
4 : 적갈색 사질점토

34.0m

9호 분구묘

6호 분구묘

1호 토광묘

2호 토광묘

Tr.

Tr.

Tr.

Tr.

1 : 흑갈색 사질점토
2 : 암갈색 사질점토
3 : 갈색 사질점토
4 : 명갈색 사질점토

37.0m

33.0m

0   8m[1/300]

1 : 흑색 사질점토   6 : 갈색 사질점토
2 : 명갈색 사질점토   7 : 적갈색 사질점토
3 : 황갈색 사질점토   8 : 적갈색 사질점토
4 : 암갈색 사질점토   9 : 암갈색 사질점토
5 : 갈색 사질점토

35.0m

1 : 흑갈색 사질점토
2 : 암갈색 사질점토
3 : 갈색 사질점토

0   15cm[1/6]

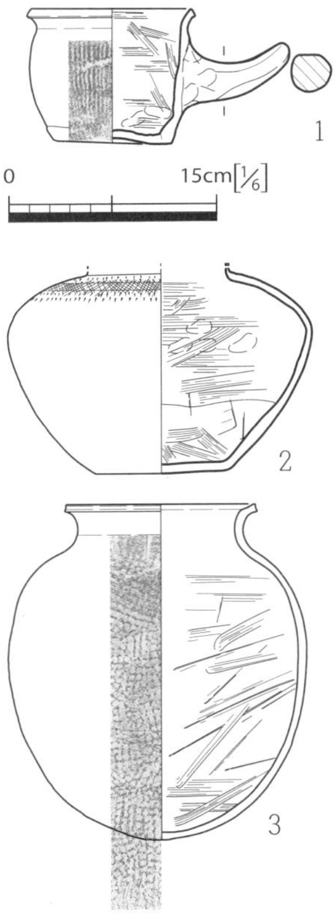

1

2

3

[주구]

1

[유구사진]

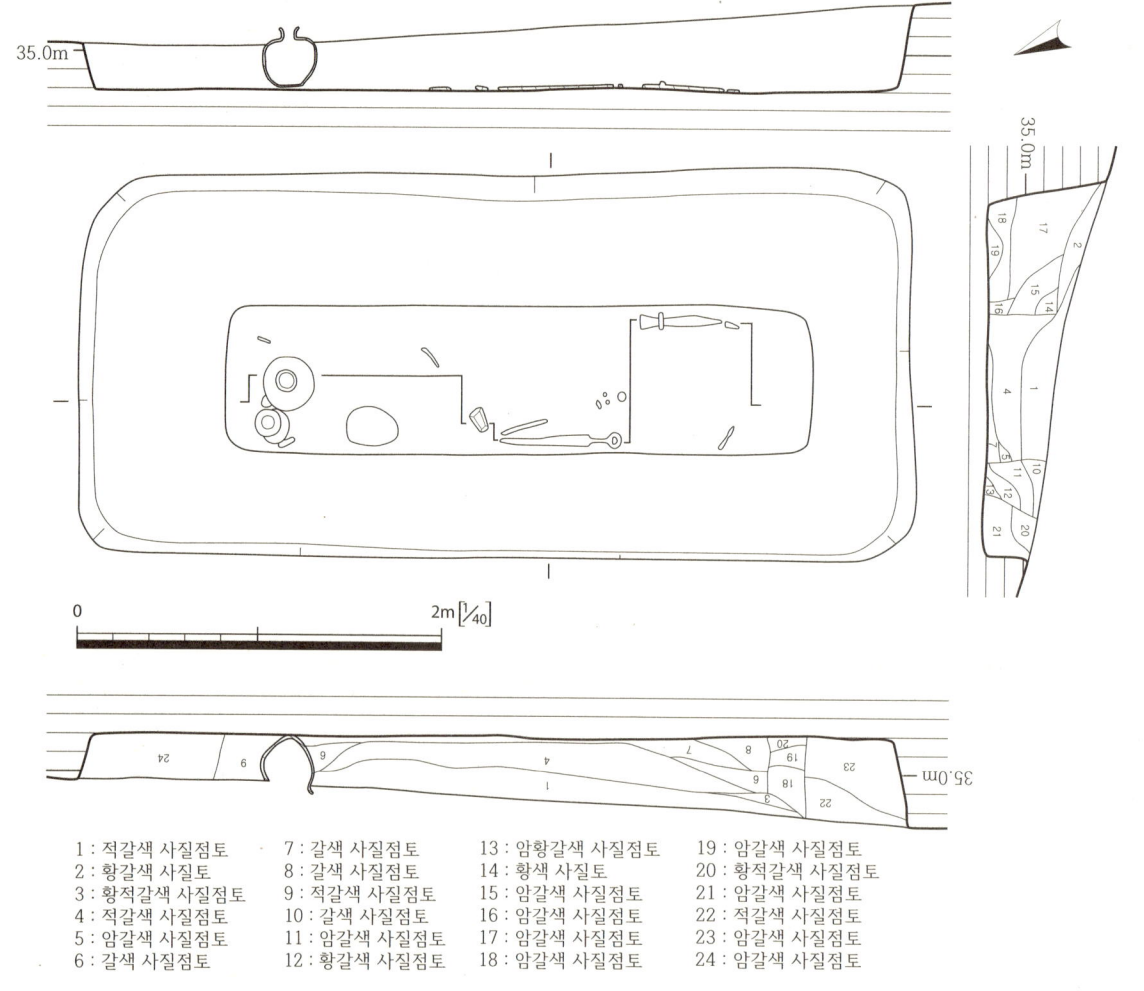

35.0m

2m [1/40]

1 : 적갈색 사질점토   7 : 갈색 사질점토   13 : 암황갈색 사질점토   19 : 암갈색 사질점토
2 : 황갈색 사질토   8 : 갈색 사질점토   14 : 황색 사질토   20 : 황적갈색 사질점토
3 : 황적갈색 사질점토   9 : 적갈색 사질점토   15 : 암갈색 사질점토   21 : 암갈색 사질점토
4 : 적갈색 사질점토   10 : 갈색 사질점토   16 : 암갈색 사질점토   22 : 적갈색 사질점토
5 : 암갈색 사질점토   11 : 암갈색 사질점토   17 : 암갈색 사질점토   23 : 암갈색 사질점토
6 : 갈색 사질점토   12 : 황갈색 사질점토   18 : 암갈색 사질점토   24 : 암갈색 사질점토

[유구사진]

[곽내]

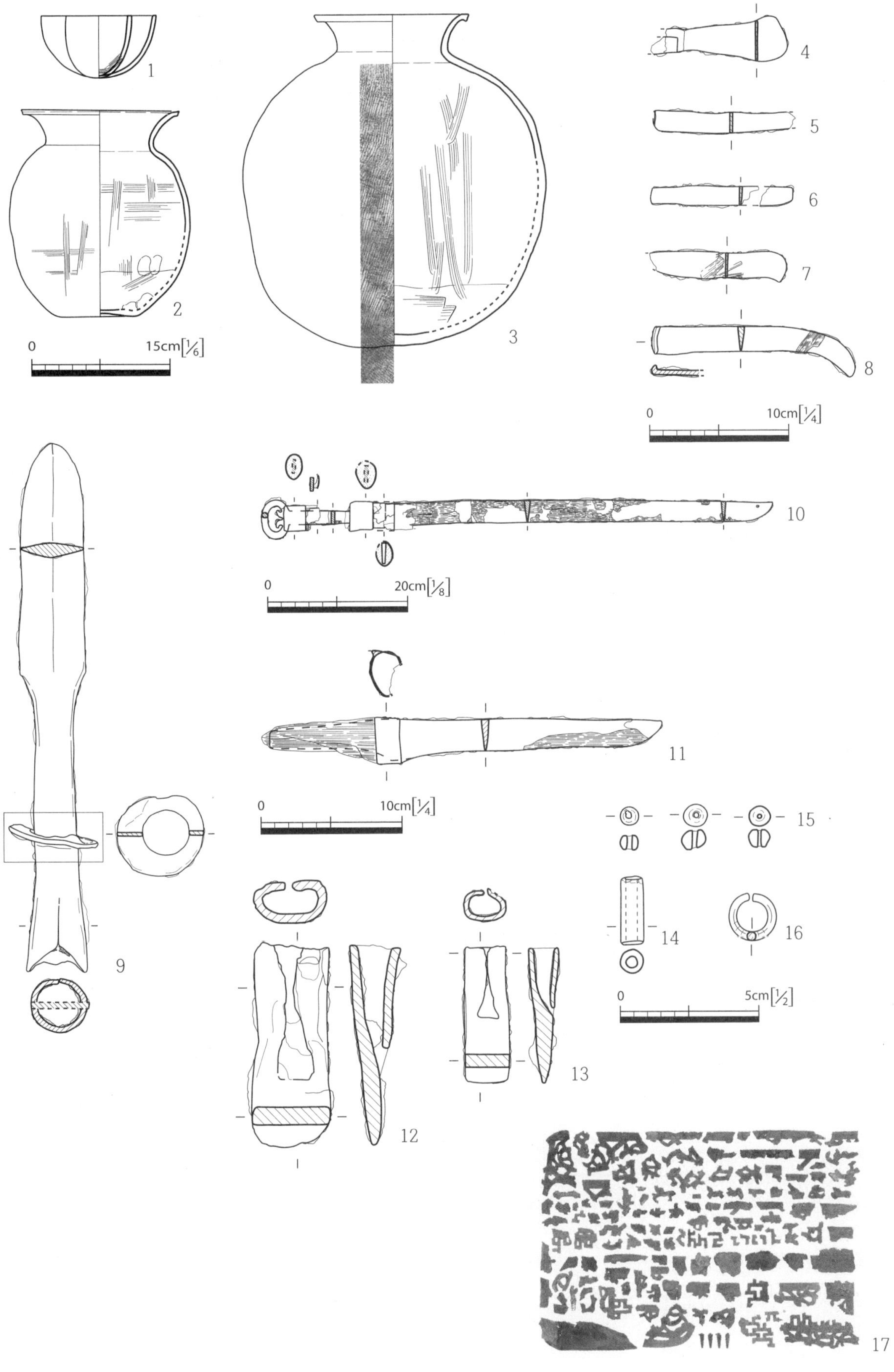
1
2
0
15cm[1/6]
3
4
5
6
7
8
0
10cm[1/4]
9
10
0
20cm[1/8]
11
0
10cm[1/4]
15
14
16
0
5cm[1/2]
12
13
17

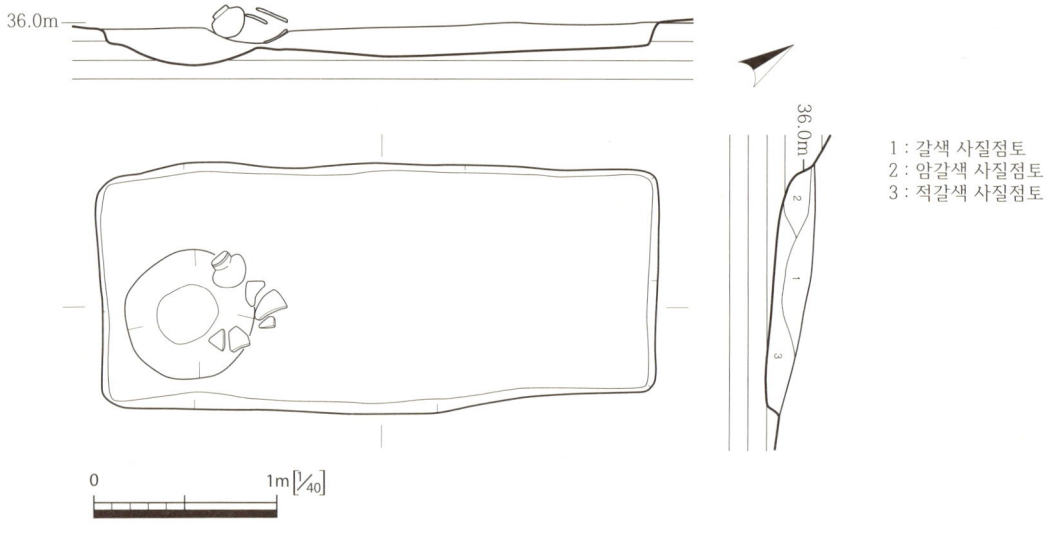

36.0m

36.0m

1 : 갈색 사질점토
2 : 암갈색 사질점토
3 : 적갈색 사질점토

0 _____ 1m[1/40]

[출토유물]

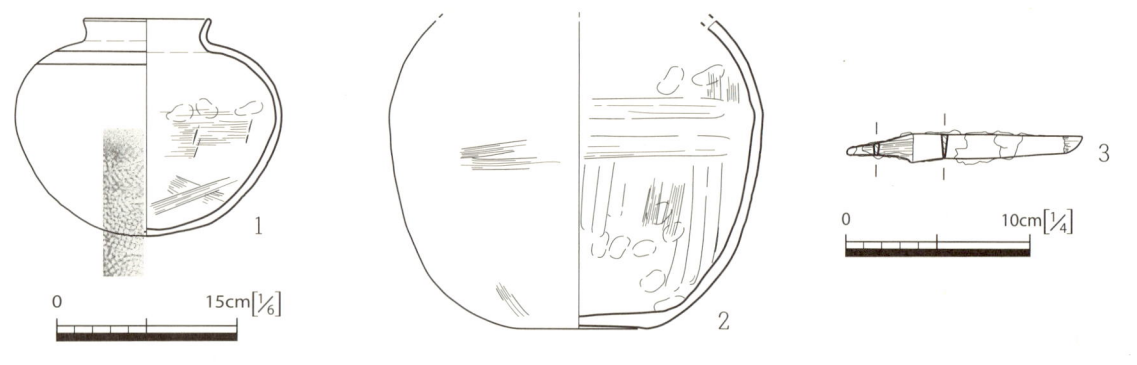

1

0 _____ 15cm[1/6]

2

3

0 _____ 10cm[1/4]

[유구사진]

I 지역 9호 분구묘

(단위 : cm)

분구크기 (길이×너비×높이)	900×(800+)×?		분구평면형태	(장방형)
분구장폭비	?		분구장축방향	N-30°-E
매장시설	토광(1)		주구형태	'ㄷ'자형
유물	토 기	대옹편(1:주구1)		
	철 기	-		
	청동기	-		
	옥석류	-		
	기 타	-		
특기사항				

1호 토광					
묘광	크 기 (길이×너비×깊이)	334×108×(28+)	목관	크 기 (길이×너비×높이)	266×60×(24+)
	장폭비	3.09:1		장폭비	4.43:1
	장축방향	N-51°-E	목곽	크 기 (길이×너비×높이)	-
	두 향	?		장폭비	-
유물	토 기	단경호(2), 토기편(1)			
	철 기	-			
	청동기	-			
	옥석류	-			
	기 타	-			
특기사항					

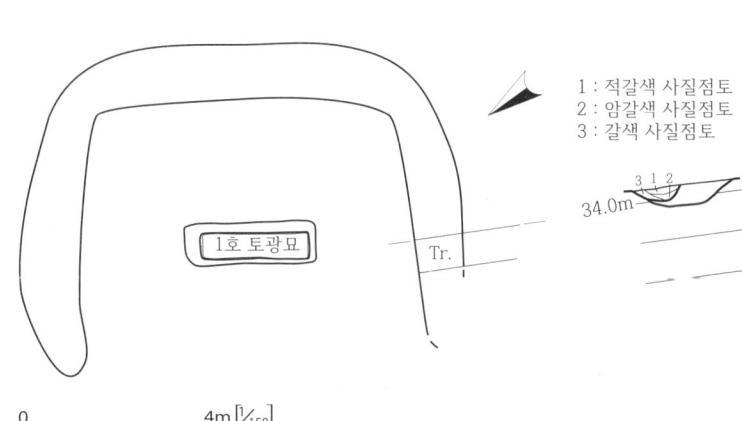

1 : 적갈색 사질점토
2 : 암갈색 사질점토
3 : 갈색 사질점토

34.0m

1호 토광묘

Tr.

0   4m ⌐1/150

[유구사진]

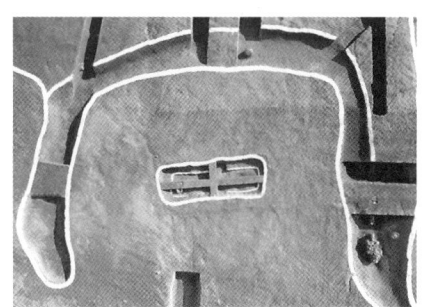

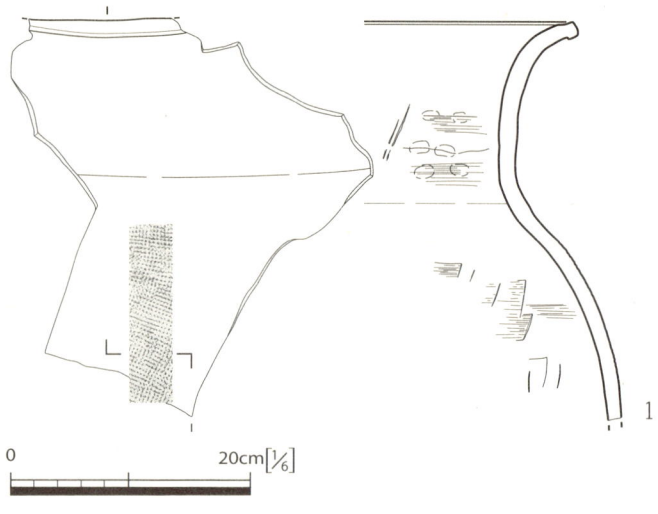

0   20cm[1/6]

[1호 토광]

44.5m

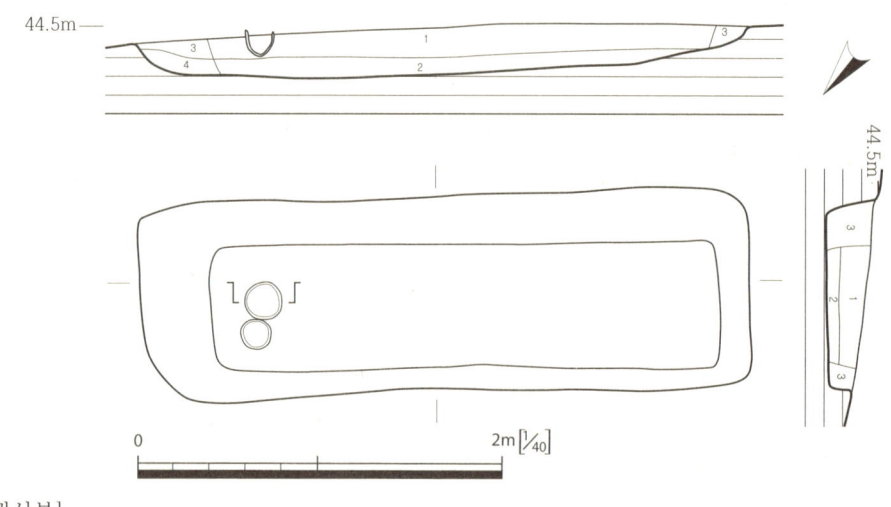

1 : 갈색 사질점토
2 : 명갈색 사질점토
3 : 암갈색 사질점토
4 : 갈색 사질점토

44.5m

0   2m[1/40]

[관상부]

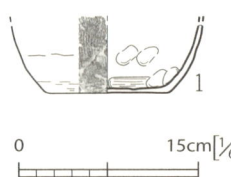

0   15cm[1/6]

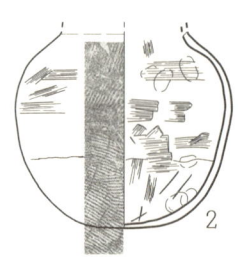

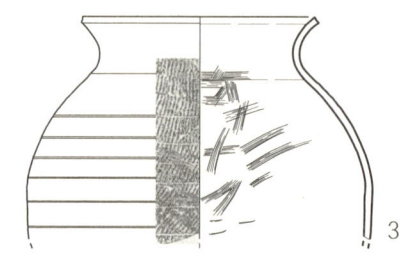

[유구사진]

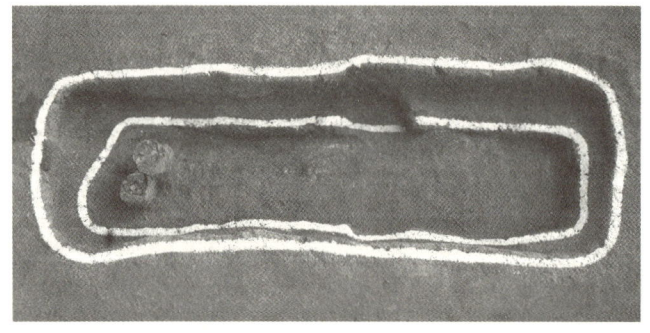

I지역 10호 분구묘

(단위 : cm)

분구크기 (길이×너비×높이)	(1,500+)×1,496×?	분구평면형태	?
분구장폭비	?	분구장축방향	N-48°-W
매장시설	토광(2)	주구형태	('ㄷ'자형)

유물	토 기	-
	철 기	-
	청동기	-
	옥석류	-
	기 타	-
특기사항		

1호 토광			

묘광	크 기 (길이×너비×깊이)	486×160×(10+)	목관	크 기 (길이×너비×높이)	354×80×(10+)
	장폭비	3.03:1		장폭비	4.42:1
	장축방향	N-62°-E	목곽	크 기 (길이×너비×높이)	-
	두 향	서쪽		장폭비	-

유물	토 기	광구장경호(1), 단경호(1)
	철 기	환두도(1), 도자(2), 단조철부(2), 겸(1), 착(1), ㄴ자형철기(1), 불명철기(1)
	청동기	-
	옥석류	-
	기 타	-
특기사항		

2호 토광			

묘광	크 기 (길이×너비×깊이)	(292+)×(90+)×(10+)	목관	크 기 (길이×너비×높이)	?
	장폭비	?		장폭비	?
	장축방향	N-62°-E	목곽	크 기 (길이×너비×높이)	?
	두 향	?		장폭비	?

뉴불	토 기	광구장경호(1), 호(1)
	철 기	-
	청동기	-
	옥석류	-
	기 타	-
특기사항		

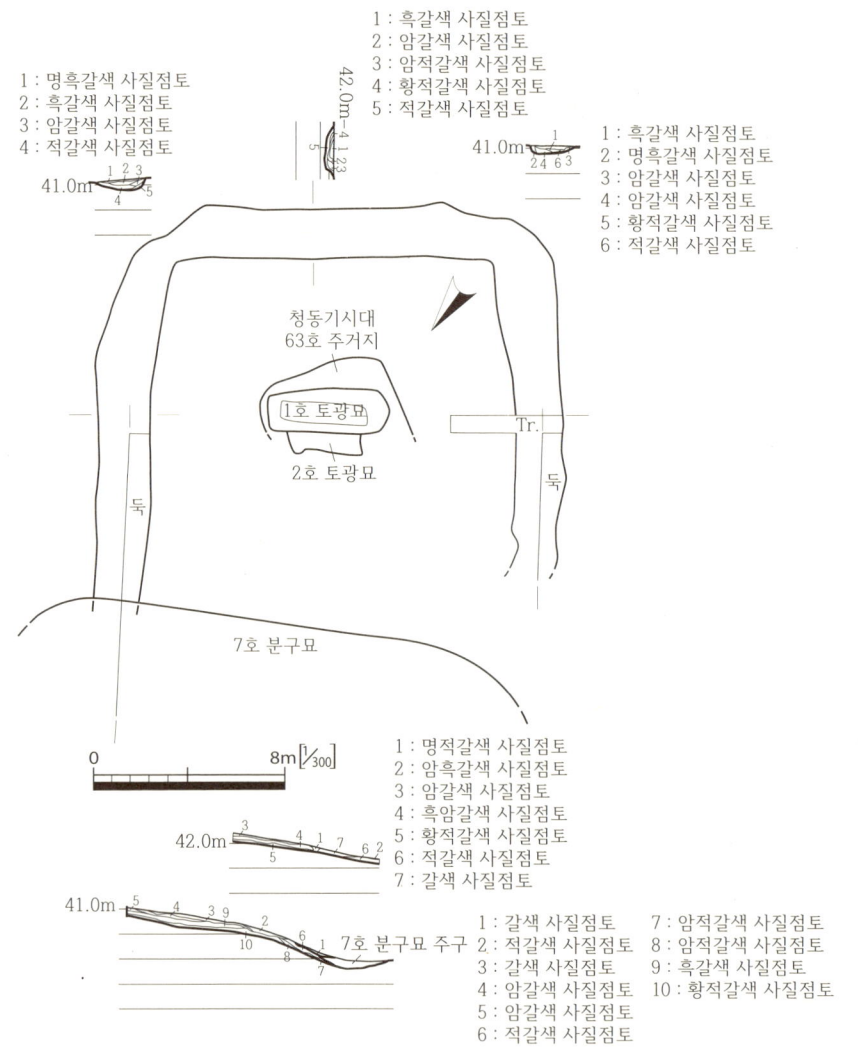

1 : 명흑갈색 사질점토
2 : 흑갈색 사질점토
3 : 암갈색 사질점토
4 : 적갈색 사질점토

41.0m

1 : 흑갈색 사질점토
2 : 암갈색 사질점토
3 : 암적갈색 사질점토
4 : 황적갈색 사질점토
5 : 적갈색 사질점토

42.0m

1 : 흑갈색 사질점토
2 : 명흑갈색 사질점토
3 : 암갈색 사질점토
4 : 암갈색 사질점토
5 : 황적갈색 사질점토
6 : 적갈색 사질점토

41.0m

청동기시대
63호 주거지

1호 토광묘

2호 토광묘

Tr.

둑

둑

7호 분구묘

0   8m [1/300]

42.0m

1 : 명적갈색 사질점토
2 : 암흑갈색 사질점토
3 : 암갈색 사질점토
4 : 흑암갈색 사질점토
5 : 황적갈색 사질점토
6 : 적갈색 사질점토
7 : 갈색 사질점토

41.0m

7호 분구묘 주구

1 : 갈색 사질점토
2 : 적갈색 사질점토
3 : 갈색 사질점토
4 : 암갈색 사질점토
5 : 암갈색 사질점토
6 : 적갈색 사질점토
7 : 암적갈색 사질점토
8 : 암적갈색 사질점토
9 : 흑갈색 사질점토
10 : 황적갈색 사질점토

[유구사진]

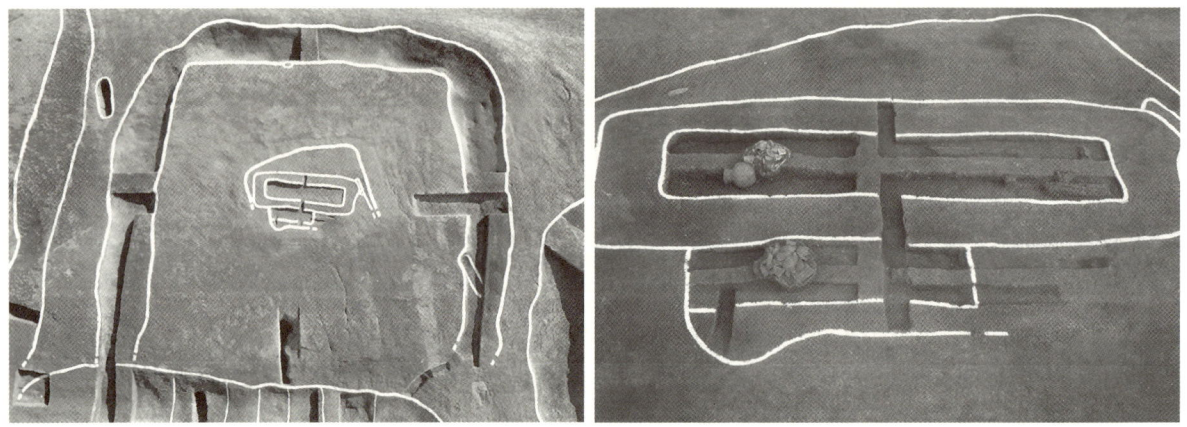

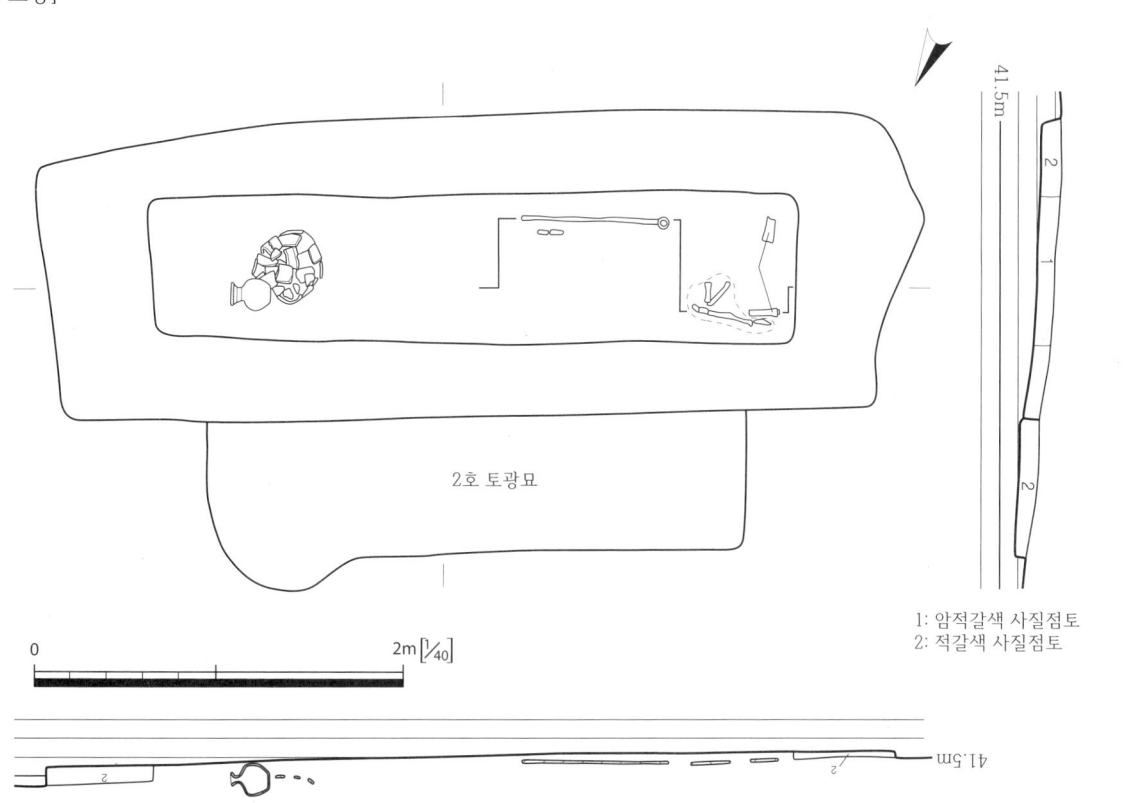

2호 토광묘

41.5m

1: 암적갈색 사질점토
2: 적갈색 사질점토

0   2m [1/40]

41.5m

[관내]

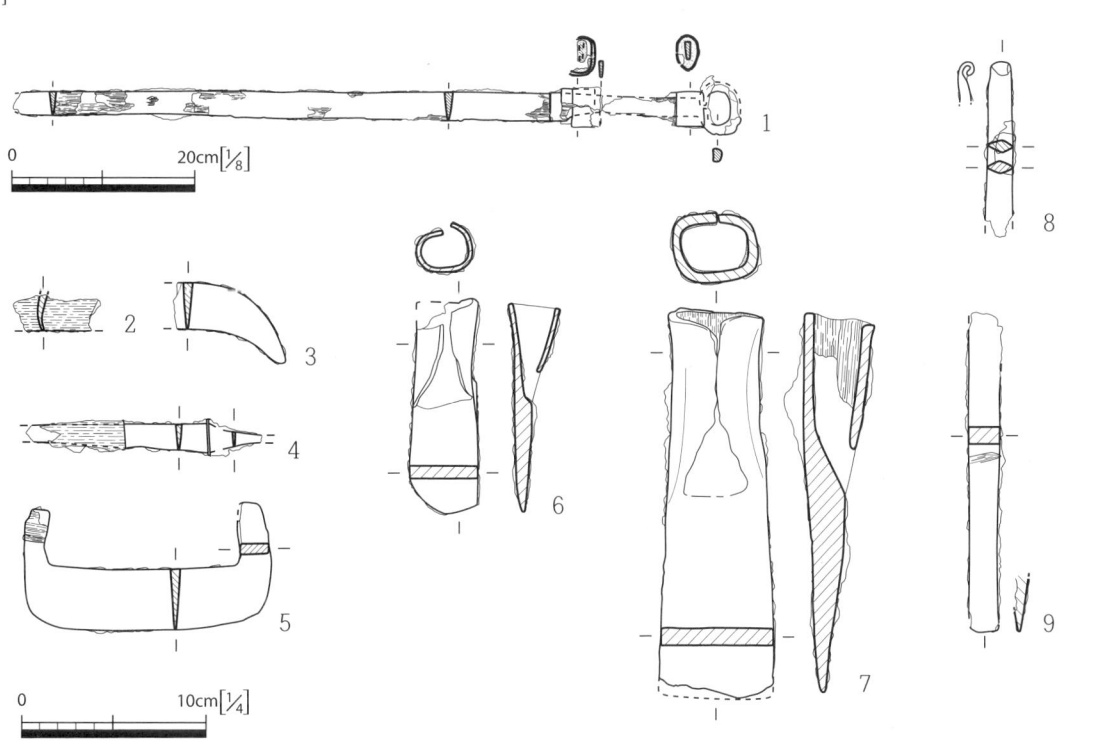

0   20cm [1/8]

0   10cm [1/4]

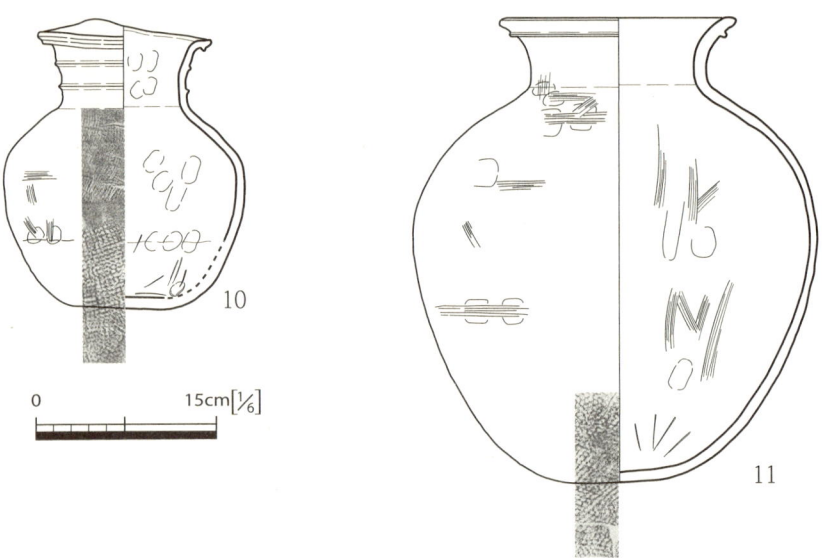

0   15cm[¹⁄₆]

[2호 토광]

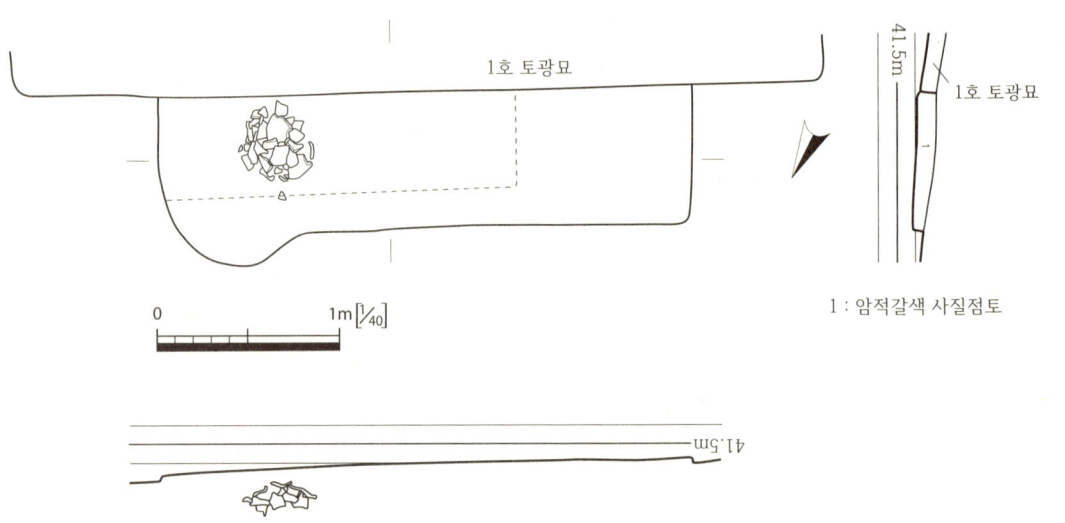

1호 토광묘

41.5m

1호 토광묘

0   1m[¹⁄₄₀]

1 : 암적갈색 사질점토

41.5m

[출토유물]

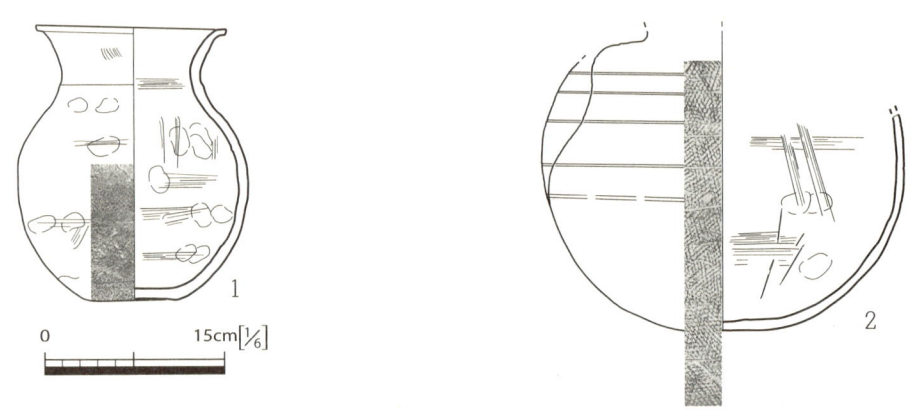

0   15cm[¹⁄₆]

Ⅰ지역 11호 분구묘

(단위 : cm)

분구크기 (길이×너비×높이)		1,500×(1,300+)×?	분구평면형태	방형
분구장폭비		?	분구장축방향	N-21°-W
매장시설		토광(4)	주구형태	'ㅁ'자형
유물	토 기	단경호(1)		
	철 기	-		
	청 동 기	-		
	옥 석 류	-		
	기 타	-		
	특기사항			

1호 토광				
묘광	크 기 (길이×너비×깊이)	332×108×(39+)	목관	크 기 (길이×너비×높이)	-
	장 폭 비	3.07:1		장 폭 비	-
	장축방향	N-48°-E	목곽	크 기 (길이×너비×높이)	272×54×?
	두 향	?		장 폭 비	5.03:1
유물	토 기	단경호(2)			
	철 기	도자(2)			
	청 동 기	-			
	옥 석 류	-			
	기 타	금동제 이식(2)			
	특기사항				

2호 토광				
묘광	크 기 (길이×너비×깊이)	250×104×(22+)	목관	크 기 (길이×너비×높이)	?
	장 폭 비	2.40:1		장 폭 비	?
	장축방향	N-62°-E	목곽	크 기 (길이×너비×높이)	?
	두 향	?		장 폭 비	?
유물	토 기	호(1)			
	철 기	주조철부(1), 단조철부(1), 겸(1)			
	청 동 기	-			
	옥 석 류	-			
	기 타	-			
	특기사항				

3호 토광					
묘광	크 기 (길이×너비×깊이)	(292+)×(124+)×(10+)	목관	크 기 (길이×너비×높이)	?
	장폭비	?		장폭비	?
	장축방향	N-58°-E	목곽	크 기 (길이×너비×높이)	?
	두 향	?		장폭비	?
유물	토 기	호(1)			
	철 기	–			
	청동기	–			
	옥석류	–			
	기 타	–			
	특기사항				

4호 토광					
묘광	크 기 (길이×너비×깊이)	324×106×(12+)	목관	크 기 (길이×너비×높이)	?
	장폭비	3.05:1		장폭비	?
	장축방향	N-52°-E	목곽	크 기 (길이×너비×높이)	?
	두 향	?		장폭비	?
유물	토 기	토기편(1)			
	철 기	주조철부(1), 겸(1)			
	청동기	–			
	옥석류	–			
	기 타	–			
	특기사항				

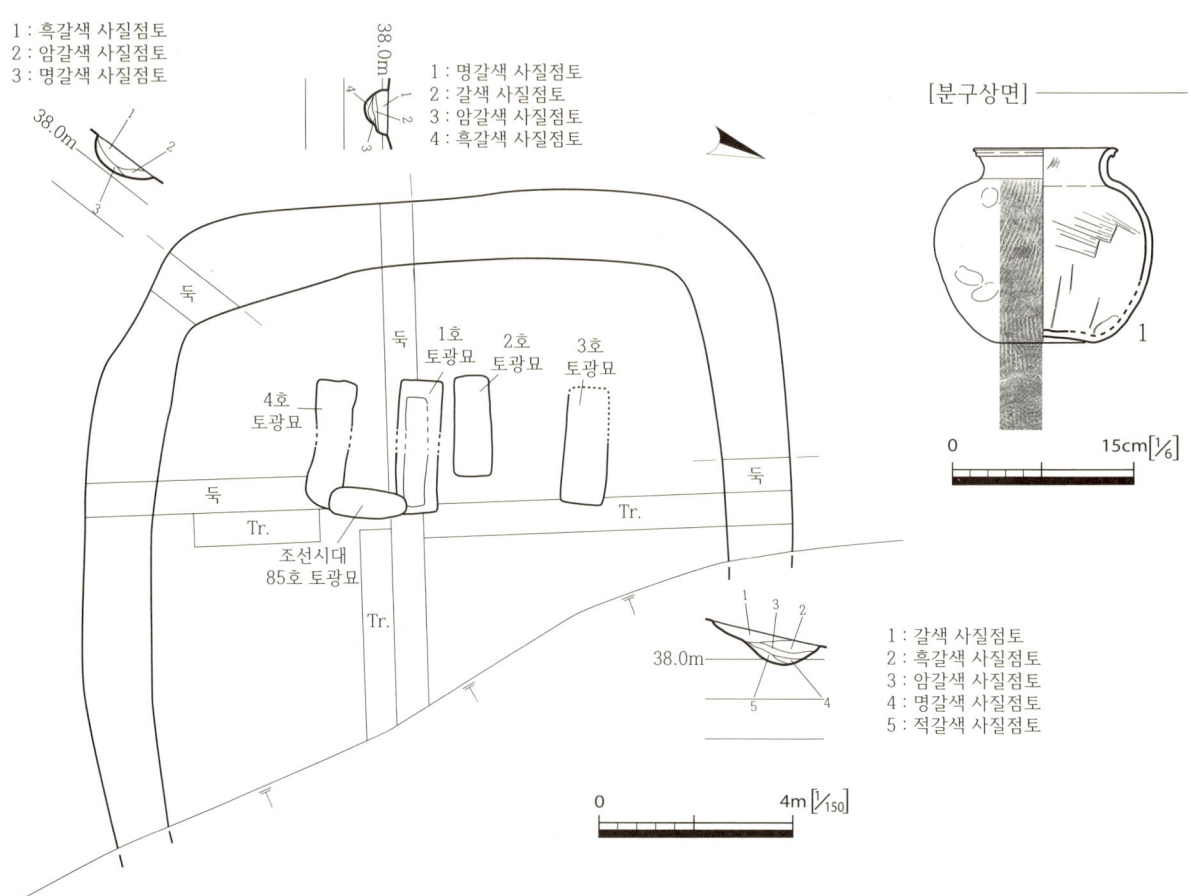

1 : 흑갈색 사질점토
2 : 암갈색 사질점토
3 : 명갈색 사질점토

1 : 명갈색 사질점토
2 : 갈색 사질점토
3 : 암갈색 사질점토
4 : 흑갈색 사질점토

[분구상면]

1 : 갈색 사질점토
2 : 흑갈색 사질점토
3 : 암갈색 사질점토
4 : 명갈색 사질점토
5 : 적갈색 사질점토

38.0m

둑

둑

4호
토광묘

1호
토광묘

2호
토광묘

3호
토광묘

둑

Tr.

Tr.

Tr.

조선시대
85호 토광묘

0   15cm[1/6]

0   4m[1/150]

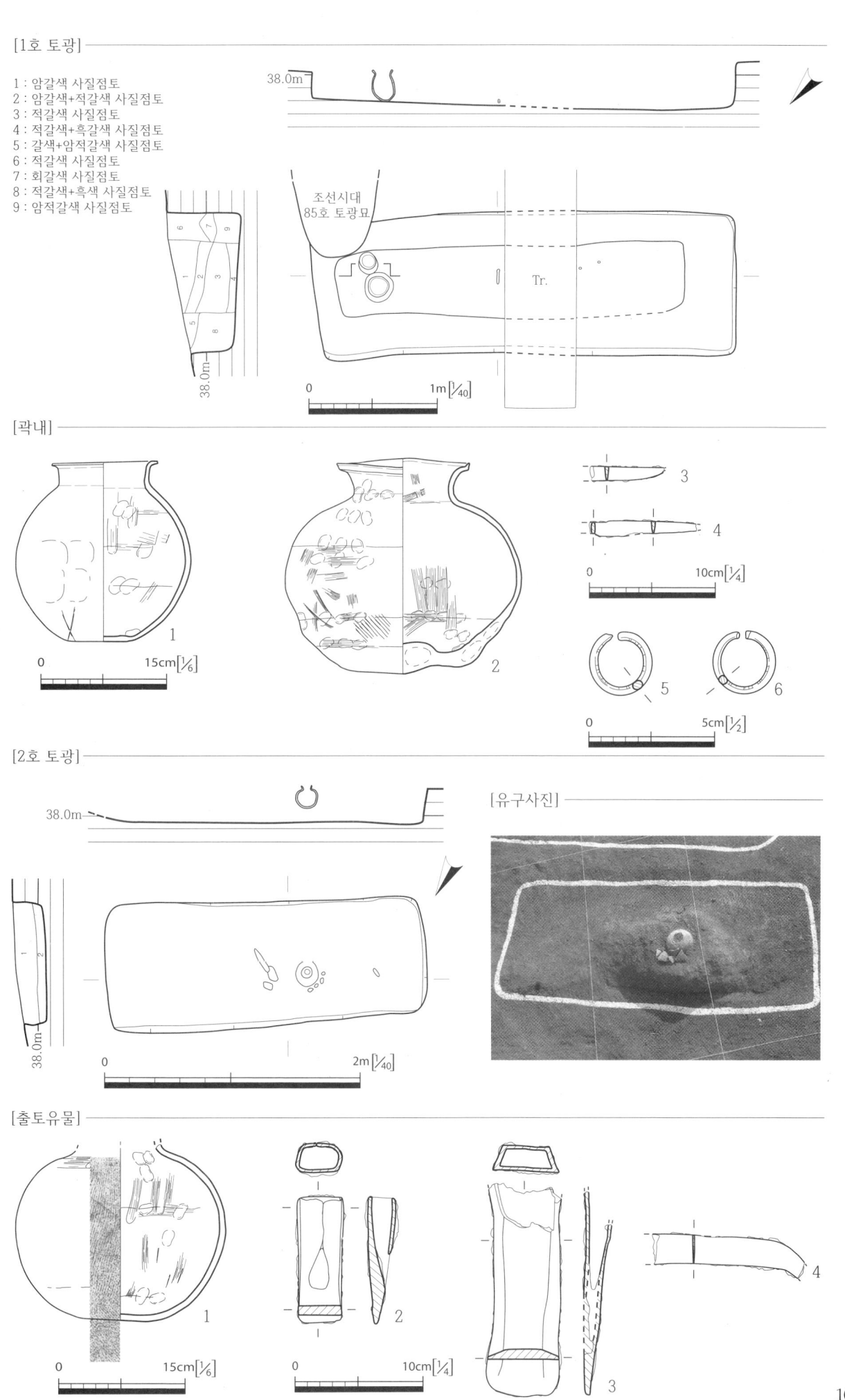

[1호 토광]

1 : 암갈색 사질점토
2 : 암갈색+적갈색 사질점토
3 : 적갈색 사질점토
4 : 적갈색+흑갈색 사질점토
5 : 갈색+암적갈색 사질점토
6 : 적갈색 사질점토
7 : 회갈색 사질점토
8 : 적갈색+흑색 사질점토
9 : 암적갈색 사질점토

38.0m

조선시대
85호 토광묘

Tr.

38.0m

0   1m[1/40]

[곽내]

0   15cm[1/6]

1

2

3

4

0   10cm[1/4]

5   6

0   5cm[1/2]

[2호 토광]

38.0m

[유구사진]

38.0m

0   2m[1/40]

[출토유물]

0   15cm[1/6]

1

2

0   10cm[1/4]

3

4

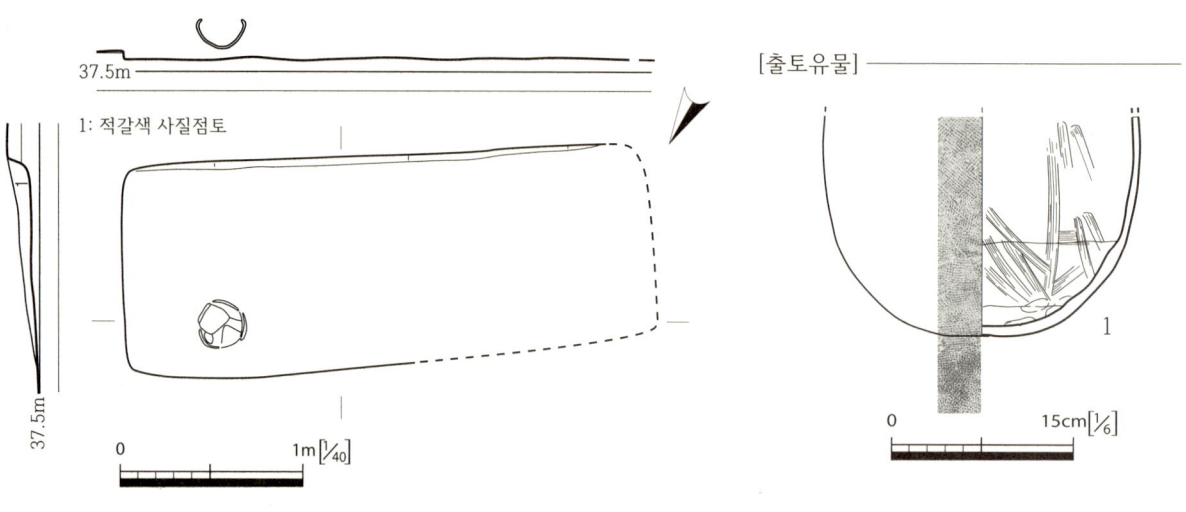

[3호 토광]

37.5m

1: 적갈색 사질점토

37.5m

0　　　　　　　　1m[1/40]

[출토유물]

1

0　　　　　　　　15cm[1/6]

[4호 토광]

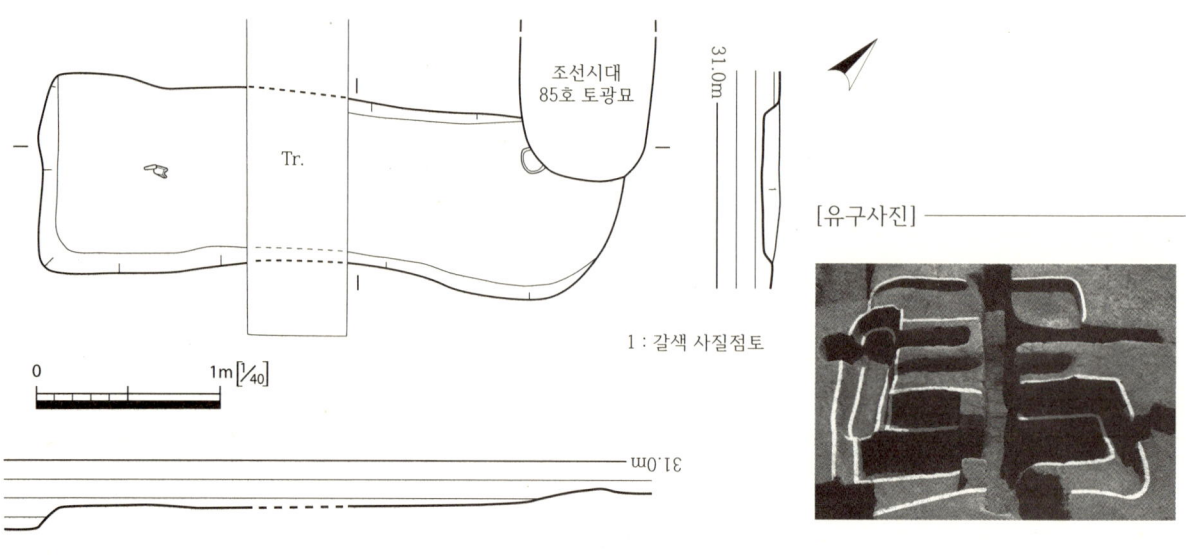

Tr.

조선시대
85호 토광묘

31.0m

1 : 갈색 사질점토

[유구사진]

0　　　　　　　1m[1/40]

31.0m

[출토유물]

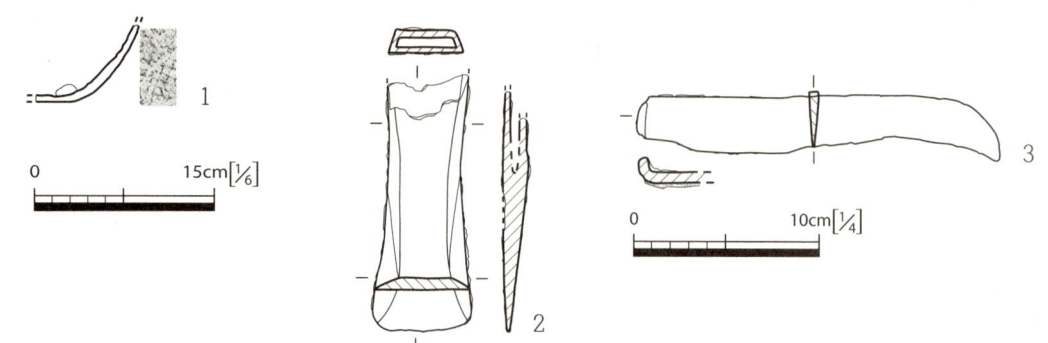

1

0　　　　　　　15cm[1/6]

2

3

0　　　　　　10cm[1/4]

I 지역 12호 분구묘

(단위 : cm)

분구크기 (길이×너비×높이)	(1,500)×(1,430)×?	분구평면형태	방형
분구장폭비	?	분구장축방향	N-31°-E
매장시설	토광(1)	주구형태	'ㅁ'자형

유물	토 기	심발형토기(2:주구2), 단경호(2:주구2), 호(1:주구1)		
	철 기	-		
	청동기	-		
	옥석류	-		
	기 타	-		
특기사항				

1호 토광				

묘광	크 기 (길이×너비×깊이)	(336+)×154×(66+)	목관	크 기 (길이×너비×높이)	(244+)×74×?
	장폭비	?		장폭비	?
	장축방향	N-60°-E	목곽	크 기 (길이×너비×높이)	-
	두 향	?		장폭비	-
유물	토 기	-			
	철 기	三葉環頭刀(1), 도자(1), 주조철부(1), 겸(1), 미상철기(1)			
	청동기	-			
	옥석류	-			
	기 타	-			
특기사항					

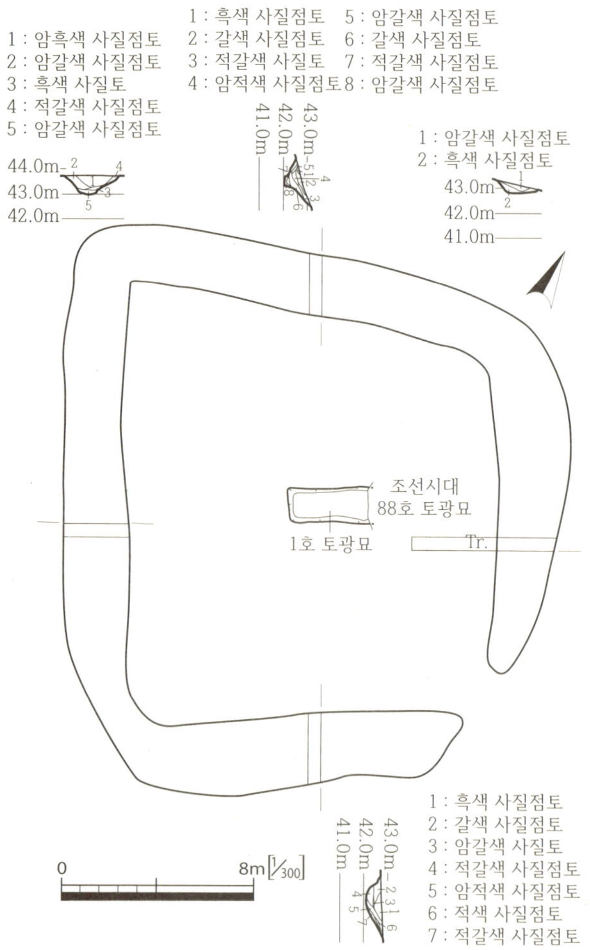

1 : 암흑색 사질점토
2 : 암갈색 사질점토
3 : 흑색 사질토
4 : 적갈색 사질점토
5 : 암갈색 사질점토

1 : 흑색 사질점토　　5 : 암갈색 사질점토
2 : 갈색 사질점토　　6 : 갈색 사질점토
3 : 적갈색 사질토　　7 : 적갈색 사질점토
4 : 암적색 사질점토 8 : 암갈색 사질점토

[주구]

1 : 암갈색 사질점토
2 : 흑색 사질점토

44.0m
43.0m
42.0m

43.0m
42.0m
41.0m

43.0m
42.0m
41.0m

0　　　　　　　　20cm[1/8]

조선시대
88호 토광묘

1호 토광묘　　　Tr.

1 : 흑색 사질점토
2 : 갈색 사질점토
3 : 암갈색 사질토
4 : 적갈색 사질점토
5 : 암적색 사질점토
6 : 적색 사질점토
7 : 적갈색 사질점토

43.0m
42.0m
41.0m

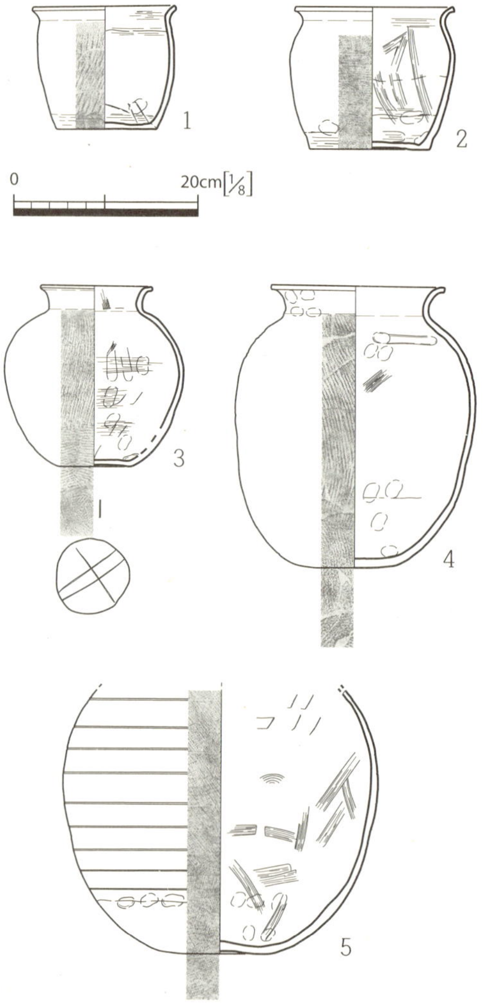

0　　　　　　　　8m[1/300]

[유구사진]

[1호 토광]

1 : 흑갈색 사질점토
2 : 흑적갈색 사질점토
3 : 적갈색 사질점토
4 : 적갈색 사질점토
5 : 적갈색 사질점토
6 : 흑갈색 사질점토
7 : 적갈색 사질점토
8 : 암적갈색 사질점토
9 : 흑갈색 사질점토
10 : 흑갈색 사질점토
11 : 적갈색 사질점토
12 : 적갈색 사질점토(입자고움)

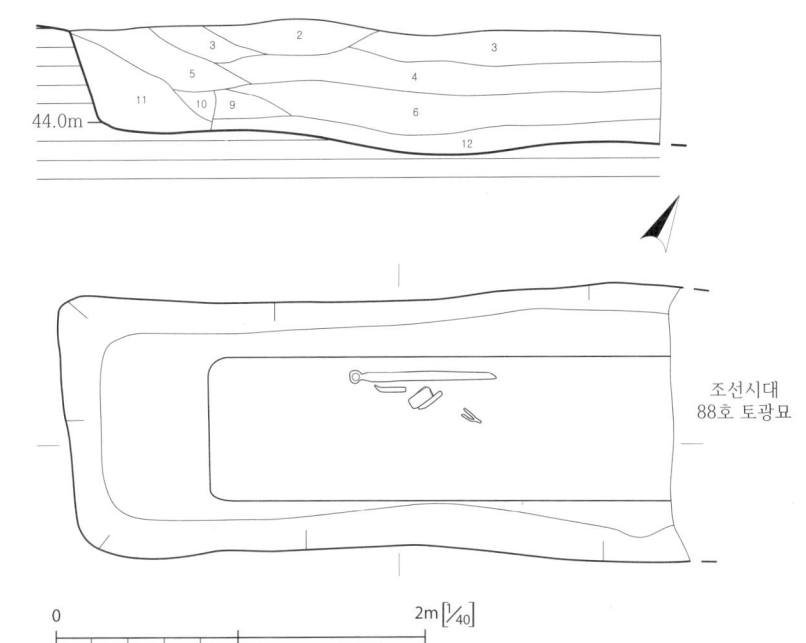

44.0m

44.0m

조선시대
88호 토광묘

0   2m [1/40]

[관내]

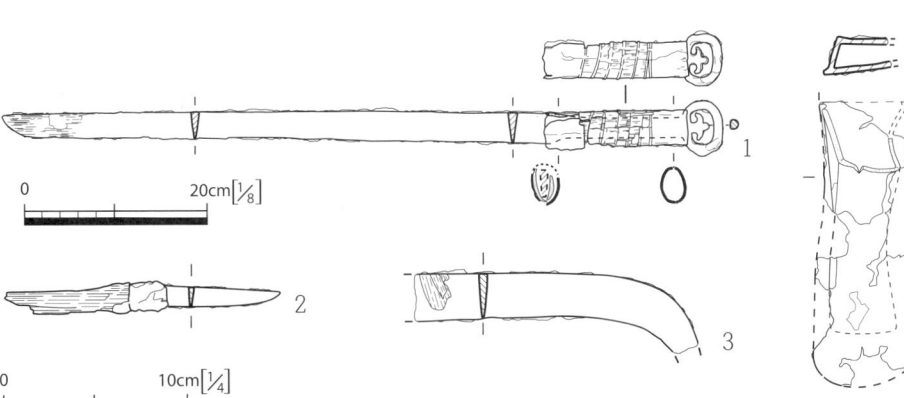

0   20cm[1/8]

0   10cm[1/4]

[유구사진]

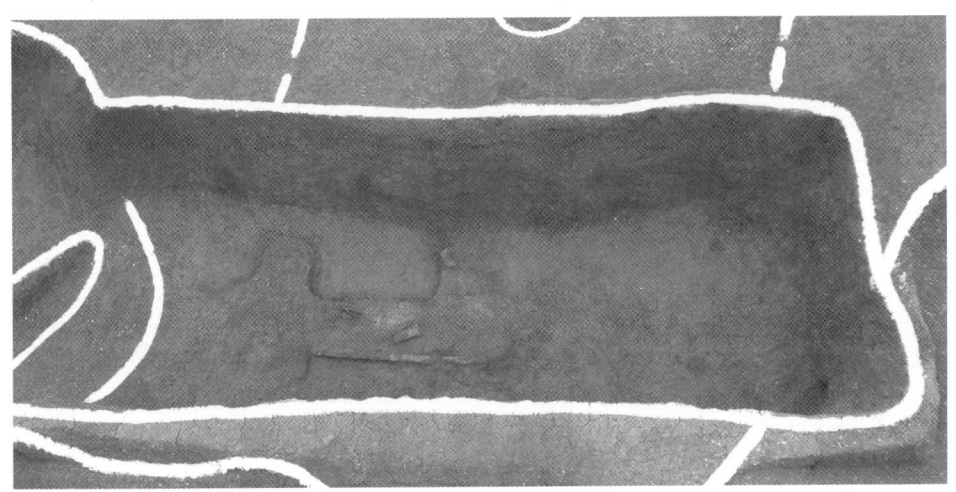

I 지역 13호 분구묘

(단위 : cm)

분구 크기 (길이×너비×높이)	(1,500+)×(1,100)×?	분구평면형태	?
분구장폭비	?	분구장축방향	?
매장시설	?	주구형태	?
유물	토 기	심발형토기(1:주구1), 단경호(1:주구1), 대옹(1:주구1)	
	철 기	-	
	청동기	-	
	옥석류	-	
	기 타	-	
특기사항			

1 : 갈색 사질점토(생토부스러기 다량)
2 : 갈색 사질점토
3 : 적갈색 사질점토
4 : 갈색 사질점토
5 : 암갈색 사질점토
6 : 암갈색 사질점토(점질 강함)
7 : 흑갈색 사질점토
8 : 암갈색 사질점토
9 : 암적갈색 사질점토
10 : 암갈색 사질점토
11 : 암적갈색 사질점토
12 : 암적갈색 사질점토
13 : 명적갈색 사질점토
14 : 명황갈색 사질점토(사질 강함)

[주구]

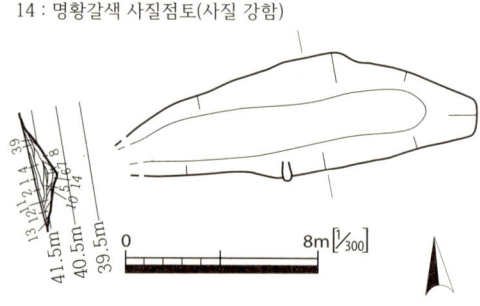

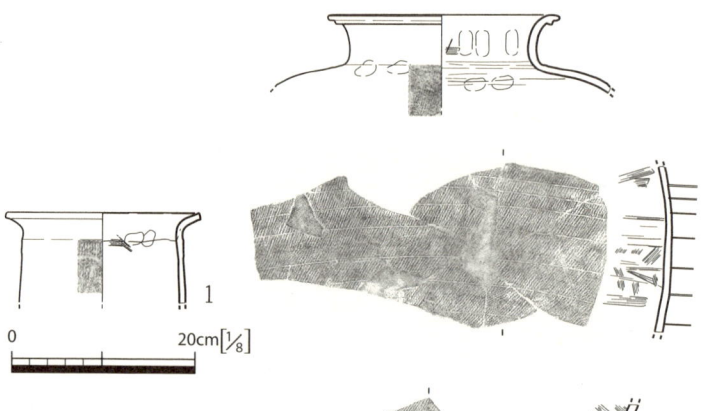

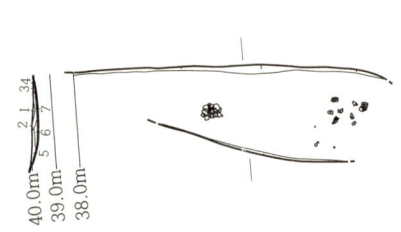

1 : 암갈색 사질점토
2 : 암갈색 사질점토(적색 점토 소량)
3 : 갈색 사질점토
4 : 적갈색 사질점토
5 : 갈색 사질점토
6 : 갈색 사질점토
7 : 황갈색 사질점토

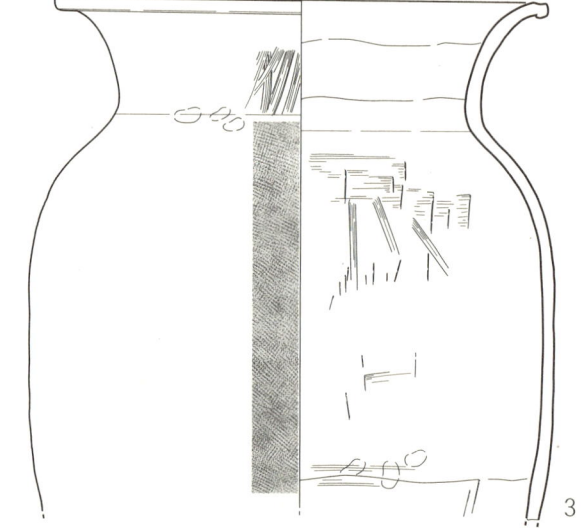

Ⅰ지역 1호 석곽묘

(단위 :   cm)

묘광	크 기 (길이×너비×깊이)	300×158×(20+)	주체부	크 기 (길이×너비×높이)	(234)×(84)×(24+)
	장폭비	1.89:1		장폭비	(2.78):1
	장축방향	N-8°-E	시상·관대	크 기 (길이×너비×높이)	?
	두 향	?		벽석종류	할석
유물	토 기	-			
	철 기	단조철부(1)			
	청 동 기	-			
	옥 석 류	-			
	기 타	-			
	특기사항	석곽으로 보고하였으나 파괴가 심하여 정확한 구조는 알 수 없음.			

[유구사진]

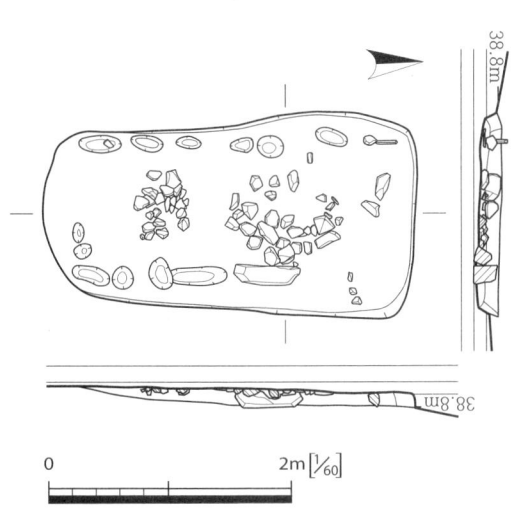

0   2m [1/60]

[출토유물]

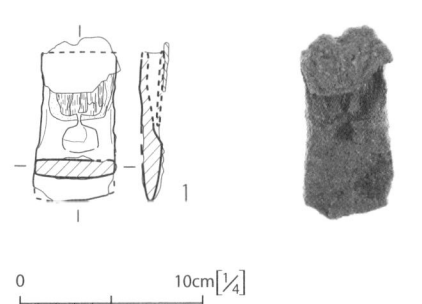

1

0   10cm [1/4]

Ⅱ지역 1호 석곽묘

(단위 : cm)

묘광	크 기 (길이×너비×깊이)	(170+)×(120)×(22+)	주체부	크 기 (길이×너비×높이)	(120+)×(46)×(12+)
	장폭비	?		장폭비	?
	장축방향	N-17°-W	시상·관대	크 기 (길이×너비×높이)	?
	두 향	?	벽석종류		할석
유물	토 기	병(1)			
	철 기	촉(1), 도자(1), 겸(1)			
	청 동 기	-			
	옥 석 류	-			
	기 타	-			
	특기사항	석곽으로 보고하였으나 파괴가 심하여 정확한 구조는 알 수 없음.			

47.5m

1: 갈색 사질점토

47.5m 47.5m

0   2m[1/60]

47.5m

[유구사진]

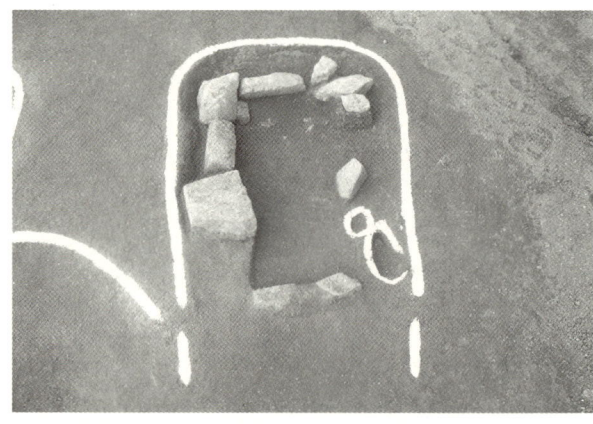

[출토유물]

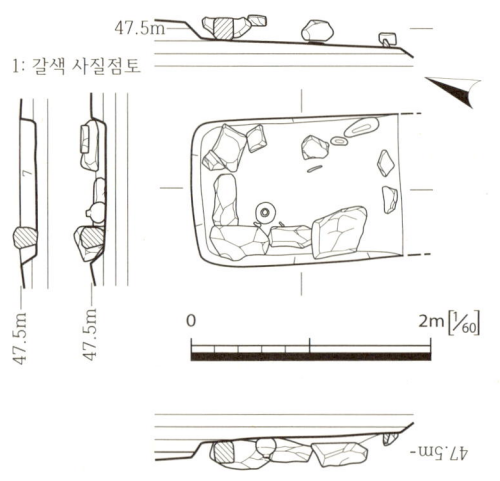

1

0   15cm[1/6]

2

3

4

0   10cm[1/4]

II지역 2호 석곽묘

(단위 : cm)

묘광	크 기 (길이×너비×깊이)	(160+)×(140)×(22+)	주체부	크 기 (길이×너비×높이)	(128+)×(80)×(16+)
	장폭비	?		장폭비	?
	장축방향	N-22°-W	시상·관대	크 기 (길이×너비×높이)	?
	두 향	?	벽석종류		?
유물	토 기	토기편(1)			
	철 기	-			
	청동기	-			
	옥석류	-			
	기 타	토제 방추차(1)			
	특기사항	석곽으로 보고하였으나 파괴가 심하여 정확한 구조는 알 수 없음.			

1: 갈색 사질점토

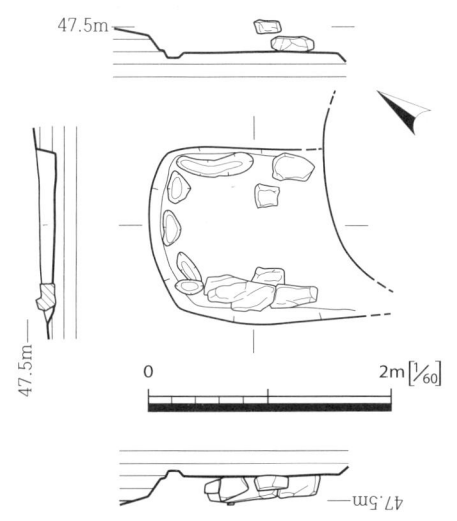

[유구사진]

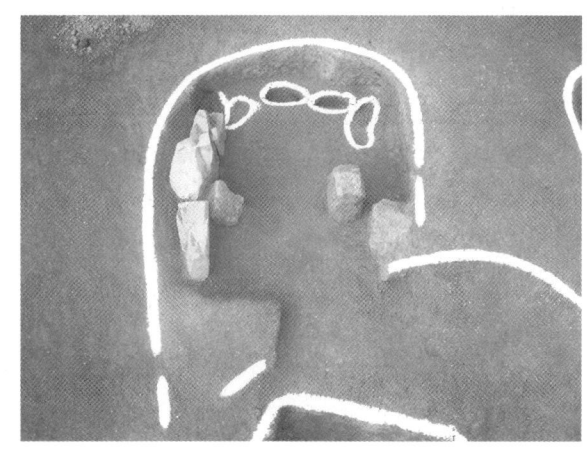

[출토유물]

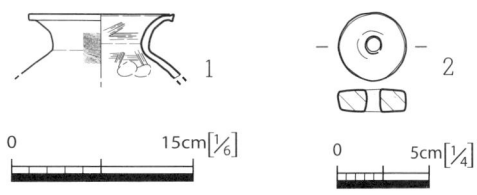

서산 언암리 낫머리 유적 瑞山 堰岩里 낫머리 遺蹟

조사사유	공군부대 내 체력단련장 건설공사에 따른 구제발굴조사
조사연혁	지표조사 : 2005. 06. ~ 2005. 07. (忠淸文化財硏究院) 시굴조사 : 2005. 11. 21. ~ 2006. 02. 03. (忠淸文化財硏究院) 발굴조사 : 2007. 02. 26. ~ 2008. 02. 20. (忠淸文化財硏究院)
유적위치	서산시 해미면 언암리 일원
	경·위도 126° 39′17.79″E / 37° 00′19.34″N
유적입지	해미면에서 서쪽으로 분지된 저평한 구릉상에 자리한다. 유적이 자리한 저구릉지의 동·서·북쪽 충적지는 1980년대에 진행된 간척사업 이전까지 해안선이 형성되어 있었다. 현재는 이 일대가 모두 간척지로 개간되어 농경지로 활용되고 있으며, 해안선은 조사 지역의 남쪽 강하구쪽으로 13km 정도 물러나 있다.

유구현황	초기철기시대	-
	원삼국시대	-
	삼국시대	가지구 : 주거지(30)·저장혈(24)·수혈유구(20)·토기요(1)·소성유구(7) 나지구 : 분구묘(1)·주거지(29)·건물지(3)·저장혈(4)·수혈유구(16)·소성유구(2)·구상유구(9) 다지구 : 분구묘(48)·석곽묘(1)·토광묘(6)·옹관묘(1)·주거지(3)·저장혈(61)·수혈유구(7)
	기　　타	가지구: 조선시대 토광묘(7)·주거지(9)·저장혈(1)·수혈유구(2) 나지구: 조선시대 토광묘(4)·주거지(1) 다지구: 조선시대 토광묘(3)·주거지(5)·구상유구(7)·수혈유구(1) 라지구: 조선시대 토광묘(7)·주거지(41)·건물지(1)·소성유구(8)·구상유구(2)·폐기장(1)·수혈유구(38)

주요유물	심발형토기, 호, 장란형토기, 유공소병, 철검, 철겸 등
시대·성격	고분은 총 56기가 조사되었고 이 중 55기가 유적의 중앙에 형성된 구릉일대(다지구)에서 조사되었는데, 유적 내에서 가장 높고 조망이 좋은 구릉 상부에 한정되어 조성되었다. 주구와 토광형의 매장주체부가 모두 확인된 분묘는 2기 뿐이고 나머지는 대부분 주구만 남은 상태로 조사되었다. 주구와 토광형 매장주체부가 함께 조사된 고분은 주구의 형태가 모두 원형으로 조성되었고, 주구만 잔존하는 형태는 원형과 방형이 다양하게 확인된다.
참고문헌	忠淸文化財硏究院, 2010, 『瑞山 堰岩里 낫머리 遺蹟』 調査報告 第104輯.

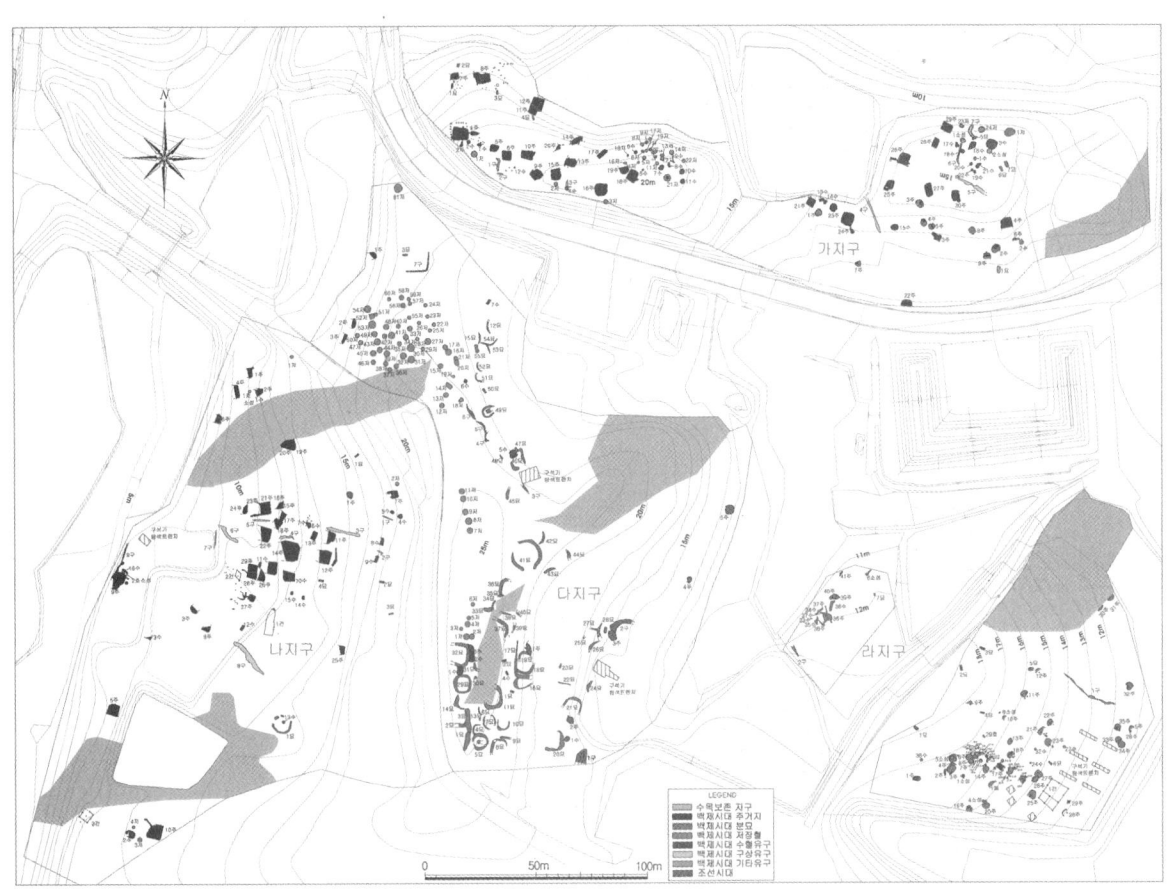

서산 언암리 낫머리유적 유구배치도

서산 언암리 낫머리 유적 전경

나지구 1호 분구묘

(단위 : cm)

분 구 크 기 (길이×너비×높이)	(644+)×704×?	분구평면형태	원형
분구장폭비	?	분구장축방향	N-19°-E
매 장 시 설	?	주구형태	'ㅇ'자형

유물	토 기	토기편(1:주구1)	
	철 기	-	
	청 동 기	-	
	옥 석 류	-	
	기 타	-	
	특기사항		

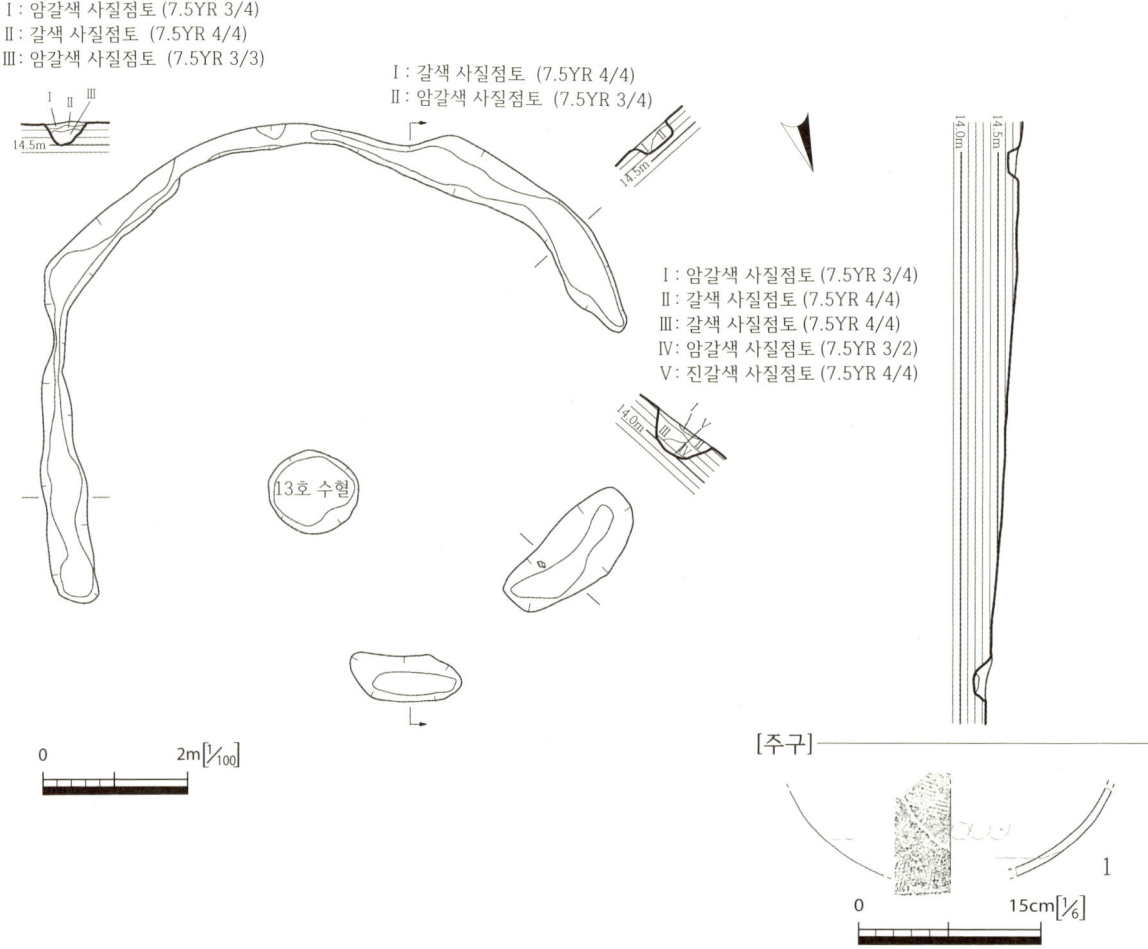

Ⅰ: 암갈색 사질점토 (7.5YR 3/4)
Ⅱ: 갈색 사질점토 (7.5YR 4/4)
Ⅲ: 암갈색 사질점토 (7.5YR 3/3)

Ⅰ: 갈색 사질점토 (7.5YR 4/4)
Ⅱ: 암갈색 사질점토 (7.5YR 3/4)

Ⅰ: 암갈색 사질점토 (7.5YR 3/4)
Ⅱ: 갈색 사질점토 (7.5YR 4/4)
Ⅲ: 갈색 사질점토 (7.5YR 4/4)
Ⅳ: 암갈색 사질점토 (7.5YR 3/2)
Ⅴ: 진갈색 사질점토 (7.5YR 4/4)

14.5m

13호 수혈

14.0m

0   2m[1/100]

14.0m   14.5m

[주구]

0   15cm[1/6]

1

다지구 1호 분구묘

(단위 : cm)

분구크기 (길이×너비×높이)	(810+)×?×?	분구평면형태	?
분구장폭비	?	분구장축방향	?
매 장 시 설	?	주구형태	'一'자형

유물	토 기	심발형토기(2:주구2), 소호(2:주구2), 토기편(1:주구1)
	철 기	-
	청 동 기	-
	옥 석 류	-
	기 타	-
	특기사항	

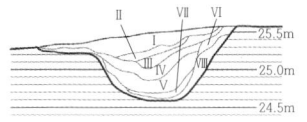

Ⅰ : 갈색 사질점토(7.5YR 4/3)
Ⅱ : 갈색 사질점토(7.5YR 5/4)
Ⅲ : 갈색 사질점토(7.5YR 5/3)
Ⅳ : 갈색 사질점토(7.5YR 4/4)
Ⅴ : 암갈색 사질점토(7.5YR 3/4)
Ⅵ : 진갈색 사질토(7.5YR 5/6)
Ⅶ: 진갈색 사질점토(7.5YR 4/6)
Ⅷ: 적황색 사질토(7.5YR 6/6)

[유구사진]

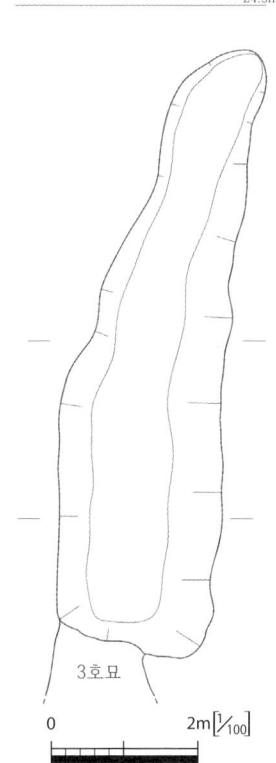

3호묘

0   2m[1/100]

[주구]

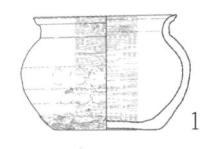 1

 2

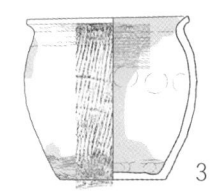 3

0   15cm[1/6]

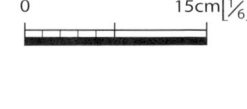 4

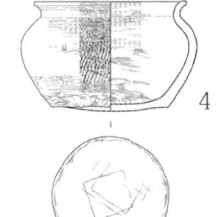

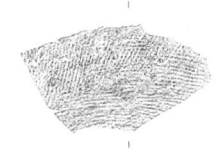 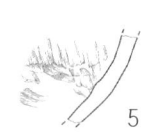 5

다지구 2호 분구묘

(단위 : cm)

분구 크기 (길이×너비×높이)	(360+)×?×?	분구평면형태	?
분구장폭비	?	분구장축방향	N-(90)°-E
매장시설	?	주구형태	?
유물	토 기	-	
	철 기	-	
	청동기	-	
	옥석류	-	
	기 타	-	
특기사항	출토유물 없음.		

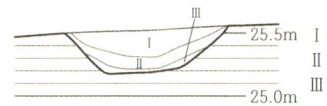

Ⅰ : 갈색 사질점토(7.5YR 4/3)
Ⅱ : 갈색 사질점토(7.5YR 4/2)
Ⅲ : 갈색 사질점토(7.5YR 5/4)

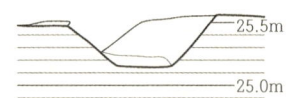

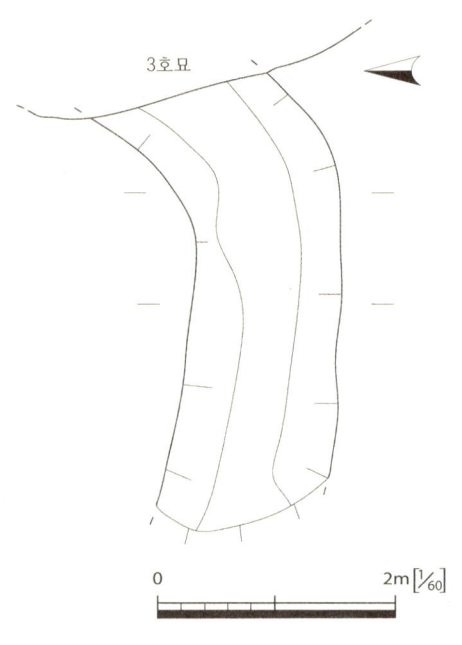

[유구사진]

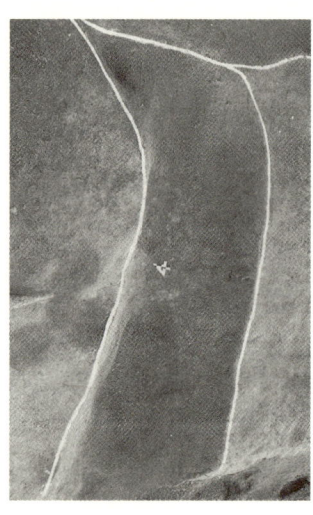

0   2m [1/60]

다지구 3호 분구묘

(단위 : cm)

분 구 크 기 (길이×너비×높이)	(1,200+)×?×?	분구평면형태	?
분구장폭비	?	분구장축방향	?
매 장 시 설	?	주구형태	?

유물	토 기	-
	철 기	-
	청 동 기	-
	옥 석 류	-
	기 타	-
특기사항		출토유물 없음.

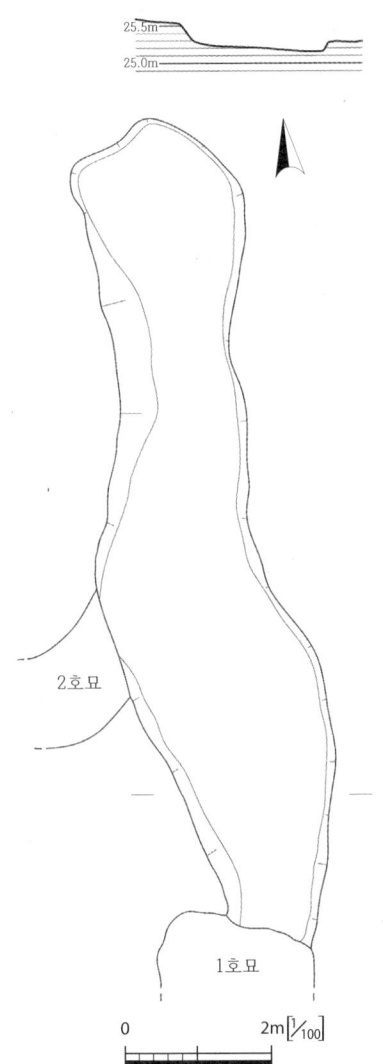

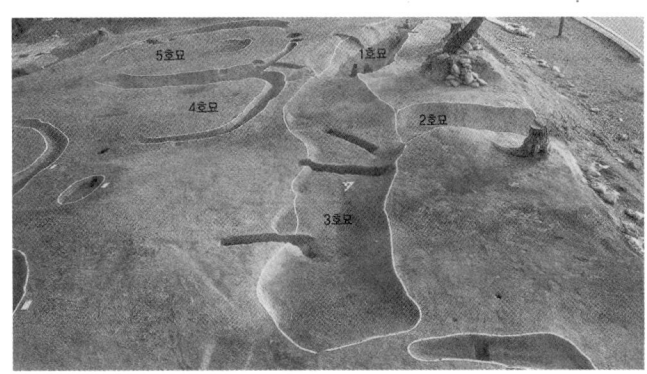

[유구사진]

다지구 4호 분구묘

(단위 : cm)

분구 크기 (길이×너비×높이)	(375+)×(220+)×?	분구평면형태	(방형)
분구장폭비	?	분구장축방향	N-(12)°-E
매 장 시 설	?	주구형태	?

유물	토 기	-
	철 기	-
	청 동 기	-
	옥 석 류	-
	기 타	-
특기사항	출토유물 없음.	

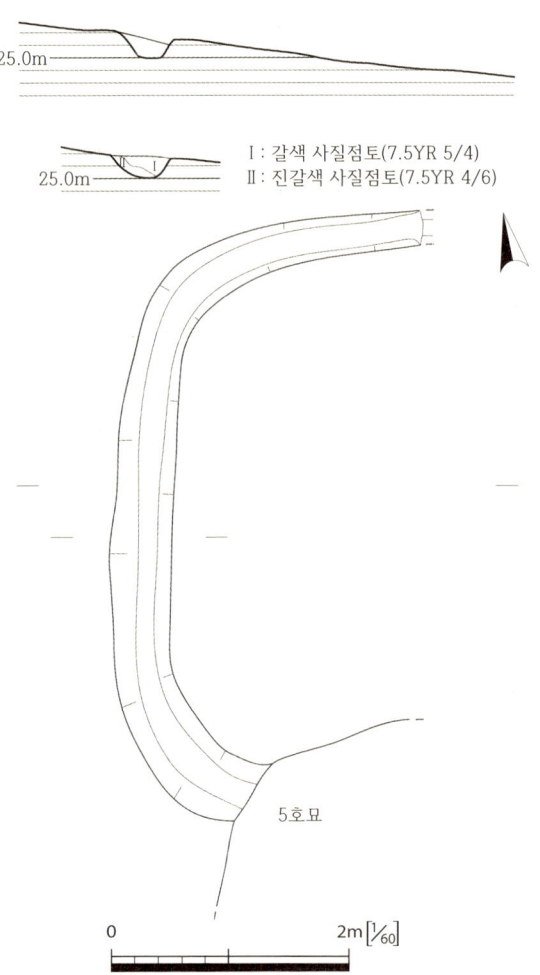

25.0m

25.0m Ⅰ : 갈색 사질점토(7.5YR 5/4)
Ⅱ : 진갈색 사질점토(7.5YR 4/6)

5호묘

0　　　　　　　　　2m [1/60]

[유구사진]

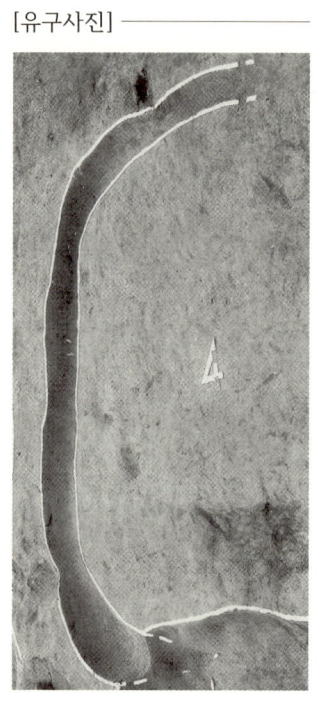

다지구 5호 분구묘

(단위 : cm)

분구크기 (길이×너비×높이)	(610)×(490)×?	분구평면형태	(원형)
분구장폭비	?	분구장축방향	?
매장시설	토광(1)	주구형태	'o'자형

유물	토 기	-
	철 기	-
	청 동 기	-
	옥 석 류	-
	기 타	-
특기사항		

1호 토광

묘광	크 기 (길이×너비×깊이)	(159+)×153×(19+)	목관	크 기 (길이×너비×높이)	?
	장 폭 비	?		장 폭 비	?
	장축방향	N-77°-W	목곽	크 기 (길이×너비×높이)	?
	두 향	?		장 폭 비	?

유물	토 기	호(1)
	철 기	-
	청 동 기	-
	옥 석 류	-
	기 타	-
특기사항		유구 세부도면 미게재.

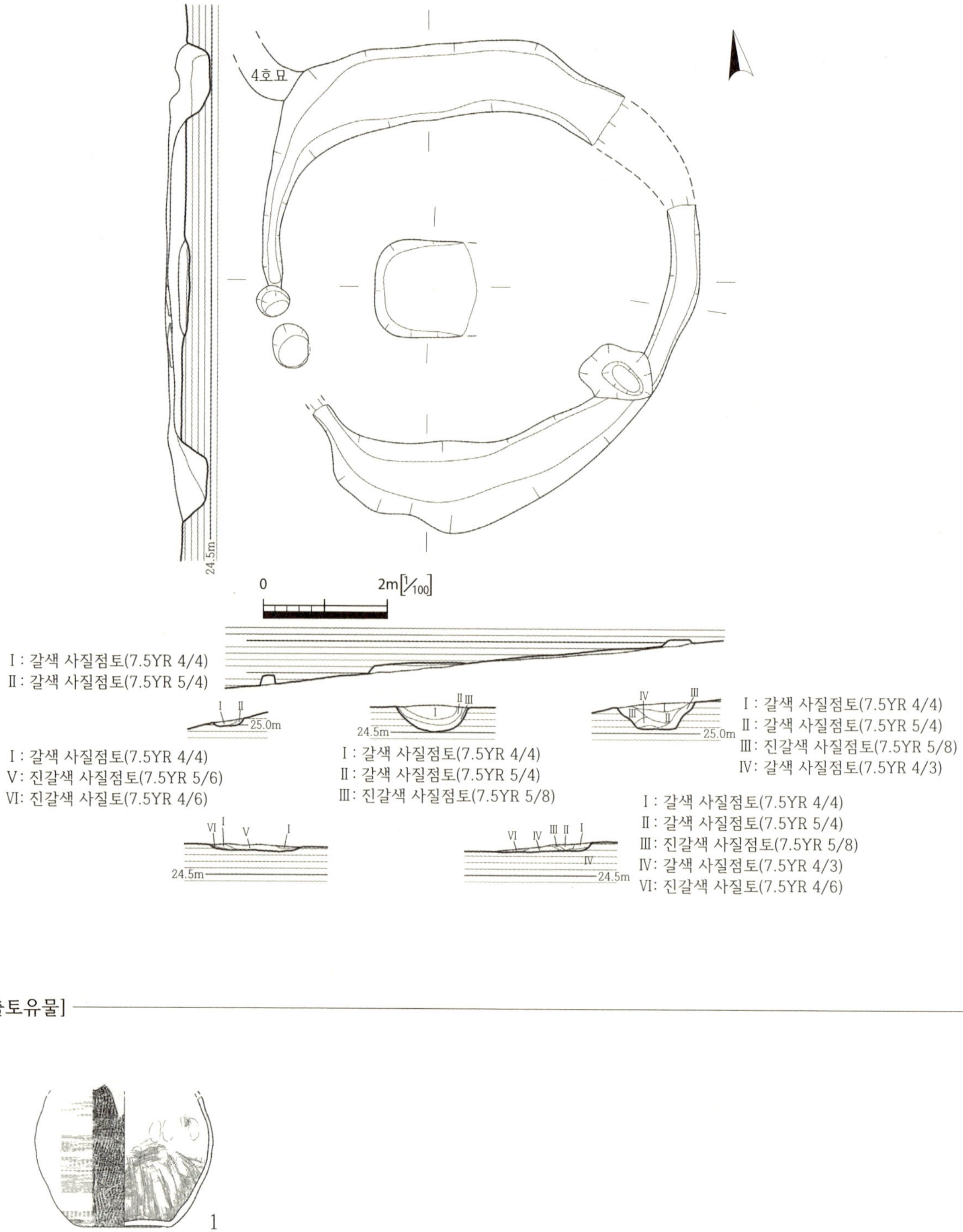

4호묘

0   2m[¹⁄₁₀₀]

24.5m

Ⅰ: 갈색 사질점토(7.5YR 4/4)
Ⅱ: 갈색 사질점토(7.5YR 5/4)

25.0m

24.5m

25.0m

Ⅰ: 갈색 사질점토(7.5YR 4/4)
Ⅱ: 갈색 사질점토(7.5YR 5/4)
Ⅲ: 진갈색 사질점토(7.5YR 5/8)
Ⅳ: 갈색 사질점토(7.5YR 4/3)

Ⅰ: 갈색 사질점토(7.5YR 4/4)
Ⅴ: 진갈색 사질점토(7.5YR 5/6)
Ⅵ: 진갈색 사질토(7.5YR 4/6)

Ⅰ: 갈색 사질점토(7.5YR 4/4)
Ⅱ: 갈색 사질점토(7.5YR 5/4)
Ⅲ: 진갈색 사질점토(7.5YR 5/8)

24.5m

24.5m

Ⅰ: 갈색 사질점토(7.5YR 4/4)
Ⅱ: 갈색 사질점토(7.5YR 5/4)
Ⅲ: 진갈색 사질점토(7.5YR 5/8)
Ⅳ: 갈색 사질점토(7.5YR 4/3)
Ⅵ: 진갈색 사질토(7.5YR 4/6)

[출토유물]

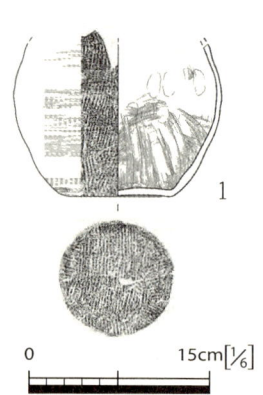

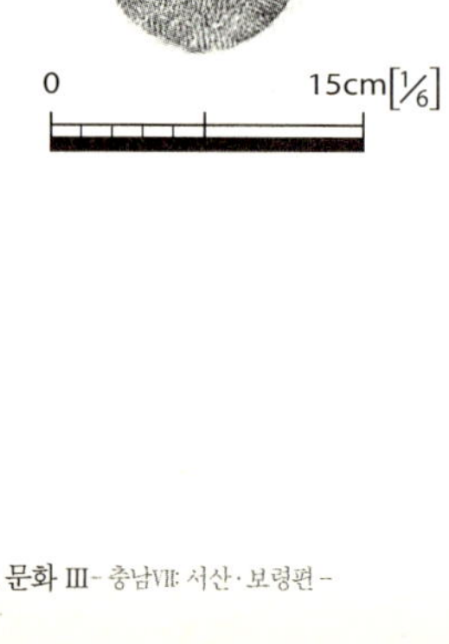

1

0   15cm[¹⁄₆]

다지구 6호 분구묘

(단위 : cm)

분구크기 (길이×너비×높이)	(265+)×?×?	분구평면형태	?
분구장폭비	?	분구장축방향	?
매장시설	?	주구형태	?
유물 / 토 기	-		
철 기	-		
청동기	-		
옥석류	-		
기 타	-		
특기사항	출토유물 없음.		

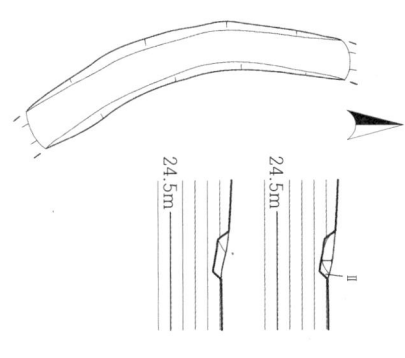
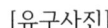
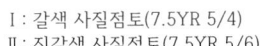

24.5m

24.5m

Ⅰ : 갈색 사질점토(7.5YR 5/4)
Ⅱ : 진갈색 사질점토(7.5YR 5/6)

0   2m[1/60]

[유구사진]

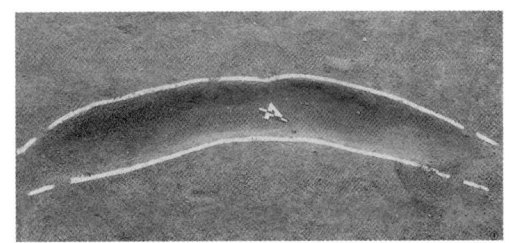

다지구 7호 분구묘

(단위 : cm)

분구 크 기 (길이×너비×높이)	(580)×(470+)×?		분구평면형태	(원형)
분구장폭비	?		분구장축방향	N-(90)°-W
매 장 시 설	?		주구형태	'ㅇ'자형
유물	토 기		-	
	철 기		-	
	청 동 기		-	
	옥 석 류		-	
	기 타		-	
특기사항	출토유물 없음.			

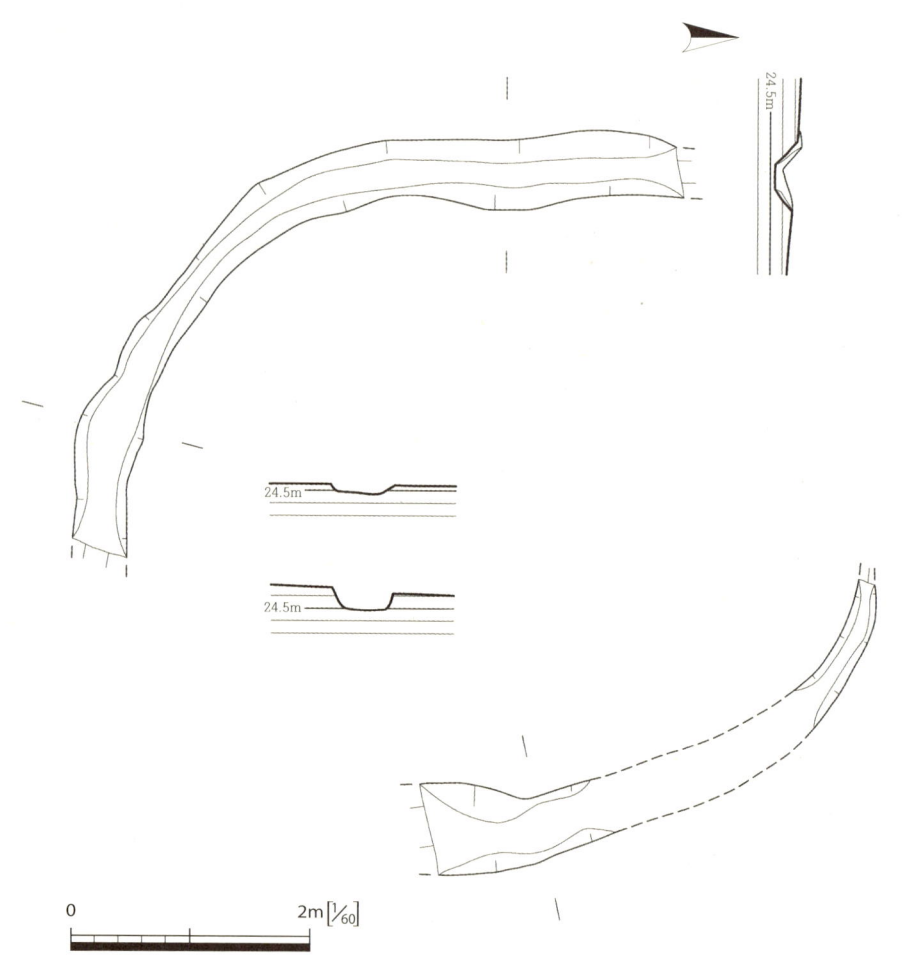

0   2m[1/60]

다지구 8호 분구묘

(단위 : cm)

분구크기 (길이×너비×높이)	(480)×(670+)×?	분구평면형태		(방형)
분구장폭비	?	분구장축방향		N-(61)°-W
매장시설	?	주구형태		?
유물	토 기	-		
	철 기	-		
	청동기	-		
	옥석류	-		
	기 타	-		
특기사항	출토유물 없음.			

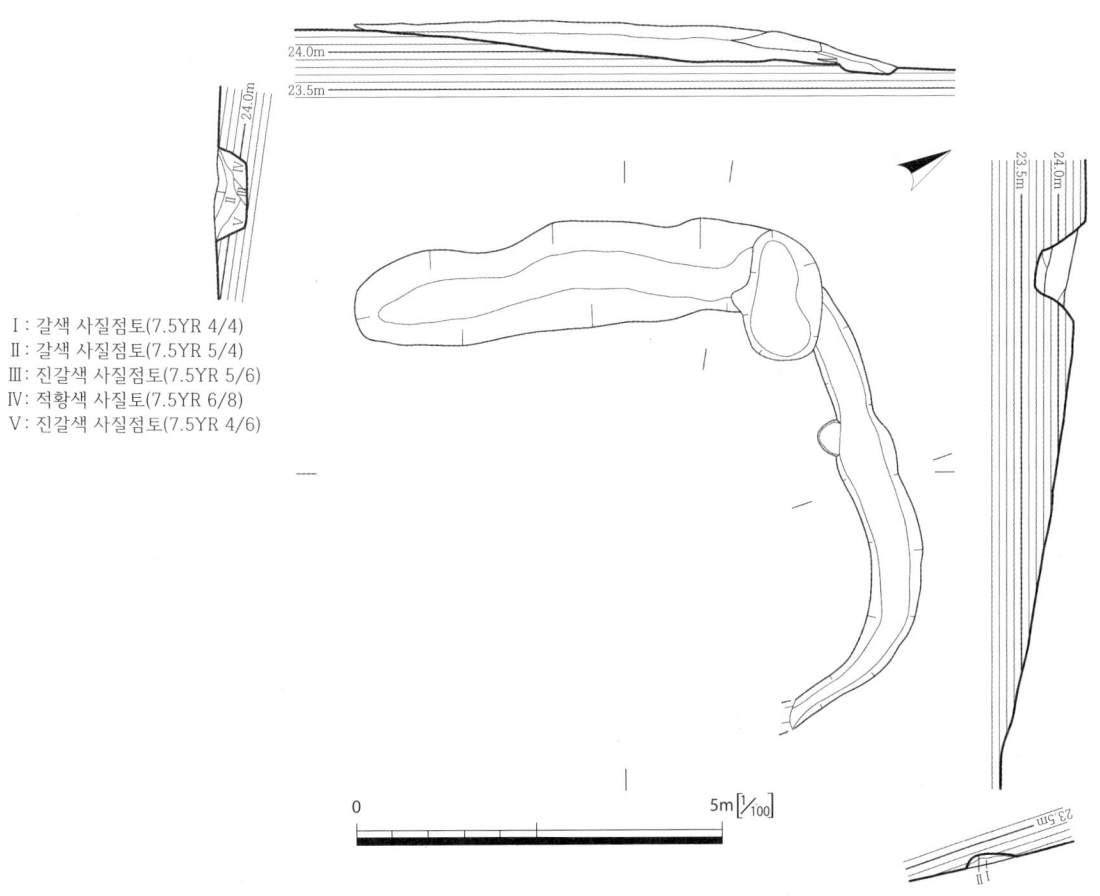

Ⅰ: 갈색 사질점토(7.5YR 4/4)
Ⅱ: 갈색 사질점토(7.5YR 5/4)
Ⅲ: 진갈색 사질점토(7.5YR 5/6)
Ⅳ: 적황색 사질점토(7.5YR 6/8)
Ⅴ: 진갈색 사질점토(7.5YR 4/6)

24.0m
23.5m

0   5m [1/100]

Ⅰ: 갈색 사질점토(7.5YR 5/4)
Ⅱ: 진갈색 사질점토(7.5YR 4/6)

다지구 9호 분구묘

(단위 : cm)

분 구 크 기 (길이×너비×높이)	(480+)×?×?	분구평면형태	?
분구장폭비	?	분구장축방향	N-(2)°-W
매 장 시 설	?	주구형태	?
유물 토 기		-	
철 기		-	
청 동 기		-	
옥 석 류		-	
기 타		-	
특기사항	출토유물 없음.		

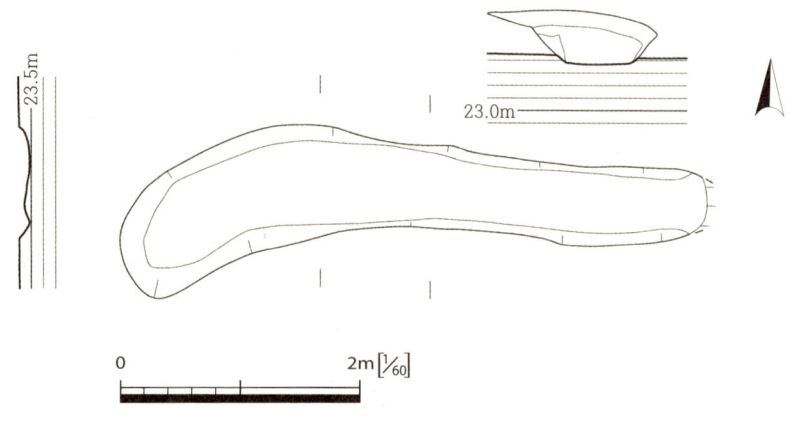

23.5m

23.0m

0   2m [1/60]

다지구 10호 분구묘

(단위 : cm)

분구크기 (길이×너비×높이)	(545)×(485+)×?	분구평면형태	(원형)
분구장폭비	?	분구장축방향	N-(82)°-W
매장시설	?	주구형태	'ㅇ'자형
유물	토 기	-	
	철 기	-	
	청 동 기	-	
	옥 석 류	-	
	기 타	-	
특기사항	출토유물 없음.		

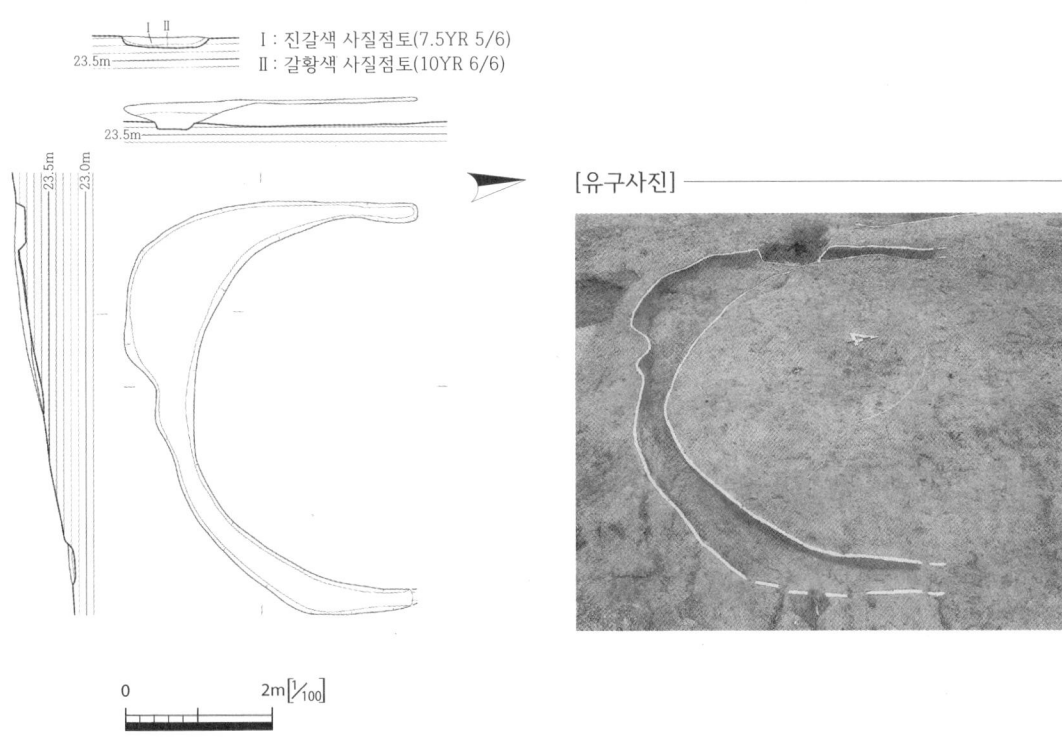

Ⅰ : 진갈색 사질점토(7.5YR 5/6)
Ⅱ : 갈황색 사질점토(10YR 6/6)

23.5m

23.5m

23.5m
23.0m

[유구사진]

0   2m[1/100]

다지구 11호 분구묘

(단위 : cm)

분구크기 (길이×너비×높이)	(730+)×(650+)×?	분구평면형태	(원형)
분구장폭비	?	분구장축방향	?
매장시설	?	주구형태	('ㅁ'자형)
유물	토 기	호(1:주구1)	
	철 기	-	
	청동기	-	
	옥석류	-	
	기 타	-	
	특기사항		

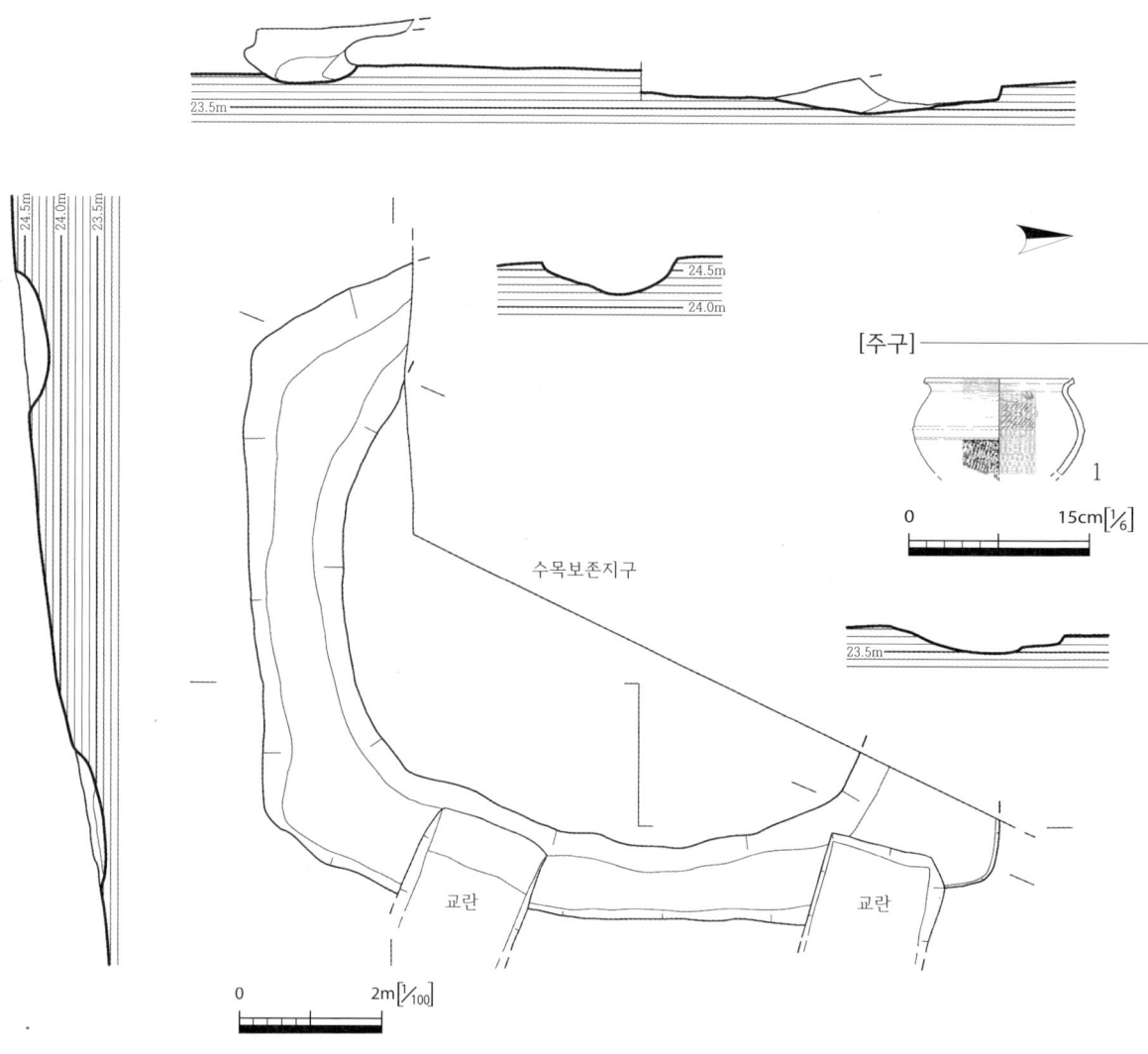

다지구 12호 분구묘

(단위 : cm)

분구크기 (길이×너비×높이)	(460+)×?×?	분구평면형태	(원형)
분구장폭비	?	분구장축방향	?
매장시설	?	주구형태	?
유물	토 기	-	
	철 기	-	
	청동기	-	
	옥석류	-	
	기 타	-	
특기사항	출토유물 없음.		

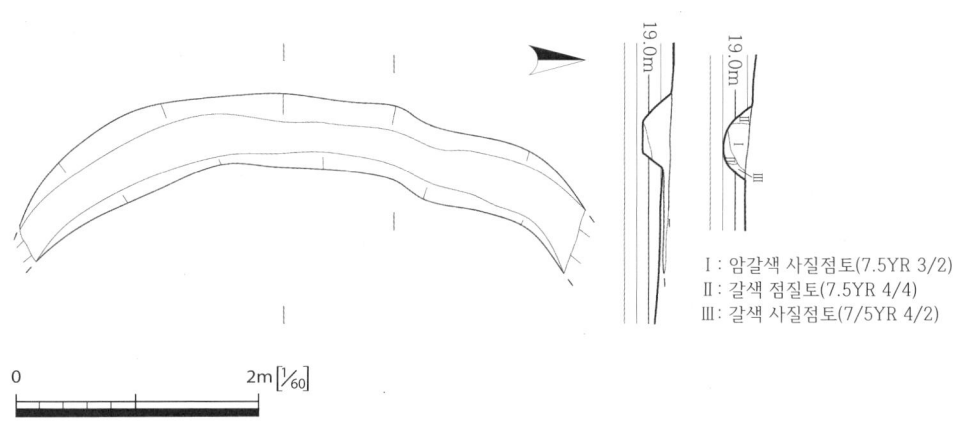

19.0m

19.0m

Ⅰ : 암갈색 사질점토(7.5YR 3/2)
Ⅱ : 갈색 점질토(7.5YR 4/4)
Ⅲ : 갈색 사질점토(7/5YR 4/2)

0   2m [1/60]

[유구사진]

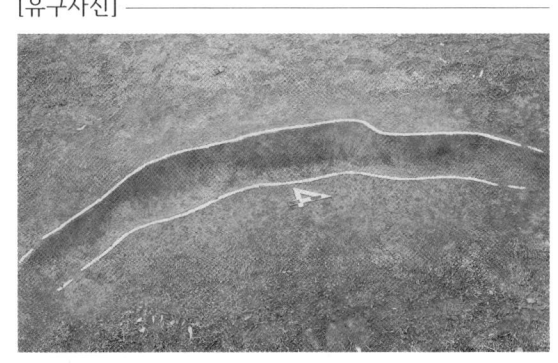

다지구 13호 옹관묘

(단위 : cm)

묘광	크 기 (길이×너비×깊이)	118×66×(18+)	옹관길이	69.8
	장폭비	1.79:1	결합형식	합구식
	장축방향	N-(20)°-E	안치형태	횡치
	두 향	?		
유물	토 기	장란형토기(2)		
	철 기	-		
	청동기	-		
	옥석류	-		
	기 타	-		
	특기사항			

Ⅰ: 갈색 사질점토(7.5YR 4/3)
Ⅱ: 갈색 사질점토(7.5YR 4/4)
Ⅲ: 갈색 사질점토(7.5YR 5/3)

[유구사진]

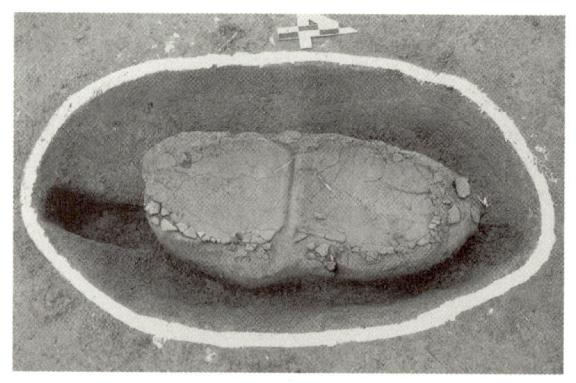

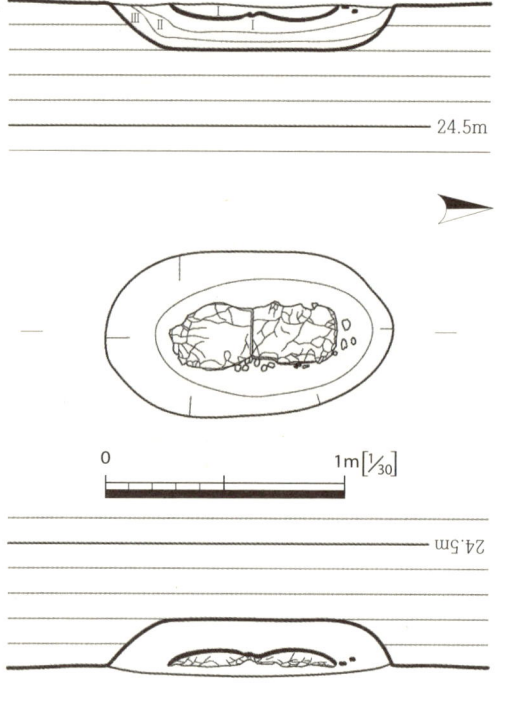

24.5m

0　　　　　　　　1m[1/30]

24.5m

[옹관]

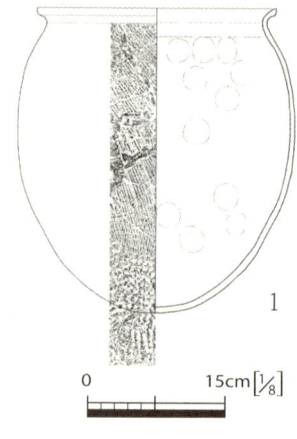

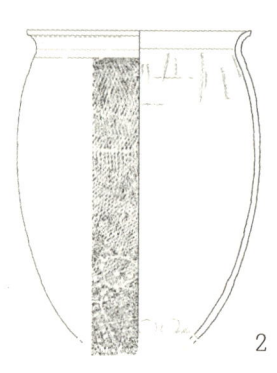

1

2

0　　　　15cm[1/8]

다지구 14호 분구묘

(단위 : cm)

분구크기 (길이×너비×높이)	(380+)×(550+)×?	분구평면형태	(원형)
분구장폭비	?	분구장축방향	N-(18)°-E
매장시설	?	주구형태	'ㅁ'자형
유물 토 기	구연부편(1:주구1), 동체부편(1:주구1)		
철 기	-		
청 동 기	-		
옥 석 류	-		
기 타	-		
특기사항			

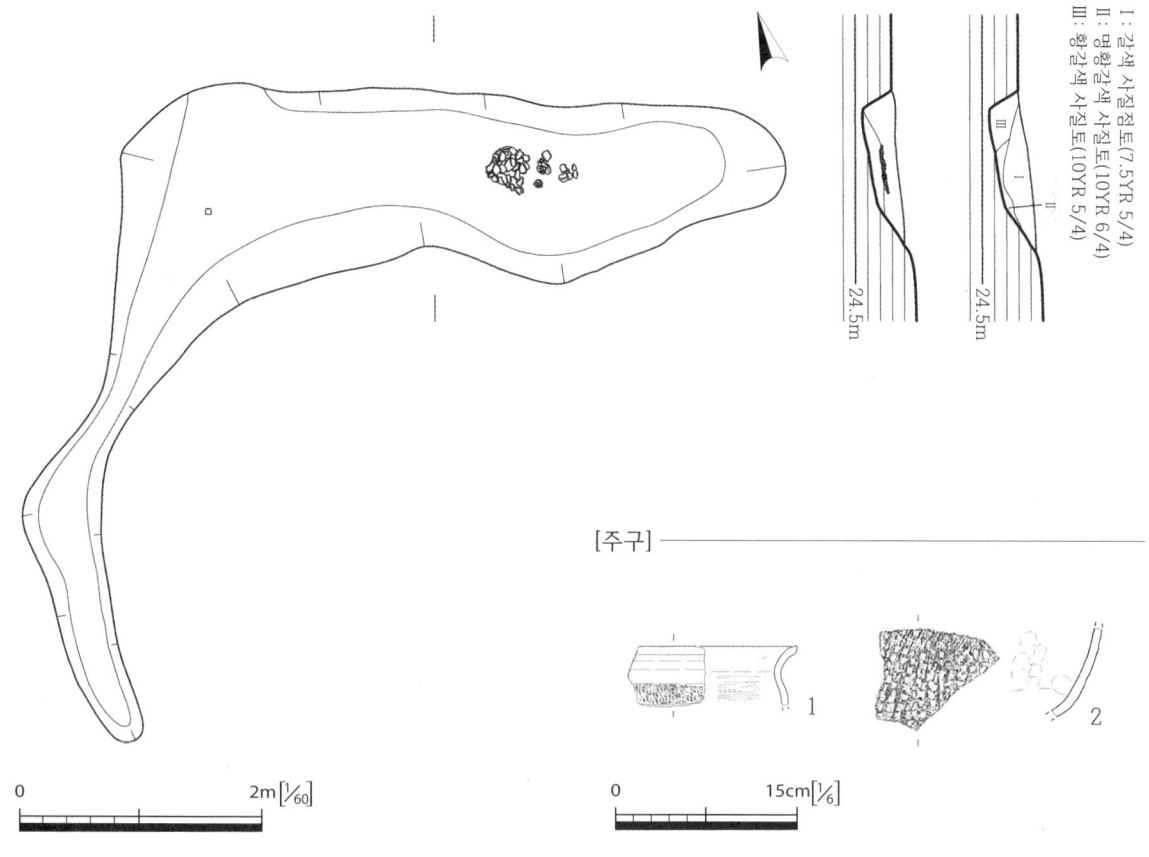

I : 갈색 사질점토(7.5YR 5/4)
II : 명황갈색 사질토(10YR 6/4)
III: 황갈색 사질토(10YR 5/4)

24.5m   24.5m

[주구]

0   2m [1/60]

0   15cm [1/6]

다지구 15호 분구묘

(단위 : cm)

분 구 크 기 (길이×너비×높이)	(440+)×?×?	분구평면형태	?
분구장폭비	?	분구장축방향	?
매 장 시 설	?	주구형태	?
유물	토 기	동체부편(1:주구1)	
	철 기	-	
	청 동 기	-	
	옥 석 류	-	
	기 타	-	
특기사항			

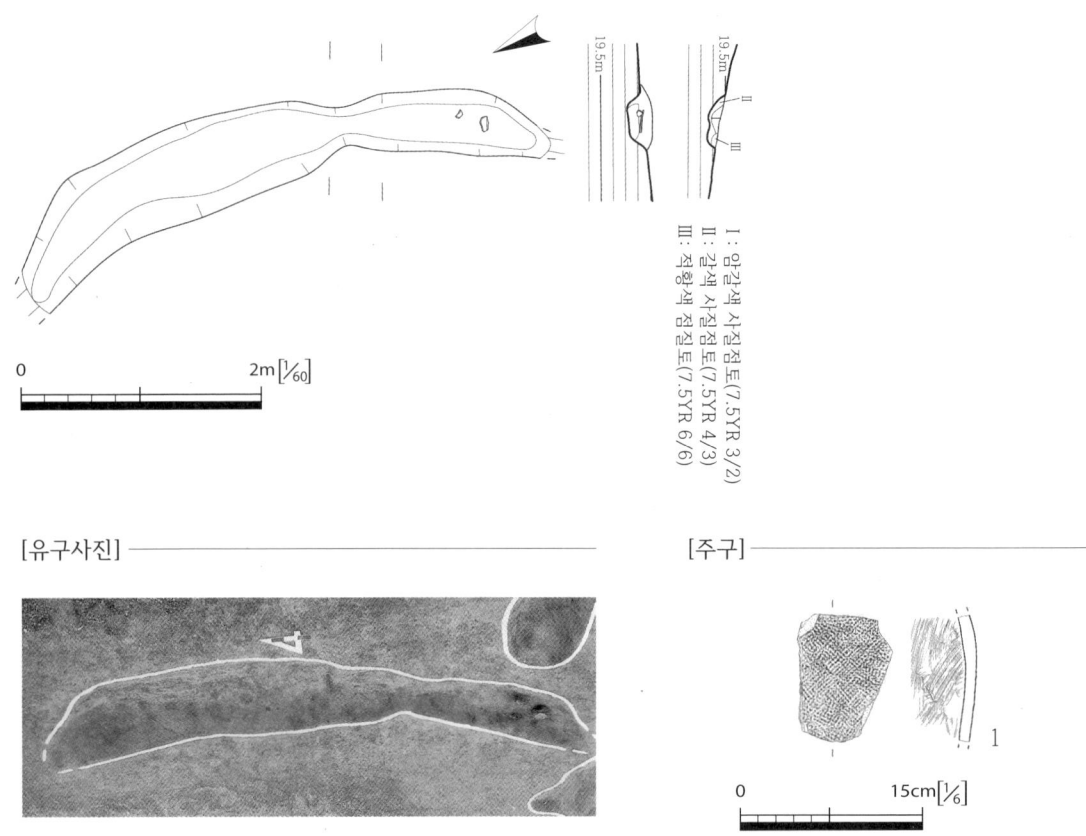

0   2m [1/60]

Ⅰ: 암갈색 사질점토(7.5YR 3/2)
Ⅱ: 갈색 사질점토(7.5YR 4/3)
Ⅲ: 적황색 점질토(7.5YR 6/6)

[유구사진]

[주구]

1

0   15cm[1/6]

다지구 16호 분구묘

(단위 : cm)

분구크기 (길이×너비×높이)	(625+)×(400+)×?	분구평면형태	(방형)
분구장폭비	?	분구장축방향	N-(83)°-E
매장시설	?	주구형태	('ㅇ'자형)
유물	토 기		-
	철 기		-
	청동기		-
	옥석류		-
	기 타		-
특기사항		출토유물 없음.	

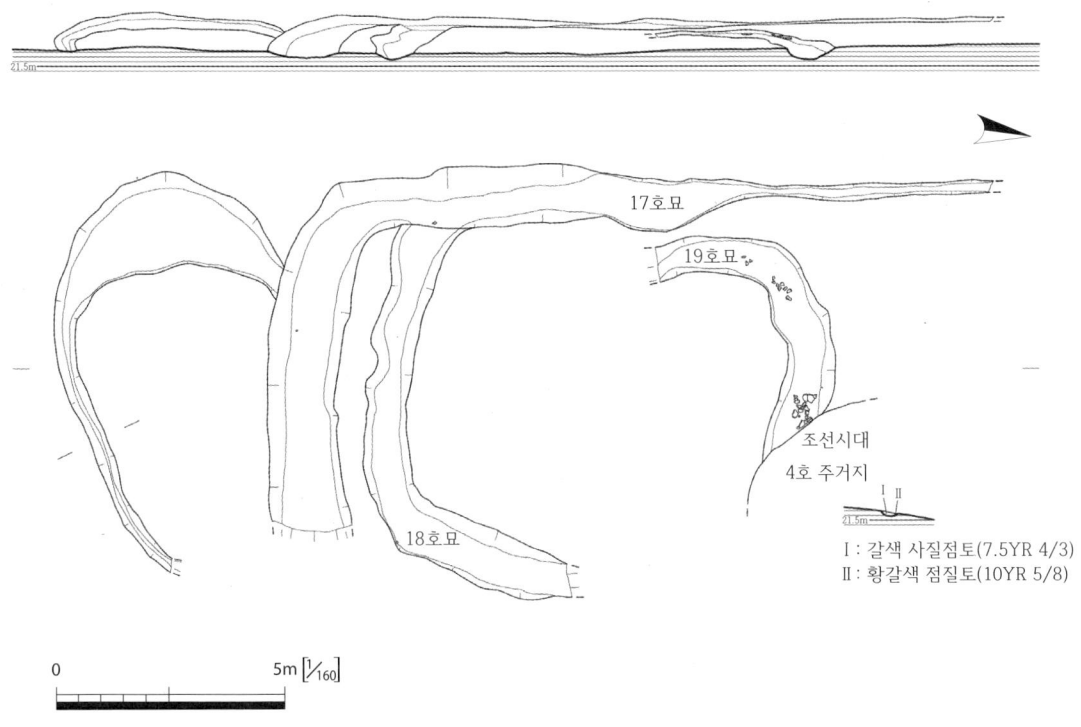

17호묘

19호묘

조선시대
4호 주거지

18호묘

Ⅰ : 갈색 사질점토(7.5YR 4/3)
Ⅱ : 황갈색 점질토(10YR 5/8)

0   5m [1/160]

다지구 17호 분구묘

(단위 : cm)

분구 크기 (길이×너비×높이)	(1,500+)×(730+)×?	분구평면형태	(방형)
분구장폭비	?	분구장축방향	N-(7)°-W
매장시설	?	주구형태	('ㅁ'자형)
유물	토기	토기편(1:주구1)	
	철기	-	
	청동기	-	
	옥석류	-	
	기타	-	
특기사항			

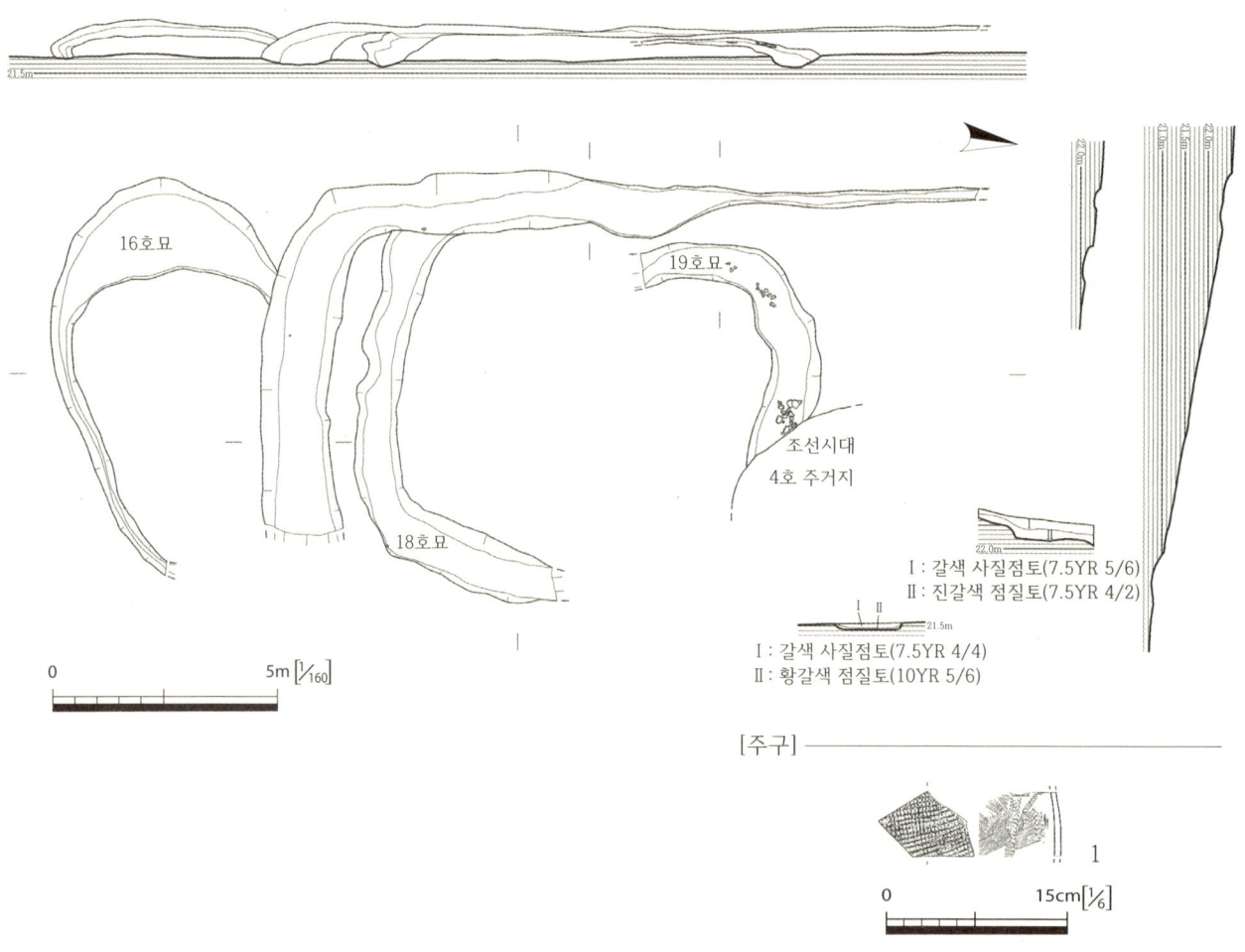

16호묘

19호묘

조선시대
4호 주거지

18호묘

Ⅰ: 갈색 사질점토(7.5YR 5/6)
Ⅱ: 진갈색 점질토(7.5YR 4/2)

Ⅰ: 갈색 사질점토(7.5YR 4/4)
Ⅱ: 황갈색 점질토(10YR 5/6)

0   5m [1/160]

[주구]

0   15cm[1/6]

1

다지구 18호 분구묘

(단위 : cm)

분구크기 (길이×너비×높이)	(800+)×?×?	분구평면형태	(방형)
분구장폭비	?	분구장축방향	?
매장시설	?	주구형태	('ㅁ'자형)
유물 토기	토기편(1:주구1)		
철기	-		
청동기	-		
옥석류	-		
기타	-		
특기사항			

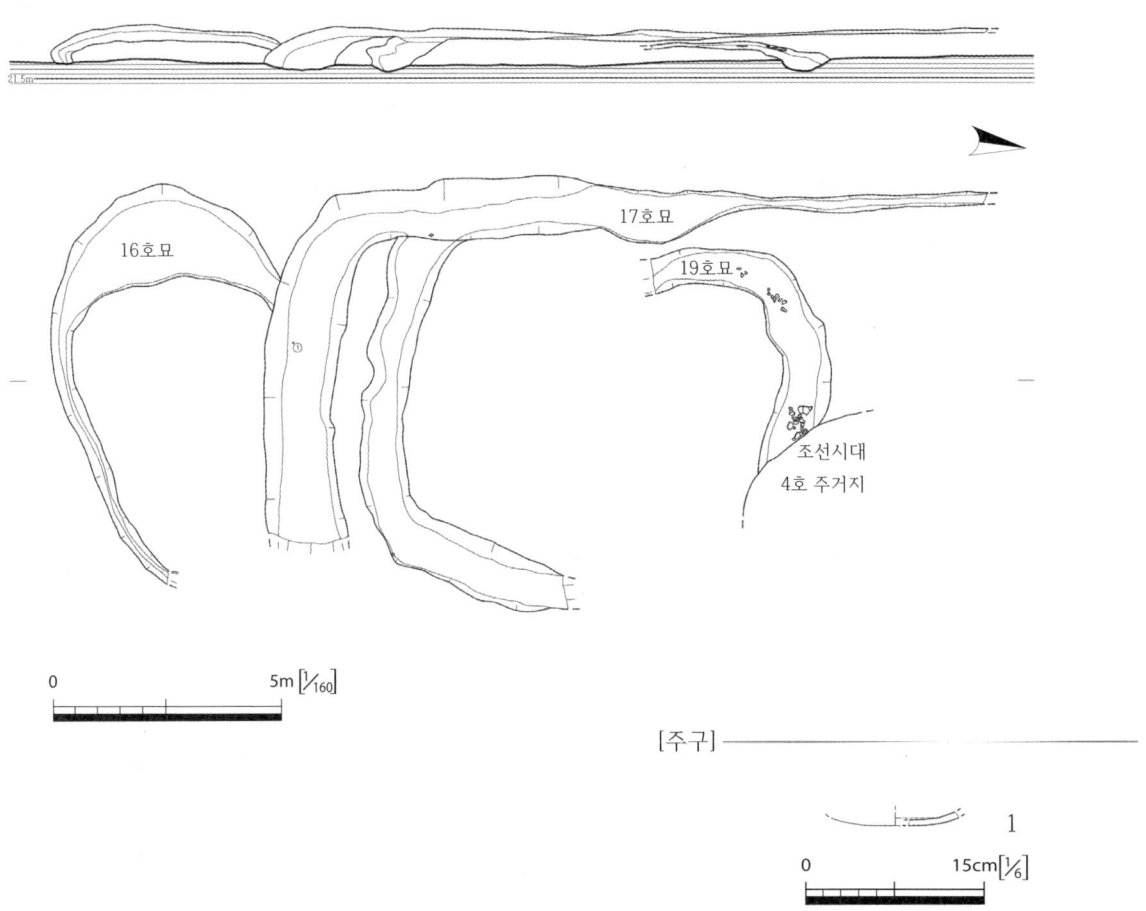

16호묘

17호묘

19호묘

조선시대
4호 주거지

0   5m [¹⁄₁₆₀]

[주구]

1

0   15cm [¹⁄₆]

다지구 19호 분구묘

(단위 : cm)

분구 크기 (길이×너비×높이)	(480+)×?×?	분구평면형태	(방형)
분구장폭비	?	분구장축방향	?
매장시설	?	주구형태	?
유물	토 기	토기편(1:주구1)	
	철 기	-	
	청동기	-	
	옥석류	-	
	기 타	-	
특기사항			

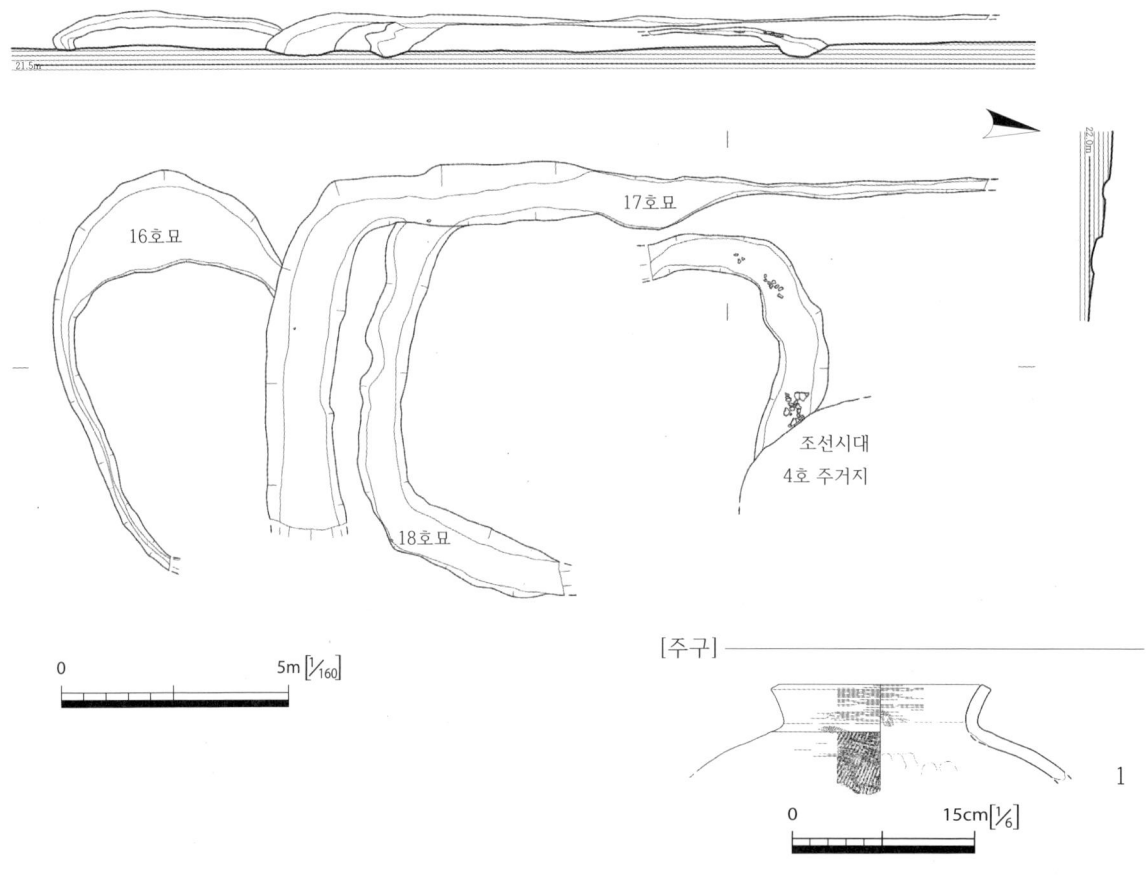

16호묘

17호묘

18호묘

조선시대
4호 주거지

0   5m [1/160]

[주구]

0   15cm[1/6]

1

다지구 20호 분구묘

(단위 :   cm)

분구크기 (길이×너비×높이)	(650+)×(750+)×?	분구평면형태	(방형)
분구장폭비	?	분구장축방향	N-(82)°-W
매장시설	?	주구형태	('ㅁ'자형)
유물	토 기	-	
	철 기	-	
	청동기	-	
	옥석류	-	
	기 타	-	
특기사항	출토유물 없음.		

Ⅰ: 갈색 점질토(10YR 4/3)
Ⅱ: 황갈색 점질토(10YR 5/4)

19.0m

18.5m

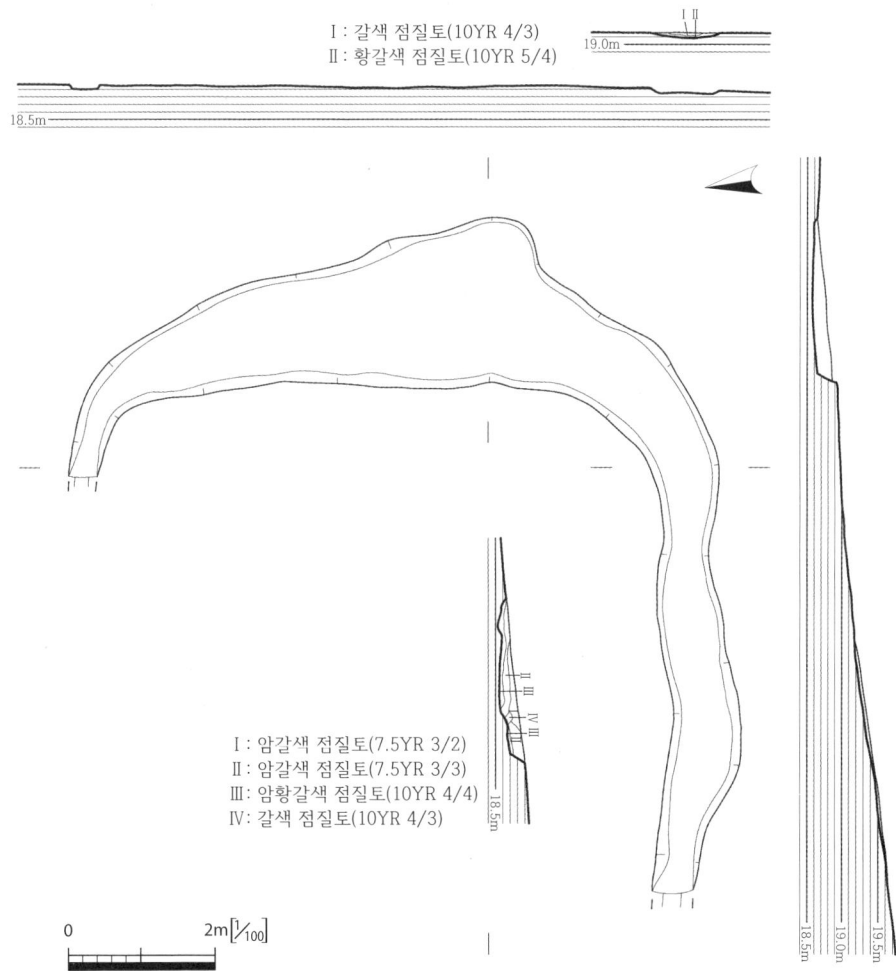

Ⅰ: 암갈색 점질토(7.5YR 3/2)
Ⅱ: 암갈색 점질토(7.5YR 3/3)
Ⅲ: 암황갈색 점질토(10YR 4/4)
Ⅳ: 갈색 점질토(10YR 4/3)

0   2m [1/100]

18.5m

18.5m   19.0m   19.5m

다지구 21호 분구묘

(단위 : cm)

분구크기 (길이×너비×높이)	(690)×(400+)×?	분구평면형태	(방형)
분구장폭비	?	분구장축방향	N-(70)°-W
매장시설	?	주구형태	('ㅁ'자형)
유물 토기		-	
철기		-	
청동기		-	
옥석류		-	
기타		-	
특기사항	출토유물 없음.		

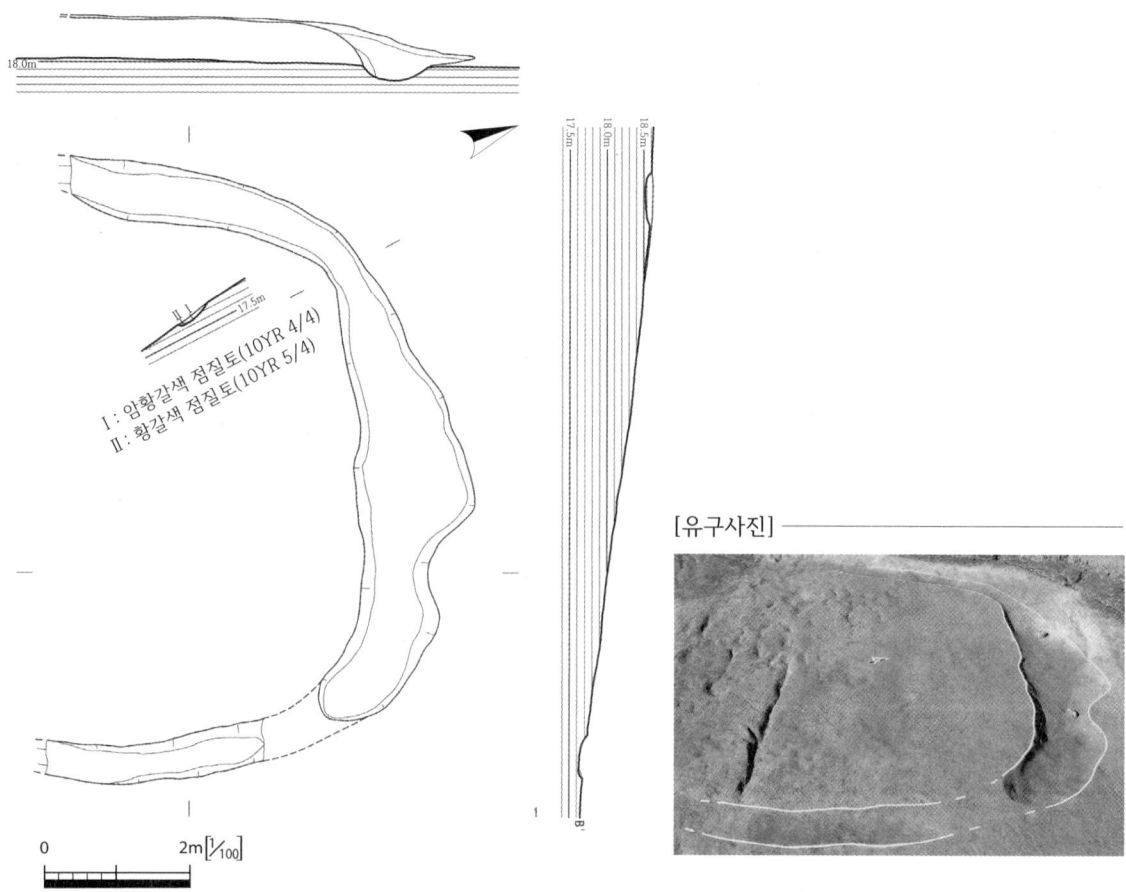

I : 암황갈색 점질토(10YR 4/4)
II : 황갈색 점질토(10YR 5/4)

0   2m[1/100]

[유구사진]

다지구 22호 분구묘

(단위 : cm)

분구크기 (길이×너비×높이)	(530+)×?×?	분구평면형태	?
분구장폭비	?	분구장축방향	?
매장시설	?	주구형태	'一'자형
유물	토 기	-	
	철 기	-	
	청동기	-	
	옥석류	-	
	기 타	-	
특기사항	출토유물 없음.		

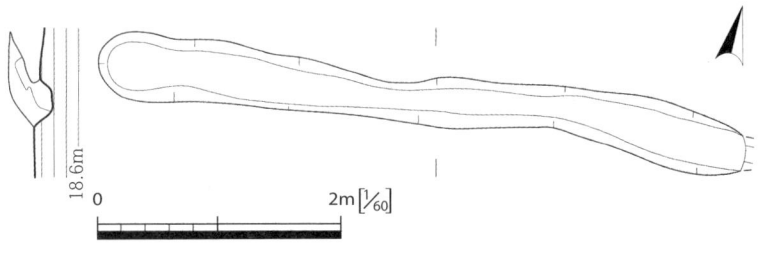

18.6m

0   2m[¹⁄₆₀]

[유구사진]

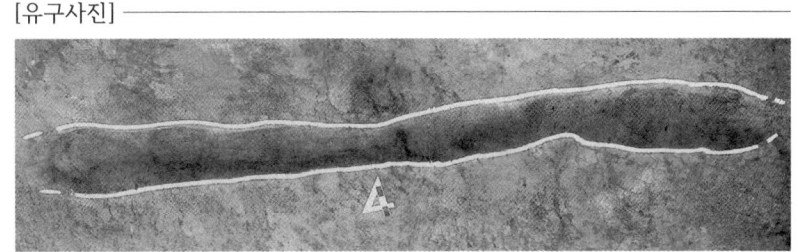

다지구 23호 토광묘

(단위 : cm)

묘광	크 기 (길이×너비×깊이)	202×90×(14+)	목관	크 기 (길이×너비×높이)	(162)×(48)×?
	장폭비	2.24:1		장폭비	(3.38):1
	장축방향	N-13°-E	목곽	크 기 (길이×너비×높이)	-
	두 향	?		장폭비	-
유물	토 기	소호(1), 광구장경호(1)			
	철 기	-			
	청동기	-			
	옥석류	-			
	기 타	-			
	특기사항				

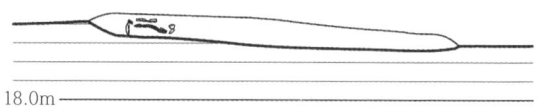

I : 암갈색 점질토(7.5YR 3/4)
II : 명갈색 사질점토(7.5YR 6/4)
III : 암갈색 점질토(7.5YR 3/3))
IV : 적황색 사질점토(7.5YR 6/6)

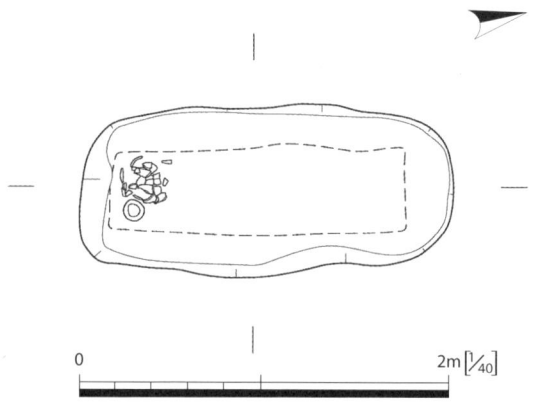

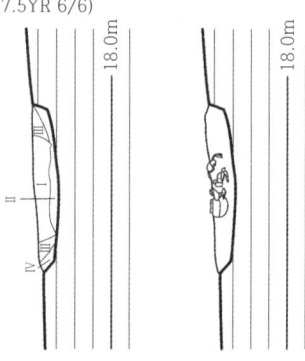

0   2m[1/40]

[유구사진]

[관내]

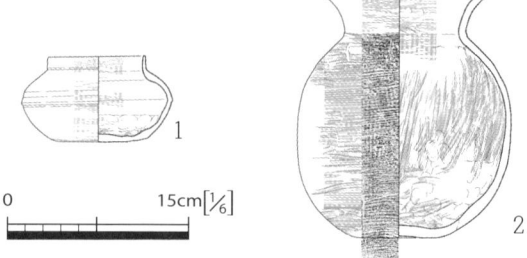

1

0   15cm[1/6]

2

다지구 24호 분구묘

(단위 : cm)

분구크기 (길이×너비×높이)	(560+)×?×?	분구평면형태	?
분구장폭비	?	분구장축방향	?
매장시설	?	주구형태	눈썹형
유물 토기		-	
철기		-	
청동기		-	
옥석류		-	
기타		-	
특기사항	출토유물 없음.		

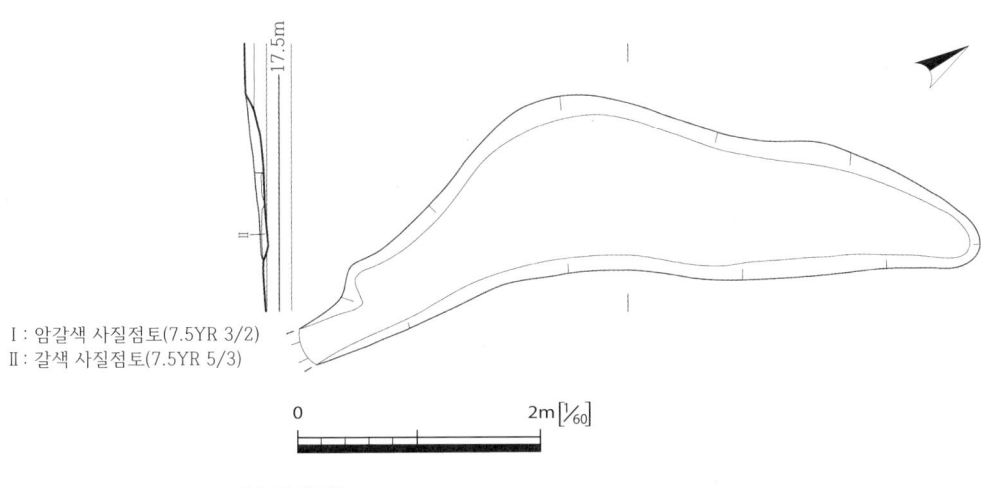

17.5m

Ⅰ : 암갈색 사질점토(7.5YR 3/2)
Ⅱ : 갈색 사질점토(7.5YR 5/3)

0   2m [1/60]

[유구사진]

다지구 25호 토광묘

(단위 : cm)

묘광	크 기 (길이×너비×깊이)	(100+)×(60)×(10+)	목관	크 기 (길이×너비×높이)	?
	장폭비	?		장폭비	?
	장축방향	N-42°-E	목곽	크 기 (길이×너비×높이)	?
	두 향	?		장폭비	?
유물	토 기	단경소호(2), 토기편(1)			
	철 기	-			
	청동기	-			
	옥석류	-			
	기 타	-			
	특기사항				

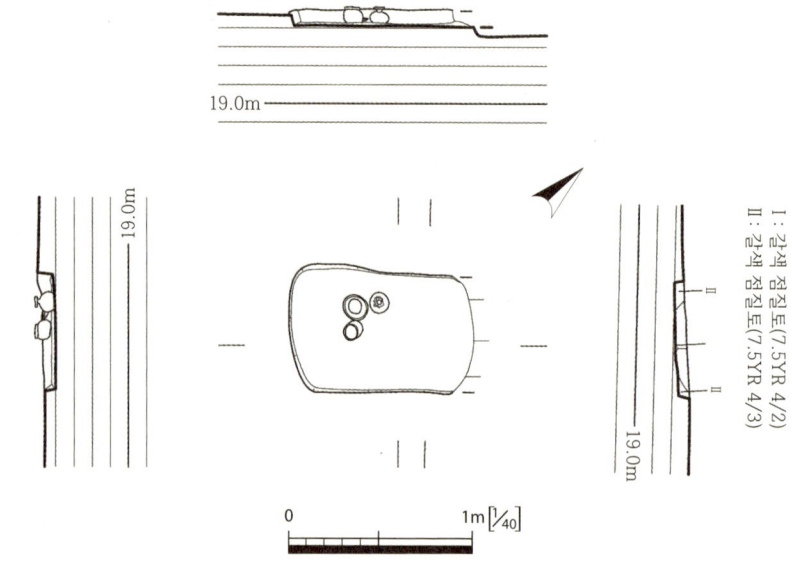

I : 갈색 점질토(7.5YR 4/2)
II : 갈색 점질토(7.5YR 4/3)

19.0m

0   1m [1/40]

[유구사진]

[출토유물]

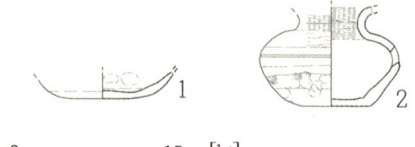

0   15cm [1/6]

다지구 26호 분구묘

(단위 : cm)

분구크기 (길이×너비×높이)	(565+)×?×?	분구평면형태	?
분구장폭비	?	분구장축방향	?
매장시설	?	주구형태	?
유물	토 기	—	
	철 기	—	
	청 동 기	—	
	옥 석 류	—	
	기 타	—	
특기사항	출토유물 없음.		

Ⅰ: 진암갈색 사질점토(7.5YR 3/1)
Ⅱ: 암갈색 사질점토(7.5YR 3/2)
Ⅲ: 암갈색 사질점토(7.5YR 3/4)
Ⅳ: 암갈색 사질점토(7.5YR 3/3)

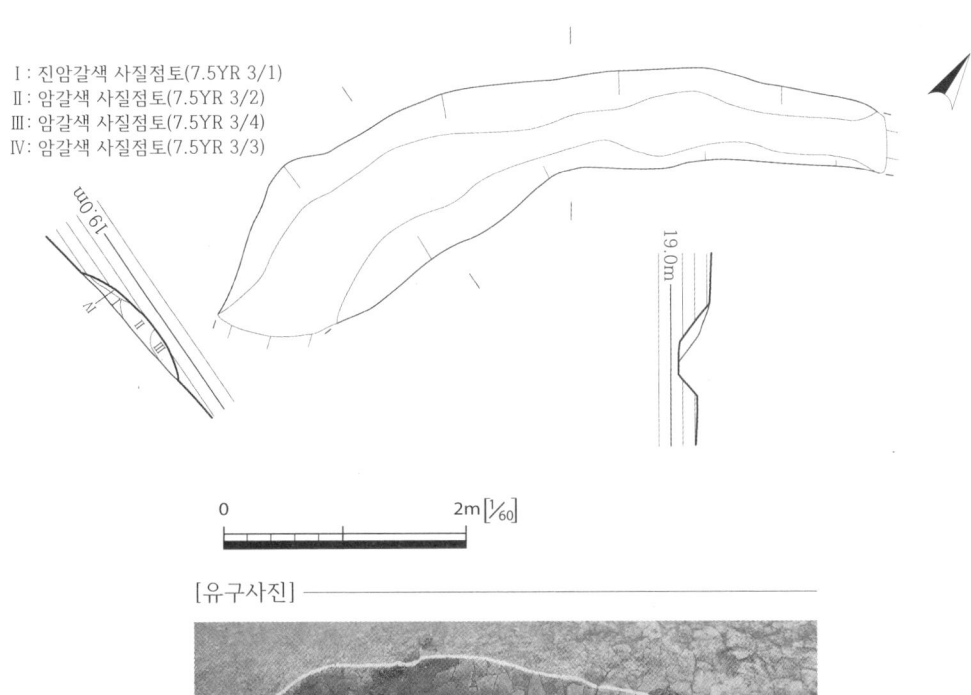

0   2m[1/60]

[유구사진]

다지구 27호 분구묘

(단위 : cm)

분 구 크 기 (길이×너비×높이)	(300+)×?×?	분구평면형태	?
분구장폭비	?	분구장축방향	?
매 장 시 설	?	주구형태	?
유물 · 토 기		-	
철 기		-	
청 동 기		-	
옥 석 류		-	
기 타		-	
특기사항	출토유물 없음.		

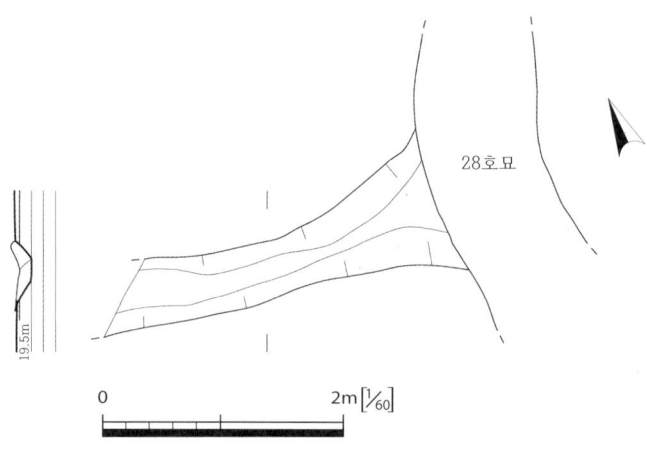

[유구사진]

다지구 28호 석곽묘

(단위 : cm)

묘광	크 기 (길이×너비×깊이)	270×114×(13+)	주체부	크 기 (길이×너비×높이)	(225)×(60+)×?
	장폭비	2.37:1		장폭비	?
	장축방향	N-13°-E	시상·관대	크 기 (길이×너비×높이)	-
	두 향	?	벽석종류		할석
유물	토 기	호(1), 옹(1), 파수편(1)			
	철 기	주조철부(1), 관정(1)			
	청동기	-			
	옥석류	-			
	기 타	-			
	특기사항	주구[(650+)×150×(20+)]가 확인됨. 석곽으로 보고하였으나 파괴가 심하여 정확한 구조는 알 수 없음.			

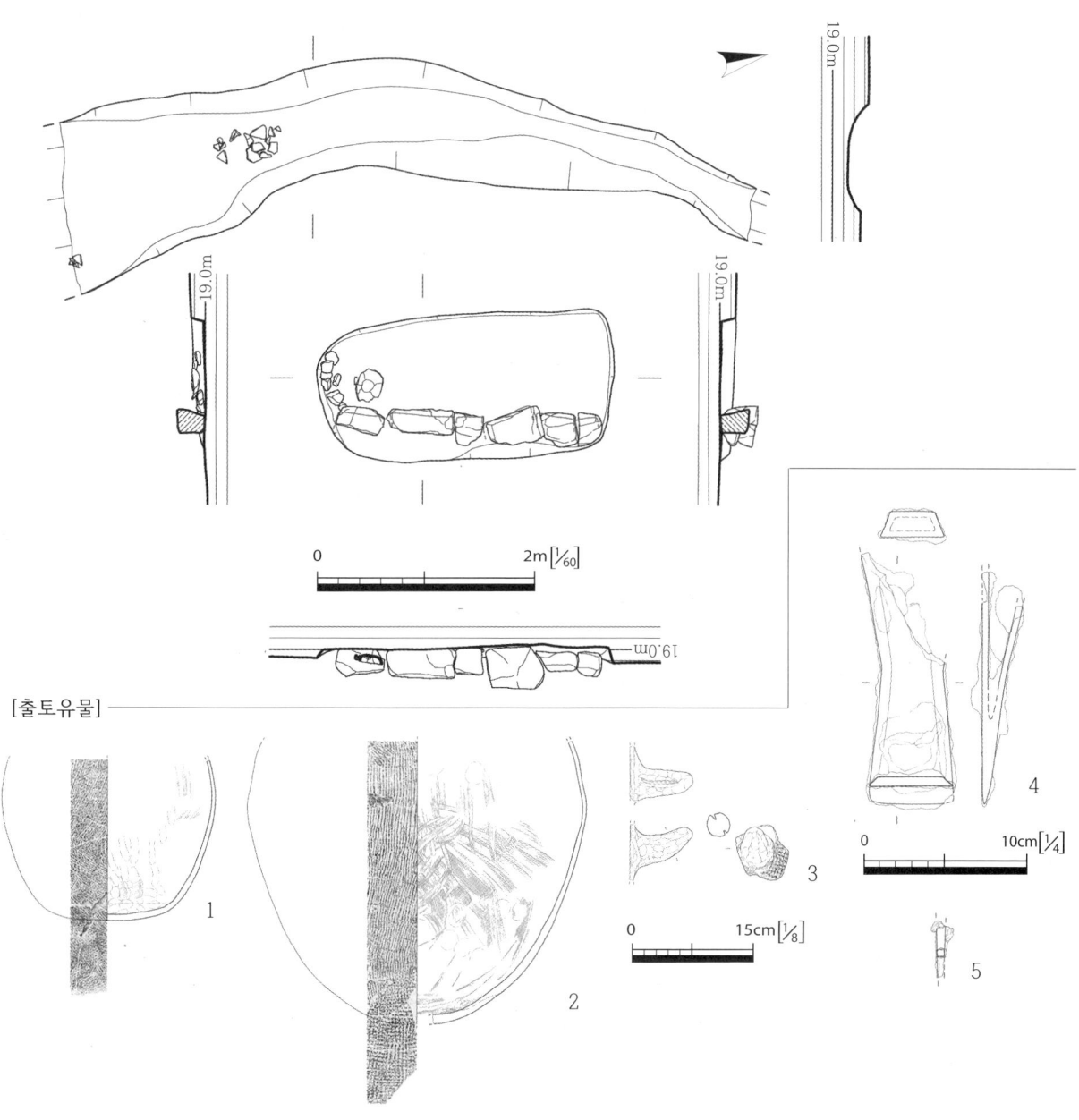

[출토유물]

1

2

3

4

5

다지구 29호 분구묘

(단위 : cm)

분구 크기 (길이×너비×높이)	(540)×(660)×?	분구평면형태	(방형)
분구장폭비	?	분구장축방향	N-88°-E
매 장 시 설	?	주구형태	'ㅁ'자형
유물	토 기	삼족기(1:주구1), 개(1:주구1), 토기편(1:주구1)	
	철 기	-	
	청 동 기	-	
	옥 석 류	-	
	기 타	-	
특기사항			

Ⅰ: 명갈색 사질점토(7.5YR 4/4)
Ⅱ: 갈색 사질점토(7.5YR 5/4)
Ⅲ: 갈색 사질점토(7.5YR 4.2)
Ⅳ: 적갈색 사질점토(5YR 5/4)
Ⅴ: 진갈색 사질점토(7.5YR 5/6)
Ⅵ: 진갈색 사질점토(7.5YR 4/6)
Ⅶ: 황갈색 사질점토(10YR 5/4)

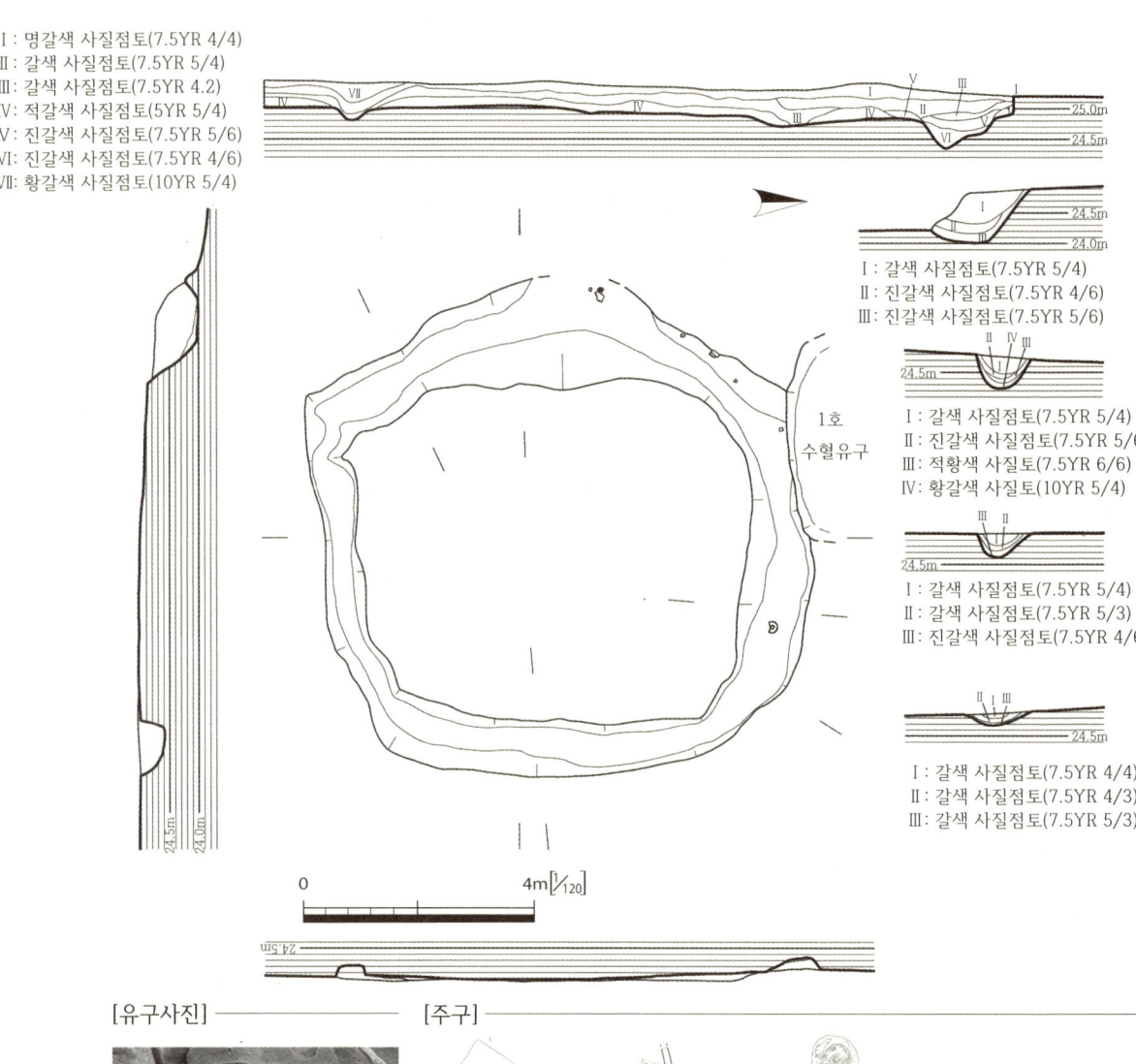

Ⅰ: 갈색 사질점토(7.5YR 5/4)
Ⅱ: 진갈색 사질점토(7.5YR 4/6)
Ⅲ: 진갈색 사질점토(7.5YR 5/6)

Ⅰ: 갈색 사질점토(7.5YR 5/4)
Ⅱ: 진갈색 사질점토(7.5YR 5/6)
Ⅲ: 적황색 사질토(7.5YR 6/6)
Ⅳ: 황갈색 사질토(10YR 5/4)

Ⅰ: 갈색 사질점토(7.5YR 5/4)
Ⅱ: 갈색 사질점토(7.5YR 5/3)
Ⅲ: 진갈색 사질점토(7.5YR 4/6)

Ⅰ: 갈색 사질점토(7.5YR 4/4)
Ⅱ: 갈색 사질점토(7.5YR 4/3)
Ⅲ: 갈색 사질점토(7.5YR 5/3)

1호
수혈유구

0   4m[¹⁄₁₂₀]

[유구사진]   [주구]

0   15cm[¹⁄₈]

1   2   3

다지구 30호 토광묘

(단위 : cm)

묘광	크 기 (길이×너비×깊이)	(180+)×110×(18+)	목관	크 기 (길이×너비×높이)	?
	장폭비	?		장폭비	?
	장축방향	N-0°-S	목곽	크 기 (길이×너비×높이)	?
	두 향	?		장폭비	?
유물	토 기	토기편(1)			
	철 기	-			
	청동기	-			
	옥석류	-			
	기 타	-			
	특기사항				

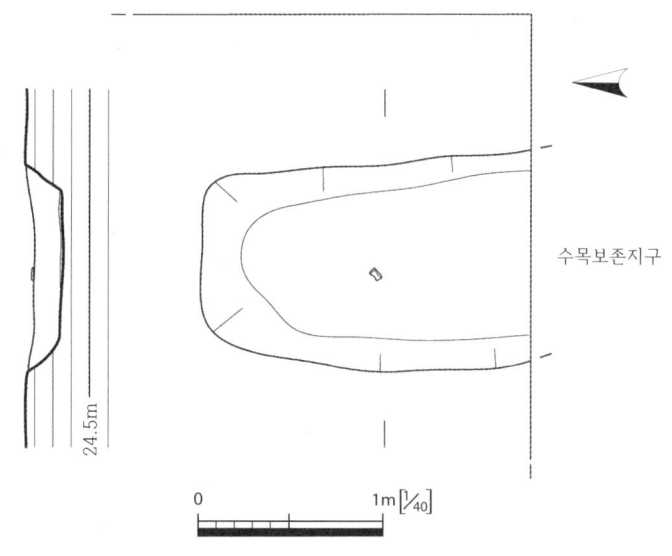

24.5m

수목보존지구

0 1m [1/40]

[유구사진]

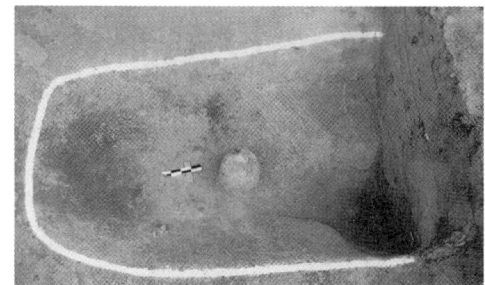

[출토유물]

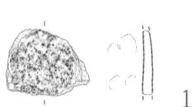

1

다지구 31호 분구묘

(단위 : cm)

분구 크기 (길이×너비×높이)	(375+)×?×?	분구평면형태	?
분구장폭비	?	분구장축방향	?
매 장 시 설	?	주구형태	?

유물	토 기	-
	철 기	-
	청 동 기	-
	옥 석 류	-
	기 타	-
특기사항		출토유물 없음.

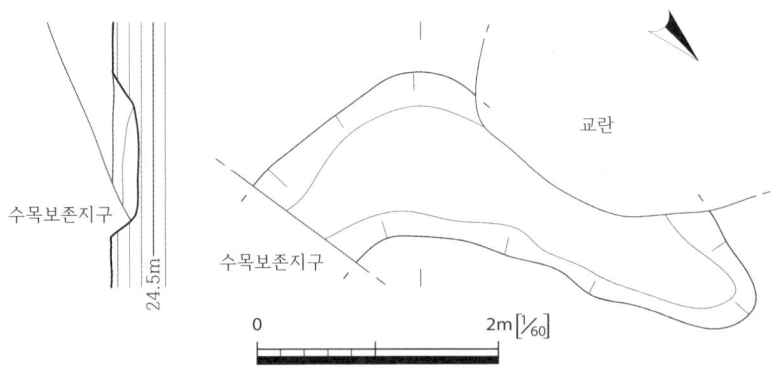

수목보존지구

24.5m

수목보존지구

교란

0　　　　　　2m [1/60]

[유구사진]

다지구 32호 분구묘

(단위 : cm)

분구 크기 (길이×너비×높이)	(540+)×(820)×?	분구평면형태	(방형)
분구장폭비	?	분구장축방향	N-76°-W
매장시설	?	주구형태	('ㅁ'자형)
유물	토 기	개(1:주구1), 토기편(3:주구3)	
	철 기	-	
	청동기	-	
	옥석류	-	
	기 타	-	
특기사항			

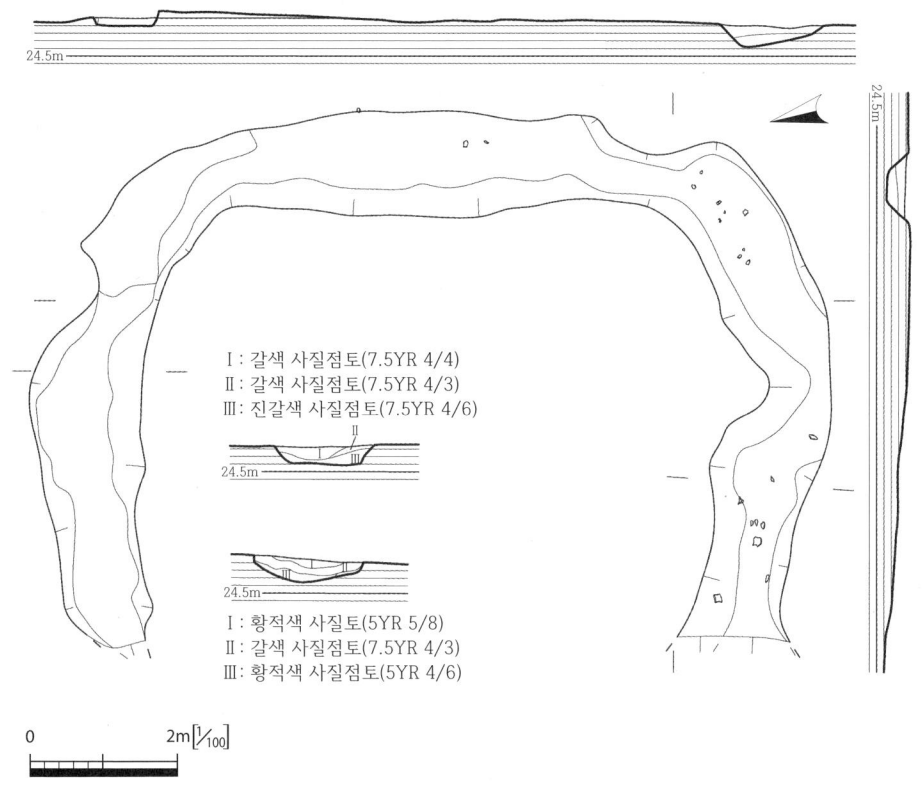

I : 갈색 사질점토(7.5YR 4/4)
II : 갈색 사질점토(7.5YR 4/3)
III : 진갈색 사질점토(7.5YR 4/6)

I : 황적색 사질토(5YR 5/8)
II : 갈색 사질점토(7.5YR 4/3)
III : 황적색 사질점토(5YR 4/6)

0　　　　　　2m[1/100]

[주구]

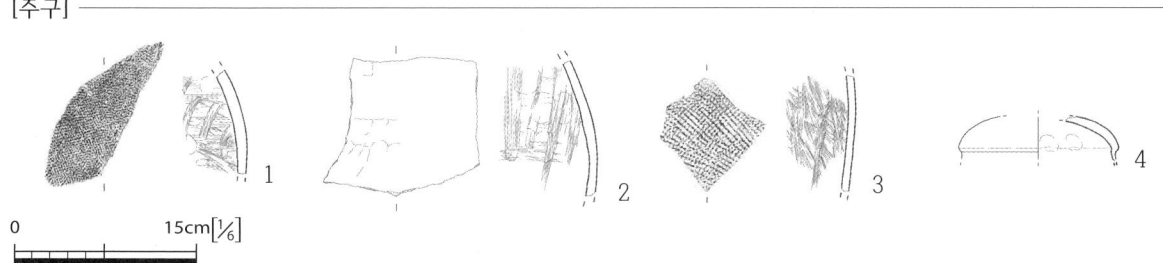

1

2

3

4

0　　　　　15cm[1/6]

다지구 33호 분구묘

(단위 : cm)

분 구 크 기 (길이×너비×높이)	(340+)×?×?	분구평면형태	?
분구장폭비	?	분구장축방향	?
매 장 시 설	?	주구형태	?
유물 토 기			－
철 기			－
청 동 기			－
옥 석 류			－
기 타			－
특기사항	출토유물 없음.		

Ⅰ: 갈색 점질토(7.5YR 4/3)
Ⅱ: 진갈색 점질토(7.5YR 5/6)
Ⅲ: 갈색 사질점토(7.5YR 5/4)

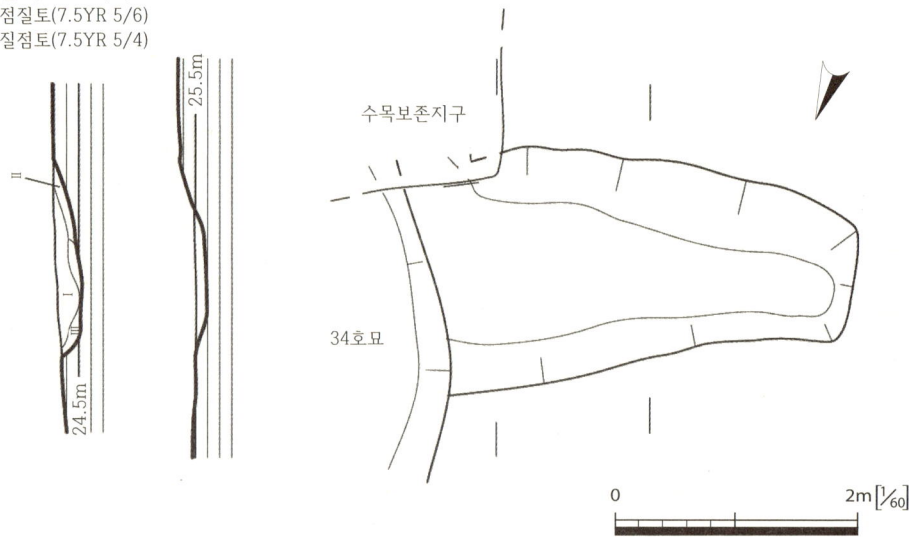

수목보존지구

34호묘

0   2m [1/60]

[유구사진]

다지구 34호 분구묘

(단위 : cm)

분구크기 (길이×너비×높이)	(420+)×?×?	분구평면형태	?
분구장폭비	?	분구장축방향	?
매장시설	?	주구형태	?
유물 토기		-	
유물 철기		-	
유물 청동기		-	
유물 옥석류		-	
유물 기타		-	
특기사항	출토유물 없음.		

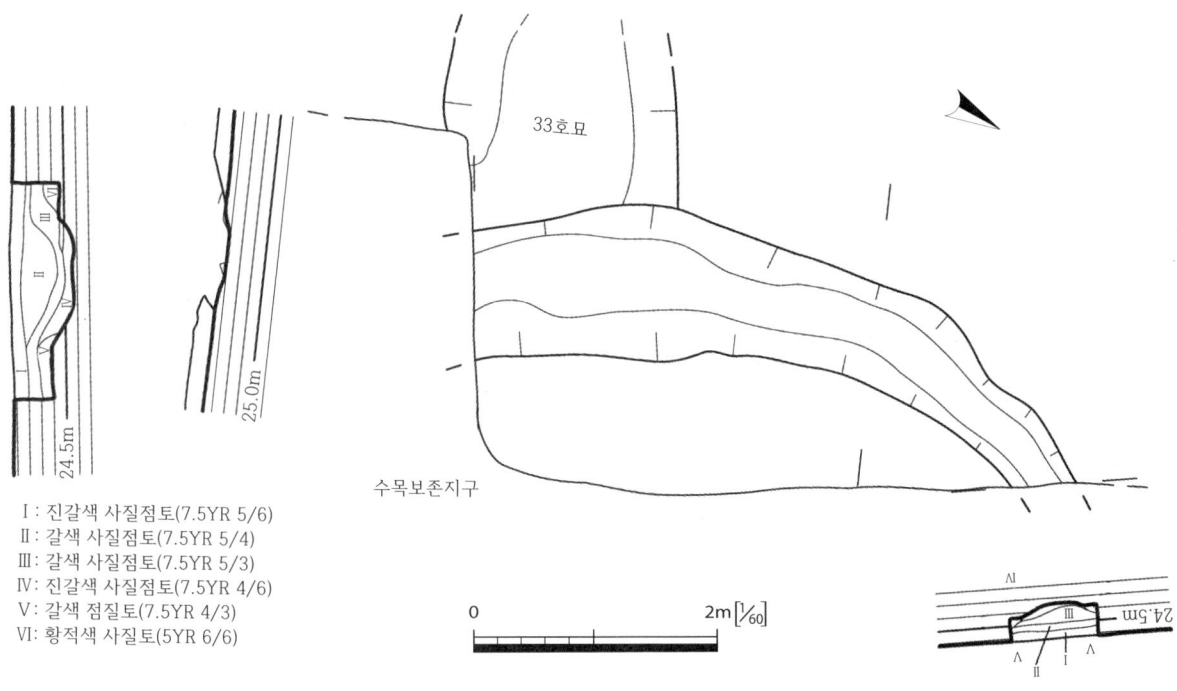

I : 진갈색 사질점토(7.5YR 5/6)
II : 갈색 사질점토(7.5YR 5/4)
III: 갈색 사질점토(7.5YR 5/3)
IV: 진갈색 사질점토(7.5YR 4/6)
V : 갈색 점질토(7.5YR 4/3)
VI: 황적색 사질토(5YR 6/6)

0   2m [1/60]

I : 진갈색 사질점토(7.5YR 5/6)
II : 갈색 사질점토(7.5YR 5/4)
III: 갈색 점질토(7/5YR 4/3)
IV: 진갈색 사질점토(7.5YR 4/6)
V : 갈색 사질점토(7/5YR 4/4)

다지구 35호 분구묘

(단위 : cm)

분구 크기 (길이×너비×높이)	(300+)×?×?	분구평면형태	?
분구장폭비	?	분구장축방향	N-88°-E
매장시설	?	주구형태	?
유물	토기	-	
	철기	-	
	청동기	-	
	옥석류	-	
	기타	-	
특기사항	출토유물 없음.		

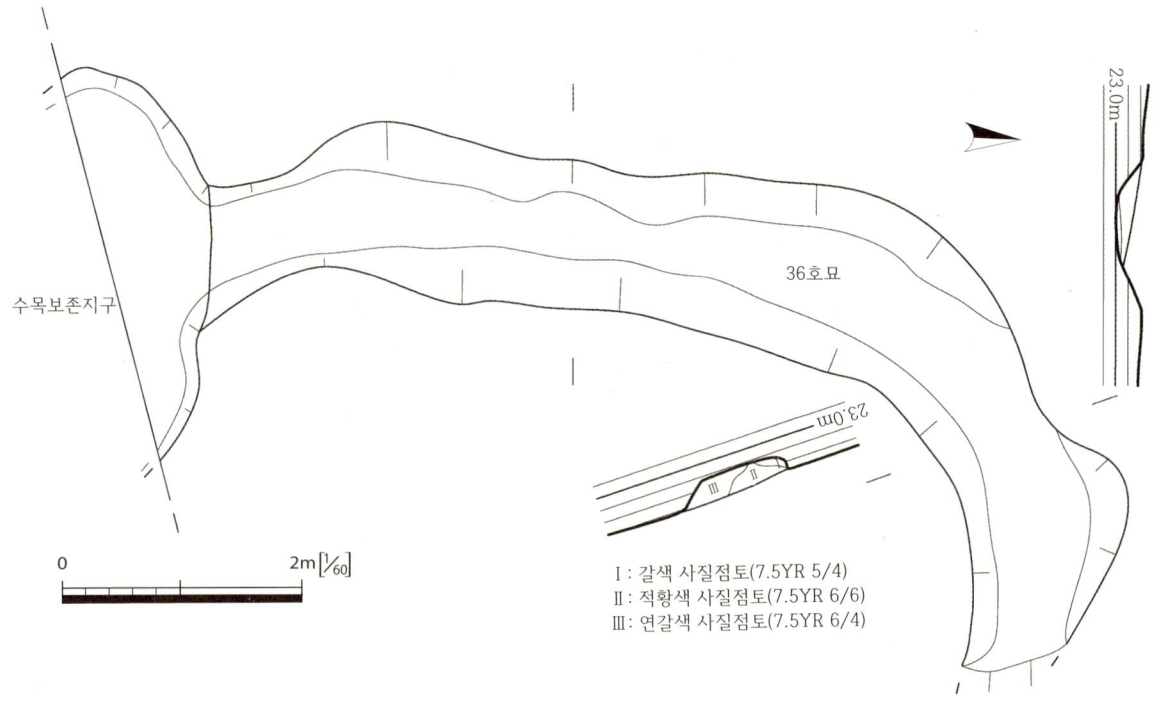

수목보존지구

36호묘

23.0m

0   2m[1/60]

Ⅰ : 갈색 사질점토(7.5YR 5/4)
Ⅱ : 적황색 사질점토(7.5YR 6/6)
Ⅲ : 연갈색 사질점토(7.5YR 6/4)

다지구 36호 분구묘

(단위 : cm)

분구크기 (길이×너비×높이)	(640+)×(250+)×?	분구평면형태	?
분구장폭비	?	분구장축방향	N-(3)°-E
매장시설	?	주구형태	?
유물 토 기			-
철 기			-
청 동 기			-
옥 석 류			-
기 타			-
특기사항	출토유물 없음.		

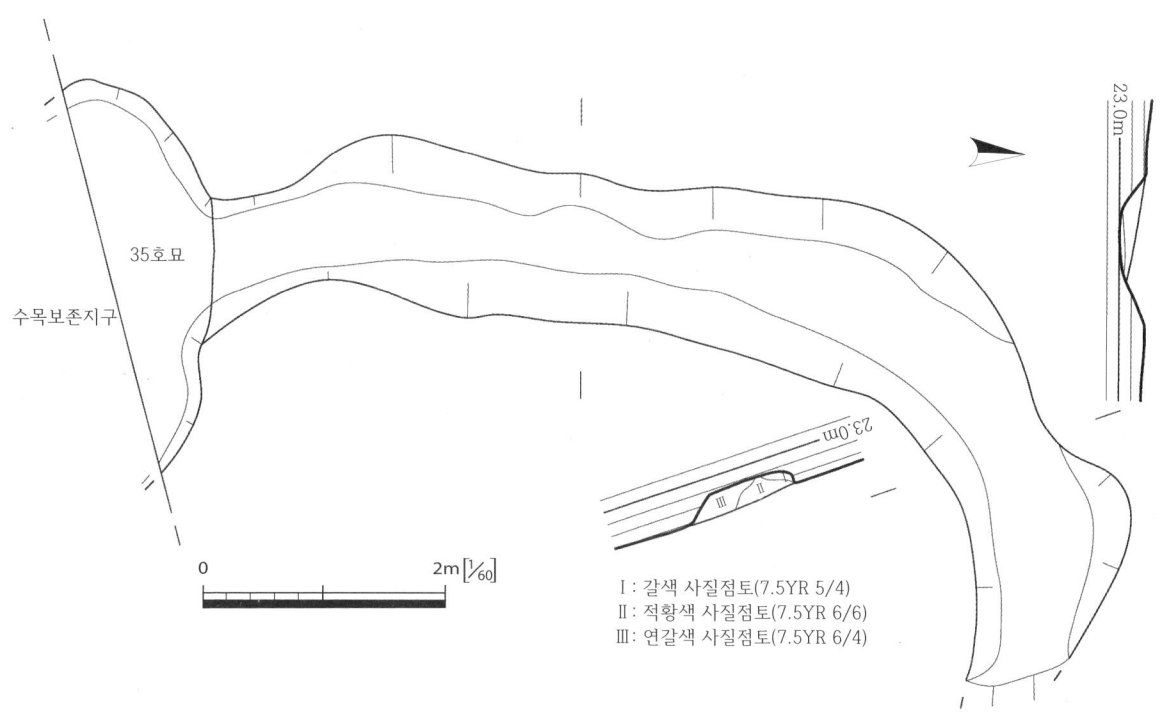

35호묘

수목보존지구

0   2m [¹⁄₆₀]

23.0m

Ⅰ : 갈색 사질점토(7.5YR 5/4)
Ⅱ : 적황색 사질점토(7.5YR 6/6)
Ⅲ : 연갈색 사질점토(7.5YR 6/4)

다지구 37호 분구묘

(단위 : cm)

분구 크기 (길이×너비×높이)	(560+)×(480+)×?	분구평면형태	(방형)
분구장폭비	?	분구장축방향	N-3°-E
매 장 시 설	?	주구형태	'ㄴ'자형
유물	토 기	완(1:주구1)	
	철 기	-	
	청 동 기	-	
	옥 석 류	-	
	기 타	-	
	특기사항		

24.0m

Ⅰ : 갈색 사질점토(7.5YR 4/3)
Ⅱ : 진갈색 사질점토(7.5YR 5/8)
Ⅲ : 갈색 사질점토(7.5YR 5/3)
Ⅳ : 진갈색 사질점토(7.5YR 5/6)

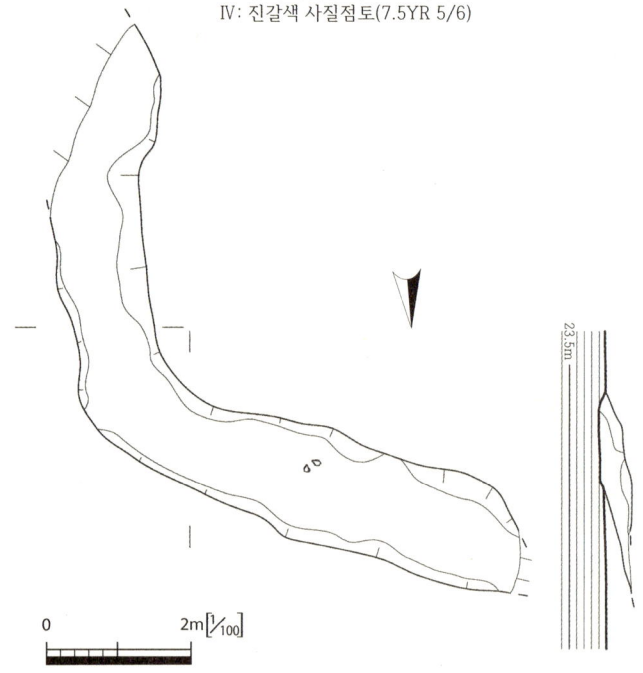

23.5m

0   2m[1/100]

[유구사진]

[출토유물]

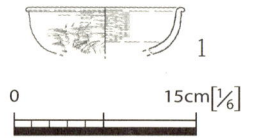

1

0   15cm[1/6]

다지구 38호 분구묘

(단위 : cm)

분구크기 (길이×너비×높이)	(355+)×?×?	분구평면형태	?
분구장폭비	?	분구장축방향	?
매 장 시 설	?	주구형태	?
유물 토 기	-		
철 기	-		
청 동 기	-		
옥 석 류	-		
기 타	-		
특기사항	출토유물 없음.		

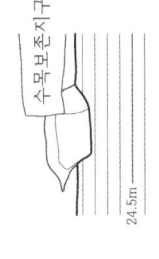
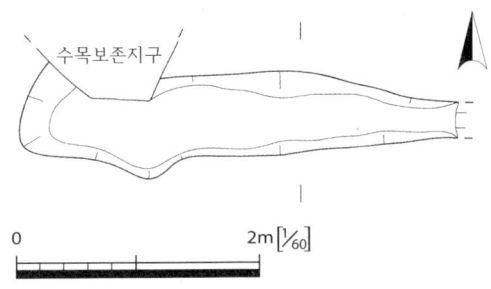

0   2m [1/60]

[유구사진]

다지구 39호 분구묘

(단위 : cm)

분구 크기 (길이×너비×높이)	(260+)×?×?	분구평면형태	?
분구장폭비	?	분구장축방향	?
매장시설	?	주구형태	?

유물	토 기	-
	철 기	-
	청 동 기	-
	옥석류	-
	기 타	-
특기사항		출토유물 없음.

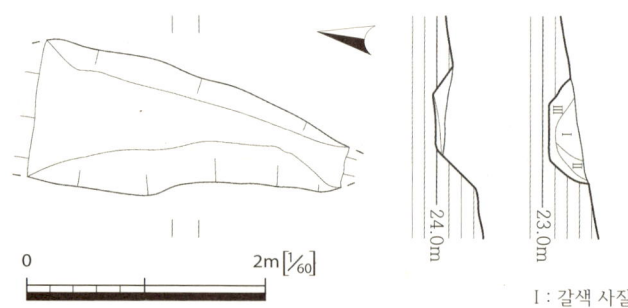

0　　　　　　　　2m ⌊1/60⌋

24.0m

23.0m

Ⅰ : 갈색 사질점토(7.5YR 4/2)
Ⅱ : 갈색 사질점토(7.5YR 4/3)
Ⅲ : 진갈색 사질점토(7.5YR 5/6)

[유구사진]

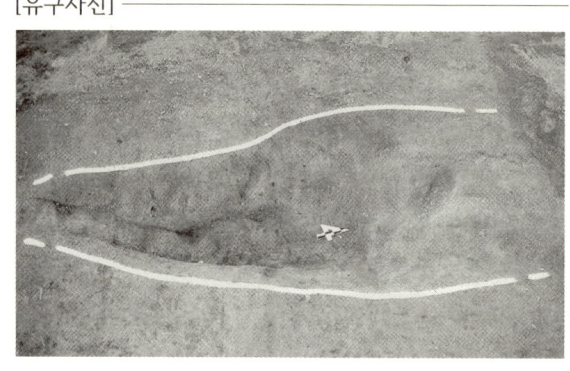

다지구 40호 분구묘

(단위 : cm)

분구크기 (길이×너비×높이)	(130+)×?×?	분구평면형태	?
분구장폭비	?	분구장축방향	?
매장시설	?	주구형태	?
유물	토 기	-	
	철 기	-	
	청동기	-	
	옥석류	-	
	기 타	-	
특기사항	출토유물 없음.		

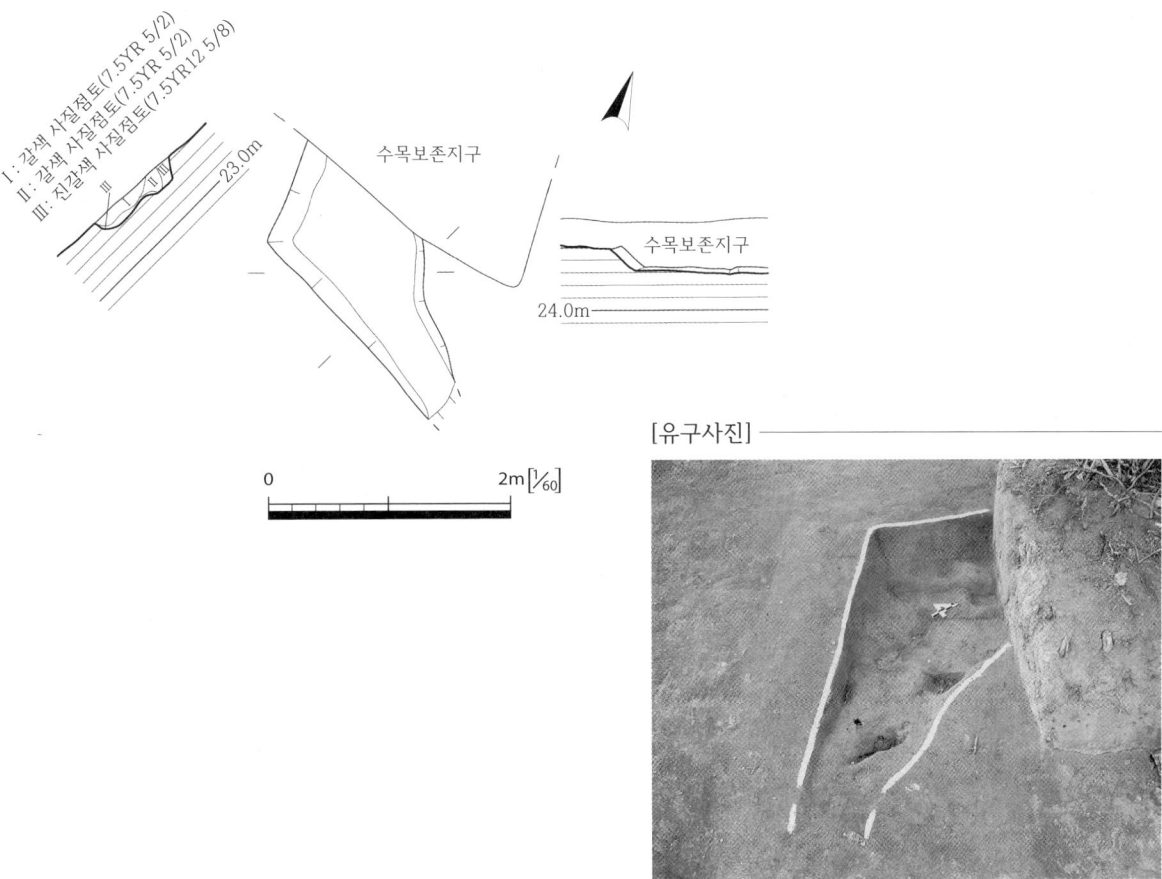

I : 갈색 사질점토(7.5YR 5/2)
II : 갈색 사질점토(7.5YR 5/2)
III : 진갈색 사질점토(7.5YR.12 5/8)

23.0m

수목보존지구

수목보존지구

24.0m

0   2m [1/60]

[유구사진]

다지구 41호 분구묘

(단위 : cm)

분 구 크 기 (길이×너비×높이)	(1,100+)×(1,150+)×?	분구평면형태	(원형)
분구장폭비	?	분구장축방향	N-63°-W
매 장 시 설	?	주구형태	'ㅇ'자형
유물 / 토 기	토기편(1:주구1)		
철 기	-		
청 동 기	-		
옥 석 류	-		
기 타	-		
특기사항			

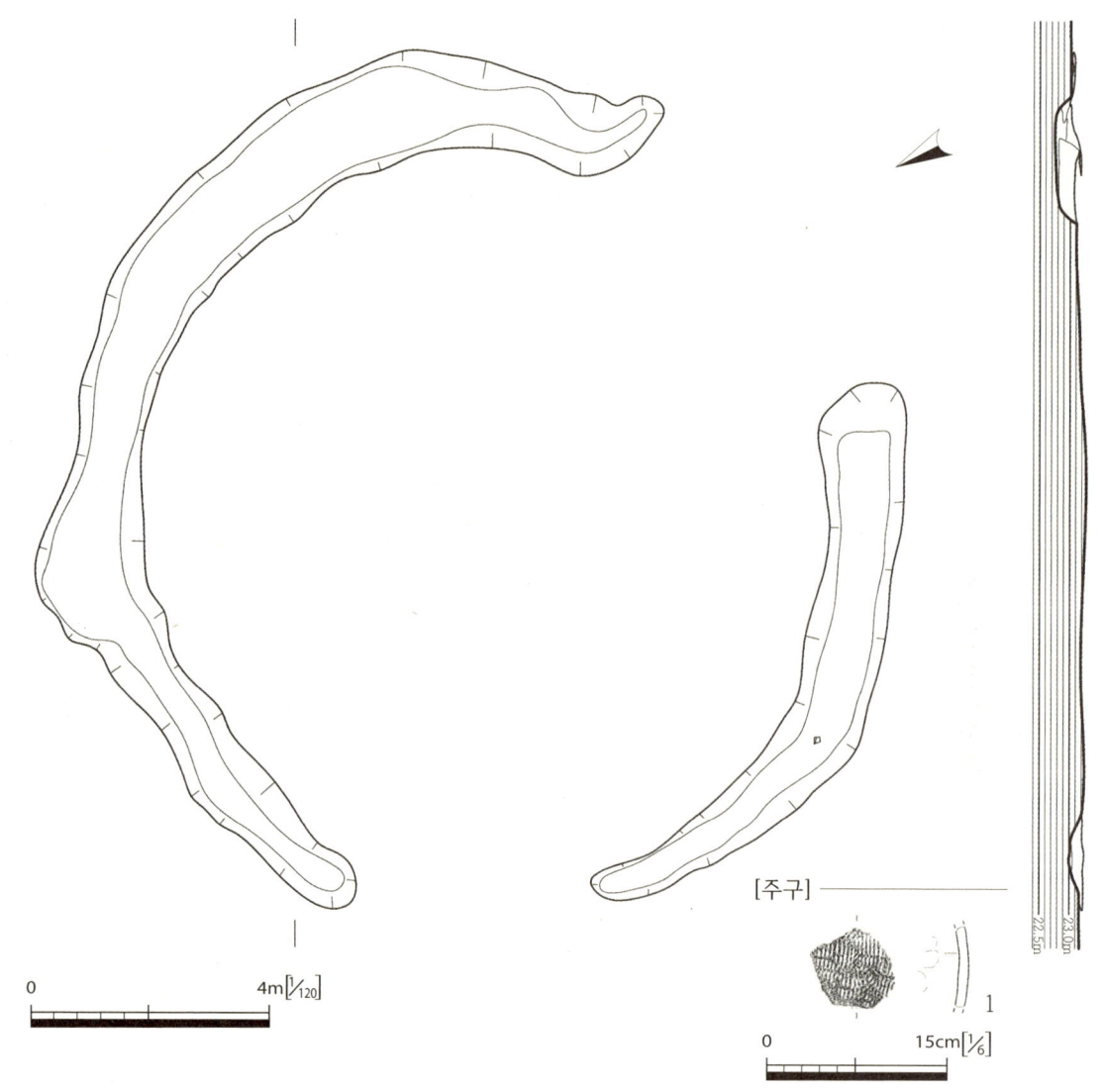

[주구]

0 _____ 4m[1/120]

0 _____ 15cm[1/6]

1

다지구 42호 분구묘

(단위 : cm)

분구크기 (길이×너비×높이)	(550+)×?×?	분구평면형태	?
분구장폭비	?	분구장축방향	?
매장시설	?	주구형태	?
유물	토 기		-
	철 기		-
	청 동 기		-
	옥 석 류		-
	기 타		-
특기사항	출토유물 없음.		

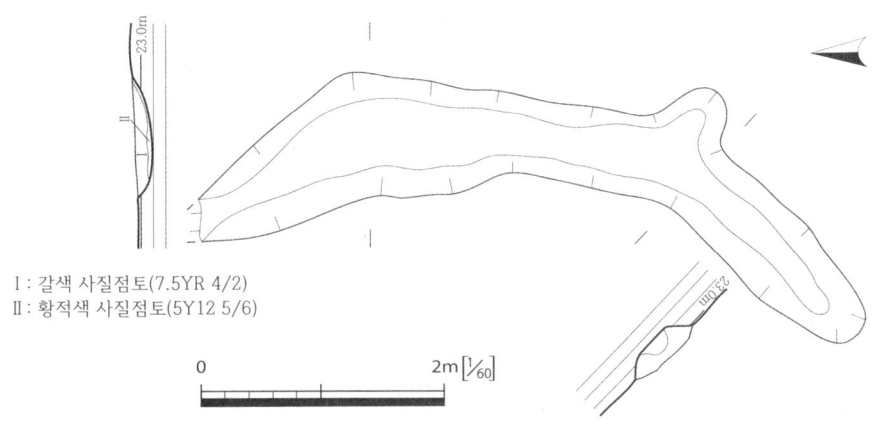

Ⅰ : 갈색 사질점토(7.5YR 4/2)
Ⅱ : 황적색 사질점토(5Y12 5/6)

0   2m [1/60]

[유구사진]

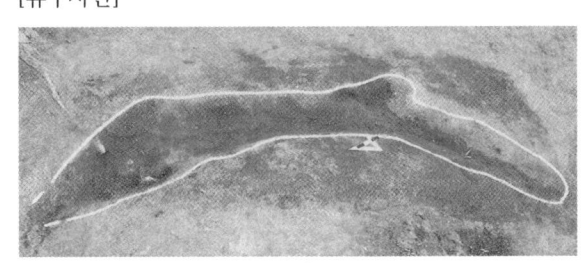

다지구 43호 분구묘

(단위 : cm)

분구 크기 (길이×너비×높이)	(500+)×?×?	분구평면형태	?
분구장폭비	?	분구장축방향	?
매장시설	?	주구형태	?
유물	토 기	-	
	철 기	-	
	청동기	-	
	옥석류	-	
	기 타	-	
특기사항	출토유물 없음.		

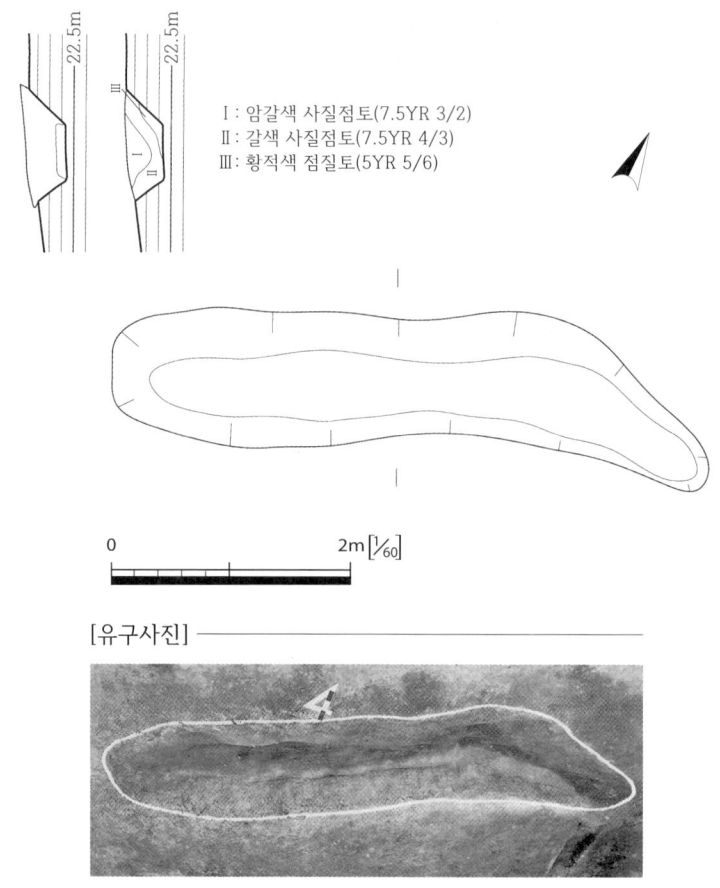

Ⅰ: 암갈색 사질점토(7.5YR 3/2)
Ⅱ: 갈색 사질점토(7.5YR 4/3)
Ⅲ: 황적색 점질토(5YR 5/6)

0   2m [1/60]

[유구사진]

다지구 44호 분구묘

(단위 : cm)

분구크기 (길이×너비×높이)	(475+)×?×?	분구평면형태	?
분구장폭비	?	분구장축방향	?
매장시설	?	주구형태	?
유물 토기	배(1:주구1), 토기편(1:주구1)		
유물 철기	-		
유물 청동기	-		
유물 옥석류	-		
유물 기타	-		
특기사항			

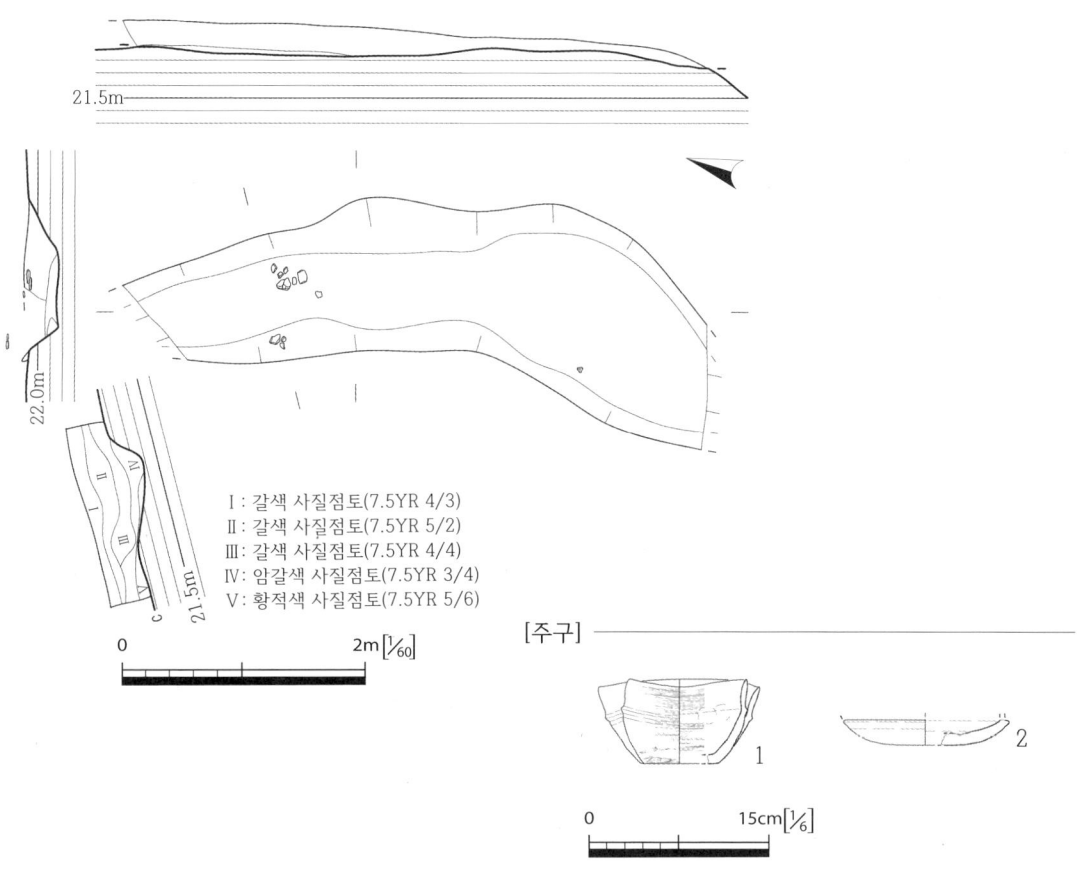

21.5m

22.0m

21.5m

Ⅰ: 갈색 사질점토(7.5YR 4/3)
Ⅱ: 갈색 사질점토(7.5YR 5/2)
Ⅲ: 갈색 사질점토(7.5YR 4/4)
Ⅳ: 암갈색 사질점토(7.5YR 3/4)
Ⅴ: 황적색 사질점토(7.5YR 5/6)

0　　　　　　　　2m[1/60]

[주구]

1

2

0　　　15cm[1/6]

다지구 45호 분구묘

(단위 : cm)

분구 크기 (길이×너비×높이)	(514+)×?×?	분구평면형태	?
분구장폭비	?	분구장축방향	?
매장시설	?	주구형태	?
유물	토 기	-	
	철 기	-	
	청동기	-	
	옥석류	-	
	기 타	-	
특기사항	출토유물 없음.		

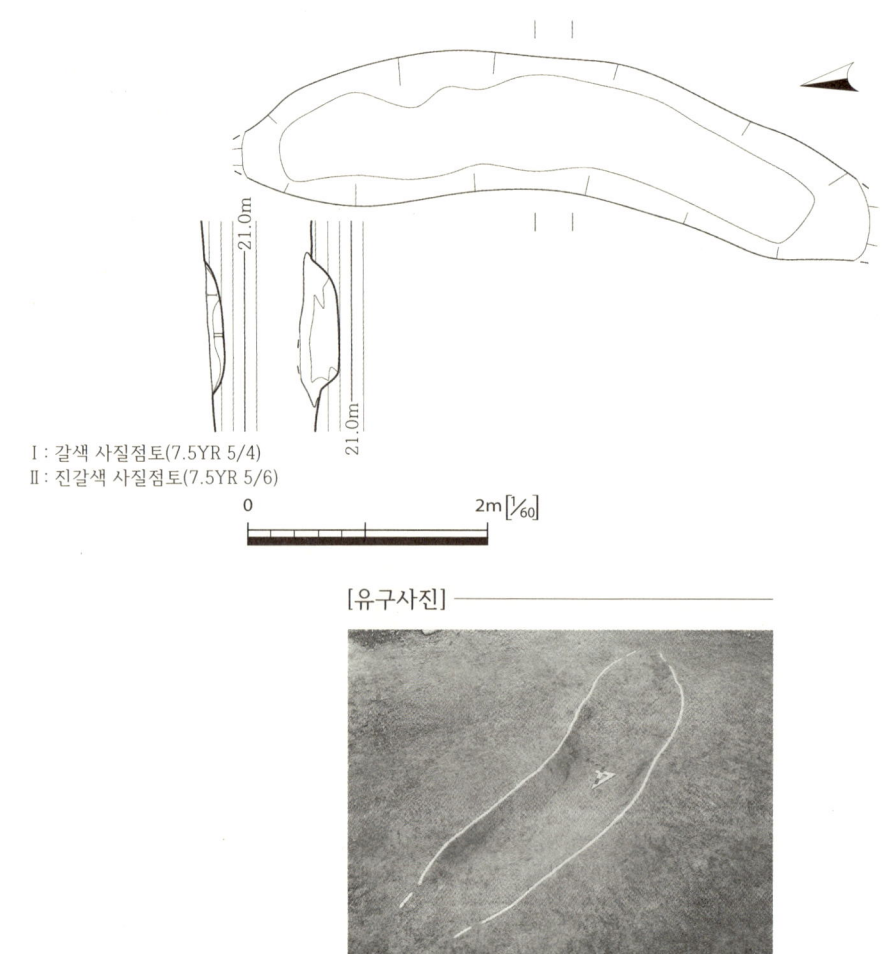

21.0m

21.0m

Ⅰ : 갈색 사질점토(7.5YR 5/4)
Ⅱ : 진갈색 사질점토(7.5YR 5/6)

0   2m [1/60]

[유구사진]

다지구 46호 분구묘

(단위 : cm)

분구크기 (길이×너비×높이)	(620)×(483+)×?	분구평면형태	(방형)
분구장폭비	?	분구장축방향	N-35°-W
매장시설	?	주구형태	'ㅁ'자형
유물 · 토기	토기편(3:주구3)		
유물 · 철기	-		
유물 · 청동기	-		
유물 · 옥석류	-		
유물 · 기타	-		
특기사항			

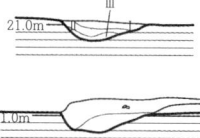

Ⅰ: 갈색 사질점토(7.5YR 4/2)
Ⅱ: 암황갈색 사질점토(10YR 4/4)
Ⅲ: 황갈색 점토(10YR 5/4)

Ⅰ: 암황갈색 점질토(10YR 3/9)
Ⅱ: 황갈색 점질토(10YR 5/4)

[주구]

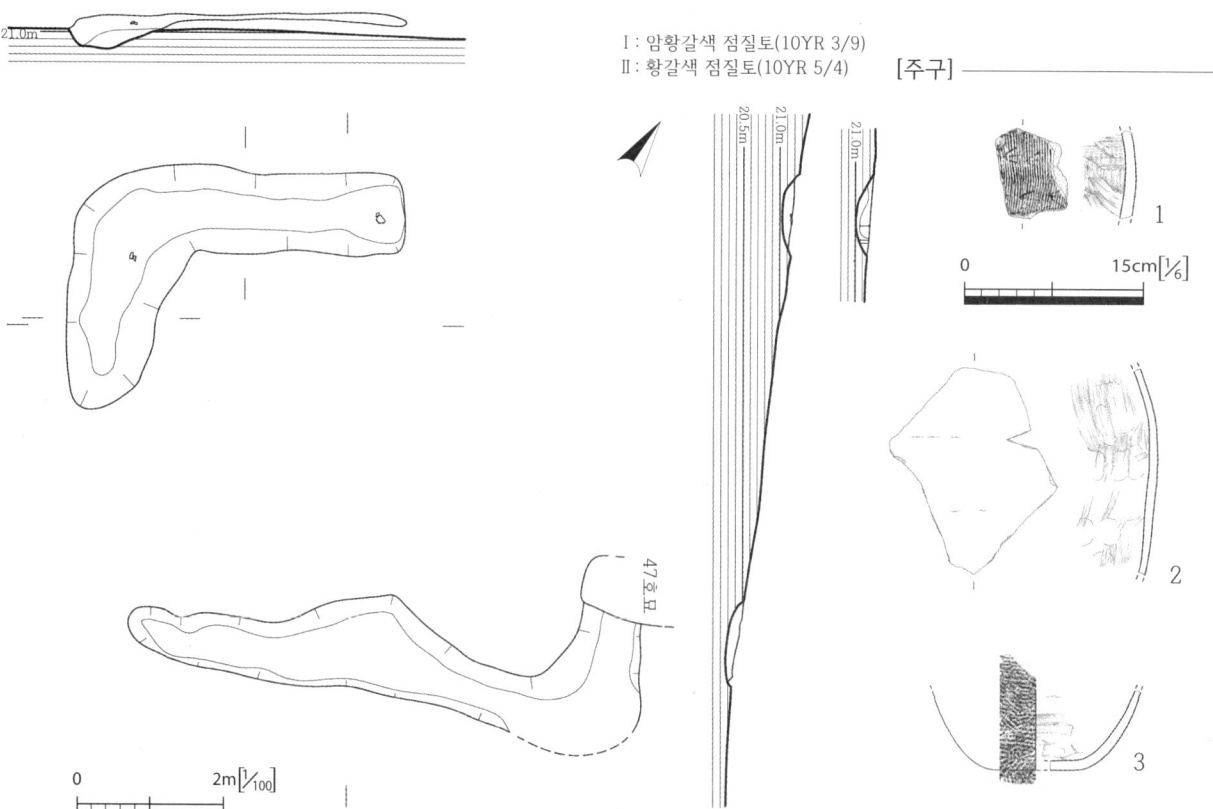

다지구 47호 토광묘

(단위 : cm)

묘광	크 기 (길이×너비×깊이)	210×85×(25+)	목관	크 기 (길이×너비×높이)	?
	장폭비	2.36:1		장폭비	?
	장축방향	N-27°-W	목곽	크 기 (길이×너비×높이)	?
	두 향	?		장폭비	?
유물	토 기	직구단경호(1)			
	철 기	-			
	청동기	-			
	옥석류	-			
	기 타	-			
	특기사항	목재 시상대를 설치했던 구덩이가 확인됨.			

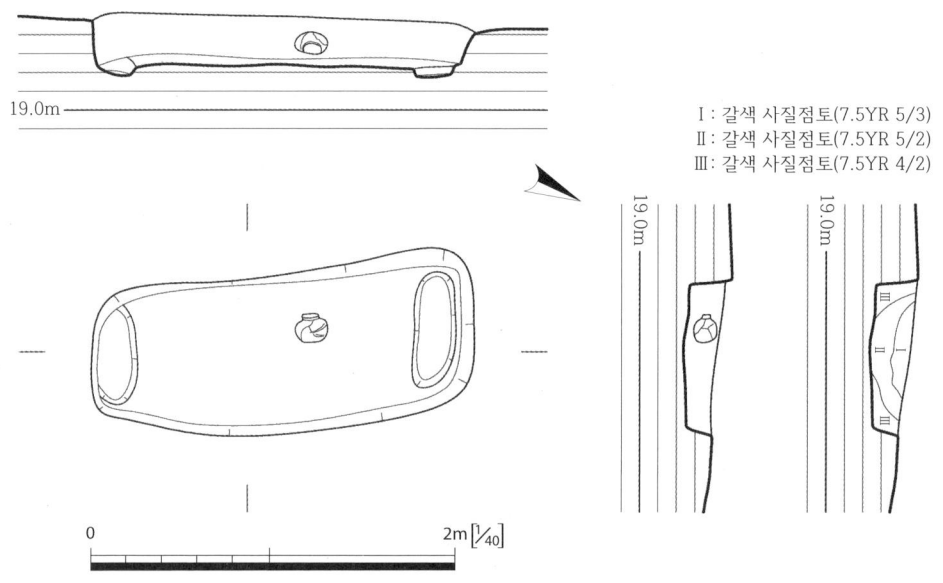

19.0m

Ⅰ : 갈색 사질점토(7.5YR 5/3)
Ⅱ : 갈색 사질점토(7.5YR 5/2)
Ⅲ : 갈색 사질점토(7.5YR 4/2)

0   2m[¹/₄₀]

[유구사진]

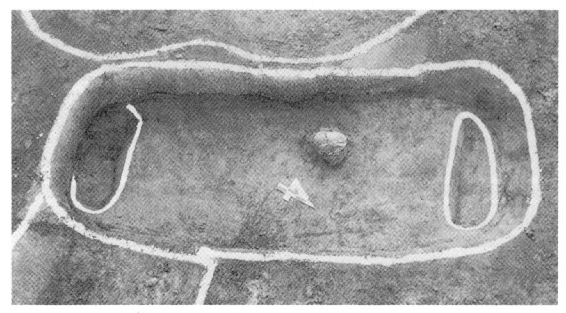

[출토유물]

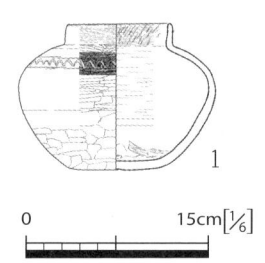

1

0   15cm[¹/₆]

다지구 48호 분구묘

(단위 : cm)

분구크기 (길이×너비×높이)	(230+)×?×?	분구평면형태	?
분구장폭비	?	분구장축방향	?
매장시설	?	주구형태	?

유물	토 기	배(1:주구1)		
	철 기	-		
	청동기	-		
	옥석류	-		
	기 타	-		
특기사항				

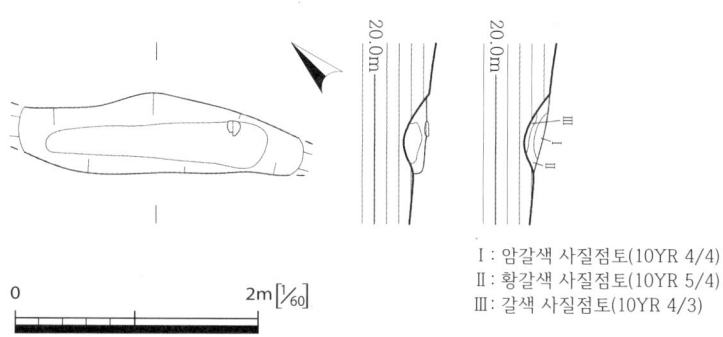

Ⅰ : 암갈색 사질점토(10YR 4/4)
Ⅱ : 황갈색 사질점토(10YR 5/4)
Ⅲ : 갈색 사질점토(10YR 4/3)

0   2m[1/60]

[유구사진]

[주구]

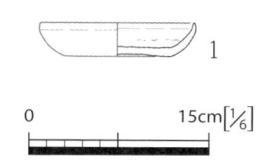

1

0   15cm[1/6]

다지구 49호 분구묘

(단위 : cm)

분구 크기 (길이×너비×높이)			(480+)×(360)×?	분구평면형태		(원형)
분구장폭비			?	분구장축방향		N-61°-E
매장시설			토광(1)	주구형태		('ㅇ'자형)
유물	토 기			-		
	철 기			-		
	청 동 기			-		
	옥석류			-		
	기 타			-		
특기사항				-		

1호 토광						
묘광	크 기 (길이×너비×깊이)		(162+)×127×(17+)	목관	크 기 (길이×너비×높이)	?
	장폭비		?		장폭비	?
	장축방향		N-61°-E	목곽	크 기 (길이×너비×높이)	?
	두 향		?		장폭비	?
유물	토 기		발형토기(1), 병(1), 단경호(1)			
	철 기		-			
	청 동 기		-			
	옥석류		-			
	기 타		-			
특기사항			유구 세부도면 미게재.			

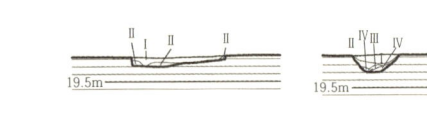

I : 갈색 사질점토(7.5YR 4/3)
II : 갈색 사질점토(7.5YR 4/2)
III : 갈색 점질토(10YR 5/4)
IV : 진갈색 점질토(7.5YR 5/6)

[출토유물]

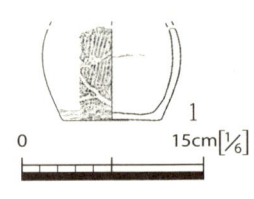

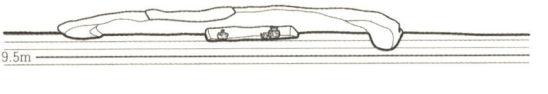

I : 갈색 사질점토(7.5YR 4/3)
II : 갈색 사질점토(7.5YR 5/3)
III : 갈색 사질점토(7.5YR 4/2)
IV : 갈색 점질토(7.5YR 4/4)

0   15cm[1/6]   1

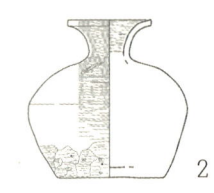

2

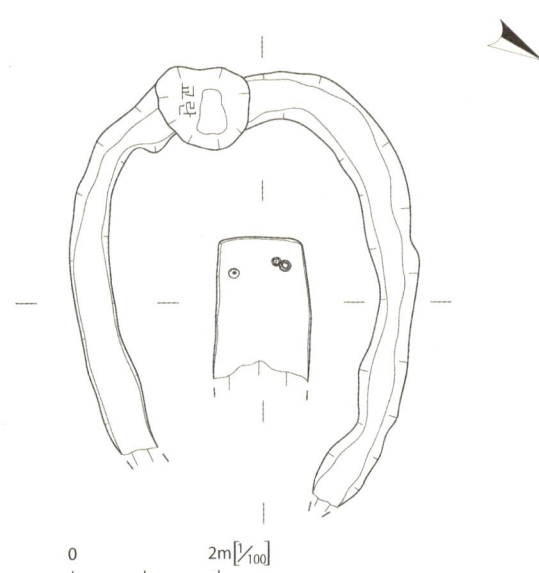

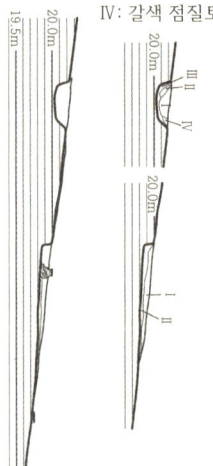

I : 갈색 사질점토(7.5YR 4/3)
II : 갈색 점질토(7.5YR 5/3)

0   2m[1/100]

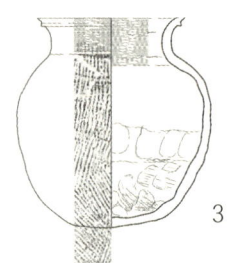

3

다지구 50호 토광묘

(단위 : cm)

묘광	크 기 (길이×너비×깊이)	245×80×18	목관	크 기 (길이×너비×높이)	?
	장폭비	3.06:1		장폭비	?
	장축방향	N-27°-W	목곽	크 기 (길이×너비×높이)	?
	두 향	?		장폭비	?
유물	토 기	-			
	철 기	검(1), 도자(1), 촉(1), 釣針(1)			
	청 동 기	-			
	옥 석 류	-			
	기 타	-			
	특기사항	목재 시상대를 설치했던 구덩이가 확인됨.			

Ⅰ: 갈색 점질토(7.5YR 4/3)
Ⅱ: 갈색 점질토(7.5YR 5/3)
Ⅲ: 갈색 점질토(7.5YR 5/4)

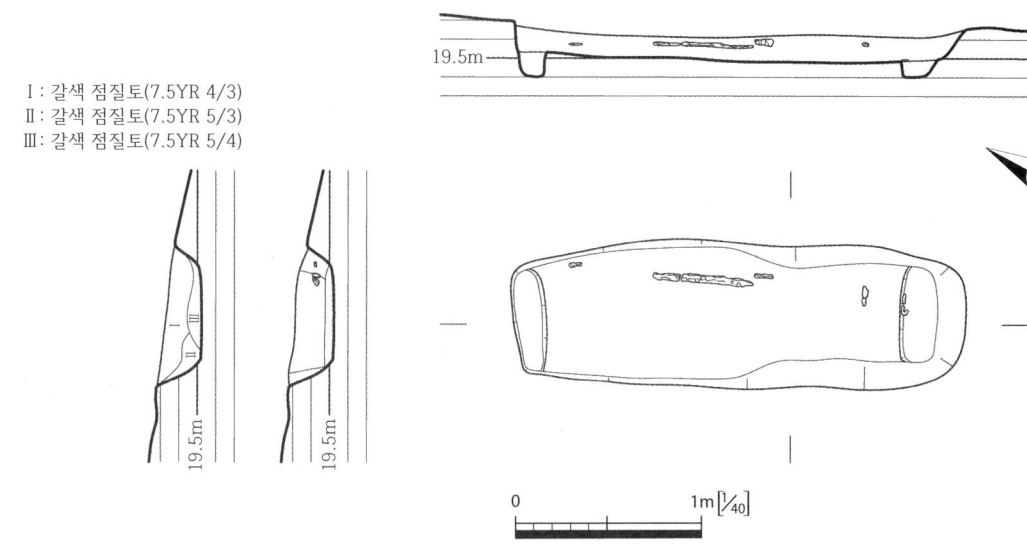

[출토유물]

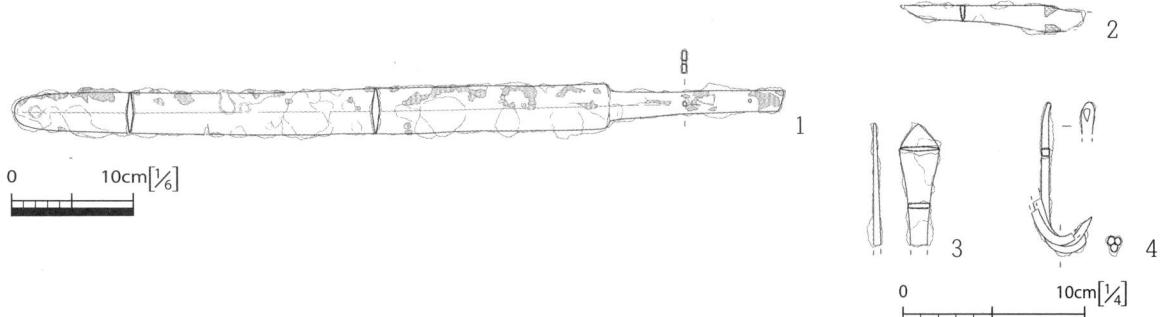

다지구 51호 분구묘

(단위 : cm)

분구 크기 (길이×너비×높이)	(292+)×?×?	분구평면형태	?
분구장폭비	?	분구장축방향	?
매장시설	?	주구형태	?

유물	토기	토기편(1:주구1)		
	철기	-		
	청동기	-		
	옥석류	-		
	기타	-		
	특기사항			

[유구사진]

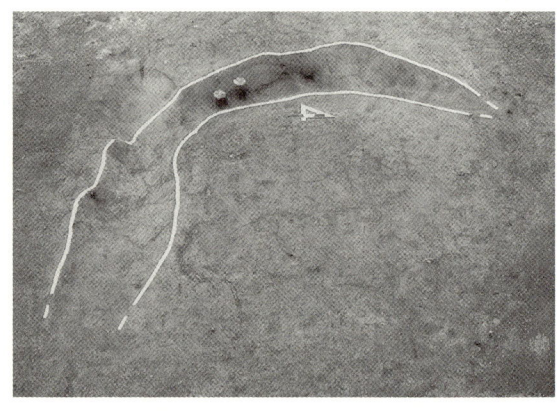

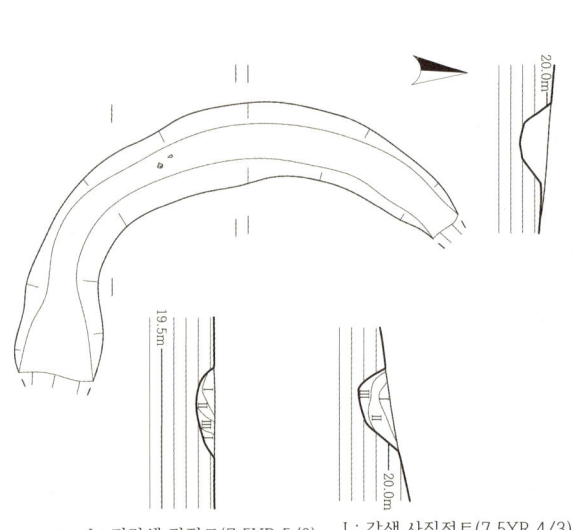

Ⅰ: 진갈색 점질토(7.5YR 5/6)
Ⅱ: 적황색 점질토(7.5YR 6/4)
Ⅲ: 갈색 사질점토(7.5YR 5/4)

Ⅰ: 갈색 사질점토(7.5YR 4/3)
Ⅱ: 암갈색 사질점토(7.5YR 3/2)
Ⅲ: 갈색 사질점토(7.5YR 4/4)

0   2m[1/60]

[주구]

1

0   15cm[1/6]

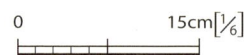

다지구 52호 분구묘

(단위 : cm)

분구크기 (길이×너비×높이)	(268+)×?×?	분구평면형태		?
분구장폭비	?	분구장축방향		?
매장시설	?	주구형태		?
유물	토 기	-		
	철 기	-		
	청동기	-		
	옥석류	-		
	기 타	-		
특기사항	출토유물 없음.			

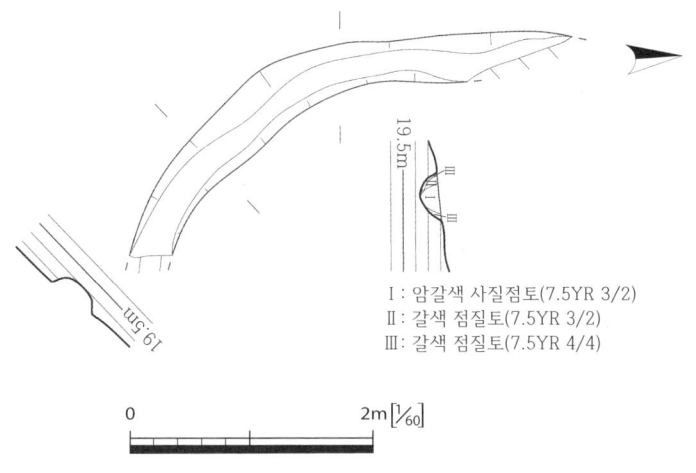

19.5m

Ⅰ : 암갈색 사질점토(7.5YR 3/2)
Ⅱ : 갈색 점질토(7.5YR 3/2)
Ⅲ : 갈색 점질토(7.5YR 4/4)

0   2m [1/60]

[유구사진]

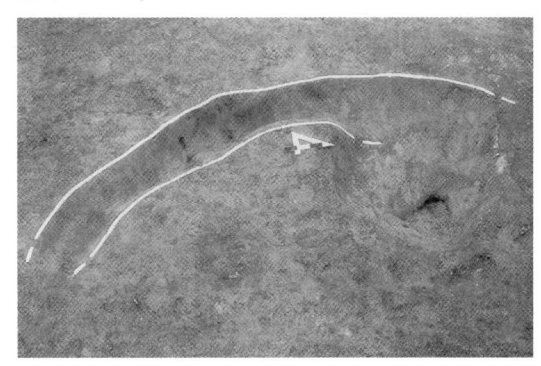

다지구 53호 분구묘

(단위 : cm)

분구크기 (길이×너비×높이)	(396+)×?×?	분구평면형태	?
분구장폭비	?	분구장축방향	?
매장시설	?	주구형태	?
유물	토 기	-	
	철 기	-	
	청동기	-	
	옥석류	-	
	기 타	-	
특기사항	출토유물 없음.		

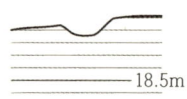

Ⅰ : 갈색 점질토(7.5YR 5/4)
Ⅱ : 갈색 사질점토(7.5YR 4/3)

—19.0m

—18.5m

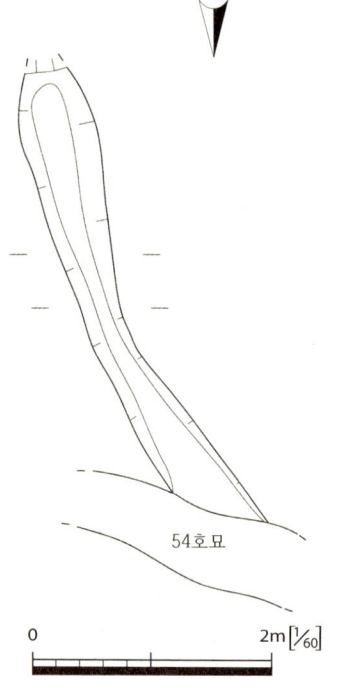

54호묘

0　　　　　　　　2m[1/60]

[유구사진]

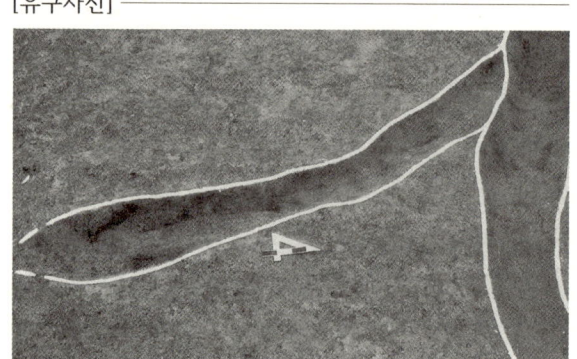

다지구 54호 분구묘

(단위 : cm)

분구크기 (길이×너비×높이)	(510+)×(330+)×?	분구평면형태	?
분구장폭비	?	분구장축방향	?
매장시설	?	주구형태	?

유물	토 기	토기편(1:주구1)	
	철 기	-	
	청동기	-	
	옥석류	-	
	기 타	-	
	특기사항		

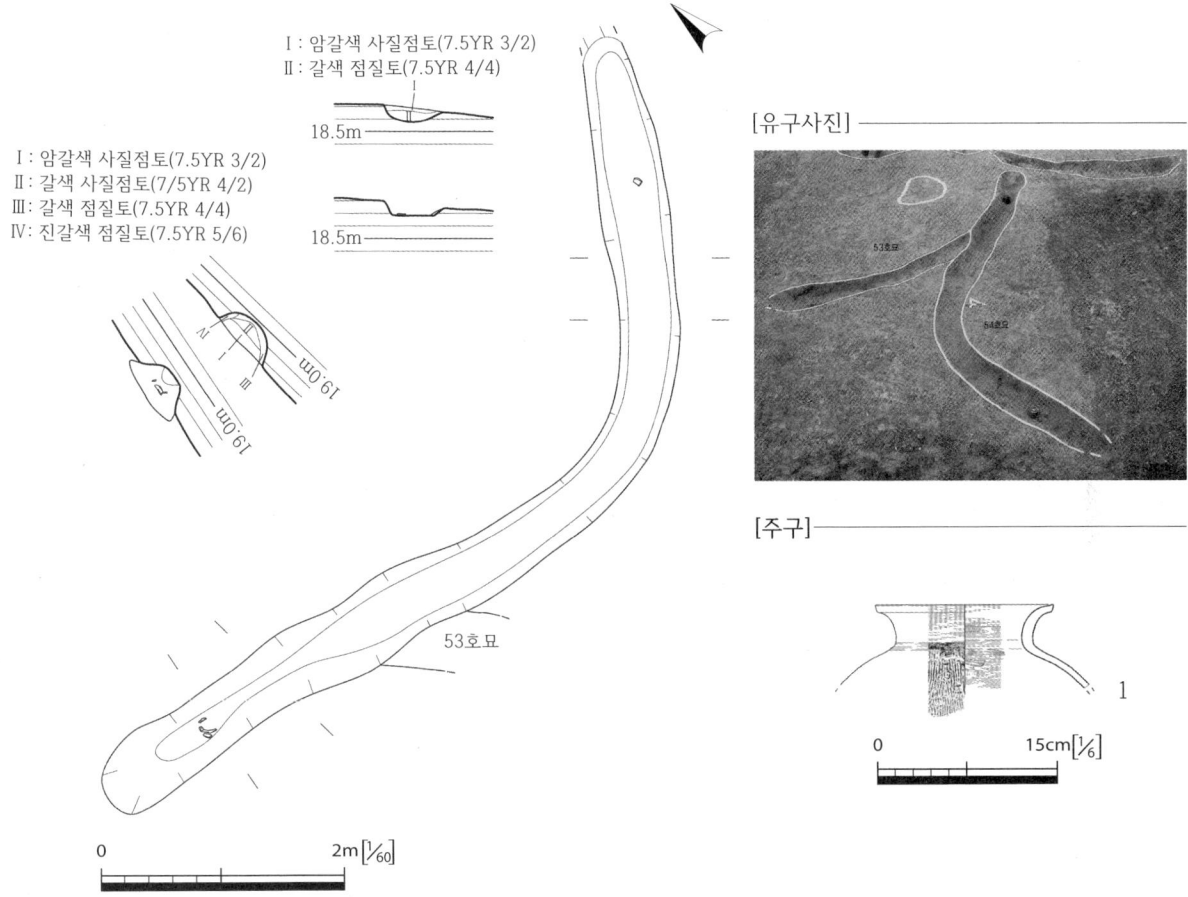

Ⅰ: 암갈색 사질점토(7.5YR 3/2)
Ⅱ: 갈색 점질토(7.5YR 4/4)

18.5m

Ⅰ: 암갈색 사질점토(7.5YR 3/2)
Ⅱ: 갈색 사질점토(7/5YR 4/2)
Ⅲ: 갈색 점질토(7.5YR 4/4)
Ⅳ: 진갈색 점질토(7.5YR 5/6)

18.5m

19.0m

19.0m

53호묘

0　　　　　　2m[1/60]

[유구사진]

[주구]

0　　　　15cm[1/6]

1

다지구 55호 토광묘

(단위 : cm)

묘광	크 기 (길이×너비×깊이)	400×140×(28+)	목관	크 기 (길이×너비×높이)	?
	장폭비	2.86:1		장폭비	?
	장축방향	N-8°-W	목곽	크 기 (길이×너비×높이)	?
	두 향	?		장폭비	?
유물	토 기	장군(1)			
	철 기	주조철부(1), 겸(1)			
	청동기	-			
	옥석류	-			
	기 타	-			
	특기사항				

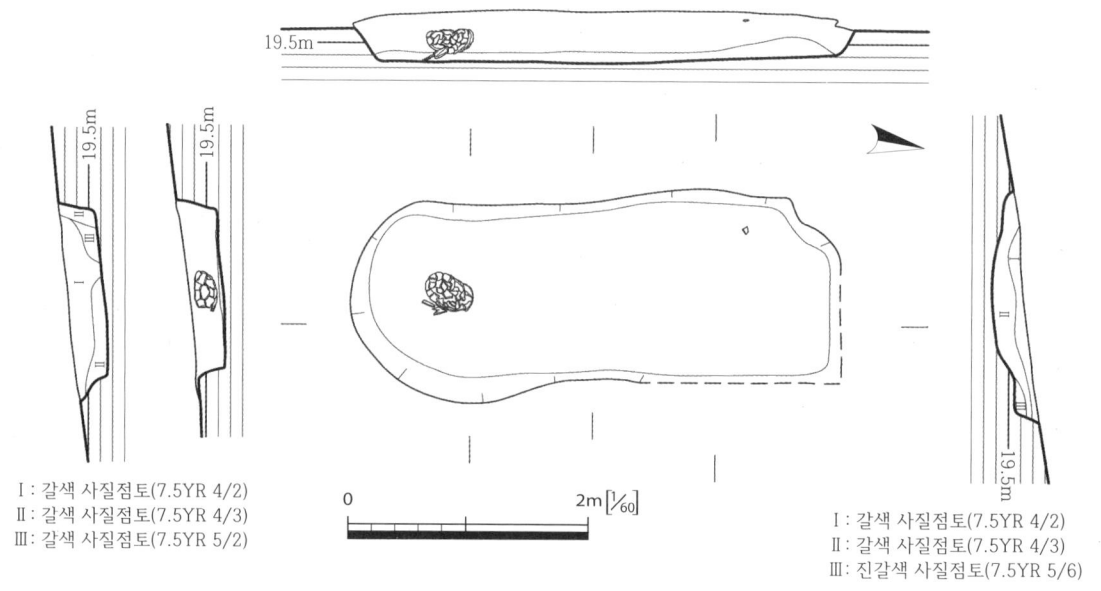

Ⅰ: 갈색 사질점토(7.5YR 4/2)
Ⅱ: 갈색 사질점토(7.5YR 4/3)
Ⅲ: 갈색 사질점토(7.5YR 5/2)

0   2m[1/60]

Ⅰ: 갈색 사질점토(7.5YR 4/2)
Ⅱ: 갈색 사질점토(7.5YR 4/3)
Ⅲ: 진갈색 사질점토(7.5YR 5/6)

[출토유물]

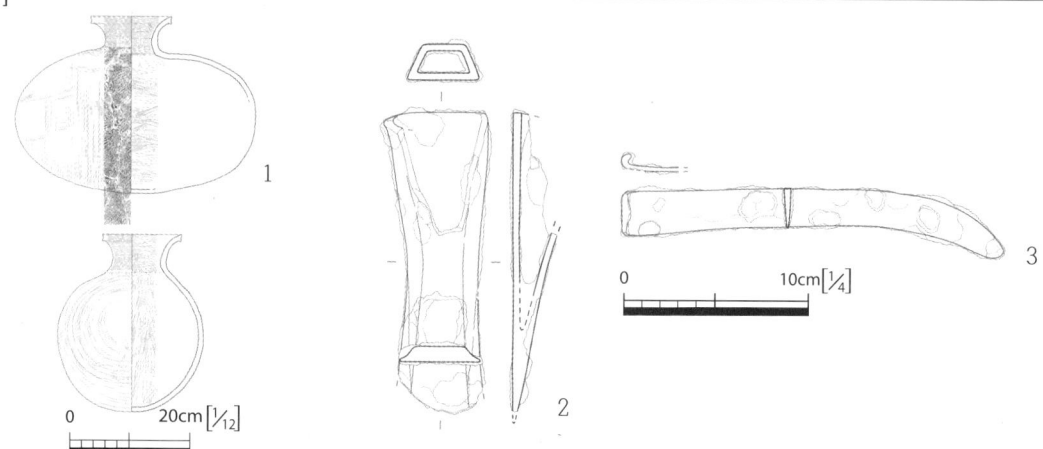

0   20cm[1/12]

0   10cm[1/4]

서산 여미리 방죽골 유적 瑞山 余美里 방죽골 遺蹟

조사사유	국도 32호선 서산-당진간 도로 확장 및 포장공사에 따른 구제발굴조사
조사연혁	지표조사 : 2000. (忠淸文化財硏究院) 시굴조사 : 2001. 10. 08. ~ 2001. 12. 26. (忠淸文化財硏究院) 발굴조사 : 2002. 06. 15. ~ 2002. 12. 11. (忠淸文化財硏究院)
유적위치	충청남도 서산시 운산면 여미리 일원 경·위도 126°34′16.90″E / 36°49′19.31″N
유적입지	銀峰山의 지맥이 동남방향으로 분기하면서 전말산(해발 82.4m)과 田螺山(해발 93.2m)을 형성하고 있는데, 유적은 이들 산능성이의 상단부에 위치하고 있다. 유적은 해발 70m 정도의 능선 정상부와 동쪽 방향으로 흐르는 능선 사면부 일부를 형성하고 있고, 일찍이 유적의 동쪽과 서쪽, 남쪽 부분이 도로의 개설로 인해 절개되어 있어 단독 구릉의 형상을 하고 있었다. 그리고 동쪽으로는 대방들천이 남에서 북으로 흐르고 주변지역에는 비교적 넓은 농경지가 형성되어 있다. 북쪽으로는 壽堂川이 서쪽에서 동쪽으로 흘러 대방들川에 합류 하는데 壽堂川주변에도 농경지가 형성되어 있으며, 남쪽으로는 이문안들이 형성되어 있다.

유구현황	초기철기시대	
	원삼국시대	주구토광묘(14)·토광묘(7)·분구묘(2)
	삼 국 시 대	석실묘(1)·석곽묘(3)
	기 타	

주요유물	원저단경호, 단경호, 양이부호, 환두도, 주조철부 등
시대·성격	본 유적에서 확인된 원삼국시대 주구토광묘는 일부 주구가 중복되어 조사됨으로서 이들 중복관계를 통하여 상대적인 변화상을 살펴볼 수 있다. 본 유적에서는 (장)방형의 주구의 빈도가 상대적으로 높아 금강유역권에서 마제형 주구의 빈도가 높은 것과 차이를 보이며, (장)방형 주구의 비율이 높은 서해안권의 주구토광묘의 입지 선정 조건과 비슷한 양상을 보인다. 주구토광묘는 대상부의 형태나 규모를 먼저 구획하고 이 대상부에 분구를 조성하는 과정에서 대상부의 외변을 채토하면서 자연스럽게 주구가 만들어진 것으로 추정된다. 주구형태가 마제형인 것이 능선의 경사면에 입지하고, (장)방형이나 원형인 것이 완만한 경사면이나 능선의 선상부 및 정상부 평탄면에 조성되는 것은 봉토 조성시 편리성과 노동력 절감에 있었던 것으로 보인다. 주구토광묘의 조성연대는 기년명 자료가 출토되지 않아 구체적으로는 알수 없으나, 중서부지역에서 주구토광묘는 일반적으로 단장묘에서 합장묘로 변화하며, 매장주체부도 목관에서 목곽으로 변화하는 것으로 이해되고 있다. 그러므로 이들 관계 유적과 비교 검토하였을 때, 단장묘에서 합장묘로 이행되면서 양이부호 등 새로운 기종이 출현하는 단계는 3세기 후반에서 4세기 전반에 조성된 것으로, 단장묘이면서 단경호만 출토되는 단계는 3세기 중반에 조성된 것으로 추정된다.
참고문헌	忠淸文化財硏究院, 2005, 『瑞山 余美里 방죽골 遺蹟』調査報告 第40-2輯.

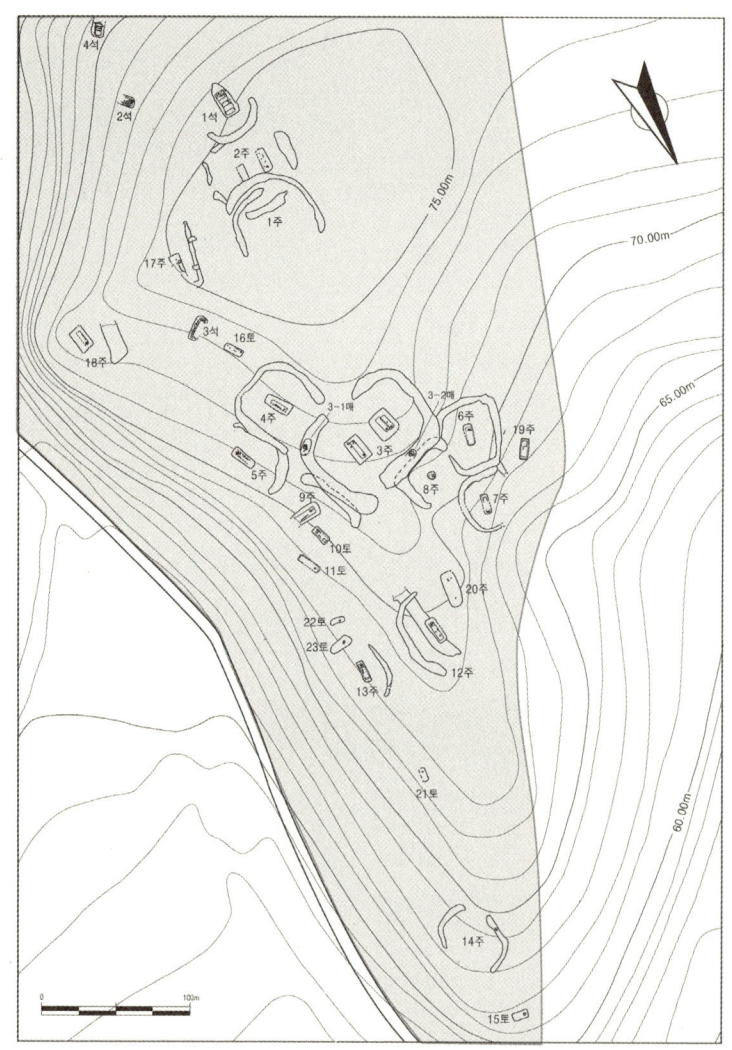

서산 여미리 방죽골유적 유구배치도

서산 여미리 방죽골유적 전경

1호 주구토광묘

(단위 : cm)

묘광	크 기 (길이×너비×깊이)	?	목관	크 기 (길이×너비×높이)	?
	장폭비	?		장폭비	?
장축방향		N-21°-W	목곽	크 기 (길이×너비×높이)	?
두 향		?		장폭비	?
주구크기 (길이×너비×깊이)		1,248×75×(31+)	주구평면형태		원형
유물	토 기		-		
	철 기		-		
	청 동 기		-		
	옥석류		-		
	기 타		-		
특기사항		매장주체부는 삭평되고, 주구만 잔존함. 출토유물 없음.			

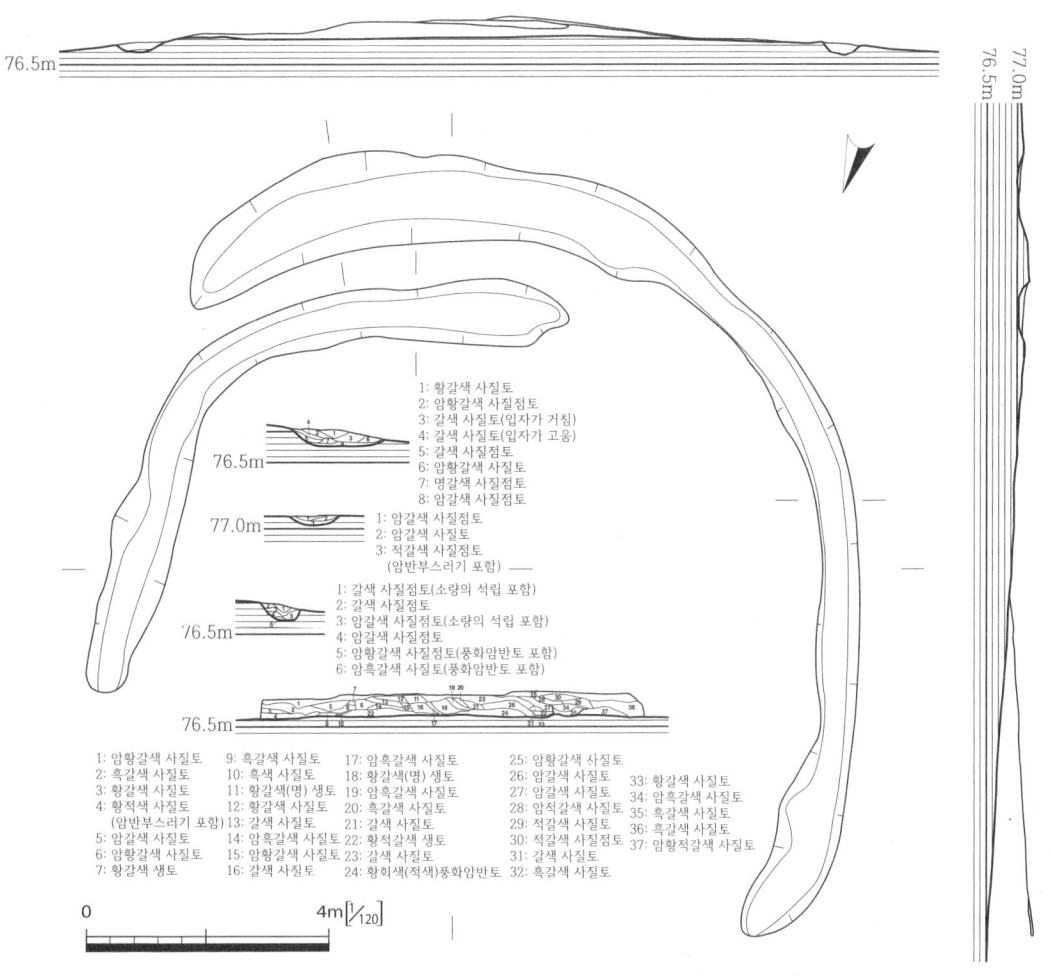

76.5m

77.0m
76.5m

76.5m

77.0m

76.5m

76.5m

1: 황갈색 사질토
2: 암황갈색 사질점토
3: 갈색 사질토(입자가 거침)
4: 갈색 사질토(입자가 고움)
5: 갈색 사질점토
6: 암황갈색 사질점토
7: 명갈색 사질점토
8: 암갈색 사질점토

1: 암갈색 사질점토
2: 암갈색 사질토
3: 적갈색 사질점토
(암반부스러기 포함)

1: 갈색 사질점토(소량의 석립 포함)
2: 갈색 사질점토
3: 암갈색 사질점토(소량의 석립 포함)
4: 암갈색 사질점토
5: 암황갈색 사질점토(풍화암반토 포함)
6: 암흑갈색 사질토(풍화암반토 포함)

1: 암황갈색 사질토	9: 흑갈색 사질토	17: 암흑갈색 사질토	25: 암황갈색 사질토
2: 흑갈색 사질토	10: 흑색 사질토	18: 황갈색(명) 생토	26: 암갈색 사질토
3: 황갈색 사질토	11: 황갈색(명) 생토	19: 암흑갈색 사질토	27: 암갈색 사질토
4: 황적색 사질토 (암반부스러기 포함)	12: 황갈색 사질토	20: 흑갈색 사질토	28: 암적갈색 사질토
5: 암갈색 사질토	13: 갈색 사질토	21: 갈색 사질토	29: 암갈색 사질토
6: 암황갈색 사질토	14: 암흑갈색 사질토	22: 황적갈색 생토	30: 적갈색 사질점토
7: 황갈색 생토	15: 암황갈색 사질점토	23: 갈색 사질토	31: 갈색 사질토
	16: 갈색 사질토	24: 황회색(적색)풍화암반토	32: 흑갈색 사질토

33: 황갈색 사질토
34: 암흑갈색 사질토
35: 흑갈색 사질토
36: 흑갈색 사질토
37: 암황적갈색 사질토

0   4m[1/120]

2호 주구토광묘

(단위 : cm)

		2-1호			2-2호
묘광	크기 (길이×너비×깊이)	333×135×(18+)	묘광	크기 (길이×너비×깊이)	(210+)×106×(20+)
	장폭비	2.46:1		장폭비	?
장축방향		N-5°-W	장축방향		N-5°-W
두 향		?	두 향		?
목곽	크기 (길이×너비×높이)	?	목곽	크기 (길이×너비×높이)	?
	장폭비	?		장폭비	?
목관	크기 (길이×너비×높이)	?	목관	크기 (길이×너비×높이)	?
	장폭비	?		장폭비	?
유물	토 기	단경호(1), 양이부호(1)	유물	토 기	-
	철 기	환두도(1), 도자(1), 단조철부(1), 겸(1), 鐵鋌편(1)		철 기	단조철부(1)
	청 동 기	-		청 동 기	-
	옥 석 류	-		옥 석 류	-
	기 타	-		기 타	-
주구크기 (길이×너비×깊이)		1,323×200×(13+)	주구평면형태		(방형)
특기사항					

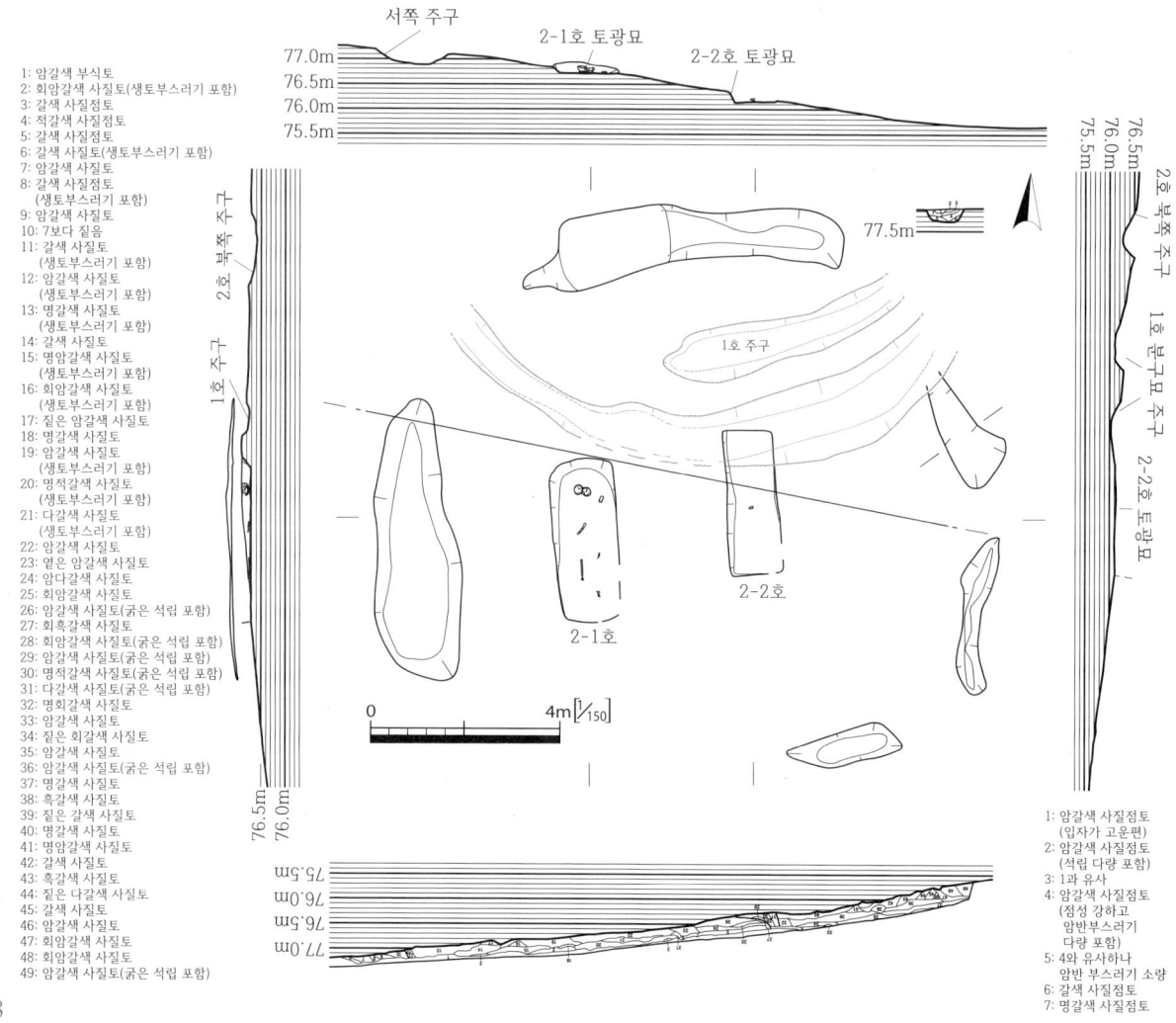

1: 암갈색 부식토
2: 회암갈색 사질토(생토부스러기 포함)
3: 갈색 사질점토
4: 적갈색 사질점토
5: 갈색 사질점토
6: 갈색 사질토(생토부스러기 포함)
7: 암갈색 사질토
8: 갈색 사질점토 (생토부스러기 포함)
9: 암갈색 사질토
10: 7보다 짙음
11: 갈색 사질토 (생토부스러기 포함)
12: 암갈색 사질토 (생토부스러기 포함)
13: 명갈색 사질토 (생토부스러기 포함)
14: 갈색 사질토
15: 명암갈색 사질토 (생토부스러기 포함)
16: 회암갈색 사질토 (생토부스러기 포함)
17: 짙은 암갈색 사질토
18: 명갈색 사질토
19: 암갈색 사질토 (생토부스러기 포함)
20: 명적갈색 사질토 (생토부스러기 포함)
21: 다갈색 사질토 (생토부스러기 포함)
22: 암갈색 사질토
23: 옅은 암갈색 사질토
24: 암다갈색 사질토
25: 회암갈색 사질토
26: 암갈색 사질토(굵은 석립 포함)
27: 회흑색 사질토
28: 회암갈색 사질토(굵은 석립 포함)
29: 암갈색 사질토(굵은 석립 포함)
30: 명적갈색 사질토(굵은 석립 포함)
31: 다갈색 사질토(굵은 석립 포함)
32: 명회갈색 사질토
33: 암갈색 사질토
34: 짙은 회갈색 사질토
35: 암갈색 사질토
36: 암갈색 사질토(굵은 석립 포함)
37: 명갈색 사질토
38: 흑갈색 사질토
39: 짙은 갈색 사질토
40: 명갈색 사질토
41: 명암갈색 사질토
42: 갈색 사질토
43: 흑갈색 사질토
44: 짙은 다갈색 사질토
45: 갈색 사질토
46: 암갈색 사질토
47: 암암갈색 사질토
48: 회암갈색 사질토
49: 암갈색 사질토(굵은 석립 포함)

서쪽 주구
77.0m
76.5m
76.0m
75.5m
2-1호 토광묘
2-2호 토광묘

77.5m
1호 주구
77.5m

76.5m
76.0m
75.5m
2호 북쪽 주구

1호 주구
2호 북쪽 주구

2-1호
2-2호

1호 분구묘 주구
2-2호 토광묘

0 4m 1/150

76.5m
76.0m

75.5m
76.0m
76.5m
77.0m

1: 암갈색 사질점토 (입자가 고운편)
2: 암갈색 사질점토 (석립 다량 포함)
3: 1과 유사
4: 암갈색 사질점토 (점성 강하고 암반부스러기 다량 포함)
5: 4와 유사하나 암반 부스러기 소량
6: 갈색 사질점토
7: 명갈색 사질점토

[2-1호 토광]

76.5m

76.5m

0   2m[1/40]

[출토유물]

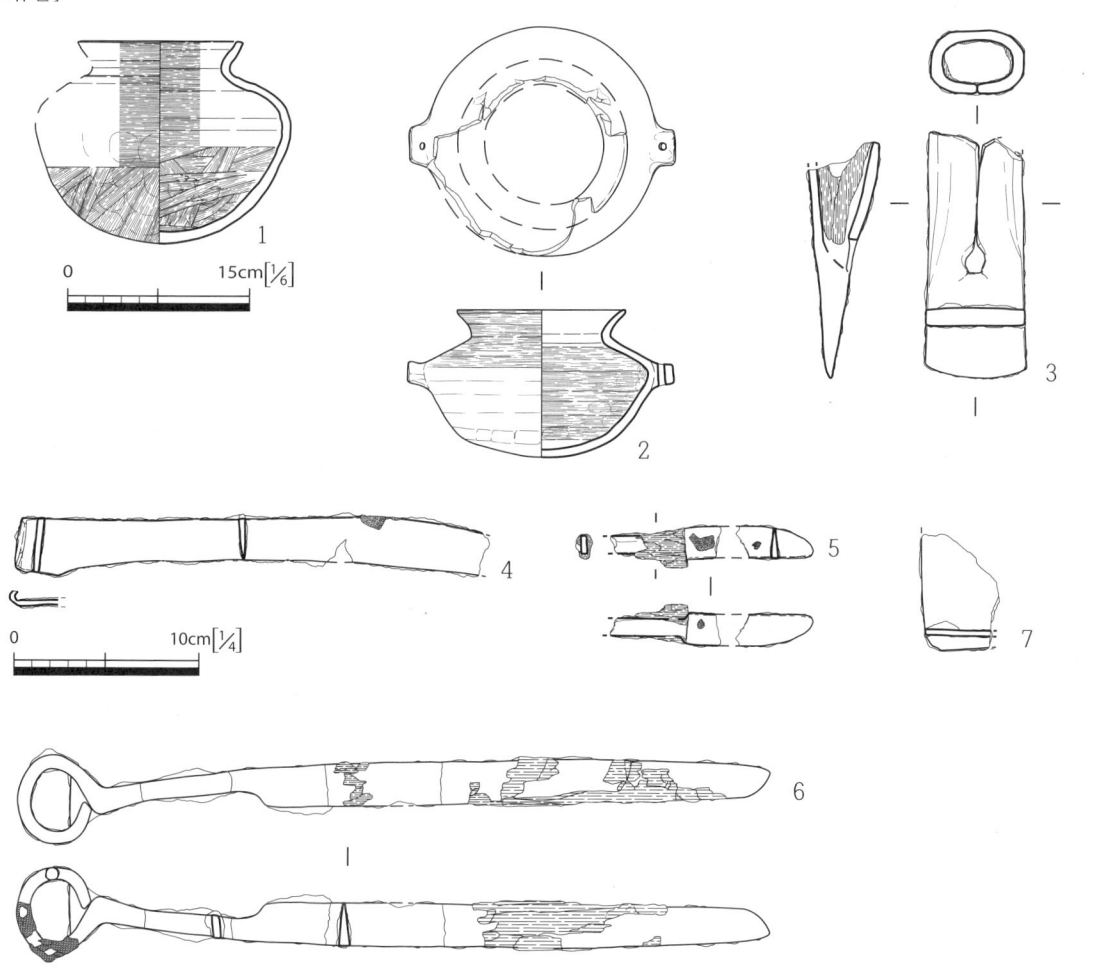

0   15cm[1/6]

1

2

3

0   10cm[1/4]

4

5

7

6

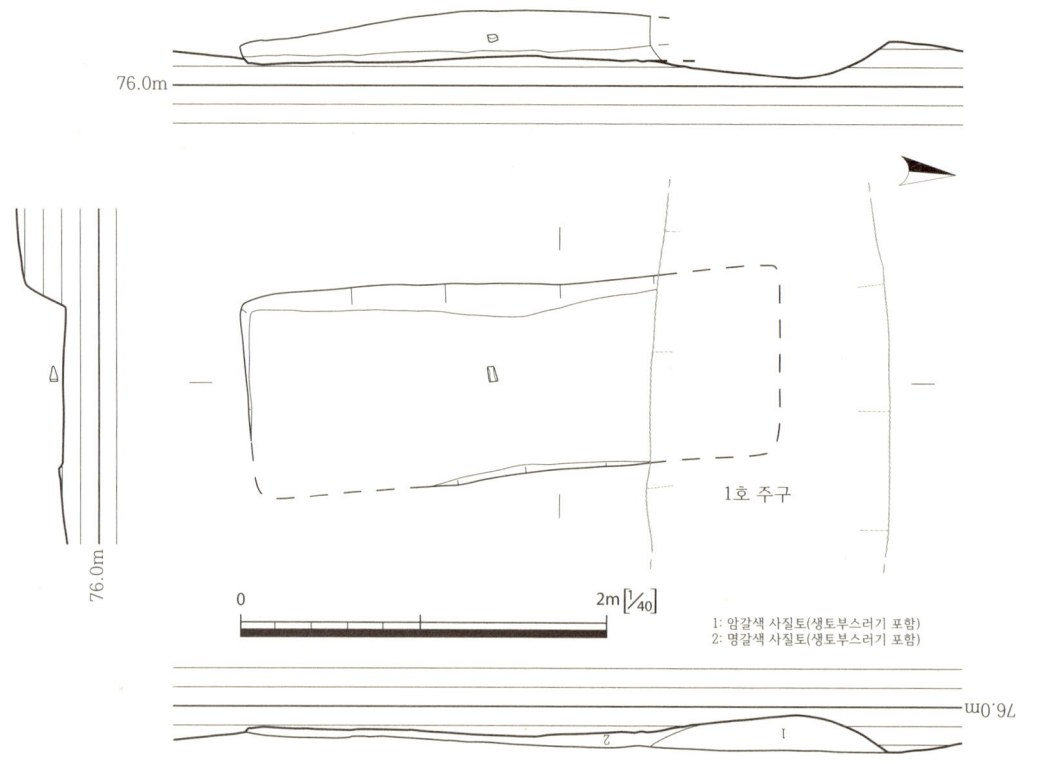

76.0m

1호 주구

0　　　　　　　　　　　　　　2m[1/40]

1: 암갈색 사질토(생토부스러기 포함)
2: 명갈색 사질토(생토부스러기 포함)

76.0m

[유구사진]

[출토유물]

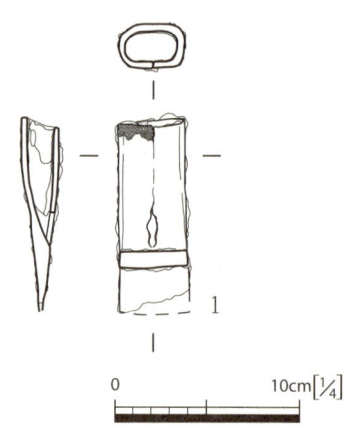

1

0　　　　　　　　　10cm[1/4]

3호 분구묘

(단위 : cm)

분구크기 (길이×너비×높이)	1,584×978×?	분구평면형태	타원형
분구장폭비	1.61:1	분구장축방향	N-81°-E
매장시설	토광(2), 매납유구(2)	주구형태	원형

유물	토 기	-		
	철 기	-		
	청 동 기	-		
	옥 석 류	-		
	기 타	-		
특기사항	보고자는 분구묘로 기술함. 주구 내부에서 매납유구 2기가 확인됨.			

3-1호 토광

묘광	크 기 (길이×너비×깊이)	376×228×(52+)	목관	크 기 (길이×너비×높이)	270×69×?
	장폭비	1.64:1		장폭비	3.91:1
	장축방향	N-10°-W	목곽	크 기 (길이×너비×높이)	324×159×?
	두 향	?		장폭비	2.03:1

유물	토 기	단경호(2), 양이부호(1)
	철 기	단조철부(1), 鐵鋌(1)
	청 동 기	-
	옥 석 류	-
	기 타	-
특기사항		격벽을 설치하여 부장칸(50×42)을 마련함.

3-2호 토광

묘광	크 기 (길이×너비×깊이)	386×326×(50+)	목관	크 기 (길이×너비×높이)	3-2a: 230×(88+)×?
					3-2b: 220×76×?
	장폭비	1.18:1		장폭비	3-2a: ?
					3-2b: 2.89:1
	장축방향	N-9°-W	목곽	크 기 (길이×너비×높이)	?
	두 향	?		장폭비	?

유물	토 기	3-2a: 단경호(1)
		3-2b: 단경호(1)
	철 기	3-2b: 단조철부(1), 겸(1)
	청 동 기	-
	옥 석 류	-
	기 타	-
특기사항		

3-1호 매납유구					
묘광	크 기 (길이×너비×깊이)	243×123×(73+)	목관	크 기 (길이×너비×높이)	–
	장폭비	1.97:1		장폭비	–
	장축방향	?	목곽	크 기 (길이×너비×높이)	–
	두 향	?		장폭비	–
유물	토 기	대옹편(1)			
	철 기	–			
	청동기	–			
	옥석류	–			
	기 타	–			
	특기사항				
3-2호 매납유구					
묘광	크 기 (길이×너비×깊이)	150×105×(45+)	목관	크 기 (길이×너비×높이)	–
	장폭비	1.42:1		장폭비	–
	장축방향	N-60°-E	목곽	크 기 (길이×너비×높이)	–
	두 향	?		장폭비	–
유물	토 기	대옹편(1)			
	철 기	–			
	청동기	–			
	옥석류	–			
	기 타	–			
	특기사항				

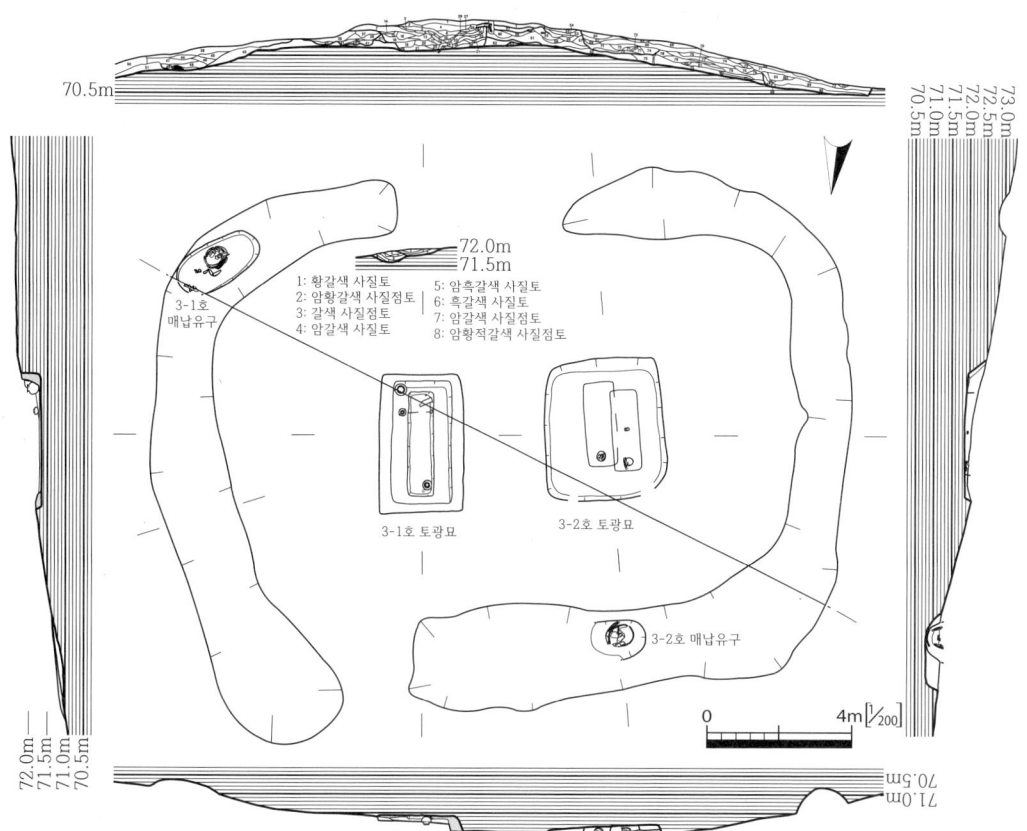

1: 황갈색 사질토
2: 암황갈색 사질점토
3: 갈색 사질점토
4: 암갈색 사질토

5: 암흑갈색 사질토
6: 흑갈색 사질토
7: 암갈색 사질점토
8: 암황적갈색 사질점토

3-1호 매납유구
3-1호 토광묘
3-2호 토광묘
3-2호 매납유구

0   4m [1/200]

1: 단단한 암황갈색 사질점토
2: 암흑갈색 사질토
3: 암황갈색 사질점토(석립 다량 포함)
4: 암갈색 사질토(석립 다량 포함)
5: 갈색 사질토
6: 암황갈색 사질점토(석립 소량 포함)
7: 암황갈색 사질점토
8: 갈색 사질점토(석립 약간 포함)
9: 갈색 사질토
10: 암갈색 사질점토(점성약간, 석립 소량 포함)
11: 암황갈색 사질토(석립 소량 포함)
12: 단단한 황갈색 사질토
13: 암갈색 사질점토(점성약간, 석립 소량 포함)
14: 흑갈색 사질점토(석립포함)
15: 갈색 사질점토(석립 포함)
16: 암갈색 사질토(약간 점성, 석립 다량 포함)
17: 암황갈색 사질토(석립 소량 포함)
18: 갈색 사질점토(석립 포함)

19: 암갈색 사질토(석립 포함)
20: 암갈색 사질점토(점성 약간, 큰 석립 포함)
21: 암갈색 사질점토(큰 석립 다량 포함)
22: 암황갈색 사질점토(생토부스러기 포함)
23: 암갈색 사질토(점성 약간, 석립 소량 포함)
24: 흑갈색 사질토
25: 암황갈색 사질점토(생토부스러기 포함)
26: 암갈색 사질토(석립 포함)
27: 암갈색 사질토(입자 고움)
28: 갈색 사질토(석립 약간 포함)
29: 황갈색 사질점토(석립 포함)
30: 암갈색 사질점토
31: 흑갈색 사질토
32: 암황갈색 사질토(석립 소량 포함)
33: 암황갈색 사질토(약간 점성)
34: 암갈색 사질점토(점성 약간, 큰 석립 포함)

35: 암황갈색 사질토(약간 점성)
36: 흑갈색 사질토(약간 점성)
37: 흑갈색 사질점토
38: 흑갈색 사질토(석립 포함)
39: 암갈색 사질토(석립 포함)
40: 암적갈색 사질토(점성 약간)
41: 암갈색 사질토(점성 약간)
42: 암황갈색 사질토(생토부스러기 포함)
43: 암갈색 사질점토(석립 소량)
44: 흑갈색 사질토
45: 암갈색 사질토(입자 고움)
46: 암흑갈색 사질토(입자 고움)
47: 흑갈색 사질토
48: 흑갈색 사질점토(점성 약간)
49: 단단한 암갈색 사질점토
50: 암흑갈색 사질토
51: 단단한 암황갈색 사질토

52: 단단한 흑갈색 사질점토
53: 사질점토(생토부스러기)
54: 암갈색 사질토(점성 약간)
55: 흑갈색 사질토
56: 암적갈색 사질토
57: 암적갈색 사질토(석립 소량)
58: 갈색 사질토(점성 약간)
59: 암갈색 사질토
60: 흑갈색 사질점토
61: 암갈색 사질토(석립 포함)
62: 암갈색 사질토(점성 약간)
63: 명갈색 사질토
64: 암황갈색 사질점토
65: 암갈색 사질점토
66: 암흑갈색 사질토(석립 다량)
67: 갈색 사질점토
68: 흑갈색 사질토(약간 점성)
69: 암갈색 사질점토
70: 명갈색 사질토(약간 점성)

71: 갈색 사질토(석립 소량)
72: 명갈색 사질토
73: 암흑갈색 사질토
74: 흑갈색 사질토
75: 암황갈색 사질토
76: 암갈색 사질점토
77: 암적갈색 사질점토
78: 갈색 사질점토
79: 암적갈색 사질점토
80: 황갈색 사질점토(점성 약간)
81: 암적갈색 사질토
82: 황갈색 사질점토(석립 소량)
83: 황갈색 사질토
84: 흑갈색 사질점토(석립 소량)
85: 흑갈색 사질점토(입자 고움)
86: 암황갈색 사질토(약간 점성)
87: 갈색 사질토(약간 점성)
88: 암황갈색 사질점토
89: 갈색 사질점토
90: 암갈색 사질점토

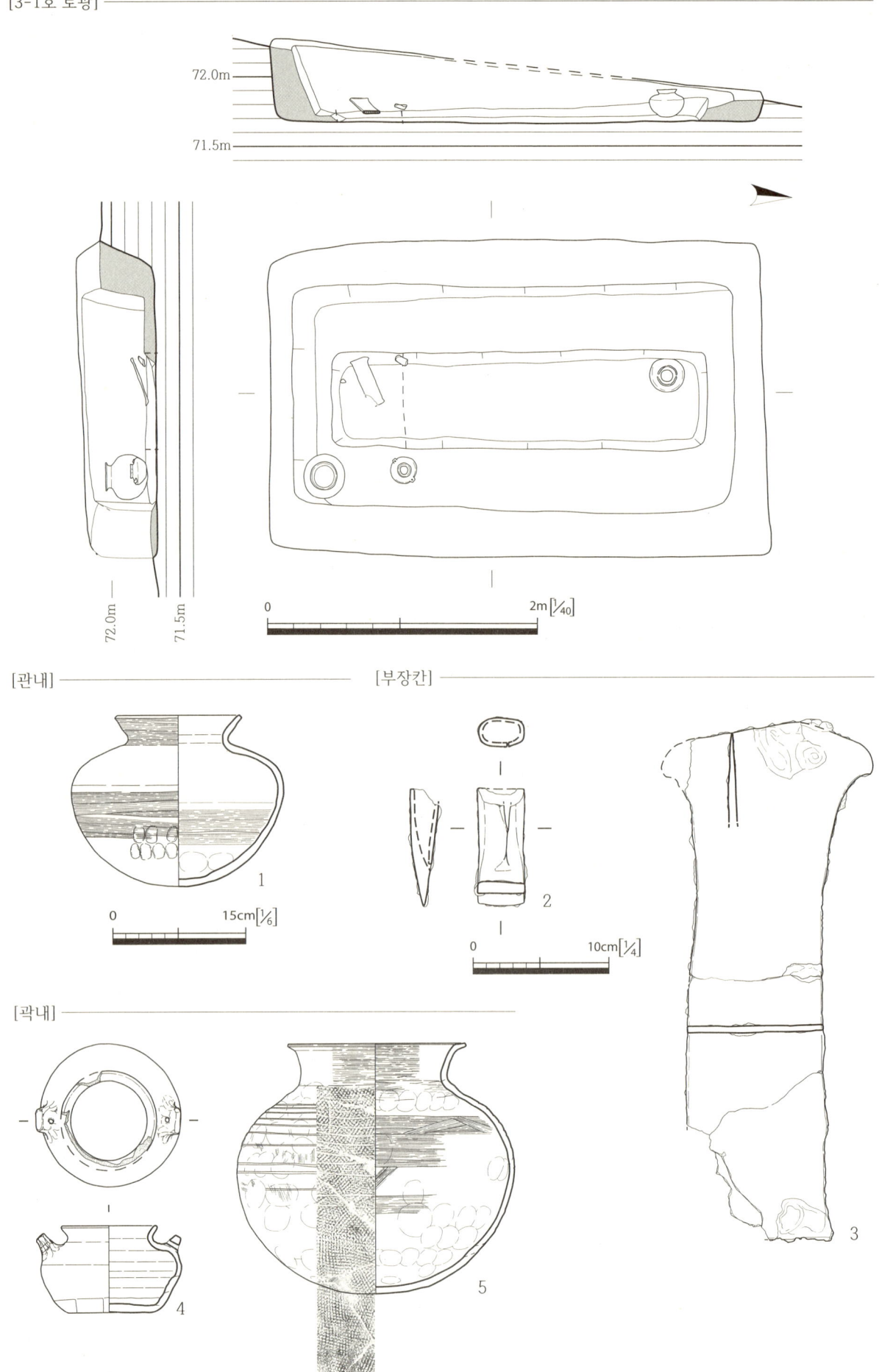

[3-1호 토광]

72.0m

71.5m

72.0m

71.5m

0　　　　　　　　　　　2m[1/40]

[관내]　　　　　　　　　　　　　　　　[부장칸]

1

0　　　　　　　15cm[1/6]

2

0　　　　　　10cm[1/4]

3

[곽내]

4

5

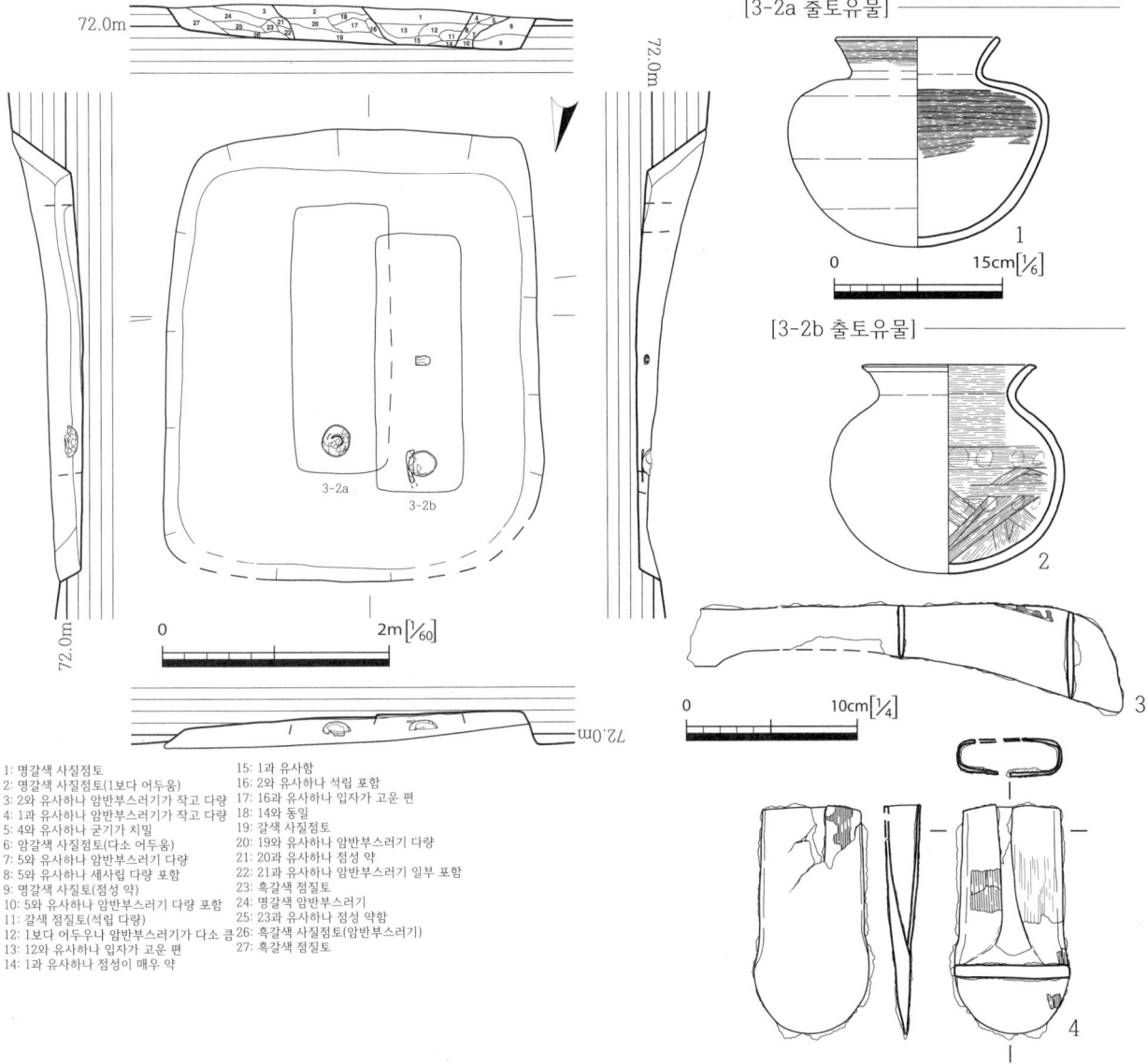

[3-2a 출토유물]

0   15cm[1/6]   1

[3-2b 출토유물]

2

72.0m

72.0m

72.0m

72.0m

0   2m[1/60]

0   10cm[1/4]   3

4

1: 명갈색 사질점토
2: 명갈색 사질점토(1보다 어두움)
3: 2와 유사하나 암반부스러기가 작고 다량
4: 1과 유사하나 암반부스러기가 작고 다량
5: 4와 유사하나 굵기가 치밀
6: 암갈색 사질점토(다소 어두움)
7: 5와 유사하나 암반부스러기 다량
8: 5와 유사하나 세사립 다량 포함
9: 명갈색 사질토(점성 약)
10: 5와 유사하나 암반부스러기 다량 포함
11: 갈색 점질토(석립 다량)
12: 1보다 어두우나 암반부스러기가 다소 큼
13: 12와 유사하나 입자가 고운 편
14: 1과 유사하나 점성이 매우 약

15: 1과 유사함
16: 2와 유사하나 석립 포함
17: 16과 유사하나 입자가 고운 편
18: 14와 동일
19: 갈색 사질점토
20: 19와 유사하나 암반부스러기 다량
21: 20과 유사하나 점성 약
22: 21과 유사하나 암반부스러기 일부 포함
23: 흑갈색 점질토
24: 명갈색 암반부스러기
25: 23과 유사하나 점성 약함
26: 흑갈색 사질점토(암반부스러기)
27: 흑갈색 점질토

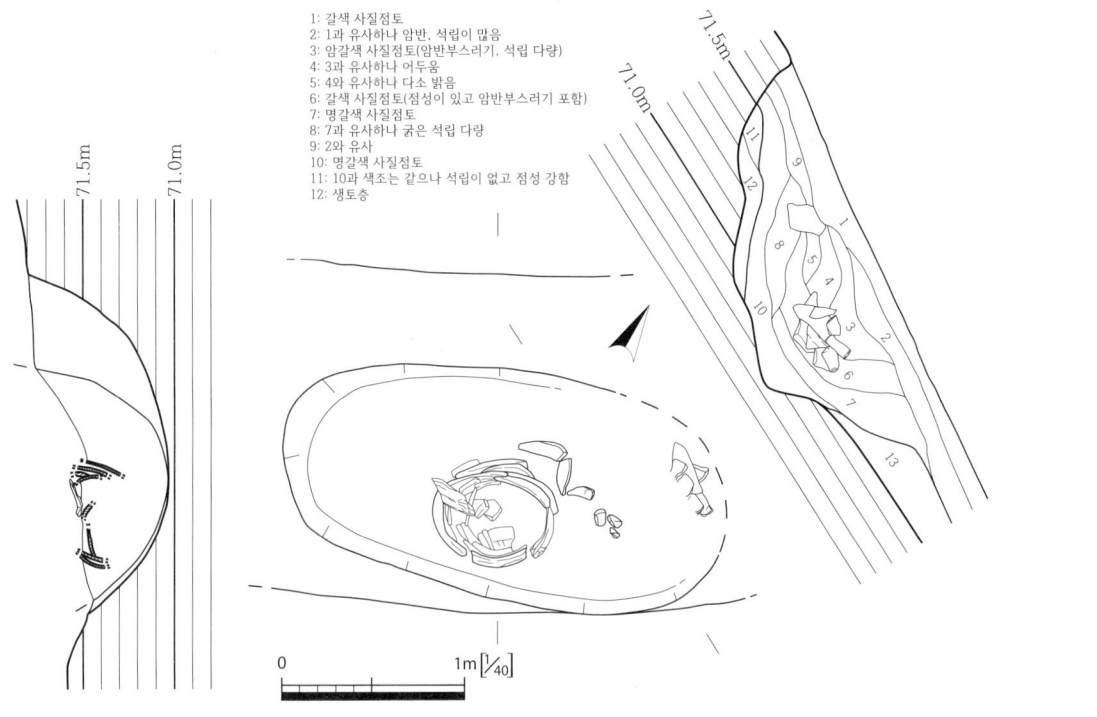

1: 갈색 사질점토
2: 1과 유사하나 암반, 석립이 많음
3: 암갈색 사질점토(암반부스러기, 석립 다량)
4: 3과 유사하나 어두움
5: 4와 유사하나 다소 밝음
6: 갈색 사질점토(점성이 있고 암반부스러기 포함)
7: 명갈색 사질점토
8: 7과 유사하나 굵은 석립 다량
9: 2와 유사
10: 명갈색 사질점토
11: 10과 색조는 같으나 석립이 없고 점성 강함
12: 생토층

0   1m [1/40]

[유구사진]

[출토유물]

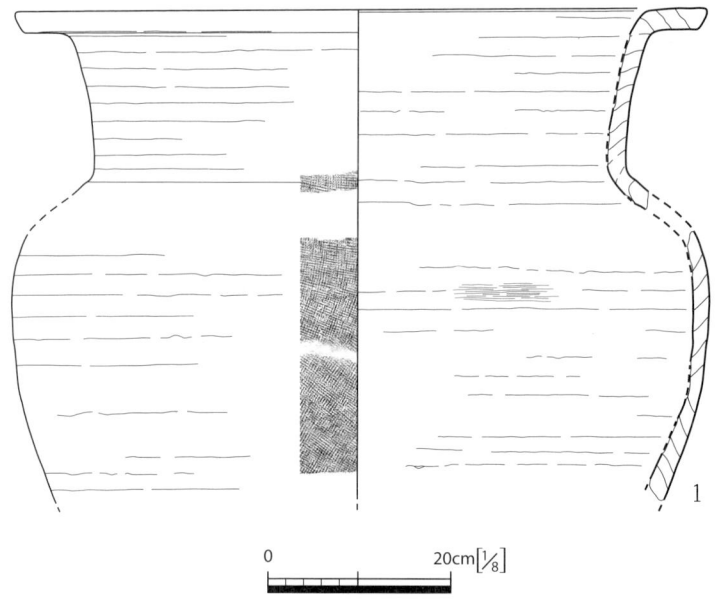

0   20cm [1/8]

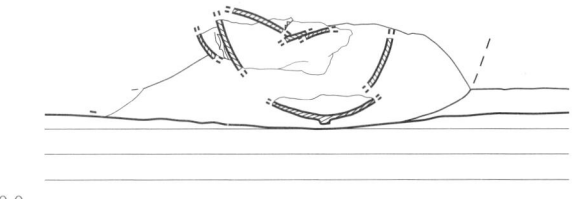

70.0m

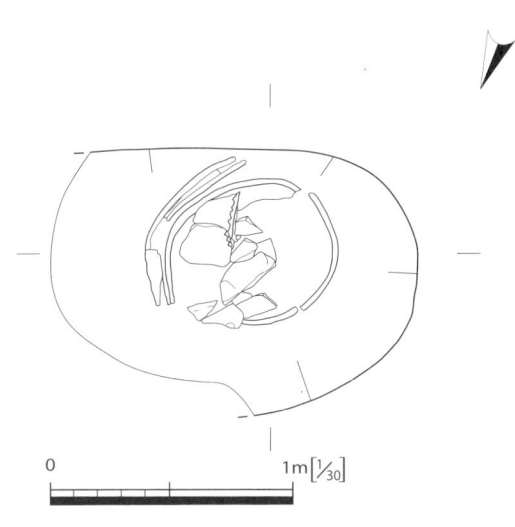

0   1m[¹⁄₃₀]

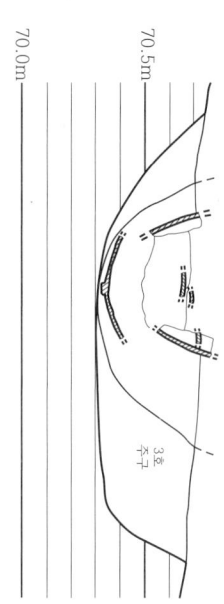

[유구사진]

[출토유물]

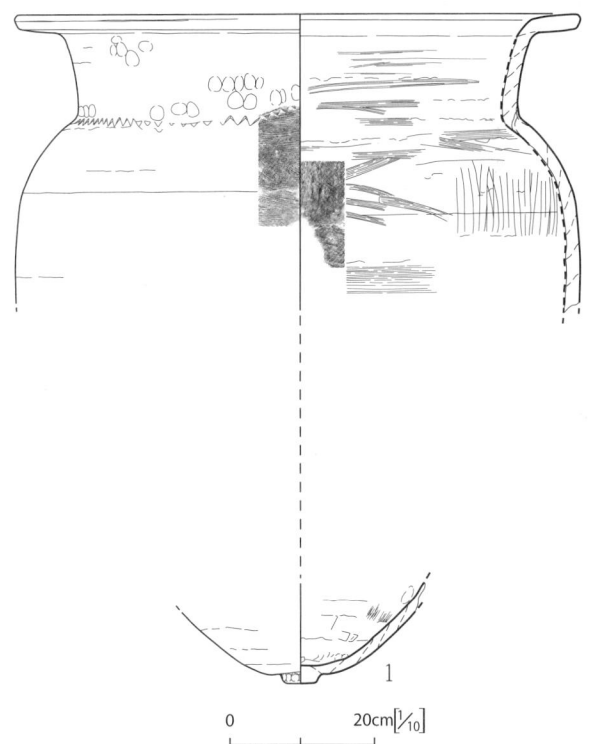

1

0   20cm[¹⁄₁₀]

4호 주구토광묘

(단위 : cm)

묘광	크 기 (길이×너비×깊이)	393×156×(60+)	목관	크 기 (길이×너비×높이)	(250+)×(56+)×?
	장폭비	2.51:1		장폭비	?
	장축방향	N-35°-W	목곽	크 기 (길이×너비×높이)	?
	두 향	?		장폭비	?
	주구크기 (길이×너비×깊이)	1,122×140×(40+)	주구평면형태		'ㄷ'자형
유물	토 기	-			
	철 기	환두도(1), 모(1), 촉(5), 도자(1), 단조철부(1), 겸(1)			
	청동기	-			
	옥석류	-			
	기 타	-			
	특기사항				

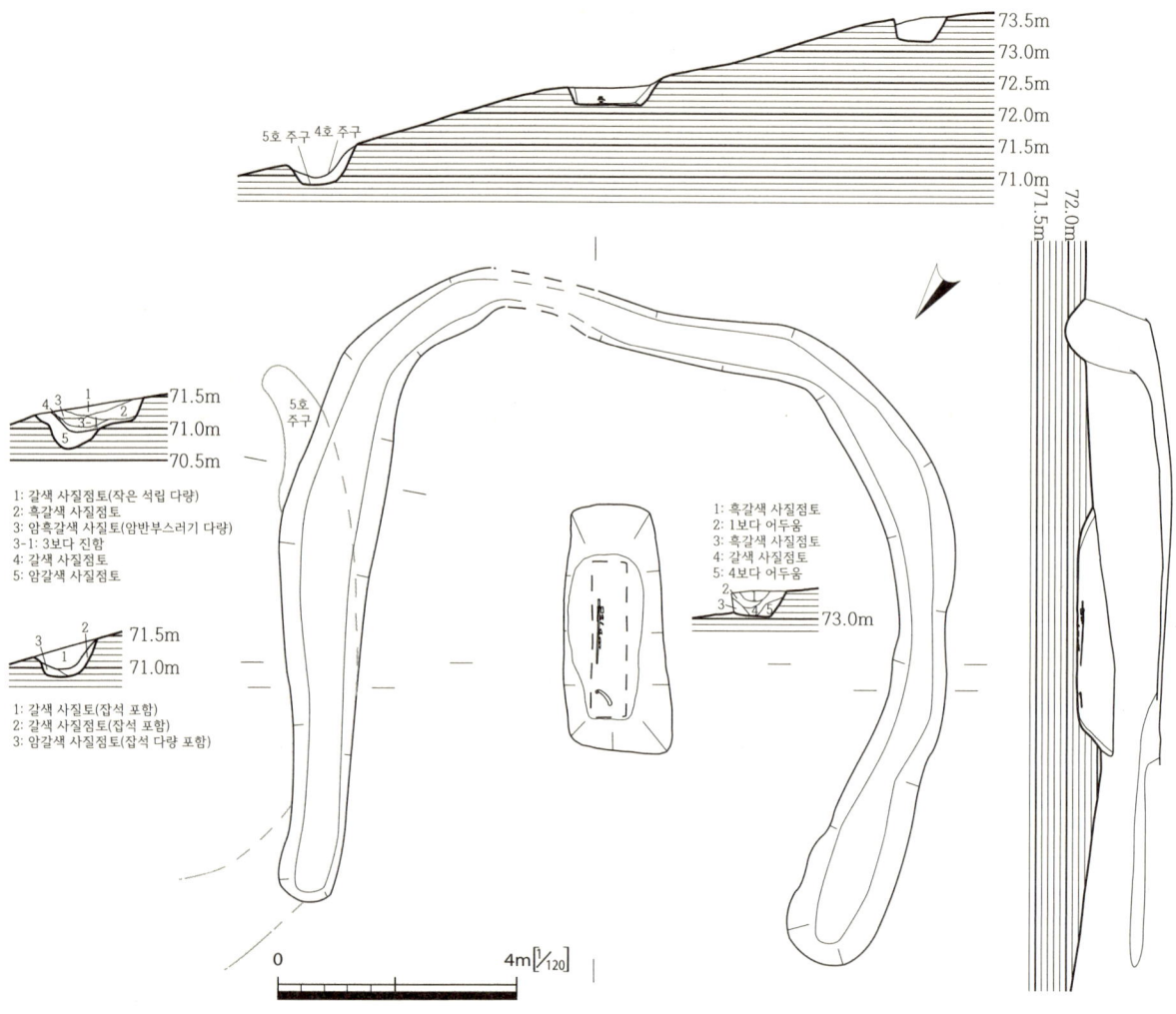

5호 주구 4호 주구

73.5m
73.0m
72.5m
72.0m
71.5m
71.0m

71.5m
72.0m

71.5m
71.0m
70.5m

4 3 1
2
3
5

1: 갈색 사질점토(작은 석립 다량)
2: 흑갈색 사질점토
3: 암흑갈색 사질점토(암반부스러기 다량)
3-1: 3보다 진함
4: 갈색 사질점토
5: 암갈색 사질점토

5호
주구

2
3 1
71.5m
71.0m

1: 갈색 사질토(잡석 포함)
2: 갈색 사질점토(잡석 포함)
3: 암갈색 사질점토(잡석 다량 포함)

1: 흑갈색 사질점토
2: 1보다 어두움
3: 흑갈색 사질점토
4: 갈색 사질점토
5: 4보다 어두움

2
3 4 5
73.0m

0   4m [1/120]

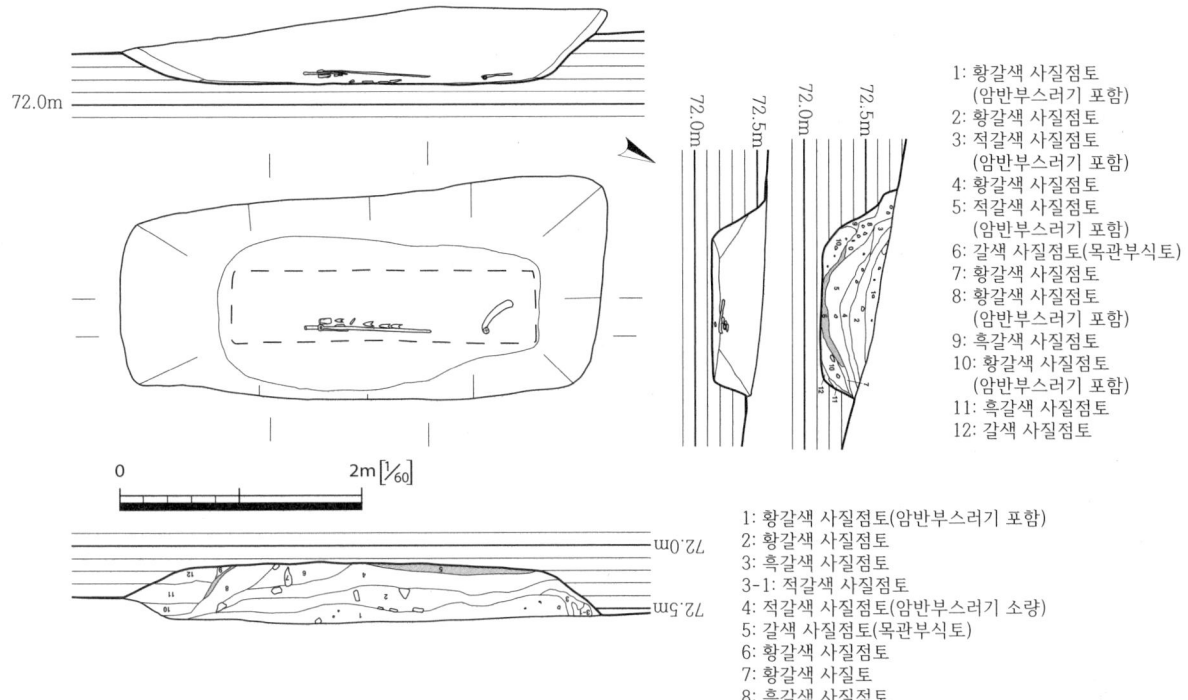

1: 황갈색 사질점토
  (암반부스러기 포함)
2: 황갈색 사질점토
3: 적갈색 사질점토
  (암반부스러기 포함)
4: 황갈색 사질점토
5: 적갈색 사질점토
  (암반부스러기 포함)
6: 갈색 사질점토(목관부식토)
7: 황갈색 사질점토
8: 황갈색 사질점토
  (암반부스러기 포함)
9: 흑갈색 사질점토
10: 황갈색 사질점토
  (암반부스러기 포함)
11: 흑갈색 사질점토
12: 갈색 사질점토

1: 황갈색 사질점토(암반부스러기 포함)
2: 황갈색 사질점토
3: 흑갈색 사질점토
3-1: 적갈색 사질점토
4: 적갈색 사질점토(암반부스러기 소량)
5: 갈색 사질점토(목관부식토)
6: 황갈색 사질점토
7: 황갈색 사질토
8: 흑갈색 사질점토
9: 흑갈색 사질점토
10: 갈색 사질점토
11: 단단한 적갈색 사질점토
12: 황갈색 사질점토

[관내]

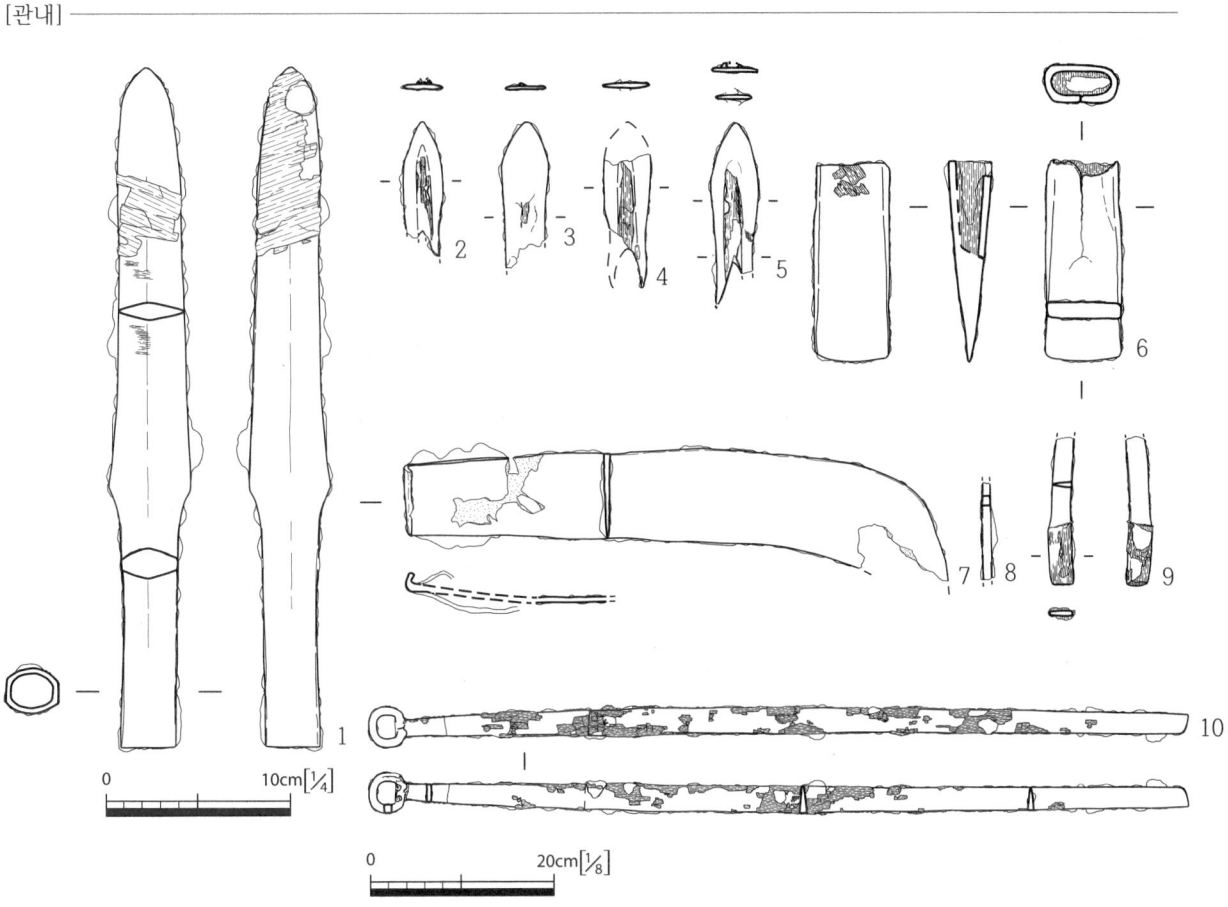

5호 주구토광묘

(단위 : cm)

묘광	크 기 (길이×너비×깊이)	362×126×(24+)	목관	크 기 (길이×너비×높이)	(240+)×(60+)×?
	장폭비	2.87:1		장폭비	?
	장축방향	N-30°-W	목곽	크 기 (길이×너비×높이)	?
	두 향	?		장폭비	?
	주구크기 (길이×너비×깊이)	1,000×140×(30+)	주구평면형태		(눈썹형)
유물	토 기	호(1), 단경호(1)			
	철 기	환두도(1), 모(1), 도자(1), 단조철부(1), 겸(1), 鐵鋌(1)			
	청 동 기	-			
	옥 석 류	-			
	기 타	-			
	특기사항				

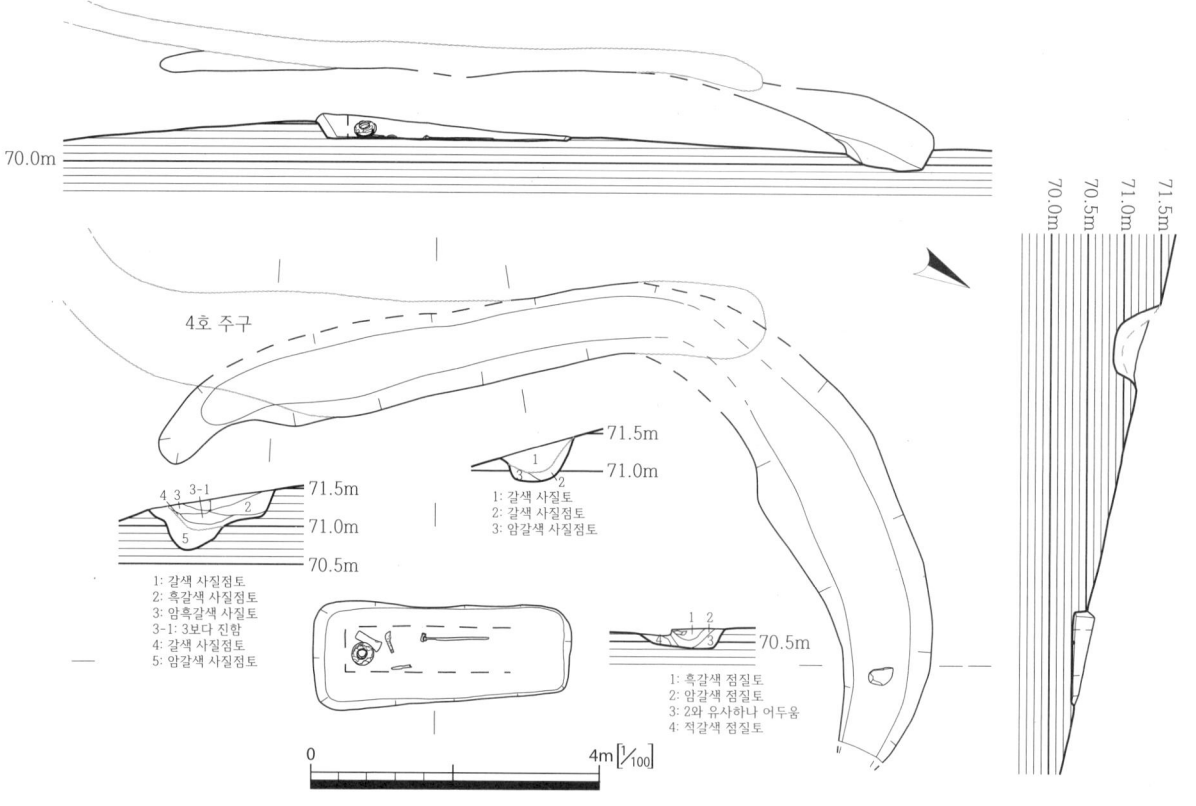

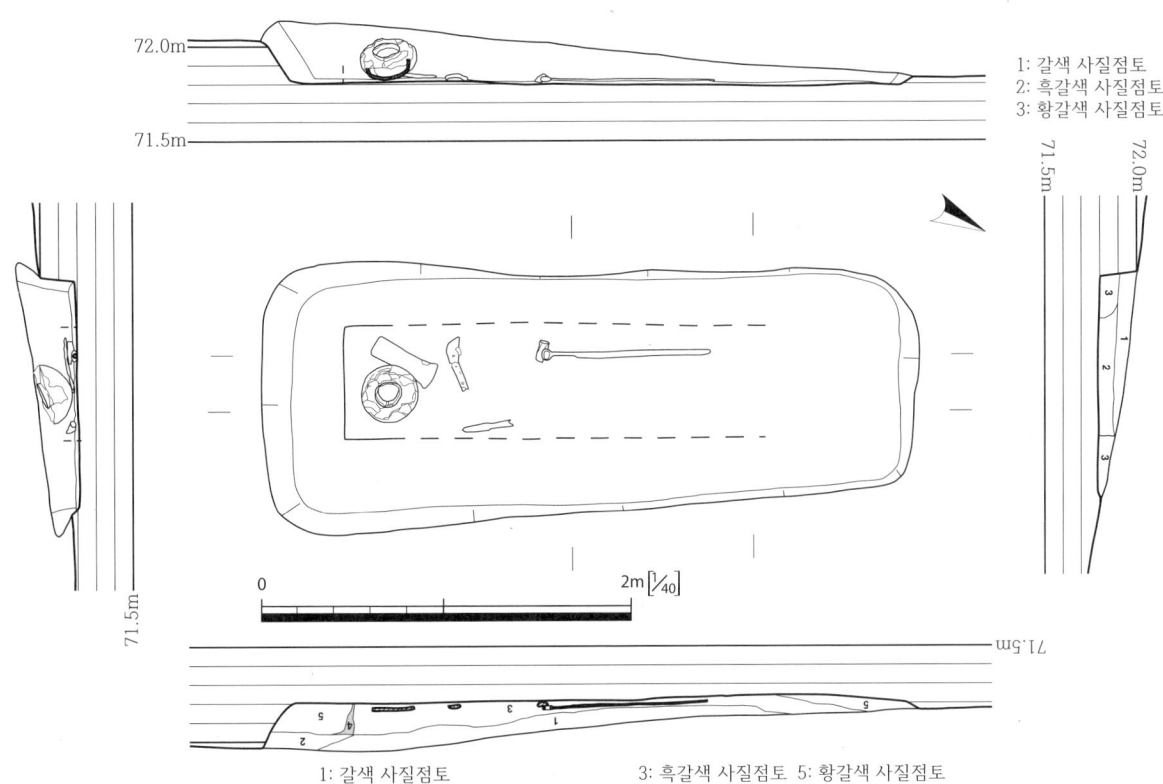

72.0m

1: 갈색 사질점토
2: 흑갈색 사질점토
3: 황갈색 사질점토

71.5m

71.5m

72.0m

0   2m [1/40]

71.5m

1: 갈색 사질점토   3: 흑갈색 사질점토 5: 황갈색 사질점토
2: 황갈색 사질점토(암반부스러기 포함) 4: 흑갈색 사질점토

[관내]

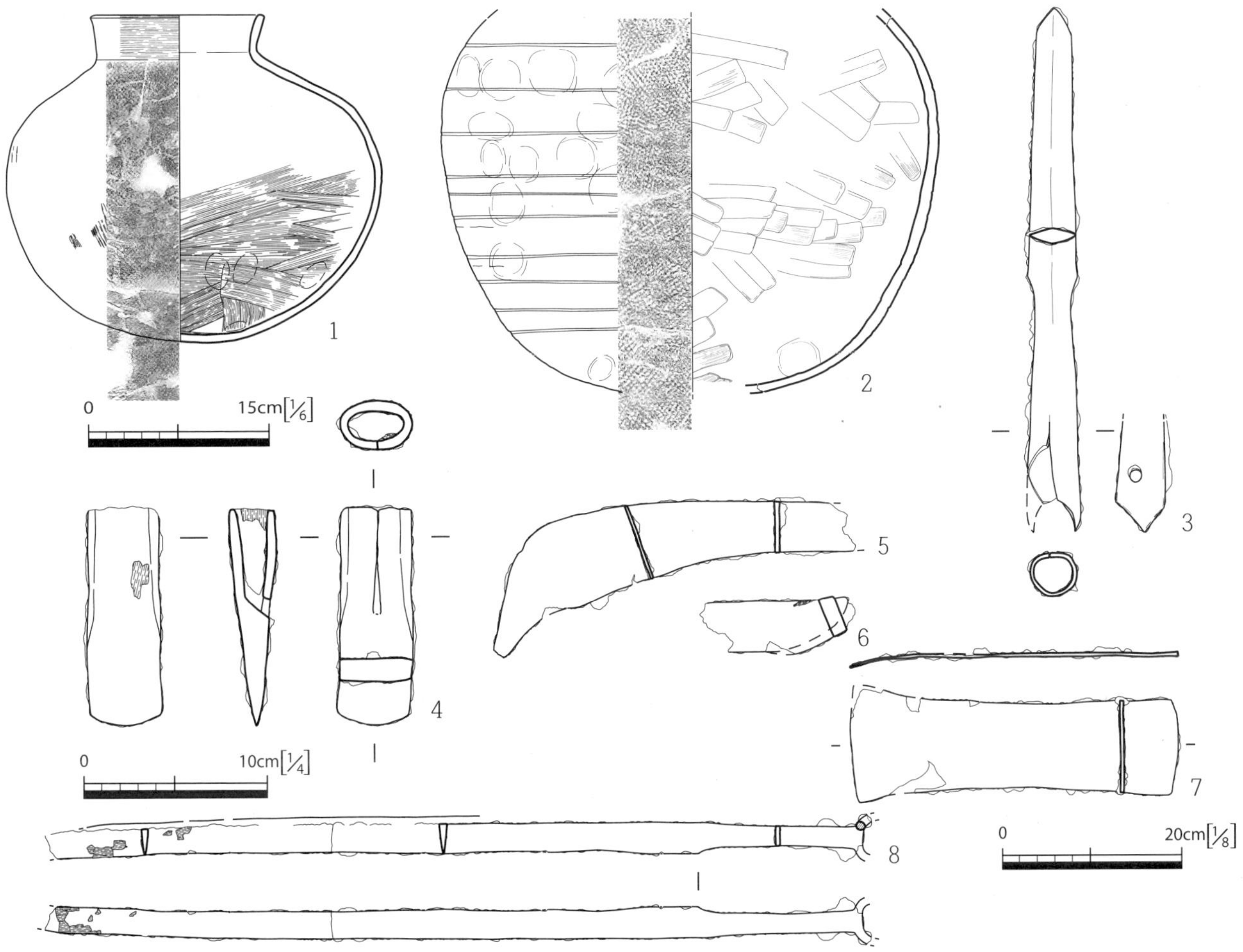

1

0   15cm [1/6]

2

3

4

5

6

7

0   10cm [1/4]

8

0   20cm [1/8]

6호 주구토광묘

(단위 : cm)

묘광	크 기 (길이×너비×깊이)	330×138×(58+)	목관	크 기 (길이×너비×높이)	?
	장폭비	2.39:1		장폭비	?
	장축방향	N-14°-E	목곽	크 기 (길이×너비×높이)	?
	두 향	?		장폭비	?
	주구크기 (길이×너비×깊이)	(1,120+)×150×(38+)	주구평면형태		'ㅁ'자형
유물	토 기	완(1), 단경호(1)			
	철 기	-			
	청 동 기	-			
	옥 석 류	-			
	기 타	-			
	특기사항				

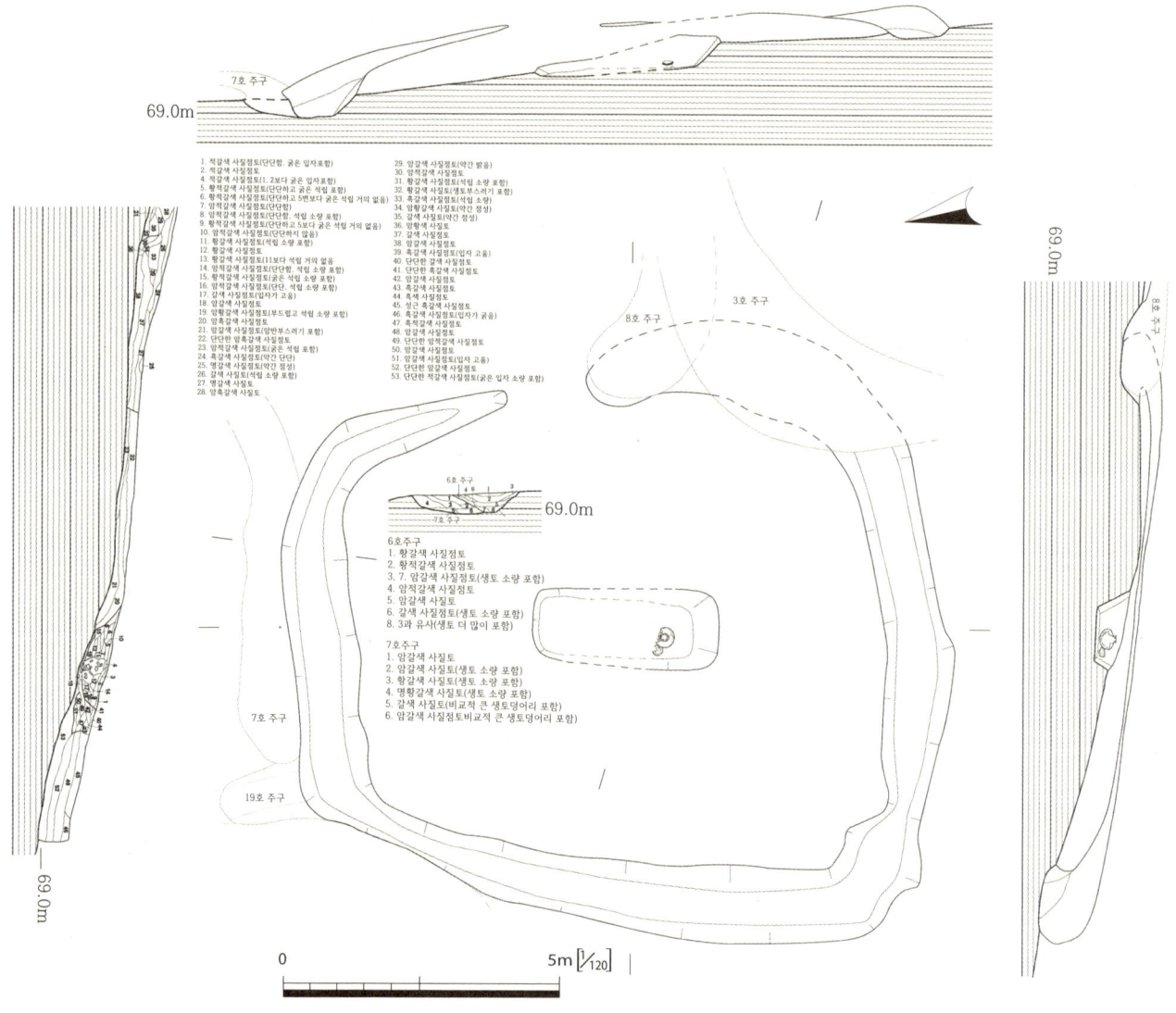

72.0m

1. 적갈색 사질점토(단단함, 굵은 입자 포함)
2. 적갈색 사질점토
3. 적갈색 사질점토(1, 2보다 굵은 돌 입자 소량 포함)
4. 적갈색 사질점토(단단함, 굵은 입자 포함)
5. 황적갈색 사질점토(단단하고 굵은 석립 포함)
6. 황적갈색 사질점토(단단하고 5보다 굵은 석립 거의 없음)
7. 암적갈색 사질점토(단단함)
8. 암적갈색 사질점토(단단함, 석립 소량 포함)
9. 황적갈색 사질점토(단단하고 5보다 굵은 석립 거의 없음)
10. 암적갈색 사질점토(단단하지 않음)
11. 황갈색 사질점토(석립 소량 포함)
12. 황갈색 사질점토(석립 소량 포함)
13. 황갈색 사질점토(석립 소량포함)
14. 암적갈색 사질점토(단단함, 석립 소량 포함)
15. 황적갈색 사질점토(굵은 석립 소량 포함)
16. 암적갈색 사질점토(단단, 석립 소량 포함)
17. 갈색 사질점토(입자가 고움)
18. 암갈색 사질점토
19. 암황갈색 사질점토(부드럽고 석립 소량 포함)
20. 암흑갈색 사질점토
21. 암갈색 사질점토(암반부스러기 포함)

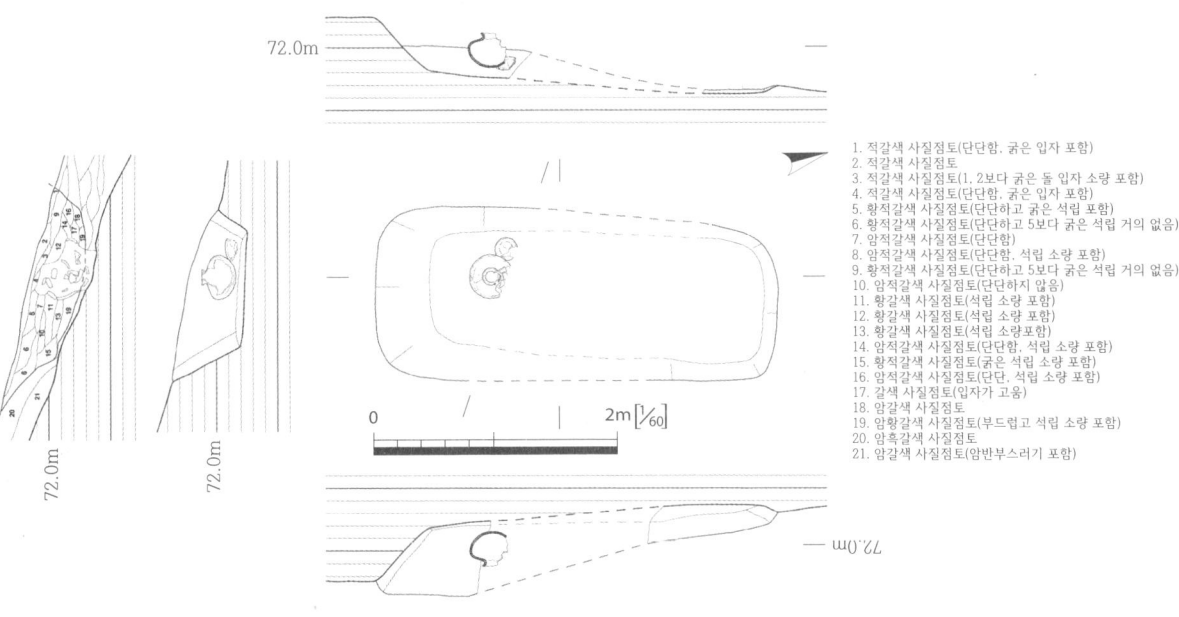

72.0m

72.0m

72.0m

0   2m[1/60]

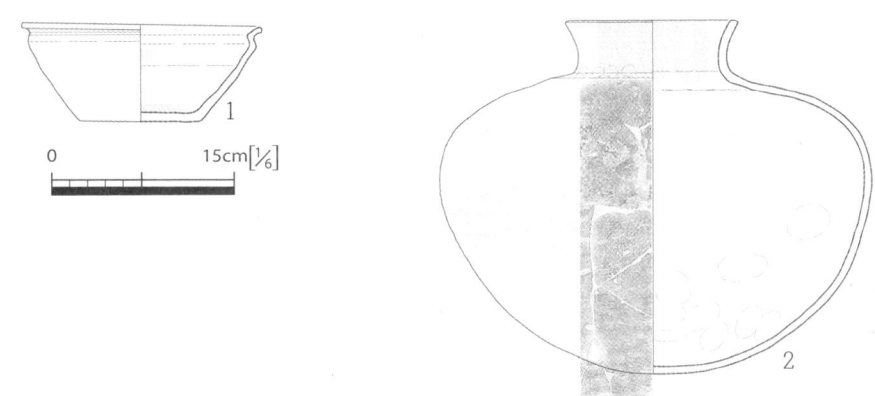

1

0   15cm[1/6]

2

7호 주구토광묘

(단위 : cm)

묘광	크 기 (길이×너비×깊이)	268×102×(44+)	목관	크 기 (길이×너비×높이)	(210)×(99)×?
	장폭비	2.63:1		장폭비	(2.12):1
	장축방향	N-15°-E	목곽	크 기 (길이×너비×높이)	?
	두 향	?		장폭비	?
	주구크기 (길이×너비×깊이)	(730+)×140×(34+)	주구평면형태		'ㄷ'자형
유물	토 기	직구호(1)			
	철 기	-			
	청동기	-			
	옥석류	-			
	기 타	-			
	특기사항				

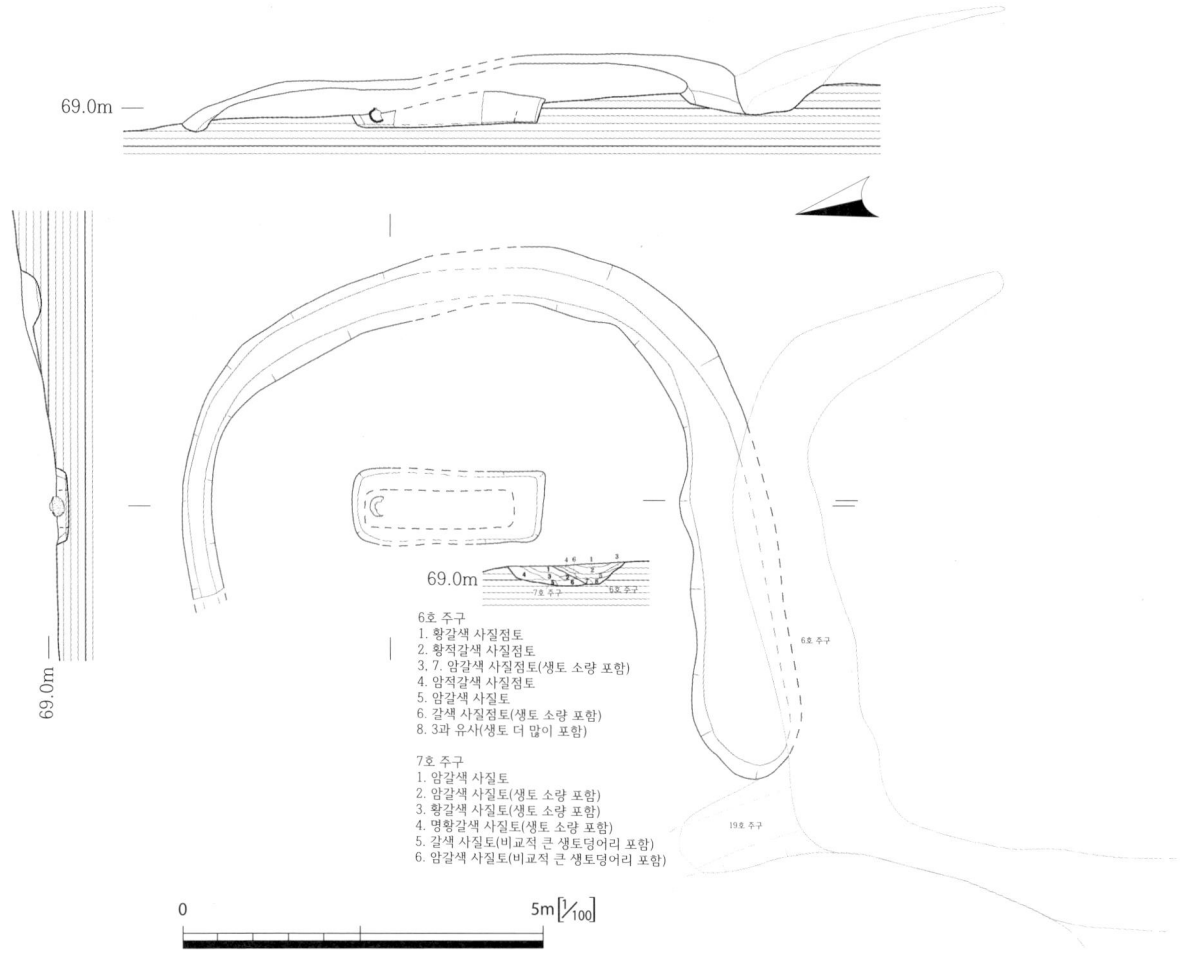

69.0m

69.0m

69.0m

6호 주구
1. 황갈색 사질점토
2. 황적갈색 사질점토
3. 7. 암갈색 사질점토(생토 소량 포함)
4. 암갈색 사질점토
5. 암갈색 사질토
6. 갈색 사질점토(생토 소량 포함)
8. 3과 유사(생토 더 많이 포함)

7호 주구
1. 암갈색 사질토
2. 암갈색 사질토(생토 소량 포함)
3. 황갈색 사질토(생토 소량 포함)
4. 명황갈색 사질토(생토 소량 포함)
5. 갈색 사질토(비교적 큰 생토덩어리 포함)
6. 암갈색 사질토(비교적 큰 생토덩어리 포함)

0   5m [1/100]

69.0m

1. 갈색 사질점토
2. 갈색 사질점토(암반부스러기 포함)
3. 갈색 점질점토
4. 황갈색 사질점토(암반부스러기 포함)

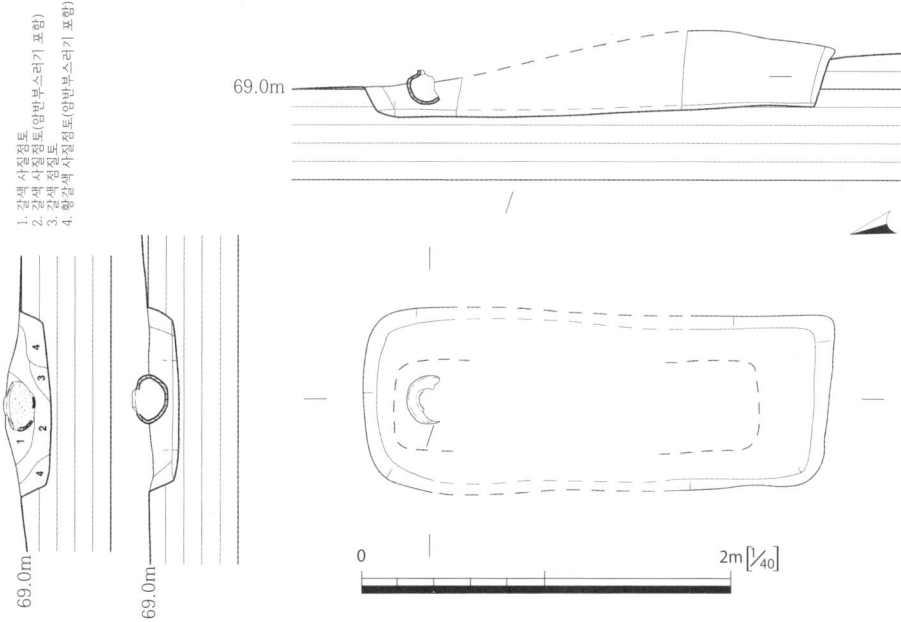

69.0m

69.0m

0   2m[1/40]

[출토유물]

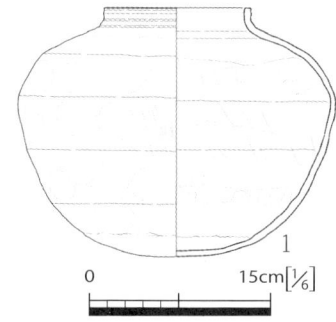

1

0   15cm[1/6]

8호 주구옹관묘

(단위 : cm)

묘광	크 기 (길이×너비×깊이)	112×106×(14+)	옹관길이	?
	장폭비	1.06:1		
	장축방향	N-80°-W	결합형식	?
	두 향	?	안치형태	?
	주구크기 (길이×너비×깊이)	(880)×152×(35+)	주구평면형태	'ㄱ'자형
유물	토 기	단경호(1)		
	철 기	-		
	청동기	-		
	옥석류	-		
	기 타	-		
	특기사항	매장주체부가 옹관묘로 보고되어 있음.		

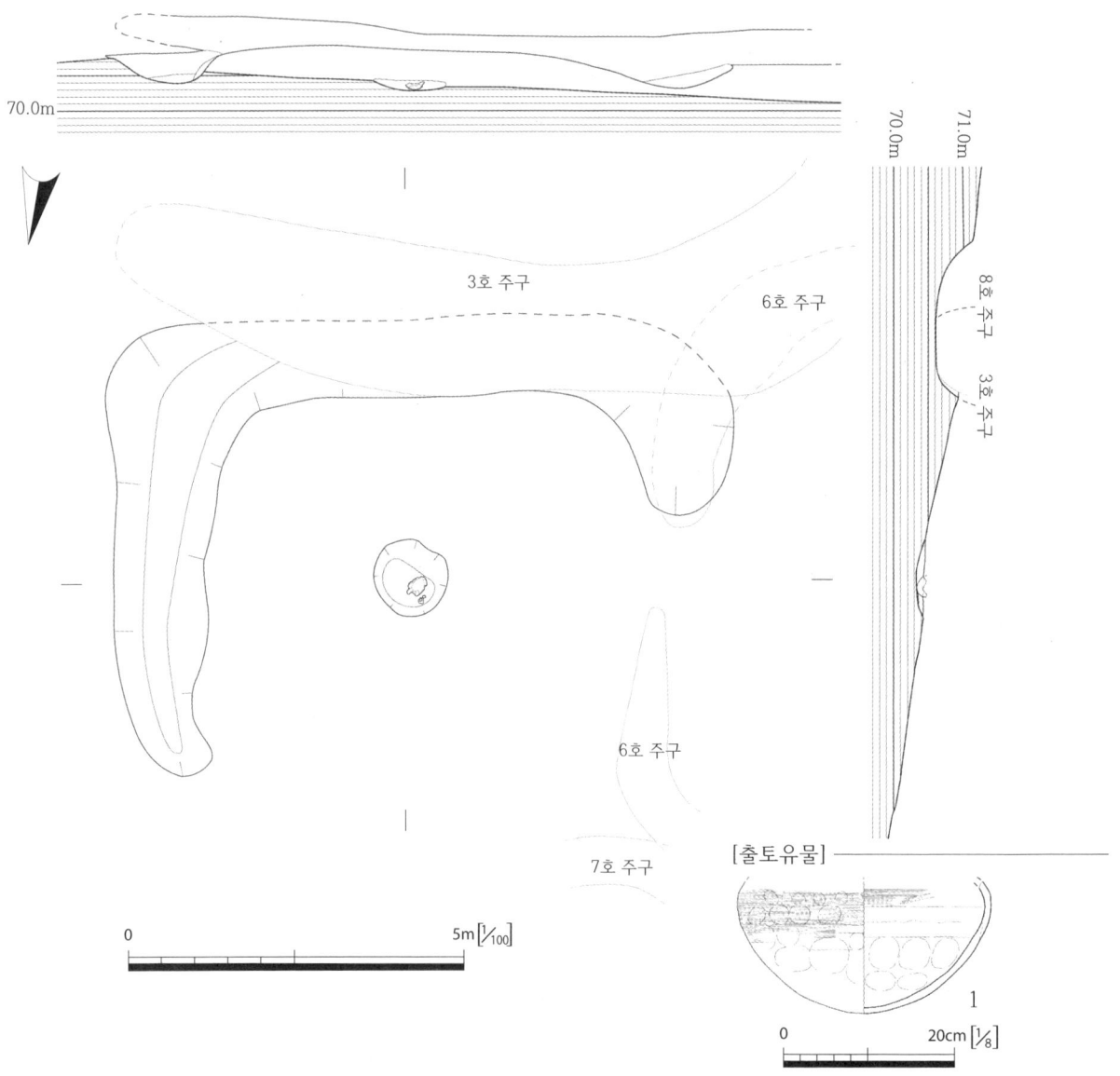

70.0m

3호 주구

6호 주구

8호 주구

3호 주구

70.0m

71.0m

6호 주구

7호 주구

[출토유물]

0   5m [1/100]

1

0   20cm [1/8]

9호 주구토광묘

(단위 : cm)

묘광	크 기 (길이×너비×깊이)	(324+)×166×(65+)	목관	크 기 (길이×너비×높이)	?
	장폭비	?		장폭비	?
	장축방향	N-90°-W	목곽	크 기 (길이×너비×높이)	(288+)×(78)×?
	두 향	?		장폭비	?
	주구크기 (길이×너비×깊이)	(650+)×(123)×(24+)	주구평면형태		'-'자형
유물	토 기	호(1)			
	철 기	환두도(1), 모(1), 단조철부(1)			
	청 동 기	-			
	옥 석 류	-			
	기 타	-			
	특기사항				

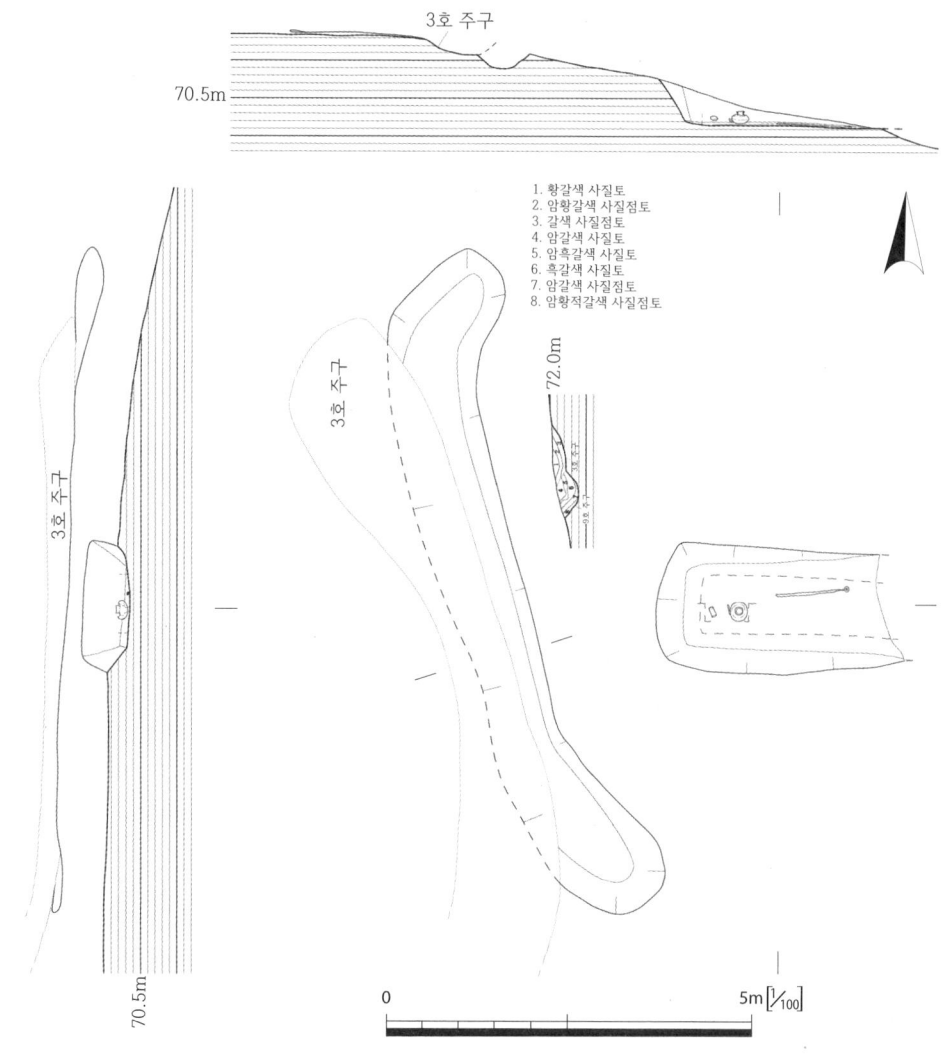

1. 황갈색 사질토
2. 암황갈색 사질점토
3. 갈색 사질점토
4. 암갈색 사질토
5. 암흑갈색 사질토
6. 흑갈색 사질토
7. 암갈색 사질점토
8. 암황적갈색 사질점토

3호 주구

70.5m

72.0m

0   5m [1/100]

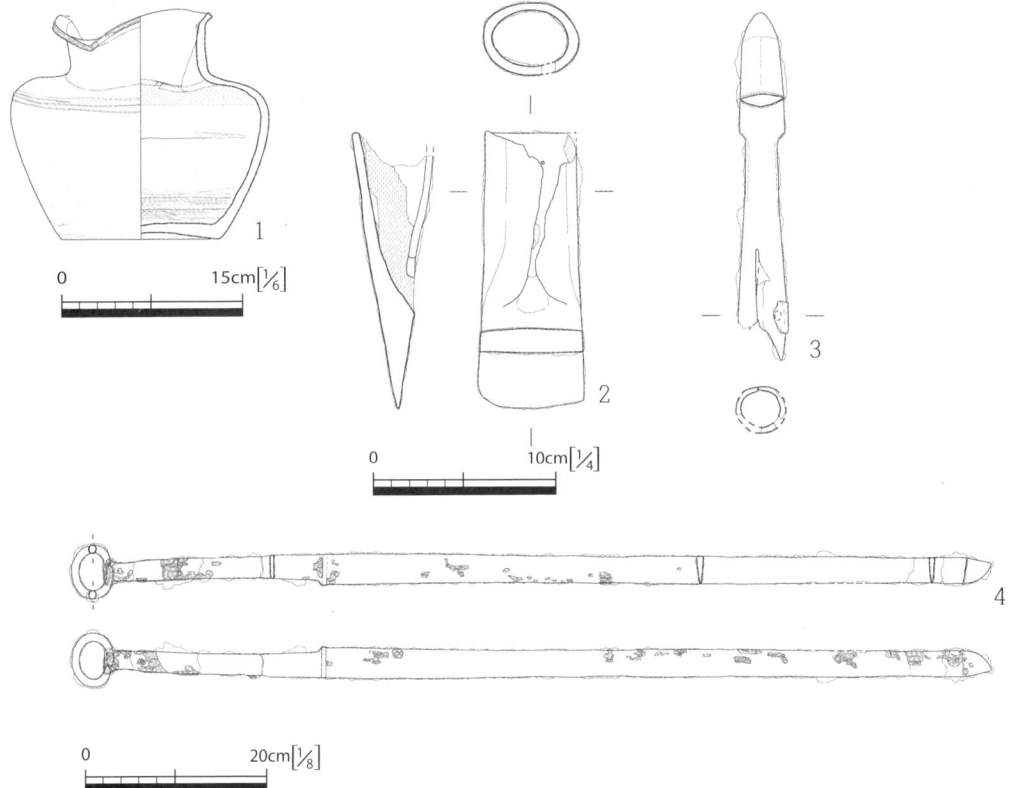

10호 토광묘

(단위 : cm)

묘광	크 기 (길이×너비×깊이)	278×117×(27+)	목관	크 기 (길이×너비×높이)	(215)×(74)×?
	장폭비	2.38:1		장폭비	(2.91):1
	장축방향	N-21°-W	목곽	크 기 (길이×너비×높이)	?
	두 향	?		장폭비	?
유물	토 기	소호(1)			
	철 기	환두도(1), 모(1), 단조철부(1), 착(1), 겸(1), 鐵鋌(1), 관정(2)			
	청 동 기	-			
	옥 석 류	-			
	기 타	-			
	특기사항				

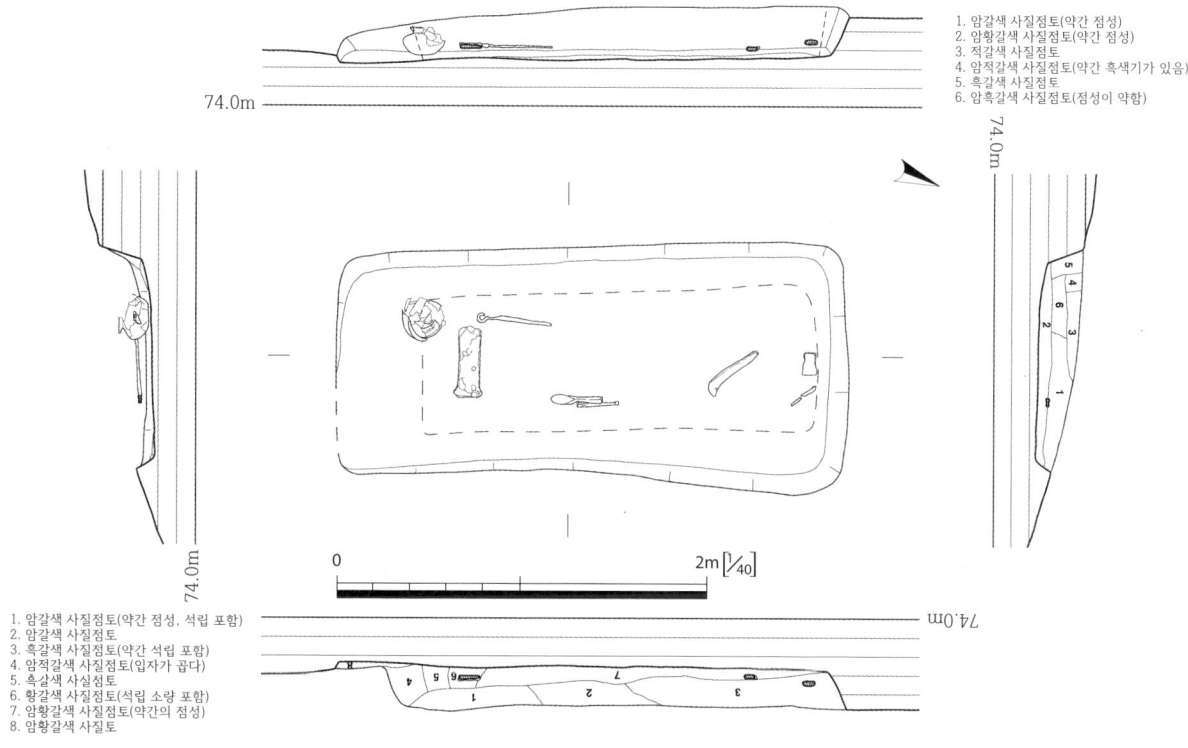

1. 암갈색 사질점토(약간 점성)
2. 암황갈색 사질점토(약간 점성)
3. 적갈색 사질점토
4. 암적갈색 사질점토(약간 흑색기가 있음)
5. 흑갈색 사질점토
6. 암흑갈색 사질점토(점성이 약함)

74.0m

1. 암갈색 사질점토(약간 점성. 석립 포함)
2. 암갈색 사질점토
3. 흑갈색 사질점토(약간 석립 포함)
4. 암적갈색 사질점토(입자가 곱다)
5. 흑갈색 사실섬토
6. 황갈색 사질점토(석립 소량 포함)
7. 암황갈색 사질점토(약간의 점성)
8. 암황갈색 사질토

0 ———— 2m [1/40]

[출토유물]

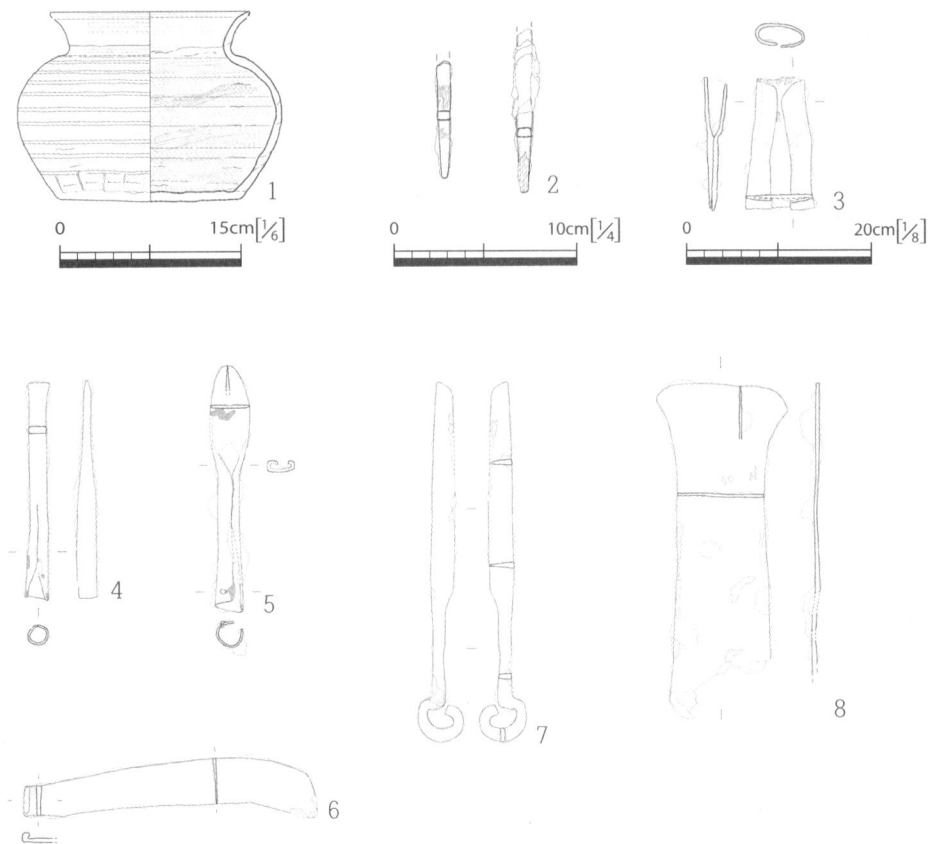

11호 토광묘

(단위 : cm)

묘광	크 기 (길이×너비×깊이)	336×(92+)×(30+)	목관	크 기 (길이×너비×높이)	-
	장폭비	?		장폭비	-
	장축방향	N-18°-W	목곽	크 기 (길이×너비×높이)	(215+)×(68+)×(68+)
	두 향	?		장폭비	?
유물	토 기	호(1)			
	철 기	촉(2)			
	청 동 기	-			
	옥 석 류	-			
	기 타	-			
	특기사항	격벽을 설치하여 부장칸(42×60)을 마련하였음.			

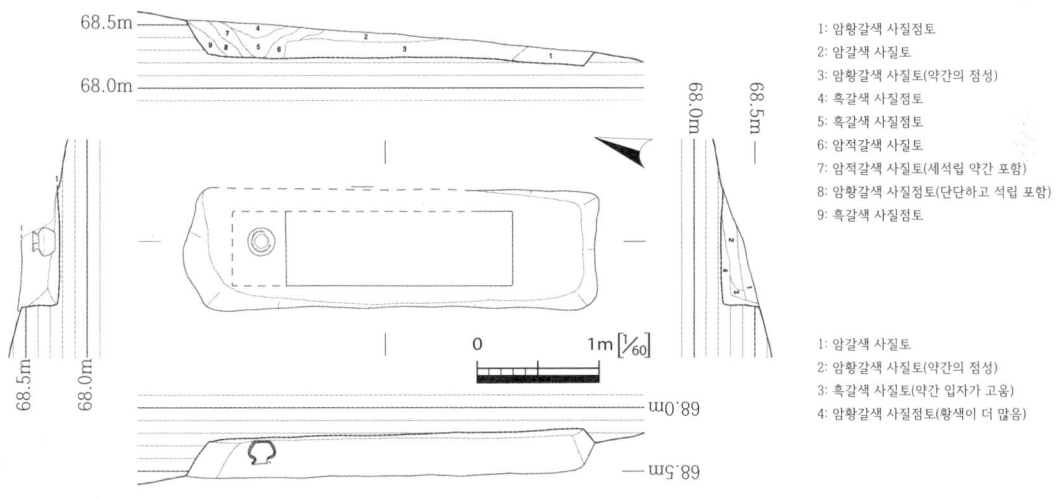

1: 암황갈색 사질점토
2: 암갈색 사질토
3: 암황갈색 사질토(약간의 점성)
4: 흑갈색 사질점토
5: 흑갈색 사질점토
6: 암적갈색 사질토
7: 암적갈색 사질토(세석립 약간 포함)
8: 암황갈색 사질점토(단단하고 석립 포함)
9: 흑갈색 사질점토

1: 암갈색 사질토
2: 암황갈색 사질토(약간의 점성)
3: 흑갈색 사질토(약간 입자가 고움)
4: 암황갈색 사질점토(황색이 더 많음)

[유구사진] [부장칸]

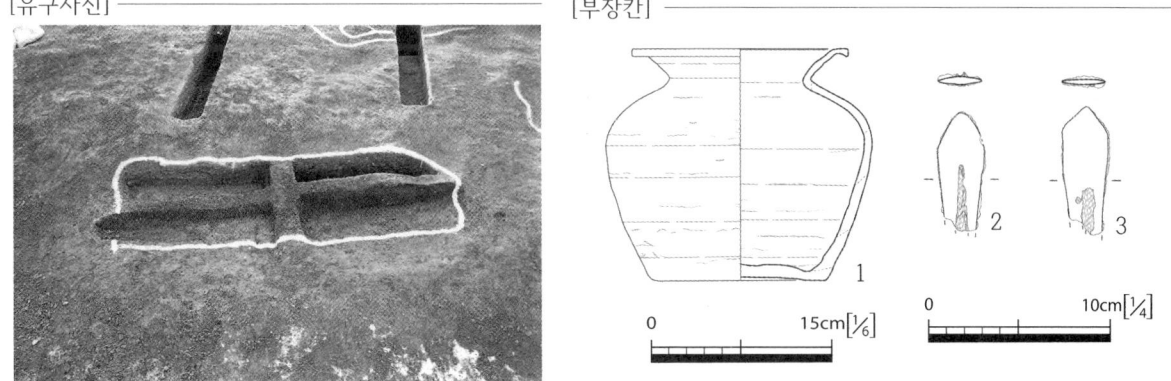

12호 주구토광묘

(단위 : cm)

묘광	크 기 (길이×너비×깊이)	378×138×(60+)	목관	크 기 (길이×너비×높이)	-
	장 폭 비	2.73:1		장 폭 비	-
	장축방향	N-5°-W	목곽	크 기 (길이×너비×높이)	276×70×(54+)
	두 향	남향		장 폭 비	3.94:1
	주구크기 (길이×너비×깊이)	(1,135+)×153×(180+)	주구평면형태		'ㄷ'자형
유물	토 기	개(1), 호(1),			
	철 기	환두도(1), 촉(1), 준(1), 단조철부(1), 겸(1), 鐵鋌(1)			
	청 동 기	-			
	옥 석 류	青銅釧(1)			
	기 타	-			
	특기사항	격벽을 설치하여 부장칸(50×70)을 마련하였음.			

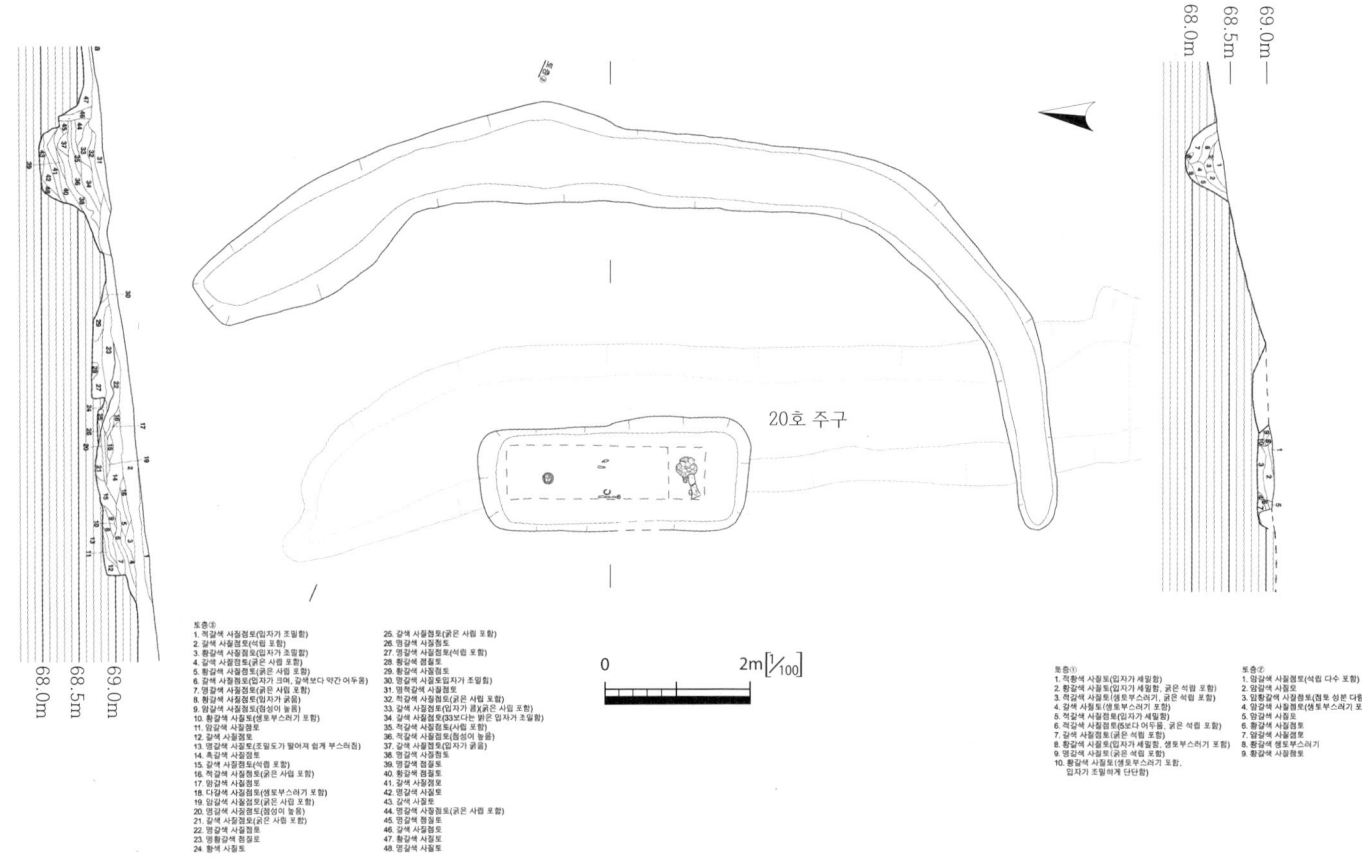

20호 주구

69.0m
68.5m
68.0m

68.0m
68.5m
69.0m

0   2m[1/100]

토층①
1. 적갈색 사질토(입자가 세밀함)
2. 황갈색 사질점토(입자가 세밀함, 굵은 석립 포함)
3. 적갈색 사질토(생토부스러기, 굵은 석립 포함)
4. 갈색 사질토(생토부스러기 포함)
5. 적갈색 사질점토(입자가 세밀함)
6. 적갈색 사질점토(5보다 어두움, 굵은 석립 포함)
7. 갈색 사질점토(입자가 세밀함, 생토부스러기 포함)
8. 황갈색 사질점토(굵은 석립 포함)
9. 암갈색 사질토(굵은 사립 포함)
10. 황갈색 사질토(생토부스러기 포함,
    입자가 조밀하게 단단함)

토층②
1. 암갈색 사질점토(석립 다수 포함)
2. 암갈색 사질토
3. 임황갈색 사질점토(첨토·성분 다량)
4. 암갈색 사질토
5. 암갈색 사질점토(생토부스러기 포함)
6. 황갈색 사질토
7. 암갈색 사질토
8. 암갈색 사질점토
9. 황갈색 생토부스러기

토층③
1. 적갈색 사질점토(입자가 조밀함)
2. 갈색 사질점토(석립 포함)
3. 암갈색 사질점토(입자가 조밀함)
4. 갈색 사질점토(굵은 사립 포함)
5. 황갈색 사질점토(굵은 사립 포함)
6. 갈색 사질점토(입자가 크며, 갈색보다 약간 어두움)
7. 명갈색 사질점토(굵은 사립 포함)
8. 황갈색 사질점토(입자가 세밀함)
9. 갈색 사질점토(점성이 높음)
10. 황갈색 사질점토(생토부스러기 포함)
11. 암갈색 사질점토
12. 갈색 사질점토
13. 명갈색 사질토(흙일도가 떨어져 쉽게 부스러짐)
14. 흑갈색 사질점토
15. 갈색 사질점토(석립 포함)
16. 적갈색 사질점토(굵은 사립 포함)
17. 암갈색 사질점토
18. 다갈색 사질점토(생토부스러기 포함)
19. 암갈색 사질점토(굵은 사립 포함)
20. 암갈색 사질점토(점성이 높음)
21. 갈색 사질점토(굵은 사립 포함)
22. 명갈색 사질점토
23. 명황갈색 점질토
24. 황색 사질토

25. 갈색 사질점토(굵은 사립 포함)
26. 명갈색 사질점토
27. 명갈색 사질점토(석립 포함)
28. 황갈색 점질토
29. 황갈색 사질점토
30. 황갈색 사질토(입자가 조밀함)
31. 명적갈색 사질점토
32. 적갈색 사질점토(굵은 사립 포함)
33. 갈색 사질점토(33보다는 밝은 입자가 조밀함)
34. 갈색 사질점토(굵은 사립 포함)
35. 적갈색 사질점토(사립 포함)
36. 적갈색 사질점토(점성이 높음)
37. 황갈색 사질점토(입자가 굵음)
38. 황갈색 사질점토
39. 명갈색 점질토
40. 황갈색 점질토
41. 갈색 사질점토
42. 명갈색 사질토
43. 갈색 사질토
44. 명갈색 사질토(굵은 사립 포함)
45. 황갈색 사질토
46. 명갈색 점질토
47. 황갈색 사질토
48. 명갈색 사질토

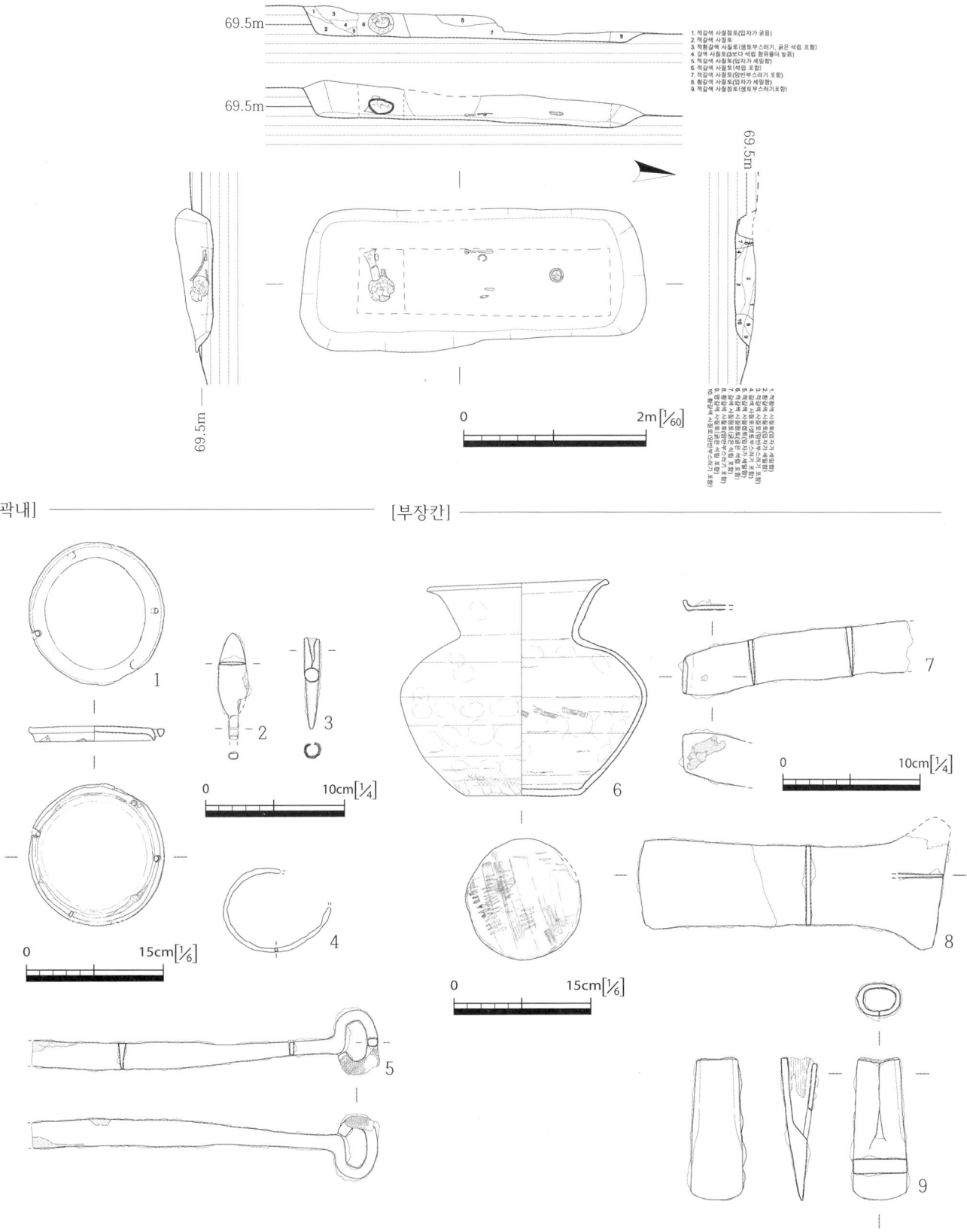

[곽내]   [부장칸]

69.5m

69.5m

69.5m

69.5m

0   2m[1/60]

0   10cm[1/4]

0   10cm[1/4]

0   15cm[1/6]

0   15cm[1/6]

1. 적갈색 사질점토(입자가 굵음)
2. 적갈색 사질토
3. 적황갈색 사질토(생토부스러기, 굵은 석립 포함)
4. 갈색 사질토(3보다 석립 함유물이 높음)
5. 적갈색 사질토(입자가 세밀함)
6. 적갈색 사질토(석림 포함)
7. 적갈색 사질토(암반부스러기 포함)
8. 황갈색 사질토(입자가 세밀함)
9. 적갈색 사질점토(생토부스러기포함)

1. 2. 3. 4. 5. 6. 7. 8. 9. 10.

203

서산 여미리 방죽골 유적

13호 주구토광묘

(단위 : cm)

묘광	크 기 (길이×너비×깊이)	382×118×(42+)	목관	크 기 (길이×너비×높이)	-
	장폭비	3.23:1		장폭비	-
	장축방향	N-23°-E	목곽	크 기 (길이×너비×높이)	(290)×(70)×(46+)
	두 향	북동향		장폭비	(4.14):1
	주구크기 (길이×너비×깊이)	(894+)×100×(40+)		주구평면형태	(눈썹형)
유물	토 기	단경호(2)			
	철 기	환두대도(1), 단조철부(2), 鐵鋌(1)			
	청동기	-			
	옥석류	-			
	기 타	-			
	특기사항	격벽을 설치하여 부장칸(72×72)을 마련하였음.			

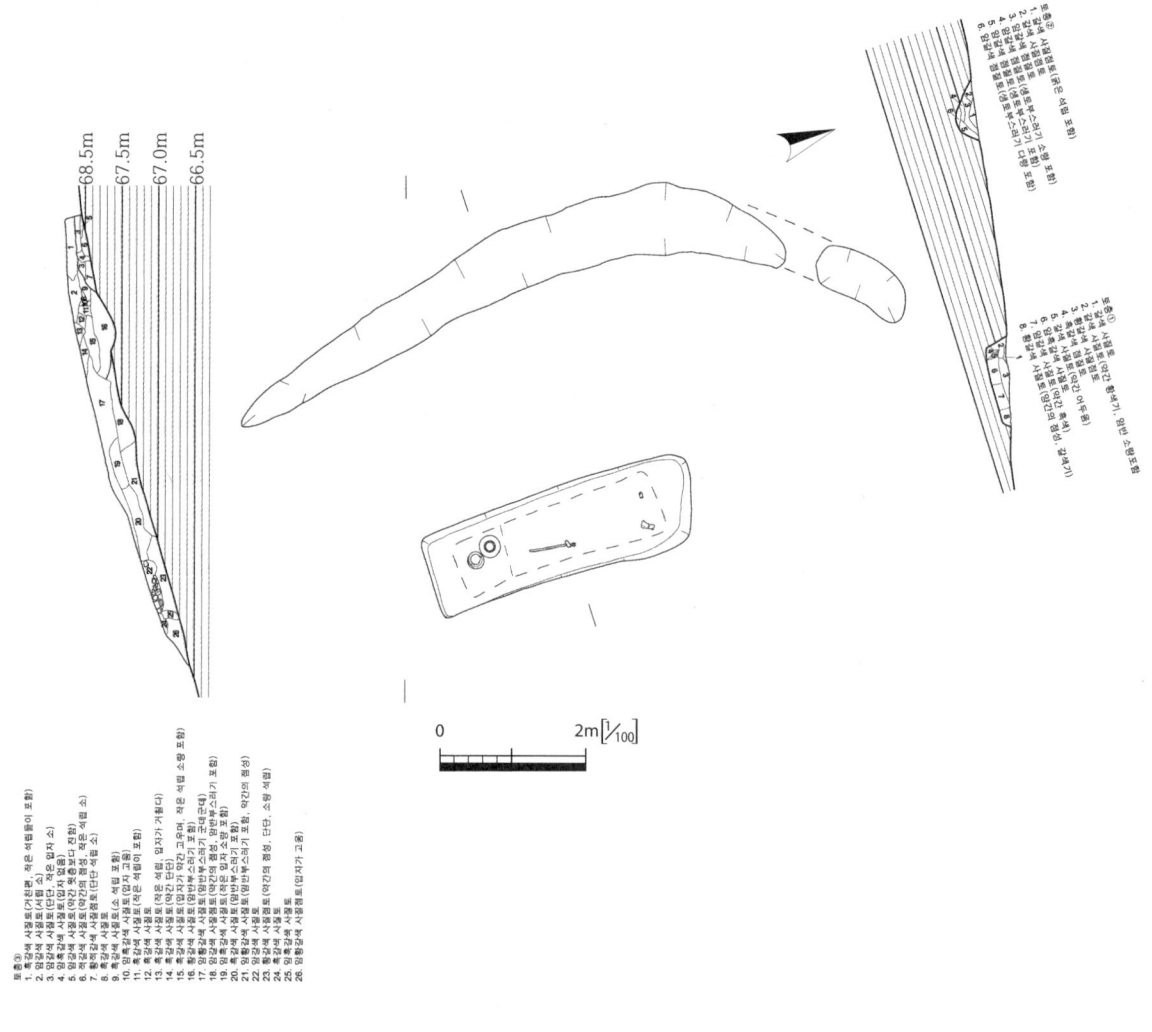

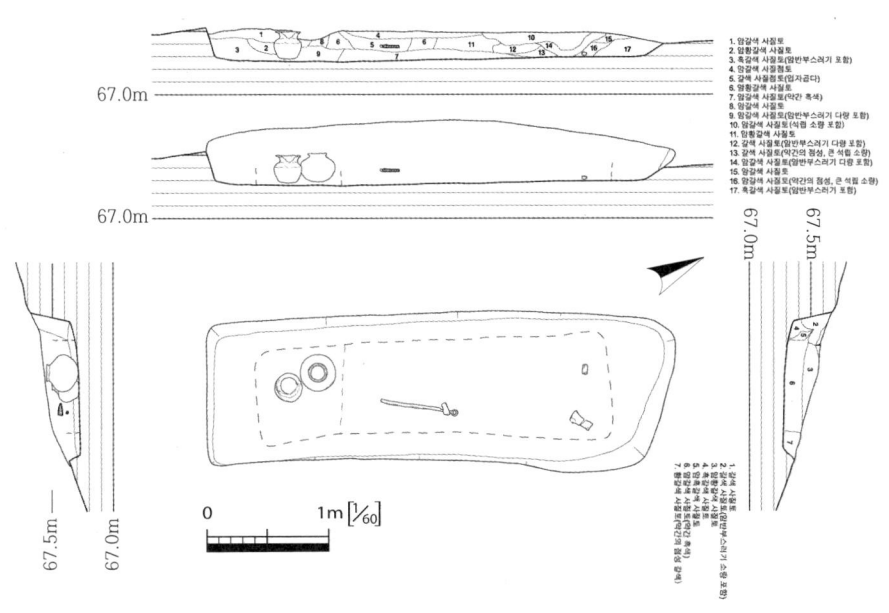

1. 암갈색 사질토
2. 암황갈색 사질토
3. 흑갈색 사질토(암반부스러기 포함)
4. 암갈색 사질점토
5. 갈색 사질점토(입자곱다)
6. 암황갈색 사질토
7. 암갈색 사질토(약간 흑색)
8. 암갈색 사질토
9. 암갈색 사질토(암반부스러기 다량 포함)
10. 암갈색 사질토(석립 포함)
11. 암황갈색 사질토
12. 암황갈색 사질토(암반부스러기 다량 포함)
13. 갈색 사질토(약간의 점성, 큰 석립 소량)
14. 암갈색 사질토(암반부스러기 다량 포함)
15. 암황갈색 사질토
16. 암갈색 사질토(약간의 점성, 큰 석립 소량)
17. 흑갈색 사질토(암반부스러기 포함)

1. 암반 사질토
2. 암반 사질토(암반부스러기 소량 포함)
3. 암반 사질토
4. 암반 사질토
5. 암반 사질토
6. 암반 사질토
7. 흑갈색 사질토(약간의 점성, 큰 석립 소량)

0 _____ 1m [¹⁄₆₀]

[곽내]

[부장칸]

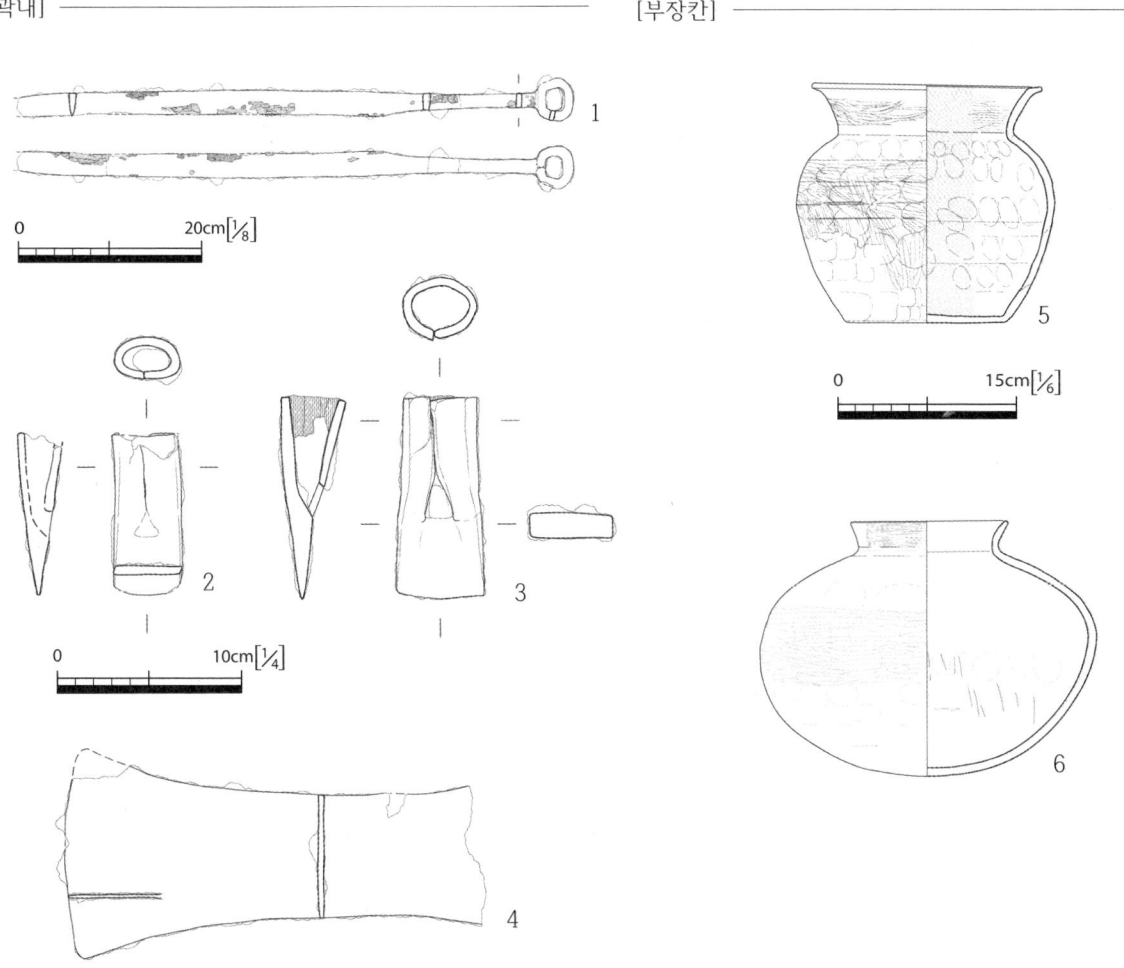

1

0 _____ 20cm [¹⁄₈]

5

0 _____ 15cm [¹⁄₆]

2

3

0 _____ 10cm [¹⁄₄]

6

4

14호 분구묘

(단위 : cm)

분 구 크 기 (길이×너비×높이)	(914)×(640+)×?	분구평면형태	(방형)
분구장폭비	?	분구장축방향	N-14°-W
매 장 시 설	?	주구형태	'ㅁ'자형
유물	토 기	개(1:주구1), 직구호(1:주구1)	
	철 기	-	
	청 동 기	-	
	옥 석 류	-	
	기 타	-	
특기사항	주구에서 출토된 유물은 주구 내 굴광선이 없으므로 매납으로 추정함. 분구 또는 봉토와 관련된 토층을 확인하지 못함.		

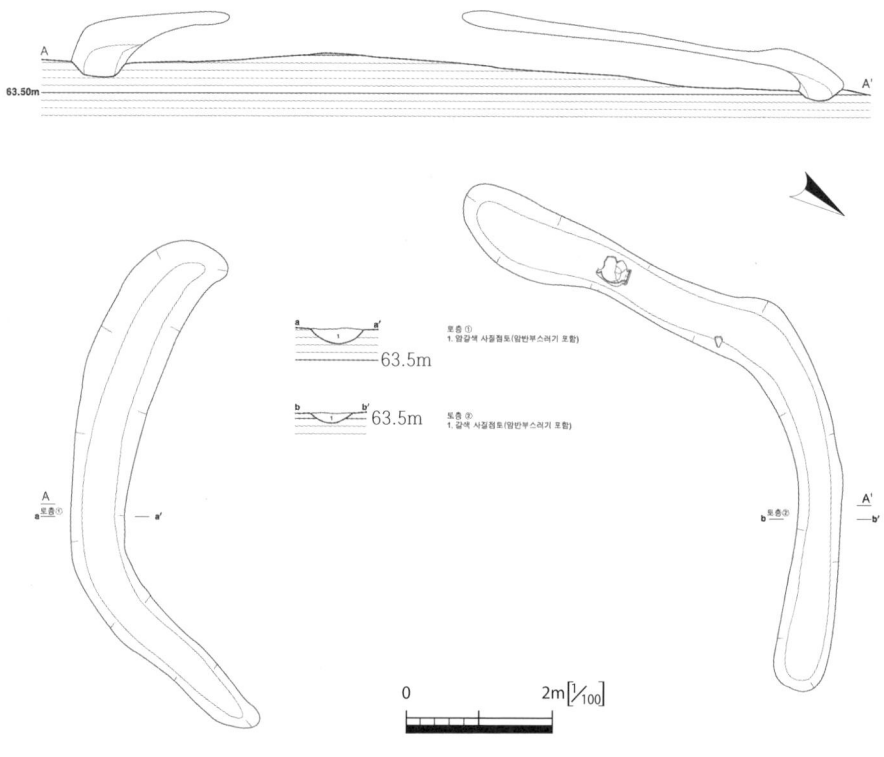

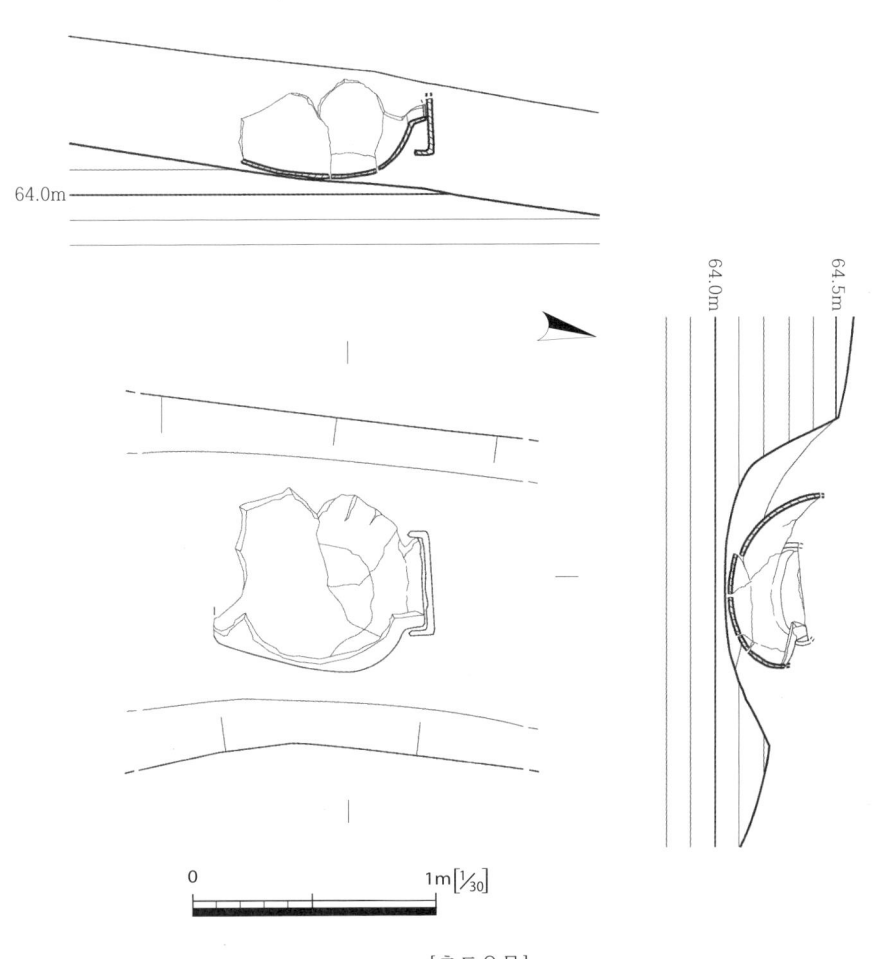

64.0m

64.0m

64.5m

0   1m[1/30]

[출토유물]

1

0   15cm[1/6]

[유구사진]

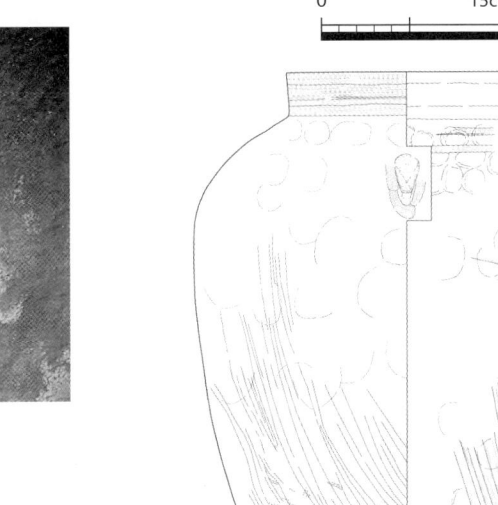

2

15호 토광묘

묘광	크 기 (길이×너비×깊이)	202×100×(37+)	목관	크 기 (길이×너비×높이)	-
	장폭비	2.02:1		장폭비	-
장축방향		N-79°-W	목곽	크 기 (길이×너비×높이)	-
두 향		?		장폭비	-
유물	토 기	호(1)			
	철 기	-			
	청 동 기	-			
	옥석류	-			
	기 타	-			
	특기사항				

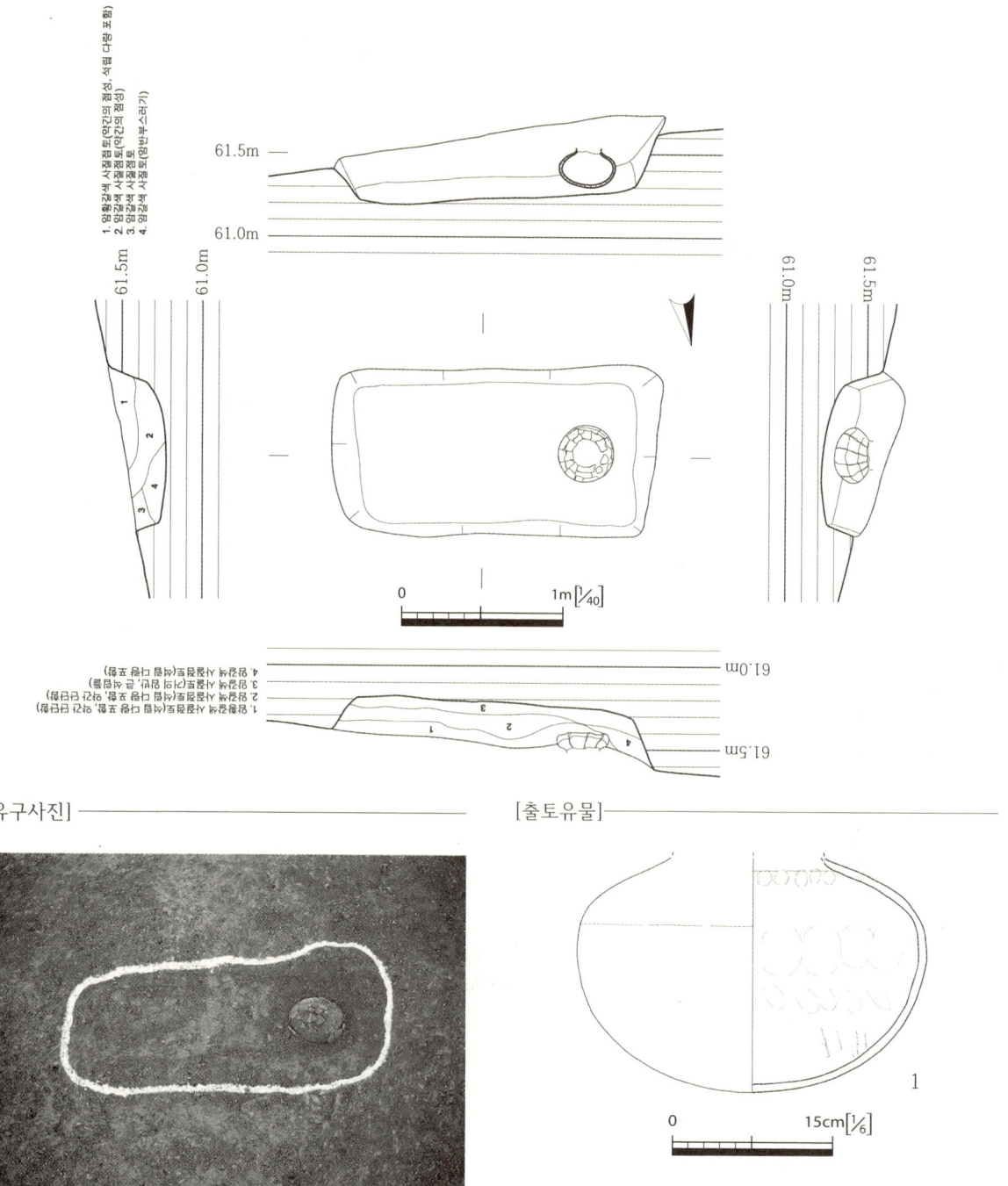

[유구사진]

[출토유물]

16호 토광묘

(단위 : cm)

묘광	크 기 (길이×너비×깊이)	286×86×(22+)	목관	크 기 (길이×너비×높이)	?
	장폭비	3.44:1		장폭비	?
	장축방향	N-38°-W	목곽	크 기 (길이×너비×높이)	?
	두 향	북서쪽		장폭비	?
유물	토 기	단경호(1)			
	철 기	환두대도(1), 촉(4), 착(1), 단조철부(2), 겸(1)			
	청동기	-			
	옥석류	-			
	기 타	-			
	특기사항	격벽을 설치하여 부장칸(?×?)을 마련하였음.			

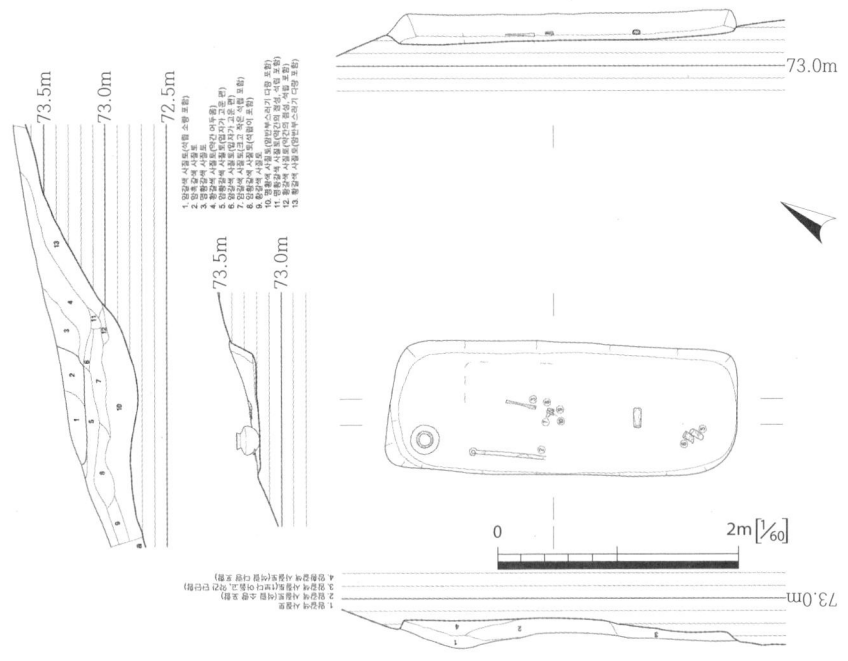

0   2m [1/60]

[유구사진]

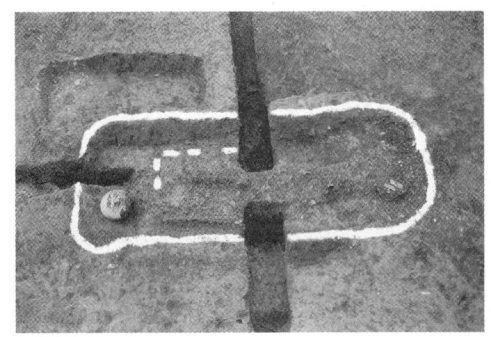

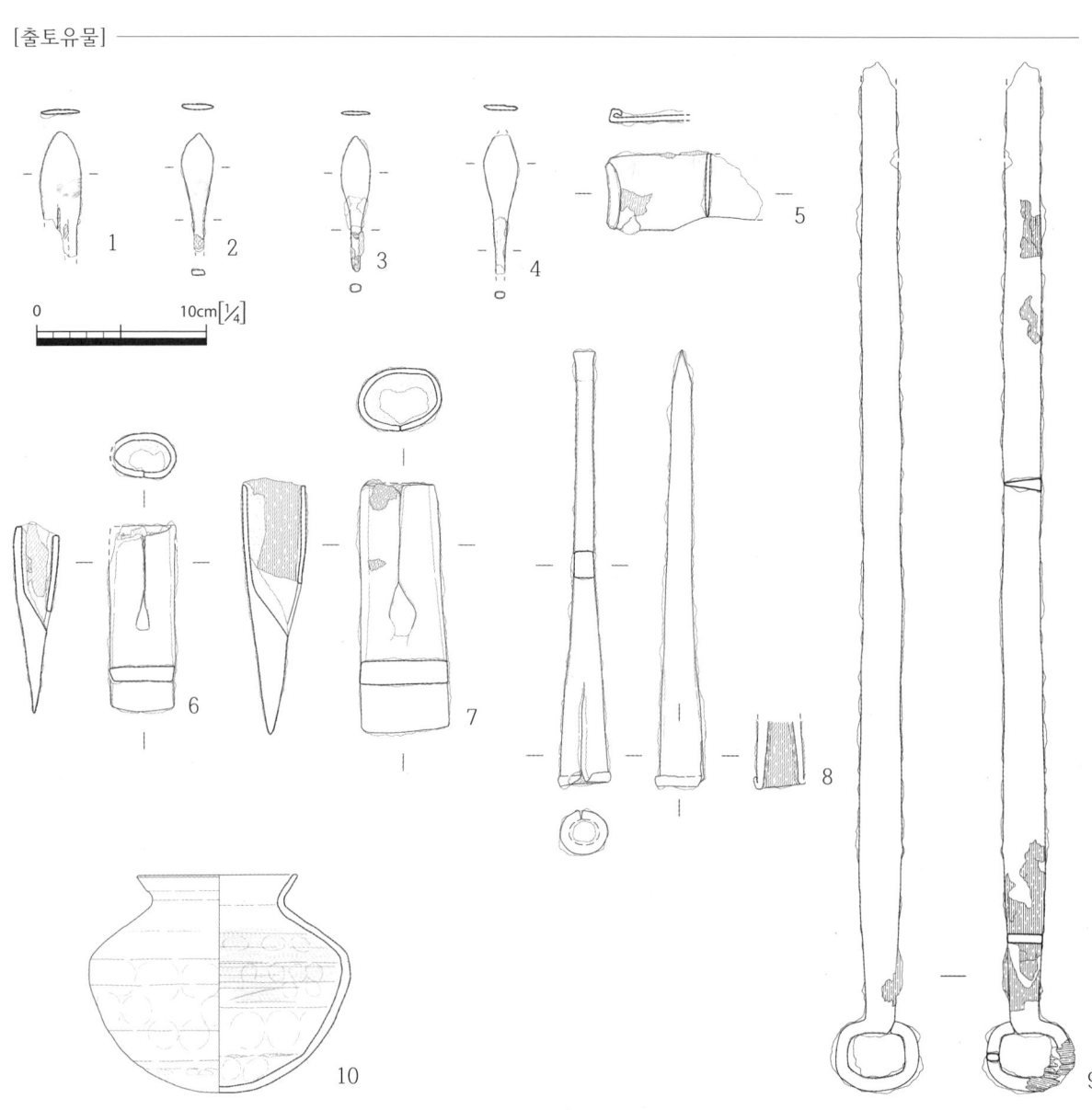

0   10cm[¼]

0   15cm[⅙]

17호 주구토광묘

(단위 : cm)

묘광	크 기 (길이×너비×깊이)	(250+)×(118+)×(14+)	목관	크 기 (길이×너비×높이)	?
	장 폭 비	?		장 폭 비	?
	장축방향	N-5°-E	목곽	크 기 (길이×너비×높이)	?
	두 향	?		장 폭 비	?
	주구크기 (길이×너비×깊이)	(779+)×100×(10+)		주구평면형태	방형
유물	토 기	원저호(1)			
	철 기	환두도(1), 鐇(1), 단조철부(1), 겸(1), 鐵鋌(1)			
	청 동 기	-			
	옥 석 류	-			
	기 타	-			
	특기사항				

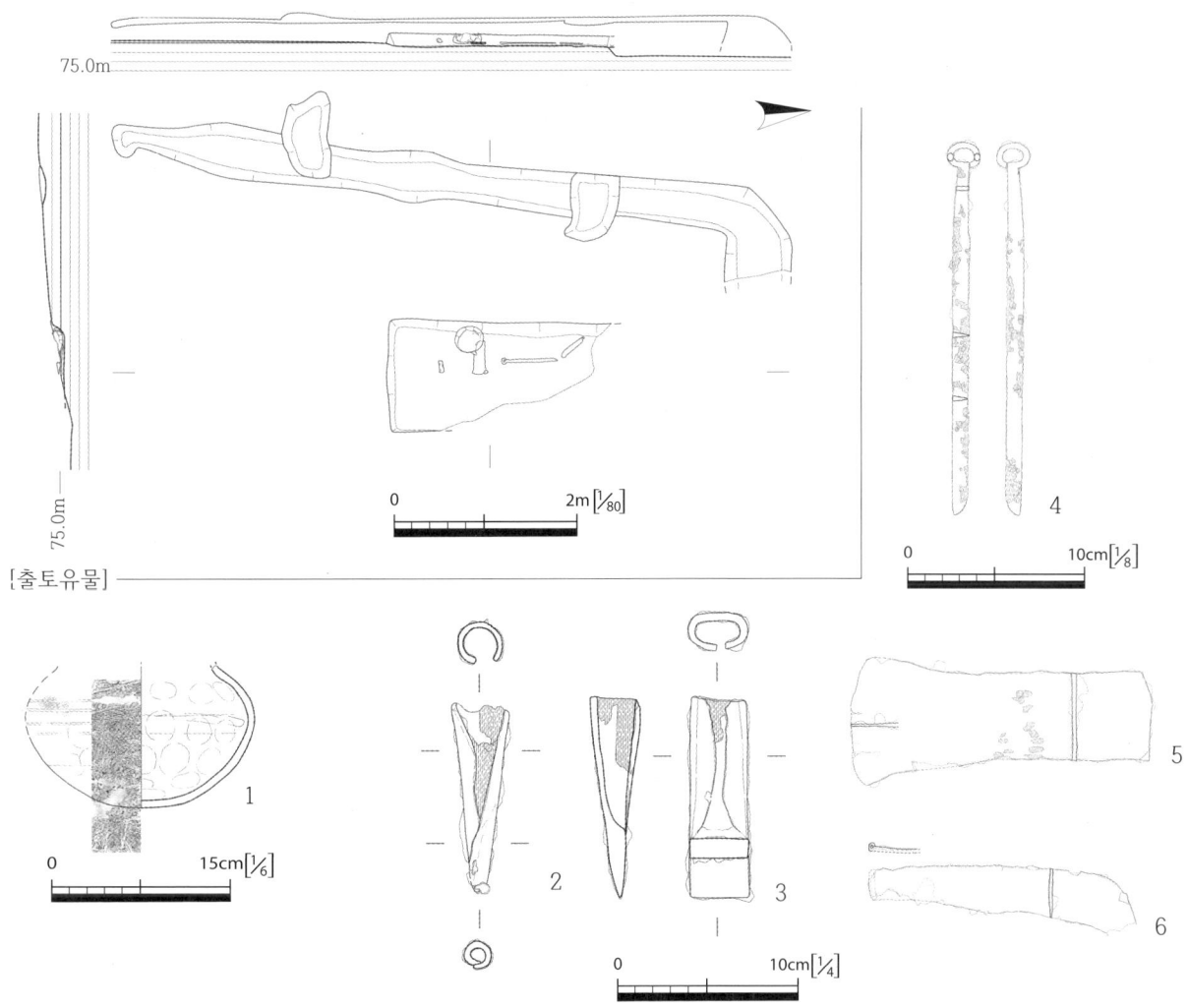

75.0m

75.0m

0   2m[1/80]

[출토유물]

4

0   10cm[1/8]

1

0   15cm[1/6]

2

3

0   10cm[1/4]

5

6

18호 주구토광묘

(단위 : cm)

묘광	크 기 (길이×너비×깊이)	398×240×(54+)	목관	크 기 (길이×너비×높이)	(262)×(74)×?
	장폭비	1.65:1		장폭비	3.54:1
	장축방향	N-15°-W	목곽	크 기 (길이×너비×높이)	?
	두 향	?		장폭비	?
	주구크기 (길이×너비×깊이)	(675+)×210×(20+)		주구평면형태	'ㄱ'자형
유물	토 기	원저단경호(1)			
	철 기	환두도(1), 단조철부(2), 겸(1), 착(1)			
	청 동 기	-			
	옥 석 류	-			
	기 타	-			
	특기사항				

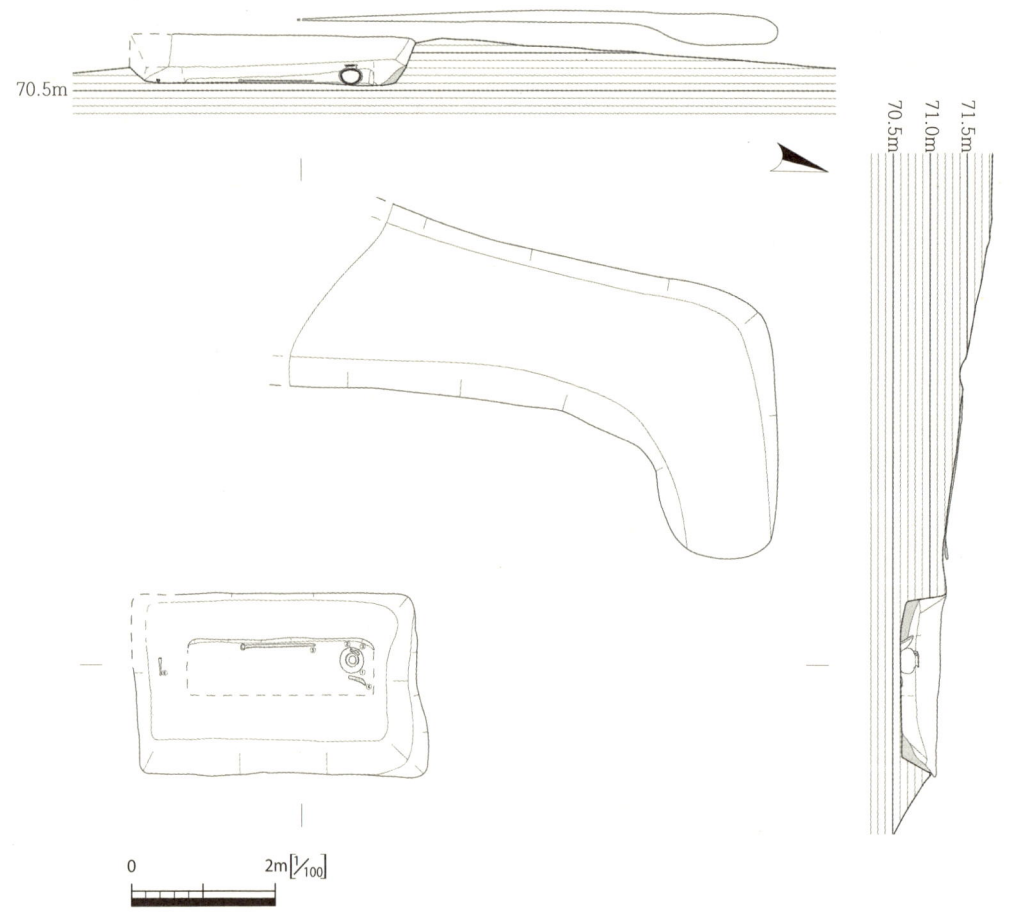

70.5m

70.5m 71.0m 71.5m

0   2m [1/100]

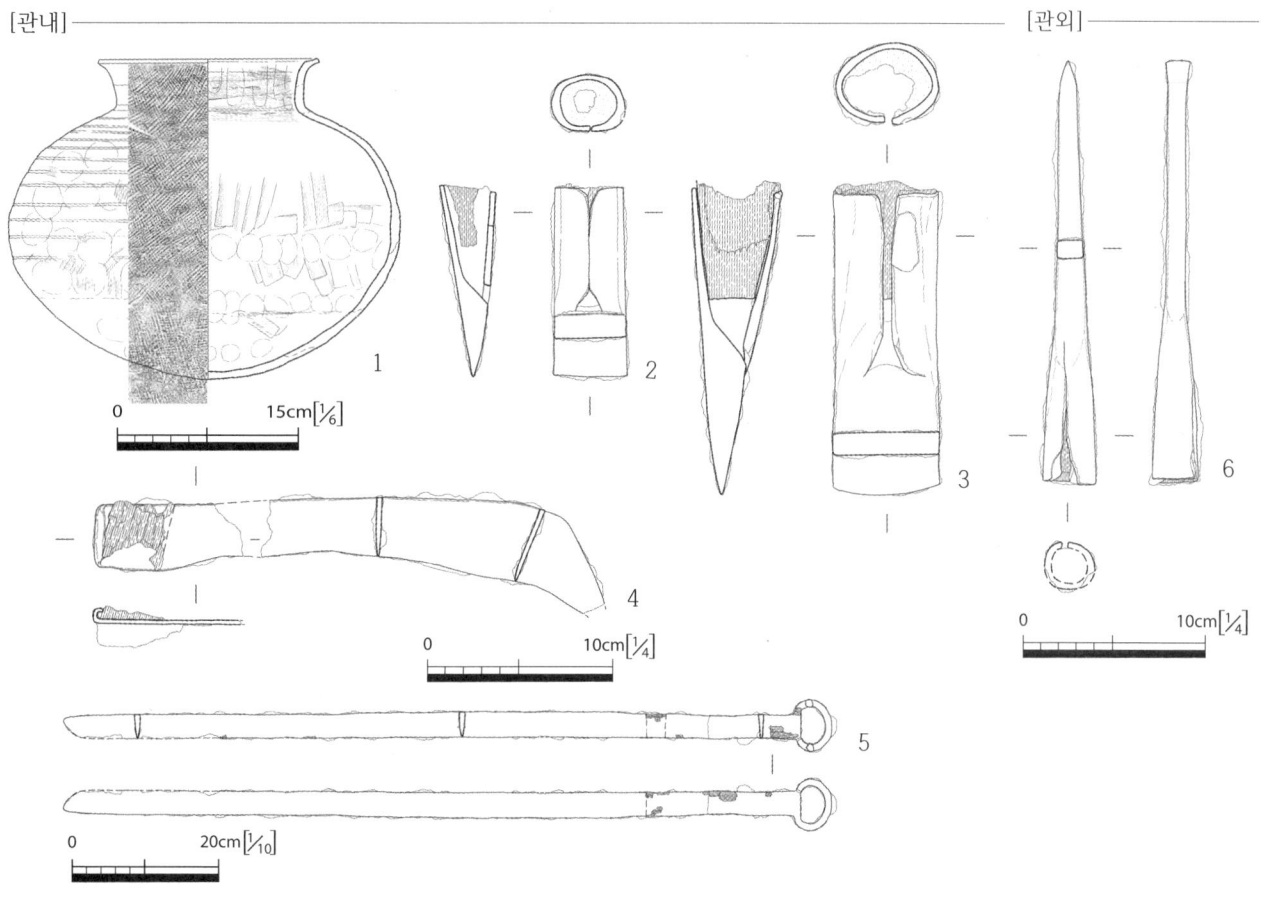

1: 흑색 니질점토(목재 부식토)
2: 암갈색 미립점토
3: 암갈색 미립점토(2보다 생토부스러기의 함유 비율이 큼)
4: 암갈색 미립점토(3보다 생토부스러기의 함유 비율이 큼)
5: 암갈색 미립점토(4보다 생토부스러기의 함유 비율이 큼)
6: 암갈색 미립점토(5와 4보다 황색의 색조가 더 많음)
7: 적갈색 미립점토(생토부스러기의 함유 비율이 매우 높음)
8: 갈색 사질점토
9: 흑갈색 사질점토
10: 흑갈색 사질점토(9보다 생토부스러기의 함유 비율이 높음)
11: 흑갈색 사질점토(9와 10보다 사질의 성분함량이 낮음)
12: 흑색 사질점토
13: 흑색 미립점토
14: 암갈색 사질점토(생토부스러기 입자의 크기가 상대적으로 가장 큼)
15: 암갈색 사질점토(생토부스러기의 함유 비율이 14보다 적음)
15-1: 암갈색 사질점토(성분은 대체로 15와 유사하나 토양 입자의 밀도가 15보다 낮음)

16: 갈색 저질토
17: 암갈색 사질점토
18: 황갈색 점질토(생토부스러기의 함유비율이 상대적으로 높음)
19: 황갈색 사질점토(생토부스러기의 함유비율이 18과 유사함)
20: 황갈색 사질점토(생토부스러기의 함유비율이 18과 유사함)
21: 흑갈색 사질점토(목관이 있었던 토양으로 추정됨)
21-1: 흑색 사질점토(목관이 있었던 토양으로 추정됨)
22~32: 전체적으로 갈색을 띠고 있으며 각각 생토부스러기의 함유비율이나 공극간 크기크기, 토양의 밀도 등에서 약간씩의 차이를 보임)
33: 암갈색 미립점토
34: 회갈색 사질점토
35: 흑갈색 사질점토(토양의 밀도가 35보다 낮음)
36: 흑색 사질점토(생토부스러기의 함유 비율이 23, 25, 32와 유사해 보임)
37: 흑색 사질점토(생토부스러기의 함유 비율이 36보다 높음)
38: 암갈색 사질점토(생토부스러기의 함유 비율이 36보다 37과 비슷하지만 토양의 밀도가 상대적으로 높음)
39: 암갈색 사질점토
40: 회갈색 사질점토(공극의 크기가 37, 38, 39보다 큼)

41: 갈색 사질점토
42: 갈색 사질점토(사질 성분의 함유비율이 41보다 큼)
43: 갈색 사질점토
44: 암갈색 사질점토(생토부스러기의 함유 비율이 43보다 높음)
45: 갈색 사질점토

[관내]

[관외]

1

2

3

6

4

5

19호 주구토광묘

(단위 : cm)

묘광	크 기 (길이×너비×깊이)	237×100×(24+)	목관	크 기 (길이×너비×높이)	180×50×?
	장폭비	2.37:1		장폭비	3.60:1
	장축방향	N-23°-E	목곽	크 기 (길이×너비×높이)	?
	두 향	?		장폭비	?
	주구크기 (길이×너비×깊이)	(92+)×60×(15+)	주구평면형태		방형
유물	토 기	-			
	철 기	환두소도(1), 겸(1)			
	청 동 기	-			
	옥 석 류	-			
	기 타	-			
	특기사항				

1: 명갈색 점질토
2: 흑갈색 점질토
3: 1과 유사하나 점성 및 굳기가
   1보다 단단하고 치밀함
4: 흑갈색 점질토(2와 색조는 비슷하나
   더 어둡고 점성이 더 치밀함)
5: 갈색 점질토
6: 5와 유사하나 더 부드러움
7: 5,6과 색조는 유사하나 생토부스러기가
   포함되어 다소 밝은 편임.
8: 2와 유사하나 밝은 편임.

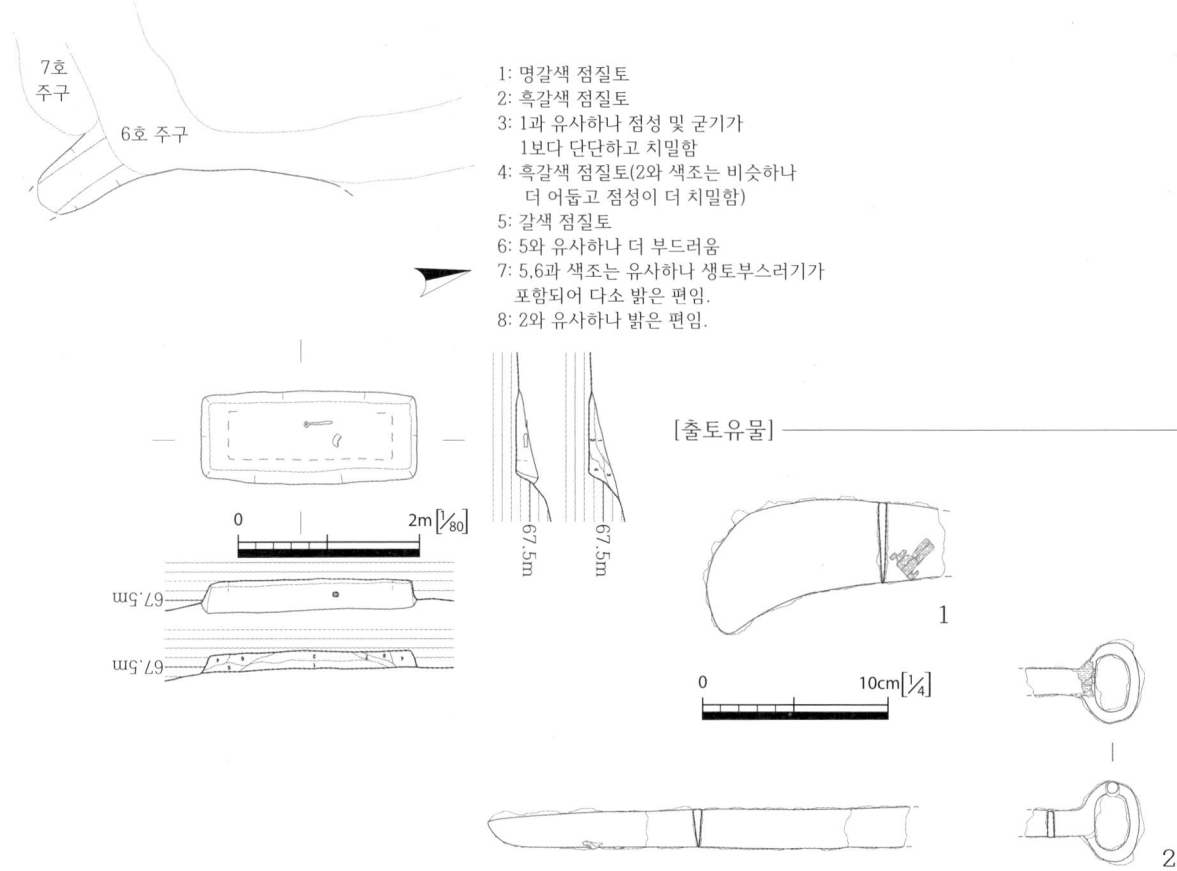

[출토유물]

20호 주구토광묘

(단위 : cm)

묘광	크 기 (길이×너비×깊이)	448×108×(34+)	목관	크 기 (길이×너비×높이)	?
	장폭비	?		장폭비	?
	장축방향	N-9°-E	목곽	크 기 (길이×너비×높이)	?
	두 향	?		장폭비	?
	주구크기 (길이×너비×깊이)	1,286×180×(35+)	주구평면형태		장방형
유물	토 기	양이부호(1)			
	철 기	鐵鋌(2)			
	청 동 기	-			
	옥 석 류	-			
	기 타	-			
	특기사항				

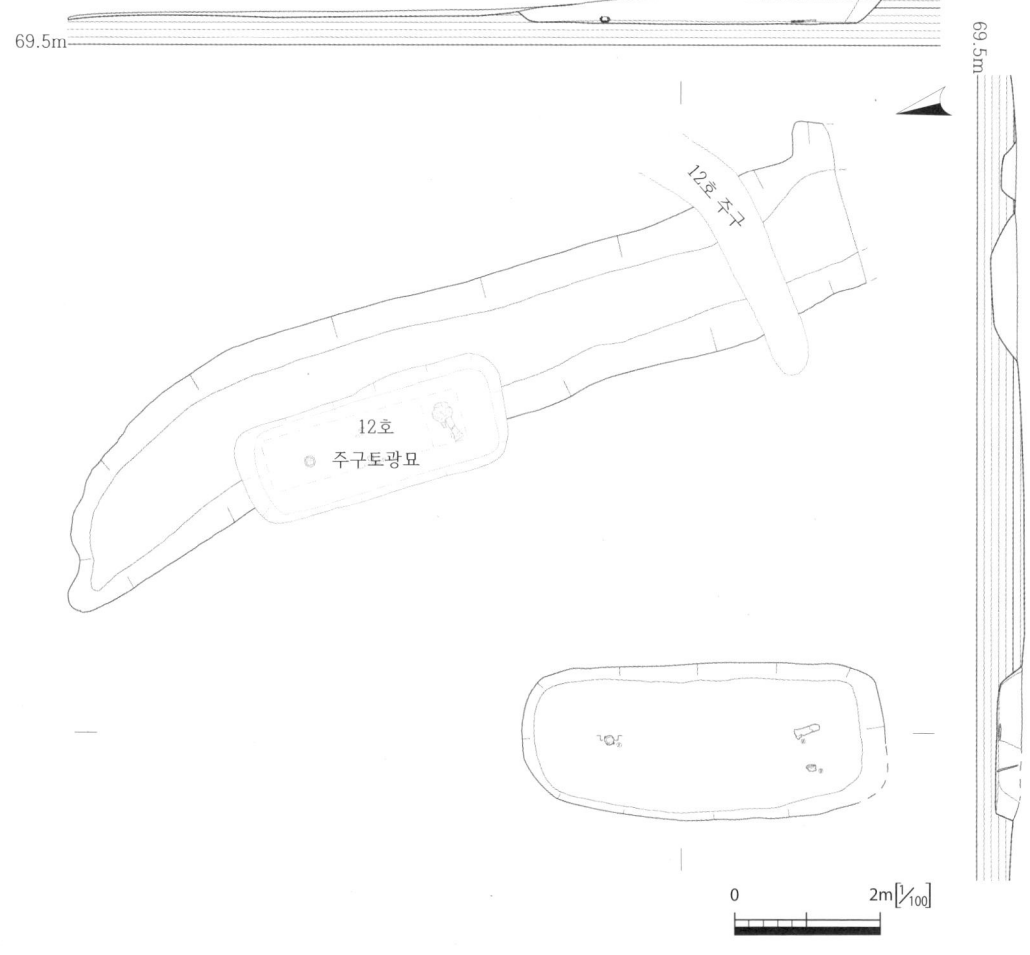

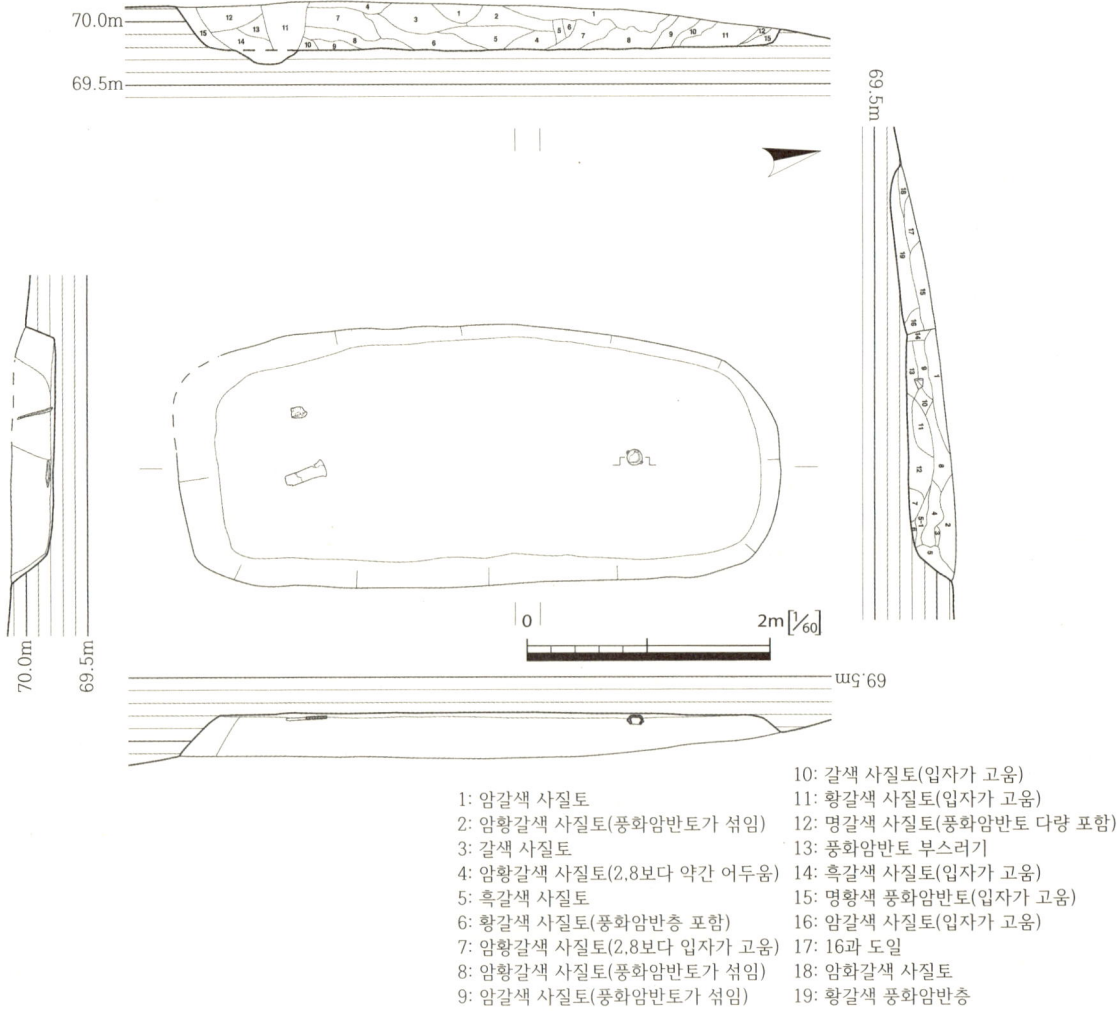

1: 암갈색 사질토(석립 다량 포함)
2: 암황갈색 사질토(풍화암반토가 섞임)
3: 갈색 사질토(석립 다량 포함)
4: 명갈색 사질토(풍화암반토 다량 포함)
5: 암갈색 사질토(석립 없고 입자가 고움)
6: 갈색 사질토(석립없고 입자가 고움)
7: 암갈색 사질토(석립 다량 포함)
8: 흑갈색 사질토(석립 다량 포함)
9: 흑갈색 사질토(입자가 고움)
10: 암갈색 사질토(입자가 고움)
11: 백색 생토(돌덩어리)
12: 백색 생토(갈색 사질토 약간 포함)
13: 백색 생토(황색 사질토 약간 포함)
14: 황백색 생토
15: 암흑색 사질토(입자가 고움)

1: 암갈색 사질토
2: 암황갈색 사질토(풍화암반토가 섞임)
3: 갈색 사질토
4: 암황갈색 사질토(2,8보다 약간 어두움)
5: 흑갈색 사질토
6: 황갈색 사질토(풍화암반층 포함)
7: 암황갈색 사질토(2,8보다 입자가 고움)
8: 암황갈색 사질토(풍화암반토가 섞임)
9: 암갈색 사질토(풍화암반토가 섞임)
10: 갈색 사질토(입자가 고움)
11: 황갈색 사질토(입자가 고움)
12: 명갈색 사질토(풍화암반토 다량 포함)
13: 풍화암반토 부스러기
14: 흑갈색 사질토(입자가 고움)
15: 명황색 풍화암반토(입자가 고움)
16: 암갈색 사질토(입자가 고움)
17: 16과 도일
18: 암화갈색 사질토
19: 황갈색 풍화암반층

[출토유물]

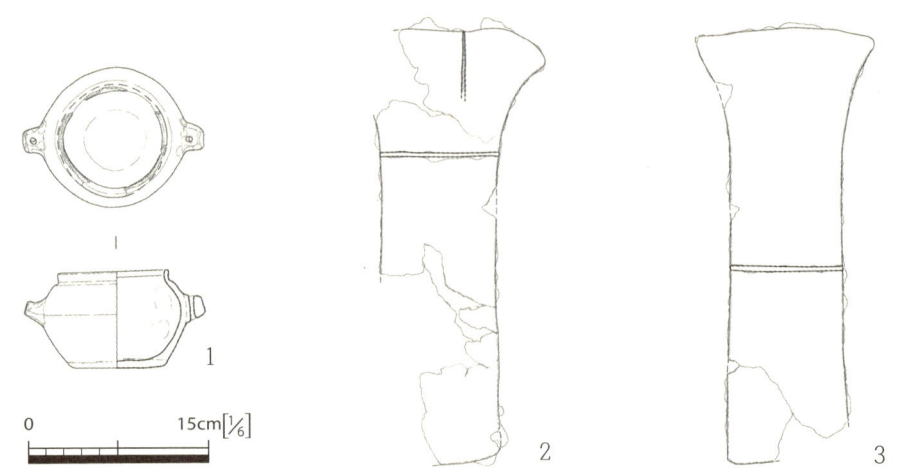

21호 토광묘

(단위 : cm)

묘광	크 기 (길이×너비×깊이)	232×(100+)×(20+)	목관	크 기 (길이×너비×높이)	?
	장폭비	?		장폭비	?
	장축방향	N-1°-E	목곽	크 기 (길이×너비×높이)	?
	두 향	?		장폭비	?
유물	토 기	원저호(1)			
	철 기	-			
	청동기	-			
	옥석류	-			
	기 타	-			
	특기사항				

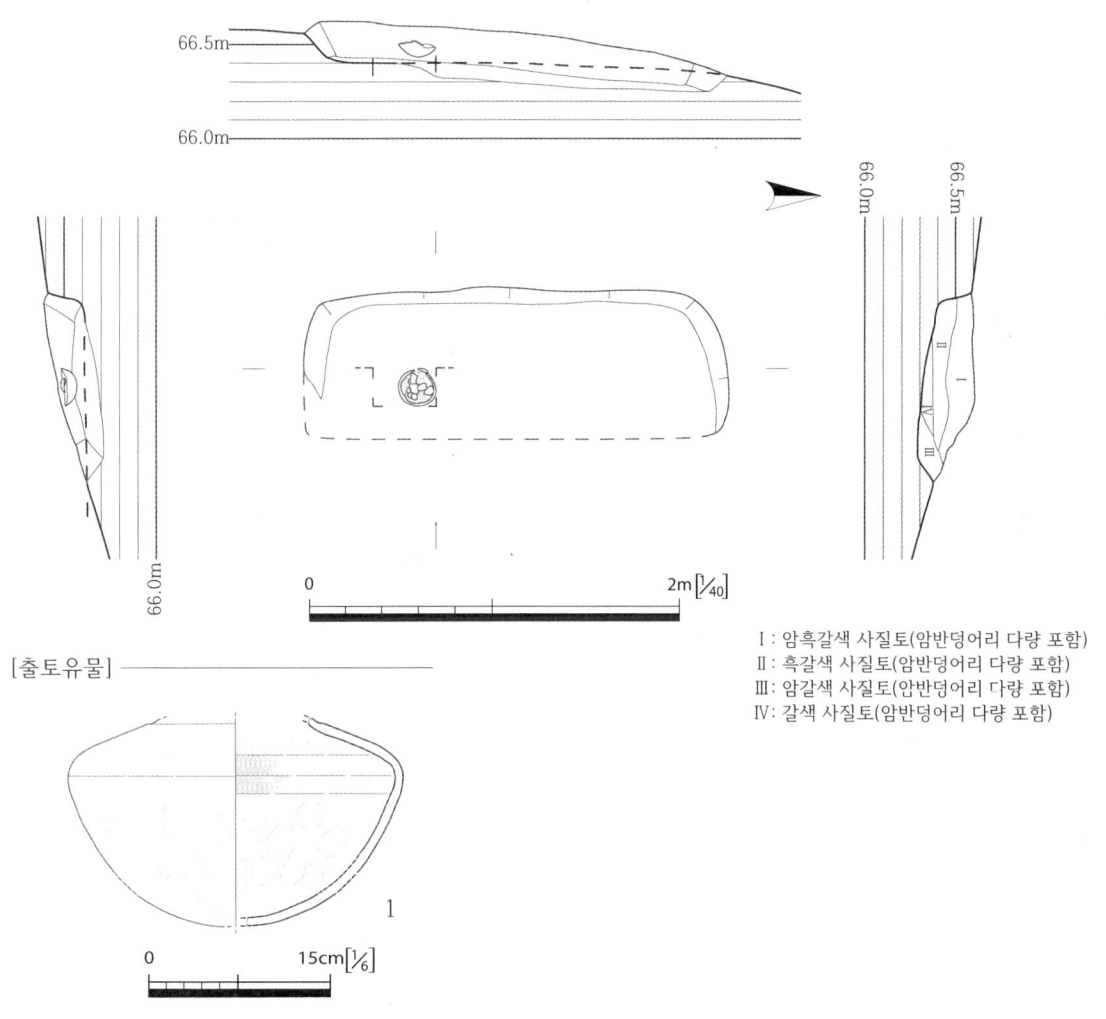

Ⅰ: 암흑갈색 사질토(암반덩어리 다량 포함)
Ⅱ: 흑갈색 사질토(암반덩어리 다량 포함)
Ⅲ: 암갈색 사질토(암반덩어리 다량 포함)
Ⅳ: 갈색 사질토(암반덩어리 다량 포함)

[출토유물]

1

0   15cm[1/6]

22호 토광묘

(단위 : cm)

묘광	크 기 (길이×너비×깊이)	248×84×(70+)	목관	크 기 (길이×너비×높이)	?
	장폭비	2.95:1		장폭비	?
	장축방향	N-81°-W	목곽	크 기 (길이×너비×높이)	?
	두 향	?		장폭비	?
유물	토 기	원저호(1)			
	철 기	-			
	청동기	-			
	옥석류	-			
	기 타	-			
	특기사항				

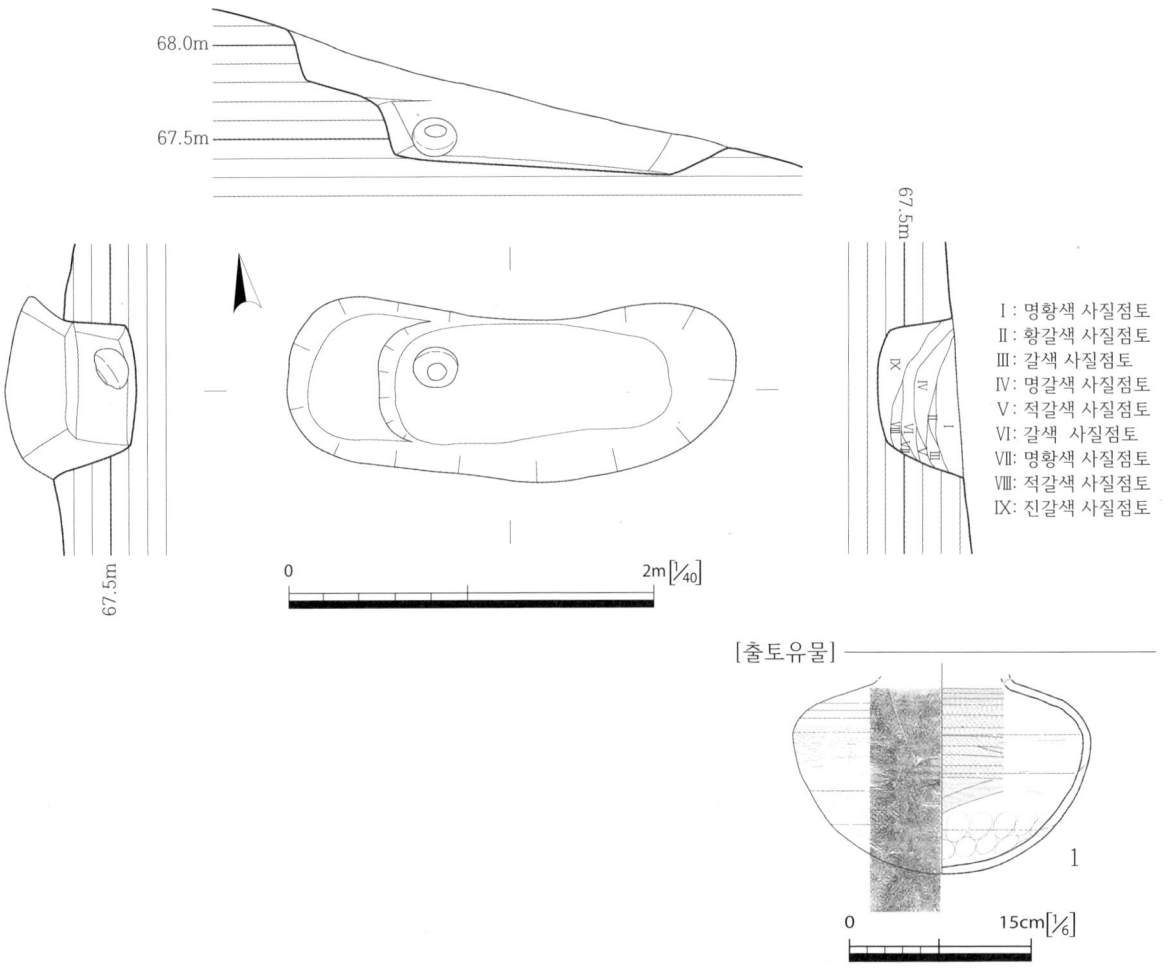

I : 명황색 사질점토
II : 황갈색 사질점토
III : 갈색 사질점토
IV : 명갈색 사질점토
V : 적갈색 사질점토
VI : 갈색 사질점토
VII : 명황색 사질점토
VIII : 적갈색 사질점토
IX : 진갈색 사질점토

[출토유물]

23호 토광묘

<table>
<tr><td colspan="2" rowspan="2">묘광</td><td>크 기
(길이×너비×깊이)</td><td>250×142×(70+)</td><td rowspan="2">목관</td><td>크 기
(길이×너비×높이)</td><td>?</td><td colspan="2">(단위 : cm)</td></tr>
</table>

묘광	크 기 (길이×너비×깊이)	250×142×(70+)	목관	크 기 (길이×너비×높이)	?
	장폭비	1.76:1		장폭비	?
	장축방향	N-80°-E	목곽	크 기 (길이×너비×높이)	?
	두 향	?		장폭비	?
유물	토 기	평저직구호(1), 원저단경호(1)			
	철 기	–			
	청동기	–			
	옥석류	–			
	기 타	–			
	특기사항				

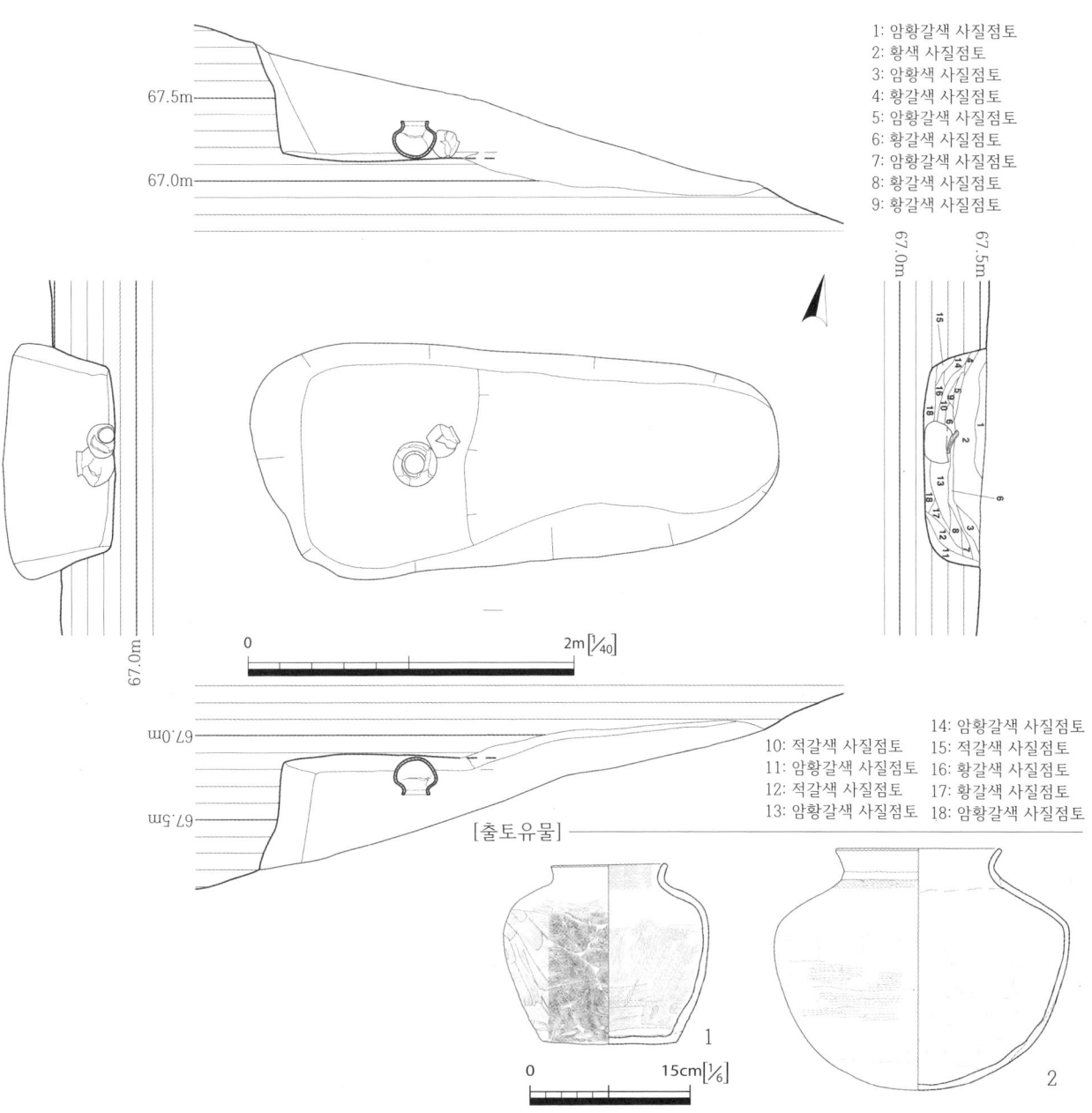

1: 암황갈색 사질점토
2: 황색 사질점토
3: 암황색 사질점토
4: 황갈색 사질점토
5: 암황갈색 사질점토
6: 황갈색 사질점토
7: 암황갈색 사질점토
8: 황갈색 사질점토
9: 황갈색 사질점토

10: 적갈색 사질점토
11: 암황갈색 사질점토
12: 적갈색 사질점토
13: 암황갈색 사질점토
14: 암황갈색 사질점토
15: 적갈색 사질점토
16: 황갈색 사질점토
17: 황갈색 사질점토
18: 암황갈색 사질점토

[출토유물]

0 ___ 2m [1/40]

0 ___ 15cm [1/6]

1호 석실묘

(단위 : cm)

봉토	크 기 (길이×너비×높이)	?	묘광	크 기 (길이×너비×깊이)	(512)×(130)×(120+)
	평면형태	?		장폭비	(3.94+):1
현실	크 기 (길이×너비×높이)	180×104×100		천장형태	평
	장폭비	1.73:1		횡구부위치	남측 단벽
횡구부	크 기 (길이×너비)	(48)×(144)		묘도크기 (길이×너비)	(132)×(144)
	장폭비	0.33:1		배수시설 (길이×너비×깊이)	-
시상/관대크기 (길이×너비×높이)		-		두 향	?
장축방향		N-26°-W		벽석종류	판석, 할석
유물	토 기	-			
	철 기	-			
	청동기	-			
	옥석류	-			
	기 타	-			
특기사항		출토유물 없음. 눈썹형의 주구[832×140×(15+)]가 확인됨.			

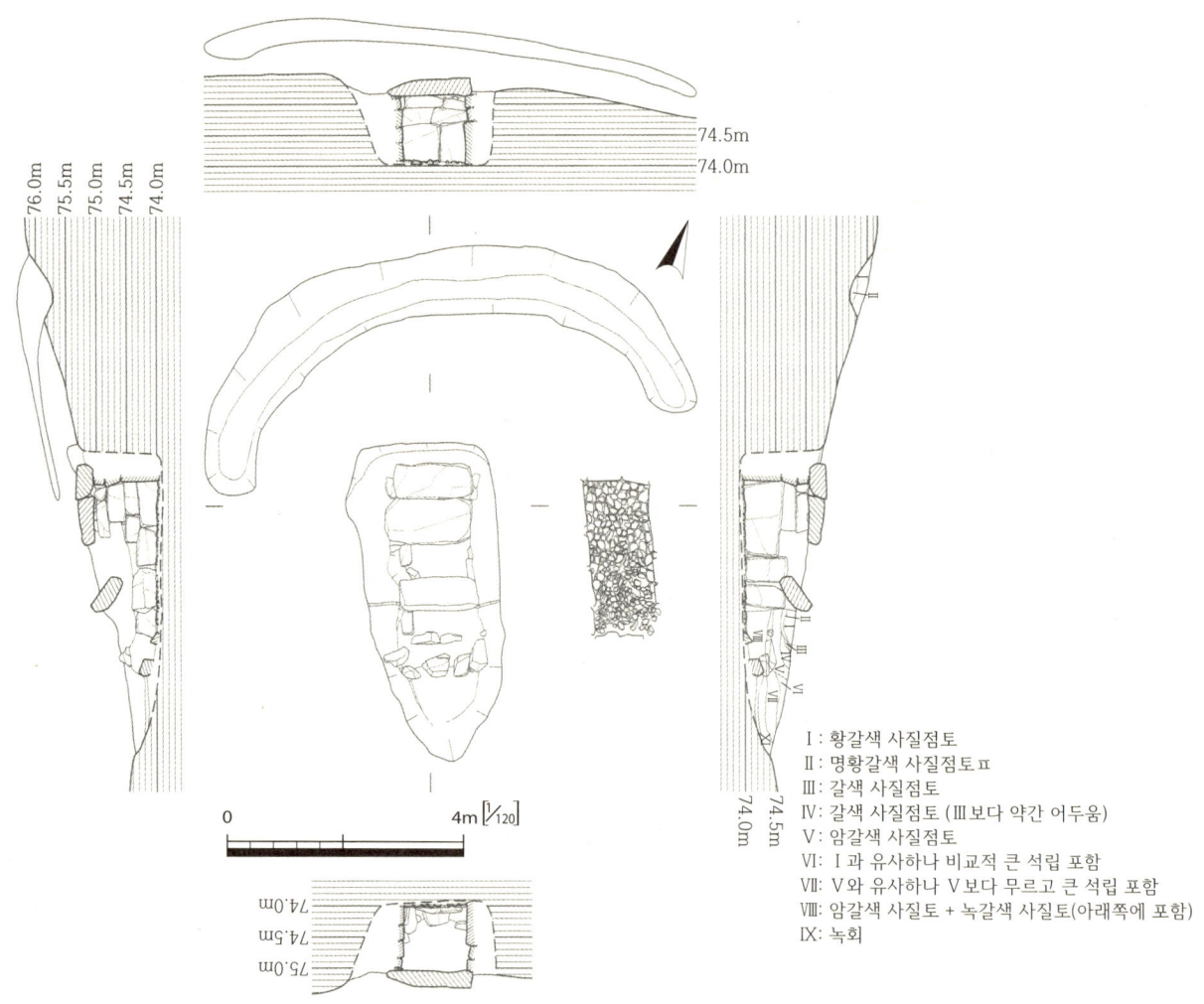

I : 황갈색 사질점토
II : 명황갈색 사질점토ㅍ
III: 갈색 사질점토
IV: 갈색 사질점토 (III보다 약간 어두움)
V: 암갈색 사질점토
VI: I과 유사하나 비교적 큰 석립 포함
VII: V와 유사하나 V보다 무르고 큰 석립 포함
VIII: 암갈색 사질토 + 녹갈색 사질토(아래쪽에 포함)
IX: 녹회

2호 석곽묘

(단위 : cm)

묘광	크 기 (길이×너비×깊이)	(168+)×120×(50+)	주체부	크 기 (길이×너비×높이)	(120+)×58×(25+)
	장폭비	?		장폭비	?
	장축방향	N-35°-W	시상·관대	크 기 (길이×너비×높이)	-
	두 향	?	벽석종류		할석
유물	토 기	-			
	철 기	-			
	청 동 기	-			
	옥석류	-			
	기 타	-			
	특기사항	출토유물 없음. 석곽으로 보고하였으나 파괴가 심하여 정확한 구조는 알 수 없음.			

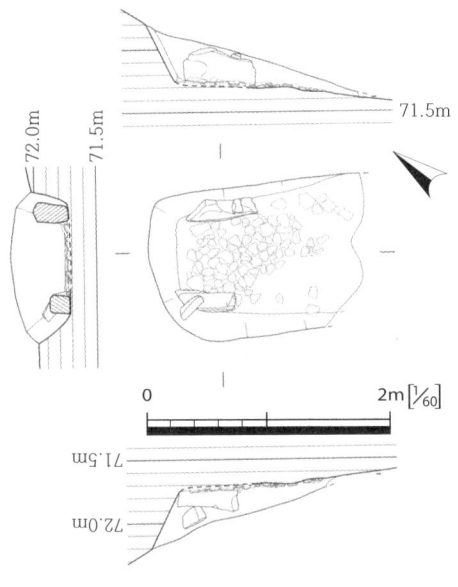

[유구사진]

3호 석곽묘

(단위 : cm)

묘광	크 기 (길이×너비×깊이)	288×(130+)×(50+)	주체부	크 기 (길이×너비×높이)	218×(44)×(48+)
	장폭비	?		장폭비	(4.95):1
	장축방향	N-55°-E	시상·관대	크 기 (길이×너비×높이)	-
	두 향	?	벽석종류		할석
유물	토 기	병(1), 삼족기(3)			
	철 기	-			
	청동기	-			
	옥석류	-			
	기 타	-			
	특기사항				

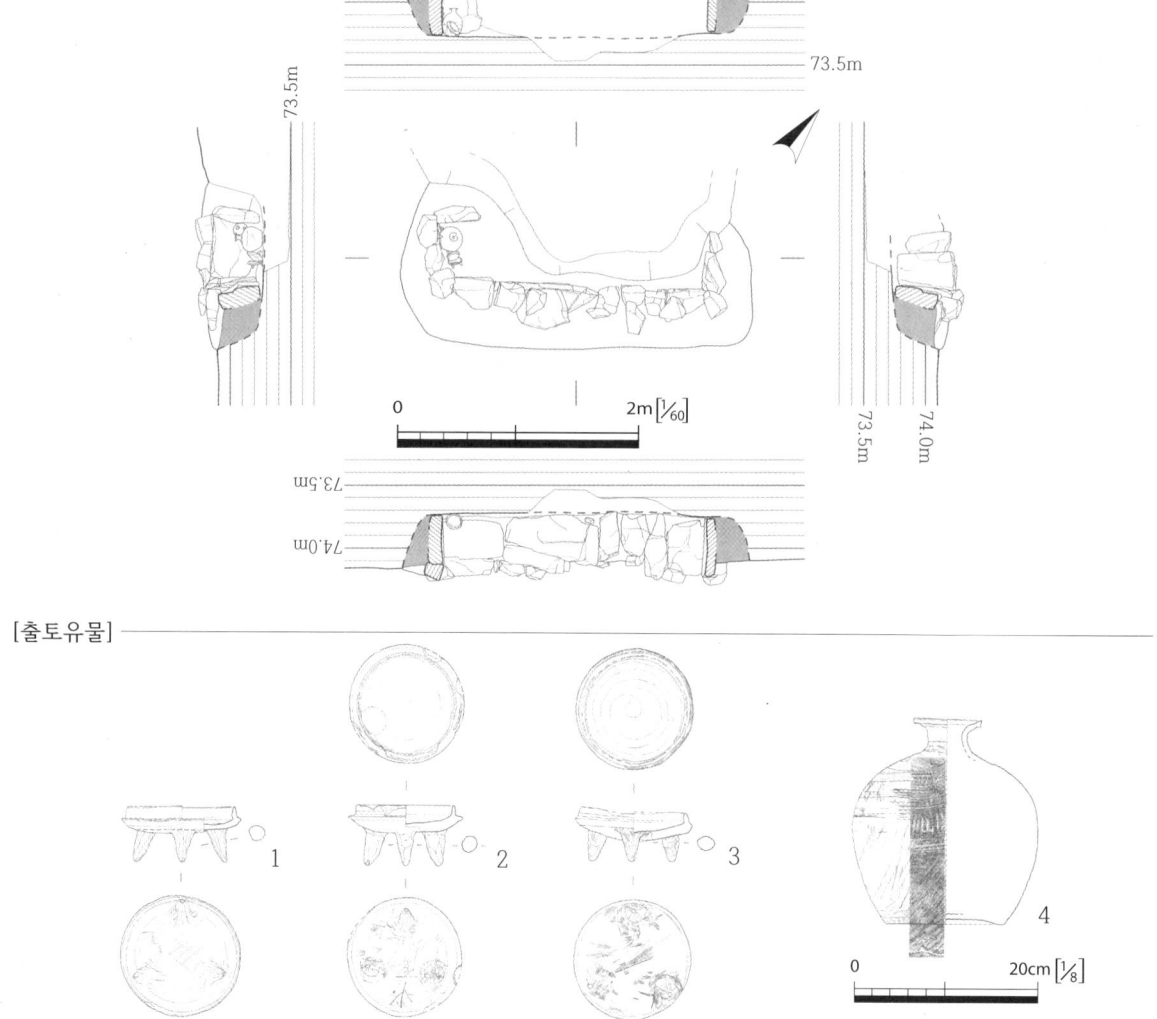

[출토유물]

1 2 3 4

4호 석곽묘

(단위 : cm)

묘광	크 기 (길이×너비×깊이)	(230+)×210×(70+)	주체부	크 기 (길이×너비×높이)	156×68×(74+)
	장폭비	?		장폭비	2.29:1
	장축방향	N-40°-E	시상·관대	크 기 (길이×너비×높이)	-
	두 향	?	벽석종류		할석
유물	토 기	병(3), 삼족기(3)			
	철 기	-			
	청동기	-			
	옥석류	-			
	기 타	-			
	특기사항				

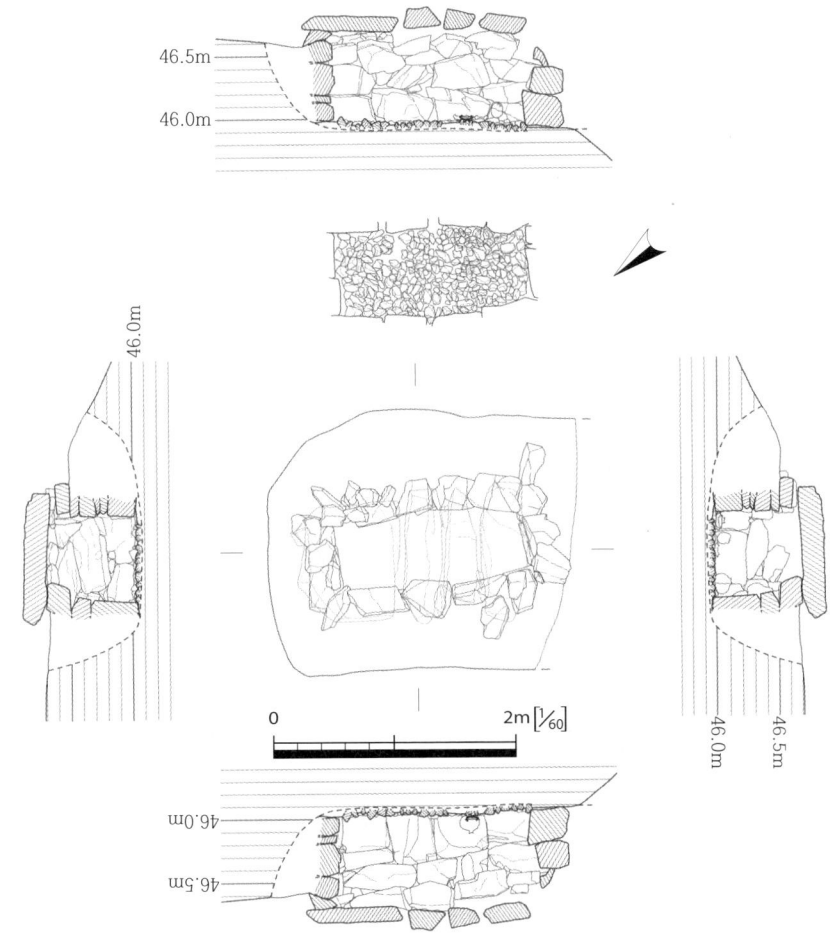

46.5m
46.0m

46.0m

46.0m

0   2m [1/60]

46.0m
46.5m

46.0m
46.5m

[출토유물]

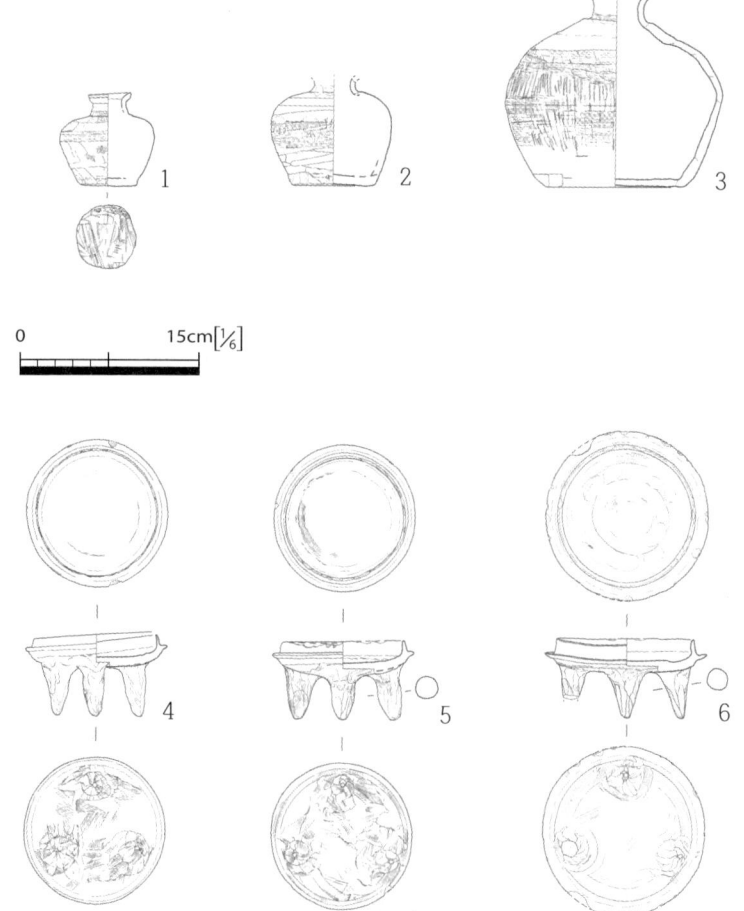

0   15cm[⅙]

서산 여미리 이문안골 유적 瑞山 餘美里 이문안골 遺蹟

조사사유	국도 32호선 서산-당진 간 국도 확장 및 포장공사로 인한 구제발굴조사
조사연혁	지표조사 : 2000. (忠淸文化財硏究院)· 시굴조사 : 2001. 10. 08. ~ 2001. 12. 26. (忠淸文化財硏究院) 발굴조사 : 2003. 09. 17. ~ 2003. 10. 16. (忠淸文化財硏究院)
유적위치	충청남도 서산시 운산면 여미리 이문안골 일원 경·위도 126°35′07.70″E / 36°49′24.21″N
유적입지	전말산(해발 85.4m)에서 북서쪽으로 분기하는 능선의 정상부에 입지하며 운산면에서 북서쪽으로 약 1.5km 떨어져 위치한다. 유적이 위치한 능선은 해발 82.5m에 해당하며, 정상을 기준으로 북동과 남서방향으로 구릉이 형성되었다. 북동쪽 구릉의 등고선은 북에서 남으로, 남서쪽 구릉의 등고선은 동에서 서로 발달하였다. 유적은 이들 구릉 중 북동 방향으로 발달한 독립구릉의 정상에 자리하고 있다. 이 구릉은 해발고도 96.0m로 북쪽과 동쪽으로 길게 발달하였으며, 동쪽방향이 북쪽방향보다 더 가파르게 형성되었다. 유적의 서북쪽은 구릉지대가 펼쳐져 있고 구릉을 둘러싸고 유적의 동남쪽으로 형성된 비교적 좁은 평탄면은 논으로 활용되고 있다.

유구현황	초기철기시대	-
	원 삼 국 시 대	-
	삼 국 시 대	석실묘(3)·석곽묘(1)·와관묘(1)
	기 타	고려시대 와개묘(2), 조선시대 수혈주거지(2)

주요유물	관고리, 관정 등
시대·성격	유적 내에서는 백제시대에서 조선시대에 이르는 다양한 유구들이 확인되었다. 백제시대 분묘인 횡혈식 석실묘 3기, 수혈식 석곽묘 1기, 와관묘 1기로 조사되었으며, 고려시대 분묘인 와개묘 2기가 확인되었다. 또한 조선시대의 수혈주거지 2기가 확인되어 총 9기의 유구가 조사되었다. 와관묘는 인근의 서산 여미리 유적에서 5기가 확인된 바 있으며, 두 유적은 거리상 1km 정도 떨어져 매우 가깝게 위치하고 있다. 풍화암반토인 생토를 굴광하여 조영한 후 바닥과 벽, 덮개를 모두 암키와를 사용하여 관을 조성한 구조이다. 내부에는 암갈색 사질토가 채워져 있으며, 유물은 확인되지 않았다. 1998년 조사된 여미리 유적의 와관묘와 규모·축조방식 등이 유사한 것으로 보아 그 성격도 같은 것으로 추정된다. 횡혈식 석실묘는 총 3기가 확인되었다. 이 중 3호묘는 문주석을 세우고 뒤에 연도를 설치한 횡혈식 석실묘로 남벽전체를 입구로 사용한 것으로 보이며, 개석은 고분의 북쪽에 1매만 남아 있으나 잔존상태로 보아 평천정으로 추정되며, 바닥에는 할석으로 부석되었다. 이들 석실묘는 그 구조로 보아 대략 7세기 경에 축조된 것으로 판단된다. 2호묘와 4호묘는 거의 파괴되어 그 형태를 알 수 없으나 2호묘의 남벽에서는 문지방석으로 추정되는 석재가 횡방향으로 놓여 있는 점 등으로 보아 횡혈식으로 판단된다.
참고문헌	忠淸文化財硏究院, 2001, 『國道 32號線 瑞山-唐津間 道路 擴張 및 鋪裝工事 區間 內 文化遺蹟 試掘調査 報告書』. 忠淸文化財硏究院, 2005, 『瑞山 余美里 방죽골 遺蹟-부록: 서산 여미리 이문안골 유적』調査報告 第40-2輯.

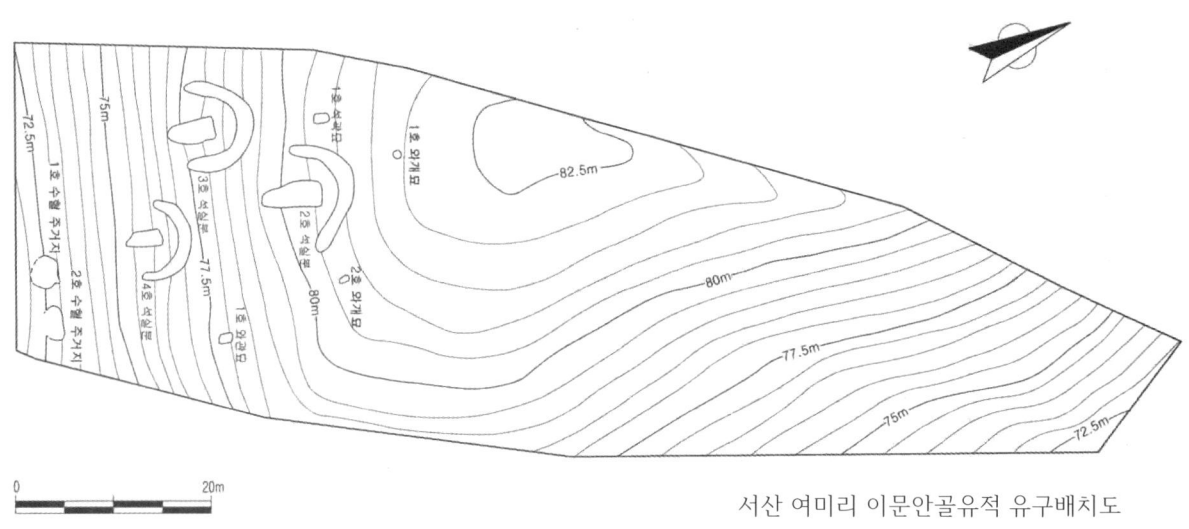

서산 여미리 이문안골유적 유구배치도

서산 여미리 이문안골유적 전경

1호 석곽묘

(단위 : cm)

묘광	크 기 (길이×너비×깊이)	154×98×(46+)	주체부	크 기 (길이×너비×높이)	132×52×(42+)
	장폭비	1.57:1		장폭비	2.54:1
	장축방향	N-10°-E	시상·관대	크 기 (길이×너비×높이)	?
	두 향	?	벽석종류		판석, 할석
유물	토 기	-			
	철 기	-			
	청 동 기	금동제 이식(1)			
	옥 석 류	-			
	기 타	-			
	특기사항				

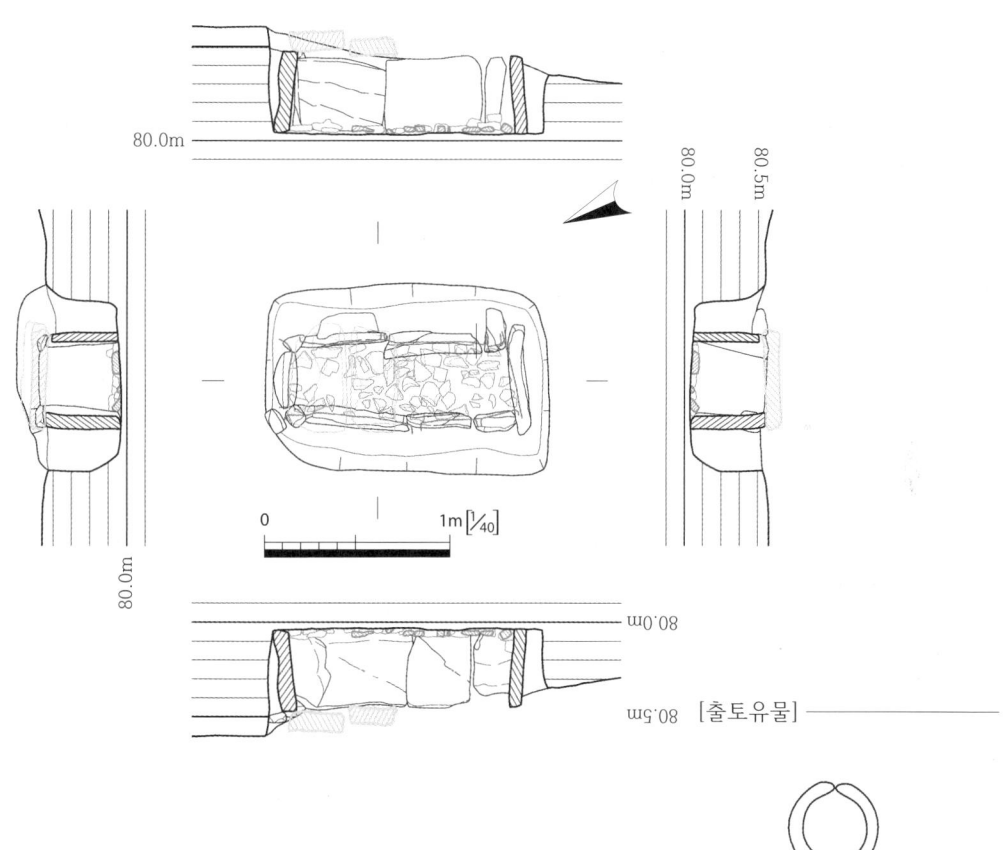

[출토유물]

2호 석실묘

(단위 : cm)

봉토	크 기 (길이×너비×높이)	?	묘광	크 기 (길이×너비×깊이)	602×206×(120+)
	평면형태	?		장폭비	2.92:1
현실	크 기 (길이×너비×높이)	(220+)×(120+)×?		천장형태	?
	장폭비	?		연도위치	남측 단벽
연도	크 기 (길이×너비×높이)	?		묘도크기 (길이×너비)	?
	장폭비	?		배수시설 (길이×너비×깊이)	?
시상/관대크기 (길이×너비×높이)		?		두 향	?
장축방향		N-10°-E		벽석종류	?
유물	토 기	-			
	철 기	관고리(4), 관정(6)			
	청 동 기	-			
	옥 석 류	-			
	기 타	-			
특기사항		(눈썹형의) 주구[(1,530+)×155×(40+)]가 확인됨.			

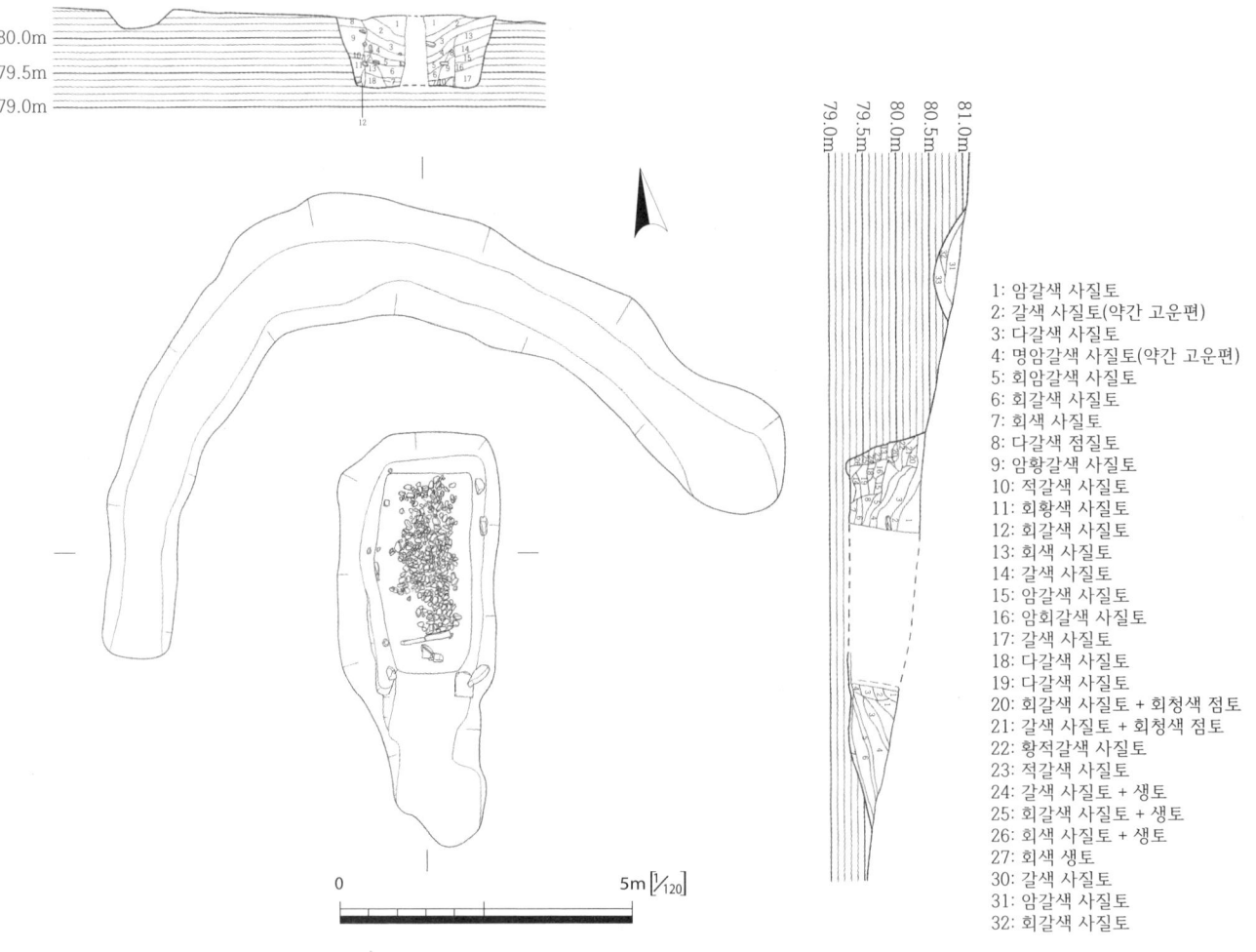

1: 암갈색 사질토
2: 갈색 사질토(약간 고운편)
3: 다갈색 사질토
4: 명암갈색 사질토(약간 고운편)
5: 회암갈색 사질토
6: 회갈색 사질토
7: 회색 사질토
8: 다갈색 점질토
9: 암황갈색 사질토
10: 적갈색 사질토
11: 회황색 사질토
12: 회갈색 사질토
13: 회색 사질토
14: 갈색 사질토
15: 암갈색 사질토
16: 암회갈색 사질토
17: 갈색 사질토
18: 다갈색 사질토
19: 다갈색 사질토
20: 회갈색 사질토 + 회청색 점토
21: 갈색 사질토 + 회청색 점토
22: 황적갈색 사질토
23: 적갈색 사질토
24: 갈색 사질토 + 생토
25: 회갈색 사질토 + 생토
26: 회색 사질토 + 생토
27: 회색 생토
30: 갈색 사질토
31: 암갈색 사질토
32: 회갈색 사질토

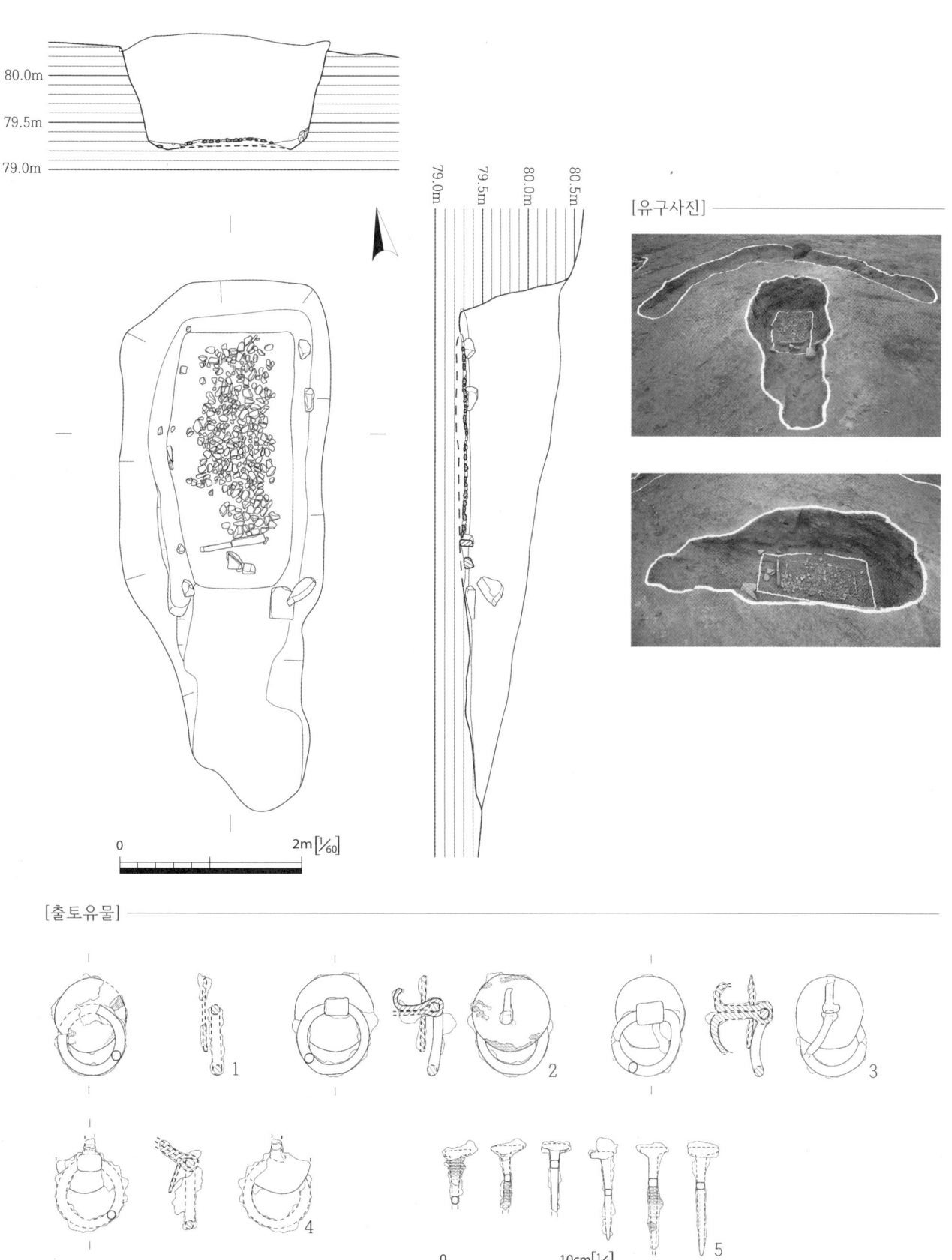

80.0m
79.5m
79.0m

79.0m
79.5m
80.0m
80.5m

0   2m[1/60]

[출토유물]

1

2

3

4

0   10cm[1/4]   5

3호 석실묘

(단위 : cm)

봉토	크 기 (길이×너비×높이)	?	묘광	크 기 (길이×너비×깊이)	464×230×(122+)
	평면형태	?		장폭비	2.01:1
현실	크 기 (길이×너비×높이)	330×89×(100+)		천장형태	?
	장폭비	2.06:1		연도위치	남측 단벽
연도	크 기 (길이×너비×높이)	120×100×(20+)		묘도크기 (길이×너비)	?
	장폭비	1.20:1		배수시설 (길이×너비×깊이)	?
시상/관대크기 (길이×너비×높이)		?		두 향	?
장축방향		N-5°-E		벽석종류	?
유물	토 기	-			
	철 기	-			
	청 동 기	-			
	옥 석 류	-			
	기 타	-			
특기사항		(눈썹형의) 주구[1,630×140×(21+)]가 확인됨.			

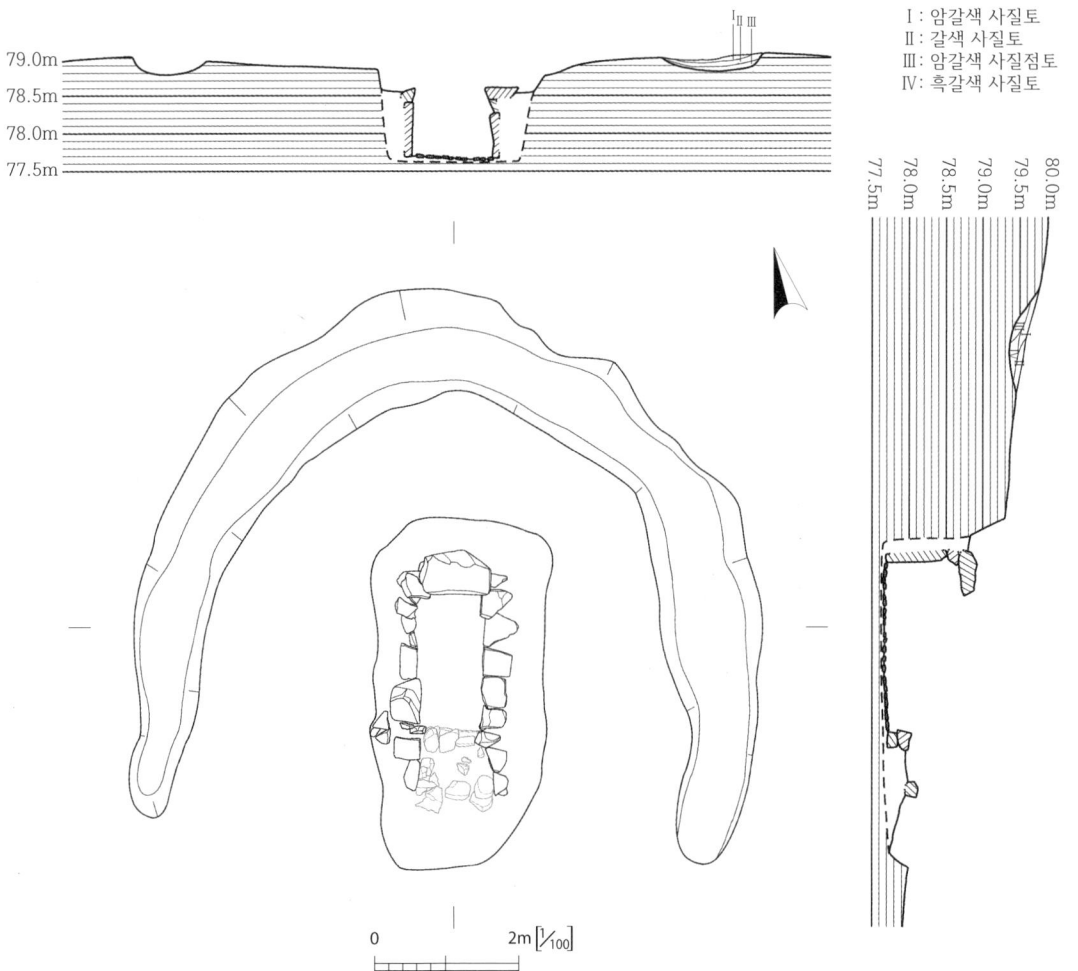

I : 암갈색 사질토
II : 갈색 사질토
III : 암갈색 사질점토
IV : 흑갈색 사질토

0   2m [1/100]

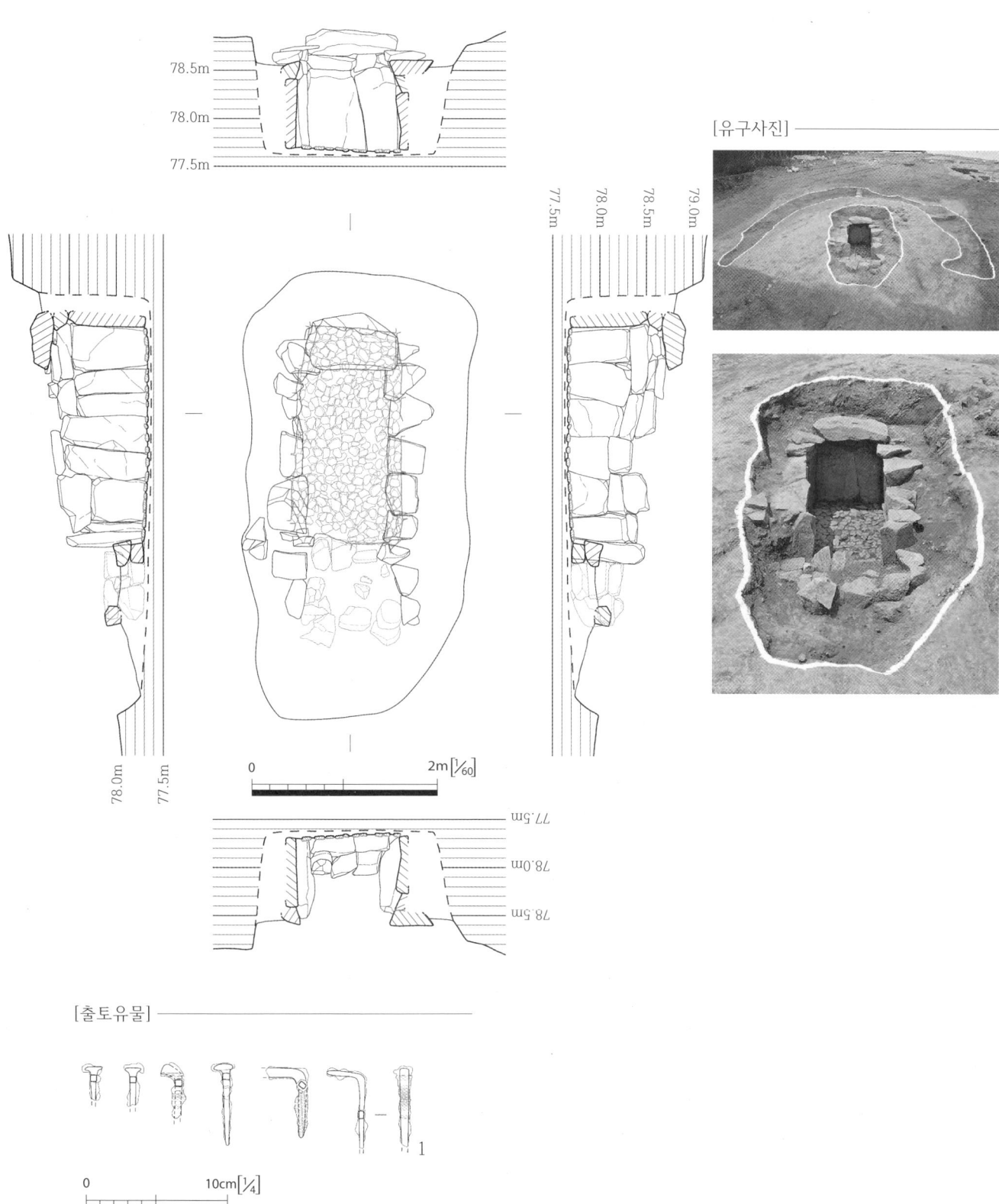

78.5m
78.0m
77.5m

79.0m
78.5m
78.0m
77.5m

78.0m
77.5m

0   2m [1/60]

77.5m
78.0m
78.5m

[출토유물]

0   10cm [1/4]

1

4호 석실묘

봉토	크 기 (길이×너비×높이)	?	묘광	크 기 (길이×너비×깊이)	346×150×(70+)
	평면형태	?		장폭비	2.30:1
현실	크 기 (길이×너비×높이)	(220+)×(90+)×?		천장형태	?
	장폭비	?		연도위치	남측 단벽
연도	크 기 (길이×너비×높이)	?		묘도크기 (길이×너비)	?
	장폭비	?		배수시설 (길이×너비×깊이)	?
시상/관대크기 (길이×너비×높이)		?	두 향		?
장축방향		N-8°-E	벽석종류		?
유물	토 기	-			
	철 기	금동제 이식(2)			
	청동기	-			
	옥석류	-			
	기 타	-			
특기사항		(눈썹형의) 주구[(1,220+)×96×(22+)]가 확인됨.			

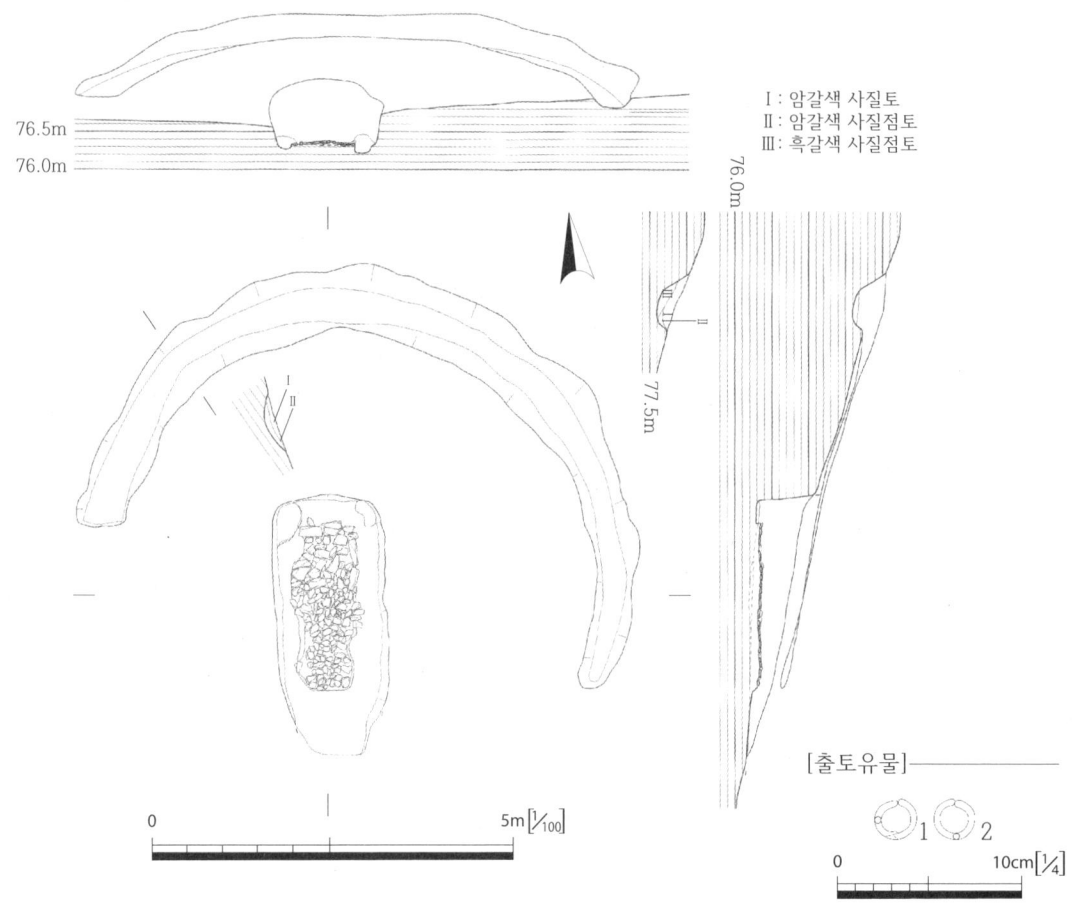

Ⅰ: 암갈색 사질토
Ⅱ: 암갈색 사질점토
Ⅲ: 흑갈색 사질점토

76.5m
76.0m

76.0m

77.5m

0   5m [1/100]

[출토유물]

1 2

0   10cm[1/4]

1호 와관묘

(단위 : cm)

묘광	크 기 (길이×너비×깊이)	130×100×(10+)	와관	크 기 (길이×너비×높이)	76×40×(28+)
	장폭비	1.30:1		장폭비	1.90:1
	장축방향	N-5°-E		두 향	?
유물	토 기	-			
	철 기	-			
	청 동 기	-			
	옥 석 류	-			
	기 타	암키와(12)			
	특기사항				

Ⅰ: 암흑갈색 사질점토
Ⅱ: 흑갈색 사질점토
Ⅲ: 암흑갈색 사질점토(점성이 강함)
Ⅳ: 암갈색 점질토
Ⅴ: 황갈색 사질점토
Ⅵ: 갈색 사질점토
Ⅶ: 암황갈색 사질점토
Ⅷ: 암황갈색 사질점토
Ⅸ: 황갈색 점질토

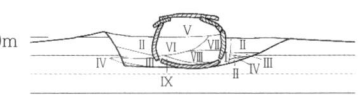

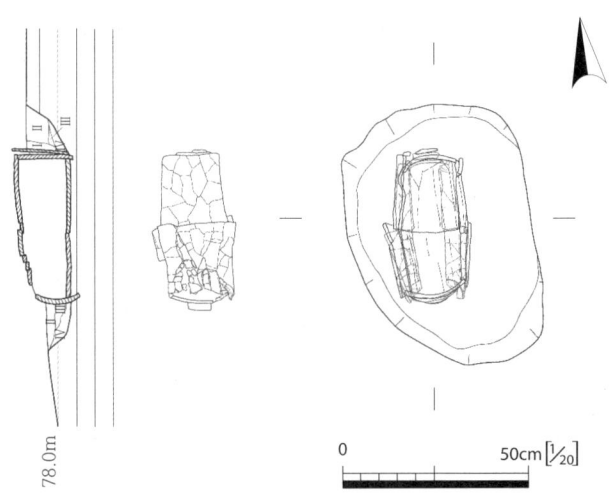

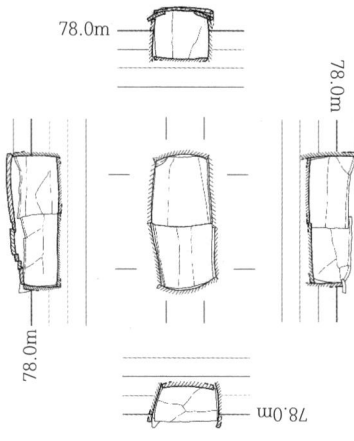

0   50cm [1/20]

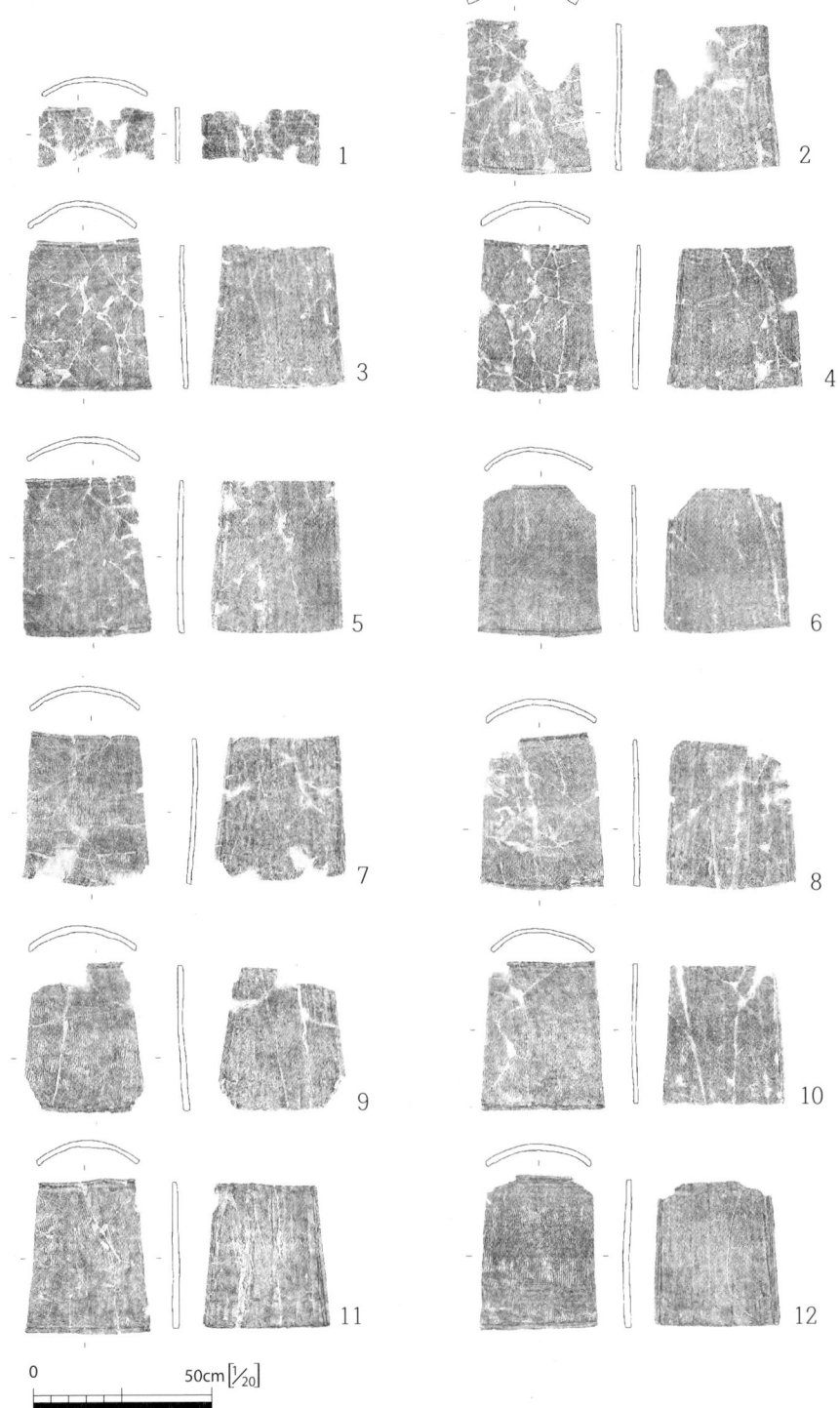

0   50cm [1/20]

서산 여미리유적 瑞山 餘美里遺蹟

조사사유	서해안고속도로건설(당진-서천구간)에 따른 구제발굴조사
조사연혁	지표조사 : 1996. (高麗大學校 埋藏文化研究所) 시굴조사 : 1997. (高麗大學校 埋藏文化研究所) 발굴조사 : 1998. 05. 21. ~ 1999. 05. 27. ((財)忠淸埋藏文化財研究院)
유적위치	충청남도 서산시 운산면 여미리 477-1번지 및 산 17번지 일원
	경·위도 126°34′16.99″E / 36°49′19.79″N
유적입지	운산면 소재지에서 북쪽으로 약 700m정도에 위치한다. 조사지역의 동남쪽 전방으로 용장천이 남에서 북으로 흘러 아산만으로 유입되고 있다. I지구는 동북쪽으로 분기된 능선에서 남동쪽으로 흘러내린 능선 말단부지역이다. II지구는 운산면 소재지에서 서산방향으로 700m 직진 후 도로 우측에 있는 독립적으로 형성된 능선 말단부지역이다. 조사구역 사이에는 농경지가 위치하고 있다.

유구현황	초기철기시대	수혈유구(6)
	원삼국시대	구상유구(1)
	삼 국 시 대	석실묘(13)·석곽묘(7)·토광묘(8)·옹관묘(4)·와관묘(5)·매납유구(9)·건물지(2)
	기 타	조선시대 토광묘(25)·건물지(1), 시대미상 구상유구(14)·적석유구(3)·미상유구(3)

주요유물	심발형토기, 단경호, 고배, 삼족기, 기와
시대·성격	토광묘에서 출토된 원저단경호와 심발형토기는 4세기대로 편년되며 병형토기와 고배는 5세기 후반으로 편년할 수 있다. 고분의 구조 및 토기의 기형변화를 살펴보았을 때 6세기 전반으로 편년할 수 있다. 수혈식 석곽묘지역에 횡혈식 석실묘가 유입된 I유형과 횡혈식 석실묘가 진화된 II유형이 있는데 I유형에서만 유물이 출토하고 있다. I유형은 축조방식과 유물을 통해 6세기 중반경으로 볼 수 있으며, II유형은 백제말기로 편년할 수 있다. 그러므로 여미리고분군은 4세기에서 백제말기까지 조영된 분묘유적임을 알 수 있다.
참고문헌	高麗大學校 埋藏文化研究所, 1996,『당진-서천간 고속도로 건설구간내 매장문화재 분포조사 및 민속조사』, 高麗大學校 埋藏文化研究所 研究叢書 第3輯. (財)忠淸埋藏文化財研究院, 2001,『瑞山 餘美里遺蹟』, (財)忠淸埋藏文化財研究院 文化遺蹟 發掘調査 21輯.

서산 여미리유적 전경

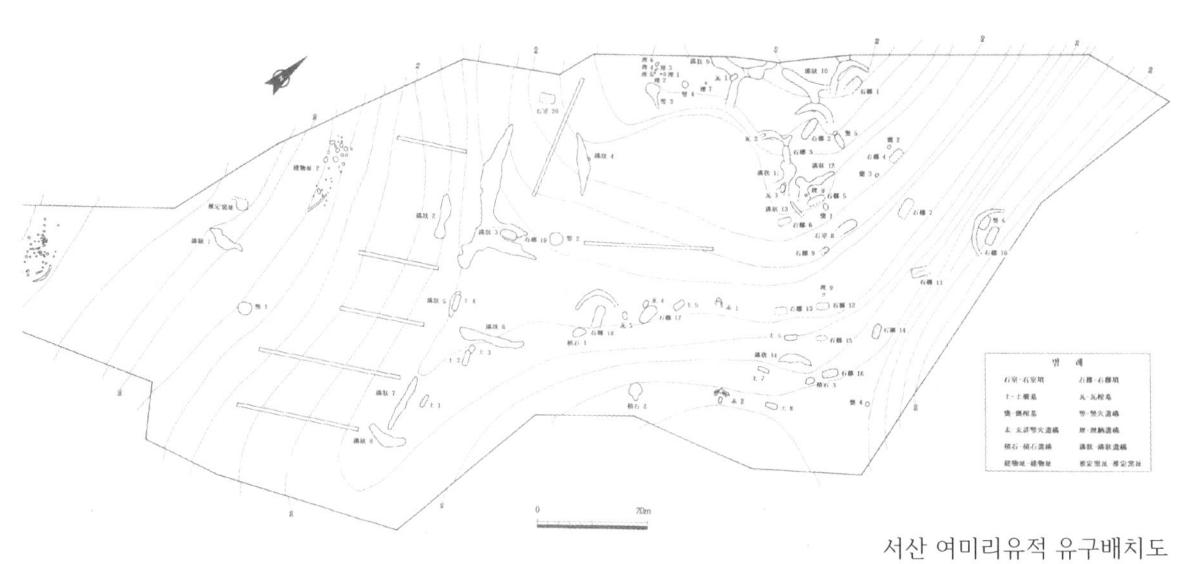

서산 여미리유적 유구배치도

I지구 1호 석실묘

(단위 : cm)

봉토	크 기 (길이×너비×높이)	?	묘광	크 기 (길이×너비×깊이)	(258)×(194+)×(16+)
	평면형태	?		장폭비	?
현실	크 기 (길이×너비×높이)	(220+)×106×(30+)		천장형태	?
	장폭비	?		횡구부위치	(남측 단벽)
횡구부	크 기 (길이×너비)	?		묘도크기 (길이×너비)	?
	장폭비	?		배수시설 (길이×너비×깊이)	?
시상/관대크기 (길이×너비×높이)		?		두 향	?
장축방향		N-10°-W		벽석종류	할석
유물	토 기	배(1), 직구소호(1), 삼족기(3), 병(1)			
	철 기	-			
	청동기	-			
	옥석류	-			
	기 타	-			
특기사항		눈썹형의 주구[(752+)×(500)×(18+)]가 확인됨. 횡구식 석실로 보고하였으나 파괴가 심하여 정확한 구조는 알 수 없음.			

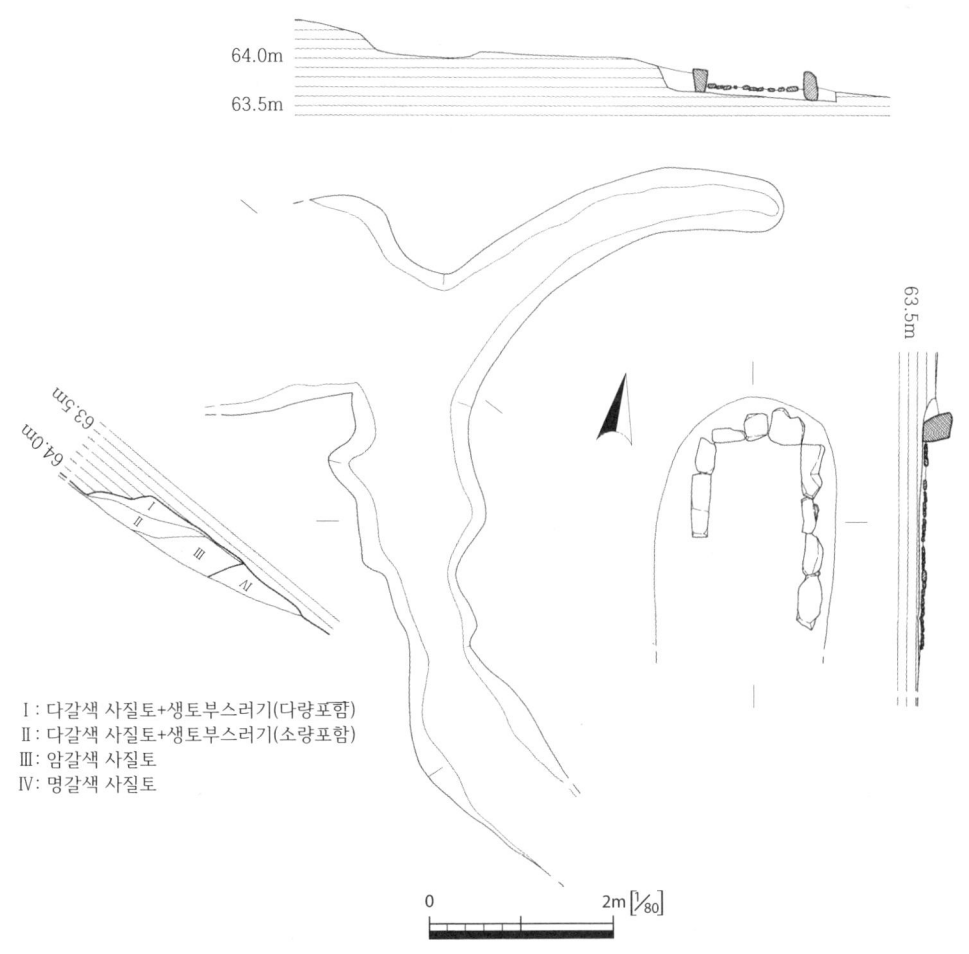

64.0m
63.5m

63.5m

63.5m
64.0m

Ⅰ: 다갈색 사질토+생토부스러기(다량포함)
Ⅱ: 다갈색 사질토+생토부스러기(소량포함)
Ⅲ: 암갈색 사질토
Ⅳ: 명갈색 사질토

0   2m [1/80]

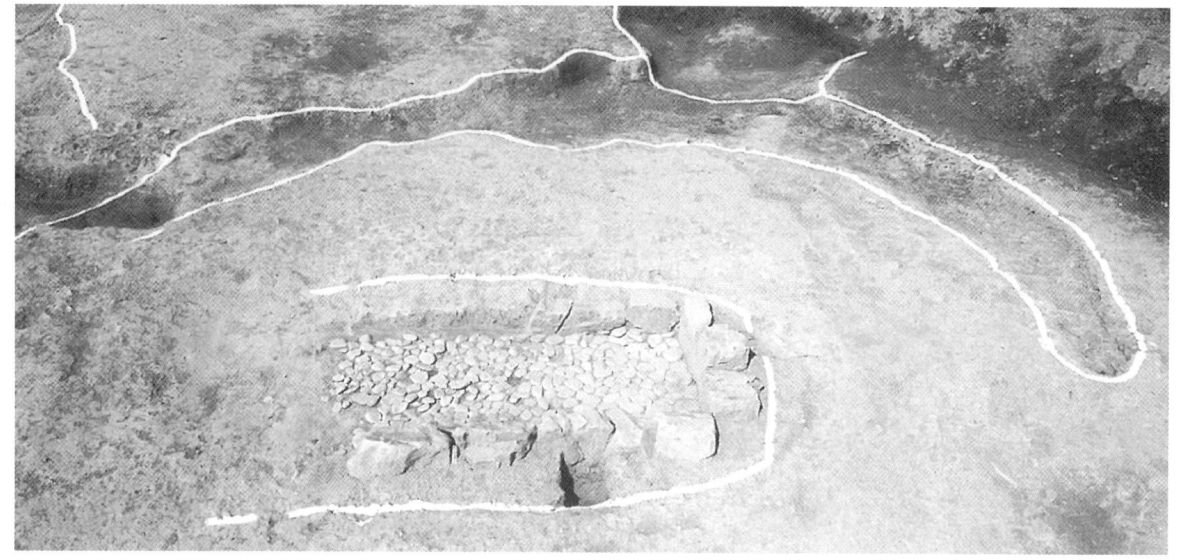

64.0m —

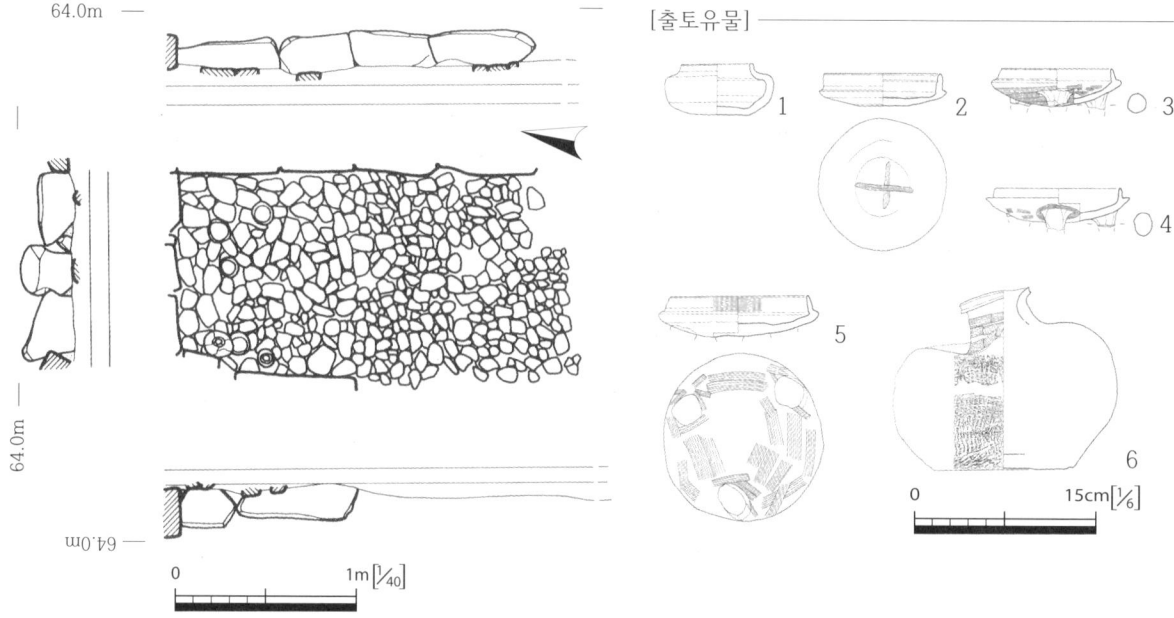

1

2

3

4

5

6

0   15cm[⅙]

64.0m —

0   1m[¹⁄₄₀]

I지구 2호 석실묘

(단위 : cm)

봉토	크 기 (길이×너비×높이)	?	묘광	크 기 (길이×너비×깊이)	420×172×(74+)
	평면형태	?		장폭비	2.44:1
현실	크 기 (길이×너비×높이)	242×84×(68+)		천장형태	?
	장폭비	2.88:1		횡구부위치	남측 단벽
횡구부	크 기 (길이×너비)	(120)×(64)		묘도크기 (길이×너비)	?
	장폭비	1.87:1		배수시설 (길이×너비×깊이)	?
	시상/관대크기 (길이×너비×높이)	?		두 향	?
	장축방향	N-13°-W		벽석종류	할석
유물	토 기	-			
	철 기	-			
	청 동 기	-			
	옥 석 류	-			
	기 타	-			
	특기사항	출토유물 없음. (눈썹형)의 주구[(472+)×(160)×(48+)]가 확인됨.			

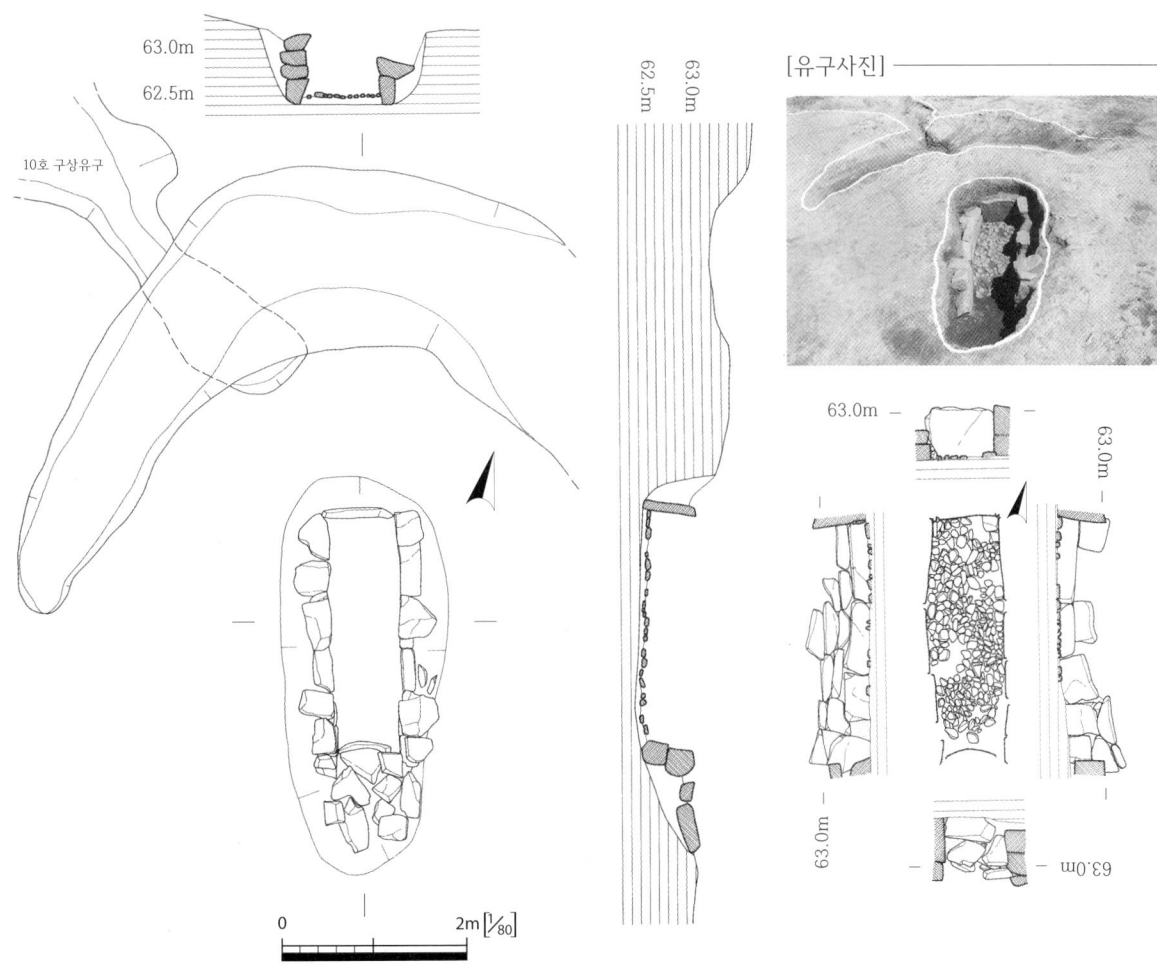

I지구 3호 석곽묘

(단위 : cm)

묘광	크 기 (길이×너비×깊이)	(360+)×126×(20+)	주체부	크 기 (길이×너비×높이)	(160+)×78×(20+)
	장폭비	?		장폭비	?
	장축방향	N-59°-W	시상·관대	크 기 (길이×너비×높이)	?
	두 향	?	벽석종류		할석
유물	토 기	배(1), 병(1)			
	철 기	-			
	청 동 기	-			
	옥 석 류	-			
	기 타	-			
	특기사항	석곽으로 보고되었으나 파괴가 심하여 정확한 구조는 알 수 없음.			

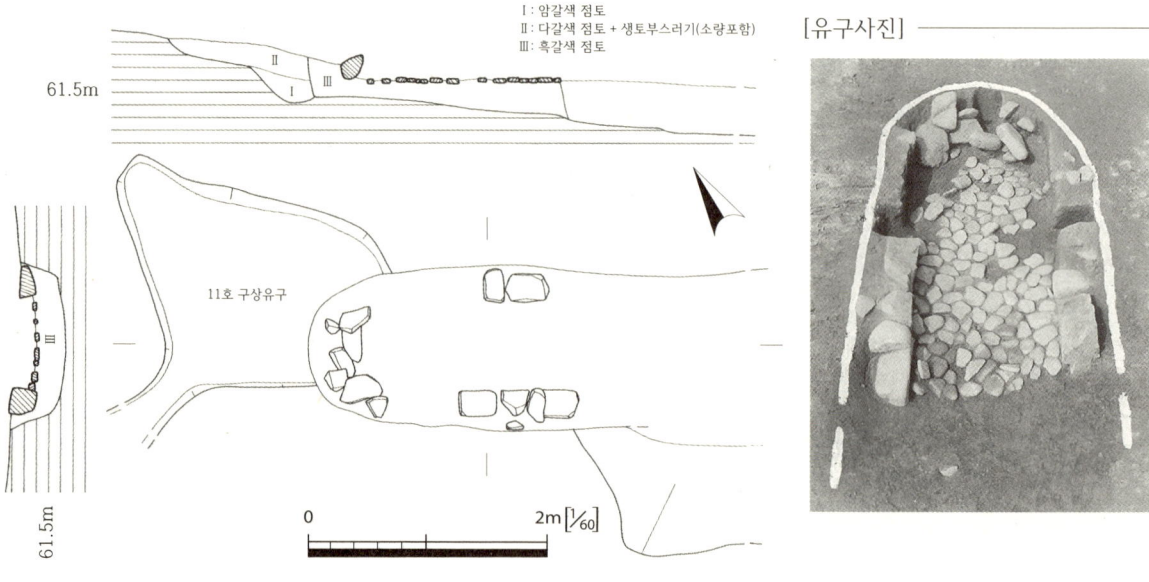

I : 암갈색 점토
II : 다갈색 점토 + 생토부스러기(소량포함)
III : 흑갈색 점토

[유구사진]

61.5m

61.5m

11호 구상유구

0   2m[1/60]

[출토유물]

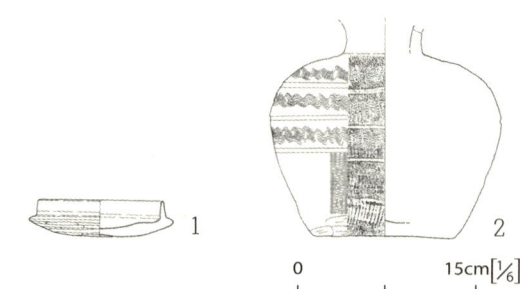

1   2

0   15cm[1/6]

I지구 4호 석실묘

(단위 : cm)

봉토	크 기 (길이×너비×높이)	?	묘광	크 기 (길이×너비×깊이)	(304)×(108+)×(17+)
	평면형태	?		장폭비	?
현실	크 기 (길이×너비×높이)	(220+)×(96+)×(26+)		천장형태	?
	장폭비	?		횡구부위치	(남측 단벽)
횡구부	크 기 (길이×너비)	?		묘도크기 (길이×너비)	?
	장폭비	?		배수시설 (길이×너비×깊이)	-
시상/관대크기 (길이×너비×높이)		?		두 향	?
장축방향		N-12°-W		벽석종류	할석
유물	토 기	삼족기(1)			
	철 기	미상철기(1)			
	청 동 기	-			
	옥 석 류	-			
	기 타	-			
특기사항		횡구식 석실로 보고되었으나 파괴가 심하여 정확한 구조는 알 수 없음.			

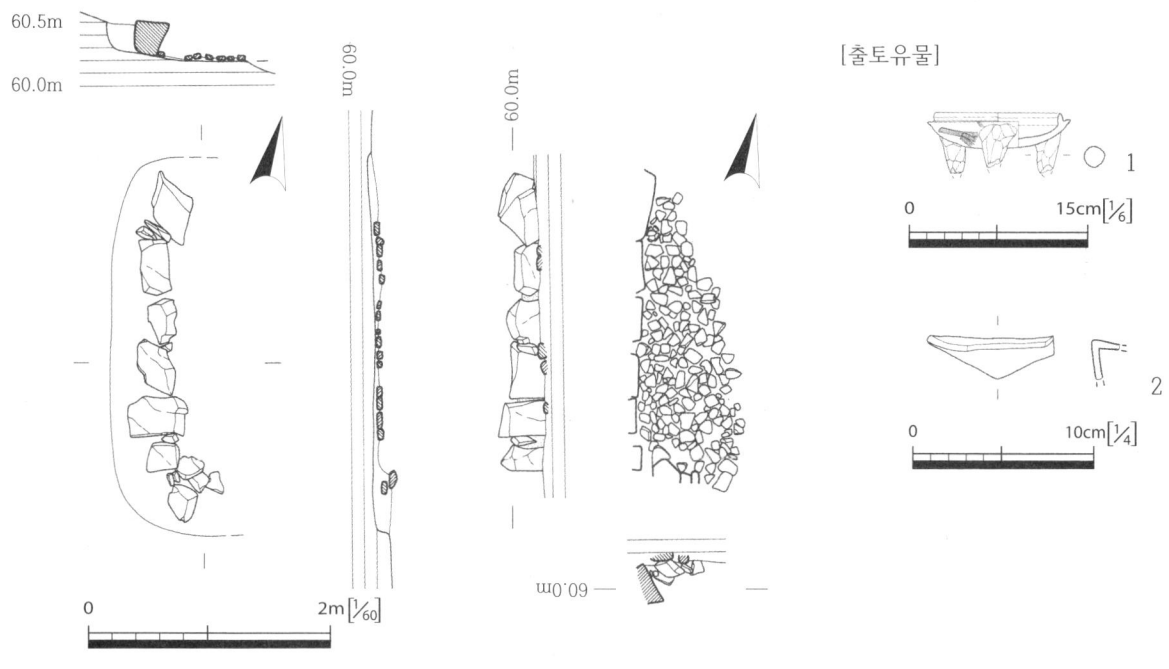

[출토유물]

I지구 5호 석곽묘

(단위 : cm)

묘광	크 기 (길이×너비×깊이)	(300+)×(76+)×(26+)	주체부	크 기 (길이×너비×높이)	(300+)×(80+)×(16+)
	장폭비	?		장폭비	?
	장축방향	N-12°-E	시상·관대	크 기 (길이×너비×높이)	?
	두 향	?	벽석종류		할석
유물	토 기	-			
	철 기	-			
	청 동 기	-			
	옥 석 류	-			
	기 타	-			
	특기사항	석곽으로 보고되었으나 파괴가 심하여 정확한 구조는 알 수 없음. 출토유물 없음.			

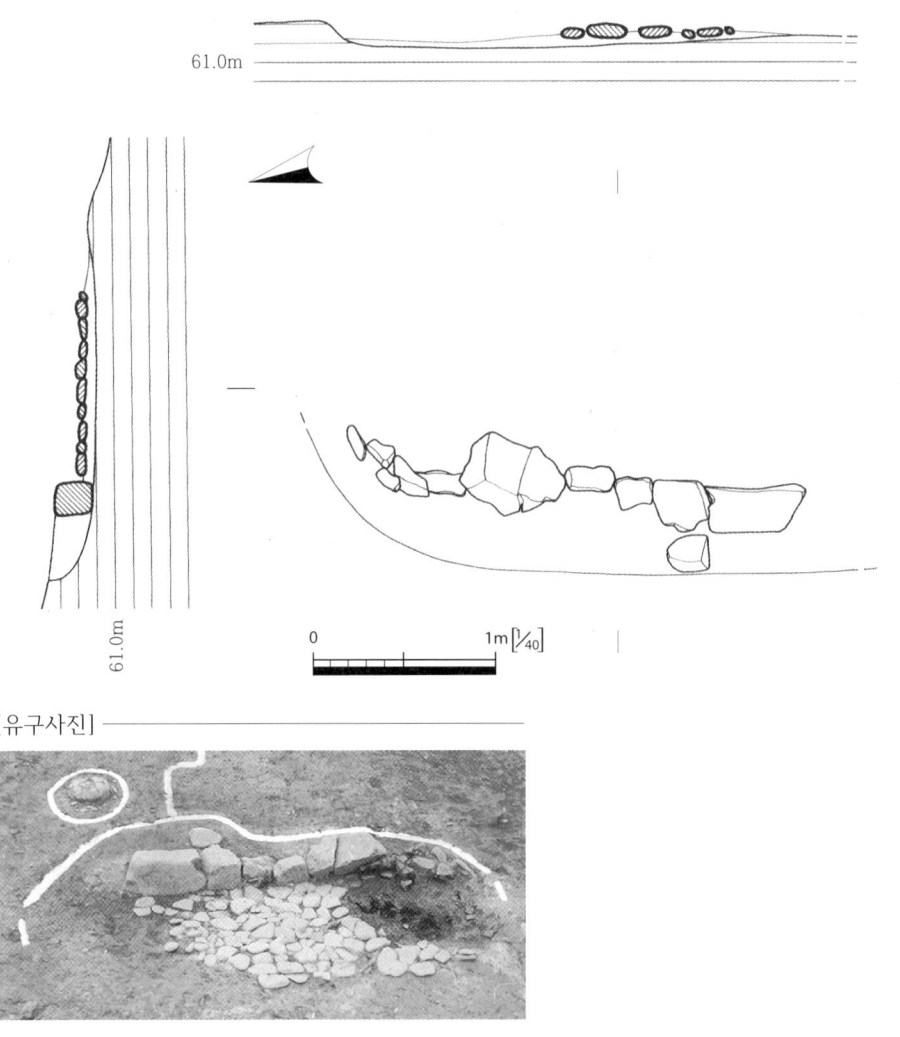

61.0m

61.0m

0   1m [1/40]

[유구사진]

I지구 6호 석곽묘

(단위 : cm)

묘광	크 기 (길이×너비×깊이)	(240+)×(104+)×(41+)	주체부	크 기 (길이×너비×높이)	(220+)×(90+)×(30+)
	장폭비	?		장폭비	?
	장축방향	N-17°-E	시상·관대	크 기 (길이×너비×높이)	?
	두 향	?	벽석종류		할석
유물	토 기	-			
	철 기	도(1)			
	청동기	-			
	옥석류	-			
	기 타	-			
	특기사항	석곽으로 보고되었으나 파괴가 심하여 정확한 구조는 알 수 없음.			

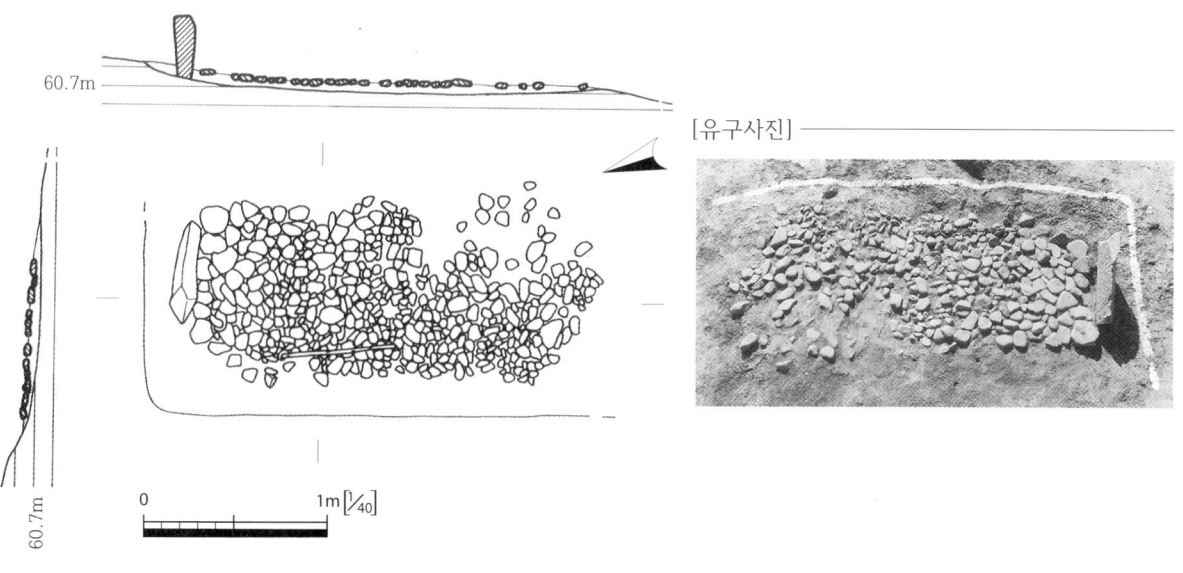

[유구사진]

[출토유물]

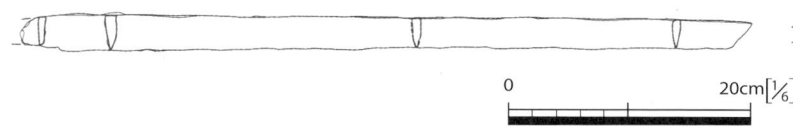

1

0   20cm[⅙]

I지구 7호 석곽묘

(단위 : cm)

묘광	크 기 (길이×너비×깊이)	(292+)×(140+)×(26+)	주체부	크 기 (길이×너비×높이)	(228+)×(84+)×(48+)
	장폭비	?		장폭비	?
	장축방향	N-25°-W	시상·관대	크 기 (길이×너비×높이)	?
	두 향	?	벽석종류		할석
유물	토 기	-			
	철 기	-			
	청동기	-			
	옥석류	-			
	기 타	-			
	특기사항	석곽으로 보고되었으나 파괴가 심하여 정확한 구조는 알 수 없음. 출토유물 없음.			

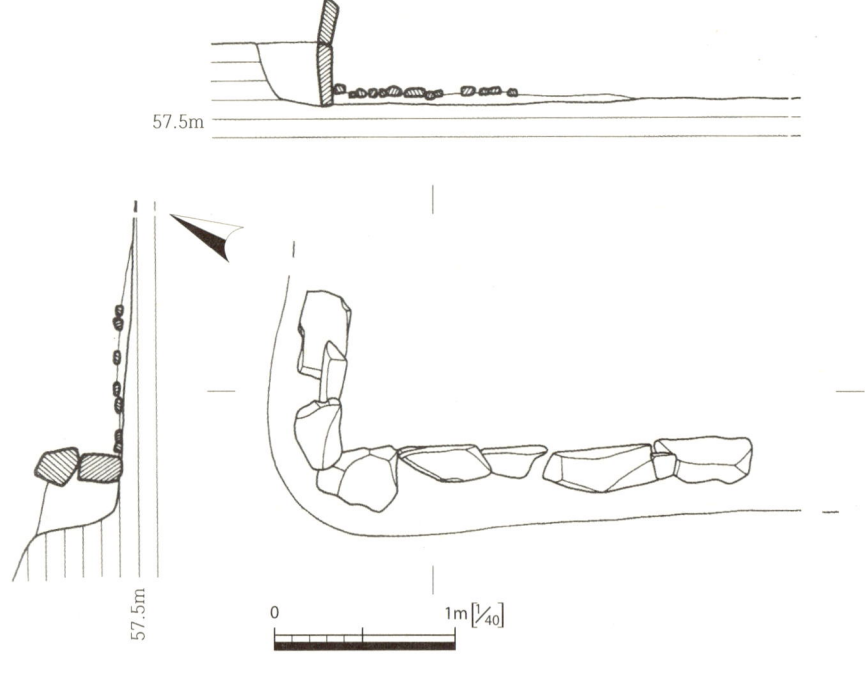

57.5m

57.5m

0   1m ⅟₄₀

[유구사진]

I지구 8호 석실묘

(단위 : cm)

봉토	크 기 (길이×너비×높이)	?	묘광	크 기 (길이×너비×깊이)	(344)×(148+)×(23+)
	평면형태	?		장폭비	?
현실	크 기 (길이×너비×높이)	232×100×(50+)		천장형태	?
	장폭비	2.32:1		연도위치	우편재
연도	크 기 (길이×너비×높이)	(48+)×68×?		묘도크기 (길이×너비)	-
	장폭비	?		배수시설 (길이×너비×깊이)	-
시상/관대크기 (길이×너비×높이)		?		두 향	?
장축방향		N-2°-W		벽석종류	할석
유물	토 기	대부소호(1), 직구호(1), 단경호(1), 삼족기(2)			
	철 기	단조철부(1), 겸(1)			
	청 동 기	-			
	옥 석 류	-			
	기 타	-			
특기사항		횡혈식 석실로 보고되었으나 파괴가 심하여 정확한 구조는 알 수 없음.			

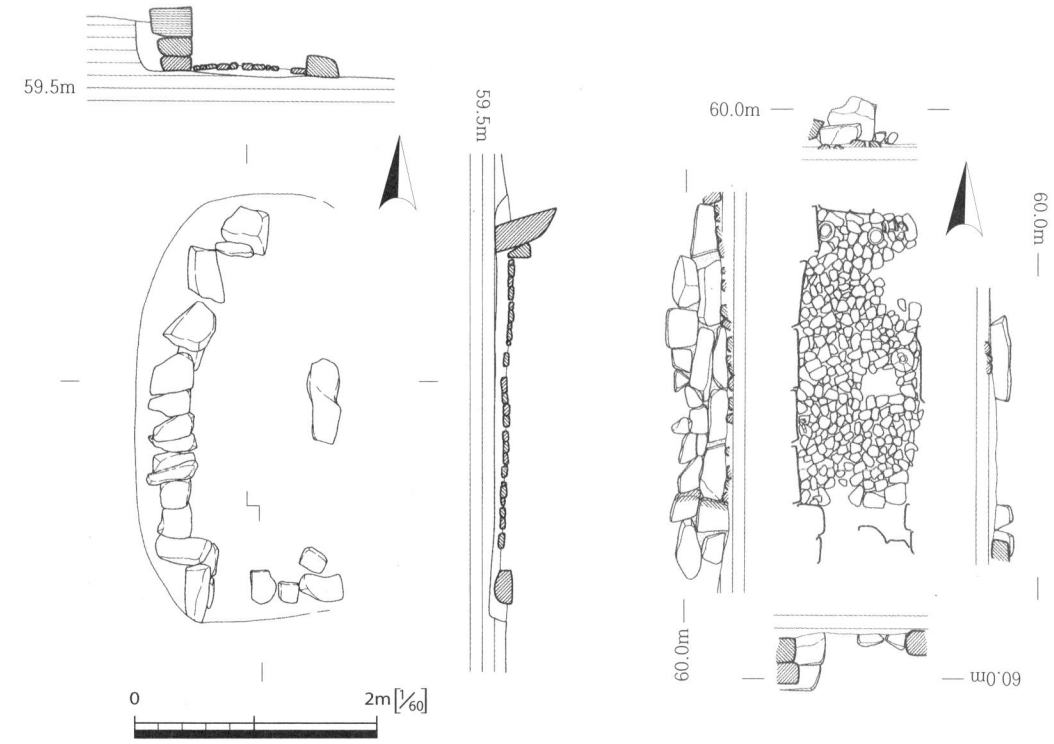

[출토유물]

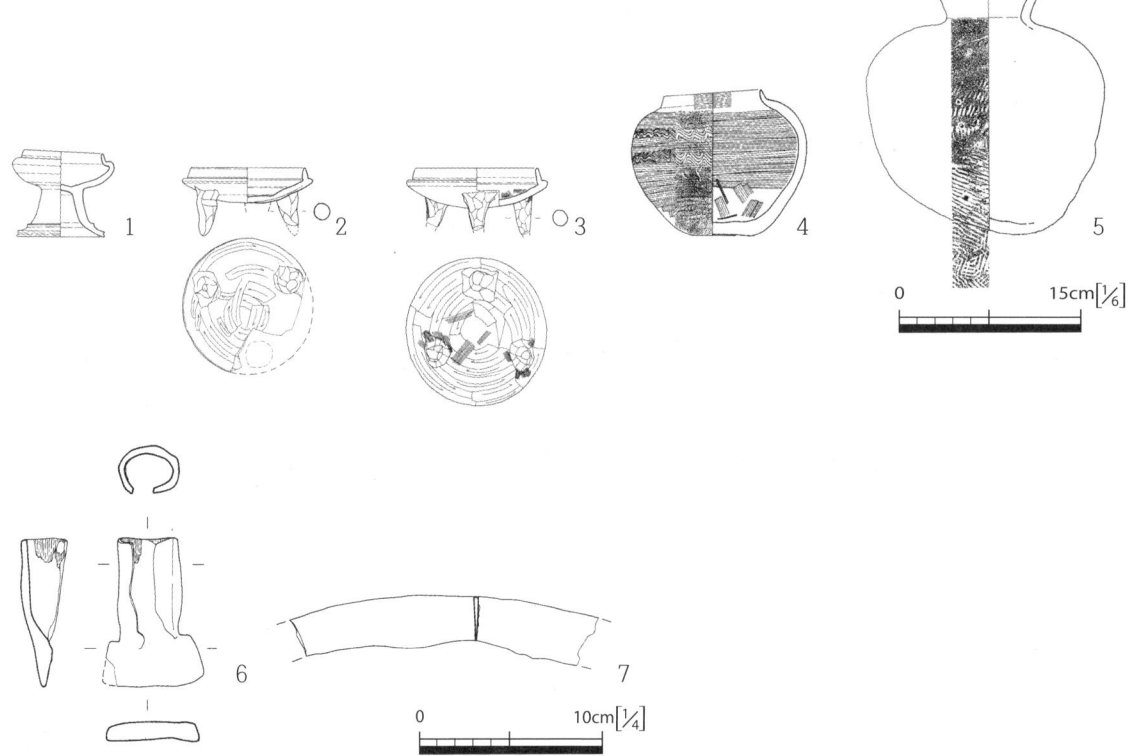

I지구 9호 석실묘

(단위 : cm)

봉토	크 기 (길이×너비×높이)	?	묘광	크 기 (길이×너비×깊이)	(140+)×(132+)×(26+)
	평면형태	?		장폭비	?
현실	크 기 (길이×너비×높이)	(126+)×57×(24+)		천장형태	?
	장폭비	?		횡구부위치	?
횡구부	크 기 (길이×너비)	?		묘도크기 (길이×너비)	?
	장폭비	?		배수시설 (길이×너비×깊이)	-
시상/관대크기 (길이×너비×높이)		?		두 향	?
장축방향		N-5°-E		벽석종류	할석
유물	토 기	-			
	철 기	-			
	청 동 기	-			
	옥 석 류	-			
	기 타	-			
특기사항		횡구식 석실로 보고되었으나 파괴가 심하여 정확한 구조는 알 수 없음. 출토유물 없음.			

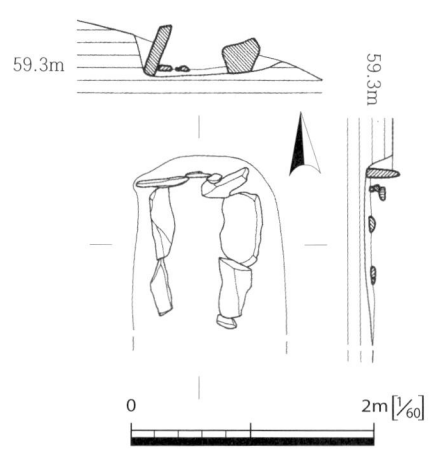
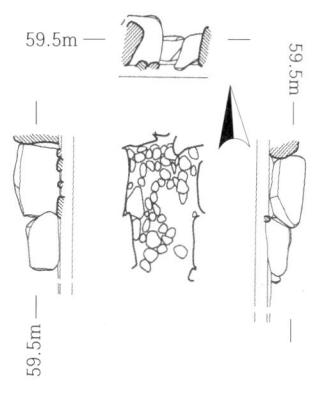

[유구사진]

I지구 10호 석실묘

(단위 : cm)

봉토	크 기 (길이×너비×높이)	?	묘광	크 기 (길이×너비×깊이)	364×200×(34+)
	평면형태	?		장폭비	1.82:1
현실	크 기 (길이×너비×높이)	240×118×(54+)		천장형태	?
	장폭비	2.03:1		횡구부위치	북측 단벽
횡구부	크 기 (길이×너비)	?		묘도크기 (길이×너비)	?
	장폭비	?		배수시설 (길이×너비×깊이)	-
시상/관대크기 (길이×너비×높이)		?		두 향	?
장축방향		N-24°-W		벽석종류	할석
유물	토 기	병(1), 호(1)			
	철 기	-			
	청 동 기	-			
	옥 석 류	-			
	기 타	-			
특기사항		횡구식 석실로 보고되었으나 파괴가 심하여 정확한 구조는 알 수 없음. 눈썹형의 주구가 확인되었으나 도면 미게재.			

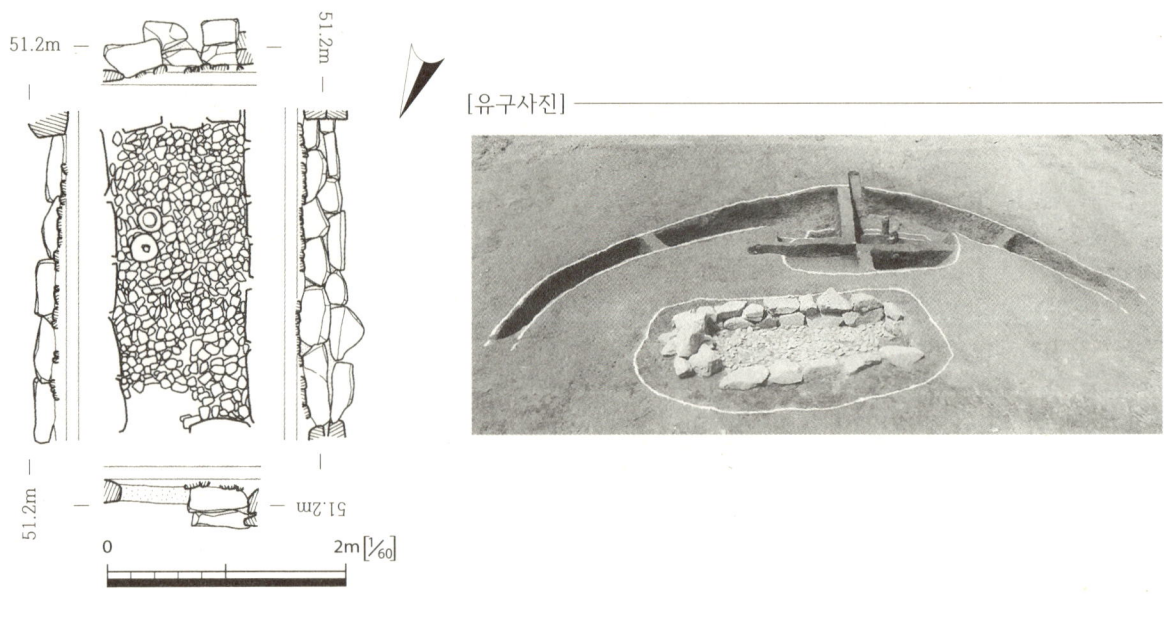

[유구사진]

[출토유물]

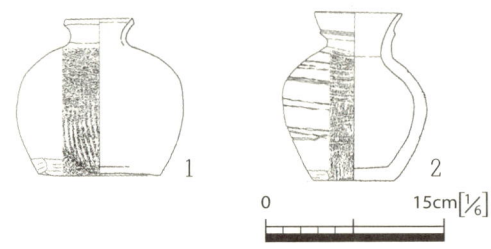

I지구 11호 석실묘

(단위 : cm)

봉토	크 기 (길이×너비×높이)	?	묘광	크 기 (길이×너비×깊이)	(280+)×(164)×(34+)
	평면형태	?		장폭비	?
현실	크 기 (길이×너비×높이)	(220+)×96×(70+)		천장형태	?
	장폭비	?		횡구부위치	?
횡구부	크 기 (길이×너비)	?		묘도크기 (길이×너비)	?
	장폭비	?		배수시설 (길이×너비×깊이)	-
시상/관대크기 (길이×너비×높이)		?		두 향	?
장축방향		N-17°-E		벽석종류	할석
유물	토 기	-			
	철 기	-			
	청동기	-			
	옥석류	-			
	기 타	-			
특기사항		횡구식 석실로 보고되었으나 파괴가 심하여 정확한 구조는 알 수 없음. 출토유물 없음.			

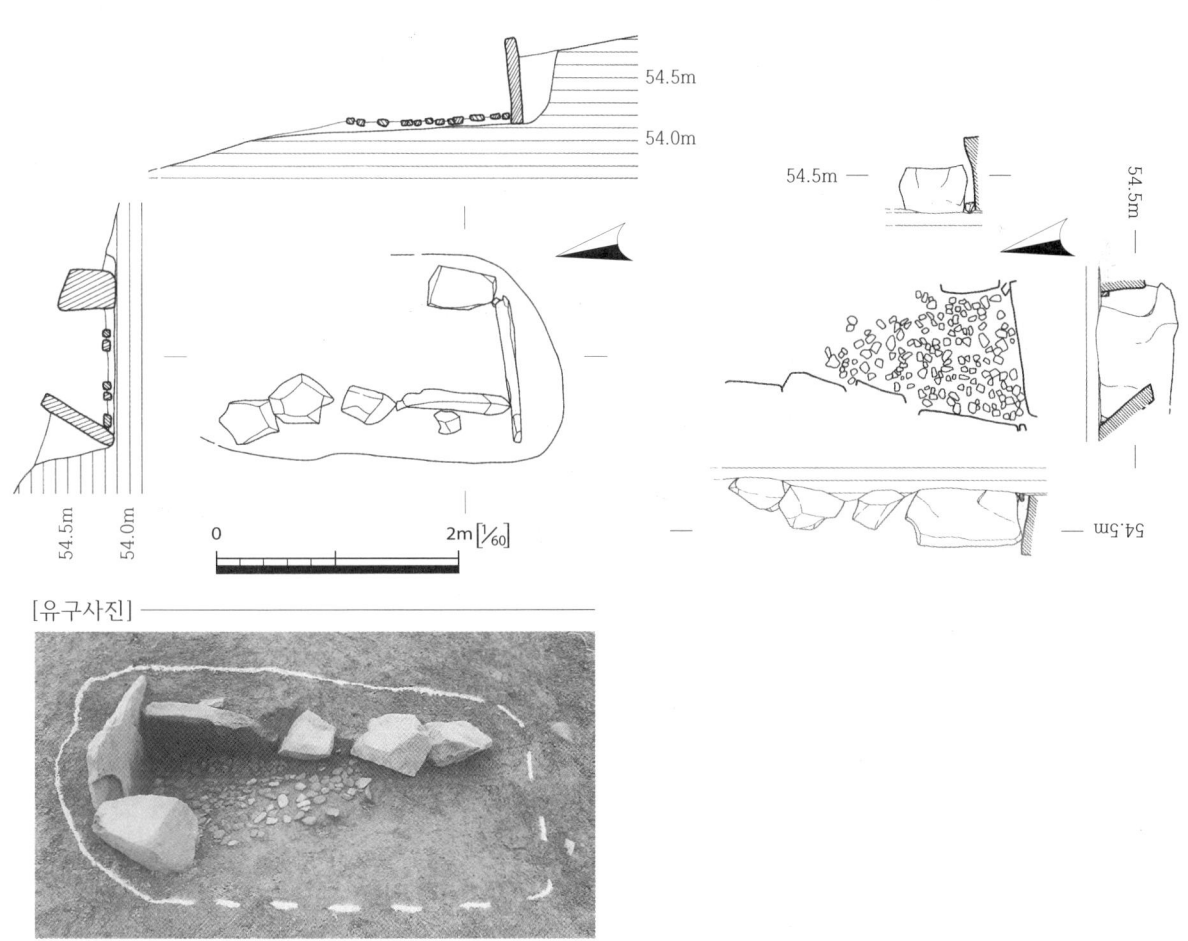

[유구사진]

I지구 12호 석실묘

(단위 : cm)

봉토	크 기 (길이×너비×높이)	?	묘광	크 기 (길이×너비×깊이)	(328+)×(116+)×(12+)
	평면형태	?		장폭비	?
현실	크 기 (길이×너비×높이)	(258+)×(120+)×(26+)		천장형태	?
	장폭비	?		횡구부위치	?
횡구부	크 기 (길이×너비)	?		묘도크기 (길이×너비)	?
	장폭비	?		배수시설 (길이×너비×깊이)	-
시상/관대크기 (길이×너비×높이)		?	두 향		?
장축방향		N-39°-E	벽석종류		할석
유물	토 기	-			
	철 기	-			
	청 동 기	-			
	옥 석 류	-			
	기 타	금동제 이식(1)			
특기사항		횡구식 석실로 보고되었으나 파괴가 심하여 정확한 구조는 알 수 없음.			

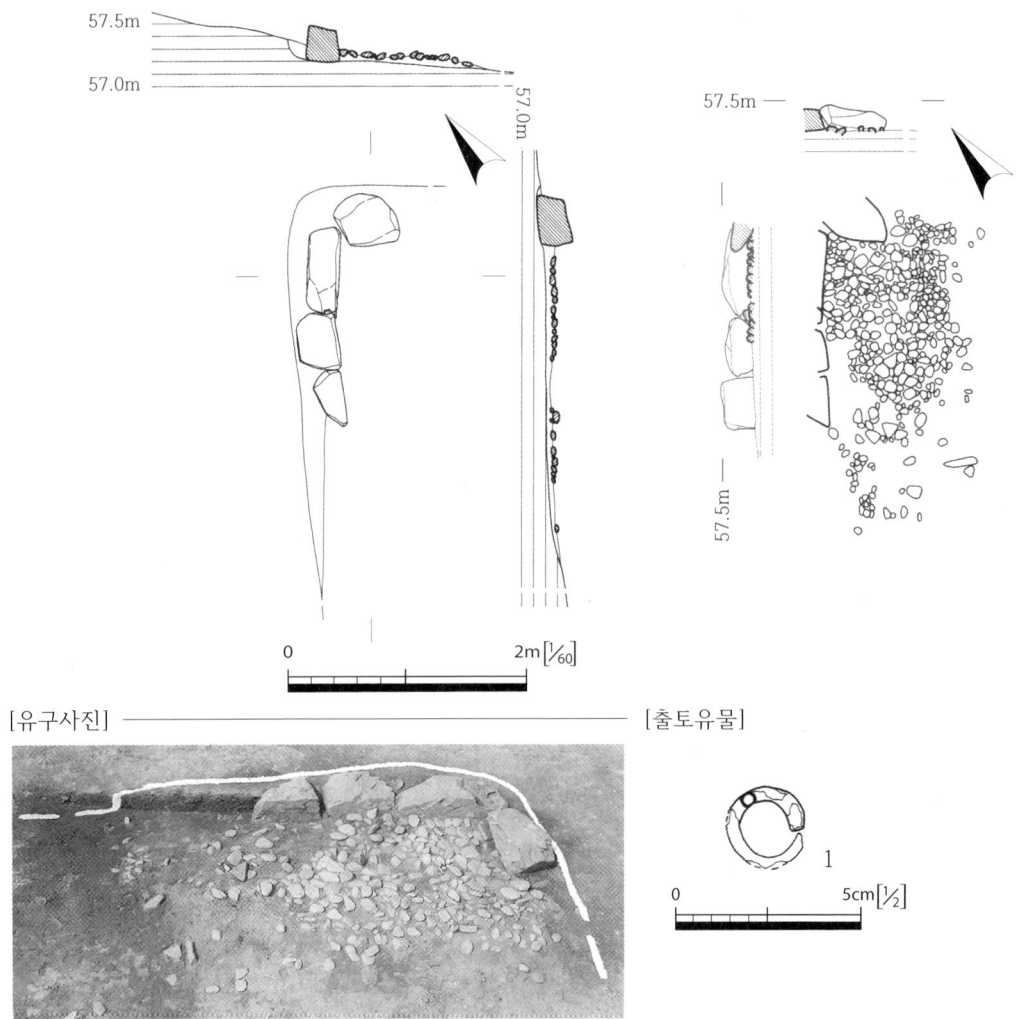

[유구사진] ——————————————— [출토유물]

I지구 13호 석곽묘

(단위 : cm)

묘광	크 기 (길이×너비×깊이)	(260+)×(160+)×(20+)	주체부	크 기 (길이×너비×높이)	(244+)×(120+)×(95+)
	장폭비	?		장폭비	?
	장축방향	N-34°-E	시상·관대	크 기 (길이×너비×높이)	?
	두 향	?	벽석종류		할석
유물	토 기	병(1)			
	철 기	-			
	청동기	-			
	옥석류	-			
	기 타	-			
	특기사항	석곽으로 보고되었으나 파괴가 심하여 정확한 구조는 알 수 없음.			

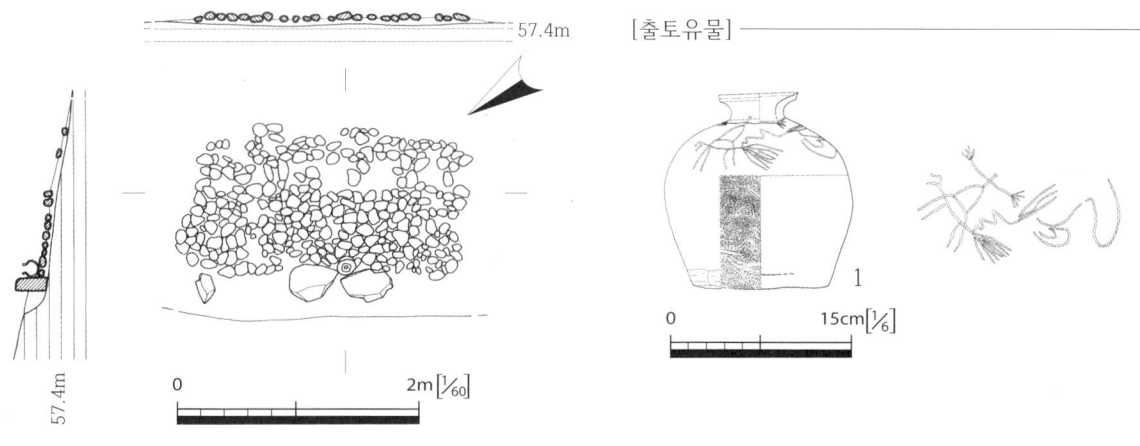

[출토유물]

57.4m

57.4m

0   2m[1/60]

0   15cm[1/6]

1

[유구사진]

I지구 14호 석실묘

(단위 : cm)

봉토	크 기 (길이×너비×높이)	?	묘광	크 기 (길이×너비×깊이)	265×120×(38+)
	평면형태	?		장 폭 비	2.20:1
현실	크 기 (길이×너비×높이)	190×56×(74+)		천장형태	?
	장 폭 비	3.39:1		횡구부위치	남측 단벽
횡구부	크 기 (길이×너비)	?		묘도크기 (길이×너비)	?
	장 폭 비	?		배수시설 (길이×너비×깊이)	?
시상/관대크기 (길이×너비×높이)		?	두 향		?
장축방향		N-54°-W	벽석종류		할석
유물	토 기	직구호(1), 병(1), 삼족기(2)			
	철 기	주조철부(2), 겸(1)			
	청 동 기	-			
	옥석류	-			
	기 타	-			
	특기사항				

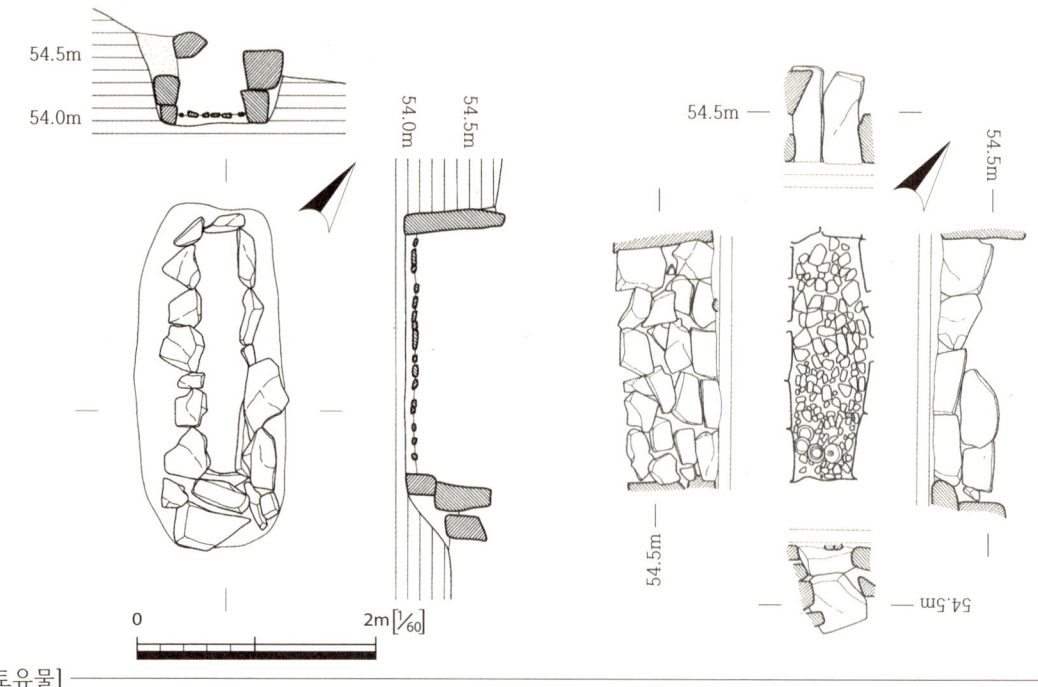

[출토유물]

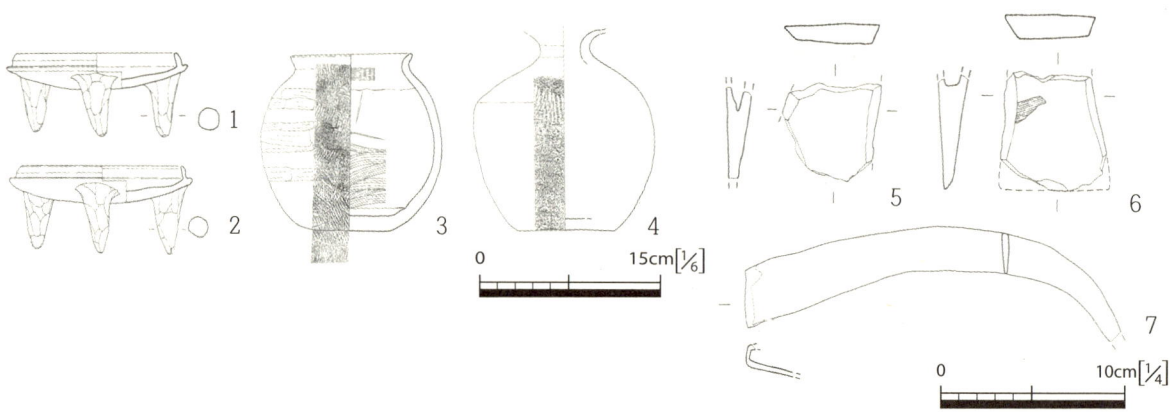

I지구 15호 석곽묘

(단위 : cm)

묘광	크 기 (길이×너비×깊이)	?	주체부	크 기 (길이×너비×높이)	(174+)×(80+)×(5+)
	장폭비	?		장폭비	?
	장축방향	N-39°-E	시상·관대	크 기 (길이×너비×높이)	?
	두 향	?	벽석종류		할석
유물	토 기	배(1), 삼족기(1)			
	철 기	-			
	청 동 기	-			
	옥 석 류	-			
	기 타	-			
	특기사항	석곽으로 보고되었으나 파괴가 심하여 정확한 구조는 알 수 없음.			

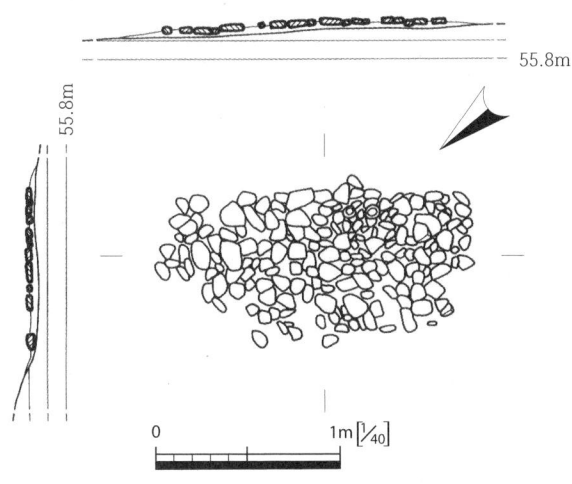

[유구사진]

[출토유물]

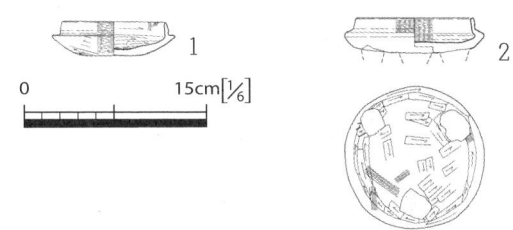

1

2

I지구 16호 석실묘

(단위 : cm)

봉토	크 기 (길이×너비×높이)	?	묘광	크 기 (길이×너비×깊이)	(288+)×(140)×(12+)
	평면형태	?		장폭비	?
현실	크 기 (길이×너비×높이)	(252+)×70×(26+)		천장형태	?
	장폭비	?		횡구부위치	(남측 단벽)
횡구부	크 기 (길이×너비)	?		묘도크기 (길이×너비)	?
	장폭비	?		배수시설 (길이×너비×깊이)	-
시상/관대크기 (길이×너비×높이)		?		두 향	?
장축방향		N-20°-E		벽석종류	할석
유물	토 기	-			
	철 기	-			
	청동기	-			
	옥석류	-			
	기 타	-			
특기사항		횡구식 석실로 보고되었으나 파괴가 심하여 정확한 구조는 알 수 없음. 출토유물 없음.			

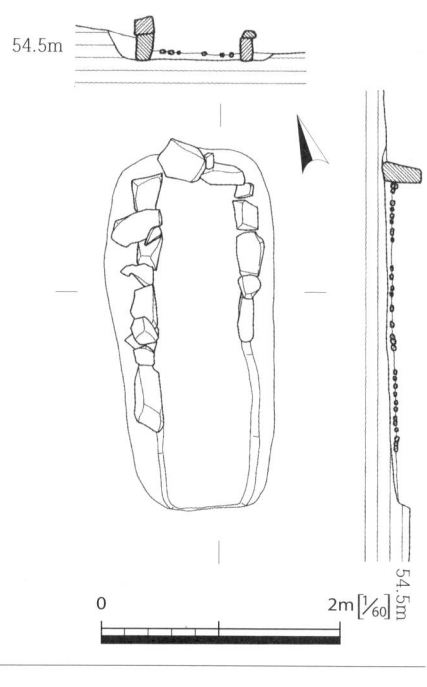
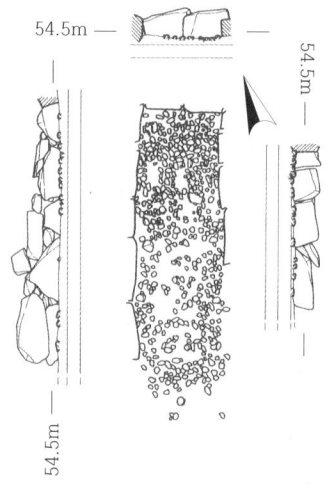

[유구사진]

I지구 17호 석실묘

(단위 : cm)

봉토	크 기 (길이×너비×높이)	?	묘광	크 기 (길이×너비×깊이)	(365+)×196×(31+)
	평면형태	?		장폭비	?
현실	크 기 (길이×너비×높이)	220×88×(76+)		천장형태	?
	장폭비	3.06:1		횡구부위치	남측 단벽
횡구부	크 기 (길이×너비)	(140)×(80)		묘도크기 (길이×너비)	?
	장폭비	(1.75):1		배수시설 (길이×너비×깊이)	-
시상/관대크기 (길이×너비×높이)		?		두 향	?
장축방향		N-2°-W		벽석종류	할석
유물	토 기	-			
	철 기	-			
	청 동 기	-			
	옥 석 류	-			
	기 타	-			
특기사항		횡구식 석실로 보고되었으나 파괴가 심하여 정확한 구조는 알 수 없음. 출토유물 없음.			

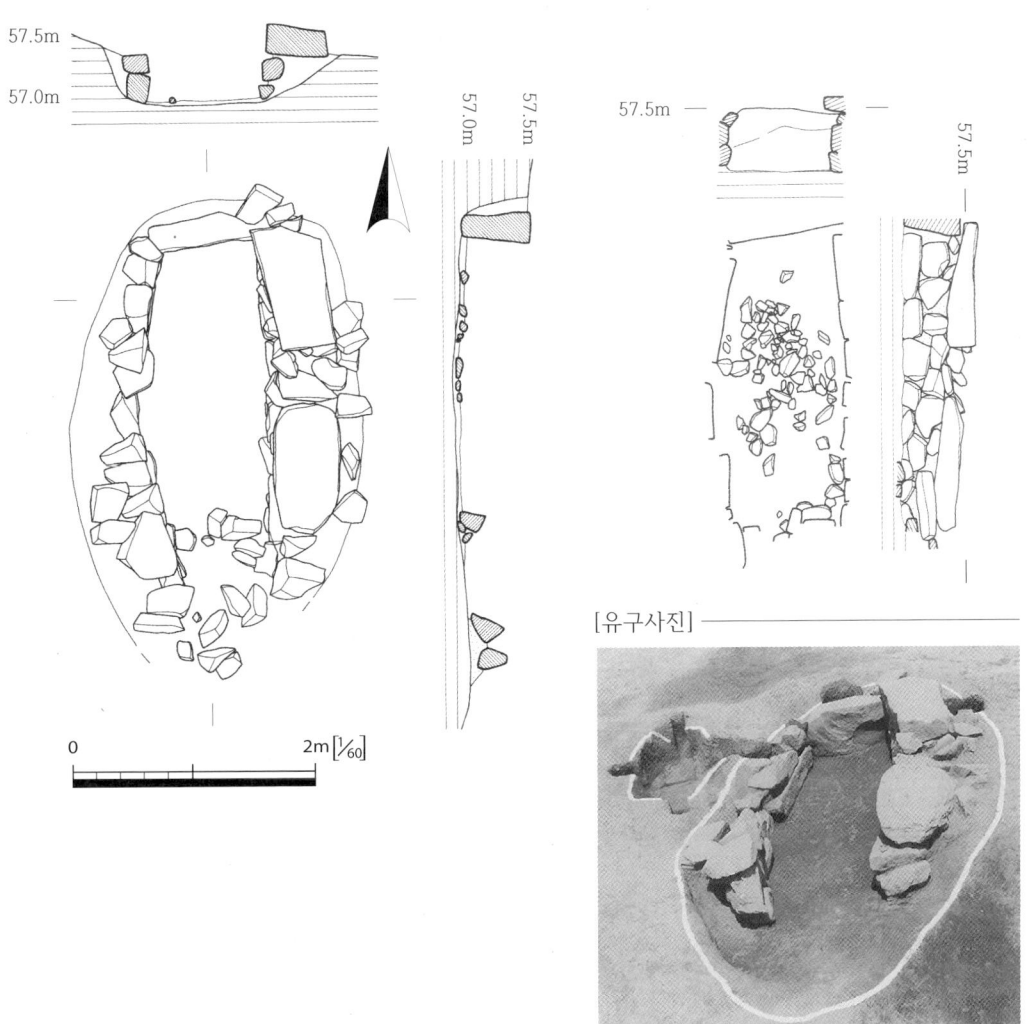

[유구사진]

I지구 18호 석실묘

(단위 : cm)

봉토	크 기 (길이×너비×높이)	?	묘광	크 기 (길이×너비×깊이)	(340+)×134×(66+)
	평면형태	?		장폭비	?
현실	크 기 (길이×너비×높이)	260×92×(80+)		천장형태	?
	장폭비	2.82:1		횡구부위치	남동측 단벽
횡구부	크 기 (길이×너비)	(60)×(46)		묘도크기 (길이×너비)	?
	장폭비	?		배수시설 (길이×너비×깊이)	?
시상/관대크기 (길이×너비×높이)		?		두 향	?
장축방향		N-32°-W		벽석종류	할석
유물	토 기	-			
	철 기	-			
	청동기	-			
	옥석류	-			
	기 타	-			
특기사항		횡구식 석실로 보고되었으나 파괴가 심하여 정확한 구조는 알 수 없음. 눈썹형의 주구[(630+)×(480+)×(20+)]가 확인됨. 출토유물 없음.			

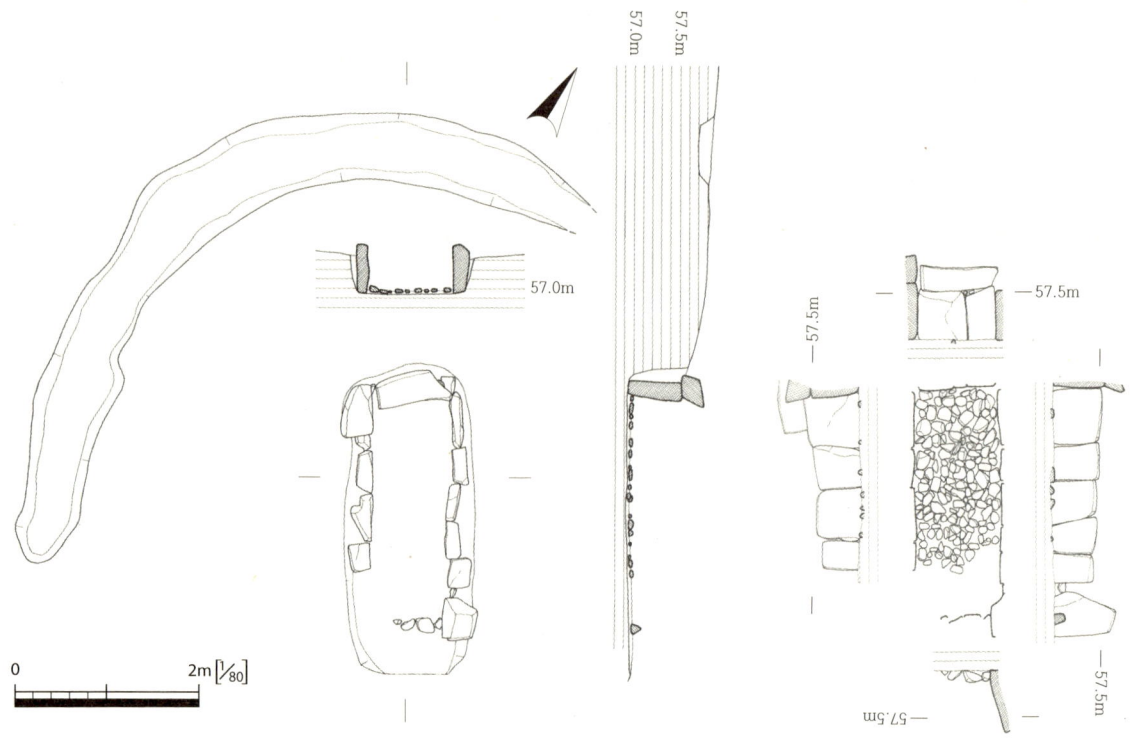

I지구 19호 석곽묘

(단위 : cm)

묘광	크 기 (길이×너비×깊이)	300×130×(40+)	주체부	크 기 (길이×너비×높이)	232×56×(66+)
	장폭비	2.30:1		장폭비	4.14:1
	장축방향	N-27°-E	시상·관대	크 기 (길이×너비×높이)	-
	두 향	?	벽석종류		할석
유물	토 기	심발형토기(1)			
	철 기	-			
	청 동 기	-			
	옥 석 류	-			
	기 타	-			
	특기사항				

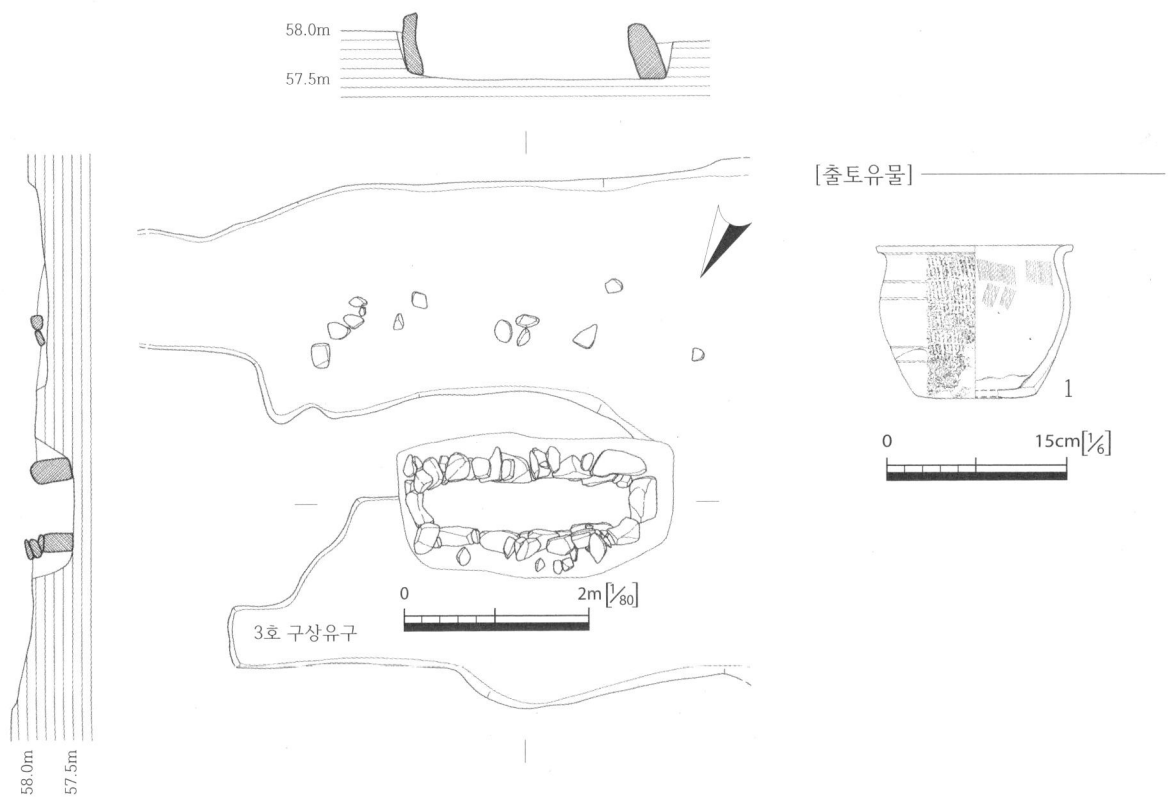

[출토유물]

1

0   15cm[⅙]

58.0m
57.5m

0   2m[1/80]

3호 구상유구

58.0m
57.5m

I지구 20호 석실묘

(단위 : cm)

봉토	크 기 (길이×너비×높이)	?	묘광	크 기 (길이×너비×깊이)	(248+)×(172+)×(15+)
	평면형태	?		장폭비	?
현실	크 기 (길이×너비×높이)	(250+)×(120+)×(10+)		천장형태	?
	장폭비	?		연도위치	?
연도	크 기 (길이×너비×높이)	?		묘도크기 (길이×너비)	?
	장폭비	?		배수시설 (길이×너비×깊이)	?
시상/관대크기 (길이×너비×높이)		?	두 향		?
장축방향		N-40°-E	벽석종류		할석
유물	토 기	개(1), 배(1)			
	철 기	대도(1), 도자(1), 겸(1), 단조철부(1), 주조철부(1), 착(1), 교구(1)			
	청동기	-			
	옥석류	-			
	기 타	-			
특기사항		횡혈식 석실로 보고되었으나, 파괴가 심하여 정확한 구조는 알 수 없음.			

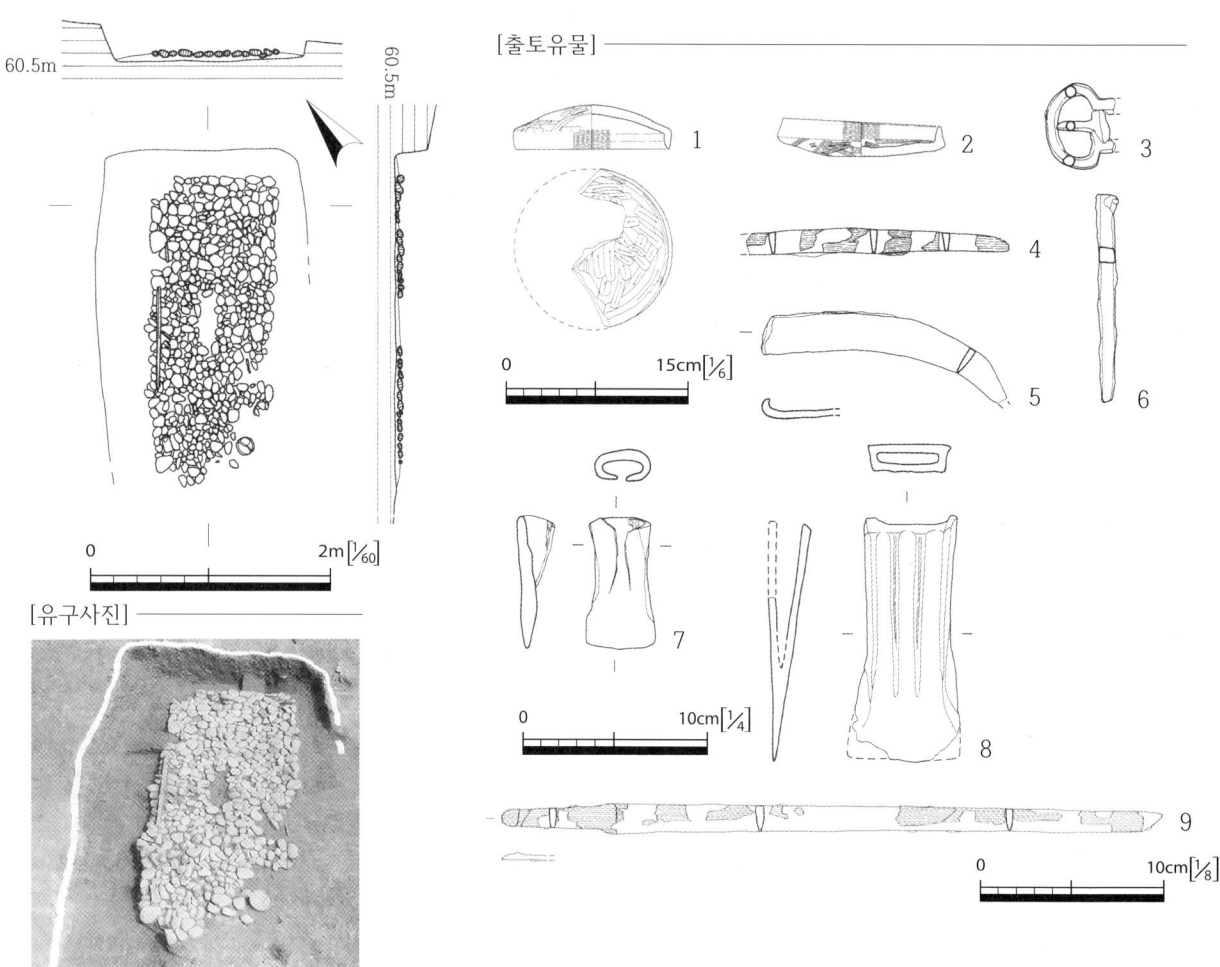

I지구 1호 토광묘

묘광	크 기 (길이×너비×깊이)	266×74×(17+)	목관	크 기 (길이×너비×높이)	246×60×?
	장폭비	3.59:1		장폭비	4.10:1
	장축방향	N–18°–W	목곽	크 기 (길이×너비×높이)	-
	두 향	?		장폭비	-
유물	토 기	토기편(1)			
	철 기	鐵鋌(2)			
	청 동 기	-			
	옥 석 류	-			
	기 타	-			
	특기사항				

— 56.5m

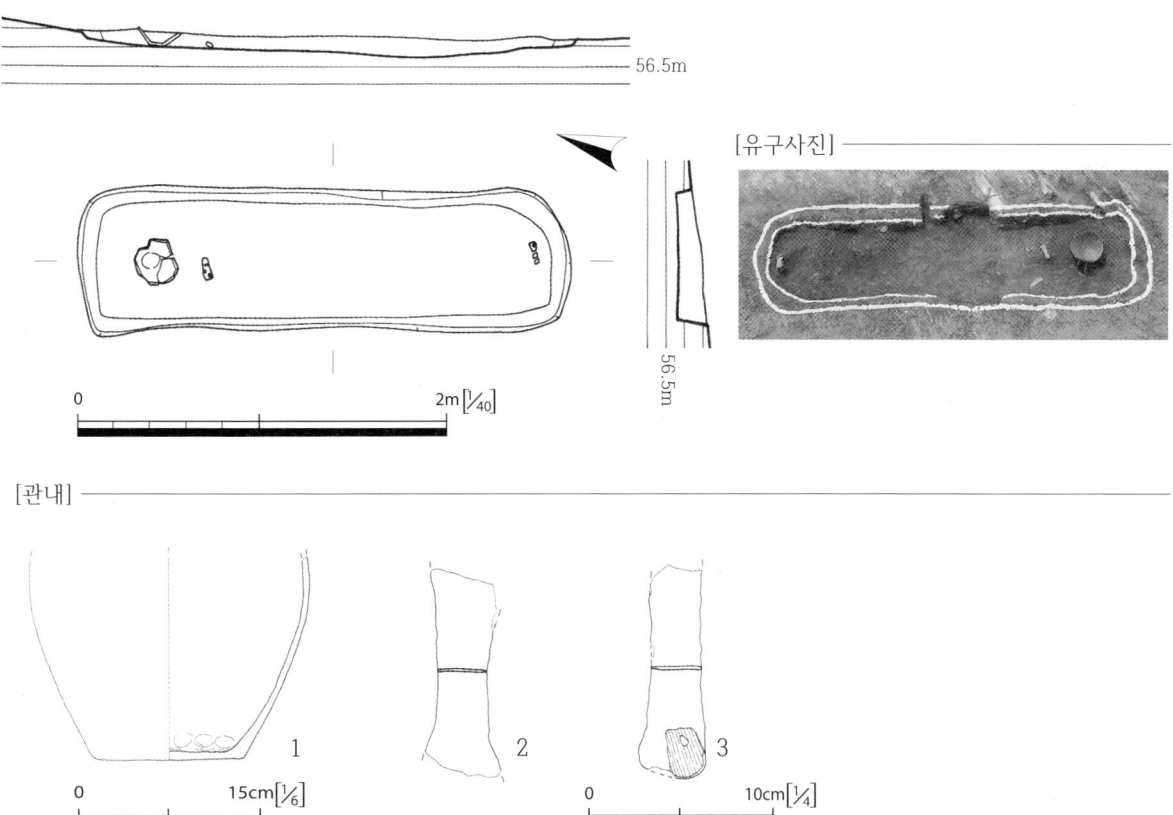

[유구사진]

56.5m

0 _____ 2m [1/40]

[관내] ————————————

1   2   3

0 ___ 15cm[1/6]   0 ___ 10cm[1/4]

I지구 2호 토광묘

(단위 : cm)

묘광	크 기 (길이×너비×깊이)	272×108×(10+)	목관	크 기 (길이×너비×높이)	250×90×?
	장폭비	2.51:1		장폭비	2.77:1
	장축방향	N-38°-W	목곽	크 기 (길이×너비×높이)	-
	두 향	?		장폭비	-
유물	토 기	토기편(1)			
	철 기	-			
	청 동 기	-			
	옥 석 류	-			
	기 타	-			
	특기사항				

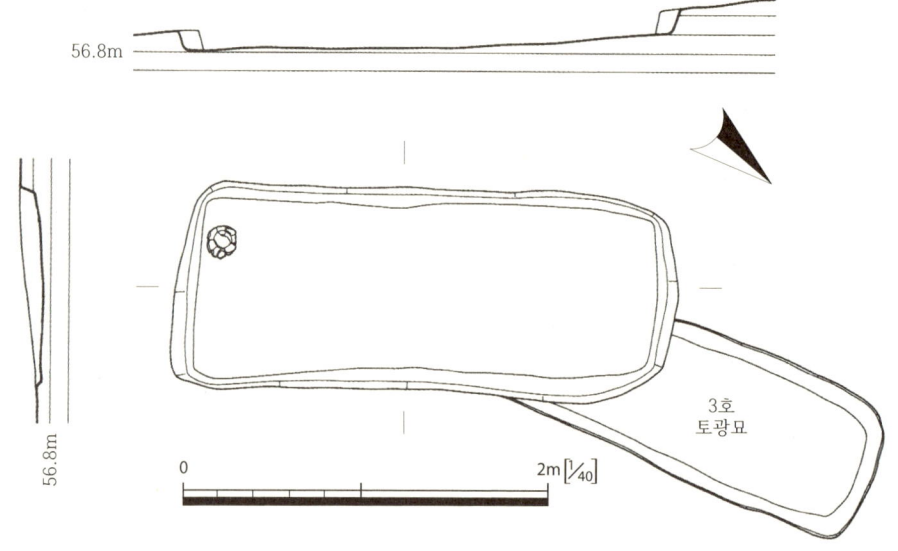

56.8m

56.8m

3호
토광묘

0　　　　　　　　　　　　　　　2m[1/40]

[유구사진]

[출토유물]

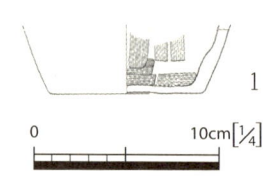

1

0　　　　　　　　　　10cm[1/4]

I지구 3호 토광묘

(단위 : cm)

묘광	크 기 (길이×너비×깊이)	(200+)×82×(10+)	목관	크 기 (길이×너비×높이)	(170+)×64×?
	장폭비	?		장폭비	?
	장축방향	N-16°-W	목곽	크 기 (길이×너비×높이)	-
	두 향	?		장폭비	-
유물	토 기	-			
	철 기	-			
	청 동 기	-			
	옥석류	-			
	기 타	-			
특기사항		출토유물 없음.			

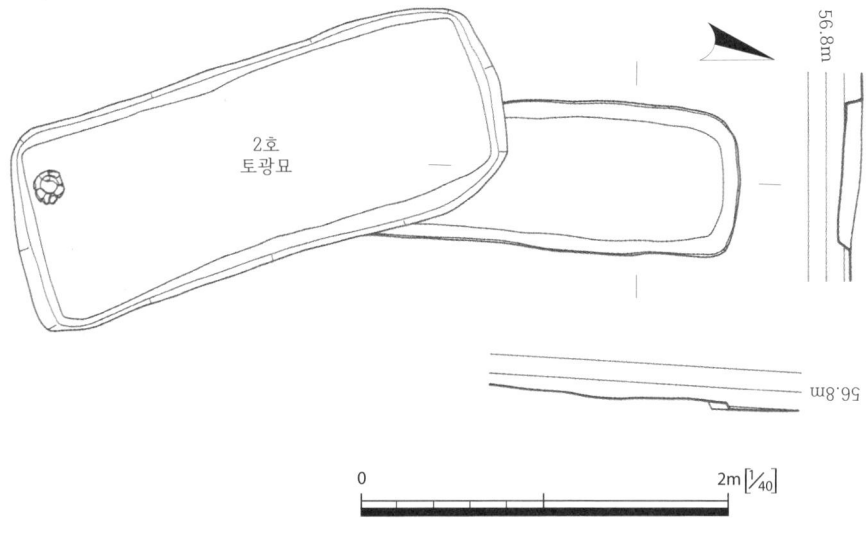

[유구사진]

I지구 4호 토광묘

(단위 : cm)

묘광	크 기 (길이×너비×깊이)	284×102×(16+)	목관	크 기 (길이×너비×높이)	-
	장폭비	2.78:1		장폭비	-
	장축방향	N-40°-W	목곽	크 기 (길이×너비×높이)	192×60×?
	두 향	?		장폭비	3.20:1
유물	토 기	호(1), 단경호(1)			
	철 기	도자(1)			
	청 동 기	-			
	옥 석 류	-			
	기 타	-			
	특기사항	부장곽(56×63)을 마련하여 유물을 부장함.			

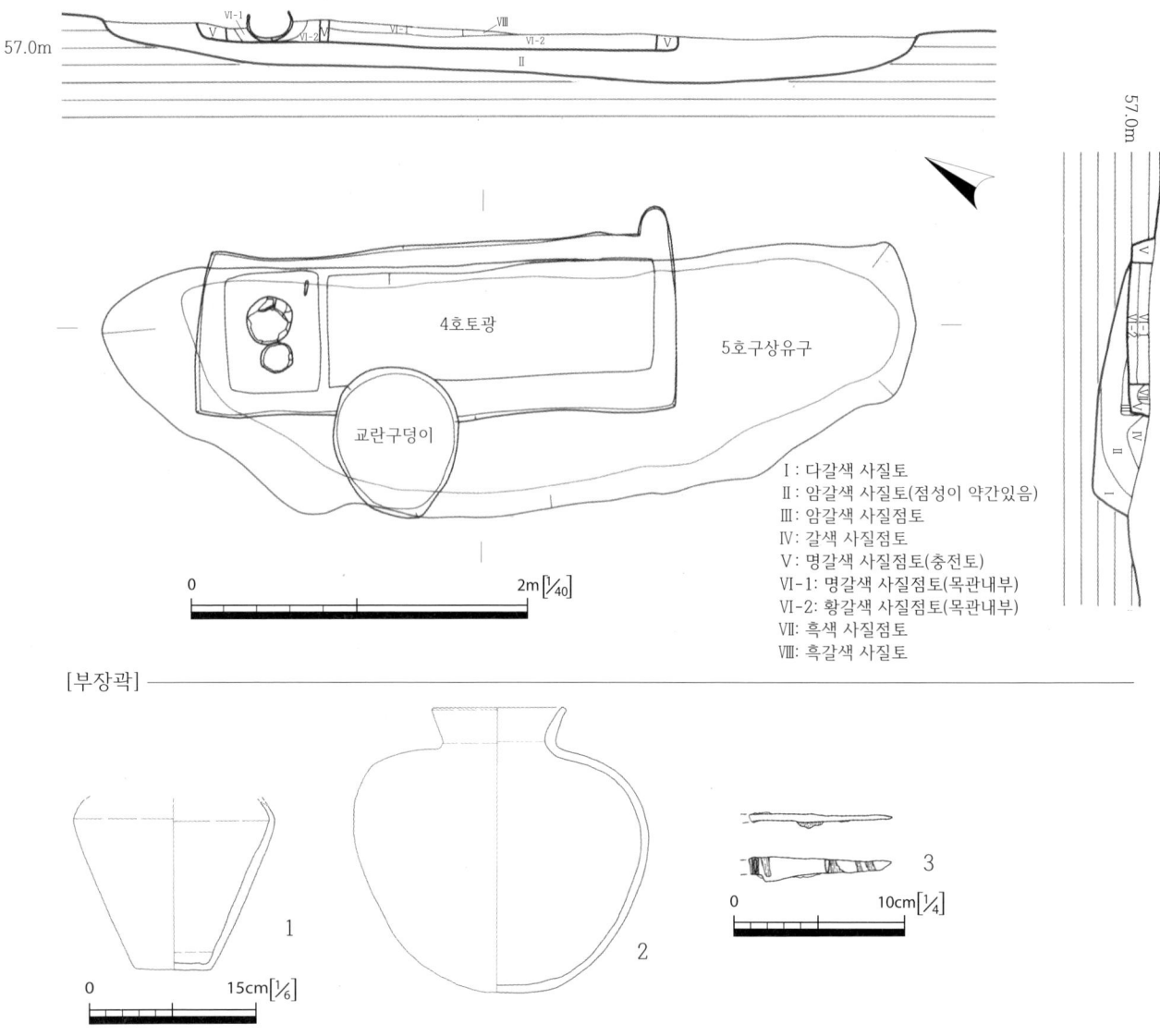

57.0m

Ⅰ : 다갈색 사질토
Ⅱ : 암갈색 사질토(점성이 약간있음)
Ⅲ : 암갈색 사질점토
Ⅳ : 갈색 사질점토
Ⅴ : 명갈색 사질점토(충전토)
Ⅵ-1: 명갈색 사질점토(목관내부)
Ⅵ-2: 황갈색 사질점토(목관내부)
Ⅶ: 흑색 사질점토
Ⅷ: 흑갈색 사질토

[부장곽]

I지구 5호 토광묘

(단위 : cm)

묘광	크 기 (길이×너비×깊이)	214×110×(10+)	목관	크 기 (길이×너비×높이)	-
	장 폭 비	1.94:1		장 폭 비	-
	장축방향	N-5°-E	목곽	크 기 (길이×너비×높이)	196×90×?
	두 향	?		장 폭 비	2.17:1
유물	토 기	토기편(2)			
	철 기	겸(1), 鐵鋌(2)			
	청 동 기	-			
	옥 석 류	-			
	기 타	-			
	특기사항				

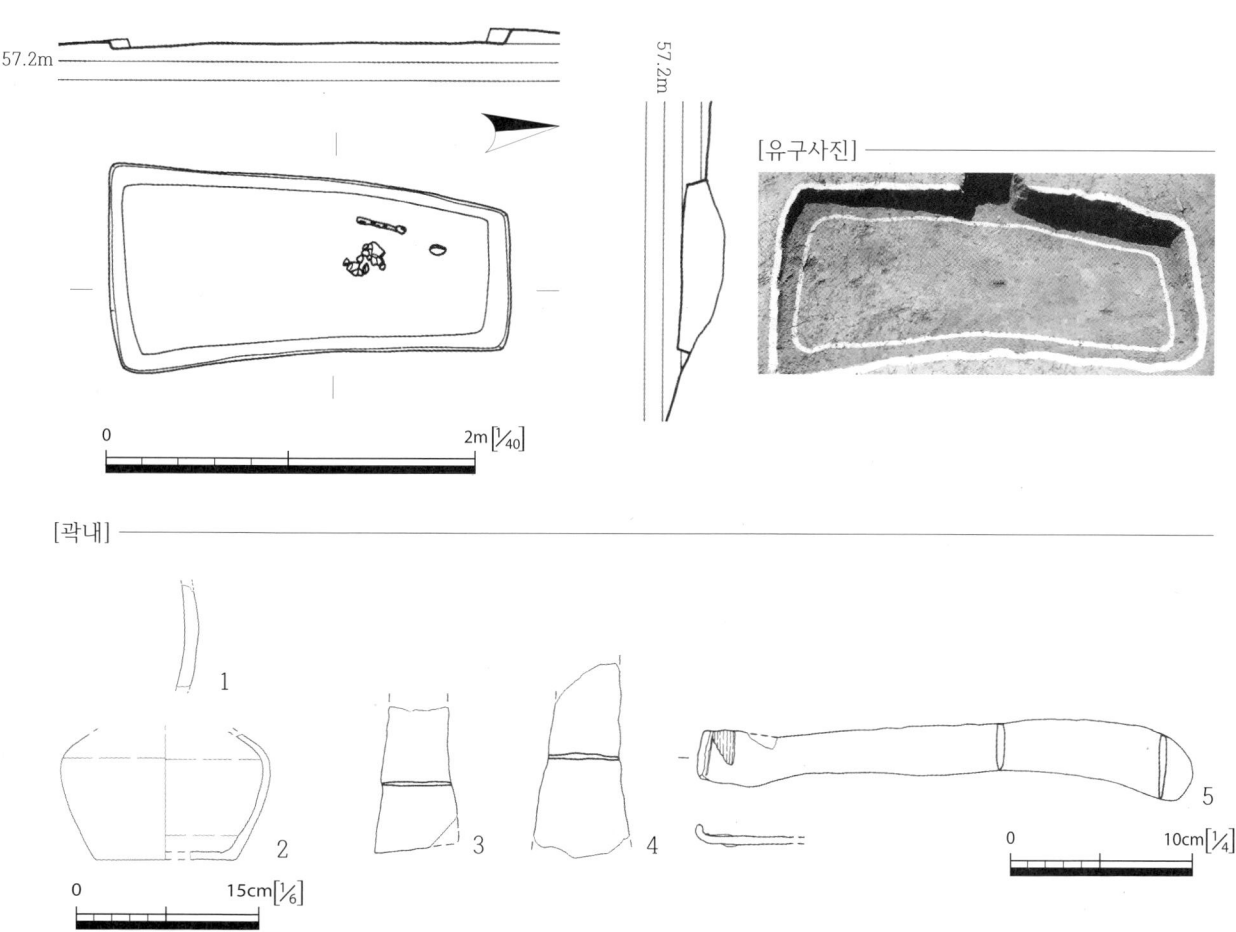

[곽내]

I지구 6호 토광묘

(단위 : cm)

묘광	크 기 (길이×너비×깊이)	220×118×(40+)	목관	크 기 (길이×너비×높이)	-
	장폭비	1.86:1		장폭비	-
	장축방향	N-42°-E	목곽	크 기 (길이×너비×높이)	186×82×?
	두 향	?		장폭비	2.26:1
유물	토 기	개(1), 단경호(1), 병(1)			
	철 기	-			
	청 동 기	-			
	옥 석 류	-			
	기 타	-			
	특기사항				

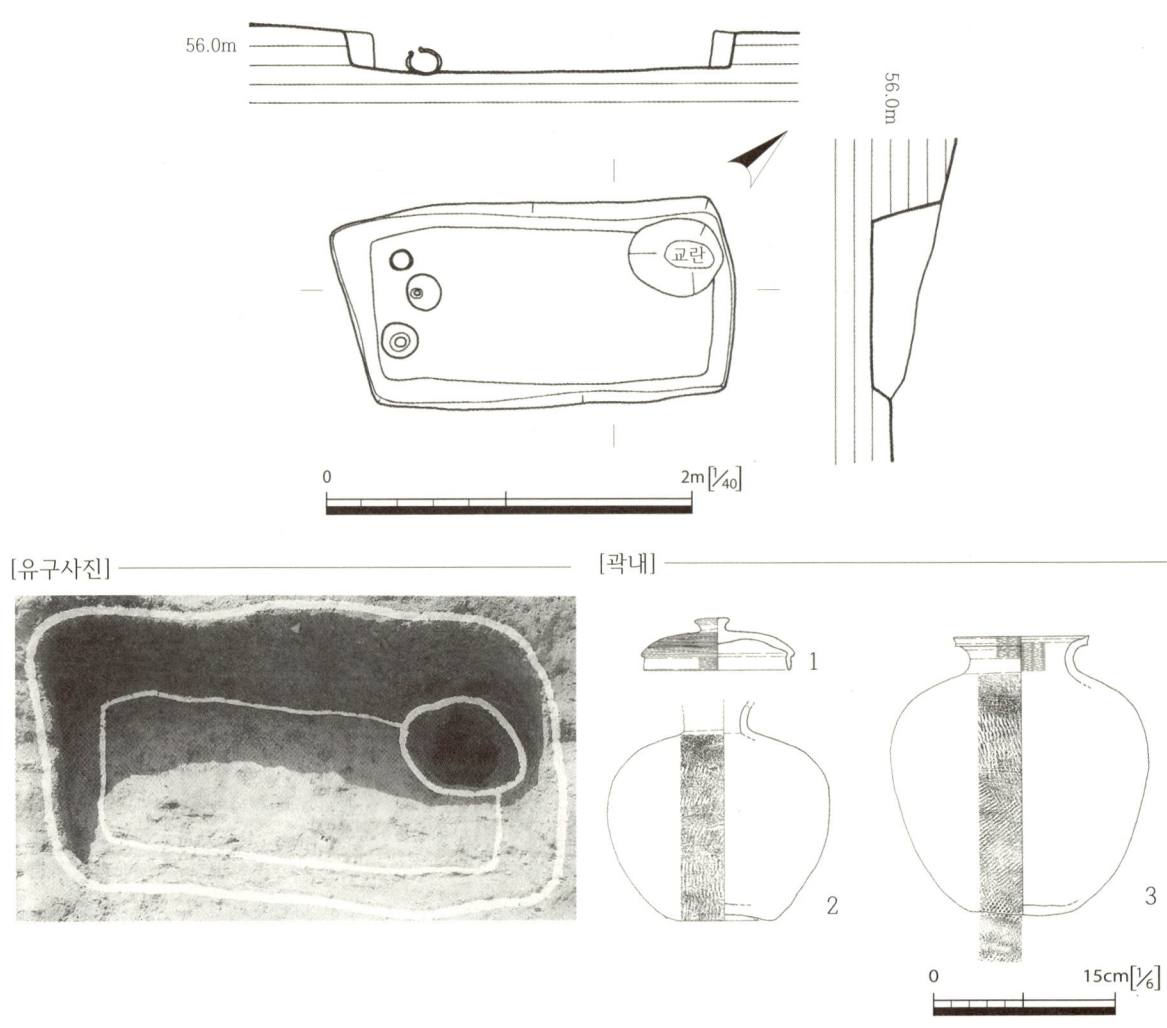

[유구사진]　　　　　　　　　　　　　　[곽내]

I지구 7호 토광묘

(단위 : cm)

묘광	크 기 (길이×너비×깊이)	204×80×(5+)	목관	크 기 (길이×너비×높이)	186×62×?
	장폭비	2.55:1		장폭비	3.00:1
	장축방향	N-53°-E	목곽	크 기 (길이×너비×높이)	-
	두 향	?		장폭비	-
유물	토 기	토기편(1)			
	철 기	-			
	청동기	-			
	옥석류	-			
	기 타	-			
	특기사항				

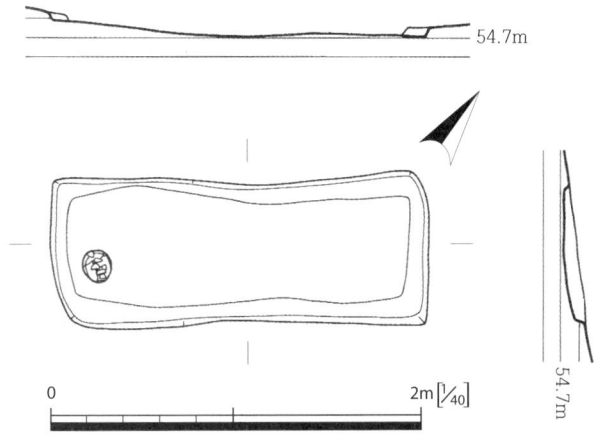

[유구사진]

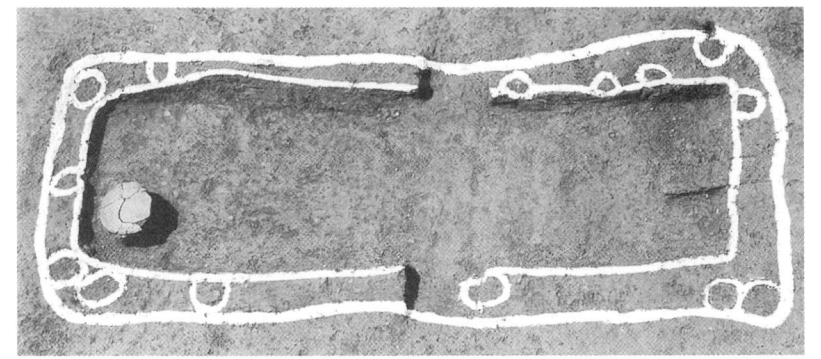

[관내]

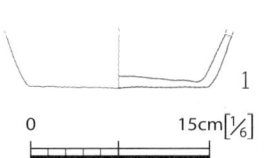

I지구 8호 토광묘

(단위 : cm)

묘광	크 기 (길이×너비×깊이)	234×91×(10+)	목관	크 기 (길이×너비×높이)	-
	장폭비	2.57:1		장폭비	-
	장축방향	N-42°-E	목곽	크 기 (길이×너비×높이)	210×76×?
	두 향	?		장폭비	2.76:1
유물	토 기	고배(1), 병(1), 토기편(1)			
	철 기	-			
	청 동 기	-			
	옥석류	-			
	기 타	석제 방추차(1)			
	특기사항				

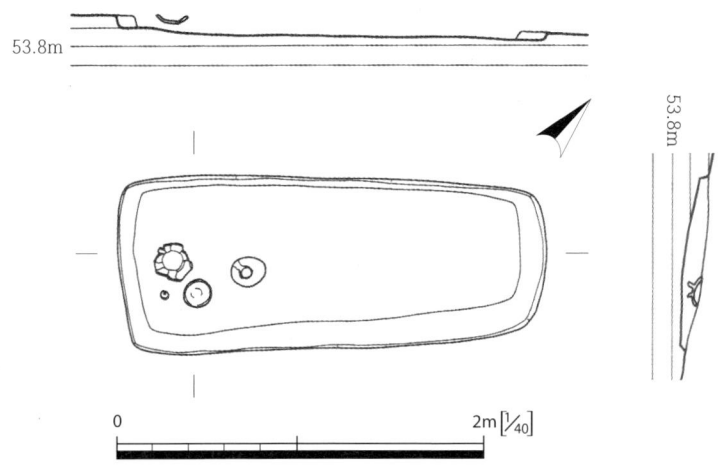

[유구사진] ──────── [곽내]

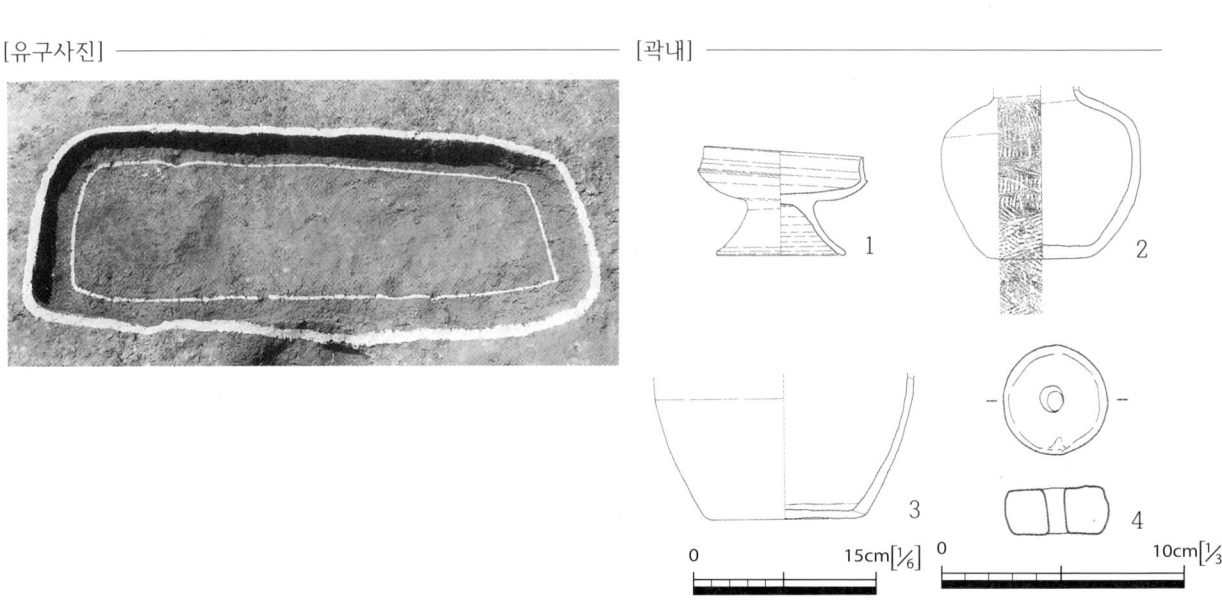

I지구 1호 옹관묘

(단위 : cm)

묘광	크 기 (길이×너비×깊이)	98×93×(30+)	옹관길이	52.4
	장 폭 비	1.05:1	결합형식	단옹식
	장축방향	N-22°-E	안치형태	정치
	두 향	?		
유물	토 기	사뉴옹(1)		
	철 기		-	
	청 동 기		-	
	옥 석 류		-	
	기 타		-	
	특기사항			

61.0m

60.7m

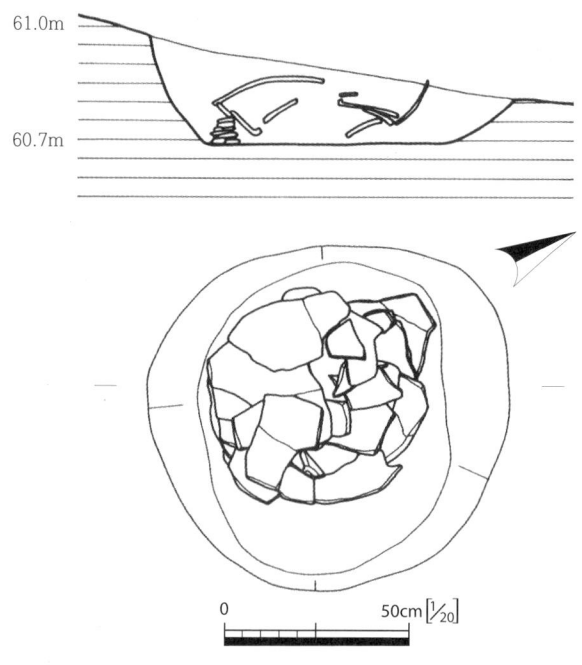

0   50cm[1/20]

[유구사진]

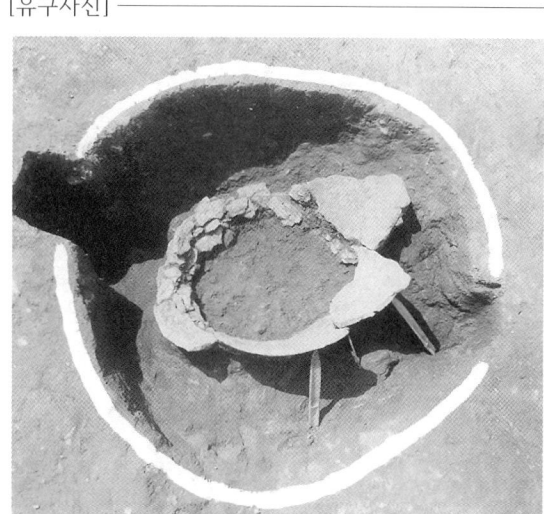

[옹관]

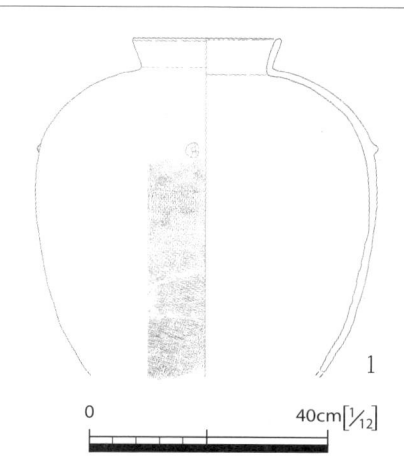

1

0   40cm[1/12]

I지구 2호 옹관묘

(단위 : cm)

묘광	크 기 (길이×너비×깊이)	87×50×(23+)	옹관길이	(66)
	장폭비	1.74:1	결합형식	합구식
	장축방향	N-8°-W	안치형태	횡치
	두 향	?		
유물	토 기	장란형토기(2), 토기편(1)		
	철 기	-		
	청 동 기	-		
	옥 석 류	-		
	기 타	-		
	특기사항			

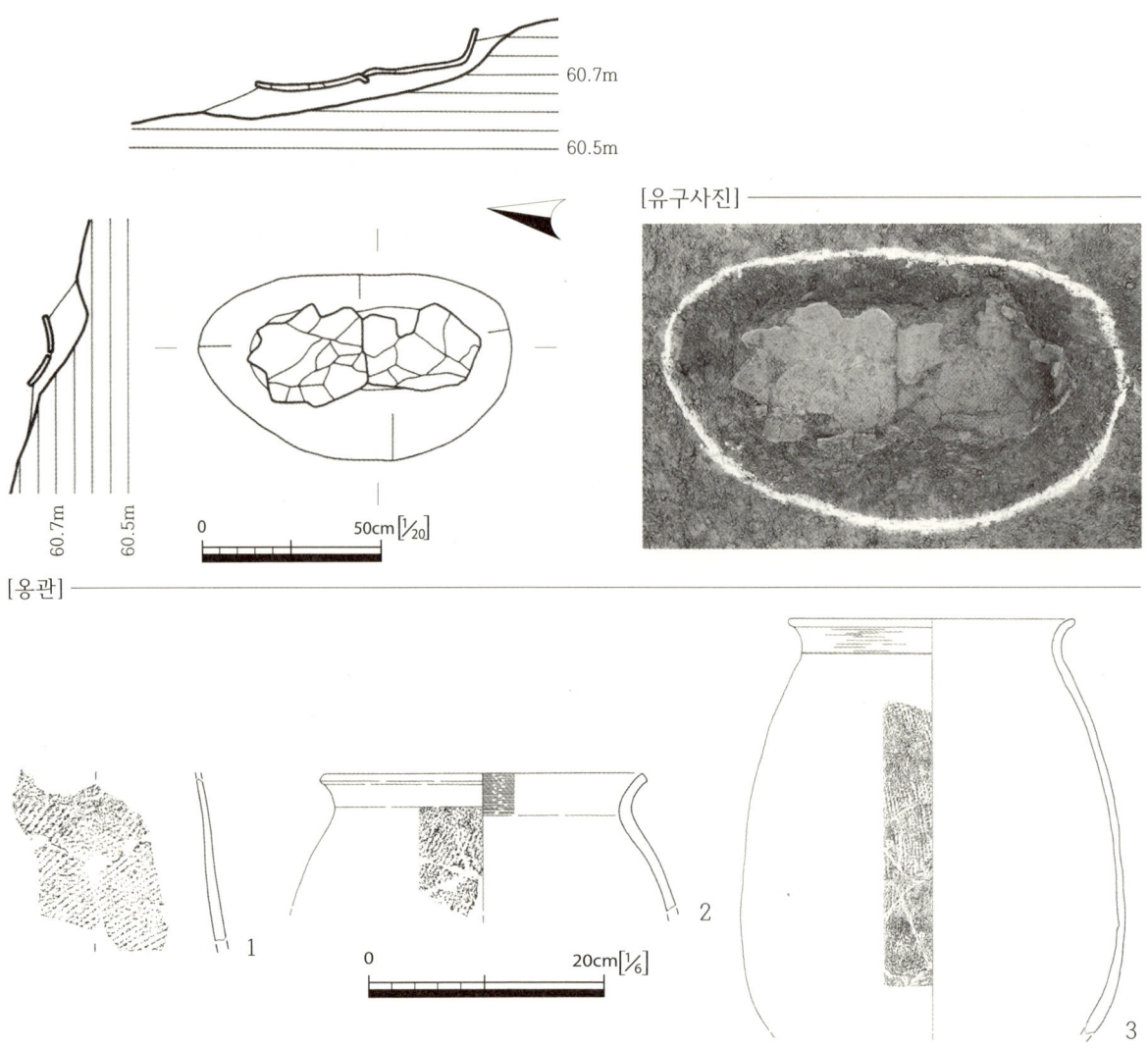

[유구사진]

[옹관]

Ⅰ지구 3호 옹관묘

(단위 : cm)

묘광	크 기 (길이×너비×깊이)	82×65×(32+)	옹관길이	35
	장 폭 비	1.26:1	결합형식	단옹식
	장축방향	N-71°-W	안치형태	정치
	두 향	?		
유물	토 기	옹(1)		
	철 기	–		
	청 동 기	–		
	옥 석 류	–		
	기 타	–		
	특기사항			

Ⅰ : 생토부스러기
Ⅱ : 갈색 사질점토

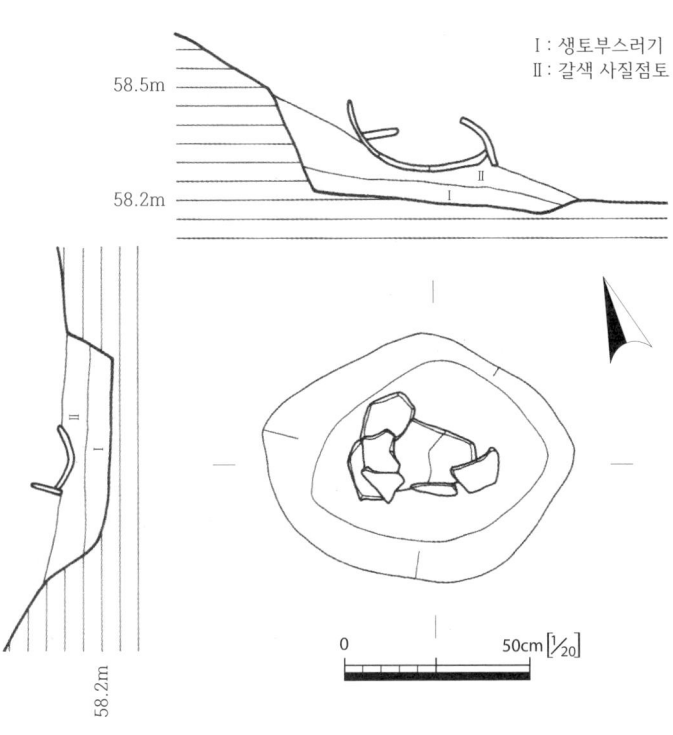

58.5m

58.2m

58.2m

0　　　　　50cm[1/20]

[유구사진]

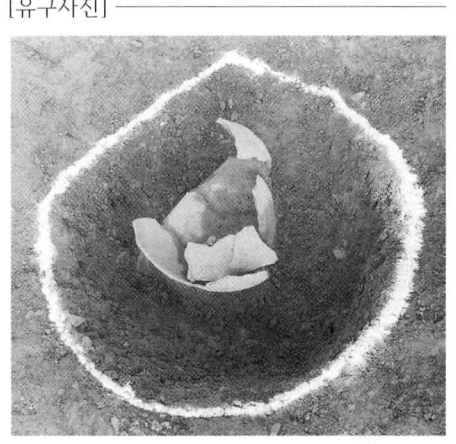

[옹관]

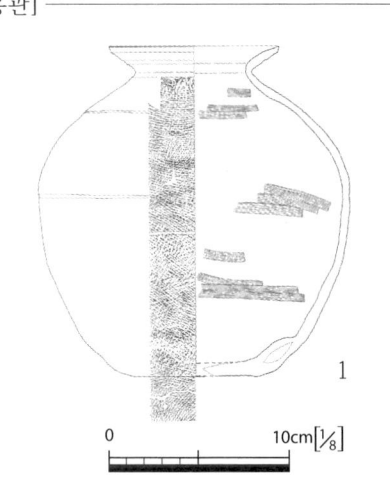

1

0　　　　10cm[1/8]

I지구 4호 옹관묘

(단위 : cm)

묘광	크 기 (길이×너비×깊이)	85×37×(8+)	옹관길이	64
	장폭비	2.29:1	결합형식	합구식
	장축방향	N-18°-W	안치형태	횡치
	두 향	?		
유물	토 기	장란형토기(2)		
	철 기	-		
	청 동 기	-		
	옥 석 류	-		
	기 타	-		
	특기사항			

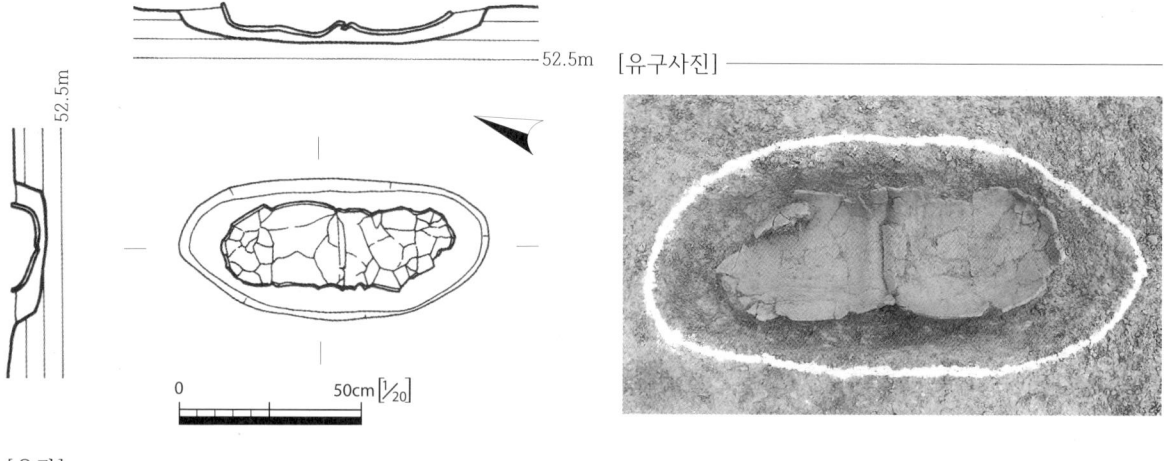

52.5m

52.5m

0   50cm[1/20]

[유구사진]

[옹관]

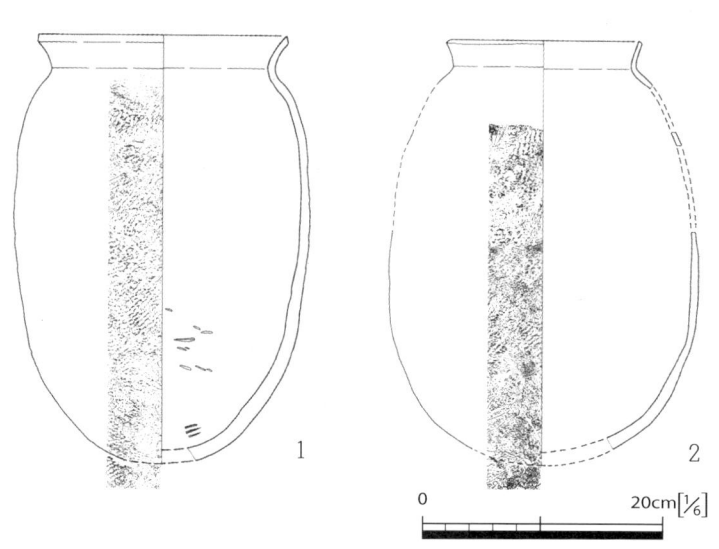

1   2

0   20cm[1/6]

I지구 1호 와관묘

(단위 : cm)

묘광	크 기 (길이×너비×깊이)	127×75×(43+)	와관	크 기 (길이×너비×높이)	90×52×(24+)
	장폭비	1.69:1		장폭비	1.73:1
	장축방향	N-1°-E	두 향		?
유물	토 기		-		
	철 기		-		
	청 동 기		-		
	옥 석 류		-		
	기 타	암키와(17)			
특기사항					

Ⅰ : 갈색 사질토
Ⅱ : 회청색 점토
Ⅲ : 다갈색 사질토
Ⅳ : 암갈색 사질토
Ⅴ : 갈색 사질토 + 점토(소량포함)

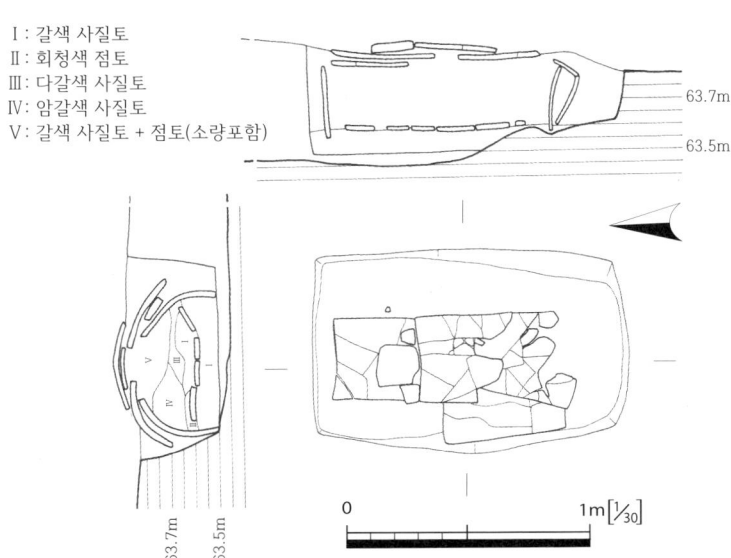

63.7m
63.5m

63.7m
63.5m

0   1m[1/30]

[유구사진]

[와관]

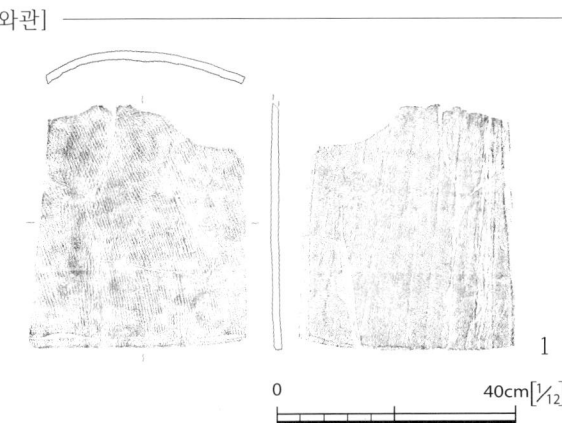

1

0   40cm[1/12]

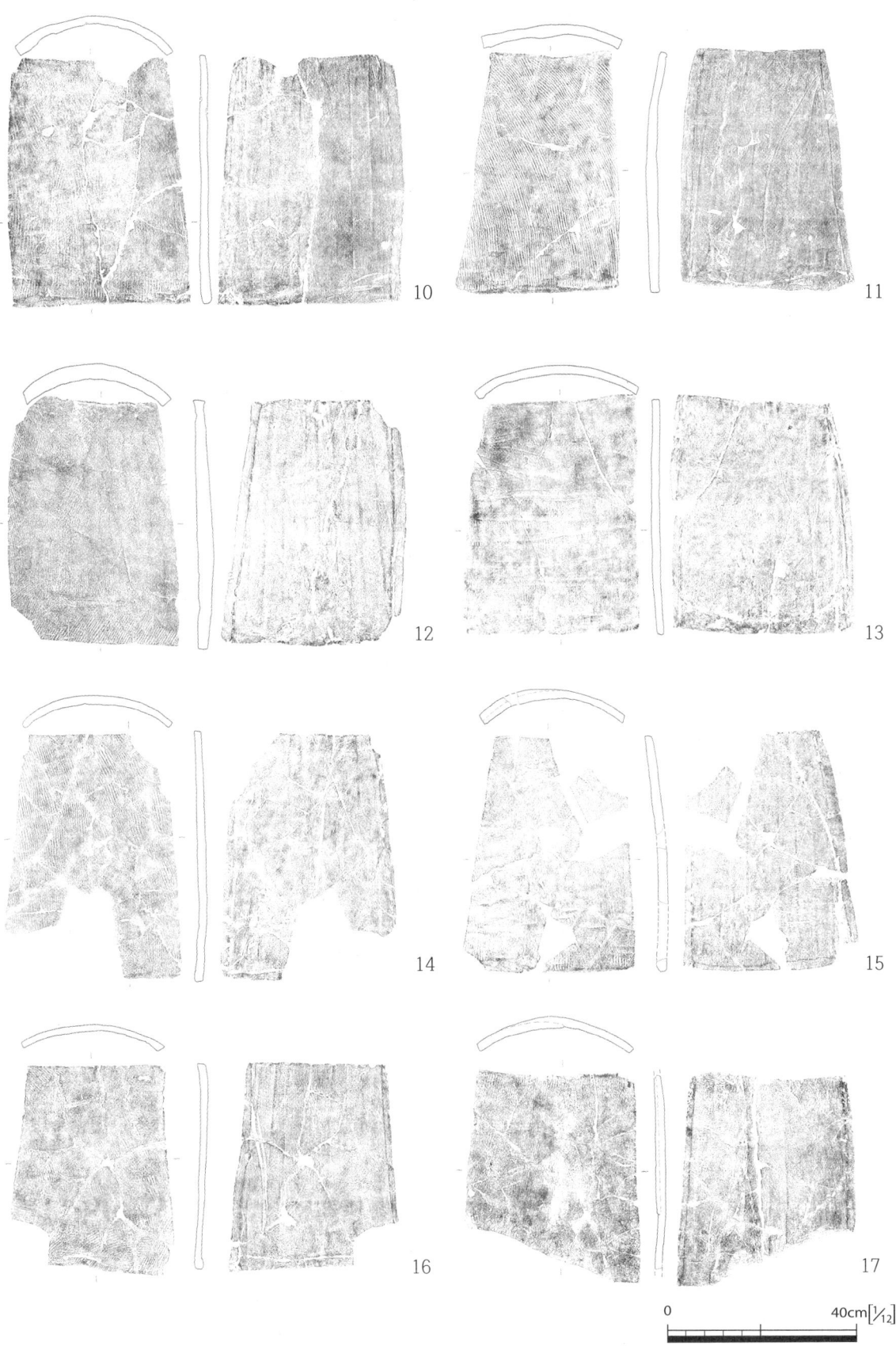

10

11

12

13

14

15

16

17

0   40cm[1/12]

I지구 2호 와관묘

(단위 : cm)

묘광	크 기 (길이×너비×깊이)	(46+)×50×(21+)	와관	크 기 (길이×너비×높이)	(48+)×35×(25+)
	장폭비	?		장폭비	?
	장축방향	N-6°-E		두 향	?
유물	토 기	옹(2)			
	철 기	-			
	청 동 기	-			
	옥석류	-			
	기 타	암키와(6)			
	특기사항	암키와와 토기를 혼용하여 관으로 사용함.			

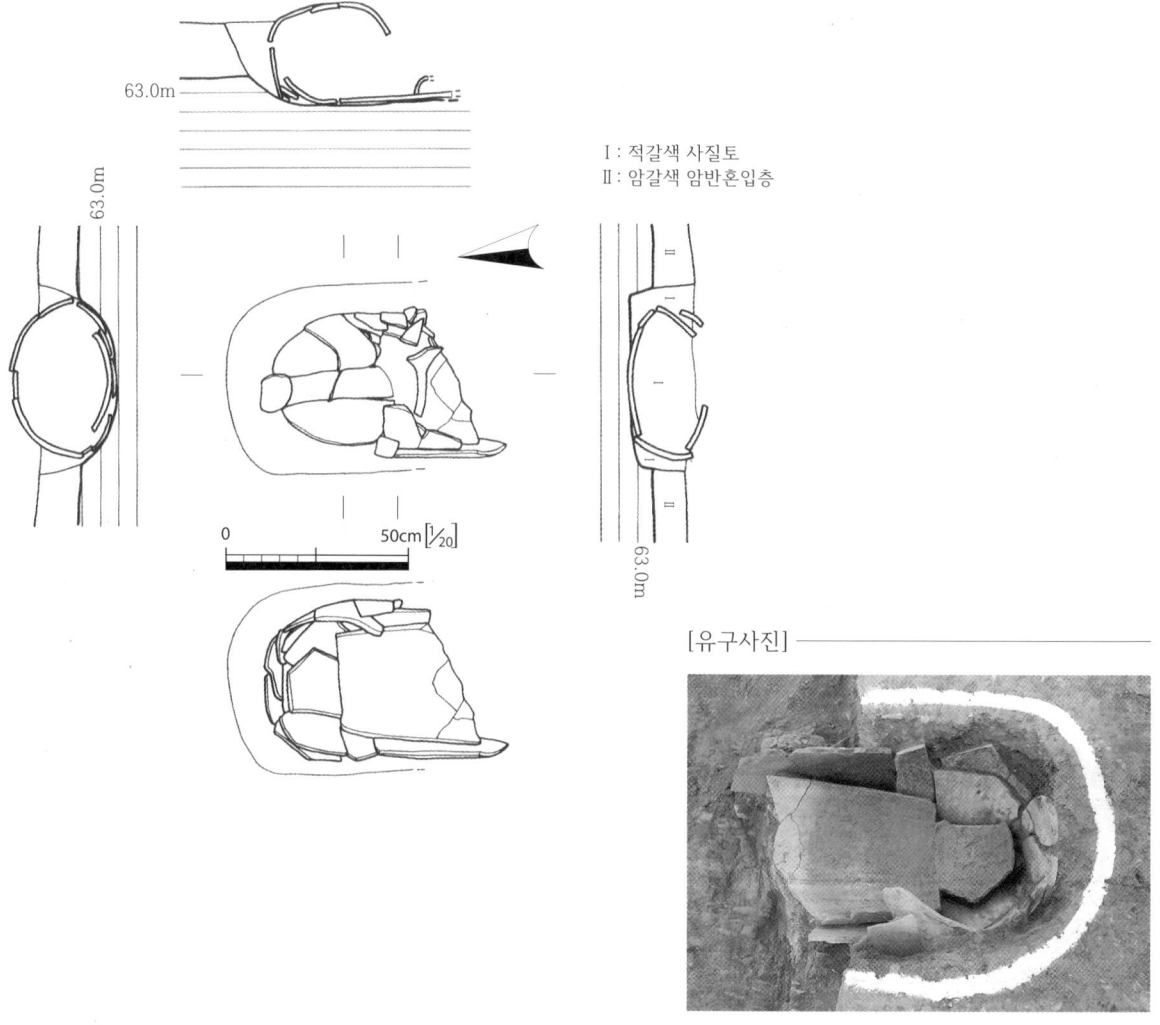

63.0m

Ⅰ : 적갈색 사질토
Ⅱ : 암갈색 암반혼입층

63.0m

63.0m

0   50cm [1/20]

[유구사진]

[관]

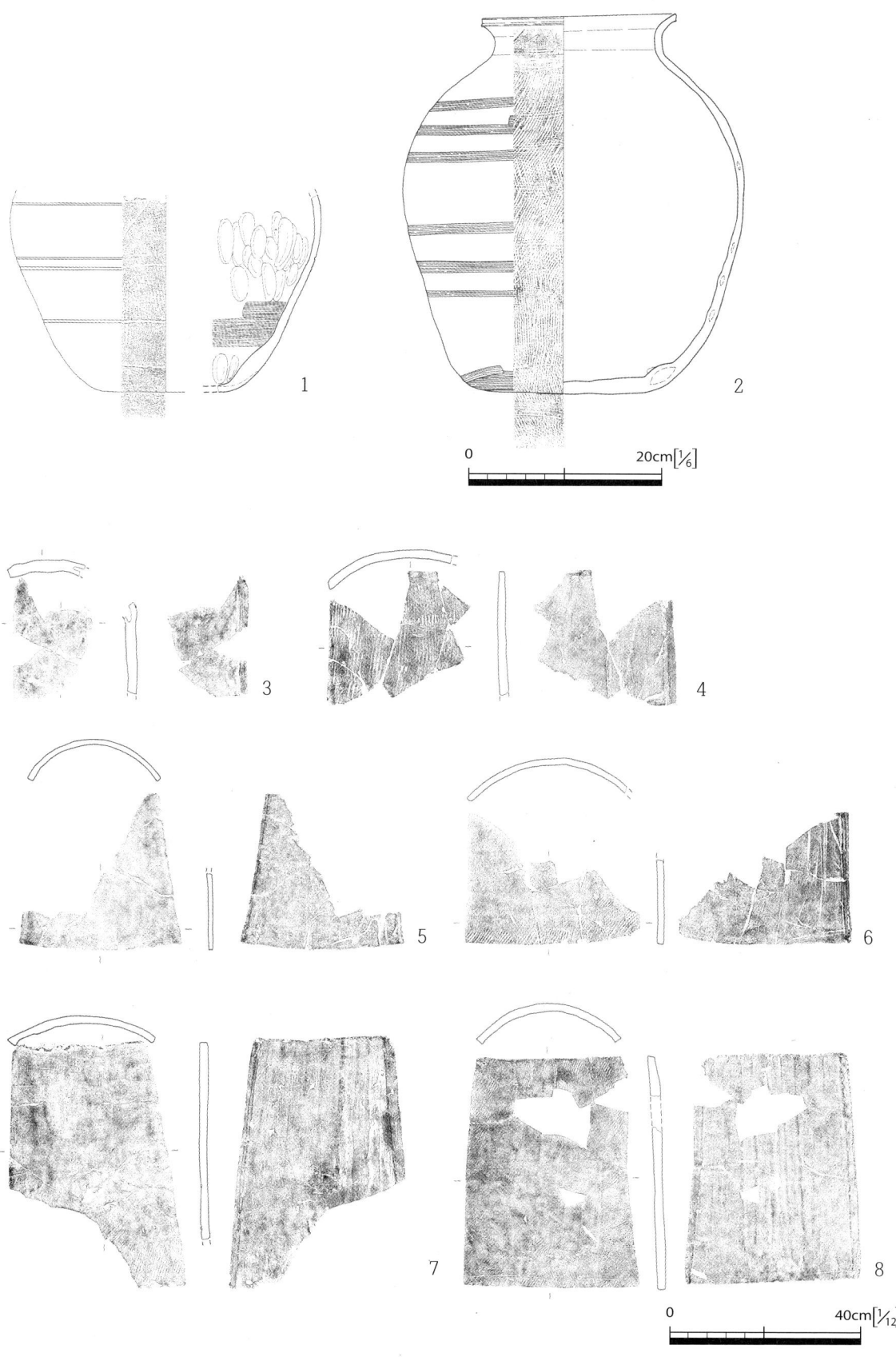

0   20cm[⅙]

0   40cm[¹⁄₁₂]

I지구 3호 와관묘

(단위 : cm)

묘광	크 기 (길이×너비×깊이)	130×88×(28+)	와관	크 기 (길이×너비×높이)	103×31×(25+)
	장폭비	1.47:1		장폭비	3.32:1
	장축방향	N-54°-W		두 향	?
유물	토 기	-			
	철 기	-			
	청 동 기	-			
	옥 석 류	-			
	기 타	암키와(18)			
	특기사항				

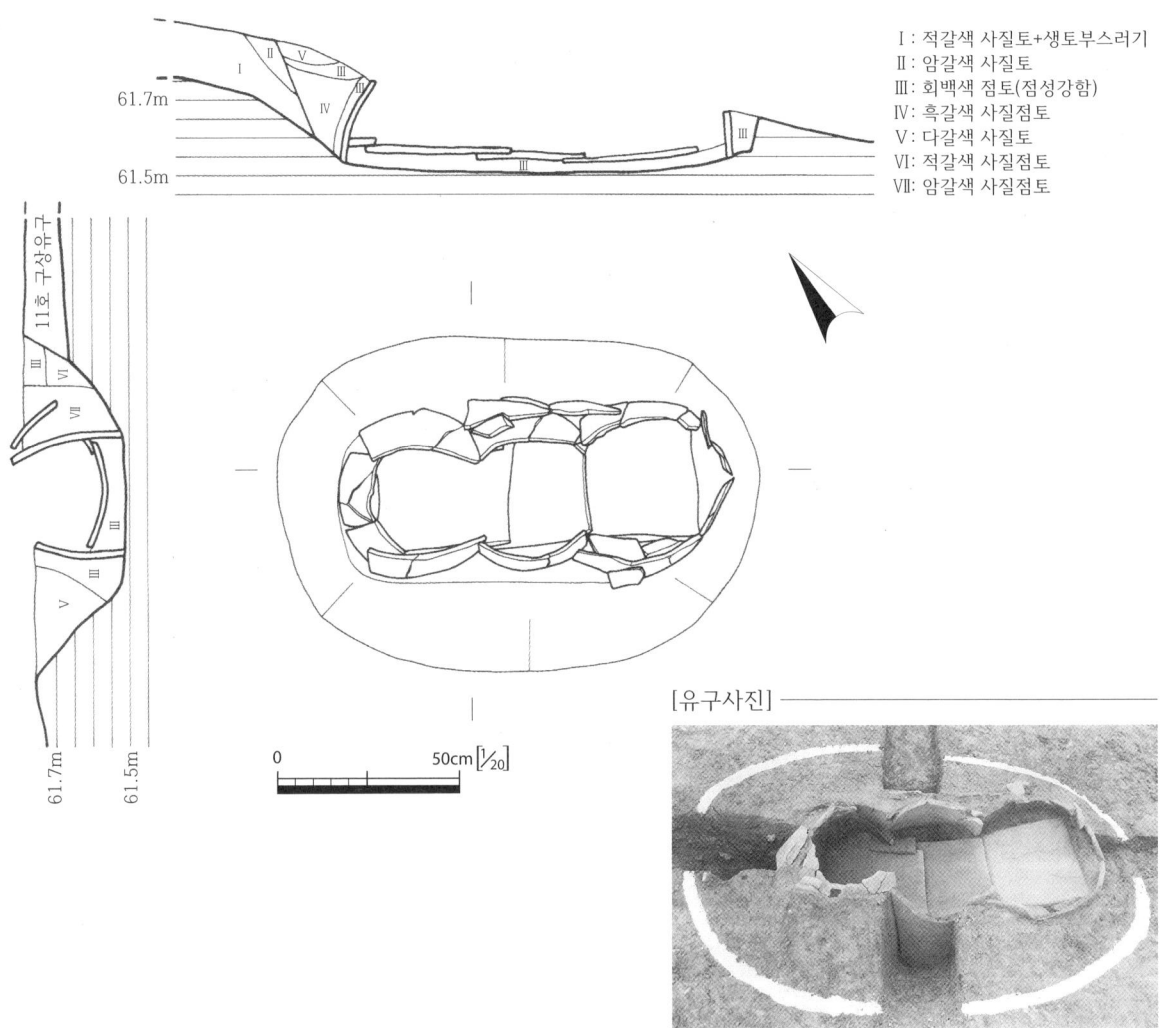

Ⅰ: 적갈색 사질토+생토부스러기
Ⅱ: 암갈색 사질토
Ⅲ: 회백색 점토(점성강함)
Ⅳ: 흑갈색 사질점토
Ⅴ: 다갈색 사질토
Ⅵ: 적갈색 사질점토
Ⅶ: 암갈색 사질점토

61.7m
61.5m

11호 구상유구

61.7m
61.5m

0   50cm [1/20]

[유구사진]

0   40cm[1/12]

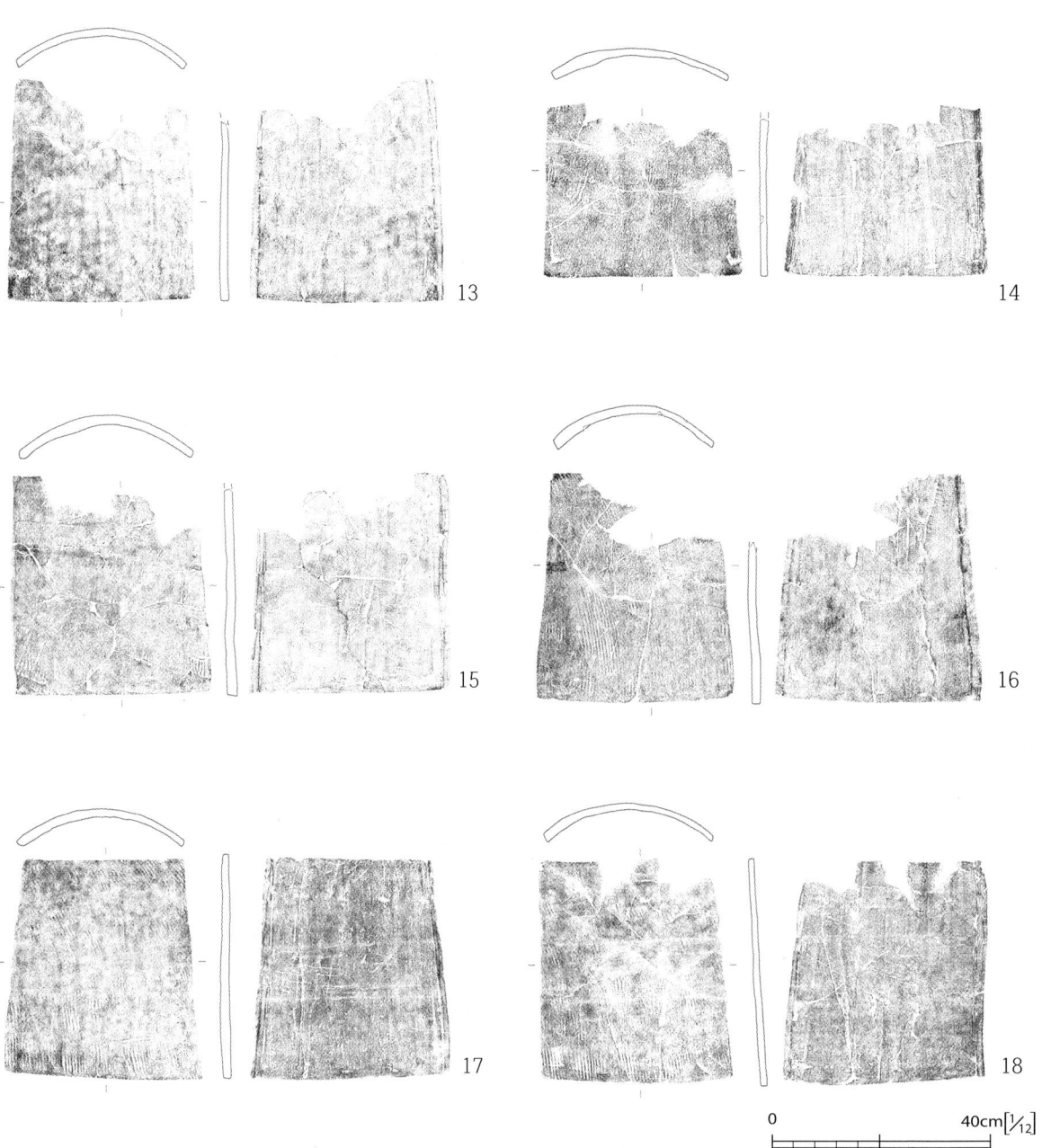

Ⅰ지구 4호 와관묘

(단위 : cm)

묘광	크 기 (길이×너비×깊이)	132×54×(34+)	와관	크 기 (길이×너비×높이)	97×33×(25+)
	장폭비	2.44:1		장폭비	2.93:1
	장축방향	N-22°-W		두 향	?
유물	토 기	-			
	철 기	-			
	청 동 기	-			
	옥 석 류	-			
	기 타	암키와(19)			
	특기사항				

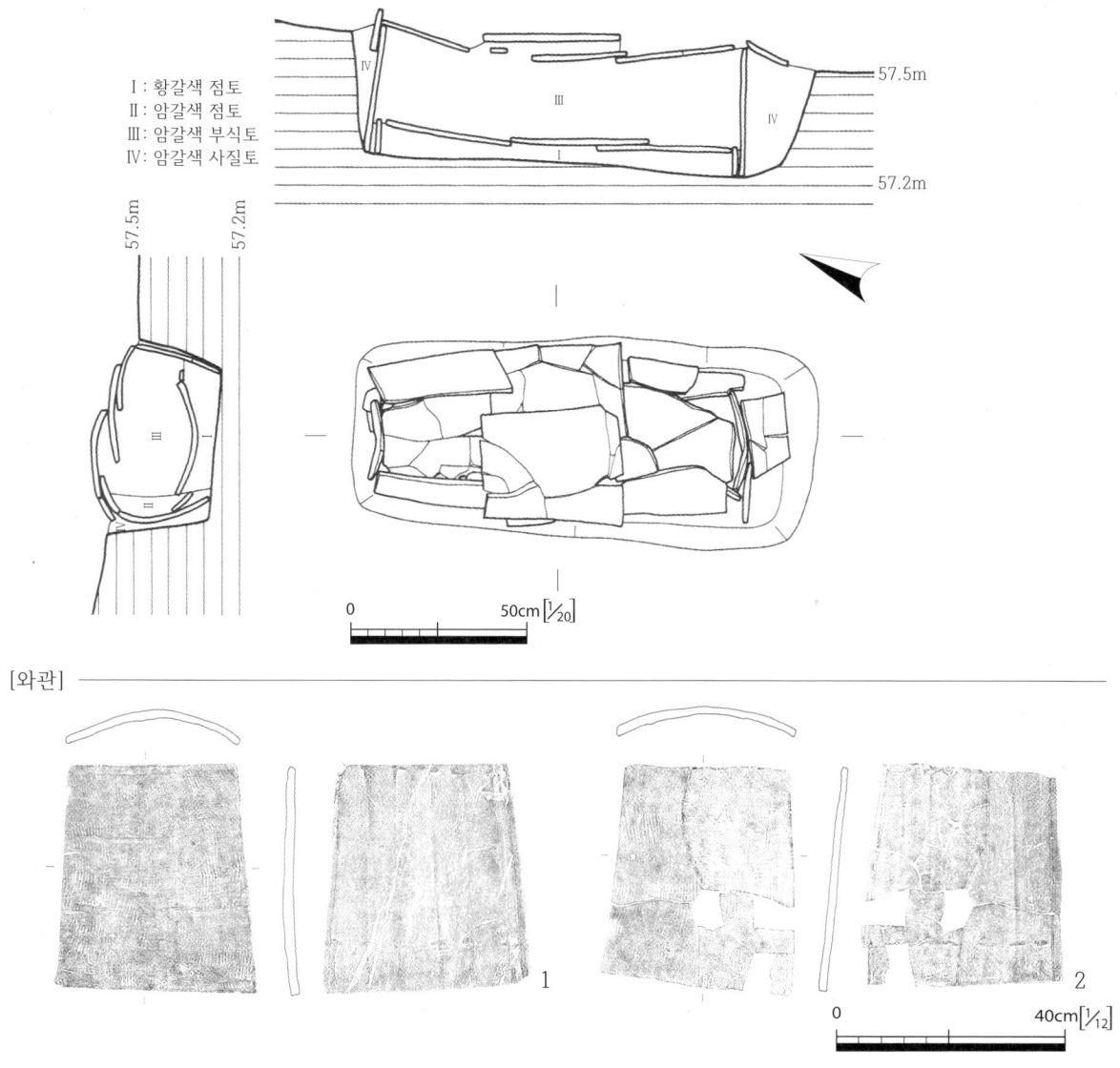

Ⅰ : 황갈색 점토
Ⅱ : 암갈색 점토
Ⅲ : 암갈색 부식토
Ⅳ : 암갈색 사질토

57.5m
57.2m

57.5m
57.2m

0   50cm [1/20]

[와관]

1

2

0   40cm [1/12]

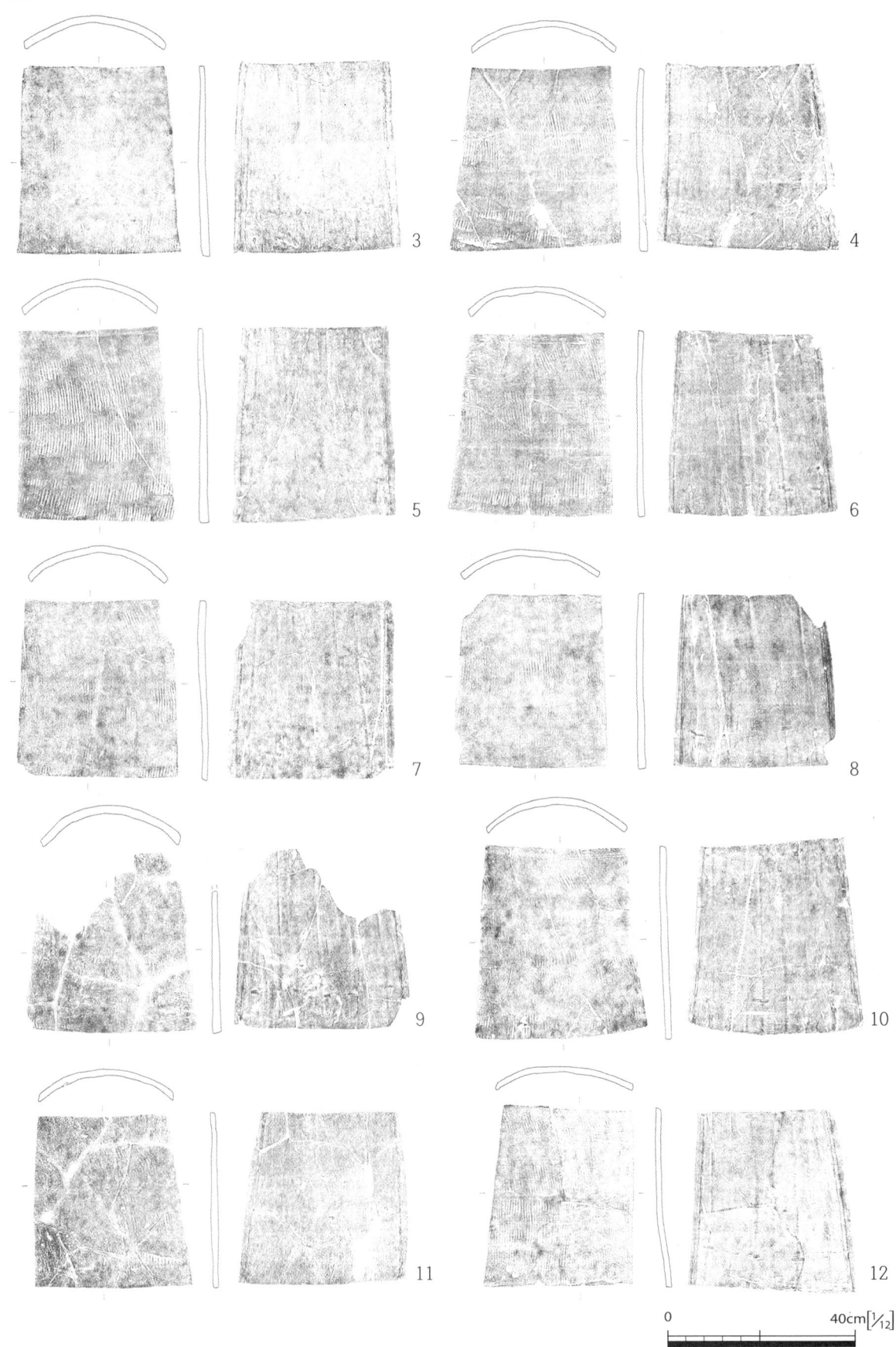

3

4

5

6

7

8

9

10

11

12

0   40cm[$\frac{1}{12}$]

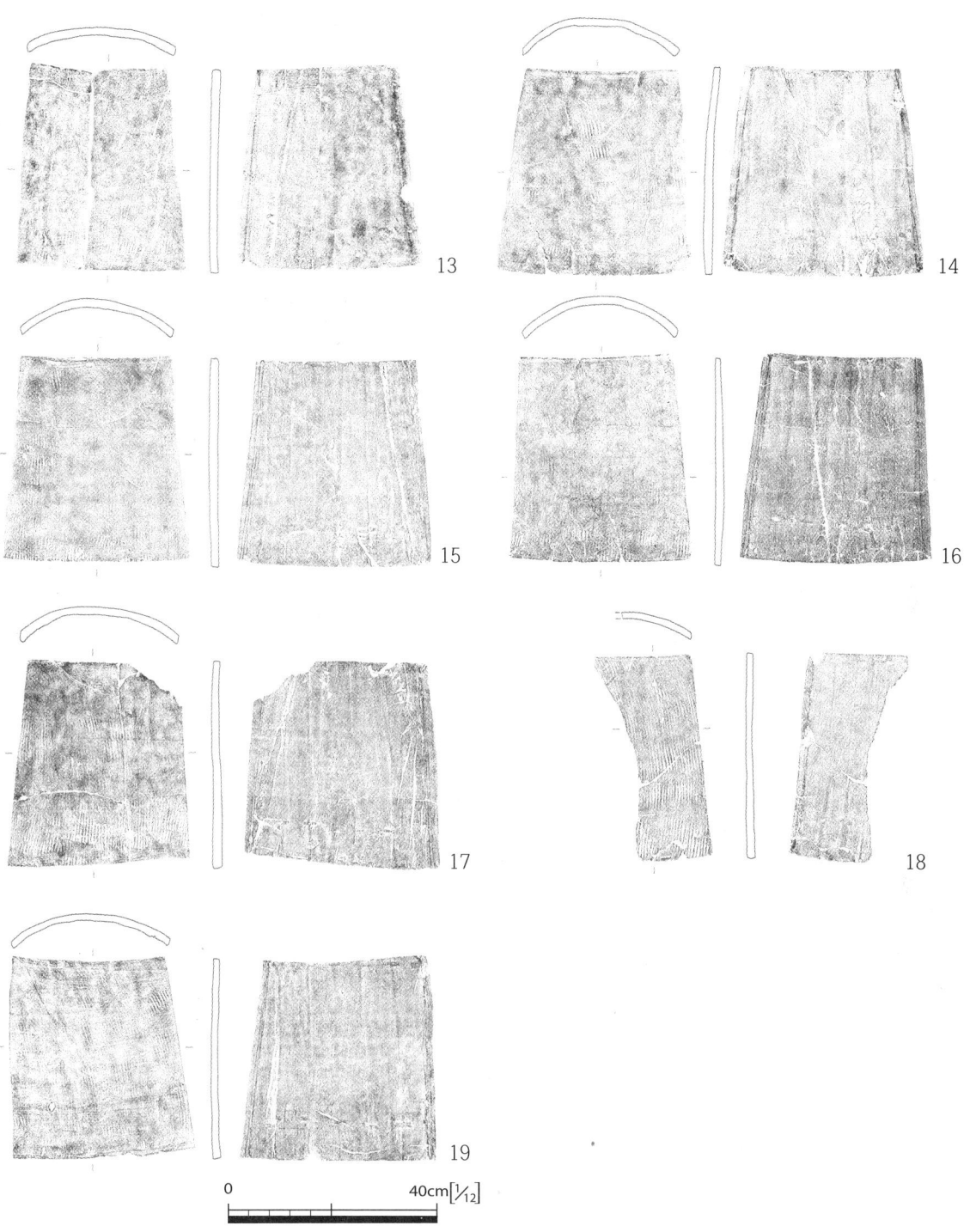

13

14

15

16

17

18

19

0   40cm[1/12]

I지구 5호 와관묘

(단위 : cm)

묘광	크 기 (길이×너비×깊이)	126×63×(58+)	와관	크 기 (길이×너비×높이)	99×42×(22+)
	장폭비	2.00:1		장폭비	2.35:1
	장축방향	N-43°-W		두 향	?
유물	토 기	-			
	철 기	-			
	청 동 기	-			
	옥 석 류	-			
	기 타	암키와(16)			
특기사항					

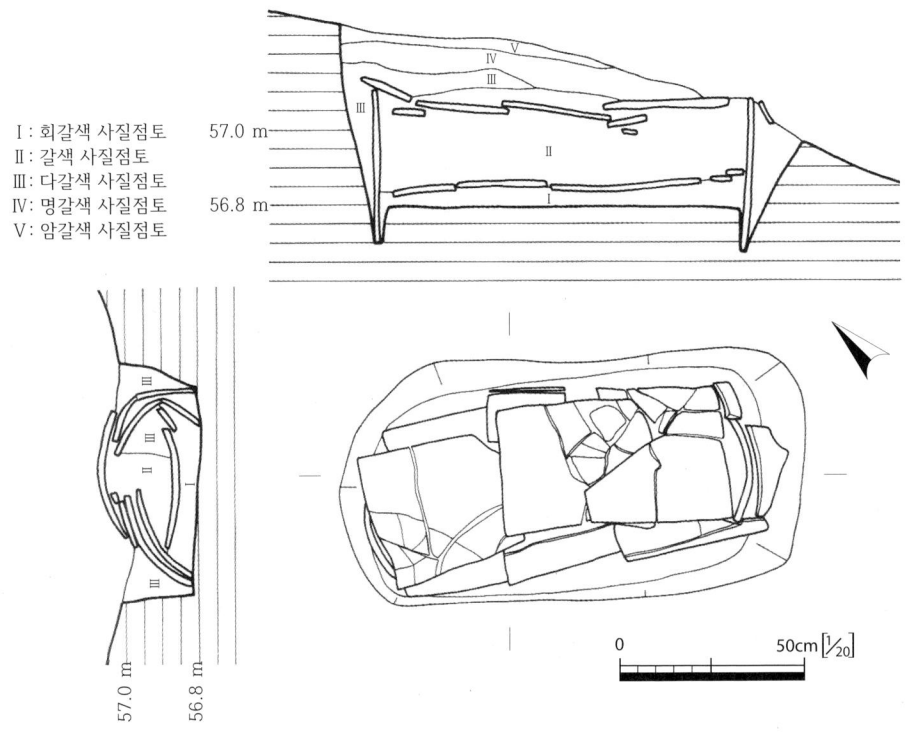

Ⅰ : 회갈색 사질점토
Ⅱ : 갈색 사질점토
Ⅲ : 다갈색 사질점토
Ⅳ : 명갈색 사질점토
Ⅴ : 암갈색 사질점토

57.0 m
56.8 m

0   50cm [1/20]

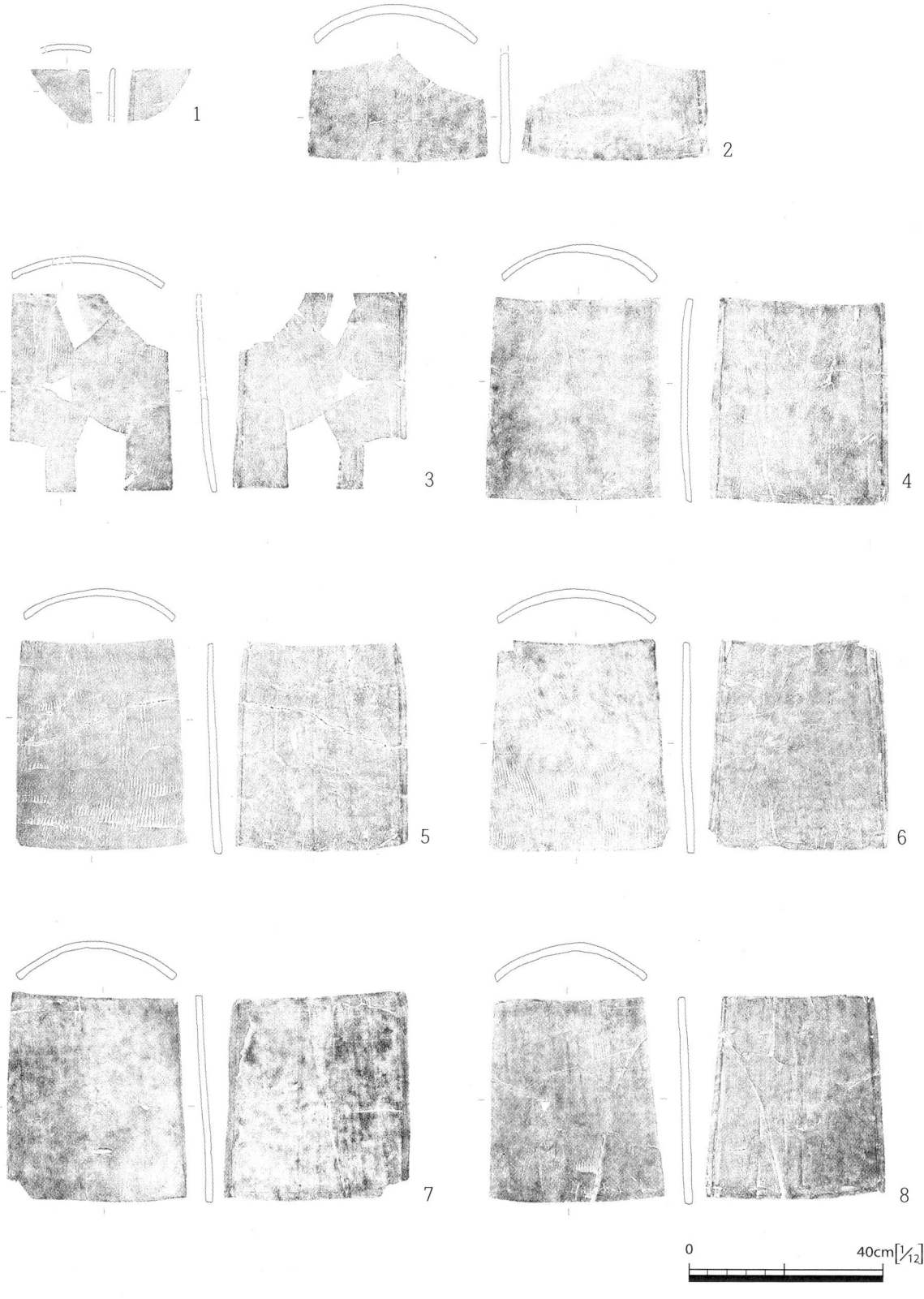

9

10

11

12

13

14

15

16

0   40cm[1/12]

I지구 1호 매납유구

(단위 : cm)

묘광	크 기 (길이×너비×깊이)	68×47×(6+)	목관	크 기 (길이×너비×높이)	-
	장폭비	1.44:1		장폭비	-
	장축방향	-	목곽	크 기 (길이×너비×높이)	-
	두 향	-		장폭비	-
유물	토 기	고배(1), 완(1), 호(2)			
	철 기	-			
	청동기	-			
	옥석류	-			
	기 타	-			
	특기사항				

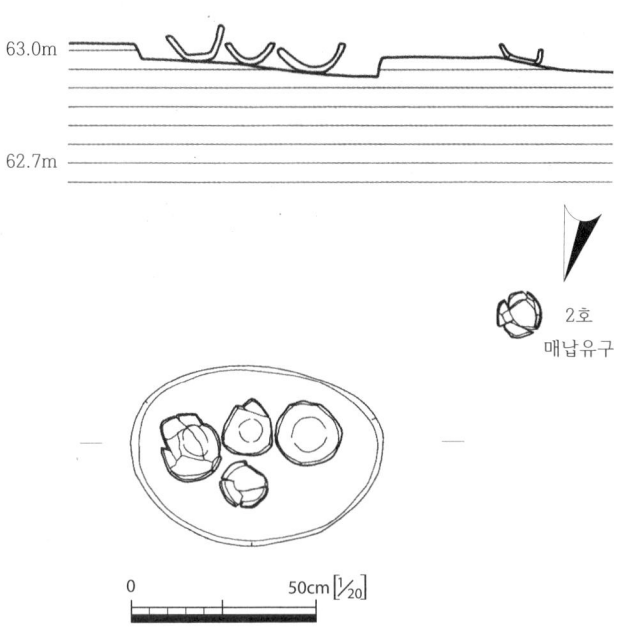

[유구사진]

[출토유물]

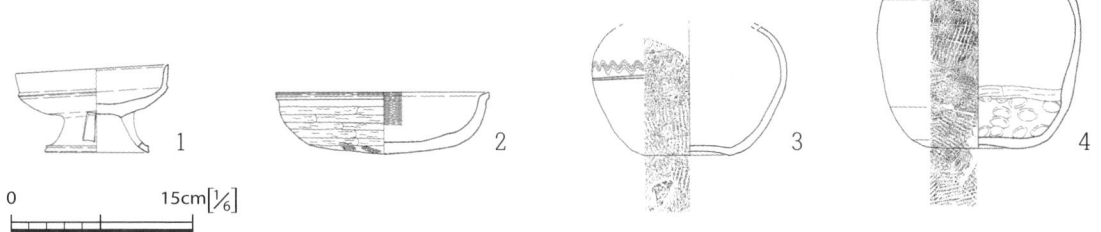

I지구 2호 매납유구

(단위 : cm)

묘광	크 기 (길이×너비×깊이)	?	목관	크 기 (길이×너비×높이)	-
	장폭비	?		장폭비	-
	장축방향	-	목곽	크 기 (길이×너비×높이)	-
	두 향	-		장폭비	-
유물	토 기	배(1)			
	철 기	-			
	청동기	-			
	옥석류	-			
	기 타	-			
	특기사항	표면의 유실이 심하여 수혈의 규모는 확인되지 않음.			

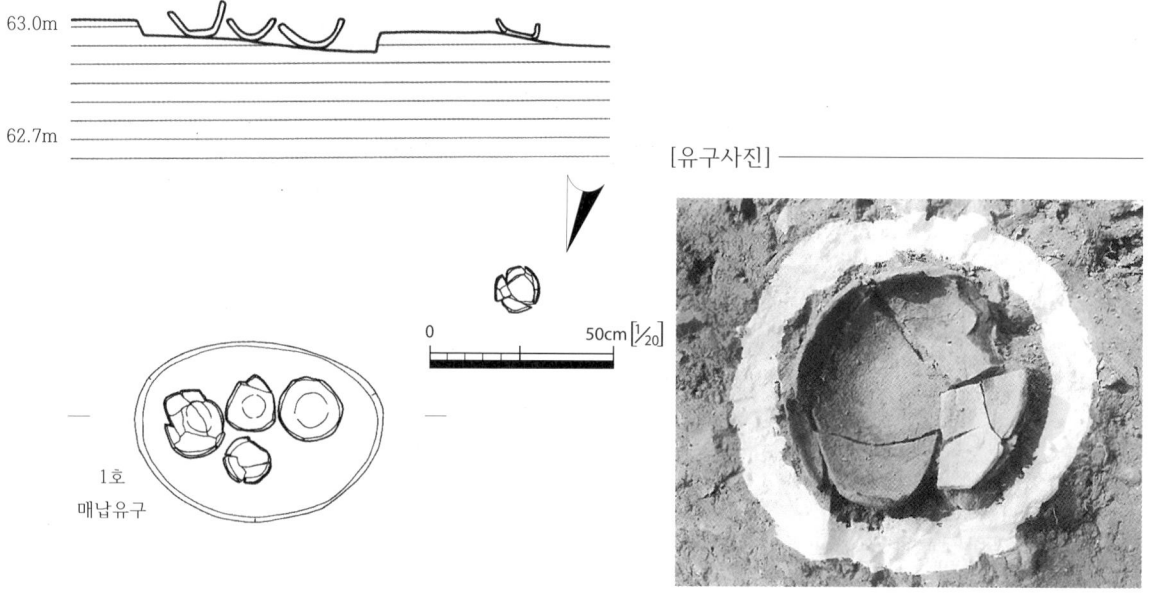

63.0m

62.7m

0   50cm[1/20]

[유구사진]

1호
매납유구

[출토유물]

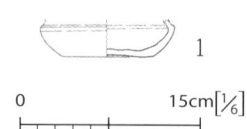

1

0   15cm[1/6]

I지구 3호 매납유구

(단위 : cm)

묘광	크 기 (길이×너비×깊이)	36×30×(2+)	목관	크 기 (길이×너비×높이)	-
	장폭비	1.20:1		장폭비	-
	장축방향	-	목곽	크 기 (길이×너비×높이)	-
	두 향	-		장폭비	-
유물	토 기	개(1)			
	철 기	-			
	청동기	-			
	옥석류	-			
	기 타	-			
	특기사항				

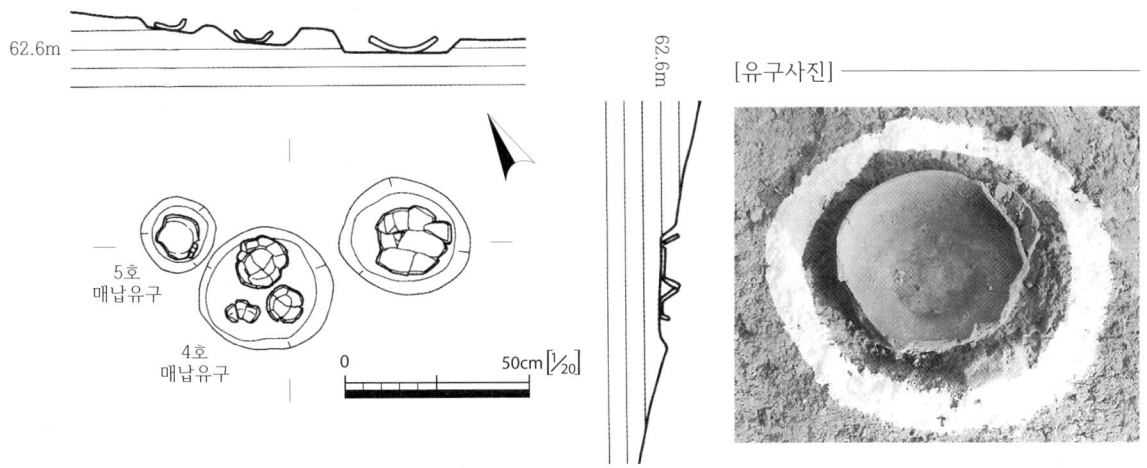

62.6m

5호
매납유구

4호
매납유구

0   50cm[1/20]

62.6m

[유구사진]

[출토유물]

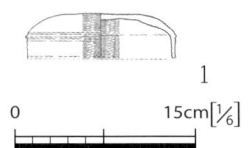

1

0   15cm[1/6]

I지구 4호 매납유구

(단위 : cm)

묘광	크 기 (길이×너비×깊이)	36×36×(3+)	목관	크 기 (길이×너비×높이)	-
	장폭비	1.00:1		장폭비	-
	장축방향	-	목곽	크 기 (길이×너비×높이)	-
	두 향	-		장폭비	-
유물	토 기	완(1), 토기편(2)			
	철 기	-			
	청동기	-			
	옥석류	-			
	기 타	-			
	특기사항				

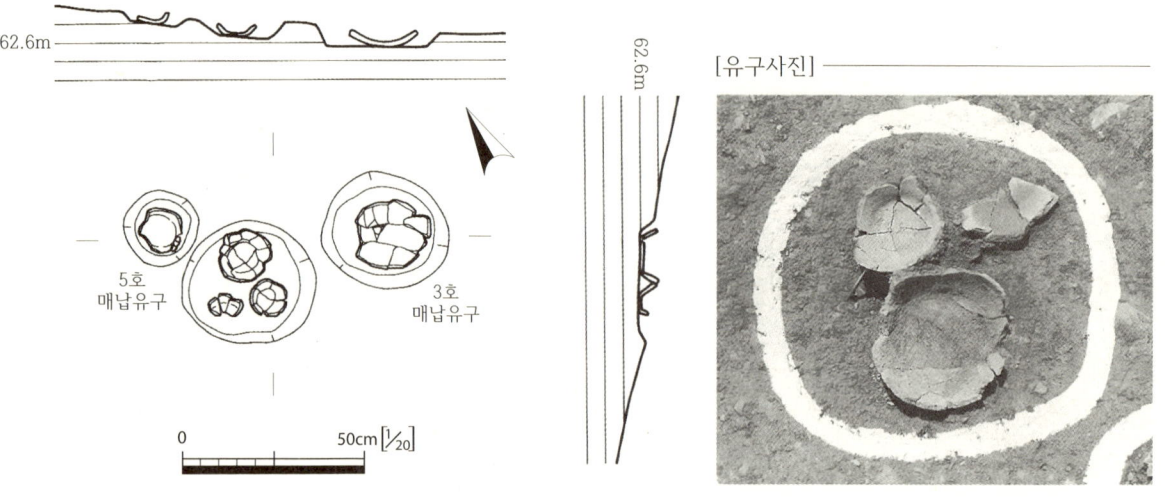

62.6m

5호
매납유구

3호
매납유구

0　　　　　　50cm[1/20]

62.6m

[유구사진]

[출토유물]

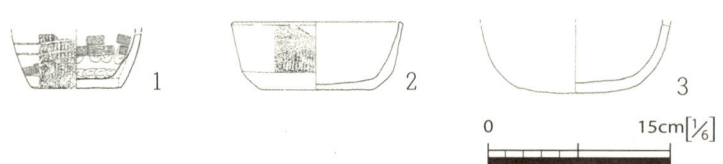

1　　　2　　　3

0　　　　15cm[1/6]

I지구 5호 매납유구

(단위 : cm)

묘광	크 기 (길이×너비×깊이)	18×18×(3+)	목관	크 기 (길이×너비×높이)	-
	장폭비	1.00:1		장폭비	-
	장축방향	-	목곽	크 기 (길이×너비×높이)	-
	두 향	-		장폭비	-
유물	토 기	토기편(1)			
	철 기	-			
	청동기	-			
	옥석류	-			
	기 타	-			
	특기사항				

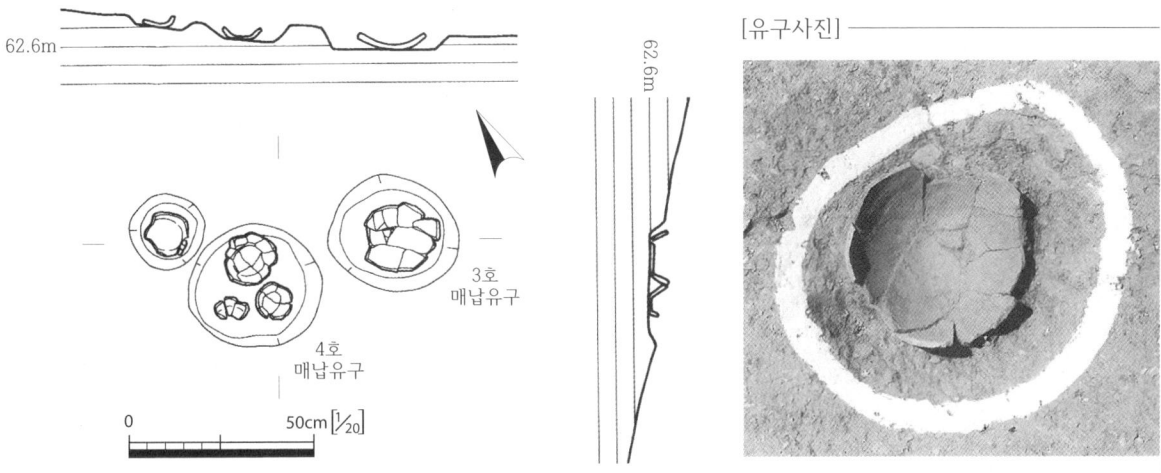

62.6m

62.6m

3호
매납유구

4호
매납유구

0   50cm[1/20]

[유구사진]

[출토유물]

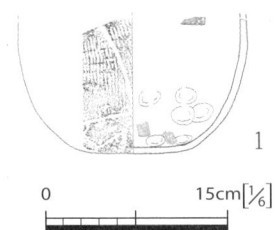

1

0   15cm[1/6]

I지구 6호 매납유구

(단위 : cm)

묘광	크 기 (길이×너비×깊이)	82×62×(19+)	목관	크 기 (길이×너비×높이)	-
	장폭비	1.32:1		장폭비	-
	장축방향	-	목곽	크 기 (길이×너비×높이)	-
	두 향	-		장폭비	-
유물	토 기	단경호(2)			
	철 기	도자(1), 단조철부(1)			
	청동기	-			
	옥석류	-			
	기 타	-			
	특기사항				

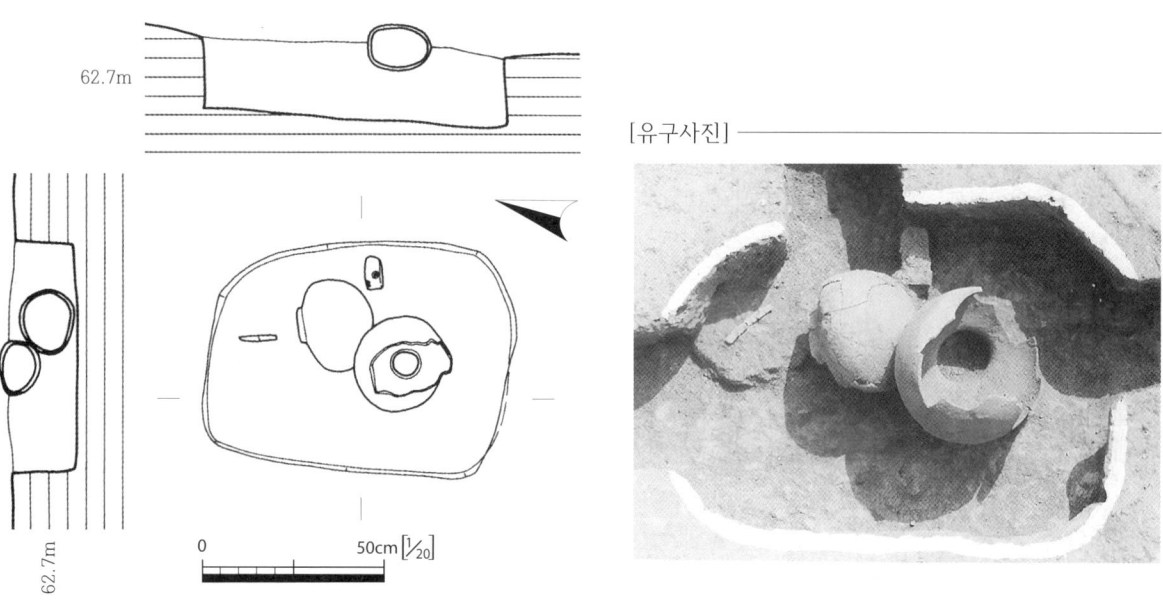

[유구사진]

62.7m

62.7m

0   50cm[1/20]

[출토유물]

1

0   15cm[1/6]

2

3   4

0   10cm[1/4]

I지구 7호 매납유구

(단위 : cm)

묘광	크 기 (길이×너비×깊이)	25×25×(8+)	목관	크 기 (길이×너비×높이)	-
	장폭비	1.00:1		장폭비	-
	장축방향	-	목곽	크 기 (길이×너비×높이)	-
	두 향	-		장폭비	-
유물	토 기	토기편(1)			
	철 기	-			
	청동기	-			
	옥석류	-			
	기 타	-			
	특기사항				

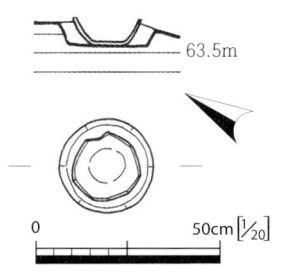

63.5m

0   50cm[1/20]

[유구사진]

[출토유물]

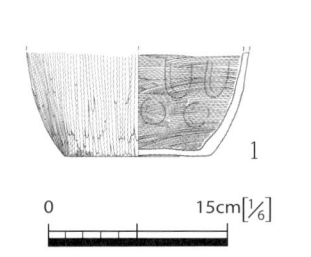

1

0   15cm[1/6]

Ⅰ지구 8호 매납유구

(단위 : cm)

묘광	크 기 (길이×너비×깊이)	58×58×(16+)	목관	크 기 (길이×너비×높이)	-
	장폭비	1.00:1		장폭비	-
	장축방향	-	목곽	크 기 (길이×너비×높이)	-
	두 향	-		장폭비	-
유물	토 기	단경호(1)			
	철 기	-			
	청동기	-			
	옥석류	-			
	기 타	-			
	특기사항				

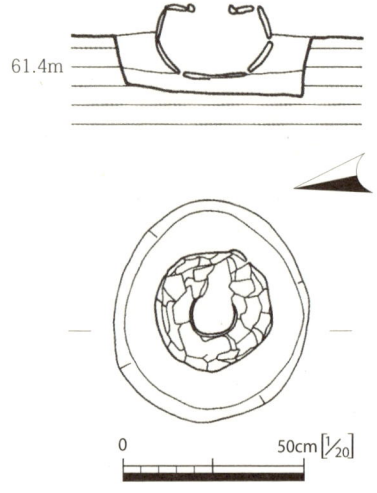

61.4m

0   50cm[1/20]

[유구사진]

[출토유물]

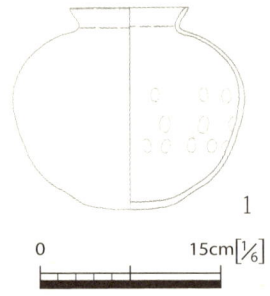

1

0   15cm[1/6]

I지구 9호 매납유구

(단위 : cm)

묘광	크 기 (길이×너비×깊이)	52×52×(8+)	목관	크 기 (길이×너비×높이)	-
	장폭비	1.00:1		장폭비	-
	장축방향	-	목곽	크 기 (길이×너비×높이)	-
	두 향	-		장폭비	-
유물	토 기	단경호(1)			
	철 기		-		
	청동기		-		
	옥석류		-		
	기 타		-		
	특기사항				

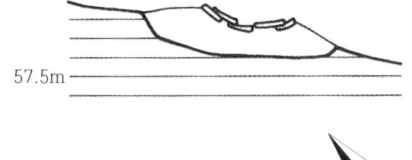

57.5m

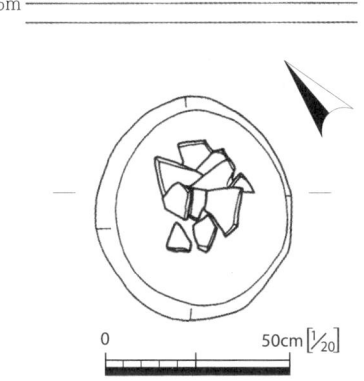

0   50cm [1/20]

[유구사진]

[출토유물]

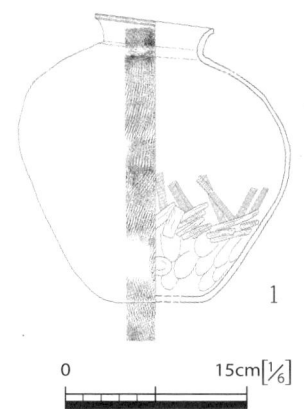

1

0   15cm[1/6]

서산 읍내동 고분군 瑞山 邑內洞 古墳群

조사사유	공동주택 신축공사에 따른 구제발굴조사
조사연혁	지표조사 : 2006. 06. 26. ~ 07. 10.(忠淸文化財硏究院) 시굴조사 : 2006. 11. 23. ~ 12. 10.(忠淸文化財硏究院) 발굴조사 : 2007. 02. 26. ~ 03. 14.(忠淸文化財硏究院)
유적위치	충청남도 서산시 읍내동 593-9번지 일원
	경·위도 36°47'04.93"E / 126°26'48.50"N
유적입지	읍내동은 서산시의 서쪽에 위치하고 있는데, 주변으로 북쪽의 봉화산(해발 197.8m)과 남서쪽의 명림산(해발 127m), 동쪽의 옥녀봉(해발 149.4m) 등의 높은 산지로 둘러싸여 있는 분지형태의 지형을 이루고 있다. 조사지역은 읍내동의 북서쪽에 위치하고 있으며, 옥녀봉에서 남쪽으로 내려오는 가지능선의 말단부에 해당된다.

유구현황	초기철기시대	–
	원삼국시대	–
	삼 국 시 대	석실묘(4) · 옹관묘(1)
	기 타	–

주요유물	심발형토기, 병형토기, 관정, 금동제 이식
시대·성격	석실묘 4기와 옹관묘 1기 등 총 5기가 확인되었는데, 석실묘는 대부분 유실이 심하게 이루어진 상태였다. 석실의 구조를 통한 축조시기는 알기 어려우나, 내부에 부장된 병과 시루 등의 토기로 보아 대략 6세기 전엽에서 중엽경으로 추정된다. 옹관묘 역시 동체 중간부분에 총 4개의 우각형 파수를 부착하고 있는 시루 등 출토유물로 보아 석곽묘와 비슷한 6세기 전·중엽대로 판단된다. 고분은 낮은 구릉 남향사면의 동쪽 일대에 밀집 조성되어 있고, 서쪽으로는 더 이상의 고분이 확인되지 않는 것으로 보아 읍내동 고분군의 분포는 보다 동쪽으로 확장될 것으로 판단되었으나, 도로 개설 등으로 인해 구릉의 동쪽부분이 절개되어 정확한 분포양상을 알 수 없었다.
참고문헌	忠淸文化財硏究院, 2008, 『瑞山 邑內洞 古墳群』調査報告 第85輯.

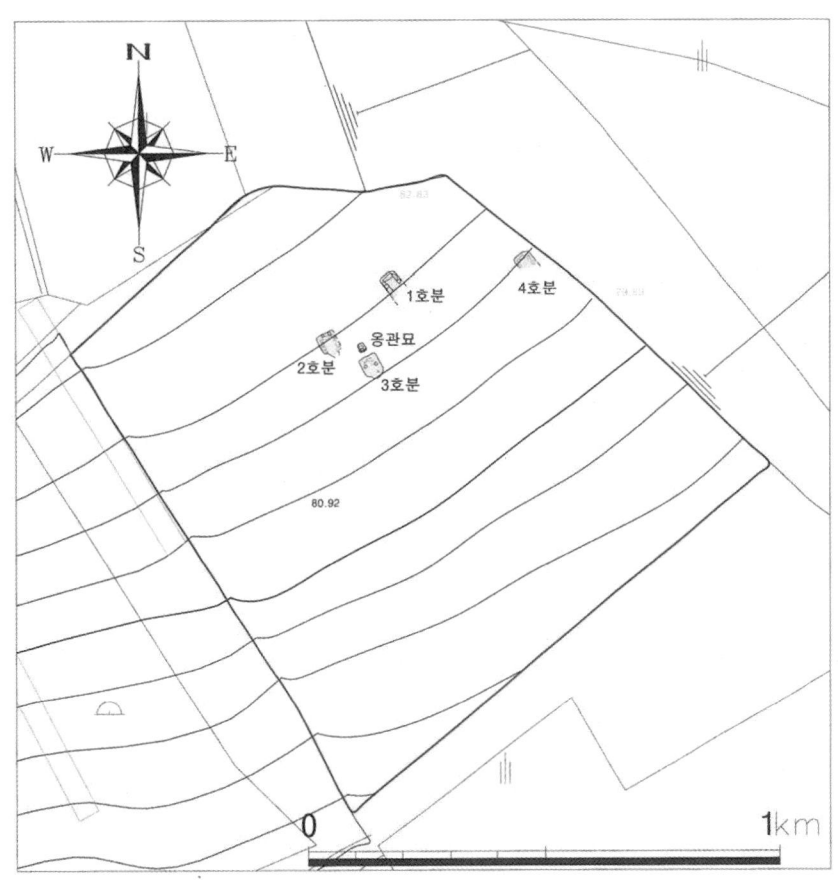

서산 읍내동유적 유구배치도

서산 읍내동유적 전경

1호 석실묘

(단위 : cm)

봉토	크 기 (길이×너비×높이)	?	묘광	크 기 (길이×너비×깊이)	(210+)×240×(65+)
	평면형태	?		장폭비	?
현실	크 기 (길이×너비×높이)	(125+)×80×(55+)		천장형태	?
	장폭비	?		횡구부위치	?
횡구부	크 기 (길이×너비)	?		묘도크기 (길이×너비)	?
	장폭비	?		배수시설 (길이×너비×깊이)	?
시상/관대크기 (길이×너비×높이)		-		두 향	?
장축방향		N-32°-W		벽석종류	할석
유물	토 기	심발형토기(1), 파수부병(1)			
	철 기	관고리(2), 관정(7)			
	청 동 기	-			
	옥 석 류	-			
	기 타	금동제 이식(2)			
특기사항		횡구식 석실로 보고하였으나 파괴가 심하여 정확한 구조는 알 수 없음.			

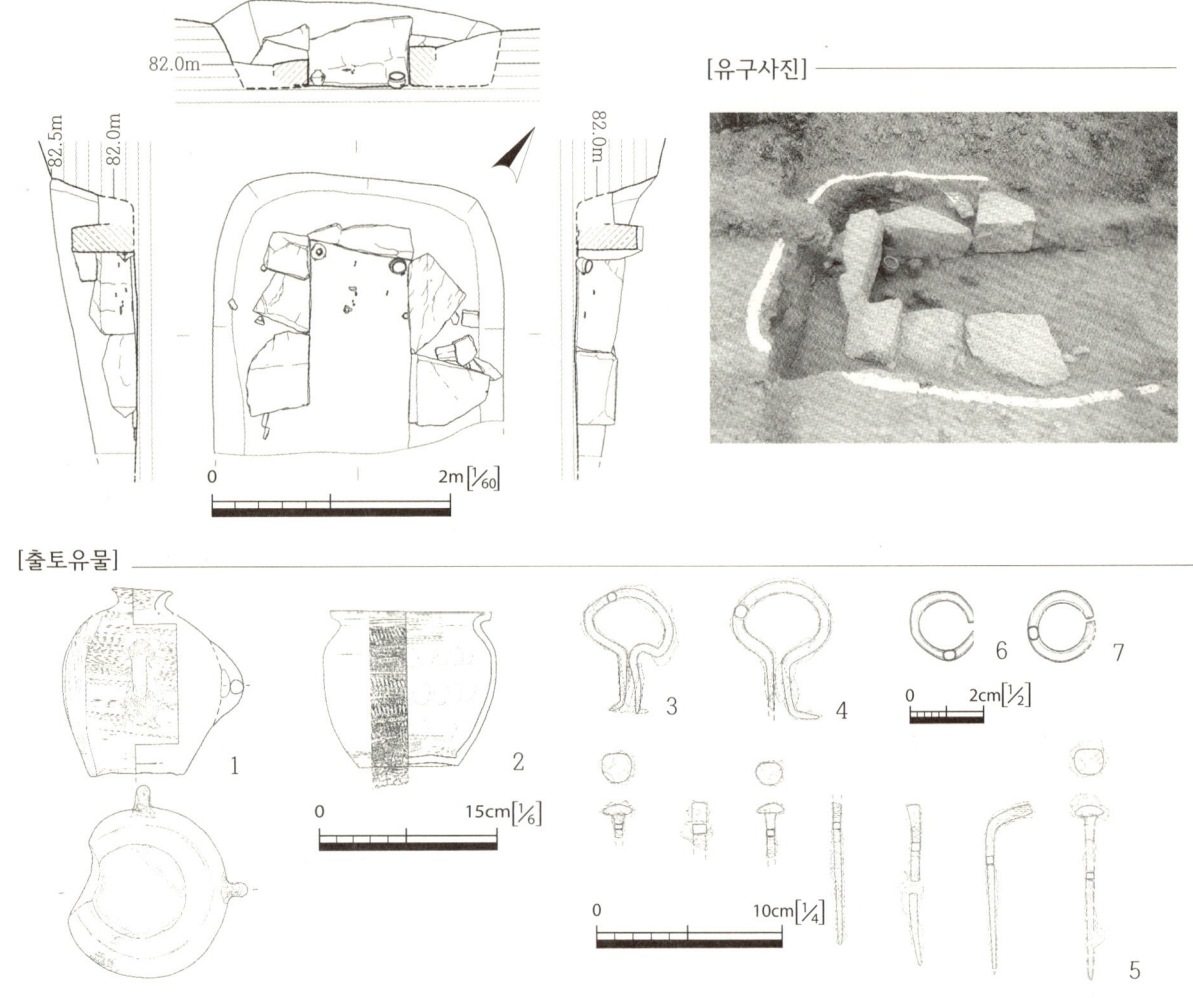

[유구사진]

[출토유물]

2호 석실묘

(단위 : cm)

봉토	크 기 (길이×너비×높이)	?	묘광	크 기 (길이×너비×깊이)	305×(165+)×(86+)
	평면형태	?		장폭비	?
현실	크 기 (길이×너비×높이)	(200+)×(75+)×?		천장형태	?
	장폭비	?		횡구부위치	?
횡구부	크 기 (길이×너비)	?		묘도크기 (길이×너비)	?
	장폭비	?		배수시설 (길이×너비×깊이)	?
시상/관대크기 (길이×너비×높이)		–		두 향	?
장축방향		N–34°–W		벽석종류	할석
유물	토 기	–			
	철 기	–			
	청 동 기	–			
	옥 석 류	–			
	기 타	–			
특기사항		출토유물 없음. 횡구식 석실로 보고하였으나 파괴가 심하여 정확한 구조는 알 수 없음.			

91.5m

91.0m

92.0m 91.5m 91.0m

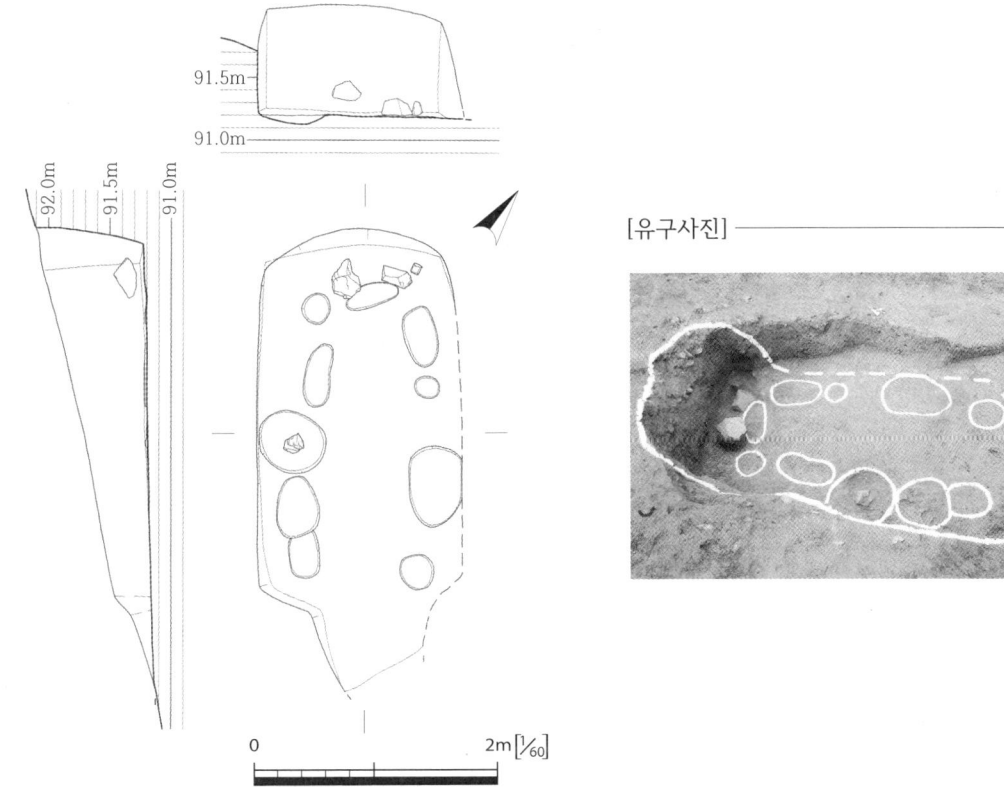

[유구사진]

0   2m [1/60]

3호 석실묘

(단위 : cm)

봉토	크 기 (길이×너비×높이)	?	묘광	크 기 (길이×너비×깊이)	275×170×(68+)
	평면형태	?		장폭비	1.62:1
현실	크 기 (길이×너비×높이)	(200+)×(75+)×?		천장형태	?
	장폭비	?		횡구부위치	?
횡구부	크 기 (길이×너비)	?		묘도크기 (길이×너비)	?
	장폭비	?		배수시설 (길이×너비×깊이)	?
시상/관대크기 (길이×너비×높이)		-		두 향	?
장축방향		N-30°-W		벽석종류	할석
유물	토 기	-			
	철 기	-			
	청 동 기	-			
	옥 석 류	-			
	기 타	-			
특기사항		출토유물 없음. 횡구식 석실로 보고하였으나 파괴가 심하여 정확한 구조는 알 수 없음.			

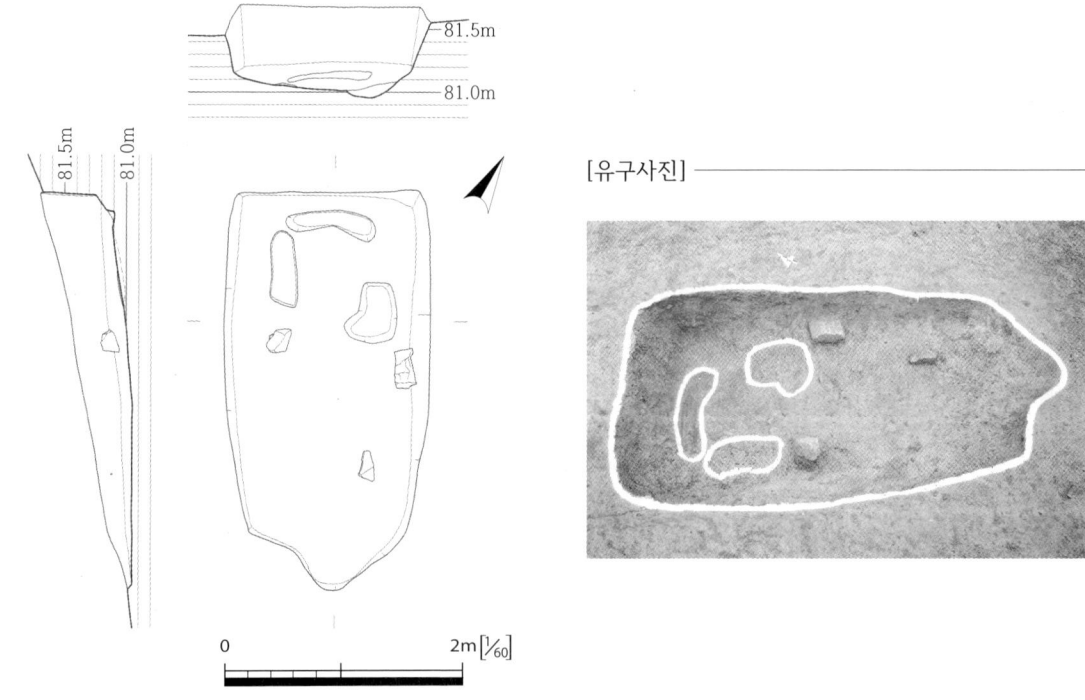

[유구사진]

0   2m [1/60]

4호 석실묘

(단위 : cm)

봉토	크 기 (길이×너비×높이)	?	묘광	크 기 (길이×너비×깊이)	(134+)×138×(30+)
	평면형태	?		장폭비	?
현실	크 기 (길이×너비×높이)	(85+)×(70+)×?		천장형태	?
	장폭비	?		횡구부위치	?
횡구부	크 기 (길이×너비)	?		묘도크기 (길이×너비)	?
	장폭비	?		배수시설 (길이×너비×깊이)	?
시상/관대크기 (길이×너비×높이)		-		두 향	?
장축방향		N-34°-W		벽석종류	?
유물	토 기	병(1)			
	철 기	-			
	청동기	-			
	옥석류	-			
	기 타	-			
특기사항		횡구식 석실로 보고하였으나 파괴가 심하여 정확한 구조는 알 수 없음.			

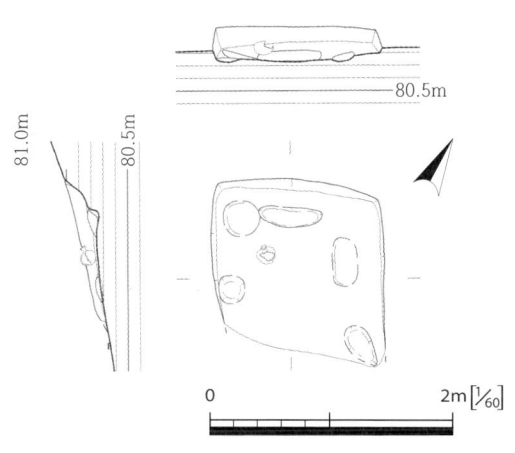

0   2m[1/60]

[유구사진]

[출토유물]

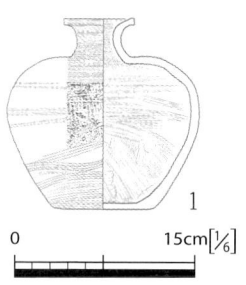

1

0   15cm[1/6]

옹관묘

(단위 : cm)

묘광	크 기 (길이×너비×깊이)	(220)×(120)×(50+)	옹관길이	(170)
	장폭비	(1.83):1	결합형식	합구식
	장축방향	N-36°-E	안치형태	횡치
	두 향	?		
유물	토 기	시루(1), 동이(1)		
	철 기	관정(4)		
	청 동 기	-		
	옥석류	-		
	기 타	-		
	특기사항			

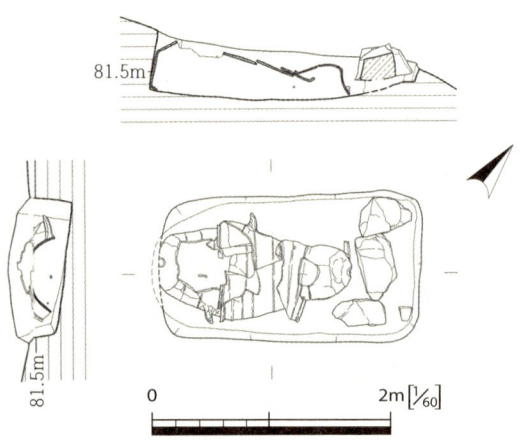

81.5m

81.5m

0   2m [1/60]

[유구사진]

[옹관]

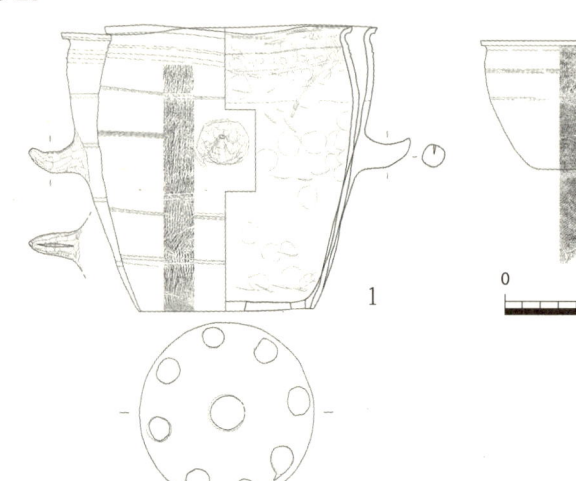

1

2

0   20cm [1/8]

[출토유물]

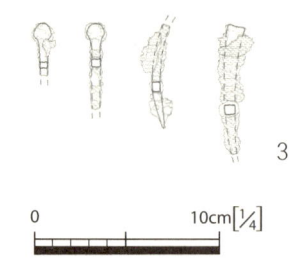

3

0   10cm [1/4]

해미 기지리유적 海美 機池里遺蹟

조사사유	국방과학연구소 부속시설 건설에 따른 구제발굴조사
조사연혁	지표조사 : 2003. 10. (?) 시굴조사 : 2004. 02. ~ 2004. 03. (?) 발굴조사 : 2005. 07. ~ 2006. 03. (公州大學校博物館)
유적위치	충청남도 서산시 해미면 기지리 101-3번지 일원
	경·위도 126°50′14″E / 36°70′49″N
유적입지	기지리유적은 해발 19~26m의, 동쪽에서 서쪽으로 낮게 드리워진 가지 능선의 구릉지에 위치한다. 조사지역 주변은 나지막한 저산성 구릉지대로서 대부분 농경지로 개간된 상태이다. 북쪽에서 동서 방향으로 해미천이 흐르고 있고, 남쪽으로는 북동-남서방향으로 남정천이 흐르고 있다.

유구현황	초기철기시대	-
	원삼국시대	Ⅱ구역: 주거지(2)
	삼 국 시 대	Ⅰ구역: 분구묘(14) Ⅱ구역: 분구묘(46)·석곽묘(2)·토광묘(3)
	기 타	Ⅰ구역: 신석기시대 주거지(3), 청동기시대 주거지(48)·수혈(2), 조선시대 주거지(36)·지상식 건물지(8)·건물지(1)·수혈(3)·구상유구(1)·토광묘(1) Ⅱ구역: 신석기시대 주거지(1), 청동기시대 주거지(17), 통일신라시대 석곽묘(1), 고려·조선시대 토광묘(88)·주거지(15)·건물지(1) Ⅲ구역 : 청동기시대 주거지(4)·수혈(19), 조선시대 토광묘(1)

주요유물	호, 흑색마연토기, 장란형토기, 환두도, 鐵鋌, 矛, 鎌, 동경, 옥류 등
시대·성격	기지리유적의 분구묘는 Ⅰ·Ⅱ구역에 분포하고 있는데, 구릉선상부와 남향사면의 저평한 지대에 집중되어 있고 개별 무덤간에도 일정한 간격이 유지되고 있다. 즉, 처음 조영될 때부터 개별 무덤에 대한 일정한 계획적 공간배치가 있었던 것으로 추정되며, 경사의 위쪽부터 아래쪽으로 순차적으로 조영된 것으로 보인다. 즉, 선상부에서 주변 사면부로 확대되어 갔고, 선상부는 단독으로 매장주체를 조성한 반면에 능선 하단부는 2~3차에 걸쳐 확장된 흔적이 확인된다. 이를 통해 적어도 5~6개의 군집으로 구분될 수 있을 것으로 판단된다. 분구묘의 평면은 대체로 방형이며, 외형은 방대형으로 추정된다. 한변이 대체로 10m 내외에서 크게 벗어나지 않고, 분구는 성토조성, 분구 외곽의 주구 형태는 일정하지 않고 성토를 위해 굴광한 것으로 보인다. 분구 내에서는 매장주체부가 확인되는데 하나의 분구 내에 하나의 매장시설이 원칙이나 부분적으로 2기 혹은 3기의 다장이 있는가 하면, 추가로 조성된 토광도 있다. 또 기존의 분구를 활용한 연접 확장 분구가 2~3차에 걸쳐 이루어지는 것도 특징이다. 출토유물은 鐵鋌의 경우 모서리에 1~2개를 세워서 부장하고 1~2점의 토기가 부장된다. 그 외에도 환두도, 철도자, 철부, 철겸, 구슬 등이 확인된다. 특히 21호 분구묘는 매장 주체부 중앙에 사유훼룡문경이 1점 있고, 청동環과 방울이 함께 출토되었으며, 수정·벽옥제 관옥·금박옥 등이 수습되어 다른 피장자와 차이점을 보여준다. 또한 7기의 분구묘에서 흑색마연토기가 출토되어 백제 한성기 중앙과의 관계를 시사하고 있다.
참고문헌	公州大學校博物館, 2009, 『海美 機池里遺蹟』, 學術叢書 09-03.

Ⅰ-1호 분구묘

(단위 : cm)

분구크기 (길이×너비×높이)	(1,200+)×?×?	분구평면형태	?
분구장폭비	?	분구장축방향	N-30°-W
매 장 시 설	?	주구형태	?
유물	토 기	직구호(1:주구1)	
	철 기	-	
	청 동 기	-	
	옥 석 류	-	
	기 타	-	
특기사항			

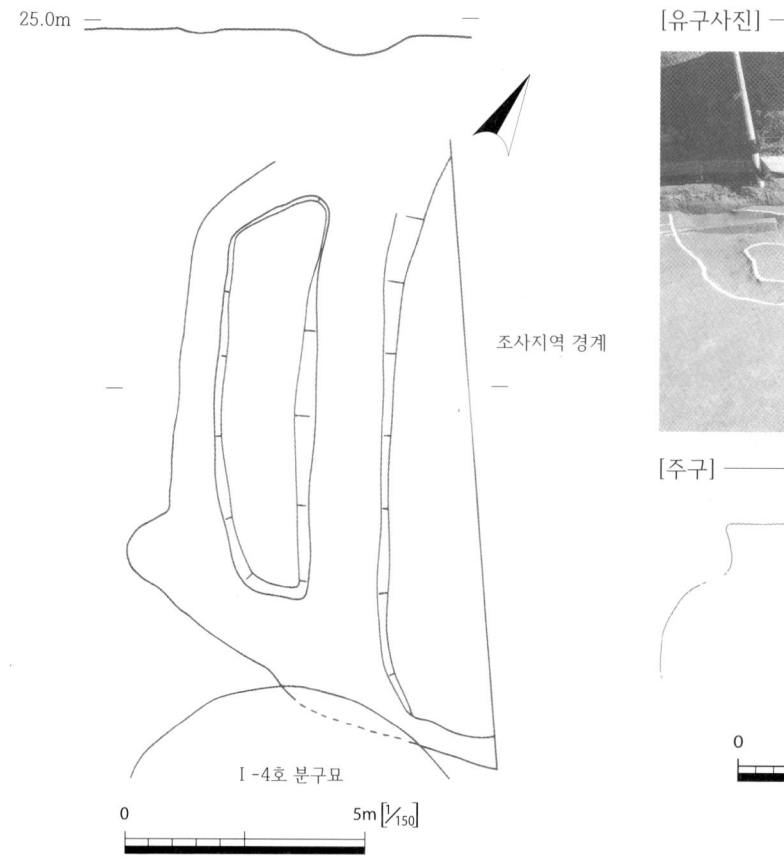

25.0m

조사지역 경계

Ⅰ-4호 분구묘

0   5m [1/150]

[유구사진]

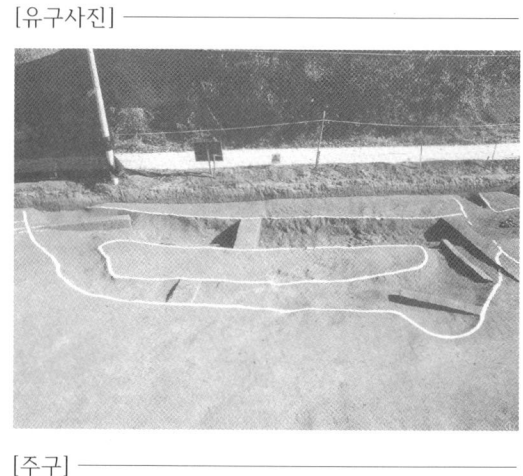

[주구]

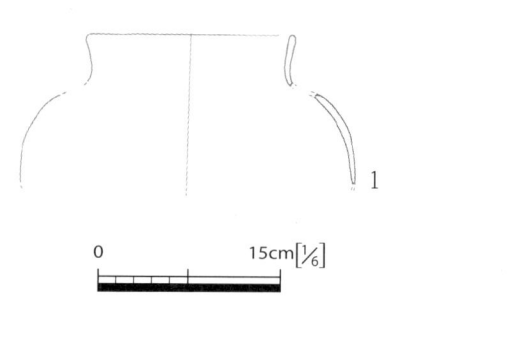

1

0   15cm[1/6]

Ⅰ-2호 분구묘

(단위 : cm)

분구크기 (길이×너비×높이)	(1,020)×(850)×?	분구평면형태	(방형)
분구장폭비	(1.20):1	분구장축방향	N-46°-E
매 장 시 설	?	주구형태	'(ㅁ)'자형
유물	토 기	단경호(1:주구1), 토기편(1:주구1)		
	철 기	-		
	청 동 기	-		
	옥 석 류	-		
	기 타	-		
	특기사항	보고서 기술과 유물 도면 스케일바 비율이 모두 상이하여 상호 조정하지 않고 자료집에 게재하였음.		

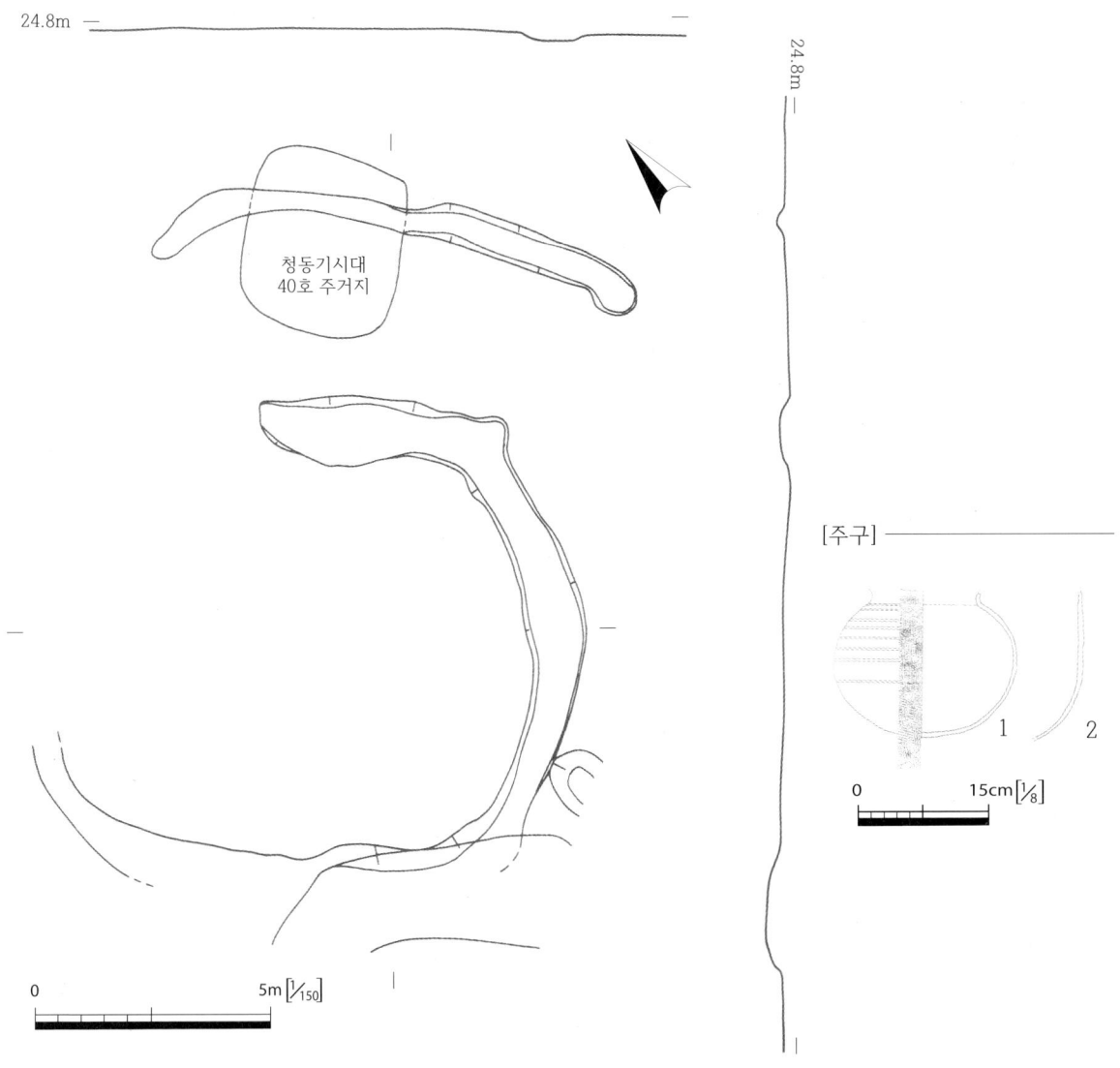

Ⅰ-3호 분구묘

(단위 : cm)

분구 크기 (길이×너비×높이)	(990)×(850)×(26+)	분구평면형태	(방형)
분구장폭비	(1.16):1	분구장축방향	N-28°-W
매장시설	토광(1)	주구형태	'ㅁ'자형

유물	토 기	-
	철 기	-
	청동기	-
	옥석류	-
	기 타	-
특기사항		보고서 기술과 유구도면 스케일바 비율이 모두 상이하여 상호 조정하지 않고 자료집에 게재하였음. 출토유물 없음.

1호 토광

묘광	크 기 (길이×너비×깊이)	320×160×(20+)	목관	크 기 (길이×너비×높이)	?
	장폭비	2.00:1		장폭비	?
	장축방향	N-28°-W	목곽	크 기 (길이×너비×높이)	?
	두 향	?		장폭비	?

유물	토 기	흑색마연토기(1)
	철 기	-
	청동기	-
	옥석류	-
	기 타	-
특기사항		보고서 기술과 유구도면 스케일바 비율이 모두 상이하여 상호 조정하지 않고 자료집에 게재하였음.

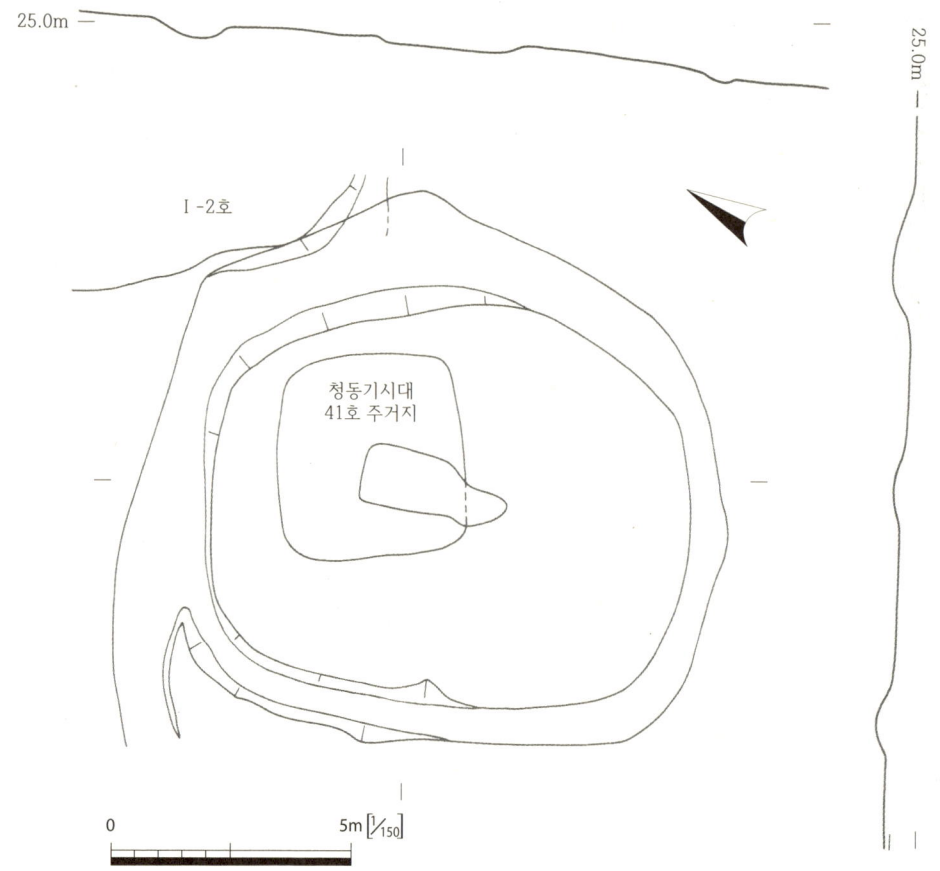

25.0m

Ⅰ-2호

청동기시대
41호 주거지

25.0m

0   5m 1/150

[1호 토광]

24.8m

24.8m

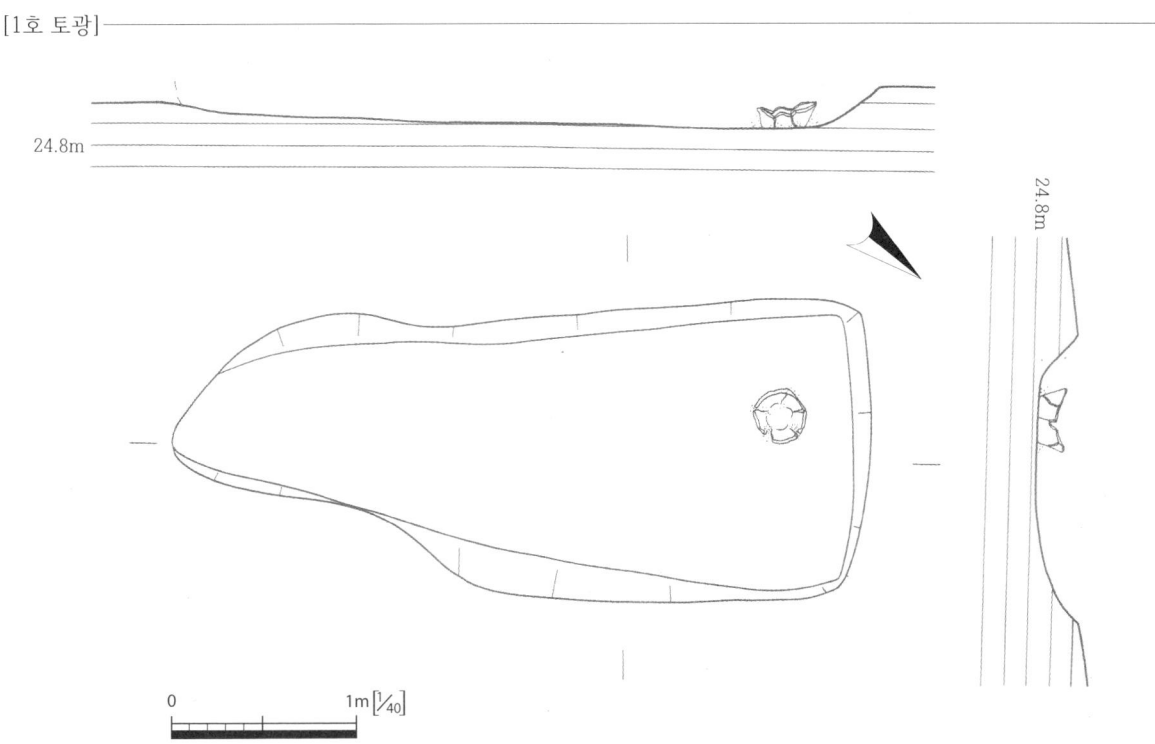

0   1m[1/40]

[유구사진]

[출토유물]

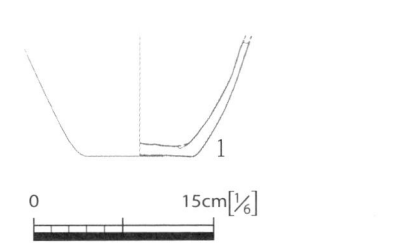

1

0   15cm[1/6]

Ⅰ-4호 분구묘

(단위 : cm)

분 구 크 기 (길이×너비×높이)	1차 : 1,120×(980)×?	분구평면형태	(방형)
	2차 : 720×300×?		
분구장폭비	?	분구장축방향	N-25°-W
매 장 시 설	?	주구형태	'ㅁ'자형
유물 토 기	-		
철 기	-		
청 동 기	-		
옥 석 류	-		
기 타	-		
특기사항	출토유물 없음. 연접 확장 분구묘로 추정됨.		

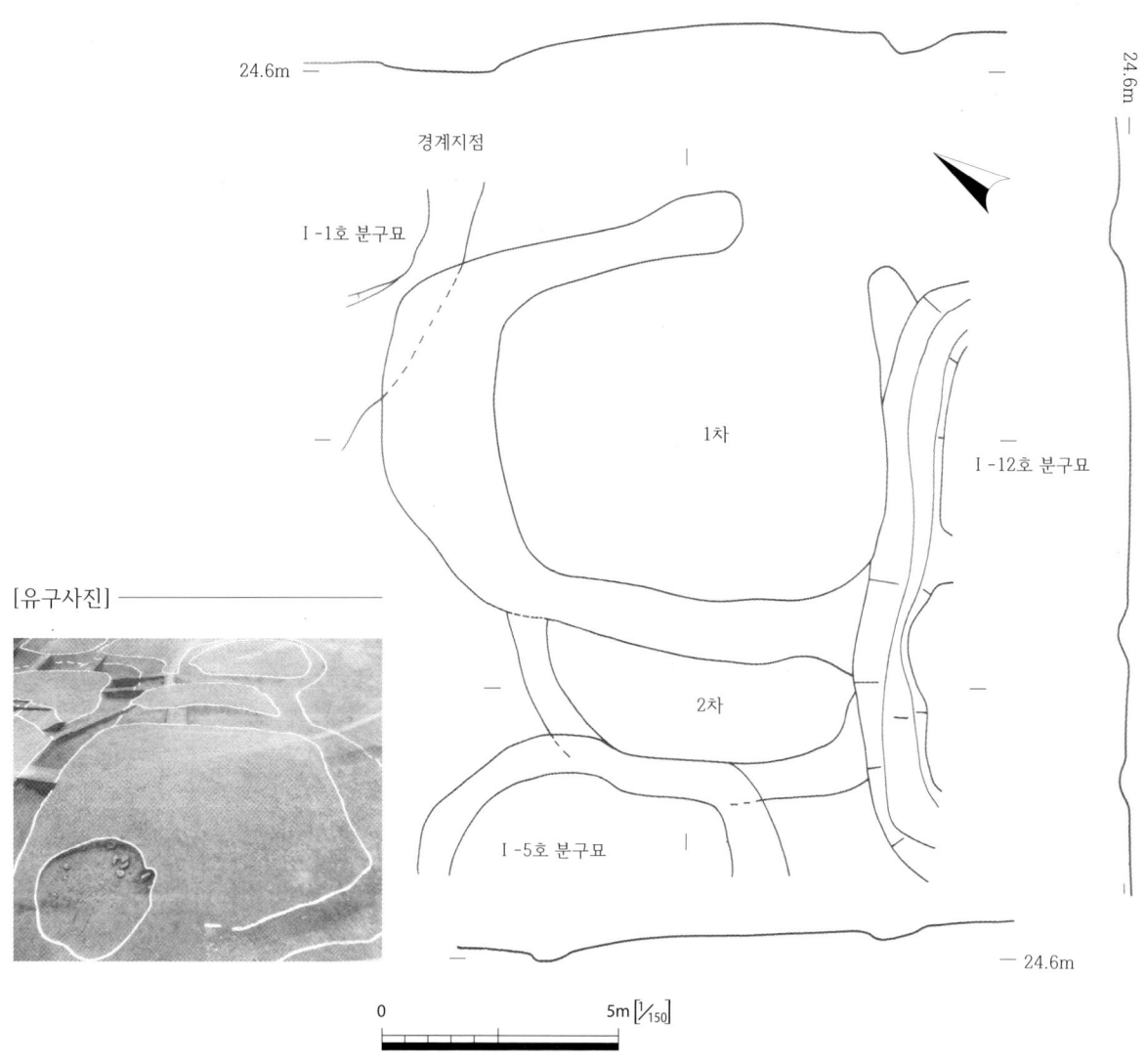

[유구사진]

0   5m [1/150]

Ⅰ-5호 분구묘

(단위 : cm)

분구크기 (길이×너비×높이)	(610)×(480)×?	분구평면형태	(방형)
분구장폭비	(1.18):1	분구장축방향	N-22°-W
매장시설	?	주구형태	'ㅇ'형
유물	토 기	-	
	철 기	-	
	청 동 기	-	
	옥 석 류	-	
	기 타	-	
특기사항	출토유물 없음.		

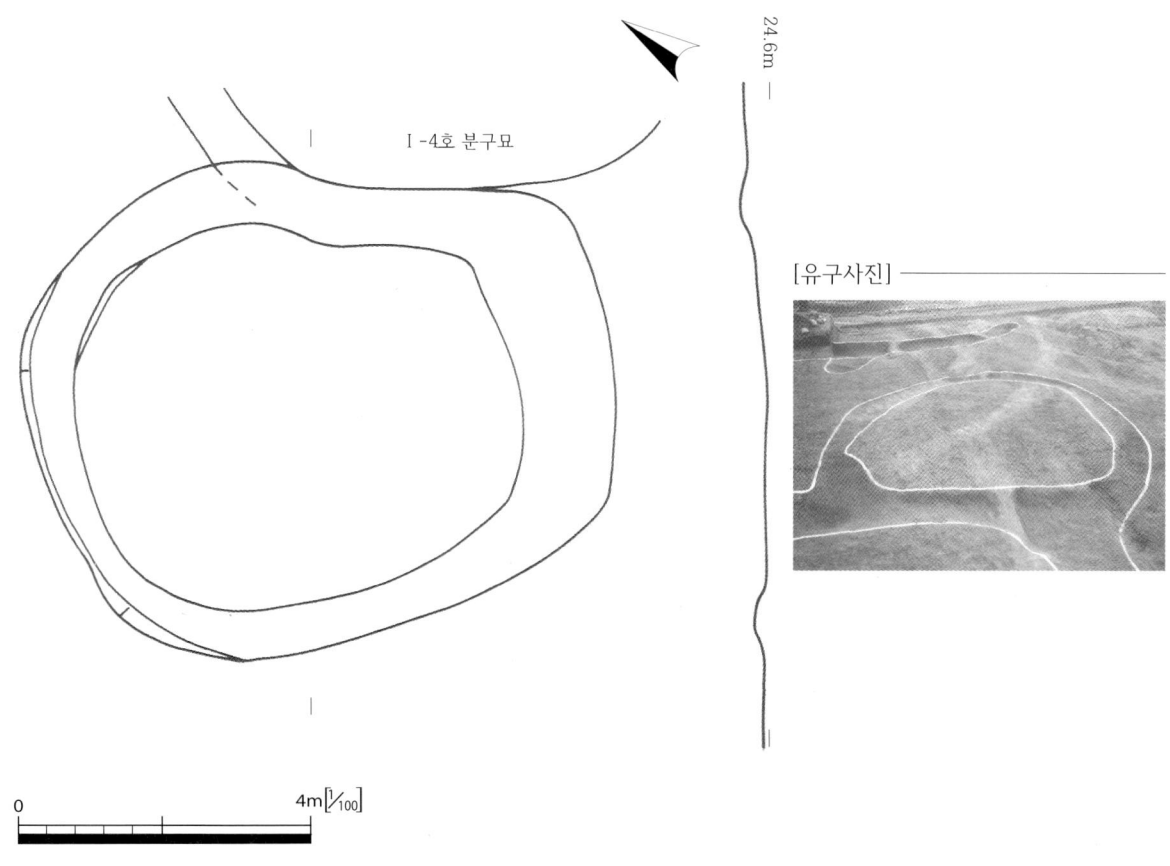

Ⅰ-4호 분구묘

24.6m —

[유구사진]

0 ────────── 4m[1/100]

Ⅰ-6호 분구묘

(단위 : cm)

분구 크기 (길이×너비×높이)	(880)×(580)×?	분구평면형태	(방형)
분구장폭비	?	분구장축방향	N-65°-W
매 장 시 설	?	주구형태	'ㄷ'자형
유물	토 기	-	
	철 기	-	
	청 동 기	-	
	옥 석 류	-	
	기 타	-	
특기사항	출토유물 없음.		

25.5m —

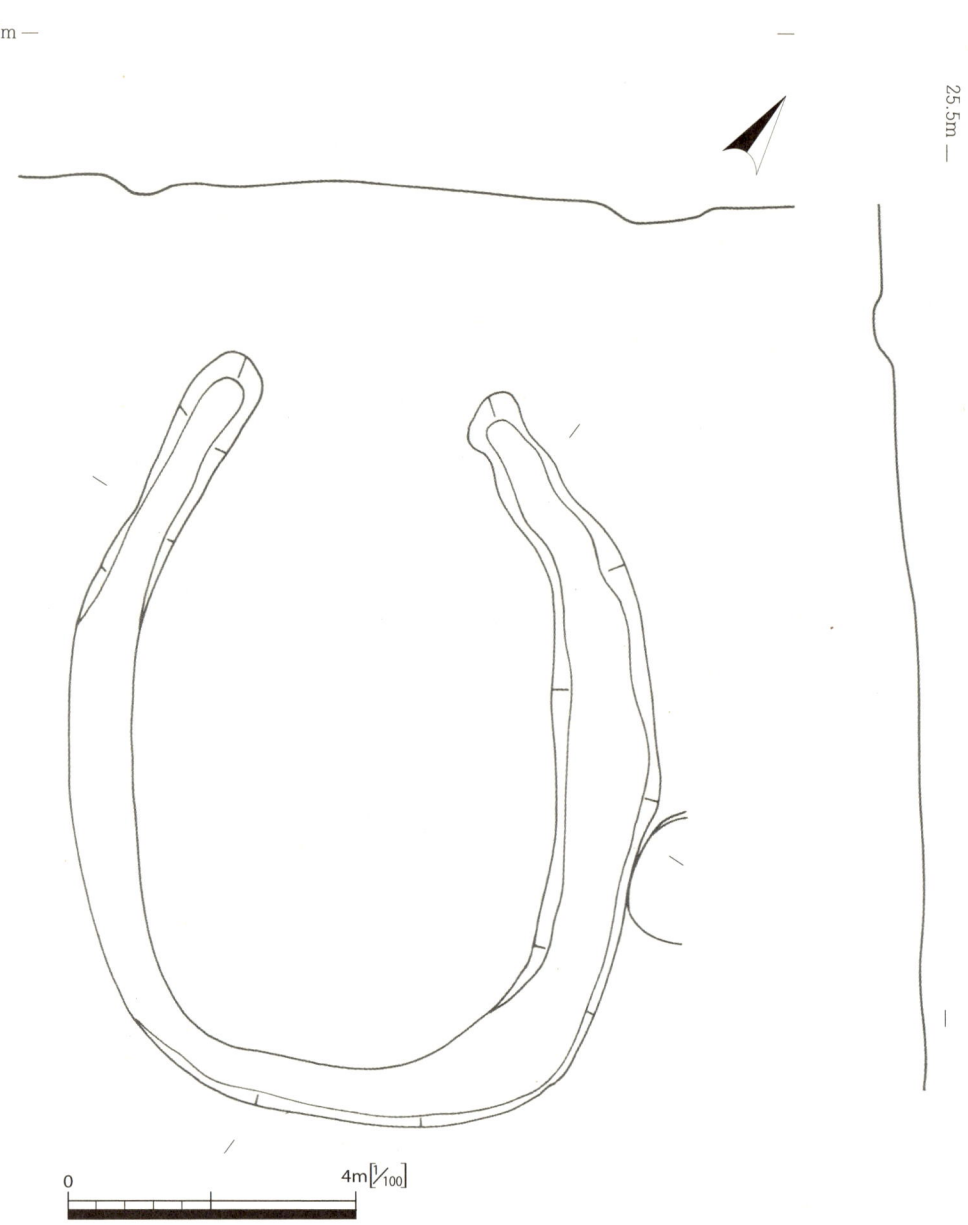

25.5m —

0   4m[1/100]

1-7호 분구묘

(단위 : cm)

분구크기 (길이×너비×높이)	(1,020)×(750)×?	분구평면형태	(방형)
분구장폭비	(1.36):1	분구장축방향	N-28°-W
매장시설	?	주구형태	'ㄷ'자형
유물	토 기	—	
	철 기	—	
	청 동 기	—	
	옥 석 류	—	
	기 타	—	
특기사항	출토유물 없음. 보고서 기술과 유구도면 스케일바 비율이 모두 상이하여 상호 조정하지 않고 자료집에 게재하였음.		

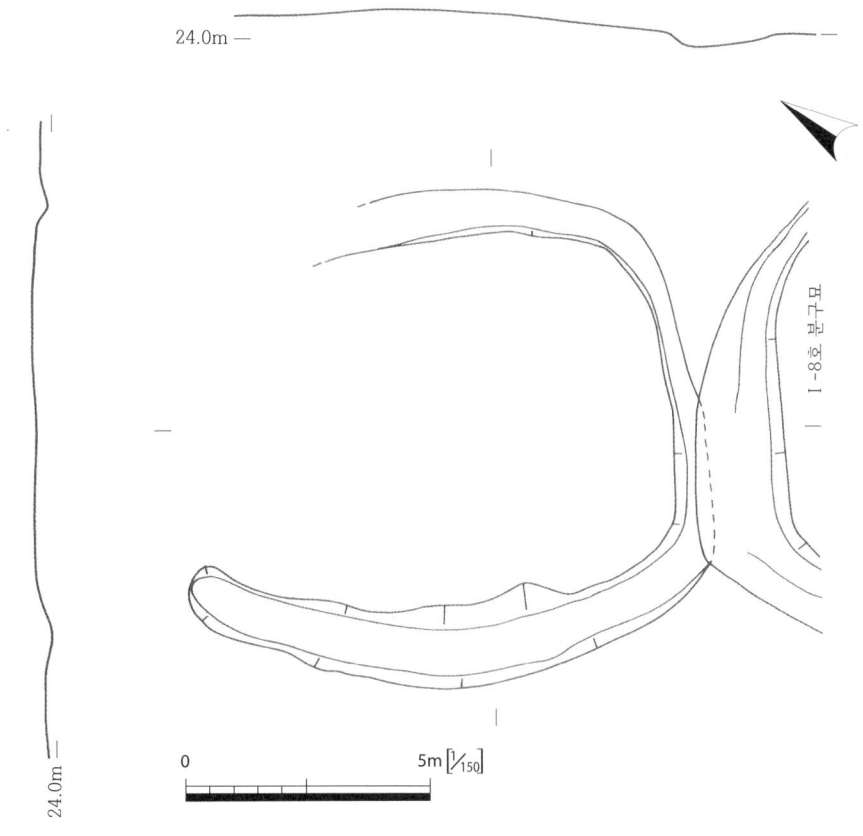

24.0m —

24.0m —

1-8호 분구묘

0　　　　　　5m [1/150]

I-8호 분구묘

(단위 : cm)

분 구 크 기 (길이×너비×높이)	(940)×(830)×?	분구평면형태	(방형)
분구장폭비	(1.13):1	분구장축방향	N-30°-W
매 장 시 설	토광(1)	주구형태	'ㅁ'자형

유물	토 기	토기편(1:주구1)		
	철 기	-		
	청 동 기	-		
	옥 석 류	-		
	기 타	-		
특기사항				

1호 토광				
묘광	크 기 (길이×너비×깊이)	(240+)×200×(25+)	목관	크 기 (길이×너비×높이)	?
	장폭비	?		장폭비	?
	장축방향	N-10°-W	목곽	크 기 (길이×너비×높이)	?
	두 향	?		장폭비	?
유물	토 기	-		
	철 기	-		
	청 동 기	-		
	옥 석 류	-		
	기 타	-		
특기사항	출토유물 없음.			

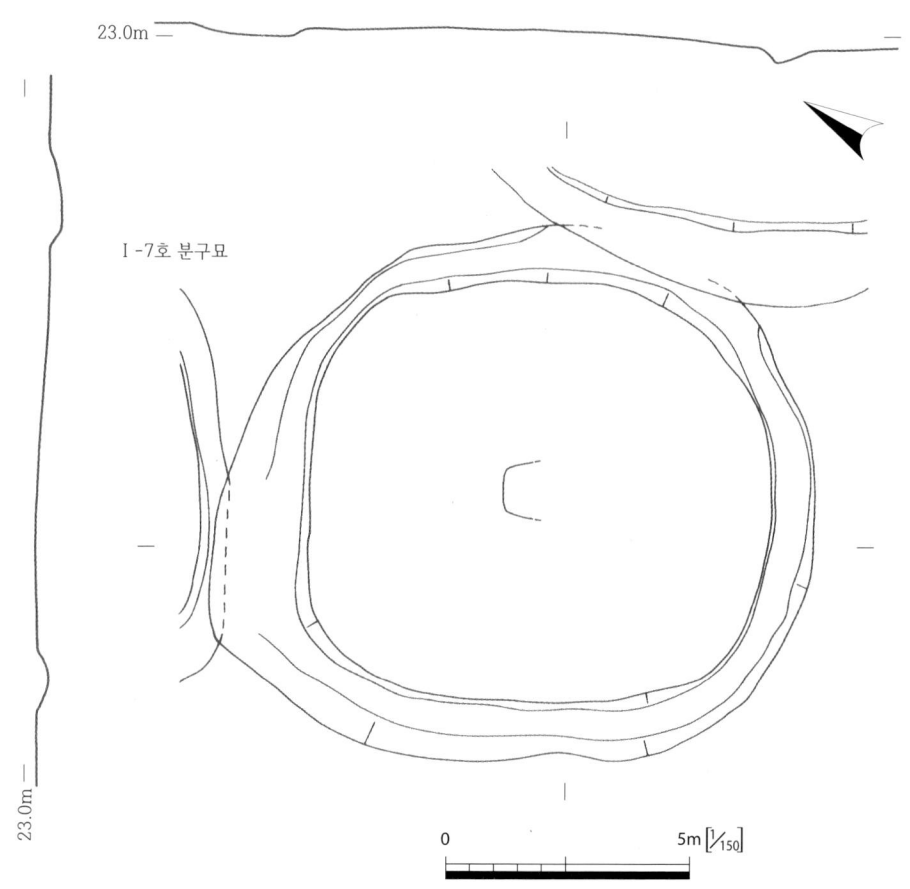

[1호 토광]

23.3m

0   1m[1/40]

23.3m

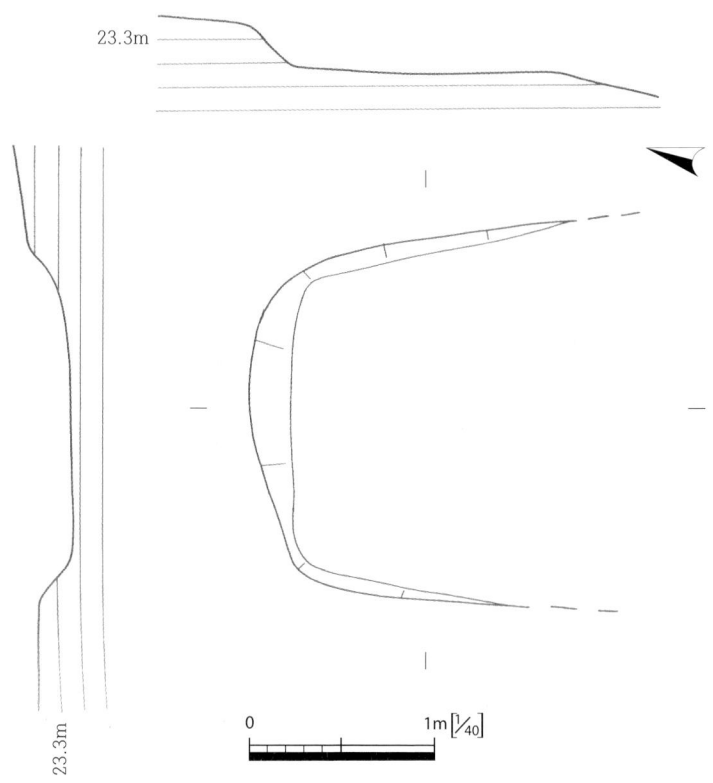

[유구사진]

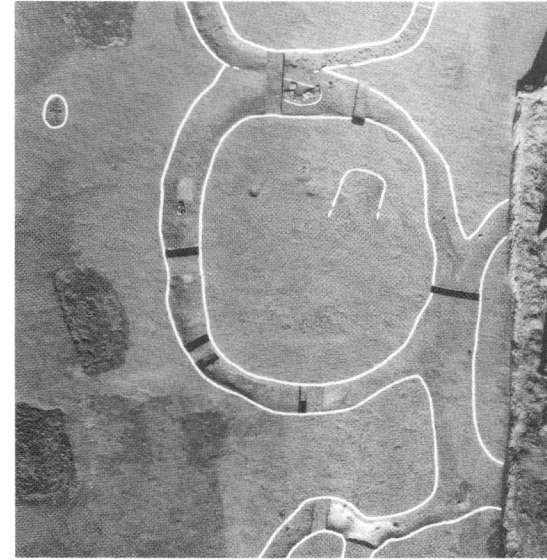

[주구]

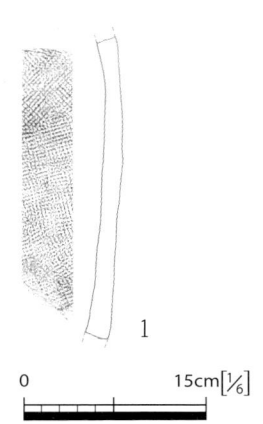

1

0   15cm[1/6]

Ⅰ-9호 분구묘

(단위 : cm)

분구크기 (길이×너비×높이)	(810+)×(190+)×?	분구평면형태	?
분구장폭비	?	분구장축방향	N-28°-W
매장시설	?	주구형태	?
유물	토기	파수(1:주구1), 토기편(3:주구3)	
	철기	-	
	청동기	-	
	옥석류	-	
	기타	-	
	특기사항		

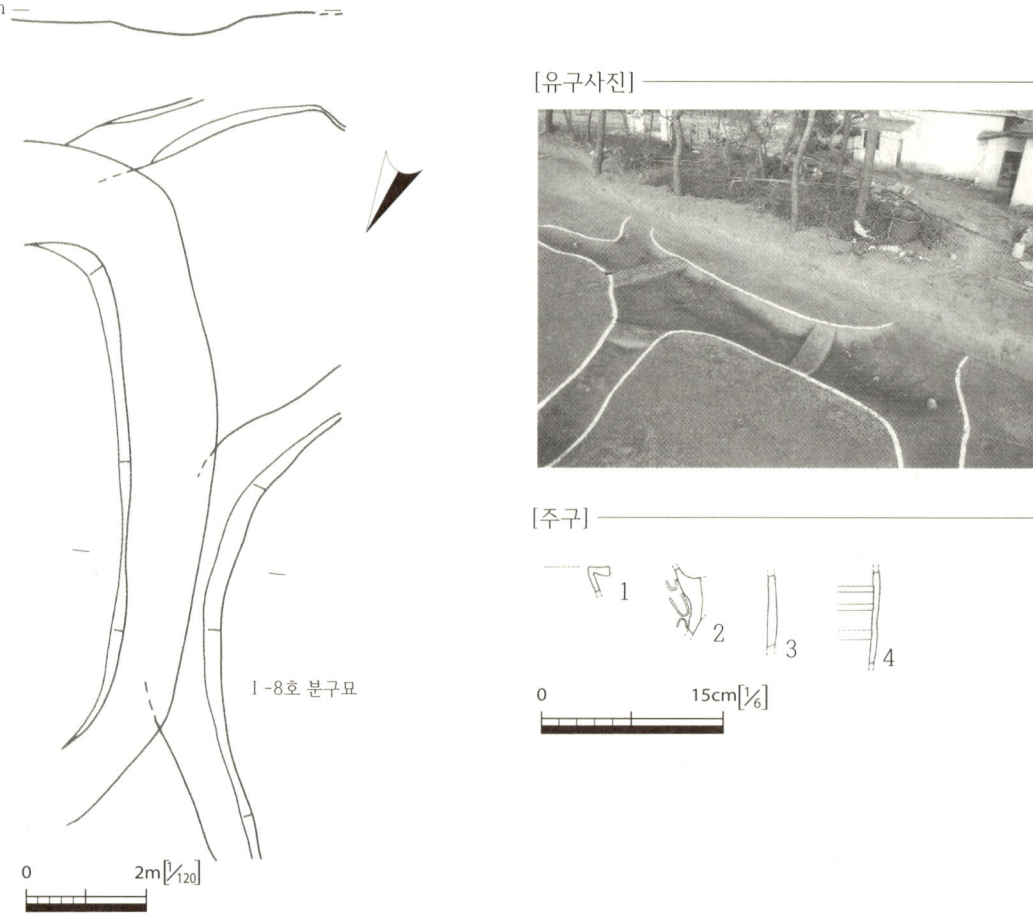

23.0m —

Ⅰ-8호 분구묘

0   2m[1/120]

[유구사진]

[주구]

0   15cm[1/6]

Ⅰ-10호 분구묘

(단위 : cm)

분구크기 (길이×너비×높이)	1차 : (880+)×(500+)×? 2차 : (630)×(500)×?	분구평면형태	(방형)
분구장폭비	?	분구장축방향	?
매장시설	토광(2)	주구형태	?
유물	토 기	-		
	철 기	-		
	청동기	-		
	옥석류	-		
	기 타	-		
특기사항	연접 확장 분구로 추정됨. 출토유물 없음.		

1호 토광

묘광	크 기 (길이×너비×깊이)	(336)×100×(11+)	목관	크 기 (길이×너비×높이)	?
	장폭비	(3.36):1		장폭비	?
	장축방향	N-(30)°-W	목곽	크 기 (길이×너비×높이)	?
	두 향	?		장폭비	?
유물	토 기	토기편(2)			
	철 기	-			
	청동기	-			
	옥석류	-			
	기 타	-			
특기사항					

2호 토광

묘광	크 기 (길이×너비×깊이)	260×136×(32+)	목관	크 기 (길이×너비×높이)	?
	장폭비	1.91:1		장폭비	?
	장축방향	N-(30)°-W	목곽	크 기 (길이×너비×높이)	?
	두 향	?		장폭비	?
유물	토 기	토기편(1)			
	철 기	-			
	청동기	-			
	옥석류	-			
	기 타	-			
특기사항					

22.8m ─

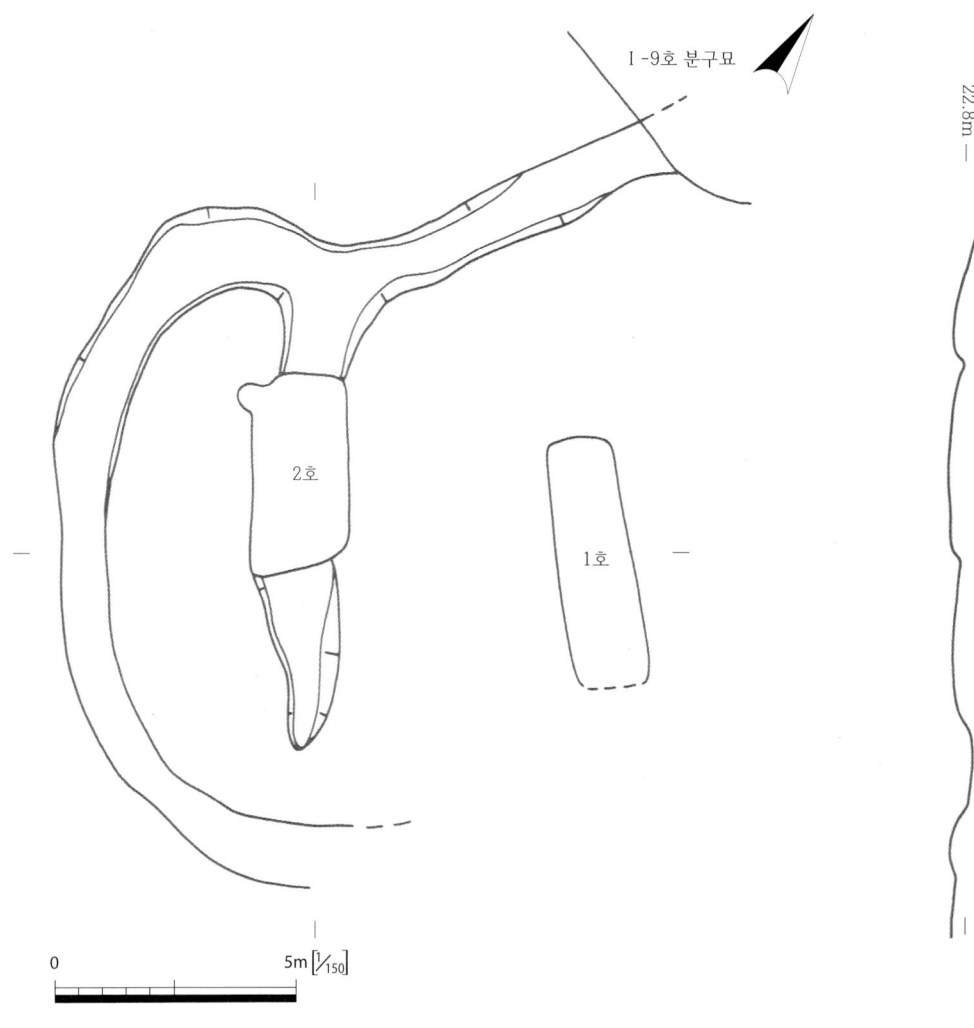

Ⅰ-9호 분구묘

22.8m ─

2호

1호

0   5m [1/150]

[유구사진] ─────────

[1호 토광]

23.4m

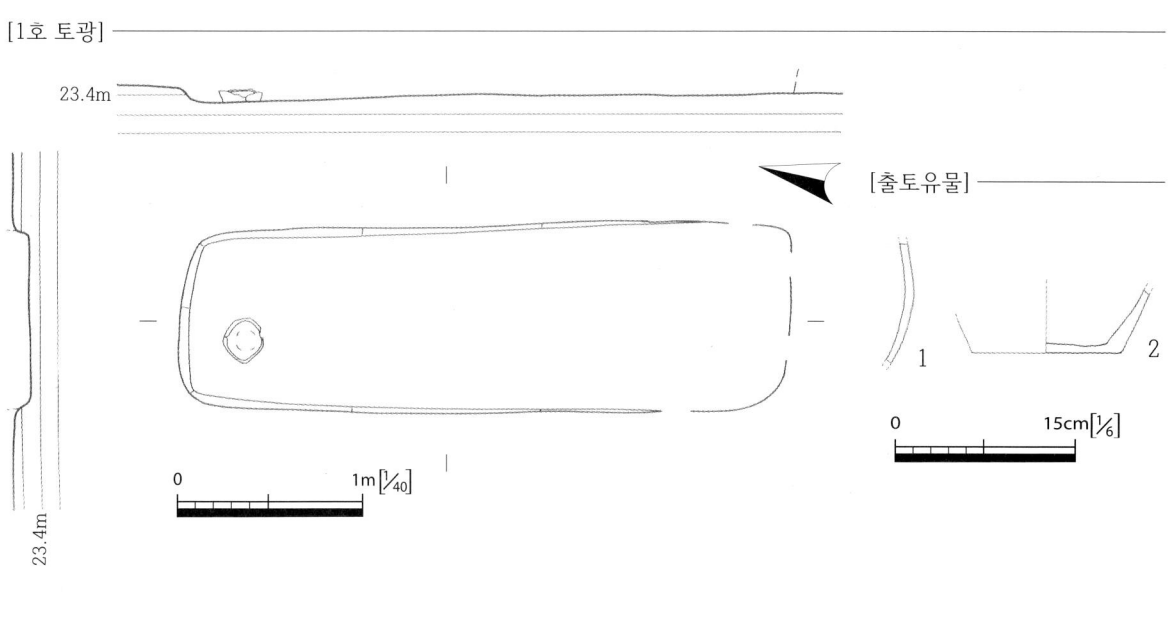

23.4m

[출토유물]

1

2

0   15cm[⅙]

0   1m[¹⁄₄₀]

[2호 토광]

23.4m

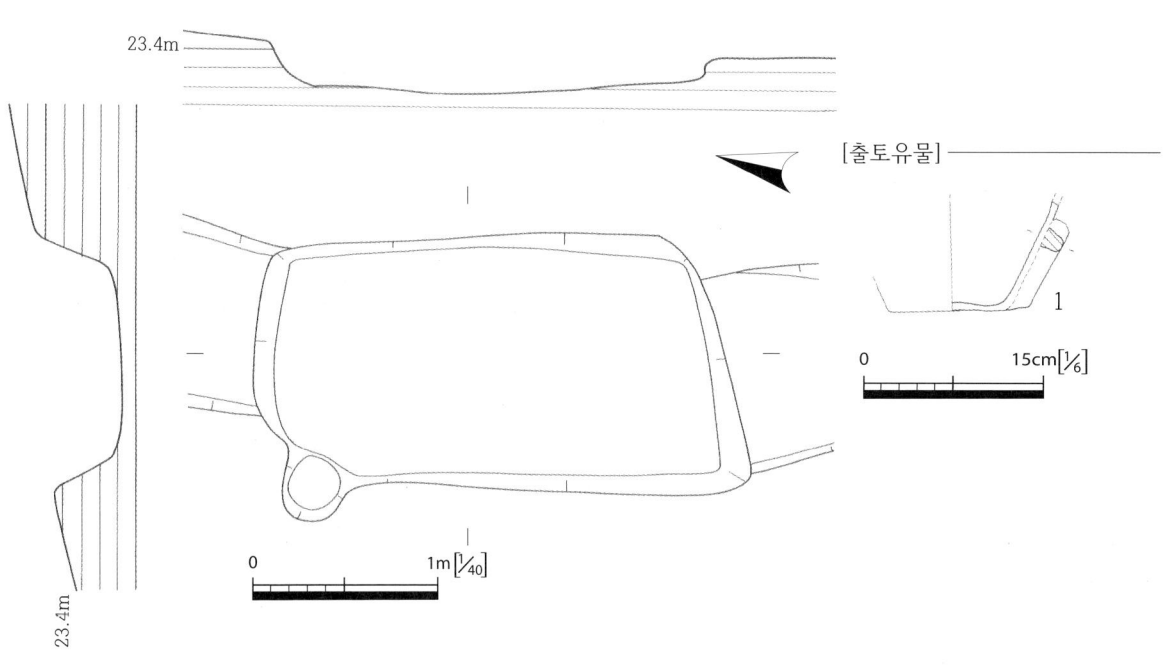

23.4m

[출토유물]

1

0   15cm[⅙]

0   1m[¹⁄₄₀]

I -11호 분구묘

(단위 : cm)

분구 크기 (길이×너비×높이)	1차 : (820+)×(450+)×? 2차 : (450+)×(600+)×?	분구평면형태	?
분구장폭비	?	분구장축방향	N-(68)°-E
매 장 시 설	?	주구형태	?
유물	토 기	토기편(1:주구1)	
	철 기	-	
	청 동 기	-	
	옥 석 류	-	
	기 타	-	
	특기사항	연접 확장 분구로 추정됨.	

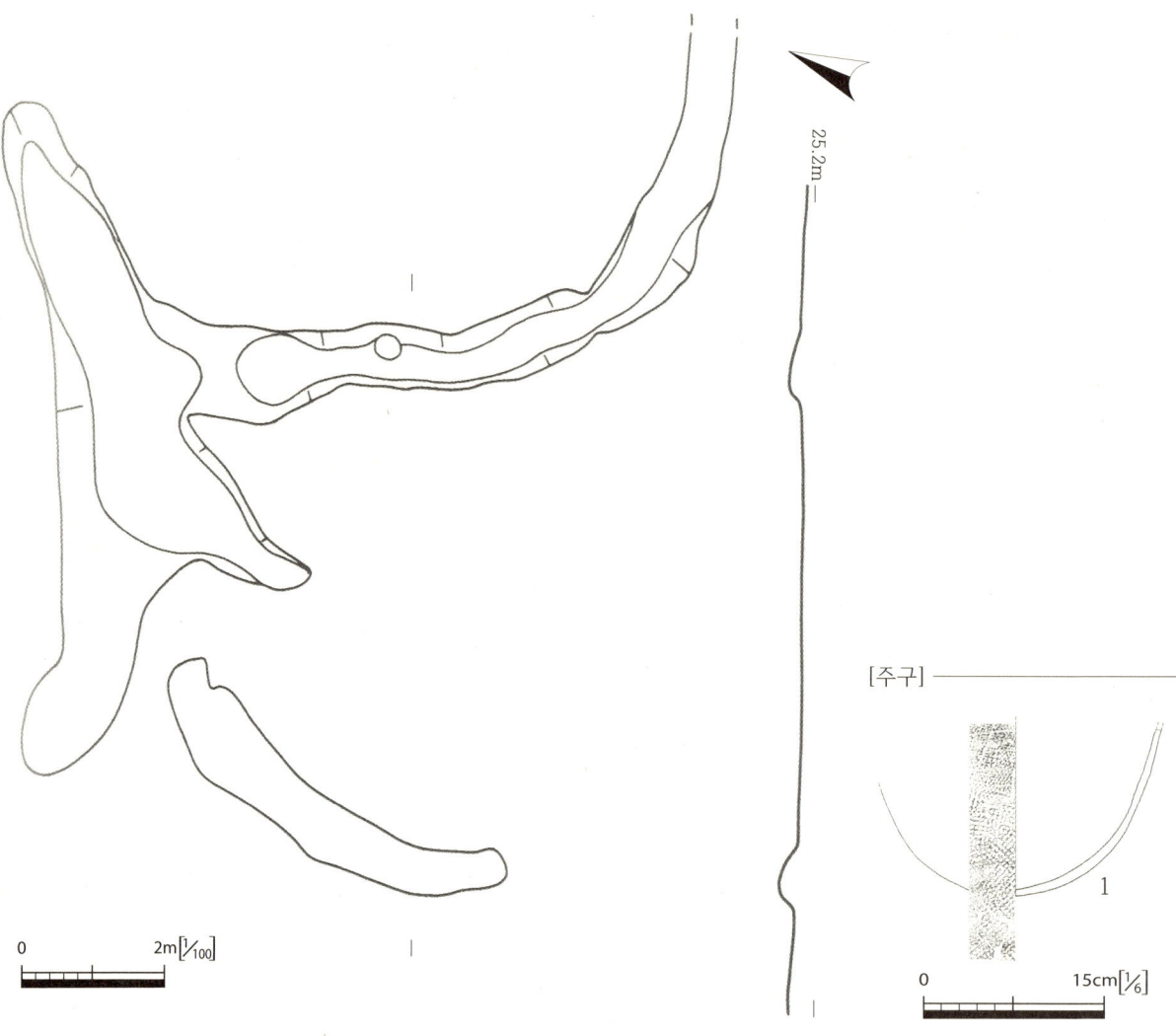

0   2m[1/100]

[주구]

0   15cm[1/6]

25.2m

1

Ⅰ-12호 분구묘

(단위 : cm)

분구크기 (길이×너비×높이)	1차 : (750)×(550)×? 2차 : 900×250×?	분구평면형태	(방형)
분구장폭비	1차 : 1.36:1 2차 : 3.60:1	분구장축방향	N-20°-W
매장시설	토광(2)	주구형태	'ㅁ'자형

유물	토 기	-		
	철 기	-		
	청동기	-		
	옥석류	-		
	기 타	-		
특기사항		연접 확장 분구로 추정됨. 출토유물 없음.		

1호 토광

묘광	크 기 (길이×너비×깊이)	(288)×108×(8+)	목관	크 기 (길이×너비×높이)	(210)×(56)×?
	장폭비	(2.67):1		장폭비	(3.75):1
	장축방향	N-(30)°-W	목곽	크 기 (길이×너비×높이)	-
	두 향	?		장폭비	-

유물	토 기	단경호(1)
	철 기	환두도(1), 겸(1)
	청동기	-
	옥석류	-
	기 타	-
특기사항		단경호 도면 1점 미게재.

2호 토광

묘광	크 기 (길이×너비×깊이)	324×126×(22+)	목관	크 기 (길이×너비×높이)	(246)×(52)×?
	장폭비	2.57:1		장폭비	(4.73):1
	장축방향	N-(21)°-W	목곽	크 기 (길이×너비×높이)	-
	두 향	?		장폭비	-

유물	토 기	단경호(1)
	철 기	도(1), 단조철부(1), 鐵鋌(1)
	청동기	-
	옥석류	-
	기 타	-
특기사항		

24.5m—

24.5m—

청동기시대
I-48호 주거지

I-4호 분구묘

1호

2호

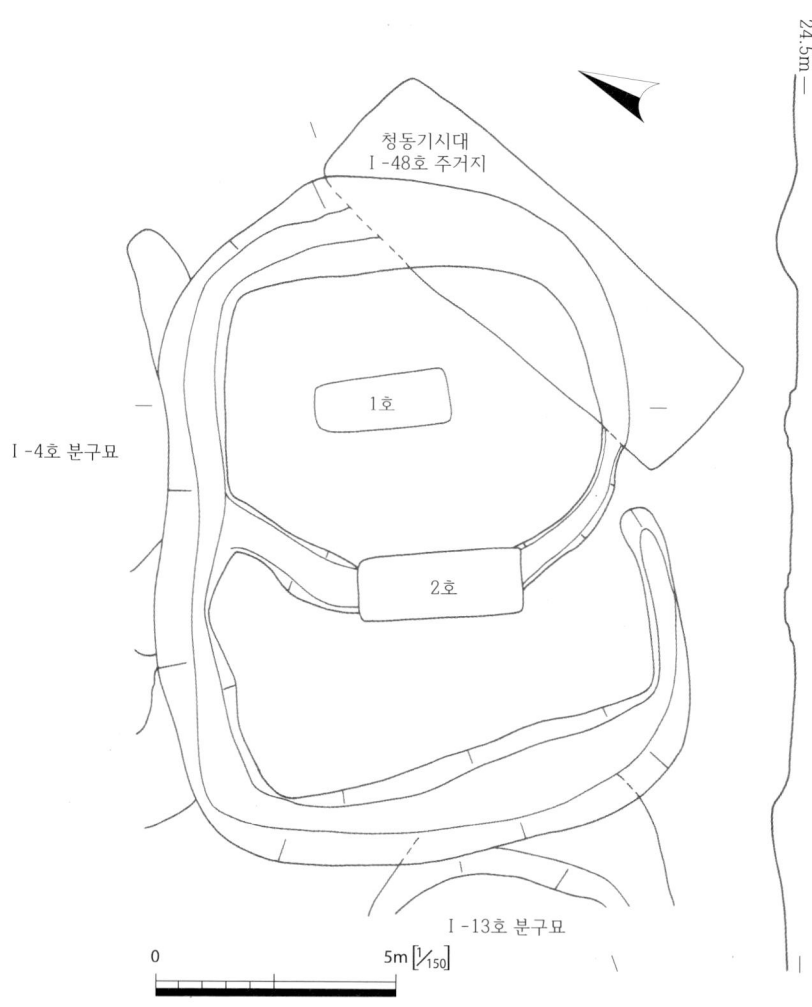

I-13호 분구묘

0　　　　　　　　5m [1/150]

[유구사진]

[1호 토광]

24.0m —

24.0m

[관내]

1

2

0   20cm[⅛]

0   1m[¹⁄₄₀]

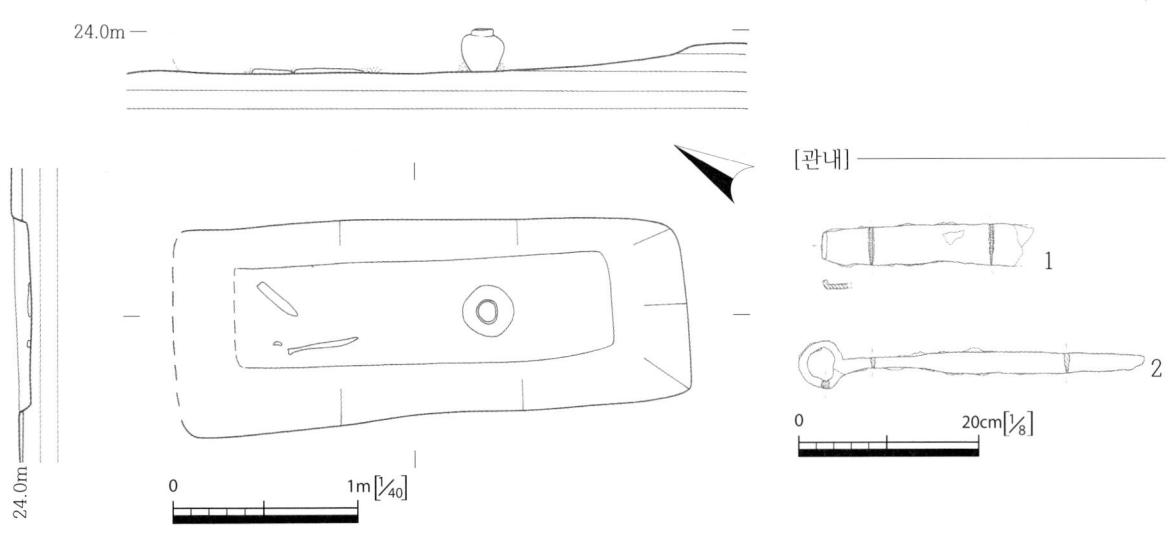

[2호 토광]

24.0m

24.0m

0   1m[¹⁄₄₀]

[관내]

1

2

3

[관외]

4

0   15cm[⅙]

0   20cm[⅛]

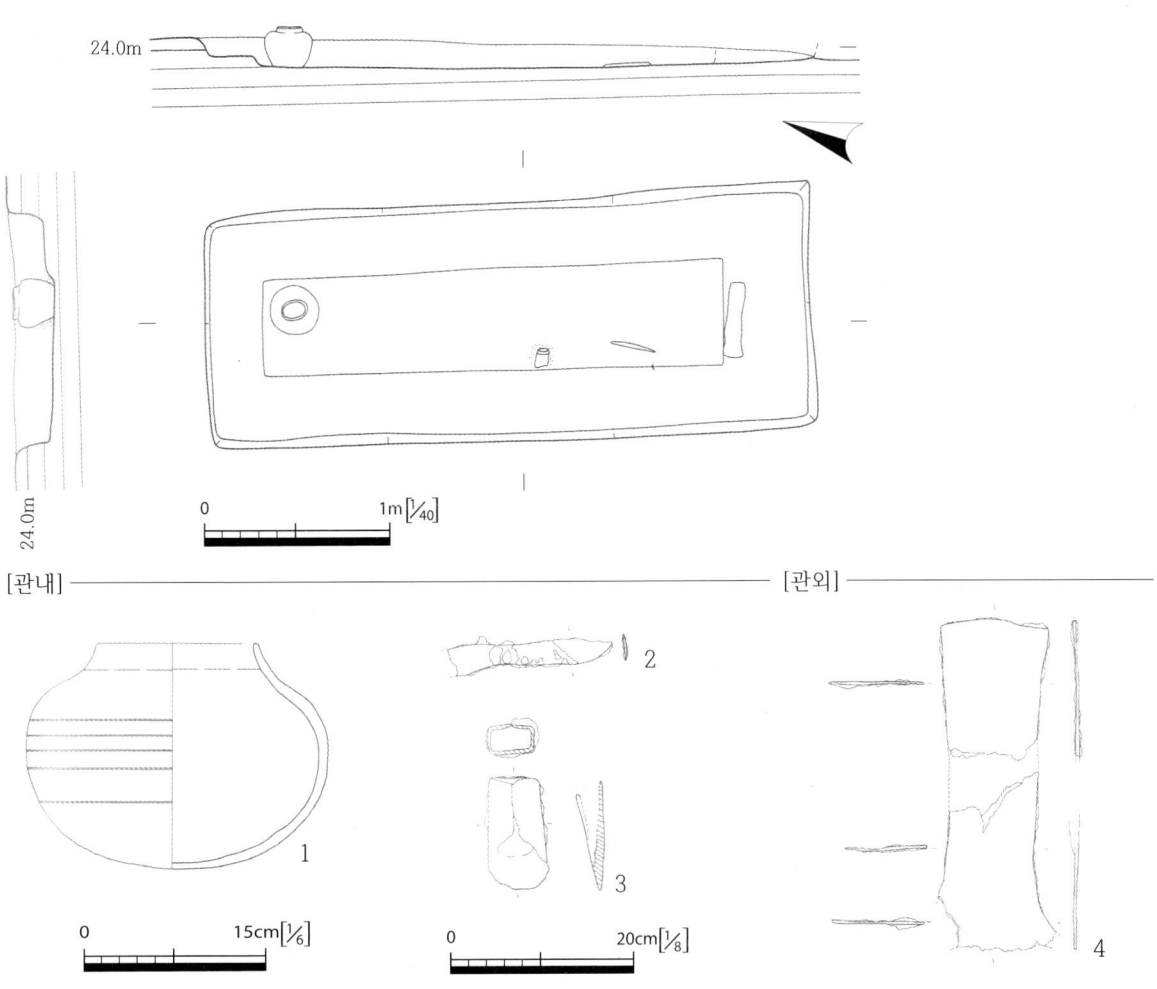

Ⅰ-13호 분구묘

(단위 : cm)

분구크기 (길이×너비×높이)	(680)×(610)×?	분구평면형태	(방형)
분구장폭비	1.11:1	분구장축방향	N-55°-E
매장시설	?	주구형태	'ㅁ'자형
유물	토기	-	
	철기	-	
	청동기	-	
	옥석류	-	
	기타	-	
특기사항	출토유물 없음.		

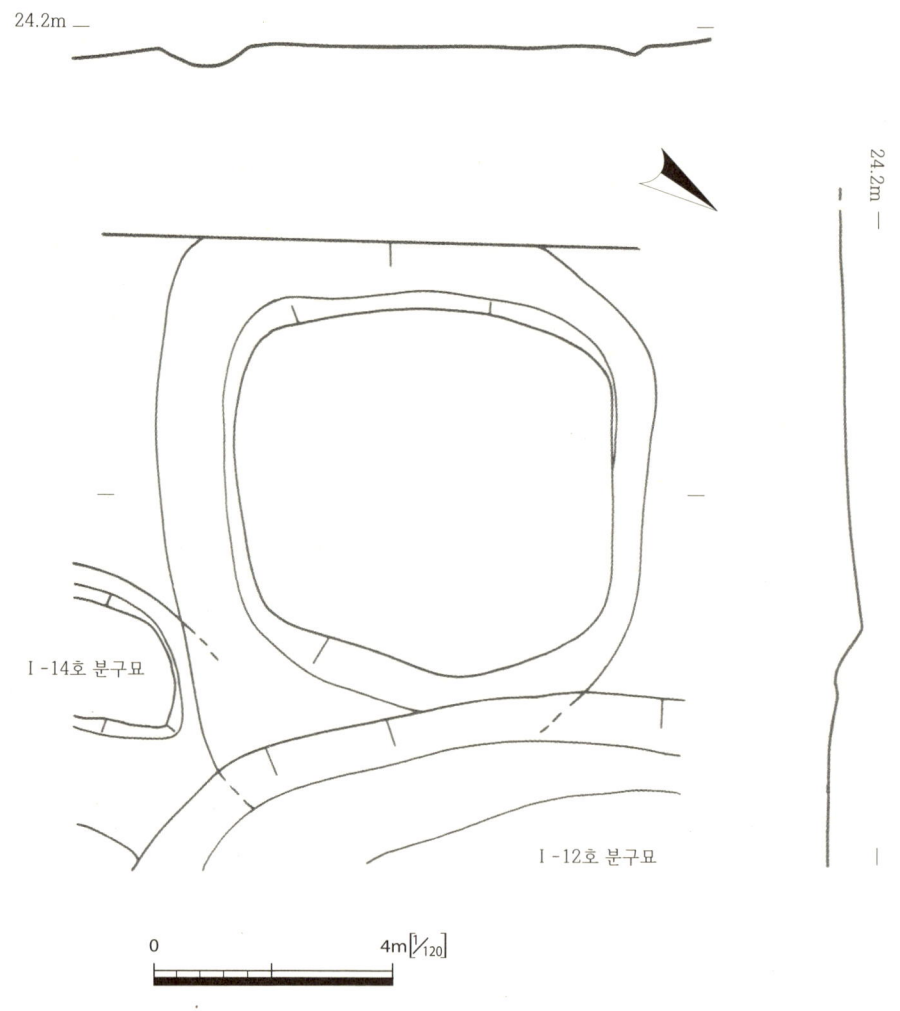

Ⅰ-14호 분구묘

(단위 : cm)

분구크기 (길이×너비×높이)	1차 : (600)×(604)×? 2차 : (502)×(180)×?	분구평면형태	(방형)
분구장폭비	?	분구장축방향	N-65°-E
매장시설	?	주구형태	'ㄷ'자형

유물	토 기	-
	철 기	-
	청동기	-
	옥석류	-
	기 타	-
특기사항		연접 확장 분구묘로 추정됨. 출토유물 없음.

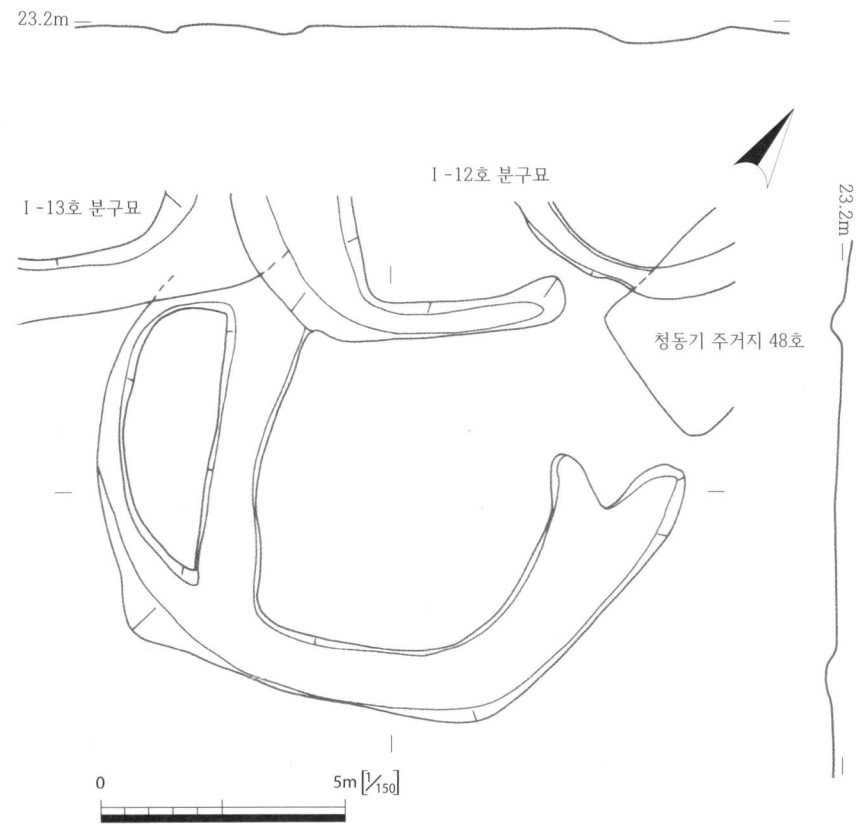

II-1호 석곽묘

(단위 : cm)

묘광	크 기 (길이×너비×깊이)	210×78×(12+)	주체부	크 기 (길이×너비×높이)	(190)×(46)×(12+)
	장폭비	2.69:1		장폭비	(4.13):1
	장축방향	N-10°-E	시상·관대	크 기 (길이×너비×높이)	?
	두 향	?	벽석종류		판석
유물	토 기	-			
	철 기	-			
	청 동 기	-			
	옥 석 류	-			
	기 타	-			
	특기사항	출토유물 없음. 석곽으로 보고되었으나 파괴가 심하여 정확한 구조는 알 수 없음.			

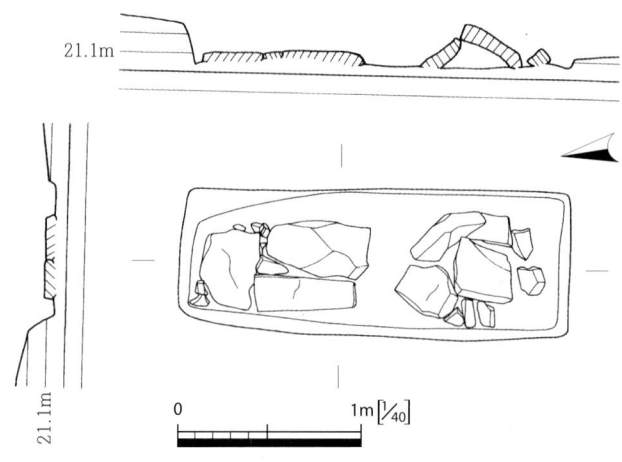

21.1m

21.1m

0   1m [1/40]

II-2호 석곽묘

(단위 : cm)

묘광	크 기 (길이×너비×깊이)	(263+)×(126)×(50+)	주체부	크 기 (길이×너비×높이)	(204)×60×(36+)
	장폭비	?		장폭비	3.40:1
	장축방향	N-10°-W	시상·관대	크 기 (길이×너비×높이)	-
	두 향	?	벽석종류		할석
유물	토 기	-			
	철 기	미상철기(1)			
	청동기	-			
	옥석류	-			
	기 타	-			
	특기사항				

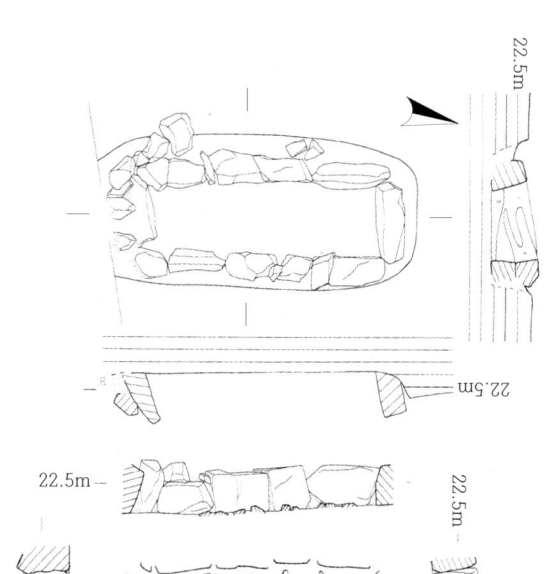

Ⅰ: 암갈색 사질점토
Ⅱ: 적갈색 사질점토 + 생토부스러기
Ⅲ: 갈색 사질점토

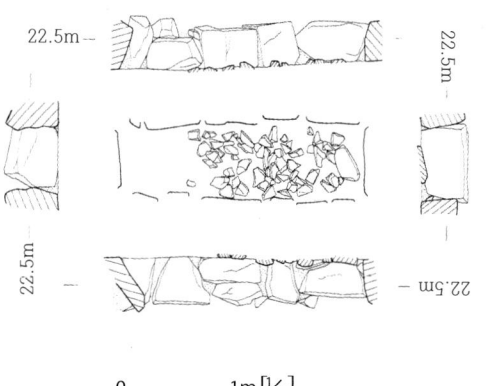

[출토유물]

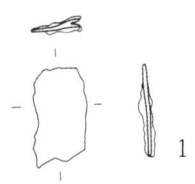

1

0   1m [1/60]

Ⅱ-1호 토광묘

(단위 : cm)

묘광	크 기 (길이×너비×깊이)	(224+)×94(13+)	목관	크 기 (길이×너비×높이)	-
	장폭비	?		장폭비	-
	장축방향	N-5°-E	목곽	크 기 (길이×너비×높이)	-
	두 향	?		장폭비	-
유물	토 기	광구호(1)			
	철 기	-			
	청동기	-			
	옥석류	-			
	기 타	-			
	특기사항				

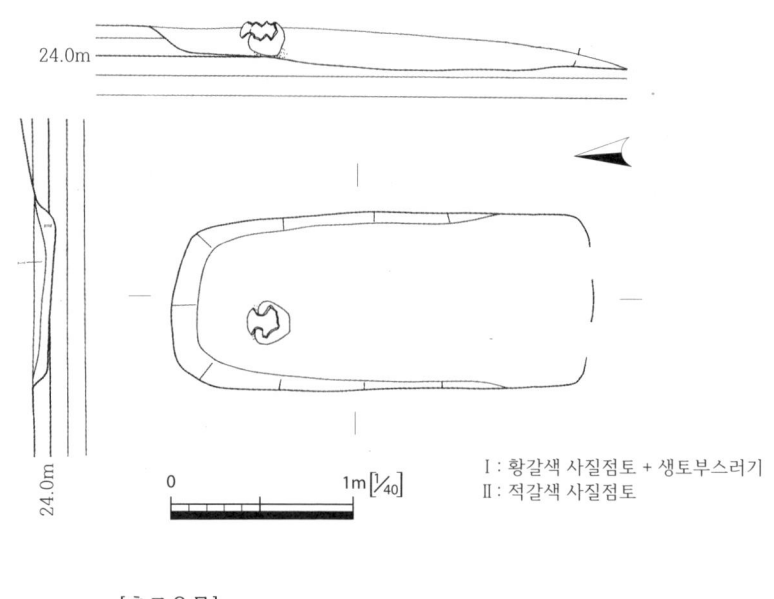

24.0m

24.0m

0   1m [1/40]

Ⅰ : 황갈색 사질점토 + 생토부스러기
Ⅱ : 적갈색 사질점토

[출토유물]

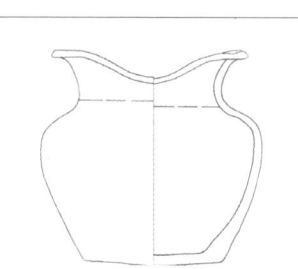

Ⅱ-2호 토광묘

(단위 : cm)

묘광	크 기 (길이×너비×깊이)	214×68×(52+)	목관	크 기 (길이×너비×높이)	-
	장폭비	3.14:1		장폭비	-
	장축방향	N-17°-E	목곽	크 기 (길이×너비×높이)	-
	두 향	?		장폭비	-
유물	토 기	호(1), 완(1)			
	철 기	-			
	청 동 기	-			
	옥 석 류	-			
	기 타	-			
	특기사항				

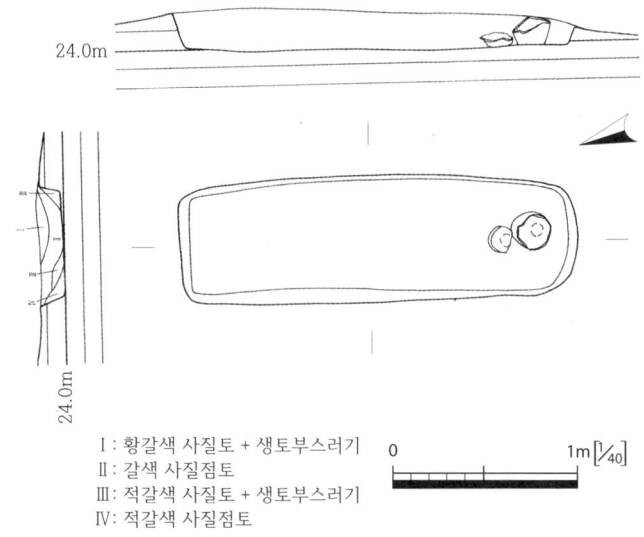

Ⅰ: 황갈색 사질토 + 생토부스러기
Ⅱ: 갈색 사질점토
Ⅲ: 적갈색 사질토 + 생토부스러기
Ⅳ: 적갈색 사질점토

0   1m [1/40]

[출토유물]

1

0   15cm [1/6]

2

II-3호 토광묘

(단위 : cm)

묘광	크 기 (길이×너비×깊이)	260×66×(9+)	목관	크 기 (길이×너비×높이)	-
	장폭비	3.94:1		장폭비	-
	장축방향	N-(17)°-E	목곽	크 기 (길이×너비×높이)	-
	두 향	?		장폭비	-
유물	토 기	-			
	철 기	-			
	청 동 기	-			
	옥 석 류	-			
	기 타	-			
	특기사항	출토유물 없음. 방위 미게재.			

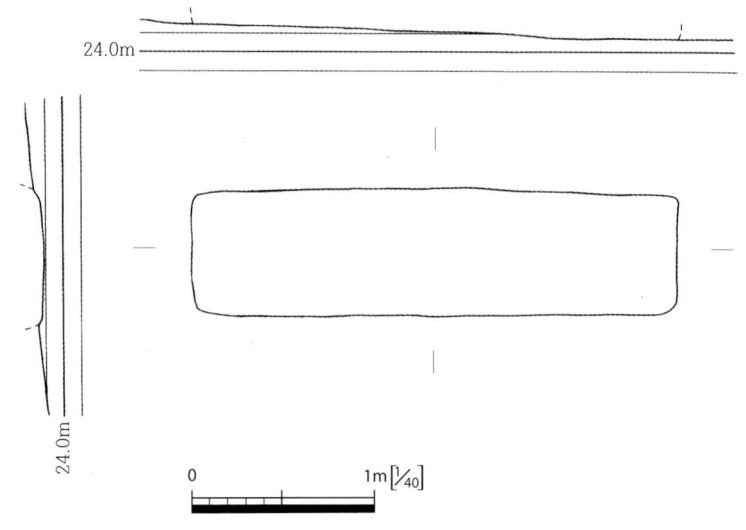

II-1호 분구묘

(단위 : cm)

분구크기 (길이×너비×높이)	(820+)×(820+)×?	분구평면형태	(방형)
분구장폭비	?	분구장축방향	N-0°-S
매장시설	토광(2)	주구형태	'ㅁ'자형

유물	토기	흑색마연유견호(1:주구1), 파수(1:주구1), 토기편(4:주구4)		
	철기	-		
	청동기	-		
	옥석류	-		
	기타	-		
특기사항		주체부 내에서 분구조성을 위한 [(232×46×24)], [(240×44×26)] 규모의 부속시설이 확인됨.		

1호 토광

묘광	크기 (길이×너비×깊이)	(410+)×160×(60+)	목관	크기 (길이×너비×높이)	(292)×(186)×(32+)
	장폭비	?		장폭비	(3.56):1
	장축방향	N-5°-E	목곽	크기 (길이×너비×높이)	?
	두향	?		장폭비	?

유물	토기	광구호(1), 토기편(1)
	철기	-
	청동기	-
	옥석류	-
	기타	-
특기사항		

2호 토광

묘광	크기 (길이×너비×깊이)	(150+)×70×(19+)	목관	크기 (길이×너비×높이)	?
	장폭비	?		장폭비	?
	장축방향	N-10°-W	목곽	크기 (길이×너비×높이)	?
	두향			장폭비	?

유물	토기	단경호(1)
	철기	-
	청동기	-
	옥석류	-
	기타	-
특기사항		

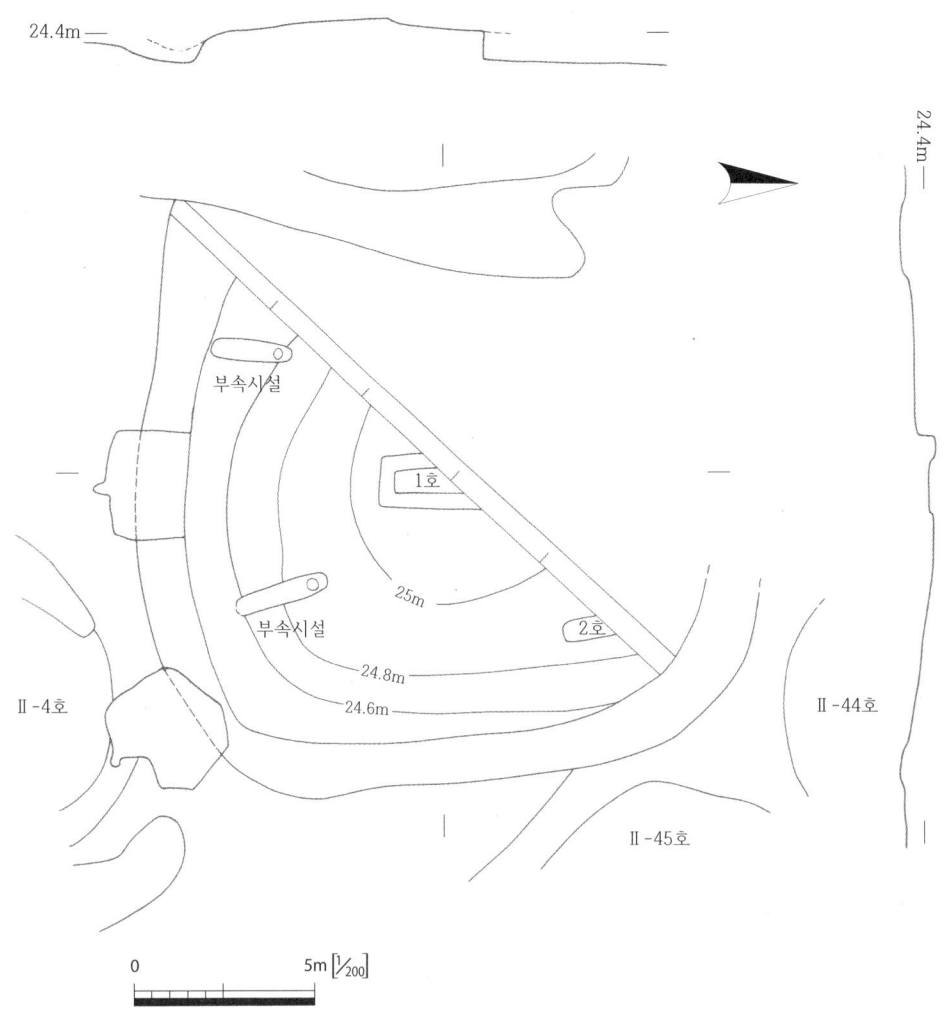

24.4m

24.4m

부속시설

1호

25m

부속시설

24.8m

24.6m

Ⅱ-4호

Ⅱ-44호

2호

Ⅱ-45호

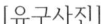

0　　　　5m [1/200]

[유구사진]

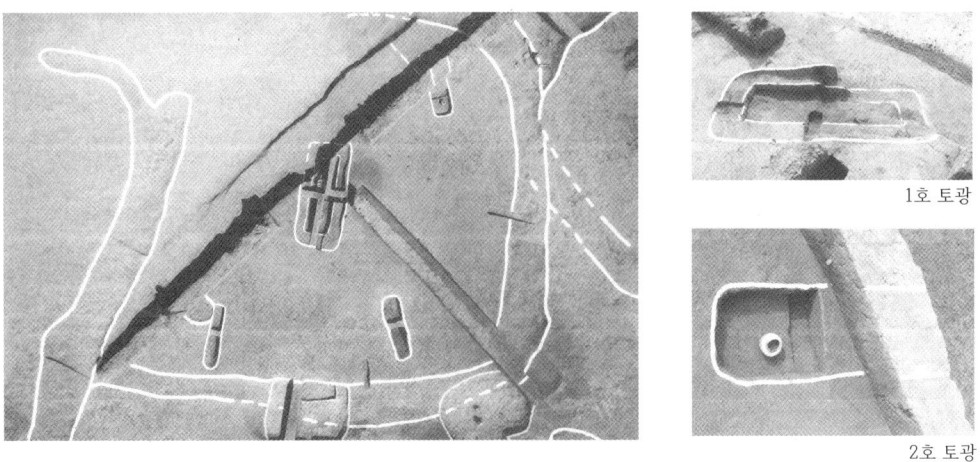

1호 토광

2호 토광

[1호 토광]

25.0m

Ⅰ: 적갈색 사질토 + 생토부스러기
Ⅱ: 황갈색 사질토
Ⅲ: 황갈색 사질토 + 생토부스러기

25.0m

0   2m[¹⁄₄₀]

[관상부]

1

2

0   15cm[¹⁄₆]

[2호 토광]

[출토유물]

25.0m

1

0   15cm[¹⁄₆]

25.0m

Ⅰ: 황갈색 사질토
Ⅱ: 황갈색 사질토 + 생토부스러기
Ⅲ: 적갈색 사질점토 + 생토부스러기
Ⅳ: 적갈색 사질점토

0   1m[¹⁄₄₀]

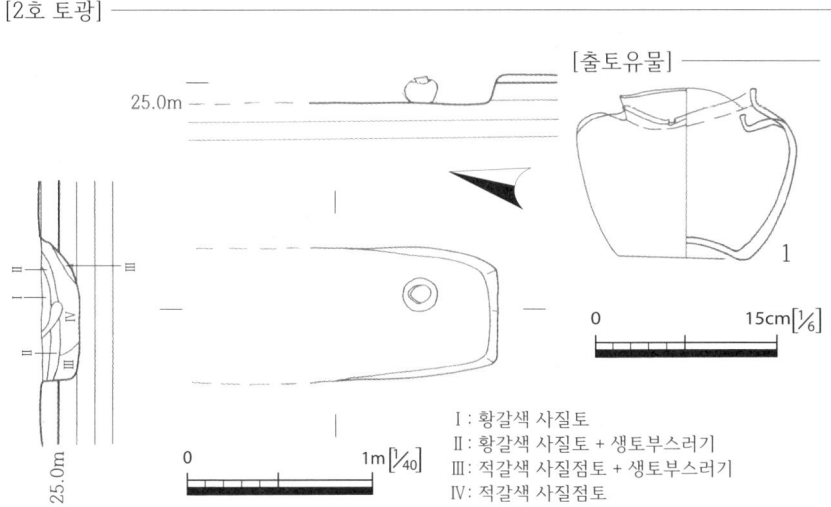

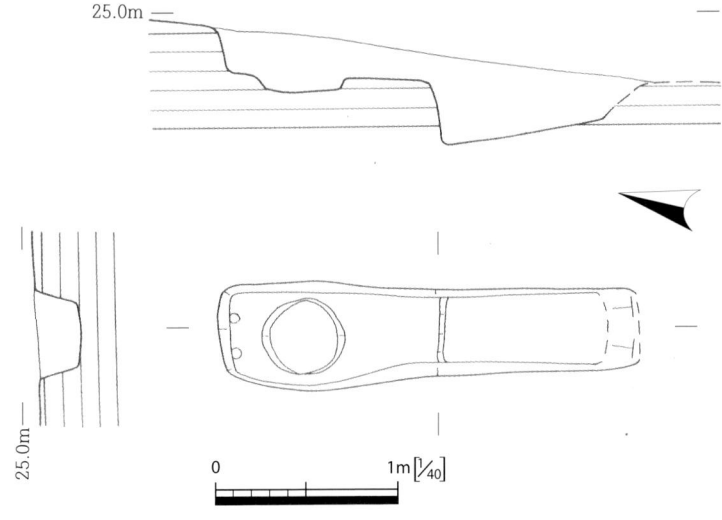

25.0m

25.0m

0   1m[1/40]

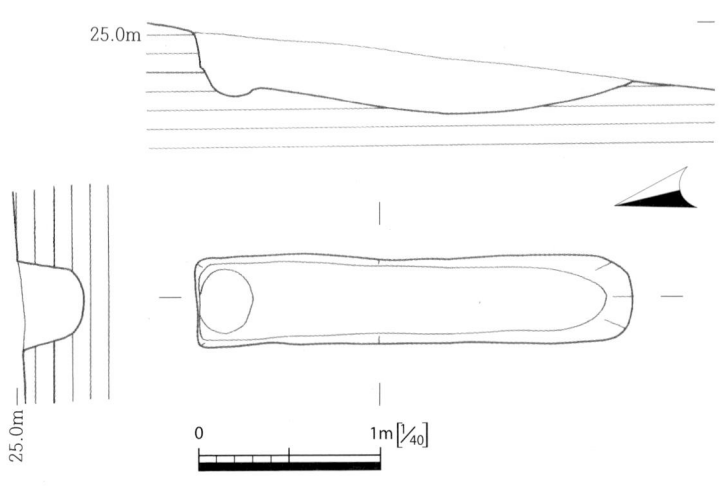

25.0m

25.0m

0   1m[1/40]

[주구]

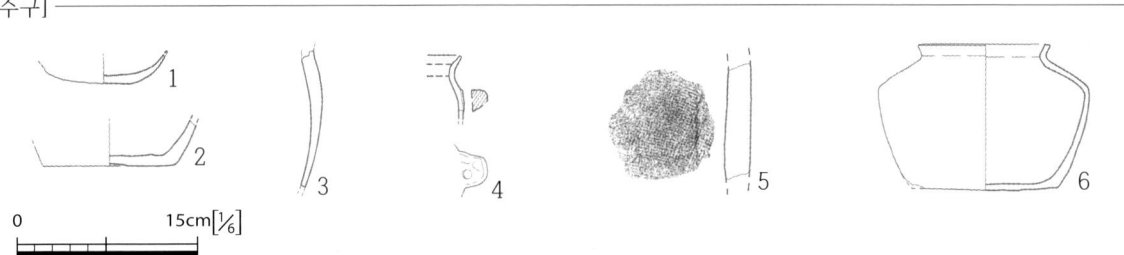

1
2
3
4
5
6

0   15cm[1/6]

II-2호 분구묘

(단위 : cm)

분구크기 (길이×너비×높이)	(850+)×(650)×?	분구평면형태		(방형)
분구장폭비	?	분구장축방향		N-10°-E
매장시설	토광(1)	주구형태		'ㅁ'자형
유물	토 기	토기편(3:주구3)		
	철 기	-		
	청동기	-		
	옥석류	-		
	기 타	-		
특기사항	주체부 내에서 분구 조성을 위한 [(238×66×40)] 규모의 부속시설이 있음.			

1호 토광						
묘광	크 기 (길이×너비×깊이)	197×(164+)×(57+)	목관	크 기 (길이×너비×높이)		?
	장폭비	?		장폭비		?
	장축방향	N-55°-W	목곽	크 기 (길이×너비×높이)		?
	두 향	?		장폭비		?
유물	토 기	-				
	철 기	-				
	청동기	-				
	옥석류	-				
	기 타	-				
특기사항	출토유물 없음.					

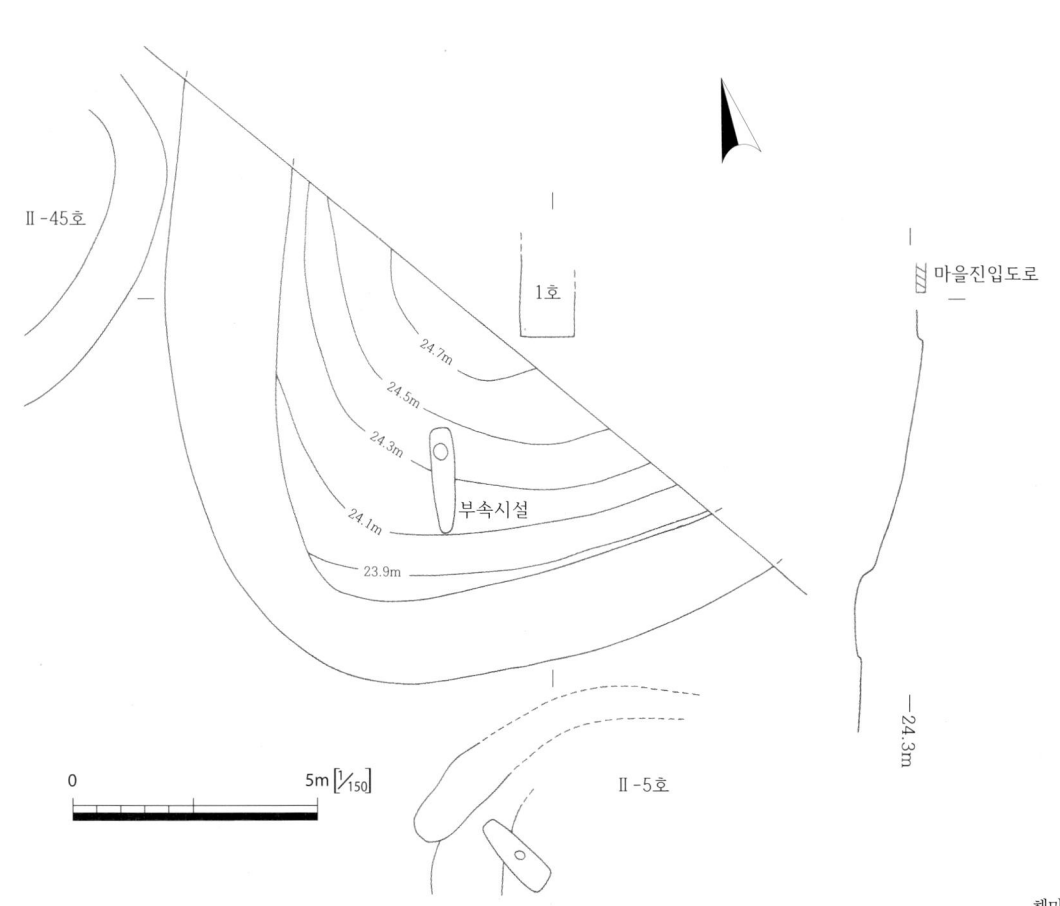

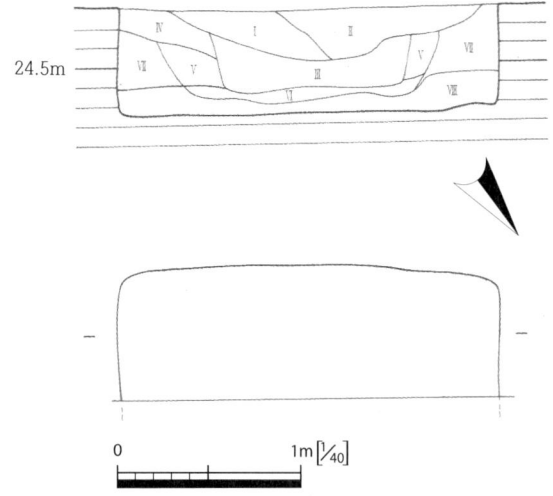

24.5m

Ⅰ: 황갈색 사질토
Ⅱ: 흑갈색 사질토 + 생토덩어리
Ⅲ: 갈색 사질점토 + 생토덩어리
Ⅳ: 적갈색 사질점토
Ⅴ: 적갈색 사질점토 + 생토덩어리
Ⅵ: 흑갈색 사질점토 + 생토덩어리
Ⅶ: 회갈색 사질점토
Ⅷ: 구지표

0   1m[1/40]

[부속시설] ─────────── [주구]

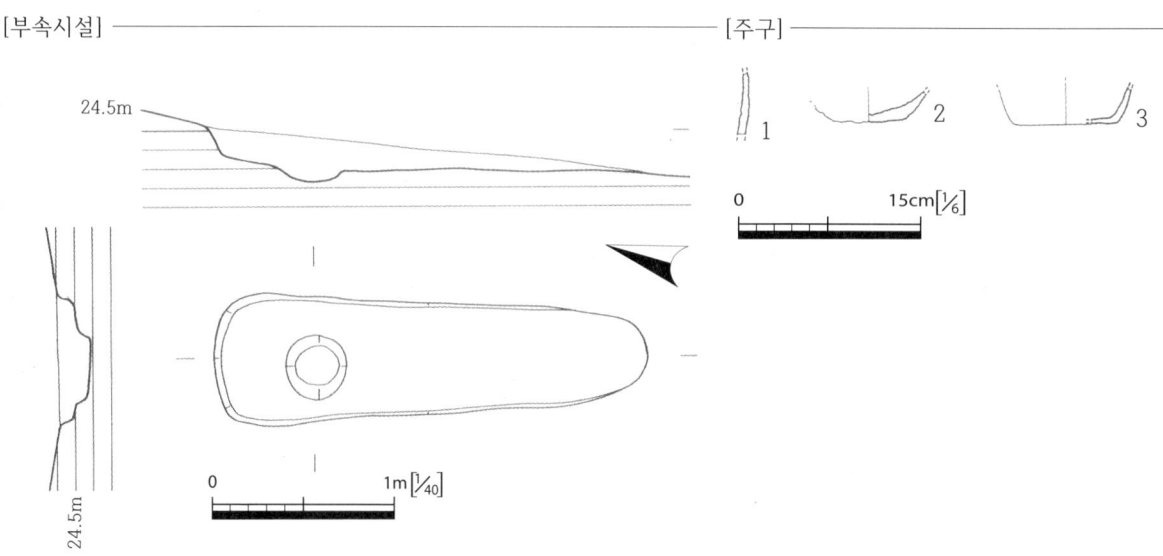

24.5m

24.5m

0   1m[1/40]

0   15cm[1/6]

II-3호 분구묘

(단위 : cm)

분구크기 (길이×너비×높이)	(1,950)×(970)×?	분구평면형태	(방형)
분구장폭비	(2.01):1	분구장축방향	N-(30)°-E
매장시설	토광(1)	주구형태	'ㄷ'자형
특기사항	주체부 내에서 분구 조성을 위한 [(256)×(56)×(58+)] 규모의 부속시설이 확인됨. 출토유물 없음.		
유물	토 기	-	
	철 기	-	
	청 동 기	-	
	옥 석 류	-	
	기 타	-	

1호 토광					
묘광	크 기 (길이×너비×깊이)	212×86×(10+)	목관	크 기 (길이×너비×높이)	(200)×(68)×(4+)
	장 폭 비	2.47:1		장 폭 비	?
	장축방향	N-55°-E	목곽	크 기 (길이×너비×높이)	?
	두 향	?		장 폭 비	?
유물	토 기	-			
	철 기	-			
	청 동 기	-			
	옥 석 류	-			
	기 타	-			

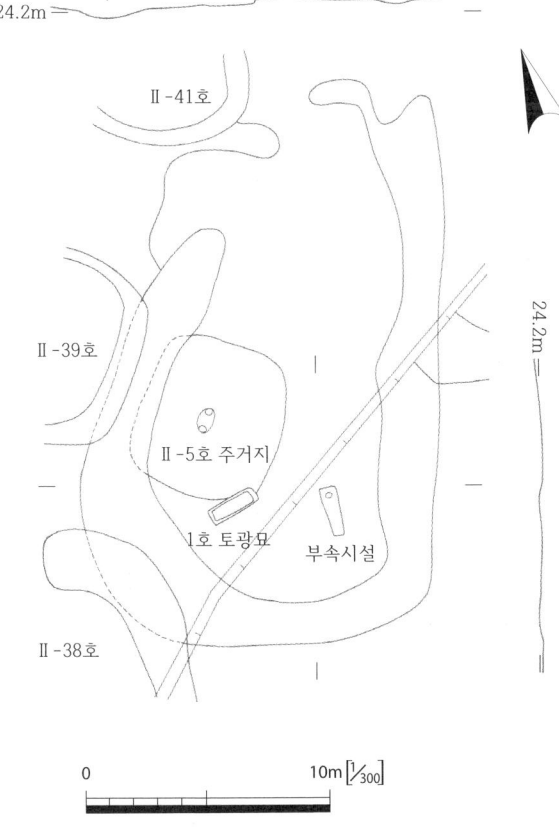

[유구사진]

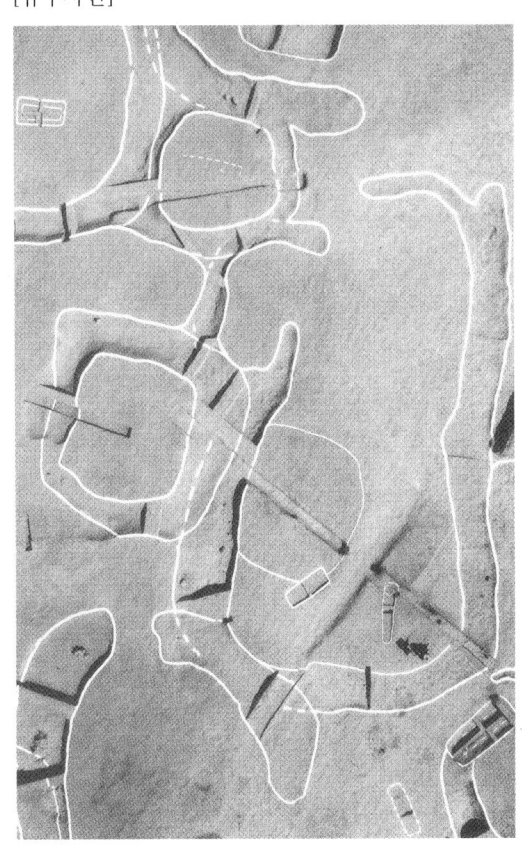

[1호 토광] ──────────────────────────────── [유구사진]

24.4m

24.4m

0   1m [¹⁄₄₀]

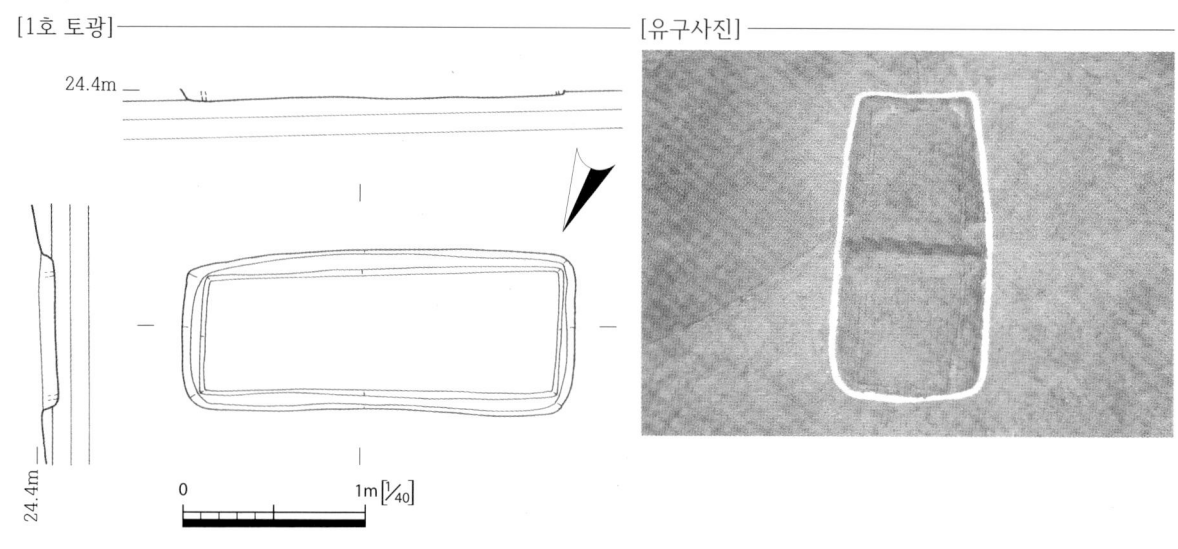

[부속시설] ──────────────────────────────── [유구사진]

24.4m

24.4m

0   1m [¹⁄₄₀]

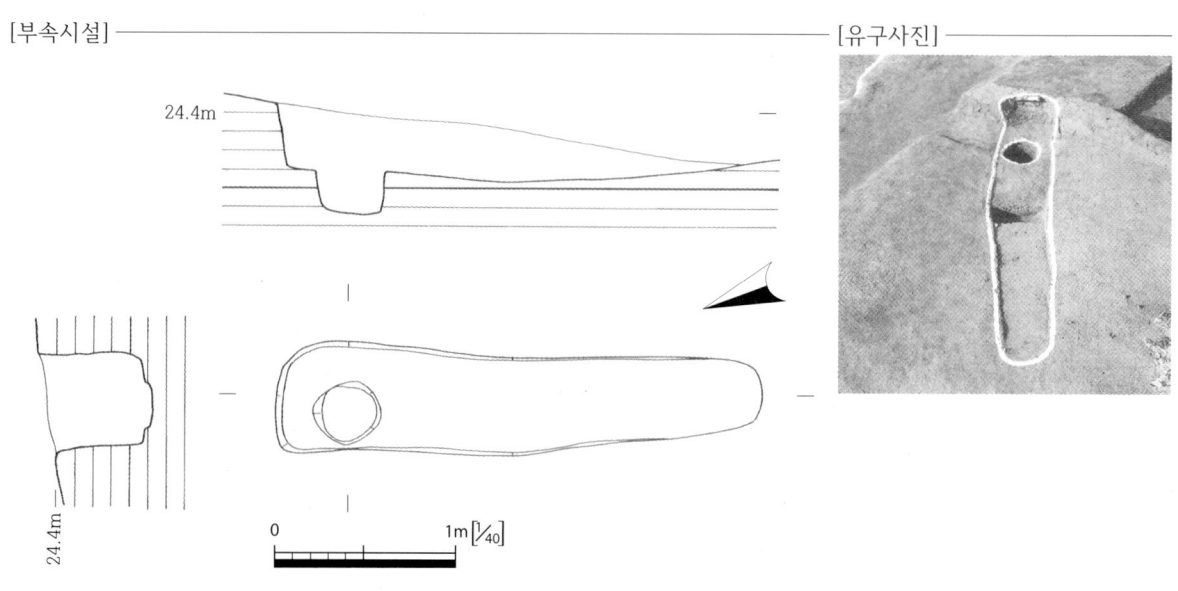

II-4호 분구묘

(단위 : cm)

분구크기 (길이×너비×높이)	1,150×850×(100+)	분구평면형태	(방형)
분구장폭비	1.35:1	분구장축방향	N-9°-W
매장시설	토광(2)	주구형태	'ㄷ'자형

유물	토 기	토기편(4:주구4)		
	철 기	-		
	청동기	-		
	옥석류	-		
	기 타	-		
	특기사항			

1호 토광				
묘광	크 기 (길이×너비×깊이)	380×190×(30+)	목관	크 기 (길이×너비×높이)	(281)×(72)×(17+)
	장폭비	2.47:1		장폭비	(3.90):1
	장축방향	N-2°-W	목곽	크 기 (길이×너비×높이)	-
	두 향	?		장폭비	-
유물	토 기	-		
	철 기	鋌(1)		
	청동기	-		
	옥석류	유리 구슬(32)		
	기 타			
	특기사항			

2호 토광				
묘광	크 기 (길이×너비×깊이)	(224)×62×(16+)	목관	크 기 (길이×너비×높이)	?
	장폭비	(2.47):1		장폭비	?
	장축방향	N-0°-S	목곽	크 기 (길이×너비×높이)	?
	두 향	?		장폭비	?
유물	토 기	직구단경호(1)		
	철 기	-		
	청동기	-		
	옥석류	-		
	기 타	-		
	특기사항	보고서 기술과 유물 도면 스케일바 비율이 모두 상이하여 상호 조정하지 않고 자료집에 게재하였음.		

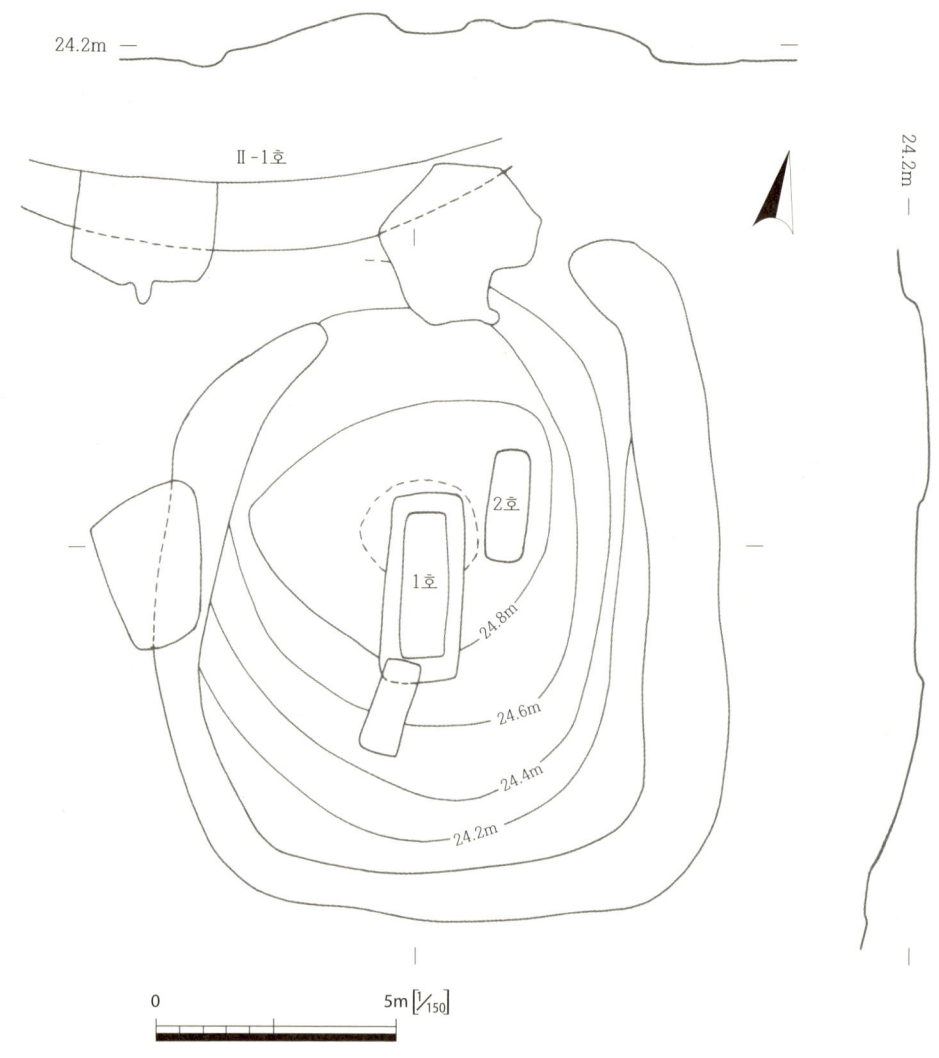

24.2m

Ⅱ-1호

24.2m

2호

1호

24.8m

24.6m

24.4m

24.2m

0   5m [1/150]

[유구사진]

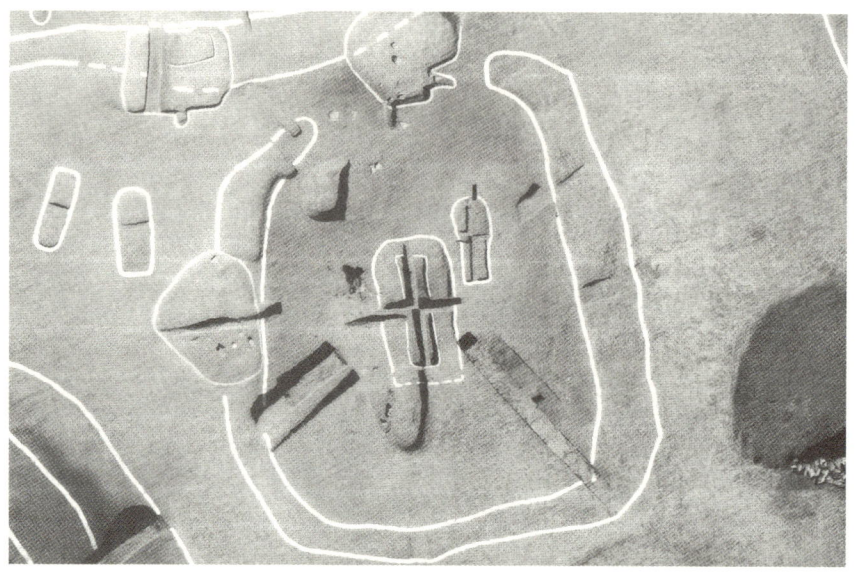

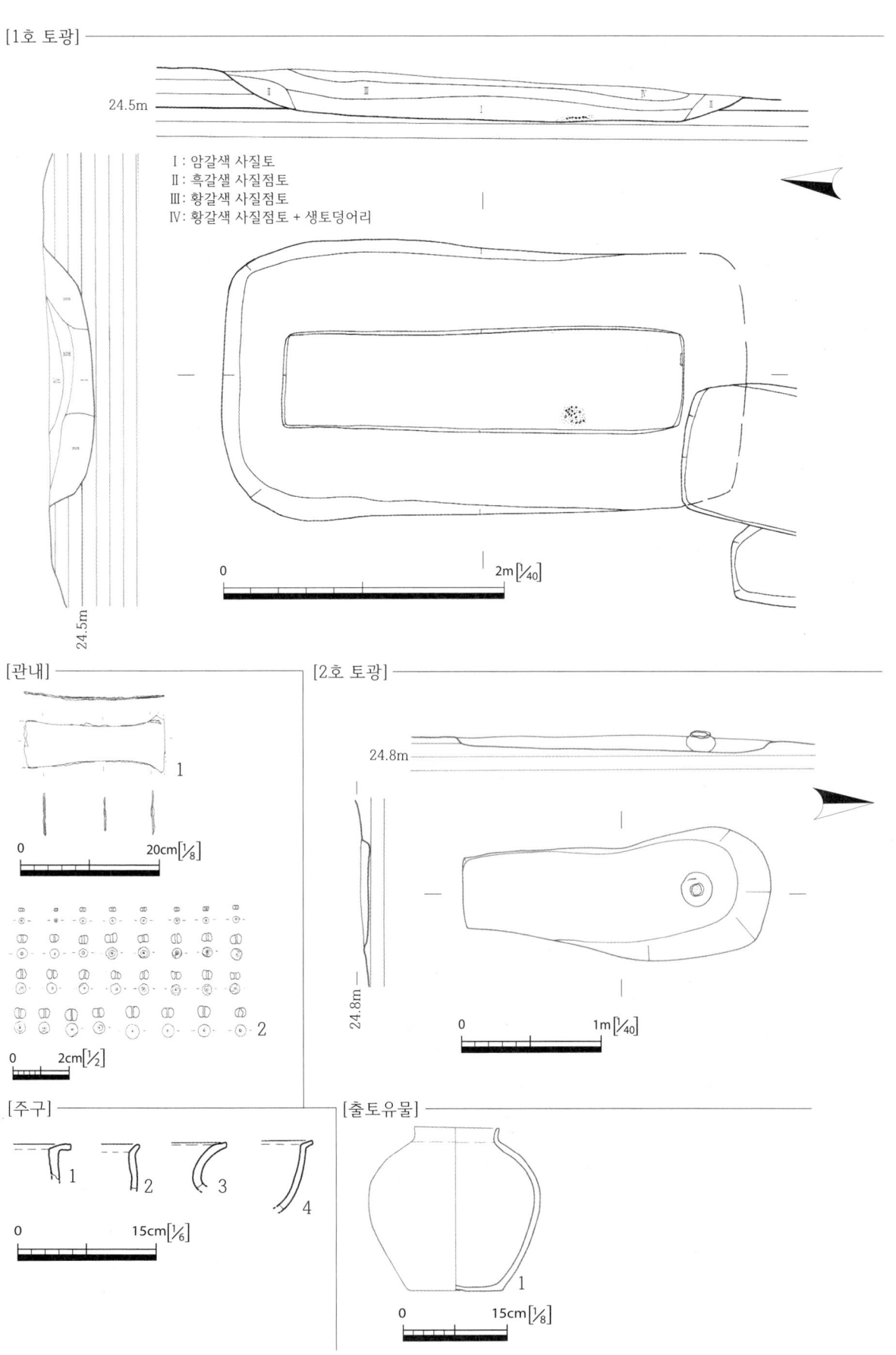

[1호 토광]

24.5m

Ⅰ: 암갈색 사질토
Ⅱ: 흑갈색 사질점토
Ⅲ: 황갈색 사질점토
Ⅳ: 황갈색 사질점토 + 생토덩어리

24.5m

0   2m[1/40]

[관내]

1

0   20cm[1/8]

2

0 2cm[1/2]

[2호 토광]

24.8m

24.8m

0   1m[1/40]

[주구]

1 2 3 4

0   15cm[1/6]

[출토유물]

1

0   15cm[1/8]

II-5호 분구묘

(단위 : cm)

분구 크기 (길이×너비×높이)	1,000×1,040×(70+)	분구평면형태	(방형)
분구장폭비	0.96:1	분구장축방향	?
매 장 시 설	토광(1)	주구형태	'ㅁ'자형

유물	토 기	토기편(9:주구9)		
	철 기	-		
	청 동 기	-		
	옥 석 류	-		
	기 타	-		
특기사항		주체부 내에서 분구조성을 위한 [(227)×(86)×(30+)], [(162)×(52)×(54+)], [(163)×(152)×(21+)], [(162)×(89)×(19+)] 규모의 부속시설이 확인됨.		

1호 토광				
묘광	크 기 (길이×너비×깊이)	380×160×(25+)	목관	크 기 (길이×너비×높이)	?
	장 폭 비	2.38:1		장 폭 비	?
	장축방향	N-60°-W	목곽	크 기 (길이×너비×높이)	(263)×(69)×(23+)
	두 향	?		장 폭 비	(3.81):1

유물	토 기	완(1), 광구소호(1), 평저호(1)
	철 기	환두도(1), 鋌(2)
	청 동 기	-
	옥 석 류	-
	기 타	-
특기사항		

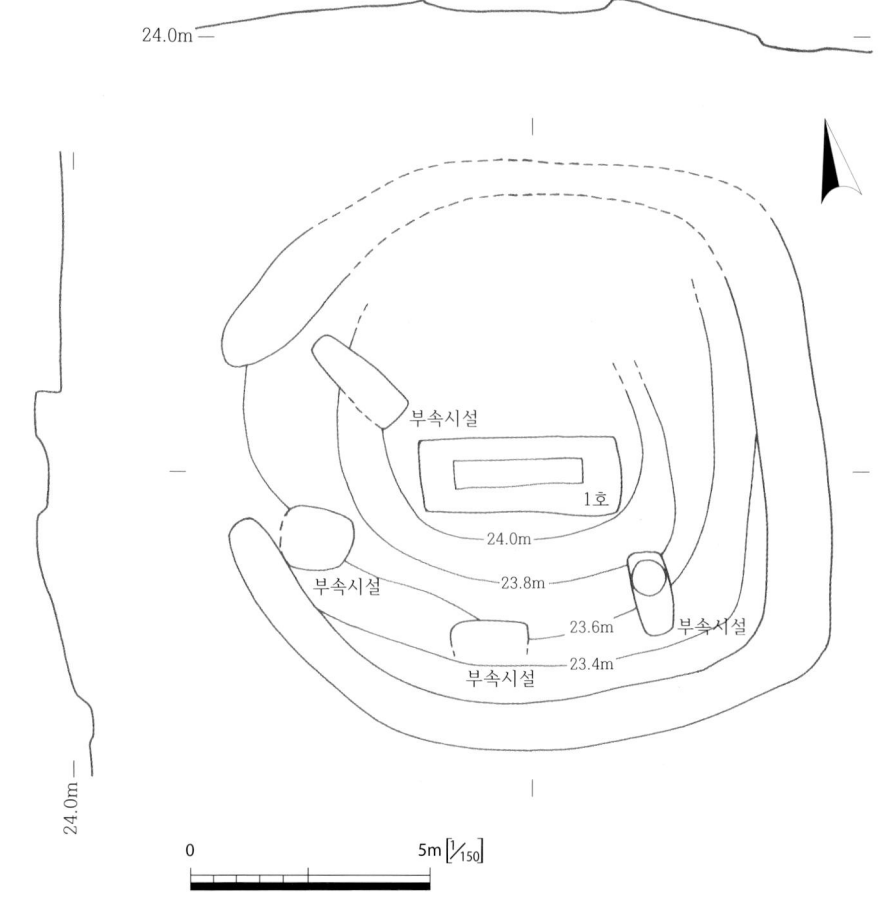

[1호 토광]

24.0m —

24.0m

Ⅰ : 흑갈색 사질점토
Ⅱ : 황갈색 사질점토
Ⅲ : 황갈색 사질점토
　 + 생토덩어리
Ⅳ : 황갈색 사질토

0 ⊢⊢⊢⊢⊢⊢⊢⊢⊣ 2m[1/40]

[곽내]

1

2

3

4

5

6

0 ⊢⊢⊢⊢⊢⊣ 15cm[1/6]

0 ⊢⊢⊢⊢⊢⊣ 10cm[1/4]

0 ⊢⊢⊢⊢⊢⊣ 15cm[1/8]

[주구]

1

2

3

4

5

6

7

8

9

0 ⊢⊢⊢⊢⊢⊣ 15cm[1/6]

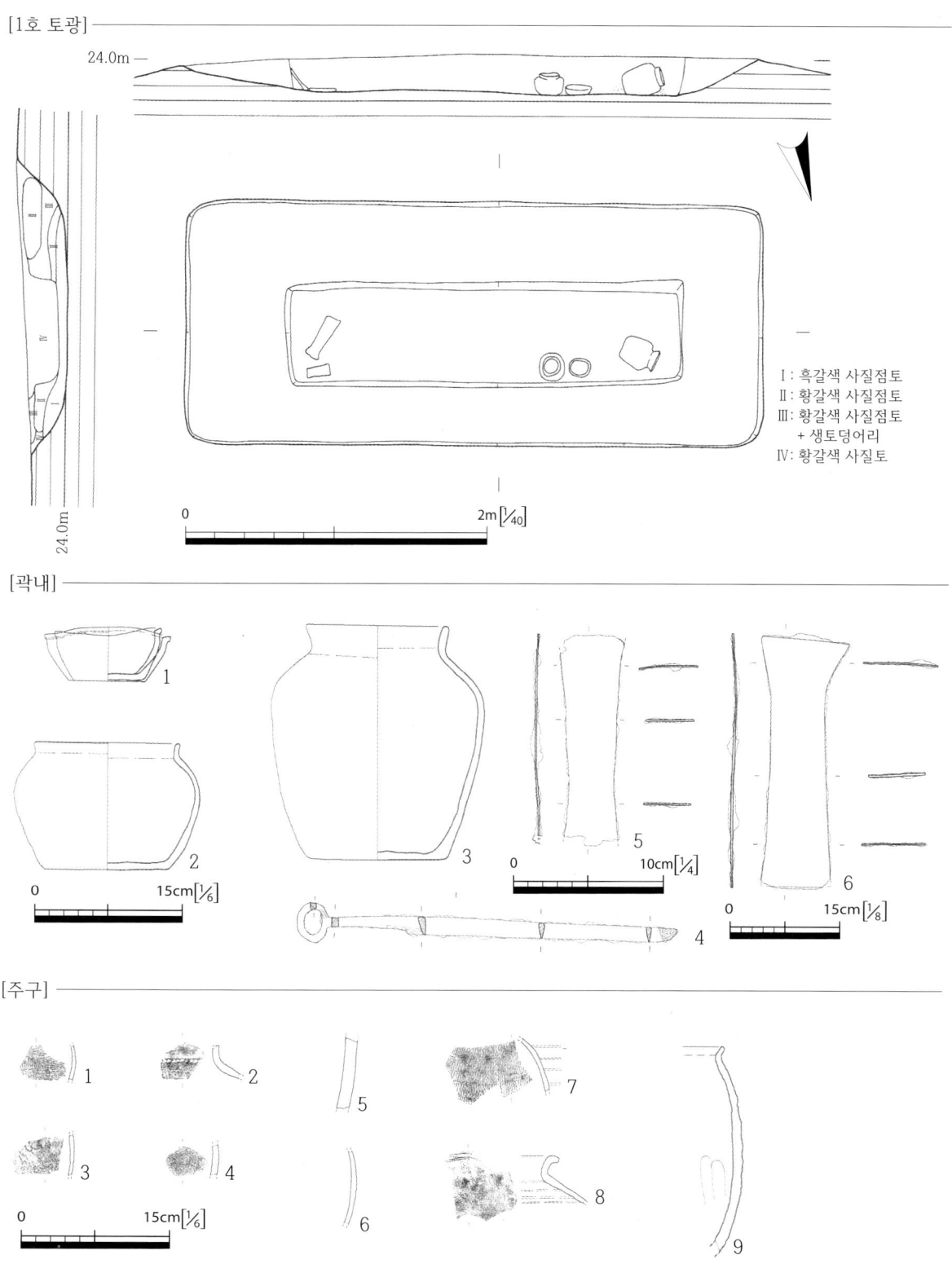

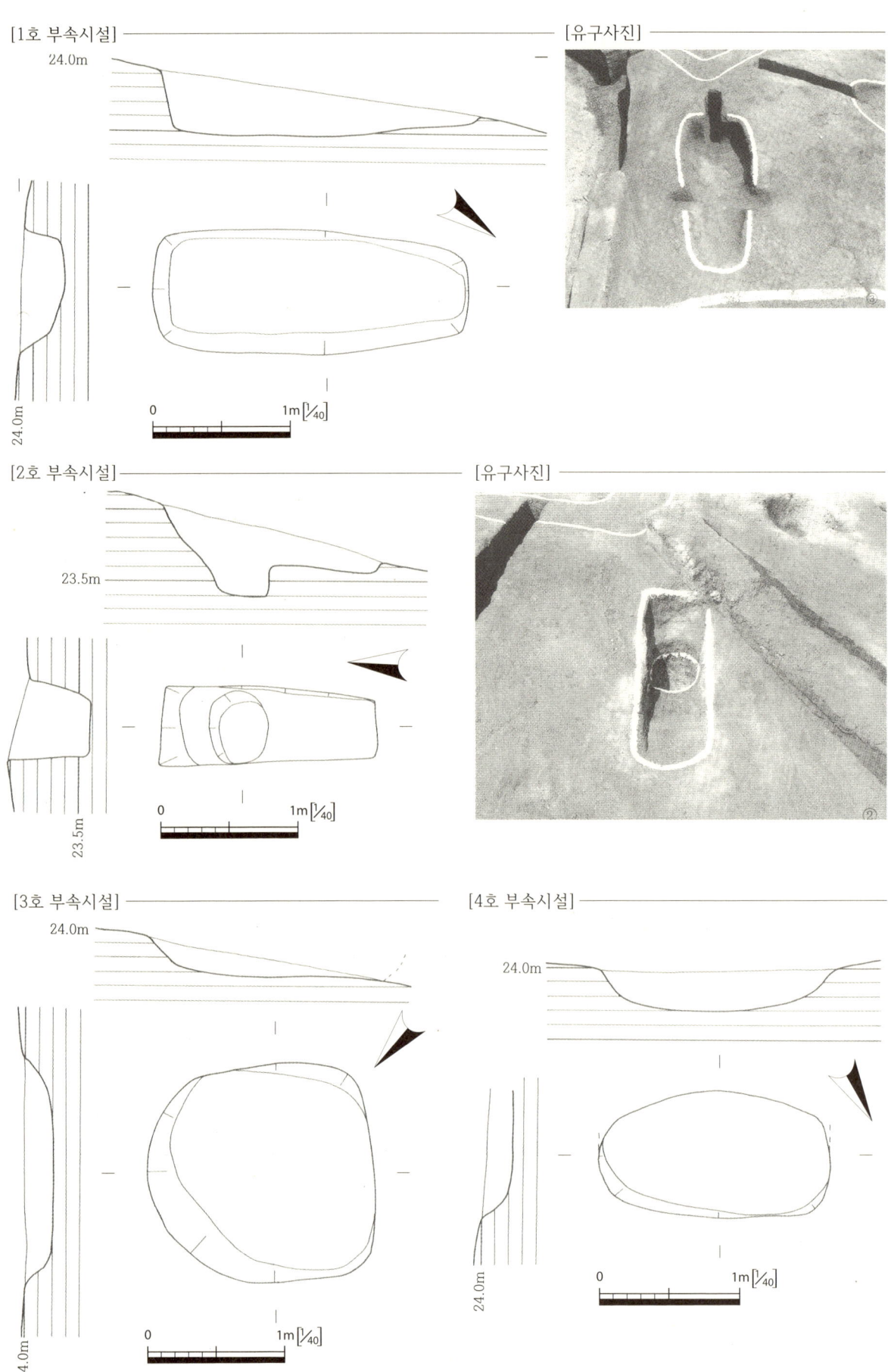

[1호 부속시설]

[유구사진]

24.0m

24.0m

0 　　　1m [1/40]

[2호 부속시설]

[유구사진]

23.5m

23.5m

0 　　　1m [1/40]

[3호 부속시설]

[4호 부속시설]

24.0m

24.0m

24.0m

24.0m

0 　　　1m [1/40]

0 　　　1m [1/40]

II-6호 분구묘

(단위 : cm)

분구크기 (길이×너비×높이)	1,250×1,010×(50+)	분구평면형태	(방형)
분구장폭비	1.24:1	분구장축방향	N-14°-W
매장시설	토광(3)	주구형태	'ㄷ'자형

유물	토 기	토기편(4:주구4)		
	철 기	-		
	청동기	-		
	옥석류	-		
	기 타	-		
특기사항		연접 확장 분구묘로 추정됨. 주체부 내에서 분구조성을 위한 [(232)×(56)×(60+)] 규모의 부속 시설이 확인됨.		

1호 토광				
묘광	크 기 (길이×너비×깊이)	228×(120+)×(20+)	목관	크 기 (길이×너비×높이)	?
	장폭비	?		장폭비	?
	장축방향	N-6°-W	목곽	크 기 (길이×너비×높이)	?
	두 향	?		장폭비	?
유물	토 기	광구호(1)		
	철 기	鋌(1)		
	청동기	-		
	옥석류	-		
	기 타	-		
특기사항				

2호 토광				
묘광	크 기 (길이×너비×깊이)	297×132×(30+)	목관	크 기 (길이×너비×높이)	?
	장폭비	2.25:1		장폭비	?
	장축방향	N-83°-E	목곽	크 기 (길이×너비×높이)	(221)×(52)×(22+)
	두 향	?		장폭비	(4.25):1
유물	토 기	완(1), 단경호(1)		
	철 기	도자(1)		
	청동기	-		
	옥석류	-		
	기 타	-		
특기사항				

3호 토광				
묘광	크 기 (길이×너비×깊이)	?	목관	크 기 (길이×너비×높이)	?
	장폭비	?		장폭비	?
	장축방향	?	목곽	크 기 (길이×너비×높이)	?
	두 향	?		장폭비	?
유물	토 기			
	철 기	-		
	청동기	-		
	옥석류	-		
	기 타	-		
특기사항		3호 토광 유구 도면 미게재. 출토유물 없음.		

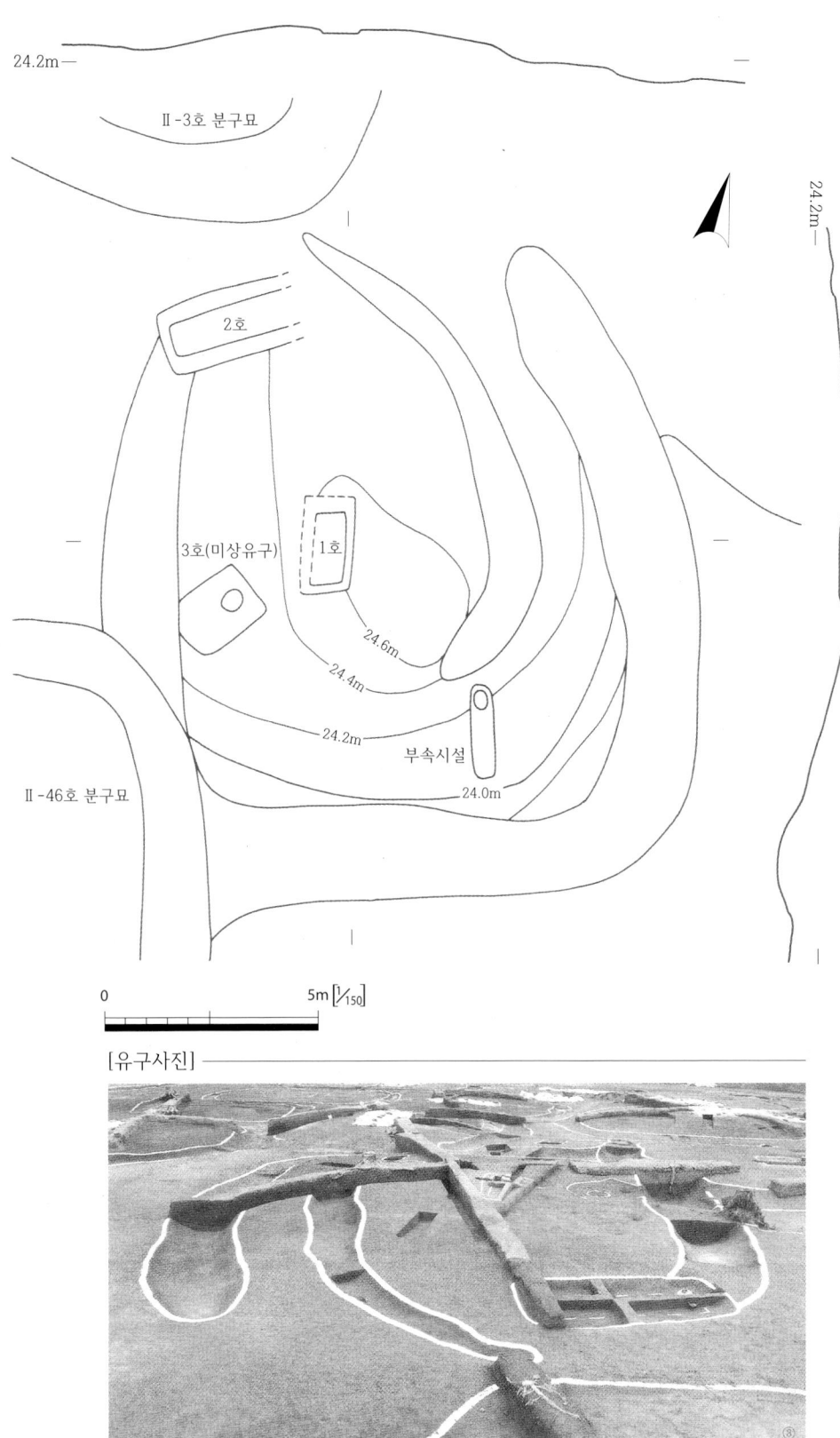

24.2m —

Ⅱ-3호 분구묘

2호

3호(미상유구)   1호

24.2m —

24.6m

24.4m

24.2m

부속시설

Ⅱ-46호 분구묘

24.0m

0   5m [1/150]

[유구사진]

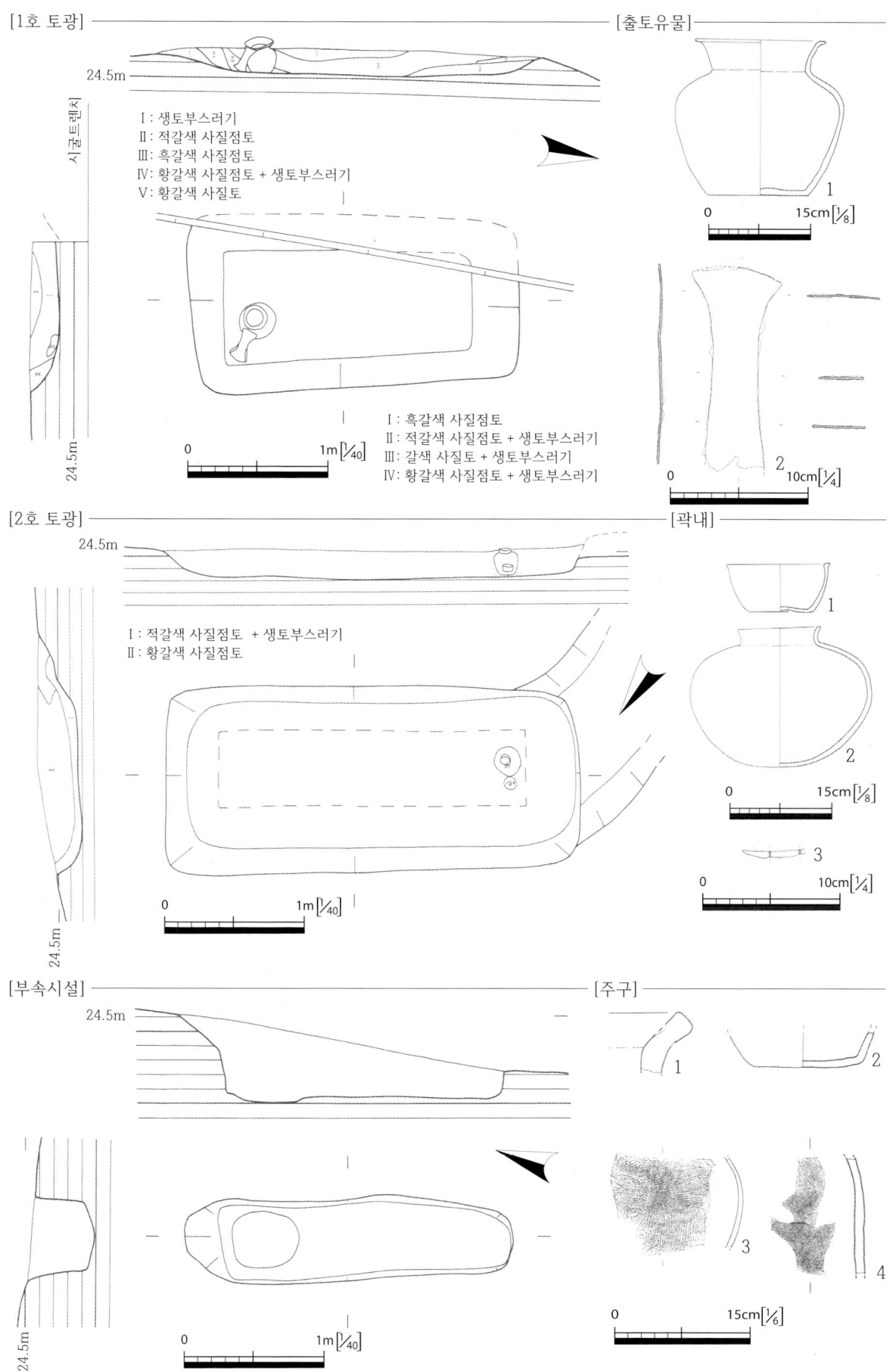

[1호 토광]

24.5m

시굴트렌치

Ⅰ: 생토부스러기
Ⅱ: 적갈색 사질점토
Ⅲ: 흑갈색 사질점토
Ⅳ: 황갈색 사질점토 + 생토부스러기
Ⅴ: 황갈색 사질토

24.5m

0　　　　　　　　1m[1/40]

Ⅰ: 흑갈색 사질점토
Ⅱ: 적갈색 사질점토 + 생토부스러기
Ⅲ: 갈색 사질토 + 생토부스러기
Ⅳ: 황갈색 사질점토 + 생토부스러기

[출토유물]

1

0　　　　　　　　15cm[1/8]

2

0　　　　　　　　10cm[1/4]

[2호 토광]

24.5m

Ⅰ: 적갈색 사질점토 + 생토부스러기
Ⅱ: 황갈색 사질점토

24.5m

0　　　　　　　　1m[1/40]

[곽내]

1

2

0　　　　　　　　15cm[1/8]

3

0　　　　　　　　10cm[1/4]

[부속시설]

24.5m

24.5m

0　　　　　　　　1m[1/40]

[주구]

1

2

3

4

0　　　　　　　　15cm[1/6]

II-7호 분구묘

(단위 : cm)

분구 크기 (길이×너비×높이)	1,000×950×?	분구평면형태	(방형)
분구장폭비	1.05:1	분구장축방향	N-10°-W
매 장 시 설	토광(2)	주구형태	'ㄷ'자형

유물	토 기	-		
	철 기	-		
	청 동 기	-		
	옥 석 류	-		
	기 타	-		
특기사항	주체부 내에서 분구조성을 위한 [(120)×(50)×(17+)], [(156)×(60)×(13+)] 규모의 부속시설이 확인됨.			

1호 토광

묘광	크 기 (길이×너비×깊이)	320×130×(36+)	목관	크 기 (길이×너비×높이)	?
	장 폭 비	2.46:1		장 폭 비	?
	장축방향	N-6°-W	목곽	크 기 (길이×너비×높이)	(257)×(62)×(14+)
	두 향	?		장 폭 비	(4.15):1

유물	토 기	이중구연호(1), 직구호(1)		
	철 기	-		
	청 동 기	-		
	옥 석 류	-		
	기 타	-		
특기사항				

2호 토광

묘광	크 기 (길이×너비×깊이)	300×130×(21+)	목관	크 기 (길이×너비×높이)	?
	장 폭 비	2.31:1		장 폭 비	?
	장축방향	N-85°-W	목곽	크 기 (길이×너비×높이)	?
	두 향	?		장 폭 비	?

유물	토 기	-		
	철 기	-		
	청 동 기	-		
	옥 석 류	-		
	기 타	-		
특기사항	출토유물 없음.			

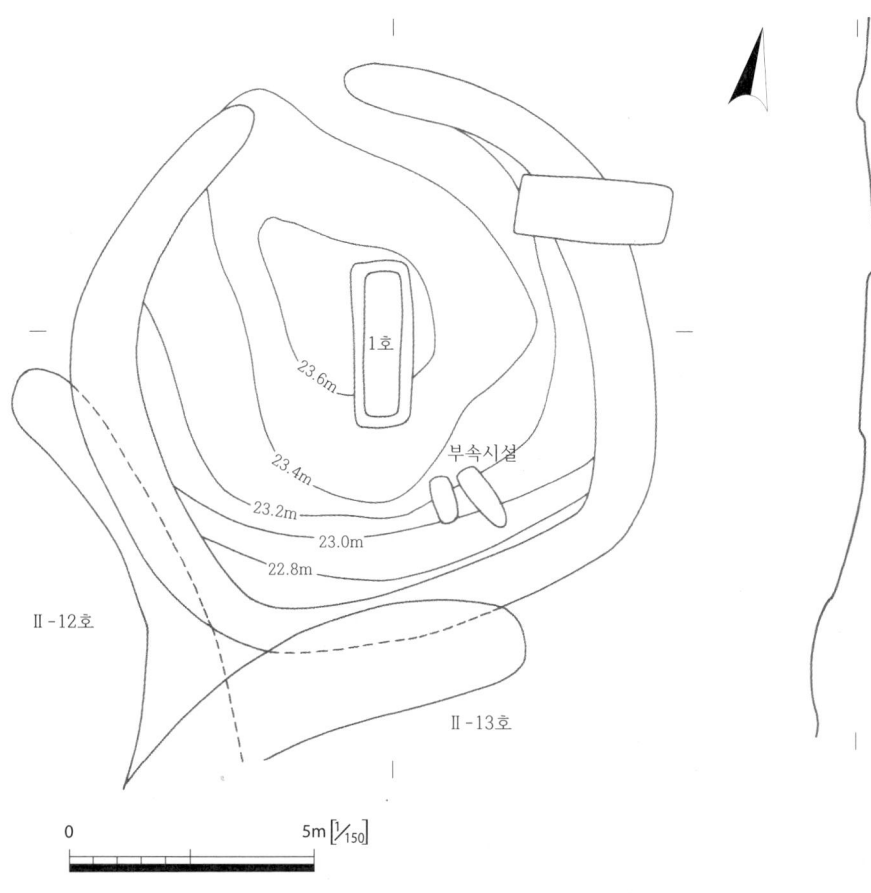

[유구사진]

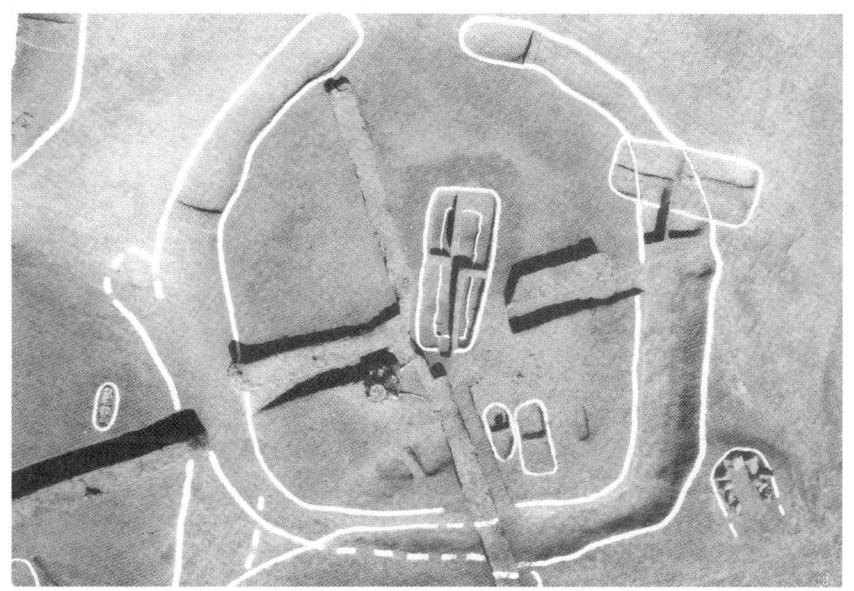

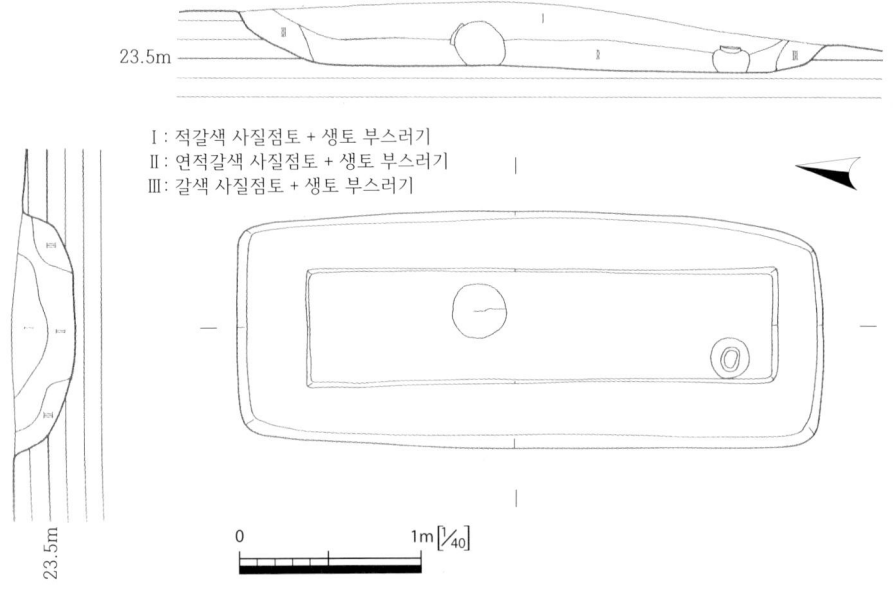

23.5m

Ⅰ : 적갈색 사질점토 + 생토 부스러기
Ⅱ : 연적갈색 사질점토 + 생토 부스러기
Ⅲ : 갈색 사질점토 + 생토 부스러기

23.5m

0   1m [1/40]

[유구사진]

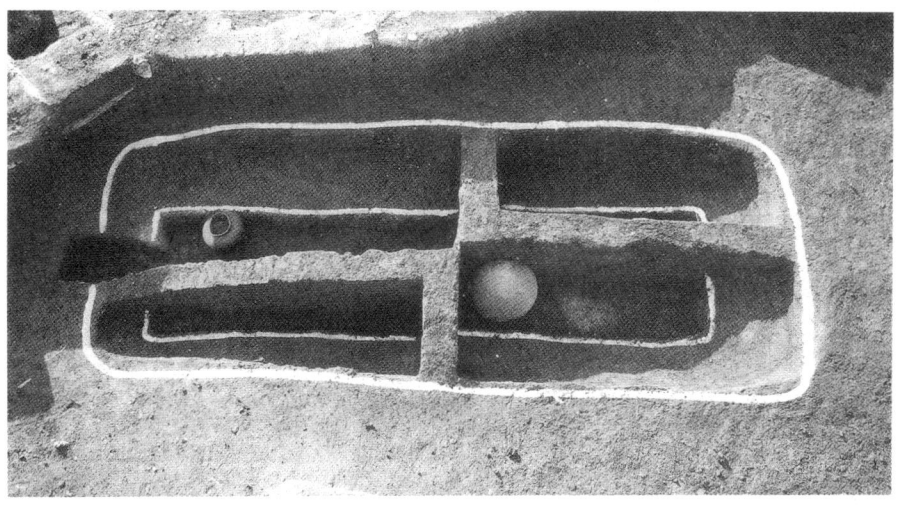

[출토유물]

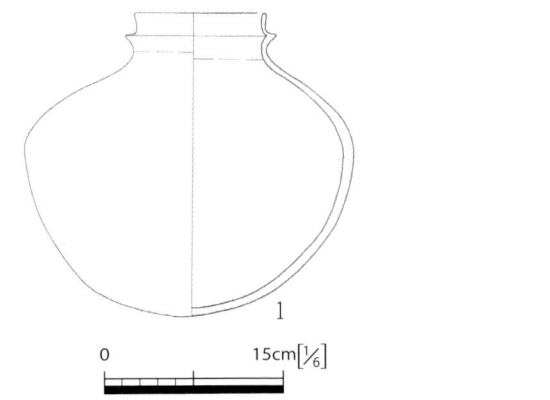

1

0   15cm [1/6]

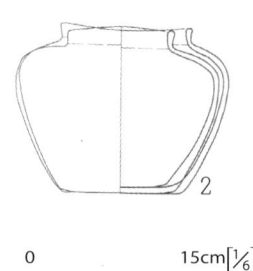

2

0   15cm [1/6]

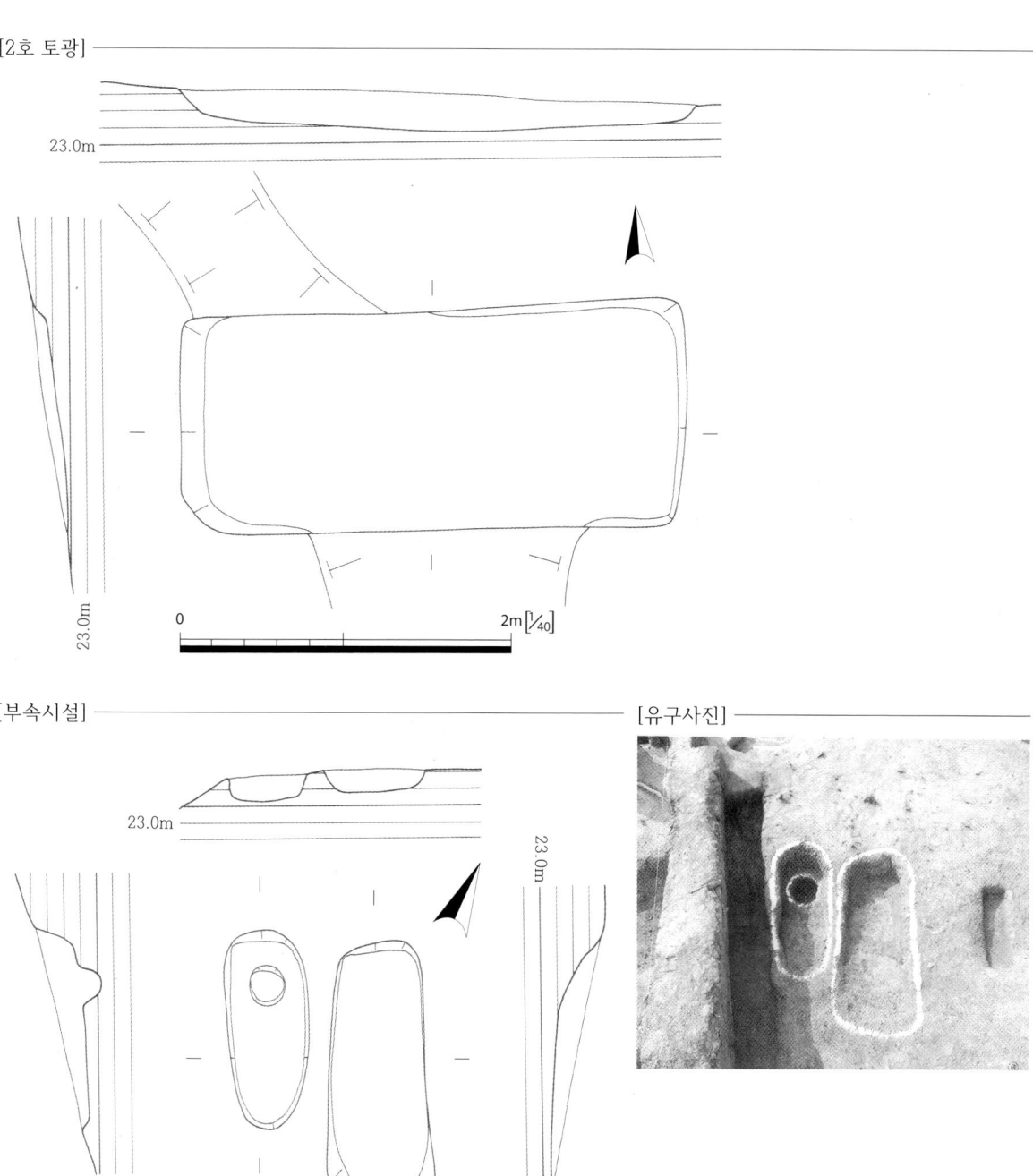

[2호 토광]

23.0m

0   2m[1/40]

23.0m

[부속시설]

23.0m

23.0m

23.0m

0   1m[1/40]

[유구사진]

II-8호 분구묘

(단위 : cm)

분구크기 (길이×너비×높이)	(730)×710×(26+)	분구평면형태	(원형)
분구장폭비	(1.03):1	분구장축방향	N-28°-W
매장시설	?	주구형태	'ㅇ'자형
유물	토 기	-
	철 기	-
	청동기	-
	옥석류	-
	기 타	-
특기사항	출토유물 없음.

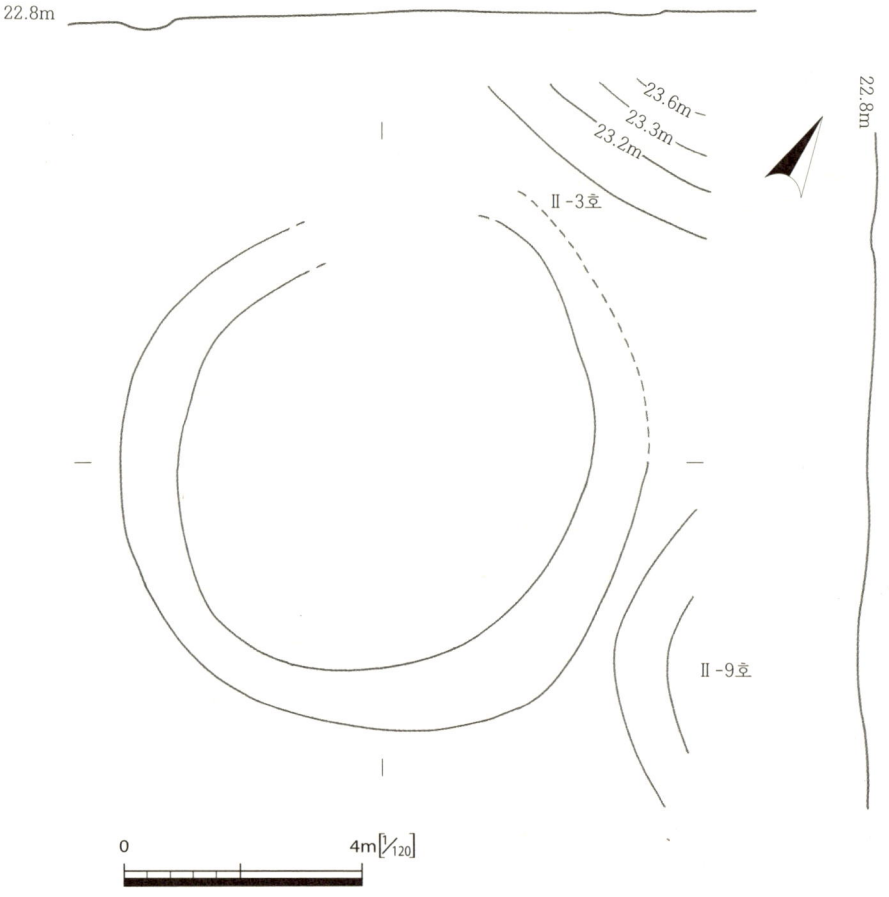

II-9호 분구묘

(단위 : cm)

분구크기 (길이×너비×높이)	(1,000+)×800×(60+)	분구평면형태	(방형)
분구장폭비	?	분구장축방향	N-8°-E
매장시설	토광(1)	주구형태	'ㄷ'자형

유물	토 기	토기편(5:주구5)		
	철 기	-		
	청동기	-		
	옥석류	-		
	기 타	-		
특기사항		주체부 내에서 분구조성을 위한 [(230)×(94)×(75+)] 규모의 부속시설이 확인됨.		

1호 토광

묘광	크 기 (길이×너비×깊이)	360×170×(56+)	목관	크 기 (길이×너비×높이)	(288)×(88)×(12+)
	장폭비	2.12:1		장폭비	(3.27):1
	장축방향	N-2°-E	목곽	크 기 (길이×너비×높이)	?
	두 향	?		장폭비	?

유물	토 기	-
	철 기	모(1), 鐵鋌(1), 미상철기(2)
	청동기	-
	옥석류	-
	기 타	-
특기사항		

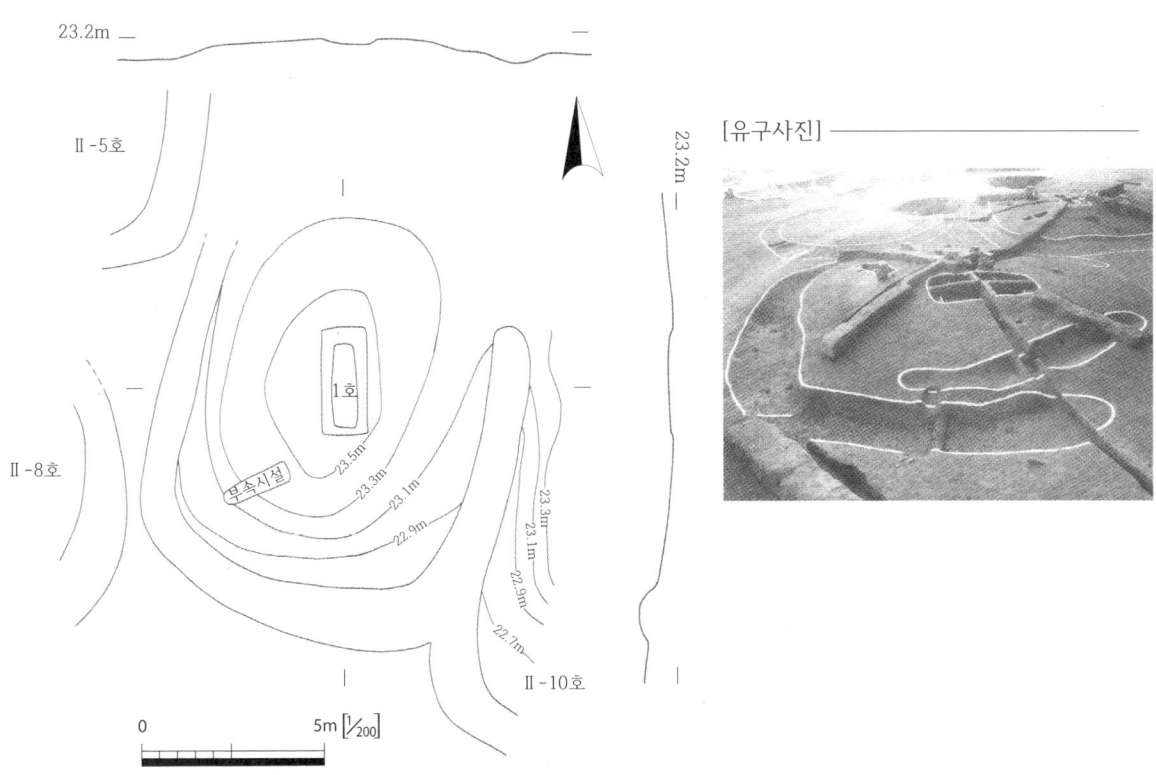

[유구사진]

II-5호

II-8호

1호

부속시설

II-10호

23.2m

23.2m

23.5m
23.3m
23.1m
22.9m

23.3m
23.1m
22.9m
22.7m

0   5m 1/200

23.0m

23.0m

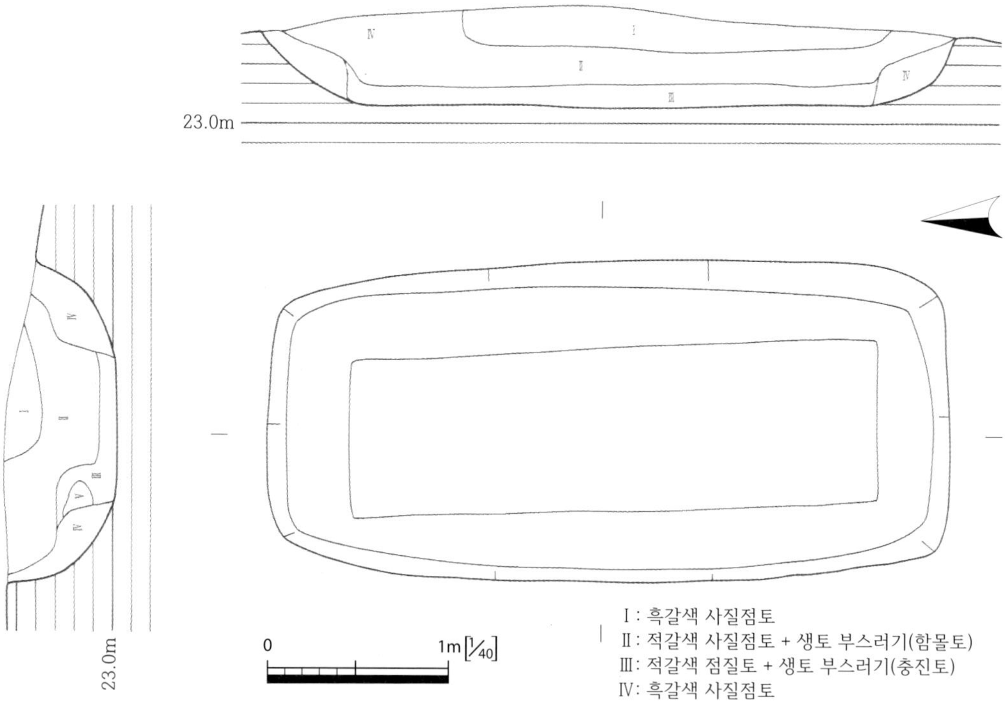

Ⅰ : 흑갈색 사질점토
Ⅱ : 적갈색 사질점토 + 생토 부스러기(함몰토)
Ⅲ : 적갈색 점질토 + 생토 부스러기(충진토)
Ⅳ : 흑갈색 사질점토
Ⅴ : 생토 부스러기

0   1m[1/40]

[관내]

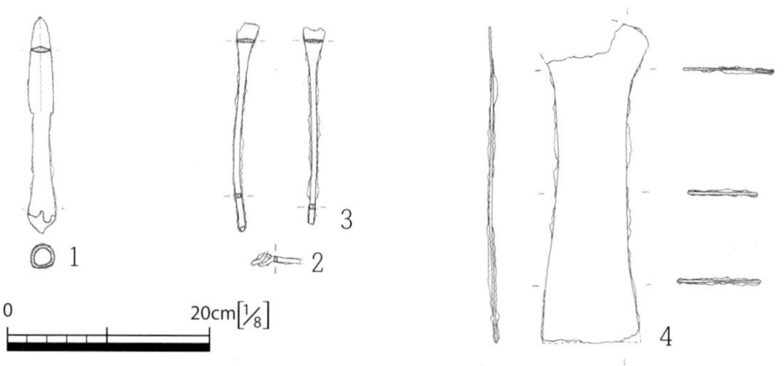

1

2

3

4

0   20cm[1/8]

[주구]

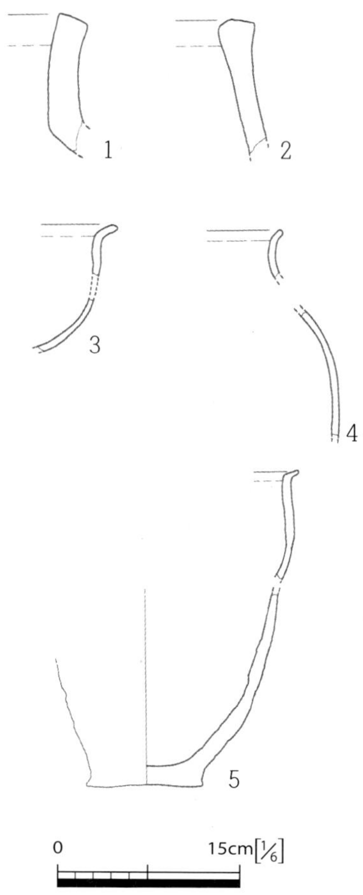

1

2

3

4

5

0   15cm[1/6]

[부속시설]

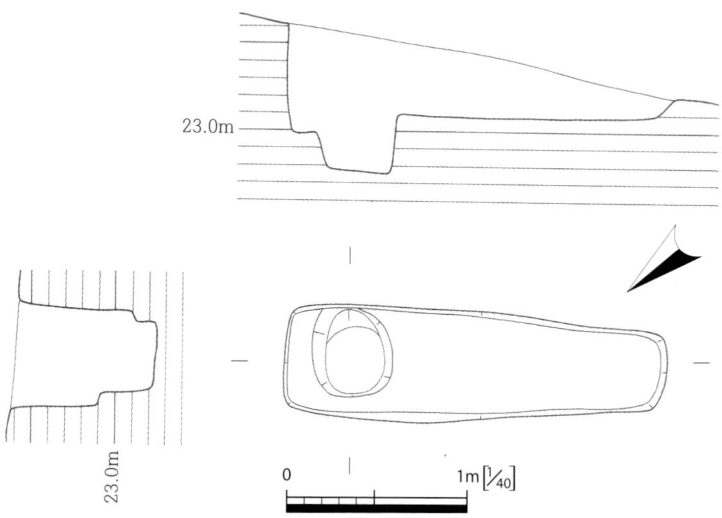

23.0m

23.0m

0   1m[1/40]

II-10호 분구묘

(단위 : cm)

분구크기 (길이×너비×높이)	(1,200+)×(850)×(150+)	분구평면형태	(방형)
분구장폭비	?	분구장축방향	N-25°-E
매장시설	토광(1)	주구형태	'ㄷ'자형
유물	토 기	-	
	철 기	-	
	청동기	-	
	옥석류	-	
	기 타	-	
특기사항	출토유물 없음.		

1호 토광				
묘광	크 기 (길이×너비×깊이)	360×172×(29+)	목관	크 기 (길이×너비×높이)	?
	장폭비	2.09:1		장폭비	?
	장축방향	N-14°-E	목곽	크 기 (길이×너비×높이)	(260)×(108)×(27+)
	두 향	?		장폭비	(2.41):1
유물	토 기	토기편(3)			
	철 기	-			
	청동기	-			
	옥석류	-			
	기 타	-			
특기사항					

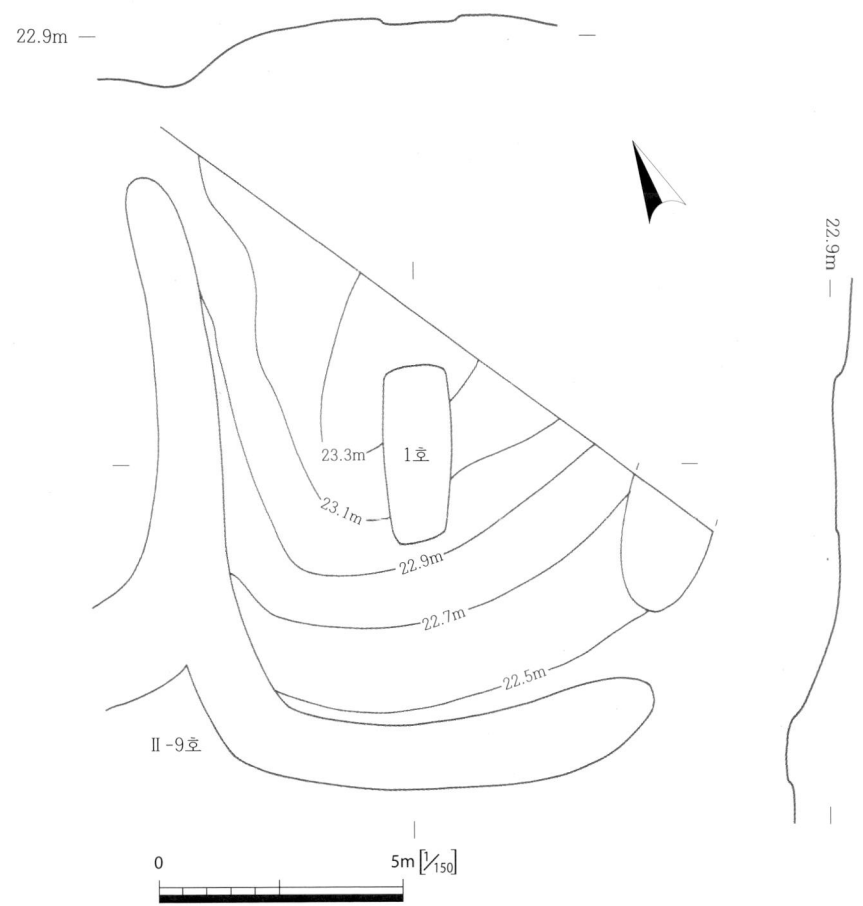

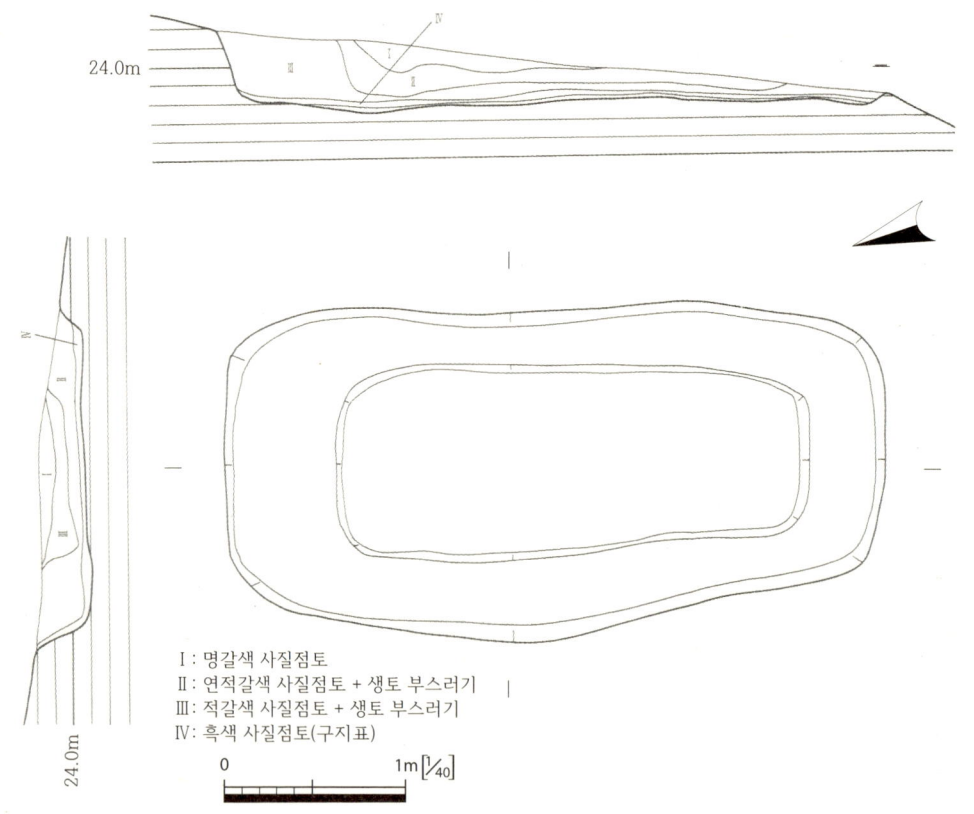

24.0m

24.0m

Ⅰ : 명갈색 사질점토
Ⅱ : 연적갈색 사질점토 + 생토 부스러기
Ⅲ: 적갈색 사질점토 + 생토 부스러기
Ⅳ: 흑색 사질점토(구지표)

0　　　　　　　　　1m[1/40]

[유구사진]

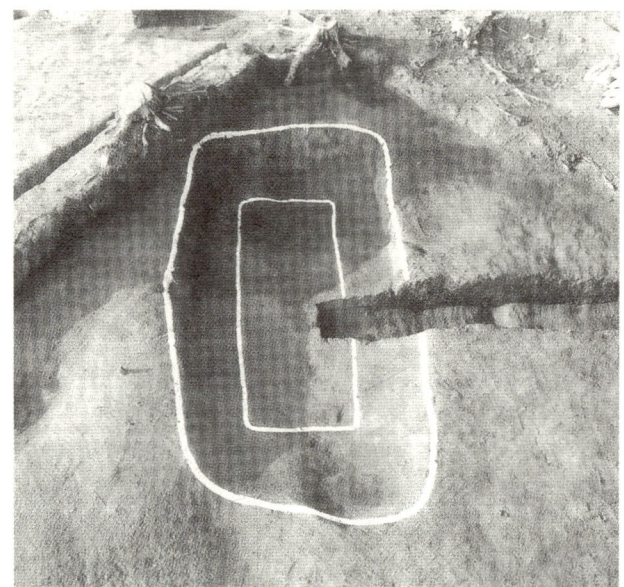

[출토유물]

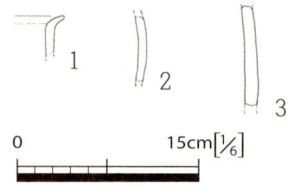

0　　　　　　15cm[1/6]

II-11호 분구묘

(단위 : cm)

분구크기 (길이×너비×높이)	1,150×1,050×(92+)	분구평면형태	(방형)
분구장폭비	1.27:1	분구장축방향	N-88°-E
매장시설	토광(2)	주구형태	'ㅁ'자형

유물	토 기	토기편(11:미상11)		
	철 기	-		
	청 동 기	-		
	옥 석 류	-		
	기 타	-		
	특기사항	토기편 11점 출토위치 미기술.		

1호 토광

묘광	크 기 (길이×너비×깊이)	(320)×130×(9+)	목관	크 기 (길이×너비×높이)	(232+)×(61)×(9+)
	장폭비	?		장폭비	?
	장축방향	N-42°-W	목곽	크 기 (길이×너비×높이)	?
	두 향	?		장폭비	?

유물	토 기	-		
	철 기	鐵鋌(1)		
	청 동 기	-		
	옥 석 류	-		
	기 타	-		
	특기사항			

2호 토광

묘광	크 기 (길이×너비×깊이)	310×168×(25+)	목관	크 기 (길이×너비×높이)	212×76×(20+)
	장폭비	1.85:1		장폭비	2.79:1
	장축방향	N-15°-E	목곽	크 기 (길이×너비×높이)	?
	두 향	?		장폭비	?

유물	토 기	개(1), 유견호(1), 흑색마연직구호(1)		
	철 기	-		
	청 동 기	-		
	옥 석 류	-		
	기 타	-		
	특기사항			

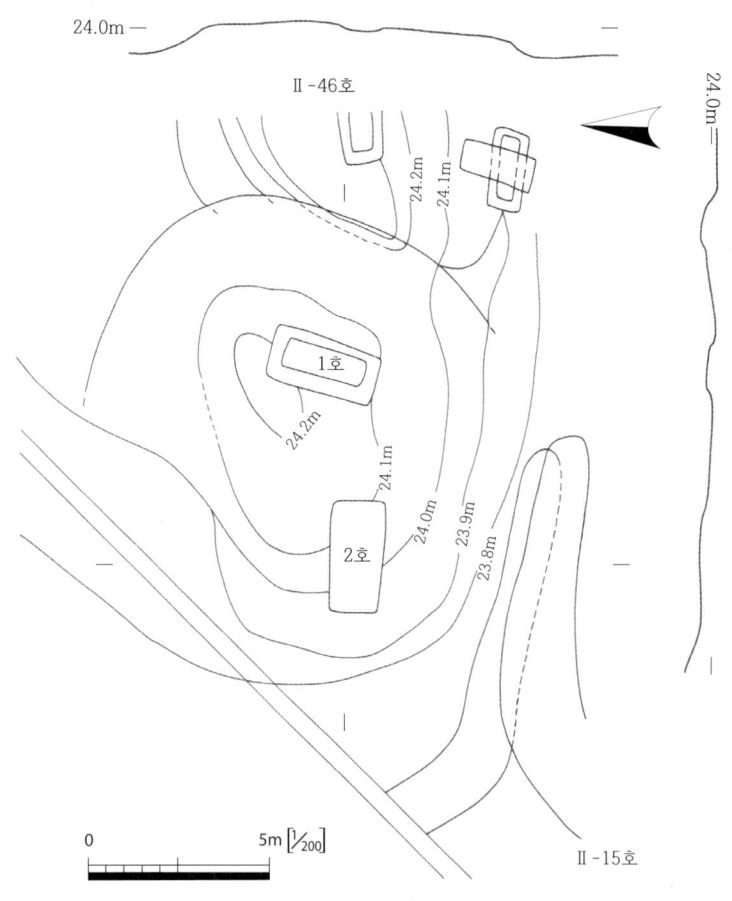

II-46호

24.0m

24.0m

24.2m
24.1m

1호

24.2m

24.1m

24.0m

23.9m

23.8m

2호

0　　　　　　5m ⌐1/200⌐

II-15호

[유구사진]

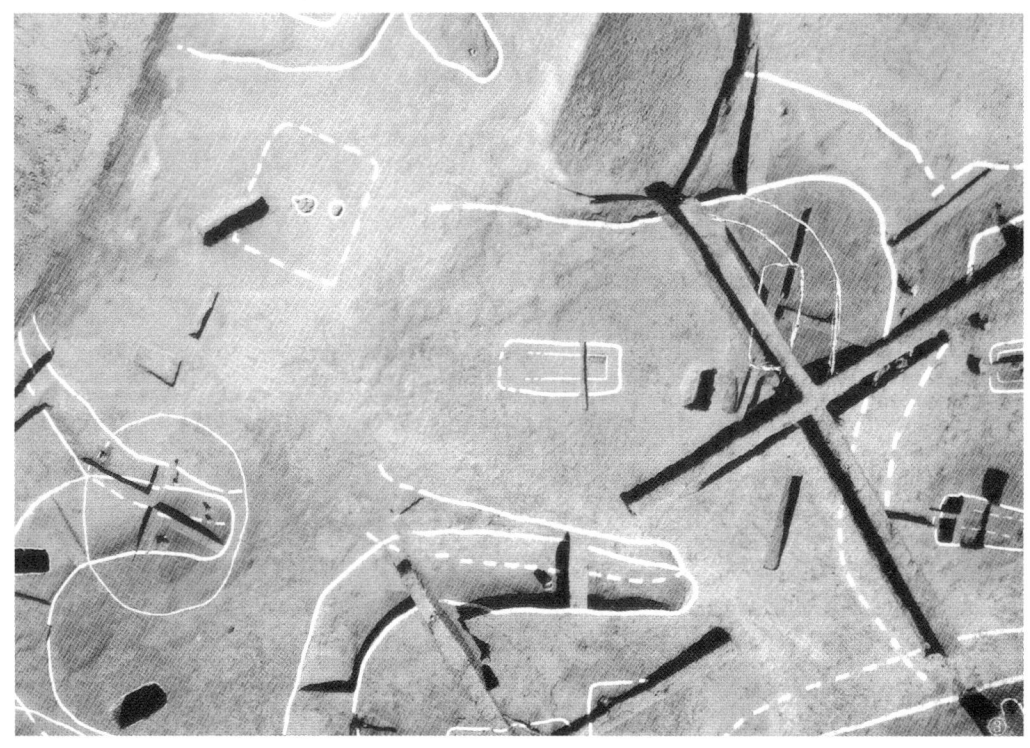

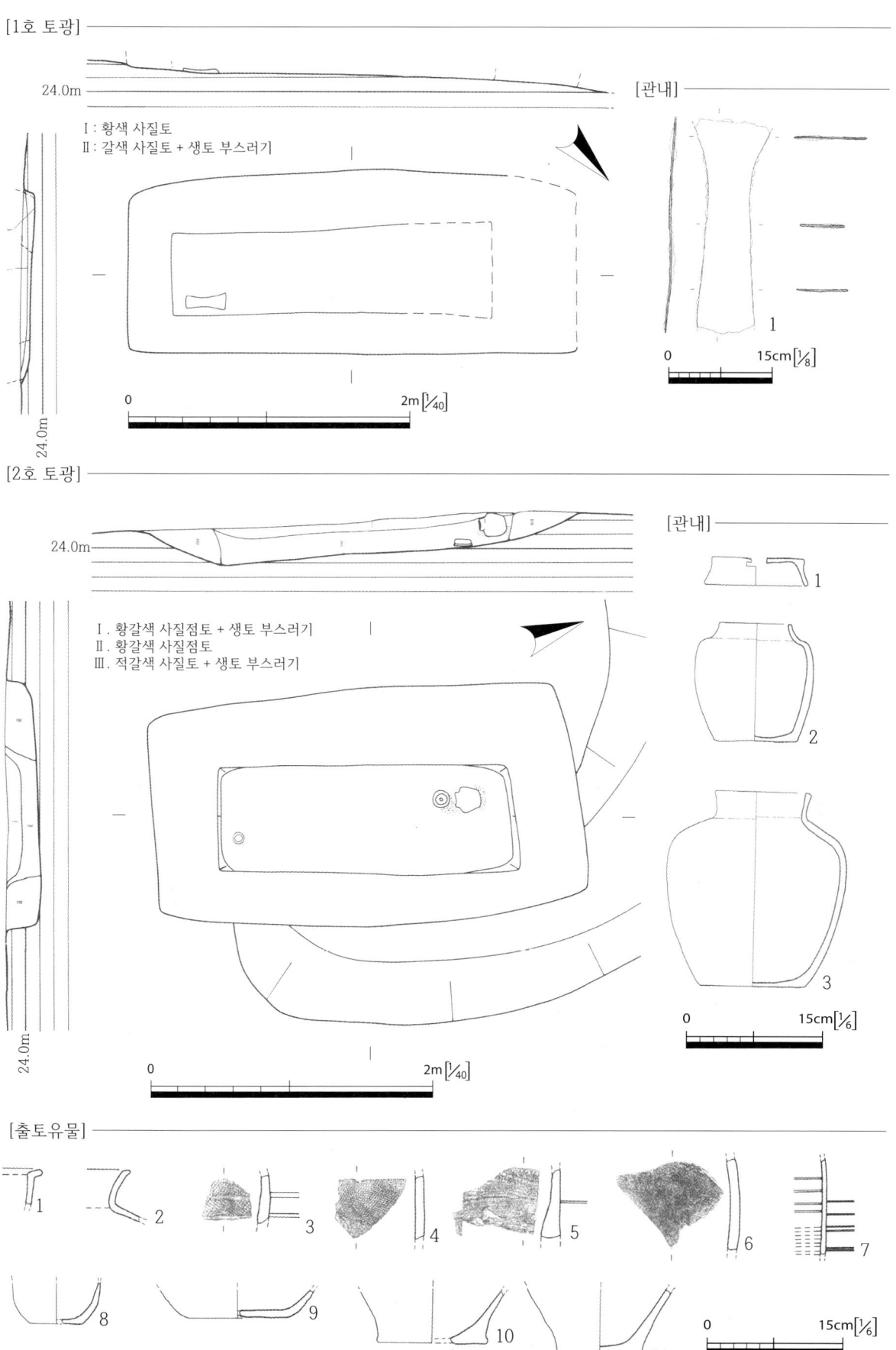

[1호 토광]

24.0m

Ⅰ : 황색 사질토
Ⅱ : 갈색 사질토 + 생토 부스러기

24.0m

0   2m [¹⁄₄₀]

[관내]

1

0   15cm [¹⁄₈]

[2호 토광]

24.0m

Ⅰ. 황갈색 사질점토 + 생토 부스러기
Ⅱ. 황갈색 사질점토
Ⅲ. 적갈색 사질토 + 생토 부스러기

24.0m

0   2m [¹⁄₄₀]

[관내]

1

2

3

0   15cm [¹⁄₆]

[출토유물]

1   2   3   4   5   6   7

8   9   10   11

0   15cm [¹⁄₆]

II-12호 분구묘

(단위 : cm)

분구 크 기 (길이×너비×높이)	1,160×1,145×(50+)	분구평면형태	(방형)
분구장폭비	1.01:1	분구장축방향	N-9°-W
매 장 시 설	토광(1), 옹관(1)	주구형태	'ㄷ'자형

유물	토 기	-		
	철 기	-		
	청 동 기	-		
	옥 석 류	-		
	기 타	-		
특기사항		주체부 내에서 분구 조성을 위한 [(308×78×50+] 규모의 부속시설 1기가 확인됨.		

1호 토광

묘광	크 기 (길이×너비×깊이)	370×152×(40+)	목관	크 기 (길이×너비×높이)	?
	장 폭 비	2.43:1		장 폭 비	?
	장축방향	N-9°-W	목곽	크 기 (길이×너비×높이)	(302)×(51)×(23+)
	두 향	?		장 폭 비	(5.92):1

유물	토 기	소호(1), 평저직구호(1)
	철 기	환두도(1), 단조철부(1), 겸(1), 鐵鋌(2)
	청 동 기	-
	옥 석 류	-
	기 타	-
특기사항		

옹관

묘광	크 기 (길이×너비×깊이)	98×35×(12+)	옹관길이	(82)
	장 폭 비	2.80:1	결합형식	합구식
	장축방향	N-5°-W	안치형태	횡치
	두 향	?		

유물	토 기	장란형토기(2)
	철 기	-
	청 동 기	-
	옥 석 류	-
	기 타	-
특기사항		

23.4m —

Ⅱ-6호 ——23.8m——

Ⅱ-7호

23.4m —

23.4m—
23.2m—
23.0m—

옹관

1호

원삼국 주거지 1호

——23.4m

부속시설

——23.2m

——23.0m

Ⅱ-16호 ——22.8m——

Ⅱ-13호

Ⅱ-17호

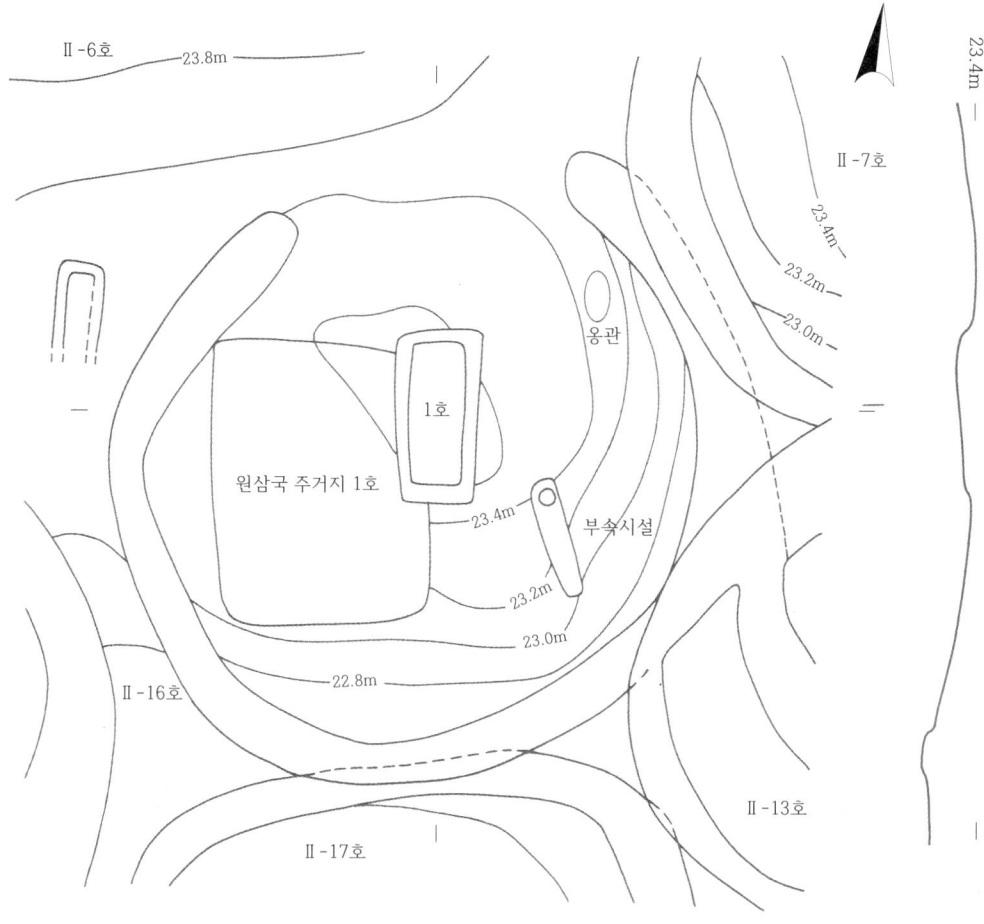

0   5m [1/150]

[유구사진] ——————————

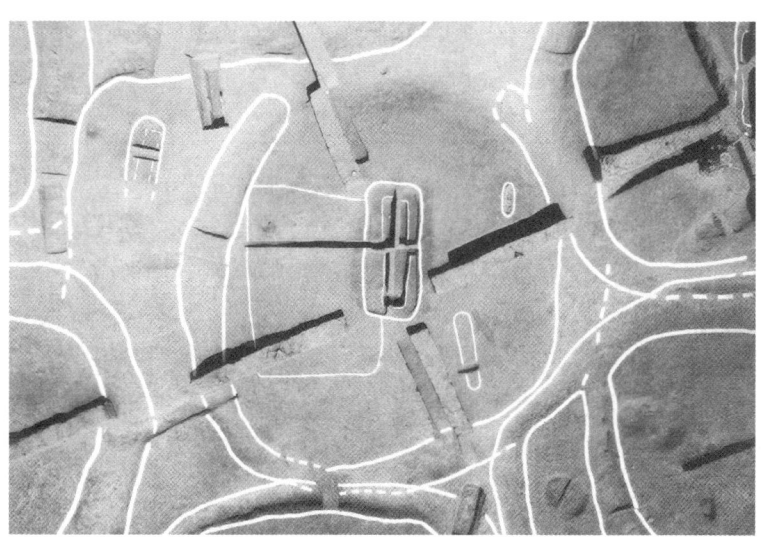

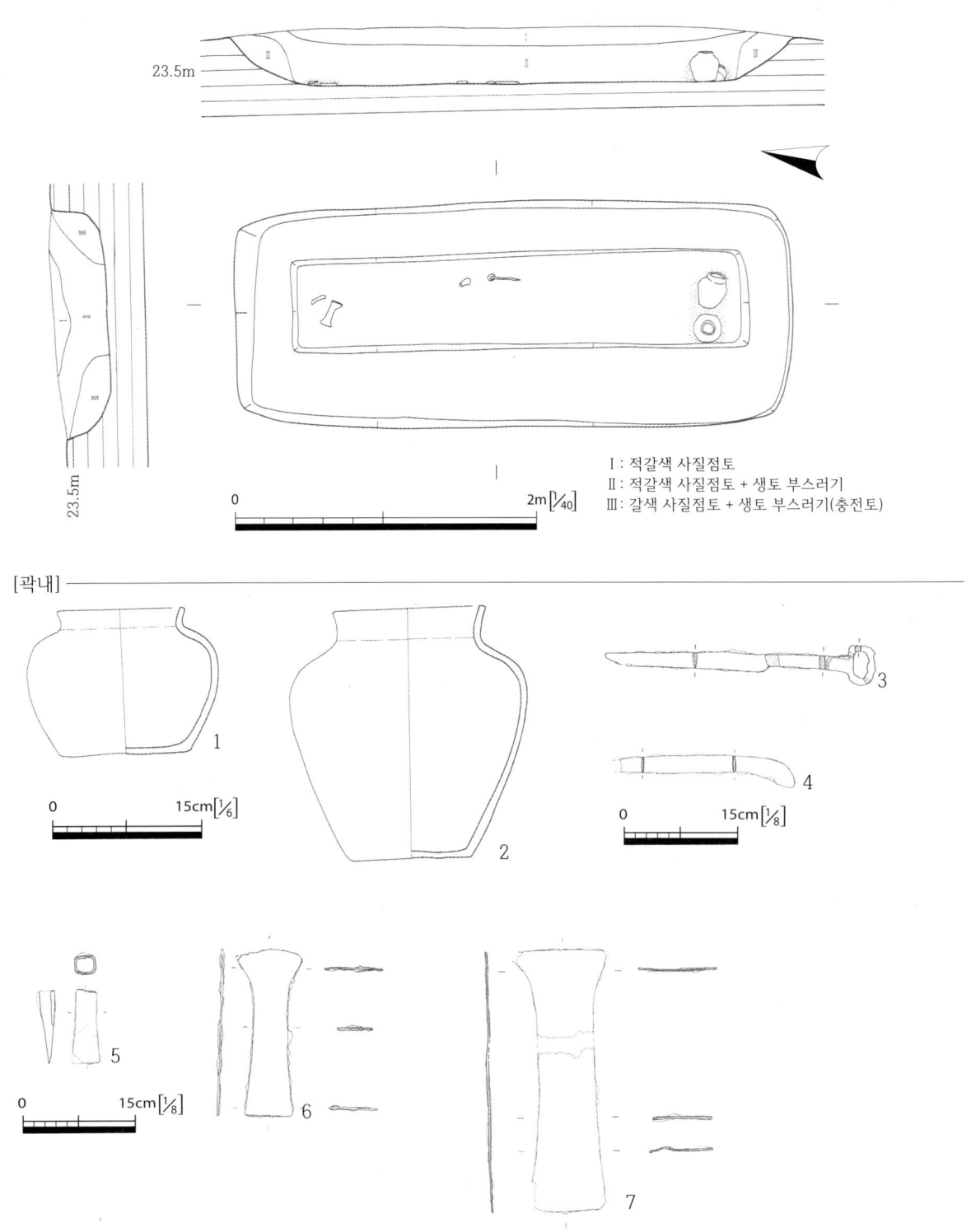

23.5m

23.5m

Ⅰ : 적갈색 사질점토
Ⅱ : 적갈색 사질점토 + 생토 부스러기
Ⅲ : 갈색 사질점토 + 생토 부스러기(충전토)

0   2m [1/40]

[곽내]

1

0 15cm [1/6]

2

3

4

0 15cm [1/8]

5

6

7

0 15cm [1/8]

[옹관]

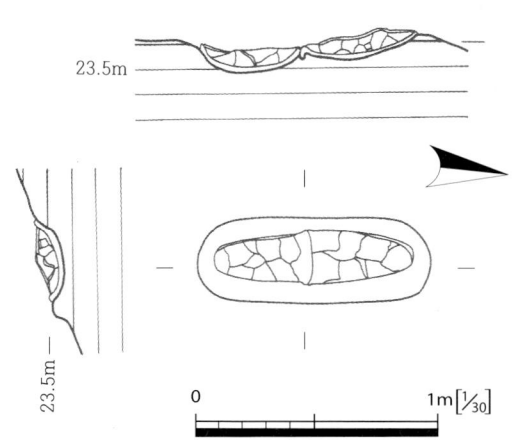

23.5m

23.5m

0 1m[1/30]

[옹관]

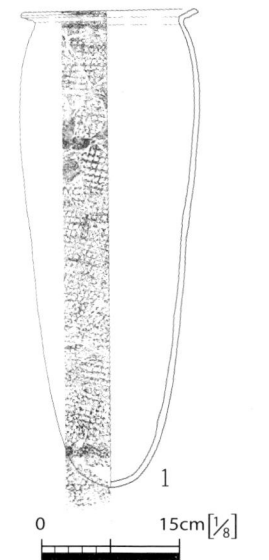

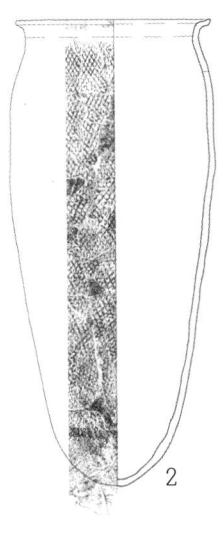

1

2

0 15cm[1/8]

[부속시설]

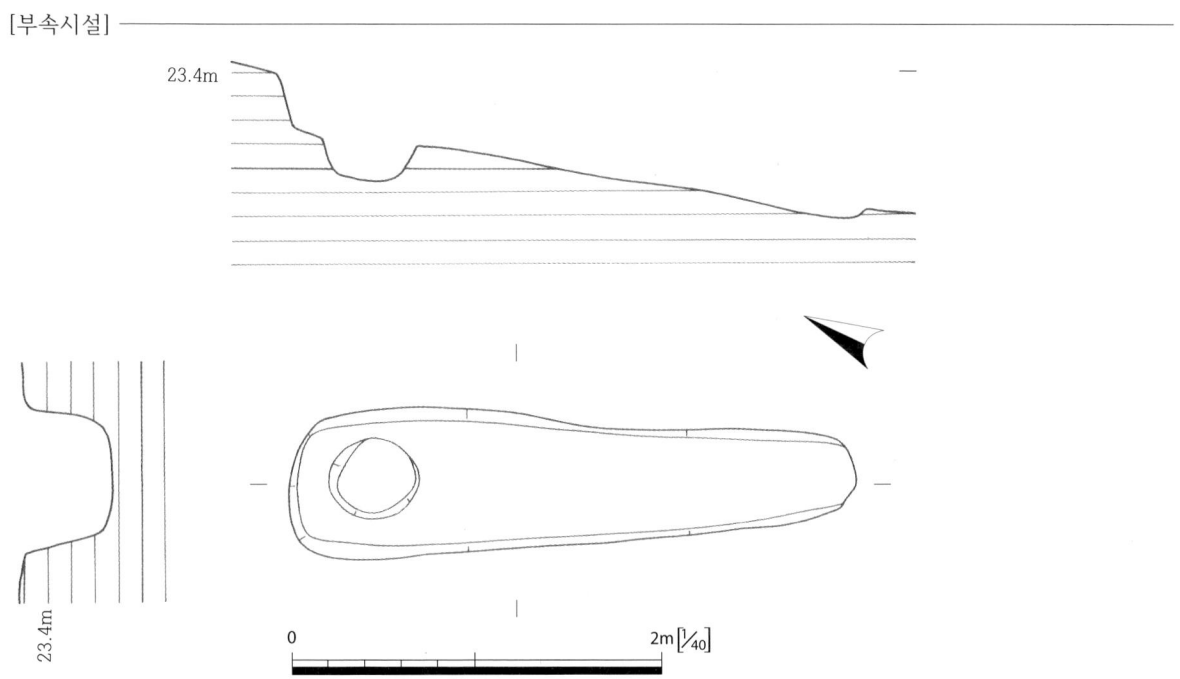

23.4m

23.4m

0 2m[1/40]

II-13호 분구묘

(단위 : cm)

분구크기 (길이×너비×높이)	1차 :970×980×? 2차 : 1,005×700×?	분구평면형태	(방형)
분구장폭비	1차 : 0.99:1 2차 : 1.44:1	분구장축방향	N-30°-E
매장시설	?	주구형태	'ㄷ'자형
유물 토 기	토기편(1:주구1)		
유물 철 기	-		
유물 청 동 기	-		
유물 옥 석 류	-		
유물 기 타	-		
특기사항	연접 확장 분구묘로 추정됨. 보고서 기술과 유물 도면 스케일바 비율이 모두 상이하여 상호 조정 하지 않고 자료집에 게재하였음.		

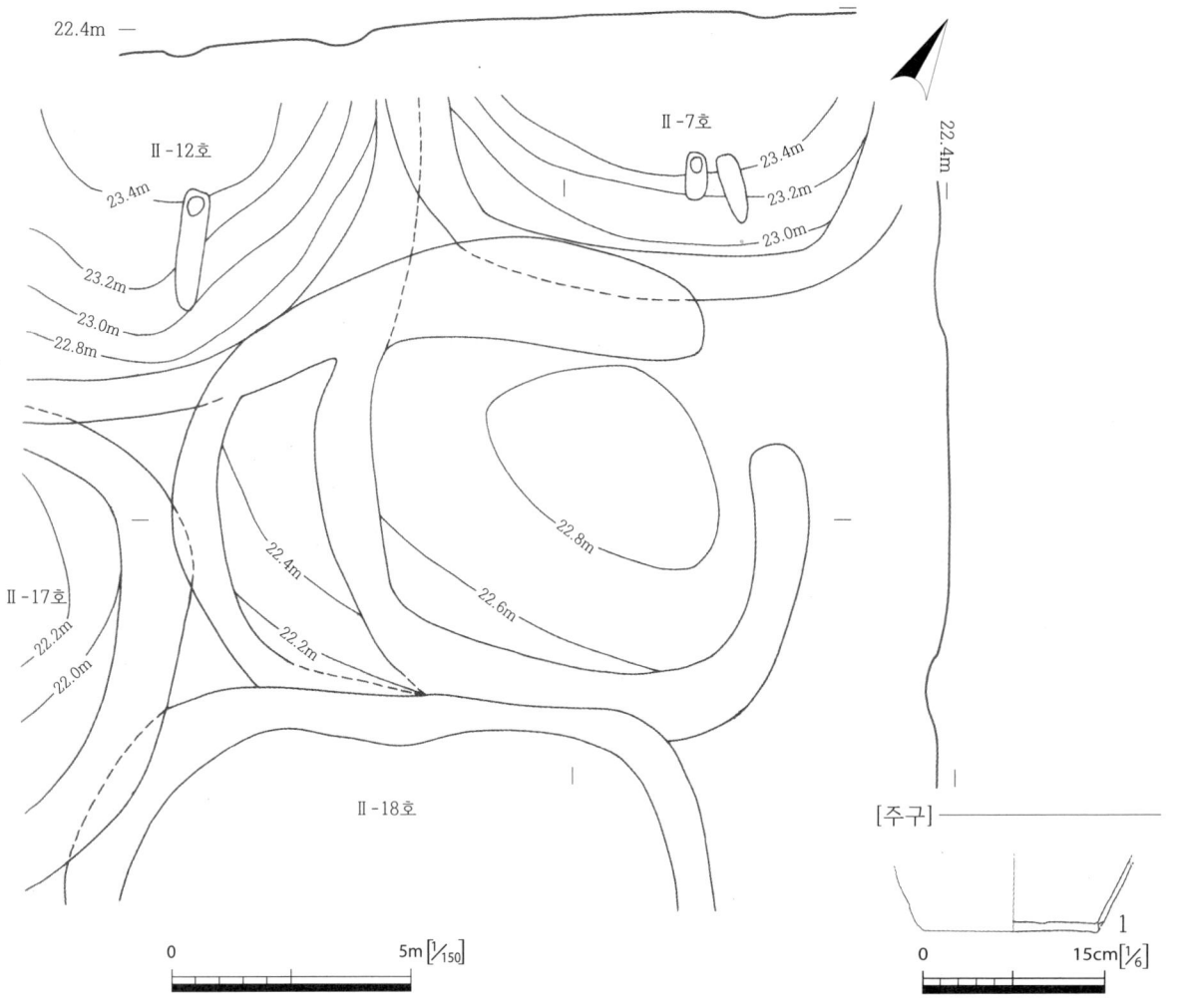

II-14호 분구묘

(단위 : cm)

분구크기 (길이×너비×높이)	(600+)×(750+)×?	분구평면형태	(원형)
분구장폭비	?	분구장축방향	N-65°-E
매장시설	?	주구형태	'ㅇ'자형
유물 토 기		-	
철 기		-	
청동기		-	
옥석류		-	
기 타		-	
특기사항	출토유물 없음.		

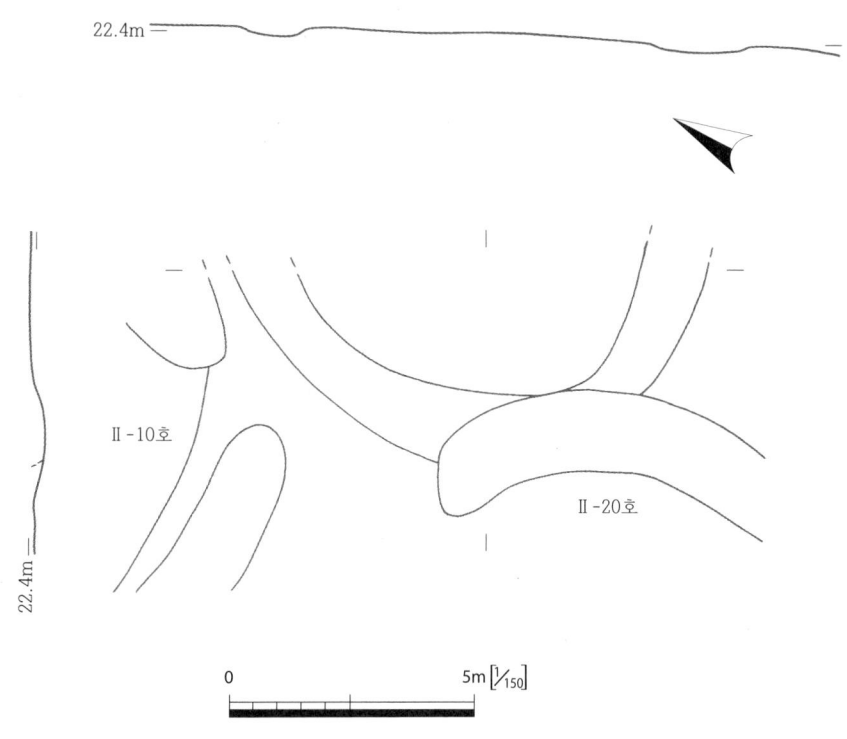

II-15호 분구묘

(단위 : cm)

분구크기 (길이×너비×높이)	1,370×1,210×(30+)	분구평면형태	(방형)
분구장폭비	1.13:1	분구장축방향	N-18°-W
매장시설	토광(3)	주구형태	'ㄷ'자형

유물	토 기	토기편(7:주구7)		
	철 기	-		
	청 동 기	-		
	옥 석 류	-		
	기 타	-		
	특기사항			

1호 토광				
묘광	크 기 (길이×너비×깊이)	354×140×(30+)	목관	크 기 (길이×너비×높이)	?
	장폭비	2.53:1		장폭비	?
	장축방향	N-85°-E	목곽	크 기 (길이×너비×높이)	(270)×(62)×(19+)
	두 향	?		장폭비	(4.35):1
유물	토 기	직구호(2)		
	철 기	도자(1), 단조철부(2), 겸(1), 鐵鋌(2)		
	청 동 기	-		
	옥 석 류	-		
	기 타	-		
	특기사항			

2호 토광				
묘광	크 기 (길이×너비×깊이)	(139+)×170×?	목관	크 기 (길이×너비×높이)	?
	장폭비	?		장폭비	?
	장축방향	N-80°-E	목곽	크 기 (길이×너비×높이)	(92+)×(100)×(11+)
	두 향	?		장폭비	?
유물	토 기	직구호(1), 호(1)		
	철 기	도자(1), 단조철부(1)		
	청 동 기	-		
	옥 석 류	-		
	기 타	-		
	특기사항			

3호 토광				
묘광	크 기 (길이×너비×깊이)	(282+)×(158+)×(22+)	목관	크 기 (길이×너비×높이)	?
	장폭비	?		장폭비	?
	장축방향	N-58°-E	목곽	크 기 (길이×너비×높이)	(160)×(48)×(13+)
	두 향	?		장폭비	(3.33):1
유물	토 기	개(1), 직구호(1)		
	철 기	-		
	청 동 기	-		
	옥 석 류	-		
	기 타	-		
	특기사항			

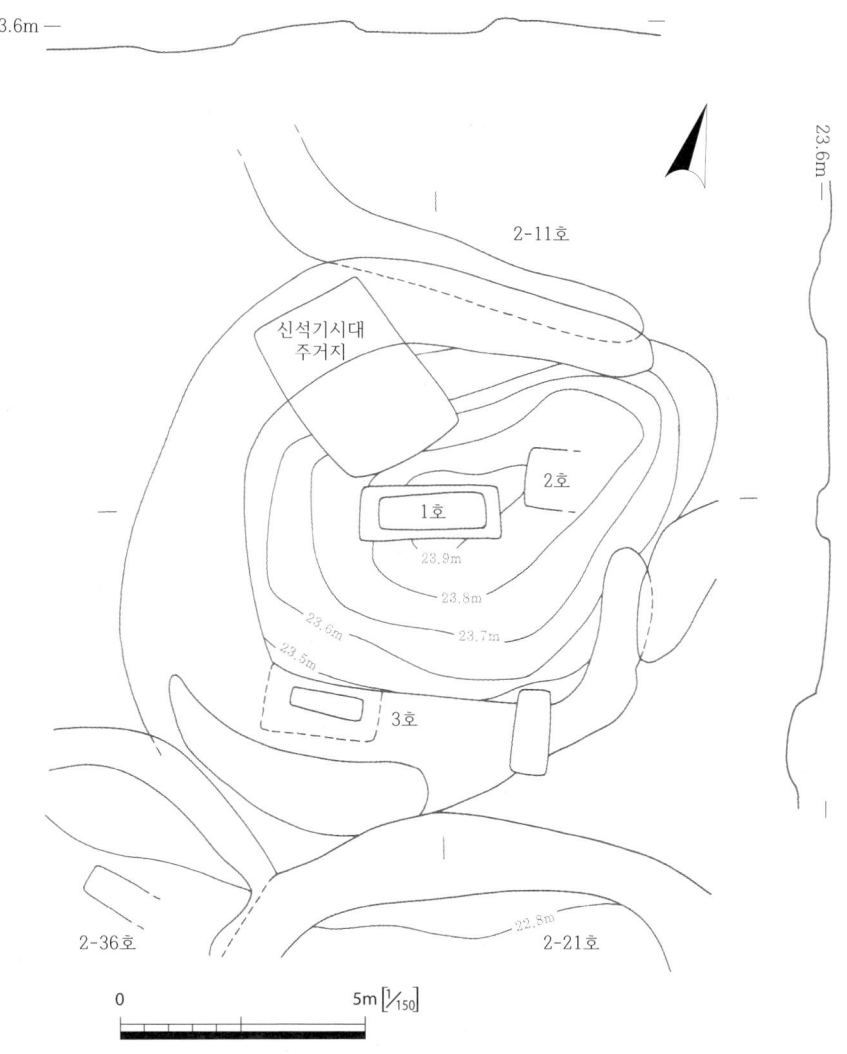

23.6m —

23.6m —

2-11호

신석기시대
주거지

2호

1호

23.9m

23.8m

23.6m   23.7m

23.5m

3호

2-36호

22.8m

2-21호

0   5m [1/150]

[유구사진]

1호 토광

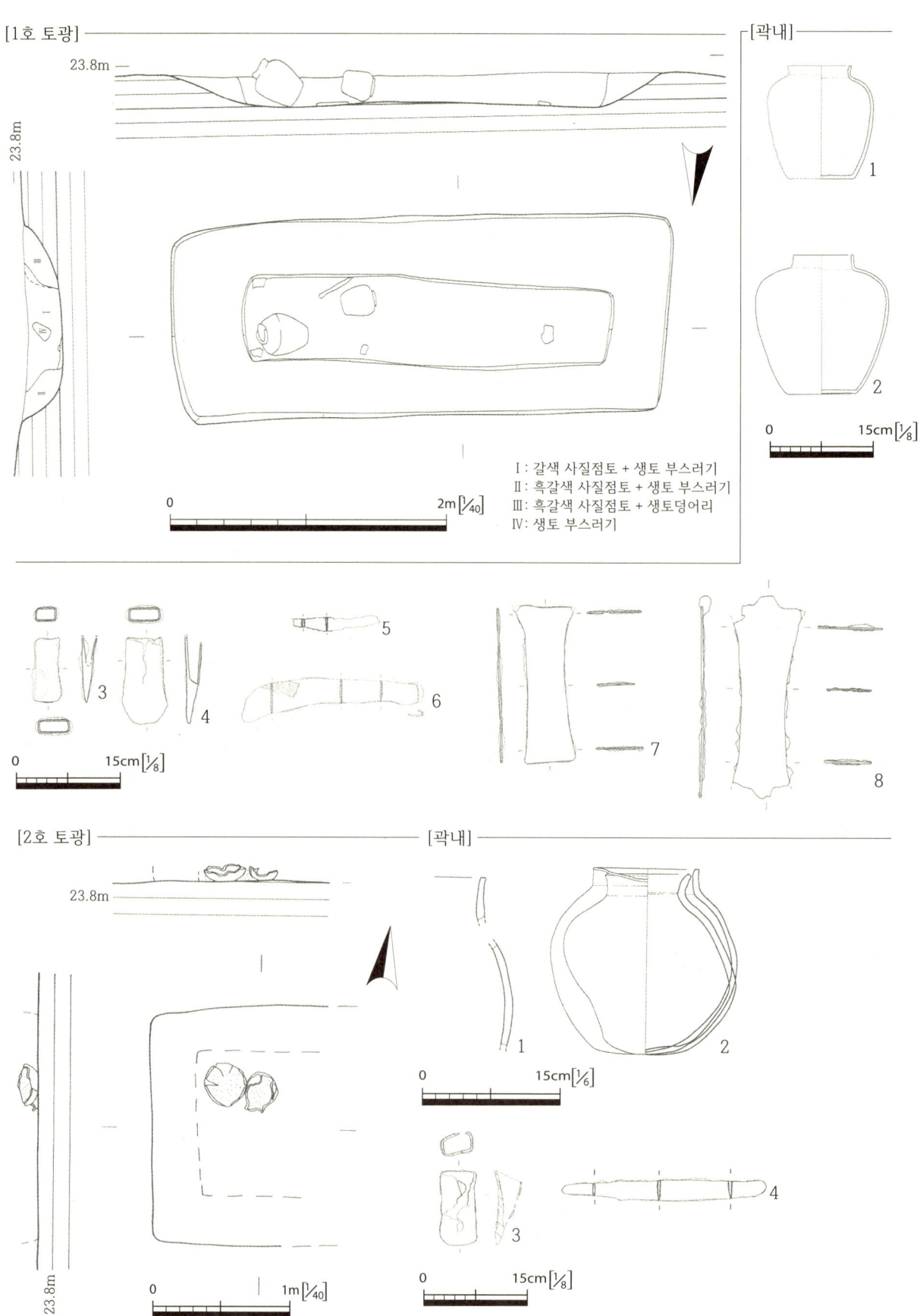

[1호 토광]

23.8m

23.8m

[곽내]

1

2

0   15cm[1/8]

Ⅰ: 갈색 사질점토 + 생토 부스러기
Ⅱ: 흑갈색 사질점토 + 생토 부스러기
Ⅲ: 흑갈색 사질점토 + 생토덩어리
Ⅳ: 생토 부스러기

0   2m[1/40]

3

4

5

6

7

8

0   15cm[1/8]

[2호 토광]   [곽내]

23.8m

23.8m

1

2

3

4

0   15cm[1/6]

0   15cm[1/8]

0   1m[1/40]

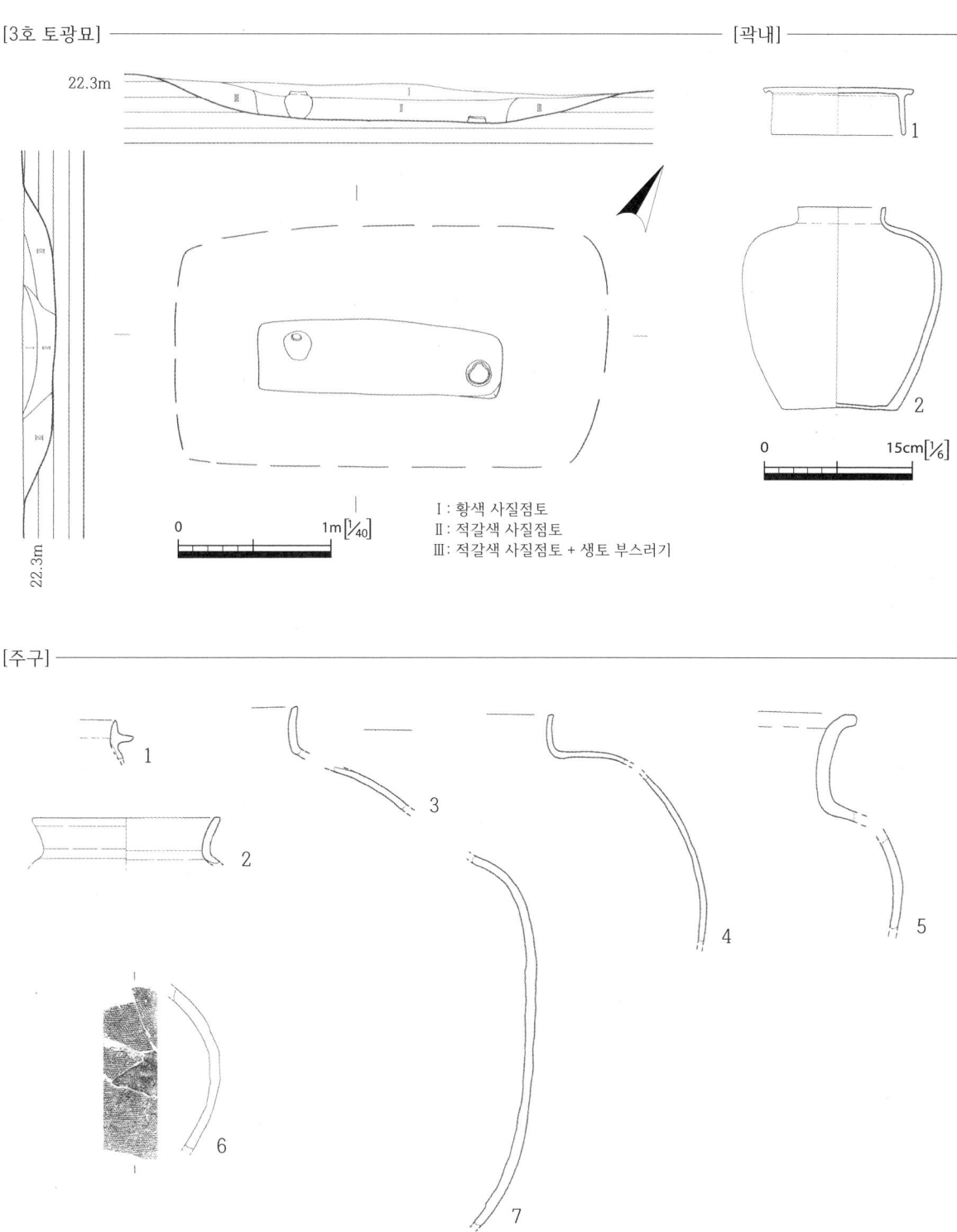

[3호 토광묘] ──────────────────────────── [곽내] ─────

22.3m

Ⅰ : 황색 사질점토
Ⅱ : 적갈색 사질점토
Ⅲ : 적갈색 사질점토 + 생토 부스러기

0   1m[1/40]

0   15cm[1/6]

22.3m

[주구] ─────

II-16호 분구묘

(단위 : cm)

분 구 크 기 (길이×너비×높이)	1차 : 1,150×1,540×? 2차 : 300×530×?	분구평면형태	(방형)
분구장폭비	1차 : 0.75:1 2차 : 0.57:1	분구장축방향	N-81°-E
매 장 시 설	토광(2)	주구형태	'ㅁ'자형

유물	토 기	토기편(10:주구10)		
	철 기	-		
	청 동 기	-		
	옥 석 류	-		
	기 타	-		
	특기사항	주체부 내에서 분구 조성을 위한 [(290)×(120)×(31+)] 규모의 부속시설이 확인됨.		

1호 토광

묘광	크 기 (길이×너비×깊이)	448×144×(12+)	목관	크 기 (길이×너비×높이)	?
	장폭비	3.11:1		장폭비	?
	장축방향	N-65°-W	목곽	크 기 (길이×너비×높이)	(270)×(62)×(19+)
	두 향	?		장폭비	(4.35):1

유물	토 기	직구호(1)		
	철 기	환두대도(1), 촉(2), 단조철부(2), 鐵鋌(4)		
	청 동 기	-		
	옥 석 류	-		
	기 타	-		
	특기사항			

2호 토광

묘광	크 기 (길이×너비×깊이)	206×86×(18+)	목관	크 기 (길이×너비×높이)	?
	장폭비	2.39:1		장폭비	?
	장축방향	N-76°-W	목곽	크 기 (길이×너비×높이)	(140)×(48)×(16+)
	두 향	?		장폭비	2.92:1

유물	토 기	토기편(2)		
	철 기	-		
	청 동 기	-		
	옥 석 류	-		
	기 타	-		
	특기사항			

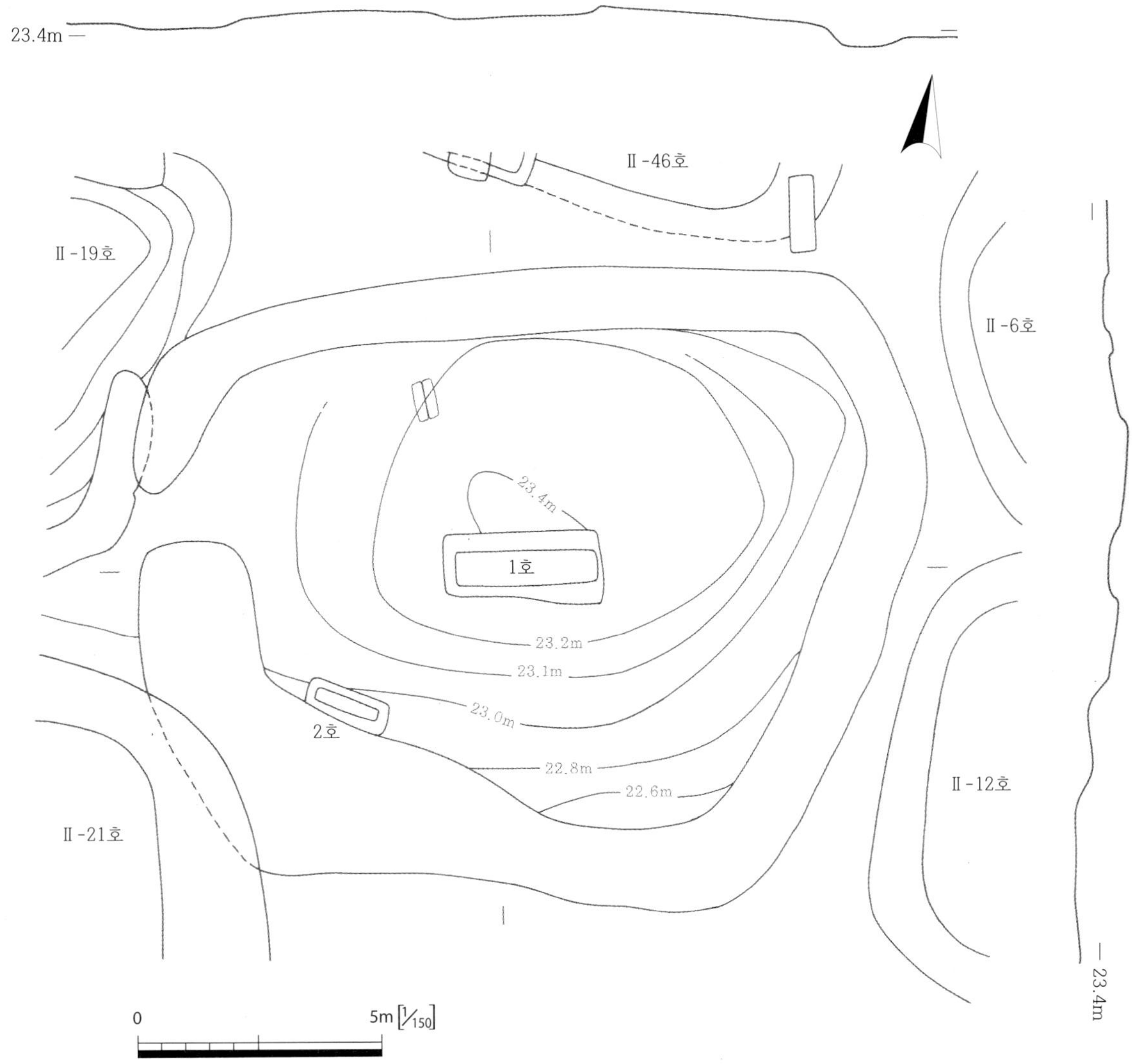

23.4m —

II -46호

II -19호

II -6호

23.4m

1호

23.2m
23.1m
23.0m

2호

22.8m
22.6m

II -12호

II -21호

0   5m [1/150]

—23.4m

[유구사진]

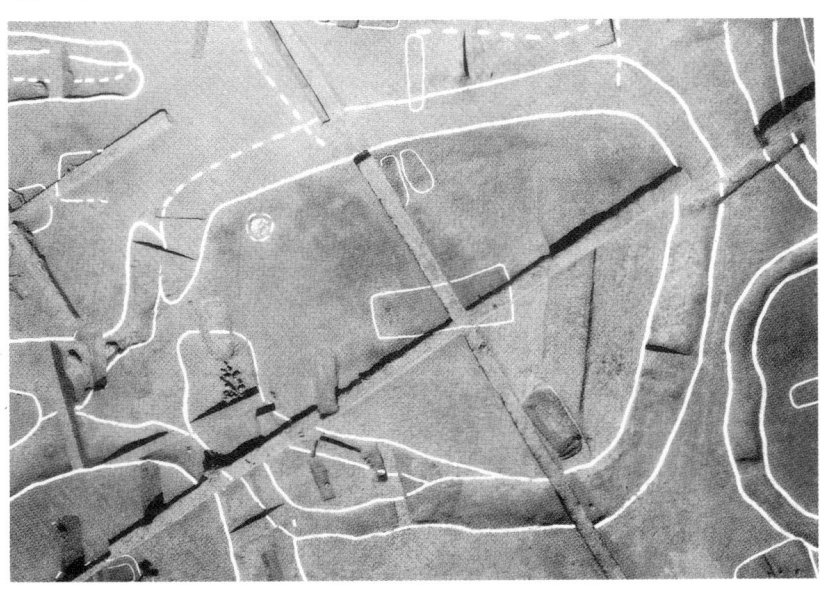

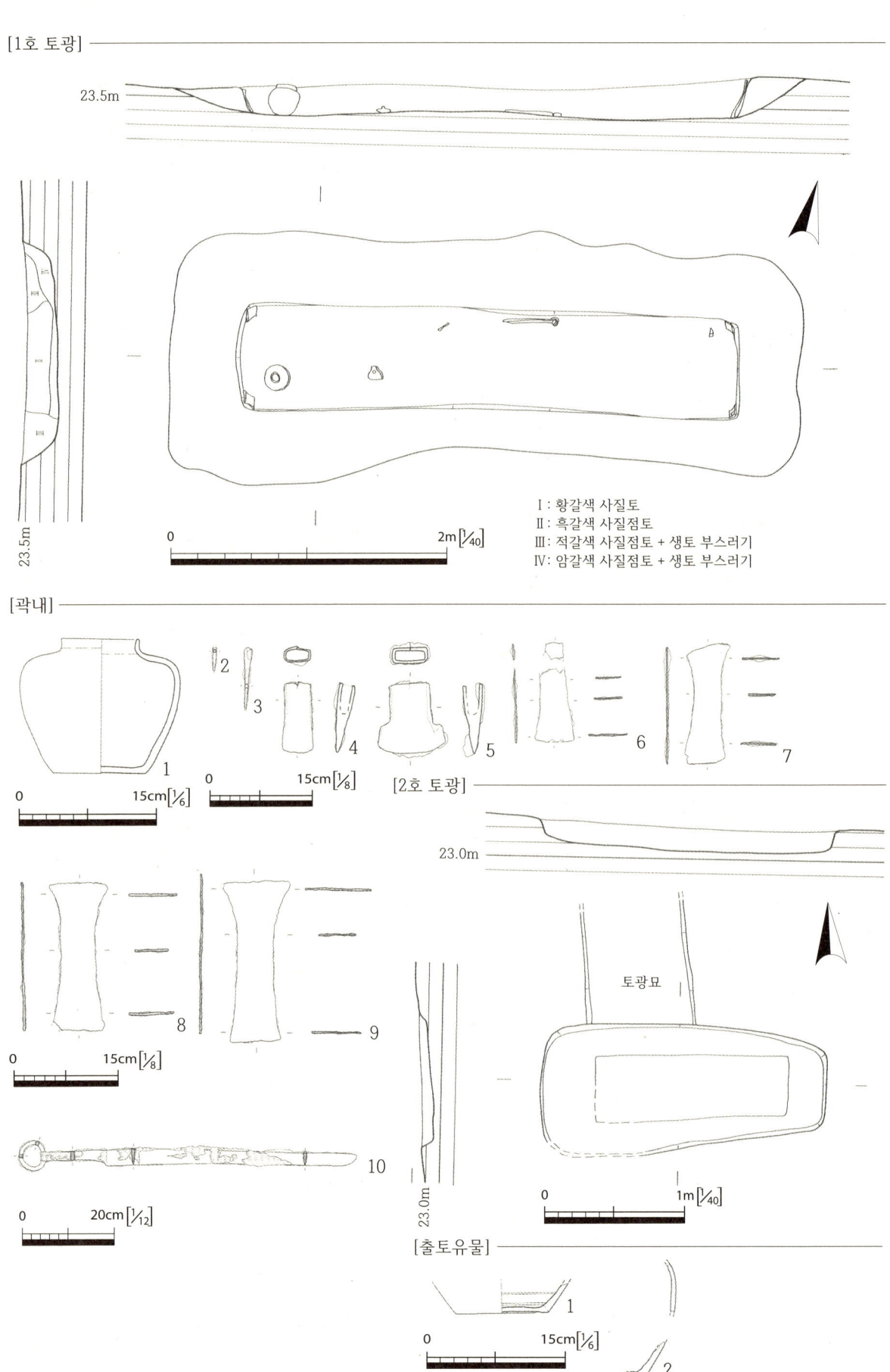

[1호 토광]

23.5m

23.5m

Ⅰ : 황갈색 사질토
Ⅱ : 흑갈색 사질점토
Ⅲ : 적갈색 사질점토 + 생토 부스러기
Ⅳ : 암갈색 사질점토 + 생토 부스러기

0   2m [1/40]

[곽내]

1

0   15cm [1/6]

2

3

4

5

6

7

0   15cm [1/8]

[2호 토광]

23.0m

8

9

0   15cm [1/8]

토광묘

0   1m [1/40]

10

0   20cm [1/12]

23.0m

[출토유물]

1

0   15cm [1/6]

2

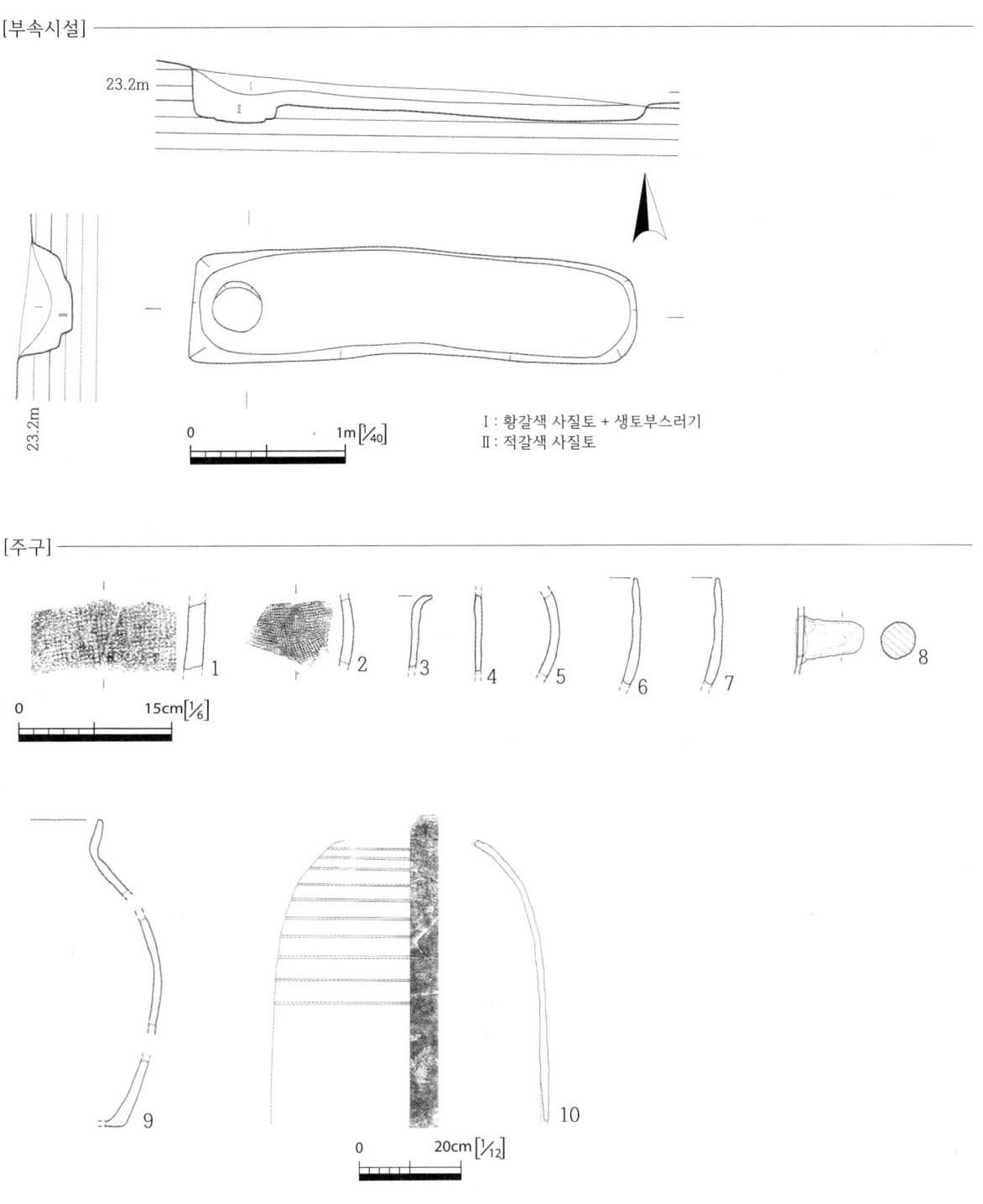

23.2m

23.2m

Ⅰ: 황갈색 사질토 + 생토부스러기
Ⅱ: 적갈색 사질토

0   1m [1/40]

[주구]

1   2   3   4   5   6   7   8

0   15cm [1/6]

9   10

0   20cm [1/12]

II -17호 분구묘

(단위 : cm)

분구 크기 (길이×너비×높이)	950×1,090×(30+)	분구평면형태	방형
분구장폭비	0.87:1	분구장축방향	N-62°-W
매 장 시 설	토광(1)	주구형태	'ㅇ'자형
유물 토 기	-		
철 기	-		
청 동 기	-		
옥 석 류	-		
기 타	-		
특기사항	'ㅇ'자형의 주구[?×120×(15+)]가 확인됨. 출토유물 없음.		

토광				
묘광	크 기 (길이×너비×깊이)	362×134×(24+)	목관 크 기 (길이×너비×높이)	268×50×?
	장 폭 비	2.70:1	장 폭 비	5.36:1
	장축방향	N-62°-E	목곽 크 기 (길이×너비×높이)	-
	두 향	?	장 폭 비	-
유물	토 기	단경호(2)		
	철 기	鐵鋌(1)		
	청 동 기	-		
	옥 석 류	-		
	기 타	-		
특기사항		부속시설 [220×78×(8+)]이 확인됨.		

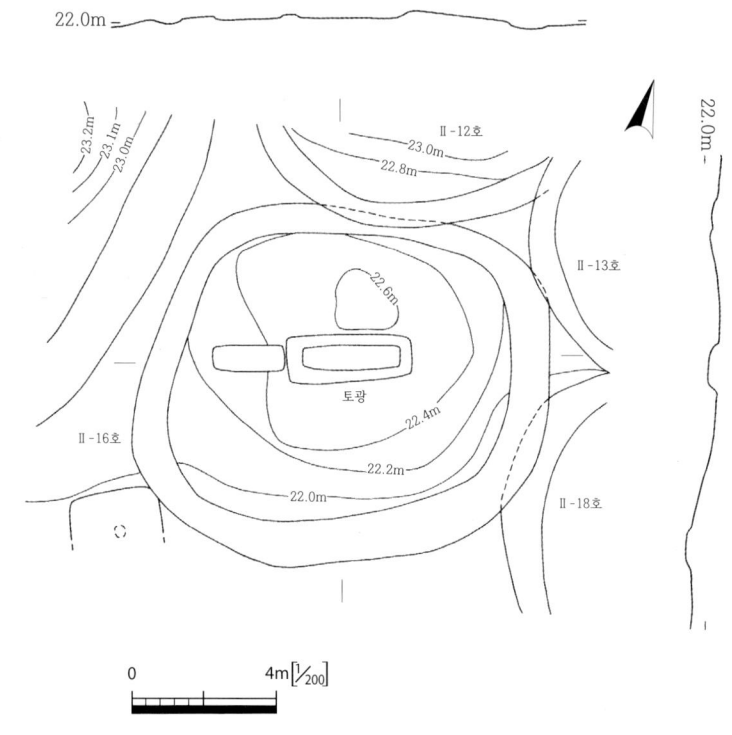

0   4m [1/200]

[토광]

22.6m

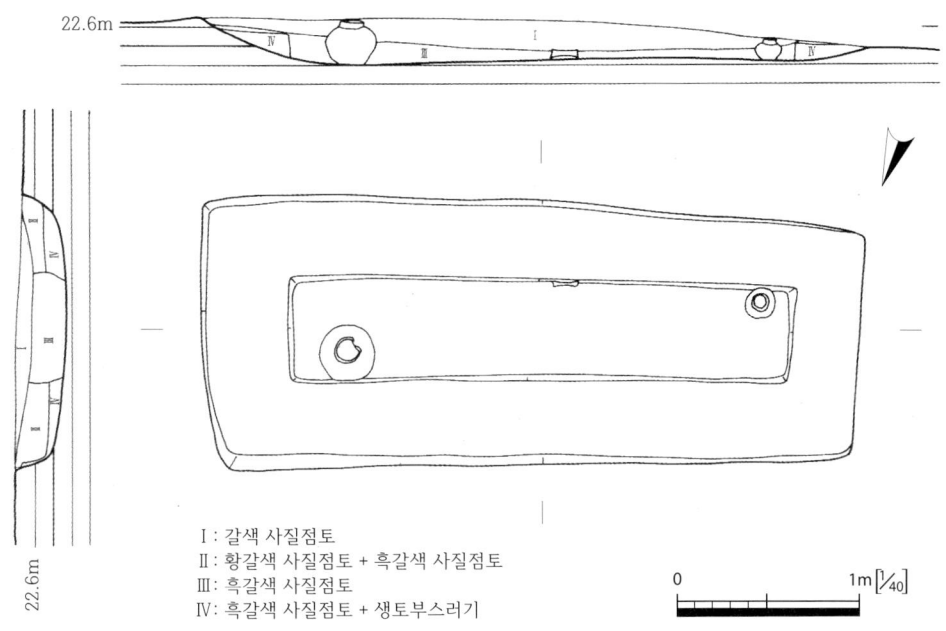

Ⅰ : 갈색 사질점토
Ⅱ : 황갈색 사질점토 + 흑갈색 사질점토
Ⅲ : 흑갈색 사질점토
Ⅳ : 흑갈색 사질점토 + 생토부스러기

22.6m

0   1m[¼₀]

[관내]

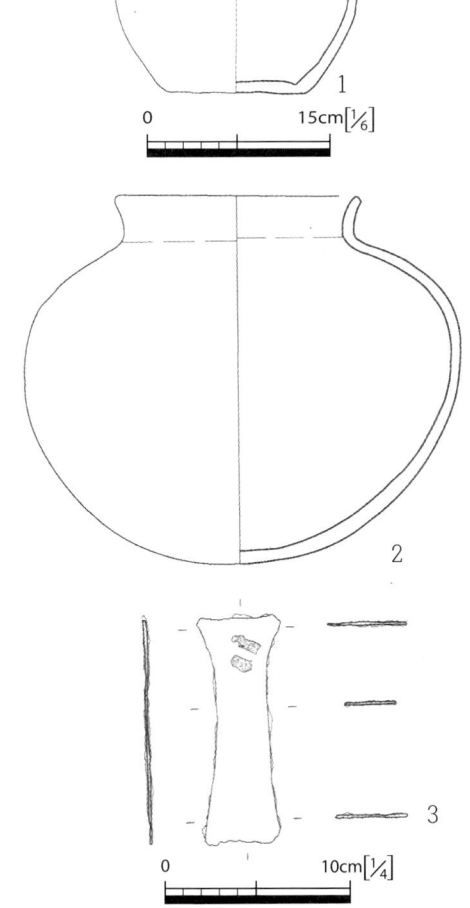

1

0   15cm[⅙]

2

3

0   10cm[¼]

[부속시설]

22.4m

22.4m

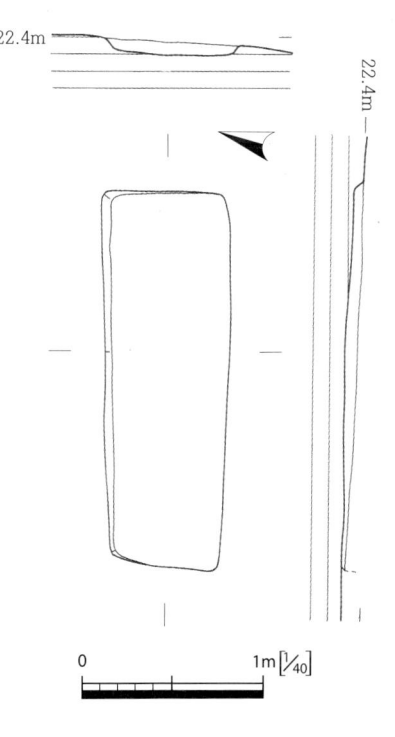

0   1m[¼₀]

II-18호 분구묘

(단위 : cm)

분구 크기 (길이×너비×높이)	920×1,150×?		분구평면형태	방형
분구장폭비	0.80:1		분구장축방향	N-(60)°-E
매장시설	토광(2)		주구형태	'ㅁ'자형
유물	토 기	-		
	철 기	-		
	청 동 기	-		
	옥 석 류	-		
	기 타	-		
특기사항				

토광				
묘광	크 기 (길이×너비×깊이)	(168)×(92)×?	목관	크 기 (길이×너비×높이)	?
	장폭비	?		장폭비	?
	장축방향	N-33°-E	목곽	크 기 (길이×너비×높이)	-
	두 향	?		장폭비	-
유물	토 기	-			
	철 기	-			
	청 동 기	-			
	옥 석 류	-			
	기 타	-			
특기사항	유구 도면 미게재. 출토유물 없음.				

주구 내 토광				
묘광	크 기 (길이×너비×깊이)	204×70×?	목관	크 기 (길이×너비×높이)	?
	장폭비	2.91:1		장폭비	?
	장축방향	N-14°-E	목곽	크 기 (길이×너비×높이)	-
	두 향	?		장폭비	-
유물	토 기	토기편(3)			
	철 기	-			
	청 동 기	-			
	옥 석 류	-			
	기 타	-			
특기사항					

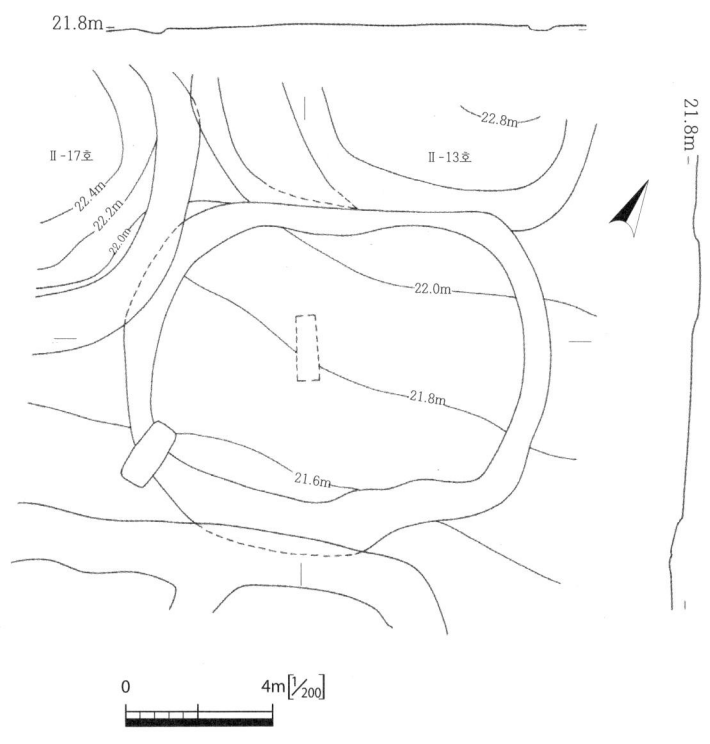

0   4m[¹⁄₂₀₀]

[주구 내 토광]

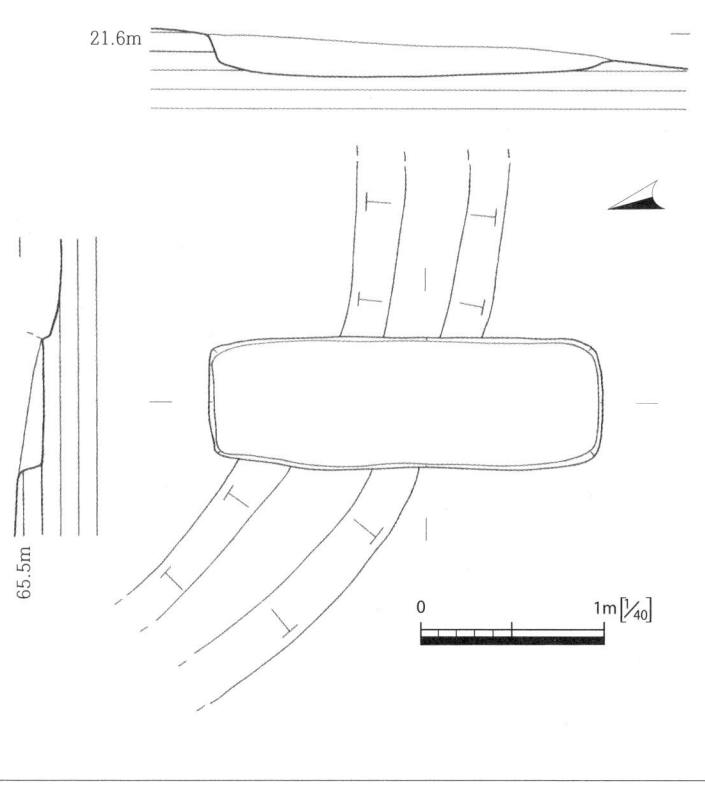

0   1m[¹⁄₄₀]

[출토유물]

1   2   3

0   10cm[¹⁄₄]

II-19호 분구묘

(단위 : cm)

분구크기 (길이×너비×높이)	1,000×700×?	분구평면형태	방형
분구장폭비	1.42:1	분구장축방향	N-8°-W
매장시설	토광(1)	주구형태	'ㄷ'자형
유물	토 기	-		
	철 기	-		
	청동기	-		
	옥석류	-		
	기 타	-		
특기사항	출토유물 없음. 부속시설(216×70×?)이 확인됨. 부속시설에서 토기편 3점 출토됨.		

토광				
묘광	크 기 (길이×너비×깊이)	276×134×(10+)	목관	크 기 (길이×너비×높이)	(220)×(70)×?
	장폭비	2.05:1		장폭비	(3.14):1
	장축방향	N-25°-E	목곽	크 기 (길이×너비×높이)	-
	두 향	?		장폭비	-
유물	토 기	흑색마연토기(1)			
	철 기	-			
	청동기	-			
	옥석류	-			
	기 타	-			
특기사항				

22.0m

65.5m

II-23호

0   4m[1/200]

[토광]

22.0m

22.0m

0   1m[1/40]

[관내]

0   15cm[1/6]

1

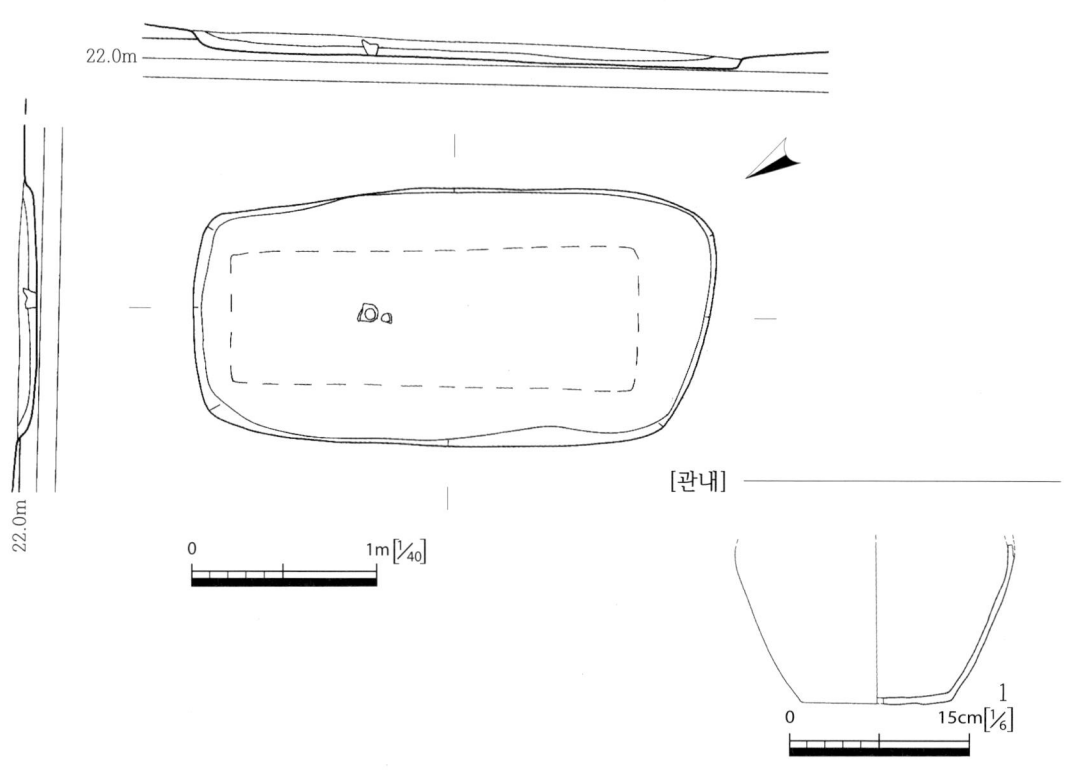

[부속시설]

22.0m

22.0m

[출토유물]

1

2

0   15cm[1/6]

3

0   1m[1/40]

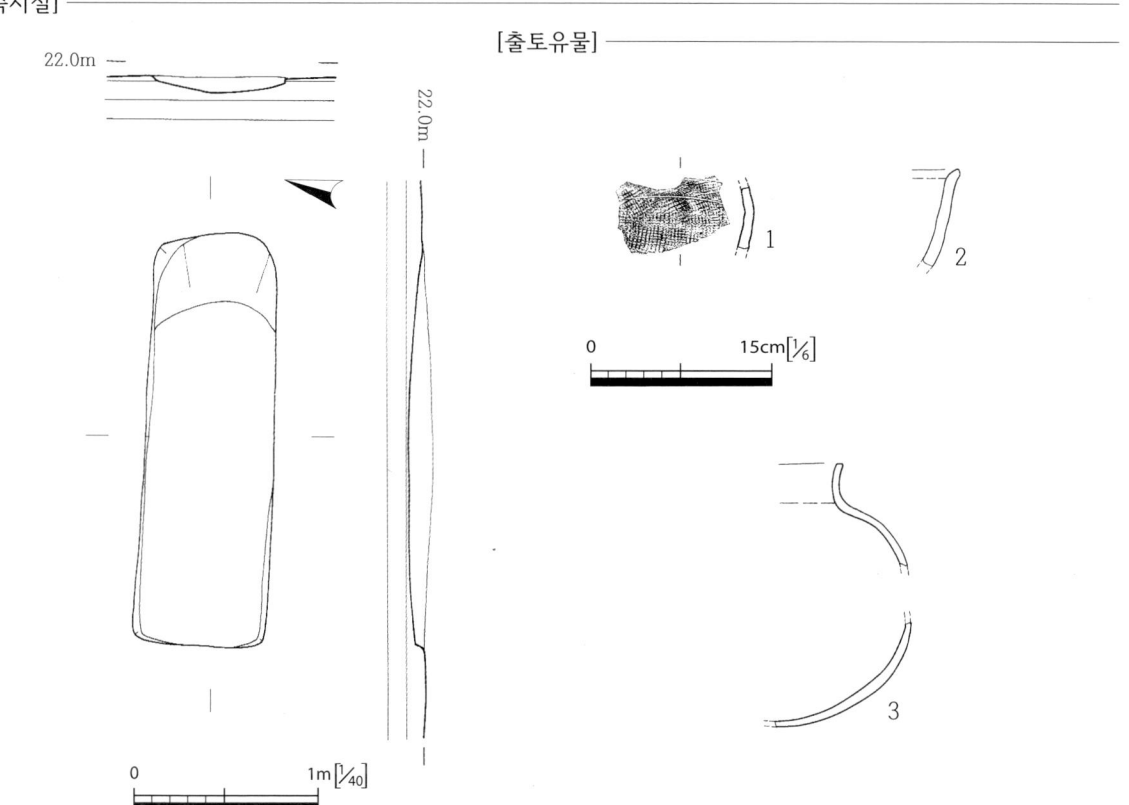

II-20호 분구묘

(단위 : cm)

분 구 크 기 (길이×너비×높이)	1,000×920×?	분구평면형태	원형
분구장폭비	1.09:1	분구장축방향	N-20°-E
매 장 시 설	-	주구형태	'ㅇ'자형
유물 토 기	토기편(2)		
철 기	-		
청 동 기	-		
옥 석 류	-		
기 타	-		
특기사항	'ㅇ'자형의 주구(?×110×40)가 확인됨.		

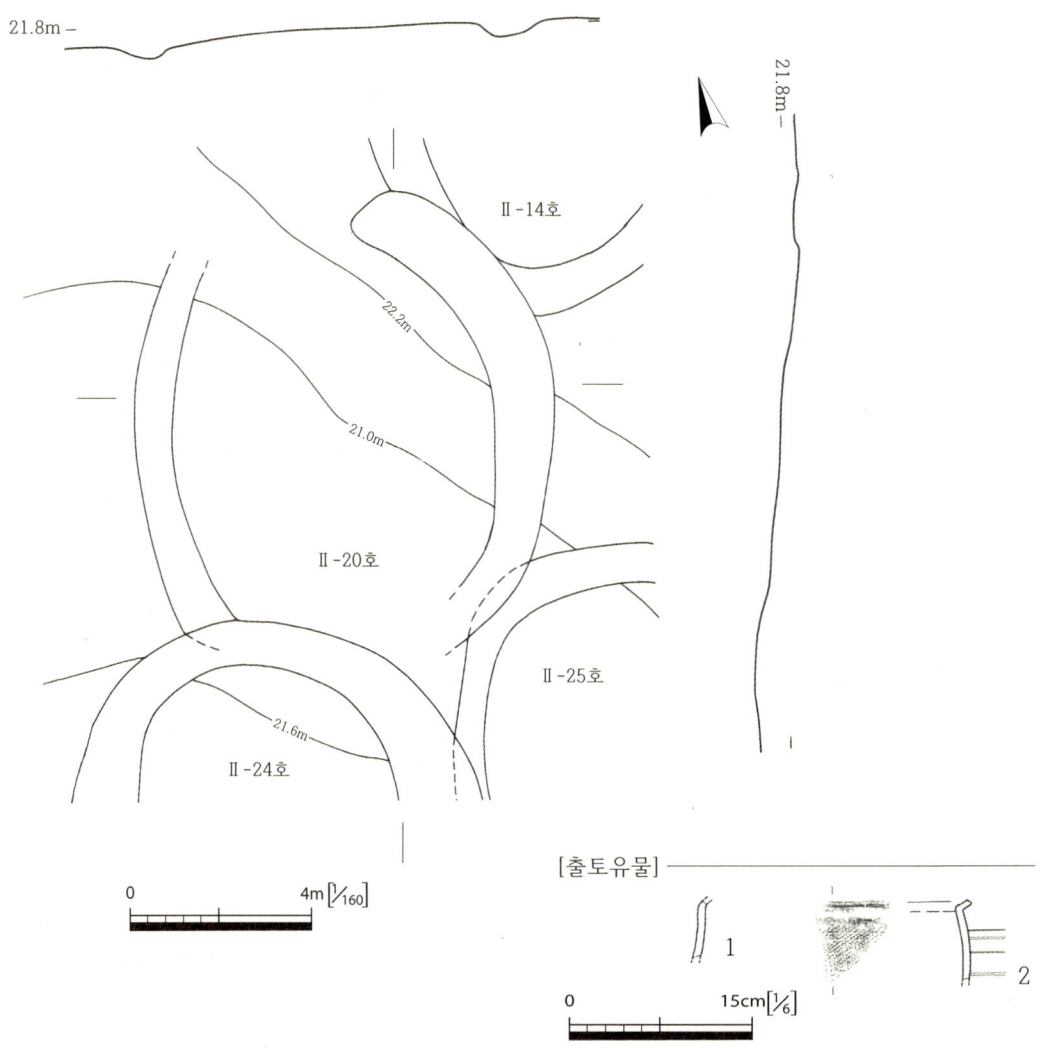

[출토유물]

II-21호 분구묘

(단위 : cm)

분구크기 (길이×너비×높이)	950×1,090×(30+)	분구평면형태	방형
분구장폭비	0.87:1	분구장축방향	N-75°-E
매장시설	토광(3)	주구형태	?

유물	토 기	개(1주구:1), 발형토기(2주구:2), 호(3주구:3), 토기편(3주구:3)
	철 기	-
	청동기	-
	옥석류	-
	기 타	-
특기사항		주구(1,300×1,130×?)가 확인되며, 3차례 걸쳐 연접확장 됨.

1호 토광

묘광	크 기 (길이×너비×깊이)	330×150×(30+)	목관	크 기 (길이×너비×높이)	248×70×?
	장폭비	2.20:1		장폭비	3.54:1
	장축방향	N-75°-E	목곽	크 기 (길이×너비×높이)	-
	두 향	?		장폭비	-

유물	토 기	단경호(1)
	철 기	鐵鋌(1)
	청동기	고리(1), 동경(1), 방울(1)
	옥석류	관옥(2), 유리소옥(24), 유리옥(46), 다면옥(1), 기타(2)
	기 타	-
특기사항		

2호 토광

묘광	크 기 (길이×너비×깊이)	248×110×?	목관	크 기 (길이×너비×높이)	190×50×?
	장폭비	2.25:1		장폭비	3.80:1
	장축방향	N-85°-E	목곽	크 기 (길이×너비×높이)	-
	두 향	?		장폭비	-

유물	토 기	토기편(1)
	철 기	-
	청동기	미상청동편(2)
	옥석류	-
	기 타	-
특기사항		

3호 토광

묘광	크 기 (길이×너비×깊이)	(278+)×112×?	목관	크 기 (길이×너비×높이)	(235)×65×?
	장폭비	?		장폭비	(3.62):1
	장축방향	N-23°-W	목곽	크 기 (길이×너비×높이)	-
	두 향	?		장폭비	-

유물	토 기	단경호(1)
	철 기	-
	청동기	-
	옥석류	-
	기 타	-
특기사항		

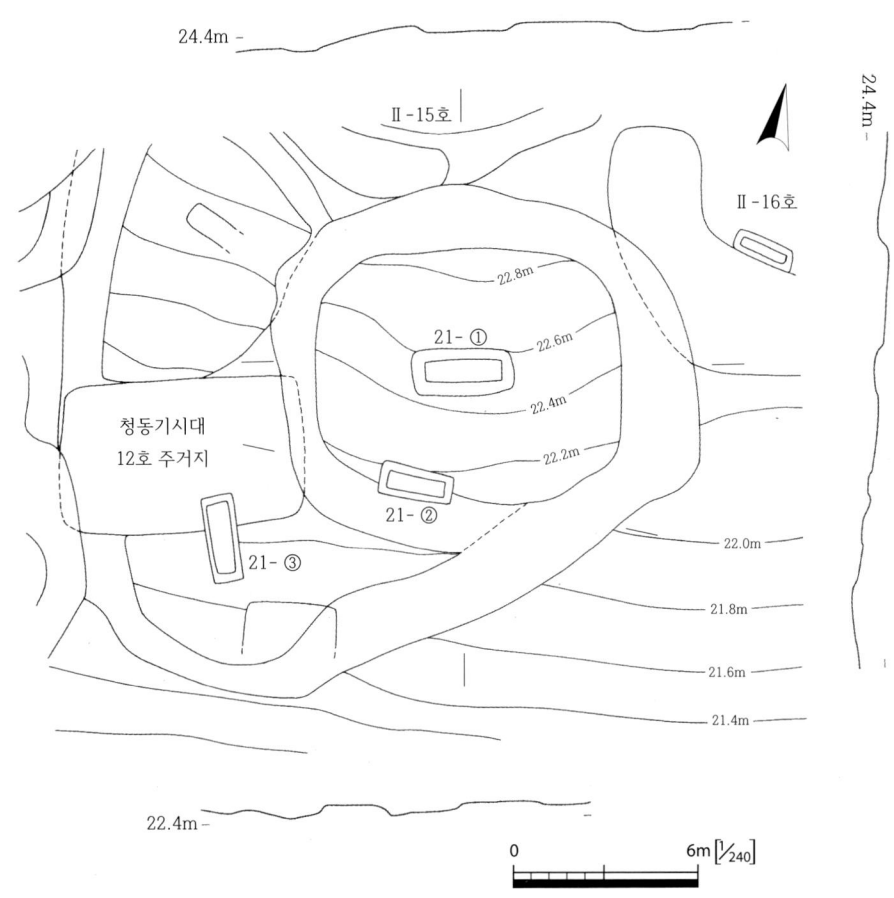

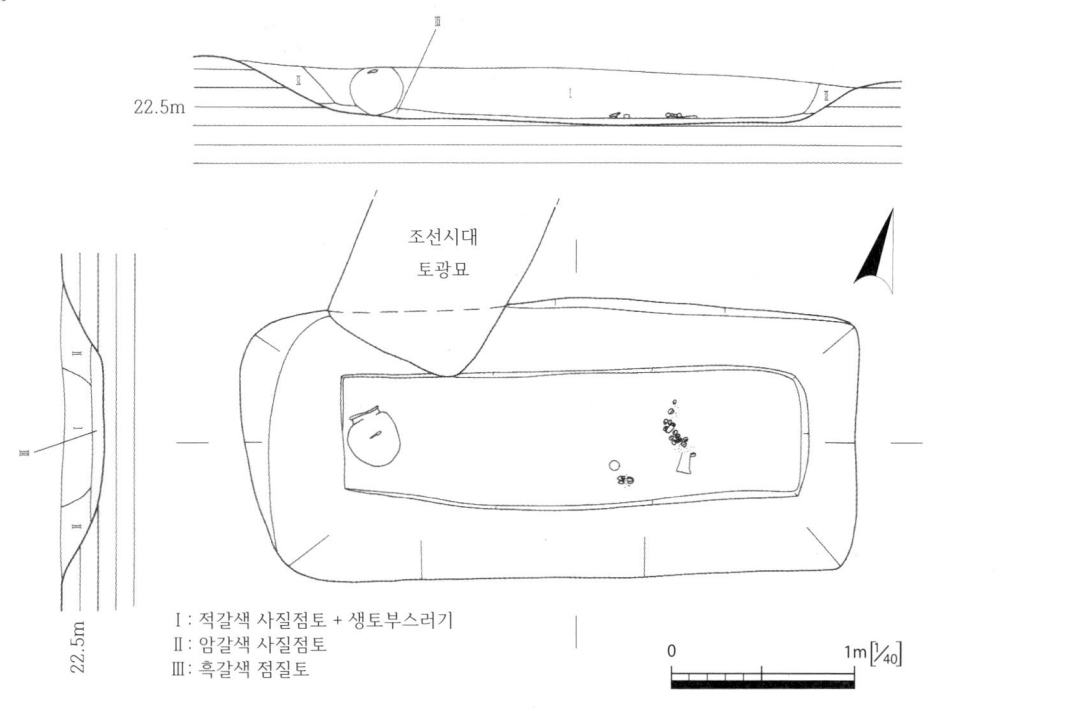

22.5m

조선시대
토광묘

22.5m

Ⅰ : 적갈색 사질점토 + 생토부스러기
Ⅱ : 암갈색 사질점토
Ⅲ : 흑갈색 점질토

0   1m[1/40]

[관내]

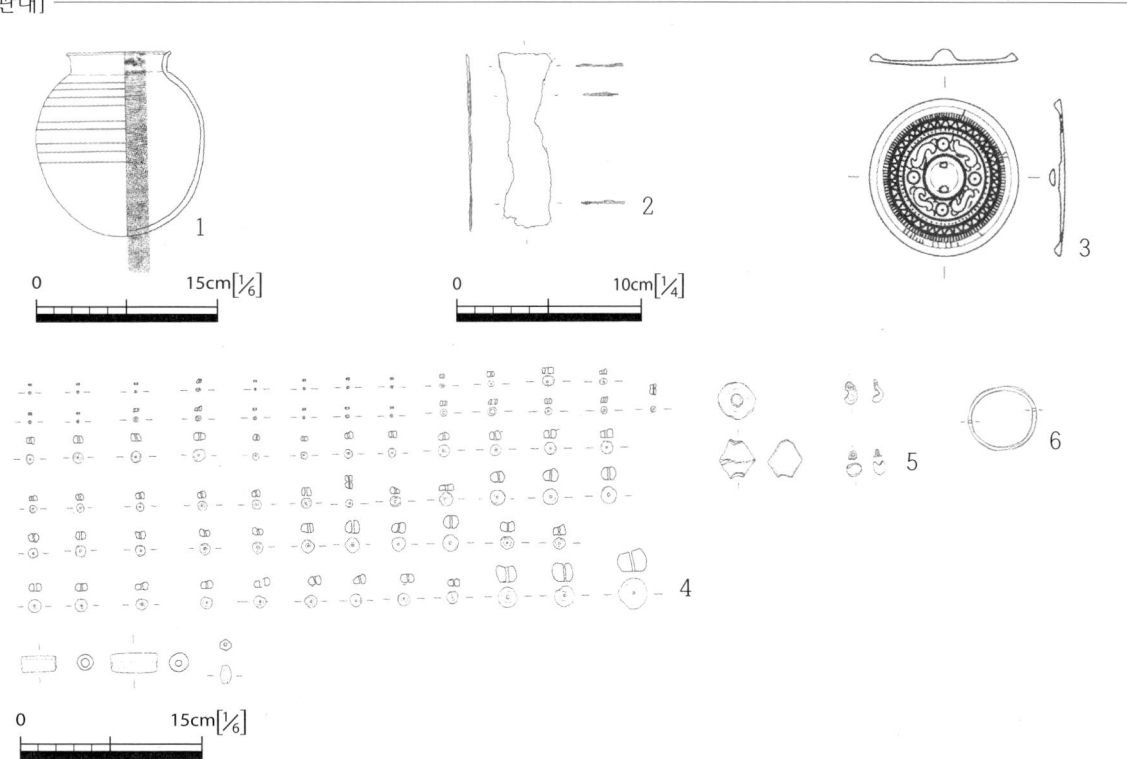

0   15cm[1/6]

0   10cm[1/4]

1

2

3

4

5

6

0   15cm[1/6]

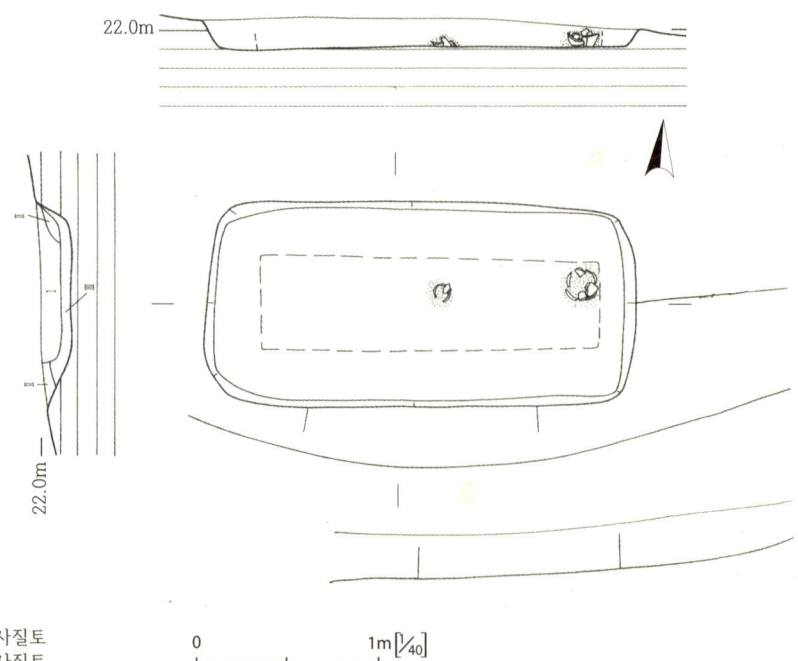

Ⅰ: 황갈색 사질토
Ⅱ: 암갈색 사질토
Ⅲ: 적갈색 사질점토
Ⅳ: 적갈색 사질점토 + 생토부스러기
Ⅴ: 생토부스러기
Ⅵ: 암갈색 사질토 + 생토부스러기

[관내]

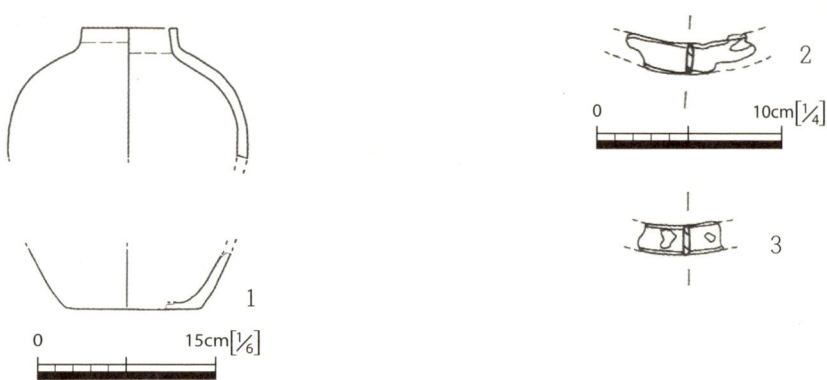

[3호 토광]

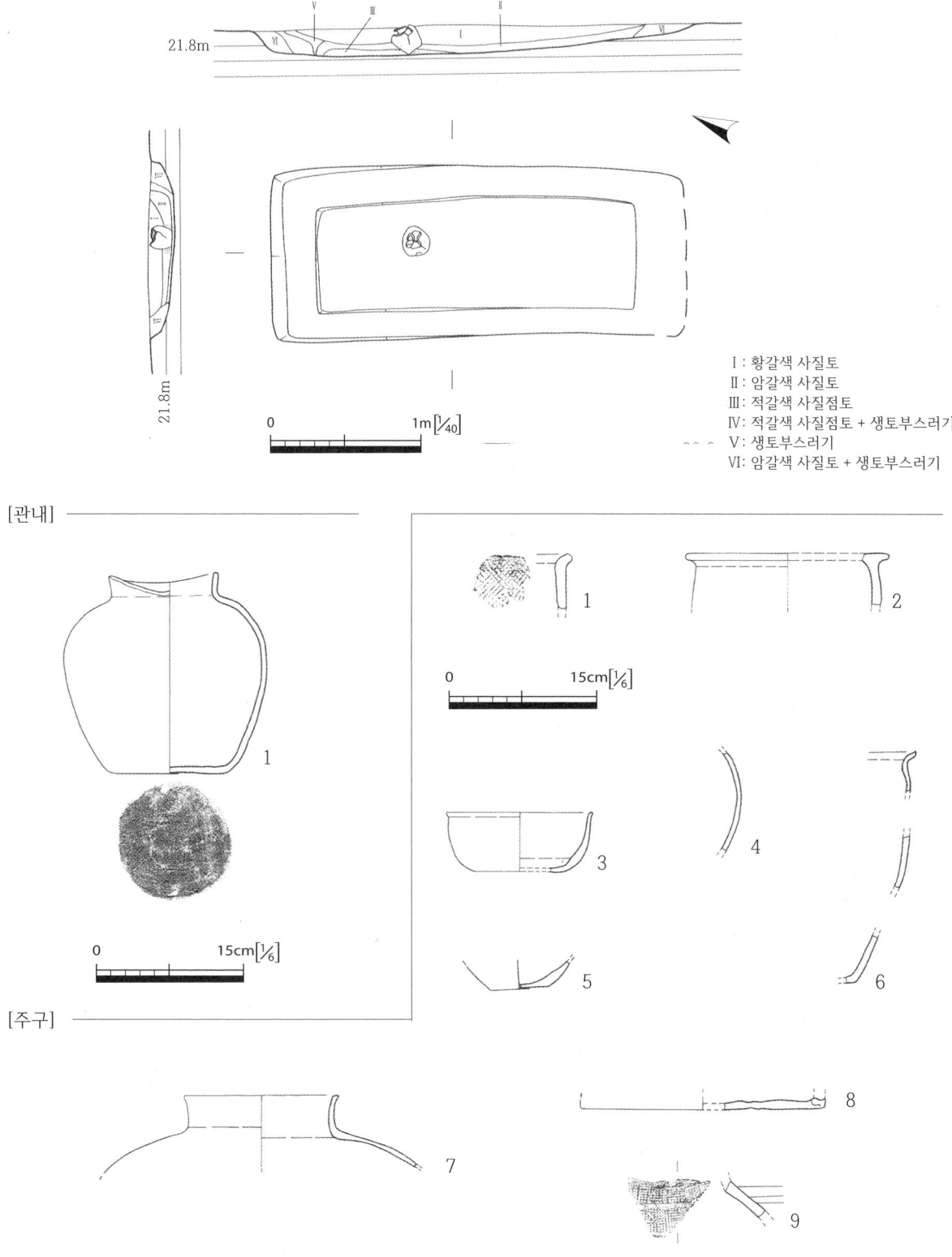

21.8m

21.8m

0   1m [1/40]

Ⅰ : 황갈색 사질토
Ⅱ : 암갈색 사질토
Ⅲ : 적갈색 사질점토
Ⅳ : 적갈색 사질점토 + 생토부스러기
Ⅴ : 생토부스러기
Ⅵ : 암갈색 사질토 + 생토부스러기

[관내]

1

0   15cm [1/6]

1
2
3
4
5
6

0   15cm [1/6]

[주구]

7
8
9

II-22호 분구묘

(단위 : cm)

분구크기 (길이×너비×높이)	1차: 1,150×920×? 2차: 200×650×?	분구평면형태	방형
분구장폭비	1차: 1.25:1 2차: 1.31:1	분구장축방향	?
매장시설	토광(2)	주구형태	'ㅁ'자형

유물	토 기	파수부편(2:주구2), 토기편(7:주구7)		
	철 기	-		
	청 동 기	-		
	옥 석 류	-		
	기 타	-		
특기사항		'ㅁ'자형 주구(?×?×?)가 확인되며, 2차례 걸쳐 연접확장 됨. 보고서 기술과 유구도면 스케일바 비율이 모두 상이하여 상호 조정하지 않고 게재하였음.		

1호 토광				
묘광	크 기 (길이×너비×깊이)	380×140×(10+)	목관	크 기 (길이×너비×높이)	314×78×?
	장폭비	2.71:1		장폭비	4.03:1
	장축방향	N-5°-E	목곽	크 기 (길이×너비×높이)	-
	두 향	?		장폭비	-
유물	토 기	호(2)		
	철 기	환두대도(1), 겸(1), 단조철부(3), 鐵鋌(4)		
	청 동 기	-		
	옥 석 류	-		
	기 타	-		
특기사항				

2호 토광				
묘광	크 기 (길이×너비×깊이)	280×88×?	목관	크 기 (길이×너비×높이)	220×52×?
	장폭비	3.18:1		장폭비	4.23:1
	장축방향	N-5°-W	목곽	크 기 (길이×너비×높이)	-
	두 향	?		장폭비	-
유물	토 기	호(1), 토기편(1)		
	철 기	-		
	청 동 기	-		
	옥 석 류	-		
	기 타	-		
특기사항				

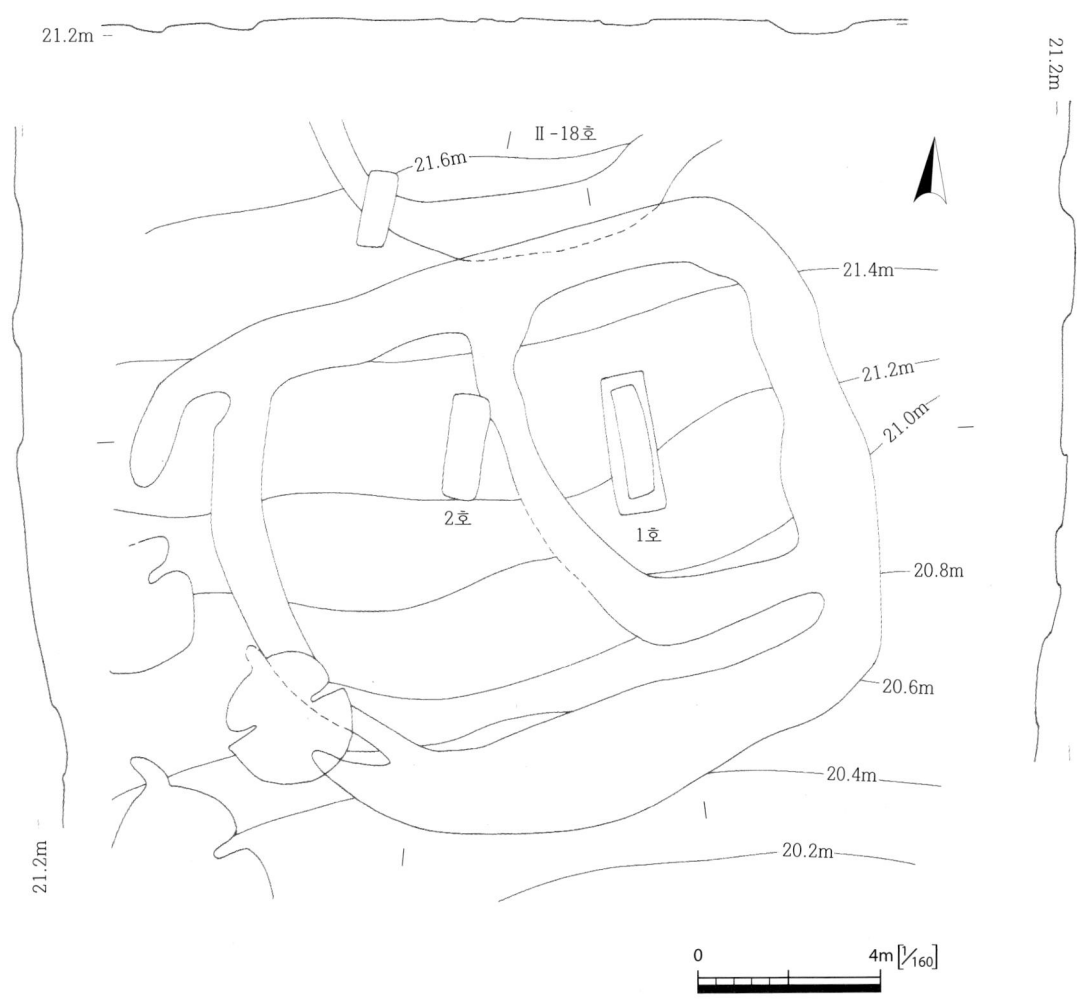

21.2m

21.2m

21.2m

21.6m

Ⅱ-18호

21.4m

21.2m

21.0m

20.8m

20.6m

20.4m

20.2m

2호

1호

0   4m [1/160]

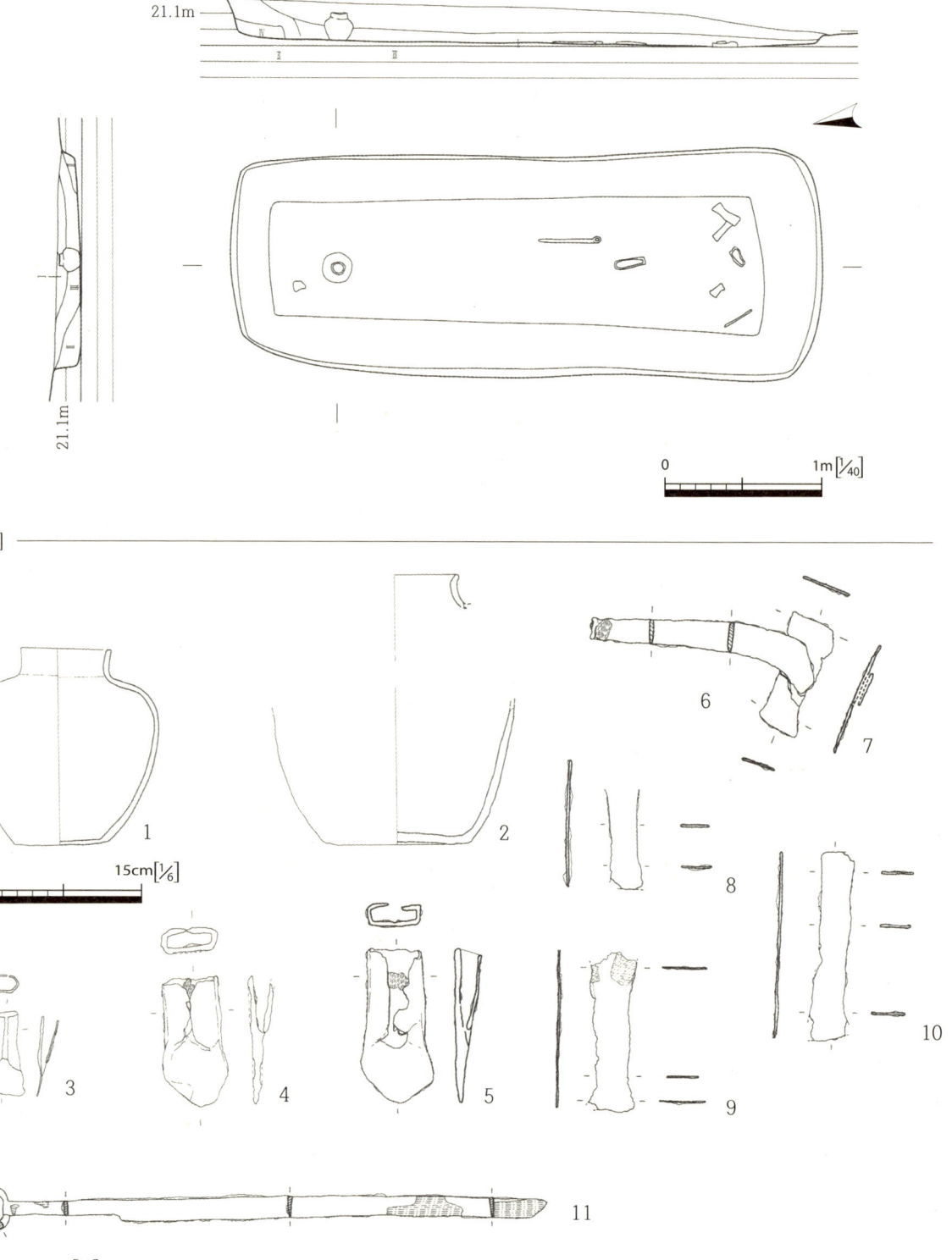

[1호 토광]

21.1m

21.1m

0   1m[1/40]

[관내]

1

0   15cm[1/6]

2

6

7

3

4

5

8

9

10

11

0   10cm[1/8]

21.2m —

21.2m

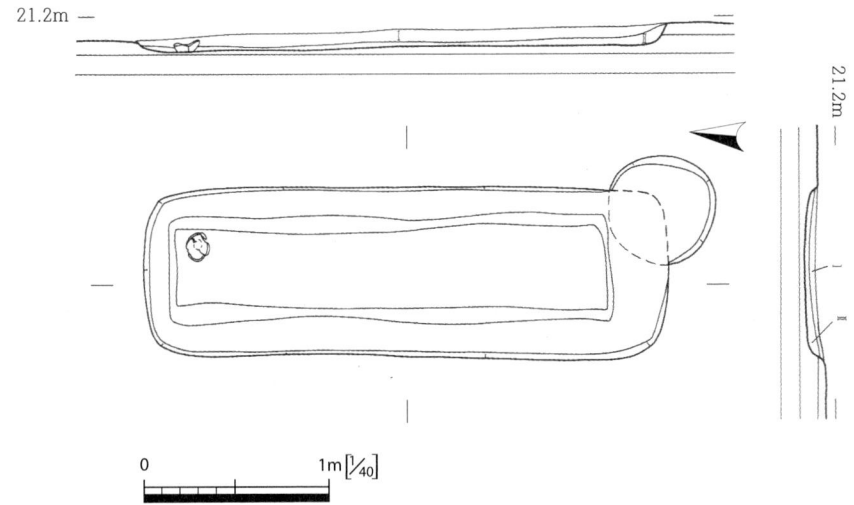

0   1m [1/40]

[관내]

1

0   15cm [1/6]

2

[주구]

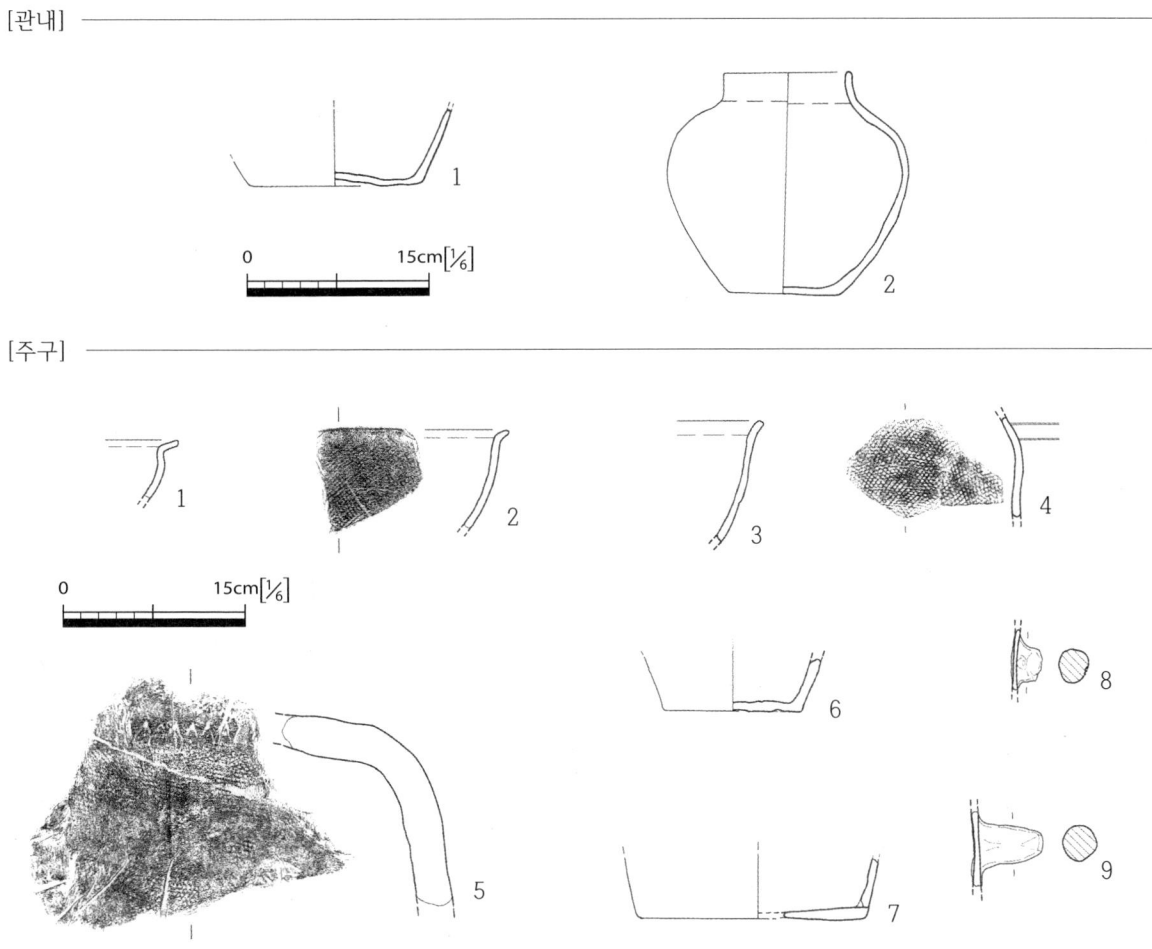

1

2

3

4

8

0   15cm [1/6]

5

6

7

9

II-23호 분구묘

(단위 : cm)

분 구 크 기 (길이×너비×높이)	920×840×?	분구평면형태	방형
분구장폭비	1.10:1	분구장축방향	N-(10)°-E
매 장 시 설	-	주구형태	('ㅁ'자형)
유물 토 기	토기편(1:주구1)		
철 기	-		
청 동 기	-		
옥 석 류	-		
기 타	-		
특기사항	보고서 기술과 유구도면 스케일바 비율이 모두 상이하여 상호 조정하지 않고 게재하였음.		

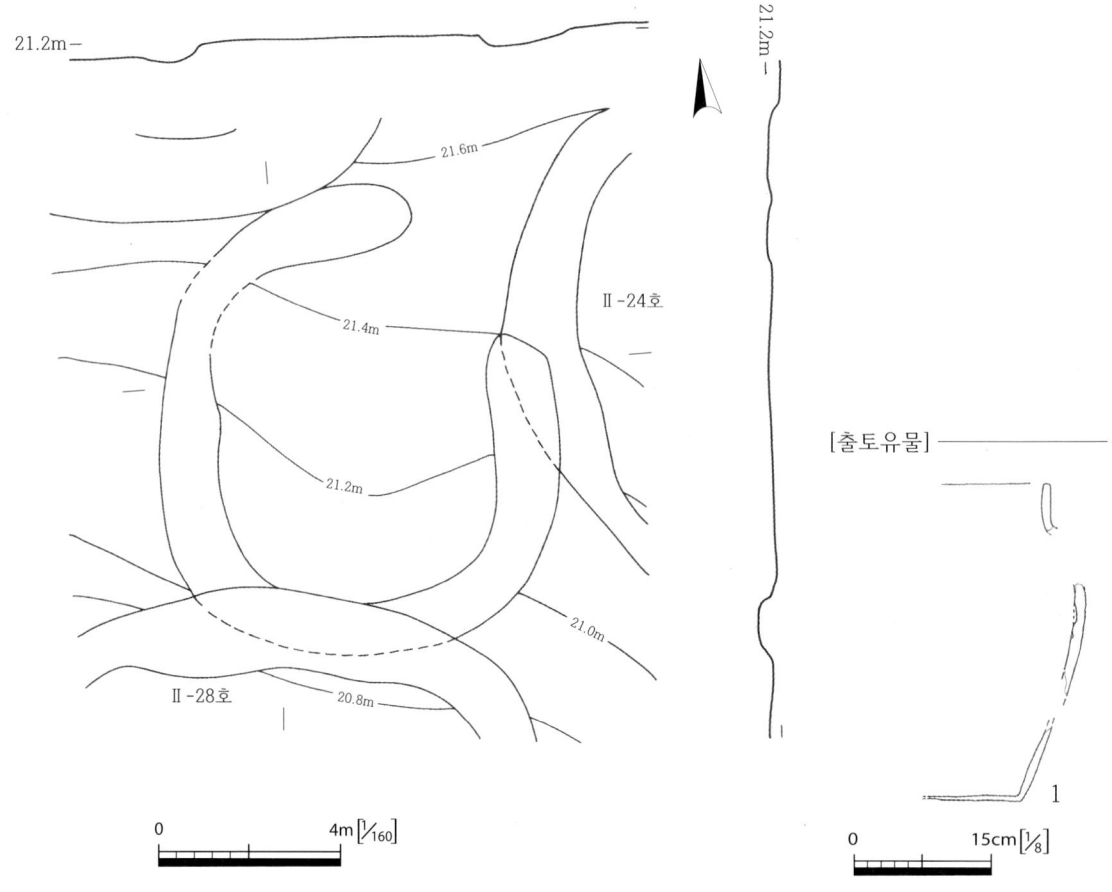

II-24호 분구묘

(단위 : cm)

분구크기 (길이×너비×높이)	1,030×870×?	분구평면형태	원형
분구장폭비	1.18:1	분구장축방향	N-5°-W
매장시설	토광(1)	주구형태	'ㅇ'자형

유물	토 기	토기편(2:주구2)		
	철 기	-		
	청 동 기	-		
	옥 석 류	-		
	기 타	-		
	특기사항	보고서 기술과 유구도면 스케일바 비율이 모두 상이하여 상호 조정하지 않고 게재하였음.		

토광				
묘광	크 기 (길이×너비×깊이)	(280+)×88×?	목관	크 기 (길이×너비×높이)	?
	장폭비	?		장폭비	?
	장축방향	N-80°-W	목곽	크 기 (길이×너비×높이)	?
	두 향	?		장폭비	?
유물	토 기	토기편(?)		
	철 기	-		
	청 동 기	-		
	옥 석 류	-		
	기 타	-		
	특기사항	토기편 도면 미게재.		

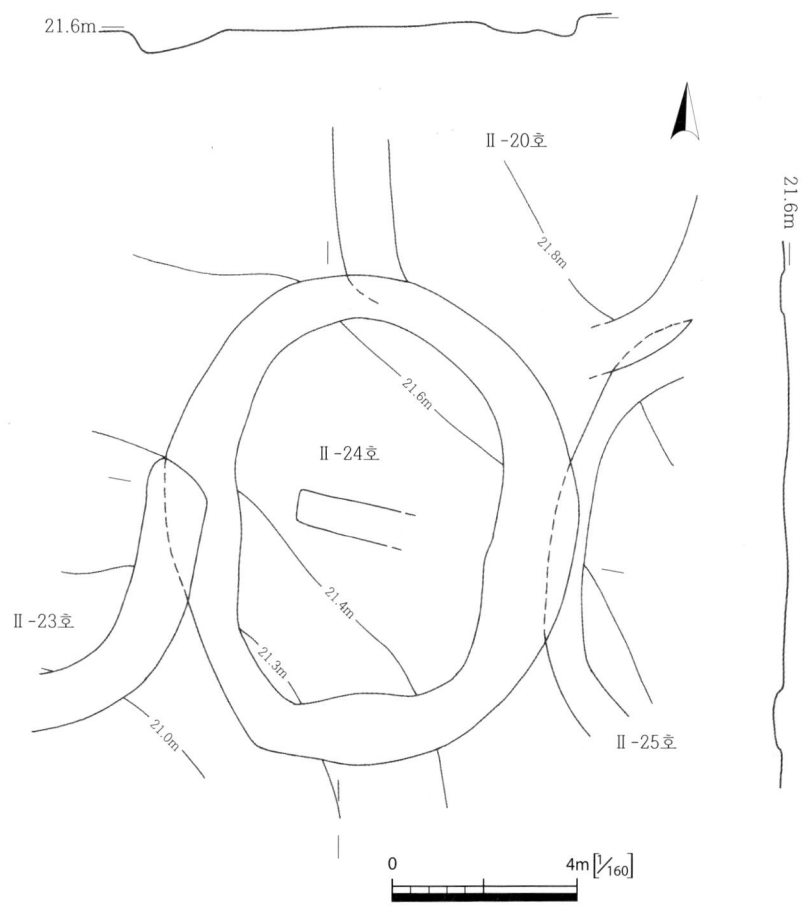

[토광]

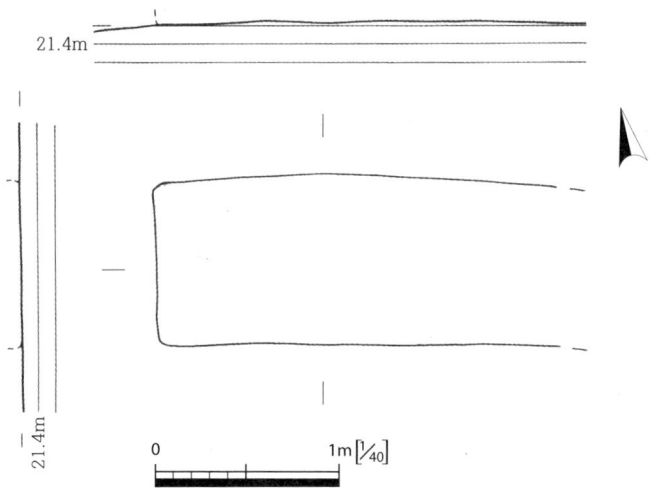

21.4m

21.4m

0   1m[1/40]

[주구]

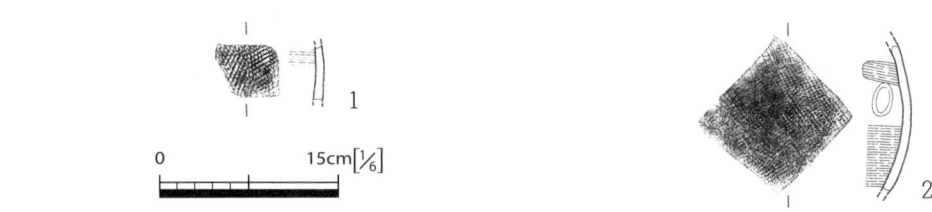

1

0   15cm[1/6]

2

II-25호 분구묘

(단위 : cm)

분구크기 (길이×너비×높이)	(920+)×(800+)×?	분구평면형태	원형
분구장폭비	?	분구장축방향	N-5°-E
매장시설	옹관(1)	주구형태	(눈썹형)
유물	토 기	토기편(3:주구3)	
	철 기	-	
	청동기	-	
	옥석류	-	
	기 타	-	
특기사항	분구 남단부에서 옹관이 확인되었지만 직접적인 관련은 검토가 필요함.		

옹관			
묘광	크 기 (길이×너비×깊이)	(58)×(36)×?	옹관길이	(48)
	장폭비	1.61:1	결합형식	단옹식
	장축방향	N-(70)°-E	안치형태	횡치
	두 향	?		
유물	토 기	장란형토기(1)	
	철 기	-	
	청동기	-	
	옥석류	-	
	기 타	-	
특기사항			

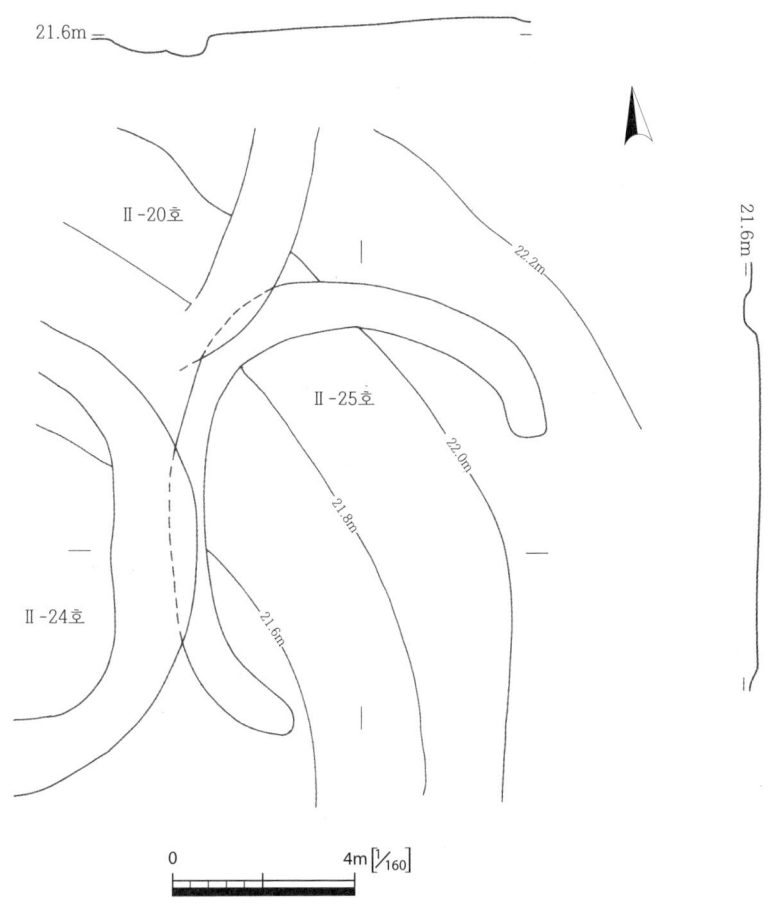

[옹관]

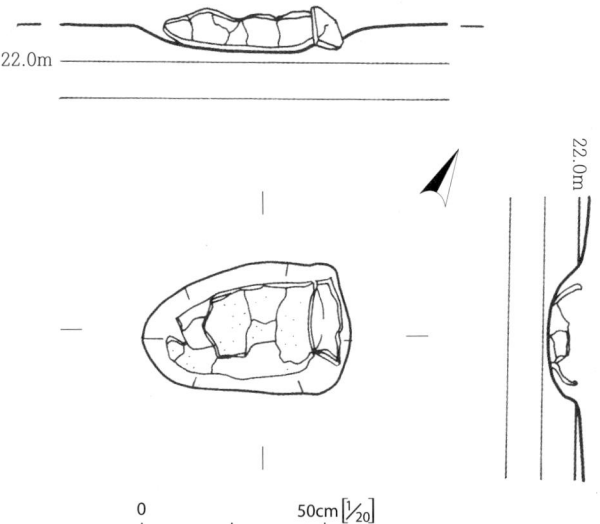

22.0m

22.0m

0   50cm[1/20]

[옹관]

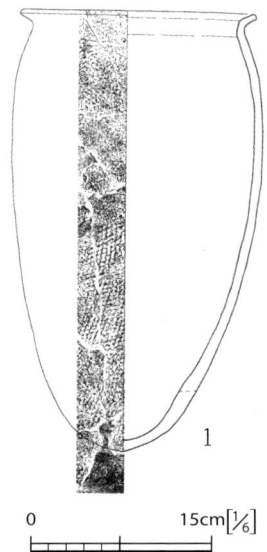

1

0   15cm[1/6]

[주구]

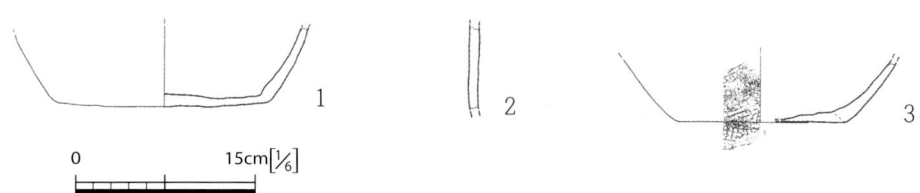

1   2   3

0   15cm[1/6]

II-26호 분구묘

(단위 : cm)

분구크기 (길이×너비×높이)	1,050×(1,270+)×?	분구평면형태	원형
분구장폭비	?	분구장축방향	N-(0)°-S
매장시설	토광(2)	주구형태	'ㅇ'자형

유물	토 기	심발형토기(1주구:1), 호(1주구:1), 토기편(2주구:2)
	철 기	-
	청동기	-
	옥석류	-
	기 타	-
특기사항		'ㅇ'자형의 주구[(900+)×160×(30+)]가 확인되며, 2차례 연접확장 됨.

1호 토광			
묘광	크 기 (길이×너비×깊이)	320×92×(30+)	목관	크 기 (길이×너비×높이)	260×50×?

묘광	크 기 (길이×너비×깊이)	320×92×(30+)	목관	크 기 (길이×너비×높이)	260×50×?
	장폭비	3.48:1		장폭비	5.20:1
	장축방향	N-70°-W	목곽	크 기 (길이×너비×높이)	-
	두 향	?		장폭비	-

유물	토 기	단경호(1), 유개양이부호(1),
	철 기	모(1), 환두도(1), 도자(1), 겸(1), 주조철부(1), 단조철부(1), 鐵鋌(2)
	청동기	
	옥석류	지석(1)
	기 타	-
특기사항		

2호 토광					
묘광	크 기 (길이×너비×깊이)	(260+)×128×(15+)	목관	크 기 (길이×너비×높이)	(260+)×50×?
	장폭비	?		장폭비	?
	장축방향	N-(88)°-E	목곽	크 기 (길이×너비×높이)	-
	두 향	?		장폭비	-

유물	토 기	호(1), 토기편(1)
	철 기	도자(2), 주조철부(1), 겸(1)
	청동기	-
	옥석류	-
	기 타	-
특기사항		

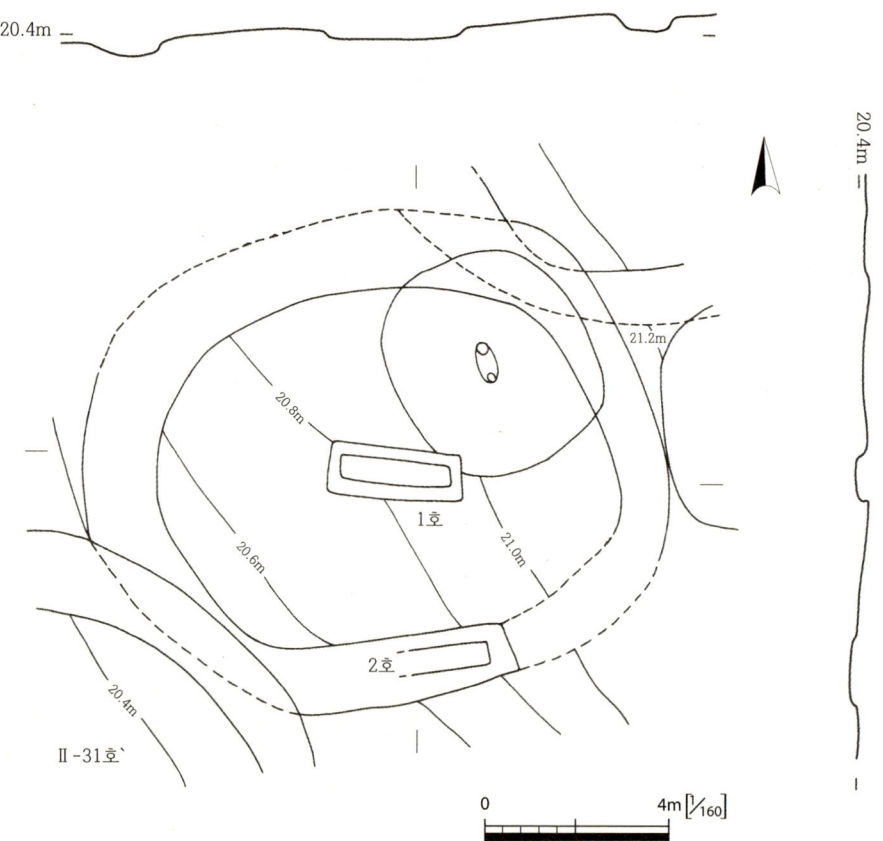

20.4m

20.4m

21.2m

20.8m

1호

20.6m

21.0m

2호

20.4m

Ⅱ-31호`

0   4m [1/160]

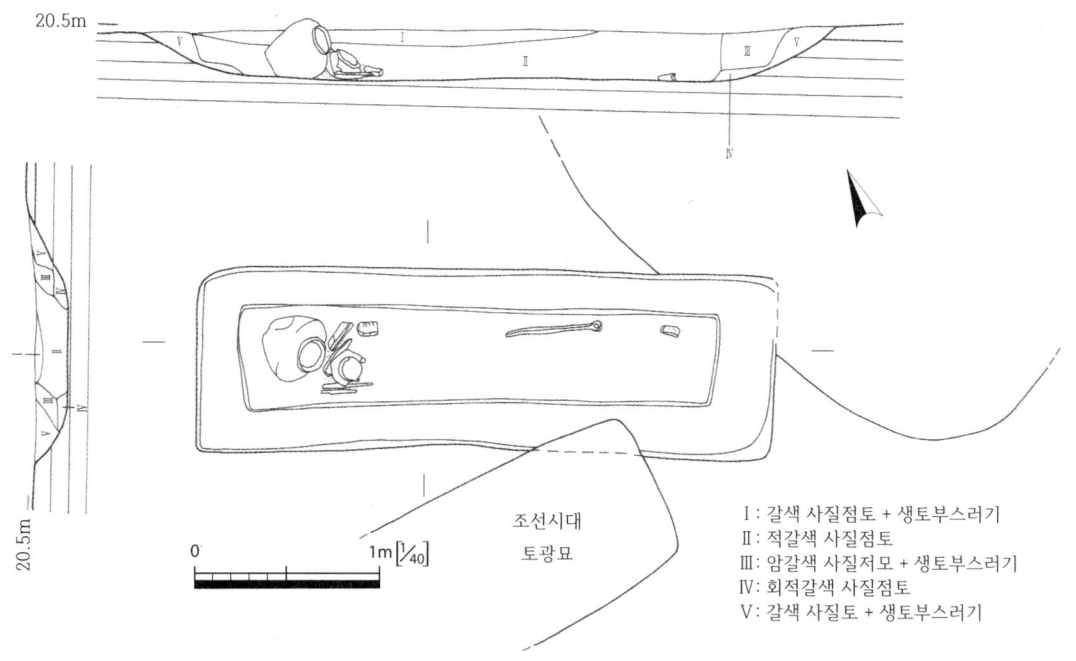

20.5m

20.5m

조선시대
토광묘

0   1m [1/40]

Ⅰ : 갈색 사질점토 + 생토부스러기
Ⅱ : 적갈색 사질점토
Ⅲ : 암갈색 사질저모 + 생토부스러기
Ⅳ : 회적갈색 사질점토
Ⅴ : 갈색 사질토 + 생토부스러기

[관내]

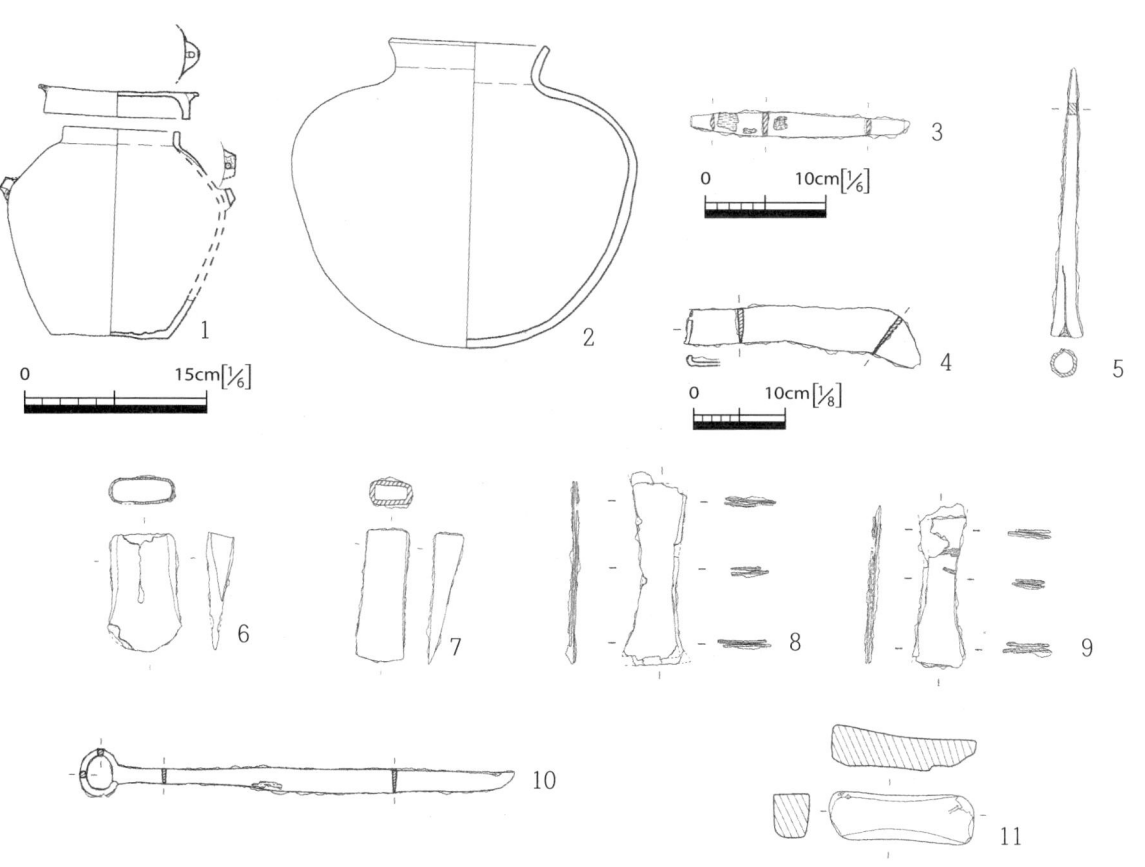

0   15cm [1/6]

0   10cm [1/6]

0   10cm [1/8]

[2호 토광]

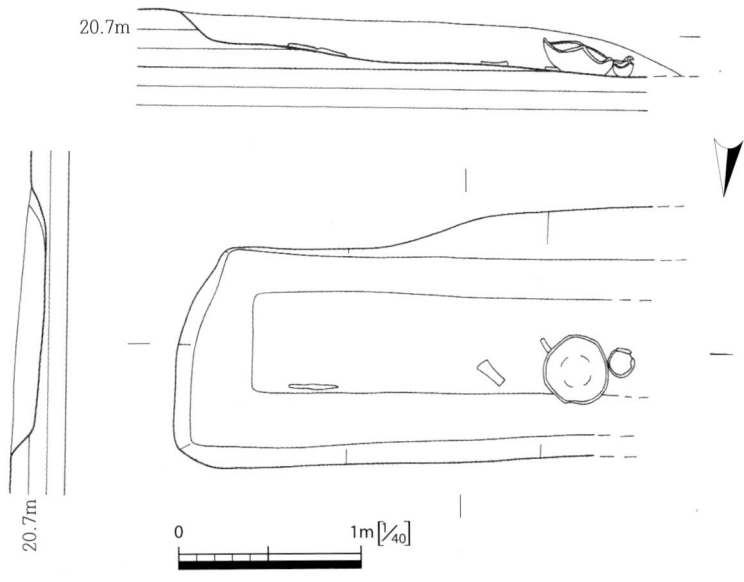

20.7m

20.7m

0   1m[1/40]

[관내]

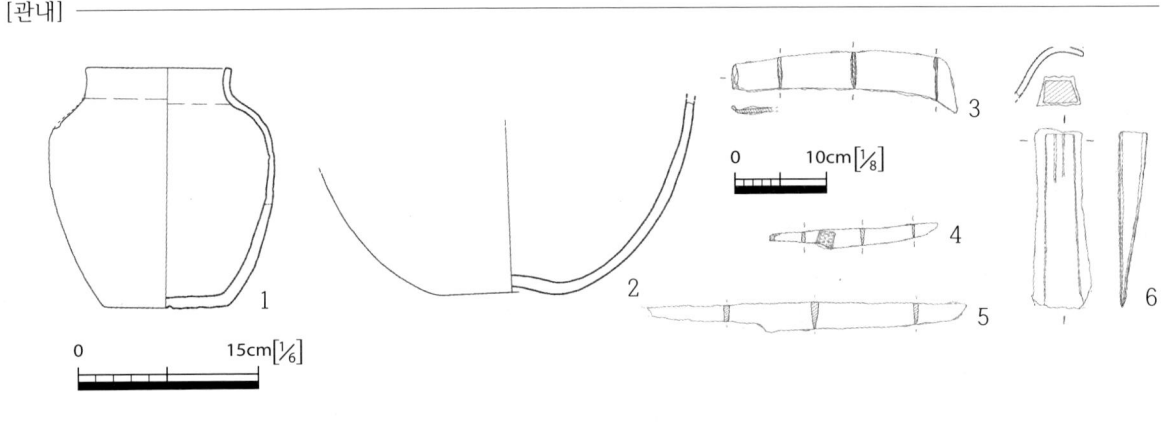

0   10cm[1/8]

1

2

3

4

5

6

0   15cm[1/6]

[주구]

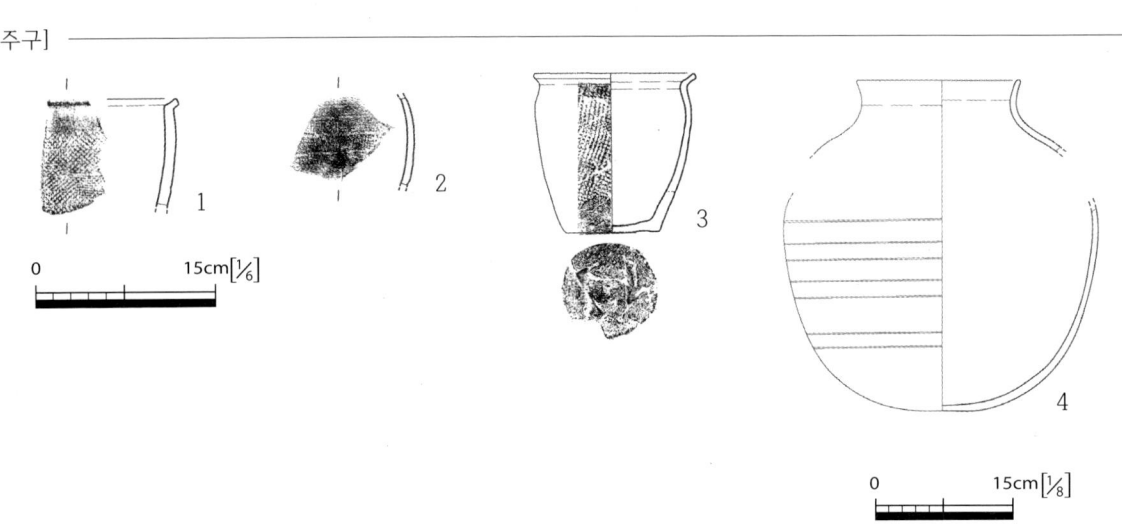

1

2

3

4

0   15cm[1/6]

0   15cm[1/8]

II-27호 분구묘

(단위: cm)

분구크기 (길이×너비×높이)	1차: (860)×(630)×? 2차: (1,100)×(660)×?	분구평면형태	(방형)
분구장폭비	?	분구장축방향	N-(20)°-E
매장시설	석곽(1), 토광(4)	주구형태	('ㅇ'자형)

유물	토 기	토기편(4:주구4)		
	철 기	-		
	청동기	-		
	옥석류	-		
	기 타	-		
특기사항		출토유물 없음. 석곽묘 미보고. 3차례 걸쳐 분구를 연접 확장됨.		

1호 토광

묘광	크 기 (길이×너비×깊이)	(244+)×106×(20+)	목관	크 기 (길이×너비×높이)	(200+)×58×?
	장폭비	?		장폭비	?
	장축방향	N-75°-W	목곽	크 기 (길이×너비×높이)	-
	두 향	?		장폭비	-

유물	토 기	단경호(1), 흑색마연토기(1)
	철 기	주조철부(2), 겸(1)
	청동기	-
	옥석류	관옥
	기 타	-
특기사항		

2호 토광

묘광	크 기 (길이×너비×깊이)	(202+)×126×(30+)	목관	크 기 (길이×너비×높이)	?
	장폭비	?		장폭비	?
	장축방향	N-80°-E	목곽	크 기 (길이×너비×높이)	?
	두 향	?		장폭비	?

유물	토 기	단경호(2)
	철 기	-
	청동기	-
	옥석류	-
	기 타	-
특기사항		

3호 토광

묘광	크 기 (길이×너비×깊이)	310×124×(15+)	목관	크 기 (길이×너비×높이)	236×66×?
	장폭비	2.50:1		장폭비	3.57:1
	장축방향	N-80°-E	목곽	크 기 (길이×너비×높이)	?
	두 향	?		장폭비	?

유물	토 기	단경호(2)
	철 기	도자(2), 단조철부(1)
	청동기	-
	옥석류	-
	기 타	-
특기사항		

4호 토광						
묘광	크 기 (길이×너비×깊이)		(134+)×(110+)×(40+)	목관	크 기 (길이×너비×높이)	(84+)×(52+)×?
	장 폭 비		?		장 폭 비	?
	장축방향		N-0°-S	목곽	크 기 (길이×너비×높이)	?
	두 향		?		장 폭 비	?
유물	토 기	단경호(2)				
	철 기	-				
	청 동 기	-				
	옥 석 류	-				
	기 타	-				
	특기사항					

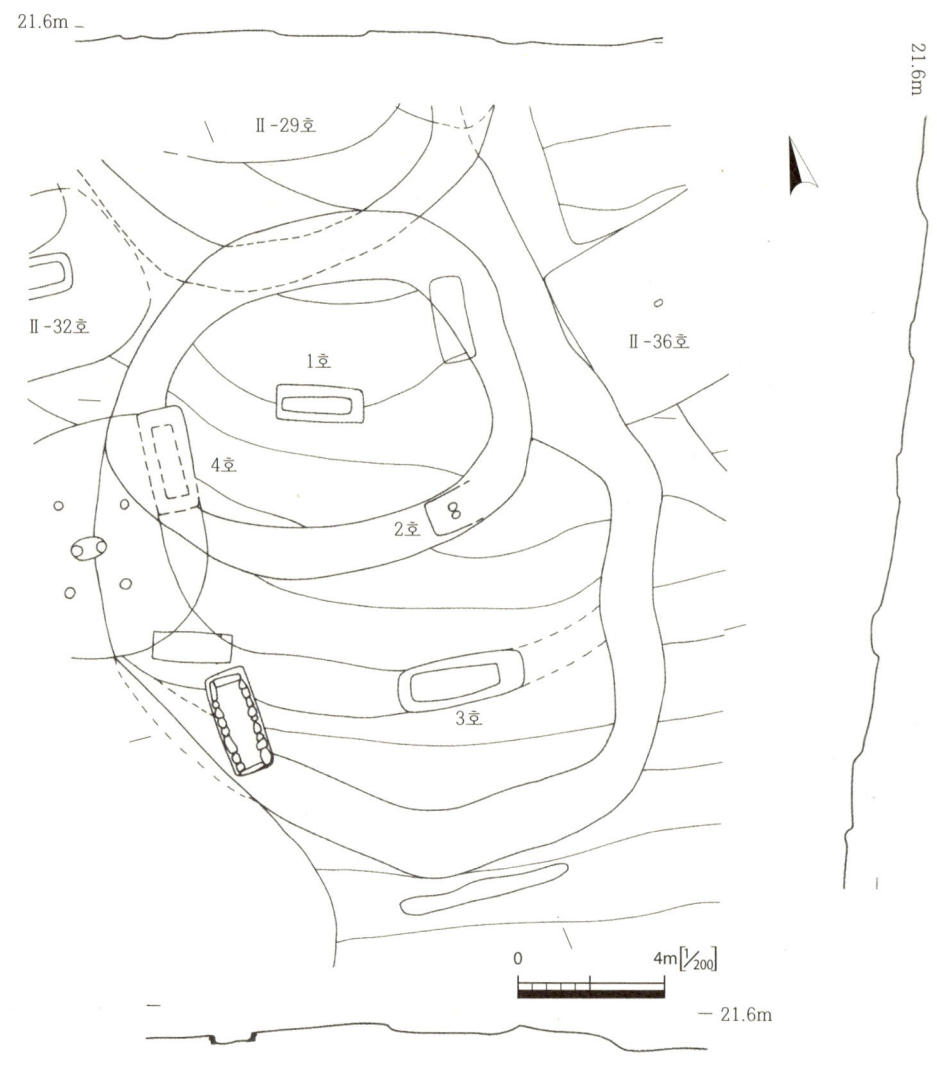

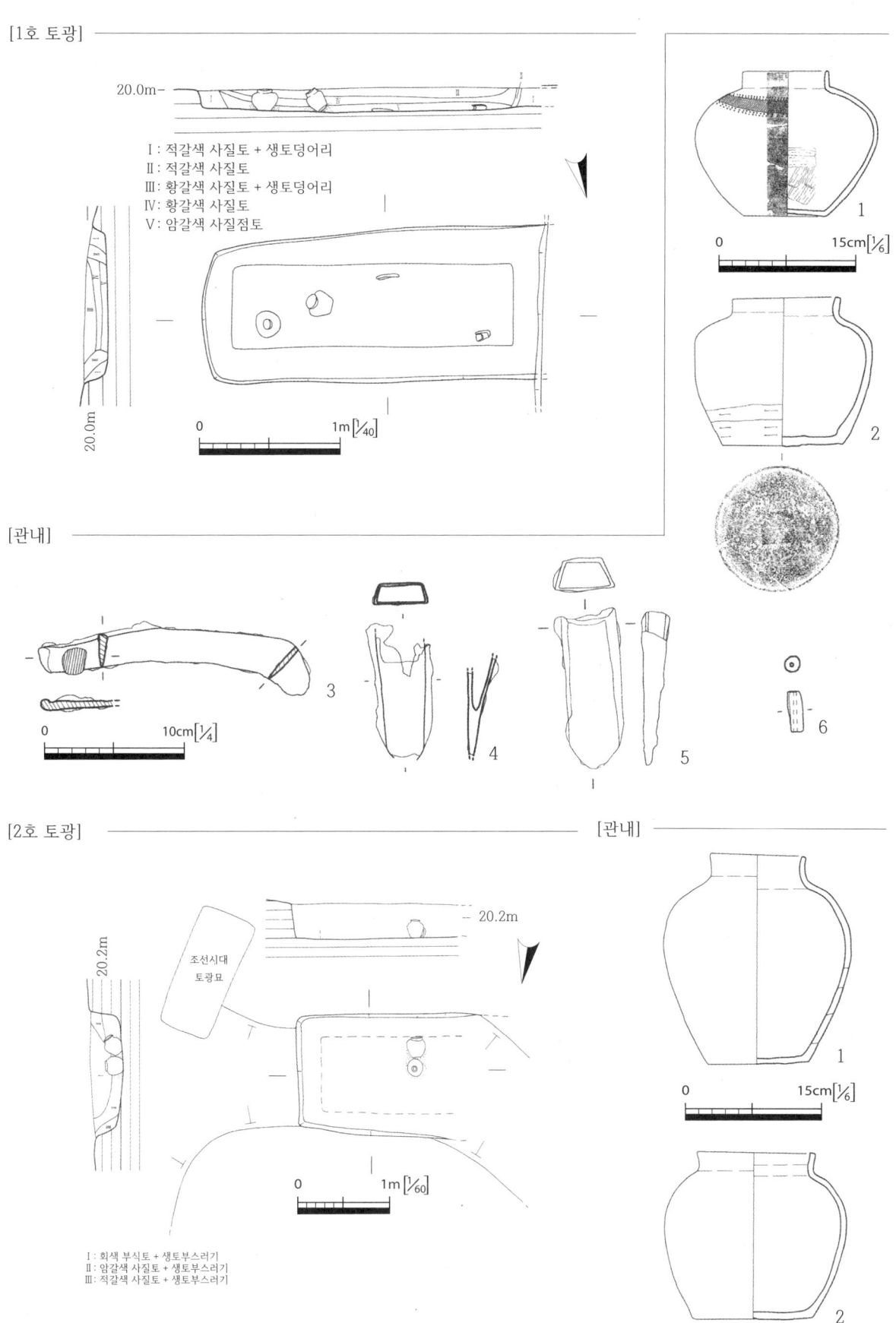

[1호 토광]

20.0m—

Ⅰ : 적갈색 사질토 + 생토덩어리
Ⅱ : 적갈색 사질토
Ⅲ: 황갈색 사질토 + 생토덩어리
Ⅳ: 황갈색 사질토
Ⅴ : 암갈색 사질점토

20.0m

0   1m[1/40]

0   15cm[1/6]

1

2

[관내]

0   10cm[1/4]

3

4

5

6

[2호 토광]

20.2m

20.2m

조선시대
토광묘

0   1m[1/60]

Ⅰ: 회색 부식토 + 생토부스러기
Ⅱ: 암갈색 사질토 + 생토부스러기
Ⅲ: 적갈색 사질토 + 생토부스러기

[관내]

0   15cm[1/6]

1

2

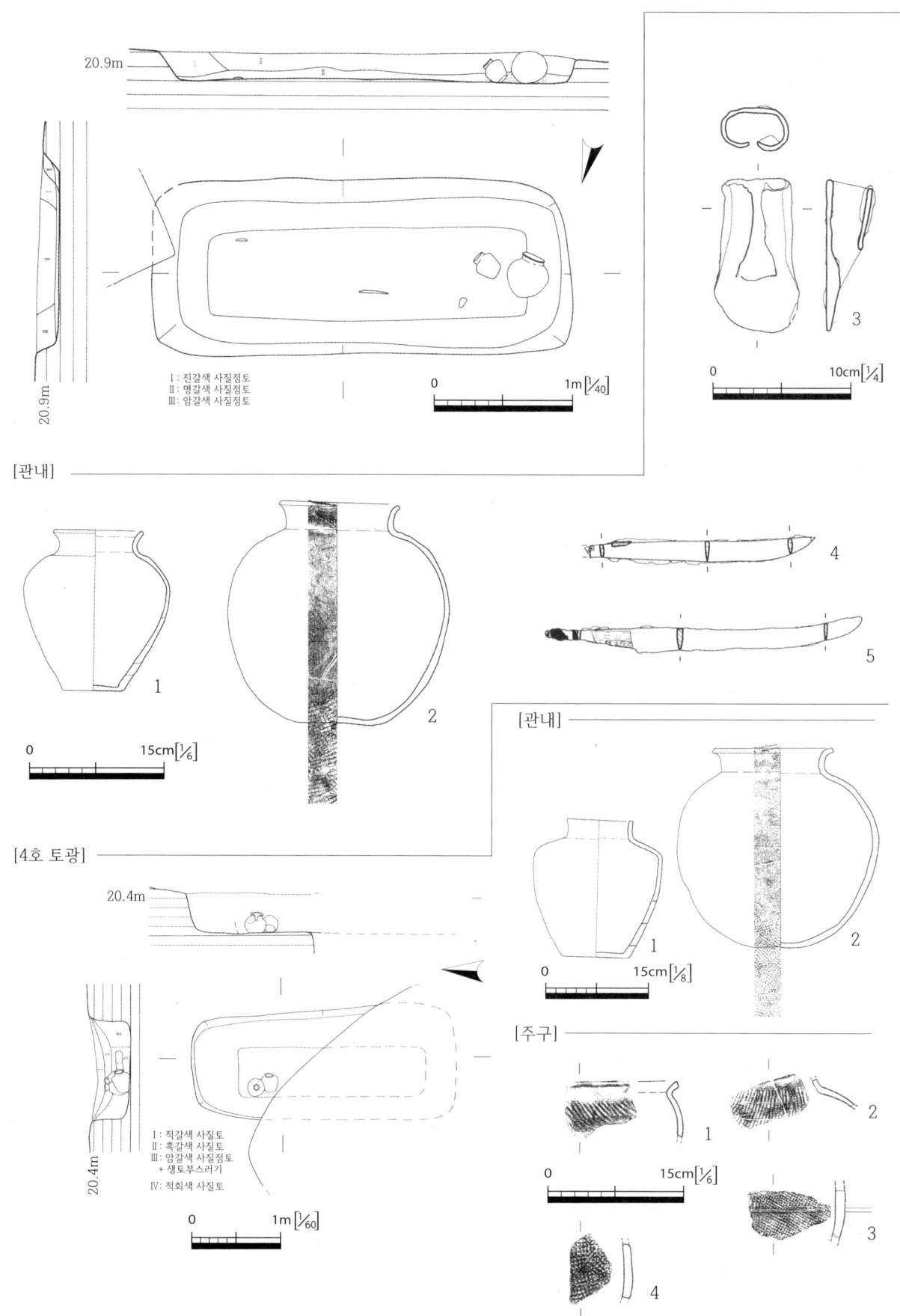

[3호 토광]

20.9m

I : 진갈색 사질점토
II : 명갈색 사질점토
III : 암갈색 사질점토

20.9m

0   1m[1/40]

0   10cm[1/4]

3

[관내]

1

2

4

5

0   15cm[1/6]

[관내]

1

2

0   15cm[1/8]

[4호 토광]

20.4m

I : 적갈색 사질토
II : 흑갈색 사질토
III : 암갈색 사질점토
    + 생토부스러기
IV: 적회색 사질토

20.4m

0   1m[1/60]

[주구]

1

2

3

4

0   15cm[1/6]

II-28호 분구묘

(단위 : cm)

분구크기 (길이×너비×높이)	1,070×1,150×?	분구평면형태	(방형)
분구장폭비	0.93:1	분구장축방향	N-(10)°-E
매장시설	토광(1)	주구형태	'ㅁ'자형

유물	토 기	-		
	철 기	-		
	청 동 기	-		
	옥 석 류	-		
	기 타	-		
특기사항		주구[228×?×(50+)]가 확인됨. 출토유물 없음.		

토광				
묘광	크 기 (길이×너비×깊이)	(340+)×(140+)×?	목관	크 기 (길이×너비×높이)	260×72×?

묘광	크 기 (길이×너비×깊이)	(340+)×(140+)×?	목관	크 기 (길이×너비×높이)	260×72×?
	장폭비	?		장폭비	1:3.61
	장축방향	N-80°-W	목곽	크 기 (길이×너비×높이)	-
	두 향	?		장폭비	-
유물	토 기	흑색마연토기(1), 토기편(1)			
	철 기	-			
	청 동 기	-			
	옥 석 류	-			
	기 타	-			
특기사항					

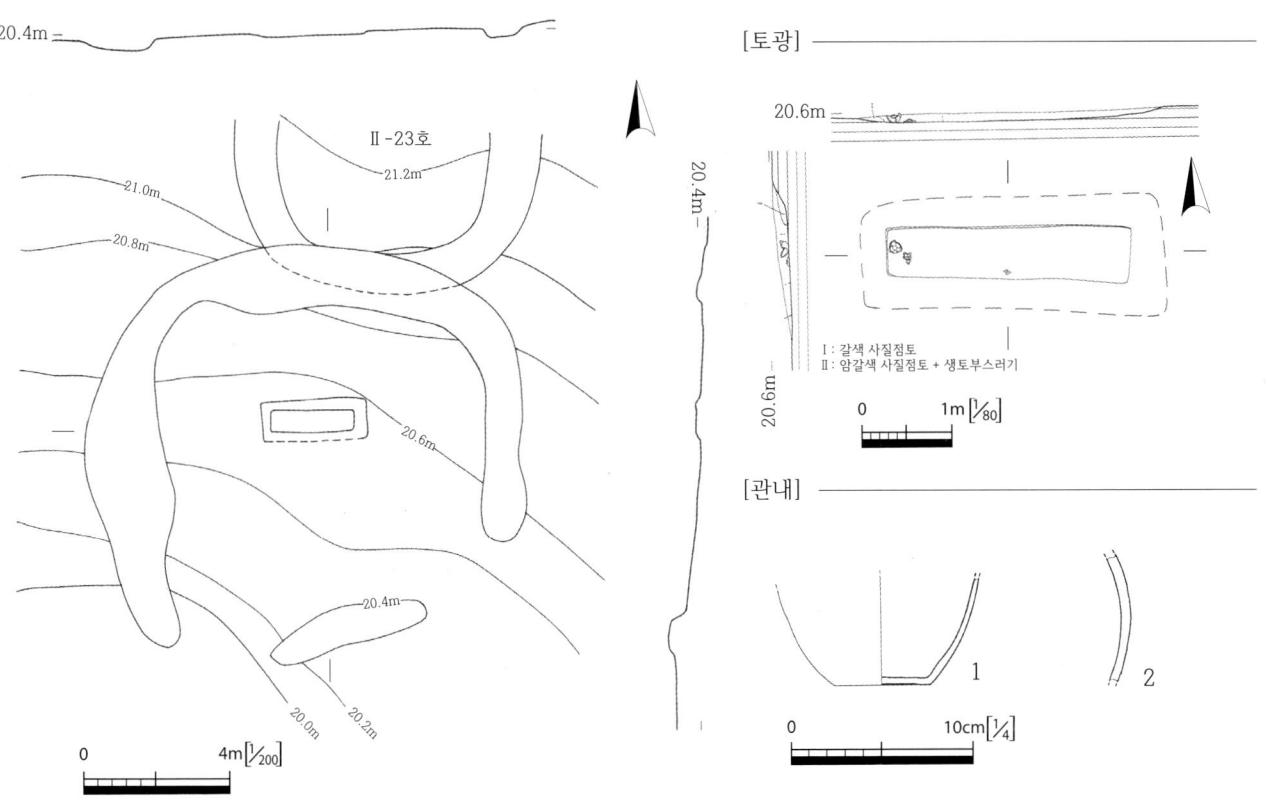

[토광]

I : 갈색 사질점토
II : 암갈색 사질점토 + 생토부스러기

[관내]

II-29호 분구묘

(단위 : cm)

분구크기 (길이×너비×높이)	1,150×1,000×?	분구평면형태	(원형)
분구장폭비	1.50:1	분구장축방향	N-(85)°-W
매장시설	토광(2)	주구형태	'ㅇ'자형

유물	토 기	-		
	철 기	-		
	청동기	-		
	옥석류	-		
	기 타	-		
	특기사항	분구가 2차례 연접확장 됨.		

1호 토광				
묘광	크 기 (길이×너비×깊이)	(348+)×(92)×(20+)	목관	크 기 (길이×너비×높이)	264×64×?
	장폭비	?		장폭비	4.13:1
	장축방향	N-(90)°-E	목곽	크 기 (길이×너비×높이)	-
	두 향	?		장폭비	-
유물	토 기	직구호(1)			
	철 기	겸(1)			
	청동기	-			
	옥석류	-			
	기 타	-			
	특기사항				

2호 토광				
묘광	크 기 (길이×너비×깊이)	(184+)×(92+)×(26+)	목관	크 기 (길이×너비×높이)	(158+)×(52+)×(20+)
	장폭비	?		장폭비	?
	장축방향	N-(85)°-E	목곽	크 기 (길이×너비×높이)	-
	두 향	?		장폭비	-
유물	토 기	단경호(1)			
	철 기	도자(1), 鐵鋌(1)			
	청동기	-			
	옥석류	-			
	기 타	-			
	특기사항				

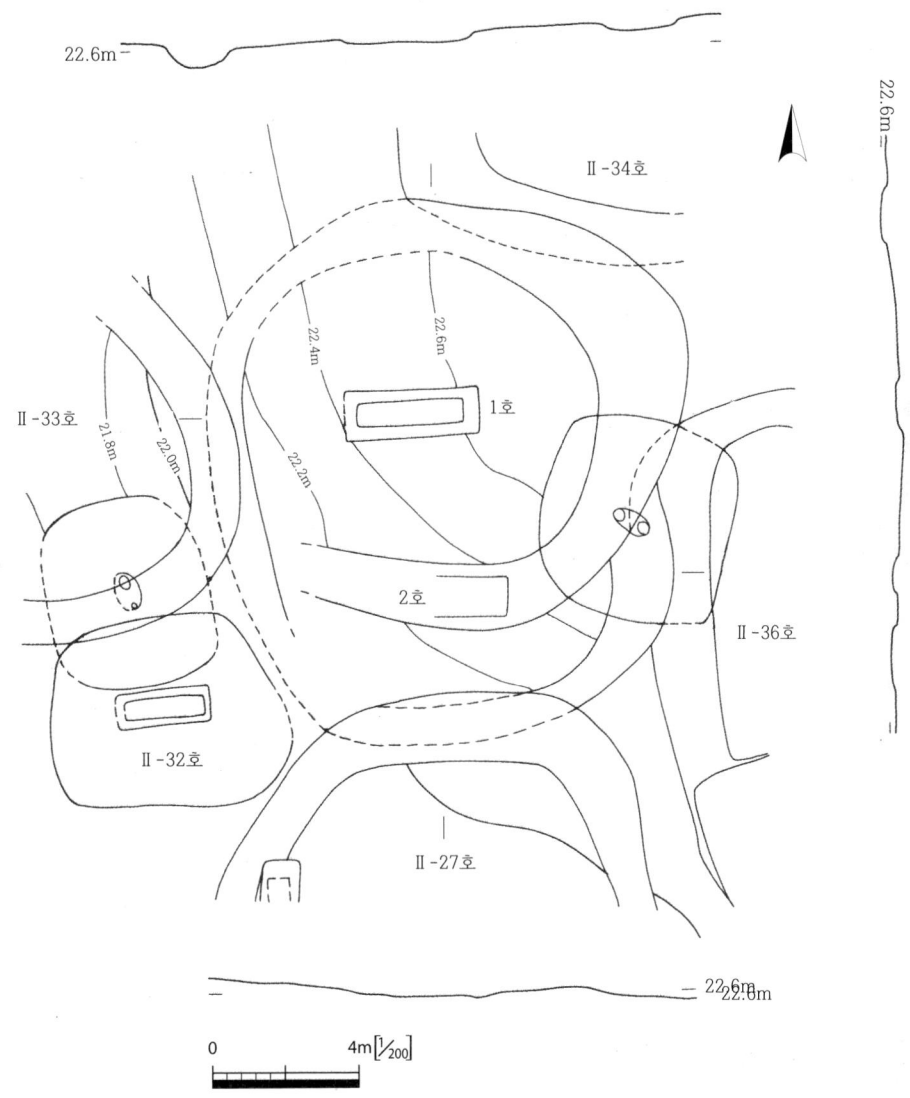

22.6m

22.6m

Ⅱ-34호

Ⅱ-33호

22.4m

22.6m

21.8m

22.0m

22.2m

1호

2호

Ⅱ-36호

Ⅱ-32호

Ⅱ-27호

22.6m
22.6m

0   4m[¹⁄₂₀₀]

[1호 토광]

[관내]

22.3m

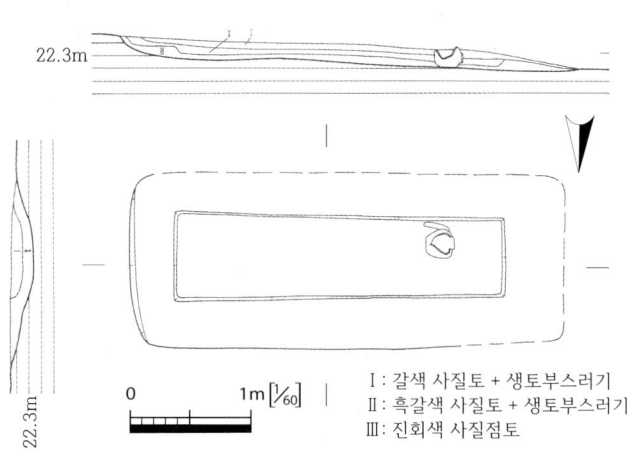

22.3m

0   1m [1/60]

Ⅰ: 갈색 사질토 + 생토부스러기
Ⅱ: 흑갈색 사질토 + 생토부스러기
Ⅲ: 진회색 사질점토

1

0   15cm [1/6]

2

0   10cm [1/8]

[2호 토광]

21.3m

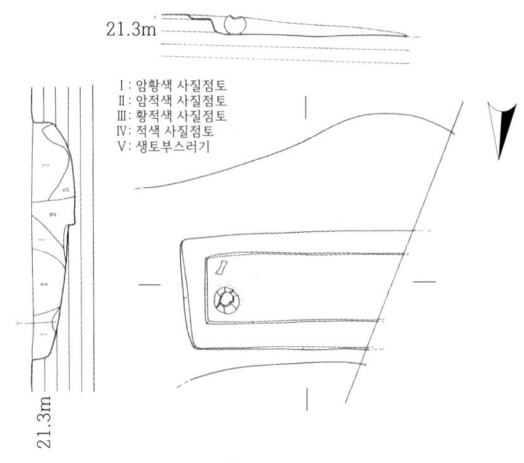

Ⅰ: 암황색 사질점토
Ⅱ: 암적색 사질점토
Ⅲ: 황적색 사질점토
Ⅳ: 적색 사질점토
Ⅴ: 생토부스러기

21.3m

[관내]

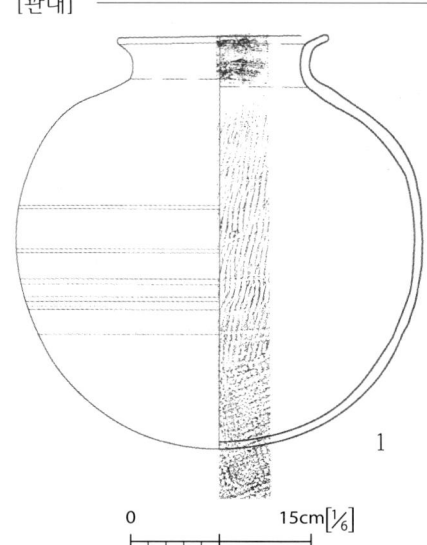

1

0   15cm [1/6]

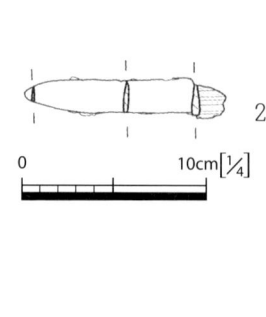

2

0   10cm [1/4]

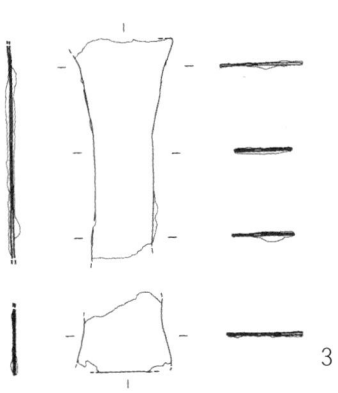

3

II -30호 분구묘

(단위 : cm)

분구크기 (길이×너비×높이)	1,350×900×?	분구평면형태	방형
분구장폭비	1.10:1	분구장축방향	N-(30)°-W
매장시설	토광(3)	주구형태	(방형)

유물	토 기	호(2:주구2)		
	철 기	-		
	청동기	-		
	옥석류	-		
	기 타	-		
특기사항		분구가 2~3차례 연접확장 됨.		

1호 토광

묘광	크 기 (길이×너비×깊이)	(232+)×118×?	목관	크 기 (길이×너비×높이)	?
	장폭비	?		장폭비	?
	장축방향	N-75°-E	목곽	크 기 (길이×너비×높이)	-
	두 향	?		장폭비	-

유물	토 기	흑색마연토기(1)		
	철 기	鐵鋌(1)		
	청동기	-		
	옥석류	-		
	기 타	-		
특기사항		목관 안치 후 2차례 복토한 것으로 추정.		

2호 토광

묘광	크 기 (길이×너비×깊이)	(308)×(108)×?	목관	크 기 (길이×너비×높이)	188×70×?
	장폭비	2.85:1		장폭비	2.69:1
	장축방향	N-87°-W	목곽	크 기 (길이×너비×높이)	-
	두 향	?		장폭비	-

유물	토 기	호(1)		
	철 기	-		
	청동기	-		
	옥석류	-		
	기 타	-		
특기사항				

3호 토광

묘광	크 기 (길이×너비×깊이)	220×100×?	목관	크 기 (길이×너비×높이)	?
	장폭비	2.20:1		장폭비	?
	장축방향	N-5°-W	목곽	크 기 (길이×너비×높이)	-
	두 향	?		장폭비	-

유물	토 기	단경호(1)		
	철 기	도자(1)		
	청동기	-		
	옥석류	-		
	기 타	-		
특기사항				

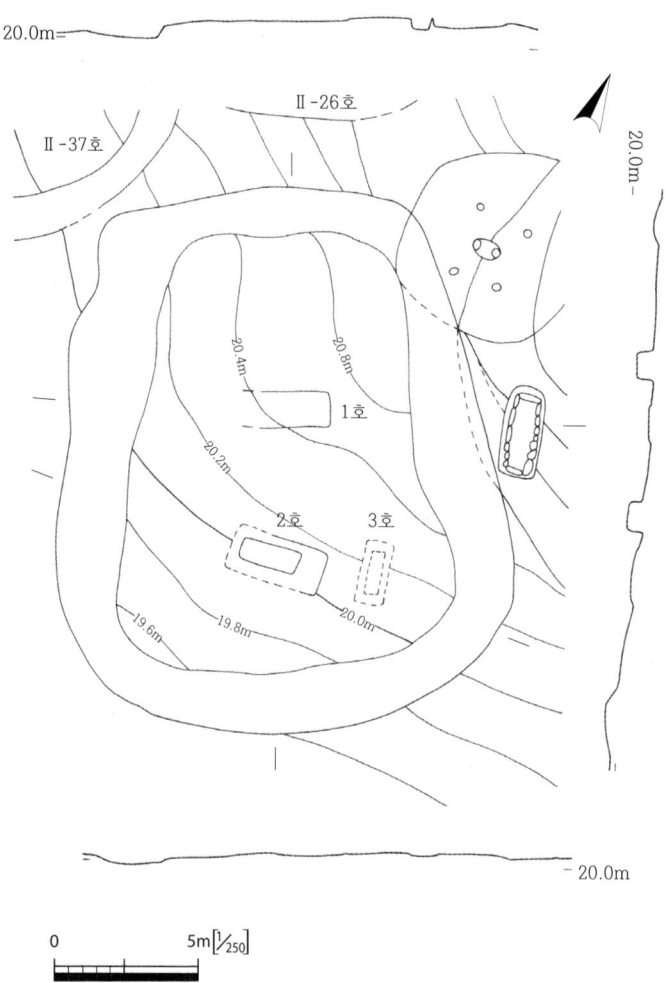

20.0m=

Ⅱ-37호

Ⅱ-26호

20.0m—

1호

2호 3호

—20.0m

0   5m[1/250]

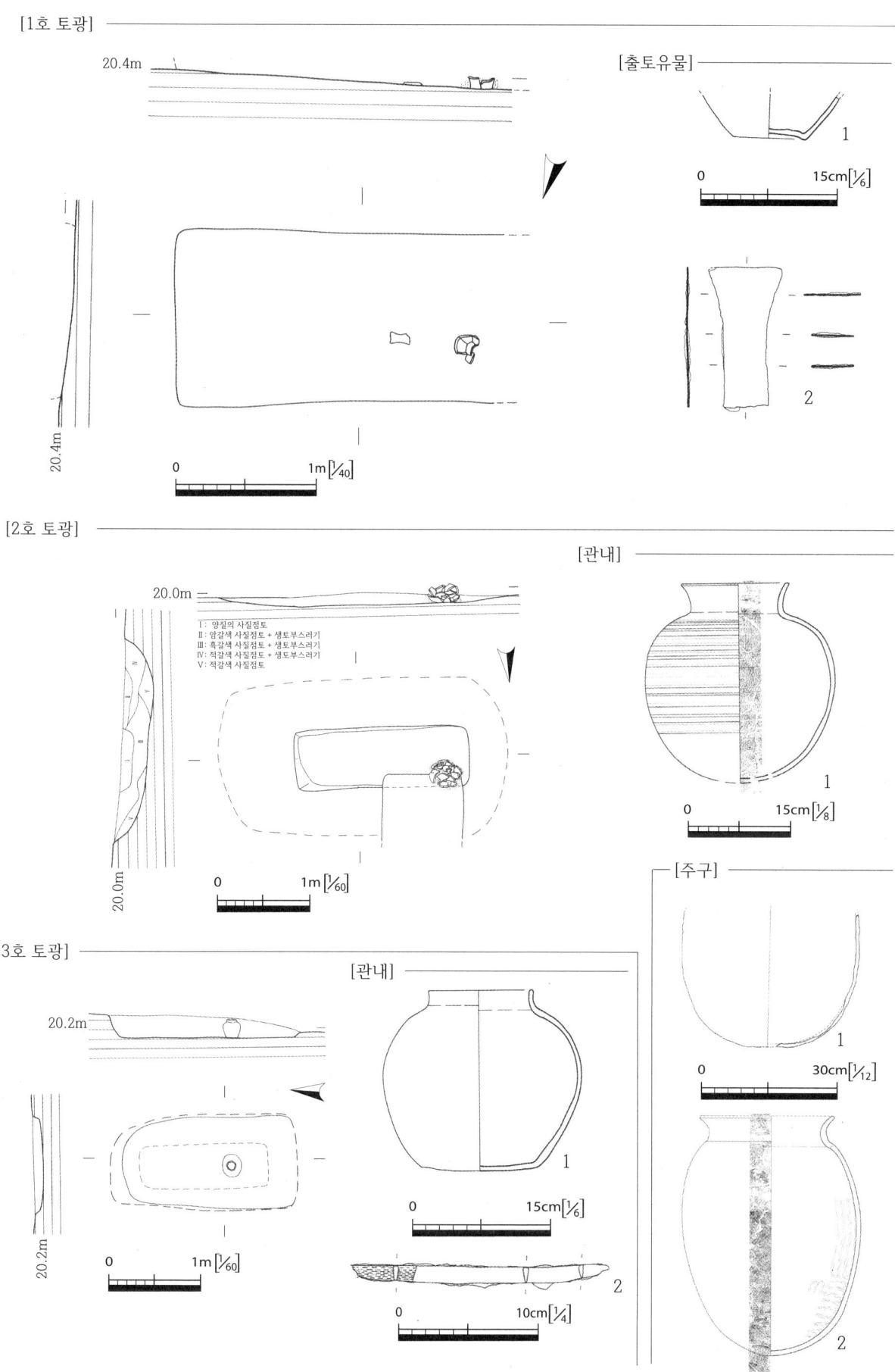

[1호 토광]

20.4m

[출토유물]

1

0　　　　　15cm[⅙]

20.4m

0　　　　　1m[¹⁄₄₀]

2

[2호 토광]

[관내]

20.0m

Ⅰ: 양질의 사질점토
Ⅱ: 암갈색 사질점토 + 생토부스러기
Ⅲ: 흑갈색 사질점토 + 생토부스러기
Ⅳ: 적갈색 사질점토 + 생토부스러기
Ⅴ: 적갈색 사질점토

1

0　　　　　15cm[⅛]

20.0m

0　　　　　1m[¹⁄₆₀]

[주구]

[3호 토광]

[관내]

20.2m

1

0　　　　　30cm[¹⁄₁₂]

20.2m

0　　　　　1m[¹⁄₆₀]

1

0　　　　　15cm[⅙]

2

0　　　　　10cm[¼]

2

II-31호 분구묘

(단위 : cm)

분구 크기 (길이×너비×높이)	840×770×?	분구평면형태	원형
분구장폭비	1.10:1	분구장축방향	N-(70)°-W
매장시설	토광(1)	주구형태	('ㅇ'자형)

유물	토 기	발형토기(1:주구1), 토기편(3:주구3)		
	철 기	-		
	청동기	-		
	옥석류	-		
	기 타	-		
	특기사항			

토광				
묘광	크 기 (길이×너비×깊이)	282×98×(20+)	목관	크 기 (길이×너비×높이)	220×46×?
	장폭비	2.88:1		장폭비	4.78:1
	장축방향	N-67°-W	목곽	크 기 (길이×너비×높이)	-
	두 향	?		장폭비	-
유물	토 기	단경호(1)		
	철 기	-		
	청동기	-		
	옥석류	-		
	기 타	-		
	특기사항	출토된 단경호는 흑색마연토기와 유사함.		

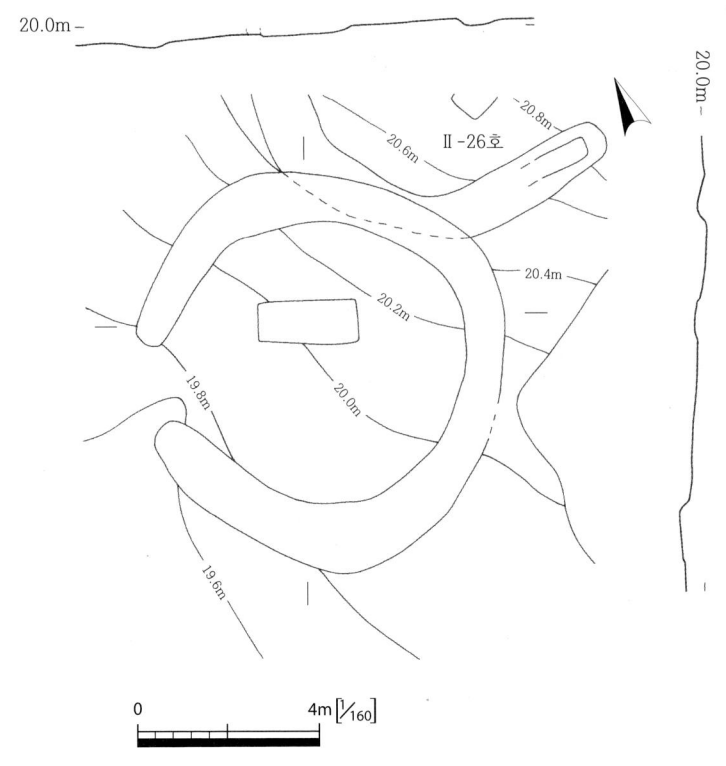

[토광]

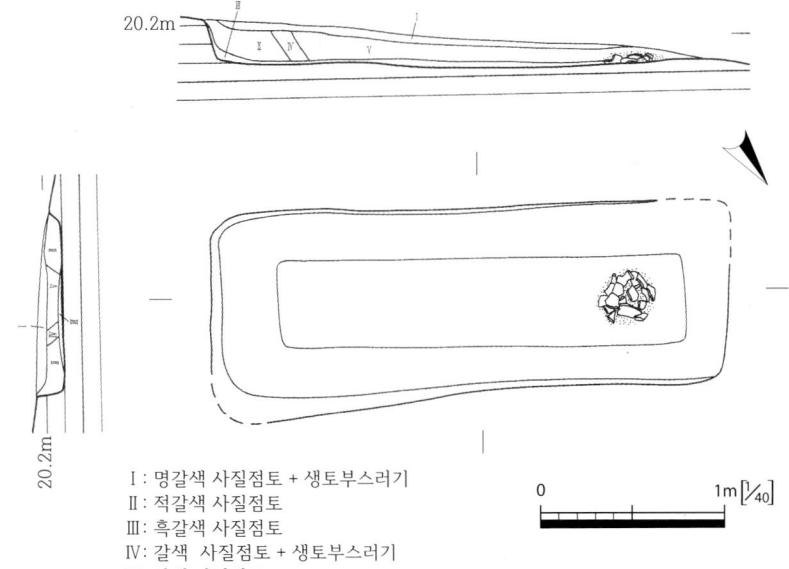

20.2m

20.2m

Ⅰ: 명갈색 사질점토 + 생토부스러기
Ⅱ: 적갈색 사질점토
Ⅲ: 흑갈색 사질점토
Ⅳ: 갈색 사질점토 + 생토부스러기
Ⅴ: 갈색 사질점토

0   1m [1/40]

[관내]

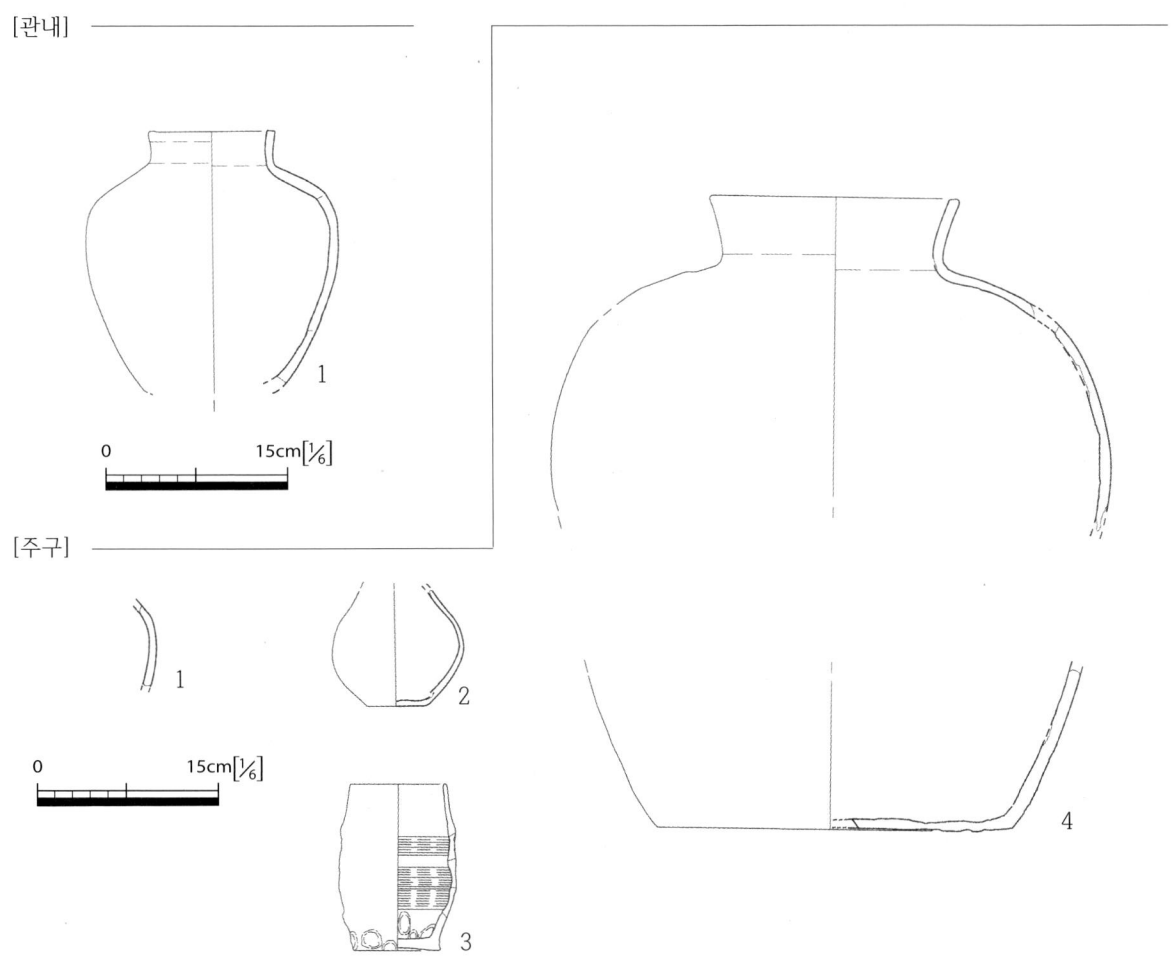

0   15cm [1/6]

[주구]

0   15cm [1/6]

II-32호 분구묘

(단위 : cm)

분구크기 (길이×너비×높이)	(800+)×650×?		분구평면형태	방형
분구장폭비	?		분구장축방향	?
매장시설	토광(1)		주구형태	('ㅁ'자형)
유물	토 기	-		
	철 기	-		
	청 동 기	-		
	옥 석 류	-		
	기 타	-		
특기사항	출토유물 없음.			
토광				
묘광	크 기 (길이×너비×깊이)	(266)×98×?	목관	크 기 (길이×너비×높이)	210×50×?
	장폭비	?		장폭비	4.20:1
	장축방향	N-85°-E	목곽	크 기 (길이×너비×높이)	-
	두 향	?		장폭비	-
유물	토 기	파배(2)			
	철 기	-			
	청 동 기	-			
	옥 석 류	-			
	기 타	-			
특기사항					

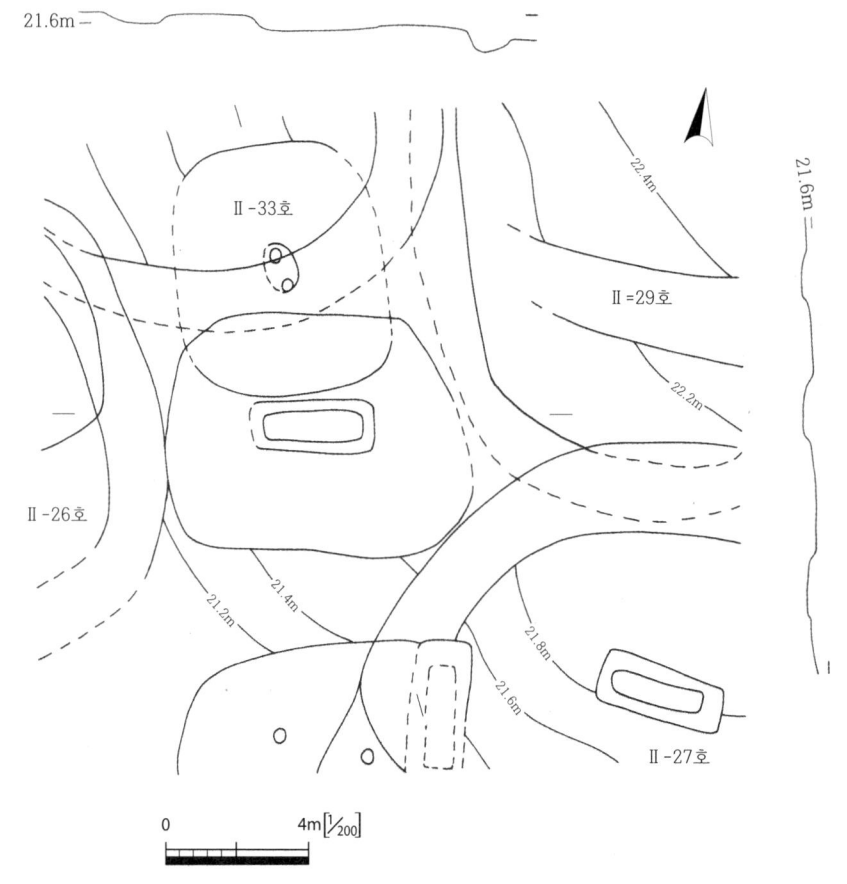

[토광]

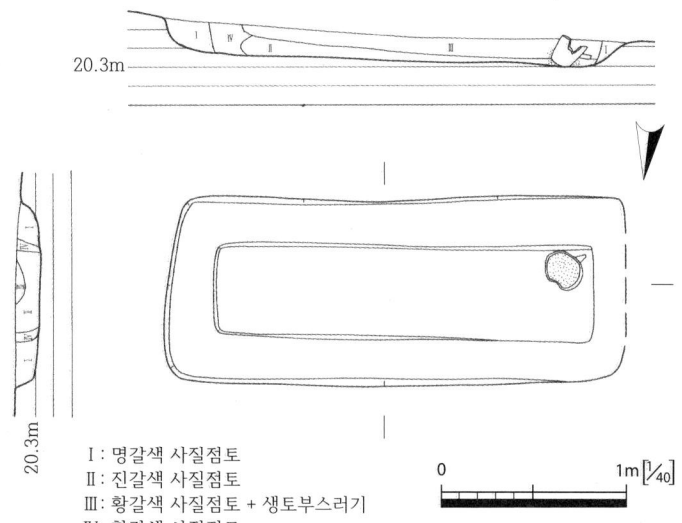

20.3m

20.3m

Ⅰ: 명갈색 사질점토
Ⅱ: 진갈색 사질점토
Ⅲ: 황갈색 사질점토 + 생토부스러기
Ⅳ: 황갈색 사질점토

0   1m[1/40]

[관내]

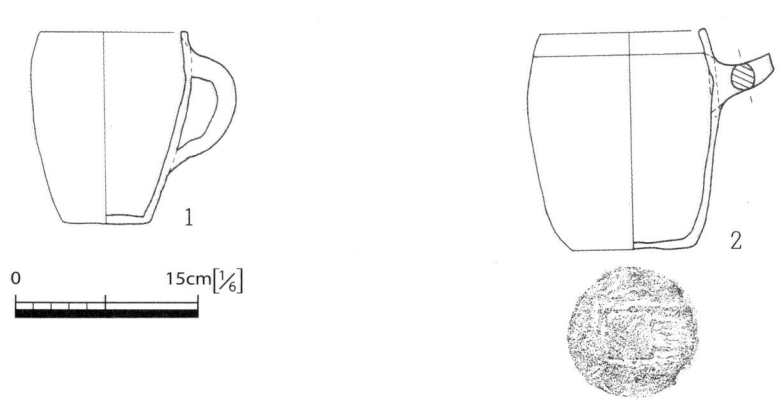

1

0   15cm[1/6]

2

II-33호 분구묘

(단위 : cm)

분구크기 (길이×너비×높이)	(900+)×(900+)×?	분구평면형태	(원형)
분구장폭비	?	분구장축방향	N-(25)°-W
매장시설	?	주구형태	?

유물	토 기	토기편(1:주구1)		
	철 기	-		
	청동기	-		
	옥석류	-		
	기 타	-		
특기사항				

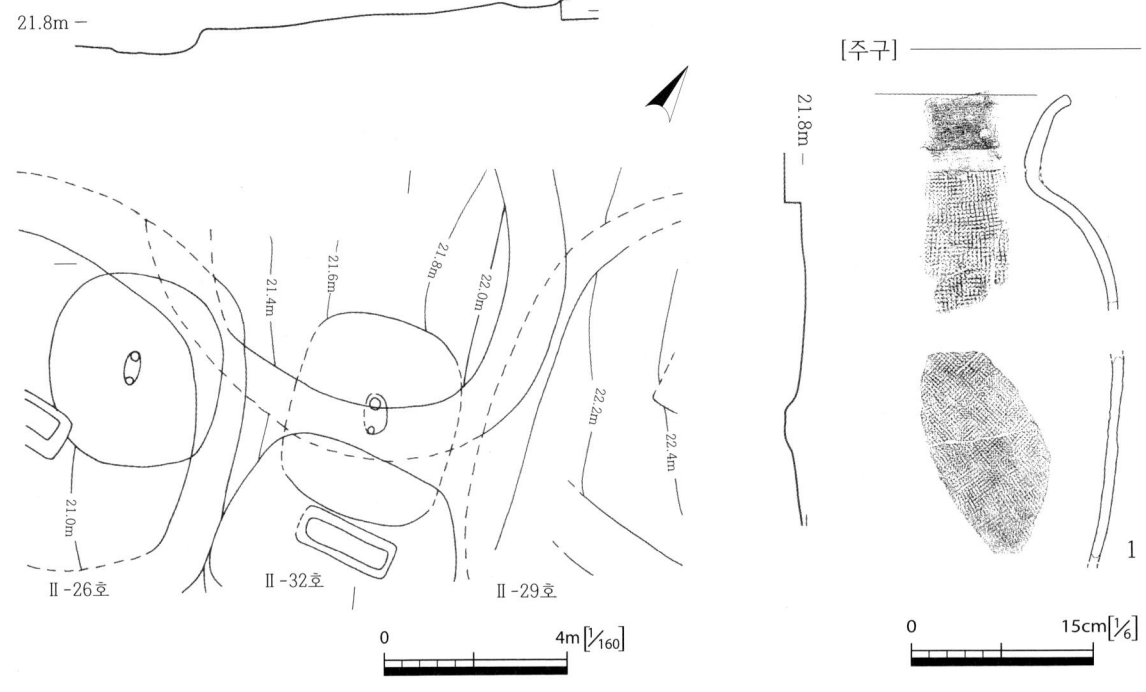

[주구]

II-26호   II-32호   II-29호

0   4m [1/160]

0   15cm [1/6]

1

II-34호 분구묘

(단위 : cm)

분구크기 (길이×너비×높이)	(1,000+)×(1,000+)×?	분구평면형태	(방형)
분구장폭비	?	분구장축방향	N-(85)°-W
매장시설	?	주구형태	'ㄷ'자형
유물 토 기		-	
철 기		-	
청 동 기		-	
옥 석 류		-	
기 타		-	
특기사항	출토유물 없음.		

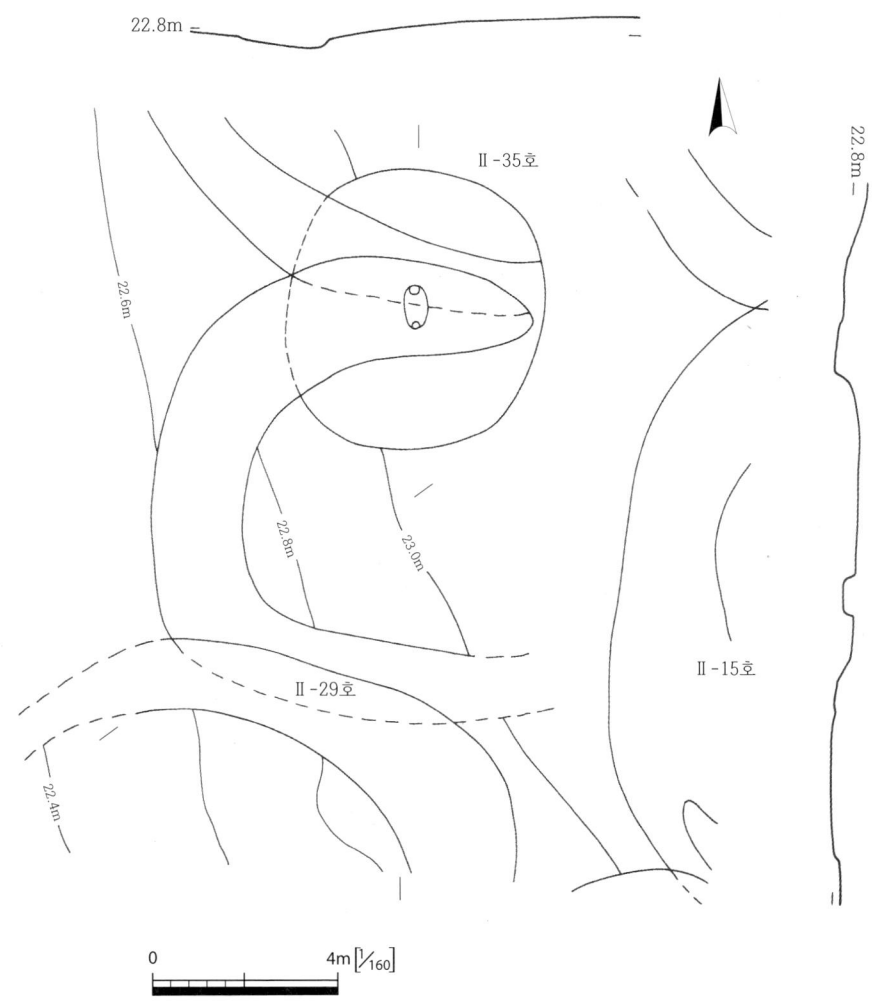

Ⅱ-35호 분구묘

(단위 : cm)

분 구 크 기 (길이×너비×높이)	?	분구평면형태	?
분구장폭비	?	분구장축방향	?
매 장 시 설	?	주구형태	?
유물 토 기	-		
철 기	-		
청 동 기	-		
옥 석 류	-		
기 타	-		
특기사항	출토유물 없음.		

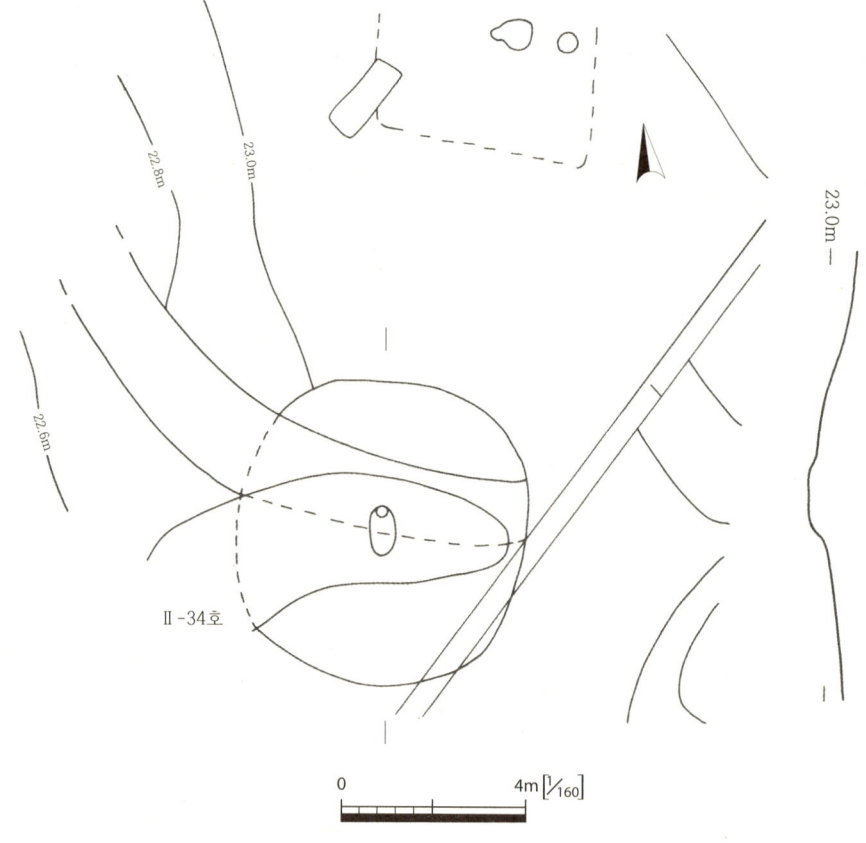

Ⅱ-34호

0   4m [¹⁄₁₆₀]

II -36호 분구묘

(단위 : cm)

분구크기 (길이×너비×높이)	1,380×920×?	분구평면형태		제형
분구장폭비	1.50:1	분구장축방향		N-(20)°-E
매장시설	토광(1)	주구형태		?
유물	토 기		-	
	철 기		-	
	청동기		-	
	옥석류		-	
	기 타		-	
특기사항	출토유물 없음. 보고서 기술과 유물 도면 스케일바 비율이 모두 상이하여 상호 조정하지 않고 자료집에 게재하였음.			

토광					
묘광	크 기 (길이×너비×깊이)	(120+)×(72+)×?	목관	크 기 (길이×너비×높이)	?
	장폭비	?		장폭비	?
	장축방향	N-75°-W	목곽	크 기 (길이×너비×높이)	-
	두 향	북서쪽		장폭비	-
유물	토 기	토기편(1)			
	철 기	환두도(1), 주조철부(1), 단조철부(1), 鐵鋌(2)			
	청동기		-		
	옥석류		-		
	기 타		-		
	특기사항				

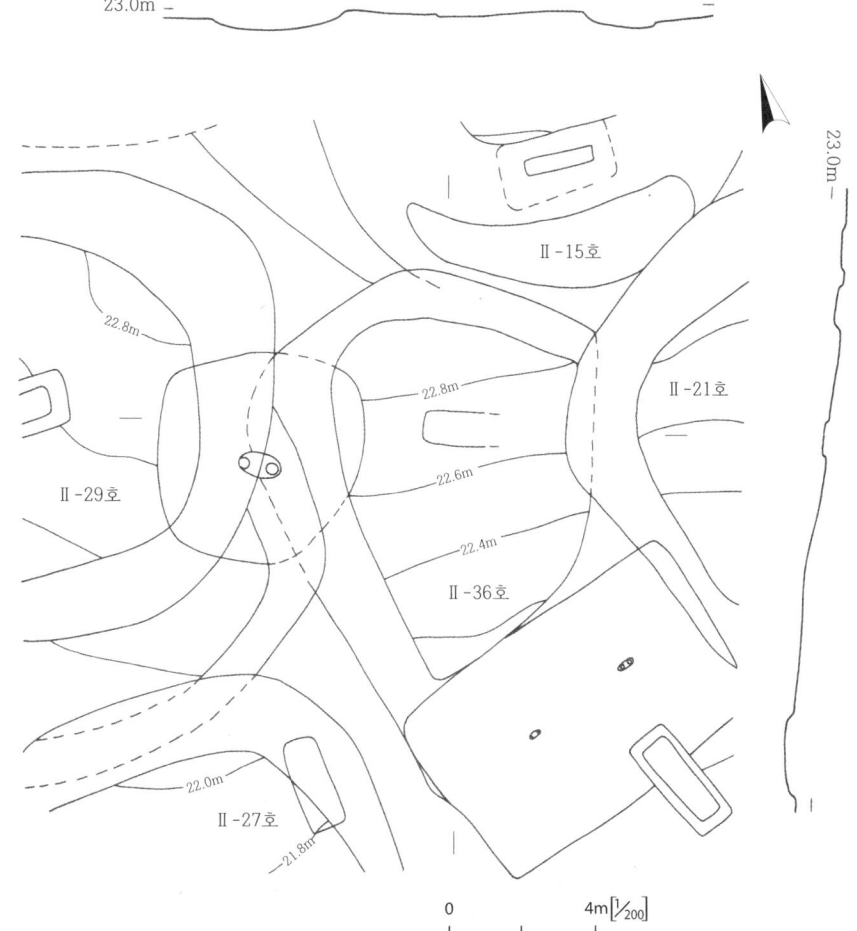

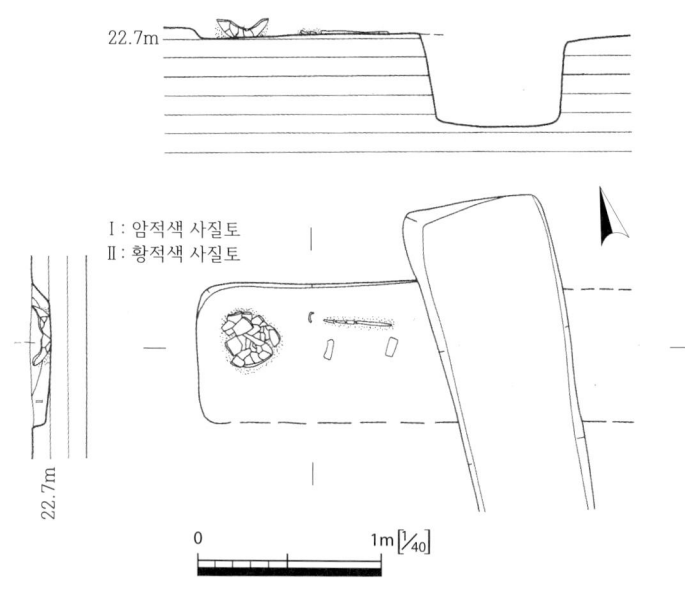

22.7m

Ⅰ : 암적색 사질토
Ⅱ : 황적색 사질토

22.7m

0   1m[¹⁄₄₀]

[출토유물]

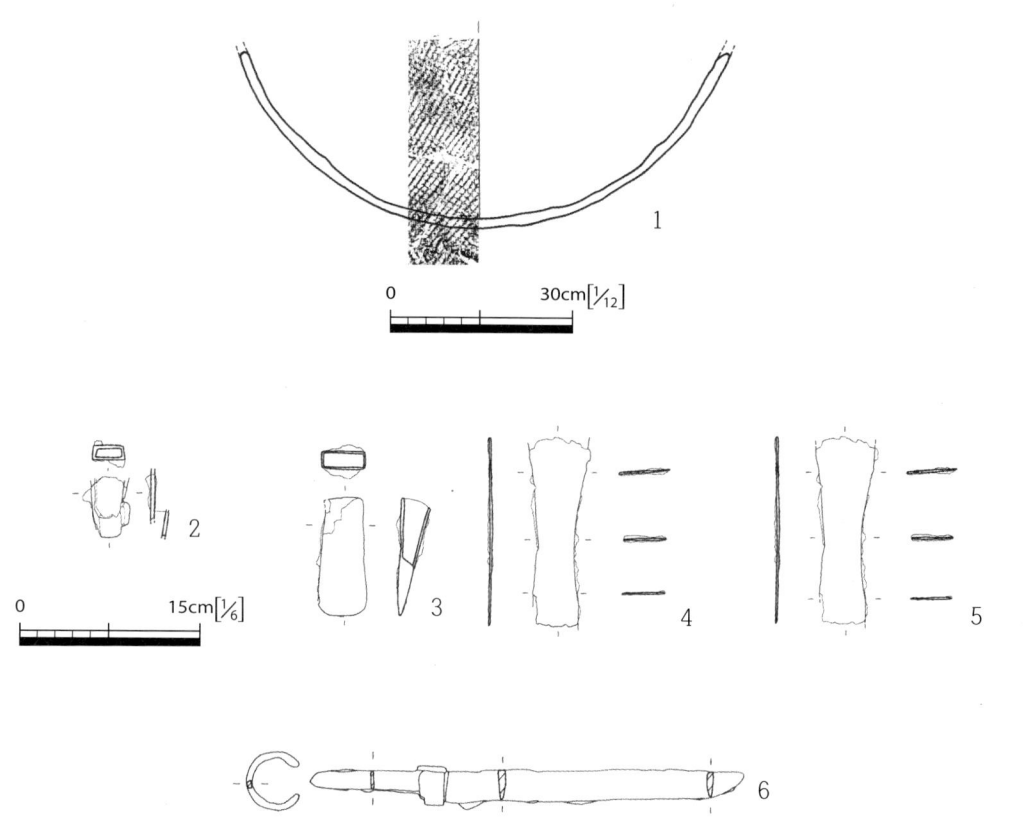

0   30cm[¹⁄₁₂]

1

2

3

4

5

6

0   15cm[¹⁄₆]

II-37호 분구묘

(단위 : cm)

분구크기 (길이×너비×높이)	(960+)×(600+)×?	분구평면형태	(방형)
분구장폭비	?	분구장축방향	N-(85)°-W
매장시설	?	주구형태	'ㄷ'자형

유물	토 기	토기편(3:주구3)		
	철 기	-		
	청동기	-		
	옥석류	-		
	기 타	-		
특기사항		출토유물 없음.		

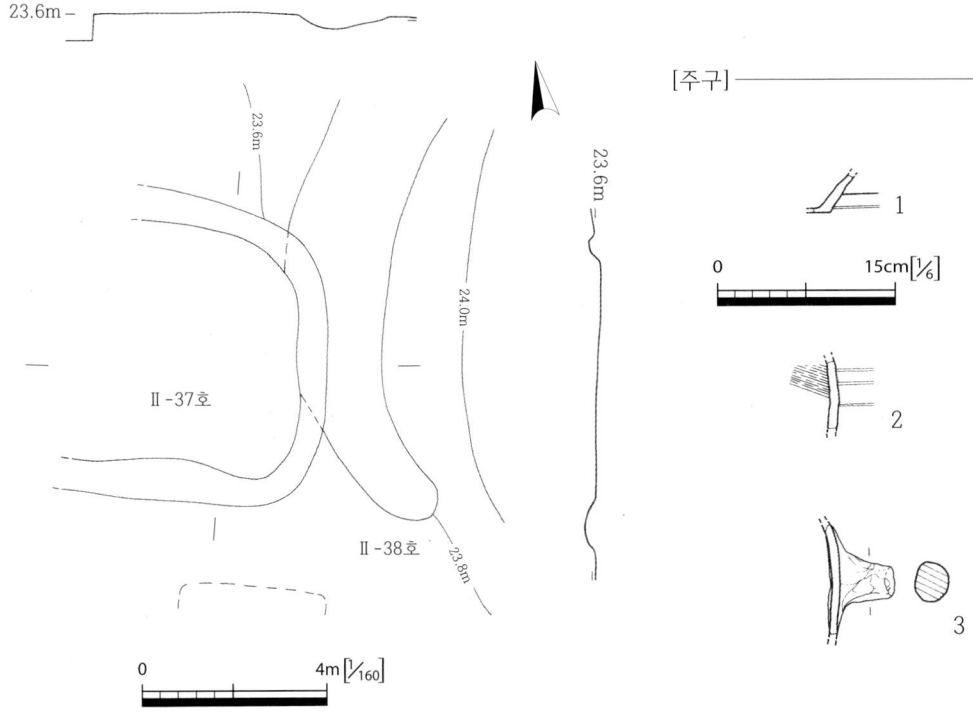

Ⅱ-38호 분구묘

(단위 : cm)

분 구 크 기 (길이×너비×높이)	(1,500+)×?×?	분구평면형태	?
분구장폭비	?	분구장축방향	N-(20)°-E
매 장 시 설	?	주구형태	('ㄷ'자형)
유물 토 기	완(1), 토기편(4:주구4)		
유물 철 기	-		
유물 청 동 기	-		
유물 옥 석 류	-		
유물 기 타	-		
특기사항			

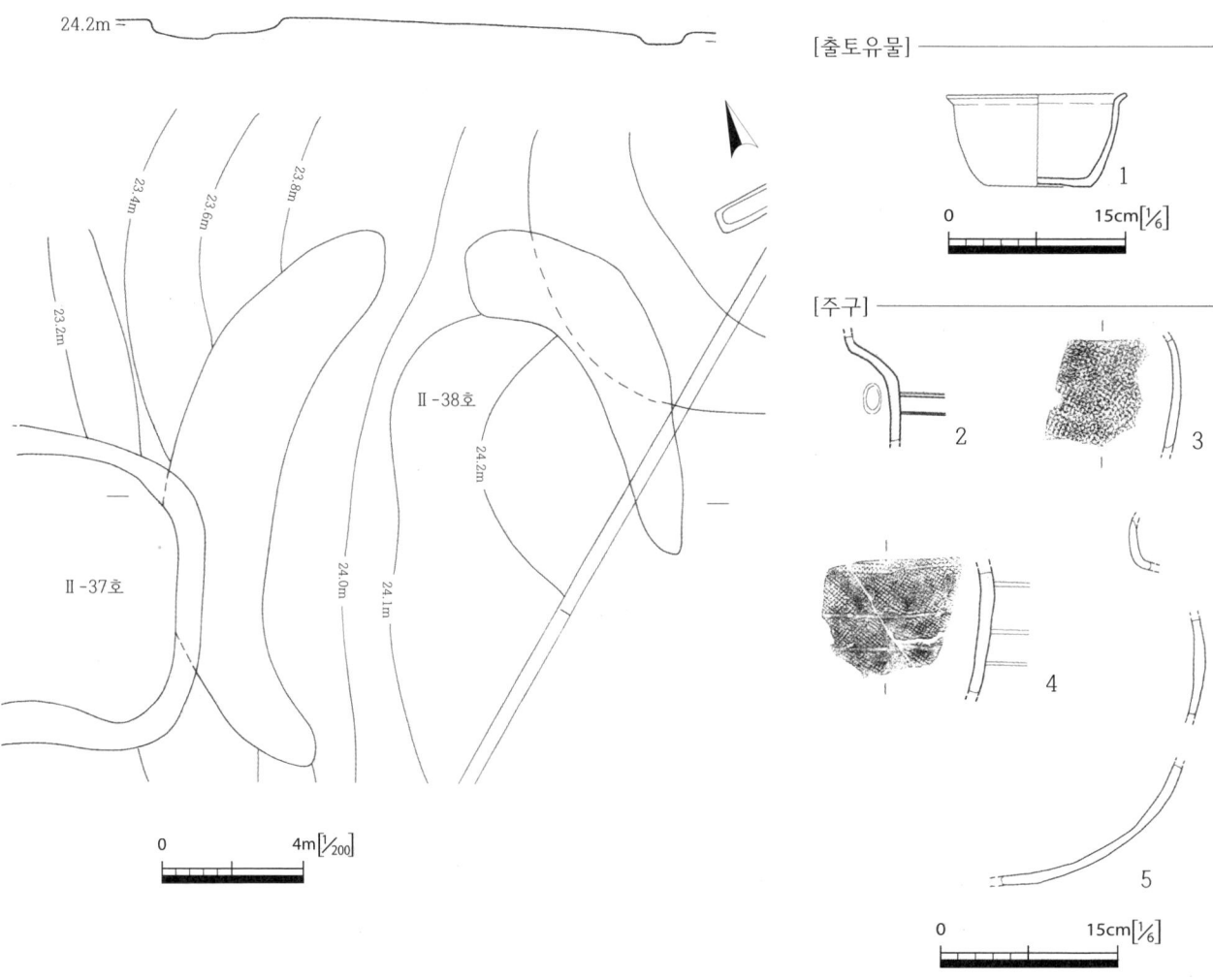

[출토유물]

1

[주구]

2

3

4

5

II-39호 분구묘

(단위 : cm)

분구크기 (길이×너비×높이)	840×770×?	분구평면형태	방형
분구장폭비	1.10:1	분구장축방향	N-(40)°-E
매장시설	-	주구형태	'ㅁ'자형
유물 토기	토기편(1:주구1)		
유물 철기	-		
유물 청동기	-		
유물 옥석류	-		
유물 기타	-		
특기사항	보고서 기술과 유물 도면 스케일바 비율이 모두 상이하여 상호 조정하지 않고 자료집에 게재하였음.		

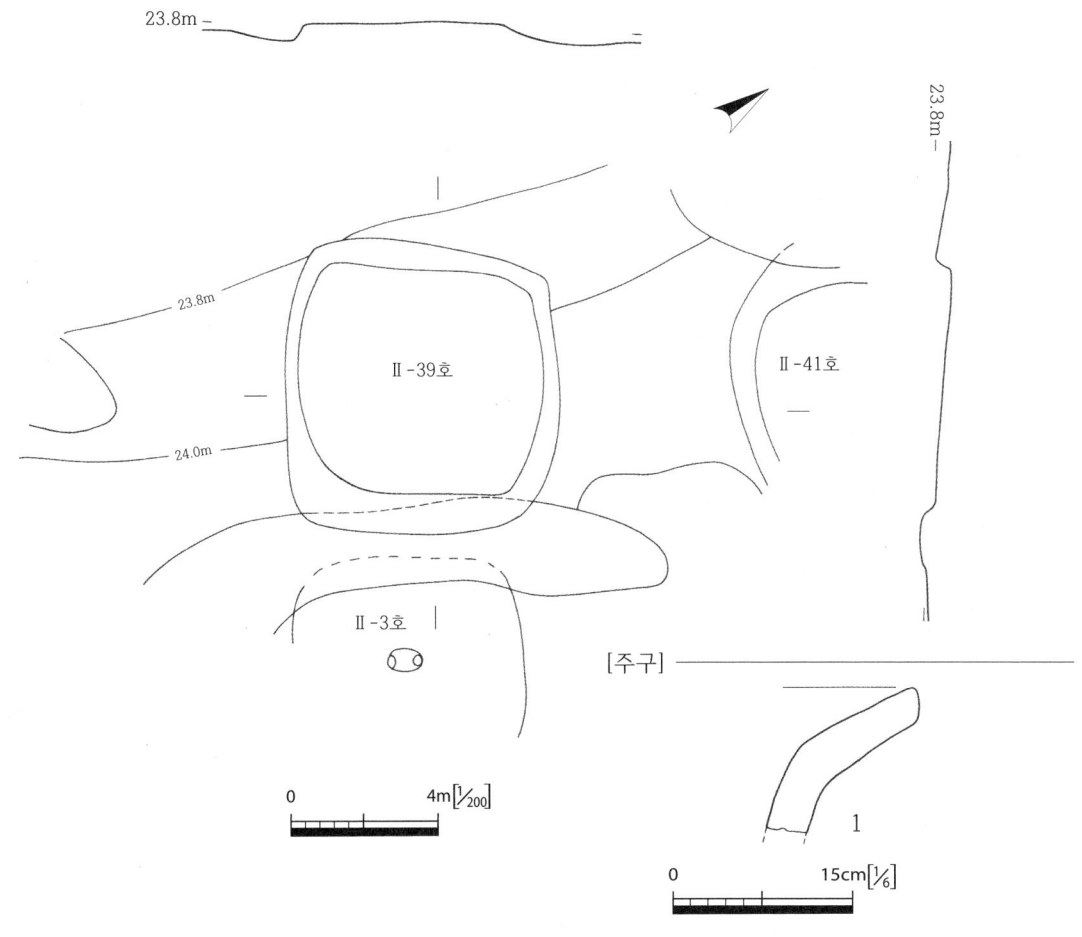

417

해미 기지리유적

II-40호 분구묘

(단위 : cm)

분구 크기 (길이×너비×높이)	(1,200+)×(700+)×?		분구평면형태	제형
분구장폭비	?		분구장축방향	N-(70)°-W
매 장 시 설	토광(1)		주구형태	('○'자형)
유물	토 기	-		
	철 기	-		
	청 동 기	-		
	옥 석 류	-		
	기 타	-		
특기사항	출토유물 없음.			
토광				
묘광	크 기 (길이×너비×깊이)	220×94×?	목관	크 기 (길이×너비×높이)	184×56×?
	장폭비	2.34:1		장폭비	3.29:1
	장축방향	N-75°-W	목곽	크 기 (길이×너비×높이)	-
	두 향	북서쪽		장폭비	-
유물	토 기	토기편(2)		
	철 기	-		
	청 동 기	-		
	옥 석 류	-		
	기 타	-		
특기사항				

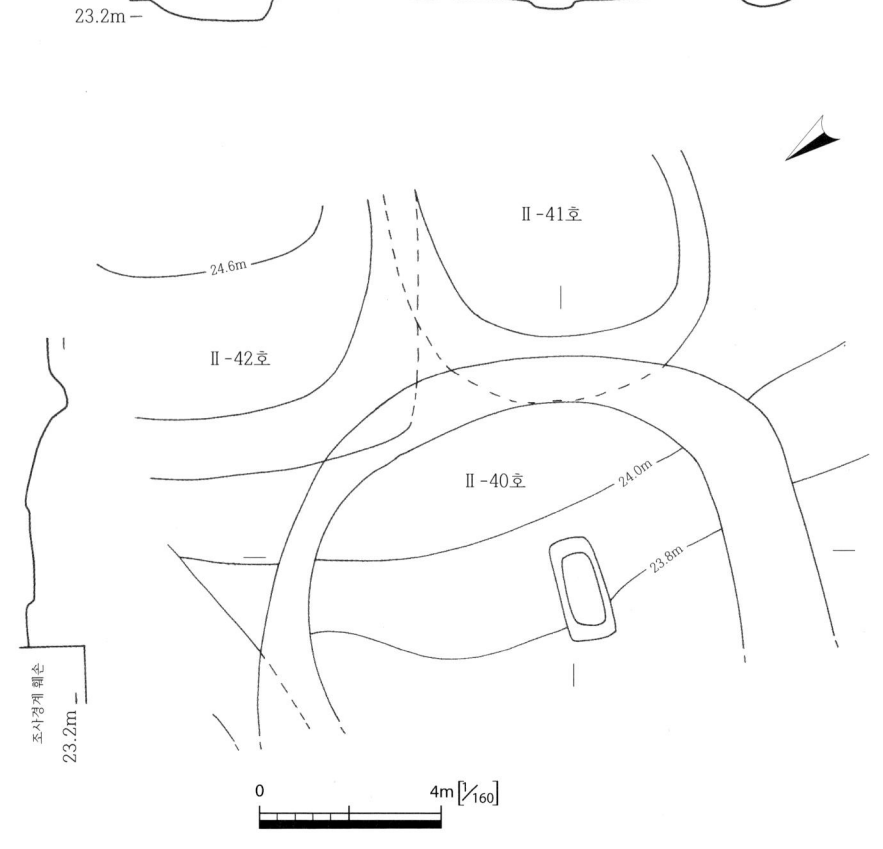

[토광]

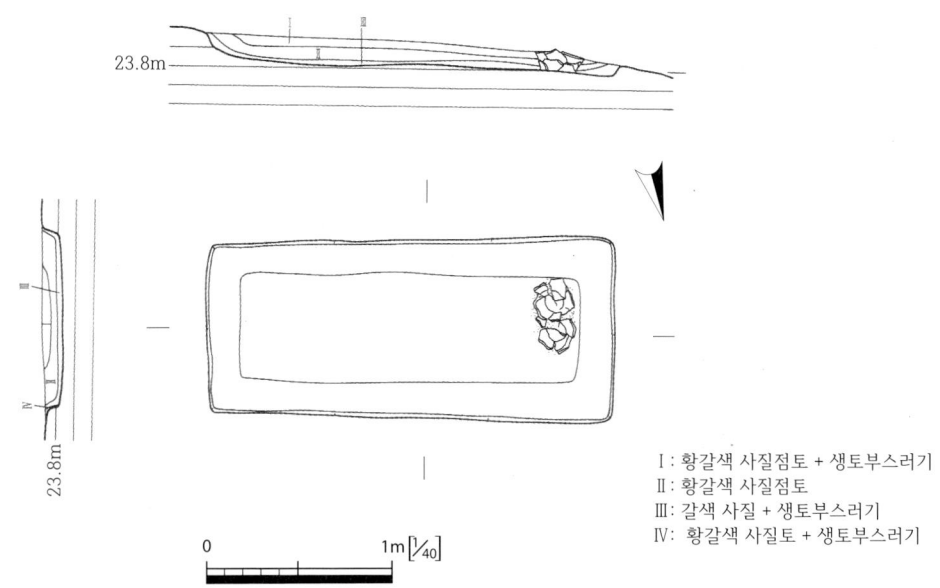

23.8m

23.8m

Ⅰ: 황갈색 사질점토 + 생토부스러기
Ⅱ: 황갈색 사질점토
Ⅲ: 갈색 사질 + 생토부스러기
Ⅳ: 황갈색 사질토 + 생토부스러기

0   1m[1/40]

[관내]

1

2

0   15cm[1/6]

II-41호 분구묘

(단위 : cm)

분 구 크 기 (길이×너비×높이)	(840+)×(920+)×?	분구평면형태	원형
분구장폭비	?	분구장축방향	N-(70)°-W
매 장 시 설	?	주구형태	('ㅇ'자형)
유물	토 기	-	
	철 기	-	
	청 동 기	-	
	옥 석 류	-	
	기 타	-	
특기사항	출토유물 없음.		

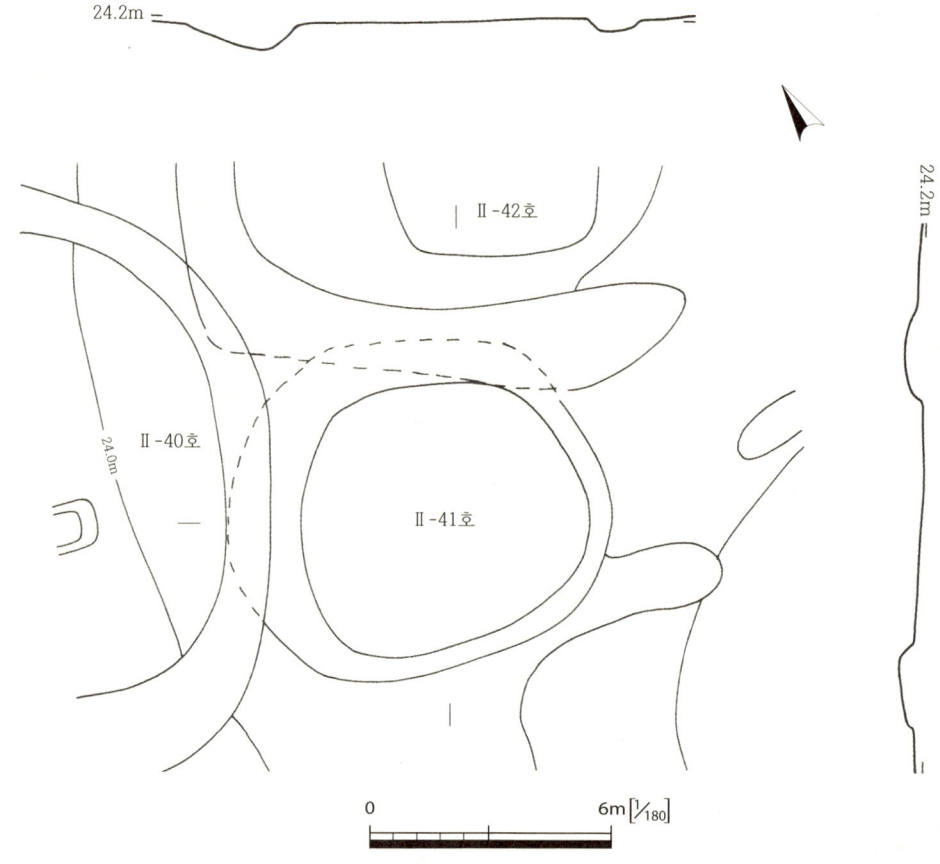

II-42호 분구묘

(단위 : cm)

분구크기 (길이×너비×높이)	1,160×(960+)×?	분구평면형태	?
분구장폭비	?	분구장축방향	?
매장시설	?	주구형태	?
유물 토기	옹(1)		
철기	-		
청동기	-		
옥석류	-		
기타	-		
특기사항			

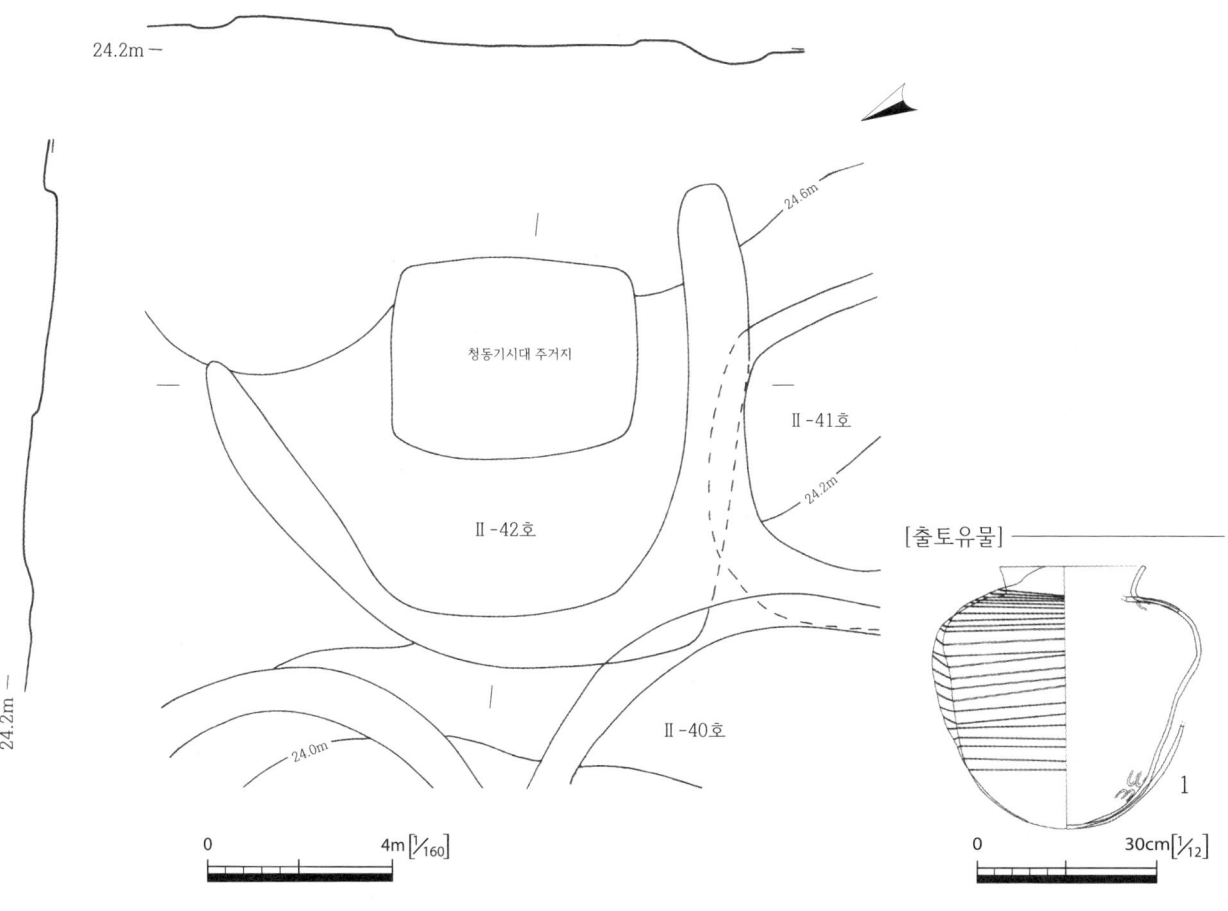

청동기시대 주거지

II-42호

II-41호

II-40호

24.2m

24.6m

24.2m

24.0m

24.2m

[출토유물]

1

0 _____ 4m [1/160]

0 _____ 30cm [1/12]

II-43호 분구묘

(단위 : cm)

분구크기 (길이×너비×높이)	(1,040+)×(1,040+)×?	분구평면형태	?
분구장폭비	?	분구장축방향	?
매장시설	-	주구형태	?
유물 · 토 기		-	
유물 · 철 기		-	
유물 · 청동기		-	
유물 · 옥석류		-	
유물 · 기 타		-	
특기사항	출토유물 없음.		

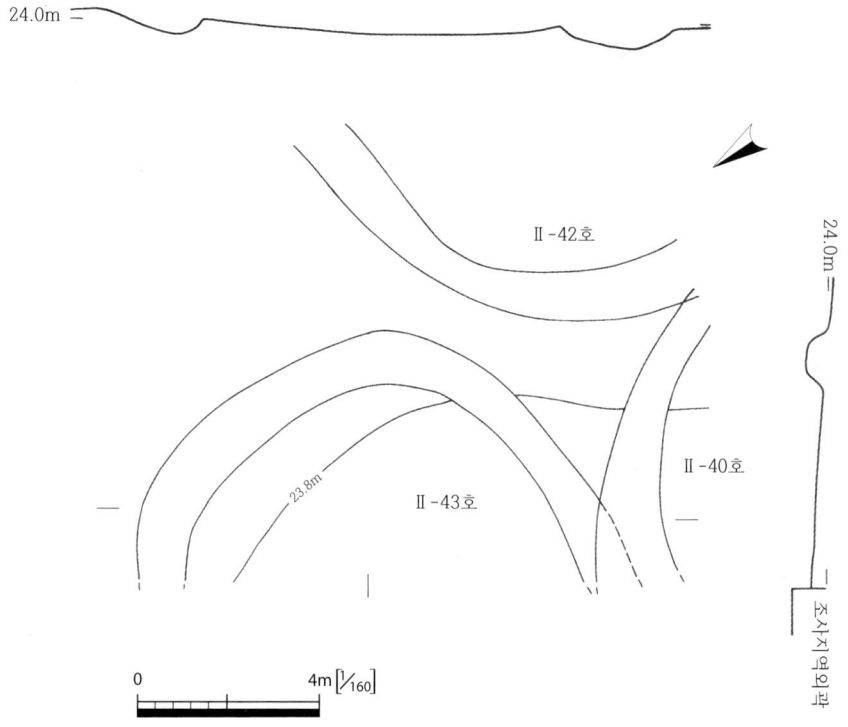

II-44호 분구묘

(단위 : cm)

분구크기 (길이×너비×높이)	920×960×?	분구평면형태		제형
분구장폭비	0.96:1	분구장축방향		N-(60)°-W
매장시설	-	주구형태		('ㅇ'자형)
유물	토 기	단경호(1)		
	철 기	-		
	청동기	-		
	옥석류	-		
	기 타	-		
특기사항		II-1호 및 45호와 연접되었음.		

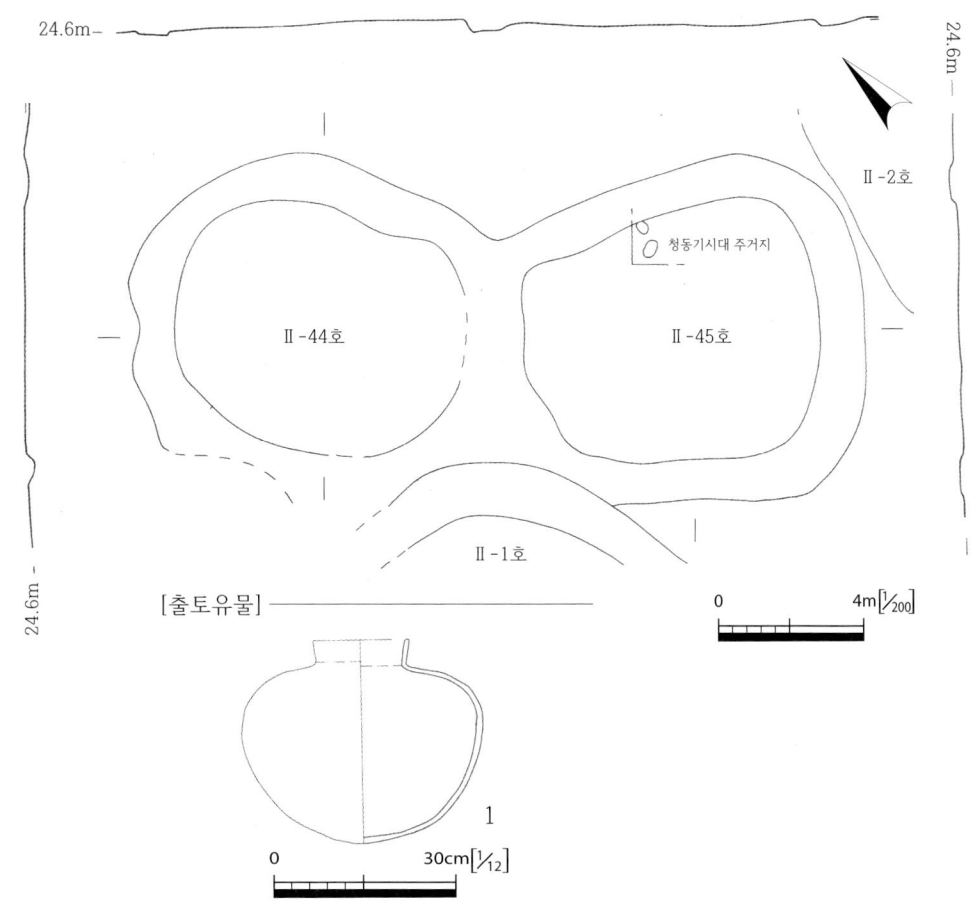

II-44호

II-45호

청동기시대 주거지

II-2호

II-1호

24.6m

24.6m

24.6m

0   4m[1/200]

[출토유물]

1

0   30cm[1/12]

II-45호 분구묘

(단위 : cm)

분구크기 (길이×너비×높이)	1,000×920×?	분구평면형태	(제형)
분구장폭비	1.09:1	분구장축방향	N-(60)°-W
매장시설	-	주구형태	('ㅁ'자형)
유물 · 토 기	-		
철 기	-		
청 동 기	-		
옥 석 류	-		
기 타	-		
특기사항	II-1호 및 44호와 연접됨.		

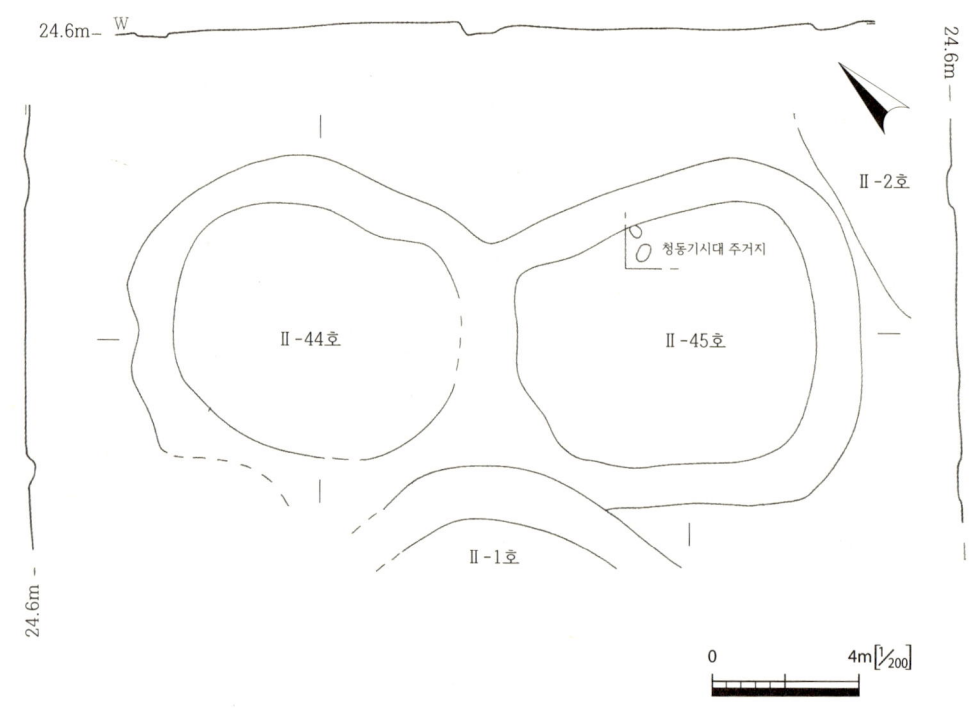

II-46호 분구묘

(단위 : cm)

분구크기 (길이×너비×높이)	1,400×1,100×?		분구평면형태	장방형
분구장폭비	1.27:1		분구장축방향	N-(85)°-E
매 장 시 설	토광(2)		주구형태	('ㅁ'자형)

유물	토 기	심발형토기(1:주구1), 토기편(1:주구1)			
	철 기	-			
	청 동 기	-			
	옥 석 류	-			
	기 타	-			
	특기사항				

1호 토광				
묘광	크 기 (길이×너비×깊이)	340×128×?	목관	크 기 (길이×너비×높이)	278×76×?

묘광	장 폭 비	2.64:1		장 폭 비	3.66:1
	장축방향	N-(85)°-E	목곽	크 기 (길이×너비×높이)	-
	두 향	?		장 폭 비	-
유물	토 기	단경호(1), 광구장경호(1)			
	철 기	-			
	청 동 기	-			
	옥 석 류	-			
	기 타	-			
	특기사항				

2호 토광				
묘광	크 기 (길이×너비×깊이)	274×122×?	목관	크 기 (길이×너비×높이)	218×50×?
	장 폭 비	2.25:1		장 폭 비	4.36:1
	장축방향	N-(85)°-W	목곽	크 기 (길이×너비×높이)	-
	두 향	?		장 폭 비	-
유물	토 기	단경호(2)			
	철 기	鐵鋌(1)			
	청 동 기	-			
	옥 석 류	-			
	기 타	-			
	특기사항	鐵鋌 1점 도면 미게재.			

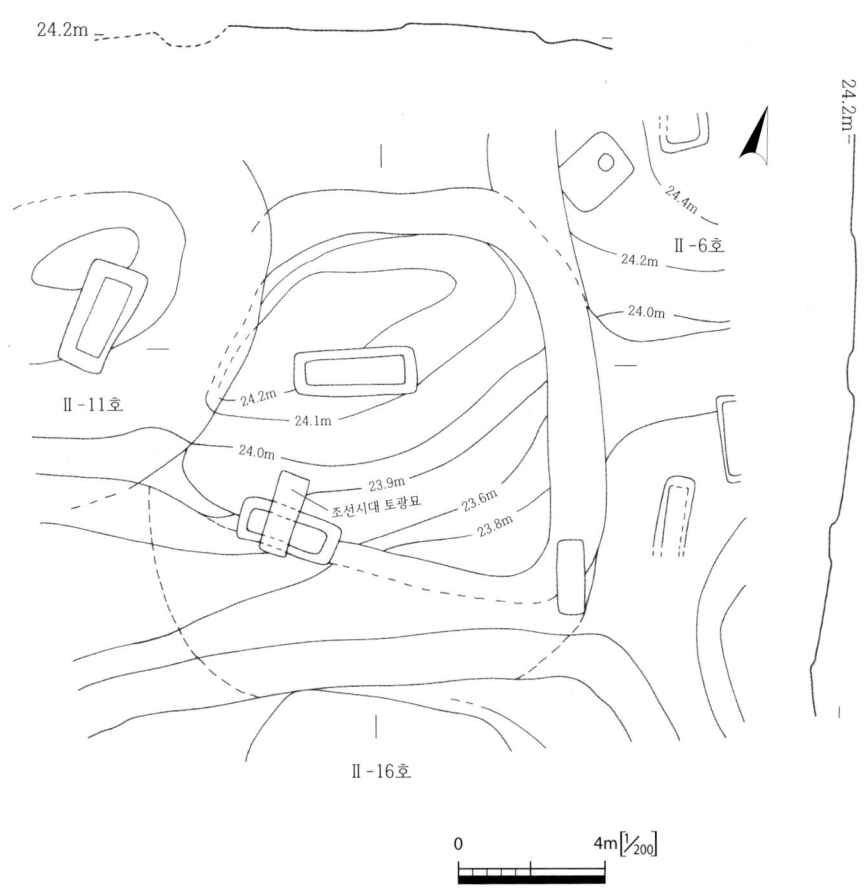

24.2m

24.2m

24.4m

II-6호

24.2m

24.0m

II-11호

24.2m

24.1m

24.0m

23.9m

조선시대 토광묘

23.6m

23.8m

II-16호

0   4m $\left[\frac{1}{200}\right]$

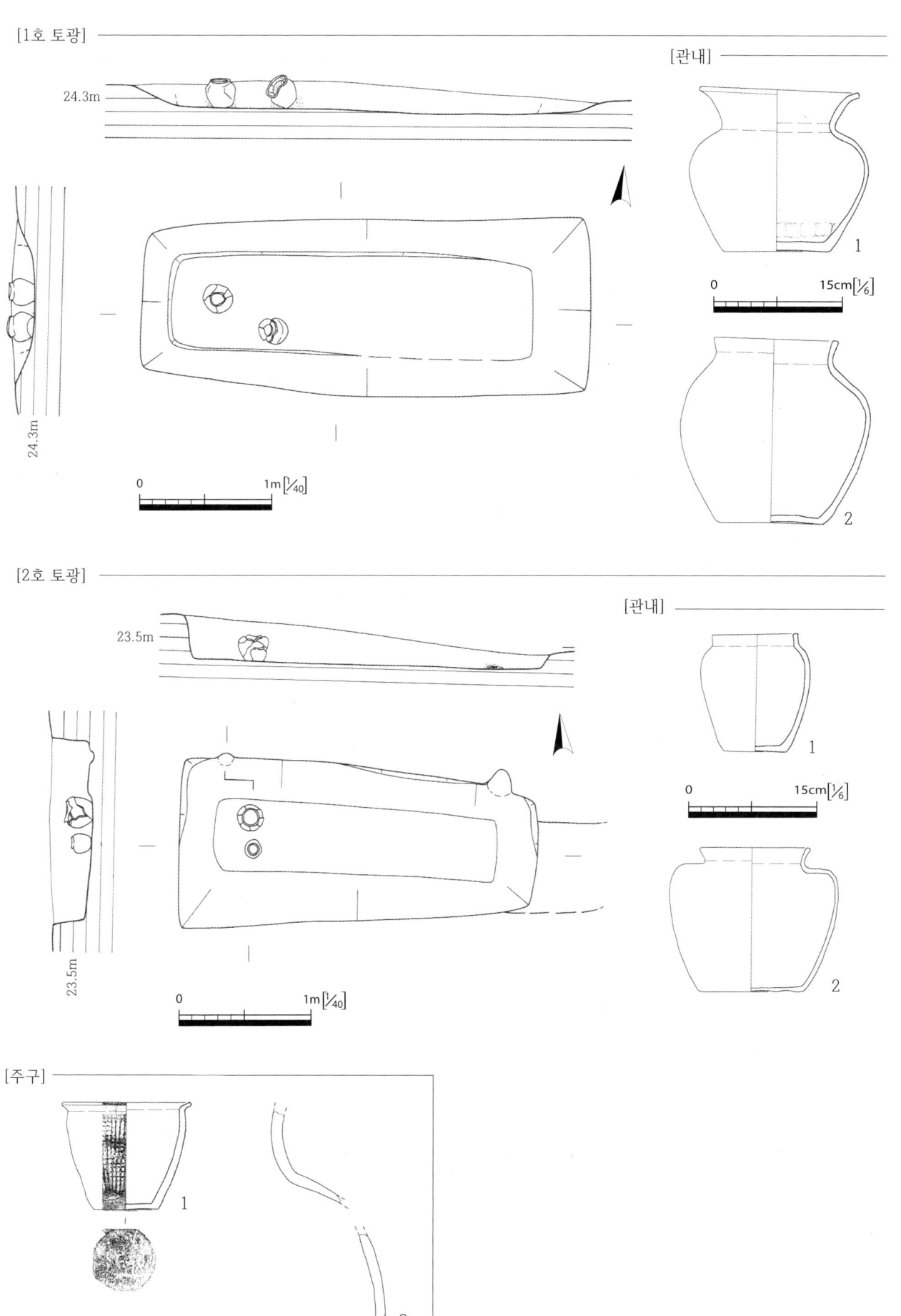

[1호 토광]

24.3m

24.3m

[관내]

1

0   15cm[1/6]

2

0   1m[1/40]

[2호 토광]

23.5m

23.5m

[관내]

1

0   15cm[1/6]

2

0   1m[1/40]

[주구]

1

2

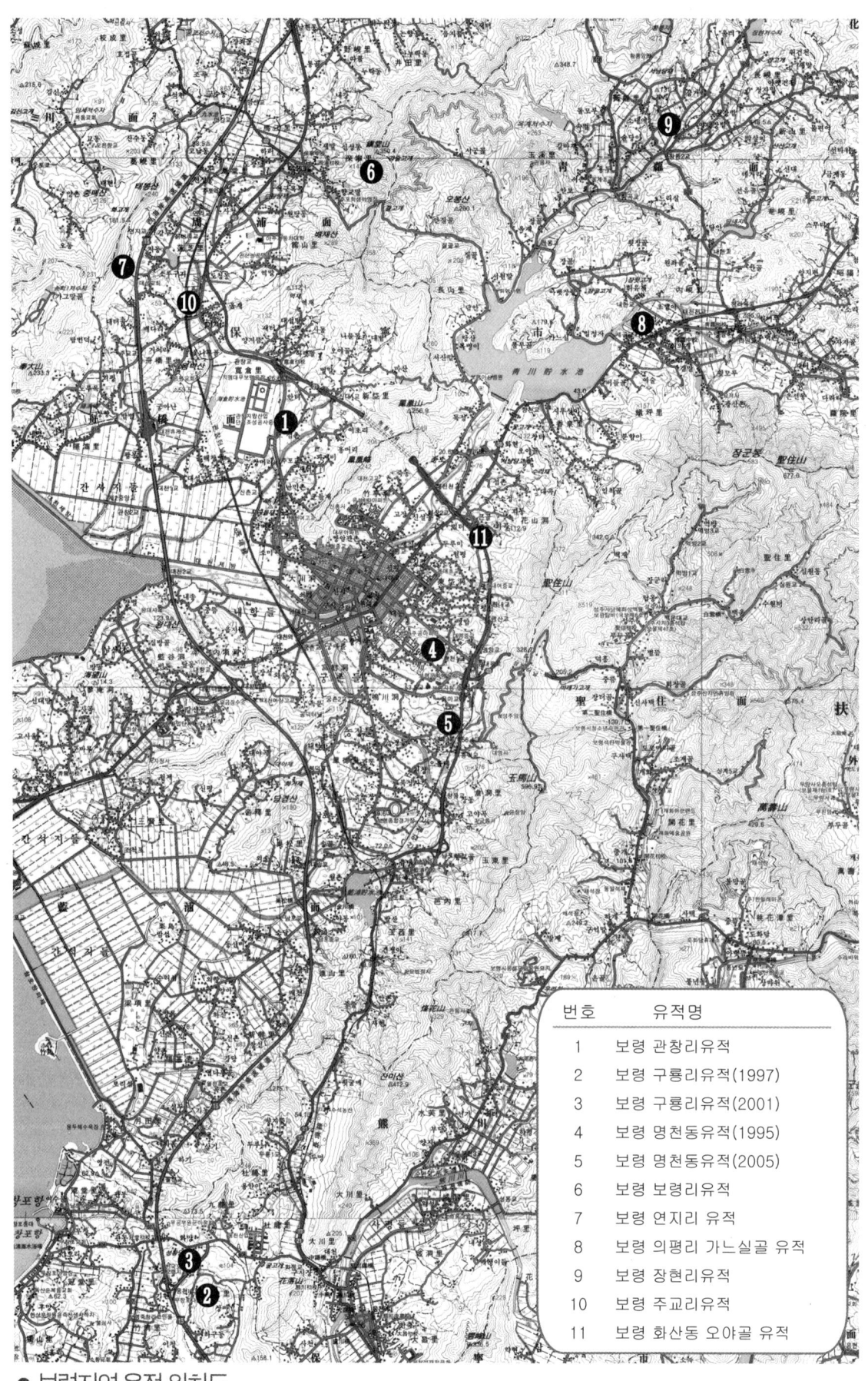

번호	유적명
1	보령 관창리유적
2	보령 구룡리유적(1997)
3	보령 구룡리유적(2001)
4	보령 명천동유적(1995)
5	보령 명천동유적(2005)
6	보령 보령리유적
7	보령 연지리 유적
8	보령 의평리 가느실골 유적
9	보령 장현리유적
10	보령 주교리유적
11	보령 화산동 오야골 유적

● 보령지역 유적 위치도

보령 관창리유적 保寧 寬倉里遺蹟

조사사유	관창공단 건설에 따른 구제발굴조사
조사연혁	지표조사 : 1993. 08. 21 ~ 08. 30(高麗大學校 埋藏文化財研究所)) 시굴조사 : 1994. 09. 01. ~ 1994. 09. 21. (高麗大學校 埋藏文化財研究所) 발굴조사 : 1994. 11. 01. ~ 1995. 10. 31. (高麗大學校 埋藏文化財研究所)
유적위치	충청남도 보령시 주교면 관창리 산 11-8번지 일원
	경·위도 127°08'26''E / 36°88'59''N
유적입지	관창리 유적은 해발 10~36m에 해당하며, 남북방향의 주구릉과 계곡을 사이에 두고 동쪽으로 갈래를 이룬 두 개의 구릉으로 이루어져 있다. 분구묘는 구릉이 갈라지기 전 해발 30m 지점에서부터 남북방향 구릉의 10m에 이르기까지 능선 정상부와 서쪽 사면에 집중 분포하고 있다.
유구현황	**초기철기시대** — -
	원삼국시대 — 분구묘(99)
	삼국시대 — -
	기타 — -
주요유물	점토대토기, 두형토기, 흑색마연토기, 호, 옹, 모, 촉, 단조철부, 등
시대·성격	관창리유적은 우리나라에서 최초로 발견된 최초의 분구묘 유적이다. 분구묘는 구릉의 정상부에서 서측사면에 집중 분포하고 있다. 구릉의 경사도가 거의 같음에도 불구하고 동측사면을 이용하지 않은 것은 서쪽에만 분포한 당시의 주거군과 서로 상면할 수 있는 방향에 무덤의 위치를 정한 것으로 보인다. 배치상태는 전체적으로 몇 개의 군을 이루고 있지만 중복관계가 나타나지 않아 일정한 규칙속에서 축조되었을 것이다. 출토유물은 제사용으로 사용되었을 것으로 보이는 두형퇴, 점토대토기, 흑색마연토기, 동경, 관옥, 호, 무문토기 등이 확인되었다. 유물상으로 보아 관창리유적의 축조시기도 기원전 3~2세기대가 중심이었을 것으로 보인다.
참고문헌	高麗大學校 埋藏文化財研究所, 1997, 『保寧 寬倉里 周溝墓』, 研究叢書 第6輯.

KM-401호 분구묘

(단위 : cm)

분 구 크 기 (길이×너비×높이)	2,400×2,280×(240+)	분구평면형태	?
분구장폭비	1.05:1	분구장축방향	N-(30)°-W
매 장 시 설	?	주구형태	('ㅁ'자형)
유물 토 기	개(1), 완(1), 병(1), 토기편(31)		
유물 철 기	-		
유물 청 동 기	-		
유물 옥 석 류	석촉(1)		
유물 기 타	토제 구슬(1)		
특기사항			

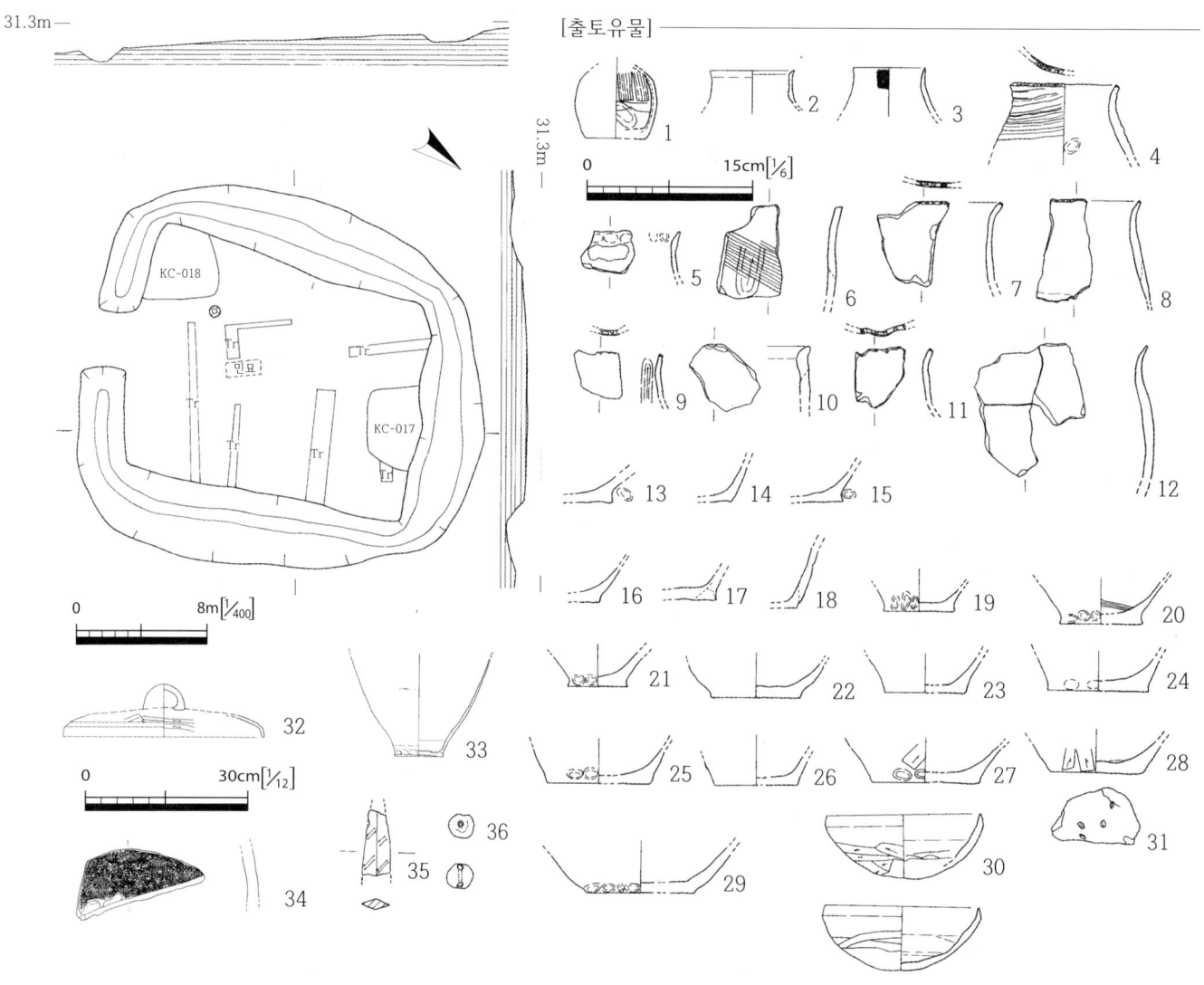

31.3m —

31.3m —

[출토유물]

0   15cm[1/6]

0   8m[1/400]

0   30cm[1/12]

KM-402호 분구묘

(단위 : cm)

분구크기 (길이×너비×높이)	810×600×?	분구평면형태	?
분구장폭비	1.35:1	분구장축방향	N-(65)°-W
매장시설	?	주구형태	('ㅁ'자형)
유물	토 기	옹-(1), 토기편(12)	
	철 기	-	
	청동기	-	
	옥석류	-	
	기 타	-	
특기사항			

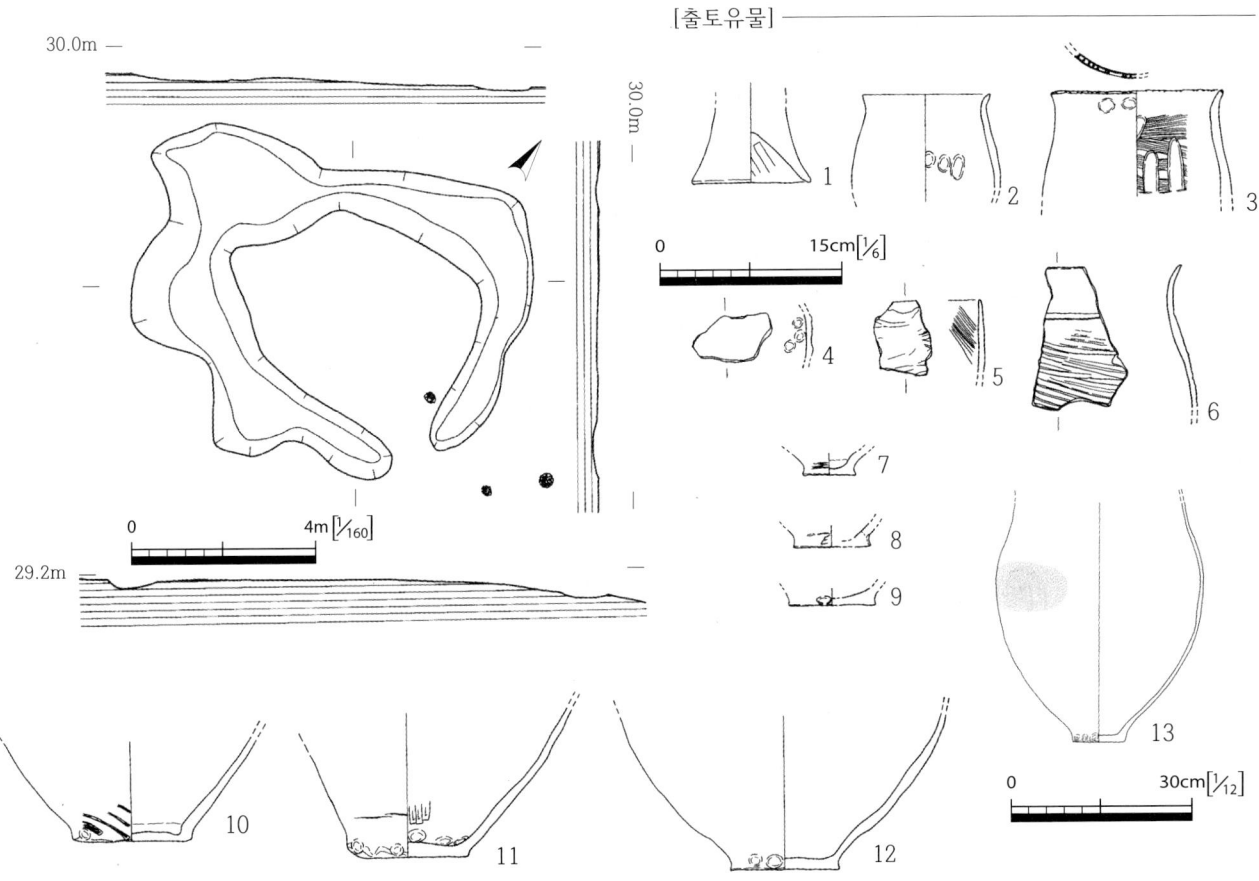

[출토유물]

KM-403호 분구묘

(단위 : cm)

분 구 크 기 (길이×너비×높이)	1,080×(760+)×?	분구평면형태	?
분구장폭비	?	분구장축방향	N-(20)°-W
매 장 시 설	?	주구형태	('ㄷ'자형)
유물	토 기	토기편(1)	
	철 기	-	
	청 동 기	-	
	옥 석 류	-	
	기 타	-	
특기사항	해발고도 미기술.		

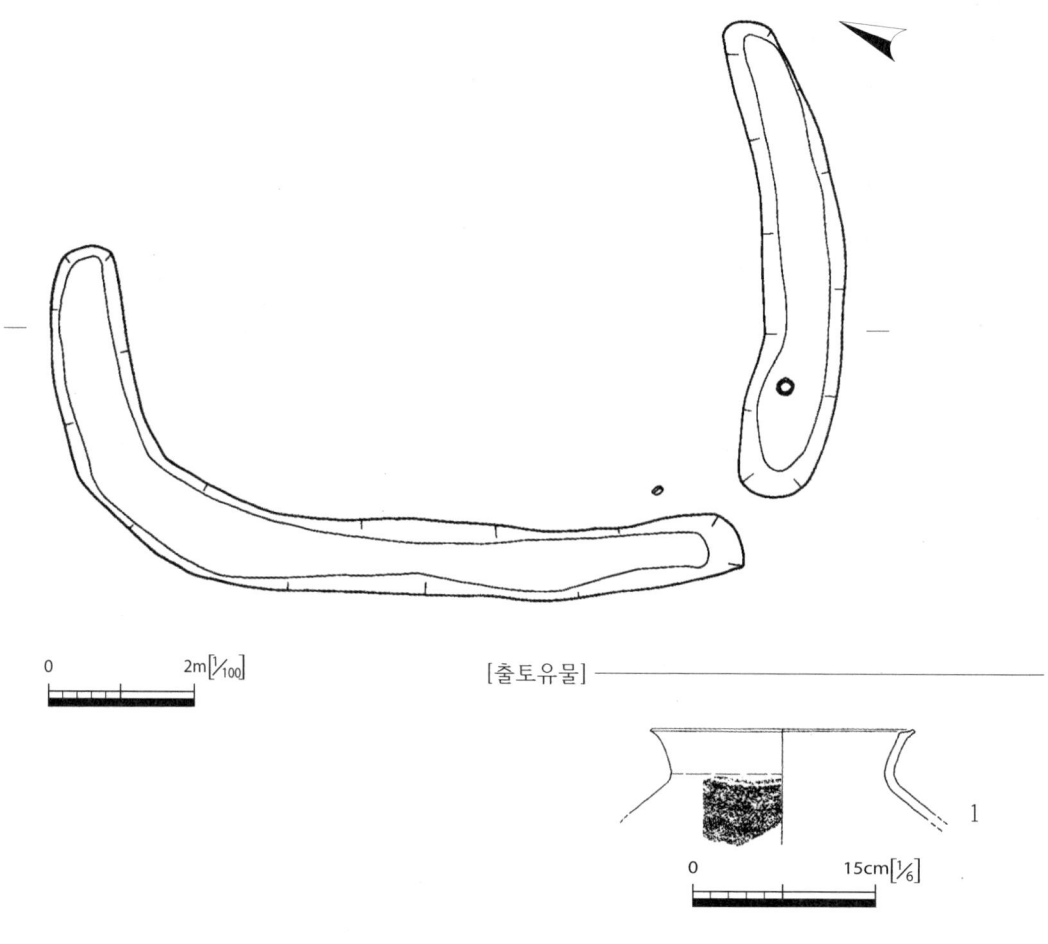

0   2m[1/100]

[출토유물]

0   15cm[1/6]

1

KM-404호 분구묘

(단위 : cm)

분구크기 (길이×너비×높이)	2,120×1,830×?	분구평면형태	(방형)
분구장폭비	1.16:1	분구장축방향	N-(30)°-W
매장시설	토광(1)	주구형태	'ㅁ'자형

유물	토기	옹(2), 토기편(26)		
	철기	촉(1)		
	청동기	-		
	옥석류	석촉(1), 용도미상(3)		
	기타	-		
특기사항		유물의 출토 위치 명확하지 않음.		

1호 토광				
묘광	크기 (길이×너비×깊이)	365×130×(10+)	목관	크기 (길이×너비×높이)	?
	장폭비	2.80:1		장폭비	?
	장축방향		목곽	크기 (길이×너비×높이)	-
	두향	?		장폭비	-
유물	토기	토기편(1)		
	철기	촉(1), 도자(1)		
	청동기	-		
	옥석류	-		
	기타	-		
특기사항				

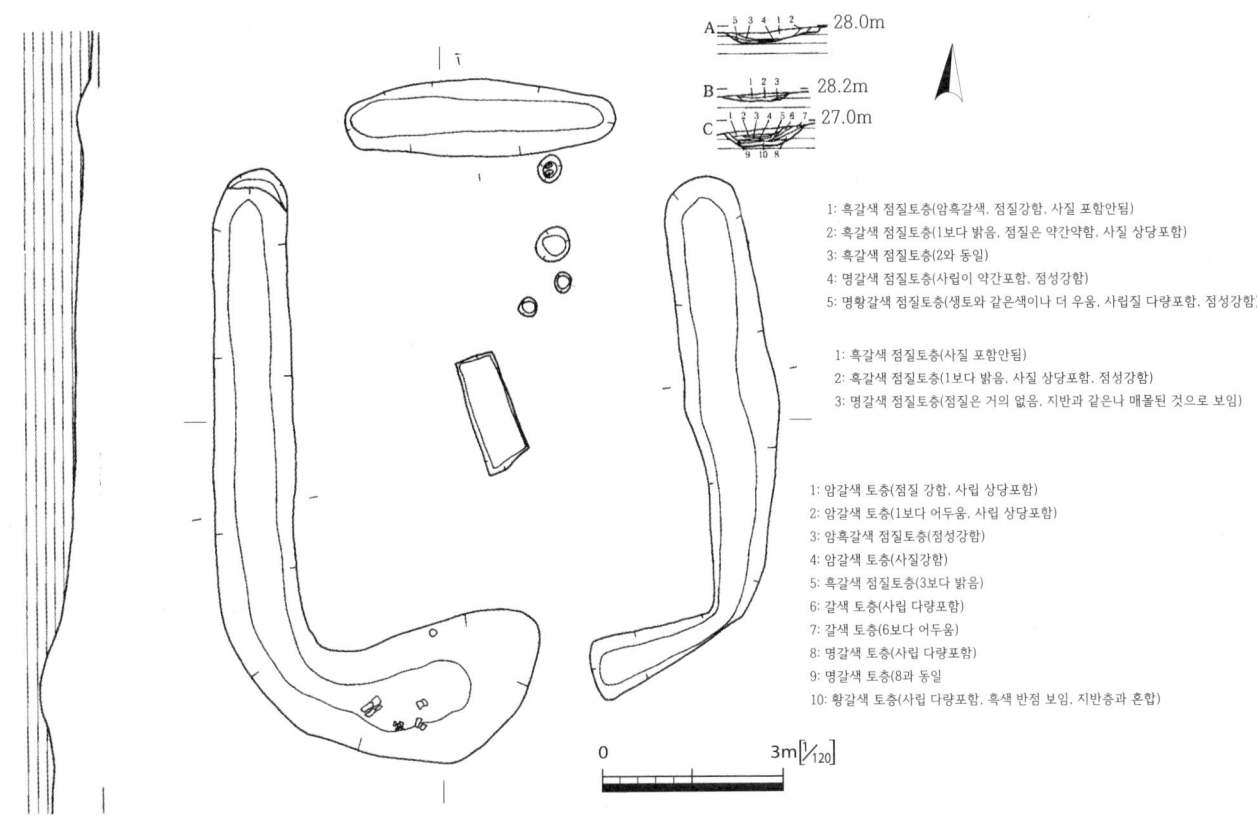

A — 5 3 4 1 2 — 28.0m
B — 1 2 3 — 28.2m
C — 27.0m
    9 10 8

1: 흑갈색 점질토층(암흑갈색, 점질강함, 사질 포함안됨)
2: 흑갈색 점질토층(1보다 밝음, 점질은 약간약함, 사질 상당포함)
3: 흑갈색 점질토층(2와 동일)
4: 명갈색 점질토층(사립이 약간포함, 점성강함)
5: 명황갈색 점질토층(생토와 같은색이나 더 우움, 사립질 다량포함, 점성강함)

1: 흑갈색 점질토층(사질 포함안됨)
2: 흑갈색 점질토층(1보다 밝음, 사질 상당포함, 점성강함)
3: 명갈색 점질토층(점질은 거의 없음, 지반과 같은나 매몰된 것으로 보임)

1: 암갈색 토층(점질 강함, 사립 상당포함)
2: 암갈색 토층(1보다 어두움, 사립 상당포함)
3: 암흑갈색 점질토층(점성강함)
4: 암갈색 토층(사질강함)
5: 흑갈색 점질토층(3보다 밝음)
6: 갈색 토층(사립 다량포함)
7: 갈색 토층(6보다 어두움)
8: 명갈색 토층(사립 다량포함)
9: 명갈색 토층(8과 동일)
10: 황갈색 토층(사립 다량포함, 흑색 반점 보임, 지반층과 혼합)

0   3m [1/120]

28.2m —

[1호 토광]

27.7m —

0   1m[¹⁄₄₀]

[출토유물]

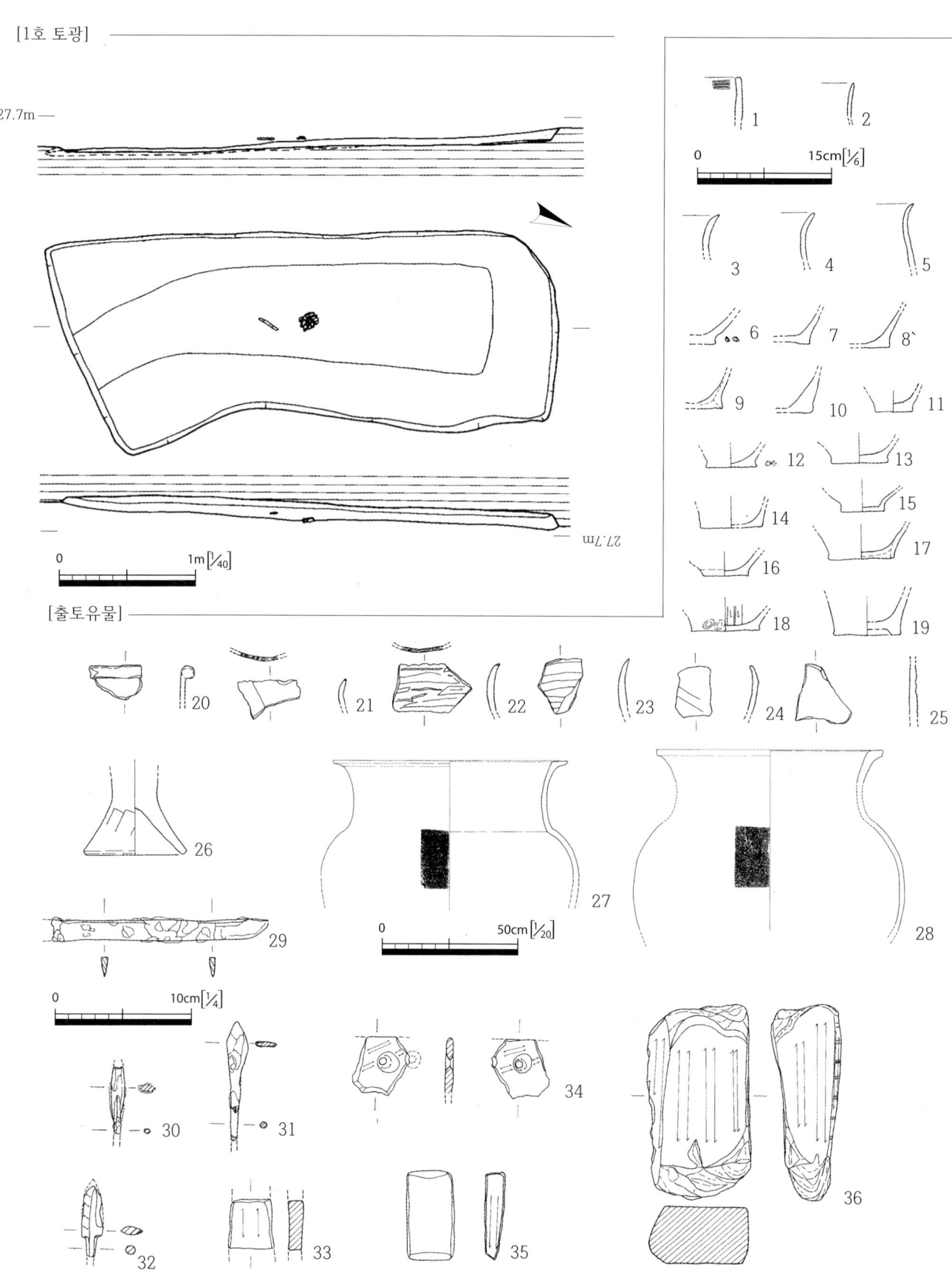

0   15cm[¹⁄₆]

0   50cm[¹⁄₂₀]

0   10cm[¹⁄₄]

KM-405호 분구묘

(단위 : cm)

분구크기 (길이×너비×높이)	1,890×1,620×?	분구평면형태	(방형)
분구장폭비	1.67:1	분구장축방향	N-(10)°-W
매장시설	-	주구형태	'ㅁ'자형
유물 토기	토기편(9)		
유물 철기	-		
유물 청동기	-		
유물 옥석류	석촉(1)		
유물 기타	-		
특기사항			

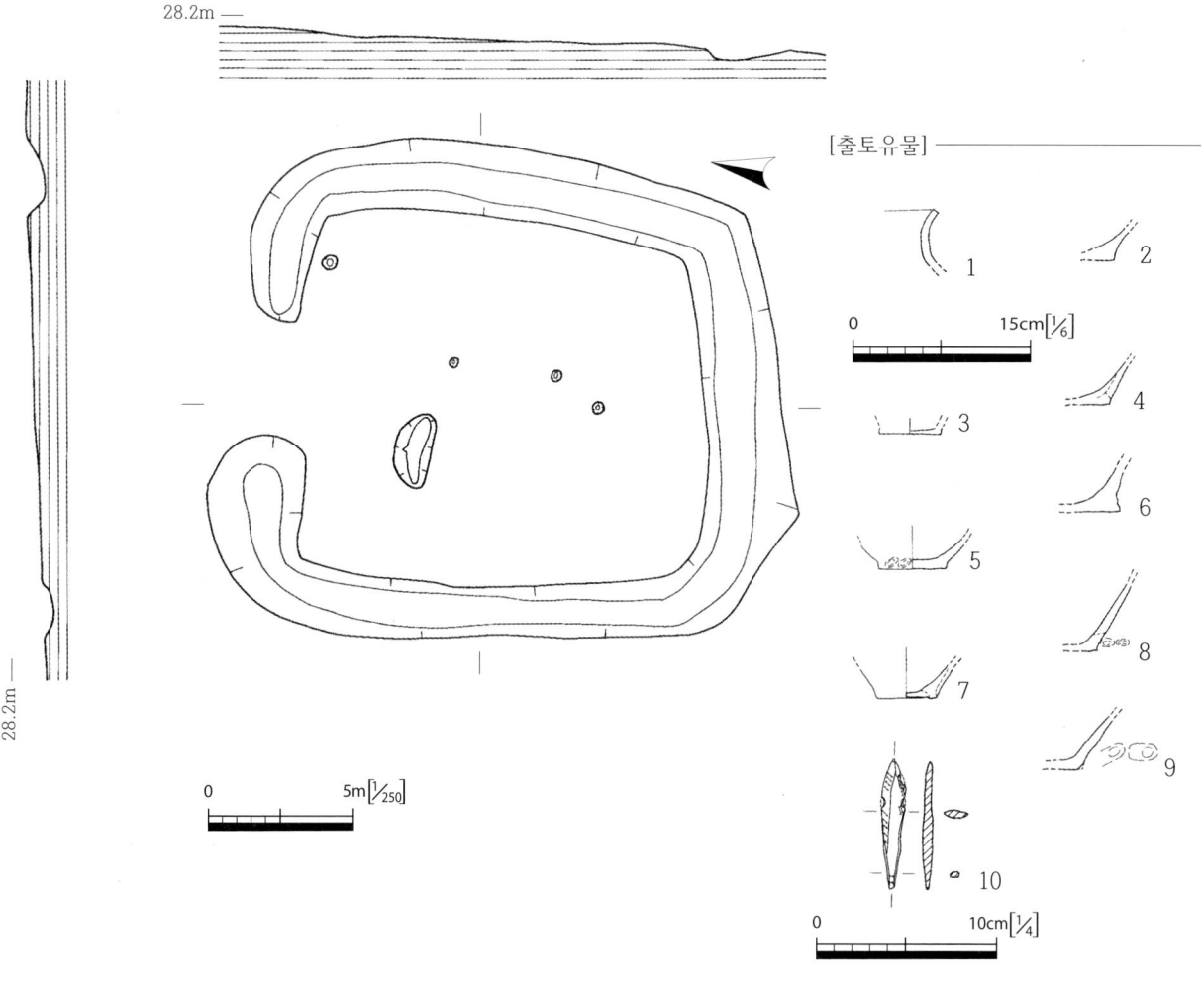

[출토유물]

KM-406호 분구묘

(단위 : cm)

분구 크기 (길이×너비×높이)	8,000×7,600×?		분구평면형태	?
분구장폭비	1.05:1		분구장축방향	N-(0)°-S
매장시설	토광(1)		주구형태	('ㅁ'자형)
유물	토 기	토기편(2)		
	철 기	-		
	청동기	-		
	옥석류	석기(1), 용도미상(2)		
	기 타	-		
특기사항				
토광				
묘광	크 기 (길이×너비×깊이)	2,90×1,64×(20+)	목관	크 기 (길이×너비×높이)	?
	장폭비	1.77:1		장폭비	?
	장축방향	?	목곽	크 기 (길이×너비×높이)	?
	두 향	?		장폭비	?
유물	토 기	-		
	철 기	-		
	청동기	-		
	옥석류	-		
	기 타	-		
특기사항		토광 세부도면 미게재. 출토유물 없음.		

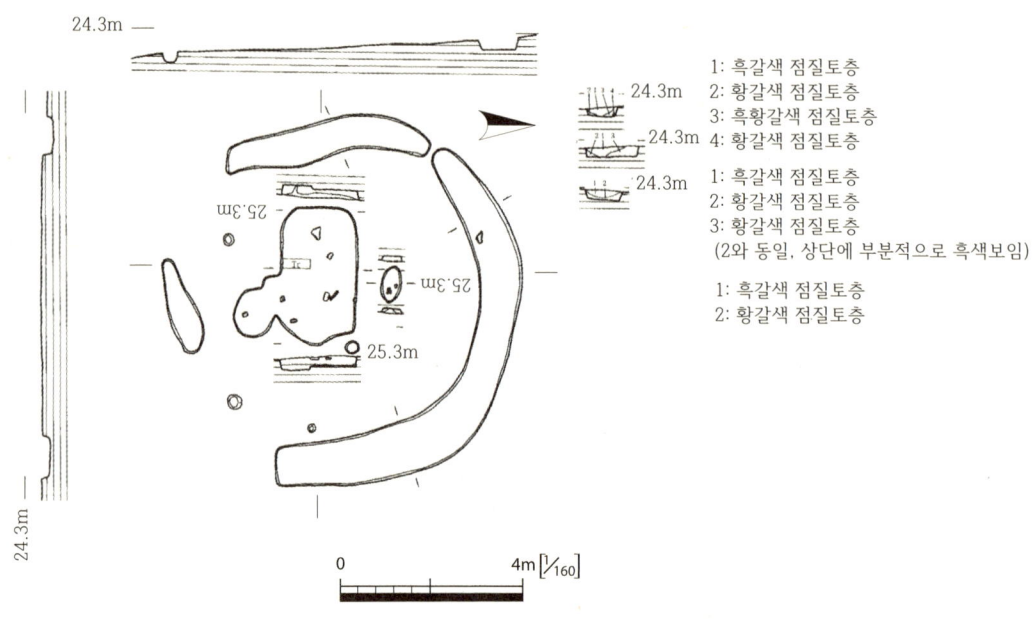

1: 흑갈색 점질토층
2: 황갈색 점질토층
3: 흑황갈색 점질토층
4: 황갈색 점질토층

1: 흑갈색 점질토층
2: 황갈색 점질토층
3: 황갈색 점질토층
(2와 동일, 상단에 부분적으로 흑색보임)

1: 흑갈색 점질토층
2: 황갈색 점질토층

[출토유물]

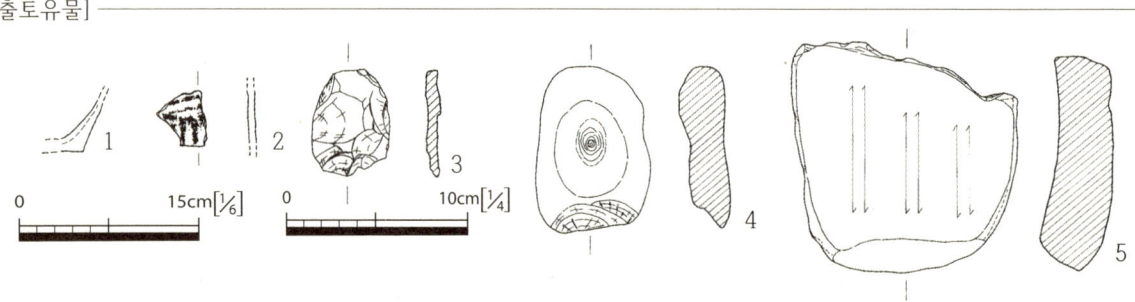

KM-407호 분구묘

(단위 : cm)

분구크기 (길이×너비×높이)	1,560×1,270×?	분구평면형태	?
분구장폭비	1.23:1	분구장축방향	N-(20)°-W
매장시설	-	주구형태	('ㅁ'자형)
유물 토기	호(1), 토기편(1)		
철기	-		
청동기	-		
옥석류	석착(1), 지석(1), 원반형석기(1)		
기타	-		
특기사항			

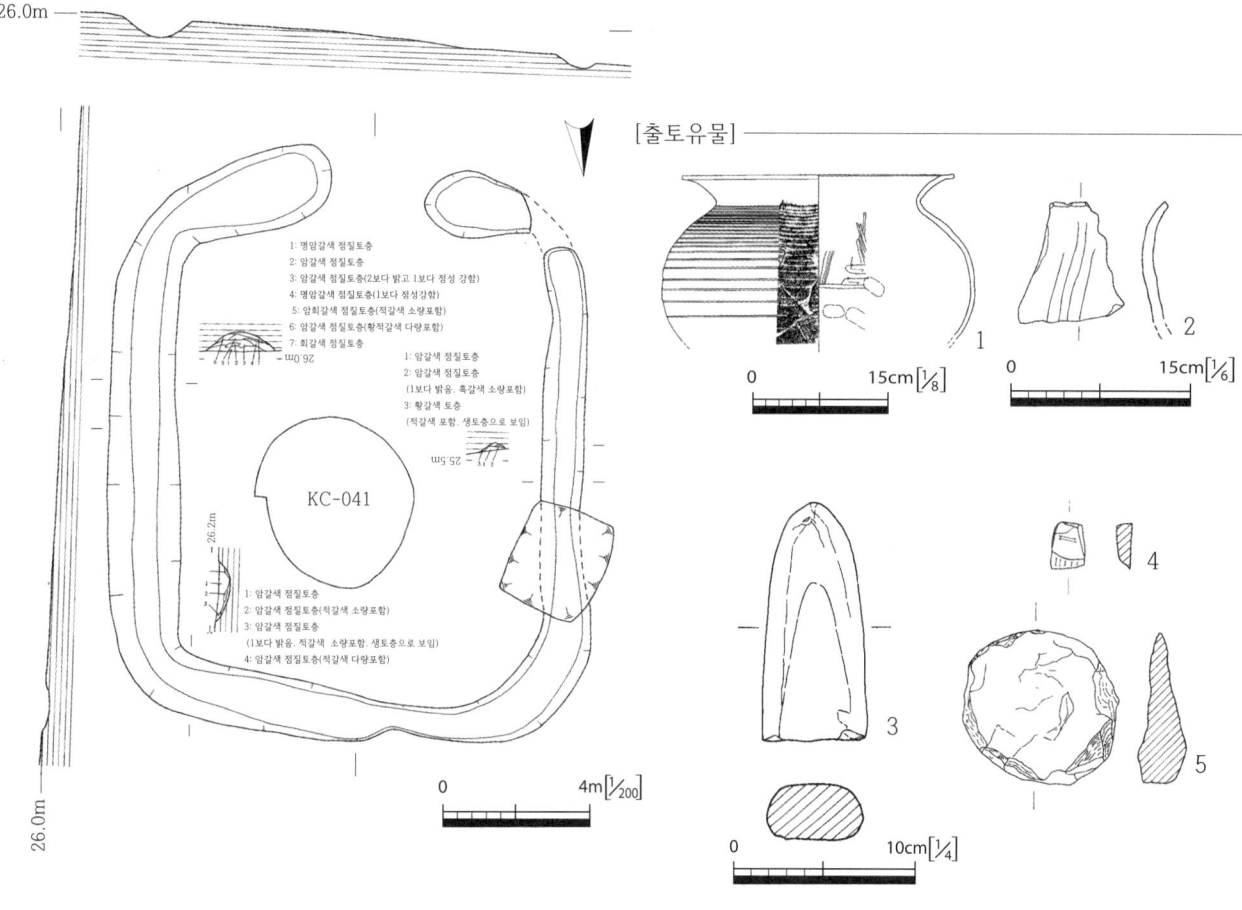

KM-408호 분구묘

<table>
<tr><td colspan="2" rowspan="2">분구 크기
(길이×너비×높이)</td><td rowspan="2">1,490×1,290×?</td><td>분구평면형태</td><td>(방형)</td></tr>
<tr><td></td><td></td></tr>
</table>

(단위 : cm)

분구 크기 (길이×너비×높이)		1,490×1,290×?	분구평면형태	(방형)
분구장폭비		1.16:1	분구장축방향	N-(5)°-W
매장시설		주구 내 토광(1)	주구형태	('ㅁ'자형)
유물	토 기	토기편(4)		
	철 기	-		
	청동기	-		
	옥석류	-		
	기 타	-		
특기사항		주구 내 토광 도면 미게재.		

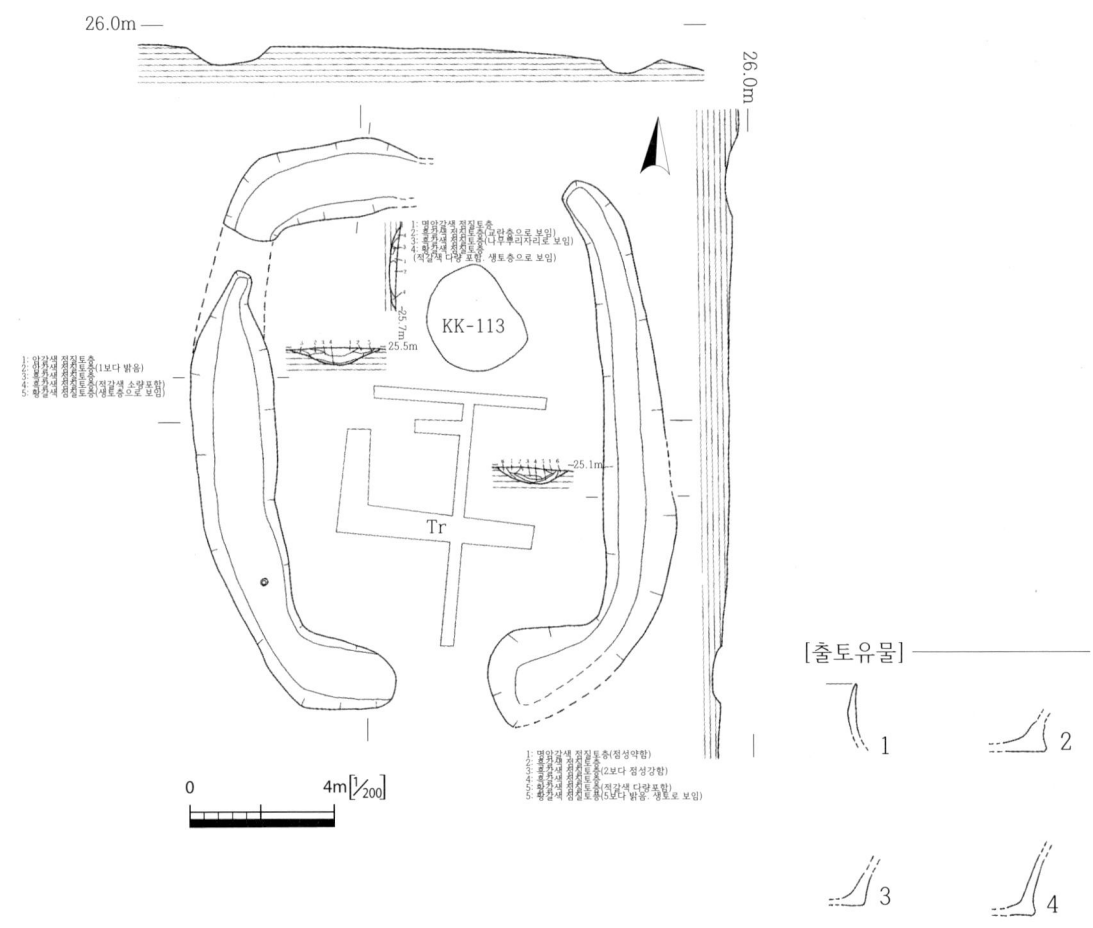

[출토유물]

KM-409호 분구묘

(단위 : cm)

분구크기 (길이×너비×높이)	8,900×7,300×?	분구평면형태	(방형)
분구장폭비	1.22:1	분구장축방향	N-(30)°-W
매장시설	-	주구형태	('ㅁ'자형)
유물	토 기	-	
	철 기	-	
	청동기	-	
	옥석류	-	
	기 타	-	
특기사항	출토유물 없음.		

26.1m —

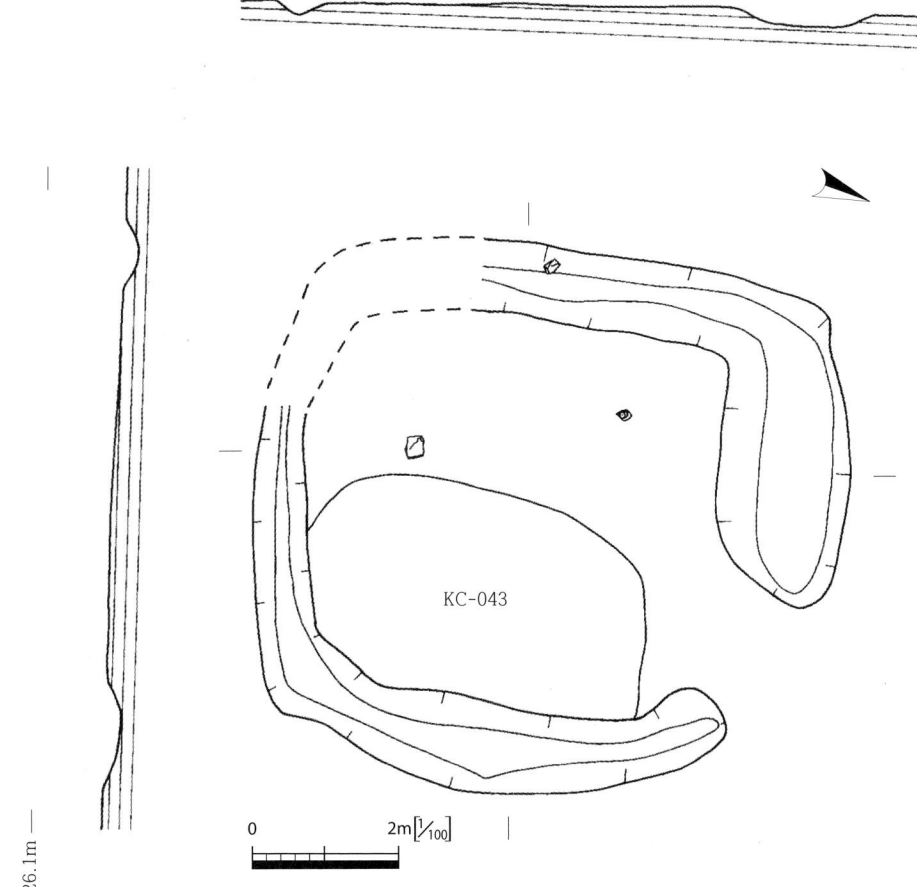

KC-043

0   2m[1/100]

26.1m —

KM-410호 분구묘

(단위 : cm)

분구크기 (길이×너비×높이)	2,100×1,930×?	분구평면형태	(방형)
분구장폭비	1.09:1	분구장축방향	N-(0)°-S
매장시설	-	주구형태	('ㅁ'자형)
유물	토기	토기편(5)	
	철기	-	
	청동기	-	
	옥석류	용도미상 석기(2)	
	기타	-	
	특기사항		

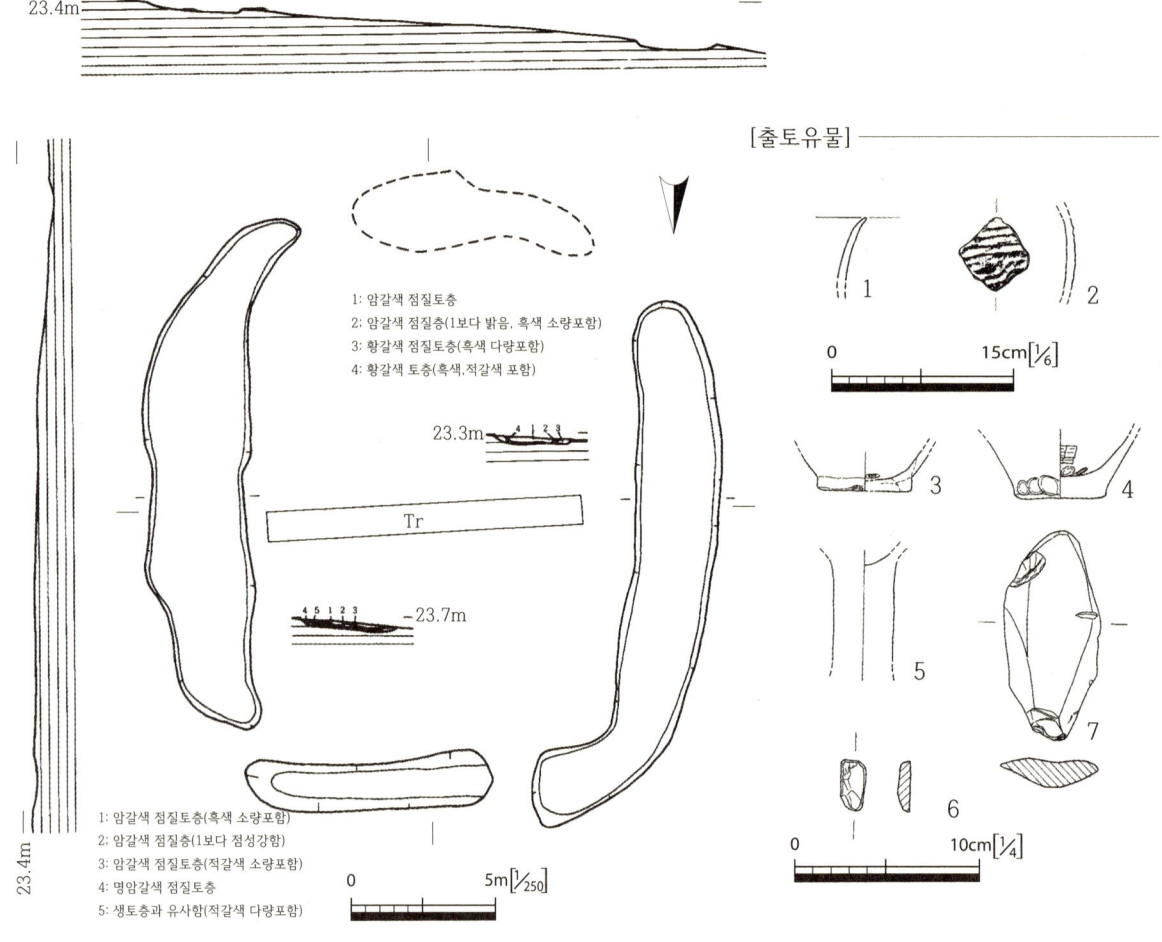

23.4m

1: 암갈색 점질토층
2: 암갈색 점질층(1보다 밝음, 흑색 소량포함)
3: 황갈색 점질토층(흑색 다량포함)
4: 황갈색 토층(흑색,적갈색 포함)

23.3m

Tr

−23.7m

1: 암갈색 점질토층(흑색 소량포함)
2: 암갈색 점질층(1보다 점성강함)
3: 암갈색 점질토층(적갈색 소량포함)
4: 명암갈색 점질토층
5: 생토층과 유사함(적갈색 다량포함)

0 ___ 5m [1/250]

[출토유물]

0 ___ 15cm [1/6]

0 ___ 10cm [1/4]

KM-411호 분구묘

(단위 : cm)

분구크기 (길이×너비×높이)	1,130×1,030×?		분구평면형태	(방형)
분구장폭비	1.10:1		분구장축방향	N-(10)°-W
매장시설	-		주구형태	('ㅁ'자형)
유물	토 기		-	
	철 기		-	
	청 동 기		-	
	옥 석 류		-	
	기 타		-	
특기사항	출토유물 없음.			

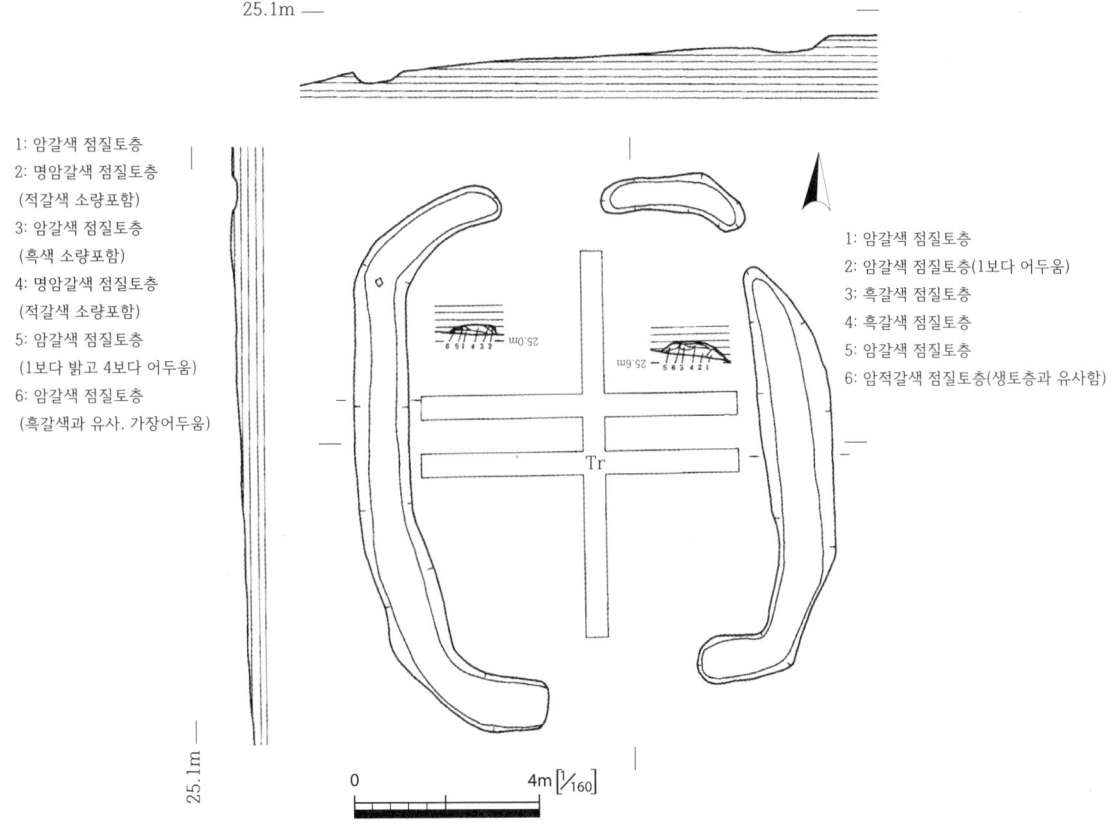

1: 암갈색 점질토층
2: 명암갈색 점질토층
　(적갈색 소량포함)
3: 암갈색 점질토층
　(흑색 소량포함)
4: 명암갈색 점질토층
　(적갈색 소량포함)
5: 암갈색 점질토층
　(1보다 밝고 4보다 어두움)
6: 암갈색 점질토층
　(흑갈색과 유사, 가장어두움)

1: 암갈색 점질토층
2: 암갈색 점질토층(1보다 어두움)
3: 흑갈색 점질토층
4: 흑갈색 점질토층
5: 암갈색 점질토층
6: 암적갈색 점질토층(생토층과 유사함)

0　　　　　4m [1/160]

KM-412호 분구묘

(단위 : cm)

분 구 크 기 (길이×너비×높이)	(540)×(440)×?	분구평면형태	(방형)
분구장폭비	1.25 : 1	분구장축방향	N-(25)°-W
매 장 시 설	-	주구형태	('ㅁ'자형)
유물 · 토 기		-	
철 기		-	
청 동 기		-	
옥 석 류		-	
기 타		-	
특기사항	출토유물 없음.		

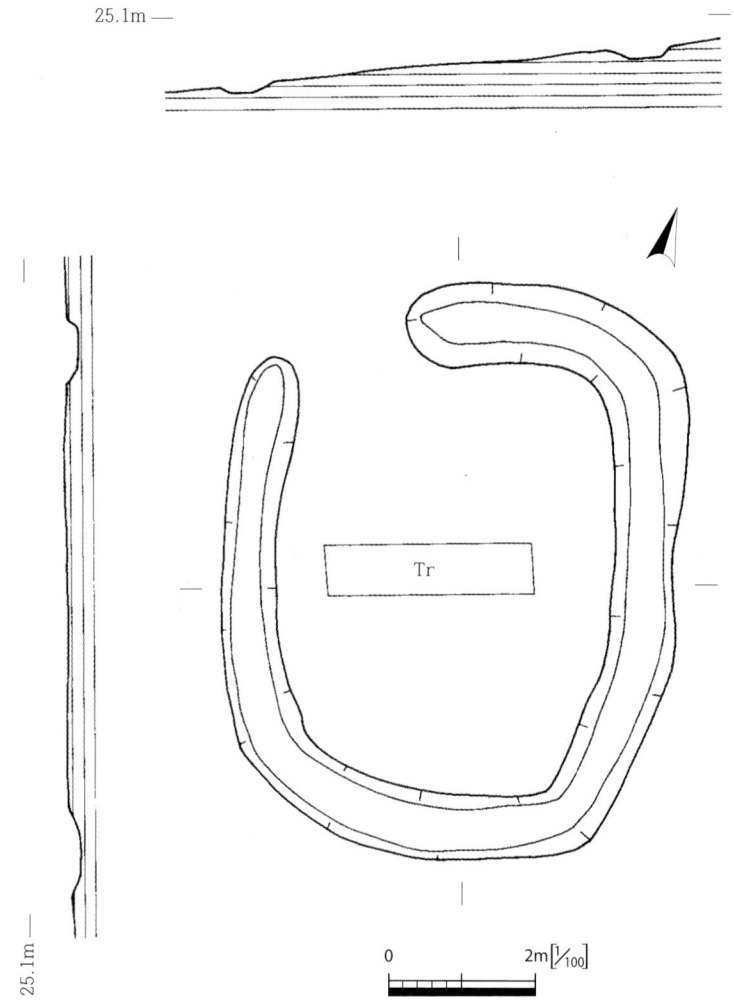

25.1m —

25.1m —

Tr

0   2m[1/100]

KM-413호 분구묘

(단위 : cm)

분구크기 (길이×너비×높이)	1,390×1,370×?	분구평면형태	(방형)
분구장폭비	1.01:1	분구장축방향	N-(5)°-W
매장시설	-	주구형태	('ㅁ'자형)

유물	토 기	토기편(17)	
	철 기	-	
	청동기	-	
	옥석류	석촉(1), 용도미상(1)	
	기 타	토제 방추차(1)	
특기사항			

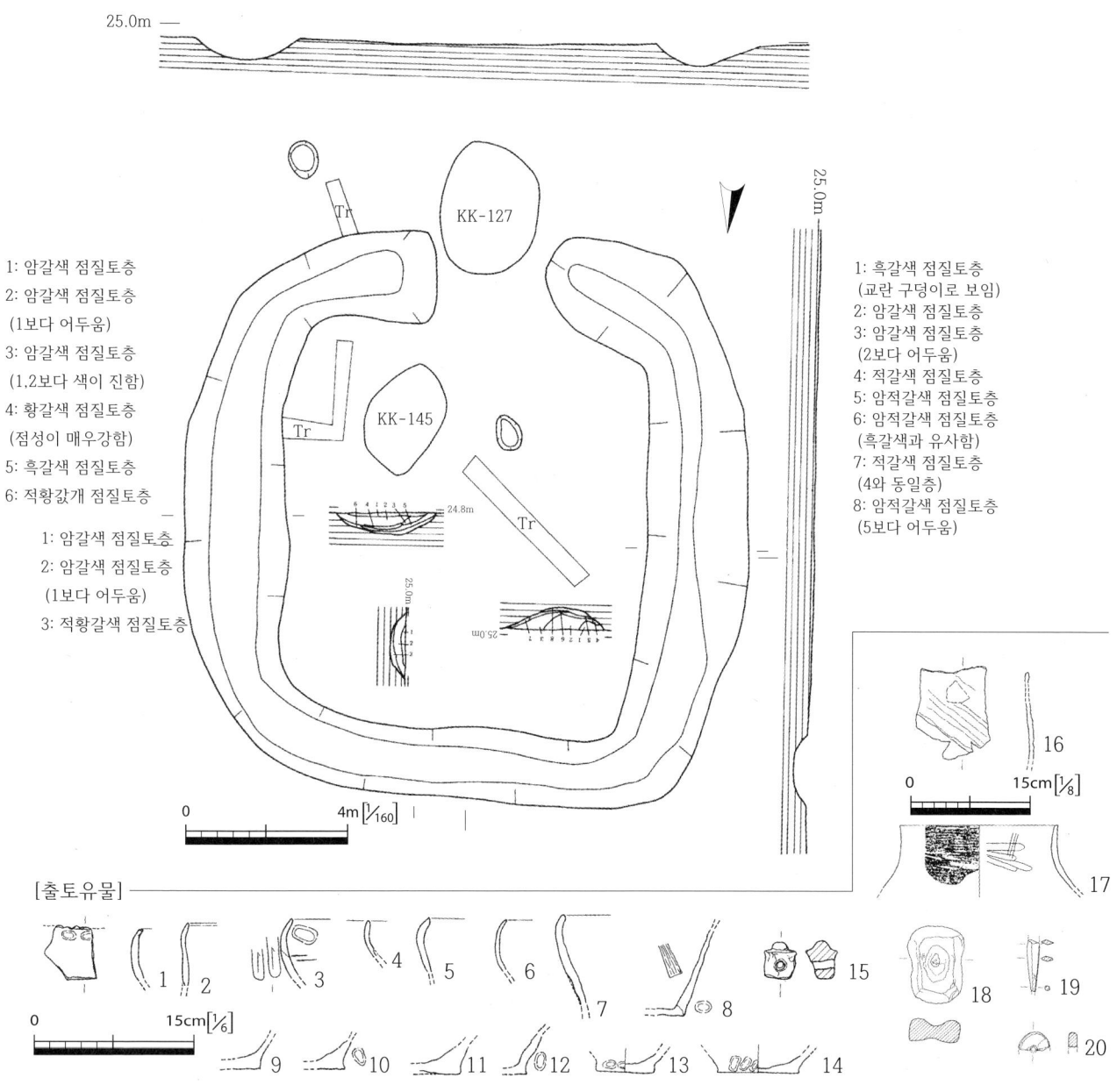

1: 암갈색 점질토층
2: 암갈색 점질토층
  (1보다 어두움)
3: 암갈색 점질토층
  (1,2보다 색이 진함)
4: 황갈색 점질토층
  (점성이 매우강함)
5: 흑갈색 점질토층
6: 적황갉개 점질토층

1: 암갈색 점질토층
2: 암갈색 점질토층
  (1보다 어두움)
3: 적황갈색 점질토층

1: 흑갈색 점질토층
  (교란 구덩이로 보임)
2: 암갈색 점질토층
3: 암갈색 점질토층
  (2보다 어두움)
4: 적갈색 점질토층
5: 암적갈색 점질토층
6: 암적갈색 점질토층
  (흑갈색과 유사함)
7: 적갈색 점질토층
  (4와 동일층)
8: 암적갈색 점질토층
  (5보다 어두움)

[출토유물]

KM-414호 분구묘

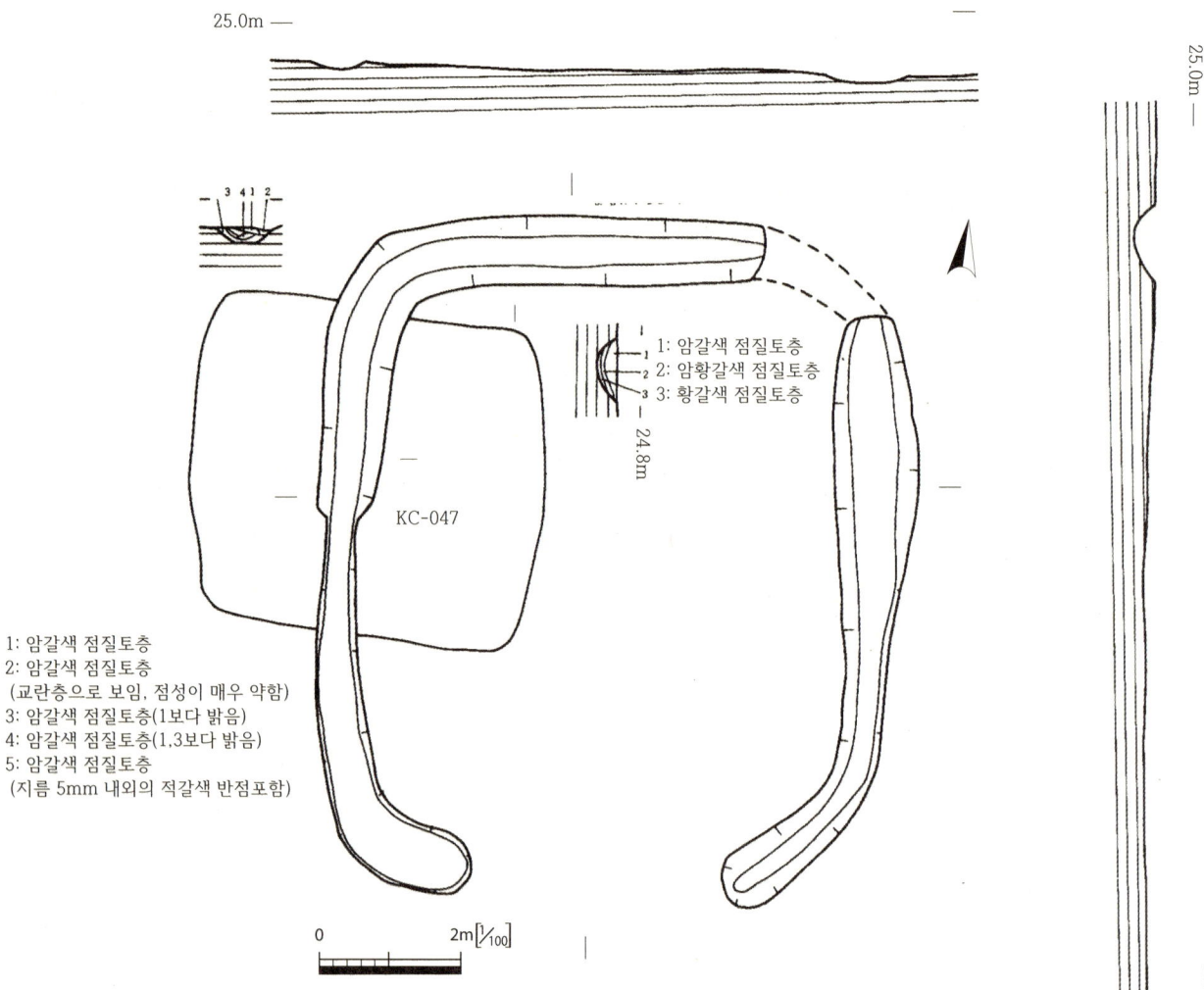

(단위 : cm)

분 구 크 기 (길이×너비×높이)	9,400×7,900×?	분구평면형태	(방형)
분구장폭비	1.19:1	분구장축방향	N-(10)°-W
매 장 시 설	-	주구형태	('ㅁ'자형)
유물 토 기			-
철 기			-
청 동 기			-
옥 석 류			-
기 타			-
특기사항	출토유물 없음.		

25.0m —

25.0m —

24.8m

1: 암갈색 점질토층
2: 암황갈색 점질토층
3: 황갈색 점질토층

KC-047

1: 암갈색 점질토층
2: 암갈색 점질토층
 (교란층으로 보임, 점성이 매우 약함)
3: 암갈색 점질토층(1보다 밝음)
4: 암갈색 점질토층(1,3보다 밝음)
5: 암갈색 점질토층
 (지름 5mm 내외의 적갈색 반점포함)

0   2m[1/100]

KM-415호 분구묘

(단위 : cm)

분구크기 (길이×너비×높이)	(1,100+)×910×?	분구평면형태	?
분구장폭비	?	분구장축방향	N-(5)°-W
매장시설	-	주구형태	(눈썹형)
유물	토 기	-		
	철 기	-		
	청동기	-		
	옥석류	-		
	기 타	-		
특기사항	출토유물 없음.		

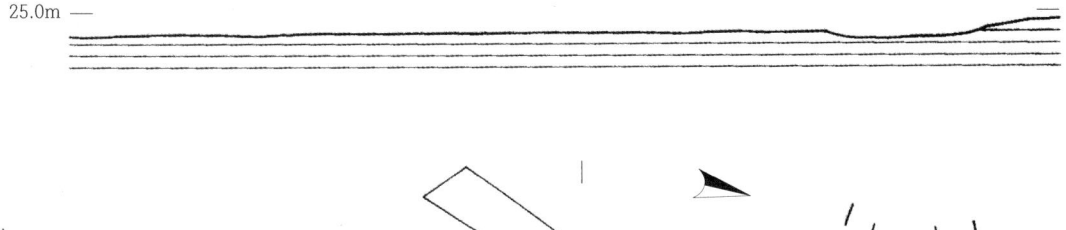

25.0m —

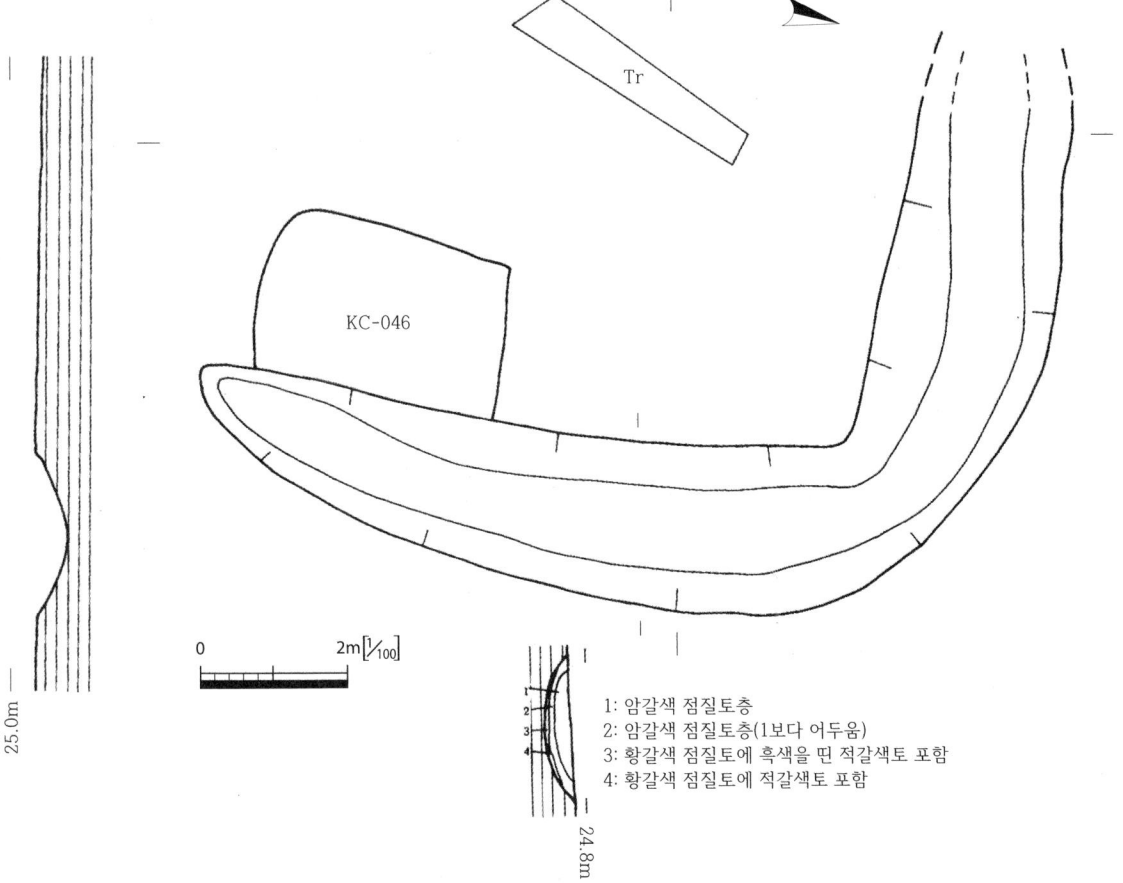

Tr

KC-046

25.0m —

0   2m[1/100]

24.8m

1: 암갈색 점질토층
2: 암갈색 점질토층(1보다 어두움)
3: 황갈색 점질토에 흑색을 띤 적갈색토 포함
4: 황갈색 점질토에 적갈색토 포함

KM-416호 분구묘

(단위 : cm)

분 구 크 기 (길이×너비×높이)	1,600×1,300×?	분구평면형태	(방형)
분구장폭비	1.23:1	분구장축방향	N-(15)°-W
매 장 시 설	-	주구형태	('ㅁ'자형)
유물 / 토 기	옹-(1), 토기편(4)		
유물 / 철 기	-		
유물 / 청 동 기	-		
유물 / 옥 석 류	-		
유물 / 기 타	-		
특기사항			

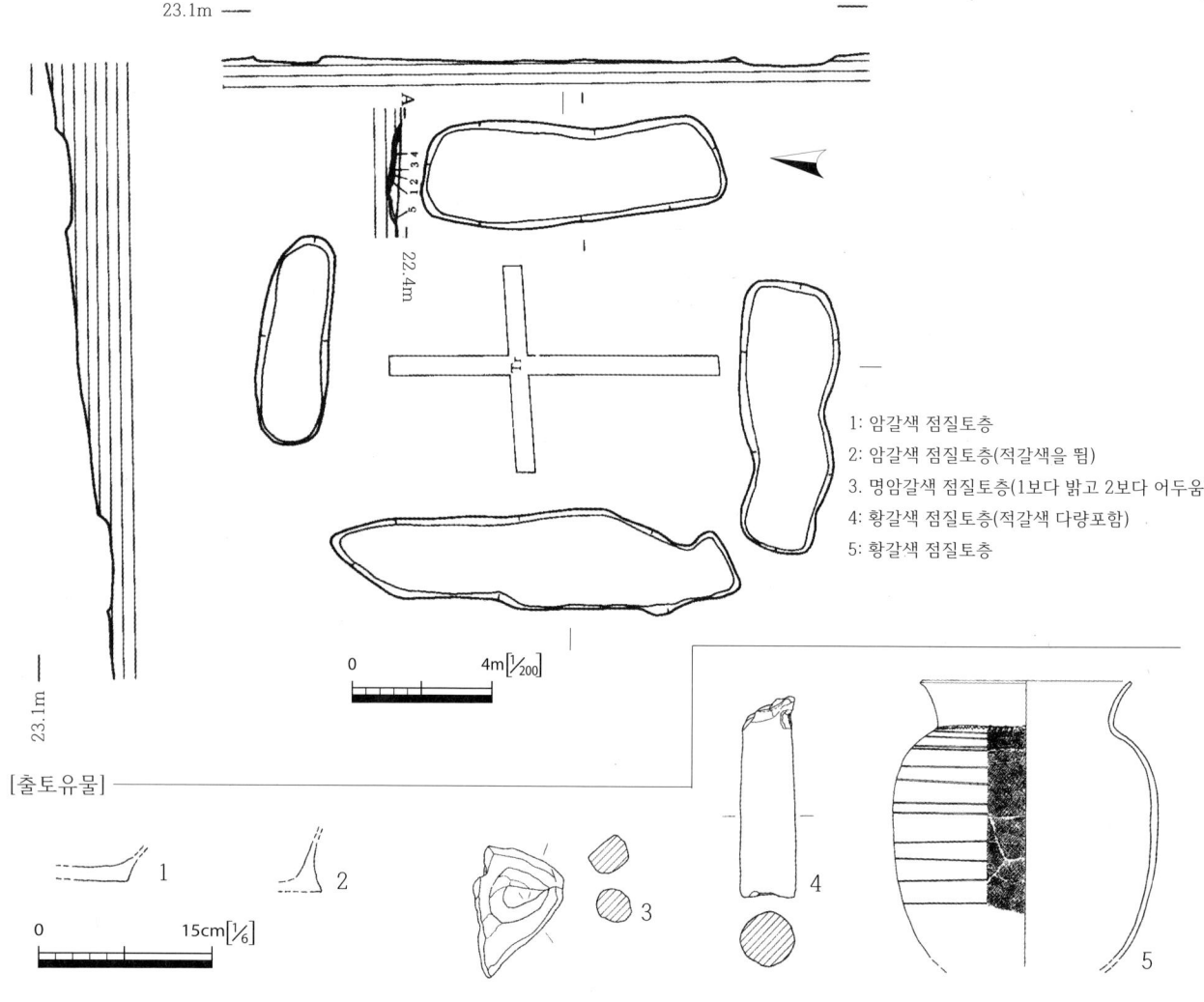

23.1m

22.4m

23.1m

1: 암갈색 점질토층
2: 암갈색 점질토층(적갈색을 띰)
3. 명암갈색 점질토층(1보다 밝고 2보다 어두움)
4: 황갈색 점질토층(적갈색 다량포함)
5: 황갈색 점질토층

0   4m[1/200]

[출토유물]

0   15cm[1/6]

1

2

3

4

5

KM-417호 분구묘

(단위 : cm)

분구크기 (길이×너비×높이)	1,440×1,250×?	분구평면형태	(방형)
분구장폭비	1.15:1	분구장축방향	N-(10)°-W
매장시설	-	주구형태	('ㄷ'자형)

유물	토 기	토기편(18)		
	철 기	-		
	청 동 기	-		
	옥 석 류	용도미상(1)		
	기 타	-		
	특기사항			

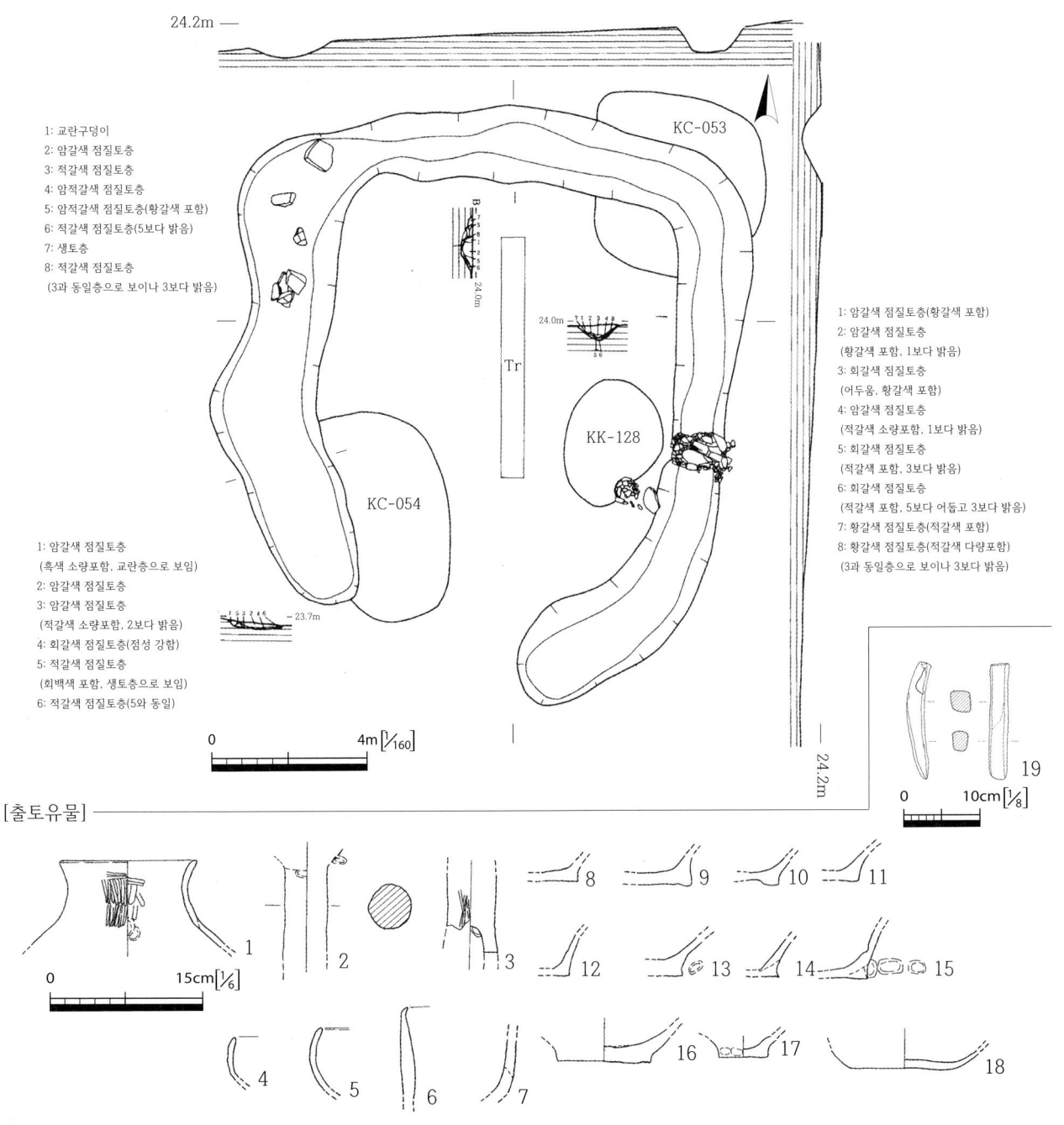

24.2m —

1: 교란구덩이
2: 암갈색 점질토층
3: 적갈색 점질토층
4: 암적갈색 점질토층
5: 암적갈색 점질토층(황갈색 포함)
6: 적갈색 점질토층(5보다 밝음)
7: 생토층
8: 적갈색 점질토층
　(3과 동일층으로 보이나 3보다 밝음)

KC-053

24.0m

Tr

KK-128

KC-054

1: 암갈색 점질토층
　(흑색 소량포함, 교란층으로 보임)
2: 암갈색 점질토층
3: 암갈색 점질토층
　(적갈색 소량포함, 2보다 밝음)
4: 회갈색 점질토층(점성 강함)
5: 적갈색 점질토층
　(회백색 포함, 생토층으로 보임)
6: 적갈색 점질토층(5와 동일)

— 23.7m

1: 암갈색 점질토층(황갈색 포함)
2: 암갈색 점질토층
　(황갈색 포함, 1보다 밝음)
3: 회갈색 점질토층
　(어두움, 황갈색 포함)
4: 암갈색 점질토층
　(적갈색 소량포함, 1보다 밝음)
5: 회갈색 점질토층
　(적갈색 포함, 3보다 밝음)
6: 회갈색 점질토층
　(적갈색 포함, 5보다 어둡고 3보다 밝음)
7: 황갈색 점질토층(적갈색 포함)
8: 황갈색 점질토층(적갈색 다량포함)
　(3과 동일층으로 보이나 3보다 밝음)

0　　　　　4m [1/160]

24.2m

0　　　10cm [1/8]　19

[출토유물]

0　　　15cm [1/6]　1　2　3　8　9　10　11　12　13　14　15　4　5　6　7　16　17　18

KM-418호 분구묘

(단위 : cm)

분구크기 (길이×너비×높이)	1,200×1,040×?	분구평면형태	?
분구장폭비	1.15:1	분구장축방향	N-(85)°-W
매장시설	-	주구형태	('ㄷ'자형)
유물 토 기	토기편(6)		
철 기		-	
청 동 기		-	
옥석류		-	
기 타		-	
특기사항			

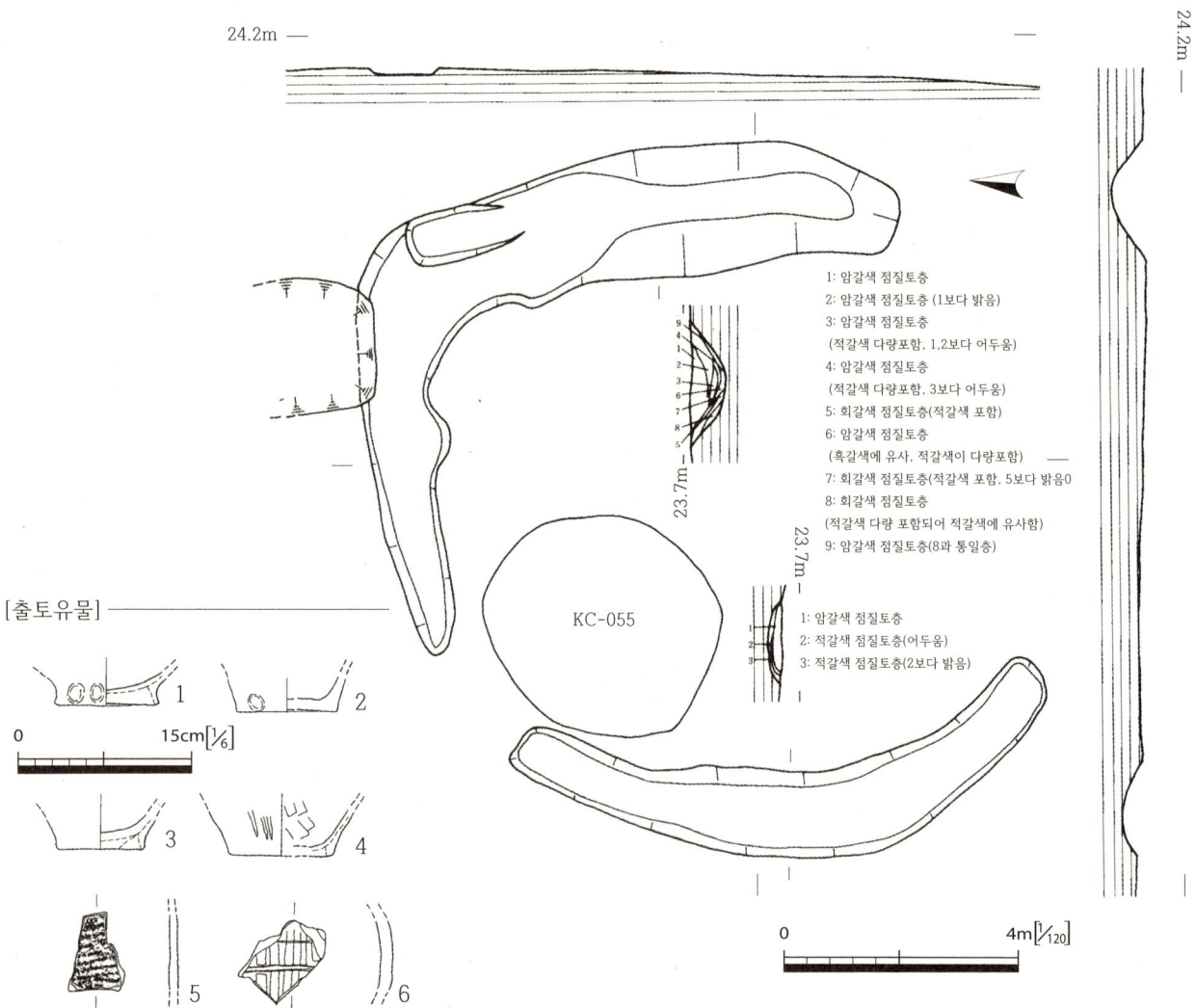

1: 암갈색 점질토층
2: 암갈색 점질토층 (1보다 밝음)
3: 암갈색 점질토층 (적갈색 다량포함, 1,2보다 어두움)
4: 암갈색 점질토층 (적갈색 다량포함, 3보다 어두움)
5: 회갈색 점질토층(적갈색 포함)
6: 암갈색 점질토층 (흑갈색에 유사, 적갈색이 다량포함)
7: 회갈색 점질토층(적갈색 포함, 5보다 밝음0
8: 회갈색 점질토층 (적갈색 다량 포함되어 적갈색에 유사함)
9: 암갈색 점질토층(8과 통일층)

1: 암갈색 점질토층
2: 적갈색 점질토층(어두움)
3: 적갈색 점질토층(2보다 밝음)

KC-055

[출토유물]

0   15cm[1/6]

0   4m[1/120]

KM-419호 분구묘

(단위 : cm)

분구크기 (길이×너비×높이)	710×?×?	분구평면형태	?
분구장폭비	?	분구장축방향	N-(5)°-E
매장시설	-	주구형태	(눈썹형)

유물	토 기	토기편(9:주구9)		
	철 기	-		
	청동기	-		
	옥석류	-		
	기 타	-		
	특기사항			

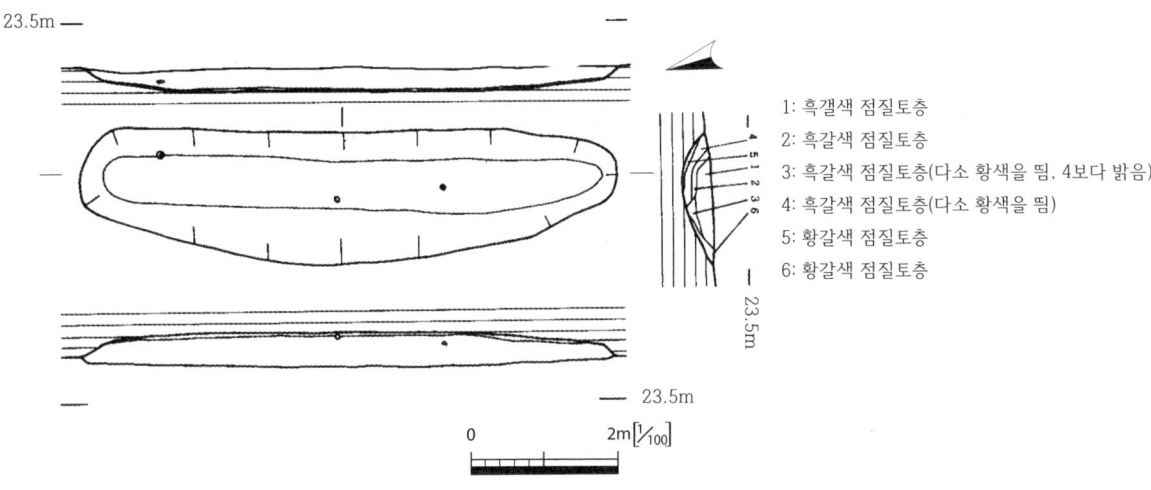

23.5m —

— 23.5m

1: 흑갈색 점질토층
2: 흑갈색 점질토층
3: 흑갈색 점질토층(다소 황색을 띰, 4보다 밝음)
4: 흑갈색 점질토층(다소 황색을 띰)
5: 황갈색 점질토층
6: 황갈색 점질토층

0   2m[1/100]

[주구]

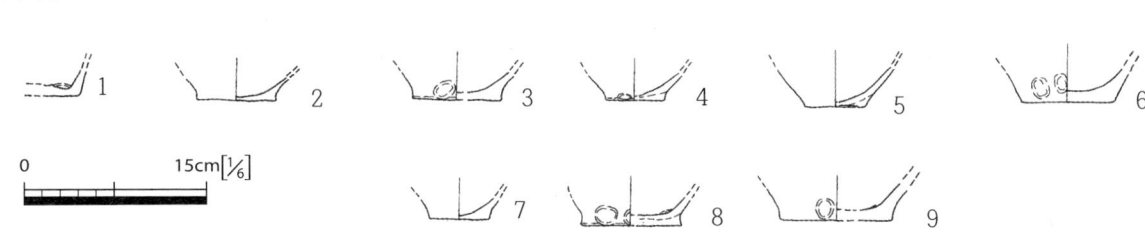

0   15cm[1/6]

KM-420호 분구묘

(단위 : cm)

분구크기 (길이×너비×높이)	(930+)×(480+)×?	분구평면형태	(방형)
분구장폭비	?	분구장축방향	N-(40)°-W
매장시설	-	주구형태	('ㄷ'자형)

유물	토 기	토기편(2)		
	철 기	-		
	청동기	-		
	옥석류	-		
	기 타	-		
특기사항				

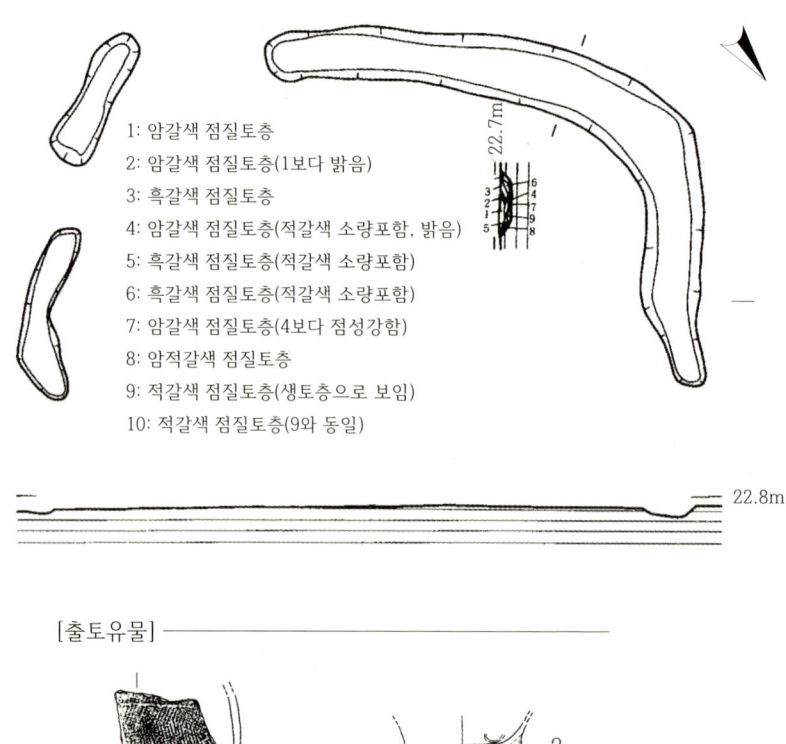

1: 암갈색 점질토층
2: 암갈색 점질토층(1보다 밝음)
3: 흑갈색 점질토층
4: 암갈색 점질토층(적갈색 소량포함, 밝음)
5: 흑갈색 점질토층(적갈색 소량포함)
6: 흑갈색 점질토층(적갈색 소량포함)
7: 암갈색 점질토층(4보다 점성강함)
8: 암적갈색 점질토층
9: 적갈색 점질토층(생토층으로 보임)
10: 적갈색 점질토층(9와 동일)

22.7m

22.8m

[출토유물]

1

2

0   15cm[1/6]

KM-421호 분구묘

(단위 : cm)

분구크기 (길이×너비×높이)	1,080×1,020×?	분구평면형태	?
분구장폭비	1.07:1	분구장축방향	N-(10)°-E
매장시설	-	주구형태	(눈썹형)

유물	토 기	토기편(1)
	철 기	-
	청 동 기	-
	옥 석 류	-
	기 타	-
	특기사항	

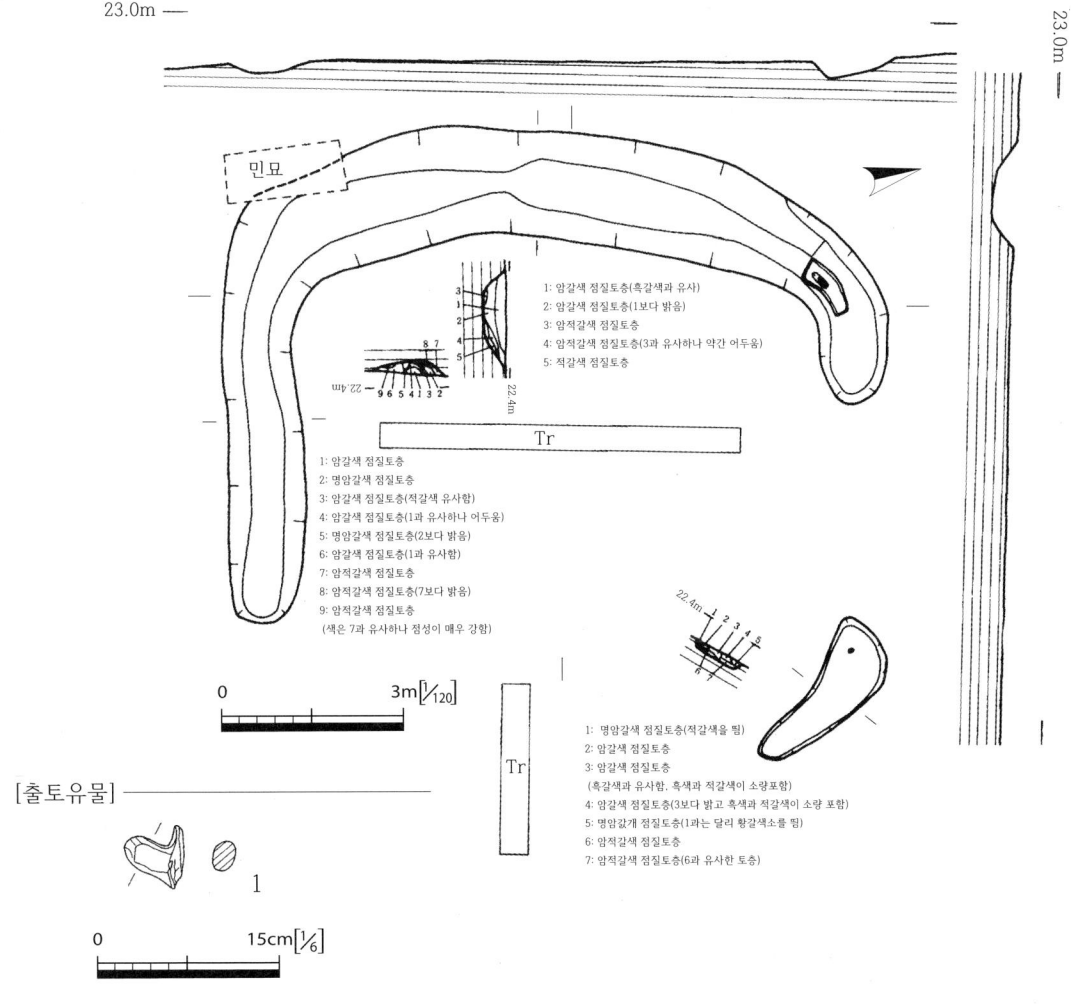

23.0m

23.0m

민묘

1: 암갈색 점질토층(흑갈색과 유사)
2: 암갈색 점질토층(1보다 밝음)
3: 암적갈색 점질토층
4: 암적갈색 점질토층(3과 유사하나 약간 어두움)
5: 적갈색 점질토층

22.4m

Tr

1: 암갈색 점질토층
2: 명암갈색 점질토층
3: 암갈색 점질토층(적갈색 유사함)
4: 암갈색 점질토층(1과 유사하나 어두움)
5: 명암갈색 점질토층(2보다 밝음)
6: 암갈색 점질토층(1과 유사함)
7: 암적갈색 점질토층
8: 암적갈색 점질토층(7보다 밝음)
9: 암적갈색 점질토층
(색은 7과 유사하나 점성이 매우 강함)

22.4m

1: 명암갈색 점질토층(적갈색을 띰)
2: 암갈색 점질토층
3: 암갈색 점질토층
   (흑갈색과 유사함, 흑색과 적갈색이 소량포함)
4: 암갈색 점질토층(3보다 밝고 흑색과 적갈색 소량 포함)
5: 명암갈개 점질토층(1과는 달리 황갈색소를 띰)
6: 암적갈색 점질토층
7: 암적갈색 점질토층(6과 유사한 토층)

0   3m[1/120]

Tr

[출토유물]

1

0   15cm[1/6]

KM-422호 분구묘

(단위 : cm)

분 구 크 기 (길이×너비×높이)	580×?×?	분구평면형태	(원형)
분구장폭비	?	분구장축방향	N-(25)°-W
매 장 시 설	-	주구형태	(눈썹형)
유물 토 기	토기편(2)		
유물 철 기	-		
유물 청 동 기	-		
유물 옥 석 류	-		
유물 기 타	-		
특기사항			

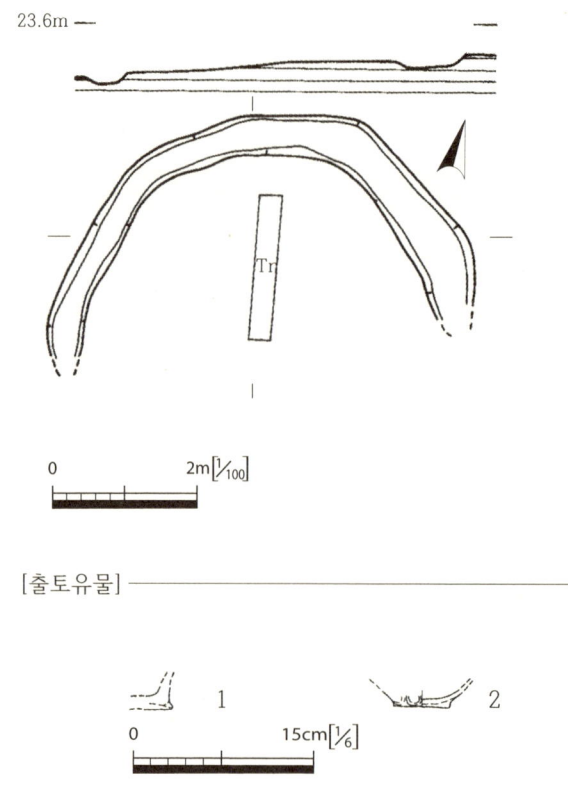

23.6m —

0   2m[1/100]

[출토유물]

1   2

0   15cm[1/6]

KM-423호 분구묘

(단위 : cm)

분구크기 (길이×너비×높이)	2,120×1,690×?		분구평면형태	(방형)
분구장폭비	1.25:1		분구장축방향	N-(5)°-E
매장시설	석곽(1)		주구형태	('ㅁ'자형)

유물	토기	'호(1), 토기편(45)	
	철기	-	
	청동기	-	
	옥석류	-	
	기타	-	
	특기사항	유물의 출토 위치 명확하지 않음.	

1호 석곽

묘광	크기 (길이×너비×깊이)	(436+)×(144+)×?	주체부	크기 (길이×너비×높이)	?
	장폭비	?		장폭비	?
	장축방향	N-(10)°-E	시상·관대	크기 (길이×너비×높이)	?
	두향	?		벽석종류	할석
유물	토기	-			
	철기	모(4)			
	청동기	-			
	옥석류	반월형석도(1), 석검(1), 석촉(1) 석제 방추차(1), 지석(1), 용도미상(1)			
	기타	-			
	특기사항	파괴가 심하여 정확한 구조는 알 수 없음.			

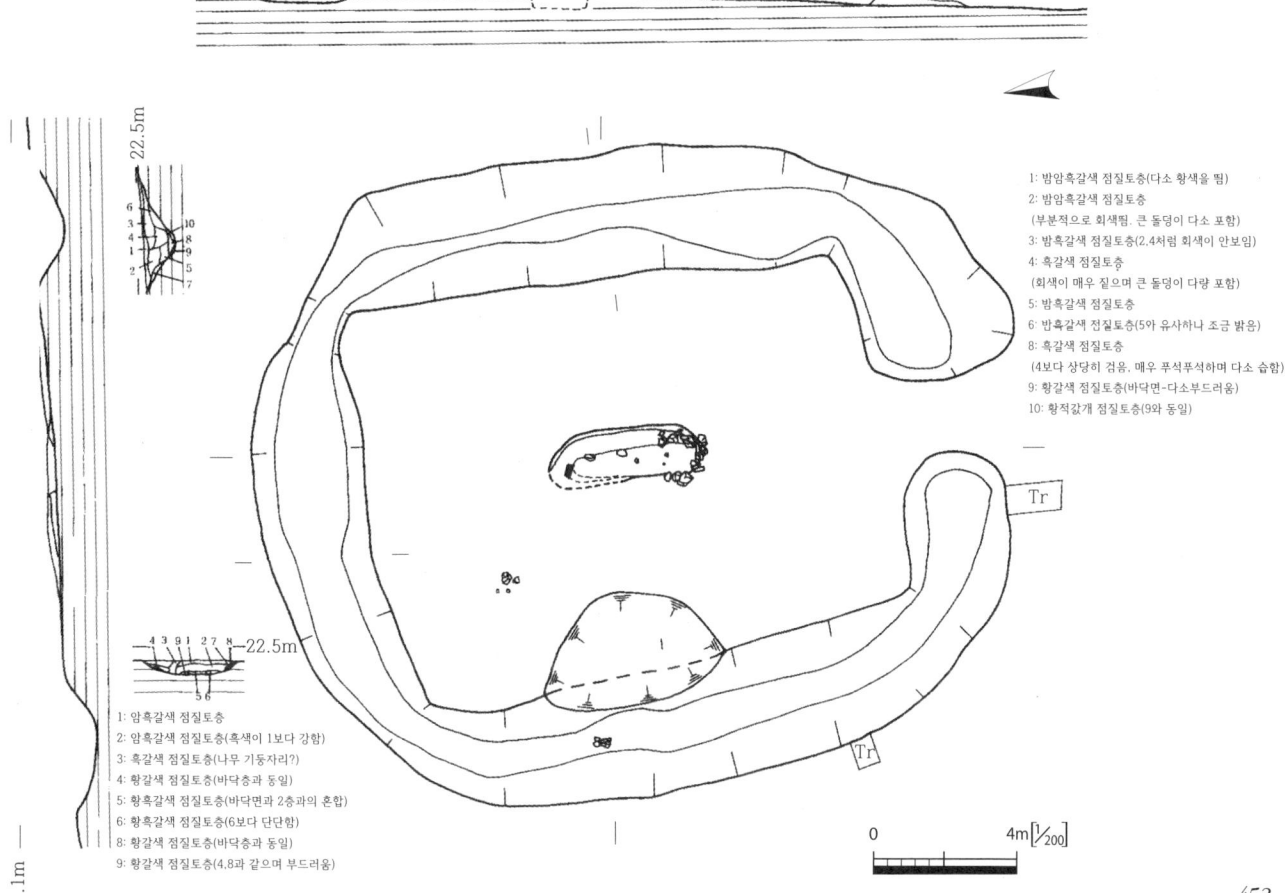

1: 밤암흑갈색 점질토층(다소 황색을 띰)
2: 밤암흑갈색 점질토층
　(부분적으로 회색띰. 큰 돌덩이 다소 포함)
3: 밤흑갈색 점질토층(2.4처럼 회색이 안보임)
4: 흑갈색 점질토층
　(회색이 매우 짙으며 큰 돌덩이 다량 포함)
5: 밤흑갈색 점질토층
6: 밤흑갈색 전질토층(5와 유사하나 조금 밝음)
8: 흑갈색 점질토층
　(4보다 상당히 검음. 매우 푸석푸석하며 다소 습함)
9: 황갈색 점질토층(바닥면-다소부드러움)
10: 황적갈개 점질토층(9와 동일)

1: 암흑갈색 점질토층
2: 암흑갈색 점질토층(흑색이 1보다 강함)
3: 흑갈색 점질토층(나무 기둥자리?)
4: 황갈색 점질토층(바닥층과 동일)
5: 황갈색 점질토층(바닥면과 2층과의 혼합)
6: 황갈색 점질토층(6보다 단단함)
8: 황갈색 점질토층(바닥층과 동일)
9: 황갈색 점질토층(4,8과 같으며 부드러움)

22.5m

22.5m

23.1m

0　　　　4m 1/200

22.9m

Tr

0   1m[1/40]

22.9m —

[출토유물]

0   15cm[1/6]

1
2
3
4
5
6
7
8
9
10
11
12
13
14
15
16
17
18
19
20
21
22
23
24
25
26
27
28
29
30
31
32
33
34
35
36
37
38
39
40
41
42
43
44
45
46
47
48
49
50
51
52
53
54
55
56

0   10cm[1/4]

KM-424호 분구묘

(단위 : cm)

분구크기 (길이×너비×높이)	1,150×1,040×?	분구평면형태	(방형)
분구장폭비	1.11:1	분구장축방향	N-(25)°-W
매장시설	-	주구형태	('ㅁ'자형)

유물	토 기	토기편(3)		
	철 기	-		
	청동기	-		
	옥석류	석제 방추차(1)		
	기 타	-		
특기사항				

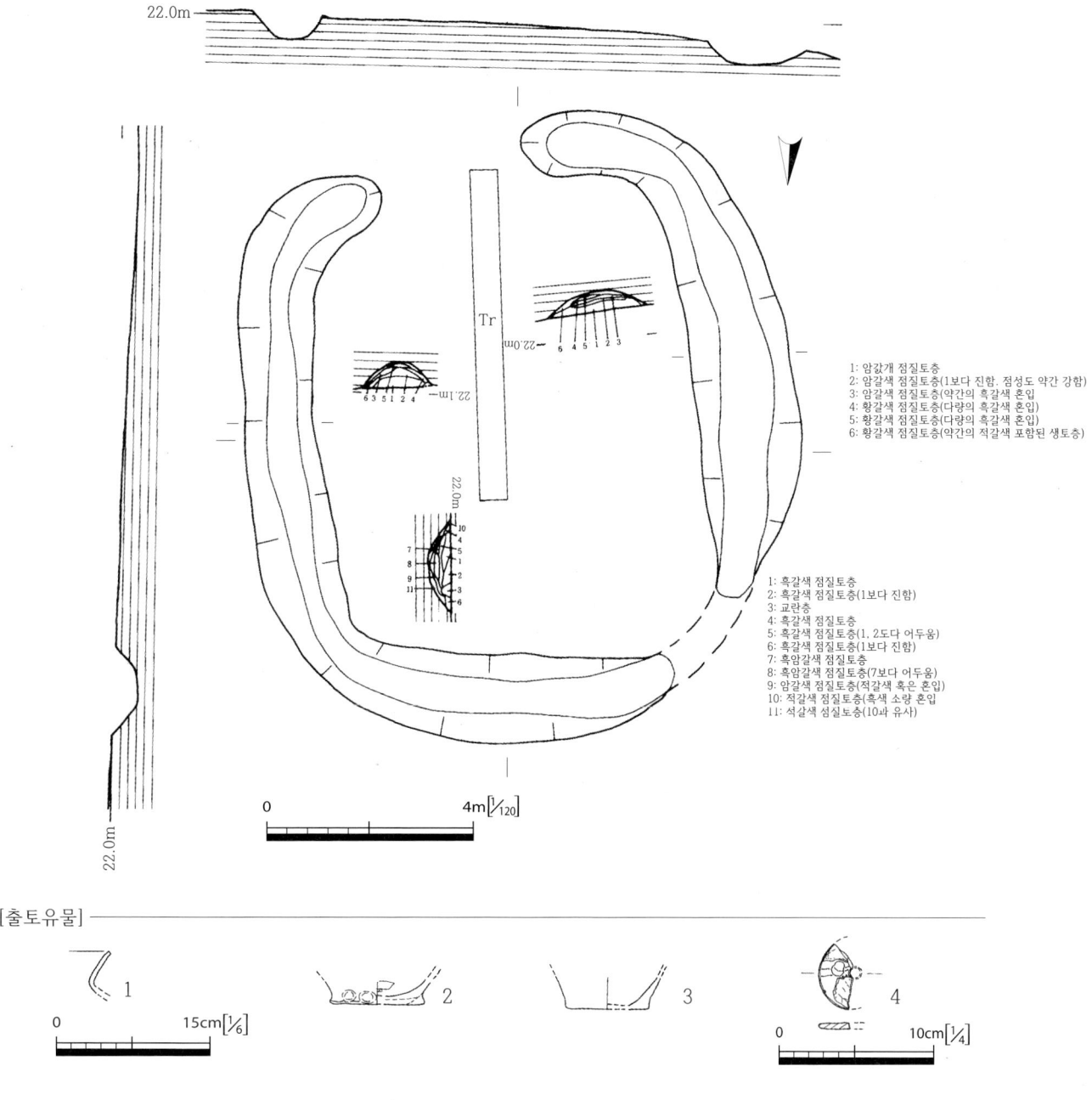

1: 암갈개 점질토층
2: 암갈색 점질토층(1보다 진함, 점성도 약간 강함)
3: 암갈색 점질토층(약간의 흑갈색 혼입)
4: 황갈색 점질토층(다량의 흑갈색 혼입)
5: 황갈색 점질토층(다량의 흑갈색 혼입)
6: 황갈색 점질토층(약간의 적갈색 포함된 생토층)

1: 흑갈색 점질토층
2: 흑갈색 점질토층(1보다 진함)
3: 교란층
4: 흑갈색 점질토층
5: 흑갈색 점질토층(1, 2도다 어두움)
6: 흑갈색 점질토층(1보다 진함)
7: 흑암갈색 점질토층
8: 흑암갈색 점질토층(7보다 어두움)
9: 암갈색 점질토층(적갈색 혹은 혼입)
10: 적갈색 점질토층(흑색 소량 혼입)
11: 석갈색 섬실토층(10과 유사)

0   4m[1/120]

[출토유물]

1   2   3   4

0   15cm[1/6]   0   10cm[1/4]

KM-425호 분구묘

(단위 : cm)

분구크기 (길이×너비×높이)	890×830×?	분구평면형태	(방형)
분구장폭비	1.07:1	분구장축방향	N-(5)°-E
매장시설	-	주구형태	('ㅁ'자형)
유물	토 기	단경호(1), 토기편(5)		
	철 기	-		
	청동기	-		
	옥석류	-		
	기 타	-		
특기사항			

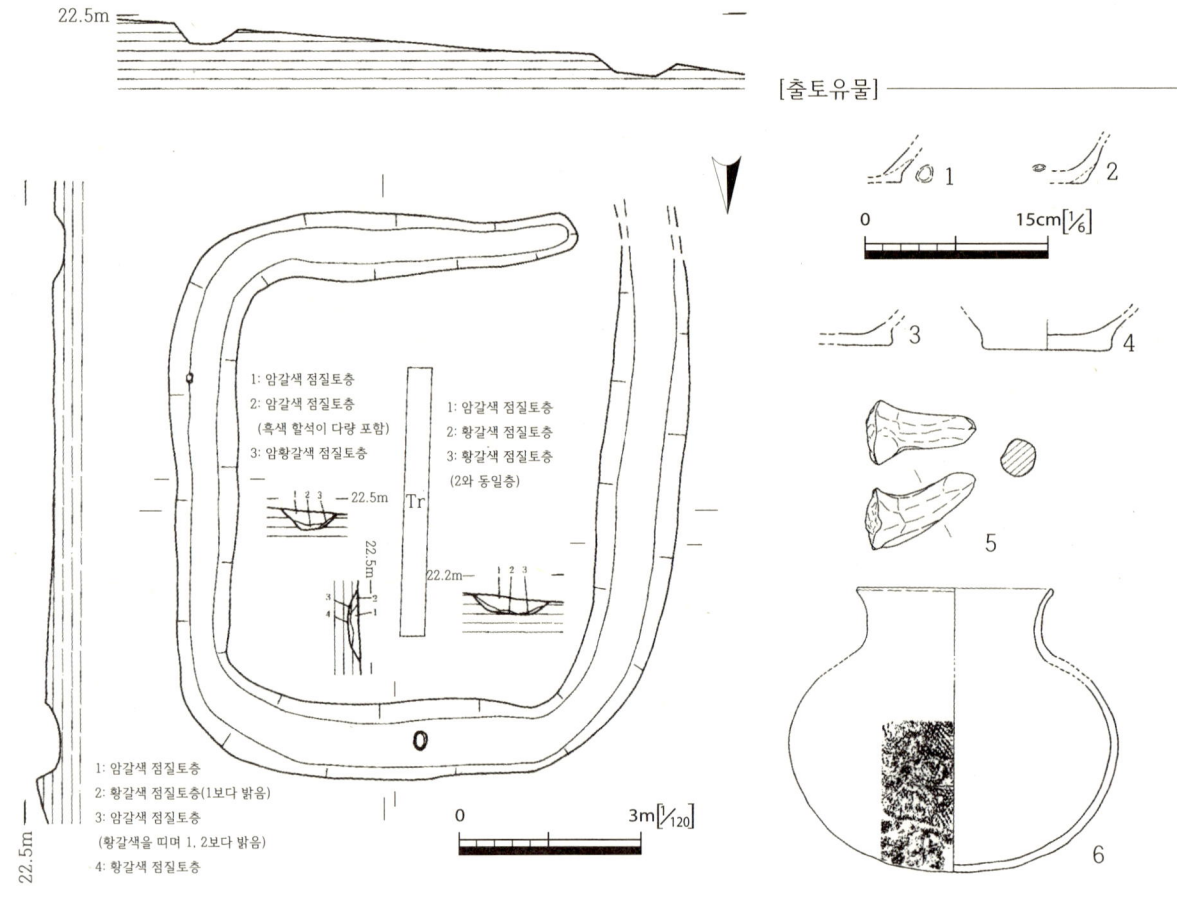

[출토유물]

0   15cm[1/6]

22.5m

1: 암갈색 점질토층
2: 암갈색 점질토층
   (흑색 활석이 다량 포함)
3: 암황갈색 점질토층

1: 암갈색 점질토층
2: 황갈색 점질토층
3: 황갈색 점질토층
   (2와 동일층)

Tr

22.5m

22.2m

1: 암갈색 점질토층
2: 황갈색 점질토층(1보다 밝음)
3: 암갈색 점질토층
   (황갈색을 띠며 1, 2보다 밝음)
4: 황갈색 점질토층

22.5m

0   3m[1/120]

KM-426호 분구묘

(단위 : cm)

분구크기 (길이×너비×높이)	1,460×1,190×?	분구평면형태	?
분구장폭비	1.23:1	분구장축방향	N-(0)°-S
매장시설	-	주구형태	('ㄷ'자형)

유물	토 기	토기편(6)	
	철 기	-	
	청동기	-	
	옥석류	석촉(1)	
	기 타	-	
	특기사항		

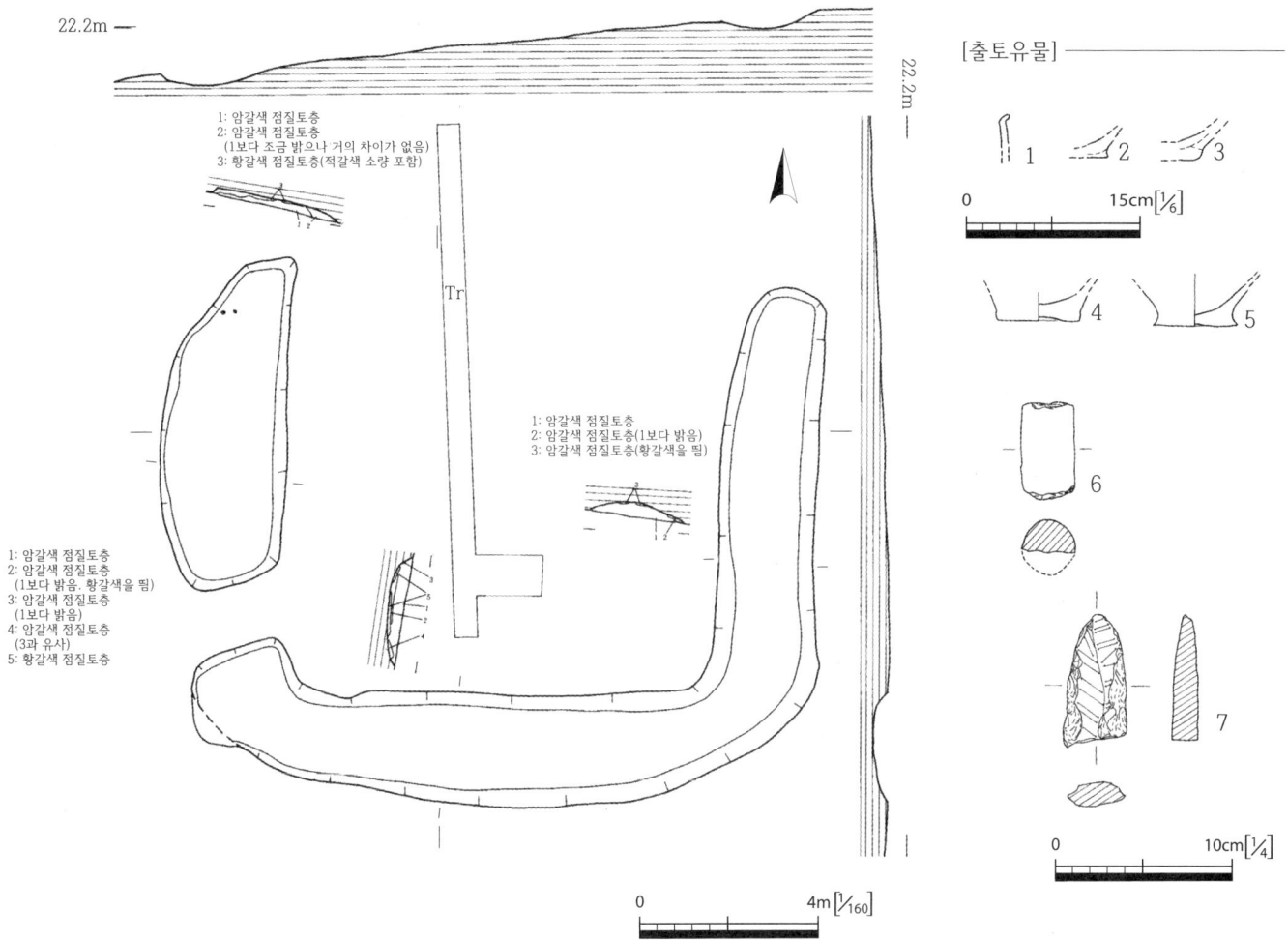

22.2m —

1: 암갈색 점질토층
2: 암갈색 점질토층
 (1보다 조금 밝으나 거의 차이가 없음)
3: 황갈색 점질토층(적갈색 소량 포함)

Tr

22.2m —

1: 암갈색 점질토층
2: 암갈색 점질토층(1보다 밝음)
3: 암갈색 점질토층(황갈색을 띰)

1: 암갈색 점질토층
2: 암갈색 점질토층
 (1보다 밝음. 황갈색을 띰)
3: 암갈색 점질토층
 (1보다 밝음)
4: 암갈색 점질토층
 (3과 유사)
5: 황갈색 점질토층

[출토유물]

0   15cm[1/6]

0   10cm[1/4]

0   4m[1/160]

KM-427호 분구묘

(단위 : cm)

분구크기 (길이×너비×높이)	1,120×1,000×?	분구평면형태	(방형)
분구장폭비	1.12:1	분구장축방향	N-(30)°-W
매장시설	-	주구형태	('ㅁ'자형)
유물 토기	토기편(2)		
철기	-		
청동기	-		
옥석류	-		
기타	-		
특기사항			

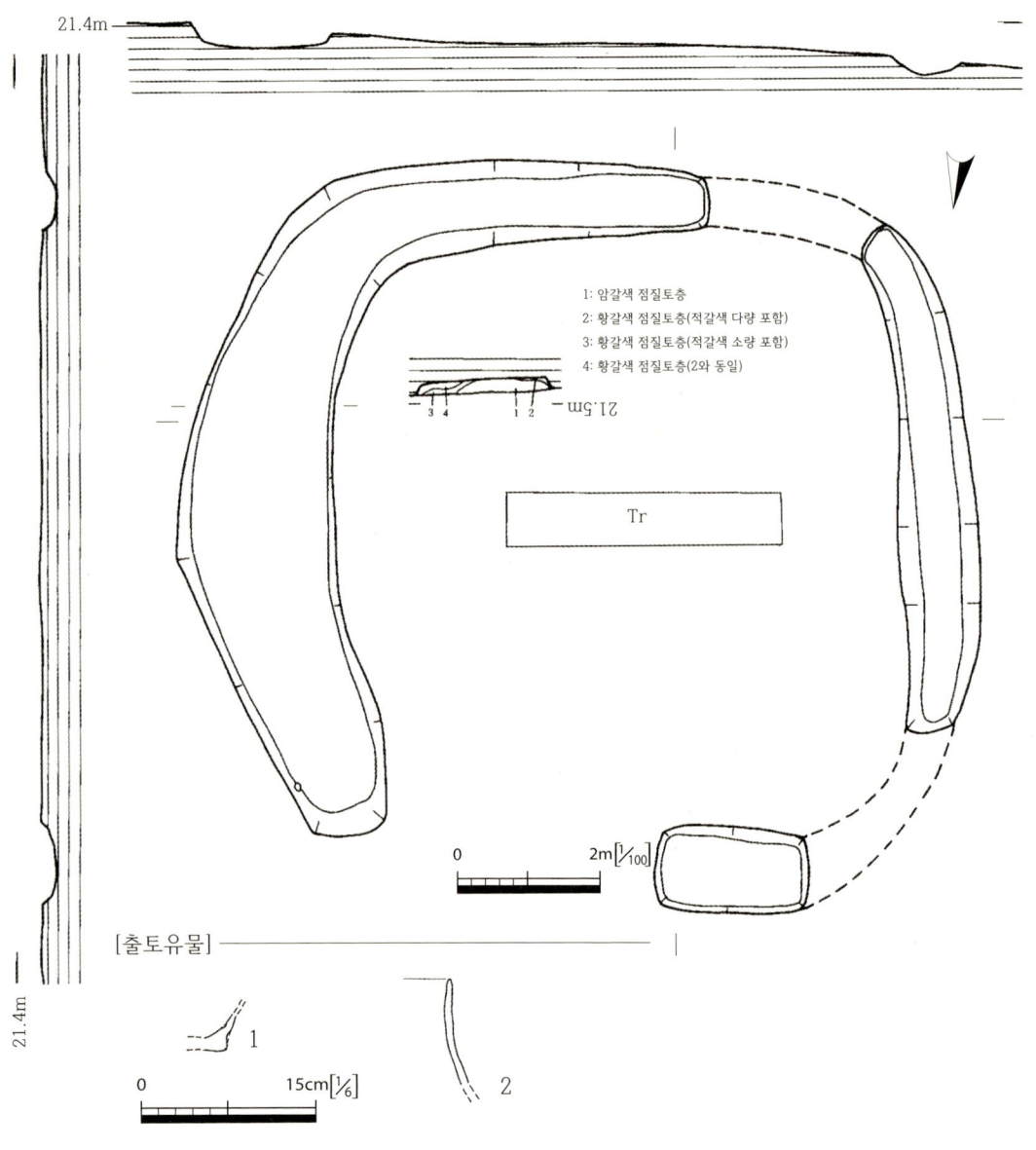

21.4m

1: 암갈색 점질토층
2: 황갈색 점질토층(적갈색 다량 포함)
3: 황갈색 점질토층(적갈색 소량 포함)
4: 황갈색 점질토층(2와 동일)

21.5m

Tr

0   2m [1/100]

21.4m

[출토유물]

1

0   15cm [1/6]

2

KM-428호 분구묘

(단위 : cm)

분구크기 (길이×너비×높이)	700×?×?	분구평면형태	?
분구장폭비	?	분구장축방향	N-(87)°-W
매장시설	-	주구형태	(눈썹형)
유물 토 기		-	
유물 철 기		-	
유물 청 동 기		-	
유물 옥 석 류		-	
유물 기 타		-	
특기사항	출토유물 없음.		

22.0m —

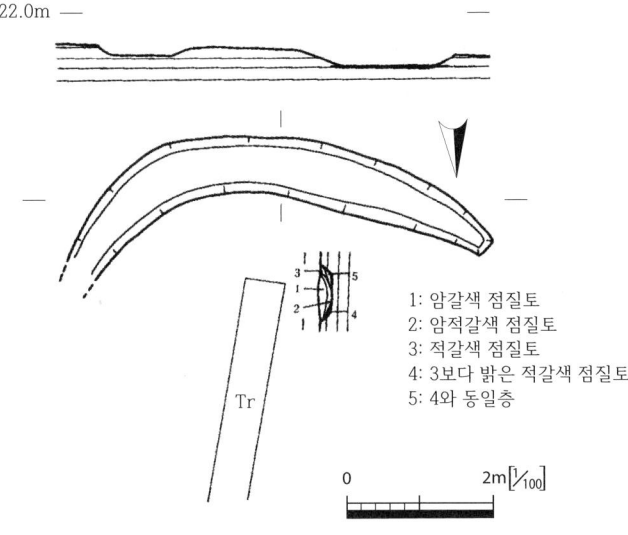

1: 암갈색 점질토
2: 암적갈색 점질토
3: 적갈색 점질토
4: 3보다 밝은 적갈색 점질토
5: 4와 동일층

0   2m [1/100]

Tr

KM-429호 분구묘

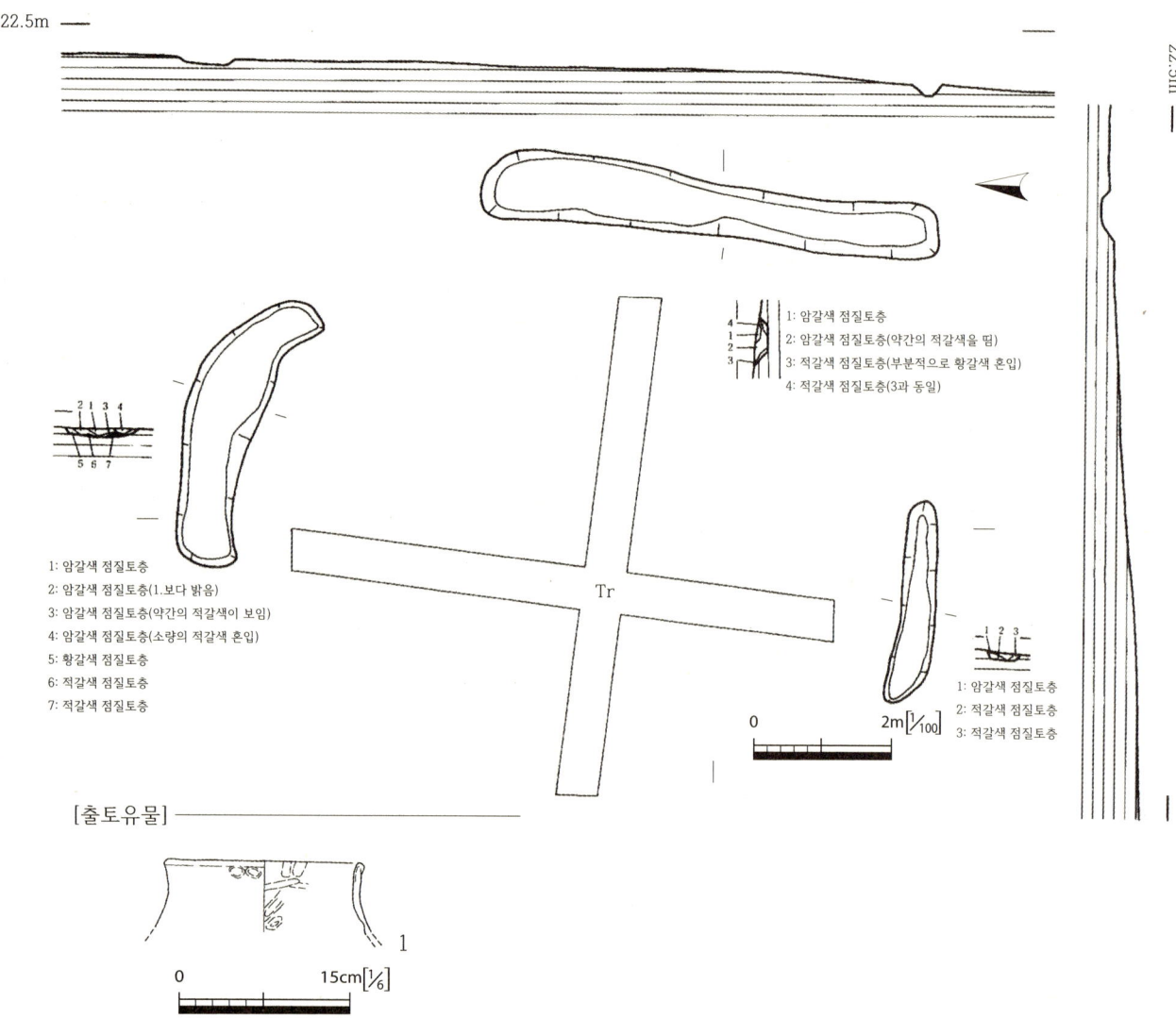

(단위 : cm)

분 구 크 기 (길이×너비×높이)	1,100×660×?	분구평면형태	?
분구장폭비	1.67:1	분구장축방향	N-(5)°-W
매 장 시 설	-	주구형태	('ㄷ'자형)
유물	토 기	토기편(1)	
	철 기	-	
	청 동 기	-	
	옥 석 류	-	
	기 타	-	
	특기사항		

22.5m

22.5m

1: 암갈색 점질토층
2: 암갈색 점질토층(약간의 적갈색을 띰)
3: 적갈색 점질토층(부분적으로 황갈색 혼입)
4: 적갈색 점질토층(3과 동일)

1: 암갈색 점질토층
2: 암갈색 점질토층(1.보다 밝음)
3: 암갈색 점질토층(약간의 적갈색이 보임)
4: 암갈색 점질토층(소량의 적갈색 혼입)
5: 황갈색 점질토층
6: 적갈색 점질토층
7: 적갈색 점질토층

Tr

1: 암갈색 점질토층
2: 적갈색 점질토층
3: 적갈색 점질토층

0   2m[1/100]

[출토유물]

1

0   15cm[1/6]

KM-430호 분구묘

(단위 : cm)

분구크기 (길이×너비×높이)	1,020×990×?	분구평면형태	(방형)
분구장폭비	1.03:1	분구장축방향	N-(15)°-E
매장시설	-	주구형태	('ㅁ'자형)
유물	토 기	-	
	철 기	-	
	청동기	-	
	옥석류	-	
	기 타	-	
특기사항	출토유물 없음.		

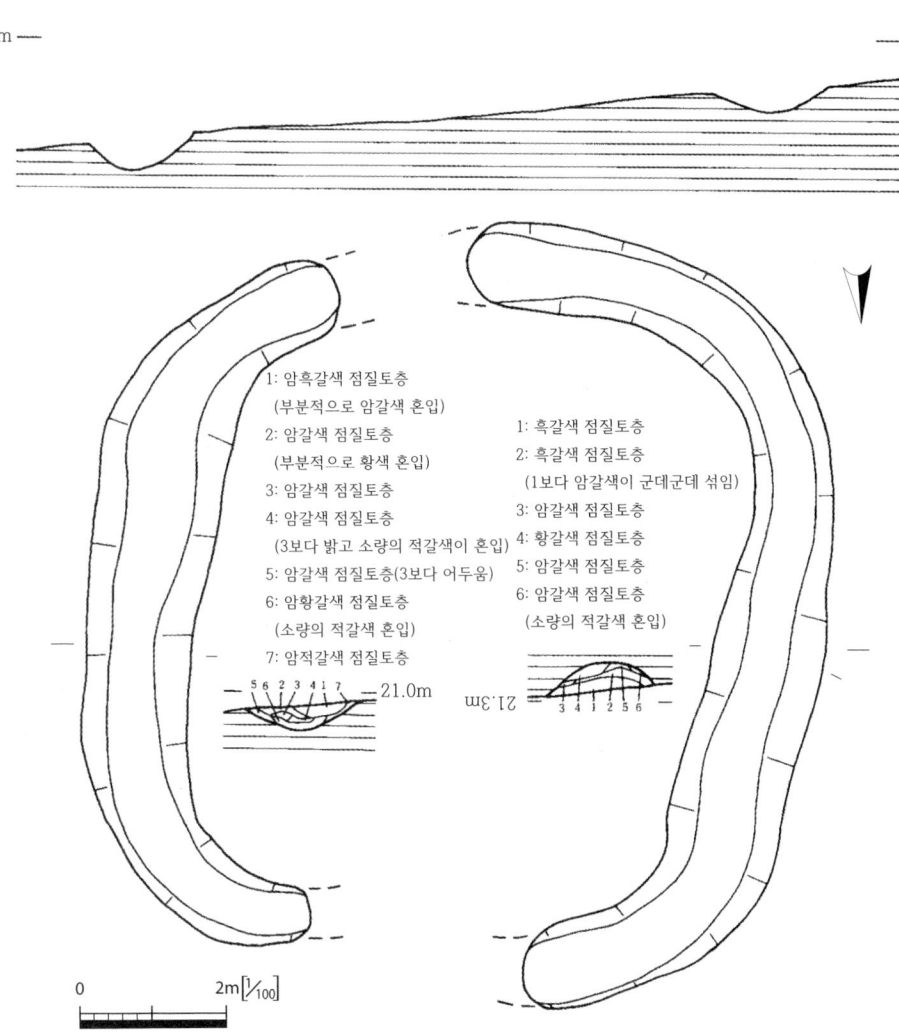

1: 암흑갈색 점질토층
   (부분적으로 암갈색 혼입)
2: 암갈색 점질토층
   (부분적으로 황색 혼입)
3: 암갈색 점질토층
4: 암갈색 점질토층
   (3보다 밝고 소량의 적갈색이 혼입)
5: 암갈색 점질토층(3보다 어두움)
6: 암황갈색 점질토층
   (소량의 적갈색 혼입)
7: 암적갈색 점질토층

1: 흑갈색 점질토층
2: 흑갈색 점질토층
   (1보다 암갈색이 군데군데 섞임)
3: 암갈색 점질토층
4: 황갈색 점질토층
5: 암갈색 점질토층
6: 암갈색 점질토층
   (소량의 적갈색 혼입)

21.5m

21.0m

21.3m

0   2m[1/100]

KM-431호 분구묘

(단위 : cm)

분 구 크 기 (길이×너비×높이)	930×910×?	분구평면형태	(방형)
분구장폭비	1.02:1	분구장축방향	N-(30)°-E
매 장 시 설	–	주구형태	('ㅁ'자형)
유물	토 기	토기편(8)	
	철 기	–	
	청 동 기	–	
	옥 석 류	–	
	기 타	–	
특기사항			

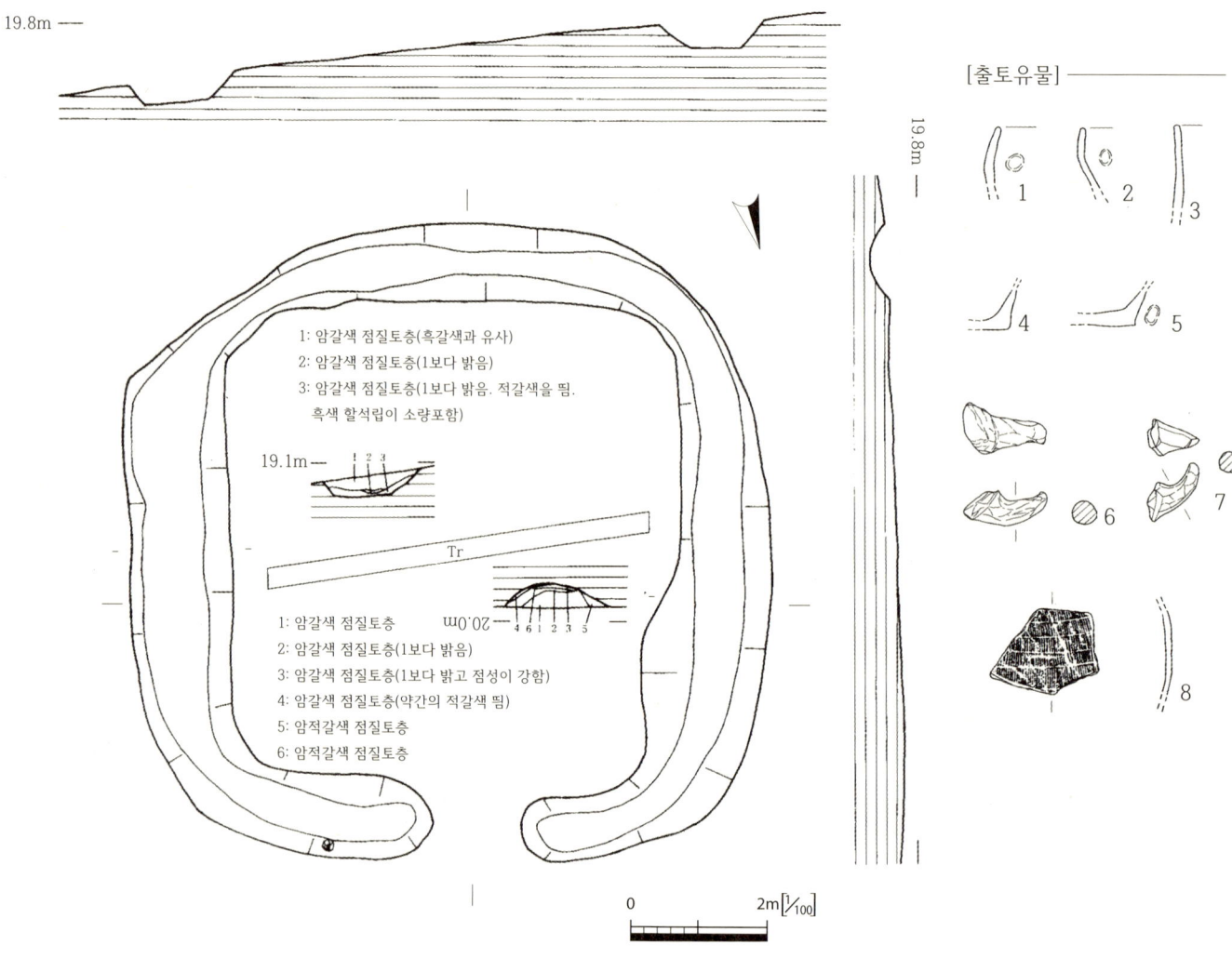

19.8m —

[출토유물]

19.8m —

1: 암갈색 점질토층(흑갈색과 유사)
2: 암갈색 점질토층(1보다 밝음)
3: 암갈색 점질토층(1보다 밝음. 적갈색을 띰.
　흑색 할석립이 소량포함)

19.1m —

Tr

20.0m

1: 암갈색 점질토층
2: 암갈색 점질토층(1보다 밝음)
3: 암갈색 점질토층(1보다 밝고 점성이 강함)
4: 암갈색 점질토층(약간의 적갈색 띰)
5: 암적갈색 점질토층
6: 암적갈색 점질토층

0　　　　　2m[1/100]

KM-432호 분구묘

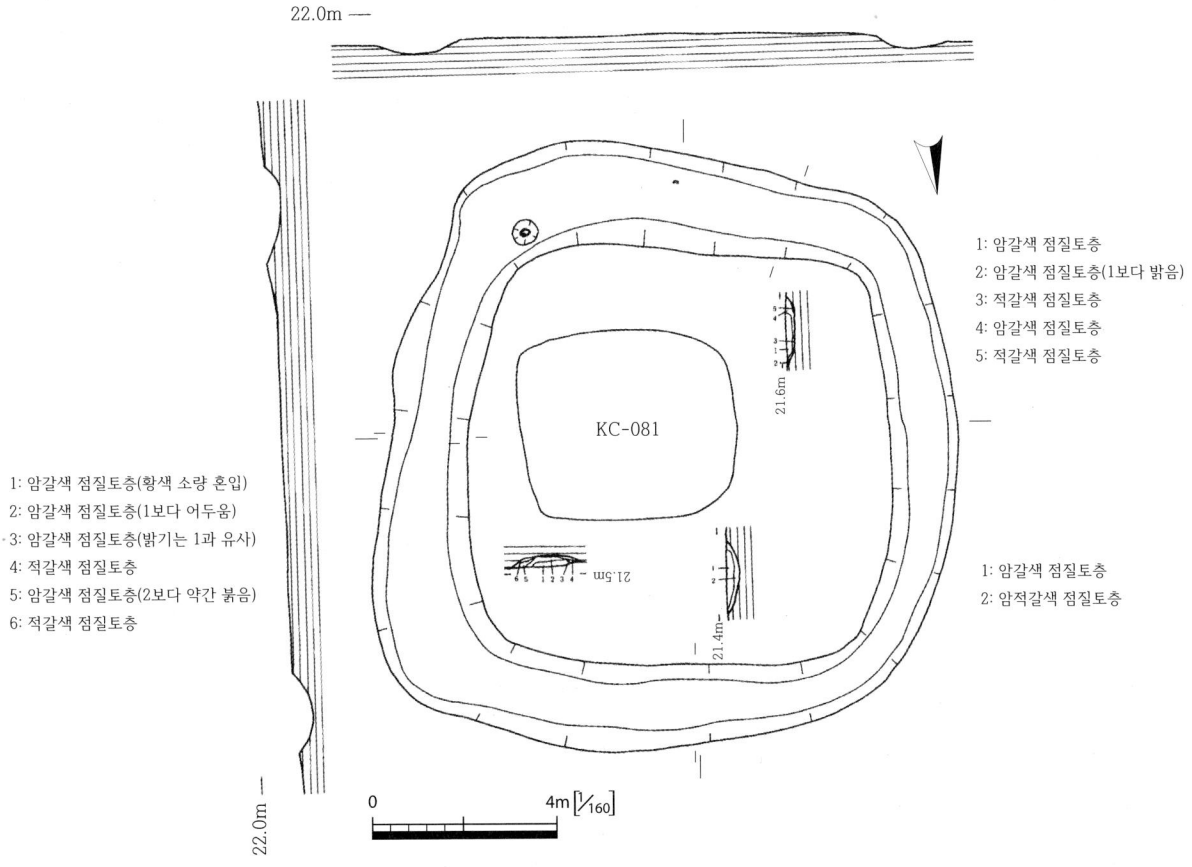

(단위 : cm)

분구크기 (길이×너비×높이)	1,270×1,220×?	분구평면형태	(방형)
분구장폭비	1.04:1	분구장축방향	N-(30)°-E
매장시설	-	주구형태	('ㅁ'자형)

유물	토 기	-
	철 기	-
	청동기	-
	옥석류	-
	기 타	-
특기사항		출토유물 없음.

22.0m —

1: 암갈색 점질토층
2: 암갈색 점질토층(1보다 밝음)
3: 적갈색 점질토층
4: 암갈색 점질토층
5: 적갈색 점질토층

KC-081

21.6m

21.5m

21.4m

1: 암갈색 점질토층(황색 소량 혼입)
2: 암갈색 점질토층(1보다 어두움)
3: 암갈색 점질토층(밝기는 1과 유사)
4: 적갈색 점질토층
5: 암갈색 점질토층(2보다 약간 붉음)
6: 적갈색 점질토층

1: 암갈색 점질토층
2: 암적갈색 점질토층

22.0m —

0   4m ⅟₁₆₀

KM-433호 분구묘

(단위 : cm)

분 구 크 기 (길이×너비×높이)	1,150×1,150×?	분구평면형태	(방형)
분구장폭비	1.00:1	분구장축방향	N-(35)°-E
매 장 시 설	-	주구형태	('ㅁ'자형)
유물 토 기	토기편(2)		
철 기		-	
청 동 기		-	
옥석류	석촉(1)		
기 타		-	
특기사항	출토유물 없음.		

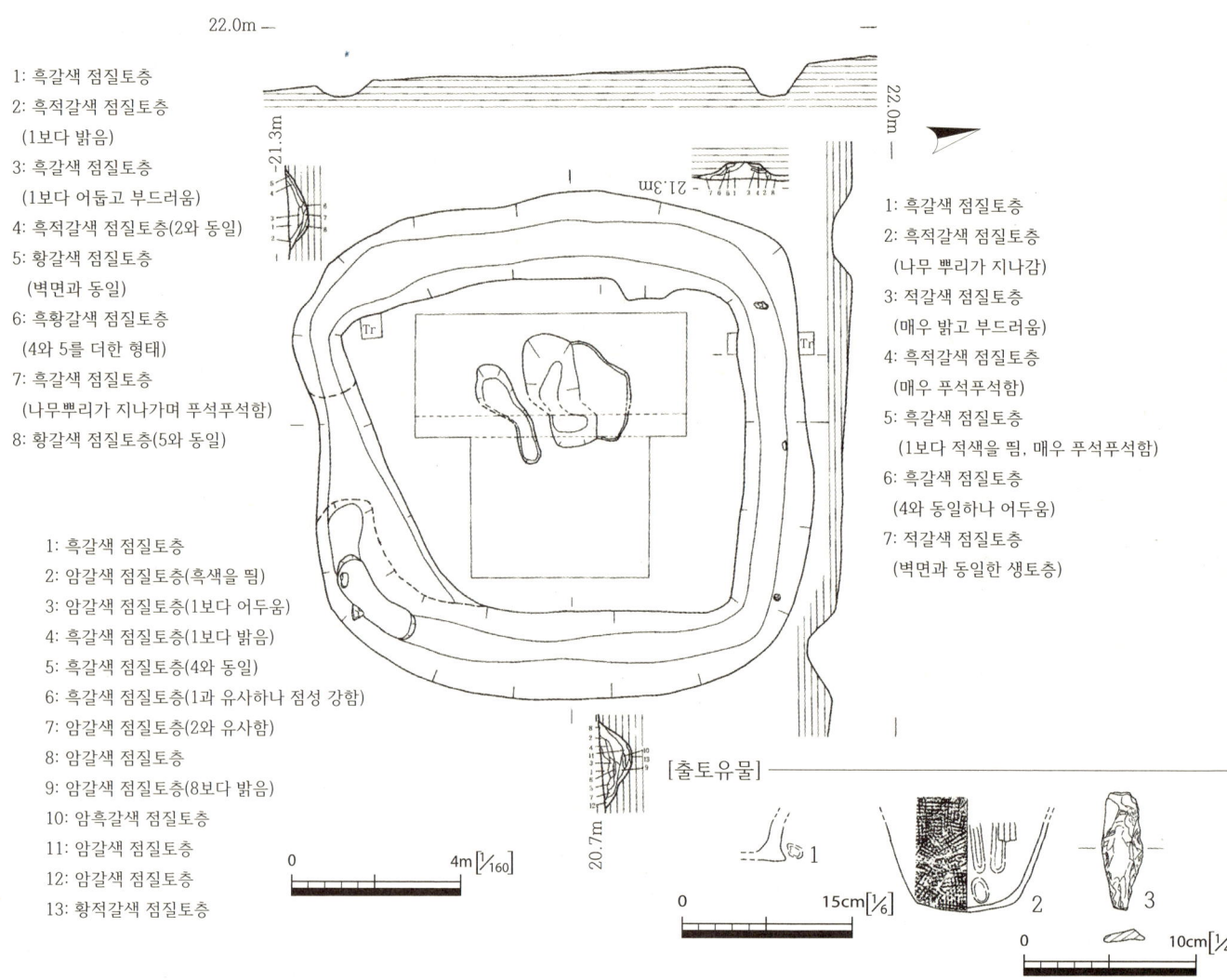

왼쪽 토층 범례 (위)
1: 흑갈색 점질토층
2: 흑적갈색 점질토층
   (1보다 밝음)
3: 흑갈색 점질토층
   (1보다 어둡고 부드러움)
4: 흑적갈색 점질토층(2와 동일)
5: 황갈색 점질토층
   (벽면과 동일)
6: 흑황갈색 점질토층
   (4와 5를 더한 형태)
7: 흑갈색 점질토층
   (나무뿌리가 지나가며 푸석푸석함)
8: 황갈색 점질토층(5와 동일)

왼쪽 토층 범례 (아래)
1: 흑갈색 점질토층
2: 암갈색 점질토층(흑색을 띰)
3: 암갈색 점질토층(1보다 어두움)
4: 흑갈색 점질토층(1보다 밝음)
5: 흑갈색 점질토층(4와 동일)
6: 흑갈색 점질토층(1과 유사하나 점성 강함)
7: 암갈색 점질토층(2와 유사함)
8: 암갈색 점질토층
9: 암갈색 점질토층(8보다 밝음)
10: 암흑갈색 점질토층
11: 암갈색 점질토층
12: 암갈색 점질토층
13: 황적갈색 점질토층

오른쪽 토층 범례
1: 흑갈색 점질토층
2: 흑적갈색 점질토층
   (나무 뿌리가 지나감)
3: 적갈색 점질토층
   (매우 밝고 부드러움)
4: 흑적갈색 점질토층
   (매우 푸석푸석함)
5: 흑갈색 점질토층
   (1보다 적색을 띰, 매우 푸석푸석함)
6: 흑갈색 점질토층
   (4와 동일하나 어두움)
7: 적갈색 점질토층
   (벽면과 동일한 생토층)

[출토유물]

0   4m [1/160]

0   15cm[1/6]

0   10cm[1/4]

KM-434호 분구묘

(단위 : cm)

분구크기 (길이×너비×높이)	(730+)×570×?	분구평면형태	?
분구장폭비	?	분구장축방향	N-(10)°-E
매장시설	-	주구형태	?

유물	토 기	-
	철 기	-
	청동기	-
	옥석류	-
	기 타	-
특기사항		출토유물 없음.

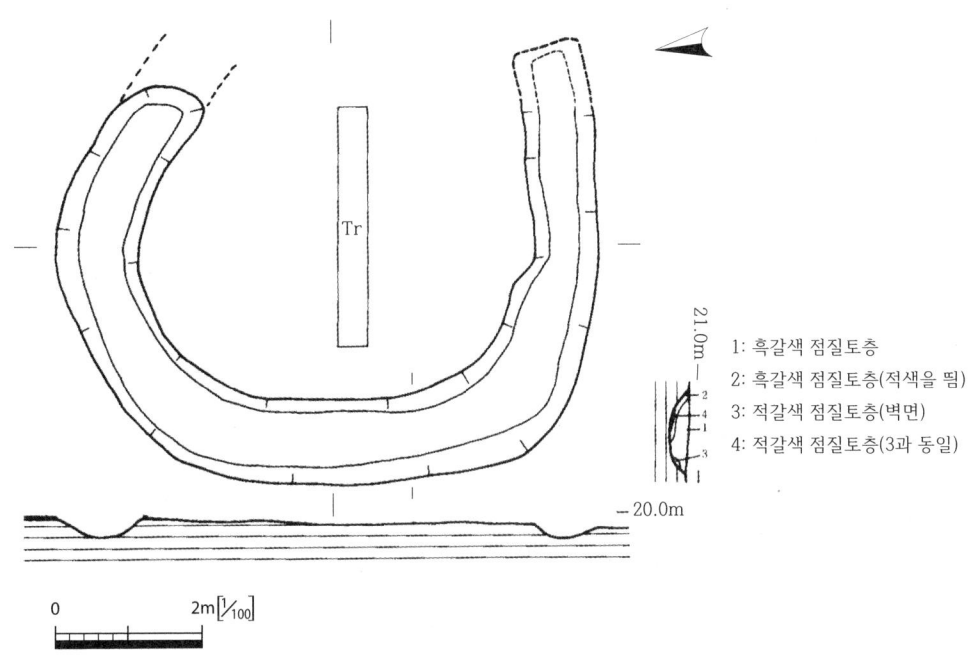

1: 흑갈색 점질토층
2: 흑갈색 점질토층(적색을 띔)
3: 적갈색 점질토층(벽면)
4: 적갈색 점질토층(3과 동일)

21.0m

20.0m

Tr

0   2m[1/100]

KM-435호 분구묘

(단위 : cm)

분구크기 (길이×너비×높이)	1,050×1,020×?	분구평면형태	(방형)
분구장폭비	1.03:1	분구장축방향	N-(3)°-E
매장시설	-	주구형태	('ㅁ'자형)
유물 토 기		-	
철 기		-	
청 동 기		-	
옥석류		-	
기 타		-	
특기사항	출토유물 없음.		

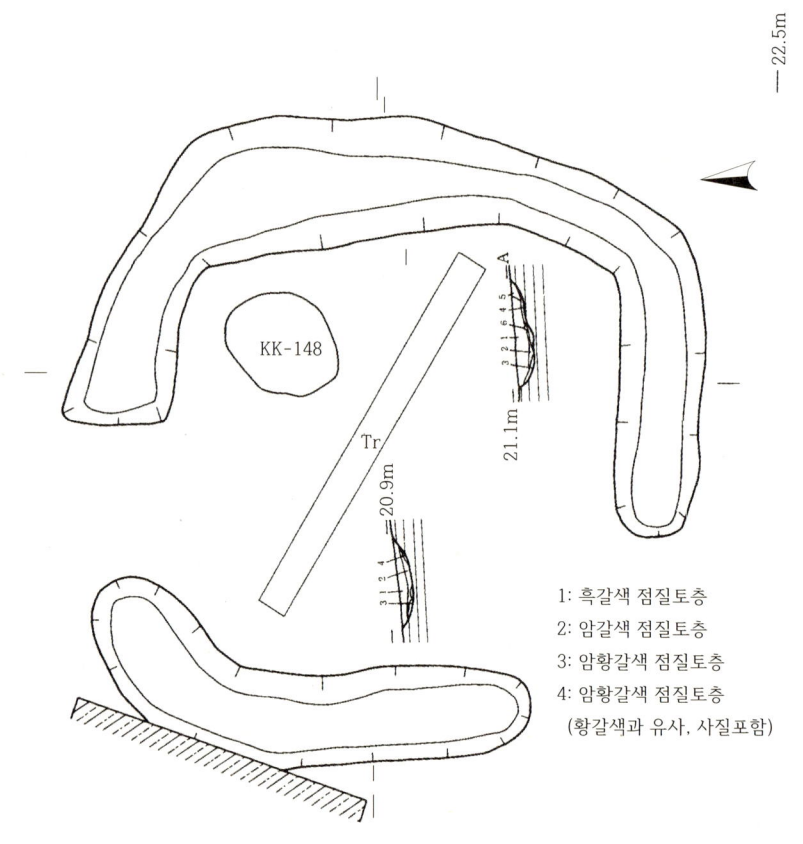

1: 흑갈색 점질토층
2: 암갈색 점질토층
3: 황갈색 점질토층
4: 명황갈색 점질토층
　(사질이 약간 보임)
5: 황적갈색 점질토층
6: 황갈색 점질토층(5와 유사)

1: 흑갈색 점질토층
2: 암갈색 점질토층
3: 암황갈색 점질토층
4: 암황갈색 점질토층
　(황갈색과 유사, 사질포함)

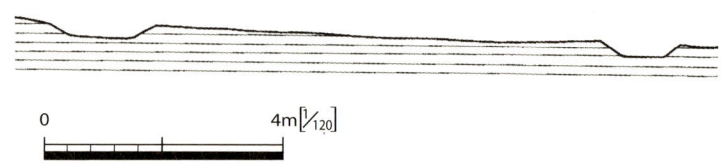

0　　　　　　4m[1/120]

KM-436호 분구묘

(단위 : cm)

분구크기 (길이×너비×높이)	2,730×2,500×?	분구평면형태	(방형)
분구장폭비	1.09:1	분구장축방향	N-(10)°-E
매장시설	-	주구형태	('ㅁ'자형)

유물	토 기	토기편(4)		
	철 기	-		
	청동기	-		
	옥석류	-		
	기 타	-		
특기사항				

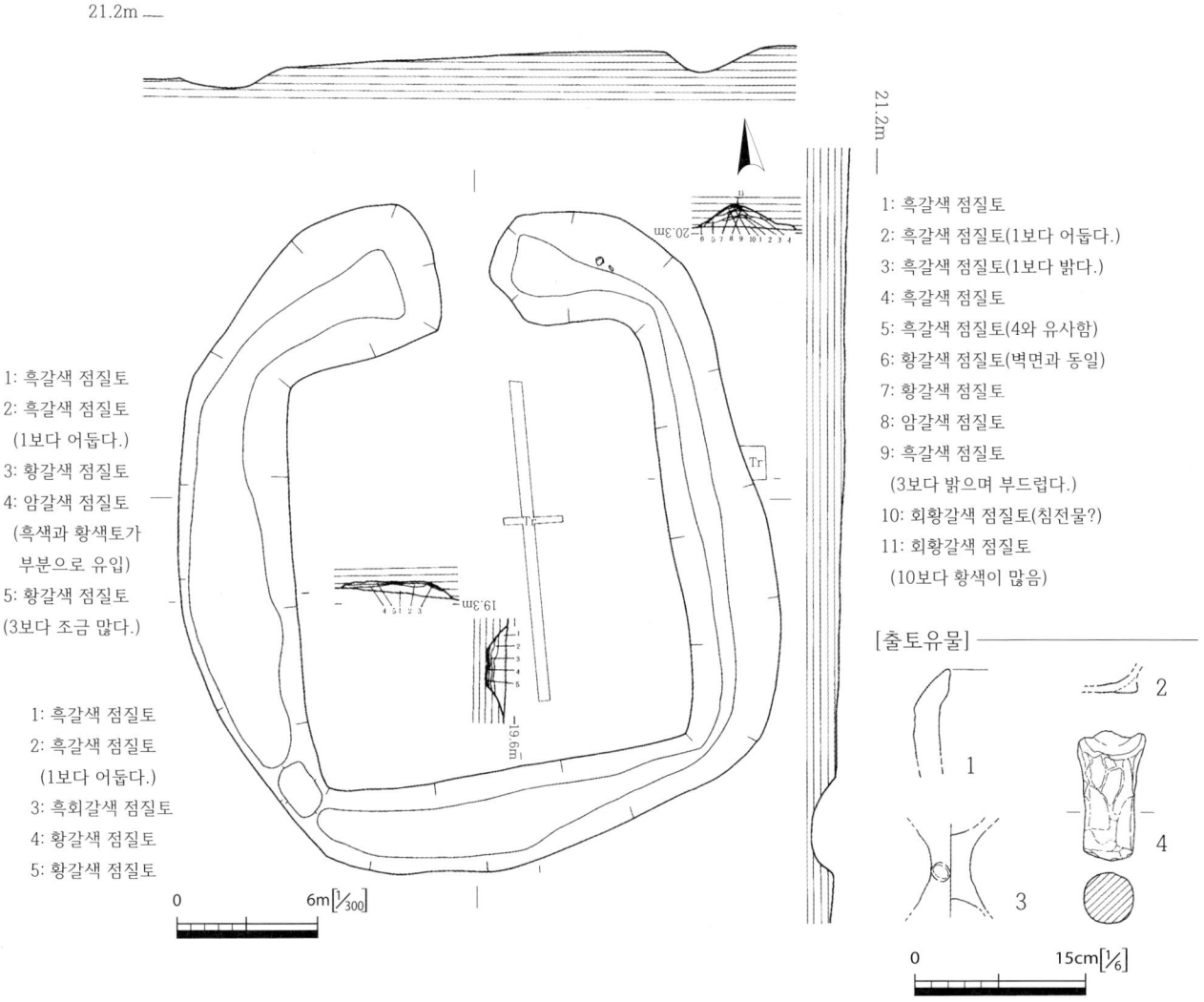

21.2m

21.2m

1: 흑갈색 점질토
2: 흑갈색 점질토
  (1보다 어둡다.)
3: 황갈색 점질토
4: 암갈색 점질토
  (흑색과 황색토가
  부분으로 유입)
5: 황갈색 점질토
  (3보다 조금 많다.)

1: 흑갈색 점질토
2: 흑갈색 점질토
  (1보다 어둡다.)
3: 흑회갈색 점질토
4: 황갈색 점질토
5: 황갈색 점질토

1: 흑갈색 점질토
2: 흑갈색 점질토(1보다 어둡다.)
3: 흑갈색 점질토(1보다 밝다.)
4: 흑갈색 점질토
5: 흑갈색 점질토(4와 유사함)
6: 황갈색 점질토(벽면과 동일)
7: 황갈색 점질토
8: 암갈색 점질토
9: 흑갈색 점질토
  (3보다 밝으며 부드럽다.)
10: 회황갈색 점질토(침전물?)
11: 회황갈색 점질토
  (10보다 황색이 많음)

[출토유물]

0   15cm[1/6]

0   6m[1/300]

KM-437호 분구묘

(단위 : cm)

분구크기 (길이×너비×높이)	1,120×1,090×?	분구평면형태	(방형)
분구장폭비	1.02:1	분구장축방향	N-(35)°-E
매장시설	석곽(1)	주구형태	('ㅁ'자형)

유물	토기	-
	철기	-
	청동기	-
	옥석류	-
	기타	-
특기사항		출토유물 없음.

석곽					
묘광	크기 (길이×너비×깊이)	(246+)×(108+)×?	주체부	크기 (길이×너비×높이)	(180)×(72)×?
	장폭비	?		장폭비	?
	장축방향	N-(47)°-W	시상·관대	크기 (길이×너비×높이)	-
	두향	?	벽석종류		판석, 할석
유물	토기	점토대토기(1), 흑색마연 장경호(1), 토기편(7)			
	철기	-			
	청동기	동경(2)			
	옥석류	석봉(1), 양인석부(1), 석촉(1), 관옥류(?)			
	기타	-			
특기사항		석곽으로 보고하였으나 파괴가 심하여 정확한 구조는 알 수 없음. 동경 2점 도면 미게재.			

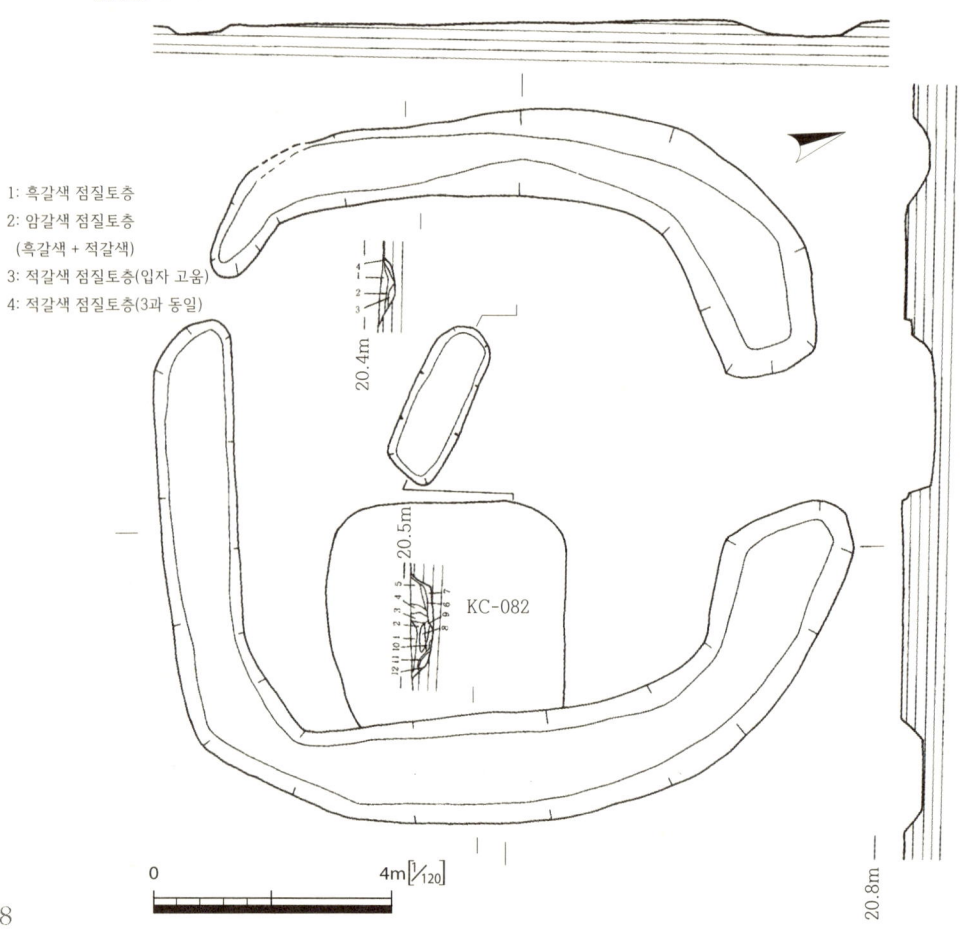

20.8m —

1: 흑갈색 점질토층
2: 암갈색 점질토층
  (흑갈색 + 적갈색)
3: 적갈색 점질토층(입자 고움)
4: 적갈색 점질토층(3과 동일)

20.4m

20.5m

KC-082

1: 암갈색 점질토층
2: 암갈색 점질토층
  (1보다 어두움. 흑갈색과 유사)
3: 흑갈색 점질토층
4: 암갈색 점질토층(2와 동일)
5: 암갈색 점질토층(1과 동일)
6: 암황갈색 점질토층
7: 적갈색 점질토층
8: 흑갈색 점질토층(3과 동일. 매우진함)
9: 흑갈색 점질토층(8보다 밝음)
10: 암황갈색 점질토층
11: 암적갈색 점질토층
12: 적갈색 점질토층

0   4m [1/120]

20.8m —

[석곽]

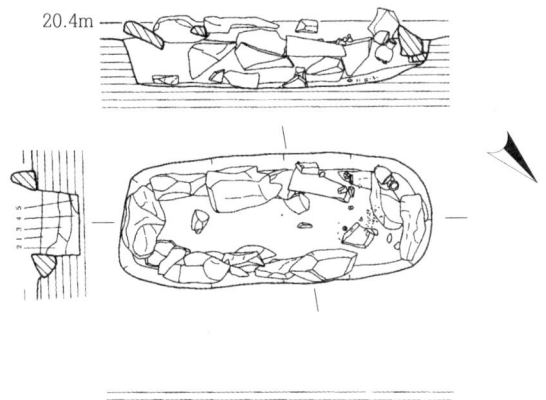

1: 적갈색 점질토
    (잡석이 많이 포함되어 있다.)
2: 흑갈색 점질토
3: 흑갈색 점질토
    (적갈색토가 군데군데 섞여있다.)
4: 흑갈색 점질토
    (목탄이 약간 섞여있다.)
5: 황적갈색 점질토
    (생토층으로 보이나 약간 어둡다.)

0   2m [1/60]

[출토유물]

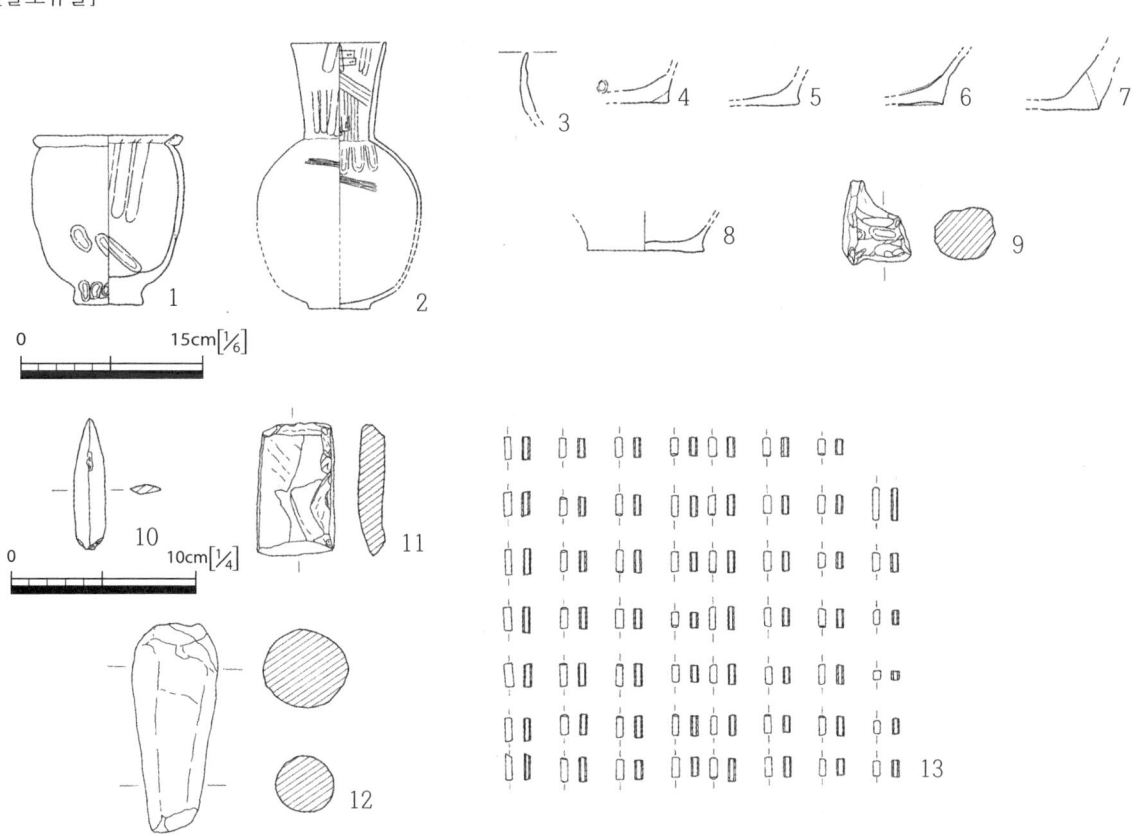

0   15cm [1/6]

0   10cm [1/4]

KM-438호 분구묘

(단위 : cm)

분구크기 (길이×너비×높이)	(960+)×?×??	분구평면형태	?
분구장폭비	?	분구장축방향	N-(0)°-S
매장시설	-	주구형태	(눈썹형)
유물 토 기		-	
철 기		-	
청동기		-	
옥석류		-	
기 타		-	
특기사항	출토유물 없음.		

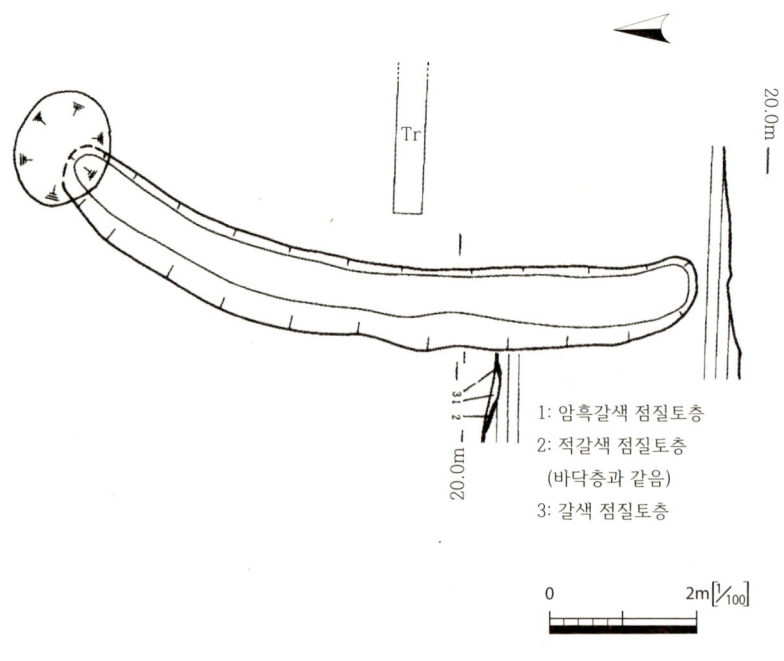

Tr

20.0m —

31.2 —

20.0m —

1: 암흑갈색 점질토층
2: 적갈색 점질토층
   (바닥층과 같음)
3: 갈색 점질토층

0   2m[1/100]

KM-439호 분구묘

(단위 : cm)

분구크기 (길이×너비×높이)	640×600×?	분구평면형태	(방형)
분구장폭비	1.07:1	분구장축방향	N-(10)°-E
매장시설	-	주구형태	('ㄷ'자형)

유물	토 기	토기편(1)		
	철 기	-		
	청 동 기	-		
	옥 석 류	-		
	기 타	-		
	특기사항			

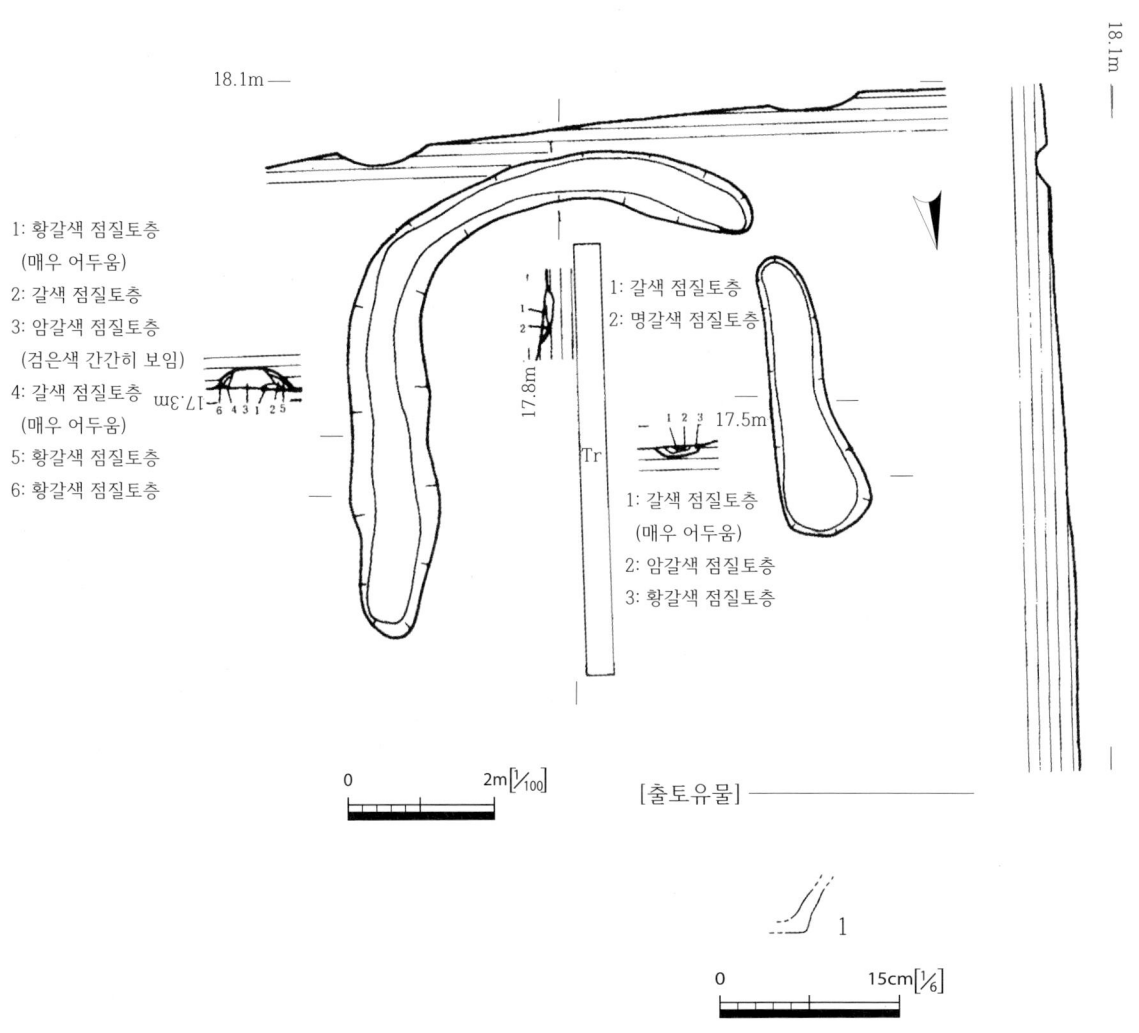

1: 황갈색 점질토층
 (매우 어두움)
2: 갈색 점질토층
3: 암갈색 점질토층
 (검은색 간간히 보임)
4: 갈색 점질토층
 (매우 어두움)
5: 황갈색 점질토층
6: 황갈색 점질토층

1: 갈색 점질토층
2: 명갈색 점질토층

1: 갈색 점질토층
 (매우 어두움)
2: 암갈색 점질토층
3: 황갈색 점질토층

0   2m[1/100]

[출토유물]

0   15cm[1/6]

KM-440호 분구묘

(단위 : cm)

분구크기 (길이×너비×높이)	1,040×970×?	분구평면형태	(방형)
분구장폭비	1.07:1	분구장축방향	N-(10)°-E
매장시설	-	주구형태	('ㅁ'자형)
유물 토기	토기편(1)		
유물 철기	-		
유물 청동기	-		
유물 옥석류	-		
유물 기타	-		
특기사항			

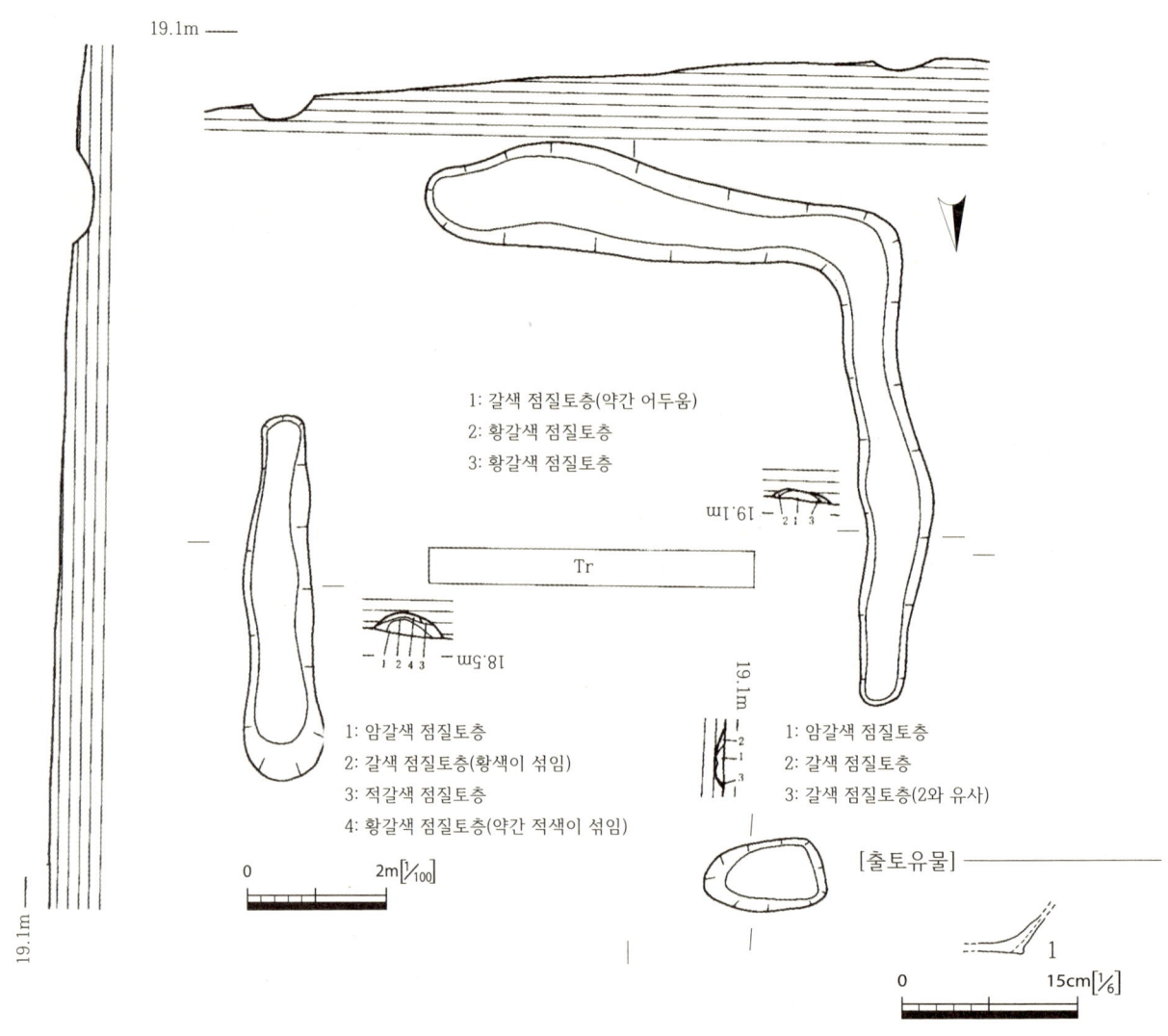

19.1m

1: 갈색 점질토층(약간 어두움)
2: 황갈색 점질토층
3: 황갈색 점질토층

Tr

1: 암갈색 점질토층
2: 갈색 점질토층(황색이 섞임)
3: 적갈색 점질토층
4: 황갈색 점질토층(약간 적색이 섞임)

1: 암갈색 점질토층
2: 갈색 점질토층
3: 갈색 점질토층(2와 유사)

0   2m[1/100]

[출토유물]

1

0   15cm[1/6]

19.1m

KM-441호 분구묘

(단위 : cm)

분구크기 (길이×너비×높이)	(430+)×(400+)×?	분구평면형태	(원형)
분구장폭비	?	분구장축방향	N-2°-E
매장시설	?	주구형태	?
유물	토 기	-	
	철 기	-	
	청동기	-	
	옥석류	-	
	기 타	-	
특기사항	출토유물 없음.		

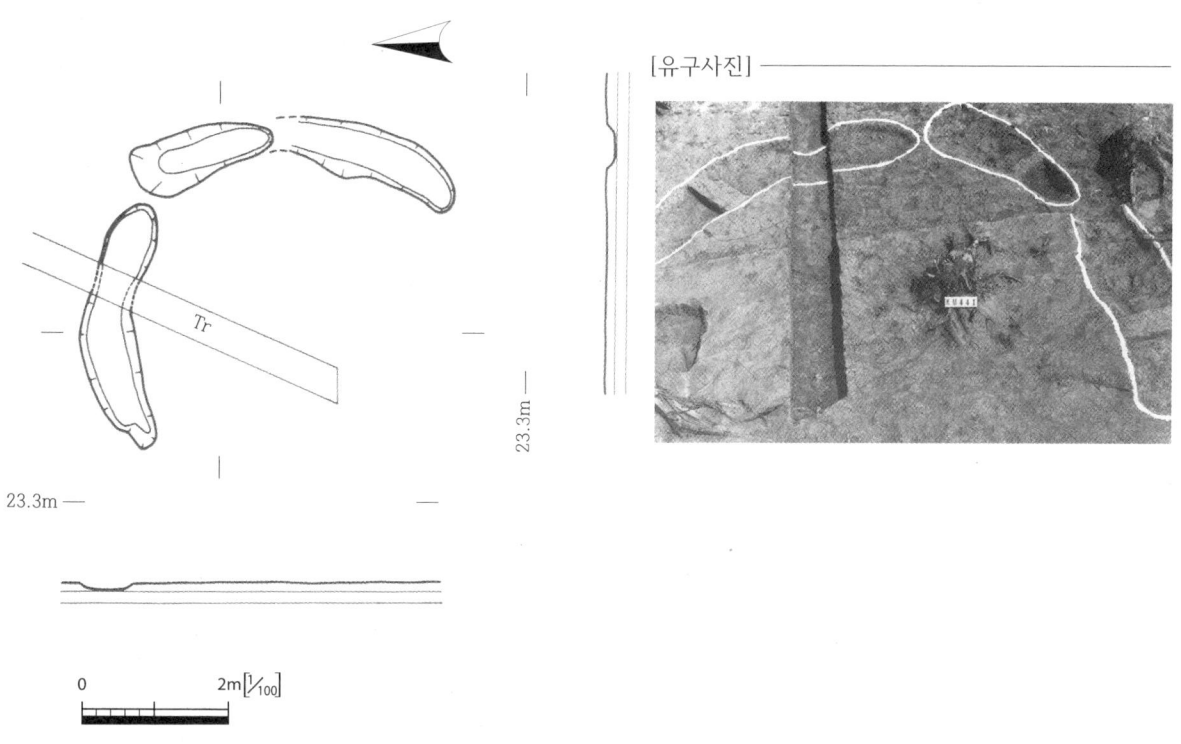

[유구사진]

23.3m —

23.3m —

0   2m[1/100]

KM-442호 분구묘

(단위 : cm)

분구크기 (길이×너비×높이)	800×750×?	분구평면형태	(방형)
분구장폭비	1,07:1	분구장축방향	N-7°-E
매 장 시 설	?	주구형태	'ㄷ'자형
유물	토 기	-	
	철 기	-	
	청 동 기	-	
	옥 석 류	-	
	기 타	-	
특기사항	출토유물 없음.		

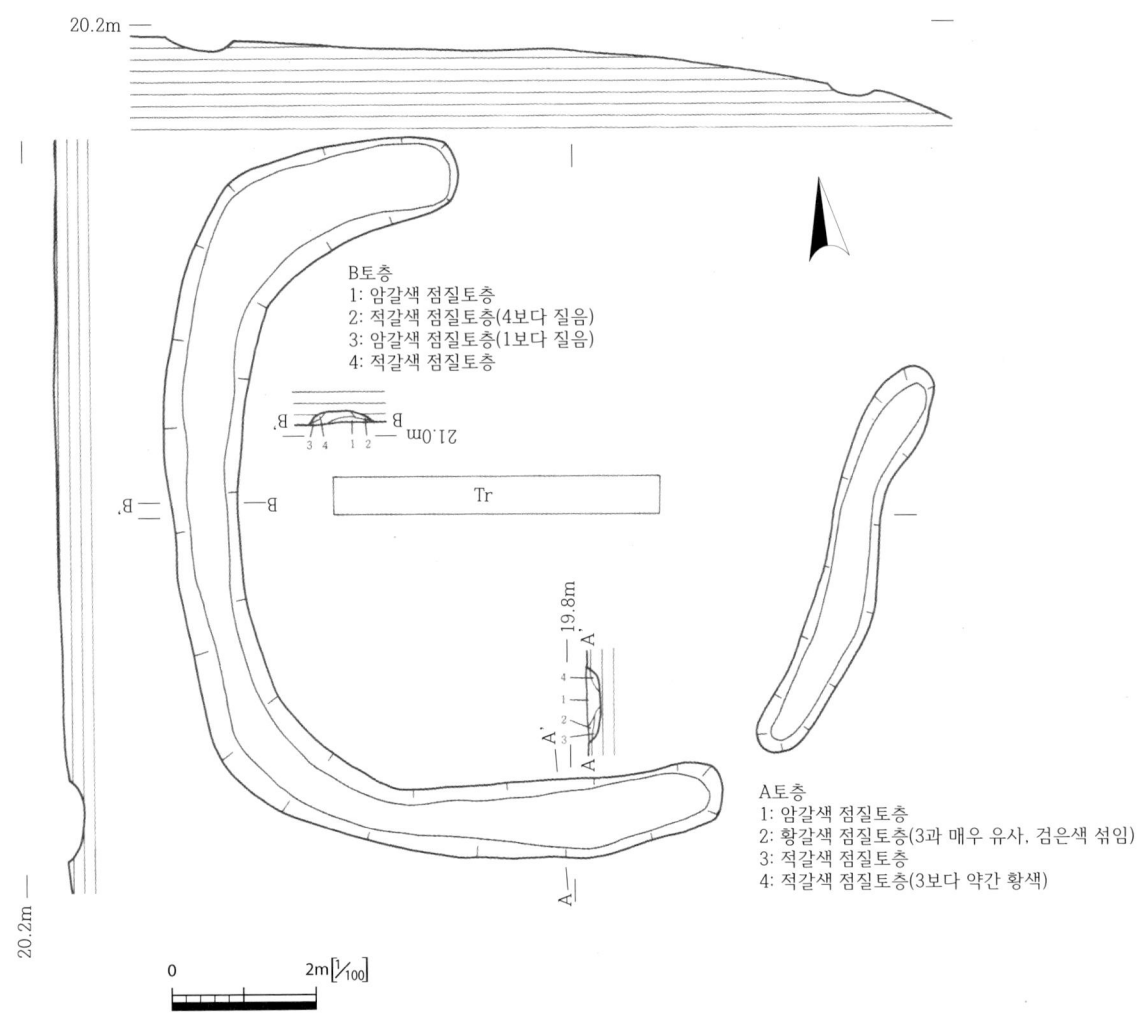

20.2m

B토층
1: 암갈색 점질토층
2: 적갈색 점질토층(4보다 질음)
3: 암갈색 점질토층(1보다 질음)
4: 적갈색 점질토층

21.0m

Tr

19.8m

A토층
1: 암갈색 점질토층
2: 황갈색 점질토층(3과 매우 유사, 검은색 섞임)
3: 적갈색 점질토층
4: 적갈색 점질토층(3보다 약간 황색)

20.2m

0   2m [1/100]

KM-443호 분구묘

(단위 : cm)

분구크기 (길이×너비×높이)	290×(180+)×?	분구평면형태	?
분구장폭비	?	분구장축방향	N-12°-W
매장시설	?	주구형태	?
유물	토 기	-	
	철 기	-	
	청 동 기	-	
	옥 석 류	-	
	기 타	-	
특기사항	출토유물 없음.		

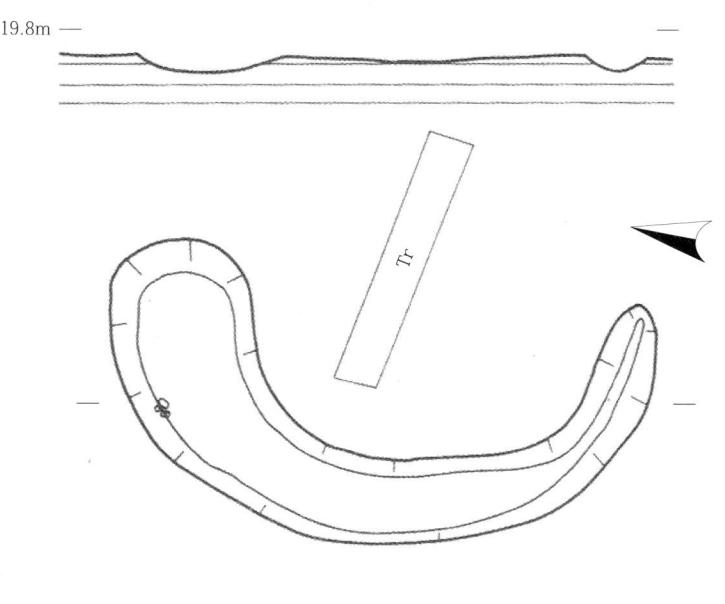

19.8m —

Tr

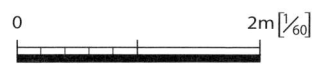

0   2m [1/60]

475

보령 관창리유적

KM-444호 분구묘

(단위 : cm)

분구크기 (길이×너비×높이)	350×(90+)×(14+)	분구평면형태	?
분구장폭비	?	분구장축방향	N-10°-W
매장시설	?	주구형태	(눈썹형)
유물	토 기	-	
	철 기	-	
	청 동 기	-	
	옥 석 류	-	
	기 타	-	
특기사항	출토유물 없음.		

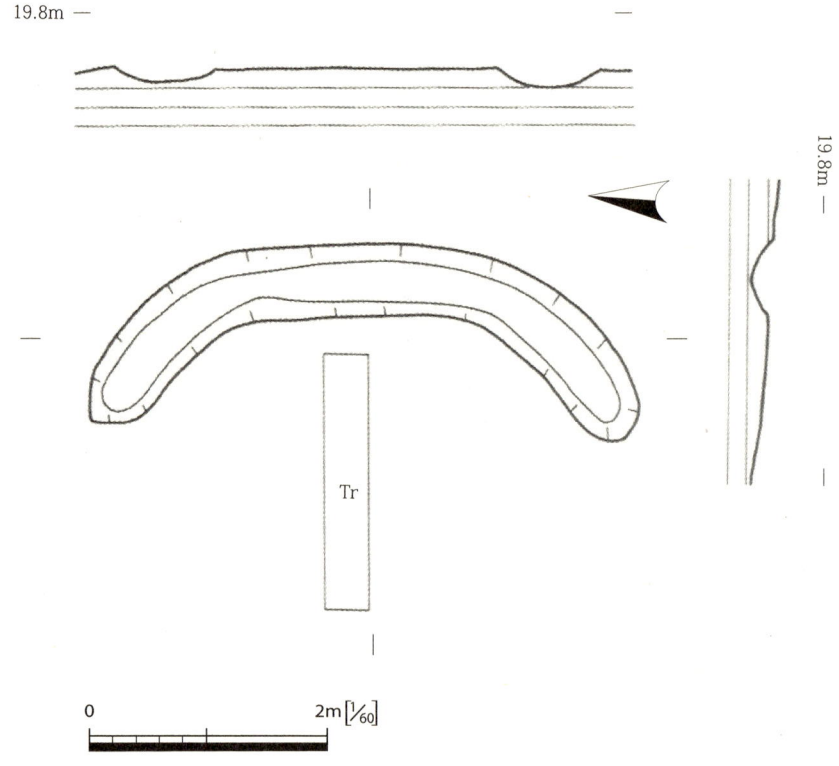

KM-445호 분구묘

(단위 : cm)

분구크기 (길이×너비×높이)	400×(220+)×(11+)	분구평면형태	?
분구장폭비	?	분구장축방향	N-42°-E
매장시설	?	주구형태	('ㄷ'자형)
유물	토 기	-	
	철 기	-	
	청 동 기	-	
	옥 석 류	-	
	기 타	-	
특기사항	출토유물 없음.		

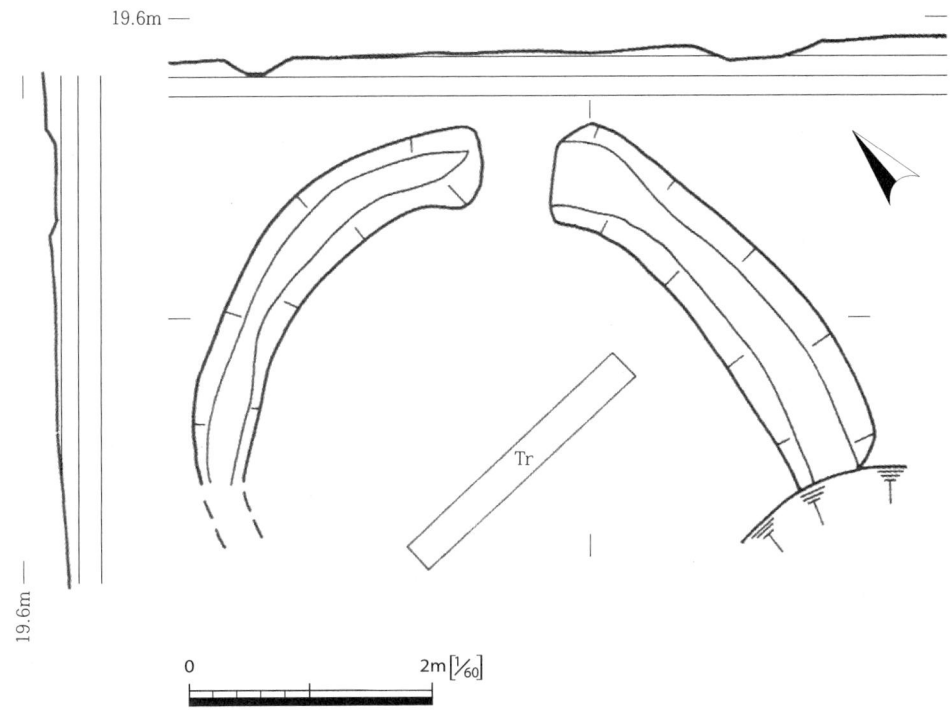

19.6m —

19.6m —

Tr

0   2m[1/60]

KM-446호 분구묘

(단위 : cm)

분 구 크 기 (길이×너비×높이)	480×400×(11+)	분구평면형태	(원형)
분구장폭비	1.20:1	분구장축방향	N-30°-W
매 장 시 설	?	주구형태	'ㄷ'자형
유물 토 기		-	
철 기		-	
청 동 기		-	
옥 석 류		-	
기 타		-	
특기사항	출토유물 없음.		

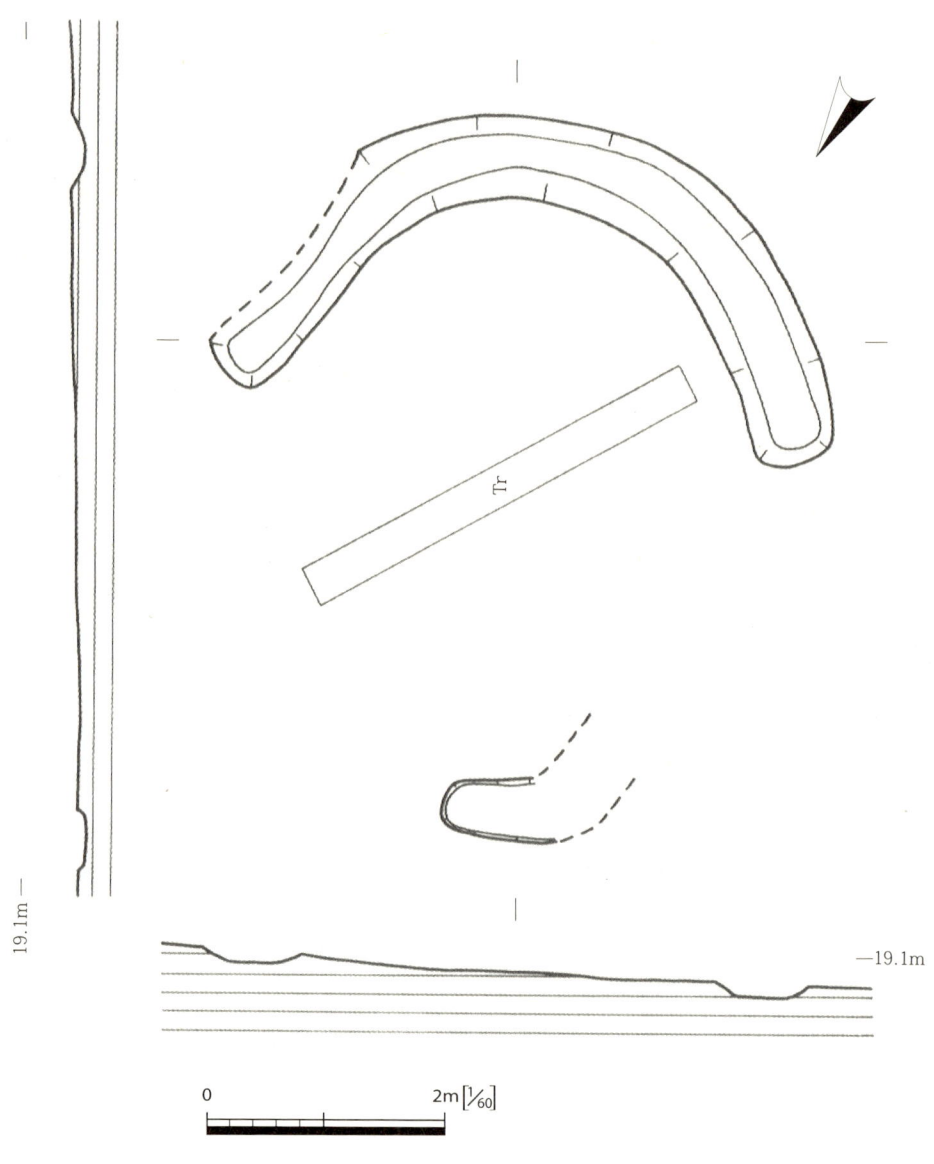

0   2m[1/60]

KM-447호 분구묘

분구크기 (길이×너비×높이)	1,360×1,100×(55+)	분구평면형태	(방형)
분구장폭비	1.24:1	분구장축방향	N-40°-W
매장시설	?	주구형태	('ㅁ'자형)

유물	토 기	토기편(2)	
	철 기	-	
	청동기	-	
	옥석류	-	
	기 타	-	
특기사항		유구 토층 미기술.	

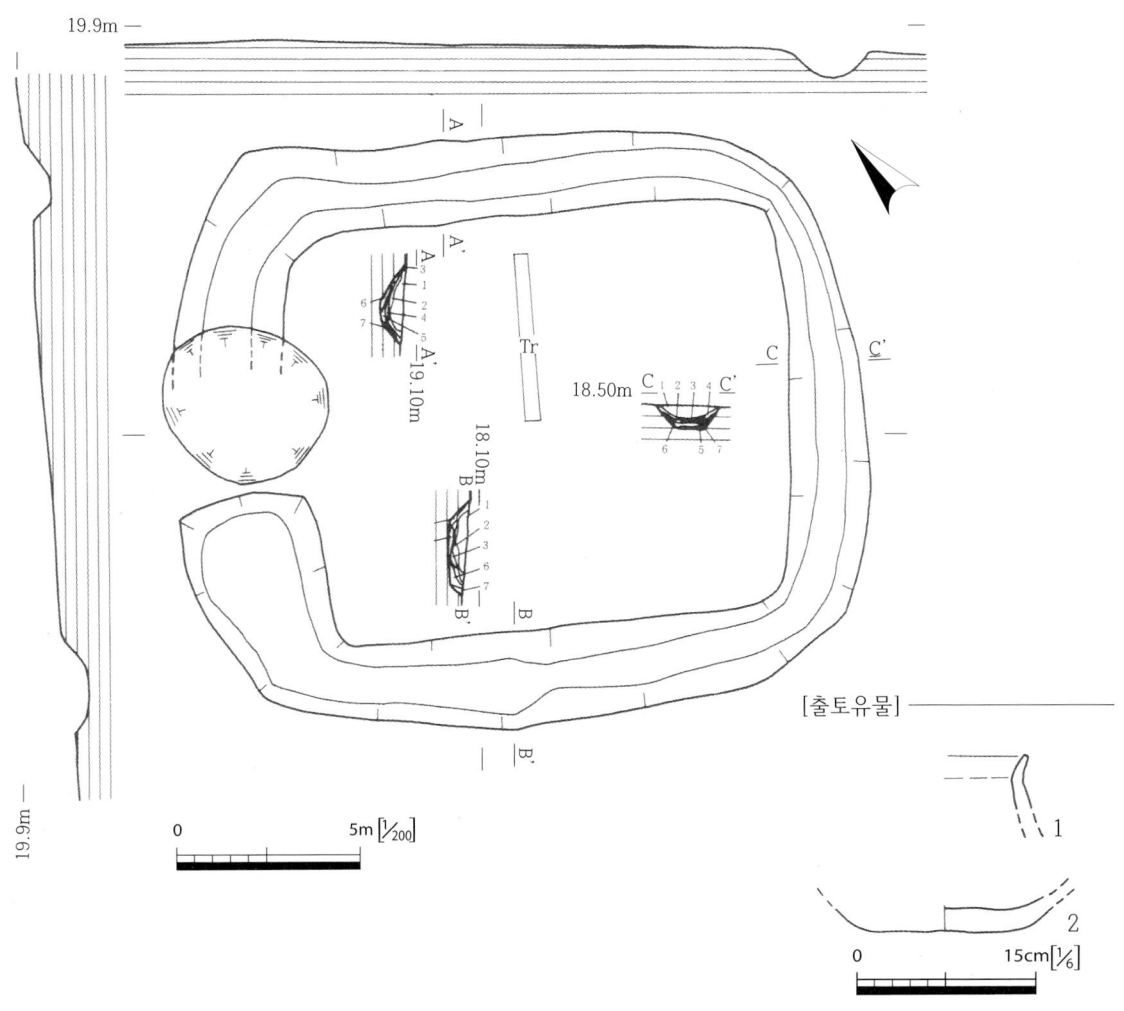

KM-448호 분구묘

(단위 : cm)

분 구 크 기 (길이×너비×높이)	(348+)×(66+)×?	분구평면형태	?
분구장폭비	?	분구장축방향	N-8°-E
매 장 시 설	?	주구형태	?
유물	토 기	-	
	철 기	-	
	청 동 기	-	
	옥 석 류	-	
	기 타	-	
특기사항	출토유물 없음.		

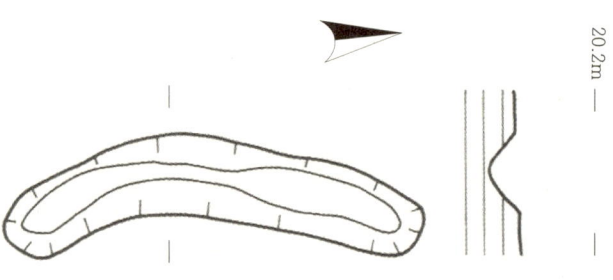

[유구사진]

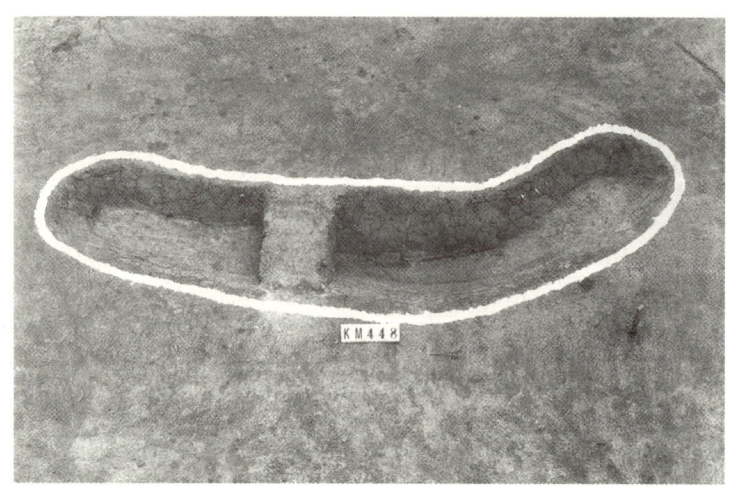

KM-449호 분구묘

(단위 : cm)

분구크기 (길이×너비×높이)	730×630×(57+)	분구평면형태	(방형)
분구장폭비	1.16:1	분구장축방향	N-10°-W
매장시설	?	주구형태	('ㄷ'자형)
유물	토기	토기편(1)		
	철기	-		
	청동기	-		
	옥석류	석촉(1)		
	기타	-		
특기사항				

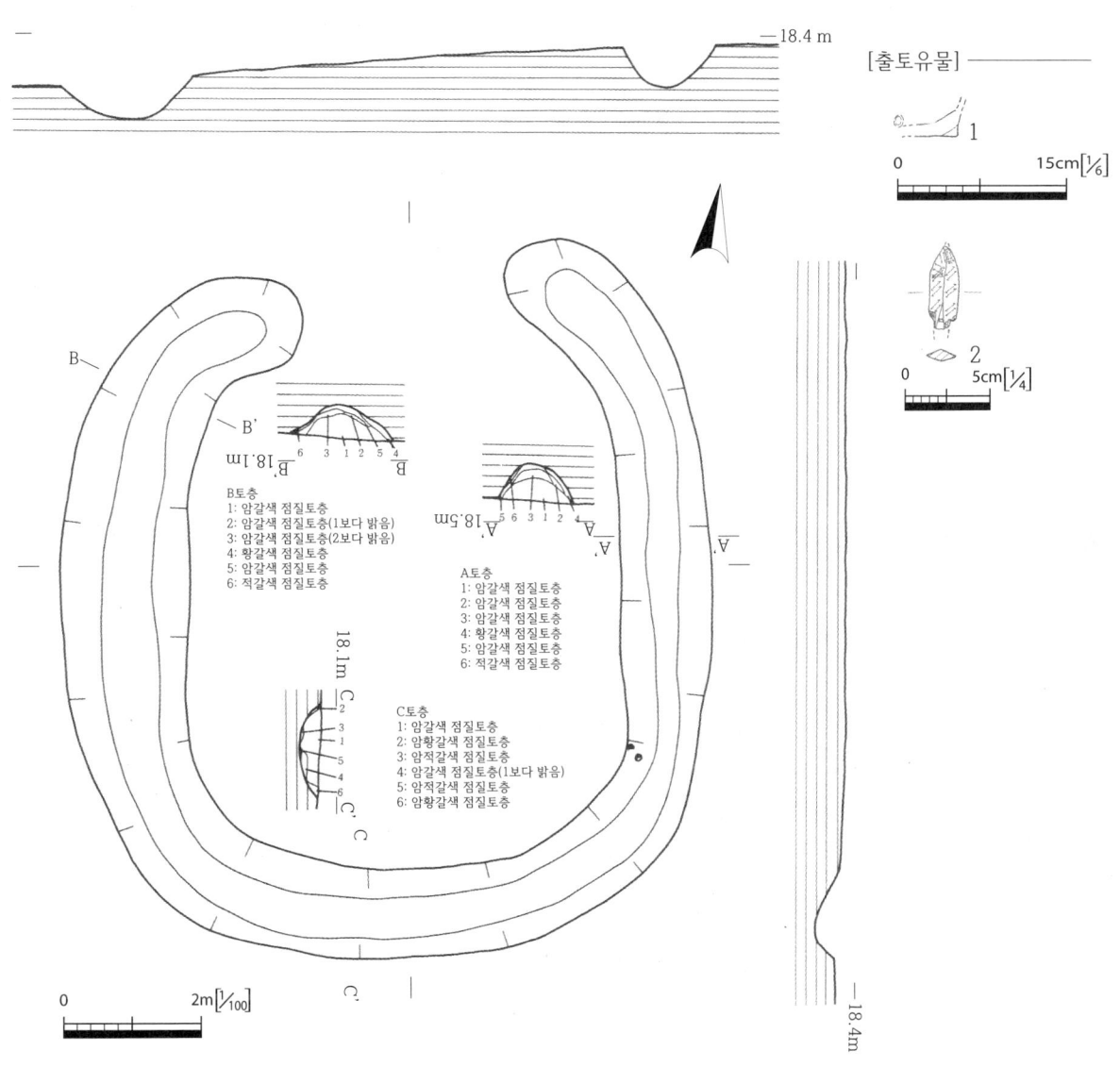

[출토유물]

1

0 15cm[1/6]

2

0 5cm[1/4]

B토층
1: 암갈색 점질토층
2: 암갈색 점질토층(1보다 밝음)
3: 암갈색 점질토층(2보다 밝음)
4: 황갈색 점질토층
5: 암갈색 점질토층
6: 적갈색 점질토층

A토층
1: 암갈색 점질토층
2: 암갈색 점질토층
3: 암갈색 점질토층
4: 황갈색 점질토층
5: 암갈색 점질토층
6: 적갈색 점질토층

C토층
1: 암갈색 점질토층
2: 암황갈색 점질토층
3: 암적갈색 점질토층
4: 암갈색 점질토층(1보다 밝음)
5: 암적갈색 점질토층
6: 암황갈색 점질토층

18.4 m

18.1m

18.5m

18.4m

0 2m[1/100]

KM-450호 분구묘

(단위 : cm)

분구 크기 (길이×너비×높이)	720×660×(24+)	분구평면형태	(방형)
분구장폭비	1.09:1	분구장축방향	N-8°-E
매 장 시 설	?	주구형태	('ㅁ'자형)
유물	토 기	토기편(1)	
	철 기	-	
	청 동 기	-	
	옥 석 류	-	
	기 타	-	
특기사항	유물 도면 미게재.		

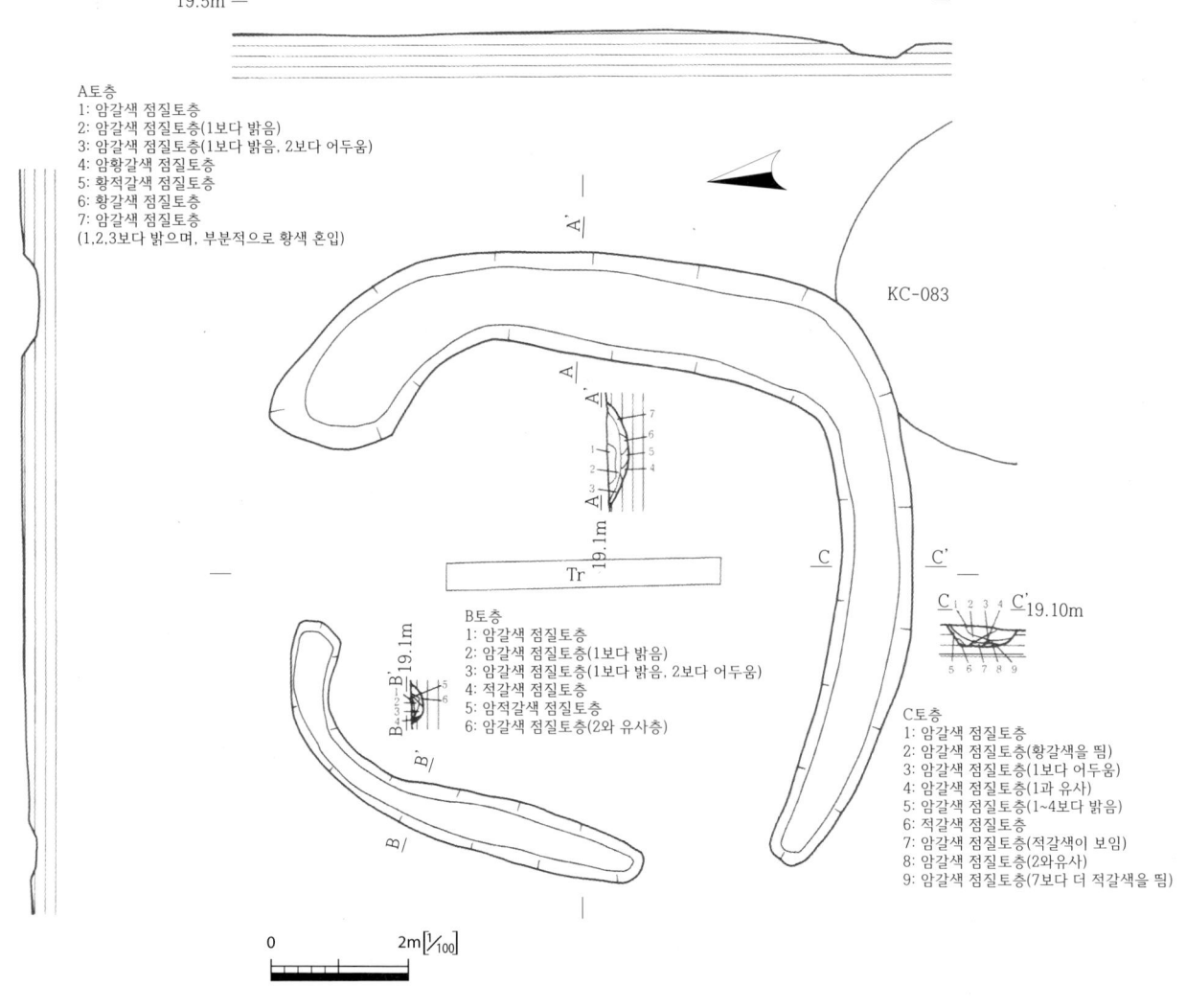

A토층
1: 암갈색 점질토층
2: 암갈색 점질토층(1보다 밝음)
3: 암갈색 점질토층(1보다 밝음, 2보다 어두움)
4: 암황갈색 점질토층
5: 황적갈색 점질토층
6: 황갈색 점질토층
7: 암갈색 점질토층
(1,2,3보다 밝으며, 부분적으로 황색 혼입)

KC-083

B토층
1: 암갈색 점질토층
2: 암갈색 점질토층(1보다 밝음)
3: 암갈색 점질토층(1보다 밝음, 2보다 어두움)
4: 적갈색 점질토층
5: 암적갈색 점질토층
6: 암갈색 점질토층(2와 유사층)

C토층
1: 암갈색 점질토층
2: 암갈색 점질토층(황갈색을 띰)
3: 암갈색 점질토층(1보다 어두움)
4: 암갈색 점질토층(1과 유사)
5: 암갈색 점질토층(1~4보다 밝음)
6: 적갈색 점질토층
7: 암갈색 점질토층(적갈색이 보임)
8: 암갈색 점질토층(2와유사)
9: 암갈색 점질토층(7보다 더 적갈색을 띰)

0   2m[1/100]

KM-451호 분구묘

(단위 : cm)

분구크기 (길이×너비×높이)	338×280×(12+)	분구평면형태	(원형)
분구장폭비	1.21:1	분구장축방향	N-10°-E
매장시설	?	주구형태	('ㄷ'자형)

유물	토 기	-
	철 기	-
	청동기	-
	옥석류	-
	기 타	-
특기사항	출토유물 없음.	

A토층
1 : 흑갈색 점질토층
2 : 흑갈색 점질토층(1보다 밝음)
3 : 밤흑갈색 점질토

[유구사진]

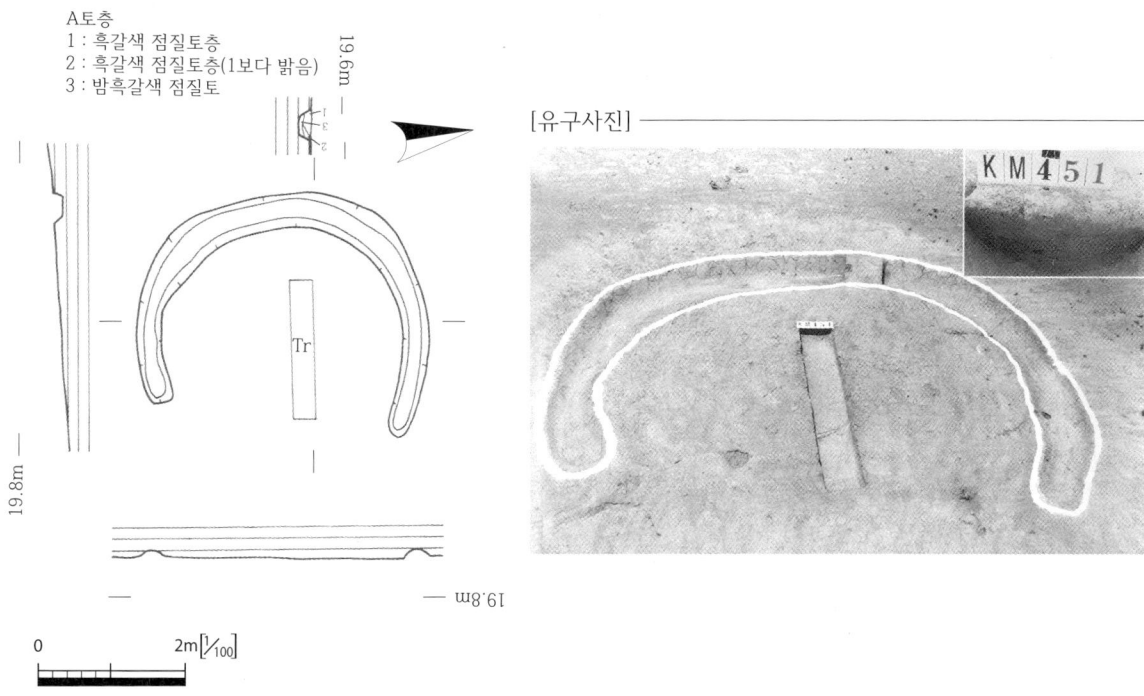

0   2m[1/100]

KM-452호 분구묘

(단위 : cm)

분 구 크 기 (길이×너비×높이)	820×710×(34+)	분구평면형태	(방형)
분 구 장 폭 비	1.15:1	분구장축방향	N-10°-E
매 장 시 설	?	주구형태	('ㅁ'자형)
유물 토 기	시루(1), 토기편(4)		
철 기	-		
청 동 기	-		
옥 석 류	-		
기 타	-		
특 기 사 항			

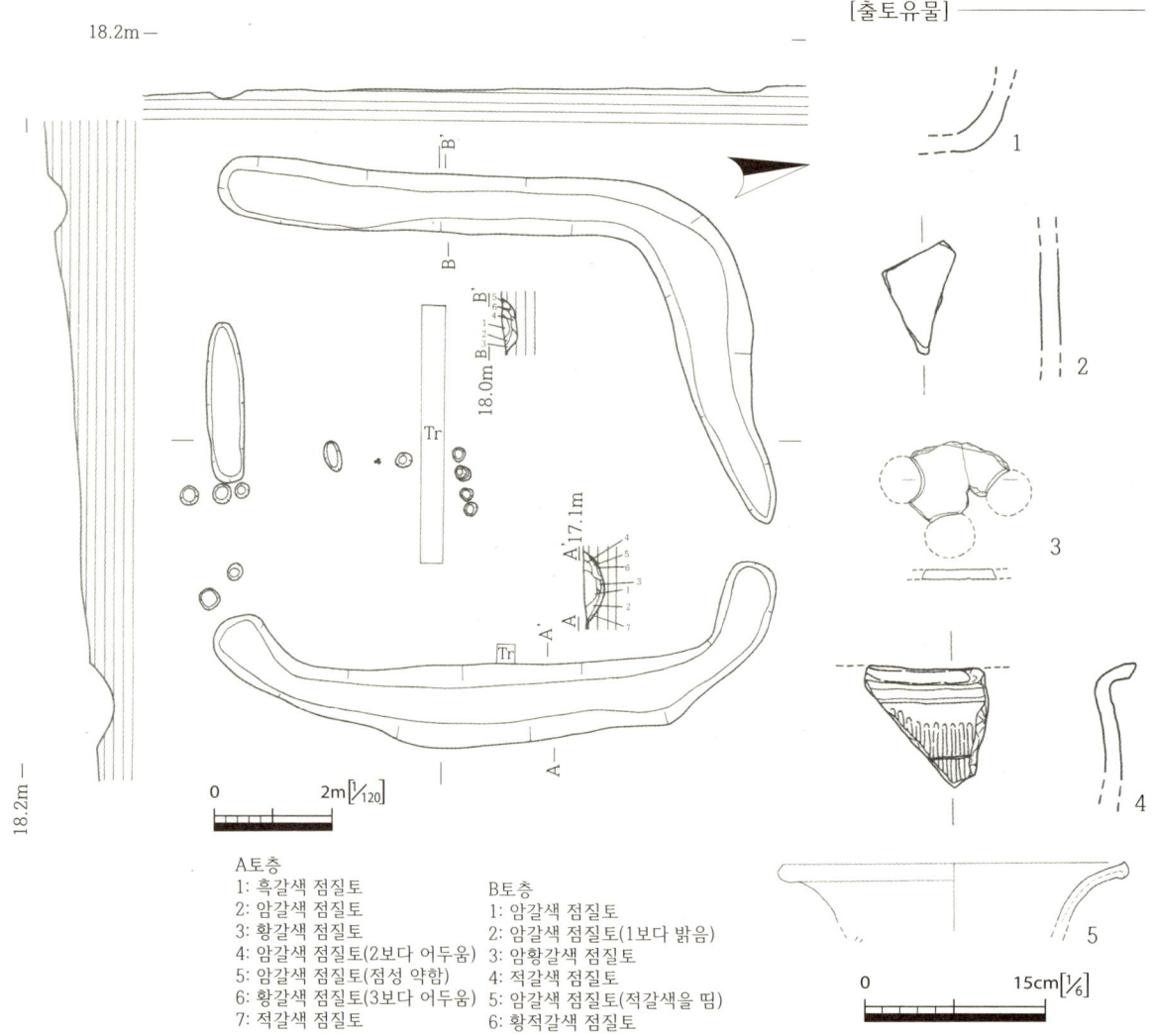

[출토유물]

A토층
1: 흑갈색 점질토
2: 암갈색 점질토
3: 황갈색 점질토
4: 암갈색 점질토(2보다 어두움)
5: 암갈색 점질토(점성 약함)
6: 황갈색 점질토(3보다 어두움)
7: 적갈색 점질토

B토층
1: 암갈색 점질토
2: 암갈색 점질토(1보다 밝음)
3: 암황갈색 점질토
4: 적갈색 점질토
5: 암갈색 점질토(적갈색을 띰)
6: 황적갈색 점질토

KM-453호 분구묘

(단위 : cm)

분구크기 (길이×너비×높이)	486×?×(10+)	분구평면형태	?
분구장폭비	?	분구장축방향	N-10°-E
매장시설	?	주구형태	(눈썹형)
유물	토 기	-	
	철 기	-	
	청 동 기	-	
	옥 석 류	-	
	기 타	-	
특기사항	출토유물 없음.		

19.2m —

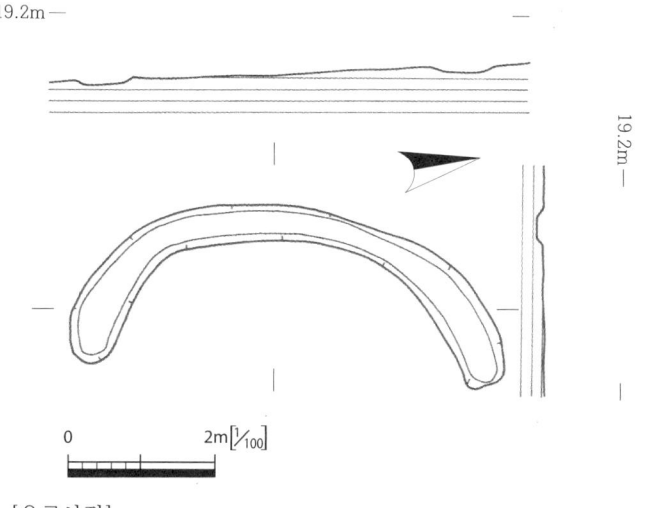

19.2m —

0   2m $\left[\frac{1}{100}\right]$

[유구사진]

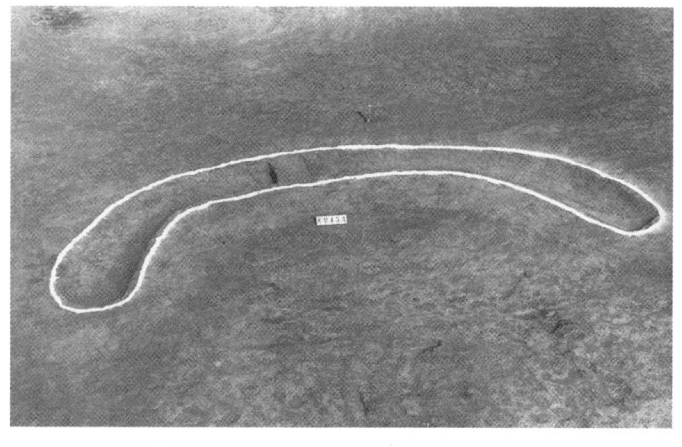

KM-454호 분구묘

(단위 : cm)

분구크기 (길이×너비×높이)	430×380×?	분구평면형태	원형
분구장폭비	1.13:1	분구장축방향	N-12°-W
매장시설	?	주구형태	('ㄷ'자형)
유물	토 기	-	
	철 기	-	
	청동기	-	
	옥석류	-	
	기 타	-	
특기사항	출토유물 없음.		

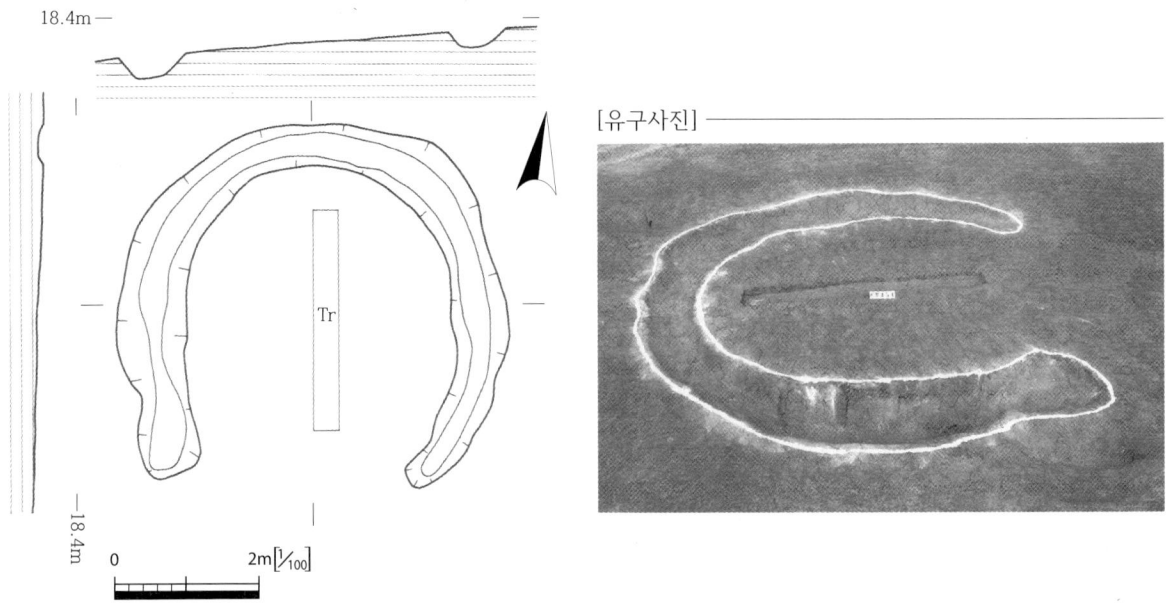

[유구사진]

18.4m —

Tr

—18.4m

0   2m[¹⁄₁₀₀]

KM-455호 분구묘

(단위 : cm)

분구크기 (길이×너비×높이)	410×370×(18+)	분구평면형태	원형
분구장폭비	1.11:1	분구장축방향	N-16°-E
매장시설	?	주구형태	('ㅇ'자형)

유물	토 기	-
	철 기	-
	청동기	-
	옥석류	-
	기 타	-
특기사항		출토유물 없음.

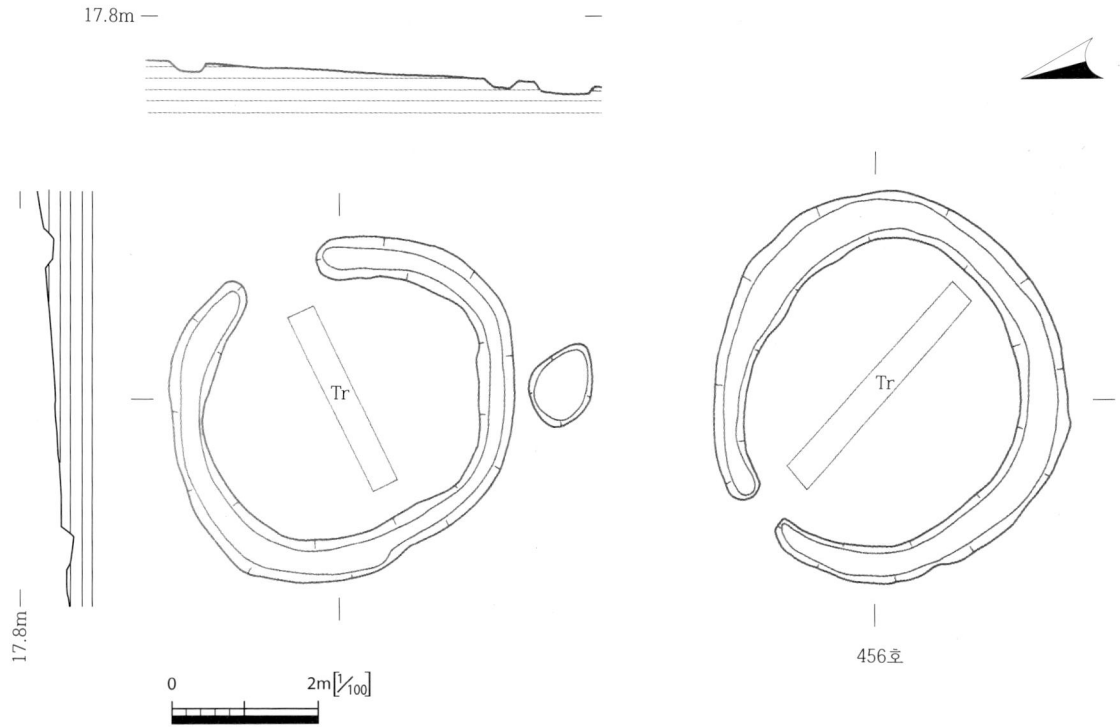

17.8m —

17.8m —

0 2m[1/100]

456호

KM-456호 분구묘

(단위 : cm)

분구크기 (길이×너비×높이)	400×360×(21+)	분구평면형태	원형
분구장폭비	1.11:1	분구장축방향	N-16°-E
매장시설	?	주구형태	('○'자형)
유물	토 기	-	
	철 기	-	
	청 동 기	-	
	옥 석 류	-	
	기 타	-	
특기사항	출토유물 없음.		

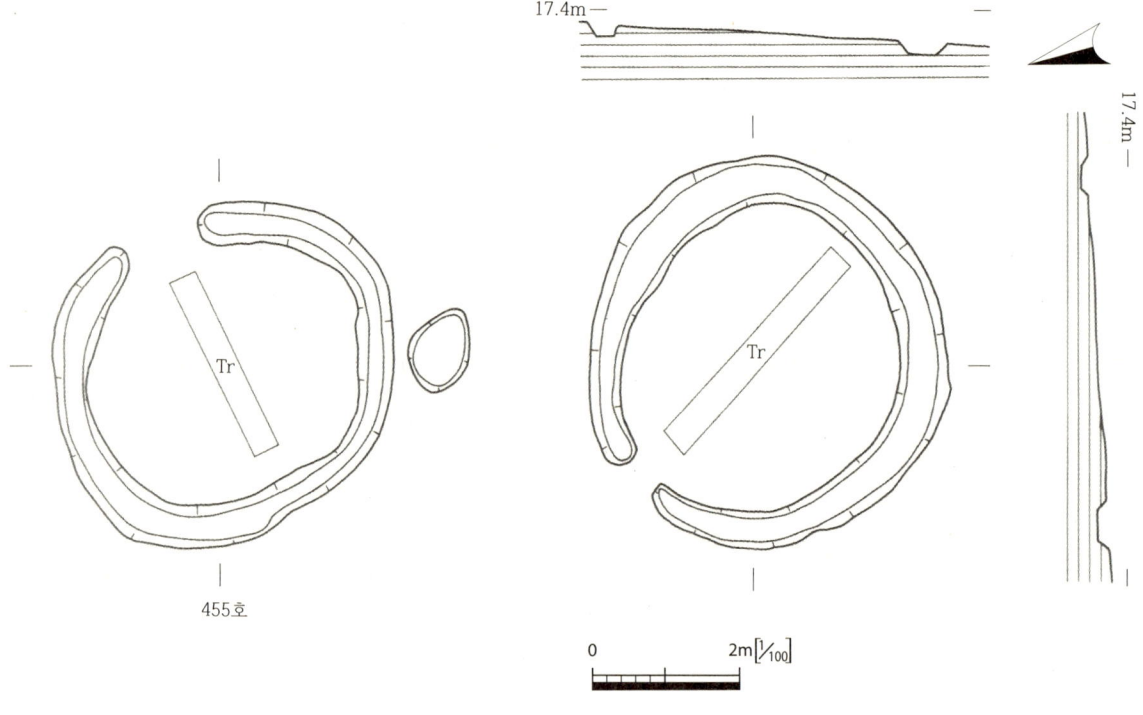

455호

0   2m[1/100]

KM-457호 분구묘

(단위 : cm)

분구크기 (길이×너비×높이)	800×690×(30+)	분구평면형태	방형
분구장폭비	1.16:1	분구장축방향	N-0°-S
매장시설	?	주구형태	('ㅁ'자형)

유물	토 기	토기편(2)		
	철 기		-	
	청동기		-	
	옥석류		-	
	기 타		-	
특기사항				

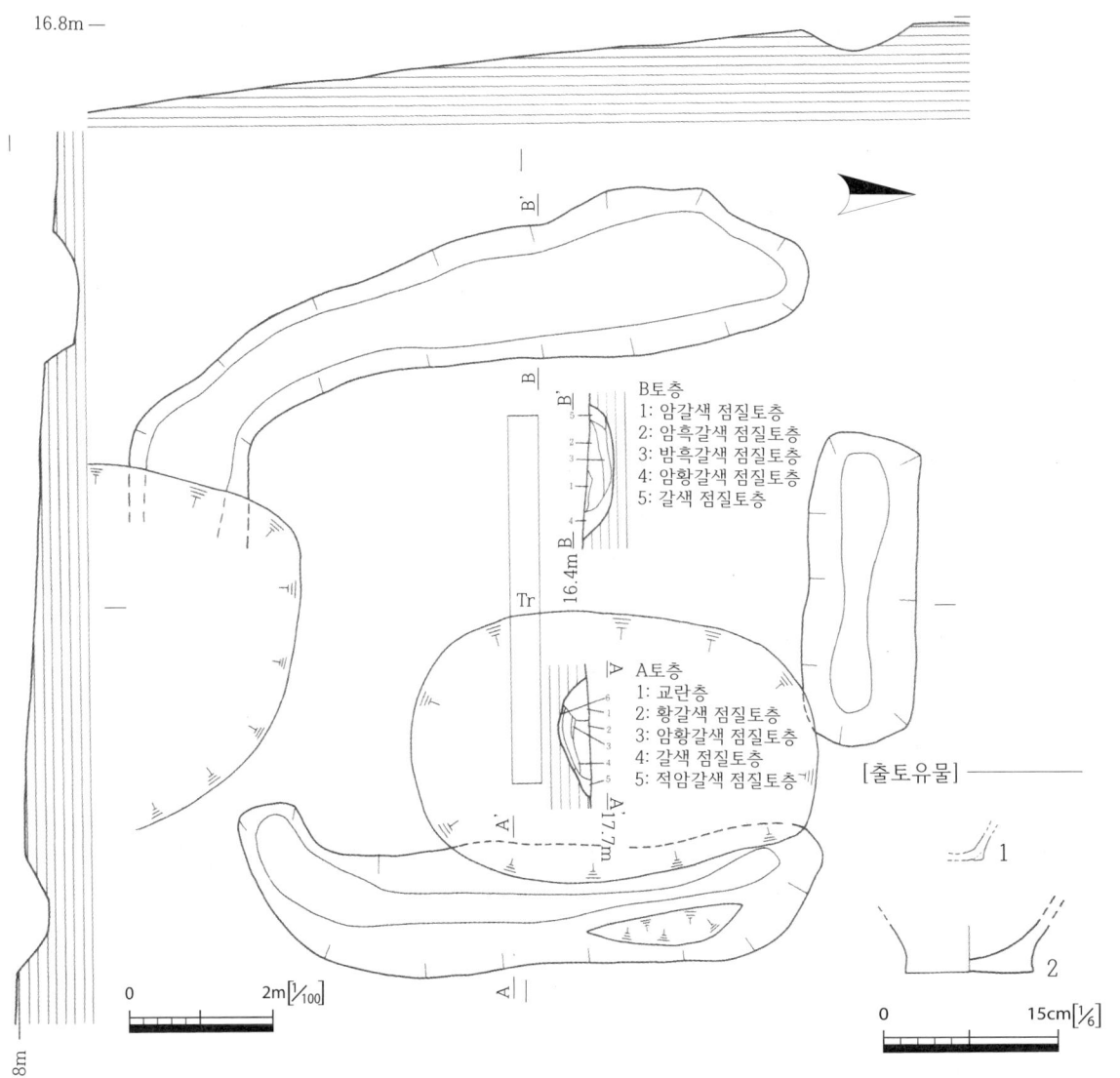

B토층
1: 암갈색 점질토층
2: 암흑갈색 점질토층
3: 밤흑갈색 점질토층
4: 암황갈색 점질토층
5: 갈색 점질토층

A토층
1: 교란층
2: 황갈색 점질토층
3: 암황갈색 점질토층
4: 갈색 점질토층
5: 적암갈색 점질토층

[출토유물]

KM-458호 분구묘

(단위 : cm)

분구크기 (길이×너비×높이)	650×590×(36+)	분구평면형태	방형
분구장폭비	1.10:1	분구장축방향	N-10°-E
매장시설	?	주구형태	('ㅁ'자형)
유물	토 기	-	
	철 기	-	
	청 동 기	-	
	옥 석 류	-	
	기 타	-	
특기사항	출토유물 없음.		

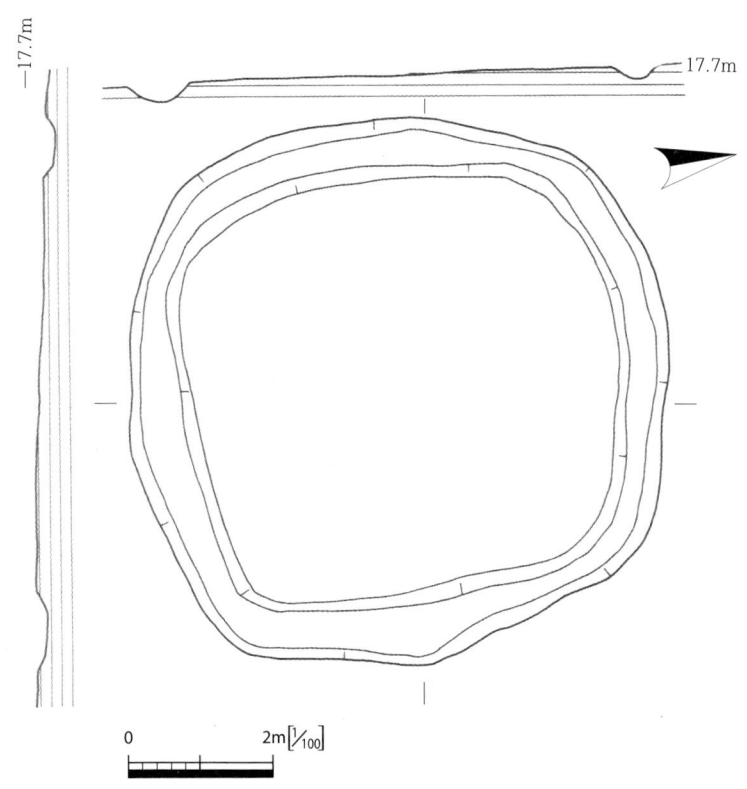

KM-459호 분구묘

(단위 : cm)

분구크기 (길이×너비×높이)	470×450×(38+)	분구평면형태	방형
분구장폭비	1.04:1	분구장축방향	N-0°-S
매장시설	?	주구형태	('ㅁ'자형)
유물	토 기	-	
	철 기	-	
	청동기	-	
	옥석류	-	
	기 타	-	
특기사항	출토유물 없음.		

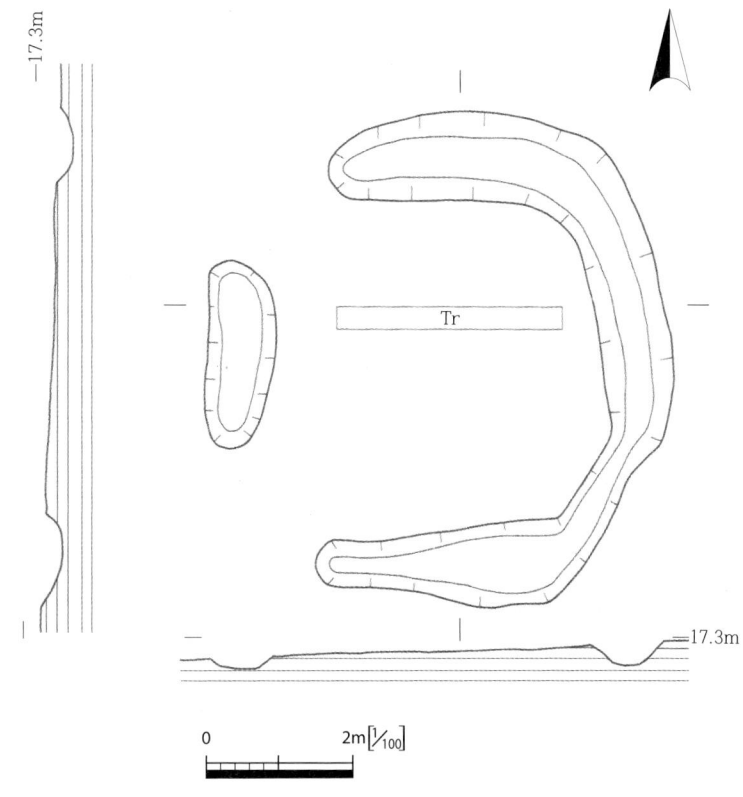

KM-460호 분구묘

(단위 : cm)

분구크기 (길이×너비×높이)	760×700×(40+)	분구평면형태	방형
분구장폭비	1.09:1	분구장축방향	N-8°-E
매장시설	?	주구형태	('ㅁ'자형)

유물	토 기	토기편(3)		
	철 기	-		
	청동기	-		
	옥석류	-		
	기 타	-		
	특기사항			

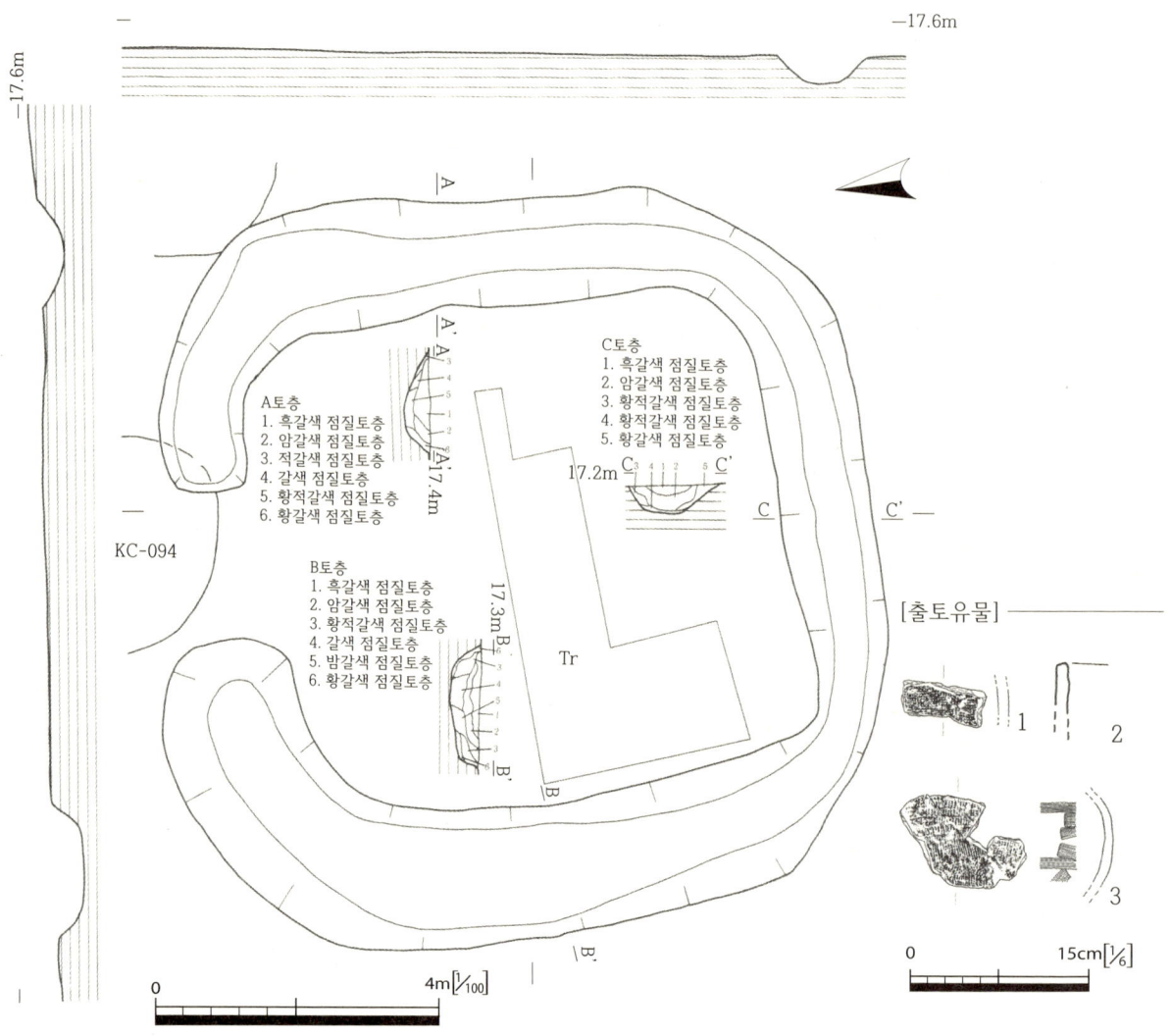

A토층
1. 흑갈색 점질토층
2. 암갈색 점질토층
3. 적갈색 점질토층
4. 갈색 점질토층
5. 황적갈색 점질토층
6. 황갈색 점질토층

B토층
1. 흑갈색 점질토층
2. 암갈색 점질토층
3. 황적갈색 점질토층
4. 갈색 점질토층
5. 밤갈색 점질토층
6. 황갈색 점질토층

C토층
1. 흑갈색 점질토층
2. 암갈색 점질토층
3. 황적갈색 점질토층
4. 황적갈색 점질토층
5. 황갈색 점질토층

KC-094

[출토유물]

KM-461호 분구묘

(단위 : cm)

분구크기 (길이×너비×높이)	760×750×?	분구평면형태	방형
분구장폭비	1.01:1	분구장축방향	N-2°-E
매장시설	?	주구형태	('ㅁ'자형)
유물	토기	토기편(3:주구3)		
	철기	-		
	청동기	-		
	옥석류	-		
	기타	-		
특기사항	토기편 2점 도면 미게재. 해발고도 미기술.		

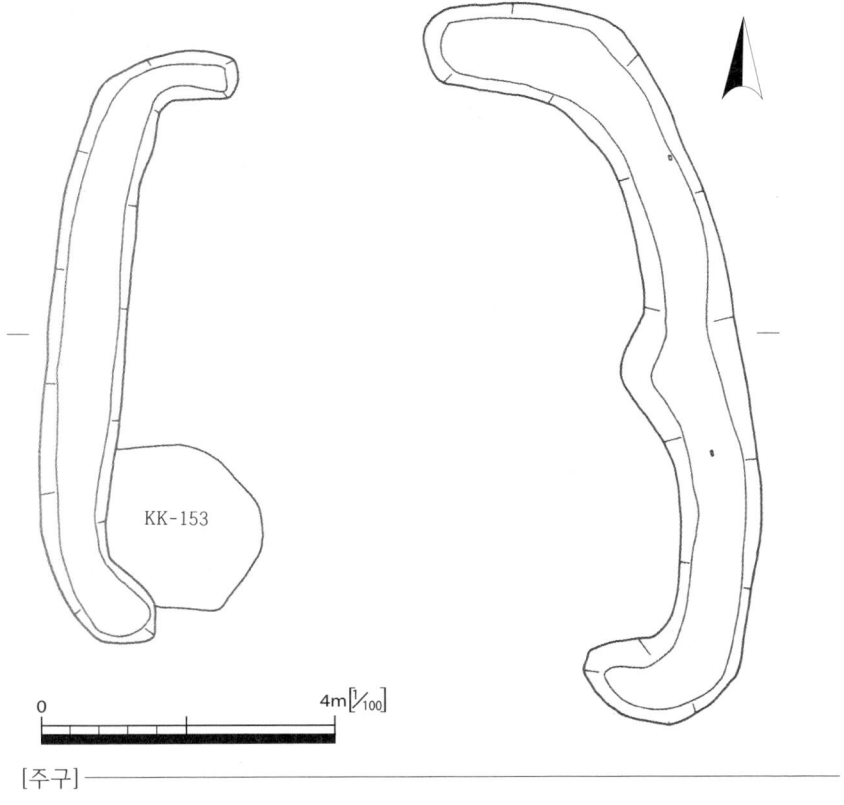

KK-153

0   4m[1/100]

[주구]

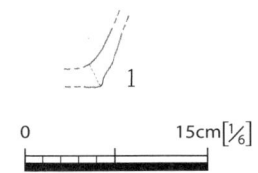

1

0   15cm[1/6]

KM-462호 분구묘

(단위 : cm)

분구크기 (길이×너비×높이)	620×430×(26+)	분구평면형태	(방형)
분구장폭비	1.44:1	분구장축방향	N-9°-W
매장시설	?	주구형태	('ㄱ'자형)
유물 토 기	토기편(3)		
철 기		-	
청동기		-	
옥석류		-	
기 타		-	
특기사항			

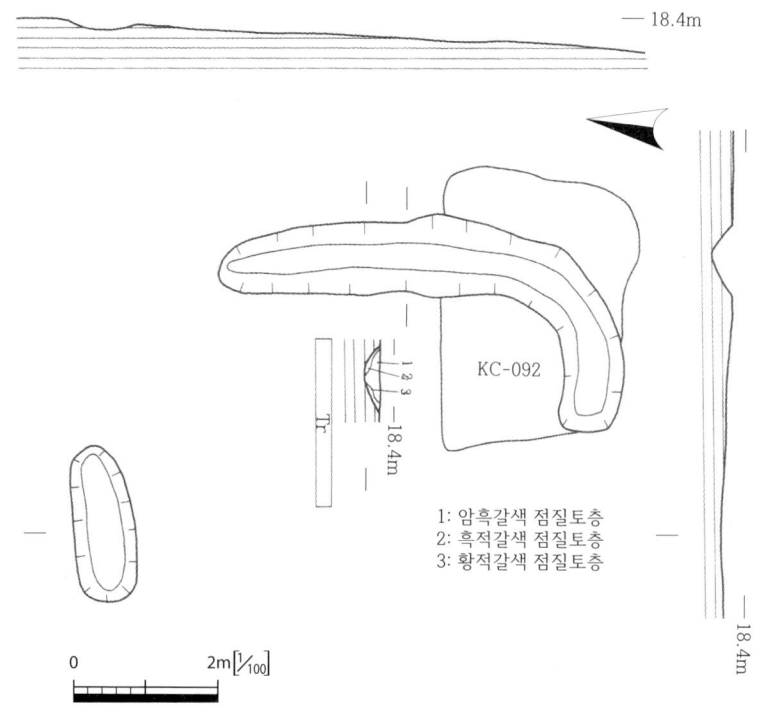

—18.4m

KC-092

Tr

—18.4m

1: 암흑갈색 점질토층
2: 흑적갈색 점질토층
3: 황적갈색 점질토층

—18.4m

0 2m[1/100]

[출토유물]

1 2 3

0 15cm[1/6]

[유구사진]

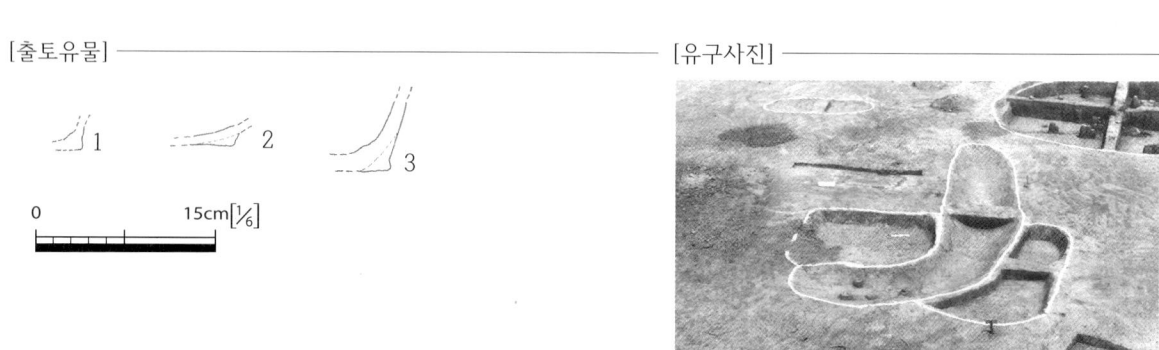

KM-463호 분구묘

(단위 : cm)

분 구 크 기 (길이×너비×높이)	(620+)×?×?	분구평면형태	?
분구장폭비	?	분구장축방향	N-28°-E
매 장 시 설	?	주구형태	?

유물	토 기	토기편(3)		
	철 기	-		
	청 동 기	-		
	옥 석 류	-		
	기 타	-		
	특기사항			

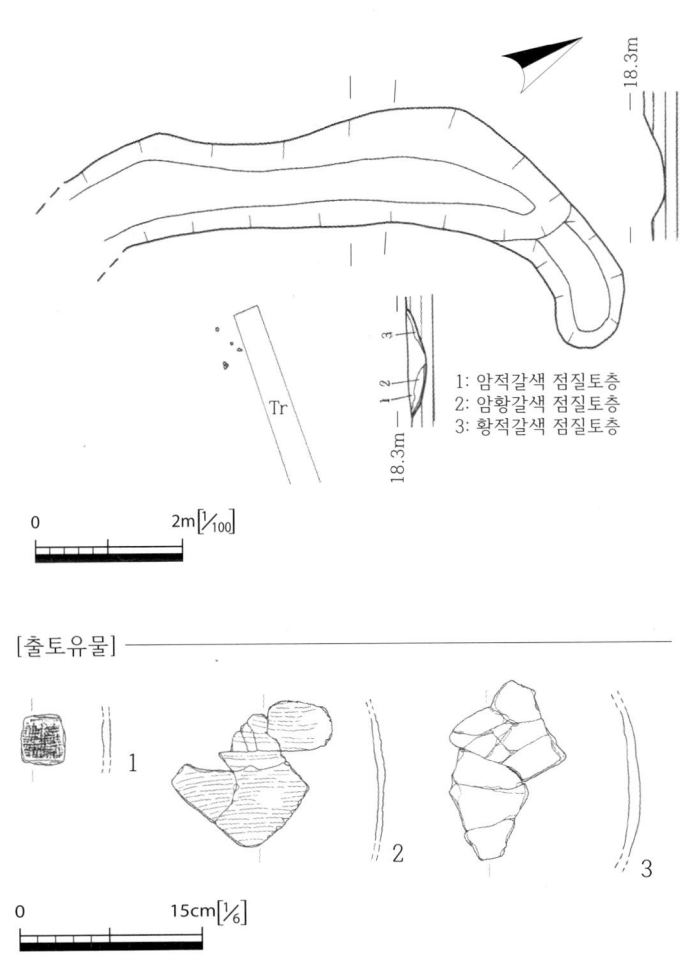

18.3m

1: 암적갈색 점질토층
2: 암황갈색 점질토층
3: 황적갈색 점질토층

Tr

18.3m

0   2m[1/100]

[출토유물]

1

2

3

0   15cm[1/6]

KM-464호 분구묘

(단위 : cm)

분구크기 (길이×너비×높이)	(1,100+)×(820+)×(19+)	분구평면형태	?
분구장폭비	?	분구장축방향	N-8°-E
매장시설	?	주구형태	?
유물	토기	토기편(3)	
	철기	-	
	청동기	-	
	옥석류	-	
	기타	-	
	특기사항		

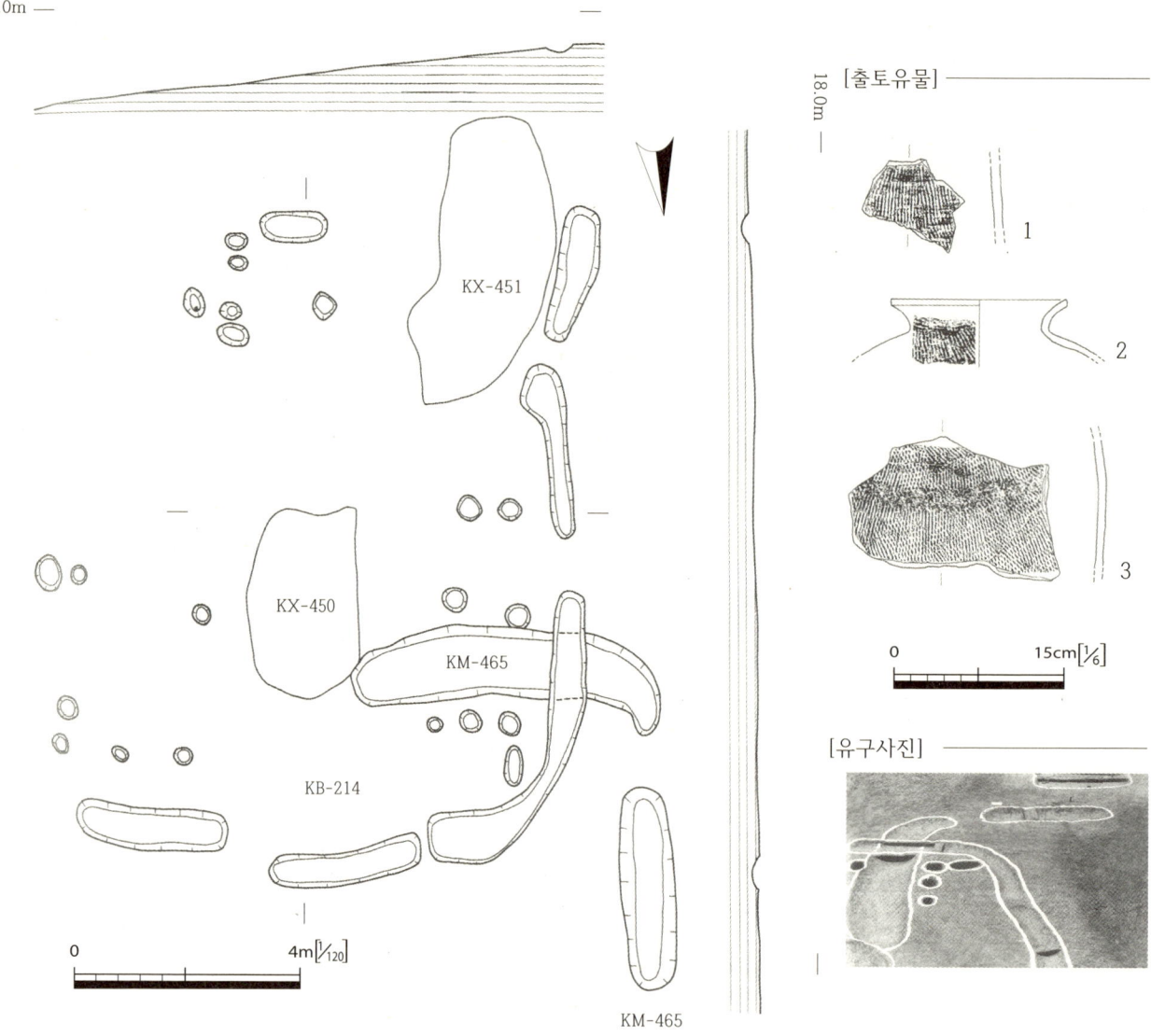

18.0m —

KX-451

KX-450

KM-465

KB-214

0   4m[1/120]

KM-465

[출토유물]

18.0m —

1

2

3

0   15cm[1/6]

[유구사진]

496</cite>

KM-465호 분구묘

(단위 : cm)

분구크기 (길이×너비×높이)	(530+)×(520+)×?	분구평면형태	?
분구장폭비	?	분구장축방향	N-9°-E
매장시설	?	주구형태	?
유물 토 기	토기편(1)		
유물 철 기	-		
유물 청 동 기	-		
유물 옥석류	-		
유물 기 타	-		
특기사항			

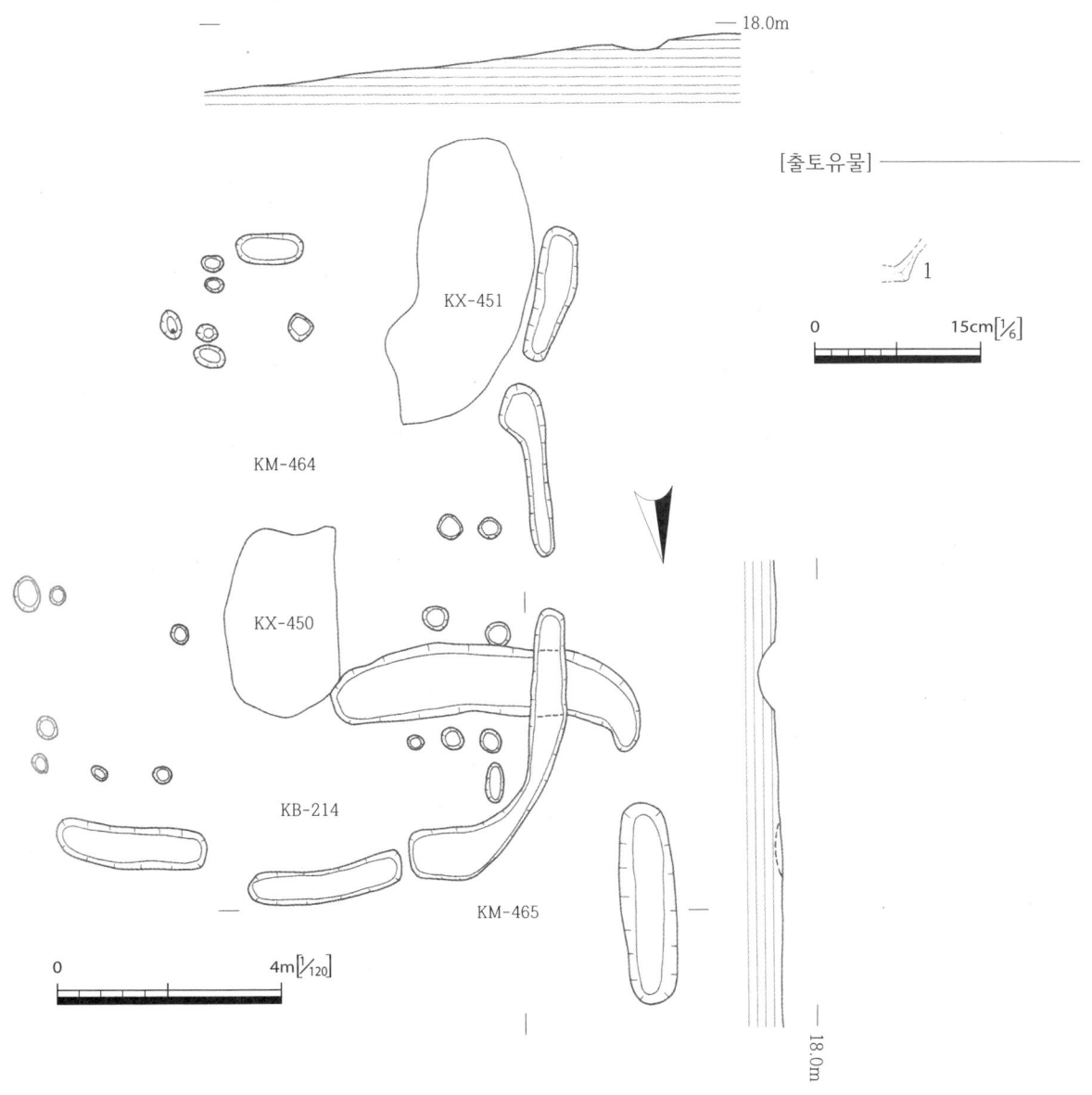

497

보령 관창리유적

KM-466호 분구묘

(단위 : cm)

분구크기 (길이×너비×높이)	720×582×?	분구평면형태	(방형)
분구장폭비	1.24:1	분구장축방향	N-7°-E
매장시설	?	주구형태	'ㅁ'자형
유물	토 기	-	
	철 기	-	
	청 동 기	-	
	옥 석 류	-	
	기 타	-	
특기사항	출토유물 없음.		

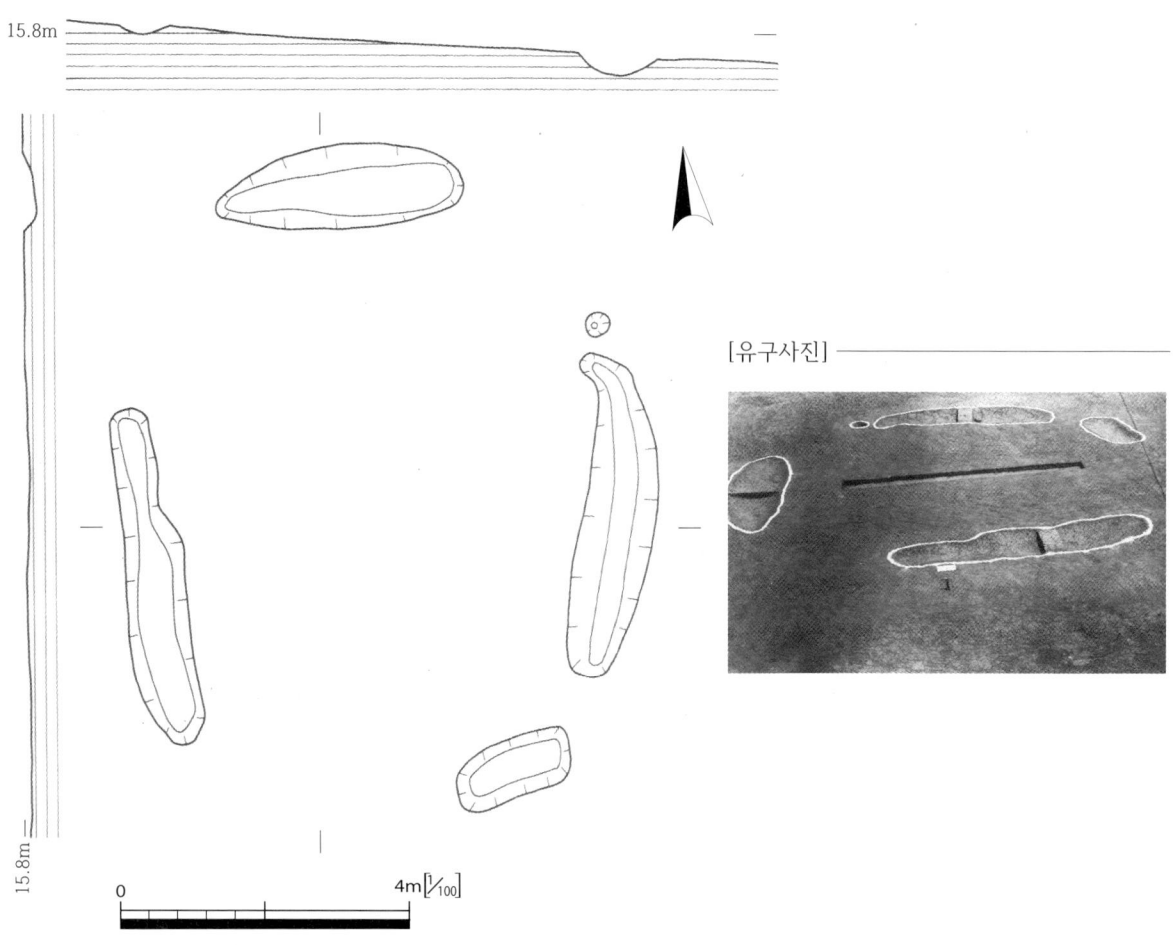

[유구사진]

15.8m

15.8m

0   4m[1/100]

KM-467호 분구묘

(단위 : cm)

분구크기 (길이×너비×높이)	(730+)×(200+)×?	분구평면형태	?
분구장폭비	?	분구장축방향	N-3°-E
매장시설	?	주구형태	('ㄱ'자형)
유물	토 기	-	
	철 기	-	
	청 동 기	-	
	옥 석 류	-	
	기 타	-	
특기사항	출토유물 없음.		

17.2m —

17.2m —

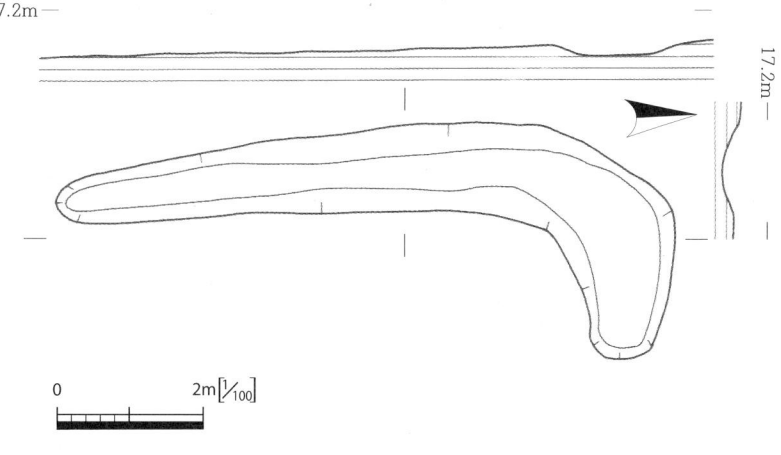

0 ⊢━━━━━━┤ 2m[1/100]

[유구사진]

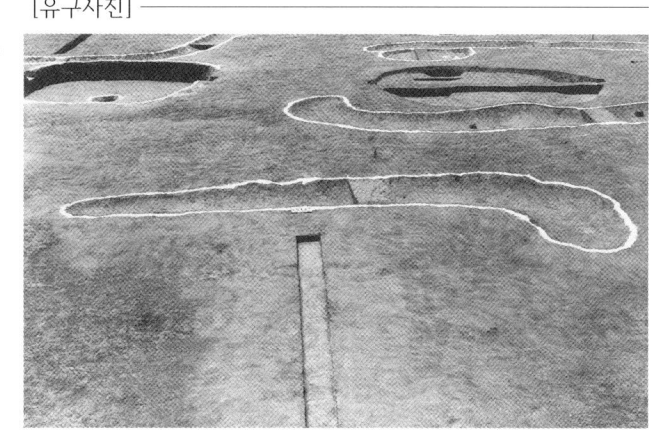

KM-468호 분구묘

(단위 :　cm)

분구 크기 (길이×너비×높이)	760×663×(38+)	분구평면형태	방형
분구장폭비	1.15:1	분구장축방향	N-11°-E
매장시설	?	주구형태	'ㅁ'자형
유물	토 기	토기편(1)	
	철 기	단조철부(1)	
	청동기	-	
	옥석류	-	
	기 타	-	
특기사항			

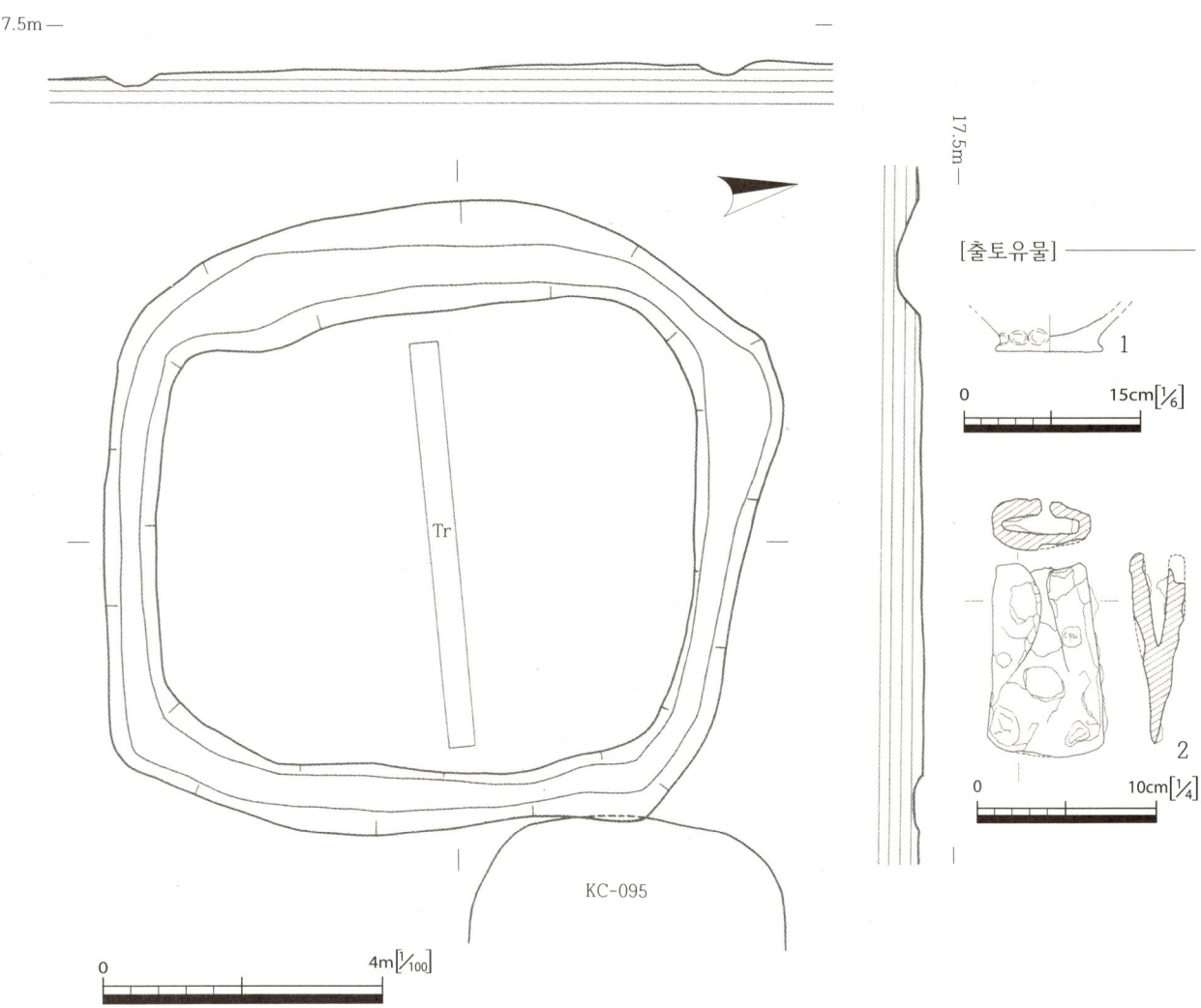

17.5m —

17.5m —

[출토유물]

1

0   15cm[⅙]

2

0   10cm[¼]

Tr

KC-095

0   4m[¹/₁₀₀]

KM-469호 분구묘

(단위 : cm)

분구크기 (길이×너비×높이)	698×612×(22+)	분구평면형태	방형
분구장폭비	1.14:1	분구장축방향	N-6°-E
매장시설	?	주구형태	'ㅁ'자형
유물	토기	토기편(1:주구1)	
	철기	-	
	청동기	-	
	옥석류	-	
	기타	-	
특기사항			

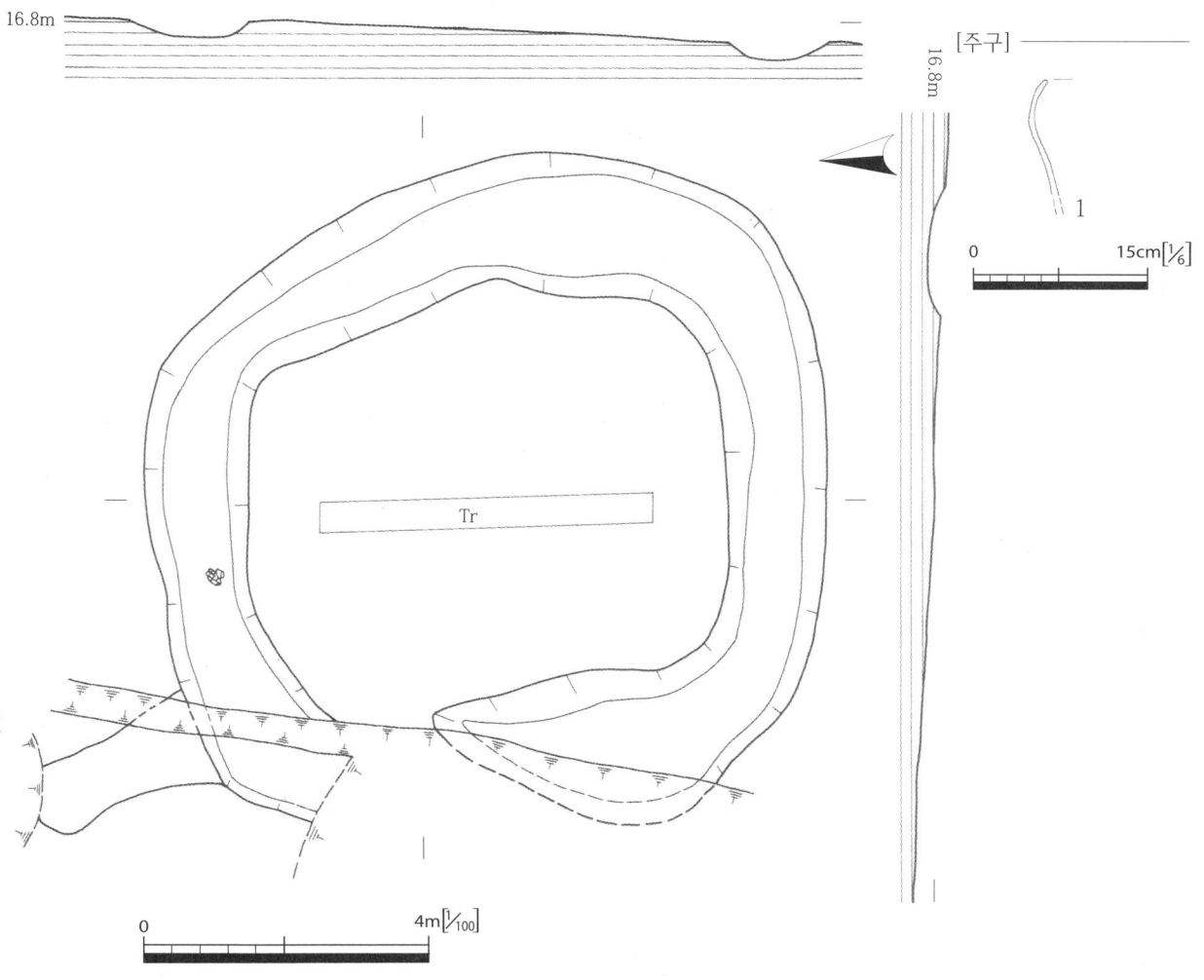

KM-470호 분구묘

(단위 : cm)

분구 크기 (길이×너비×높이)	1,248×(1,060+)×(36+)	분구평면형태	방형
분구장폭비	?	분구장축방향	N-9°-W
매장시설	?	주구형태	'ㅁ'자형

유물	토기	토기편(6)	
	철기	-	
	청동기	-	
	옥석류	-	
	기타	-	
특기사항			

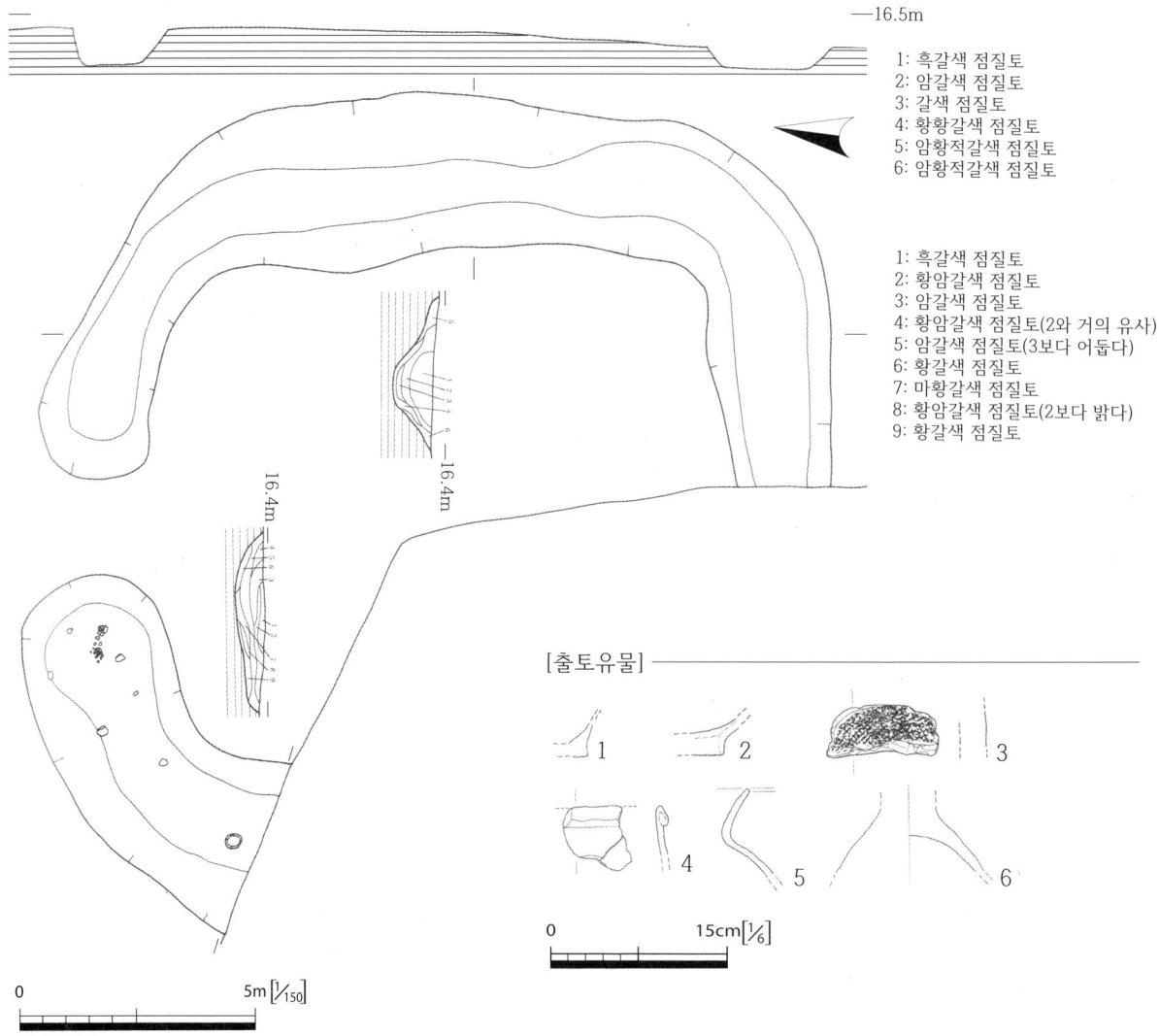

—16.5m

1: 흑갈색 점질토
2: 암갈색 점질토
3: 갈색 점질토
4: 황황갈색 점질토
5: 암황적갈색 점질토
6: 암황적갈색 점질토

1: 흑갈색 점질토
2: 황암갈색 점질토
3: 암갈색 점질토
4: 황암갈색 점질토(2와 거의 유사)
5: 암갈색 점질토(3보다 어둡다)
6: 황갈색 점질토
7: 마황갈색 점질토
8: 황암갈색 점질토(2보다 밝다)
9: 황갈색 점질토

16.4m

16.4m

[출토유물]

1 2 3

4 5 6

0   15cm[1/6]

0   5m[1/150]

KM-471호 분구묘

(단위 : cm)

분구크기 (길이×너비×높이)	960×810×(36+)	분구평면형태	방형
분구장폭비	1.19:1	분구장축방향	N-75°-E
매장시설	?	주구형태	'ㅁ'자형

유물	토기	단경호(1), 토기편(6)		
	철기	-		
	청동기	-		
	옥석류	석촉(1), 석착(1)		
	기타	-		
특기사항				

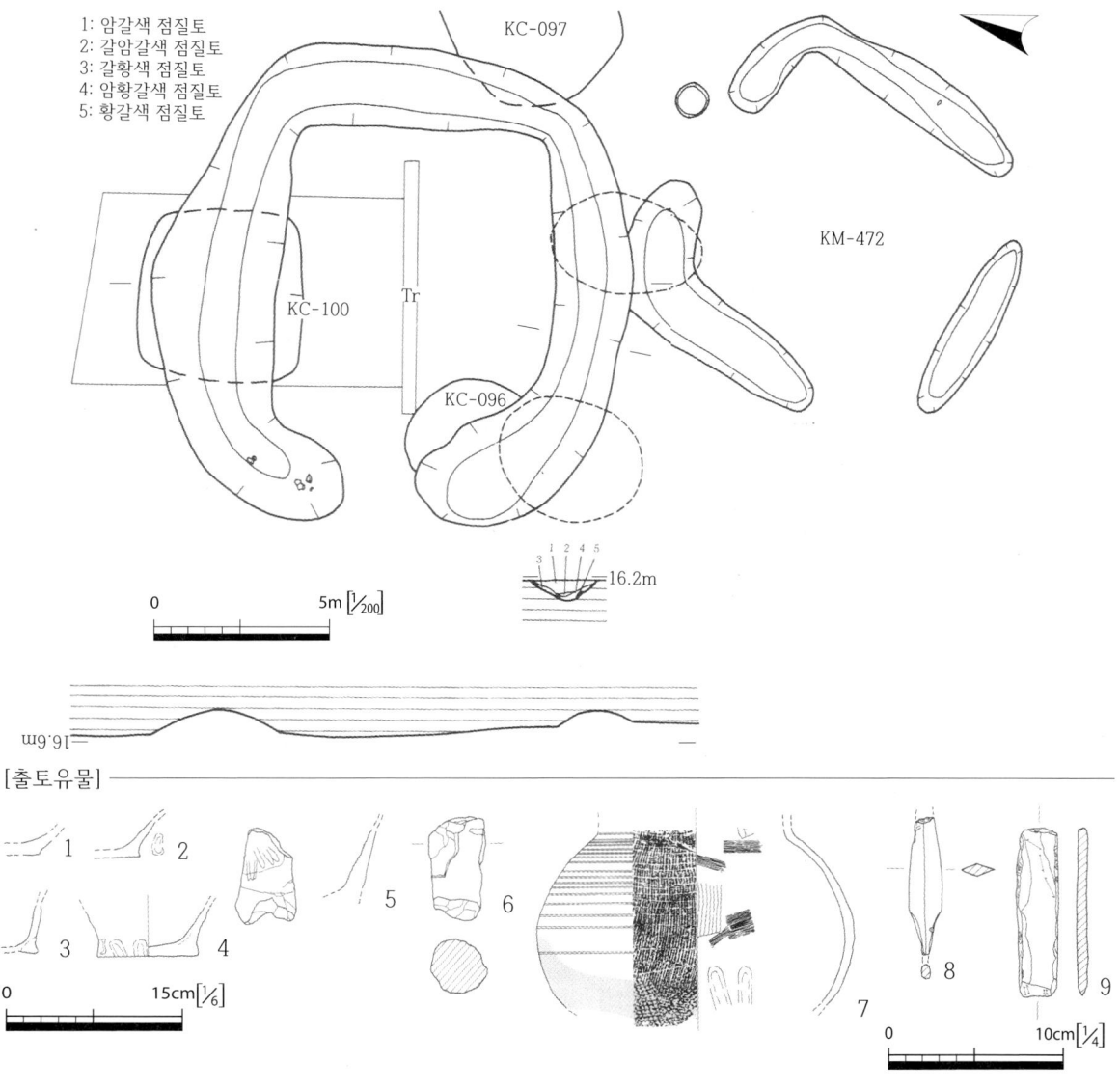

1: 암갈색 점질토
2: 갈암갈색 점질토
3: 갈황색 점질토
4: 암황색 점질토
5: 황갈색 점질토

KC-097

KM-472

KC-100

Tr

KC-096

16.2m

0   5m [1/200]

16.6m

[출토유물]

1 2 3 4 5 6 7 8 9

0   15cm[1/6]

0   10cm[1/4]

보령 관창리유적

KM-472호 분구묘

（단위 : cm）

분구크기 (길이×너비×높이)	770×750×(17+)	분구평면형태	방형
분구장폭비	1.03:1	분구장축방향	N-75°-E
매장시설	?	주구형태	'ㅁ'자형
유물 토기	토기편(1)		
철기		-	
청동기		-	
옥석류		-	
기타		-	
특기사항			

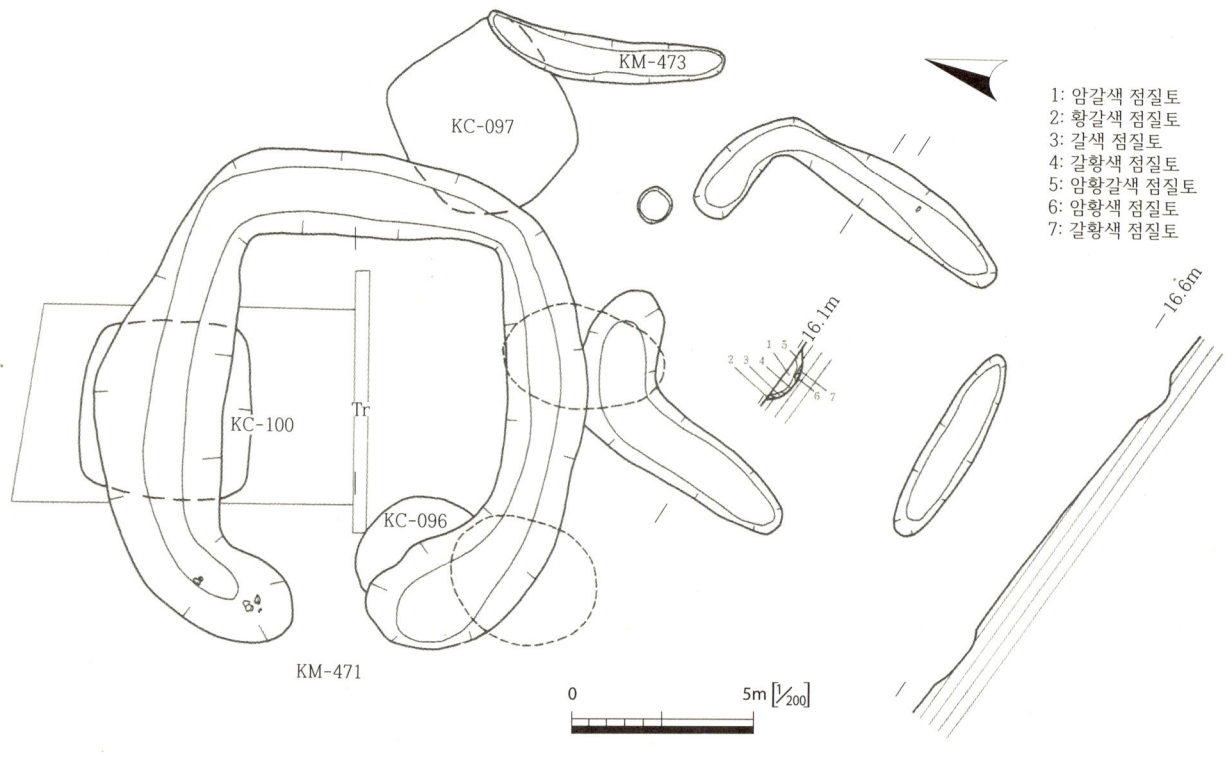

1: 암갈색 점질토
2: 황갈색 점질토
3: 갈색 점질토
4: 갈황색 점질토
5: 암황갈색 점질토
6: 암황색 점질토
7: 갈황색 점질토

KM-473
KC-097
KC-100
Tr
KC-096
KM-471

0   5m [1/200]

[출토유물]

 1

0   15cm[1/6]

KM-473호 분구묘

(단위 : cm)

분구크기 (길이×너비×높이)	760×750×?	분구평면형태	방형
분구장폭비	1.01:1	분구장축방향	N-75°-E
매장시설	?	주구형태	'ㅁ'자형
유물 토기		-	
철기		-	
청동기		-	
옥석류		-	
기타		-	
특기사항	출토유물 없음.		

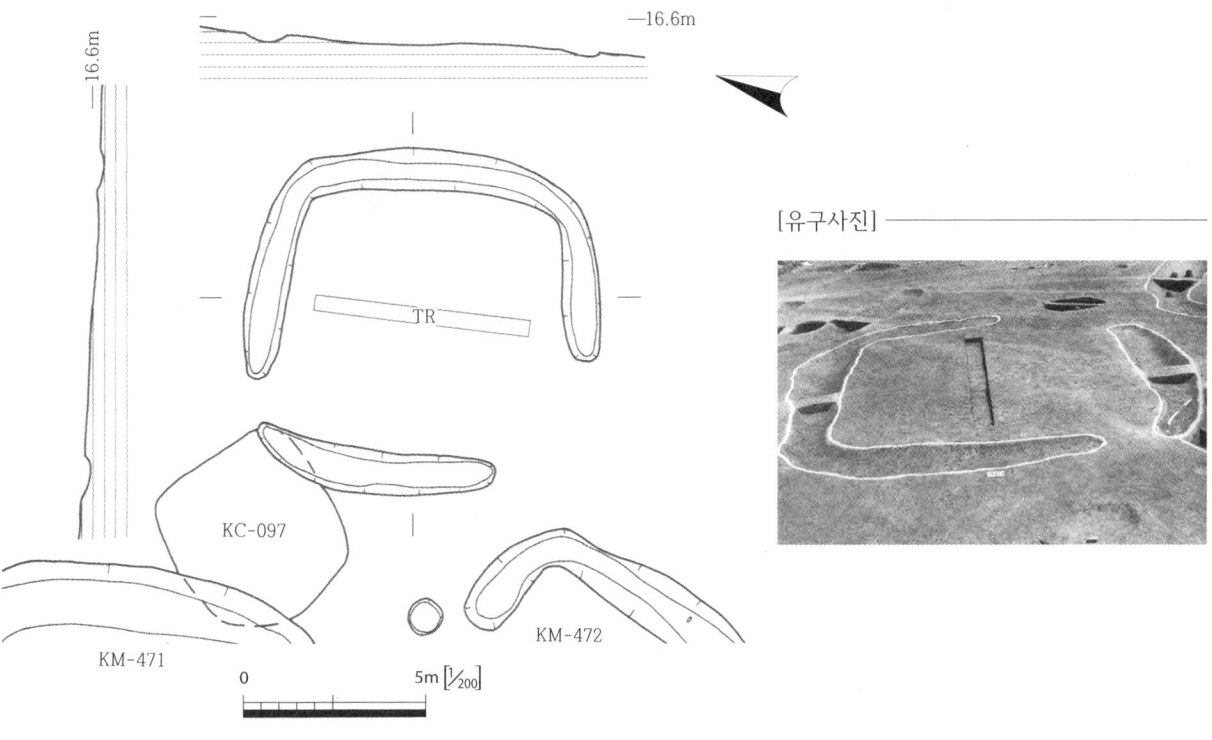

[유구사진]

KM-474호 분구묘

(단위 : cm)

분구 크 기 (길이×너비×높이)	(970+)×(620+)×(21+)		분구평면형태	?
분구장폭비	?		분구장축방향	N-0°-S
매 장 시 설	토광(1)		주구형태	?
유물	토 기	-		
	철 기	-		
	청 동 기	-		
	옥 석 류	-		
	기 타	-		
특기사항	출토유물 없음.			
1호 토광				
묘광	크 기 (길이×너비×깊이)	150×100×(40+)	목관	크 기 (길이×너비×높이)	?
	장 폭 비	1.50:1		장 폭 비	?
	장축방향	?	목곽	크 기 (길이×너비×높이)	?
	두 향	?		장 폭 비	?
유물	토 기	-		
	철 기	-		
	청 동 기	-		
	옥 석 류	-		
	기 타	-		
특기사항	1호 토광 유구 세부도면 미게재. 출토유물 없음.			

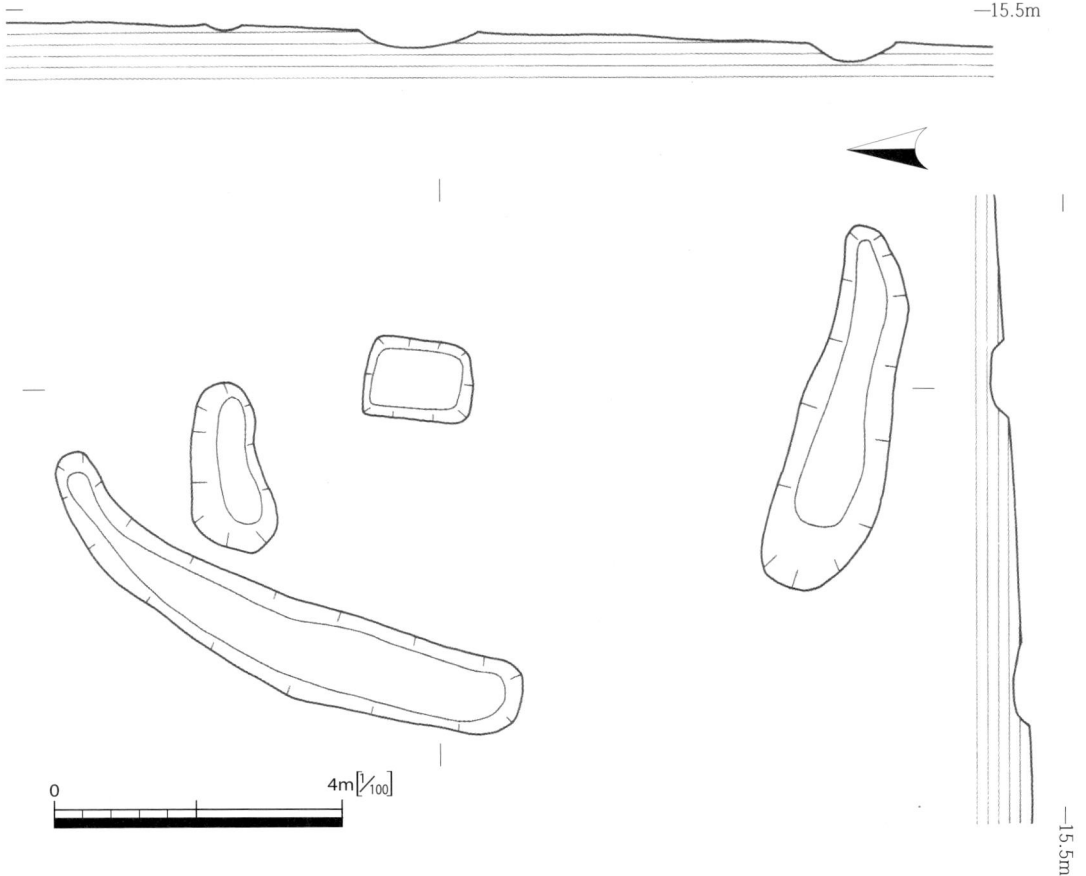

—15.5m

0   4m[1/100]

—15.5m

KM-475호 분구묘

(단위 : cm)

분구크기 (길이×너비×높이)	860×770×(39+)	분구평면형태	방형
분구장폭비	1.12:1	분구장축방향	N-7°-W
매장시설	?	주구형태	'ㅁ'자형
유물	토기	파수(1), 토기편(2)	
	철기	-	
	청동기	-	
	옥석류	-	
	기타	-	
	특기사항		

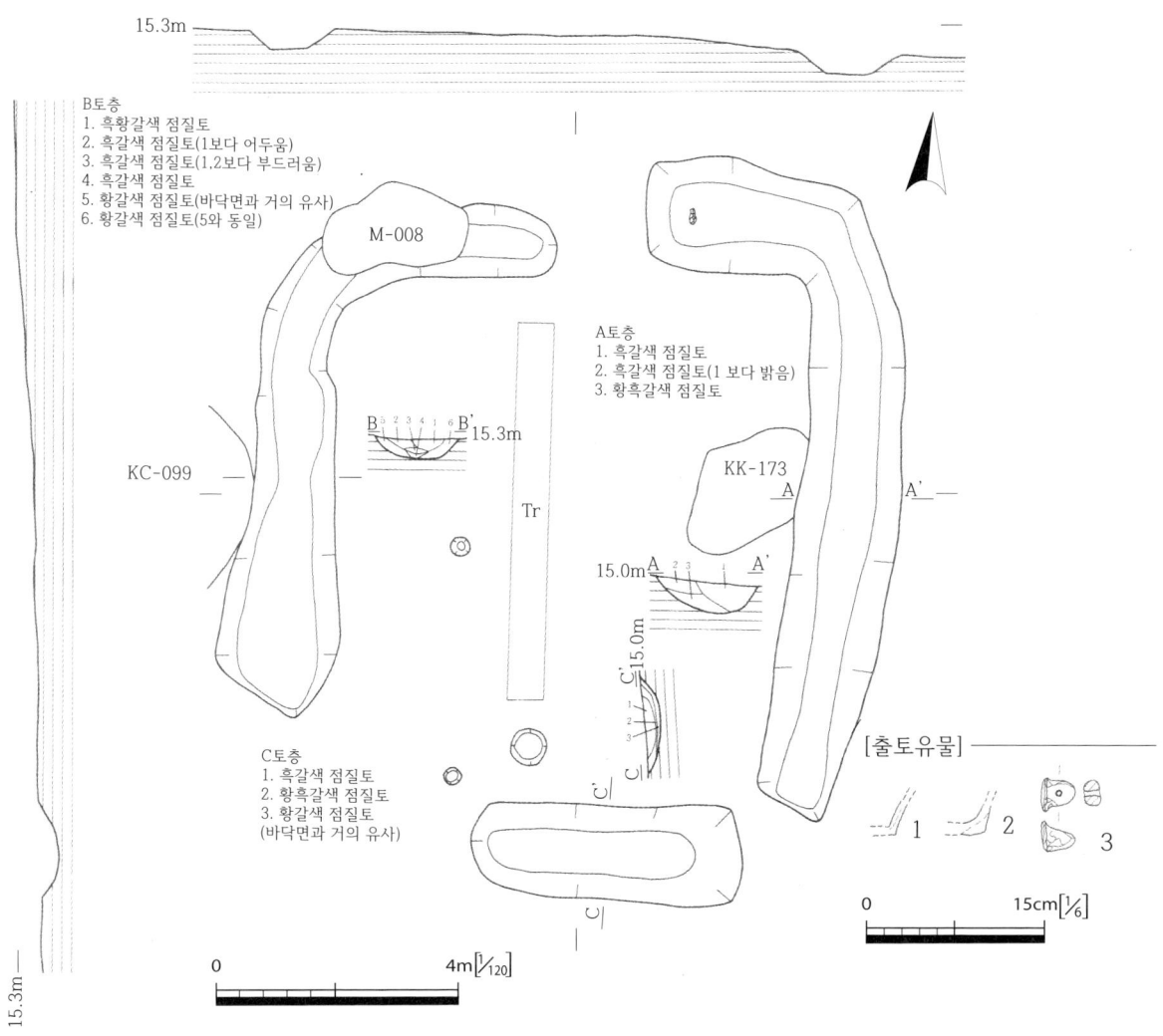

KM-476호 분구묘

(단위 : cm)

분구크기 (길이×너비×높이)	1,220×1,025×(48+)	분구평면형태	방형
분구장폭비	1.19:1	분구장축방향	N-21°-W
매장시설	?	주구형태	'ㅁ'자형
유물	토 기	-	
	철 기	-	
	청동기	-	
	옥석류	석부(1)	
	기 타	-	
	특기사항		

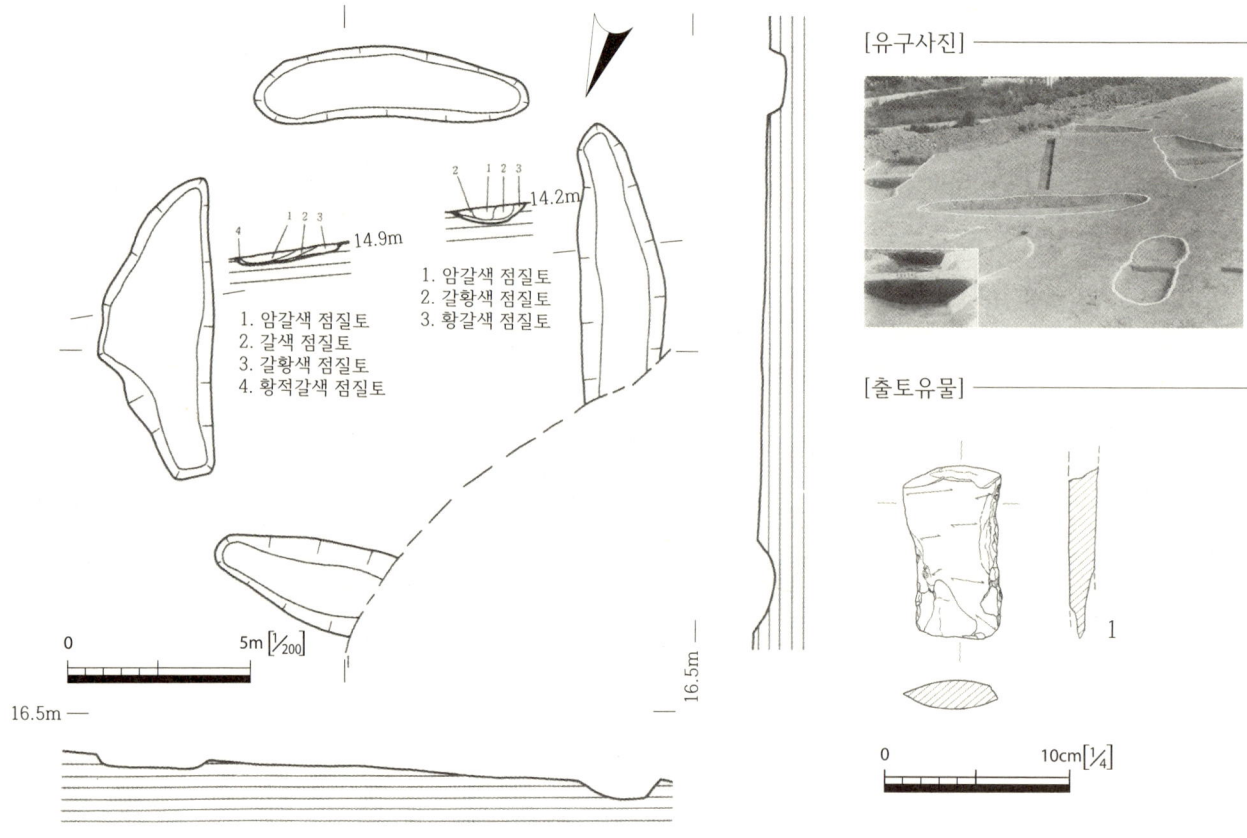

14.9m

1. 암갈색 점질토
2. 갈색 점질토
3. 갈황색 점질토
4. 황적갈색 점질토

14.2m

1. 암갈색 점질토
2. 갈황색 점질토
3. 황갈색 점질토

[유구사진]

[출토유물]

1

0   5m [1/200]

16.5m —

16.5m

0   10cm [1/4]

KM-477호 분구묘

(단위 : cm)

분구크기 (길이×너비×높이)	960×710×(24+)	분구평면형태	방형
분구장폭비	1.35:1	분구장축방향	N-4°-W
매장시설	?	주구형태	'ㄷ'자형
유물 토기		-	
철기		-	
청동기		-	
옥석류		-	
기타		-	
특기사항	출토유물 없음.		

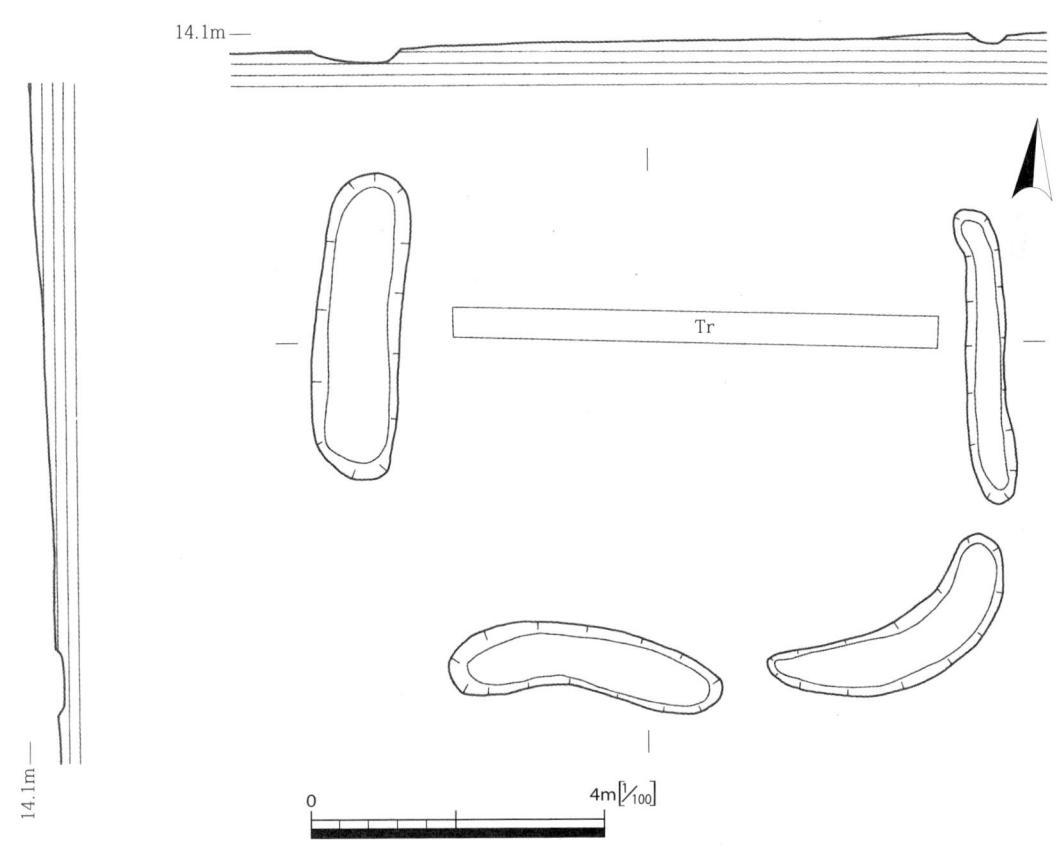

14.1m —

14.1m —

Tr

0 　　　　　　　　　4m [1/100]

KM-478호 분구묘

(단위 : cm)

분 구 크 기 (길이×너비×높이)	740×720×?	분구평면형태	방형
분구장폭비	1.03:1	분구장축방향	N-32°-W
매 장 시 설	?	주구형태	'ㄷ'자형
유물 토 기	토기편(7)		
철 기		-	
청 동 기		-	
옥 석 류		-	
기 타		-	
특기사항			

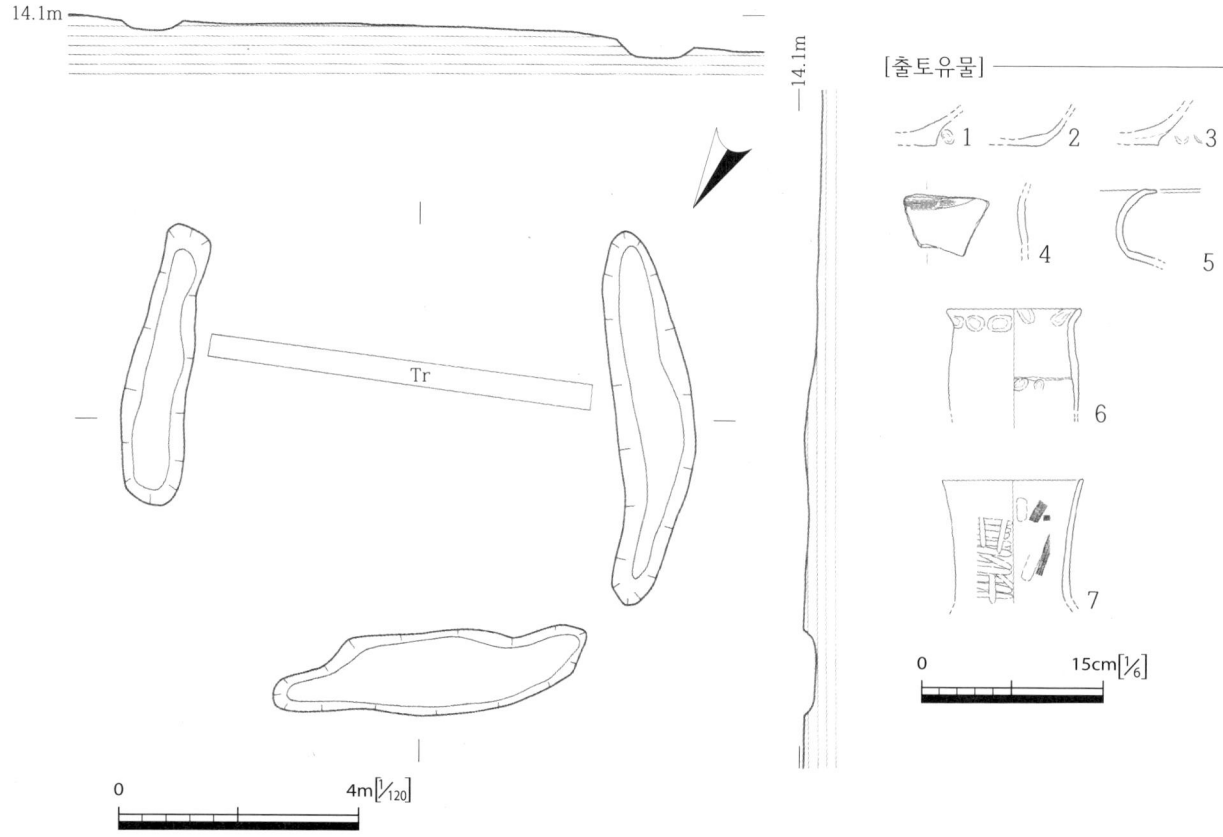

[출토유물]

14.1m

14.1m

Tr

1
2
3
4
5
6
7

0   4m[1/120]

0   15cm[1/6]

KM-479호 분구묘

(단위 : cm)

분구크기 (길이×너비×높이)	560×540×(23+)	분구평면형태	방형
분구장폭비	1.07:1	분구장축방향	N-33°-W
매 장 시 설	?	주구형태	'ㄷ'자형

유물	토 기	-
	철 기	-
	청 동 기	-
	옥 석 류	-
	기 타	-
특기사항	출토유물 없음.	

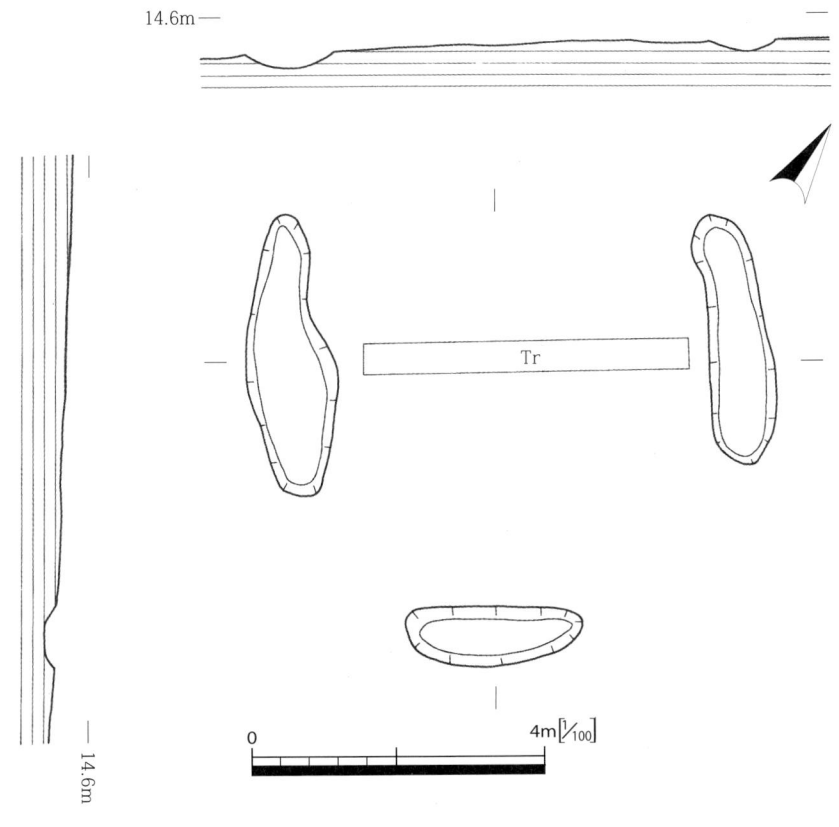

14.6m —

— 14.6m

Tr

0   4m[1/100]

KM-480호 분구묘

분 구 크 기 (길이×너비×높이)	660×450×(18+)	분구평면형태	방형
분구장폭비	1.33:1	분구장축방향	N-13°-E
매 장 시 설	토광(1)	주구형태	'ㅁ'자형

유물	토 기	-
	철 기	-
	청 동 기	-
	옥 석 류	-
	기 타	-
특기사항		출토유물 없음.

1호 토광				
묘광	크 기 (길이×너비×깊이)	230×80×(32+)	목관	크 기 (길이×너비×높이)	?
	장 폭 비	2.88:1		장 폭 비	?
	장축방향	N-13°-E	목곽	크 기 (길이×너비×높이)	?
	두 향	?		장 폭 비	?

유물	토 기	-
	철 기	-
	청 동 기	-
	옥 석 류	-
	기 타	-
특기사항		출토유물 없음. 1호 토광 세부도면 미게재.

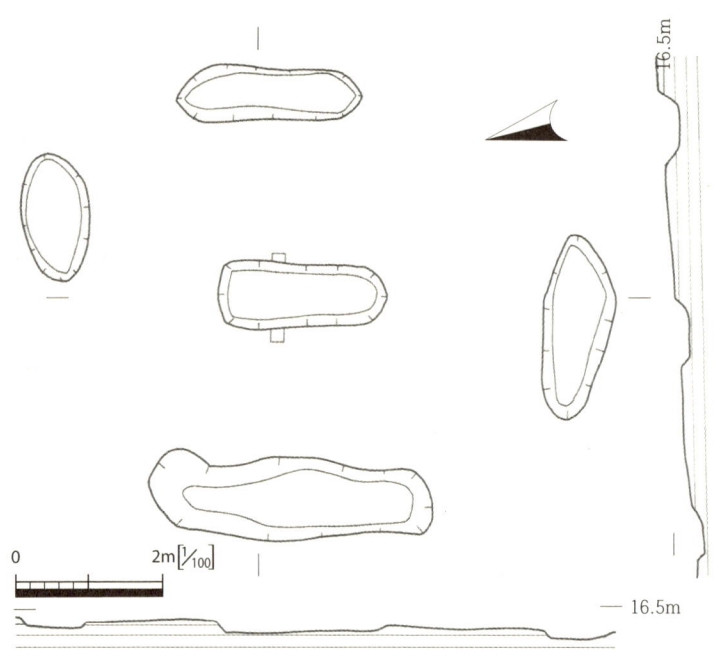

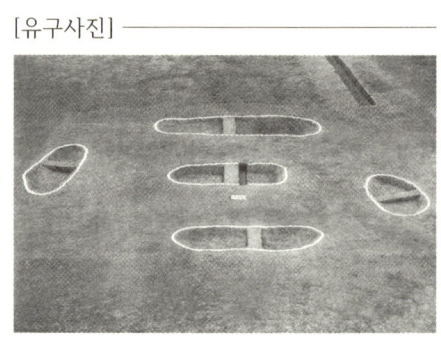

[유구사진]

KM-481호 분구묘

(단위 : cm)

분구크기 (길이×너비×높이)	790×620×(23+)	분구평면형태	방형
분구장폭비	?	분구장축방향	N-16°-W
매장시설	?	주구형태	'ㅁ'자형

유물	토기	토기편(4:주구1)		
	철기	-		
	청동기	-		
	옥석류	-		
	기타	-		
	특기사항			

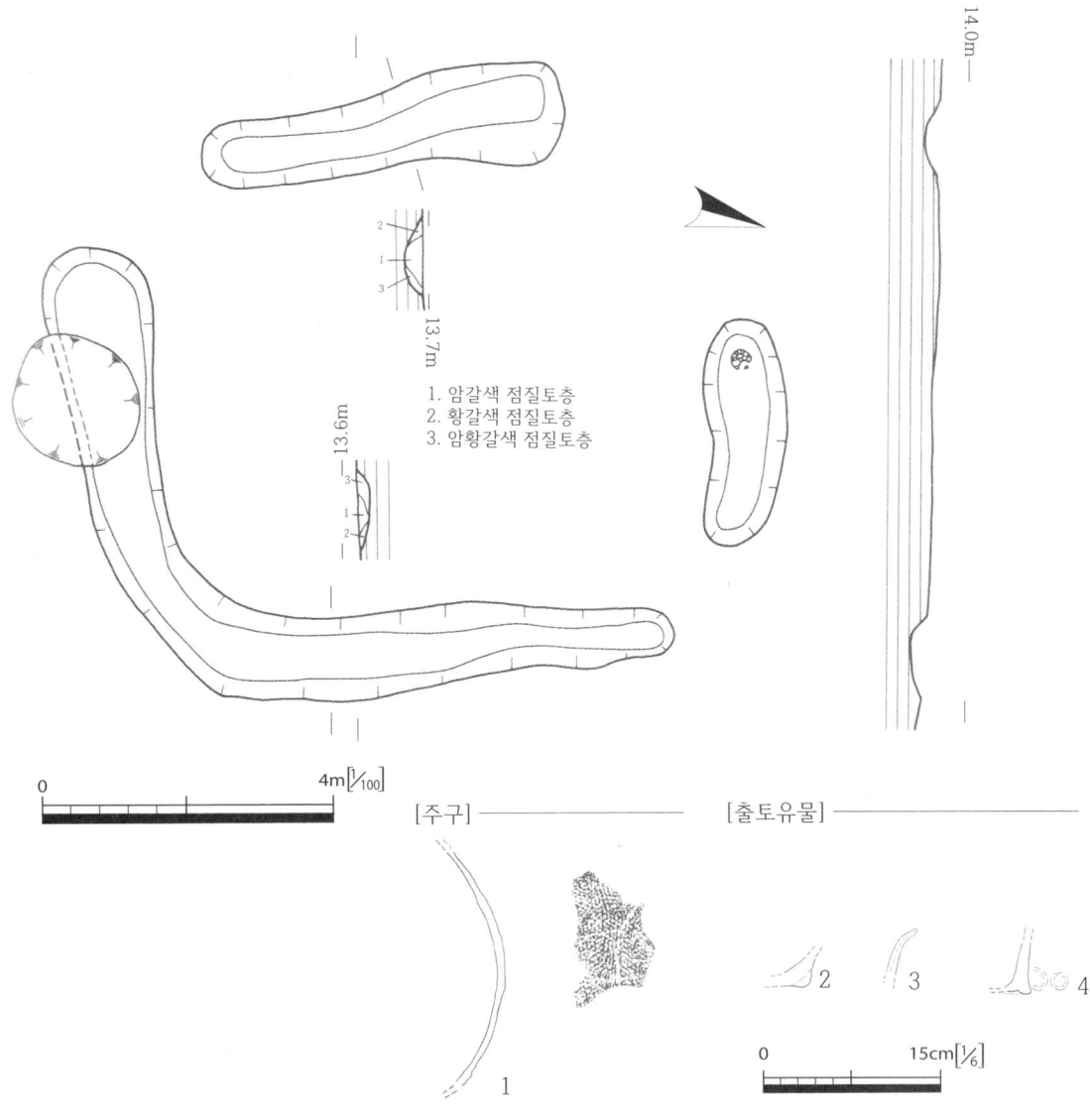

14.0m—

13.7m—

13.6m—

1. 암갈색 점질토층
2. 황갈색 점질토층
3. 암황갈색 점질토층

0   4m[1/100]

[주구]

1

[출토유물]

2   3   4

0   15cm[1/6]

KM-482호 분구묘

(단위 : cm)

분구크기 (길이×너비×높이)	840×690×(37+)	분구평면형태	방형
분구장폭비	1.22:1	분구장축방향	N-25°-E
매장시설	?	주구형태	'ㅁ'자형
유물	토 기	-	
	철 기	-	
	청동기	-	
	옥석류	-	
	기 타	-	
특기사항	출토유물 없음.		

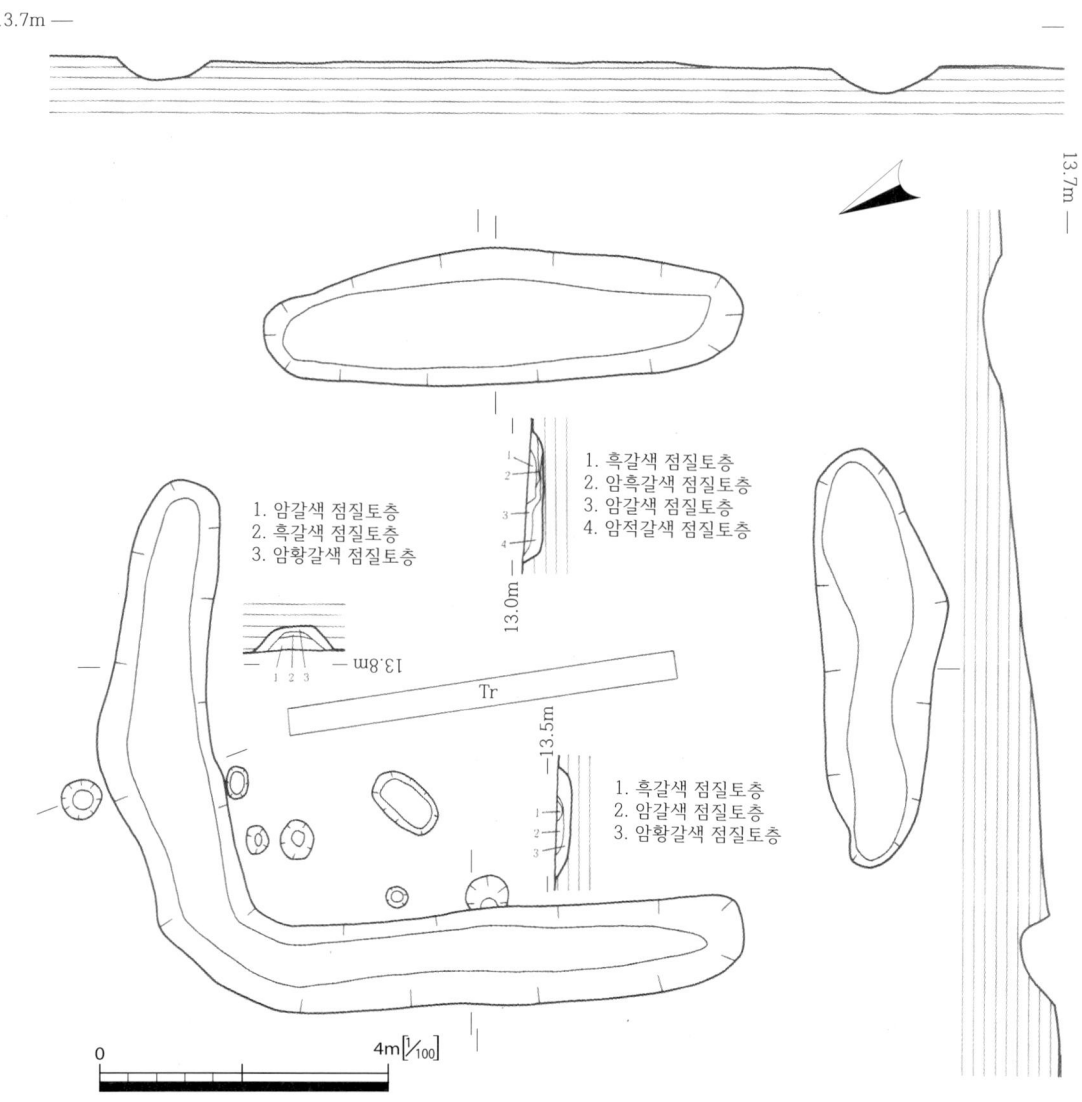

13.7m —

1. 흑갈색 점질토층
2. 암흑갈색 점질토층
3. 암갈색 점질토층
4. 암적갈색 점질토층

1. 암갈색 점질토층
2. 흑갈색 점질토층
3. 암황갈색 점질토층

13.0m —

13.8m

Tr

13.5m —

1. 흑갈색 점질토층
2. 암갈색 점질토층
3. 암황갈색 점질토층

13.7m —

0   4m[1/100]

KM-483호 분구묘

(단위 : cm)

분구크기 (길이×너비×높이)	710×660×(36+)	분구평면형태	방형
분구장폭비	1.08:1	분구장축방향	N-36°-W
매장시설	?	주구형태	'ㅁ'자형

유물	토 기	호(1), 토기편(2)		
	철 기	-		
	청동기	-		
	옥석류	석촉(1)		
	기 타	-		
	특기사항			

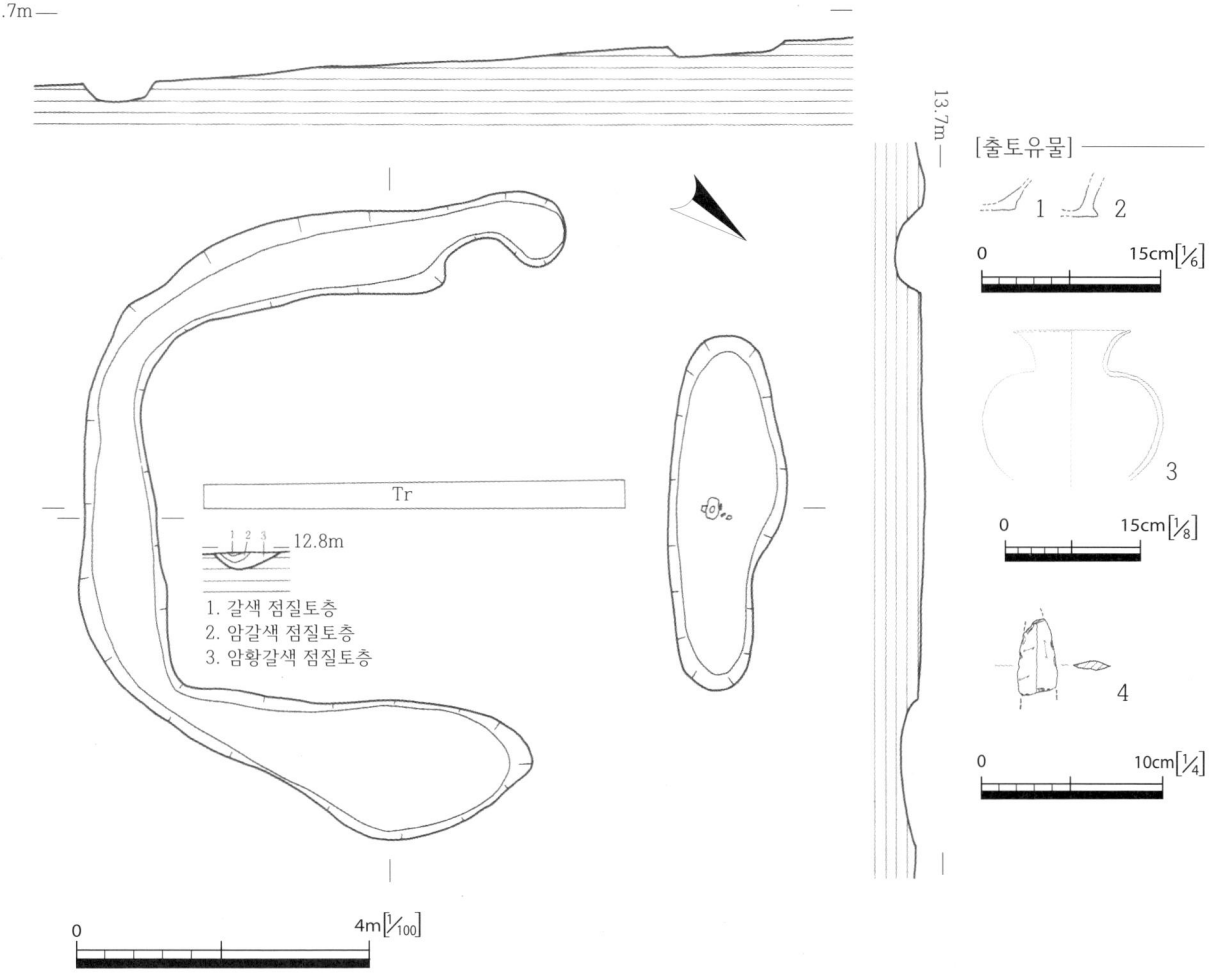

13.7m —

13.7m —

Tr

12.8m

1. 갈색 점질토층
2. 암갈색 점질토층
3. 암황갈색 점질토층

[출토유물]

1 2

0   15cm[1/6]

3

0   15cm[1/8]

4

0   10cm[1/4]

0   4m[1/100]

KM-484호 분구묘

(단위 : cm)

분구크기 (길이×너비×높이)	(340+)×(680+)×(22+)	분구평면형태	?
분구장폭비	?	분구장축방향	N-26°-E
매장시설	?	주구형태	?
유물 토기	토기편(3)		
철기		-	
청동기		-	
옥석류		-	
기타		-	
특기사항			

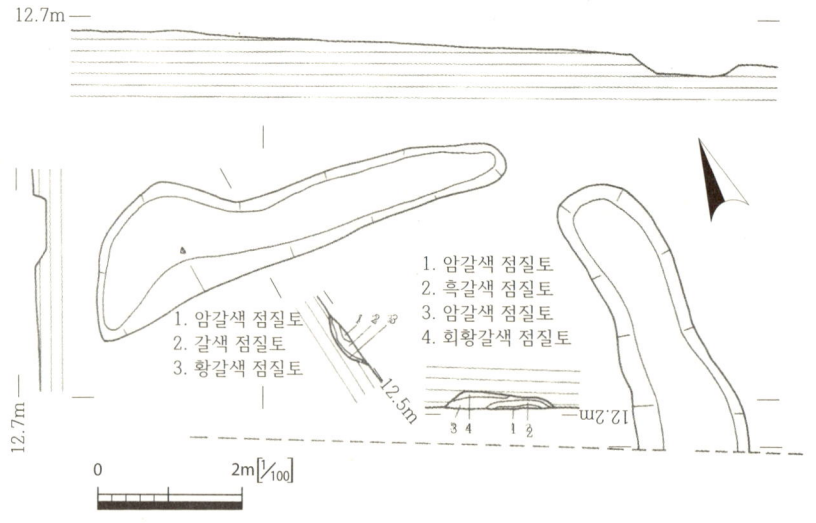

1. 암갈색 점질토
2. 갈색 점질토
3. 황갈색 점질토

1. 암갈색 점질토
2. 흑갈색 점질토
3. 암갈색 점질토
4. 회황갈색 점질토

0   2m[1/100]

[유구사진]

[출토유물]

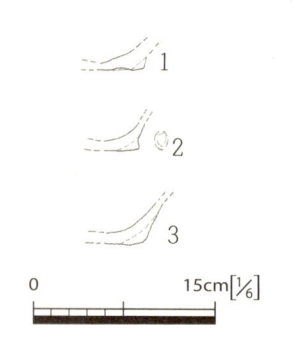

0   15cm[1/6]

KM-485호 분구묘

(단위 : cm)

분구크기 (길이×너비×높이)	(450+)×(740+)×?	분구평면형태	?
분구장폭비	?	분구장축방향	N-17°-W
매장시설	?	주구형태	'l'자형
유물	토 기	-	
	철 기	-	
	청 동 기	-	
	옥 석 류	-	
	기 타	-	
특기사항	출토유물 없음.		

15.0m ―

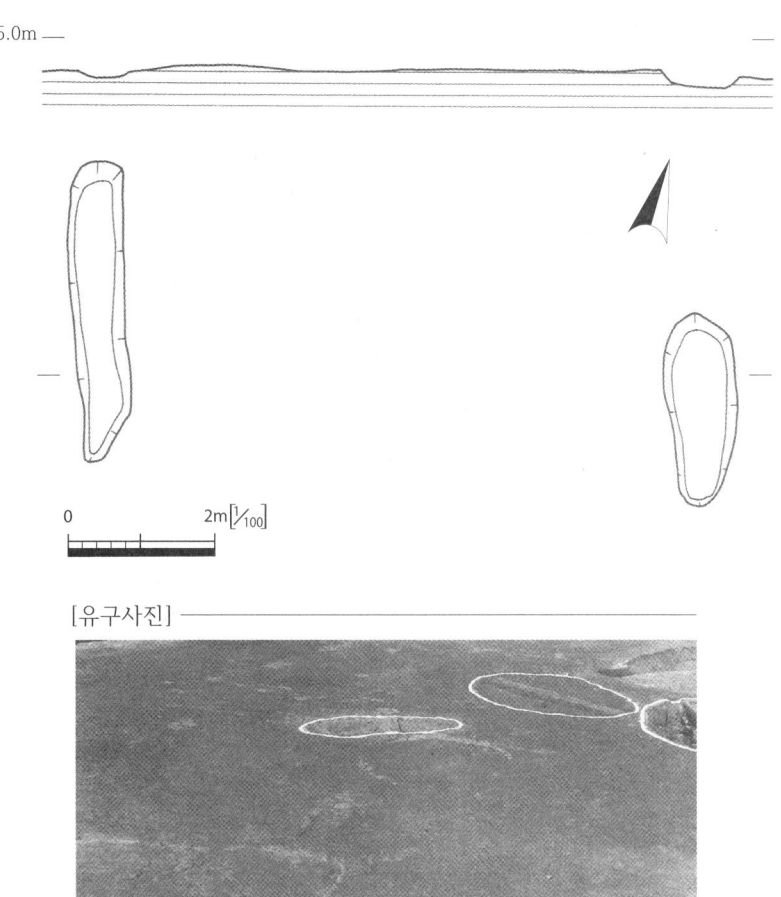

0   2m [1/100]

[유구사진]

KM-486호 분구묘

(단위 : cm)

분구 크기 (길이×너비×높이)	(260+)×?×?	분구평면형태	?
분구장폭비	?	분구장축방향	N-39°-W
매장시설	?	주구형태	?
유물	토 기	-	
	철 기	-	
	청동기	-	
	옥석류	-	
	기 타	-	
특기사항	출토유물 없음.		

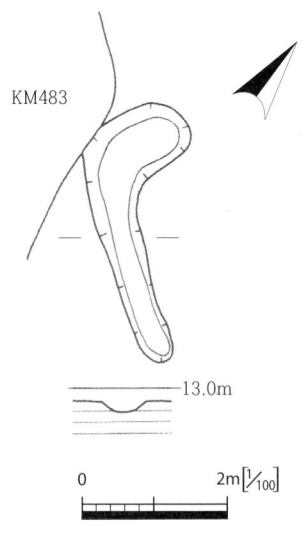

KM483

13.0m

0   2m[1/100]

[유구사진]

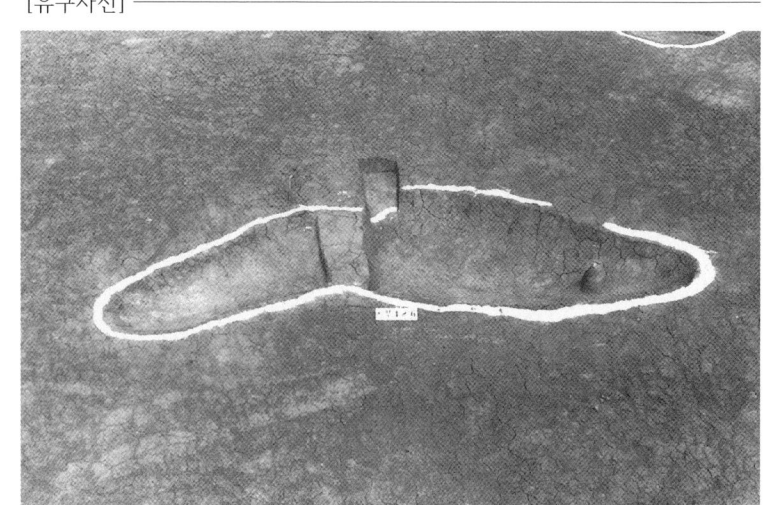

KM-487호 분구묘

(단위 : cm)

분구크기 (길이×너비×높이)	(340+)×(260+)×(41+)	분구평면형태	?
분구장폭비	?	분구장축방향	N-72°-W
매 장 시 설	?	주구형태	?

유물	토 기	토기편(1)		
	철 기	–		
	청 동 기	–		
	옥 석 류	–		
	기 타	–		
	특기사항			

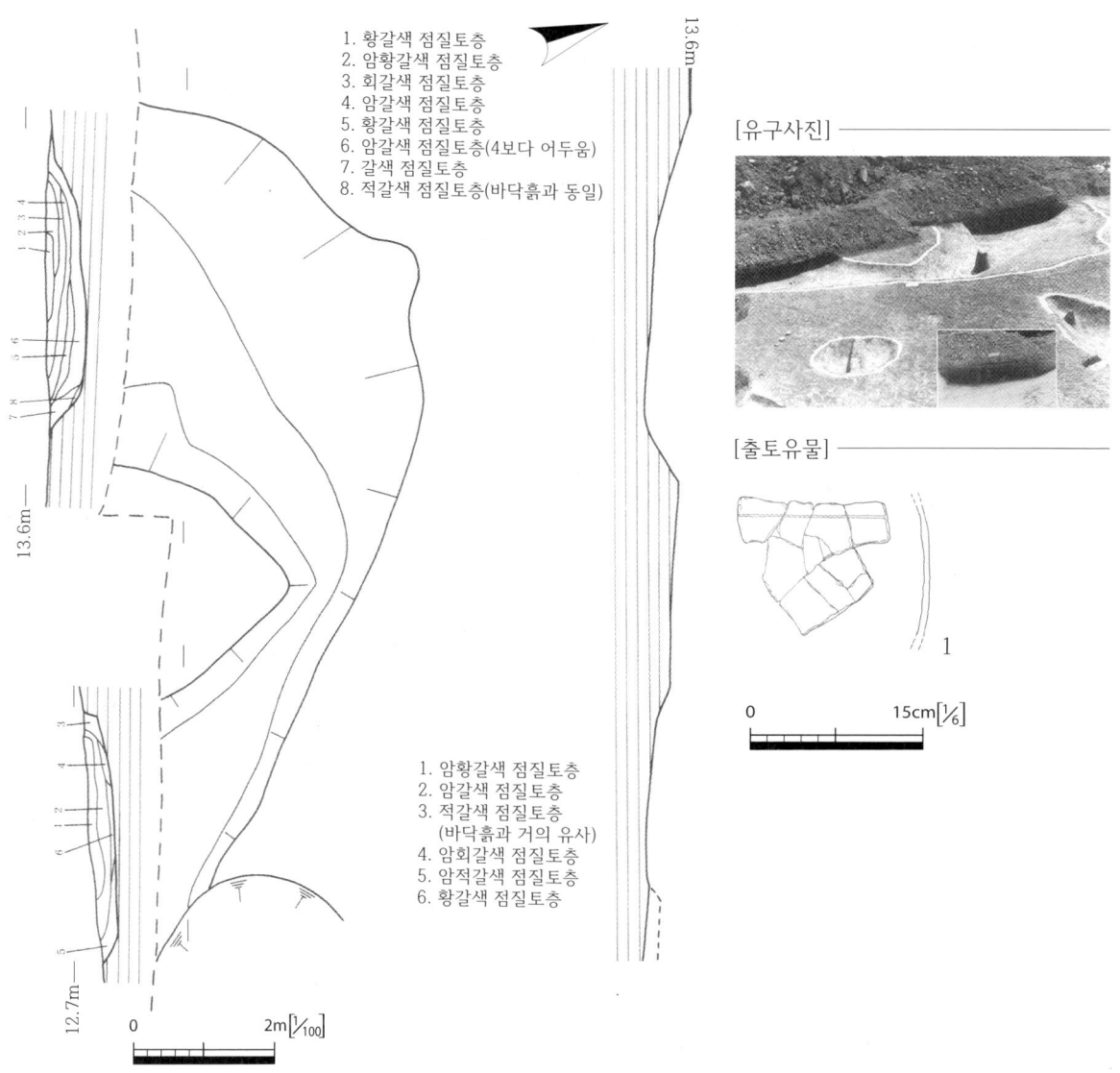

1. 황갈색 점질토층
2. 암황갈색 점질토층
3. 회갈색 점질토층
4. 암갈색 점질토층
5. 황갈색 점질토층
6. 암갈색 점질토층(4보다 어두움)
7. 갈색 점질토층
8. 적갈색 점질토층(바닥흙과 동일)

1. 암황갈색 점질토층
2. 암갈색 점질토층
3. 적갈색 점질토층
   (바닥흙과 거의 유사)
4. 암회갈색 점질토층
5. 암적갈색 점질토층
6. 황갈색 점질토층

[유구사진]

[출토유물]

0   15cm[1/6]

1

13.6m

13.6m

12.7m

0   2m[1/100]

KM-488호 분구묘

분 구 크 기 (길이×너비×높이)	(440+)×?×?	분구평면형태	?
분구장폭비	?	분구장축방향	N-0°-S
매 장 시 설	?	주구형태	?

유물	토　기	-
	철　기	-
	청 동 기	-
	옥 석 류	-
	기　타	-
특기사항		출토유물 없음.

14.0m —

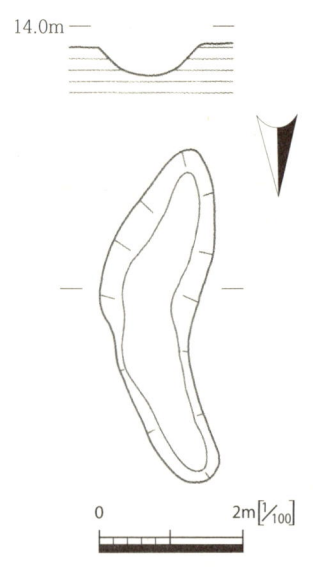

0　　　　　　2m[1/100]

[유구사진]

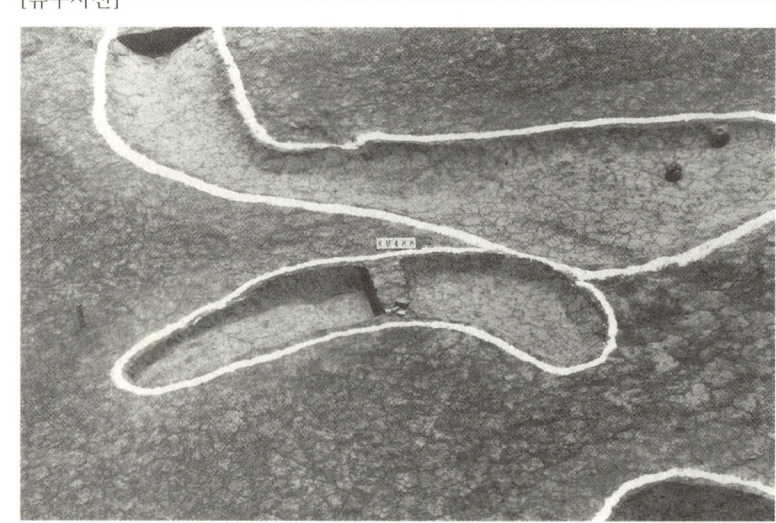

KM-489호 분구묘

(단위 : cm)

분구크기 (길이×너비×높이)	(700+)×(321+)×(18+)	분구평면형태	?
분구장폭비	?	분구장축방향	N-7°-W
매장시설	?	주구형태	?
유물	토 기	-	
	철 기	-	
	청 동 기	-	
	옥 석 류	-	
	기 타	-	
특기사항	출토유물 없음.		

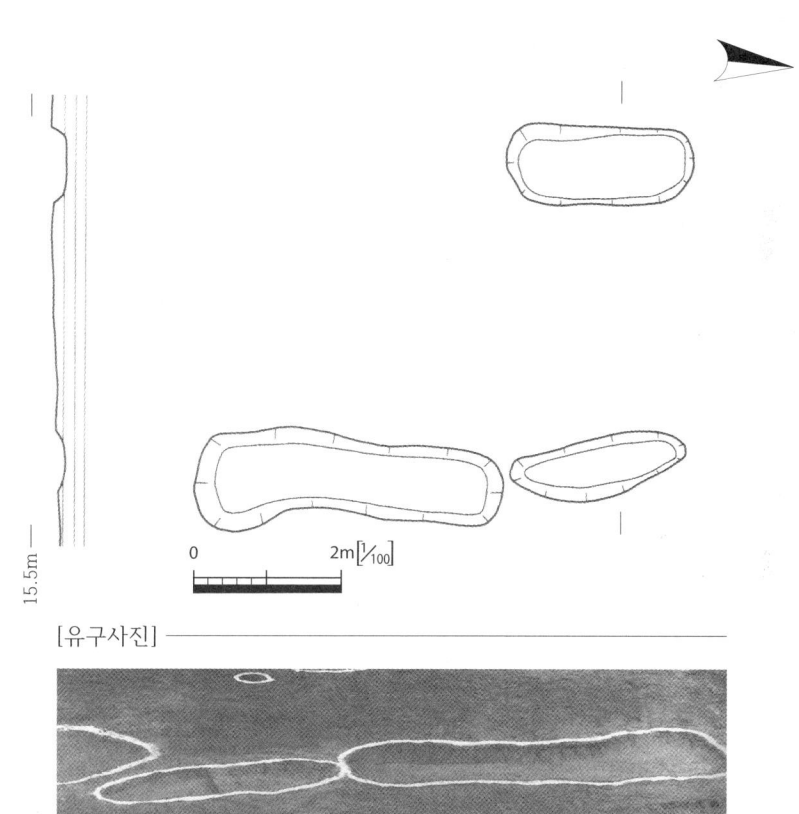

15.5m —

0   2m [1/100]

[유구사진]

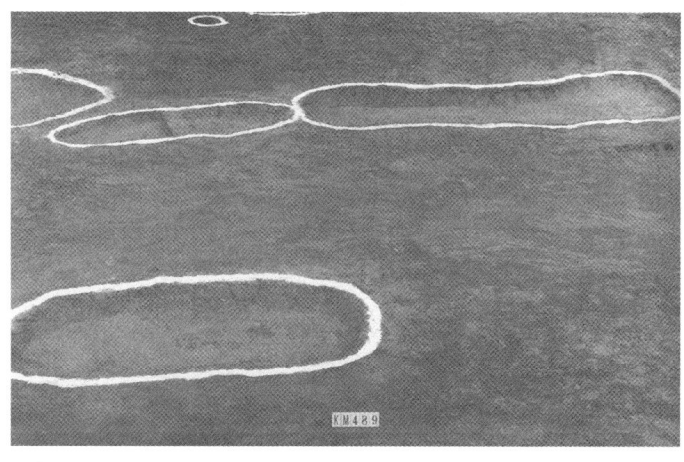

KM-490호 분구묘

(단위 : cm)

분구 크기 (길이×너비×높이)	157×78×(23+)	분구평면형태	?
분구장폭비	2.01:1	분구장축방향	N-30°-E
매장시설	?	주구형태	?

유물	토 기	-
	철 기	-
	청동기	-
	옥석류	-
	기 타	-
특기사항		출토유물 없음.

[유구사진]

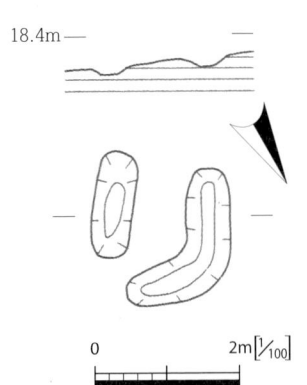

18.4m

0   2m[1/100]

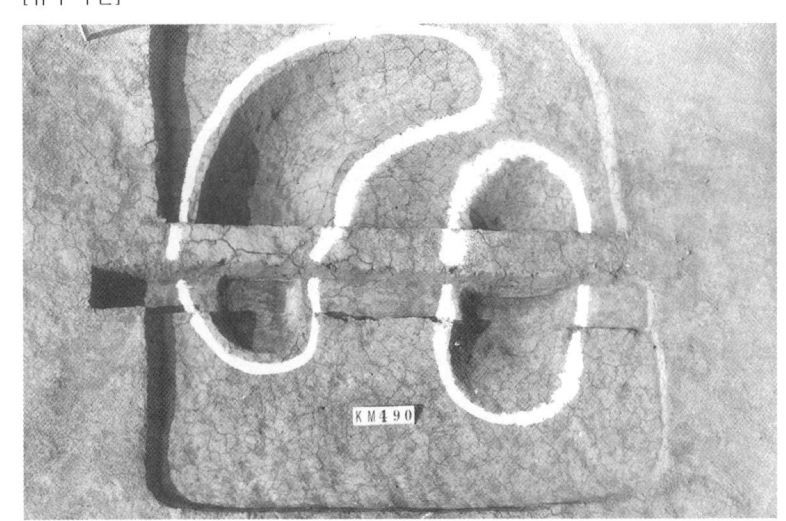

KM-491호 분구묘

(단위 : cm)

분구크기 (길이×너비×높이)	(350+)×(340+)×?	분구평면형태	?
분구장폭비	?	분구장축방향	N-28°-W
매장시설	?	주구형태	?

유물	토 기	-
	철 기	-
	청 동 기	-
	옥 석 류	-
	기 타	-
특기사항		출토유물 없음.

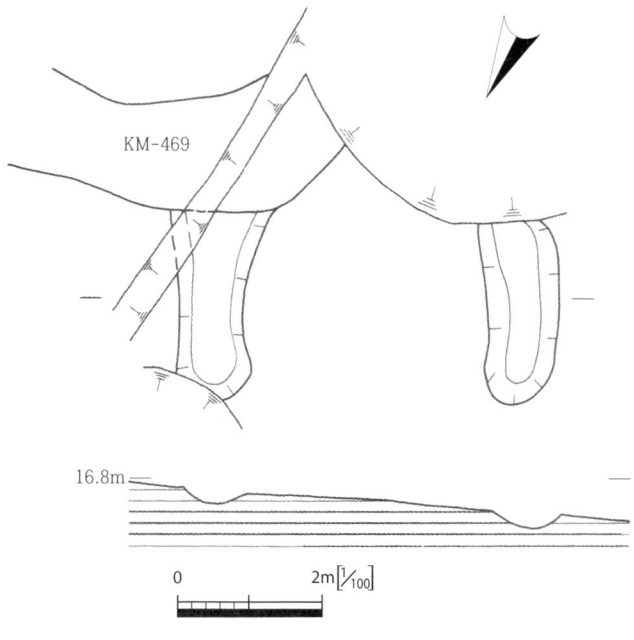

KM-469

16.8m

0   2m[1/100]

[유구사진]

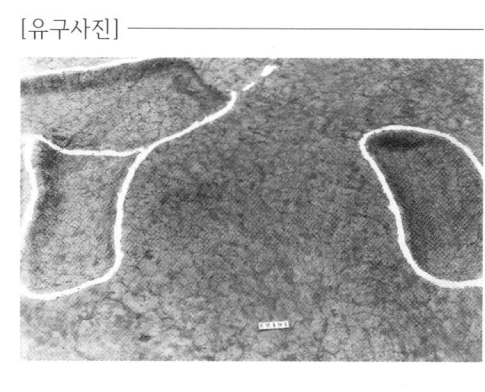

KM-492호 분구묘

(단위 : cm)

분구 크기 (길이×너비×높이)	(240+)×(108+)×?	분구평면형태	?
분구장폭비	?	분구장축방향	?
매 장 시 설	?	주구형태	?
유물 토 기	-		
철 기	-		
청 동 기	-		
옥 석 류	-		
기 타	-		
특기사항	출토유물 없음.		

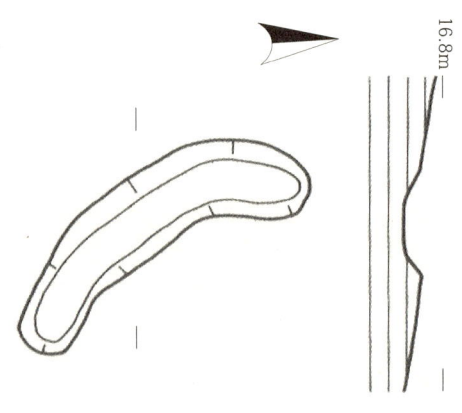

16.8m

0   2m [1/60]

KM-493호 분구묘

(단위 : cm)

분구크기 (길이×너비×높이)	(200+)×(260+)×(24+)	분구평면형태	?
분구장폭비	?	분구장축방향	N-20°-E
매장시설	?	주구형태	?

유물	토 기	-
	철 기	-
	청동기	-
	옥석류	-
	기 타	-
특기사항		출토유물 없음.

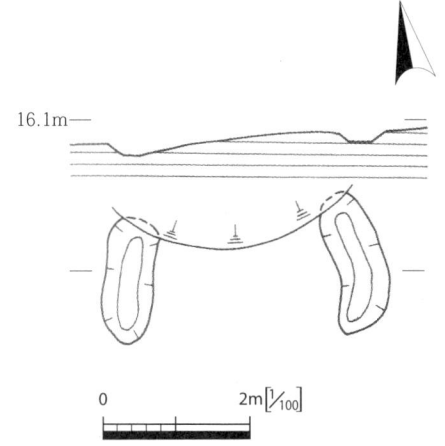

16.1m—

0   2m[1/100]

[유구사진]

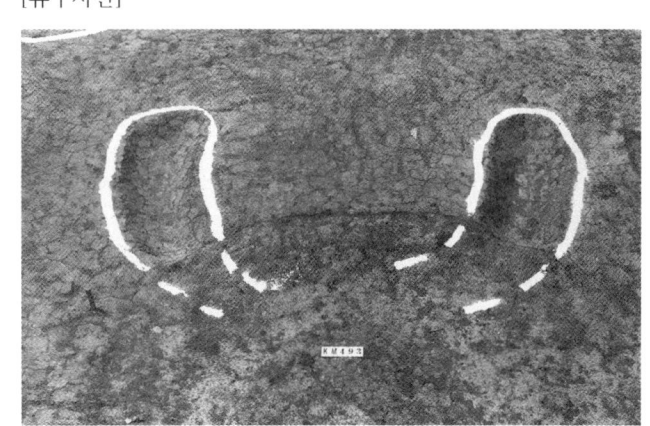

KM-494호 분구묘

(단위 : cm)

분구크기 (길이×너비×높이)	(240+)×(200+)×(37+)	분구평면형태	?
분구장폭비	?	분구장축방향	?
매장시설	?	주구형태	?
유물 토 기	-		
철 기	-		
청 동 기	-		
옥 석 류	-		
기 타	-		
특기사항	출토유물 없음.		

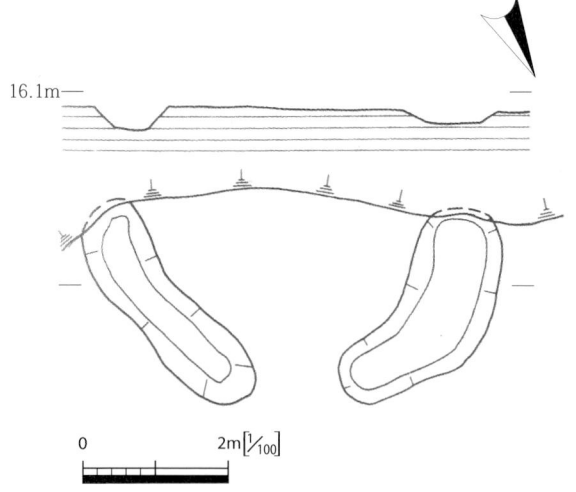

[유구사진]

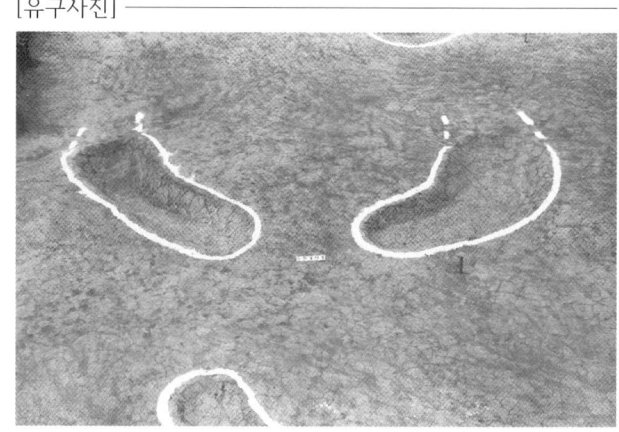

16.1m—

0　　　　2m[¹/₁₀₀]

KM-495호 분구묘

(단위 : cm)

분구크기 (길이×너비×높이)	(240+)×(420+)×(22+)	분구평면형태	?
분구장폭비	?	분구장축방향	N-45°-E
매장시설	?	주구형태	?

유물	토 기	-
	철 기	-
	청 동 기	-
	옥 석 류	-
	기 타	-
특기사항		출토유물 없음.

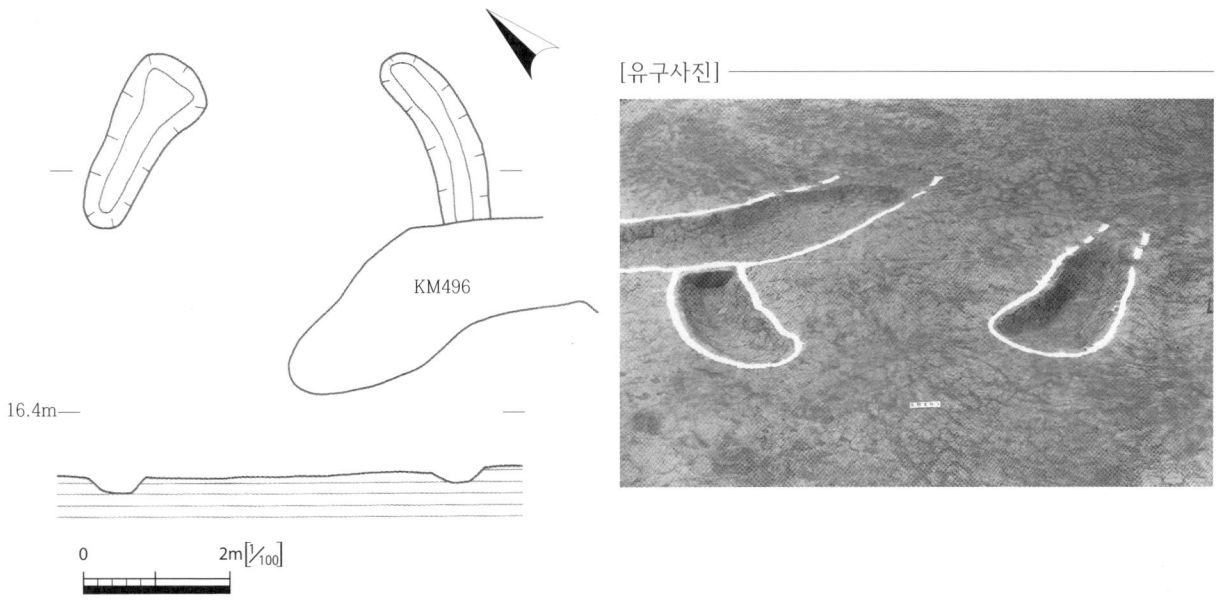

KM496

[유구사진]

16.4m—

0   2m[1/100]

KM-496호 분구묘

분구크기 (길이×너비×높이)	(640+)×(360+)×(22+)	분구평면형태	?
분구장폭비	?	분구장축방향	N-3°-E
매장시설	?	주구형태	?
유물	토 기	-	
	철 기	-	
	청동기	-	
	옥석류	-	
	기 타	-	
특기사항	출토유물 없음.		

16.4m —

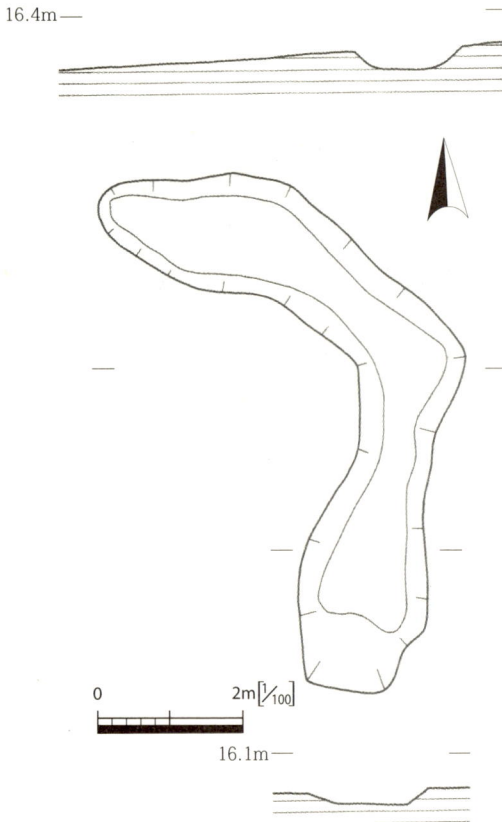

0   2m[1/100]

16.1m —

[유구사진]

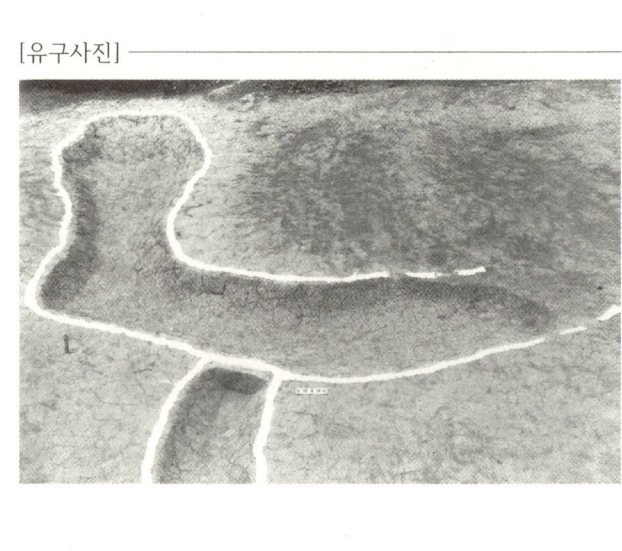

KM-497호 분구묘

(단위 : cm)

분구크기 (길이×너비×높이)	?	분구평면형태	?
분구장폭비	?	분구장축방향	N-8°-E
매장시설	?	주구형태	?
유물 토 기	토기편(1:주구1)		
철 기		-	
청동기		-	
옥석류		-	
기 타		-	
특기사항			

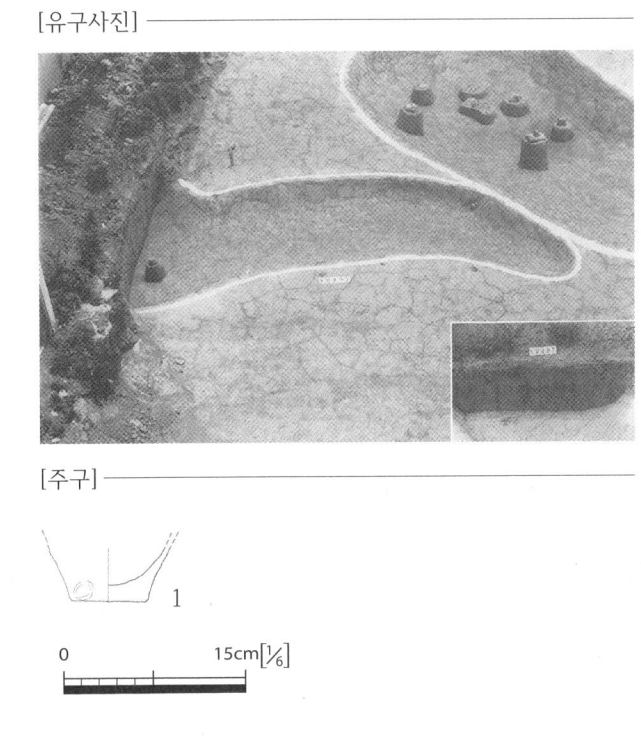

[유구사진]

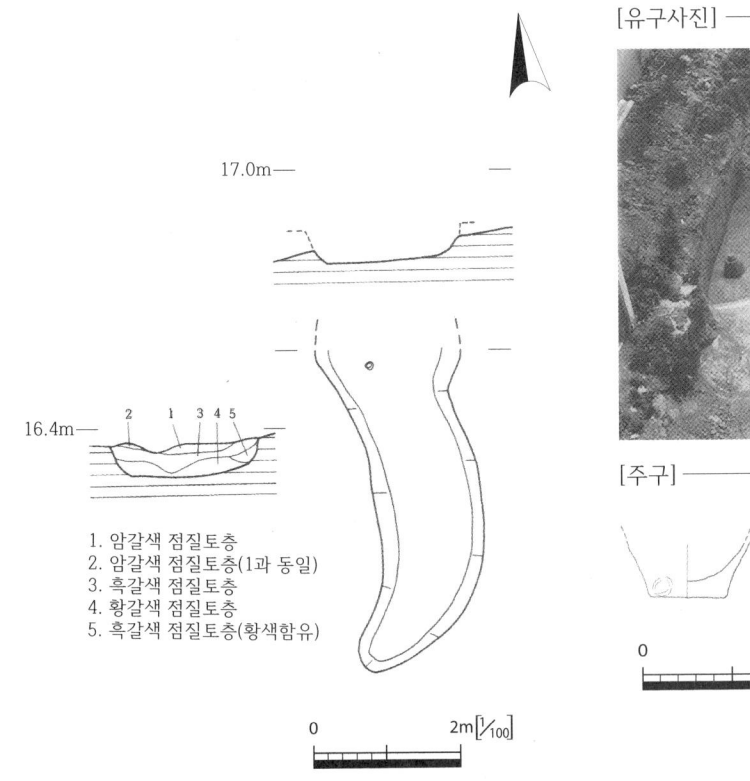

17.0m—

16.4m—

2 1 3 4 5

1. 암갈색 점질토층
2. 암갈색 점질토층(1과 동일)
3. 흑갈색 점질토층
4. 황갈색 점질토층
5. 흑갈색 점질토층(황색함유)

0　　　　　2m[1/100]

[주구]

1

0　　　　　15cm[1/6]

KM-498호 분구묘

분구크기 (길이×너비×높이)	(450+)×(240+)×(32+)	분구평면형태	?
분구장폭비	?	분구장축방향	N-56°-E
매장시설	?	주구형태	?

유물	토 기	-
	철 기	-
	청 동 기	-
	옥 석 류	-
	기 타	-
특기사항		출토유물 없음.

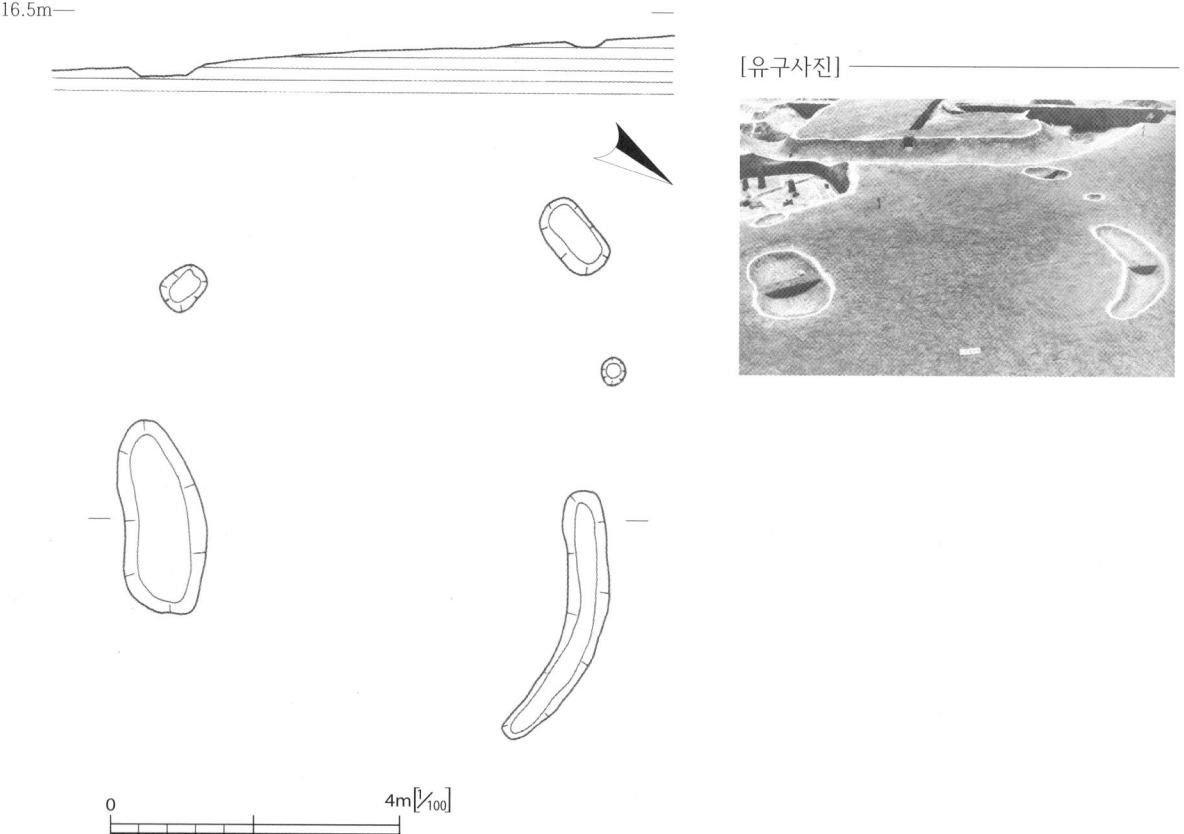

[유구사진]

16.5m—

0   4m[1/100]

KM-499호 분구묘

(단위 : cm)

분구크기 (길이×너비×높이)	(460+)×(574+)×(18+)	분구평면형태	?
분구장폭비	?	분구장축방향	N-11°-E
매장시설	?	주구형태	?

유물	토 기	-
	철 기	-
	청동기	-
	옥석류	-
	기 타	-
특기사항		출토유물 없음.

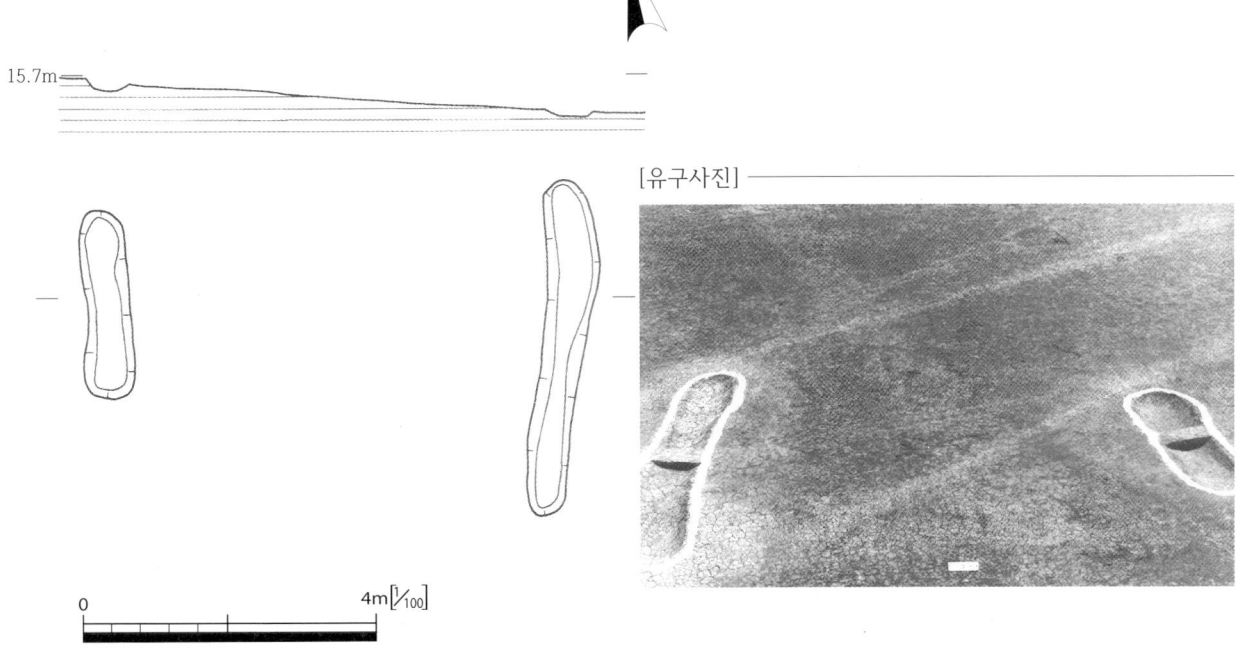

15.7m

[유구사진]

0   4m[1/100]

보령 구룡리유적(1997) 保寧 九龍里遺蹟

조사사유	칡뿌리를 캐던 학생들의 신고에 따른 발굴조사
조사연혁	발굴조사 : 1997. 8. (安承周)
유적위치	충청남도 보령시 웅천읍 구룡리 일원
	경·위도 127°16'17.79"E / 36°28'19.34"N
유적입지	무창포 해수욕장의 진입로에서 약 1km 쯤 진입로를 따라 들어가면 서천군 구룡리에 이르고, 구룡리 마을의 서편을 둘러싼 상정산 남향의 중턱 해발 약 25m의 낮은 지대에 위치한다.

유구현황	초기철기시대	–
	원삼국시대	–
	삼 국 시 대	석실묘(1)
	기 타	–

주요유물	녹유호, 단경호 등
시대·성격	조사당시 이미 천정석과 동벽, 서벽은 파괴된 상태였다. 천정의 덮개돌은 모두 5개로 길이가 1.5m 내외로 다듬어지지 않은 자연석이다. 남아 있는 상태로 보아 무덤 구조는 맞조임식으로 벽에서 천정을 오므려 그 위에 평평히 천정돌을 덮은 석실묘으로 확인된다. 무덤에서는 두침이 무덤 바닥의 북쪽 벽면에서 30㎝ 떨어져진 중앙 동쪽에 있었고, 녹유호 1개, 유개단경호 3개, 유개삼족기 3개, 삼족기 1개, 주조철부 1개가 발견되었다. 이들이 모두 백제시대로 편년되는 것으로 구룡리 석실분은 이 곳 주변에 살던 백제 지방 유력자가 묻힌 것이며, 대체로 6~7세기에 축조된 것으로 추정된다.
참고문헌	安承周, 1997, 「保寧 九龍里 百濟古墳과 出土遺物」, 『百濟文化』10, 公州大學校 百濟文化研究所.

1호 석실묘

(단위 : cm)

봉토	크 기 (길이×너비×높이)	?	묘광	크 기 (길이×너비×깊이)	?
	평면형태	?		장폭비	?
현실	크 기 (길이×너비×높이)	2.72×1.28×(0.92+)		천장형태	?
	장폭비	2.13:1		횡구부위치	남측 단벽
횡구부	크 기 (길이×너비)	?		묘도크기 (길이×너비)	?
	장폭비	?		배수시설 (길이×너비×깊이)	?
시상/관대크기 (길이×너비×높이)		-		두 향	북서쪽
장축방향		N-22°-W		벽석종류	할석
유물	토 기	단경호(3), 유개호(3), 유개삼족기(3), 삼족기(1)			
	철 기	주조철부(1)			
	청동기	-			
	옥석류	-			
	기 타	녹유호(1), 토제 두침(1)			
특기사항		해발고도 미기술.			

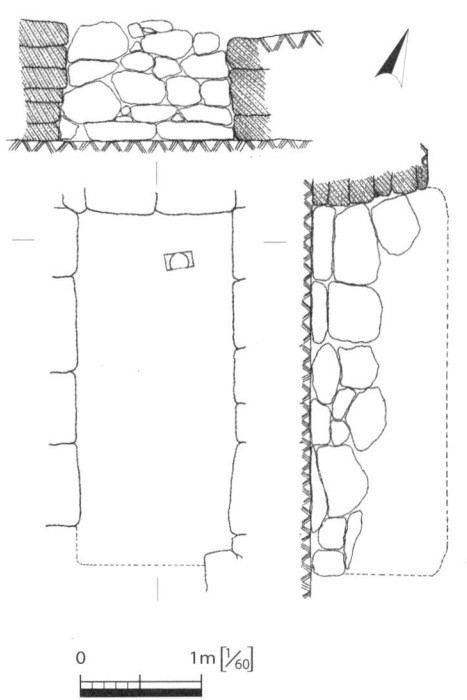

0   1m [1/60]

[유구사진]

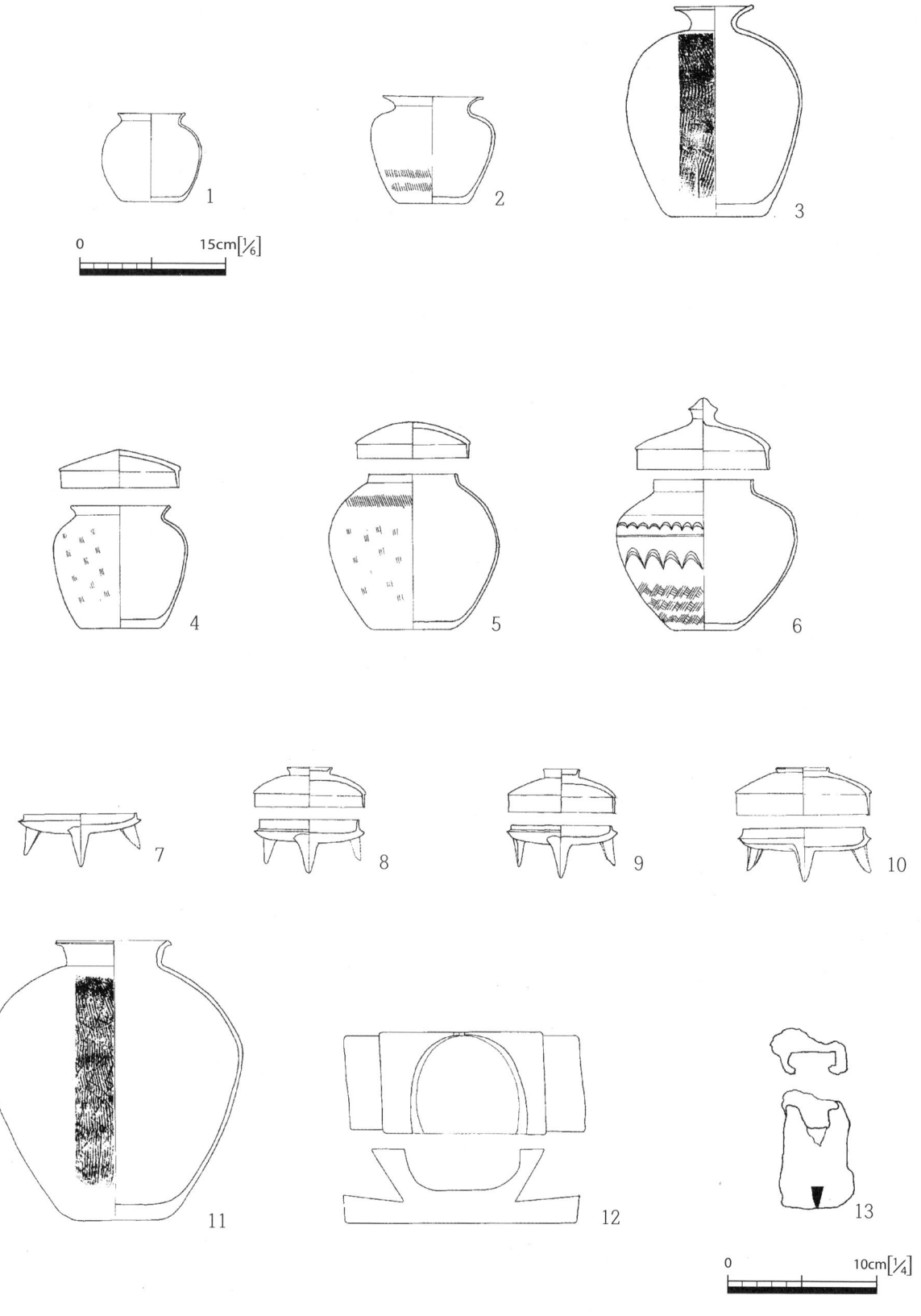

보령 구룡리유적(2001) 保寧 九龍里遺蹟

조사사유	한국도로공사 서해안고속도로 웅천인터체인지 건설에 따른 구제발굴조사
조사연혁	지표조사 : 1999 (韓國文化財保護財團) 발굴조사 : 2001. 02. 01. ~ 2001. 05. 15. (中央文化財研究院)
유적위치	충청남도 서산시 웅천읍 구룡리 805번지 일원
	경 · 위도 126°34'18.37'E / 36°14'17.69'N
유적입지	보령시는 충청남도의 남서부에 위치하며, 조사지역인 구룡리는 웅천읍 소재지에서 대천방면으로 연결된 21번 국도와 무창포 해수욕장으로 연결되는 606번 지방도를 따라 고개마루에 이르면 노천리 방면으로 연결된 능선에 파괴된 고분군이 위치한다. 유적은 이 구룡리 고분군을 끼고 용골마을로 들어가면 마주하는 능선상에 위치하며, 죽청리에서 이 능선을 따라 연결되는 웅천 인터체인지 부분에 유적이 위치하고 있다.

유구현황	초기철기시대	-
	원삼국시대	-
	삼 국 시 대	석실묘(1)
	기 타	청동기시대 주거지(1), 고려시대 토광묘(63), 조선시대 주거지(4) · 옹관묘(1) · 소성유구(2), 시기미상 석곽묘(6)

주요유물	관고리, 관정, 토제 방추차
시대 · 성격	백제 횡혈식 석실은 벽면의 하단에 대형 할석을 설치하고 그 상부에 소형 할석을 쌓아 구성하였으며, 무덤의 입구에서 연도부 바깥으로 배수로를 설치한 것이 특징이다. 편년자료로서 활용될 만한 토기자료나 기타 유물이 출토되지 않아 정확한 시기적 편년을 살피기에 무리가 있다. 다만 묘실과 배수로 등이 비교적 원상을 유지하고 있어 기존에 조사된 자료와 비교 가능하며, 7세기 전반기에 조영된 것으로 추정할 수 있다.
참고문헌	中央文化財研究院, 2001, 『西海岸高速道路 熊川I.C區間 內 保寧 九龍里 遺蹟』, 發掘調査報告 第6冊.

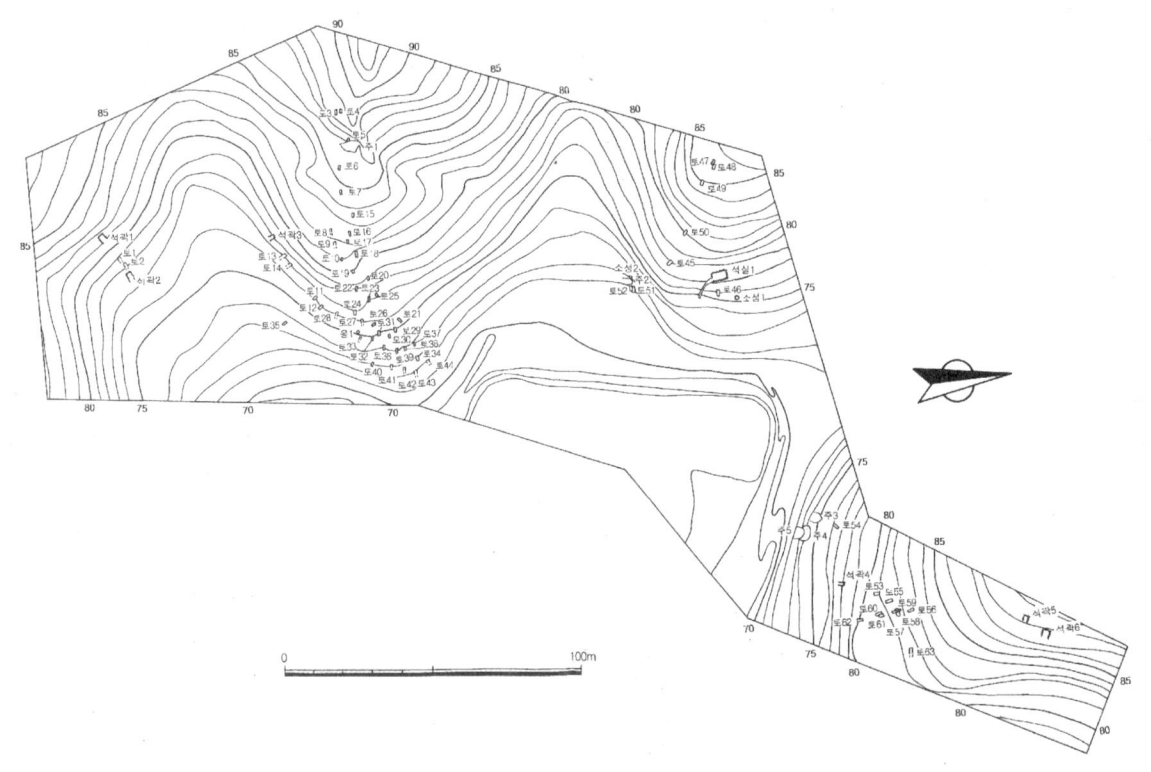

보령 구룡리유적(2001) 유구배치도

보령 구룡리유적(2001) 전경

1호 석실묘

(단위 : cm)

봉토	크 기 (길이×너비×높이)	?	묘광	크 기 (길이×너비×깊이)	480×346×(190+)
	평면형태	?		장폭비	1.38:1
현실	크 기 (길이×너비×높이)	285×136×(95+)		천장형태	?
	장폭비	2.09:1		연도위치	?
연도	크 기 (길이×너비×높이)	(20+)×(80+)×(90+)		묘도크기 (길이×너비)	?
	장폭비	?		배수시설 (길이×너비×깊이)	(900+)×(40+)×(10+)
시상/관대크기 (길이×너비×높이)		-		두 향	?
장축방향		N-4°-W		벽석종류	할석
유물	토 기	-			
	철 기	관고리(2), 관정(1)			
	청 동 기	-			
	옥 석 류	-			
	기 타	토제 방추차(1)			
특기사항					

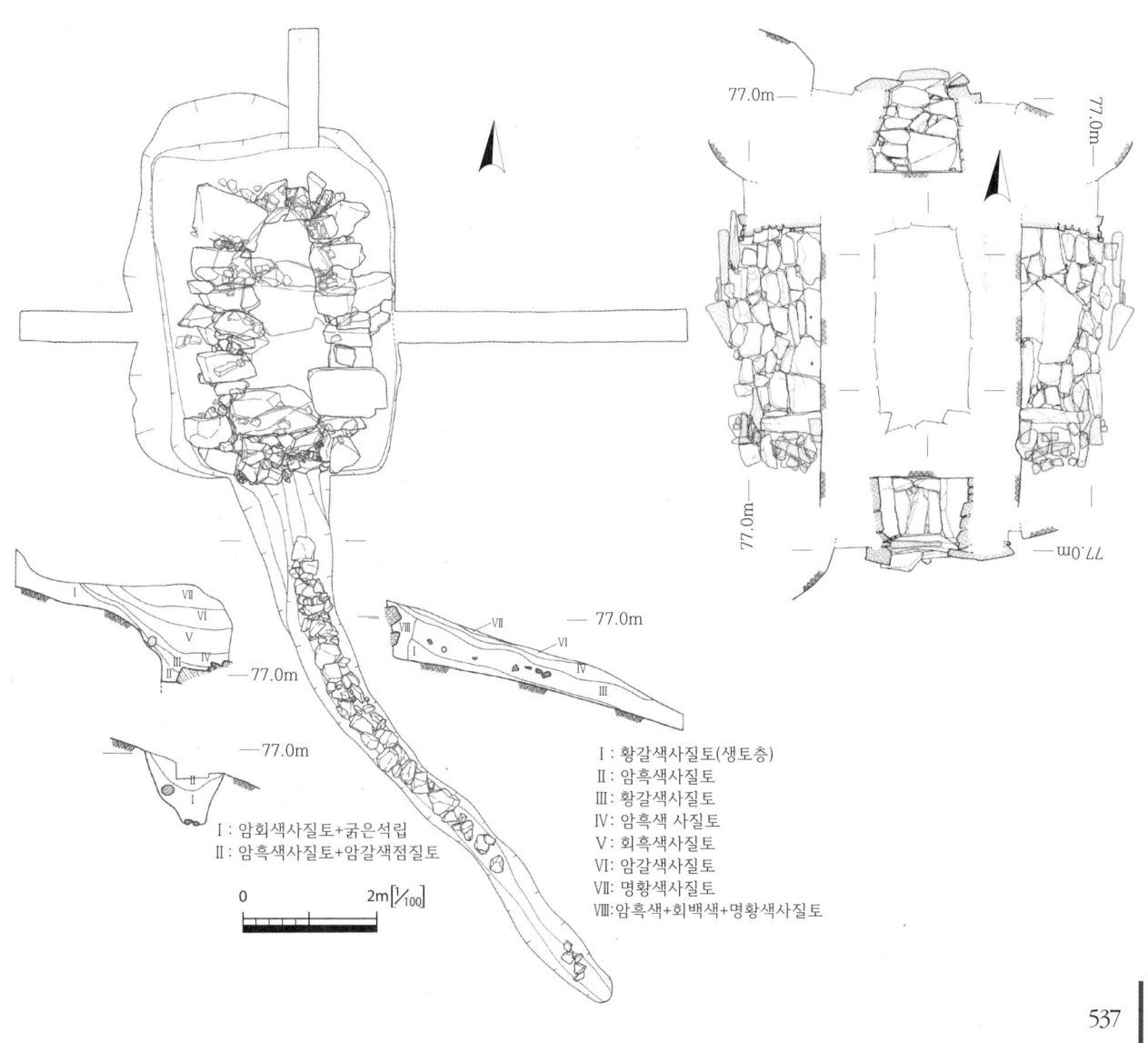

Ⅰ: 암회색사질토+굵은석립
Ⅱ: 암흑색사질토+암갈색점질토

0   2m[1/100]

Ⅰ: 황갈색사질토(생토층)
Ⅱ: 암흑색사질토
Ⅲ: 황갈색사질토
Ⅳ: 암흑색 사질토
Ⅴ: 회흑색사질토
Ⅵ: 암갈색사질토
Ⅶ: 명황색사질토
Ⅷ: 암흑색+회백색+명황색사질토

조사 전 전경

조사 후 전경

개석 노출 전경

현실 전경

북벽

연도폐쇄석

[출토유물]

1

2

3

4

0   10cm[¼]

보령 명천동유적(1995) 保寧 鳴川洞遺蹟

조사사유	충남지역 문화유적 현황 조사의 일환으로 실시한 학술발굴조사
조사연혁	발굴조사 : 1995. 11. ~ 12.(公州大學校博物館)
유적위치	충청남도 보령시 명천동 55-1번지 일원
	경·위도 36°20′59.77″E / 126°36′59.65″N
유적입지	고분군이 위치한 지역은 낮은 야산 구릉으로서 이곳은 차령산맥의 남쪽 줄기에서 서향 사면 말단부에 해당한다. 동단부에 옥마산(해발 601m)이 자리하고 이 산릉에서 서쪽으로 여러 갈래의 능선이 있는데 고분군이 위치한 산릉은 약 1.5km 정도의 길이로 동서 방향으로 전개된 곳이다. 이 구릉은 해발 80~200m 정도이며, 서쪽 지역은 평야가 넓게 전개되고, 남쪽과 북쪽은 작은 지맥이 흐르고 있다.

유구현황	초기철기시대	-
	원삼국시대	-
	삼 국 시 대	석실묘(9)
	기 타	조선시대 토광묘(3) · 수혈유구(1) · 도기요(2)

주요유물	관고리, 관정
시대·성격	명천동에서 백제 고분 15기 정도가 확인되었으나 이들은 대부분 도굴되었다. 도굴된 고분이지만 밀집되어 조성된 9기의 고분을 선정하여 조사를 실시하였다. 조사된 고분의 유형은 횡혈식 석실묘이며, 모두 남향의 경사면에 장축을 맞춰 경사의 하단쪽으로 입구와 연도를 시설하고 있다. 모두 할석이나 괴석으로 축조한 것들이다. 9기의 고분은 경사방향에 따라 아래 위의 2열로 배치되어 있는데 정형적 배치는 아니지만 서로 일정한 간격은 유지하고 있다. 더불어 조사된 고분의 규모도 3·6·9호석실묘는 상대적으로 규모가 작지만 나머지 앞의 고분과 비교하면 규모가 큰 편에 속한다. 조성방식은 자연퇴적토인 자갈과 잡석이 포함된 지반을 경사면에 따라 'ㄴ'자 형태로 굴착하고 경사방향의 아래로 묘실의 입구와 연도가 향하게 하였다. 일부 고분은 주체부가 지상으로 올라오고 이를 덮기 위하여 봉분 형상의 성토가 남아있다. 묘실 조성에 사용한 석재는 주변에서 많이 발견되는 괴석을 사용하였는데 정교하게 다듬은 것은 없고 대강 손질을 거친 후 그대로 이용한 것이 대부분이다.
참고문헌	公州大學校 博物館, 1996,『保寧 鳴川洞 百濟古墳群』.

1호 석실묘

(단위 : cm)

봉토	크 기 (길이×너비×높이)	?	묘광	크 기 (길이×너비×깊이)	492×270×(175+)
	평면형태	?		장폭비	1.82:1
현실	크 기 (길이×너비×높이)	250×250×(175+)		천장형태	궁륭
	장폭비	1.00:1		연도위치	중앙
연도	크 기 (길이×너비×높이)	239×81×105		묘도크기 (길이×너비)	?
	장폭비	2.95:1		배수시설 (길이×너비×깊이)	-
시상/관대크기 (길이×너비×높이)		?	두 향		?
장축방향		N-15°-E	벽석종류		할석
유물	토 기	시루(1)			
	철 기	관정(38)			
	청동기	-			
	옥석류	-			
	기 타	-			
특기사항		해발고도 미기술.			

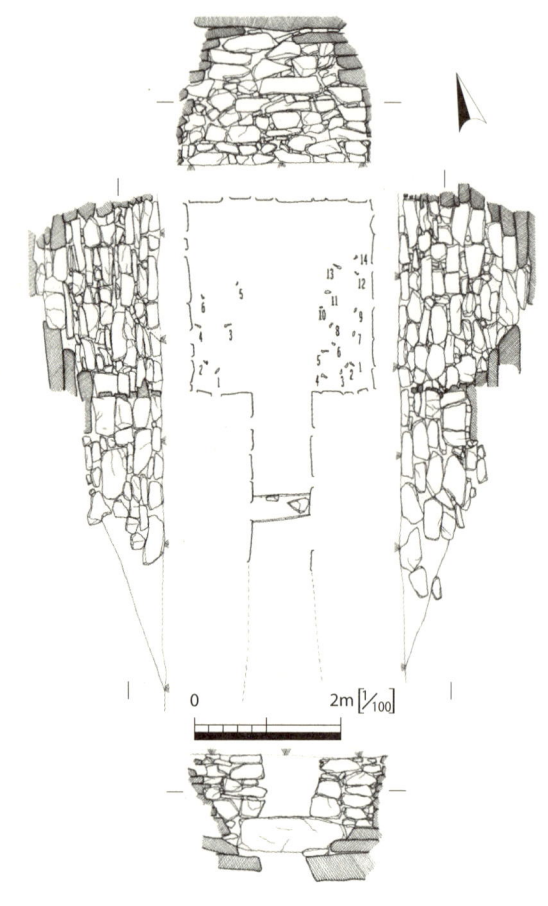

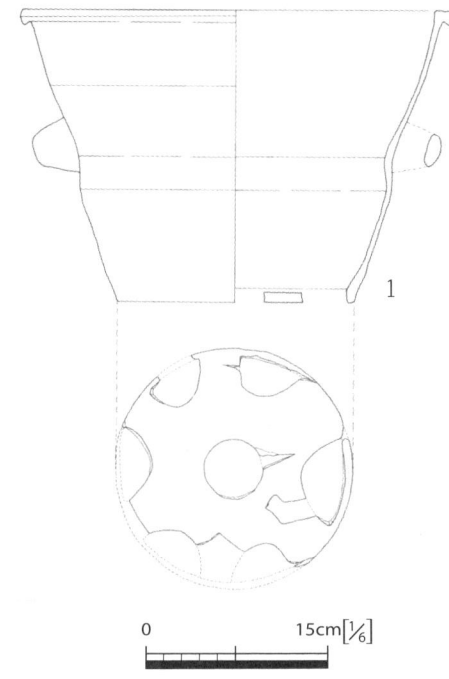

1

0   15cm[1/6]

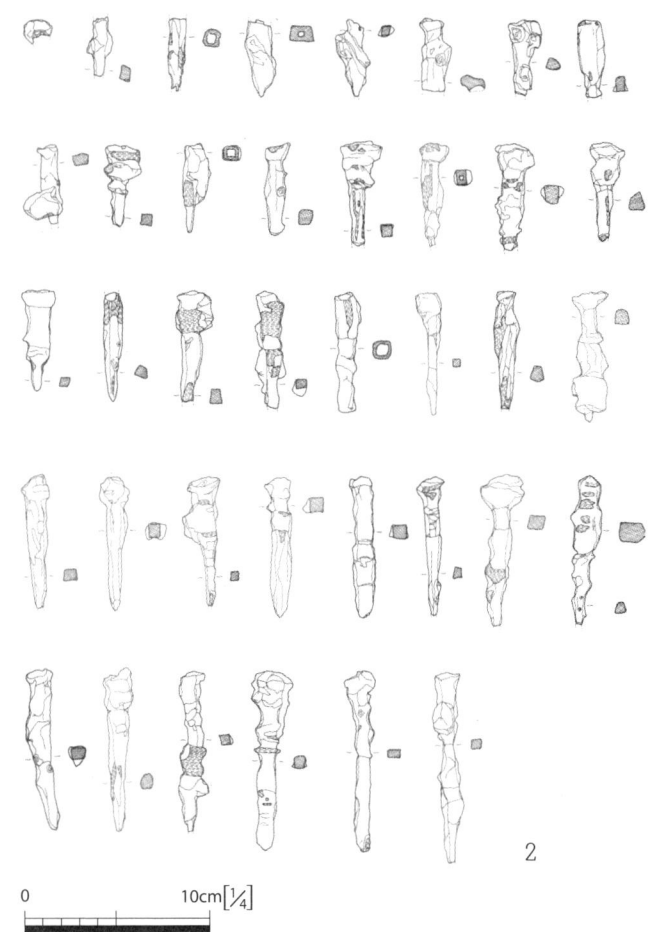

2

0   10cm[1/4]

541

2호 석실묘

(단위 : cm)

봉토	크 기 (길이×너비×높이)	700×700×(143+)	묘광	크 기 (길이×너비×깊이)	?
	평면형태	원형		장폭비	?
현실	크 기 (길이×너비×높이)	245×240×(140+)		천장형태	고임
	장폭비	1.02:1		연도위치	중앙
연도	크 기 (길이×너비×높이)	260×73×74		묘도크기 (길이×너비)	(430)×(72)
	장폭비	3.56:1		배수시설 (길이×너비×깊이)	205×50×?
시상/관대크기 (길이×너비×높이)		?		두 향	?
장축방향		N-3°-E		벽석종류	할석
유물	토 기	–			
	철 기	관정(3)			
	청동기	–			
	옥석류	–			
	기 타	–			
특기사항					

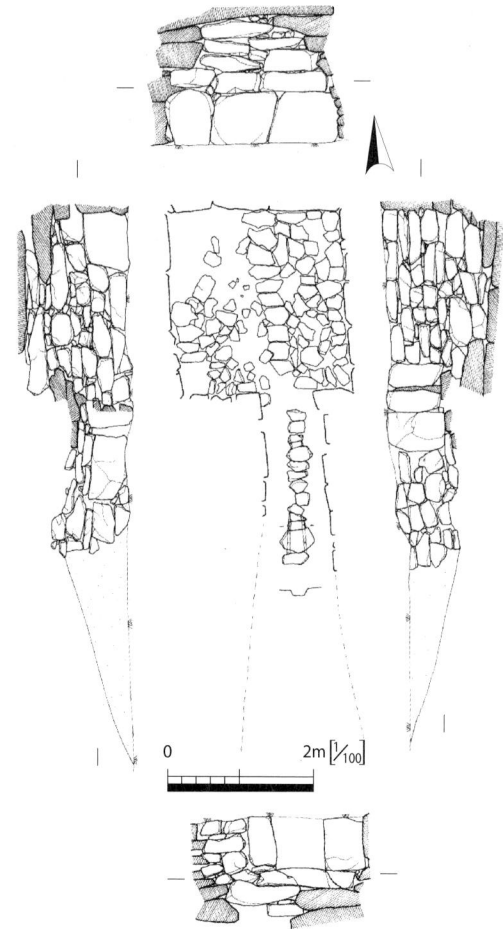

[유구사진]

[출토유물]

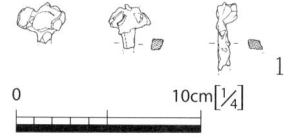

3호 석실묘

(단위 : cm)

봉토	크 기 (길이×너비×높이)	?	묘광	크 기 (길이×너비×깊이)	490×158×(90+)
	평면형태	?		장폭비	3.10:1
현실	크 기 (길이×너비×높이)	(270+)×(102+)×(90+)		천장형태	(평)
	장폭비	?		연도위치	좌편재
연도	크 기 (길이×너비×높이)	?		묘도크기 (길이×너비)	?
	장폭비	?		배수시설 (길이×너비×깊이)	?
시상/관대크기 (길이×너비×높이)		?		두 향	?
장축방향		N-1°-E		벽석종류	할석
유물	토 기	–			
	철 기	관정(1)			
	청동기	–			
	옥석류	–			
	기 타	–			
특기사항		해발고도 미기술. 횡혈식 석실로 보고되었으나 파괴가 심하여 정확한 구조는 알 수 없음.			

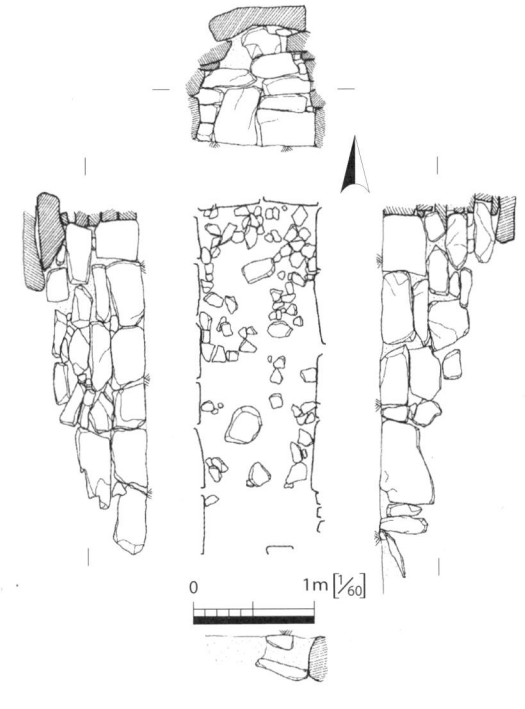

0   1m [1/60]

[유구사진]

[출토유물]

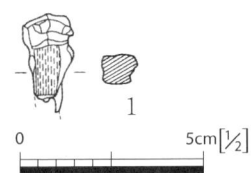

1

0   5cm [1/2]

4호 석실묘

(단위 : cm)

봉토	크 기 (길이×너비×높이)	?	묘광	크 기 (길이×너비×깊이)	?
	평면형태	?		장폭비	?
현실	크 기 (길이×너비×높이)	238×180×(115+)		천장형태	고임
	장폭비	1.32:1		연도위치	중앙
연도	크 기 (길이×너비×높이)	104×(72)×66		묘도크기 (길이×너비)	?
	장폭비	(1.44):1		배수시설 (길이×너비×깊이)	-
시상/관대크기 (길이×너비×높이)		?		두 향	?
장축방향		N-1°-E		벽석종류	할석
유물	토 기	-			
	철 기	-			
	청 동 기	-			
	옥석류	-			
	기 타	-			
특기사항		출토유물 없음. 해발고도 미기술.			

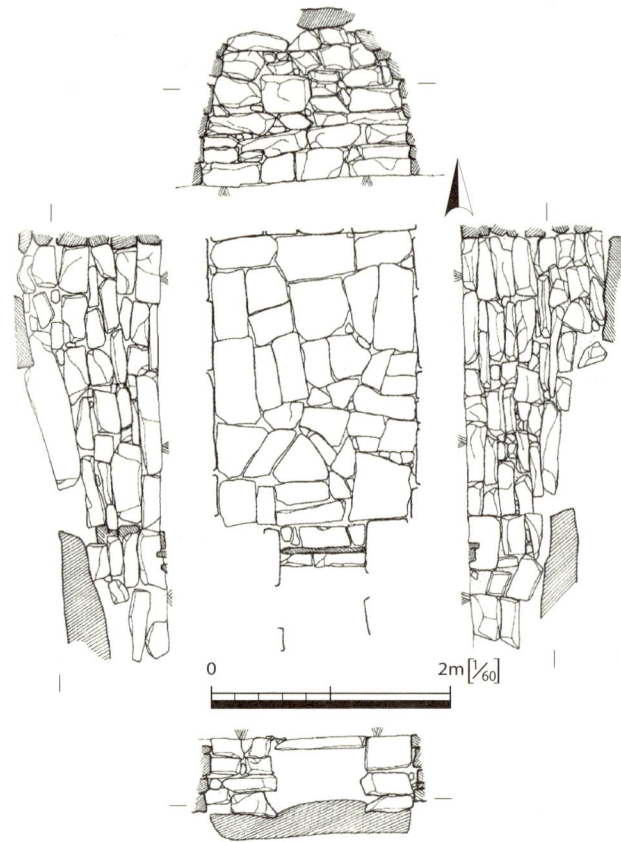

[유구사진]

5호 석실묘

(단위 : cm)

봉토	크 기 (길이×너비×높이)	?	묘광	크 기 (길이×너비×깊이)	?
	평면형태	?		장폭비	?
현실	크 기 (길이×너비×높이)	295×195×(137+)		천장형태	?
	장폭비	1.51:1		연도위치	중앙
연도	크 기 (길이×너비×높이)	300×105×(85+)		묘도크기 (길이×너비)	?
	장폭비	2.85:1		배수시설 (길이×너비×깊이)	-
시상/관대크기 (길이×너비×높이)		?	두 향		?
장축방향		N-8°-E	벽석종류		할석
유물	토 기		-		
	철 기	관정(3)			
	청 동 기		-		
	옥 석 류		-		
	기 타		-		
특기사항		해발고도 미기술.			

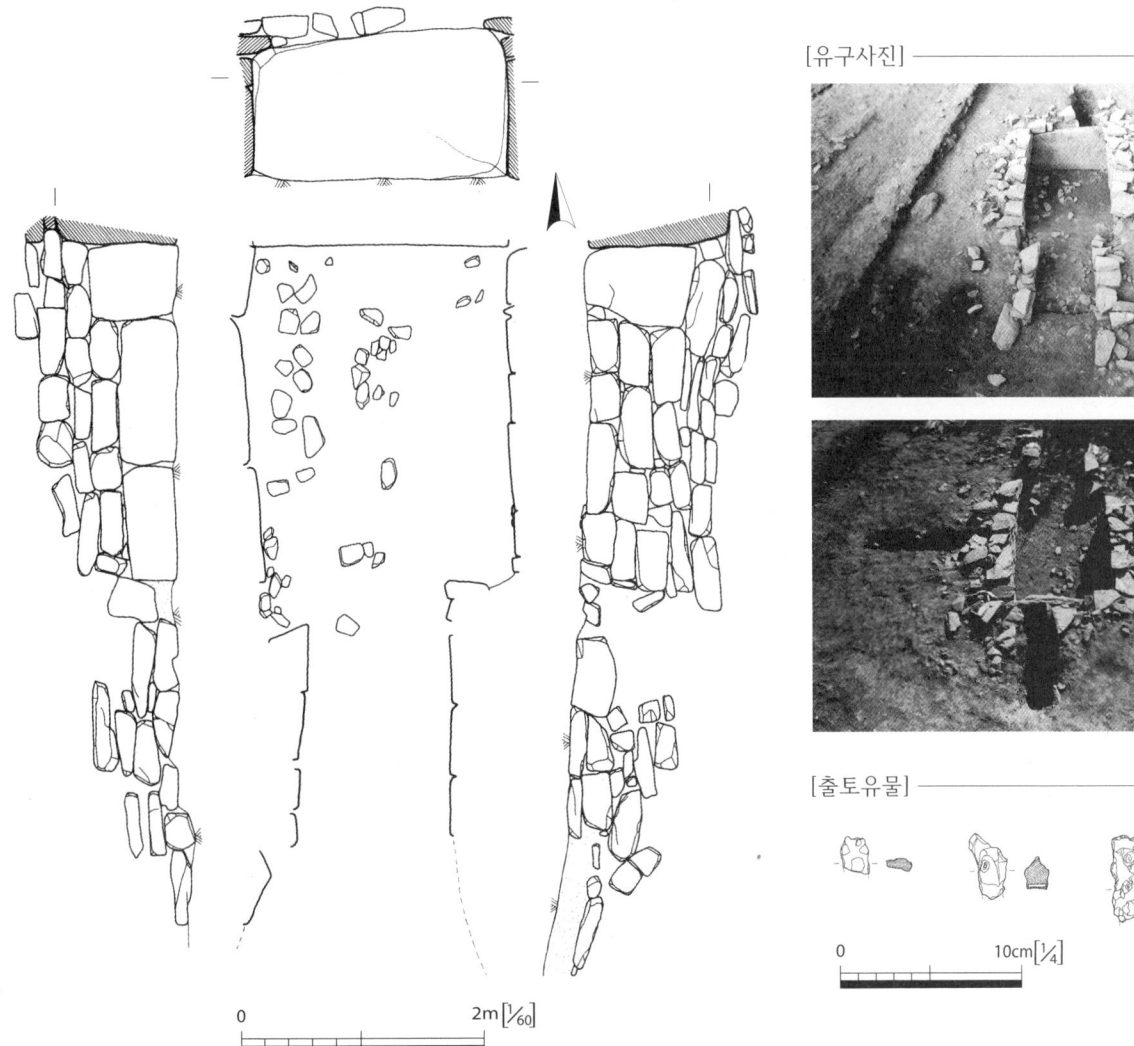

[유구사진]

[출토유물]

0   10cm[¼]

1

0   2m[¹⁄₆₀]

6호 석실묘

(단위 : cm)

봉토	크 기 (길이×너비×높이)	?	묘광	크 기 (길이×너비×깊이)	456×241×(124+)	
	평면형태	?		장폭비	1.89:1	
현실	크 기 (길이×너비×높이)	250×130×(108+)		천장형태	고임	
	장폭비	1.92:1		연도위치	우편재	
연도	크 기 (길이×너비×높이)	162×(78)×(60+)		묘도크기 (길이×너비)	?	
	장폭비	(2.08):1		배수시설 (길이×너비×깊이)	-	
시상/관대크기 (길이×너비×높이)		?	두 향		?	
장축방향		N-29°-E	벽석종류		할석	
유물	토 기	-				
	철 기	관정(1)				
	청 동 기	-				
	옥 석 류	-				
	기 타	-				
특기사항		해발고도 미기술.				

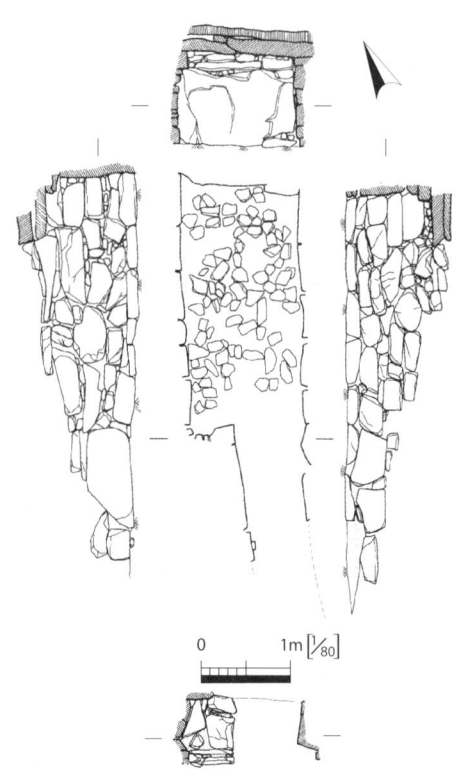

[유구사진]

[출토유물]

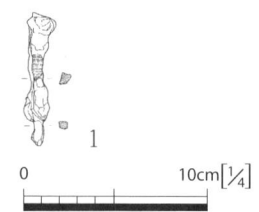

1

7호 석실묘

(단위 : cm)

봉토	크 기 (길이×너비×높이)	?	묘광	크 기 (길이×너비×깊이)	712×645×(214+)
	평면형태	?		장폭비	1.10:1
현실	크 기 (길이×너비×높이)	240×200×(120+)		천장형태	고임
	장폭비	1.20:1		연도위치	(중앙)
연도	크 기 (길이×너비×높이)	172×80×(90+)		묘도크기 (길이×너비)	?
	장폭비	2.15:1		배수시설 (길이×너비×깊이)	(419)×(32)×?
시상/관대크기 (길이×너비×높이)		?	두 향		?
장축방향		N-25°-E	벽석종류		할석
유물	토 기	-			
	철 기	관정(4)			
	청 동 기	-			
	옥 석 류	-			
	기 타	-			
특기사항					

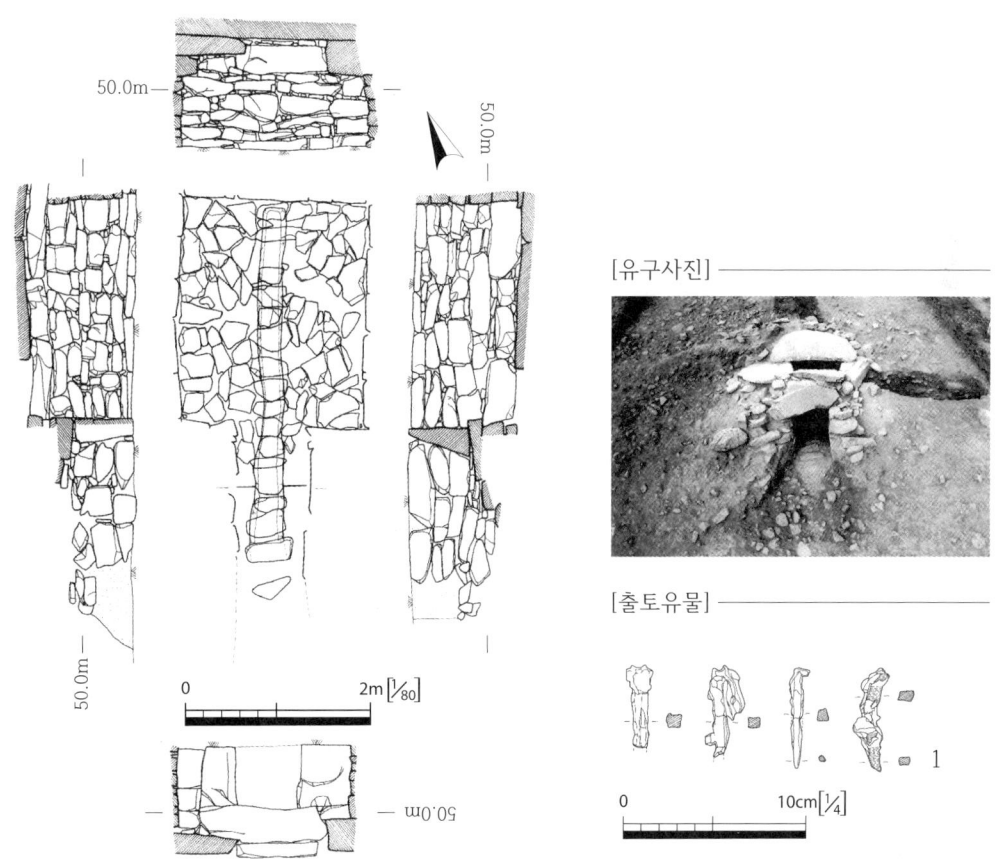

[유구사진]

[출토유물]

8호 석실묘

(단위 : cm)

봉토	크 기 (길이×너비×높이)	800×800×?	묘광	크 기 (길이×너비×깊이)	?
	평면형태	원형		장폭비	?
현실	크 기 (길이×너비×높이)	230×190×(147+)		천장형태	고임
	장폭비	1.21:1		연도위치	중앙
연도	크 기 (길이×너비×높이)	198×68×72		묘도크기 (길이×너비)	?
	장폭비	2.91:1		배수시설 (길이×너비×깊이)	(134+)×82×(104+)
	시상/관대크기 (길이×너비×높이)	?		두 향	?
	장축방향	N-12°-E		벽석종류	할석
유물	토 기	-			
	철 기	-			
	청 동 기	-			
	옥 석 류	-			
	기 타	금동제 이식(2)			
	특기사항	해발고도 미기술. 원형의 봉토 호석이 확인됨.			

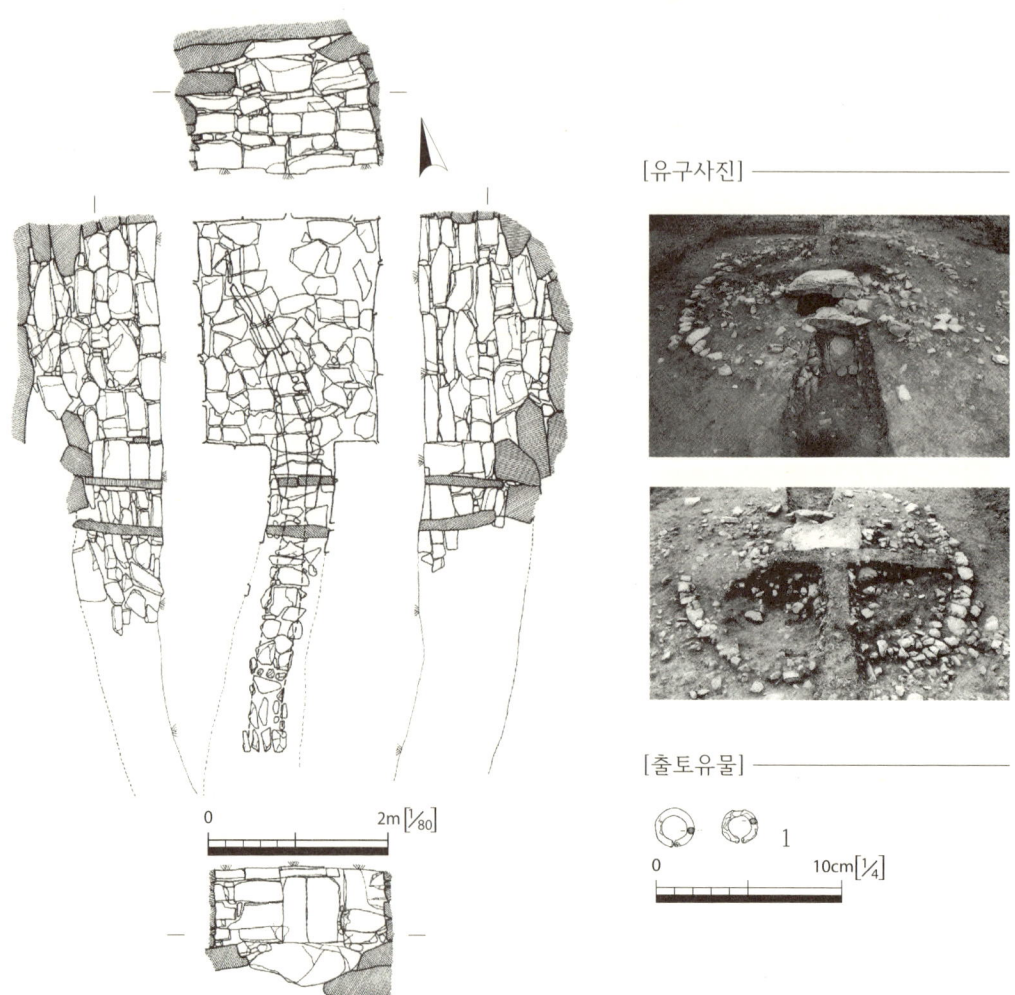

[유구사진]

[출토유물]

0   2m [1/80]

0   10cm [1/4]

1

9호 석실묘

(단위 : cm)

봉토	크 기 (길이×너비×높이)	?	묘광	크 기 (길이×너비×깊이)	476×159×(72+)
	평면형태	?		장폭비	2.99:1
현실	크 기 (길이×너비×높이)	254×94×(74+)		천장형태	고임
	장폭비	2.70:1		연도위치	우편재
연도	크 기 (길이×너비×높이)	(120+)×?×?		묘도크기 (길이×너비)	?
	장폭비	?		배수시설 (길이×너비×깊이)	-
시상/관대크기 (길이×너비×높이)		-		두 향	?
장축방향		N-13°-E		벽석종류	할석
유물	토 기	-			
	철 기	-			
	청 동 기	-			
	옥 석 류	-			
	기 타	-			
특기사항		출토유물 없음. 해발고도 미기술.			

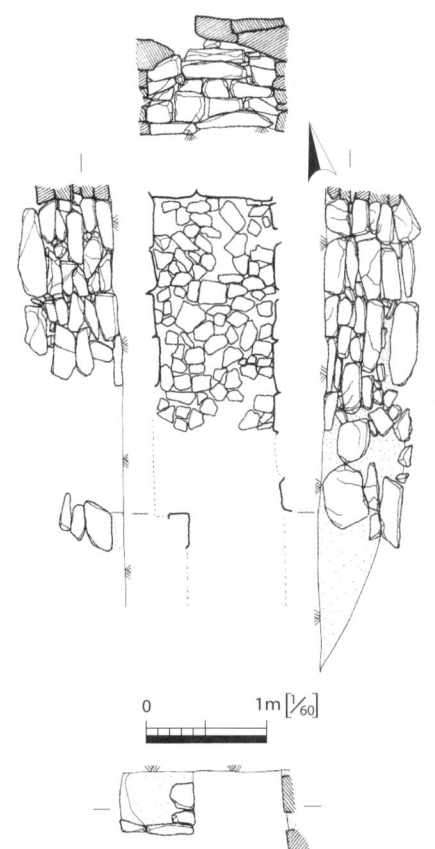

[유구사진]

보령 명천동유적(2005) 保寧 鳴川洞遺蹟

조사사유	보령우회도로 건설공사에 따른 구제발굴조사
조사연혁	지표조사 : 2001. 8. 16. ~ 8. 18.(韓國文化財保護財團) 시굴조사 : 2003. 7. 1. ~ 8. 14.(忠淸文化財硏究院) 발굴조사 : 2005. 6. 7. ~ 11. 23.(忠淸文化財硏究院)
유적위치	충청남도 보령시 명천동 일원
	경·위도 36°20′59.77″E / 126°36′59.65″N
유적입지	조사지역은 보령시의 지형 중 동부산지와 서부 저지대의 경계부인 성태산-문봉산-성주산-옥마산-잔미산-통달산으로 이어지는 주능선에서 주로 성주산(해발 680m)과 옥마산(해발 601.6m) 아래 서쪽 사면 말단부에 해당되며, 유적은 주로 서쪽으로 뻗어 내린 여러 갈래의 가지능선에서 확인된다.

유구현황	초기철기시대	–
	원삼국시대	–
	삼 국 시 대	석실묘(19)
	기 타	조선시대 토광묘(3)·수혈유구(1)·토기요(2)

주요유물	관고리, 관정
시대·성격	명천동에서는 석재를 사용한 횡혈식·횡구식 석실묘이 주로 확인되었으며, 이들 묘제는 각각 축조방법과 구조적 특징에 있어 공통적인 속성과 서로 다른 모습들이 관찰된다. 두 묘제의 공간배치상의 차이는 계층적 또는 시기적인 차이에 의한 것으로 판단된다. 대체로 소형의 횡구식석실묘는 경사면 하단부인 고분군내의 남동쪽에 밀집되어 조성되어 있어 대형의 분묘보다는 낮은 계층의 분묘로 판단되며, 석곽의 구조상 늦은 시기에 해당된다. 반대로 경사면 상부에는 외부에 주구의 설치 등 대형의 분묘들이 위치하고 있어 상대적으로 높은 계층의 분묘로 판단된다. 이들 석실묘는 묘제가 다르지만 축조기법과 형태에서 매우 유사하여 비슷한 시기에 조성된 것으로 판단되며, 규모와 묘제 상에 차이가 있어 서로 간에 위계차가 반영되었을 것으로 추정된다.
참고문헌	忠淸文化財硏究院, 2008, 『保寧 鳴川洞·花山洞 오야골 遺蹟』調査報告 第78輯.

보령 명천동유적 유구배치도

보령 명천동유적 전경

1호 석실묘

(단위 : cm)

봉토	크 기 (길이×너비×높이)	?×800×(50+)	묘광	크 기 (길이×너비×깊이)	315×250×(125+)
	평면형태	원형		장폭비	1.26:1
현실	크 기 (길이×너비×높이)	250×220×145		천장형태	고임
	장폭비	1.10:1		연도위치	중앙
연도	크 기 (길이×너비×높이)	170×70×85		묘도크기 (길이×너비)	420×130
	장폭비	2.43:1		배수시설 (길이×너비×깊이)	(828)×25×(15+)
시상/관대크기 (길이×너비×높이)		-		두 향	?
장축방향		N-0°-S		벽석종류	할석
유물	토 기				
	철 기	관정(31)			
	청동기	-			
	옥석류	-			
	기 타	금동제 이식(2)			
특기사항		(타원형)의 주구[(1,300+)×(200+)×(40+)]가 확인됨.			

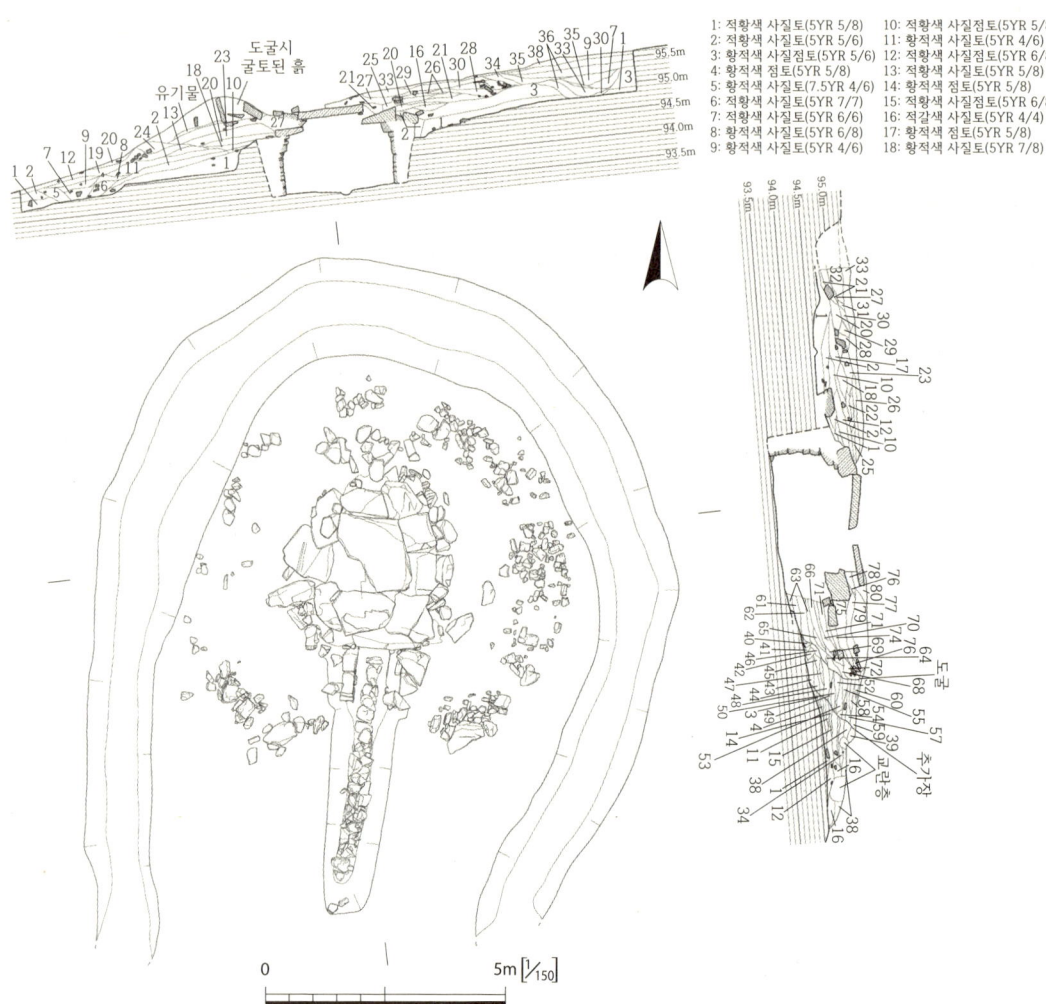

1: 적황색 사질토(5YR 5/8)
2: 적황색 사질토(5YR 5/6)
3: 황적색 사질점토(5YR 5/6)
4: 황적색 사질토(5YR 5/8)
5: 황적색 사질토(7.5YR 4/6)
6: 적황색 사질토(5YR 7/7)
7: 황적색 사질토(5YR 6/8)
8: 황적색 사질토(5YR 6/8)
9: 황적색 사질토(5YR 4/6)
10: 적황색 사질점토(5YR 5/8)
11: 황적색 사질토(5YR 4/6)
12: 적황색 사질토(5YR 6/8)
13: 적황색 점토(5YR 5/8)
14: 황적색 점토(5YR 5/8)
15: 적황색 사질점토(5YR 6/8)
16: 적갈색 사질토(5YR 4/4)
17: 황적색 점토(5YR 5/8)
18: 황적색 사질토(5YR 7/8)
19: 황적색 사질토(5YR 4/6)
20: 적황색 사질토(5YR 5/8)
21: 황적색 사질토(5YR 4/6)
22: 황적색 사질토(5YR 6/6)
23: 황적색 사질토(5YR 6/8)
24: 황적색 사질토(5YR 3/6)
25: 황적색 사질토(5YR 6/6)
26: 적황색 사질토(5YR 6/6)
　　25보다 점성 강함.
27: 적황색 사질점토(5YR 4/6)
28: 적황색 사질토(5YR 5/8)
29: 적황색 사질토(5YR 5/8)
　　28보다 색 진함.
30: 적황색 사질토(5YR 4/6)
31: 적황색 사질토(5YR 5/3)
32: 황적색 사질토(5YR 5/6)
33: 황적색 사질토(5YR 6/8)
34: 적황색 사질토(5YR 5/8)
35: 적갈색 사질토(5YR 4/4)
36: 황적색 사질토(5YR 4/6)
37: 황적색 사질토(5YR 5/6)
38: 적황색 사질토(5YR 6/8)
39: 적황색 사질토(7.5YR 7/6)
40: 황적색 점질토(5YR 4/6)
41: 황적색 점질토(5YR 4/6)
42: 황적색 점질토(5YR 5/6)
43: 황적색 점질토(5YR 5/6)
44: 황적색 점질토(5YR 5/6)
45: 황갈색 사질토(5YR 5/6)
46: 황적색 점질토(5YR 5/6)
47: 황적색 사질토(5YR 5/8)
48: 황적색 사질토(5YR 5/8)
49: 황적색 사질토(5YR 5/8)
50: 황적색 사질토(5YR 5/6)
51: 황적색 사질토(5YR 5/8)
52: 황적색 사질토(5YR 6/8)
53: 황적색 사질토(5YR 6/8)
54: 황적색 사질토(5YR 6/8)
55: 진갈색 사질점토(7.5YR 5/8)
56: 적황색 사질토(7.5YR 6/8)
57: 적황색 사질점토(7.5YR 5/8)
58: 적황색 사질토(5YR 6/8)
59: 황적색 사질토(5YR 5/8)
60: 황적색 사질토(5YR 5/8)
61: 황적색 점토(5YR 4/6)
62: 황적색 점토(5YR 4/6)
　　61보다 점성 약함.
63: 황적색 점토(5YR 5/8)
64: 황적색 사질토(5YR 5/6)
65: 적황색 사질점토(5YR 5/8)
66: 적황색 사질토(5YR 6/8)
67: 황적색 사질점토(5YR 5/8)
68: 황적색 사질토(5YR 4/6)
69: 황적색 사질토(5YR 5/8)
70: 진갈색 점토(7.5YR 5/6)
71: 황적색 점토(5YR 5/8)
72: 황적색 점토(5YR 4/6)
73: 황적색 사질점토(5YR 4/6)
74: 황적색 사질점토(5YR 5/8)
75: 황적색 사질점토(5YR 5/6)
76: 황적색 사질점토(5YR 5/8)
77: 적황색 사질점토(5YR 6/8)
78: 진갈색 사질토(7.5YR 5/8)
79: 진갈색 사질토(7.5YR 5/8)
80: 적황색 사질점토(5YR 6/8)
81: 적황색 사질토(7.5YR 6/6)

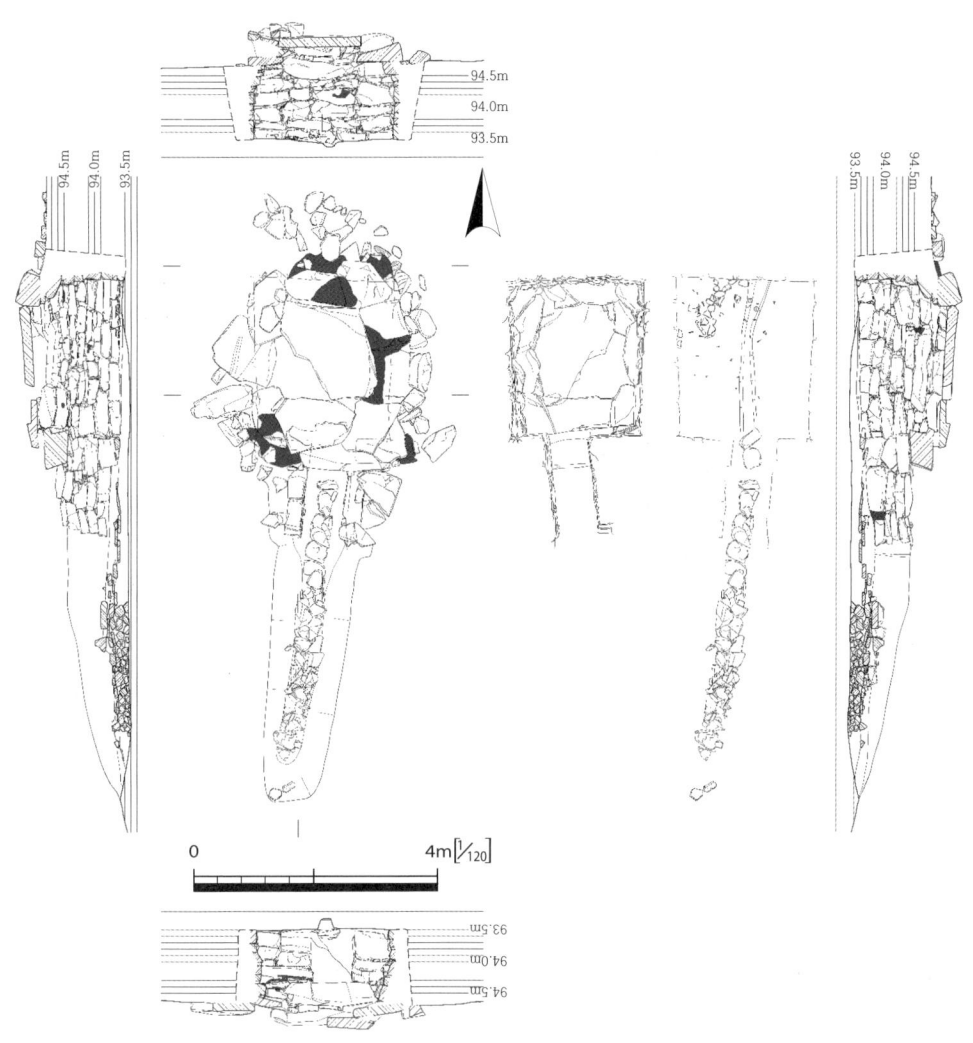

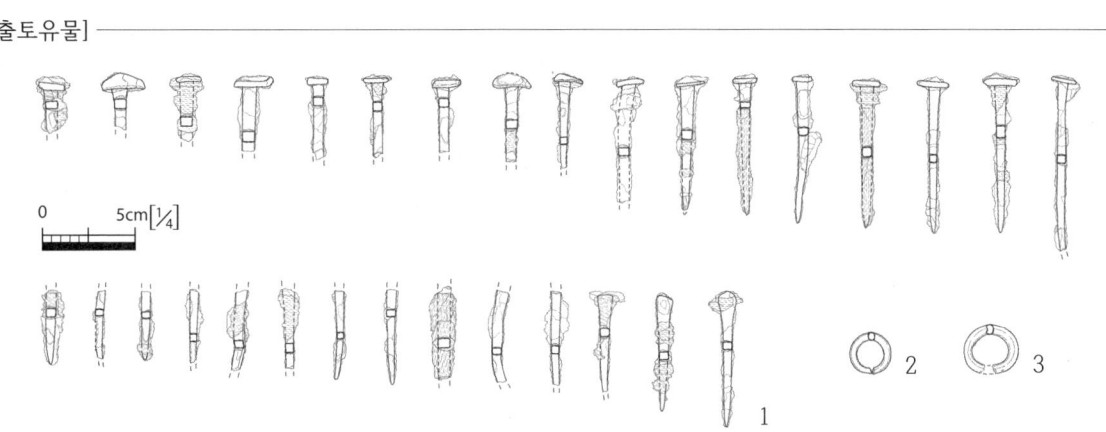

[출토유물]

0   5cm[¼]

1

2   3

2호 석실묘

(단위 : cm)

봉토	크 기 (길이×너비×높이)	(700+)×(700+)×(50+)	묘광	크 기 (길이×너비×깊이)	310×230×(100+)
	평면형태	원형		장폭비	1.61:1
현실	크 기 (길이×너비×높이)	265×145×(112)		천장형태	고임
	장폭비	1.80:1		연도위치	우편재
연도	크 기 (길이×너비×높이)	110×80×(56)		묘도크기 (길이×너비)	(151)×(96)
	장폭비	1.38:1		배수시설 (길이×너비×깊이)	(504)×20×15
시상/관대크기 (길이×너비×높이)		-	두 향		?
장축방향		N-25°-E	벽석종류		할석
유물	토 기	-			
	철 기				
	청동기	-			
	옥석류	-			
	기 타	금동제 이식(1)			
특기사항		(원형)의 주구[(870+)×(170+)×(20+)]가 확인됨.			

1: 밝은 갈색 점토(7.5YR 5/8)
　구지표층
2: 황적색 점토(5YR 5/8)
　작은 자갈 포함
3: 황적색 점토(5YR 4/6), 구지표
4: 황적색 점토(5YR 4/6)
　구지표(유기물 포함)
5: 암갈색 점토(7.5YR 4/6), 구지표
6: 황적색 점토(5YR 4/6)
7: 황적색 점토(5YR 5/8)
8: 황적색 점토(5YR 5/8)
9: 암갈색 점토(7.5YR 5/6)
10: 황적색 점토(5YR 4/8)
　작은 자갈 포함
11: 황적색 점토(5YR 5/6)
12: 황적색 점토(5YR 4/8)
13: 황적색 점토(5YR 5/8)
14: 황적색 점토(5YR 4/6)
15: 황적색 점토(5YR 4/6)
16: 밝은 갈색 점토(7.5YR 5/8)
17: 밝은 갈색 점토(7.5YR 5/6)
　유기물 포함
18: 밝은 갈색 점토(7.5YR 5/8)
19: 황적색 점토(5YR 5/8)
20: 밝은 갈색 점토(7.5YR 5/8)
21: 밝은 갈색 점토(7.5YR 4/6)
22: 밝은 갈색 점토(7.5YR 5/8)
23: 황적색 점토(5YR 4/6)
24: 적색 점토(2.5YR 4/8)
25: 황적색 점토(5YR 5/8)
26: 황적색 점토(5YR 4/6)
27: 암갈색 점토(7.5YR 5/8)
28: 암갈색 점토(7.5YR 5/8)
29: 황적색 점토(5YR 5/8)
30: 황적색 점토(5YR 5/8)
31: 황적색 점토(5YR 4/6)
32: 황적색 점토(5YR 4/6)
33: 황적색 점토(5YR 4/4)
34: 황적색 점토(5YR 4/6)
35: 암갈색 점토(7.5YR 5/6)
36: 적갈색 사질점토+회청색 점질토
37: 명갈색 사질점토(점성이 약함)
38: 갈색 사질점토+소형 할석
39: 적갈색 사질점토
40: 명갈색 사질점토
41: 흑갈색 사질점토
42: 황적색 점토(5YR 4/6)
43: 황적색 점토(5YR 5/8)
44: 암갈색 점토(5YR 4/6)
45: 부식토
46: 부식토

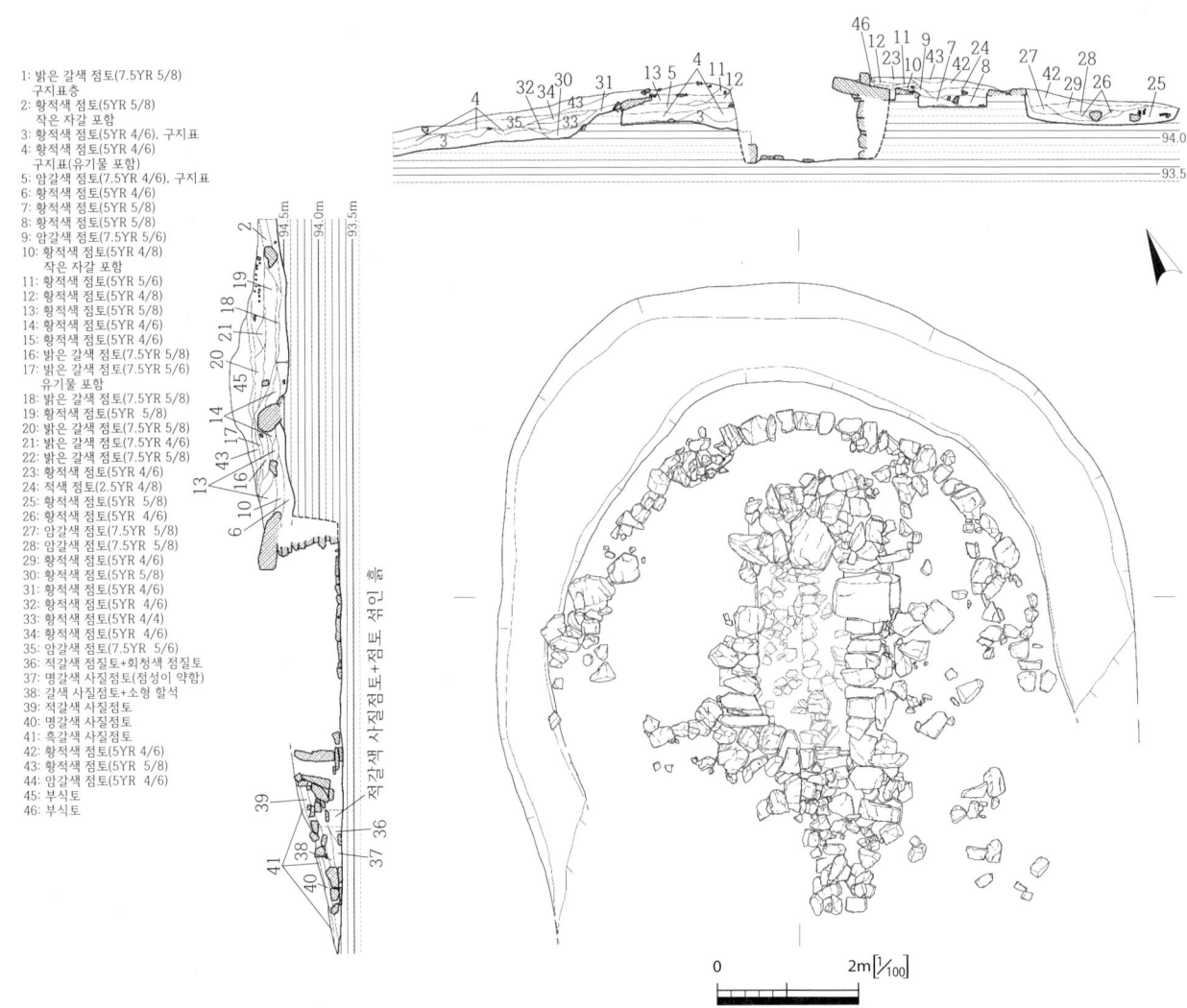

0　　　　　　　　2m [1/100]

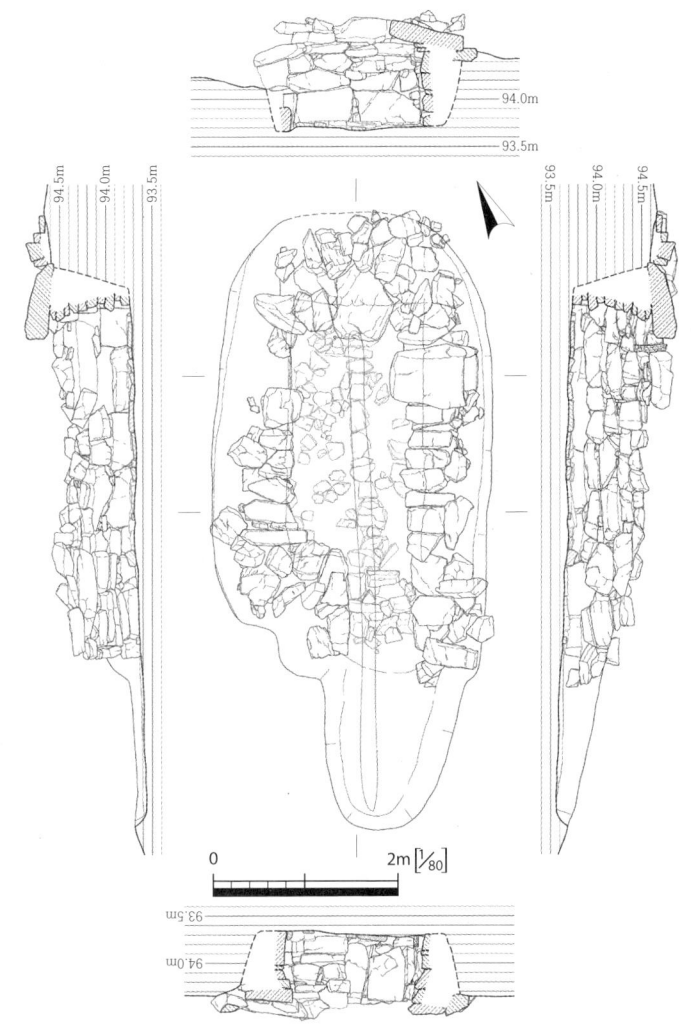

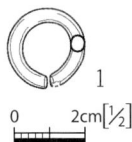

[유구사진]

[출토유물]

1

0 ___ 2cm[½]

3호 석실묘

(단위 : cm)

봉토	크 기 (길이×너비×높이)	?×(560+)×(40+)	묘광	크 기 (길이×너비×깊이)	360×210×(65+)
	평면형태	원형		장폭비	1.71:1
현실	크 기 (길이×너비×높이)	260×100×75		천장형태	조임
	장폭비	1.80:1		횡구부위치	남측 단벽
횡구부	크 기 (길이×너비)	(126)×(110)		묘도크기 (길이×너비)	?
	장폭비	(1.15):1		배수시설 (길이×너비×깊이)	?
시상/관대크기 (길이×너비×높이)		-		두 향	?
장축방향		N-10°-W		벽석종류	할석
유물	토 기	-			
	철 기	관정(2)			
	청동기	-			
	옥석류	-			
	기 타	-			
특기사항		(원형)의 주구[(630+)×(110+)×(20+)]가 확인됨.			

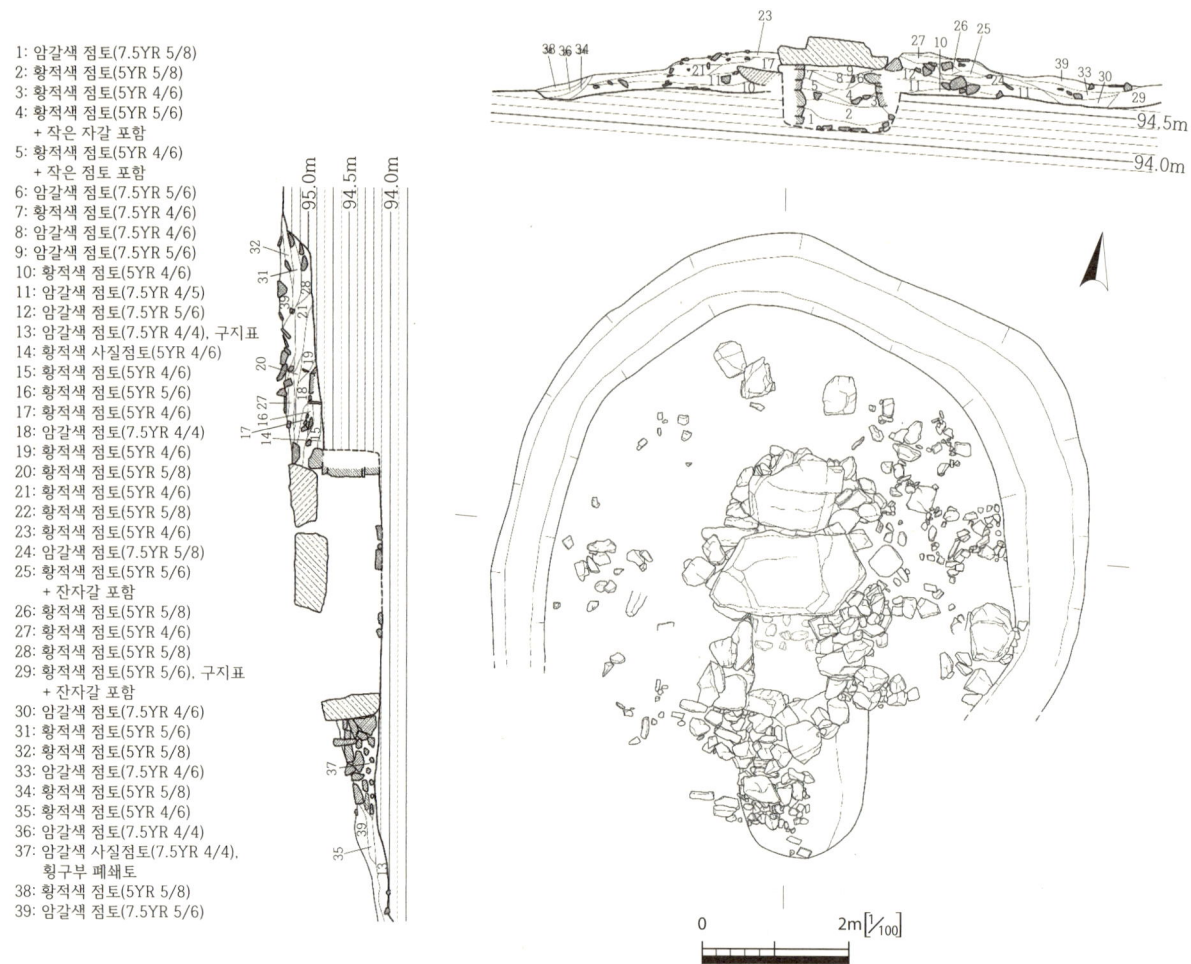

1: 암갈색 점토(7.5YR 5/8)
2: 황적색 점토(5YR 5/8)
3: 황적색 점토(5YR 4/6)
4: 황적색 점토(5YR 5/6)
  + 작은 자갈 포함
5: 황적색 점토(5YR 4/6)
  + 작은 점토 포함
6: 암갈색 점토(7.5YR 5/6)
7: 황적색 점토(5YR 4/6)
8: 암갈색 점토(7.5YR 4/6)
9: 암갈색 점토(7.5YR 5/6)
10: 황적색 점토(5YR 4/6)
11: 암갈색 점토(7.5YR 4/5)
12: 암갈색 점토(7.5YR 5/6)
13: 암갈색 점토(7.5YR 4/4), 구지표
14: 황적색 사질점토(5YR 4/6)
15: 황적색 점토(5YR 4/6)
16: 황적색 점토(5YR 5/6)
17: 황적색 점토(5YR 4/6)
18: 암갈색 점토(7.5YR 4/4)
19: 황적색 점토(5YR 4/6)
20: 황적색 점토(5YR 5/8)
21: 황적색 점토(5YR 5/8)
22: 황적색 점토(5YR 5/8)
23: 황적색 점토(5YR 4/6)
24: 암갈색 점토(7.5YR 5/8)
25: 황적색 점토(5YR 5/6)
  + 잔자갈 포함
26: 황적색 점토(5YR 5/8)
27: 황적색 점토(5YR 5/8)
28: 황적색 점토(5YR 5/8)
29: 황적색 점토(5YR 5/6), 구지표
  + 잔자갈 포함
30: 암갈색 점토(7.5YR 4/6)
31: 황적색 점토(5YR 5/6)
32: 황적색 점토(5YR 5/8)
33: 암갈색 점토(5YR 4/6)
34: 황적색 점토(5YR 5/8)
35: 황적색 점토(5YR 4/6)
36: 암갈색 점토(7.5YR 4/4)
37: 암갈색 사질점토(7.5YR 4/4),
  횡구부 폐쇄토
38: 황적색 점토(5YR 5/8)
39: 암갈색 점토(7.5YR 5/6)

94.5m
94.0m

95.0m
94.5m
94.0m

0   2m[1/100]

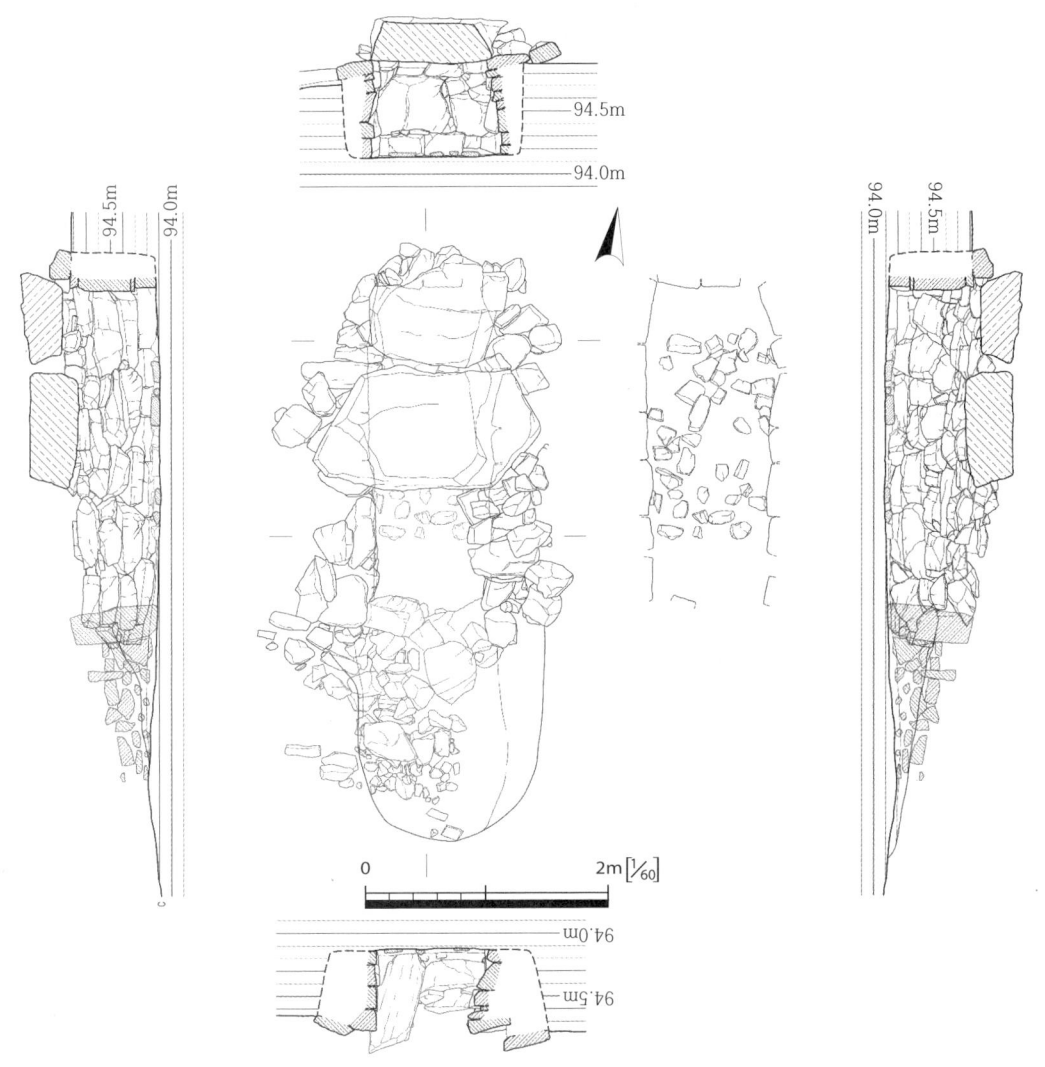

0   2m[1/60]

[유구사진]

[출토유물]

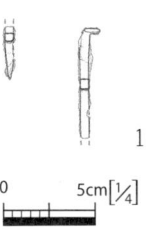

1

0   5cm[1/4]

4호 석실묘

(단위 : cm)

봉토	**크 기** (길이×너비×높이)	750×750×(50+)	**묘광**	**크 기** (길이×너비×깊이)	320×250×(125+)
	평면형태	원형		**장폭비**	1.28:1
현실	**크 기** (길이×너비×높이)	260×225×167		**천장형태**	고임
	장폭비	1.15:1		**연도위치**	(중앙)
연도	**크 기** (길이×너비×높이)	(136)×75×75		**묘도크기** (길이×너비)	?
	장폭비	(1.81):1		**배수시설** (길이×너비×깊이)	-
시상/관대크기 (길이×너비×높이)		-		**두 향**	?
장축방향		N-15°-E		**벽석종류**	할석
유물	**토 기**				
	철 기	관정(6)			
	청동기		-		
	옥석류		-		
	기 타		-		
특기사항		(반원형)의 주구[(1,219+)×(200+)×(40+)]가 확인됨.			

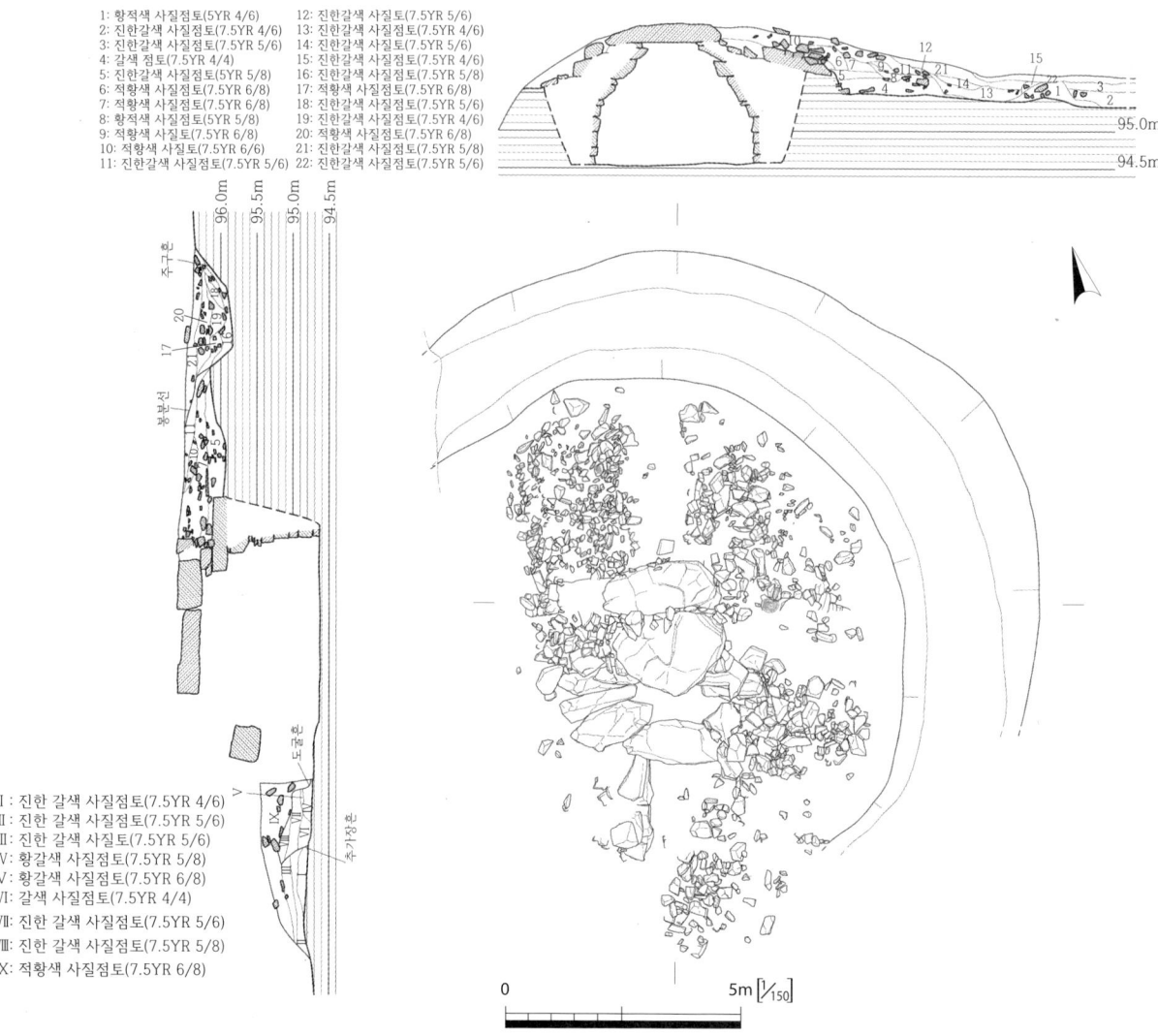

1: 황적색 사질점토(5YR 4/6)
2: 진한갈색 사질점토(7.5YR 4/6)
3: 진한갈색 사질점토(7.5YR 5/6)
4: 갈색 점토(7.5YR 4/4)
5: 진한갈색 사질점토(5YR 5/8)
6: 적황색 사질점토(7.5YR 6/8)
7: 적황색 사질점토(7.5YR 6/8)
8: 황적색 사질점토(5YR 5/8)
9: 적황색 사질점토(7.5YR 6/8)
10: 적황색 사질점토(7.5YR 6/6)
11: 진한갈색 사질점토(7.5YR 5/6)

12: 진한갈색 사질점토(7.5YR 5/6)
13: 진한갈색 사질점토(7.5YR 4/6)
14: 진한갈색 사질점토(7.5YR 5/6)
15: 진한갈색 사질점토(7.5YR 4/6)
16: 진한갈색 사질점토(7.5YR 5/6)
17: 적황색 사질점토(7.5YR 6/8)
18: 진한갈색 사질점토(7.5YR 5/6)
19: 진한갈색 사질점토(7.5YR 4/6)
20: 적황색 사질점토(7.5YR 6/8)
21: 진한갈색 사질점토(7.5YR 5/8)
22: 진한갈색 사질점토(7.5YR 5/6)

Ⅰ: 진한 갈색 사질점토(7.5YR 4/6)
Ⅱ: 진한 갈색 사질점토(7.5YR 5/6)
Ⅲ: 진한 갈색 사질점토(7.5YR 5/6)
Ⅳ: 황갈색 사질점토(7.5YR 5/8)
Ⅴ: 황갈색 사질점토(7.5YR 6/8)
Ⅵ: 갈색 사질점토(7.5YR 4/4)
Ⅶ: 진한 갈색 사질점토(7.5YR 5/6)
Ⅷ: 진한 갈색 사질점토(7.5YR 5/8)
Ⅸ: 적황색 사질점토(7.5YR 6/8)

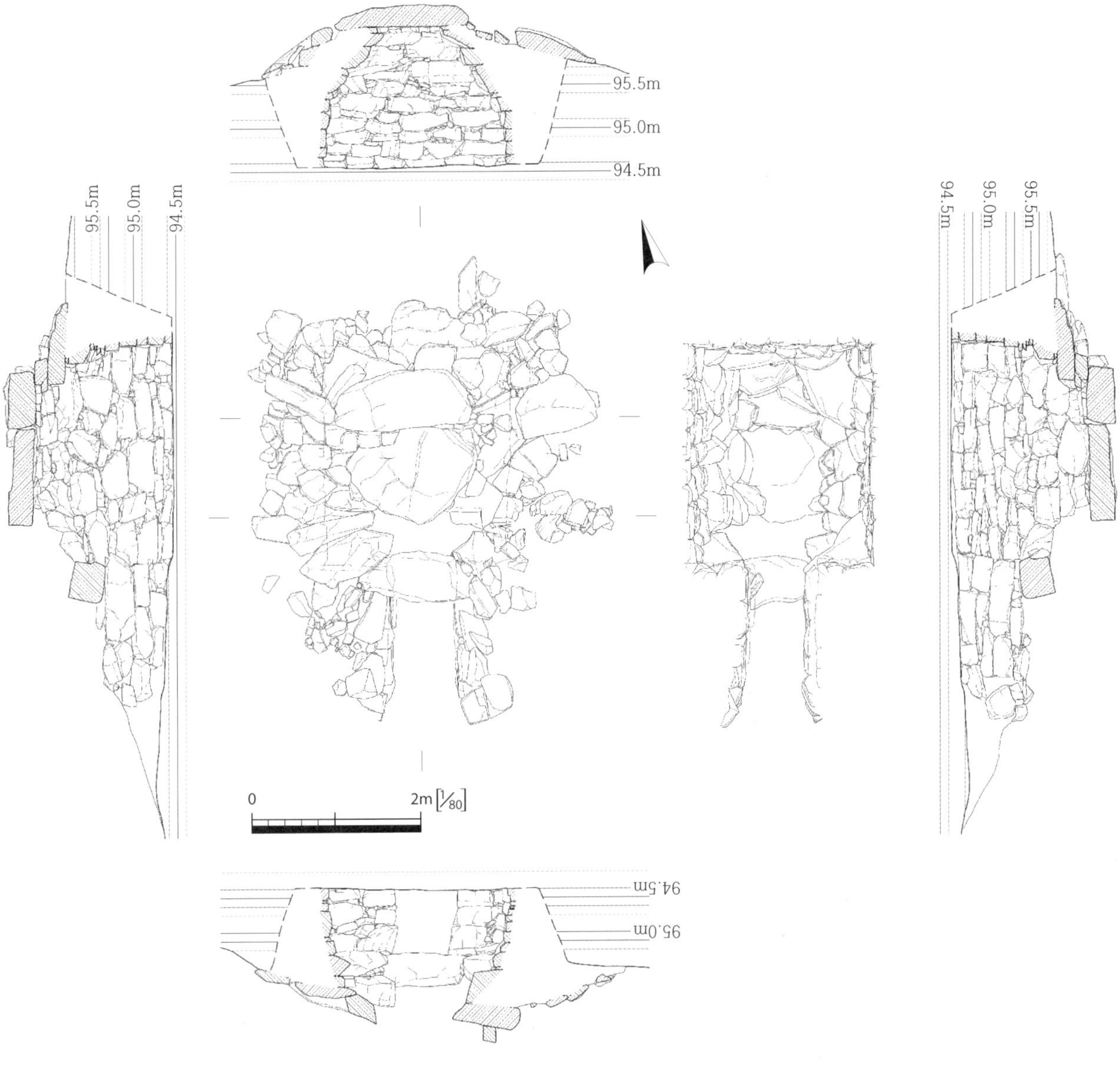

95.5m
95.0m
94.5m

95.5m
95.0m
94.5m

94.5m
95.0m
95.5m

94.5m
95.0m

0　　　　　2m [1/80]

[유구사진]

[출토유물]

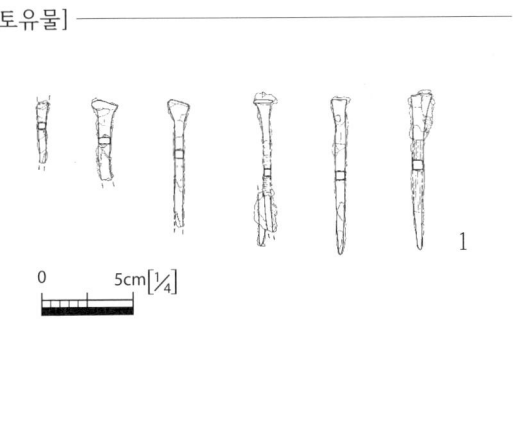

1

0　　　5cm [1/4]

5호 석실묘

(단위 : cm)

봉토	크 기 (길이×너비×높이)	?	묘광	크 기 (길이×너비×깊이)	330×185×(60+)
	평면형태	?		장폭비	1.78:1
현실	크 기 (길이×너비×높이)	276×80×(65+)		천장형태	?
	장폭비	3.45:1		횡구부위치	남측 단벽
횡구부	크 기 (길이×너비)	(42)×(72)		묘도크기 (길이×너비)	-
	장폭비	(0.58):1		배수시설 (길이×너비×깊이)	-
시상/관대크기 (길이×너비×높이)		-		두 향	?
장축방향		N-0°-S		벽석종류	할석
유물	토 기	-			
	철 기	-			
	청 동 기	-			
	옥 석 류	-			
	기 타	-			
특기사항		출토유물 없음. 횡구식 석실로 보고하였으나 파괴가 심하여 정확한 구조는 알 수 없음.			

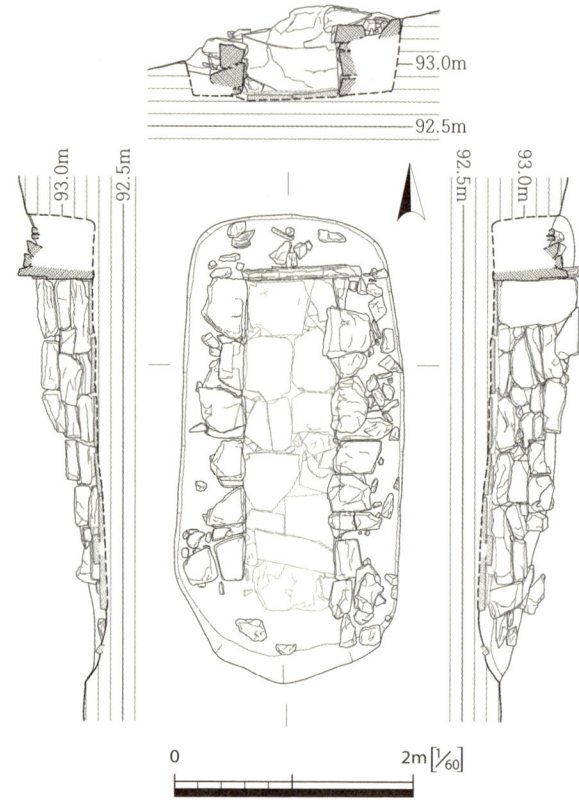

0　　　　　　　　　2m[1/60]

[유구사진]

6호 석실묘

(단위 : cm)

봉토	크 기 (길이×너비×높이)	?	묘광	크 기 (길이×너비×깊이)	320×237×(70+)
	평면형태	?		장폭비	1.35:1
현실	크 기 (길이×너비×높이)	215×115×(63+)		천장형태	?
	장폭비	1.87:1		연도위치	중앙
연도	크 기 (길이×너비×높이)	(40)×(58)×(30+)		묘도크기 (길이×너비)	(165)×(105)
	장폭비	(0.69):1		배수시설 (길이×너비×깊이)	-
시상/관대크기 (길이×너비×높이)		-		두 향	?
장축방향		N-5°-W		벽석종류	할석
유물	토 기	-			
	철 기	-			
	청 동 기	-			
	옥 석 류	-			
	기 타	-			
특기사항		출토유물 없음.			

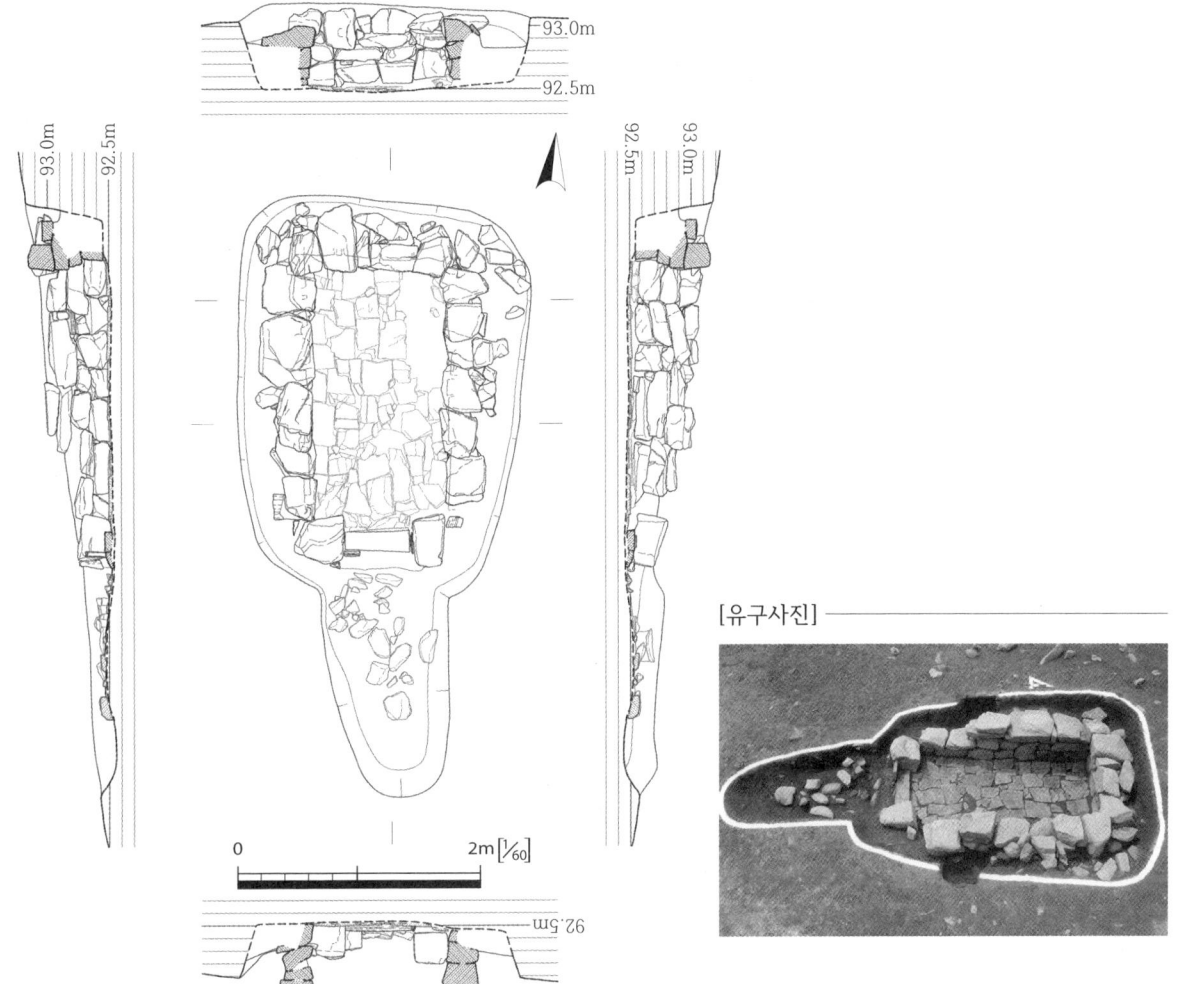

[유구사진]

7호 석실묘

(단위 : cm)

봉토	크 기 (길이×너비×높이)	?	묘광	크 기 (길이×너비×깊이)	340×220×(65+)
	평면형태	?		장폭비	1.54:1
현실	크 기 (길이×너비×높이)	220×75×72		천장형태	고임
	장폭비	2.90:1		횡구부위치	남측 단벽
횡구부	크 기 (길이×너비)	(110)×(66)		묘도크기 (길이×너비)	?
	장폭비	(1.66):1		배수시설 (길이×너비×깊이)	-
시상/관대크기 (길이×너비×높이)		-		두 향	?
장축방향		N-18°-E		벽석종류	할석
유물	토 기	-			
	철 기	-			
	청동기	-			
	옥석류	-			
	기 타	-			
특기사항		출토유물 없음. 반원형 주구[(720+)×(36+)×(15+)]가 확인됨.			

Ⅰ: 암갈색 사질점토(10YR 4/3) Ⅶ: 적갈색 사질점토(7.5YR 3/4) 　1. 황적색 점토(5YR 4/6)　 7. 암갈색 점토(7.5YR 4/6)
Ⅱ: 갈색 사질점토(10YR 4/4) Ⅷ: 밝은 적갈색 사질점토(7.5YR 4/6) 2. 적갈색 점토(5YR 4/4)　 8. 황적색 점토(5YR 4/6)
Ⅲ: 적갈색 사질점토(7.5YR 4/3) Ⅸ: 어두운 적갈색 사질점토(7.5YR 4/3) 3. 암갈색 점토(7.5YR 4/6)　 9. 적갈색 점토(5YR 4/4)
Ⅳ: 적갈색 사질점토(7.5YR 3/3) Ⅹ: 적갈색 사질점토(7.5YR 4/3) 4. 갈색 점토(7.5YR 4/4)　 10. 황적색 점토(5YR 5/6)
Ⅴ: 적갈색 사질점토(7.5YR 4/4) Ⅺ: 적갈색 사질점토(7.5YR 3/4) 5. 황적색 점토(5YR 4/6)　 11. 암갈색 점토(7.5YR 5/6)
Ⅵ: 적갈색 사질점토(7.5YR 4/4) Ⅻ: 적갈색 사질점토(7.5YR 3/4) 6. 황적색 점토(5YR 5/8)　 12. 암갈색 점토(7.5YR 5/6)

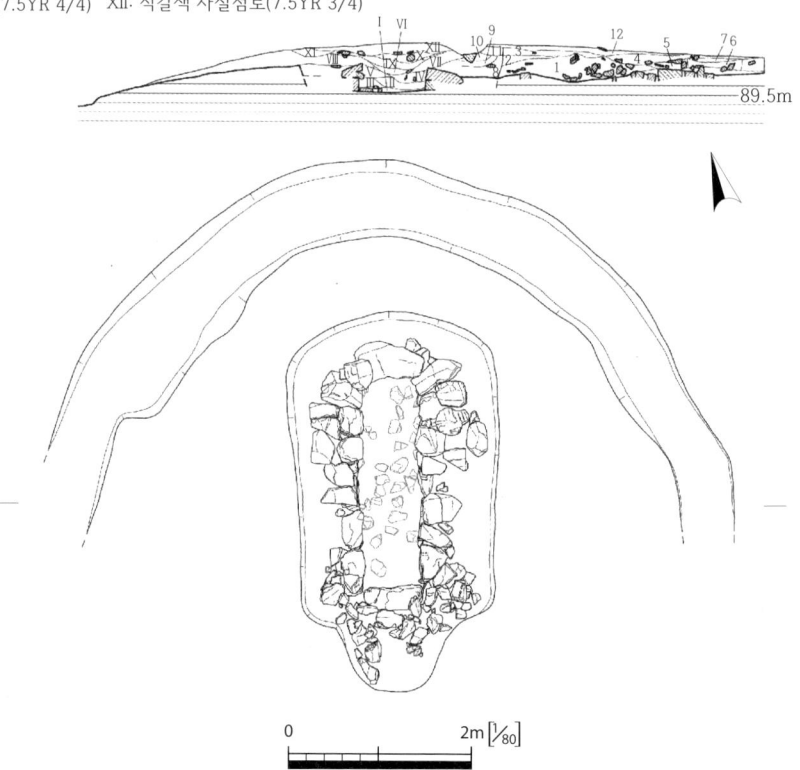

89.5m

0　　　　　　　2m [1/80]

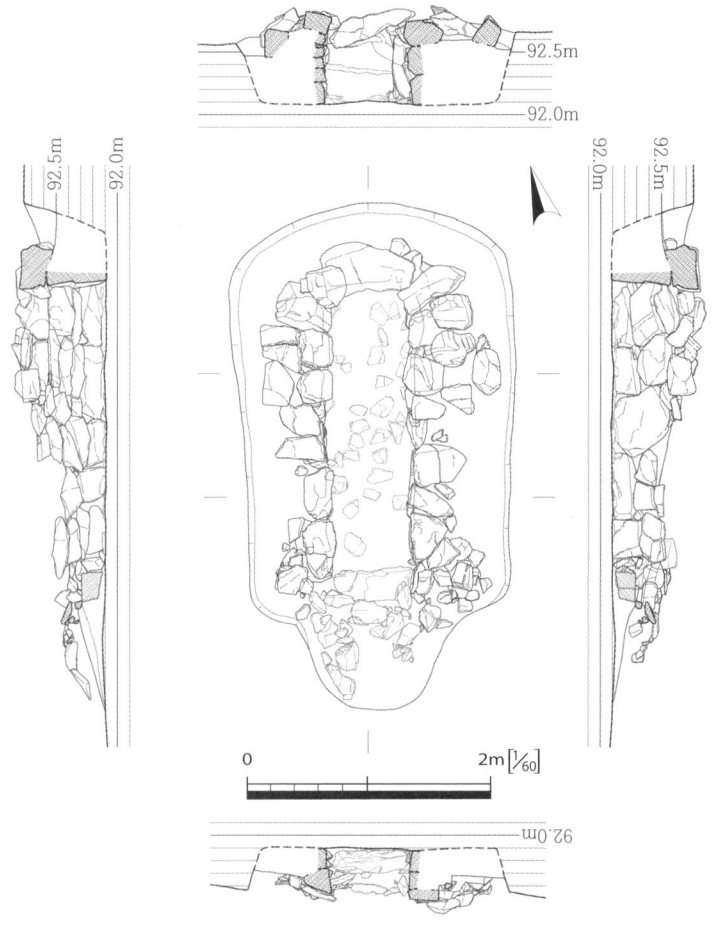

0　　　　　　2m [1/60]

[유구사진]

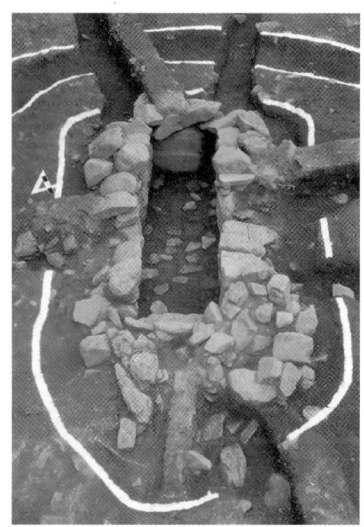

8호 석실묘

(단위 : cm)

봉토	크 기 (길이×너비×높이)	?	묘광	크 기 (길이×너비×깊이)	335×223×(50+)
	평면형태	원형		장 폭 비	1.50:1
현실	크 기 (길이×너비×높이)	170×80×70		천장형태	고임
	장 폭 비	2.13:1		횡구부위치	남측 단벽
횡구부	크 기 (길이×너비)	114×108		묘도크기 (길이×너비)	(48)×(114)
	장 폭 비	1.05:1		배수시설 (길이×너비×깊이)	-
시상/관대크기 (길이×너비×높이)		-		두 향	?
장축방향		N-(6)°-W		벽석종류	할석
유물	토 기	-			
	철 기	-			
	청 동 기	-			
	옥 석 류	-			
	기 타	-			
특기사항		출토유물 없음. 반원형의 주구[(740+)×(50+)×(15+)]가 확인됨.			

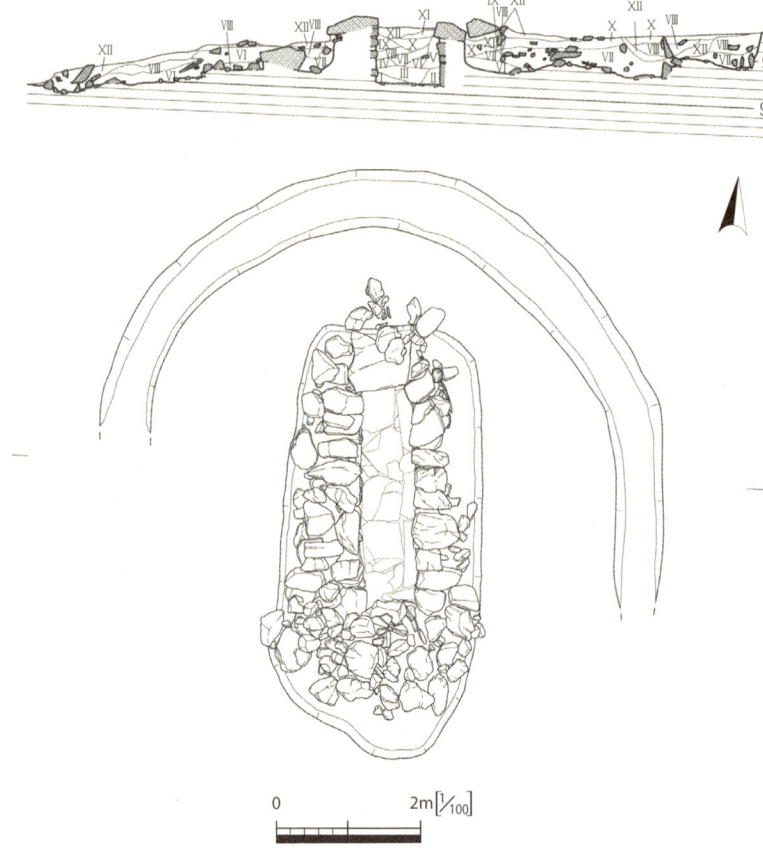

I : 암갈색 사질점토(7.5YR 4/6)
II : 갈색 사질점토(7.5YR 4/4)
III : 암갈색 사질점토(7.5YR 4/6)
    작은 자갈 포함
IV : 암갈색 사질점토(7.5YR 4/6)
V : 적갈색 사질점토(7.5YR 4/4)
VI : 갈색 사질점토(7.5YR 4/4)
VII : 갈색 사질점토(7.5YR 4/4)
VIII : 암갈색 사질점토(7.5YR 4/6)
IX : 갈색 사질점토(7.5YR 4/4)
X : 황적색 사질점토(7.5YR 4/6)
XI : 갈색 사질점토(7.5YR 4/4)
XII : 암갈색 사질점토(7.5YR 4/6)

0   2m[1/100]

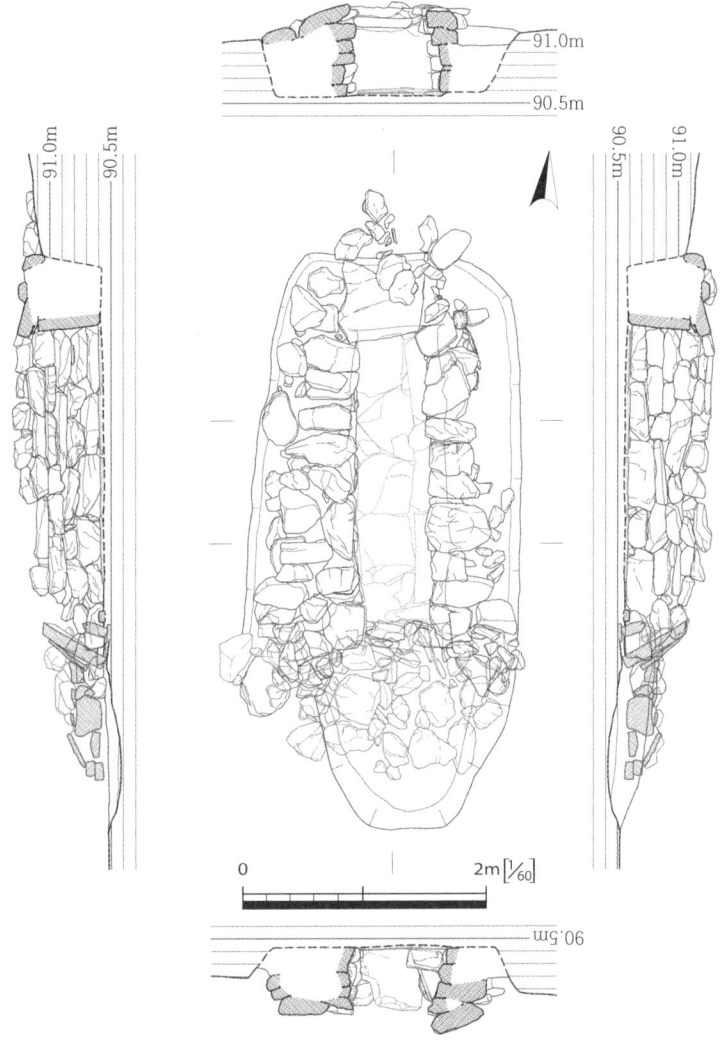

0   2m [1/60]

[유구사진]

9호 석곽묘

(단위 : cm)

묘광	크 기 (길이×너비×깊이)	(210+)×150×(40+)	주체부	크 기 (길이×너비×높이)	(148+)×55×(35+)
	장폭비	?		장폭비	?
	장축방향	N-10°-E	시상·관대	크 기 (길이×너비×높이)	-
	두 향	?	벽석종류		할석
유물	토 기	-			
	철 기	-			
	청동기	-			
	옥석류	-			
	기 타	-			
	특기사항	출토유물 없음. 석곽으로 보고하였으나 파괴가 심하여 정확한 구조는 알 수 없음.			

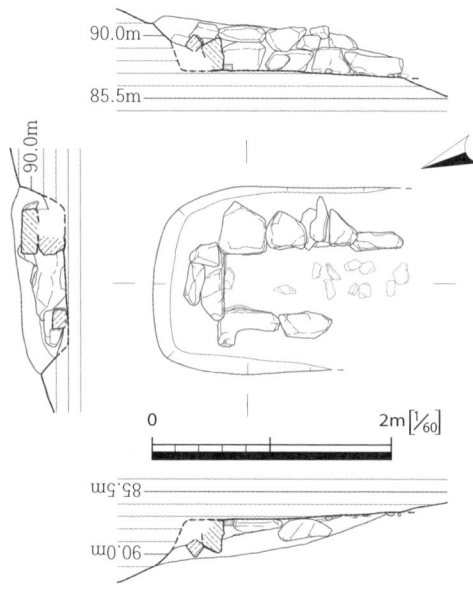

[유구사진]

10호 석실묘

(단위 : cm)

봉토	크 기 (길이×너비×높이)	?	묘광	크 기 (길이×너비×깊이)	310×215×(64+)
	평면형태	?		장폭비	1.44:1
현실	크 기 (길이×너비×높이)	220×65×(70+)		천장형태	?
	장폭비	3.30:1		횡구부위치	(남측 단벽)
횡구부	크 기 (길이×너비)	?		묘도크기 (길이×너비)	-
	장폭비	?		배수시설 (길이×너비×깊이)	-
시상/관대크기 (길이×너비×높이)		-		두 향	?
장축방향		N-7°-E		벽석종류	할석
유물	토 기	-			
	철 기	-			
	청동기	-			
	옥석류	-			
	기 타	-			
특기사항		출토유물 없음. 횡구식 석실로 보고하였으나 파괴가 심하여 정확한 구조는 알 수 없음.			

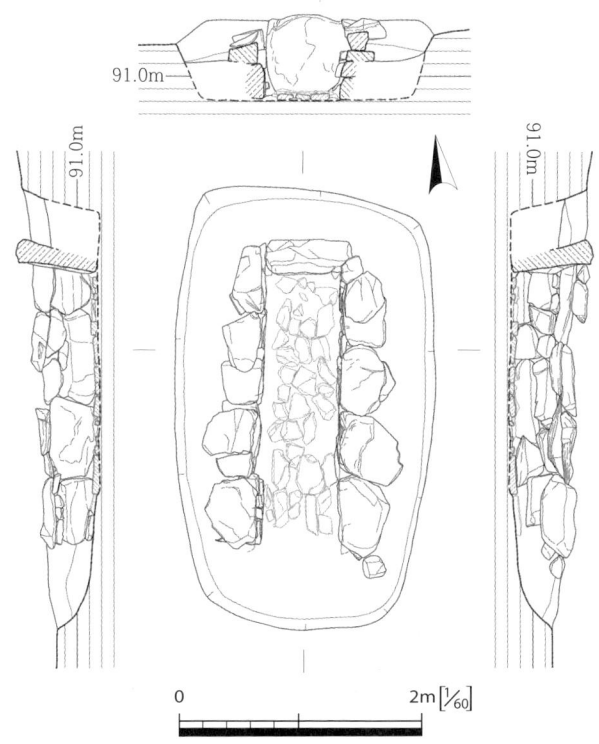

91.0m

91.0m

91.0m

0   2m [1/60]

[유구사진]

11호 석실묘

(단위 : cm)

봉토	크 기 (길이×너비×높이)	?	묘광	크 기 (길이×너비×깊이)	(260+)×130×(30+)
	평면형태	?		장폭비	?
현실	크 기 (길이×너비×높이)	220×55×(45+)		천장형태	?
	장폭비	4.00:1		횡구부위치	?
횡구부	크 기 (길이×너비)	?		묘도크기 (길이×너비)	-
	장폭비	?		배수시설 (길이×너비×깊이)	-
시상/관대크기 (길이×너비×높이)		-		두 향	?
장축방향		N-7°-W		벽석종류	할석
유물	토 기			-	
	철 기			-	
	청 동 기			-	
	옥 석 류			-	
	기 타			-	
특기사항		출토유물 없음. 횡구식 석실로 보고하였으나 파괴가 심하여 정확한 구조는 알 수 없음.			

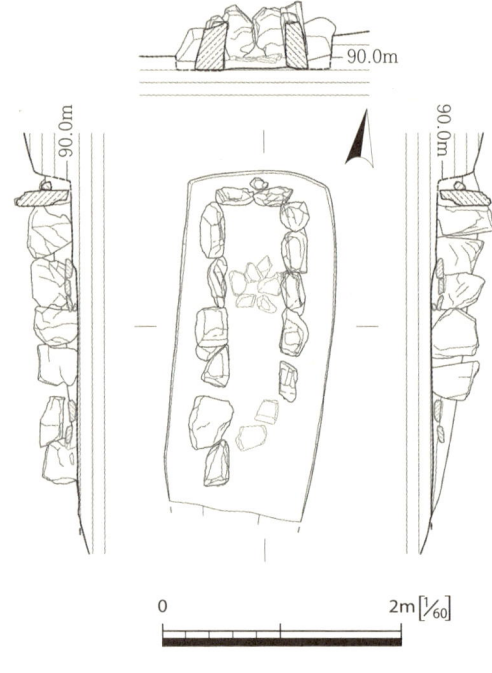

[유구사진]

12호 석실묘

(단위 : cm)

봉토	크 기 (길이×너비×높이)	?	묘광	크 기 (길이×너비×깊이)	(320+)×175×(25+)
	평면형태	?		장폭비	?
현실	크 기 (길이×너비×높이)	255×70×(40+)		천장형태	?
	장폭비	3.60:1		횡구부위치	남측 단벽
횡구부	크 기 (길이×너비)	(42+)×48		묘도크기 (길이×너비)	?
	장폭비	?		배수시설 (길이×너비×깊이)	-
시상/관대크기 (길이×너비×높이)		-		두 향	?
장축방향		N-26°-W		벽석종류	할석
유물	토 기	-			
	철 기	-			
	청 동 기	-			
	옥 석 류	-			
	기 타	-			
특기사항		출토유물 없음. 횡구식 석실로 보고하였으나 파괴가 심하여 정확한 구조는 알 수 없음.			

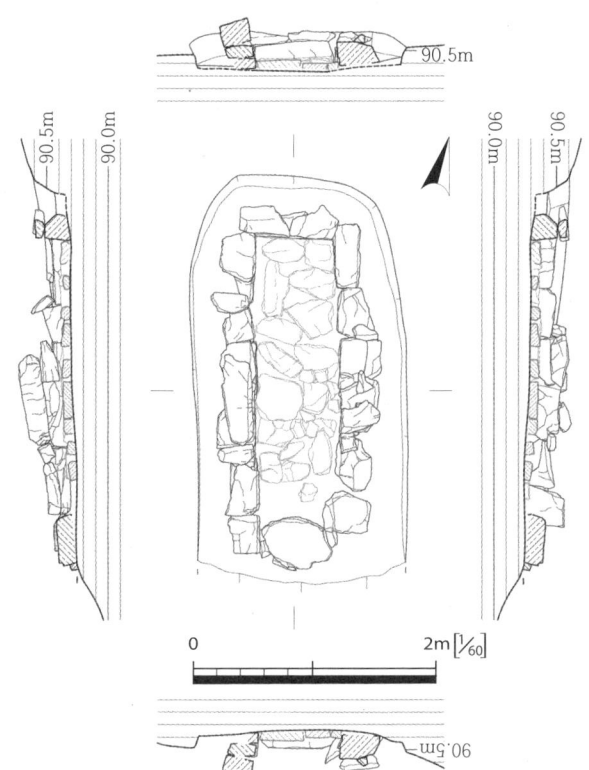

[유구사진]

0   2m [1/60]

13호 석실묘

(단위 : cm)

봉토	크 기 (길이×너비×높이)	?	묘광	크 기 (길이×너비×깊이)	321×210×(53+)
	평면형태	?		장폭비	1.53:1
현실	크 기 (길이×너비×높이)	220×80×(53+)		천장형태	?
	장폭비	2.75:1		횡구부위치	남서측 단벽
횡구부	크 기 (길이×너비)	(60)×70		묘도크기 (길이×너비)	-
	장폭비	(0.86):1		배수시설 (길이×너비×깊이)	-
시상/관대크기 (길이×너비×높이)		-		두 향	?
장축방향		N-33°-E		벽석종류	할석
유물	토 기	-			
	철 기	-			
	청 동 기	-			
	옥 석 류	-			
	기 타	-			
특기사항		출토유물 없음.			

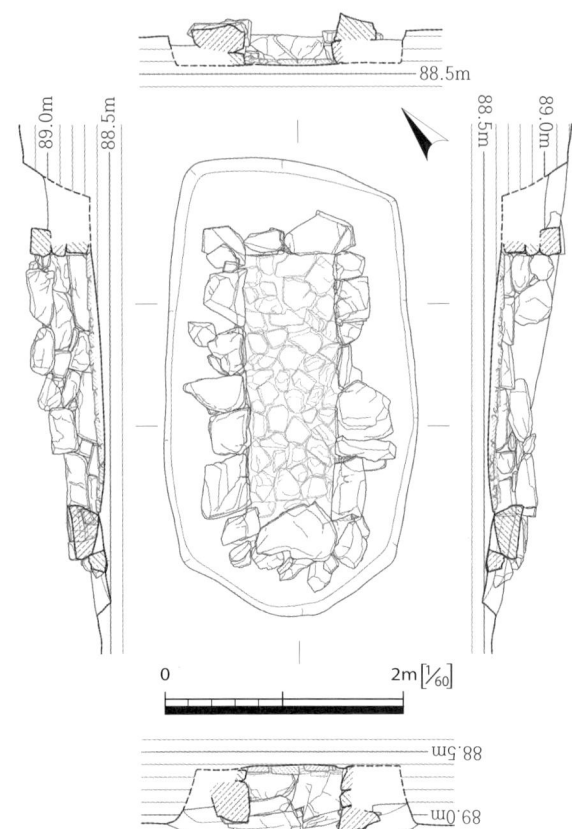

[유구사진]

14호 석실묘

(단위 : cm)

봉토	크 기 (길이×너비×높이)	?	묘광	크 기 (길이×너비×깊이)	(160+)×140×(33+)
	평면형태	?		장폭비	?
현실	크 기 (길이×너비×높이)	(120+)×55×(45+)		천장형태	?
	장폭비	?		횡구부위치	?
횡구부	크 기 (길이×너비)	?		묘도크기 (길이×너비)	?
	장폭비	?		배수시설 (길이×너비×깊이)	?
시상/관대크기 (길이×너비×높이)		-		두 향	?
장축방향		N-3°-W		벽석종류	할석
유물	토 기		-		
	철 기		-		
	청 동 기		-		
	옥 석 류		-		
	기 타		-		
특기사항		출토유물 없음. 횡구식 석실로 보고되었으나 파괴가 심하여 정확한 구조는 알 수 없음.			

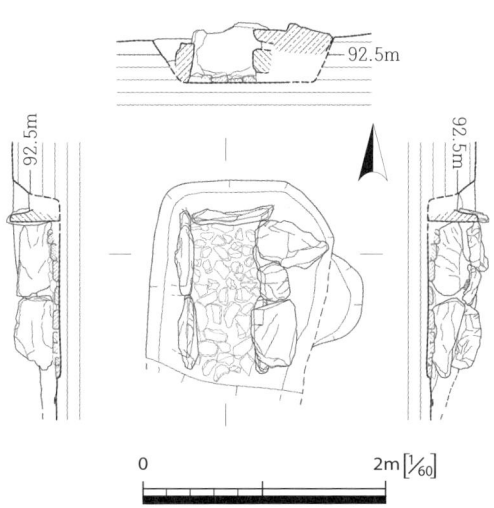

[유구사진]

92.5m

0   2m [1/60]

15호 석실묘

(단위 : cm)

봉토	크 기 (길이×너비×높이)	?	묘광	크 기 (길이×너비×깊이)	320×180×(80+)	
	평면형태	?		장폭비	1.78:1	
현실	크 기 (길이×너비×높이)	240×75×(70+)		천장형태	?	
	장폭비	3.20:1		횡구부위치	?	
횡구부	크 기 (길이×너비)	?		묘도크기 (길이×너비)	65×110	
	장폭비	?		배수시설 (길이×너비×깊이)	?	
시상/관대크기 (길이×너비×높이)		-		두 향	?	
장축방향		N-20°-E		벽석종류	할석	
유물	토 기	-				
	철 기	관정(2)				
	청동기	-				
	옥석류	-				
	기 타	-				
특기사항		횡구식 석실로 보고하였으나 파괴가 심하여 정확한 구조는 알 수 없음.				

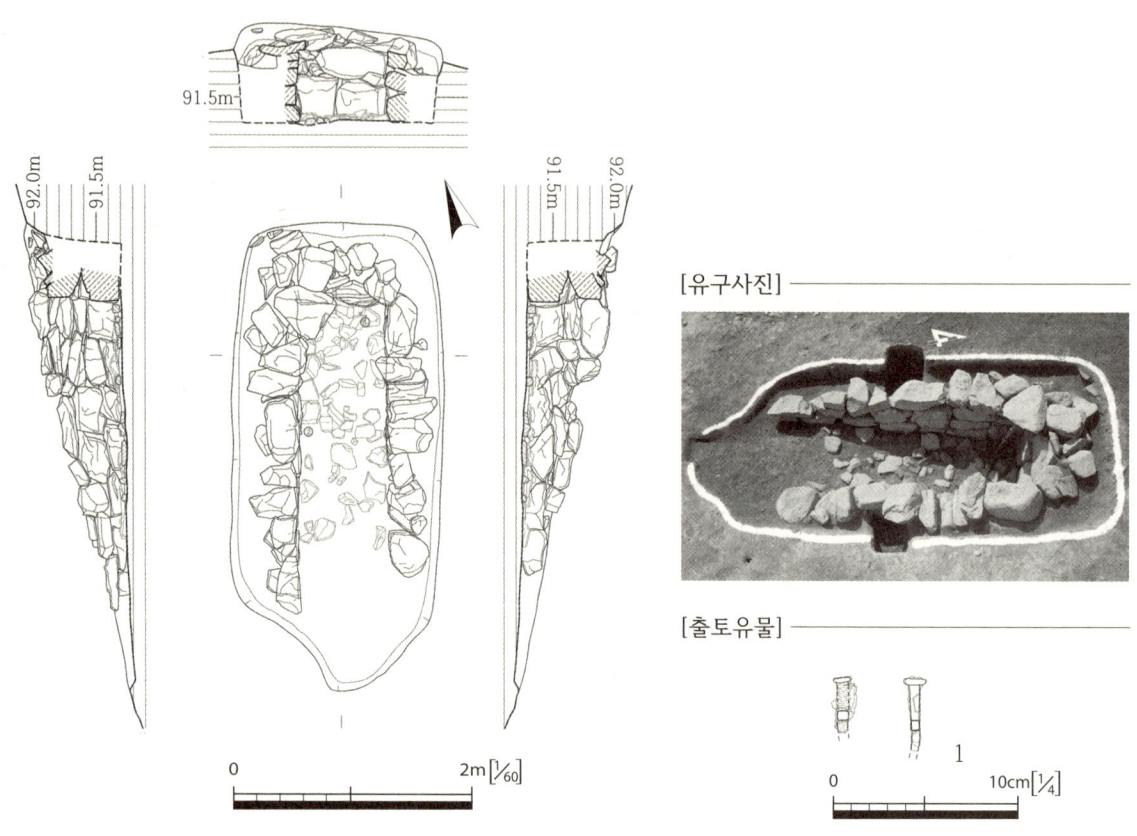

91.5m

92.0m
91.5m

91.5m
92.0m

0　　　　　　　　2m[1/60]

[유구사진]

[출토유물]

1

0　　　　　　　10cm[1/4]

16호 석곽묘

(단위 : cm)

묘광	크 기 (길이×너비×깊이)	(220+)×180×(30+)	주체부	크 기 (길이×너비×높이)	(153+)×81×(43+)
	장폭비	?		장폭비	?
	장축방향	N-10°-E	시상·관대	크 기 (길이×너비×높이)	-
	두 향	?	벽석종류		할석
유물	토 기	-			
	철 기	관정(5)			
	청동기	-			
	옥석류	-			
	기 타	-			
	특기사항	석곽으로 보고하였으나 파괴가 심하여 정확한 구조는 알 수 없음.			

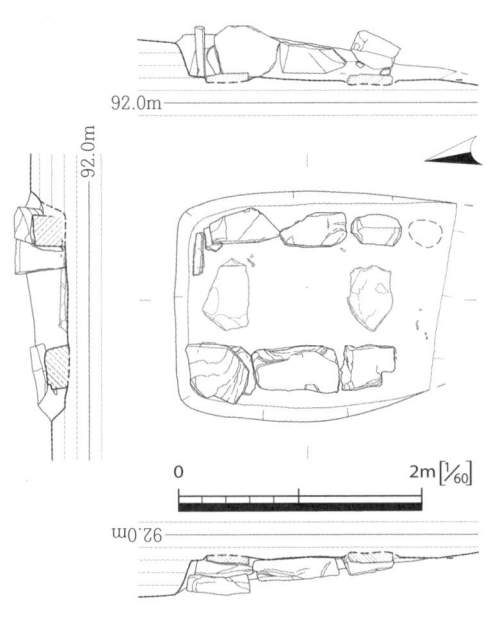

[유구사진]

[출토유물]

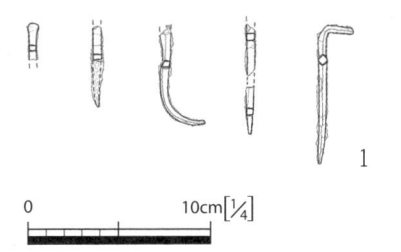

1

17호 석실묘

(단위 : cm)

봉토	크 기 (길이×너비×높이)	?	묘광	크 기 (길이×너비×깊이)	325×215×(75+)
	평면형태	?		장폭비	1.51:1
현실	크 기 (길이×너비×높이)	243×103×(90+)		천장형태	?
	장폭비	2.30:1		연도위치	우편재
연도	크 기 (길이×너비×높이)	(120+)×65		묘도크기 (길이×너비)	?
	장폭비	?		배수시설 (길이×너비×깊이)	-
시상/관대크기 (길이×너비×높이)		-		두 향	?
장축방향		N-15°-W		벽석종류	할석
유물	토 기	-			
	철 기	-			
	청동기	-			
	옥석류	-			
	기 타	-			
특기사항		출토유물 없음. 주구[(440+)×60×(10+)]가 확인됨.			

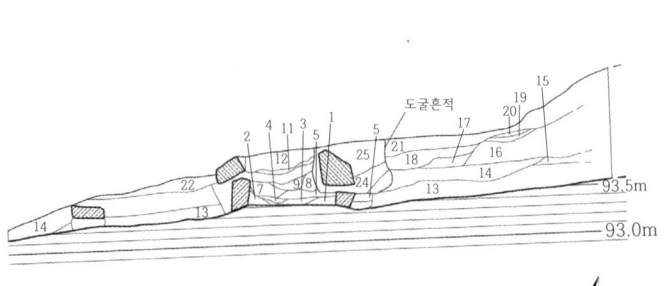

1: 암갈색 사질점토(7.5YR 5/6)
2: 황적색 사질점토(5YR 4/5)
3: 황적색 사질점토(5YR 5/8)
4: 황적색 사질점토(5YR 5/8)
5: 암갈색 사질점토(7.5YR 5/8)
6: 황적색 사질점토(5YR 5/6)
7: 암갈색 사질점토(7.5YR 5/6)
8: 황적색 사질점토(5YR 4/6)
9: 암갈색 사질점토(7.5YR 5/8)
10: 암갈색 사질점토(7.5YR 5/8)
11: 암갈색 사질점토(7.5YR 5/8)
12: 암갈색 사질점토(7.5YR 5/6)
13: 적갈색 점질토(7.5YR 4/6)

14: 암갈색 사질점토(7.5YR 5/6)
15: 암갈색 사질점토(7.5YR 5/6)
16: 갈색 사질점토(7.5YR 4/4)
17: 암갈색 사질점토(7.5YR 4/4)
18: 암갈색 사질점토(7.5YR 5/6)
19: 암갈색 사질점토(7.5YR 5/6)
20: 암갈색 사질점토(7.5YR 4/6)
21: 적황색 사질점토(7.5YR 6/8)
22: 암갈색 사질점토(7.5YR 5/8)
23: 암갈색 사질점토(7.5YR 5/6)
24: 암갈색 사질점토(7.5YR 5/6)
25: 암갈색 사질점토(7.5YR 5/8)
26: 황적색 사질점토(5YR 5/8)

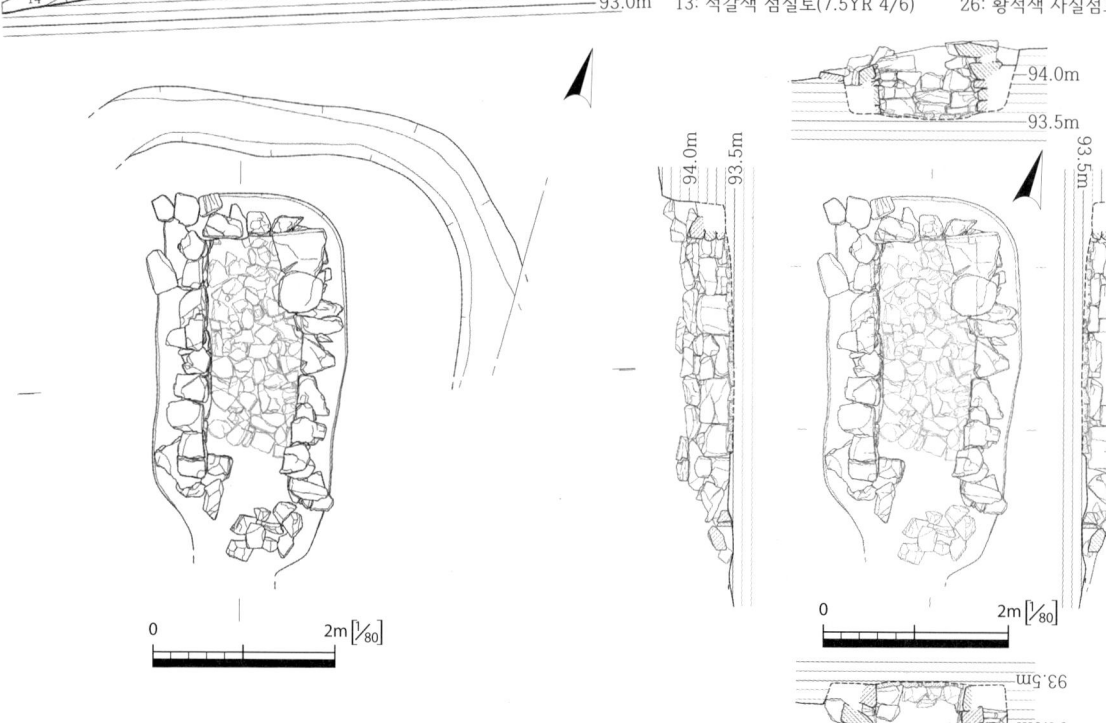

18호 석곽묘

(단위 : cm)

묘광	크 기 (길이×너비×깊이)	(220+)×150×(30+)	주체부	크 기 (길이×너비×높이)	(190+)×75×(43+)
	장폭비	?		장폭비	?
	장축방향	N-25°-W	시상·관대	크 기 (길이×너비×높이)	-
	두 향	?	벽석종류		할석
유물	토 기	-			
	철 기	-			
	청동기	-			
	옥석류	-			
	기 타	-			
	특기사항	출토유물 없음. 석곽으로 보고되었으나 파괴가 심하여 정확한 구조는 알 수 없음.			

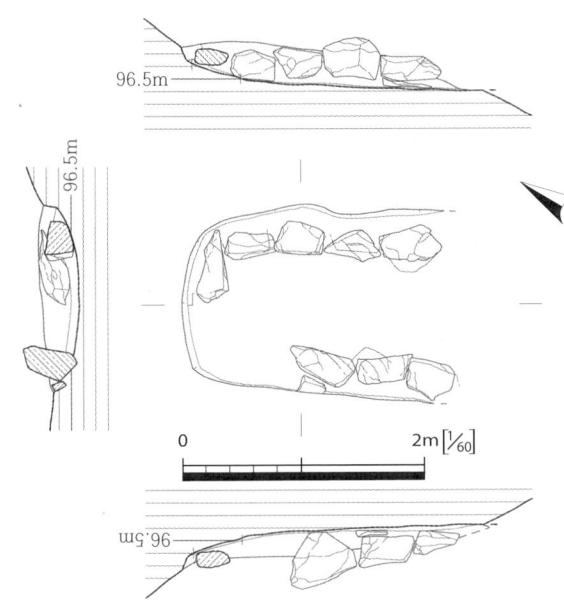

[유구사진]

19호 석곽묘

(단위 : cm)

묘광	크 기 (길이×너비×깊이)	(130+)×80×(18+)	주체부	크 기 (길이×너비×높이)	(110+)×55×(14+)
	장폭비	?		장폭비	?
	장축방향	N-10°-W	시상·관대	크 기 (길이×너비×높이)	-
	두 향	?	벽석종류		할석
유물	토 기	-			
	철 기	-			
	청동기	-			
	옥석류	-			
	기 타	-			
특기사항		출토유물 없음. 석곽으로 보고되었으나 파괴가 심하여 정확한 구조는 알 수 없음.			

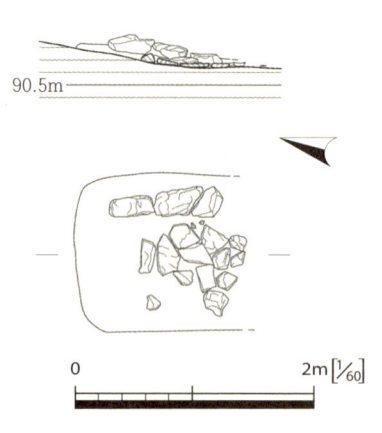

[유구사진]

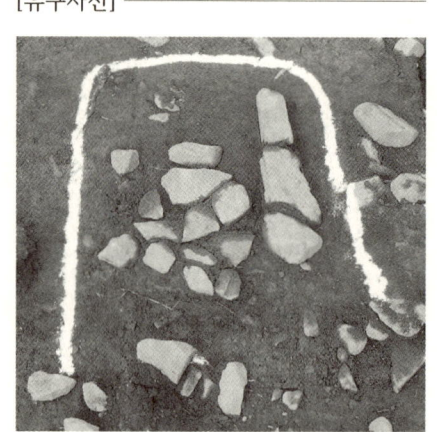

보령 보령리유적 保寧 保寧里遺蹟

조사사유	주민 신고에 따른 학술발굴조사
조사연혁	시굴조사 : 1983. 3.(忠南大學校 百濟研究所) 발굴조사 : 1984. 7. 18. ~ 8. 25.(忠南大學校 百濟研究所)
유적위치	충청남도 보령시 주포면 보령리 산 2번지
	경·위도 36°24'49.20"E / 126°35'34.56"N
유적입지	보령리 유적은 남향한 산의 중턱에 위치한다는 점에서 이제까지 조사된 보령지역의 고분들이나 혹은 공주·부여지역의 고분군들이 자리잡고 있는 입지적 환경과 비슷하다. 또한 남쪽에 작은 하천이 흐르고 있어 백제고분이 가지는 입지특징과 상통한다. 다만 하천이나 평야가 아닌 작은 계곡이 앞에 있을 뿐이며, 사방이 산으로 둘러져 있는 점이 이전 백제고분들과 다른점이라 할 수 있다.

유구현황	초기철기시대	-
	원삼국시대	-
	삼국시대	석실묘(12)
	기 타	-

주요유물	병, 개배, 이식, 관정
시대·성격	유적 전체가 도굴이 심하게 이루어져 출토유물의 양상을 정확하게 파악하기 어려우나, 5기의 횡구식 석실에서 출토된 병과 개배 등은 전형적인 백제 사비기의 특징을 보여준다. 따라서 보령리고분군은 방형평면의 3호 횡혈식 석실과 세장방형평면의 횡혈식 석실, 횡구식 석실이 혼재되어 있으며, 웅진기에서 사비기로의 이행기에 조성된 유적으로 추정된다.
참고문헌	忠南大學校百濟研究所, 1984, 『保寧 保寧里 遺蹟』.

1호 석실묘

(단위 : cm)

봉토	크 기 (길이×너비×높이)	?	묘광	크 기 (길이×너비×깊이)	(400+)×(240+)×(100+)
	평면형태	?		장폭비	?
현실	크 기 (길이×너비×높이)	247×140×127		천장형태	(고임)
	장폭비	1.76:1		연도위치	중앙
연도	크 기 (길이×너비×높이)	(52)×(41)×?		묘도크기 (길이×너비)	?
	장폭비	?		배수시설 (길이×너비×깊이)	-
시상/관대크기 (길이×너비×높이)		-		두 향	?
장축방향		N-21°-E		벽석종류	판석, 할석
유물	토 기	일			
	철 기	관정(6)			
	청 동 기	-			
	옥 석 류	-			
	기 타	-			
특기사항		해발고도 미기술. 관정 도면 스케일 미게재.			

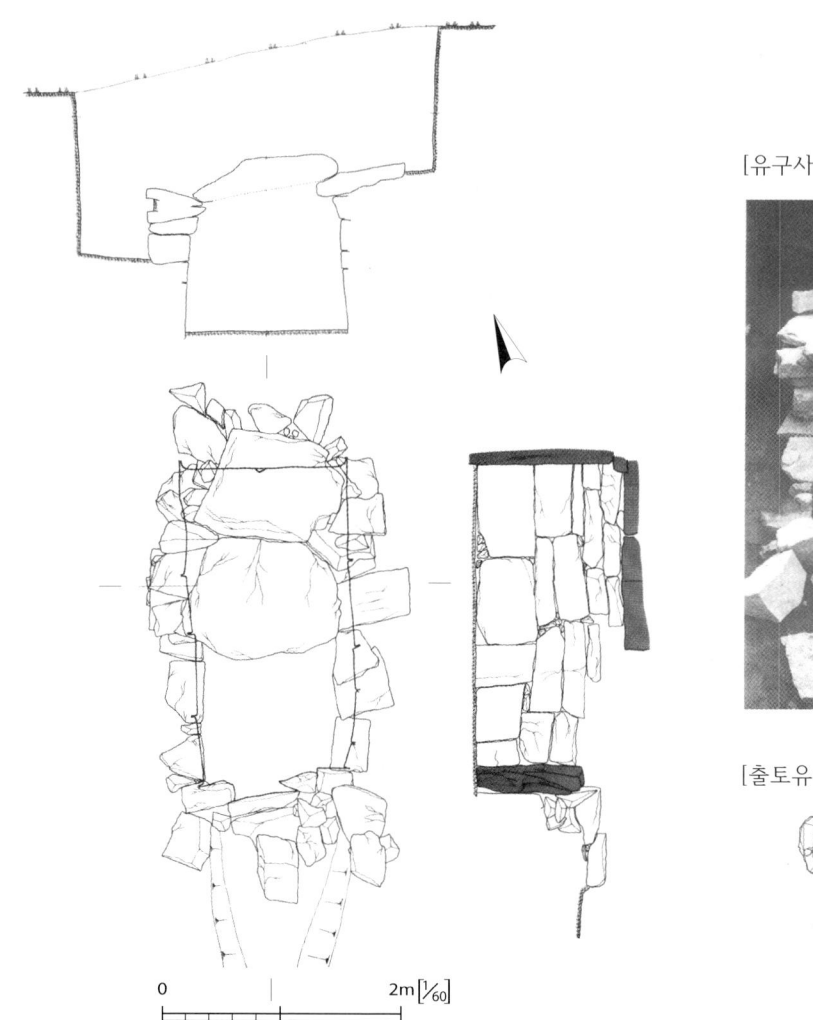

0   2m [1/60]

[유구사진]

[출토유물]

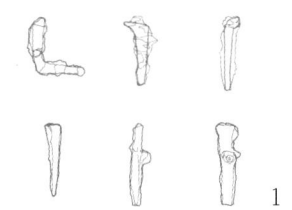

1

2호 석실묘

(단위 : cm)

봉토	크 기 (길이×너비×높이)	?	묘광	크 기 (길이×너비×깊이)	(600+)×(300+)×(120+)
	평면형태	?		장폭비	?
현실	크 기 (길이×너비×높이)	245×145×75		천장형태	고임
	장폭비	1.69:1		연도위치	?
연도	크 기 (길이×너비×높이)	(140)×(162)×(90)		묘도크기 (길이×너비)	?
	장폭비	?		배수시설 (길이×너비×깊이)	240×30
	시상/관대크기 (길이×너비×높이)	-		두 향	?
	장축방향	N-26°-E		벽석종류	판석, 할석
유물	토 기	-			
	철 기	-			
	청 동 기	-			
	옥 석 류	-			
	기 타	-			
	특기사항	출토유물 없음. 해발고도 미기술.			

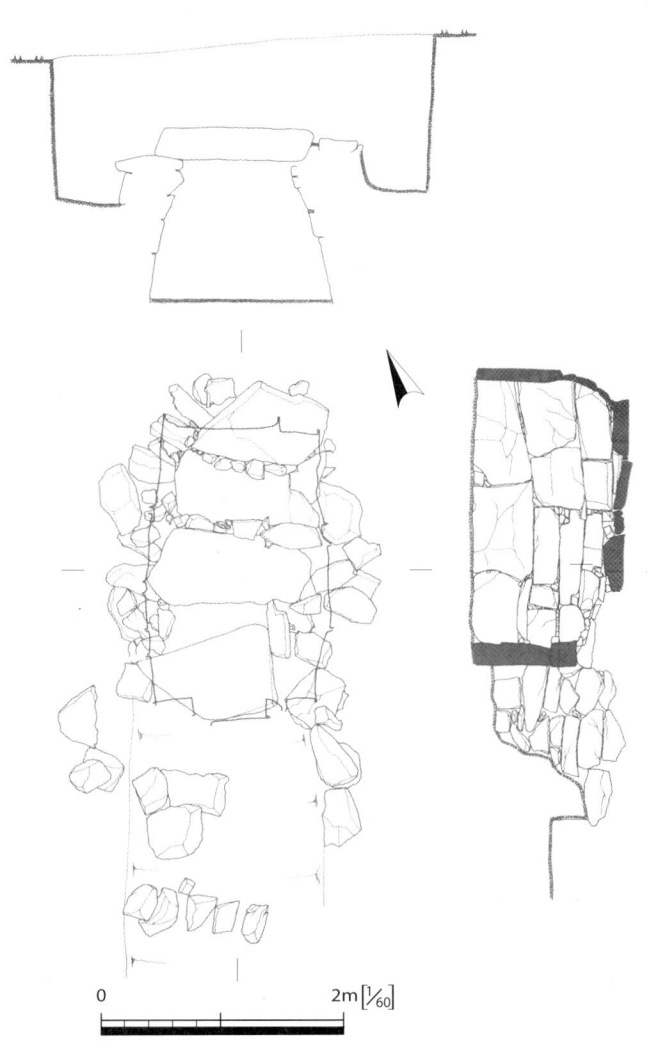

0   2m [1/60]

3호 석실묘

(단위 : cm)

봉토	크 기 (길이×너비×높이)	?	묘광	크 기 (길이×너비×깊이)	(460+)×(340+)×(200+)
	평면형태	?		장폭비	?
현실	크 기 (길이×너비×높이)	250×175×140		천장형태	고임
	장폭비	1.43:1		연도위치	중앙
연도	크 기 (길이×너비×높이)	(200)×(130)×(140+)		묘도크기 (길이×너비)	(100+)×140
	장폭비	(1.54):1		배수시설 (길이×너비×깊이)	240×30
시상/관대크기 (길이×너비×높이)		-		두 향	북쪽
장축방향		N-3°-E		벽석종류	판석, 할석
유물	토 기	-			
	철 기	관고리(1), 관정(4)			
	청 동 기	-			
	옥 석 류	-			
	기 타	-			
특기사항		인골(대퇴골)편이 출토됨. 철기 도면 스케일 미게재.			

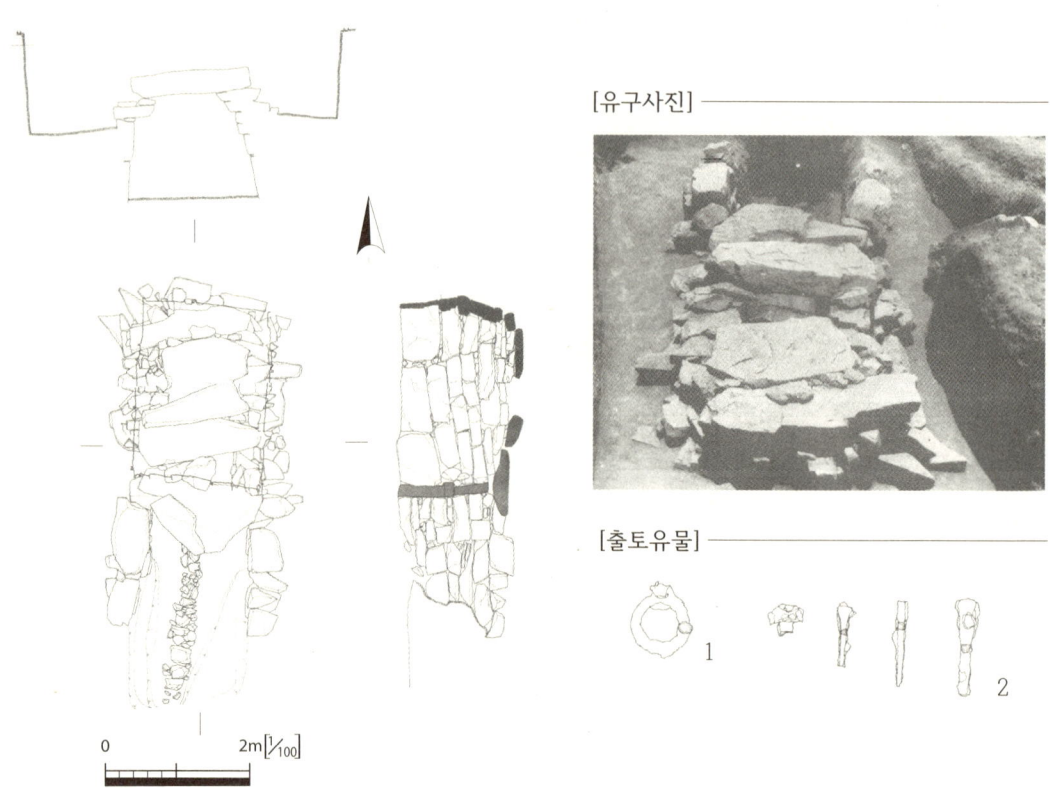

[유구사진]

[출토유물]

0   2m $[\frac{1}{100}]$

4호 석실묘

(단위 : cm)

봉토	크 기 (길이×너비×높이)	?	묘광	크 기 (길이×너비×깊이)	360×250×(100+)
	평면형태	?		장 폭 비	1.44:1
현실	크 기 (길이×너비×높이)	240×130×90		천장형태	?
	장 폭 비	1.85:1		횡구부위치	남측 단벽
횡구부	크 기 (길이×너비)	(108)×(66)		묘도크기 (길이×너비)	-
	장 폭 비	(1.64):1		배수시설 (길이×너비×깊이)	-
시상/관대크기 (길이×너비×높이)		-		두 향	?
장축방향		N-15°-E		벽석종류	할석
유물	토 기	배(1), 대부소병(1), 병(2)			
	철 기	관정(20)			
	청 동 기	-			
	옥 석 류	-			
	기 타	-			
특기사항		해발고도 미기술. 철기 도면 스케일 미게재.			

[출토유물]

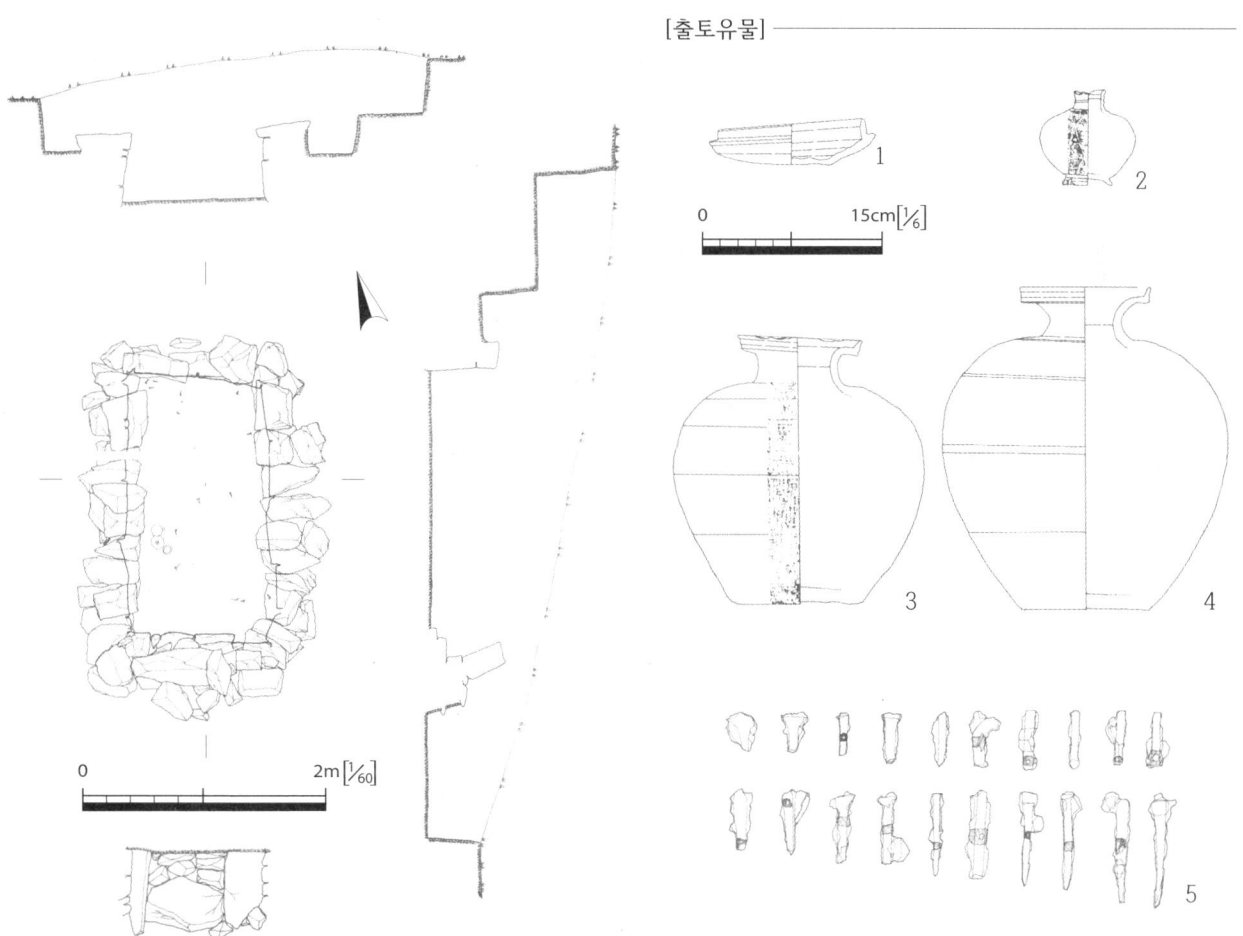

0   15cm[1/6]

0   2m[1/60]

5호 석실묘

(단위 : cm)

봉토	**크 기** (길이×너비×높이)	?	**묘광**	**크 기** (길이×너비×깊이)	(400+)×(250+)×(200+)
	평면형태	?		**장폭비**	?
현실	**크 기** (길이×너비×높이)	260×245×207		**천장형태**	조임
	장폭비	1.06:1		**연도위치**	우편재
연도	**크 기** (길이×너비×높이)	(112)×(104)×(69+)		**묘도크기** (길이×너비)	?
	장폭비	(1.06):1		**배수시설** (길이×너비×깊이)	(856)×20×(10+)
시상/관대크기 (길이×너비×높이)		-		**두 향**	북쪽
장축방향		N-23°-W		**벽석종류**	할석
유물	**토 기**	-			
	철 기	단조철부(1), 관정(5)			
	청동기	-			
	옥석류	-			
	기 타	-			
특기사항		인골(?)이 출토됨. 해발고도 미기술. 철기 도면 스케일 미게재.			

0   2m [1/80]

[유구사진]

[출토유물]

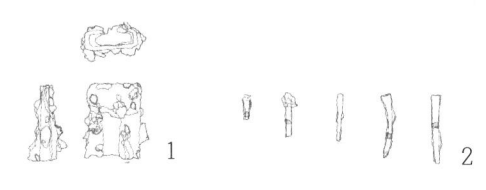

1   2

6호 석실묘

(단위 : cm)

봉토	크 기 (길이×너비×높이)	?	묘광	크 기 (길이×너비×깊이)	(360+)×(300+)×?	
	평면형태	?		장폭비	?	
현실	크 기 (길이×너비×높이)	244×155×128		천장형태	?	
	장폭비	1.57:1		연도위치	(우편재)	
연도	크 기 (길이×너비×높이)	?		묘도크기 (길이×너비)	?	
	장폭비	?		배수시설 (길이×너비×깊이)	?	
시상/관대크기 (길이×너비×높이)		-		두 향	북쪽	
장축방향		N-14°-E		벽석종류	할석	
유물	토 기	-				
	철 기	-				
	청동기	관정(5)				
	옥석류	-				
	기 타	-				
특기사항		인골(대퇴골)편이 출토됨. 철기 도면 스케일 미게재.				

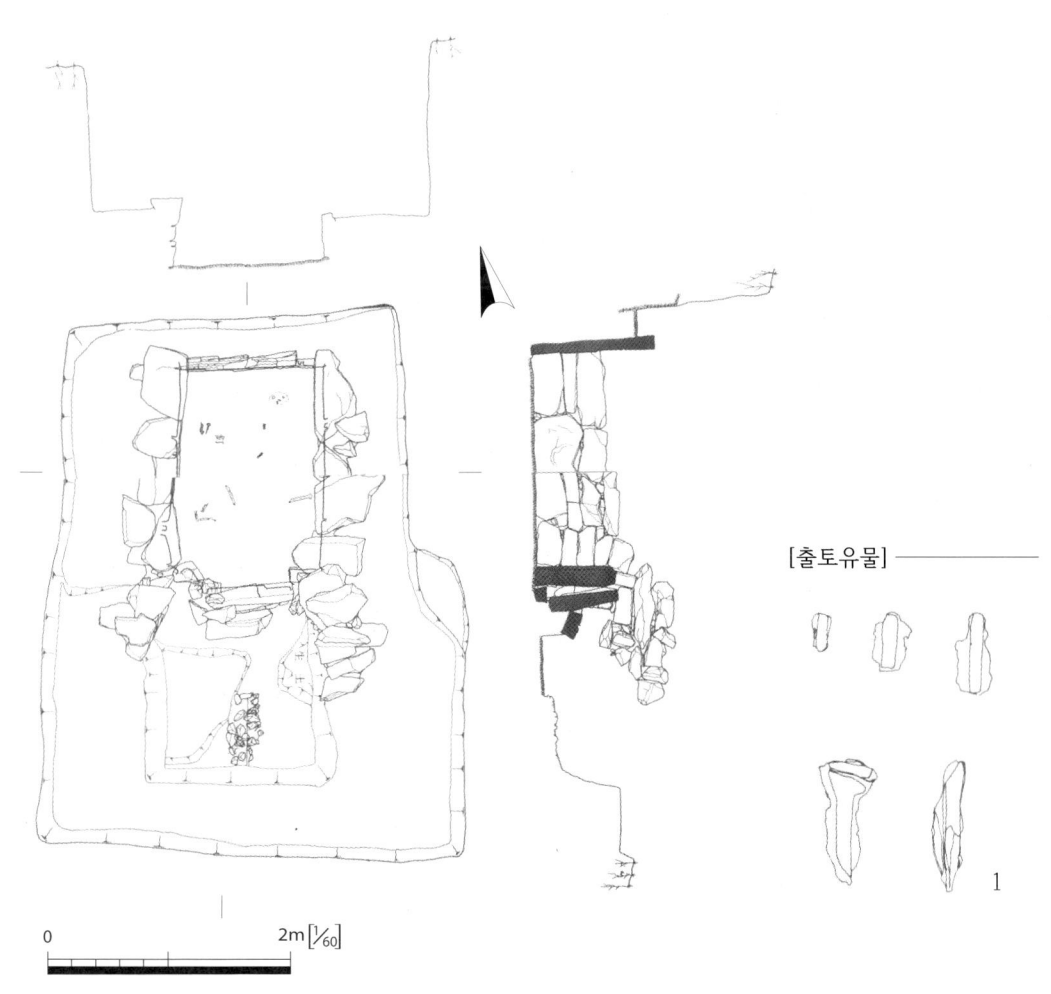

[출토유물]

1

0   2m[1/60]

7호 석실묘

(단위 : cm)

봉토	크 기 (길이×너비×높이)	?	묘광	크 기 (길이×너비×깊이)	(460+)×(260+)×(140+)
	평면형태	?		장폭비	?
현실	크 기 (길이×너비×높이)	240×105×93		천장형태	(고임)
	장폭비	2.29:1		연도위치	?
연도	크 기 (길이×너비×높이)	(144)×(78)×?		묘도크기 (길이×너비)	?
	장폭비	(1.85):1		배수시설 (길이×너비×깊이)	(160)×(30)×?
시상/관대크기 (길이×너비×높이)		−		두 향	?
장축방향		N-0°-S		벽석종류	할석
유물	토 기	−			
	철 기	−			
	청동기	관정(11)			
	옥석류	−			
	기 타	−			
특기사항		해발고도 미기술. 철기 도면 스케일 미게재.			

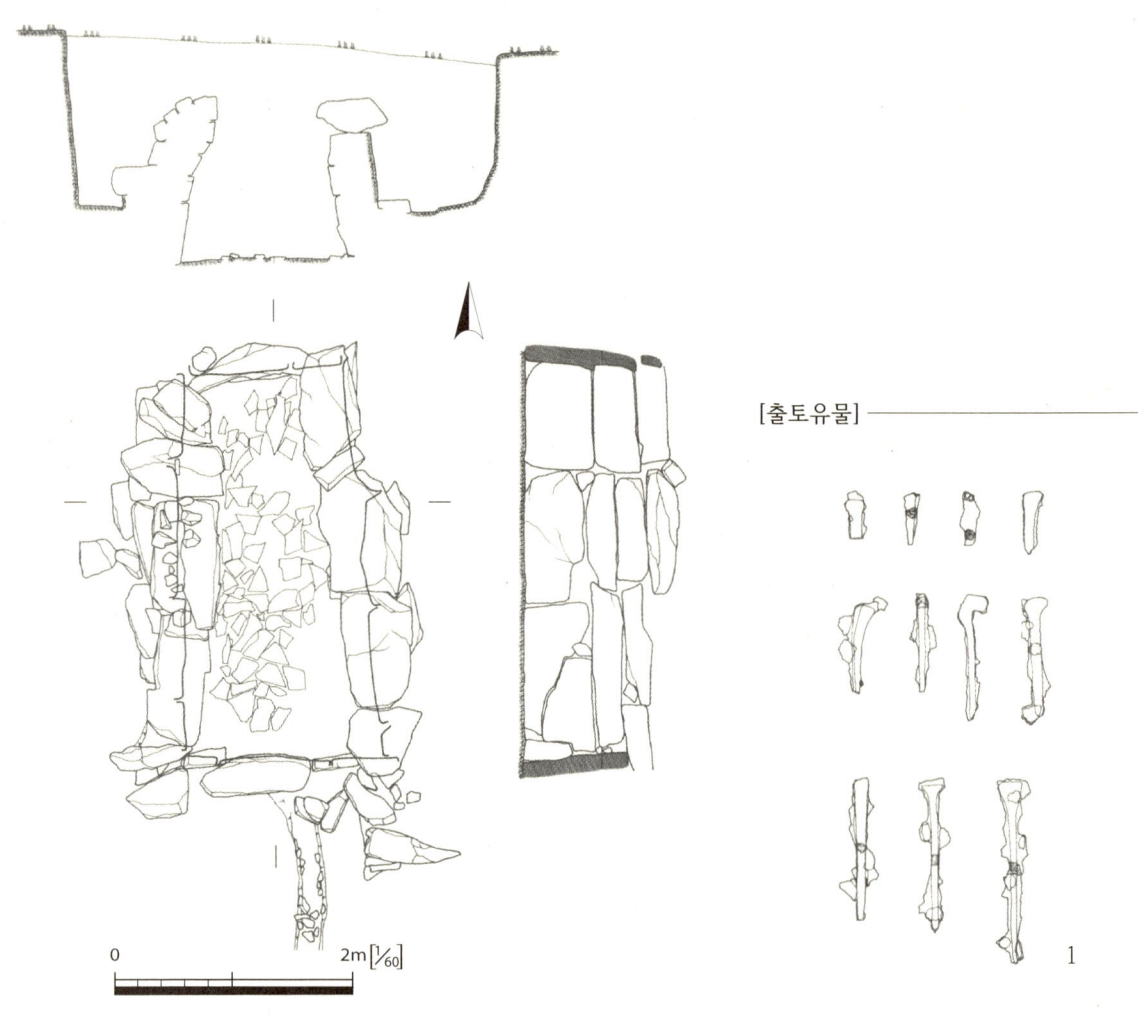

[출토유물]

1

8호 석실묘

(단위 : cm)

봉토	크 기 (길이×너비×높이)	?	묘광	크 기 (길이×너비×깊이)	(400+)×(220+)×(160+)
	평면형태	?		장폭비	(1.82):1
현실	크 기 (길이×너비×높이)	240×80×92		천장형태	(고임)
	장폭비	3.00:1		횡구부위치	(중앙)
횡구부	크 기 (길이×너비)	(84)×(84)		묘도크기 (길이×너비)	?
	장폭비	1.00:1		배수시설 (길이×너비×깊이)	(100)×(80)
시상/관대크기 (길이×너비×높이)		-	두 향		?
장축방향		N-14°-E	벽석종류		할석
유물	토 기				-
	철 기	관정(?)			
	청동기				-
	옥석류				-
	기 타				-
특기사항		해발고도 미기술. 유물 도면 미게재.			

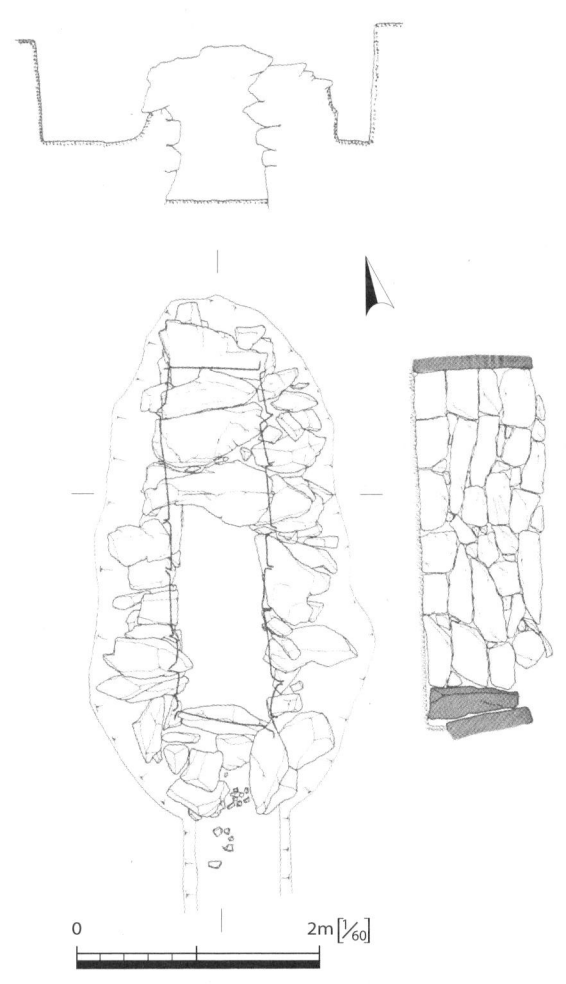

0   2m [1/60]

9호 석실묘

(단위 : cm)

봉토	크 기 (길이×너비×높이)	?	묘광	크 기 (길이×너비×깊이)	(500+)×(300+)×(100+)
	평면형태	?		장폭비	?
현실	크 기 (길이×너비×높이)	180×72×91		천장형태	평
	장폭비	2.50:1		횡구부위치	남측 단벽
횡구부	크 기 (길이×너비)	(54)×(60)		묘도크기 (길이×너비)	?
	장폭비	(0.90):1		배수시설 (길이×너비×깊이)	60×70×?
시상/관대크기 (길이×너비×높이)		-		두 향	?
장축방향		N-12°-E		벽석종류	할석
유물	토 기	배(1), 병(2)			
	철 기	관정(11)			
	청 동 기	-			
	옥 석 류	-			
	기 타	-			
특기사항		해발고도 미기술. 철기 도면 스케일 미게재.			

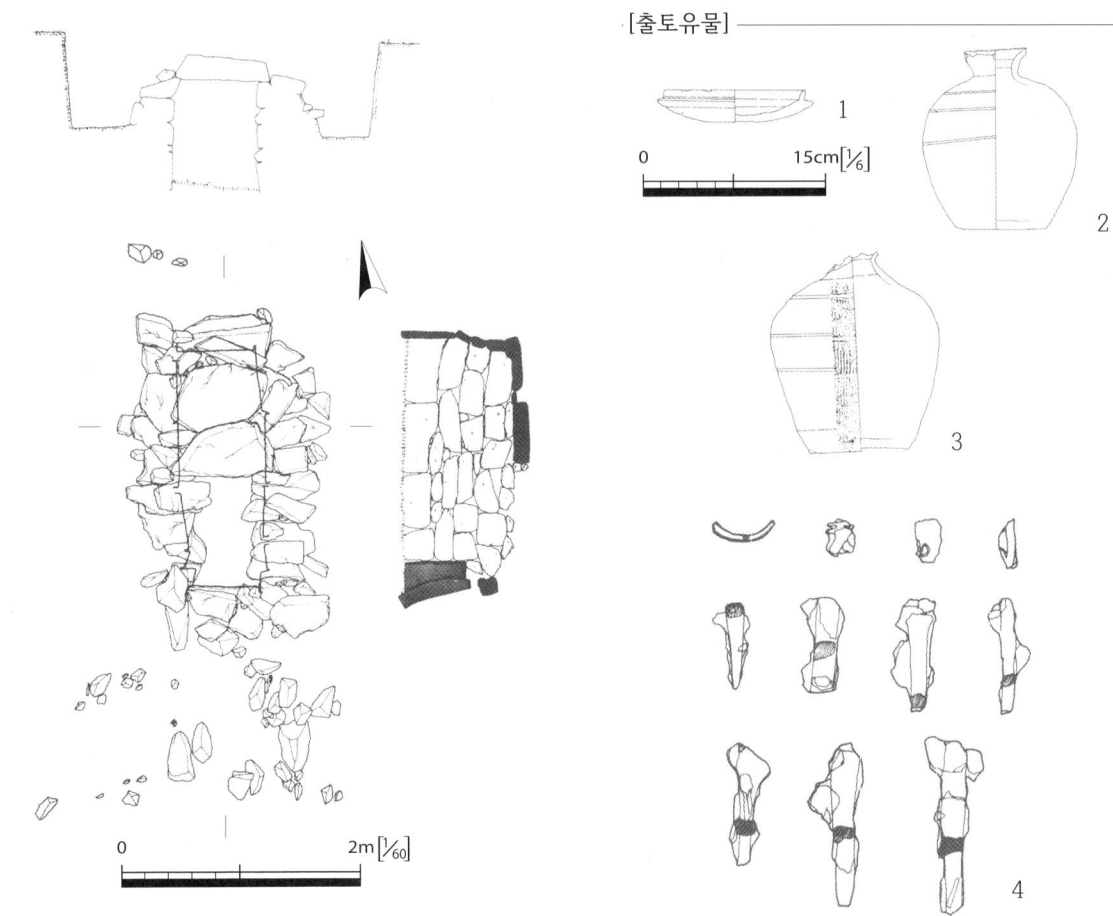

[출토유물]

0   15cm[⅙]

0   2m[1/60]

10호 석실묘

(단위 : cm)

봉토	크 기 (길이×너비×높이)	?	묘광	크 기 (길이×너비×깊이)	(240+)×(140+)×?
	평면형태	?		장폭비	?
현실	크 기 (길이×너비×높이)	170×67×71		천장형태	?
	장폭비	2.54:1		횡구부위치	남측 단벽
횡구부	크 기 (길이×너비)	(36)×(66)		묘도크기 (길이×너비)	?
	장폭비	(0.54):1		배수시설 (길이×너비×깊이)	-
시상/관대크기 (길이×너비×높이)		-		두 향	?
장축방향		N-15°-E		벽석종류	할석
유물	토 기	-			
	철 기	-			
	청 동 기	-			
	옥 석 류	-			
	기 타	-			
특기사항		해발고도 미기술. 출토유물 없음.			

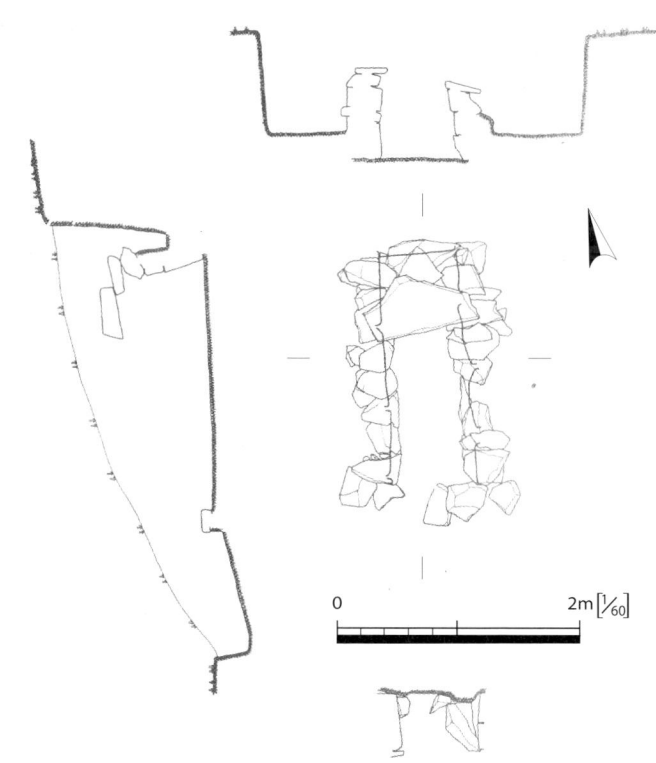

0   2m[1/60]

11호 석실묘

(단위 : cm)

봉토	크 기 (길이×너비×높이)	?	묘광	크 기 (길이×너비×깊이)	(600+)×(320+)×(200+)
	평면형태	?		장폭비	?
현실	크 기 (길이×너비×높이)	255×148×132		천장형태	?
	장폭비	1.72:1		연도위치	?
연도	크 기 (길이×너비×높이)	?		묘도크기 (길이×너비)	?
	장폭비	?		배수시설 (길이×너비×깊이)	(580)×(30)×?
시상/관대크기 (길이×너비×높이)		-		두 향	?
장축방향		N-13°-E		벽석종류	할석, 판석
유물	토 기				-
	철 기	관정(8)			
	청 동 기				-
	옥 석 류				-
	기 타				-
특기사항		해발고도 미기술. 철기 도면 스케일 미게재.			

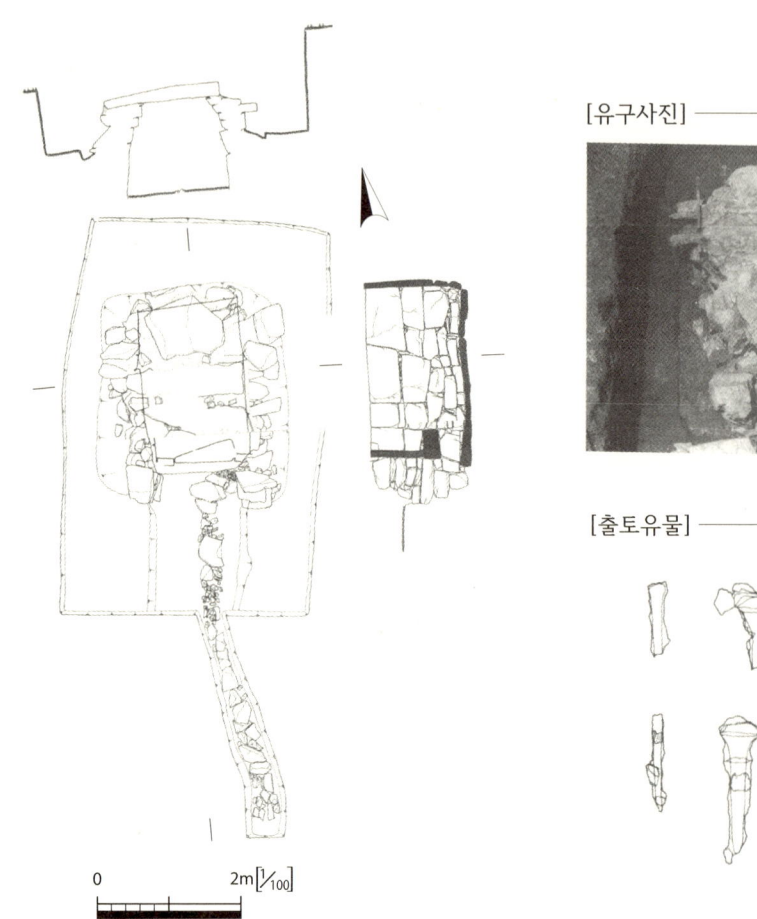

0   2m[1/100]

[유구사진]

[출토유물]

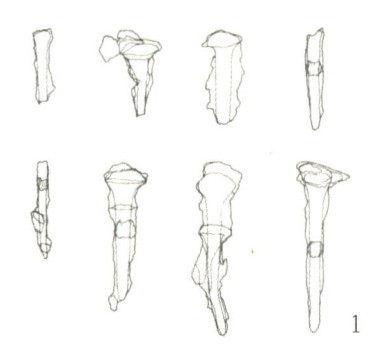

1

12호 석실묘

(단위 : cm)

봉토	크 기 (길이×너비×높이)	?	묘광	크 기 (길이×너비×깊이)	(600+)×(320+)×(100+)
	평면형태	?		장폭비	?
현실	크 기 (길이×너비×높이)	270×85×95		천장형태	?
	장폭비	3.18:1		횡구부위치	남측 단벽
횡구부	크 기 (길이×너비)	?		묘도크기 (길이×너비)	?
	장폭비	?		배수시설 (길이×너비×깊이)	?
	시상/관대크기 (길이×너비×높이)	-		두 향	?
	장축방향	N-27°-E		벽석종류	할석
유물	토 기	배(2), 병(2)			
	철 기	관정(13)			
	청 동 기	-			
	옥 석 류	-			
	기 타	-			
	특기사항	해발고도 미기술. 철기 도면 스케일 미게재.			

[출토유물]

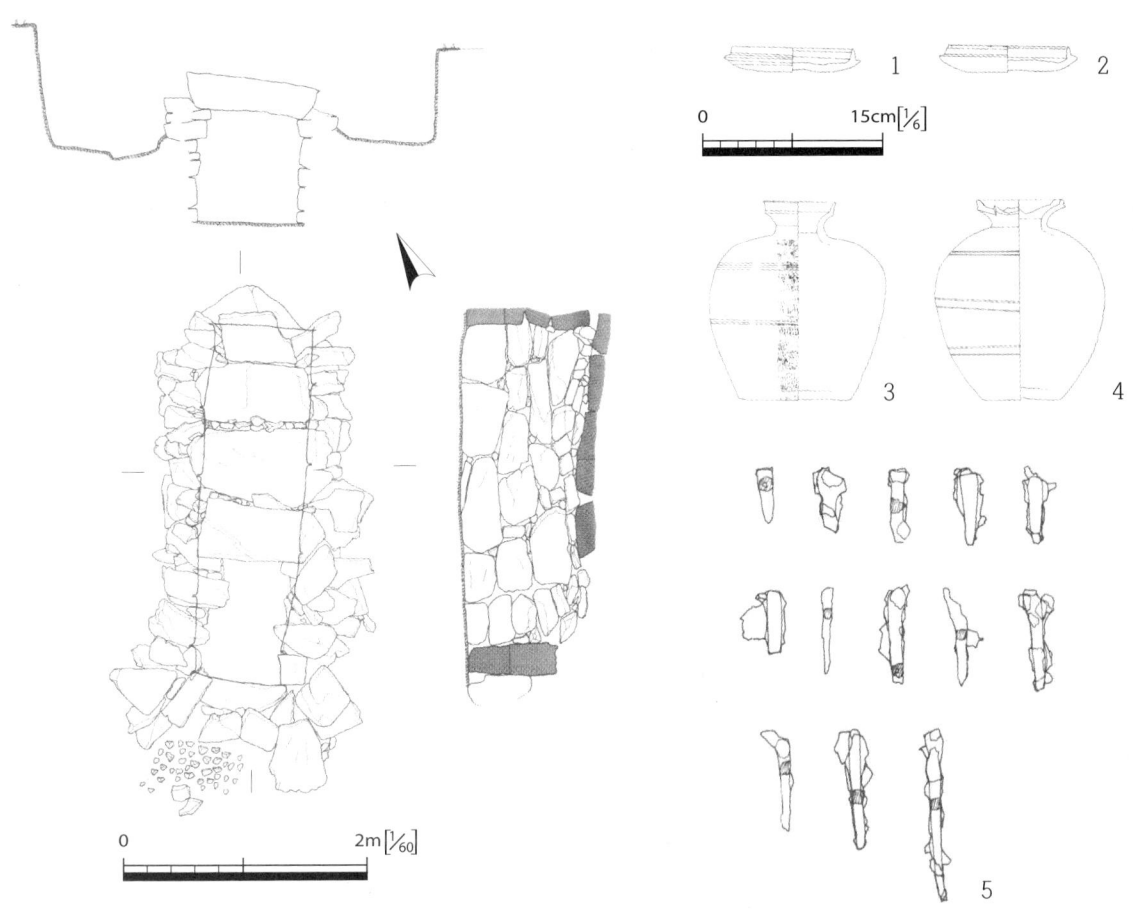

589
보령 보령리유적

보령 연지리유적 保寧 蓮芝里遺蹟

조사사유	서해안고속도로 건설로 인한 구제발굴조사
조사연혁	지표조사 : 1996. (高麗大學校 埋藏文化財研究所) 시굴조사 : 1997. (高麗大學校 埋藏文化財研究所) 발굴조사 : 1998. 05. 21. ~ 1999. 08. 20. (高麗大學校 埋藏文化財研究所)
유적위치	충청남도 보령시 주교면 연지리 산 183번지 일원 경·위도 126°33′14.94″E / 36°24′12.78″N
유적입지	유적은 북서쪽에 위치한 태봉산(240m)의 남동쪽 해발 40~55m의 구릉과 사면에 위치하고 있다. 유적은 북쪽의 A지구, 남쪽의 B지구로 구분되는데, A지구는 태봉산의 동남사면에 위치한다. B지구는 동남쪽으로 뻗은 긴 구릉지대에 위치하며 대부분 밭으로 이용되거나 과수원의 조영으로 인해 지형의 파괴가 심한 편이다.

유구현황	초기철기시대	-
	원삼국시대	-
	삼 국 시 대	석실묘(45)·석곽묘(4)·옹관묘(1)
	기 타	청동기시대 주거지(1), 고려~조선시대 건물지(1), 조선시대 주거지(3)

주요유물	개배, 병, 삼족기, 직구호, 주조철부, 도자, 금동제 이식
시대·성격	이 유적에서는 총 50기의 백제 고분이 확인되었으며 6세기 후반~7세기 초반에 조영된 고분군으로 추정된다. 파괴와 도굴로 인해 유물이 남아 있는 고분은 28기로, 개배, 병, 삼족기를 기본으로 하는 유물조합상을 갖추고 있다. 주구를 가진 석실도 다수 확인되며 대형의 배수로를 갖춘 석실도 일부 확인되고 있다. 석곽묘는 모두 소형으로, 파괴가 심하여 정확한 축조형태는 알 수 없지만 보고자는 공주 보통골유적의 석곽묘와 유사한 형태일 것으로 추정하고 있다.
참고문헌	高麗大學校 埋藏文化財研究所·忠淸南道·韓國道路公社, 1996, 『西海岸高速道路 唐津-舒川區間 埋藏文化財 分布調査·民俗調査 報告書』. 高麗大學校 埋藏文化財研究所·韓國道路公社, 1998, 『西海岸高速道路 唐津-舒川區間 埋藏文化財 試掘調査 報告書』. 高麗大學校 埋藏文化財研究所, 2002, 『蓮芝里 遺蹟』, 高麗大學校 埋藏文化財研究所 研究叢書 第12輯.

KM-001호 석실묘

(단위 : cm)

봉토	크 기 (길이×너비×높이)	?	묘광	크 기 (길이×너비×깊이)	300×203×(20+)
	평면형태	?		장폭비	1.47:1
현실	크 기 (길이×너비×높이)	270×100×(82+)		천장형태	?
	장폭비	2.70:1		횡구부위치	남측 단벽
횡구부	크 기 (길이×너비)	96×88		묘도크기 (길이×너비)	?
	장폭비	1.09:1		배수시설 (길이×너비×깊이)	-
시상/관대크기 (길이×너비×높이)		192×100×5		두 향	?
장축방향		N-14°-W		벽석종류	할석
유물	토 기	배(1), 삼족기(1)			
	철 기	도자(1), 단조철부(1), 삼칼(1), 관정(31), 미상철기(1)			
	청동기	-			
	옥석류	-			
	기 타	토제 방추차(1)			
특기사항		'ㄷ'자형의 주구[1,950×(150+)×(70+)]가 확인되었으나 도면 미게재.			

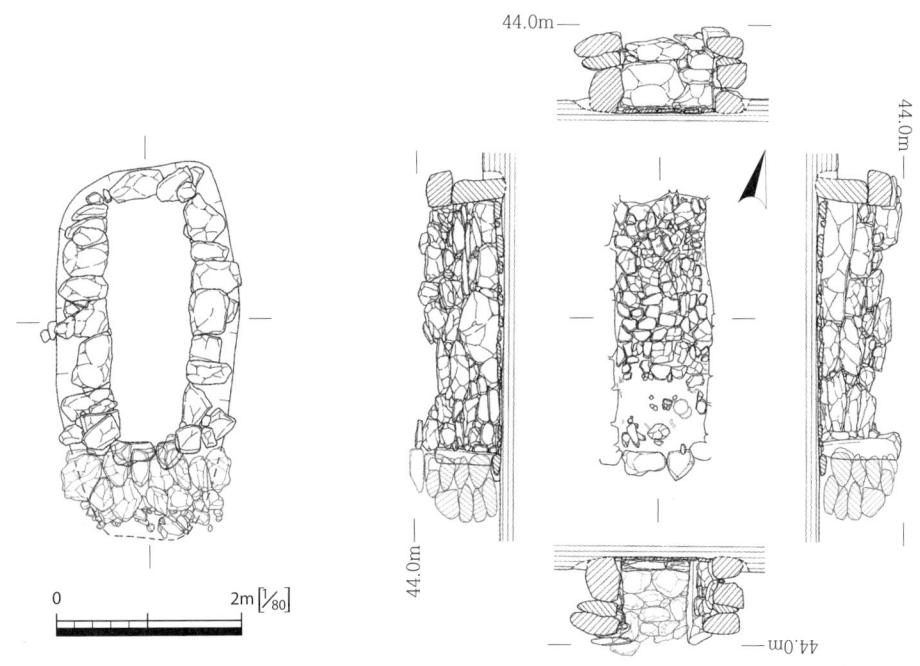

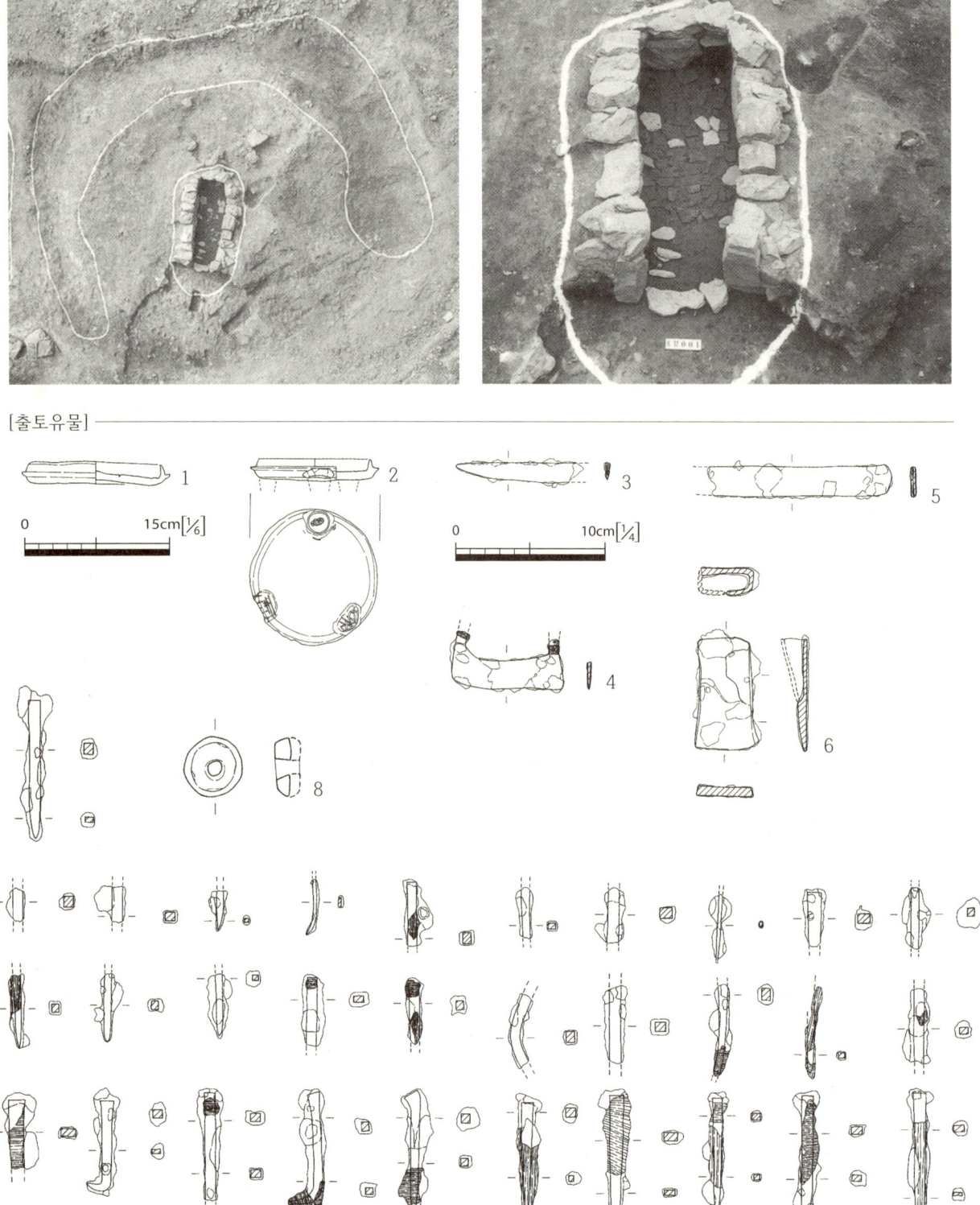

KM-002호 석실묘

(단위 : cm)

봉토	크 기 (길이×너비×높이)	(1,000+)×(1,050+)×(170+)	묘광	크 기 (길이×너비×깊이)	250×220×(110+)
	평면형태	원형		장폭비	1.13:1
현실	크 기 (길이×너비×높이)	230×90×105		천장형태	고임
	장폭비	2.55:1		연도위치	중앙
연도	크 기 (길이×너비×높이)	140×60×(69+)		묘도크기 (길이×너비)	60×96
	장폭비	(2.33):1		배수시설 (길이×너비×깊이)	-
시상/관대크기 (길이×너비×높이)		-		두 향	?
장축방향		N-10°-W		벽석종류	할석
유물	토 기	개배(1), 유개직구호(1), 병(1)			
	철 기	관정(17), 미상철기(1)			
	청동기	-			
	옥석류	석제 방추차(1)			
	기 타	-			
특기사항		'ㄷ'자형의 주구[1,510×270×(60+)]가 확인되었으나 도면 미게재.			

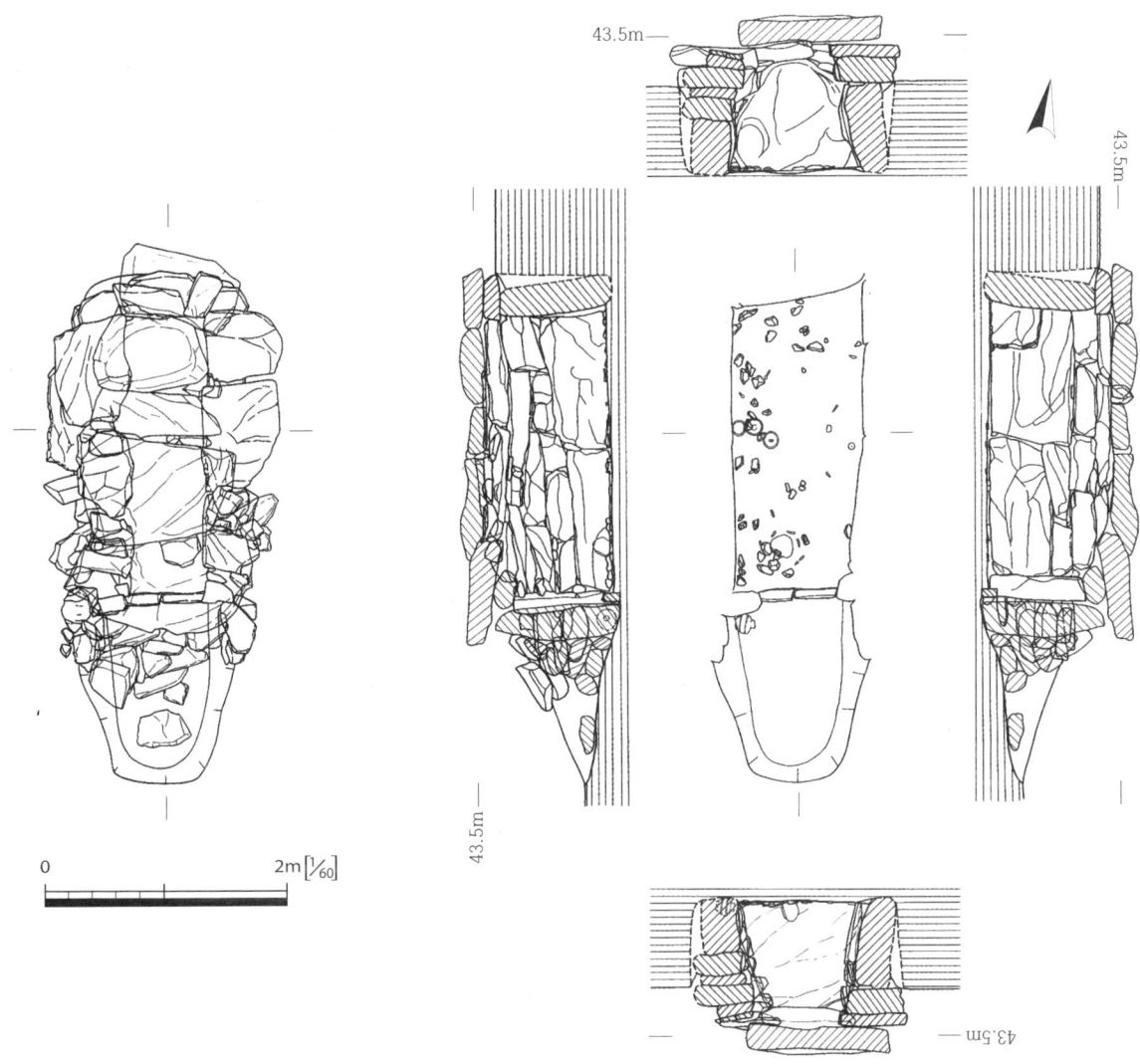

43.5m—

43.5m

43.5m—

43.5m—

0   2m[1/60]

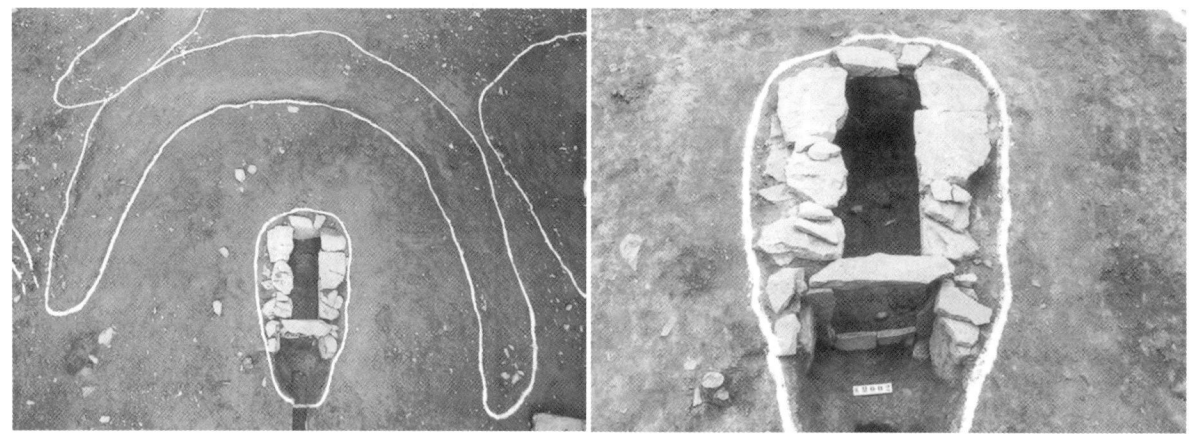

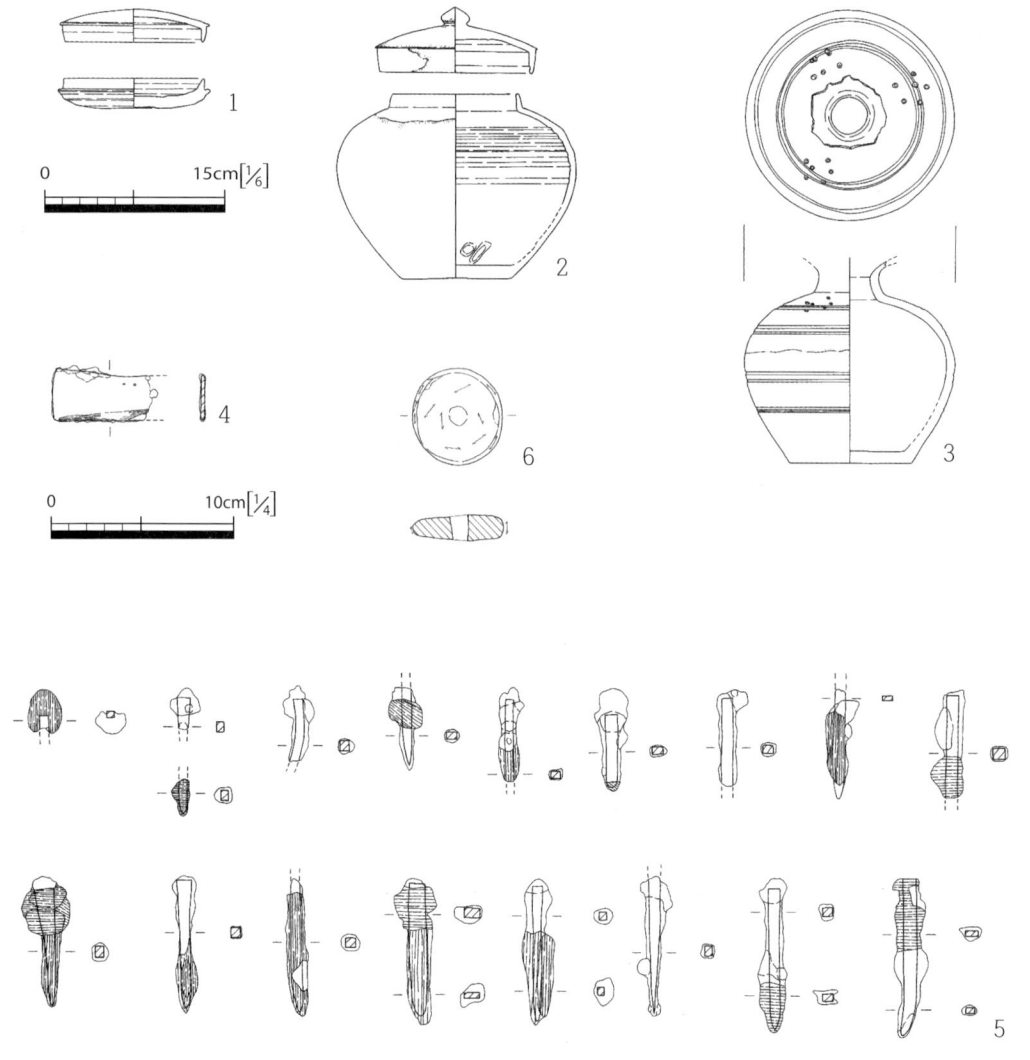

KM-003호 석실묘

(단위 : cm)

봉토	크 기 (길이×너비×높이)	?	묘광	크 기 (길이×너비×깊이)	290×180×(100+)
	평면형태	?		장폭비	1.61:1
현실	크 기 (길이×너비×높이)	230×140×(110+)		천장형태	?
	장폭비	1.64:1		연도위치	현실 연도 일체형
연도	크 기 (길이×너비×높이)	50×130×(115+)		묘도크기 (길이×너비)	(310)×(160)
	장폭비	0.38:1		배수시설 (길이×너비×깊이)	(450)×(60)×(12+)
시상/관대크기 (길이×너비×높이)		-		두 향	?
장축방향		N-14°-W		벽석종류	판석, 할석
유물	토 기	병(1), 직구단경호(1)			
	철 기	관정(6)			
	청 동 기	-			
	옥 석 류	-			
	기 타	-			
특기사항		원형의 주구[2,540×240×(70+)]가 확인되었으나 도면 미게재.			

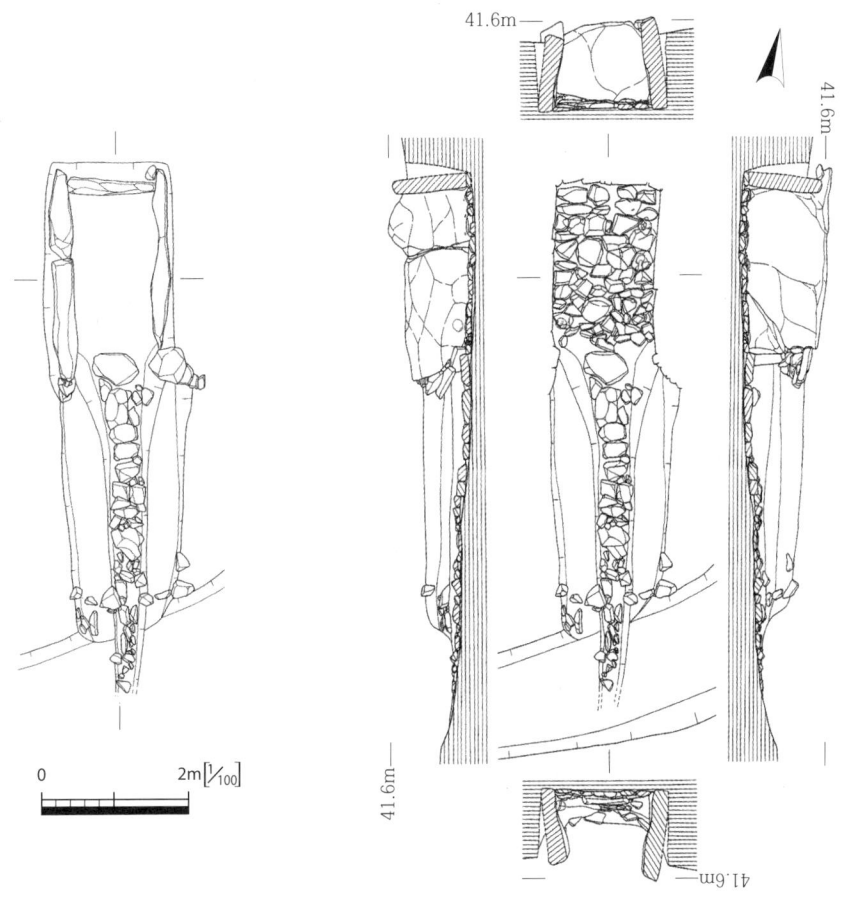

41.6m

0   2m[1/100]

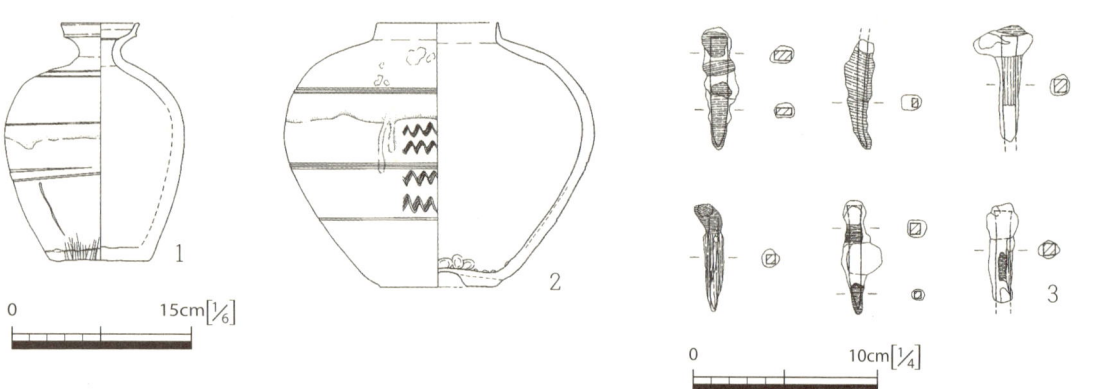

0   15cm[⅙]

0   10cm[¼]

KM-004호 석실묘

(단위 : cm)

봉토	크 기 (길이×너비×높이)	?	묘광	크 기 (길이×너비×깊이)	290×170×(50+)
	평면형태	?		장폭비	1.70:1
현실	크 기 (길이×너비×높이)	250×90×(57+)		천장형태	?
	장폭비	2.77:1		연도위치	현실 연도 일체형
연도	크 기 (길이×너비×높이)	48×78×(45+)		묘도크기 (길이×너비)	294×88
	장폭비	0.62:1		배수시설 (길이×너비×깊이)	(477)×(48)×(12)
시상/관대크기 (길이×너비×높이)		-	두 향		?
장축방향		N-6°-W	벽석종류		할석
유물	토 기	병(1), 삼족기(2)			
	철 기	도(1), 도자(1), 관정(7), 미상철기(1)			
	청동기	-			
	옥석류	-			
	기 타	-			
특기사항		눈썹형의 주구[(900+)×(105+)×(50+)]가 확인되었으나 도면 미게재.			

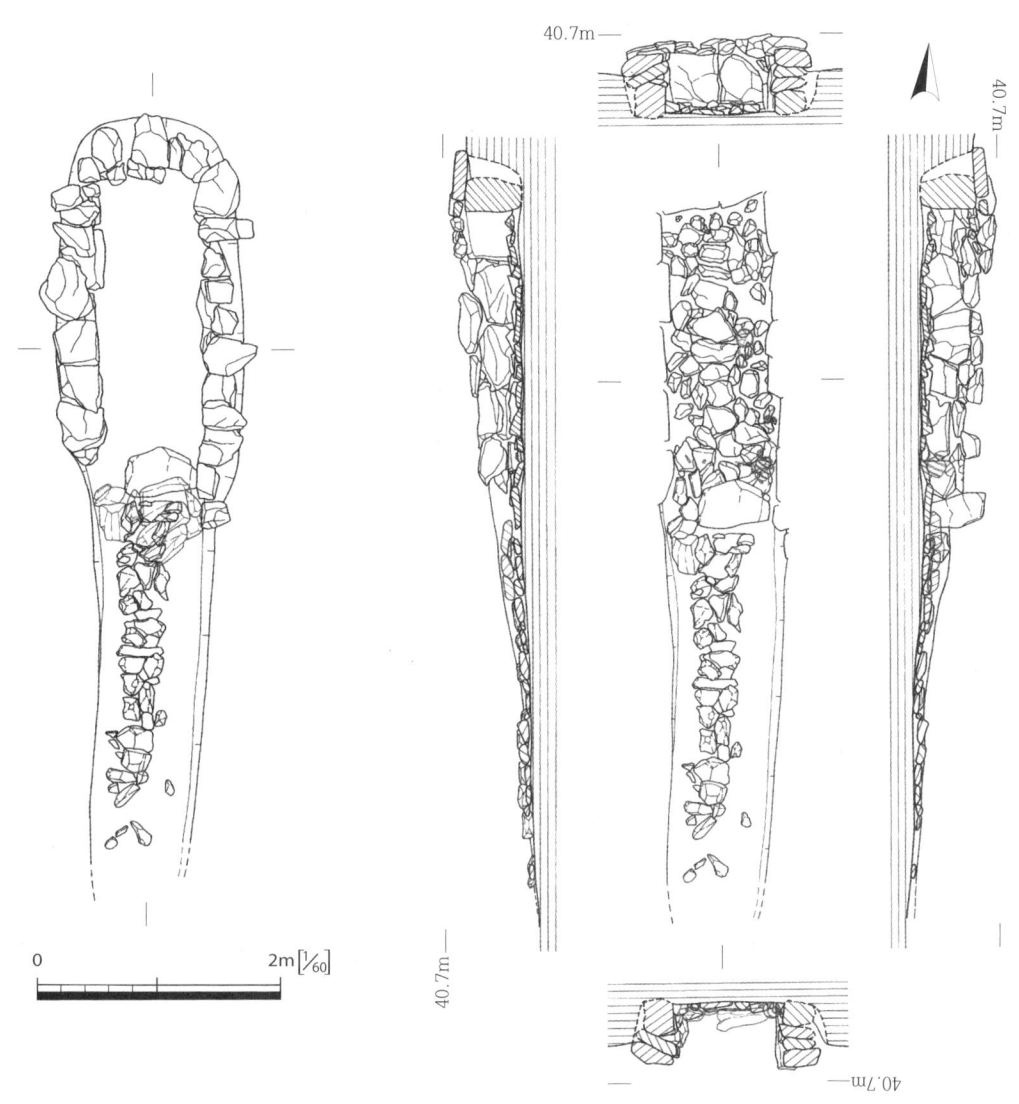

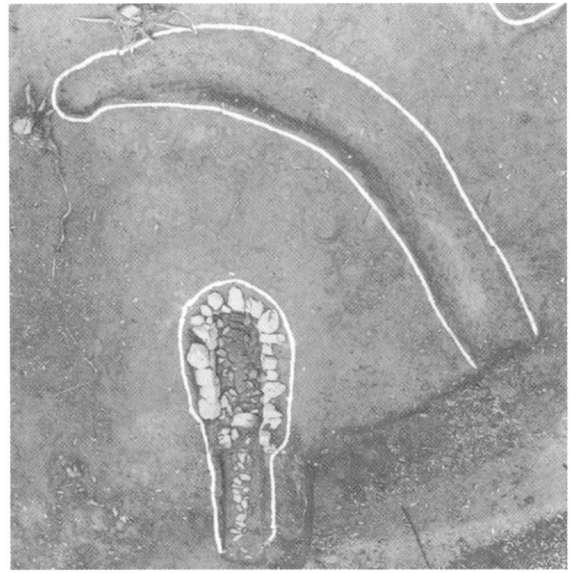
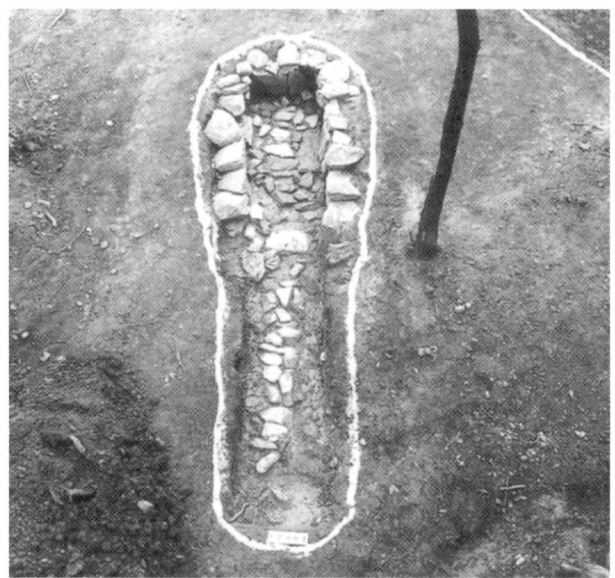

[출토유물]

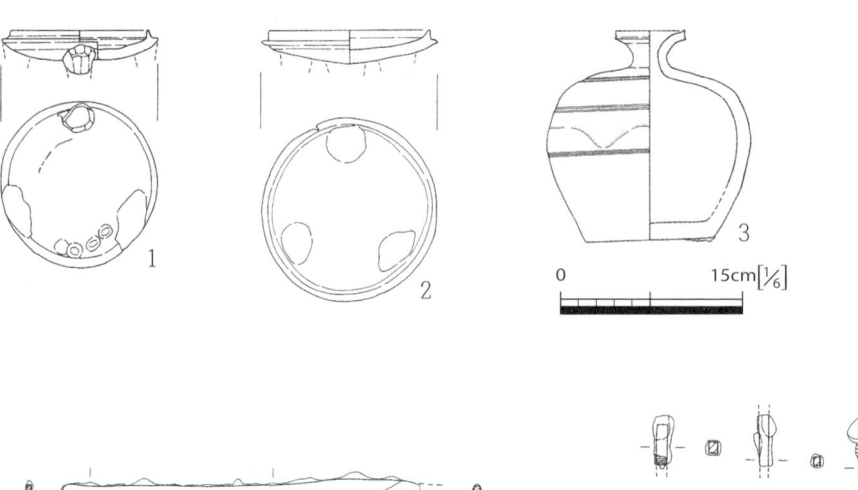

0   15cm[1/6]

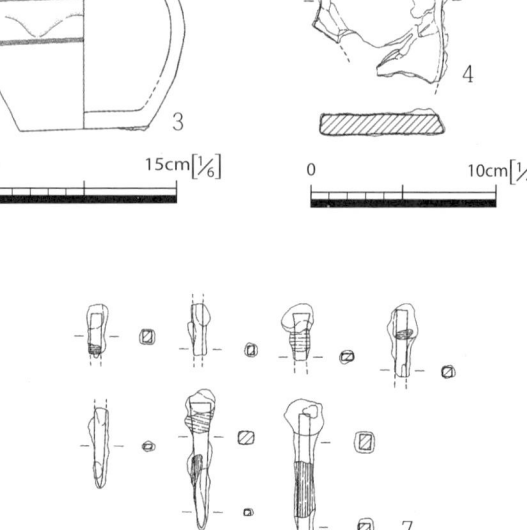

0   10cm[1/4]

1

2

3

4

5

6

7

KM-005호 석실묘

(단위 : cm)

봉토	크 기 (길이×너비×높이)	(1,000)×1,000×(240+)	묘광	크 기 (길이×너비×깊이)	250×160×(40+)
	평면형태	원형		장폭비	1.56:1
현실	크 기 (길이×너비×높이)	190×100×89		천장형태	고임
	장폭비	1.90:1		연도위치	중앙
연도	크 기 (길이×너비×높이)	30×54×(75+)		묘도크기 (길이×너비)	84×96
	장폭비	0.56:1		배수시설 (길이×너비×깊이)	-
시상/관대크기 (길이×너비×높이)		180×96×20		두 향	?
장축방향		N-4°-E		벽석종류	할석
유물	토 기	개(1), 병(1), 삼족기(1)			
	철 기	관정(21)			
	청 동 기	-			
	옥 석 류	-			
	기 타	-			
특기사항		눈썹형의 주구[1,650×200×(55+)]가 확인되었으나 도면 미게재.			

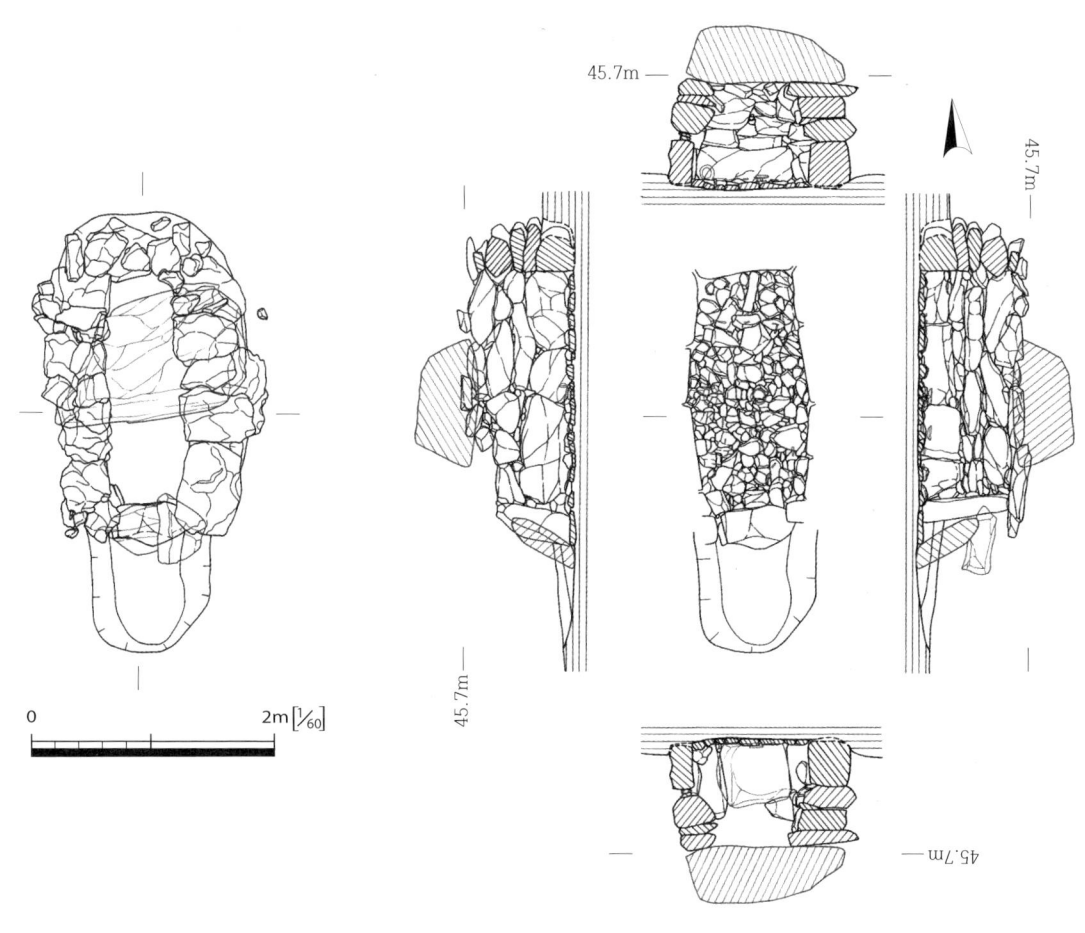

45.7m

45.7m

45.7m

0   2m [1/60]

45.7m

45.7m

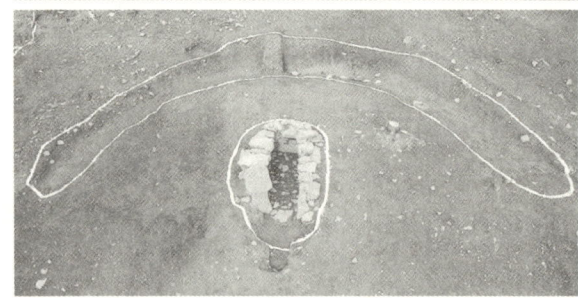

[출토유물]

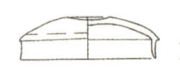 1

0   15cm[1/6]

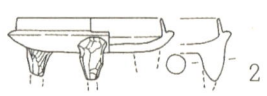 2

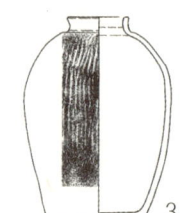 3

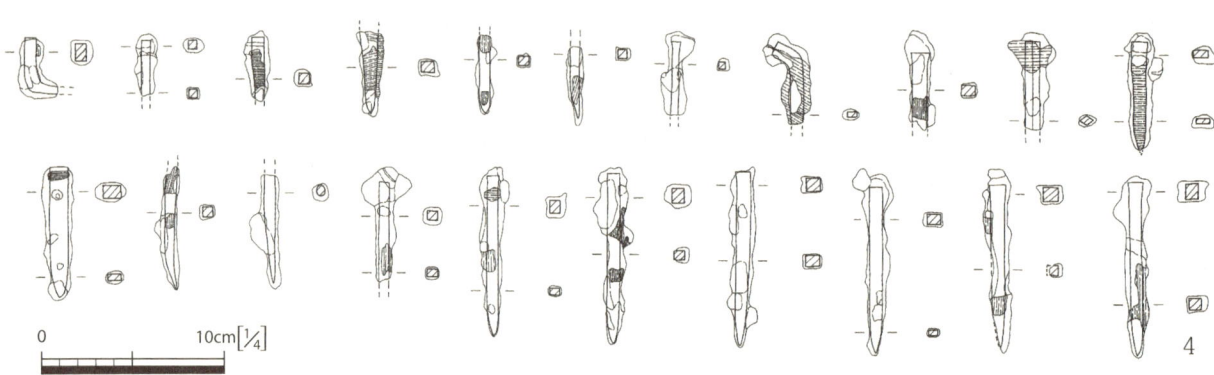

0   10cm[1/4]

4

KM-006호 석실묘

(단위 :　cm)

봉토	크 기 (길이×너비×높이)	?×1,150×(270+)	묘광	크 기 (길이×너비×깊이)	300×140×(140+)
	평면형태	?		장폭비	2.14:1
현실	크 기 (길이×너비×높이)	260×140×124		천장형태	고임
	장폭비	1.85:1		연도위치	중앙
연도	크 기 (길이×너비×높이)	168×112×(84+)		묘도크기 (길이×너비)	?
	장폭비	1.50:1		배수시설 (길이×너비×깊이)	-
시상/관대크기 (길이×너비×높이)		-		두 향	?
장축방향		N-0°-S		벽석종류	판석, 할석
유물	토 기	병(1), 삼족기(1)			
	철 기	관고리(1), 관정(31)			
	청 동 기	-			
	옥 석 류	-			
	기 타	-			
특기사항		눈썹형의 주구[(1,500×250×(40+)]가 확인되었으나 도면 미게재.			

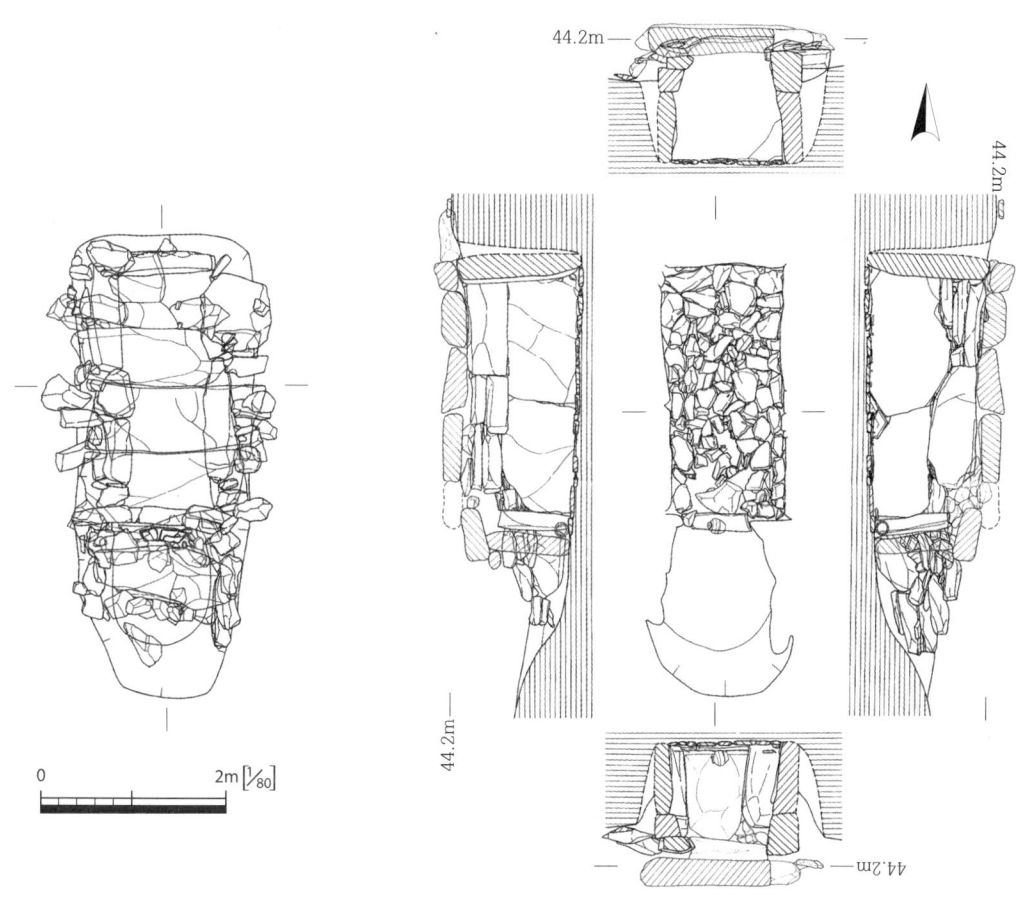

[유구사진]

[출토유물]

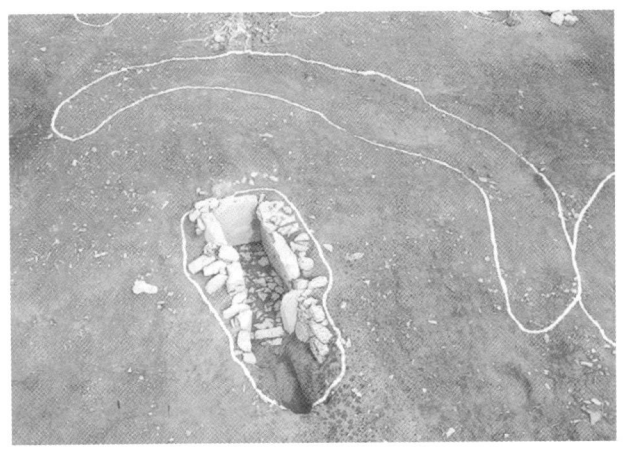

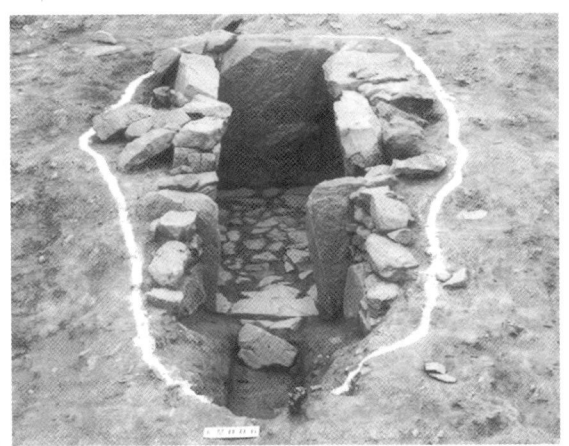

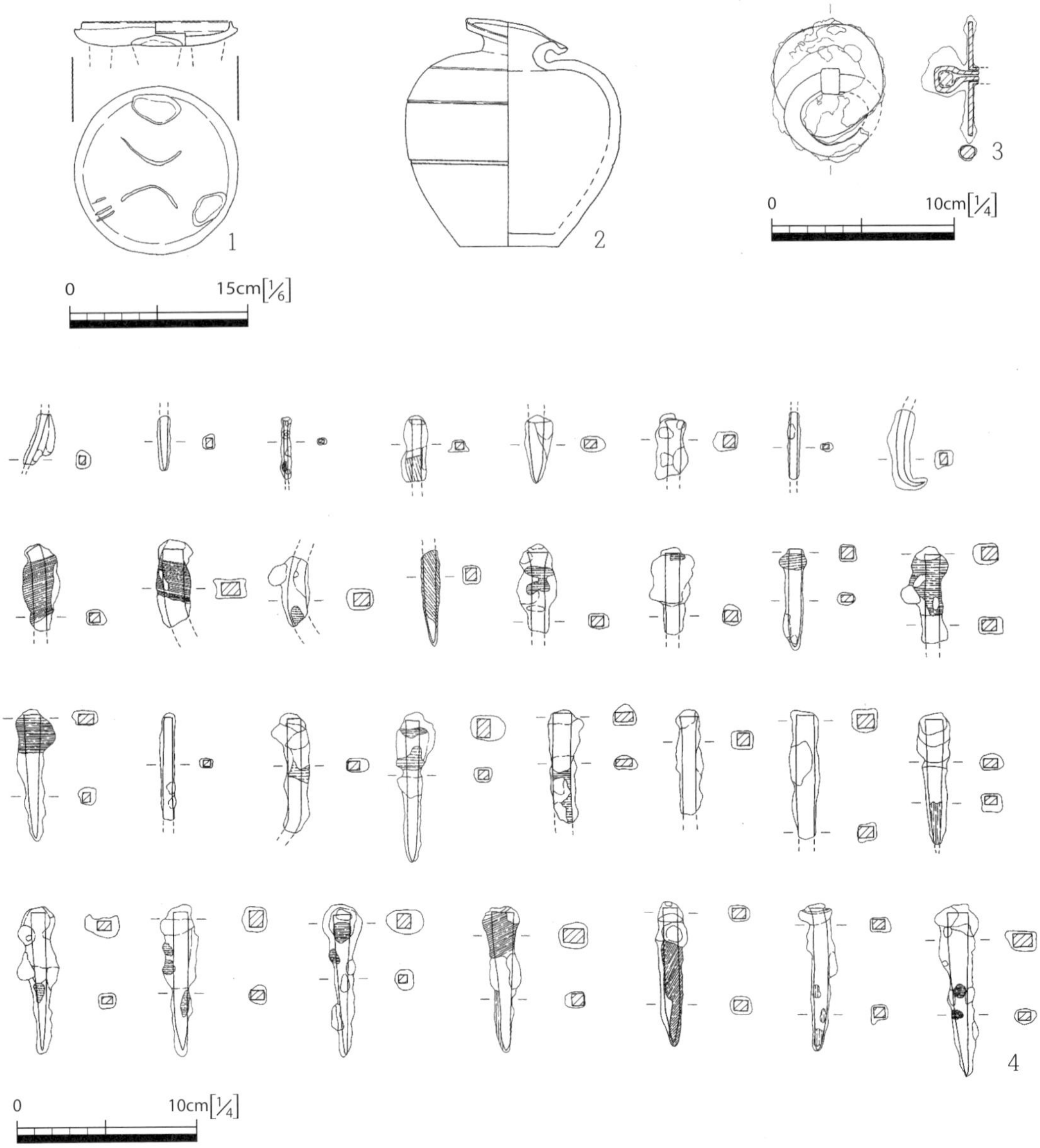
1
0
15cm[1/6]
2
3
0
10cm[1/4]
4
0
10cm[1/4]

KM-007호 석실묘

(단위 : cm)

봉토	크 기 (길이×너비×높이)	?×1,000×(200+)	묘광	크 기 (길이×너비×깊이)	290×180×(60+)	
	평면형태	?		장폭비	1.61:1	
현실	크 기 (길이×너비×높이)	(150+)×80×94		천장형태	(고임)	
	장폭비	?		연도위치	?	
연도	크 기 (길이×너비×높이)	?		묘도크기 (길이×너비)	?	
	장폭비	?		배수시설 (길이×너비×깊이)	-	
시상/관대크기 (길이×너비×높이)		-		두 향	?	
장축방향		N-24°-W		벽석종류	할석	
유물	토 기	-				
	철 기	관정(1)				
	청동기	-				
	옥석류	-				
	기 타	금동제 이식(1)				
특기사항		횡혈식 석실로 보고하였으나 남측 단벽이 파괴되어 정확한 구조는 알 수 없음. 'ㄱ'자형의 주구 [(1,200)×140×(50+)]가 확인되었으나 도면 미게재.				

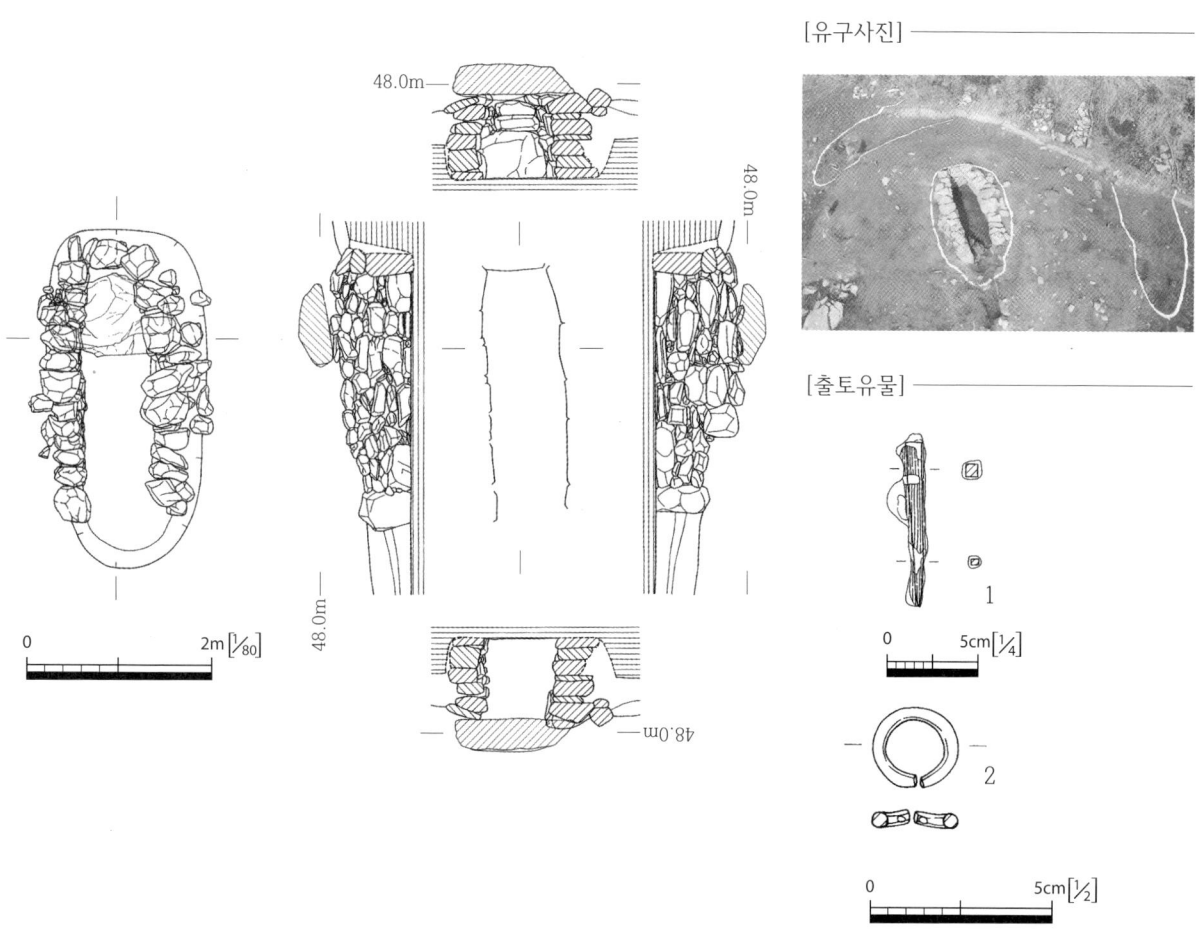

[유구사진]

[출토유물]

1

2

0   2m [1/80]

0   5cm [1/4]

0   5cm [1/2]

KM-008호 석곽묘

(단위 : cm)

묘광	크 기 (길이×너비×깊이)	174×100×(40+)	주체부	크 기 (길이×너비×높이)	130×50×(33+)
	장폭비	1.74:1		장폭비	2.60:1
	장축방향	N-14°-W	시상·관대	크 기 (길이×너비×높이)	-
	두 향	?	벽석종류		할석
유물	토 기	-			
	철 기	-			
	청 동 기	-			
	옥 석 류	-			
	기 타	-			
	특기사항	출토유물 없음. 눈썹형의 주구가 확인되었으나 도면 미게재.			

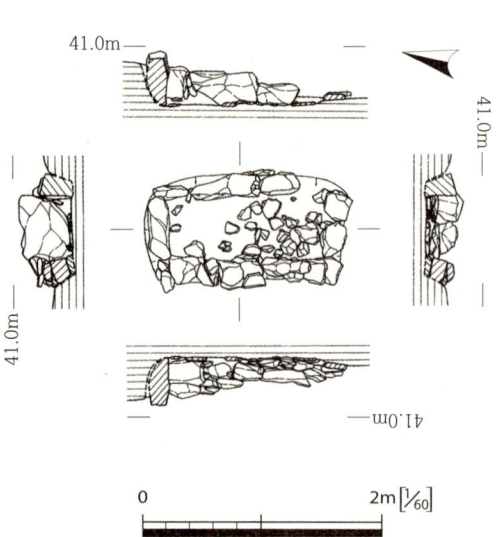

[유구사진]

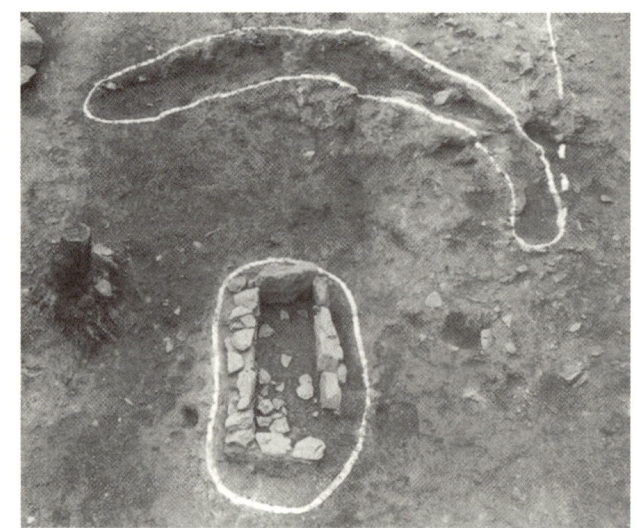

KM-009호 석실묘

(단위 : cm)

봉토	크 기 (길이×너비×높이)	?	묘광	크 기 (길이×너비×깊이)	275×150×(50+)
	평면형태	?		장폭비	1.83:1
현실	크 기 (길이×너비×높이)	260×80×(63+)		천장형태	?
	장폭비	3.25:1		연도위치	?
연도	크 기 (길이×너비×높이)	?		묘도크기 (길이×너비)	(174)×(102)
	장폭비	?		배수시설 (길이×너비×깊이)	-
시상/관대크기 (길이×너비×높이)		?		두 향	?
장축방향		N-3°-W		벽석종류	할석
유물	토 기	병(2), 삼족기(1)			
	철 기	관고리(2), 관정(12)			
	청 동 기	-			
	옥 석 류	-			
	기 타	-			
특기사항		눈썹형의 주구가 확인되었으나 도면 미게재. 횡혈식 석실로 보고하였으나 파괴가 심하여 정확한 구조는 알 수 없음.			

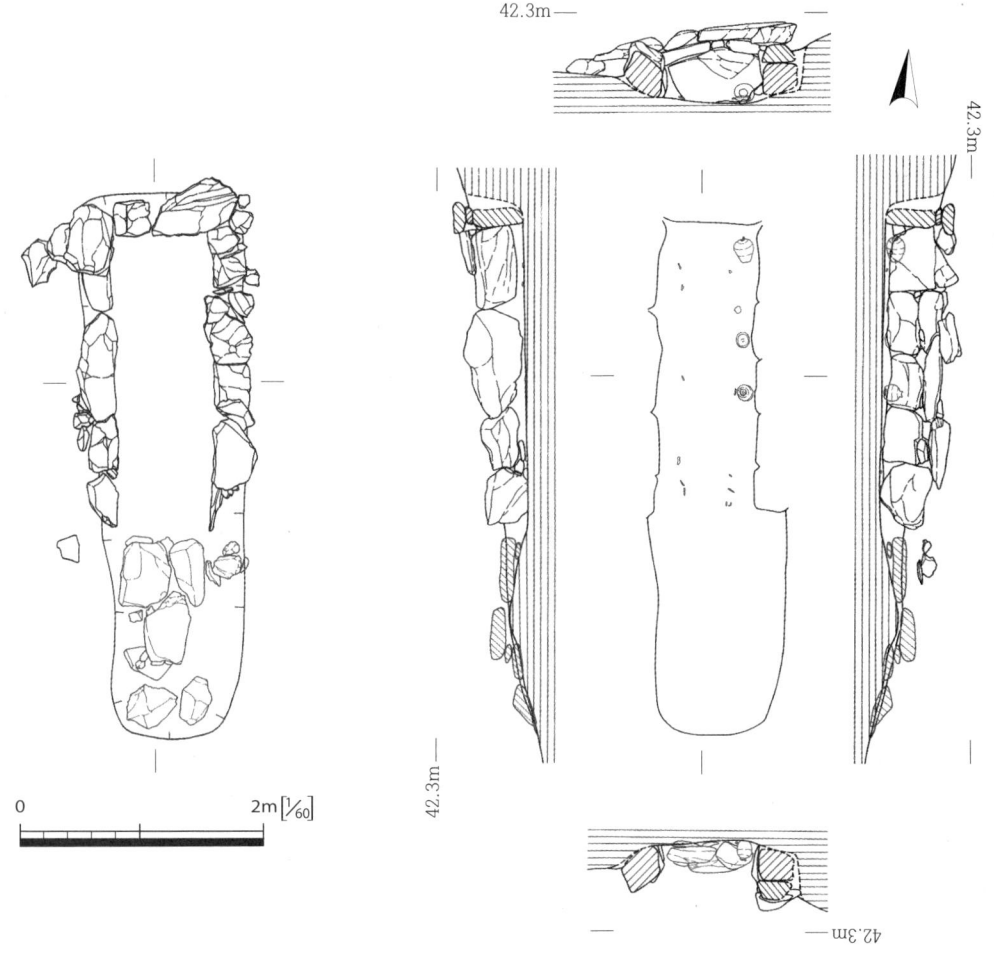

42.3m —

42.3m —

42.3m —

42.3m —

0   2m [1/60]

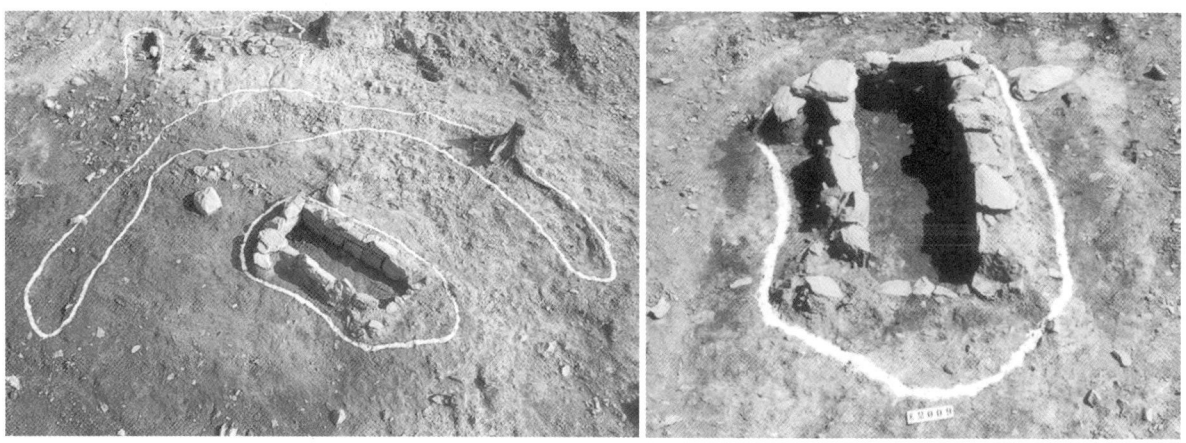

[출토유물]

0   15cm[⅙]

0   10cm[¼]

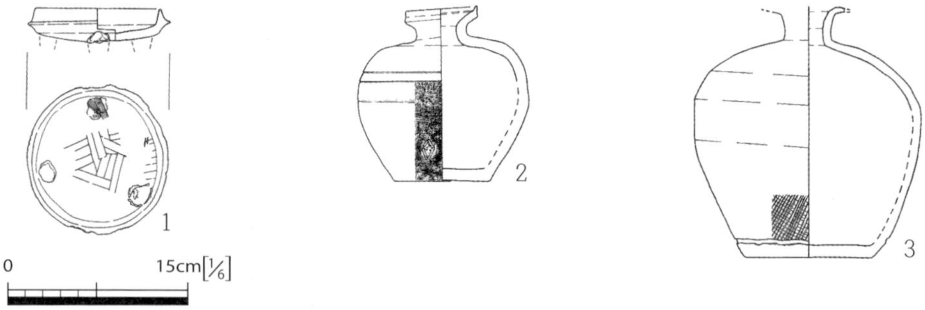

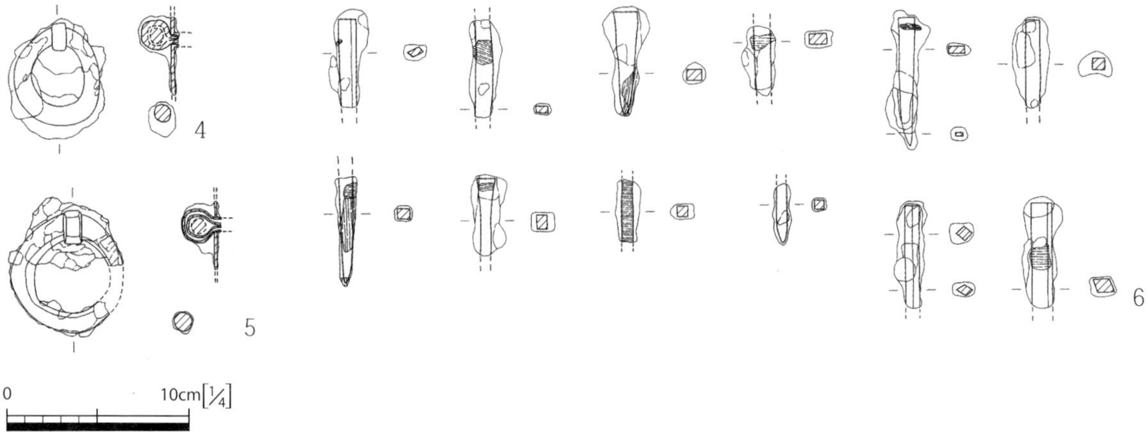

KM-010호 석실묘

봉토	크 기 (길이×너비×높이)	?	묘광	크 기 (길이×너비×깊이)	290×200×(100+)
	평면형태	?		장폭비	1.45:1
현실	크 기 (길이×너비×높이)	250×150×(110+)		천장형태	?
	장폭비	1.66:1		연도위치	중앙
연도	크 기 (길이×너비×높이)	(138)×(130)×(84+)		묘도크기 (길이×너비)	?
	장폭비	(1.06:1)		배수시설 (길이×너비×깊이)	-
시상/관대크기 (길이×너비×높이)		?	두 향		?
장축방향		N-3°-W	벽석종류		판석, 할석
유물	토 기	병(2)			
	철 기	관고리(4), 관정(28)			
	청 동 기	-			
	옥 석 류	-			
	기 타	-			
	특기사항				

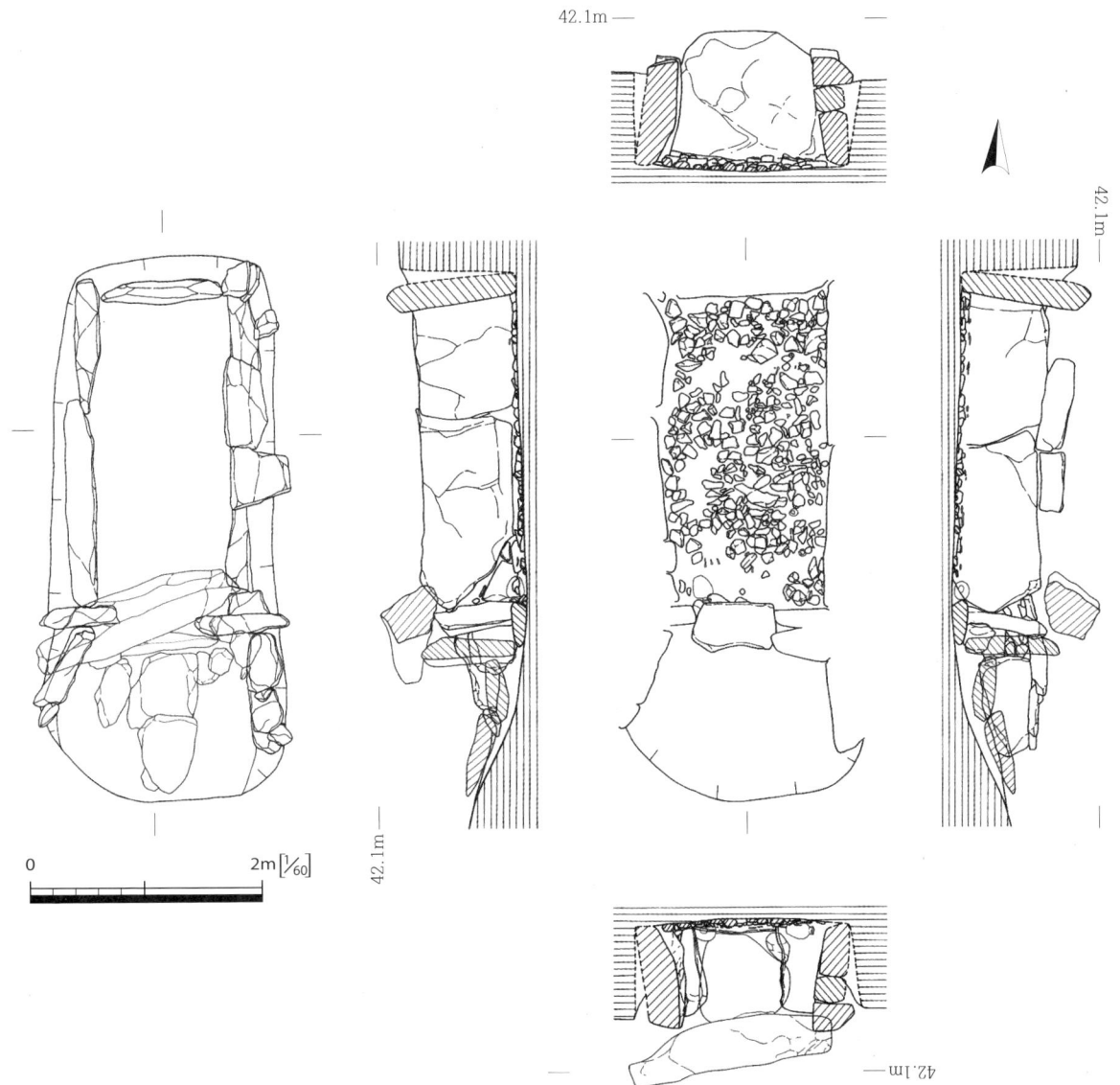

0   2m[1/60]

보령 연지리유적

[출토유물]

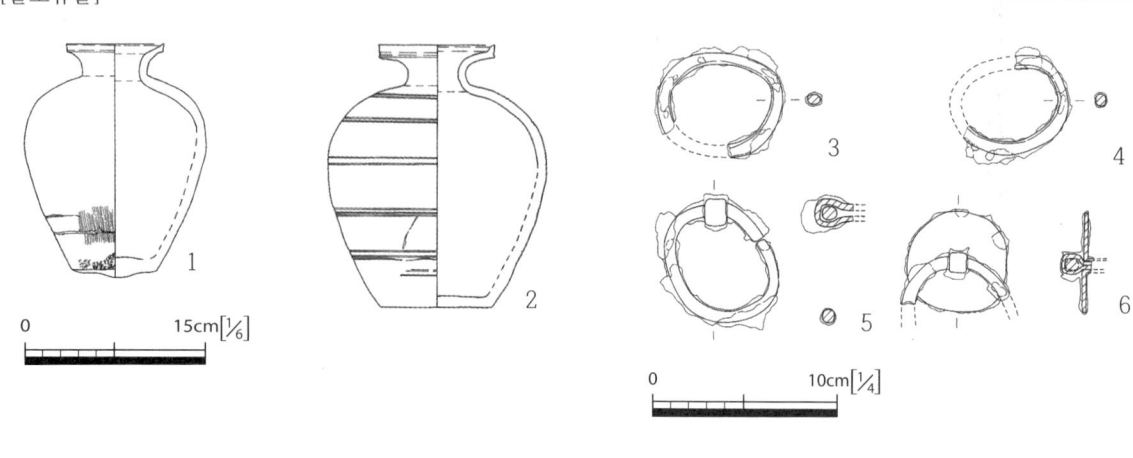

0 ——————— 15cm[1/6]

0 ——————— 10cm[1/4]

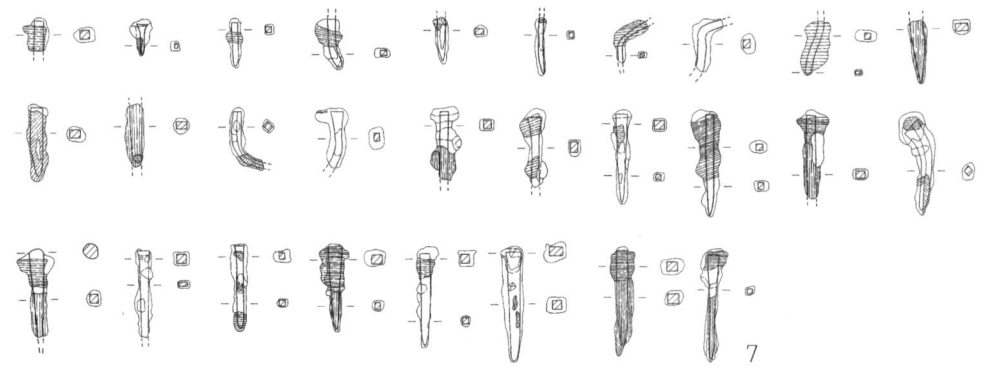

KM-011호 석곽묘

(단위 : cm)

묘광	크 기 (길이×너비×깊이)	190×110×(25+)	주체부	크 기 (길이×너비×높이)	(130+)×(50+)×(34+)
	장폭비	1.72:1		장폭비	?
	장축방향	N-4°-E	시상·관대	크 기 (길이×너비×높이)	-
	두 향	?	벽석종류		할석
유물	토 기	-			
	철 기	-			
	청동기	-			
	옥석류	-			
	기 타	-			
	특기사항	출토유물 없음. 석곽으로 보고하였으나 파괴가 심하여 정확한 구조는 알 수 없음.			

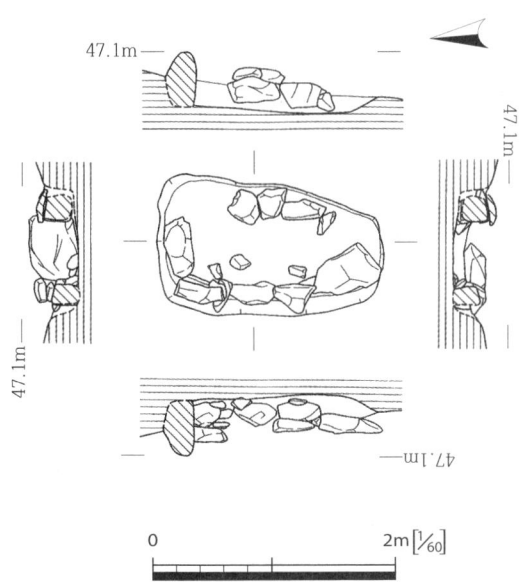

[유구사진]

0   2m [1/60]

KM-012호 석실묘

(단위 : cm)

봉토	크 기 (길이×너비×높이)	?×950×(270+)	묘광	크 기 (길이×너비×깊이)	290×130×(30+)
	평면형태	?		장폭비	2.23:1
현실	크 기 (길이×너비×높이)	185×65×60		천장형태	고임
	장폭비	2.85:1		연도위치	(중앙)
연도	크 기 (길이×너비×높이)	(22)×(78)×(75+)		묘도크기 (길이×너비)	?
	장폭비	?		배수시설 (길이×너비×깊이)	-
시상/관대크기 (길이×너비×높이)		-		두 향	?
장축방향		N-6°-W		벽석종류	할석
유물	토 기	-			
	철 기	-			
	청동기	-			
	옥석류	-			
	기 타	-			
특기사항		횡혈식 석실로 보고하였으나 횡구식 구조로 추정됨. 눈썹형의 주구[1,200×230×(40+)]가 확인 되었으나 도면 미게재. 출토유물 없음.			

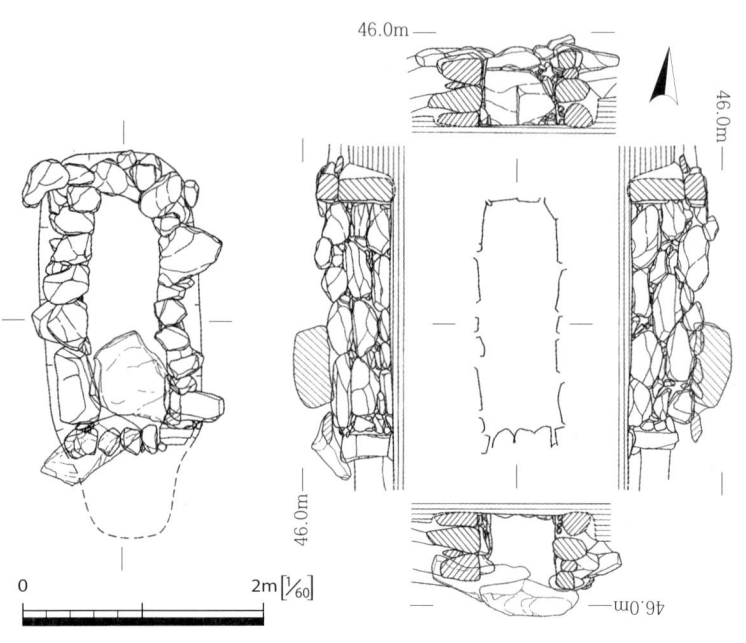

[유구사진]

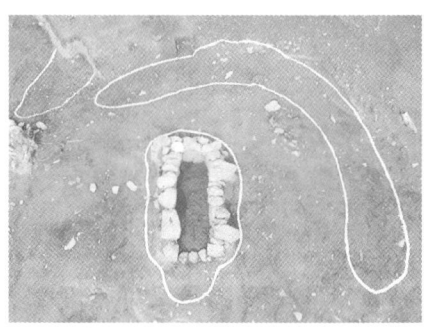

KM-013호 석실묘

(단위 : cm)

봉토	크 기 (길이×너비×높이)	?	묘광	크 기 (길이×너비×깊이)	380×210×(55+)
	평면형태	?		장폭비	1.80:1
현실	크 기 (길이×너비×높이)	250×90×(85+)		천장형태	고임
	장폭비	2.77:1		연도위치	(?)
연도	크 기 (길이×너비×높이)	(126)×(72)×(63+)		묘도크기 (길이×너비)	?
	장폭비	(1.75):1		배수시설 (길이×너비×깊이)	-
시상/관대크기 (길이×너비×높이)		-		두 향	?
장축방향		N-4°-E		벽석종류	할석
유물	토 기	배(2), 단경호(1), 병(1)			
	철 기	관정(3)			
	청 동 기	-			
	옥 석 류	-			
	기 타	토제 방추차(1)			
특기사항		횡혈식 석실로 보고하였으나 파괴가 심하여 정확한 구조는 알 수 없음.			

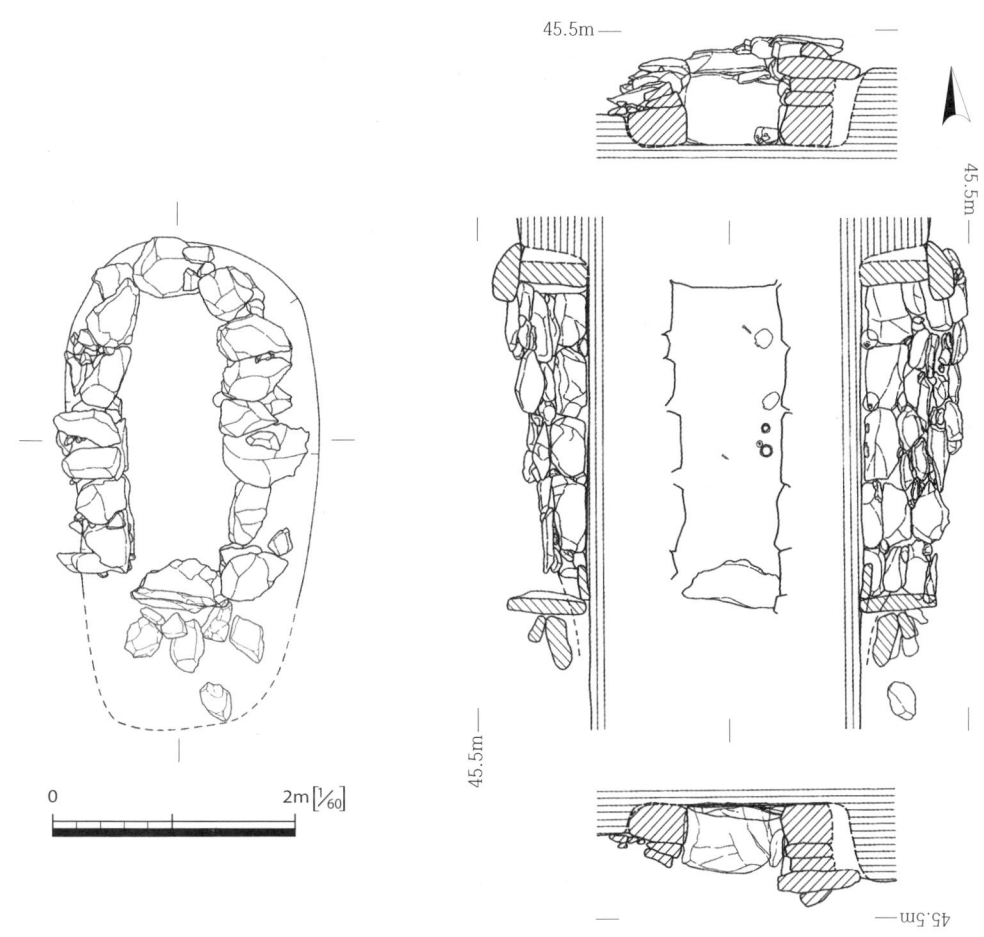

[출토유물]

KM-014호 석실묘

(단위 : cm)

봉토	크 기 (길이×너비×높이)	?	묘광	크 기 (길이×너비×깊이)	(300+)×170×(50+)
	평면형태	?		장폭비	?
현실	크 기 (길이×너비×높이)	240×120×(80+)		천장형태	?
	장폭비	2.00:1		연도위치	?
연도	크 기 (길이×너비×높이)	?		묘도크기 (길이×너비)	?
	장폭비	?		배수시설 (길이×너비×깊이)	?
시상/관대크기 (길이×너비×높이)		-		두 향	?
장축방향		N-6°-W		벽석종류	할석
유물	토 기	개(2), 단경호(1), 병(1)			
	철 기	관정(2)			
	청동기	-			
	옥석류	석제 방추차(1)			
	기 타	-			
특기사항		횡혈식 석실로 보고하였으나 남측 단벽이 파괴되어 정확한 구조는 알 수 없음.			

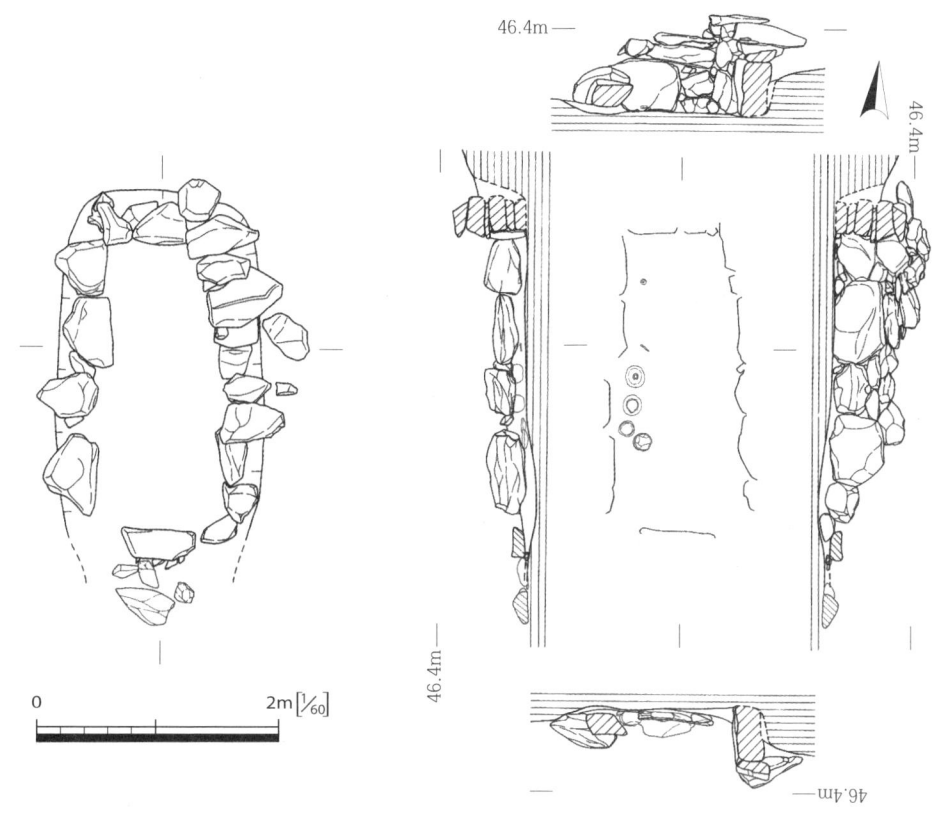

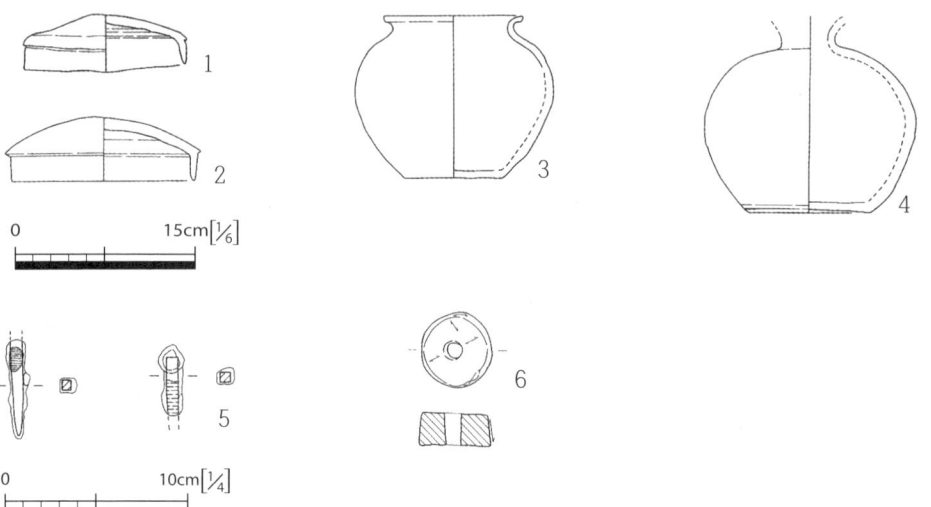

KM-015호 석실묘

(단위 : cm)

봉토	크 기 (길이×너비×높이)	?	묘광	크 기 (길이×너비×깊이)	230×155×(50+)
	평면형태	?		장폭비	1.48:1
현실	크 기 (길이×너비×높이)	190×100×(80+)		천장형태	?
	장폭비	1.90:1		연도위치	중앙
연도	크 기 (길이×너비×높이)	(70+)×(120)×(75+)		묘도크기 (길이×너비)	(80)×(120)
	장폭비	(0.58):1		배수시설 (길이×너비×깊이)	-
시상/관대크기 (길이×너비×높이)		-	두 향		?
장축방향		N-6°-W	벽석종류		할석, 판석
유물	토 기	병(1:주구1)			
	철 기	도자(1), 관정(4)			
	청동기	-			
	옥석류	-			
	기 타	-			
특기사항		타원형의 주구[2,400×100×(60+)]가 확인되었으나 도면 미게재. 백제 석실로 보고하였으나 통일신라시대 유구일 가능성이 있음.			

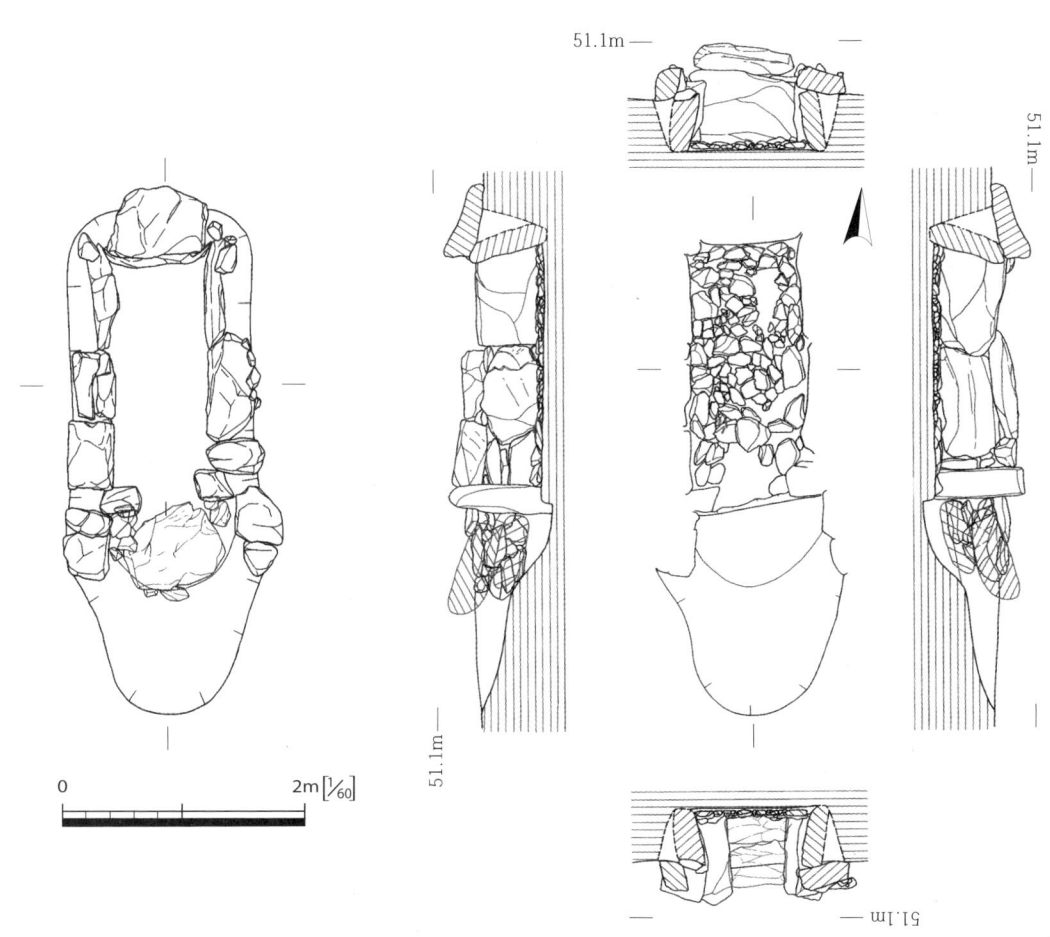

51.1m

[유구사진]

KM015

KM015

[주구]

1
0
15cm[1/6]

[출토유물]

2
0
10cm[1/4]
3

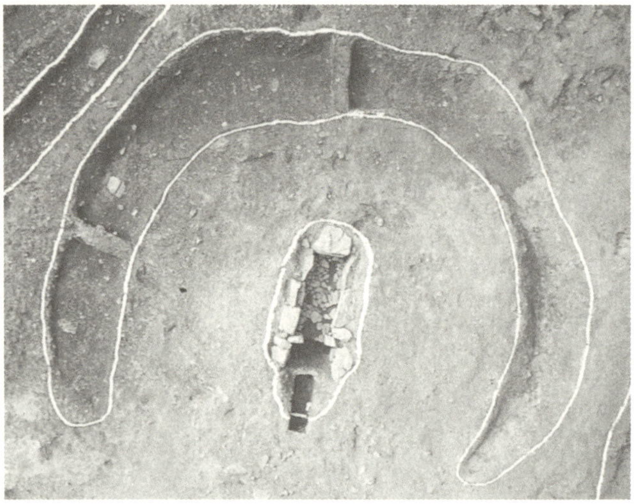

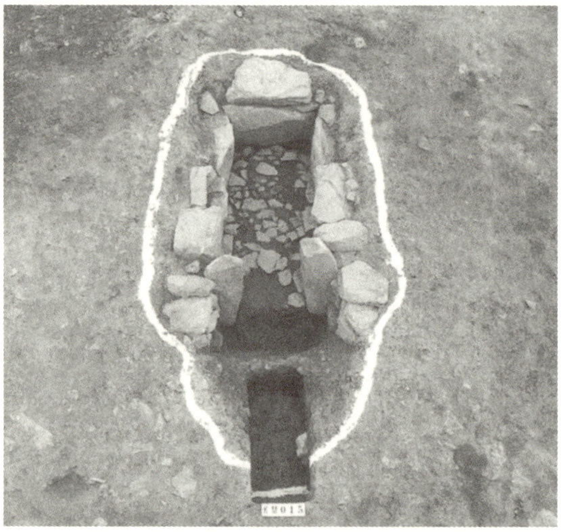

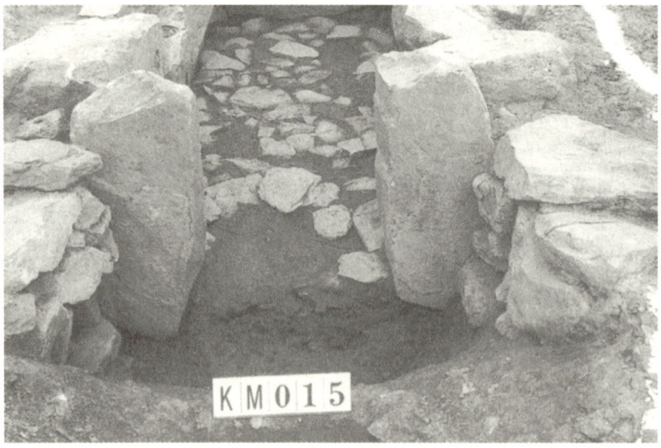

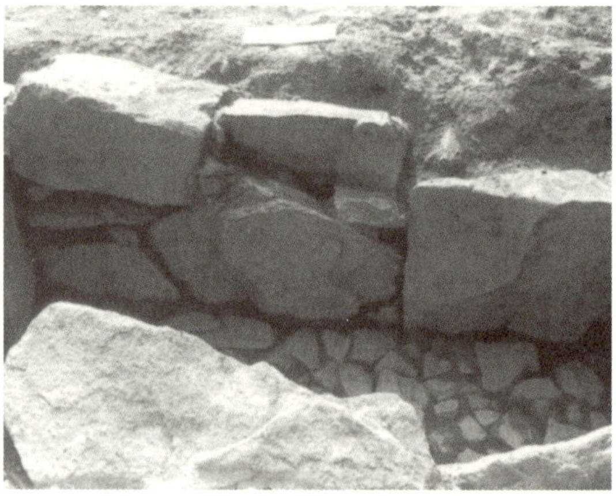

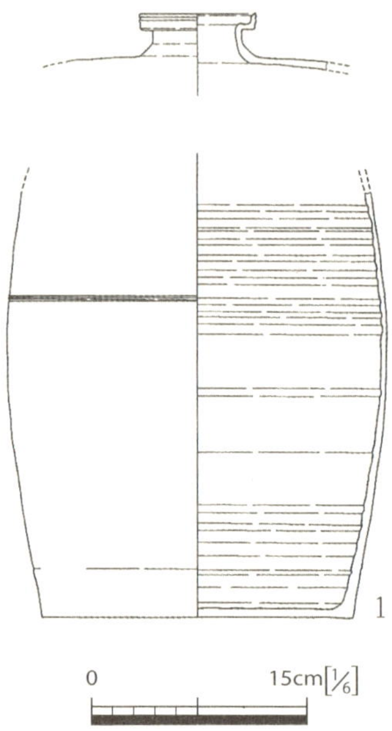

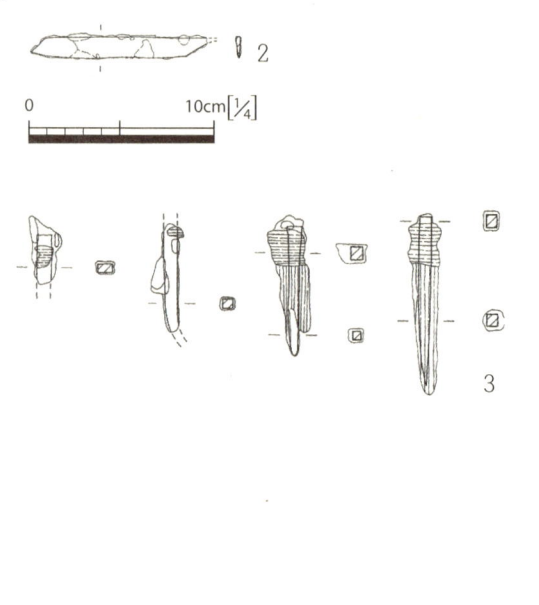

KM-016호 석실묘

(단위 : cm)

봉토	크 기 (길이×너비×높이)	(1,000)×1,000×(380+)	묘광	크 기 (길이×너비×깊이)	340×200×(40+)
	평면형태	원형		장폭비	1.70:1
현실	크 기 (길이×너비×높이)	240×110×85		천장형태	고임
	장폭비	2.18:1		연도위치	중앙
연도	크 기 (길이×너비×높이)	(30)×(60)×(81+)		묘도크기 (길이×너비)	(102)×(108)
	장폭비	(0.50):1		배수시설 (길이×너비×깊이)	-
시상/관대크기 (길이×너비×높이)		-		두 향	?
장축방향		N-10°-W		벽석종류	할석
유물	토 기	배(1), 병(3), 삼족기(1)
	철 기	관정(29)
	청동기	-
	옥석류	석제 방추차(1)
	기 타	-
특기사항		눈썹형의 주구[1,500×170×(60+)]가 확인되었으나 도면 미게재.

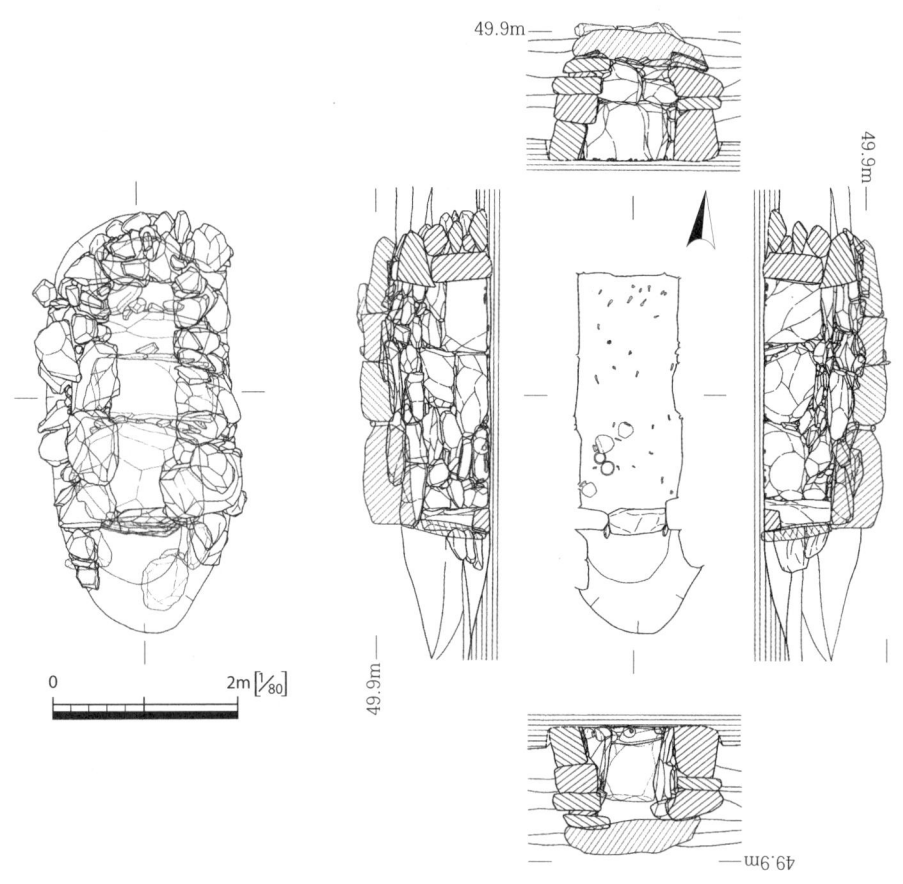

49.9m

49.9m

49.9m

49.9m

0   2m [1/80]

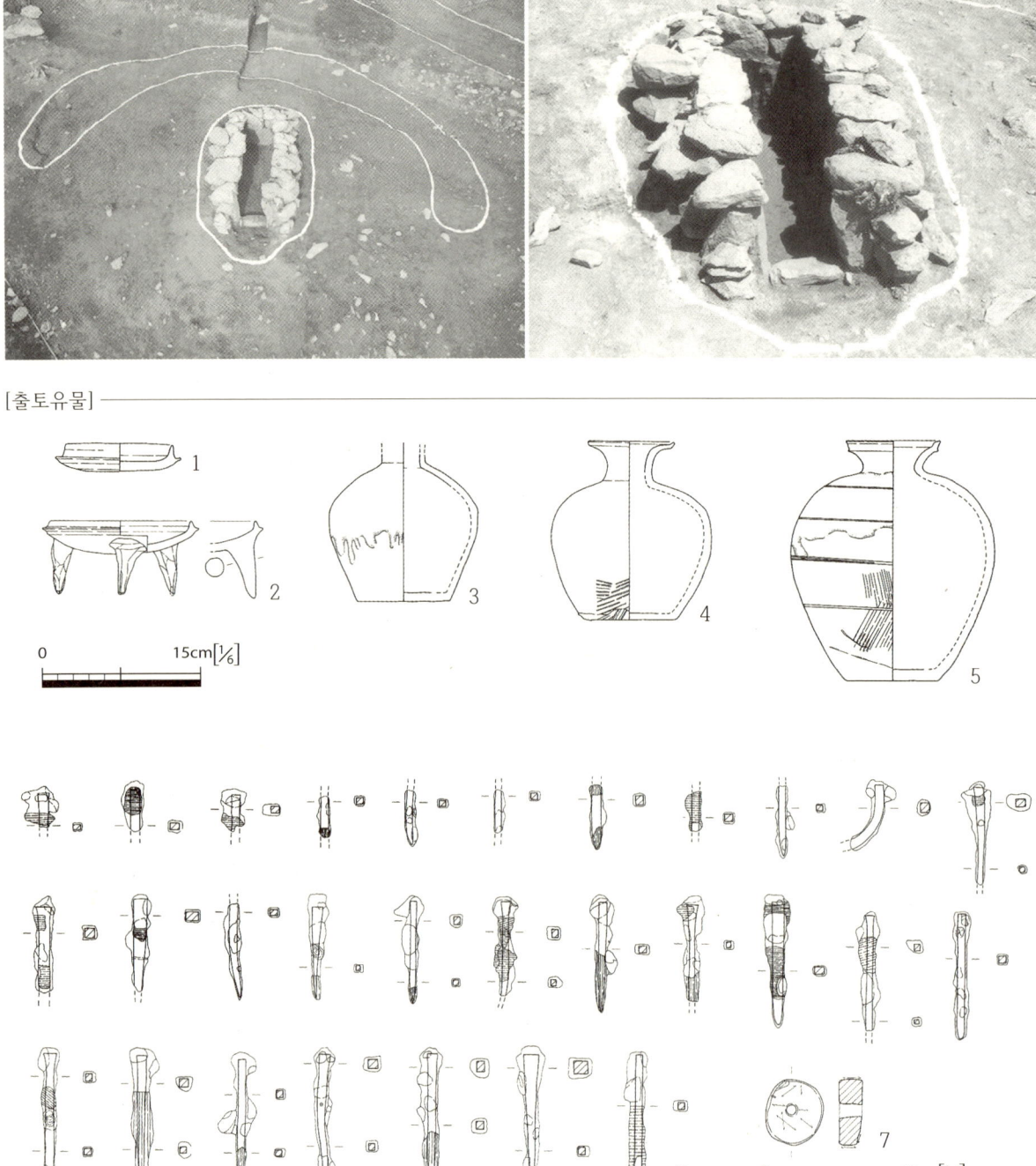

KM-017호 석실묘

(단위 : cm)

봉토	크 기 (길이×너비×높이)	?	묘광	크 기 (길이×너비×깊이)	320×190×(100+)
	평면형태	?		장폭비	1.68:1
현실	크 기 (길이×너비×높이)	260×135×(96+)		천장형태	?
	장폭비	1.92:1		연도위치	중앙
연도	크 기 (길이×너비×높이)	(160)×(130)×(95+)		묘도크기 (길이×너비)	(170)×(210)
	장폭비	(1.23):1		배수시설 (길이×너비×깊이)	-
시상/관대크기 (길이×너비×높이)		-		두 향	?
장축방향		N-27°-W		벽석종류	판석, 할석
유물	토 기	-			
	철 기	관정(11), 미상철기(1)			
	청 동 기	-			
	옥 석 류	-			
	기 타	-			
특기사항		원형의 주구[5,230×425×(70+)]가 확인되었으나 도면 미게재.			

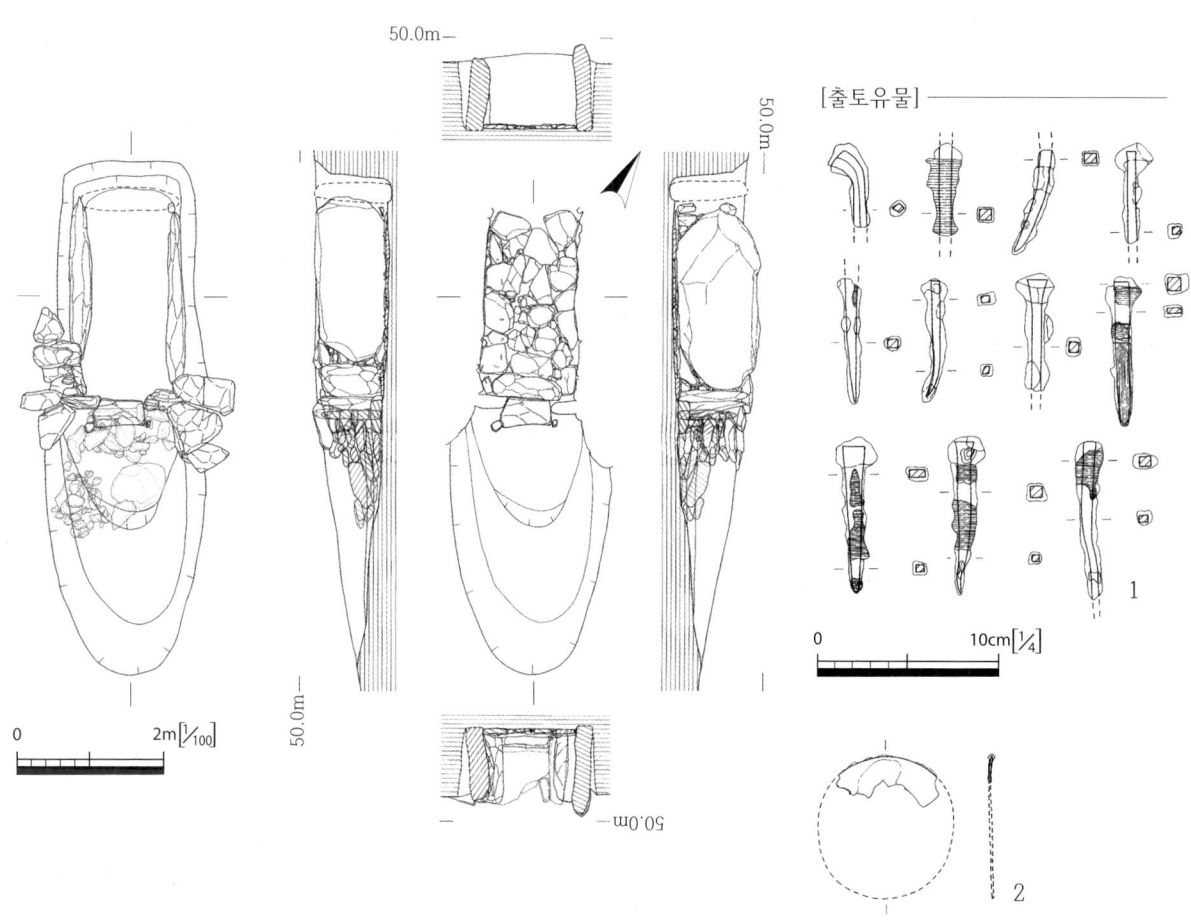

KM-018호 석실묘

(단위 : cm)

봉토	크 기 (길이×너비×높이)	?	**묘광**	크 기 (길이×너비×깊이)	270×220×(90+)
	평면형태	?		장폭비	1.22:1
현실	크 기 (길이×너비×높이)	210×130×(86+)		천장형태	?
	장폭비	1.61:1		연도위치	중앙
연도	크 기 (길이×너비×높이)	(90)×(120)×(64+)		묘도크기 (길이×너비)	(224)×(152)
	장폭비	(0.75):1		배수시설 (길이×너비×깊이)	(240)×(52)×(20+)
시상/관대크기 (길이×너비×높이)		-		두 향	?
장축방향		N-24°-W		벽석종류	할석
유물	토 기	-			
	철 기	관정(2)			
	청동기	-			
	옥석류	-			
	기 타	-			
	특기사항				

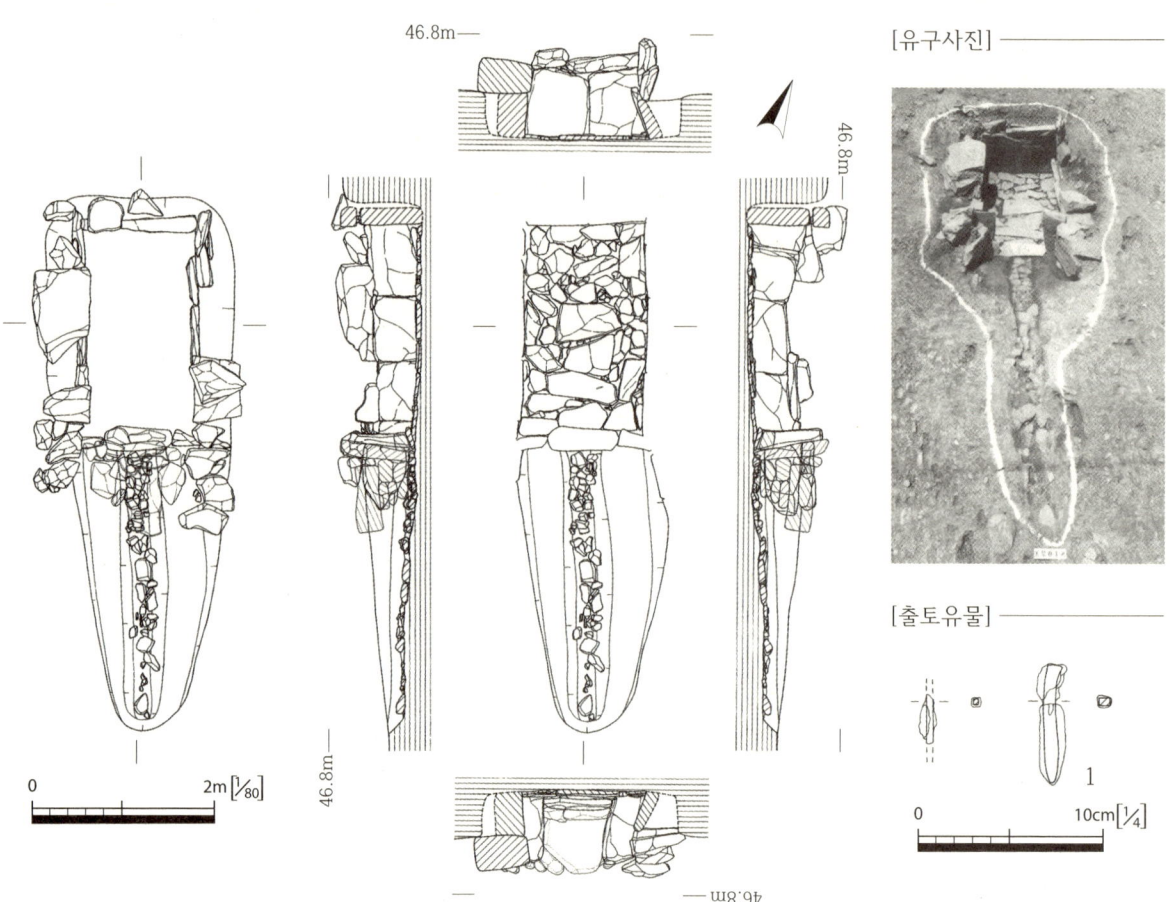

[유구사진]

[출토유물]

KM-019호 석실묘

(단위 : cm)

봉토	크 기 (길이×너비×높이)	?	묘광	크 기 (길이×너비×깊이)	384×340×(130+)
	평면형태	?		장폭비	1.12:1
현실	크 기 (길이×너비×높이)	320×220×(100+)		천장형태	?
	장폭비	1.45:1		연도위치	(중앙)
연도	크 기 (길이×너비×높이)	(60+)×(102)×(92+)		묘도크기 (길이×너비)	(110)×(72)
	장폭비	?		배수시설 (길이×너비×깊이)	(804)×(48)×(11+)
시상/관대크기 (길이×너비×높이)		?		두 향	?
장축방향		N-26°-W		벽석종류	활석
유물	토 기	개(3), 삼족기(1)			
	철 기	관고리(2), 관정(1), 미상철기(1)			
	청 동 기	-			
	옥 석 류	-			
	기 타	-			
특기사항		(원형)의 주구[(2,250+)×290×(50+)]가 확인되었으나 도면 미게재.			

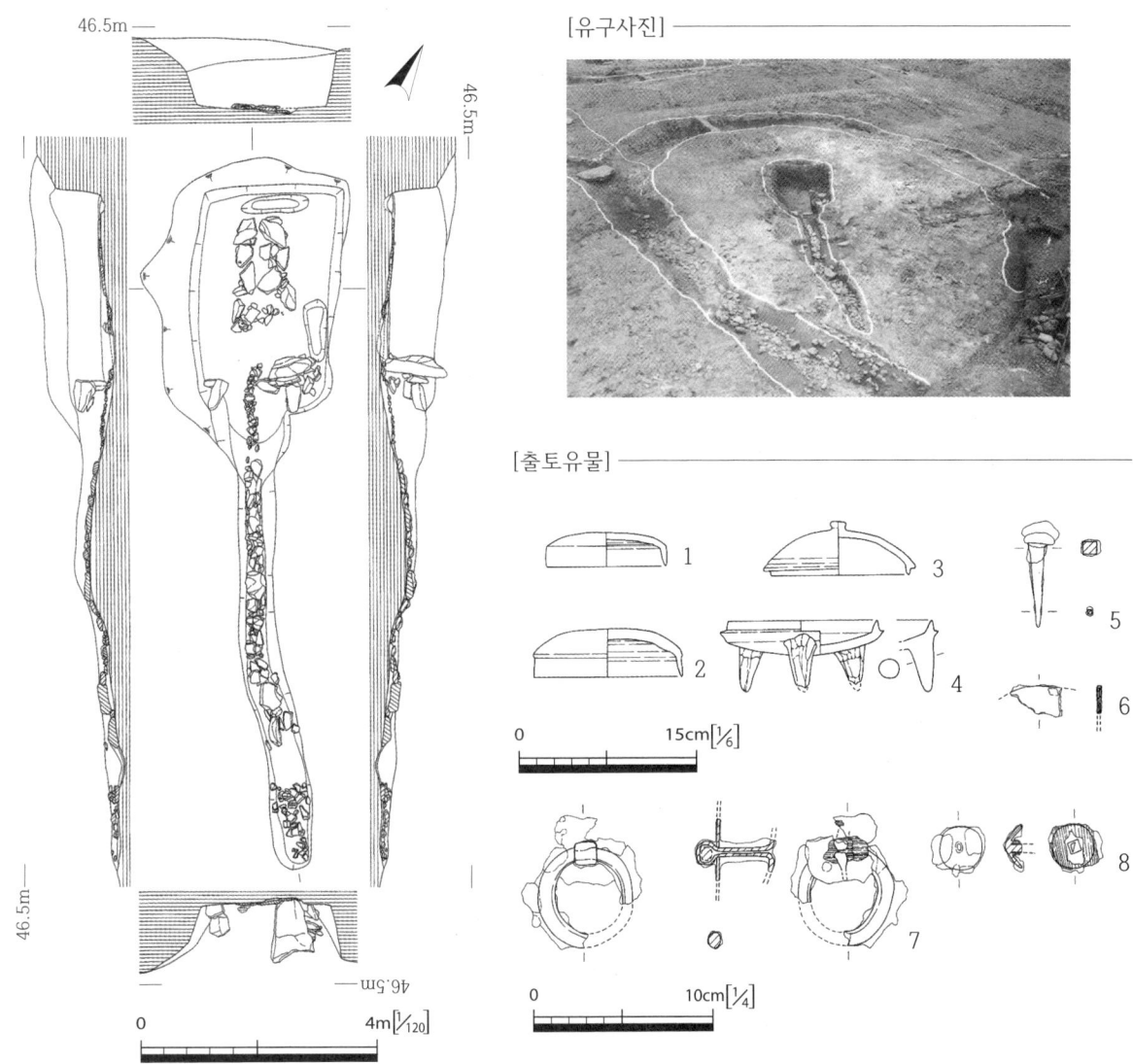

[유구사진]

[출토유물]

KM-020호 석실묘

(단위 : cm)

봉토	크 기 (길이×너비×높이)	?	묘광	크 기 (길이×너비×깊이)	220×120×(35+)
	평면형태	?		장폭비	1.83:1
현실	크 기 (길이×너비×높이)	190×70×(70+)		천장형태	?
	장폭비	2.71:1		횡구부위치	남측 단벽
횡구부	크 기 (길이×너비)	(54)×(30)		묘도크기 (길이×너비)	?
	장폭비	(1.80):1		배수시설 (길이×너비×깊이)	-
시상/관대크기 (길이×너비×높이)		-		두 향	?
장축방향		N-24°-W		벽석종류	할석, 판석
유물	토 기	-			
	철 기	관정(16)			
	청동기	-			
	옥석류	-			
	기 타	-			
특기사항					

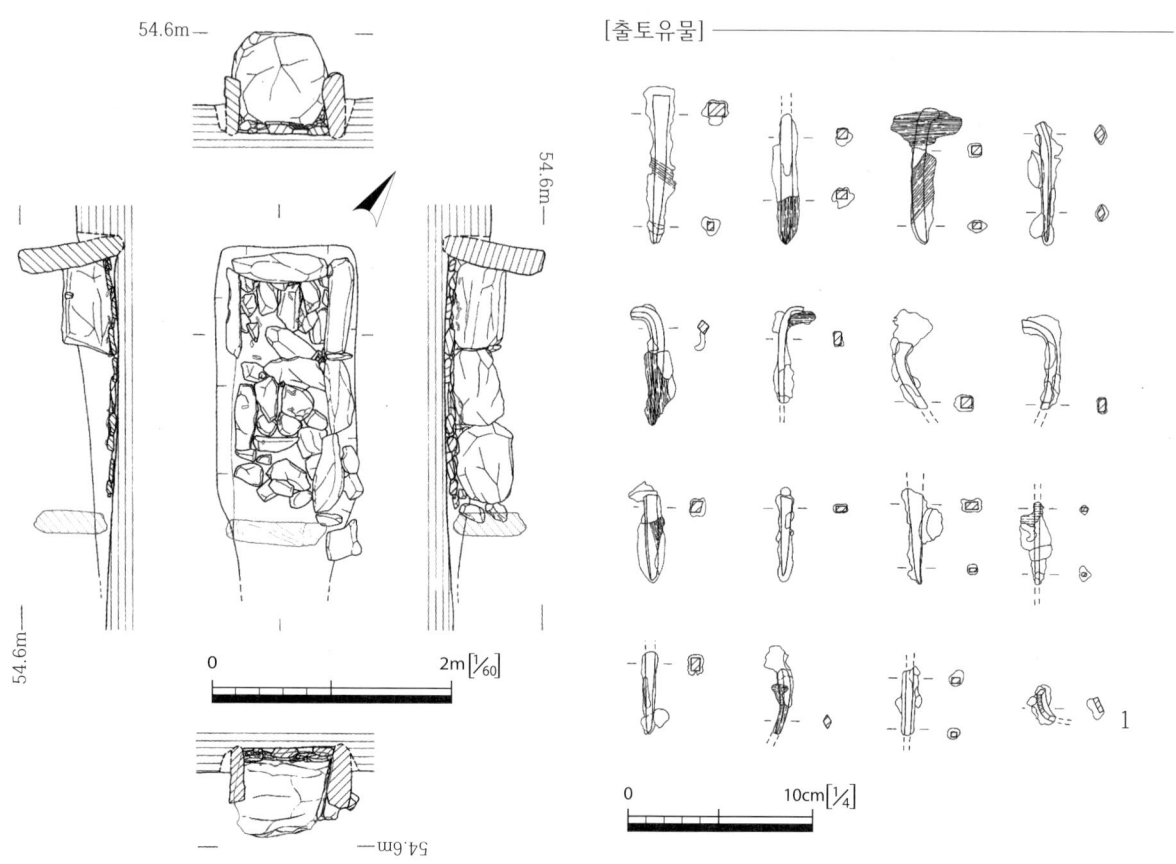

[출토유물]

54.6m —

54.6m —

54.6m —

54.6m —

0   2m[1/60]

0   10cm[1/4]

1

KM-021호 석실묘

(단위 : cm)

봉토	크 기 (길이×너비×높이)	?	묘광	크 기 (길이×너비×깊이)	(228+)×140×(20+)
	평면형태	?		장폭비	?
현실	크 기 (길이×너비×높이)	(190+)×70×(70+)		천장형태	?
	장폭비	?		횡구부위치	남측 단벽
횡구부	크 기 (길이×너비)	?		묘도크기 (길이×너비)	?
	장폭비	?		배수시설 (길이×너비×깊이)	?
시상/관대크기 (길이×너비×높이)		?	두 향		?
장축방향		N-31°-W	벽석종류		할석
유물	토 기				-
	철 기	관정(7)			
	청 동 기				-
	옥 석 류				-
	기 타				-
특기사항		횡구식 석실로 보고하였으나 파괴가 심하여 정확한 구조는 알 수 없음.			

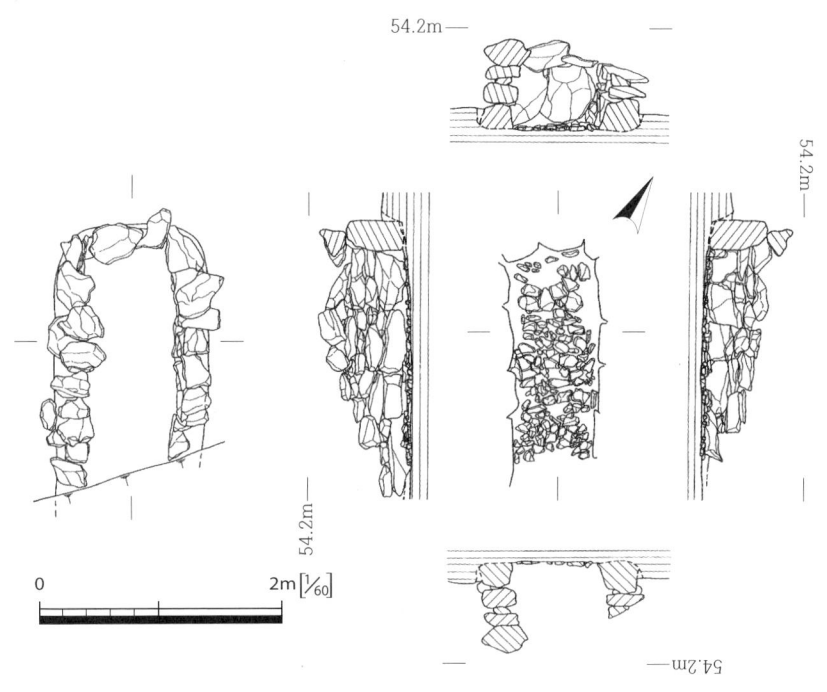

[유구사진]

[출토유물]

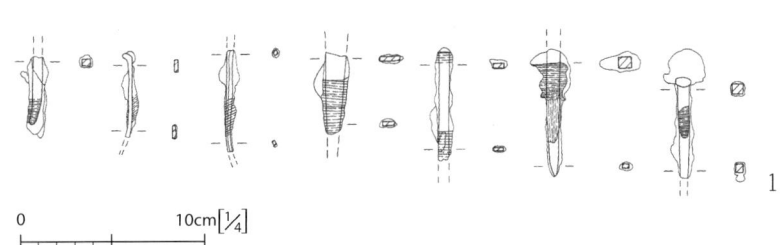

KM-022호 석실묘

(단위 : cm)

봉토	크 기 (길이×너비×높이)	?	묘광	크 기 (길이×너비×깊이)	330×150×(50+)
	평면형태	?		장폭비	2.20:1
현실	크 기 (길이×너비×높이)	270×90×(43+)		천장형태	?
	장폭비	3.00:1		연도위치	(중앙)
연도	크 기 (길이×너비×높이)	?		묘도크기 (길이×너비)	224×76
	장폭비	?		배수시설 (길이×너비×깊이)	240×70×(8+)
	시상/관대크기 (길이×너비×높이)	?		두 향	?
	장축방향	N-28°-W		벽석종류	활석
유물	토 기	-			
	철 기	관정(2)			
	청 동 기	-			
	옥 석 류	-			
	기 타	-			
	특기사항				

55.1m

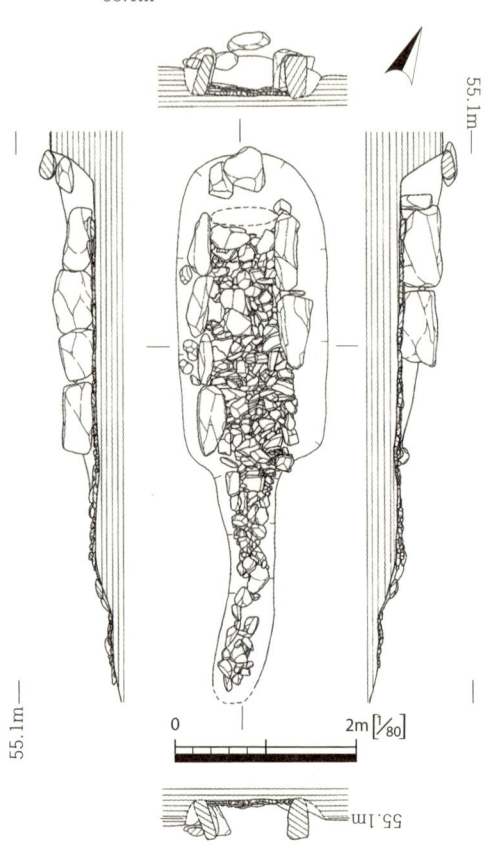

[유구사진]

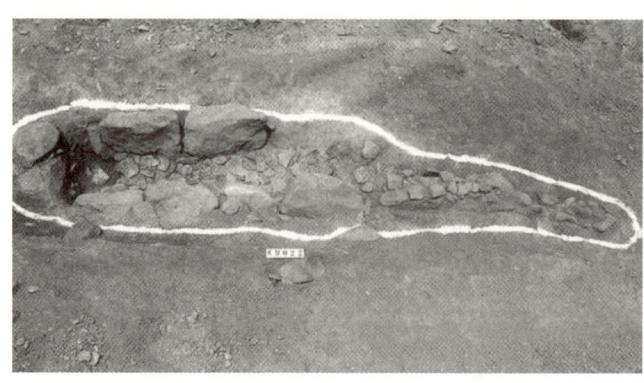

[출토유물]

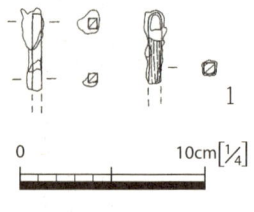

0   10cm[¼]

0   2m[⅟80]

624

마한·백제의 분묘 문화 Ⅲ- 충남Ⅶ: 서산·보령편 -

KM-023호 석실묘

(단위 : cm)

봉토	크 기 (길이×너비×높이)	?	묘광	크 기 (길이×너비×깊이)	(250+)×150×(45+)
	평면형태	?		장폭비	?
현실	크 기 (길이×너비×높이)	(210+)×90×(91+)		천장형태	고임
	장폭비	?		연도위치	?
연도	크 기 (길이×너비×높이)	?		묘도크기 (길이×너비)	?
	장폭비	?		배수시설 (길이×너비×깊이)	-
시상/관대크기 (길이×너비×높이)		-		두 향	?
장축방향		N-29°-W		벽석종류	할석
유물	토 기	배(2), 병(1)			
	철 기	관정(7)			
	청동기	-			
	옥석류	-			
	기 타	-			
특기사항		횡혈식 석실로 보고하였으나 파괴가 심하여 정확한 구조는 알 수 없음. '⊓'형의 주구[(1,500+)×160×(50+)]가 확인되었으나 도면 미게재.			

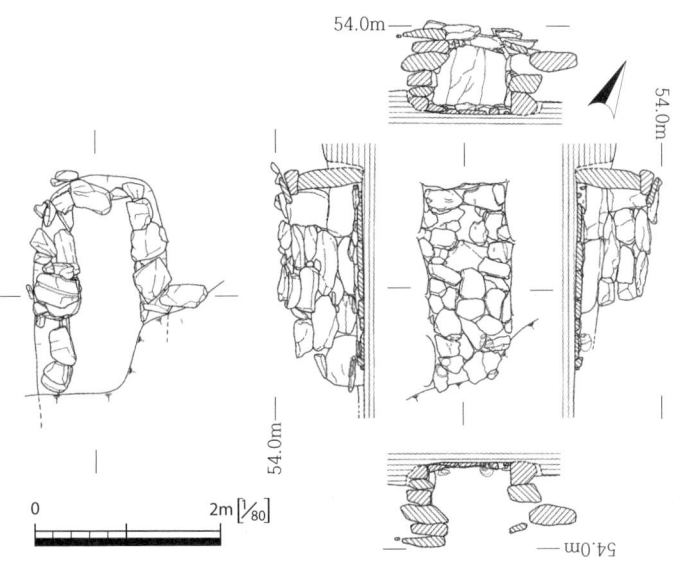

[유구사진]

[출토유물]

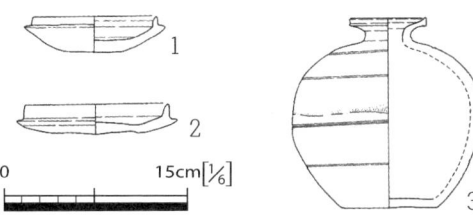

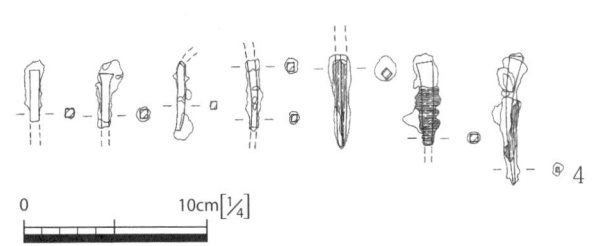

KM-024호 석실묘

(단위 : cm)

봉토	크 기 (길이×너비×높이)	?	묘광	크 기 (길이×너비×깊이)	294×190×(110+)
	평면형태	?		장폭비	1.54:1
현실	크 기 (길이×너비×높이)	240×120×(115+)		천장형태	?
	장폭비	2.00:1		연도위치	중앙
연도	크 기 (길이×너비×높이)	(136)×(160)×(71+)		묘도크기 (길이×너비)	?
	장폭비	(0.85):1		배수시설 (길이×너비×깊이)	-
시상/관대크기 (길이×너비×높이)		?		두 향	?
장축방향		N-13°-W		벽석종류	할석
유물	토 기	병(2), 삼족기(2)			
	철 기	관정(9)			
	청동기			-	
	옥석류			-	
	기 타			-	
특기사항					

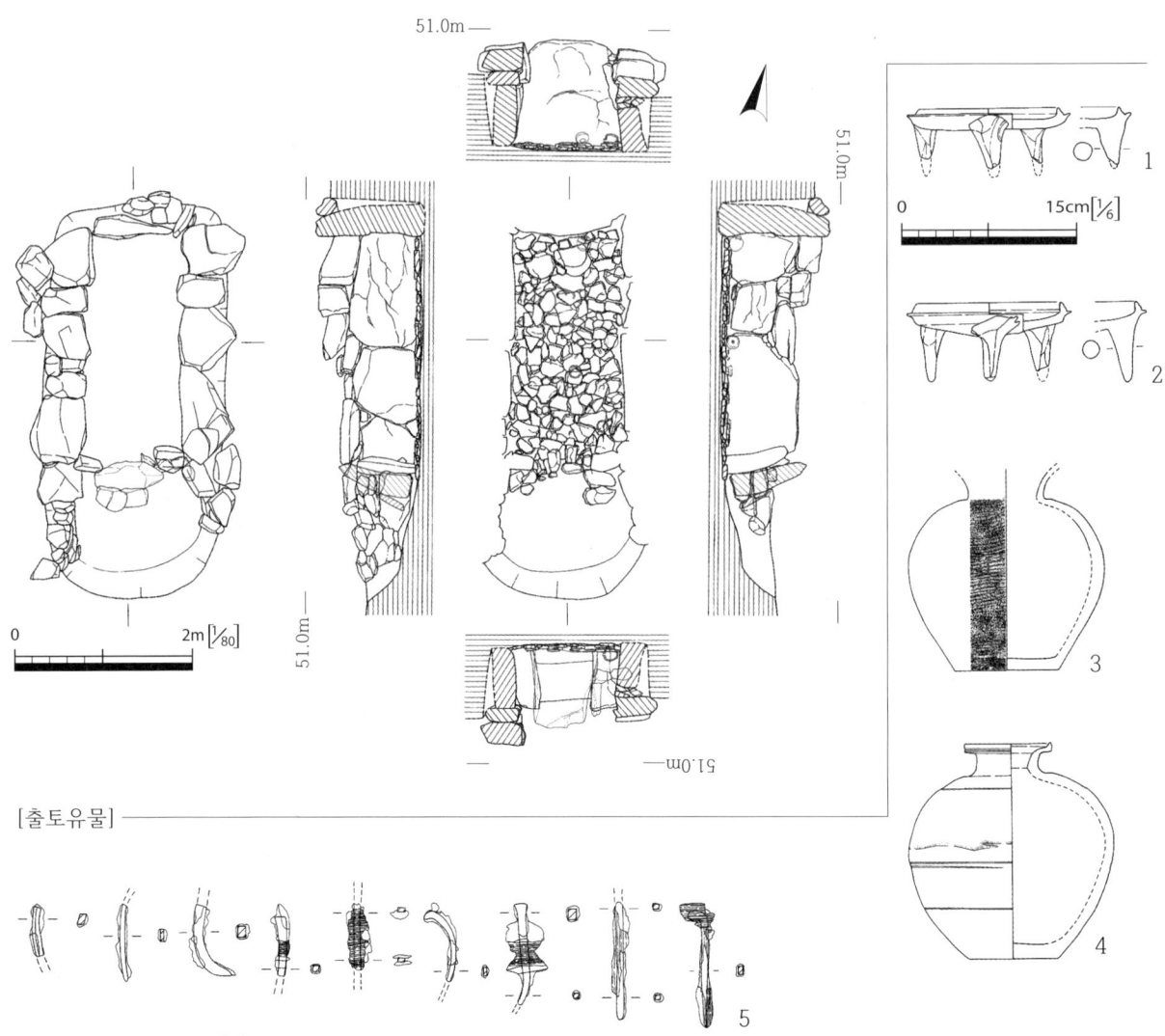

[출토유물]

KM-025호 석실묘

（단위： cm）

봉토	크 기 (길이×너비×높이)	?	묘광	크 기 (길이×너비×깊이)	(320+)×(114+)×(70+)
	평면형태	?		장폭비	?
현실	크 기 (길이×너비×높이)	(180+)×75×(70+)		천장형태	?
	장폭비	?		연도위치	?
연도	크 기 (길이×너비×높이)	?		묘도크기 (길이×너비)	?
	장폭비	?		배수시설 (길이×너비×깊이)	-
시상/관대크기 (길이×너비×높이)		-		두 향	?
장축방향		N-32°-W		벽석종류	할석, 판석
유물	토 기				
	철 기	관정(3)			
	청동기		-		
	옥석류		-		
	기 타		-		
특기사항		횡혈식 석실로 보고하였으나 파괴가 심하여 정확한 구조는 알 수 없음.			

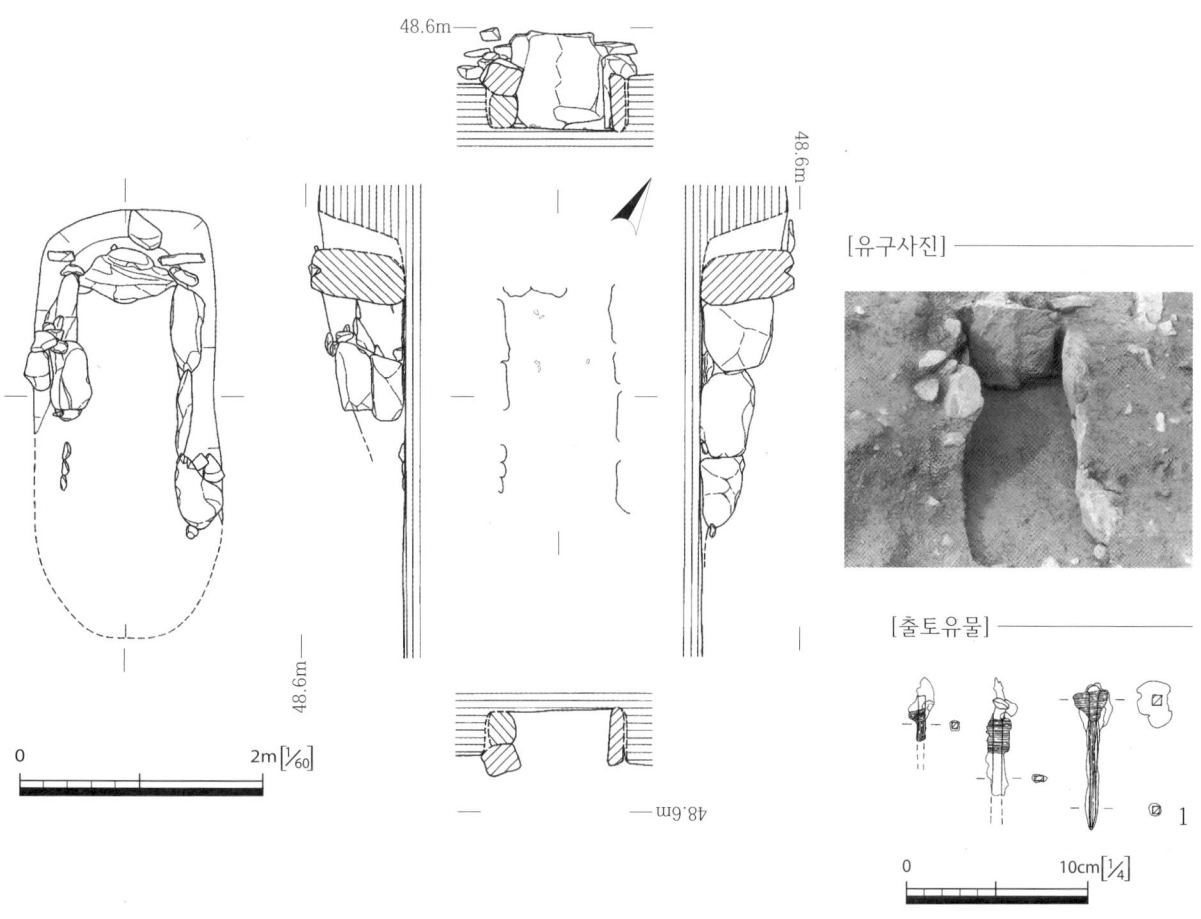

48.6m

0   2m[1/60]

48.6m

48.6m

48.6m

[유구사진]

[출토유물]

0   10cm[1/4]

1

627</cite>

보령 연지리유적

KM-026호 석실묘

(단위 : cm)

봉토	크 기 (길이×너비×높이)	?	묘광	크 기 (길이×너비×깊이)	(324+)×150×(80+)
	평면형태	?		장폭비	?
현실	크 기 (길이×너비×높이)	250×110×(102+)		천장형태	?
	장폭비	2.27:1		횡구부위치	(남측 단벽)
횡구부	크 기 (길이×너비)	(40)×(64)		묘도크기 (길이×너비)	?
	장폭비	(0.63):1		배수시설 (길이×너비×깊이)	-
시상/관대크기 (길이×너비×높이)		-		두 향	?
장축방향		N-31°-W		벽석종류	할석
유물	토 기	배(2), 병(2)			
	철 기	관정(6)			
	청동기	-			
	옥석류	석제 방추차(1)			
	기 타	-			
특기사항		횡구식 석실로 보고하였으나 파괴가 심하여 정확한 구조는 알 수 없음.			

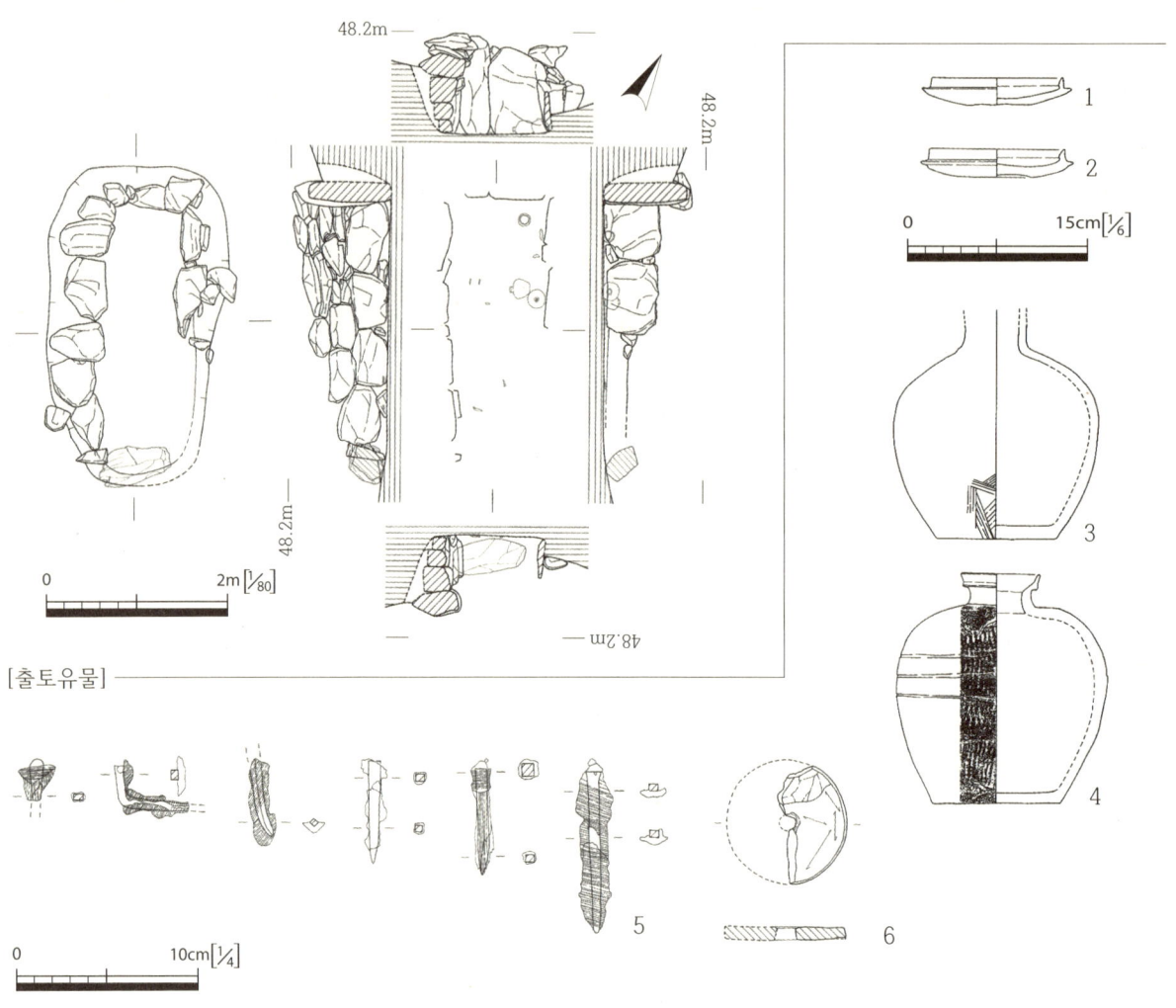

[출토유물]

KM-027호 석실묘

(단위 : cm)

봉토	크 기 (길이×너비×높이)	?	묘광	크 기 (길이×너비×깊이)	320×260×(40+)
	평면형태	?		장폭비	1.23:1
현실	크 기 (길이×너비×높이)	(250+)×180×(78+)		천장형태	?
	장폭비	?		연도위치	?
연도	크 기 (길이×너비×높이)	?×?×(50+)		묘도크기 (길이×너비)	?
	장폭비	?		배수시설 (길이×너비×깊이)	260×60×(15+)
시상/관대크기 (길이×너비×높이)		-		두 향	?
장축방향		N-34°-W		벽석종류	할석
유물	토 기	배(1), 병(2), 삼족기(1)			
	철 기	관정(16)			
	청동기	-			
	옥석류	-			
	기 타	-			
특기사항		횡혈식 석실로 보고하였으나 파괴가 심하여 정확한 구조는 알 수 없음.			

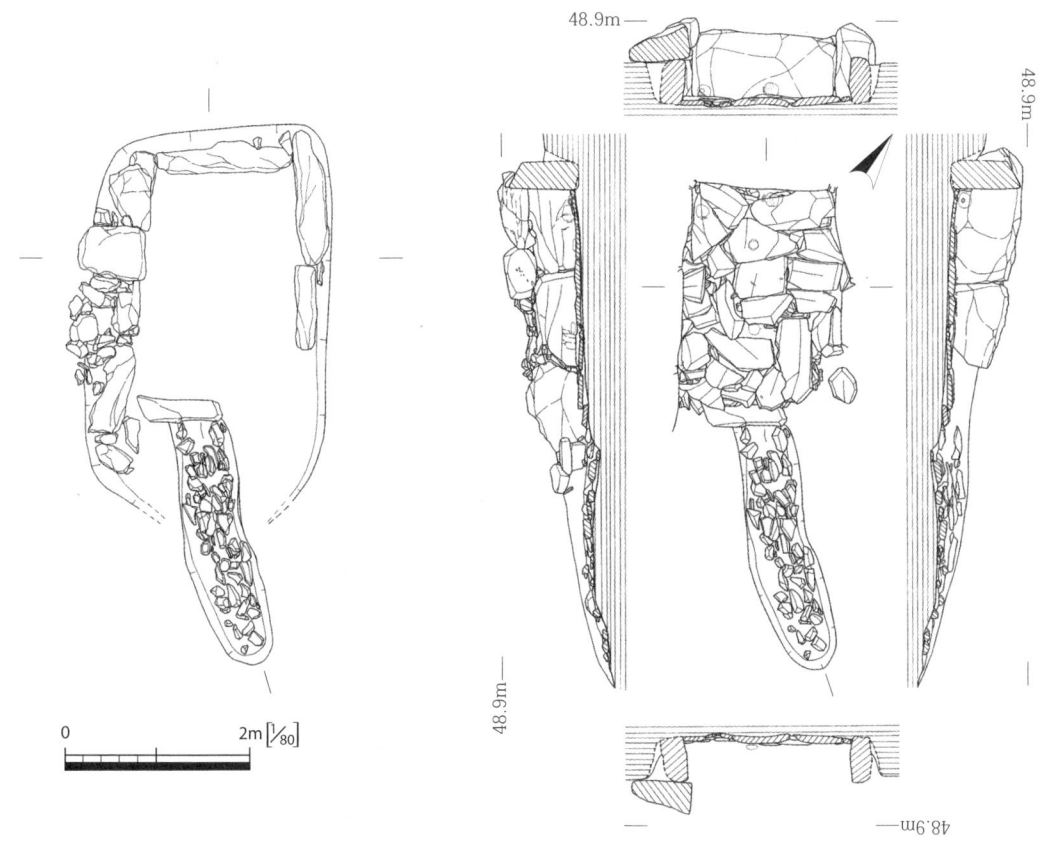

[출토유물]

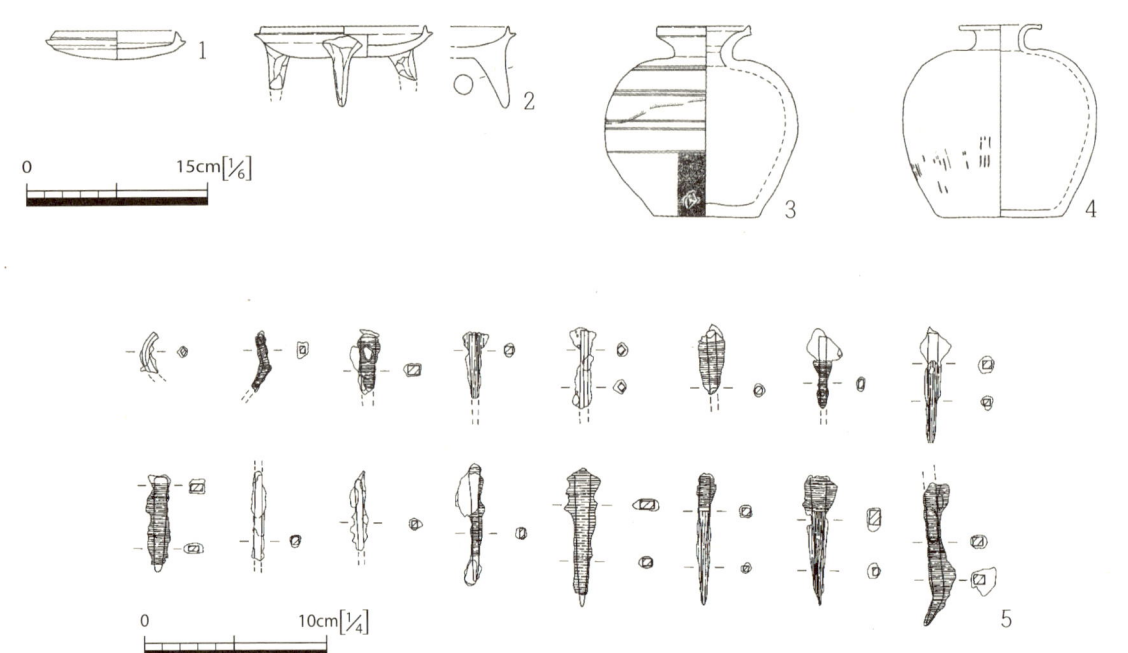

0   15cm[⅙]

0   10cm[¼]

KM-028호 석실묘

(단위 : cm)

봉토	크 기 (길이×너비×높이)	?	묘광	크 기 (길이×너비×깊이)	250×120×(75+)
	평면형태	?		장폭비	2.08:1
현실	크 기 (길이×너비×높이)	220×90×(95+)		천장형태	?
	장폭비	2.44:1		연도위치	남측 단벽
연도	크 기 (길이×너비×높이)	(104)×(80)×(48)		묘도크기 (길이×너비)	(368)×(68)
	장폭비	1.30:1		배수시설 (길이×너비×깊이)	(612)×60
	시상/관대크기 (길이×너비×높이)	-		두 향	?
	장축방향	N-28°-W		벽석종류	할석
유물	토 기	개(2), 배(1)			
	철 기	관정(8)			
	청 동 기	-			
	옥 석 류	-			
	기 타	-			
	특기사항				

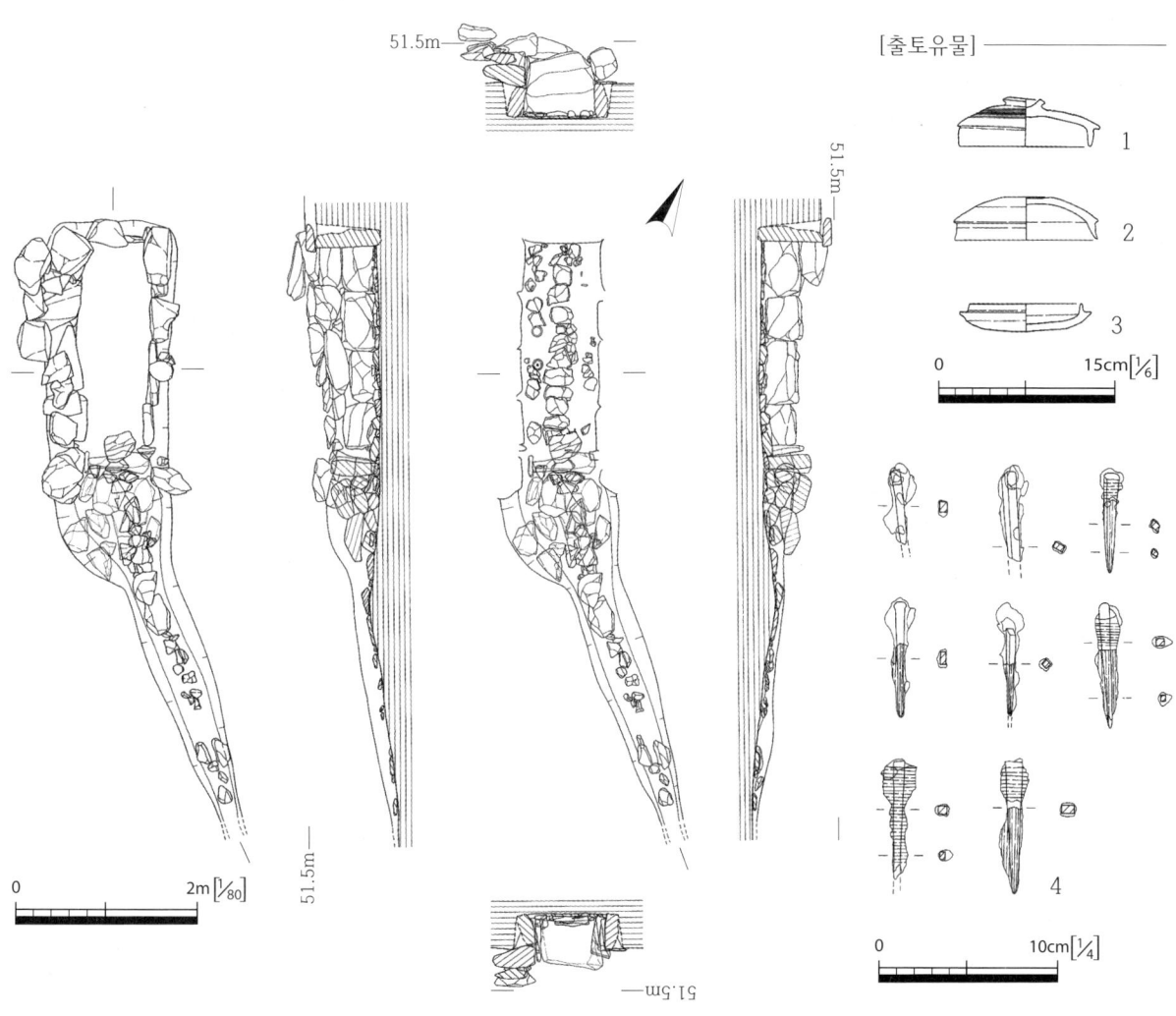

51.5m

[출토유물]

51.5m

51.5m

0   2m[1/80]

51.5m

0   15cm[1/6]

0   10cm[1/4]

KM-029호 석실묘

(단위 : cm)

봉토	크 기 (길이×너비×높이)	?	묘광	크 기 (길이×너비×깊이)	?
	평면형태	?		장폭비	?
현실	크 기 (길이×너비×높이)	(220+)×(80+)×(30+)		천장형태	?
	장폭비	?		연도위치	?
연도	크 기 (길이×너비×높이)	?		묘도크기 (길이×너비)	?
	장폭비	?		배수시설 (길이×너비×깊이)	?
시상/관대크기 (길이×너비×높이)		?		두 향	?
장축방향		N-32°-W		벽석종류	할석
유물	토 기	개(1), 병(2), 삼족기(1)			
	철 기	관정(5)			
	청동기	-			
	옥석류	-			
	기 타	-			
특기사항		횡혈식 석실로 보고하였으나 파괴가 심하여 정확한 구조는 알 수 없음.			

[출토유물]

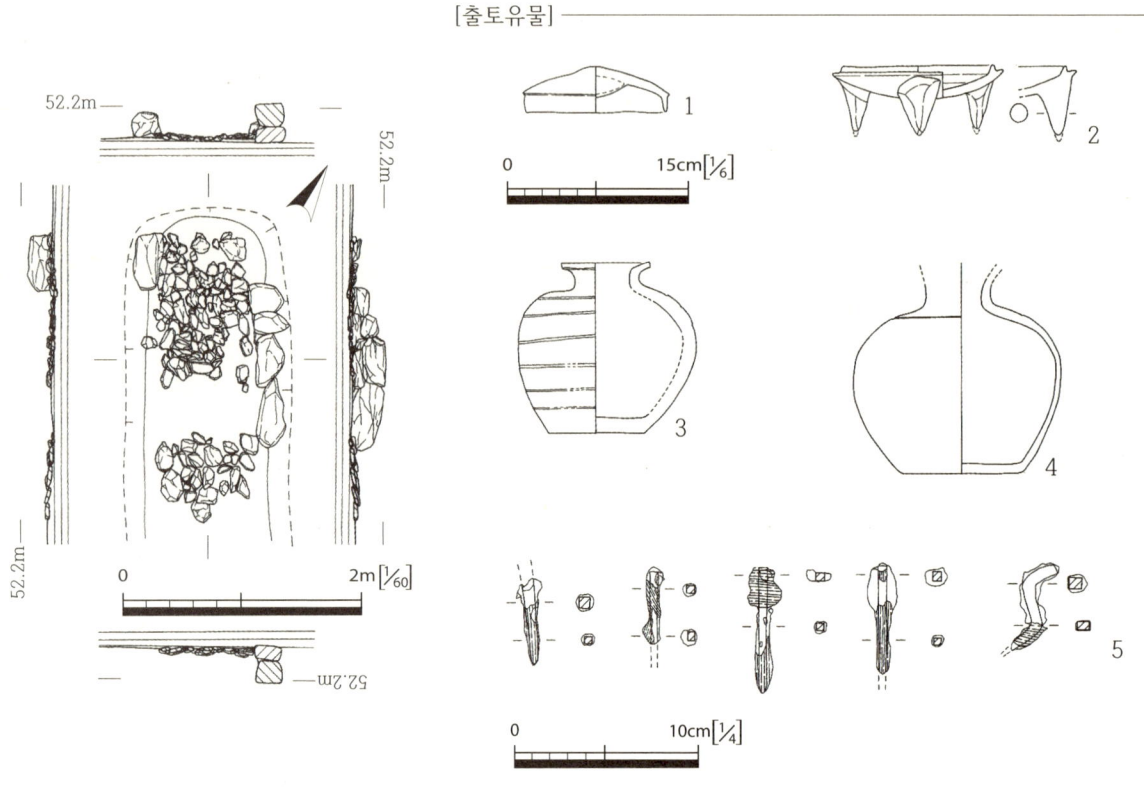

KM-030호 석곽묘

(단위 : cm)

묘광	크 기 (길이×너비×깊이)	(200+)×100×(35+)	주체부	크 기 (길이×너비×높이)	(150+)×60×(31+)
	장폭비	?		장폭비	?
	장축방향	N-44°-W	시상·관대	크 기 (길이×너비×높이)	-
	두 향	?	벽석종류		할석
유물	토 기	-			
	철 기	-			
	청동기	-			
	옥석류	-			
	기 타	-			
	특기사항	출토유물 없음. 석곽으로 보고하였으나 파괴가 심하여 정확한 구조는 알 수 없음.			

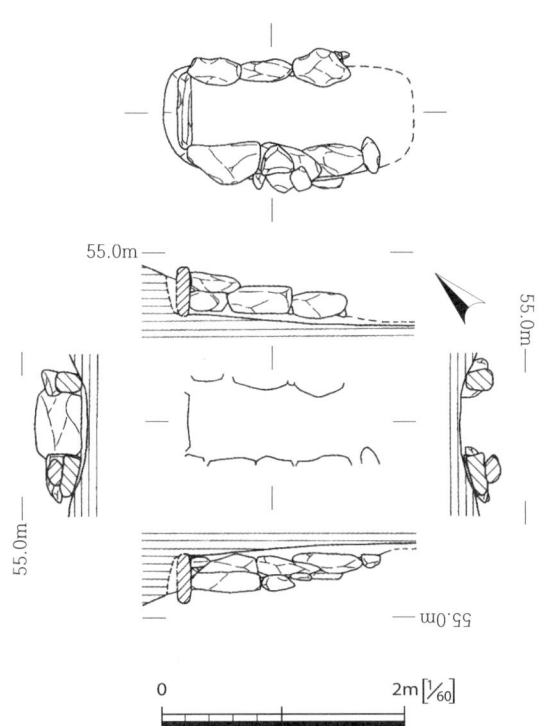

[유구사진]

KM-031호 석실묘

(단위 : cm)

봉토	크 기 (길이×너비×높이)	?	묘광	크 기 (길이×너비×깊이)	(320+)×190×(97+)
	평면형태	?		장폭비	?
현실	크 기 (길이×너비×높이)	(270+)×120×(92+)		천장형태	?
	장폭비	?		횡구부위치	?
횡구부	크 기 (길이×너비)	?		묘도크기 (길이×너비)	?
	장폭비	?		배수시설 (길이×너비×깊이)	?
시상/관대크기 (길이×너비×높이)		?	두 향		?
장축방향		N-8°-W	벽석종류		할석
유물	토 기	-			
	철 기	관정(9)			
	청동기	-			
	옥석류	-			
	기 타	-			
특기사항		횡구식 석실로 보고하였으나 파괴가 심하여 정확한 구조는 알 수 없음.			

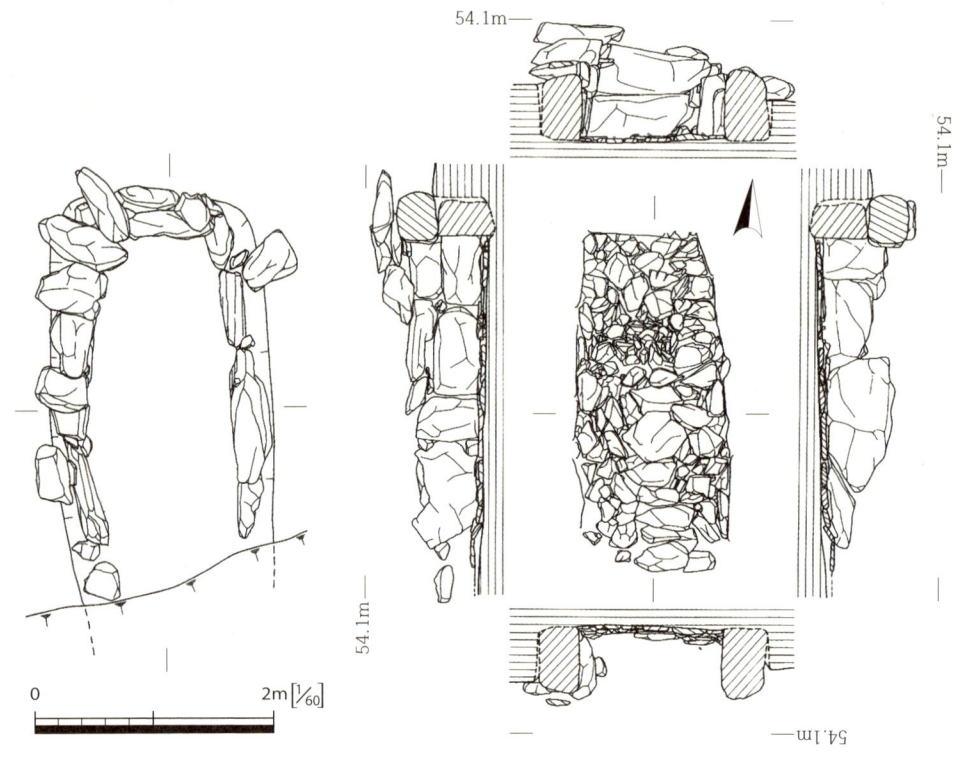

54.1m

54.1m

54.1m

54.1m

0   2m[1/60]

[출토유물]

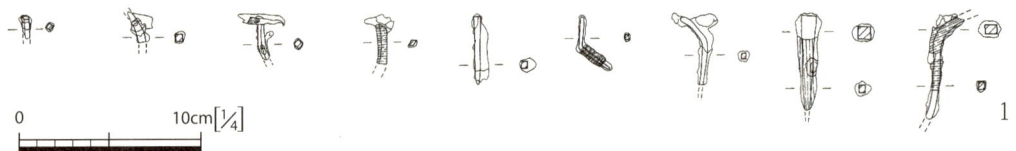

0   10cm[1/4]   1

KM-032호 석실묘

(단위 : cm)

봉토	크 기 (길이×너비×높이)	?	묘광	크 기 (길이×너비×깊이)	(160+)×(120+)×(20+)
	평면형태	?		장폭비	?
현실	크 기 (길이×너비×높이)	(90+)×(75+)×(74+)		천장형태	?
	장폭비	?		횡구부위치	?
횡구부	크 기 (길이×너비)	?		묘도크기 (길이×너비)	?
	장폭비	?		배수시설 (길이×너비×깊이)	?
시상/관대크기 (길이×너비×높이)		?		두 향	?
장축방향		N-33°-W		벽석종류	할석
유물	토 기	-			
	철 기	-			
	청 동 기	-			
	옥 석 류	-			
	기 타	-			
특기사항		횡구식 석실로 보고하였으나 파괴가 심하여 정확한 구조는 알 수 없음. 출토유물 없음.			

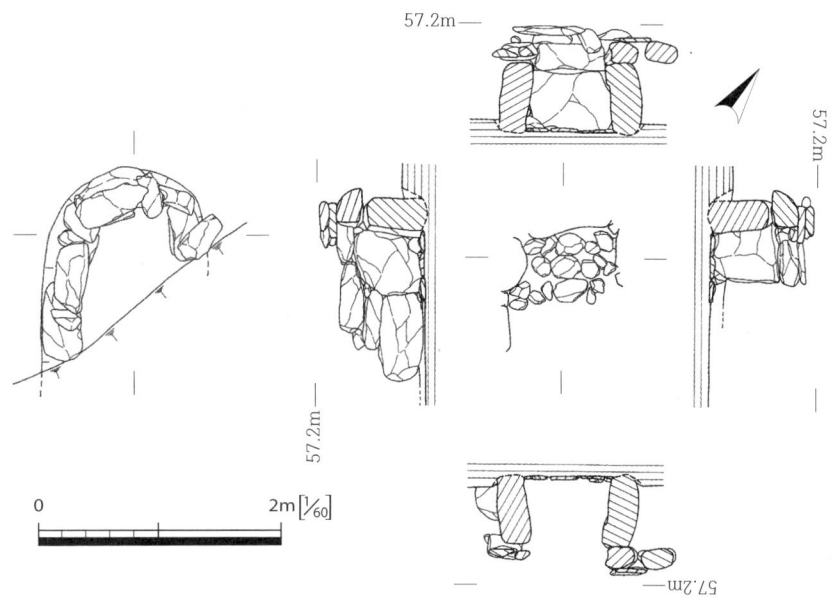

[유구사진]

KM-033호 석실묘

(단위 : cm)

봉토	크 기 (길이×너비×높이)	?	묘광	크 기 (길이×너비×깊이)	(280+)×150×(28+)
	평면형태	?		장폭비	?
현실	크 기 (길이×너비×높이)	(220+)×90×(65+)		천장형태	?
	장폭비	?		횡구부위치	남측 단벽
횡구부	크 기 (길이×너비)	?		묘도크기 (길이×너비)	?
	장폭비	?		배수시설 (길이×너비×깊이)	?
시상/관대크기 (길이×너비×높이)		?		두 향	?
장축방향		N-40°-W		벽석종류	할석
유물	토 기	-			
	철 기	-			
	청 동 기	-			
	옥 석 류	-			
	기 타	-			
특기사항		횡구식 석실로 보고하였으나 파괴가 심하여 정확한 구조는 알 수 없음. 출토유물 없음.			

[유구사진]

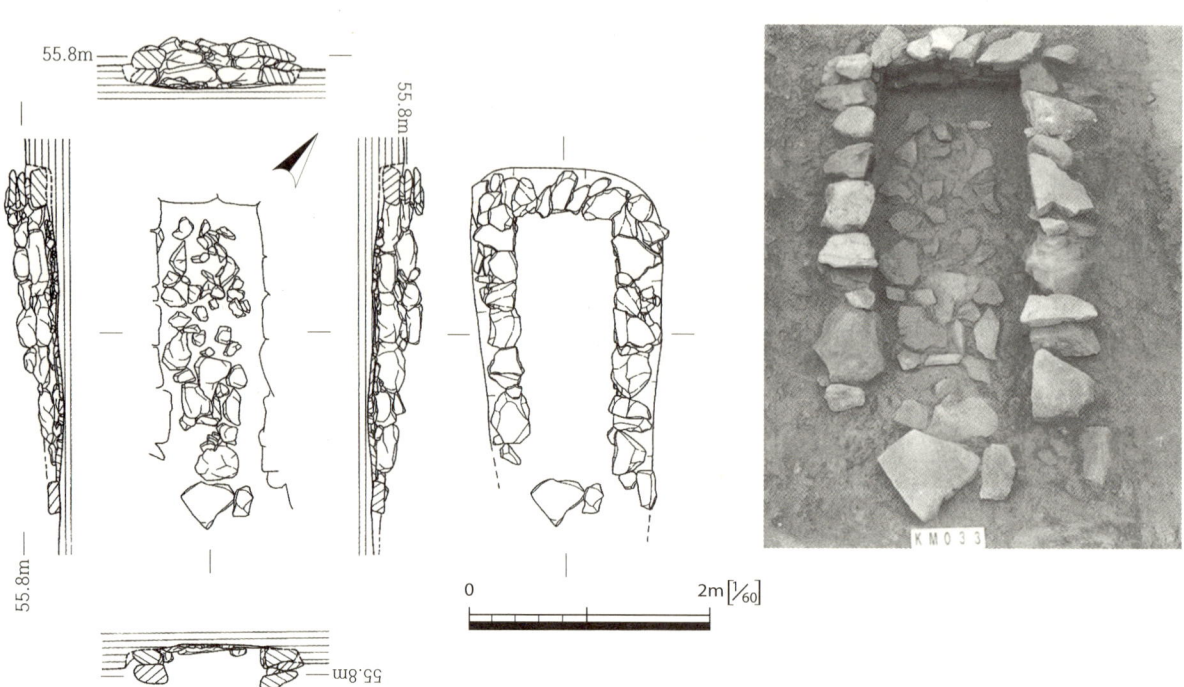

KM-034호 석실묘

(단위 : cm)

봉토	크 기 (길이×너비×높이)	?	묘광	크 기 (길이×너비×깊이)	280×190×(65+)
	평면형태	?		장폭비	1.47:1
현실	크 기 (길이×너비×높이)	220×80×(65+)		천장형태	고임
	장폭비	2.75:1		횡구부위치	남측 단벽
횡구부	크 기 (길이×너비)	(36)×(72)		묘도크기 (길이×너비)	?
	장폭비	(0.50):1		배수시설 (길이×너비×깊이)	444×28×(9+)
	시상/관대크기 (길이×너비×높이)	-		두 향	?
	장축방향	N-35°-W		벽석종류	할석
유물	토 기	배(1)			
	철 기	관정(9)			
	청 동 기		-		
	옥 석 류		-		
	기 타		-		
	특기사항				

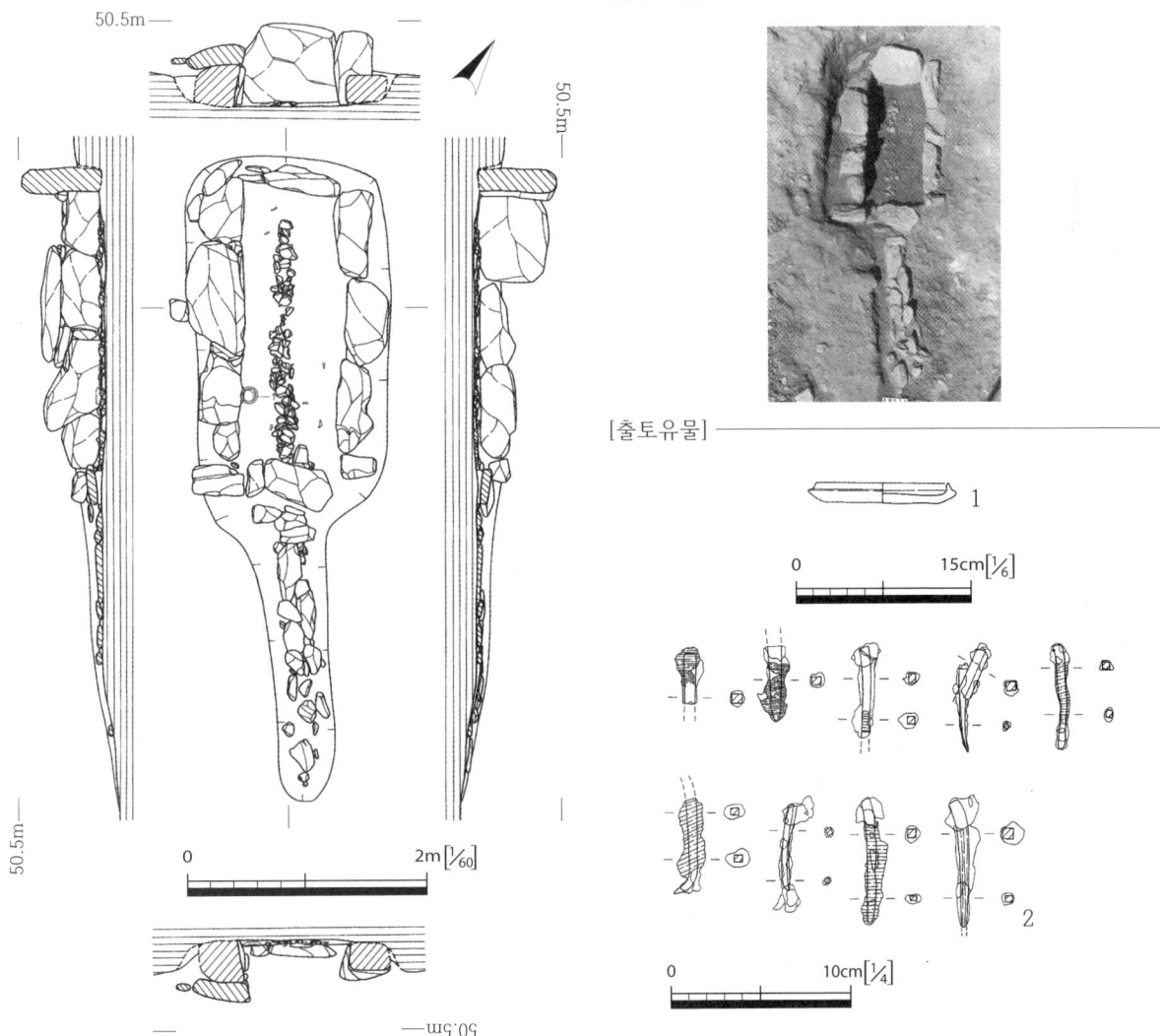

[유구사진]

[출토유물]

50.5m

50.5m

50.5m

50.5m

0   2m [1/60]

0   15cm [1/6]

1

2

0   10cm [1/4]

KM-035호 석실묘

(단위 : cm)

봉토	크 기 (길이×너비×높이)	?	묘광	크 기 (길이×너비×깊이)	310×184×(20+)
	평면형태	?		장폭비	1.68:1
현실	크 기 (길이×너비×높이)	212×118×(85+)		천장형태	고임
	장폭비	1.79:1		횡구부위치	남측 단벽
횡구부	크 기 (길이×너비)	(60)×(72)		묘도크기 (길이×너비)	?
	장폭비	(0.83):1		배수시설 (길이×너비×깊이)	250×60×(8+)
시상/관대크기 (길이×너비×높이)		-		두 향	?
장축방향		N-9°-E		벽석종류	할석
유물	토 기				
	철 기	관정(10)			
	청 동 기	-			
	옥 석 류	-			
	기 타	-			
특기사항					

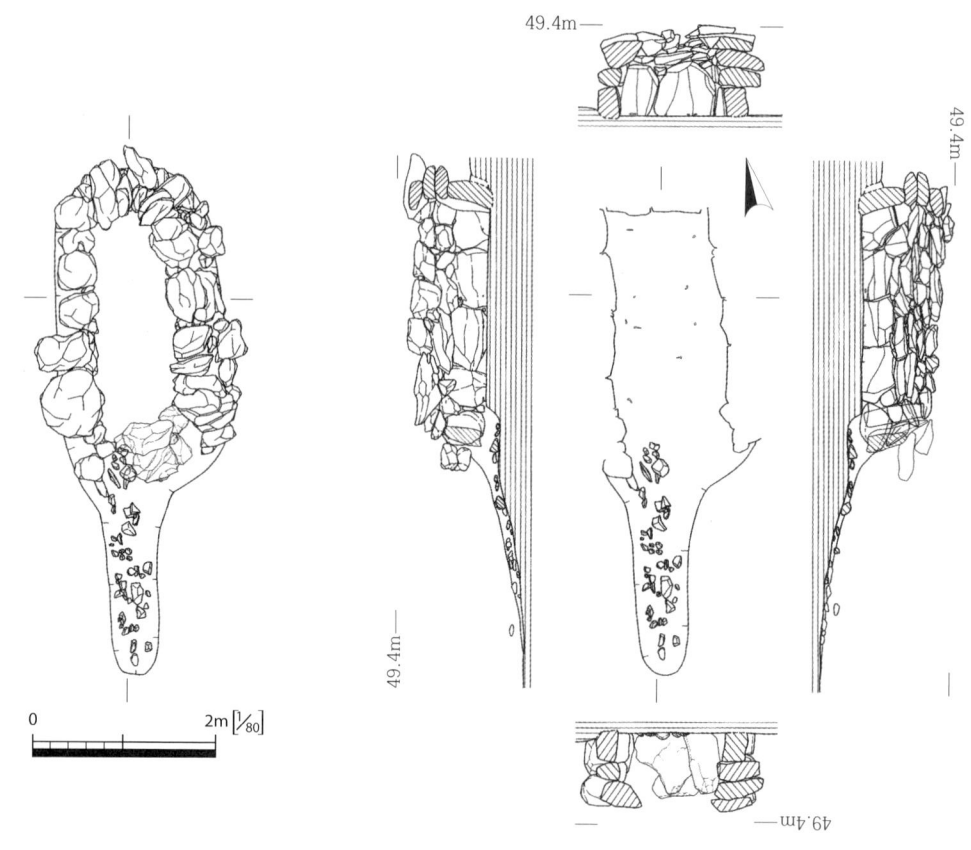

[출토유물]

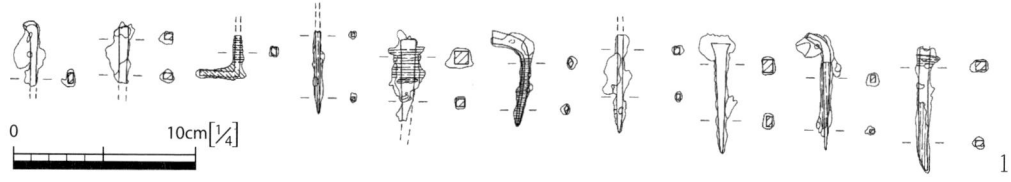

1

KM-036호 석실묘

(단위 : cm)

봉토	크 기 (길이×너비×높이)	1,200×1,100×(280+)	묘광	크 기 (길이×너비×깊이)	330×240×(140+)
	평면형태	원형		장폭비	1.37:1
현실	크 기 (길이×너비×높이)	260×170×135		천장형태	평
	장폭비	1.52:1		연도위치	중앙
연도	크 기 (길이×너비×높이)	(48)×(84)×(120+)		묘도크기 (길이×너비)	?
	장폭비	(0.57):1		배수시설 (길이×너비×깊이)	370×65×?
시상/관대크기 (길이×너비×높이)		–		두 향	?
장축방향		N-5°-W		벽석종류	판석, 할석
유물	토 기	–			
	철 기	관정(19)			
	청동기	–			
	옥석류	–			
	기 타	–			
특기사항		'ㅁ'형의 주구[1,200×160×(50+)]가 확인되었으나 도면 미게재.			

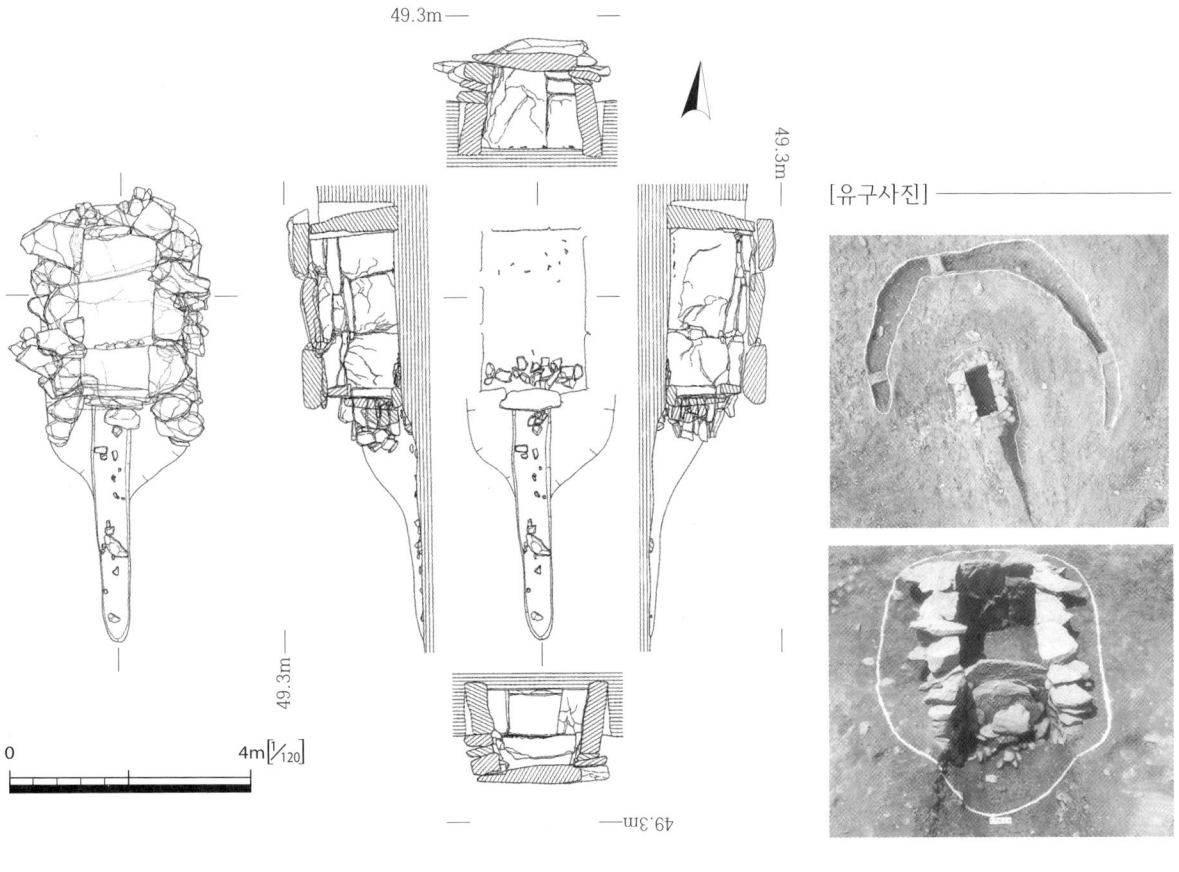

[유구사진]

[출토유물]

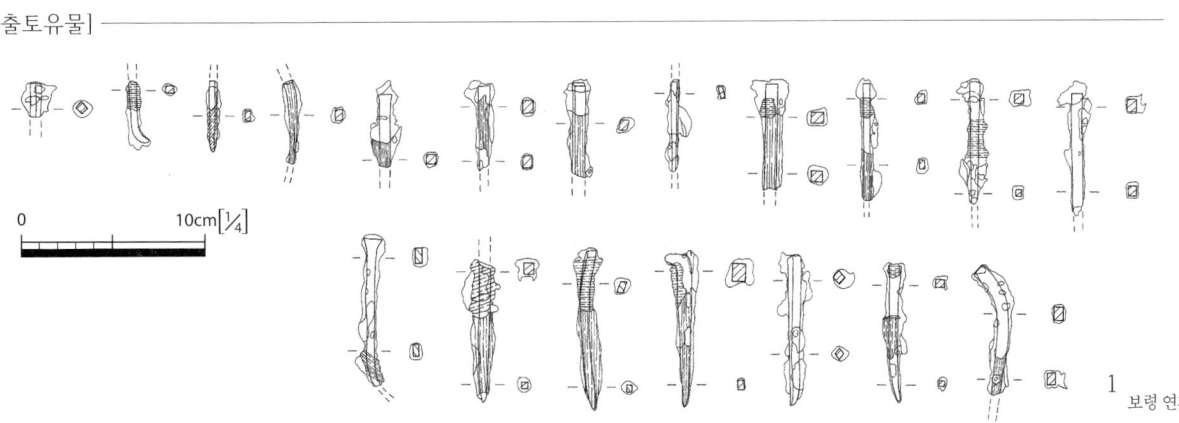

KM-037호 석실묘

(단위 : cm)

봉토	크 기 (길이×너비×높이)	1,175×1,250×(170+)	묘광	크 기 (길이×너비×깊이)	320×200×(150+)
	평면형태	원형		장폭비	1.60:1
현실	크 기 (길이×너비×높이)	270×140×150		천장형태	평
	장폭비	1.92:1		연도위치	중앙
연도	크 기 (길이×너비×높이)	(110)×(78)×(142+)		묘도크기 (길이×너비)	?
	장폭비	(1.41):1		배수시설 (길이×너비×깊이)	390×80×(12+)
시상/관대크기 (길이×너비×높이)		?	두 향		?
장축방향		N-22°-W	벽석종류		판석, 할석
유물	토 기	-			
	철 기	관고리(2), 관정(4)			
	청동기	-			
	옥석류	-			
	기 타	-			
특기사항					

[출토유물]

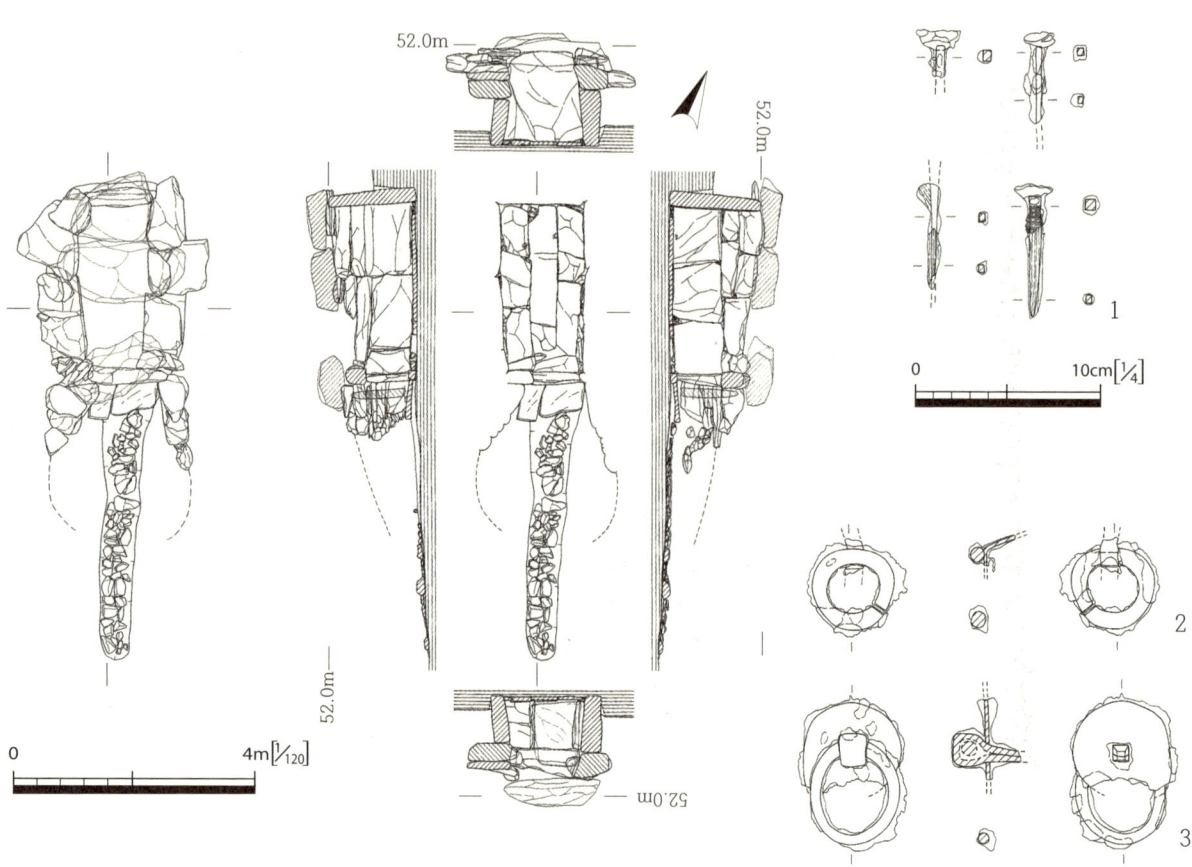

KM-038호 석실묘

(단위 : cm)

봉토	크 기 (길이×너비×높이)	?	묘광	크 기 (길이×너비×깊이)	345×170×(25+)
	평면형태	?		장 폭 비	2.02:1
현실	크 기 (길이×너비×높이)	(280+)×(95+)×(42+)		천장형태	?
	장 폭 비	?		횡구부위치	?
횡구부	크 기 (길이×너비)	?		묘도크기 (길이×너비)	-
	장 폭 비	?		배수시설 (길이×너비×깊이)	-
시상/관대크기 (길이×너비×높이)		-		두 향	?
장축방향		N-43°-W		벽석종류	할석
유물	토 기	-			
	철 기	-			
	청 동 기	-			
	옥 석 류	-			
	기 타	-			
특기사항		횡구식 석실로 보고하였으나 파괴가 심하여 정확한 구조는 알 수 없음. 출토유물 없음.			

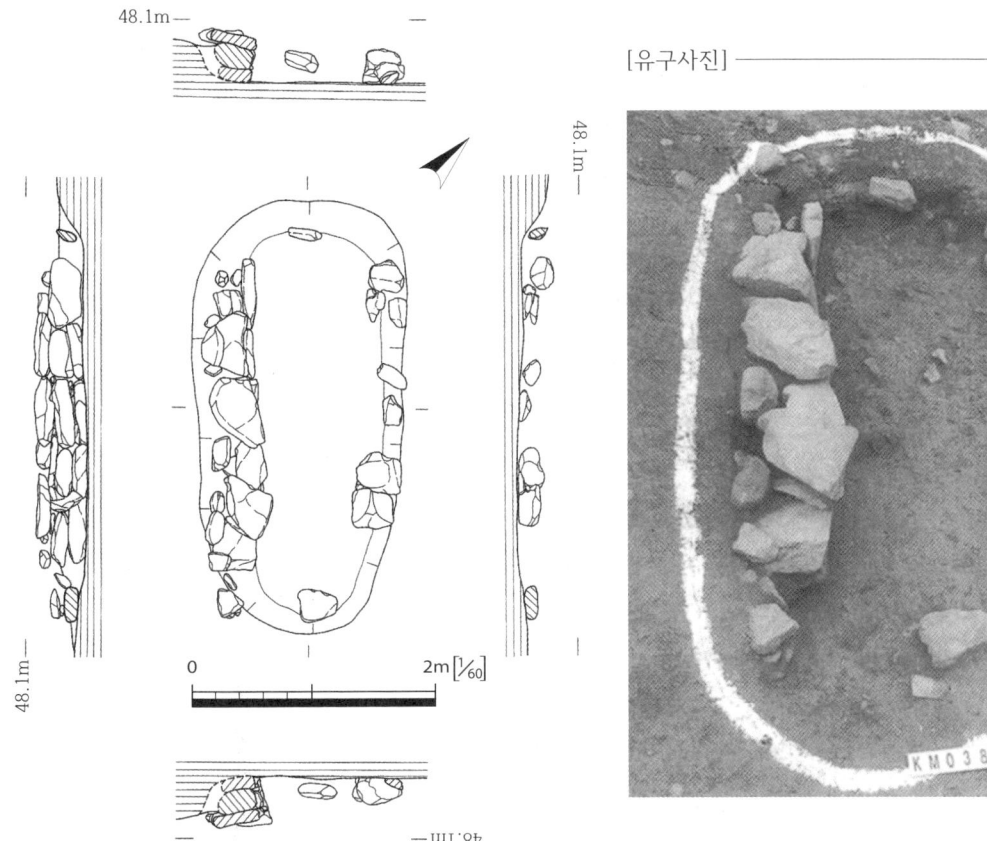

[유구사진]

KM-039호 석곽(옹관)묘

(단위 : cm)

묘광	크 기 (길이×너비×깊이)	(140+)×95×(40+)	주체부	크 기 (길이×너비×높이)	(105+)×(75+)×?
	장폭비	?		장폭비	?
	옹관길이	(36.5+)		안치형태	횡치
	결합방식	단옹식		장축방향	N-2°-E
	두 향	?		벽석종류	할석
유물	토 기	옹(1), 토기편(1)			
	철 기	-			
	청동기	-			
	옥석류	-			
	기 타	-			
	특기사항				

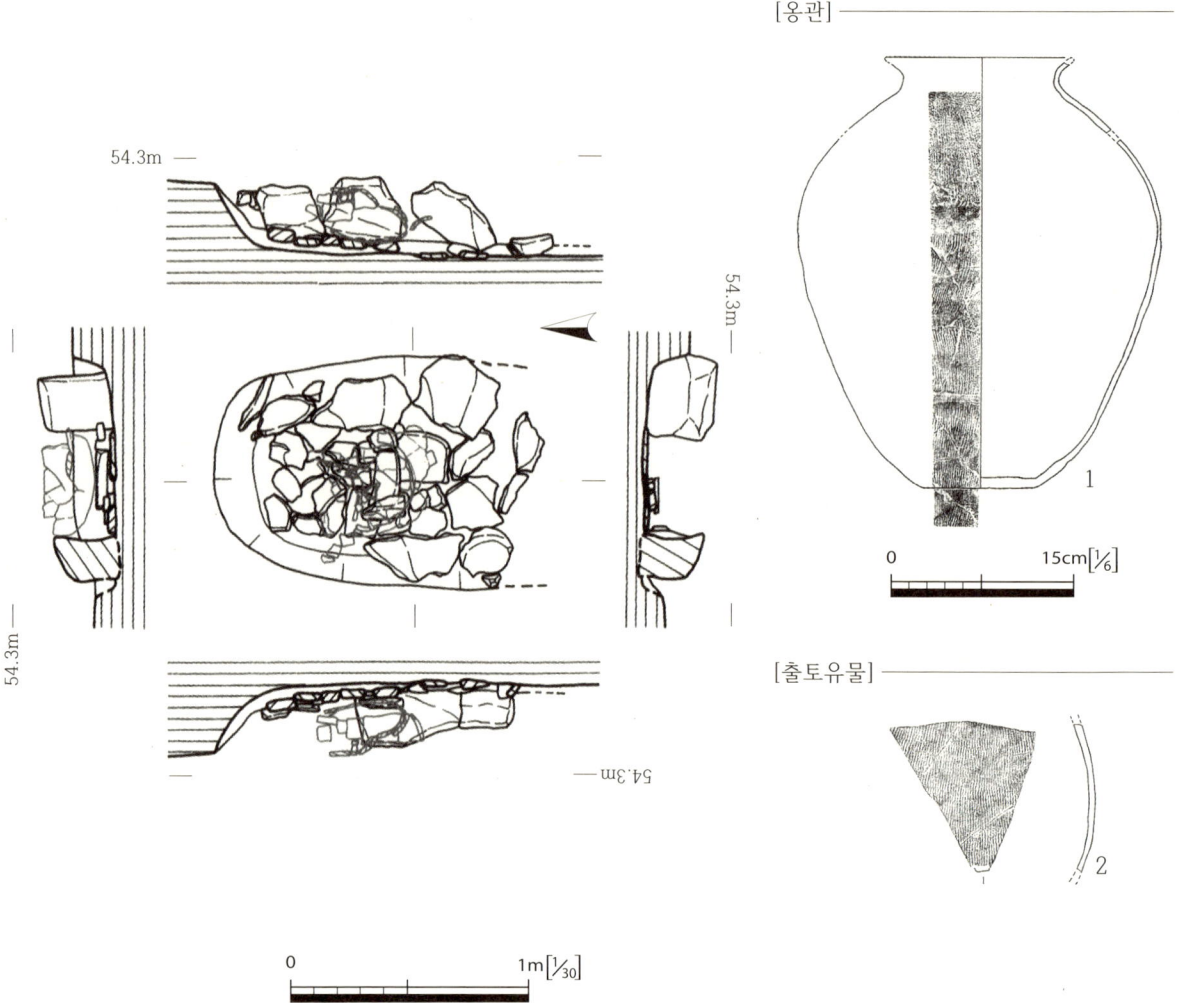

[옹관]

1

0　　　　　　　　15cm[⅙]

54.3m

54.3m

54.3m

54.3m

[출토유물]

2

0　　　　　　　　1m[1/30]

KM-040호 석곽묘

(단위 : cm)

묘광	크 기 (길이×너비×깊이)	(230+)×90×(50+)	주체부	크 기 (길이×너비×높이)	(210+)×70×(50+)
	장폭비	?		장폭비	?
	장축방향	N-14°-E	시상·관대	크 기 (길이×너비×높이)	-
	두 향	?	벽석종류		할석
유물	토 기	-			
	철 기	-			
	청 동 기	-			
	옥 석 류	-			
	기 타	-			
	특기사항	출토유물 없음. 석곽으로 보고하였으나 파괴가 심하여 정확한 구조는 알 수 없음.			

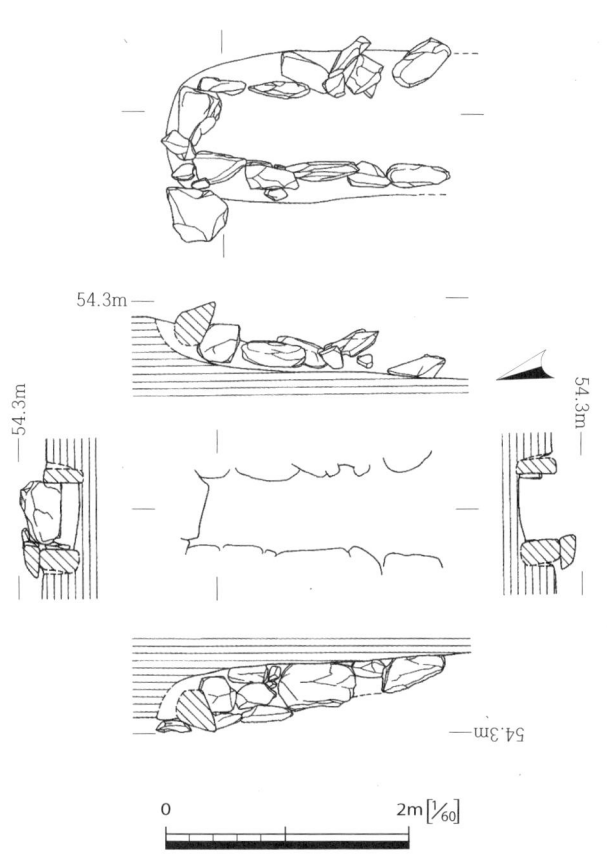

[유구사진]

KM-041호 석실묘

(단위 : cm)

봉토	크 기 (길이×너비×높이)	?	묘광	크 기 (길이×너비×깊이)	(290+)×150×(40+)	
	평면형태	?		장폭비	?	
현실	크 기 (길이×너비×높이)	(245+)×90×(50+)		천장형태	?	
	장폭비	?		연도위치	(중앙)	
연도	크 기 (길이×너비×높이)	(36)×(78)×(57+)		묘도크기 (길이×너비)	(54+)×(84+)	
	장폭비	(0.46):1		배수시설 (길이×너비×깊이)	?	
시상/관대크기 (길이×너비×높이)		?		두 향	?	
장축방향		N-34°-W		벽석종류	할석	
유물	토 기	배(2), 병(2)				
	철 기	관정(2)				
	청동기	-				
	옥석류	-				
	기 타	-				
	특기사항					

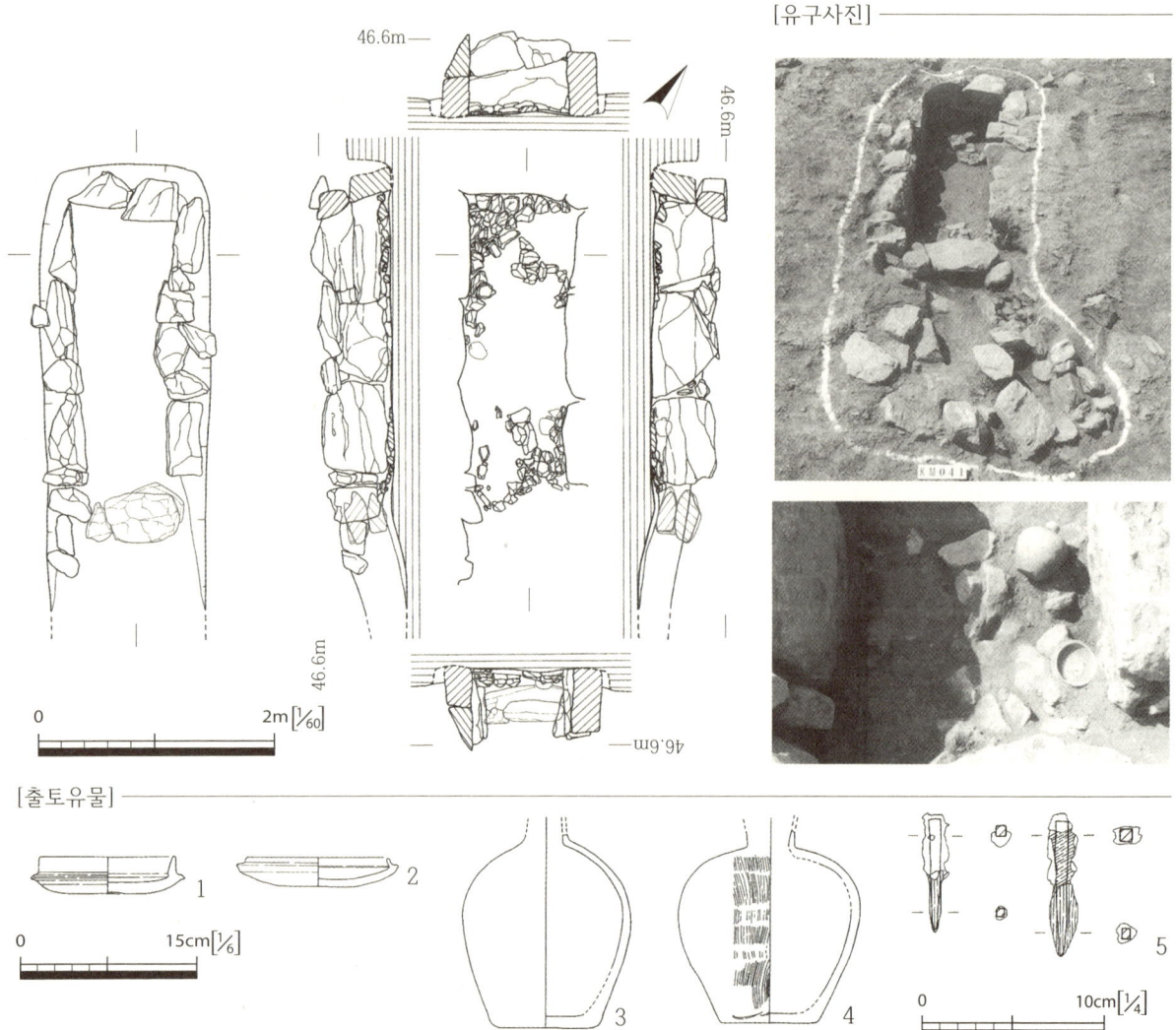

[유구사진]

[출토유물]

KM-042호 석실묘

(단위 : cm)

봉토	크 기 (길이×너비×높이)	?	묘광	크 기 (길이×너비×깊이)	(216+)×(132+)×(48+)
	평면형태	?		장폭비	?
현실	크 기 (길이×너비×높이)	(200+)×(100+)×(45+)		천장형태	?
	장폭비	?		연도위치	?
연도	크 기 (길이×너비×높이)	?		묘도크기 (길이×너비)	?
	장폭비	?		배수시설 (길이×너비×깊이)	?
시상/관대크기 (길이×너비×높이)		?		두 향	?
장축방향		N-45°-W		벽석종류	할석
유물	토 기	삼족기(1)			
	철 기	주조철부(1)			
	청동기	-			
	옥석류	-			
	기 타	-			
특기사항		횡혈식 석실로 보고하였으나 파괴가 심하여 정확한 구조는 알 수 없음.			

[유구사진]

[출토유물]

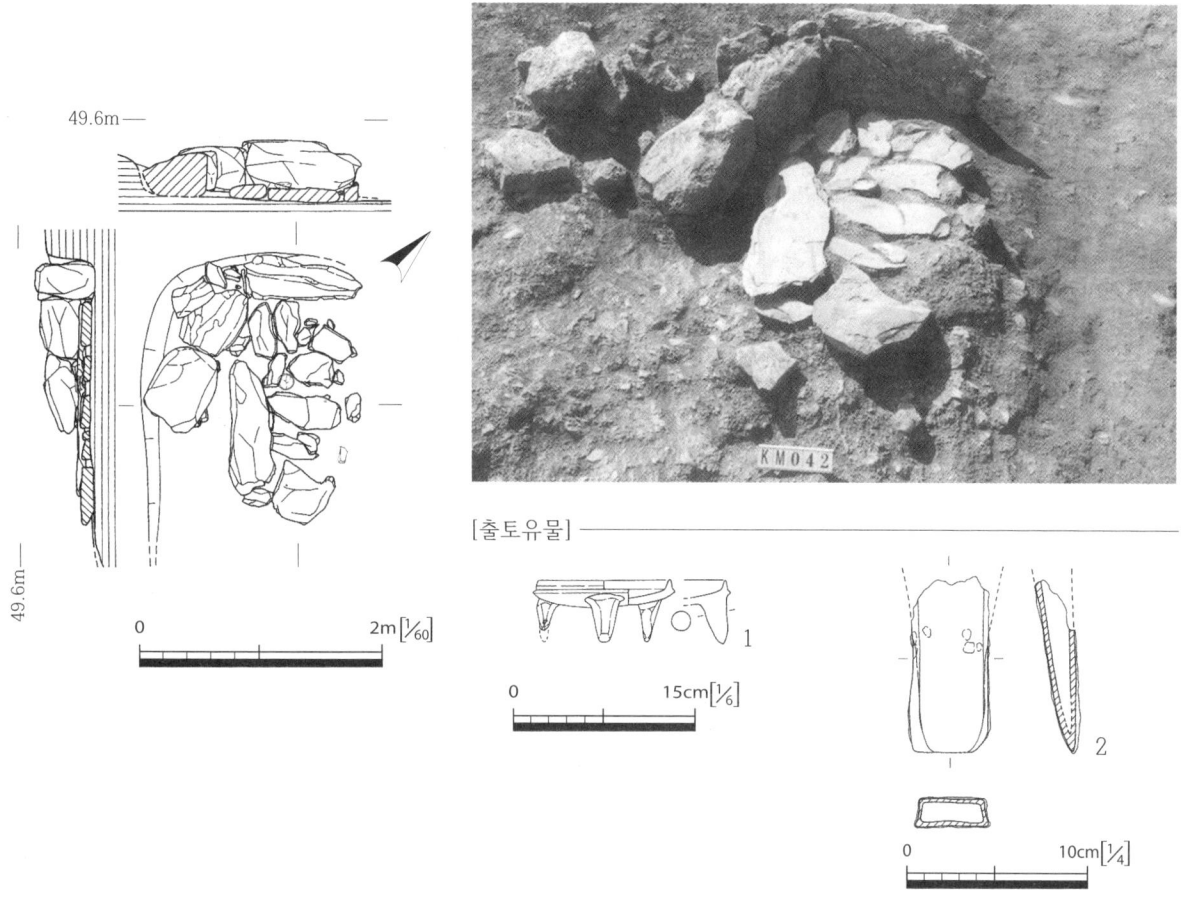

KM-043호 석실묘

(단위 : cm)

봉토	크 기 (길이×너비×높이)	?	묘광	크 기 (길이×너비×깊이)	280×220×(75+)
	평면형태	?		장폭비	1.27:1
현실	크 기 (길이×너비×높이)	250×160×(80+)		천장형태	?
	장폭비	1.56:1		연도위치	좌편재
연도	크 기 (길이×너비×높이)	(160)×(130)×(92+)		묘도크기 (길이×너비)	?
	장폭비	(1.23):1		배수시설 (길이×너비×깊이)	430×90×(22+)
시상/관대크기 (길이×너비×높이)		-		두 향	?
장축방향		N-5°-E		벽석종류	판석, 할석
유물	토 기	-
	철 기	-
	청동기	-
	옥석류	-
	기 타	-
특기사항		눈썹형의 주구[1,350×160×(60+)]가 확인되었으나 도면 미게재. 출토유물 없음.

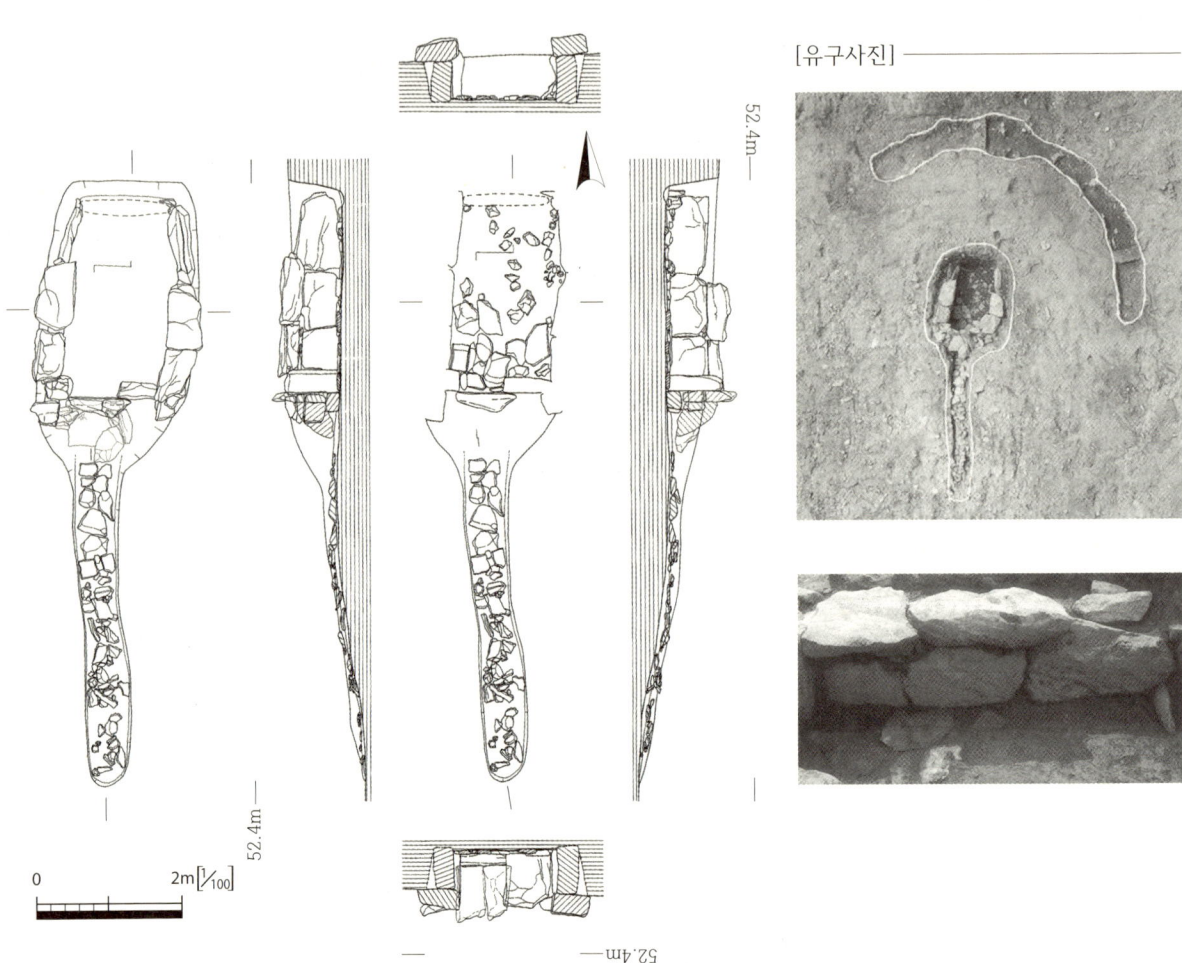

[유구사진]

KM-044호 석실묘

봉토	크 기 (길이×너비×높이)	?	묘광	크 기 (길이×너비×깊이)	(230+)×130×(34+)	
	평면형태	?		장폭비	?	
현실	크 기 (길이×너비×높이)	(220+)×100×(60+)		천장형태	?	
	장폭비	?		횡구부위치	?	
횡구부	크 기 (길이×너비)	?		묘도크기 (길이×너비)	?	
	장폭비	?		배수시설 (길이×너비×깊이)	?	
시상/관대크기 (길이×너비×높이)		?	두 향		?	
장축방향		N-19°-W	벽석종류		할석	
유물	토 기	-				
	철 기	관정(18)				
	청동기	-				
	옥석류	-				
	기 타	-				
특기사항		횡구식 석실로 보고하였으나 파괴가 심하여 정확한 구조는 알 수 없음. 눈썹형의 주구[900×150×(30+)]가 확인되었으나 도면 미게재.				

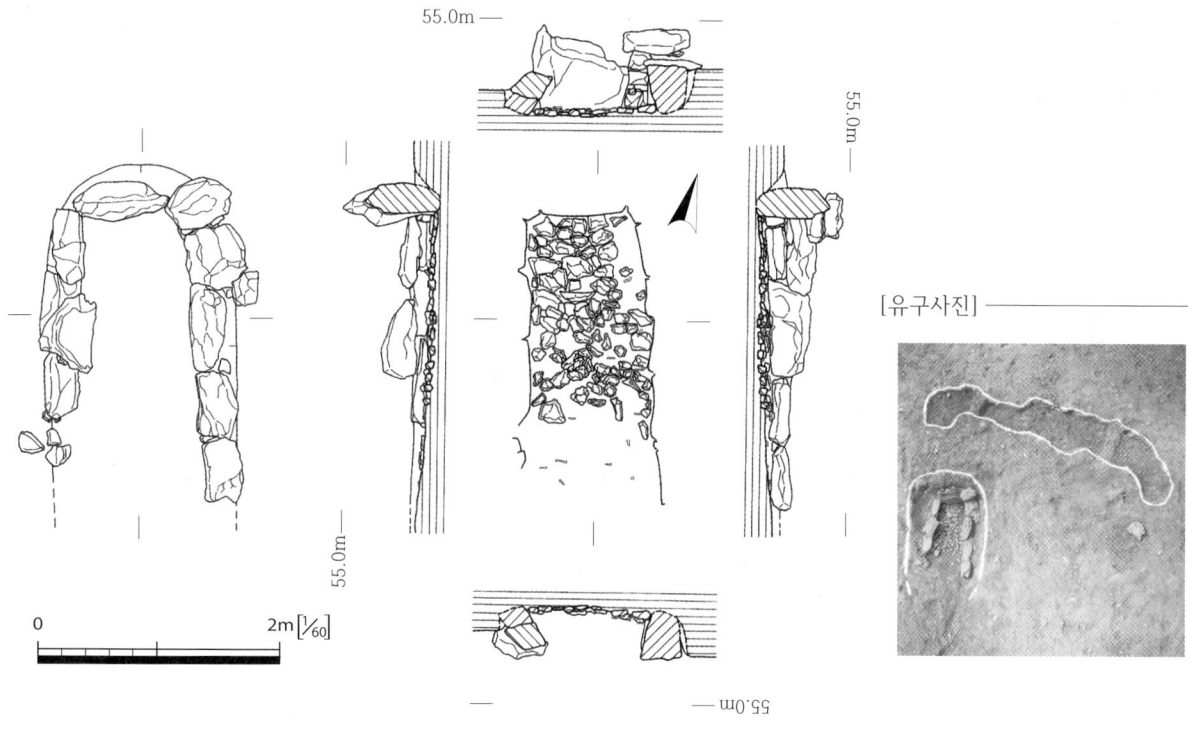

[유구사진]

[출토유물]

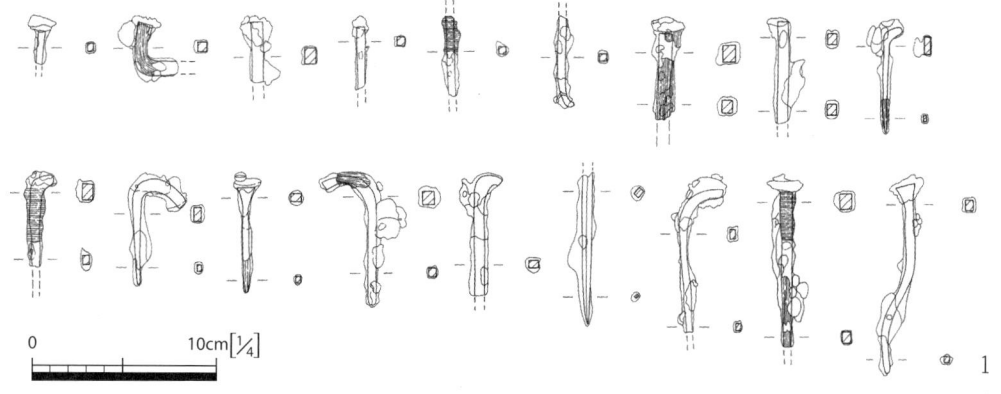

1

KM-045호 석실묘

(단위 : cm)

봉토	크 기 (길이×너비×높이)	?	묘광	크 기 (길이×너비×깊이)	(200+)×164×(24+)
	평면형태	?		장폭비	?
현실	크 기 (길이×너비×높이)	(190+)×70×(40+)		천장형태	?
	장폭비	?		횡구부위치	?
횡구부	크 기 (길이×너비)	?		묘도크기 (길이×너비)	?
	장폭비	?		배수시설 (길이×너비×깊이)	?
시상/관대크기 (길이×너비×높이)		?		두 향	?
장축방향		N-5°-W		벽석종류	할석
유물	토 기				
	철 기	관정(13)			
	청동기		-		
	옥석류		-		
	기 타		-		
특기사항		횡구식 석실로 보고하였으나 파괴가 심하여 정확한 구조는 알 수 없음.			

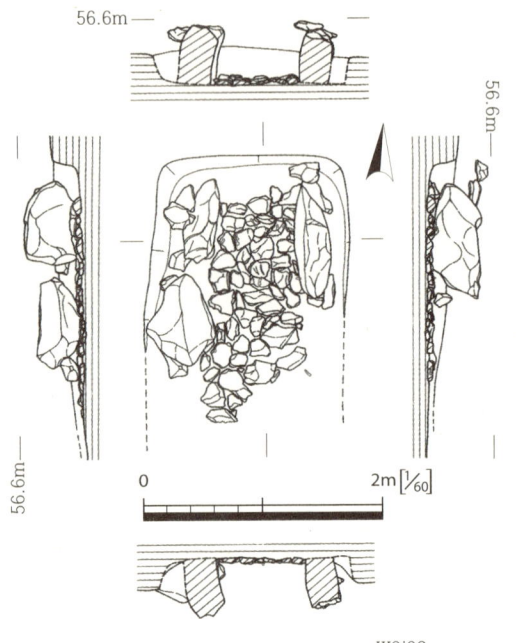

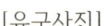

[유구사진]

[출토유물]

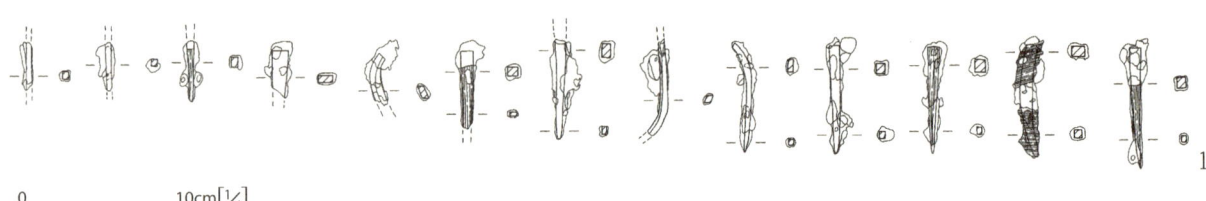

0   10cm[¼]

1

KM-046호 석실묘

(단위 : cm)

봉토	크 기 (길이×너비×높이)	?	묘광	크 기 (길이×너비×깊이)	240×160×(70+)
	평면형태	?		장폭비	1.50:1
현실	크 기 (길이×너비×높이)	200×108×(80+)		천장형태	?
	장폭비	1.85:1		연도위치	중앙
연도	크 기 (길이×너비×높이)	(132)×(96)		묘도크기 (길이×너비)	?
	장폭비	(1.37):1		배수시설 (길이×너비×깊이)	?
시상/관대크기 (길이×너비×높이)		?		두 향	?
장축방향		N-26°-W		벽석종류	할석
유물	토 기	병(1)			
	철 기	도자(1), 관정(5)			
	청동기	-			
	옥석류	-			
	기 타	-			
특기사항		눈썹형의 주구[2,100×150×(100+)]가 확인되었으나 도면 미게재.			

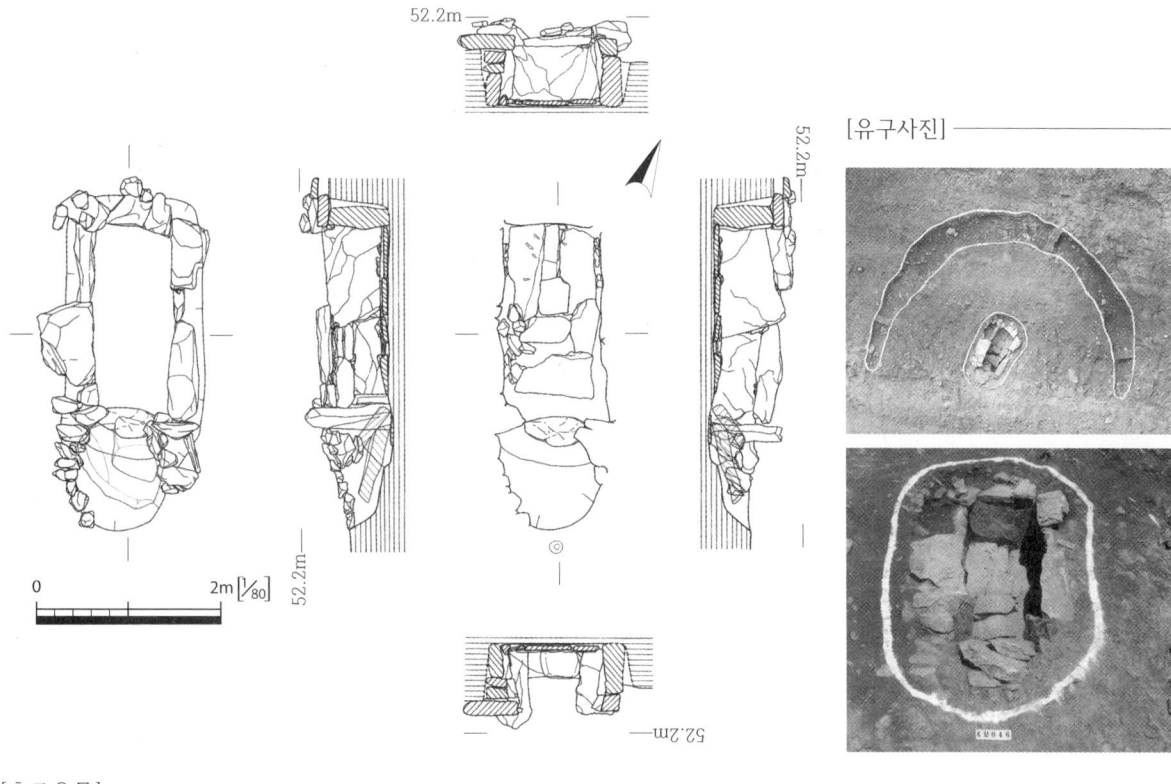

[유구사진]

[출토유물]

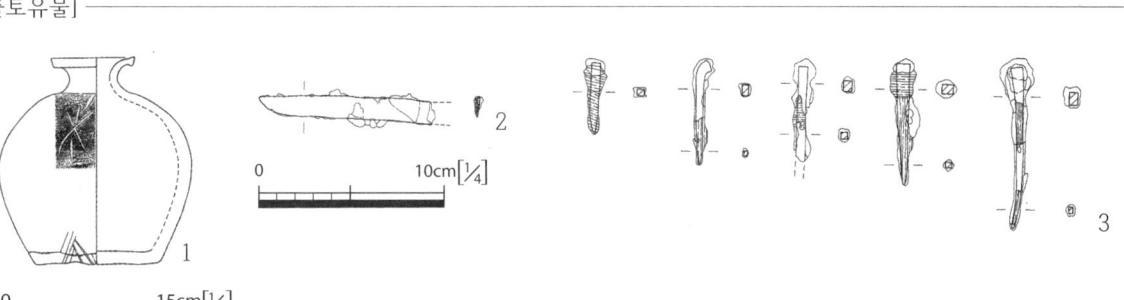

KM-047호 석실묘

(단위 : cm)

봉토	크 기 (길이×너비×높이)	?	묘광	크 기 (길이×너비×깊이)	280×160×(94+)
	평면형태	?		장폭비	1.75:1
현실	크 기 (길이×너비×높이)	245×145×(110+)		천장형태	?
	장폭비	1.68:1		연도위치	좌편재
연도	크 기 (길이×너비×높이)	128+×106×(82+)		묘도크기 (길이×너비)	(126)×(144)
	장폭비	(1.20):1		배수시설 (길이×너비×깊이)	-
시상/관대크기 (길이×너비×높이)		?		두 향	?
장축방향		N-6°-W		벽석종류	판석, 할석
유물	토 기	-			
	철 기	관정(14)			
	청동기	-			
	옥석류	-			
	기 타	-			
특기사항		눈썹형의 주구[1,200×150×(20+)]가 확인되었으나 도면 미게재.			

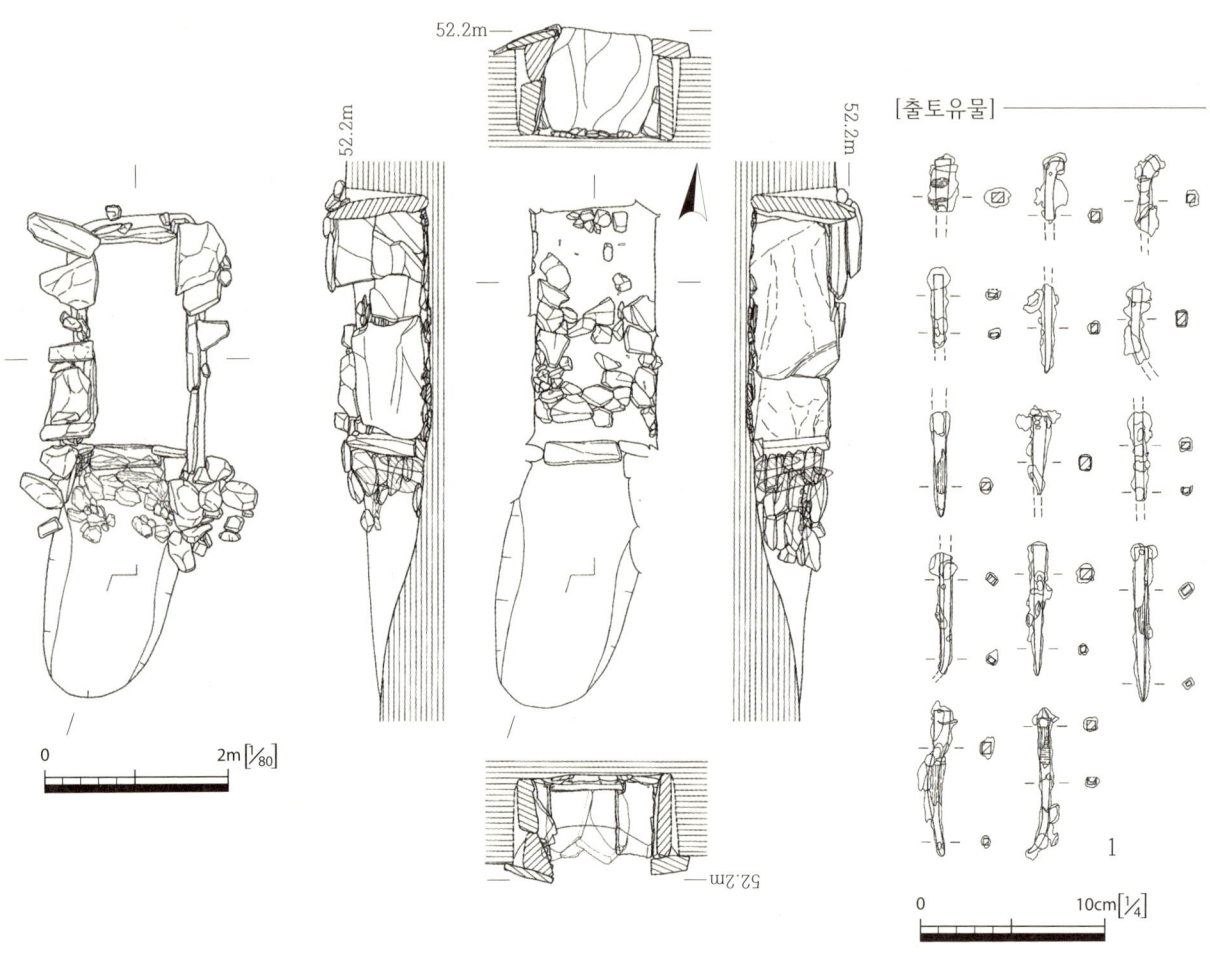

KM-048호 석실묘

봉토	크 기 (길이×너비×높이)	?	묘광	크 기 (길이×너비×깊이)	300×170×(94+)
	평면형태	?		장폭비	1.76:1
현실	크 기 (길이×너비×높이)	265×140×(110+)		천장형태	?
	장폭비	1.89:1		연도위치	중앙
연도	크 기 (길이×너비×높이)	(130)×(132)×(72+)		묘도크기 (길이×너비)	(174)×(162)
	장폭비	(0.18):1		배수시설 (길이×너비×깊이)	?
시상/관대크기 (길이×너비×높이)		?	두 향		?
장축방향		N-25°-W	벽석종류		판석, 할석
유물	토 기	배(1), 병(1), 삼족기(1)			
	철 기	관정(8)			
	청동기	-			
	옥석류	-			
	기 타	-			
특기사항		'눈썹'형의 주구[3,300×250×(50+)]가 확인되었으나 도면 미게재.			

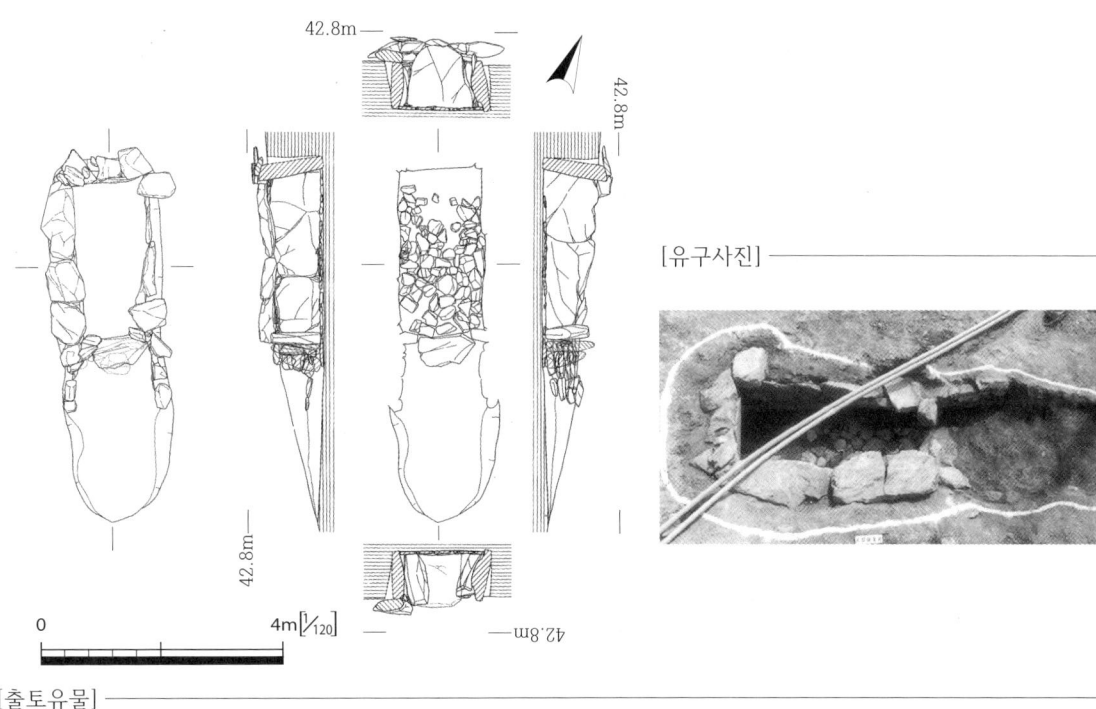

[유구사진]

[출토유물]

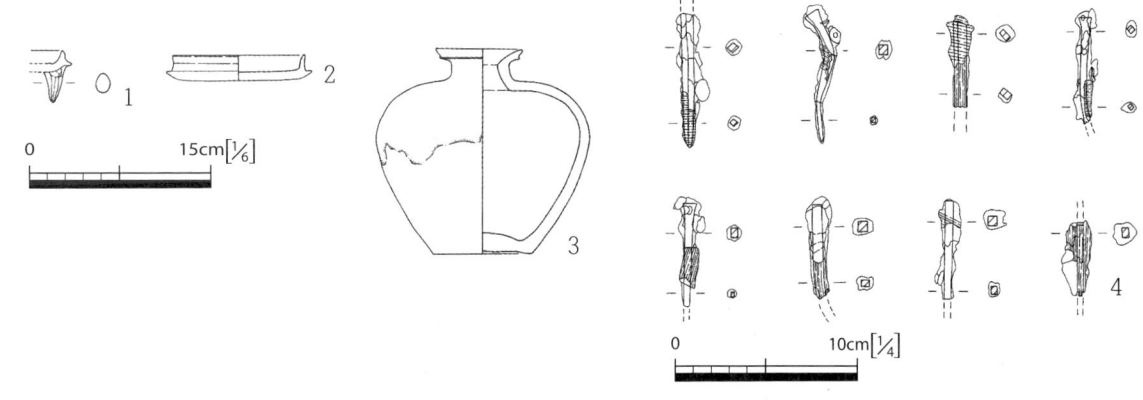

KM-049호 석실묘

(단위 : cm)

봉토	크 기 (길이×너비×높이)	?	묘광	크 기 (길이×너비×깊이)	310×200×(130+)	
	평면형태	?		장폭비	1.55:1	
현실	크 기 (길이×너비×높이)	250×150×120		천장형태	(고임)	
	장폭비	1.66:1		연도위치	좌편재	
연도	크 기 (길이×너비×높이)	(138)×(144)×(108+)		묘도크기 (길이×너비)	(80+)×(42)	
	장폭비	(0.95):1		배수시설 (길이×너비×깊이)	500×70×(11+)	
시상/관대크기 (길이×너비×높이)		?		두 향	?	
장축방향		N-23°-W		벽석종류	판석, 할석	
유물	토 기	배(2), 병(2), 삼족기(2)				
	철 기	삭칼(1), 관고리(2), 관정(19)				
	청동기	-				
	옥석류	-				
	기 타	-				
특기사항		눈썹형의 주구[(2,250+)×225×(20+)]가 확인되었으나 도면 미게재.				

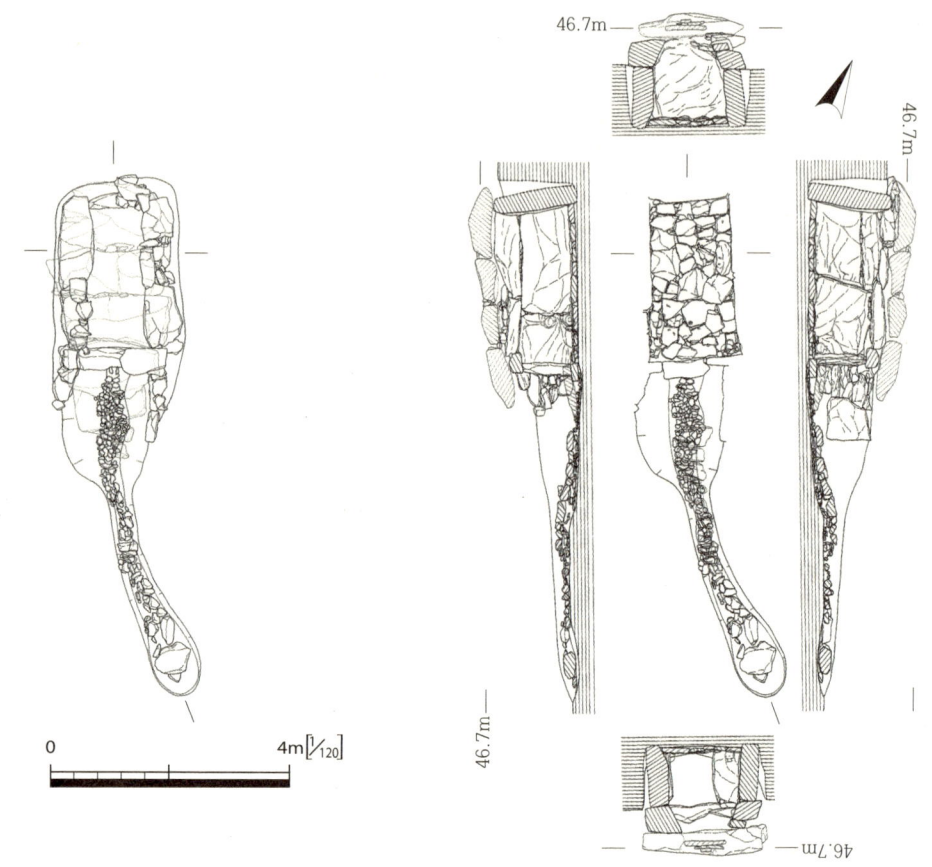

[유구사진]

[출토유물]

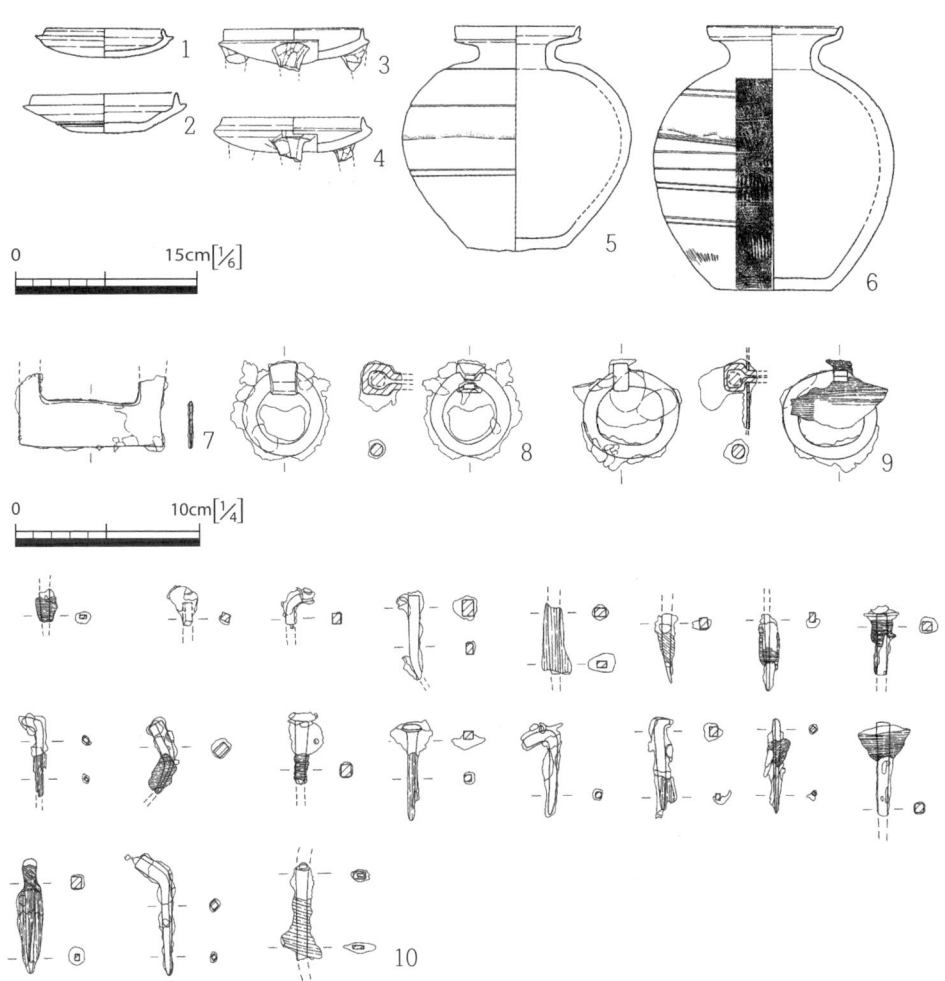

0   15cm[⅙]

0   10cm[¼]

KM-050호 석실묘

(단위 : cm)

봉토	크 기 (길이×너비×높이)	?	묘광	크 기 (길이×너비×깊이)	(180+)×140×(18+)
	평면형태	?		장폭비	?
현실	크 기 (길이×너비×높이)	(80+)×(90+)×(45+)		천장형태	?
	장폭비	?		연도위치	?
연도	크 기 (길이×너비×높이)	?		묘도크기 (길이×너비)	?
	장폭비	?		배수시설 (길이×너비×깊이)	?
시상/관대크기 (길이×너비×높이)		?		두 향	?
장축방향		N-15°-W		벽석종류	할석
유물	토 기	배(2), 병(1)			
	철 기	관정(7)			
	청동기	-			
	옥석류	-			
	기 타	-			
특기사항		횡혈식 석실로 보고하였으나 파괴가 심하여 정확한 구조는 알 수 없음.			

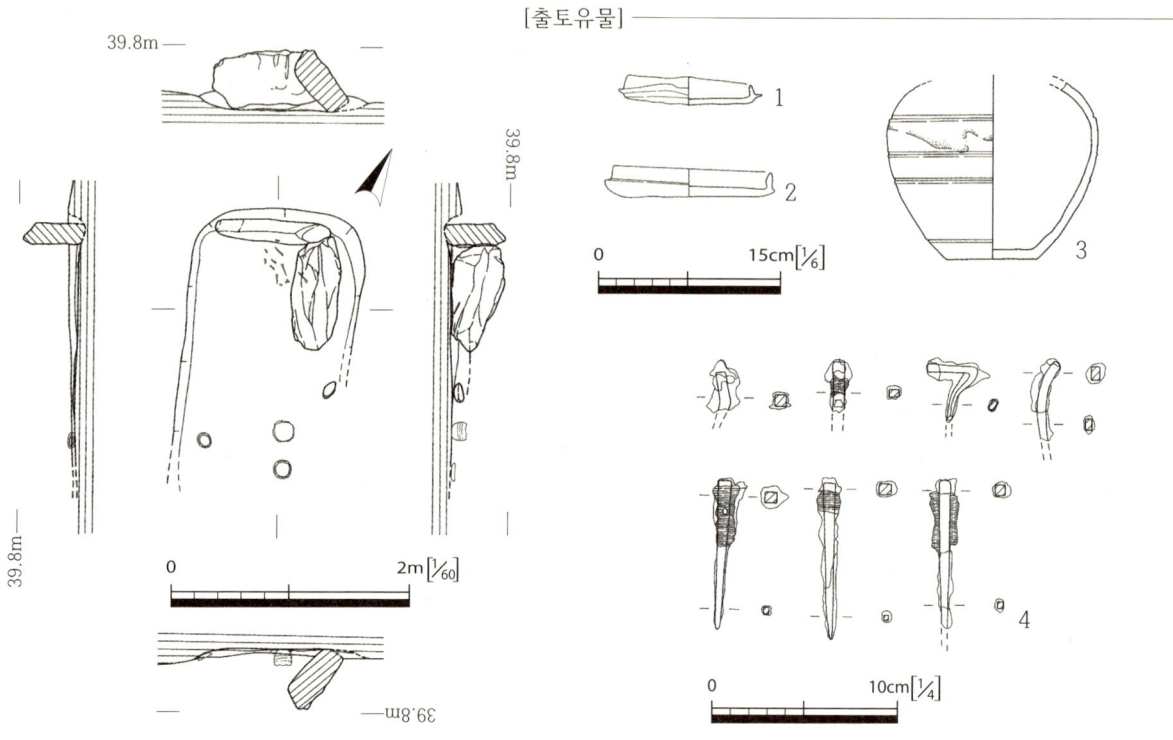

[출토유물]

보령 의평리 가느실골 유적 保寧 蟻坪里 가느실골 遺蹟

조사사유	청천호 내부관통도로 개설공사에 따른 구제발굴조사
조사연혁	지표조사 : 2002. (中央文化財研究院) 발굴조사 : 2006. 12. 6. ~ 2007. 1. 19.(忠淸文化財研究院)
유적위치	충청남도 보령시 청라면 의평리 가느실골 일원
	경·위도 36°22'47.10"E / 126°39'48.03"N
유적입지	조사지역은 오서산(해발 790m)에서 북서방향으로 뻗은 봉황산(256m)에 이르는 산지의 경계부에 위치하고 있다. 따라서 조사지역 주변은 해발고도 250m내외의 높은 산지에서 뻗어 내린 낮은 구릉사면과 분지지형을 이루며, 남쪽으로 청라저수지가 입지하고 있다.

유구현황	초기철기시대	-
	원삼국시대	-
	삼국시대	석실묘(10)·매납유구(1)
	기타	청동기시대 석관묘(1), 조선시대 토광묘(3)·회곽묘(2)

주요유물	관고리, 관정
시대·성격	이 유적에서 확인된 백제 고분은 모두 횡혈식 석실묘로 석실과 문틀시설 및 연도부를 갖춘 구조이다. 그러나 조사 전 파괴·유실되어 석실의 구조를 파악하기 어렵다. 10기의 고분은 남북으로 뻗어있는 능선의 초입부터 정상부까지 1~2기씩 선상으로 분포하고 있다. 고분의 구조 및 출토유물상으로 보아 백제 사비기인 7세기 대에 조영된 것으로 판단된다.
참고문헌	中央文化財研究院, 2002, 『청천호 내부관통도로 개설사업 문화재 지표조사 보고서』. 忠淸文化財研究院, 2009, 『保寧 蟻坪里 가느실골 遺蹟』調査報告 第92輯.

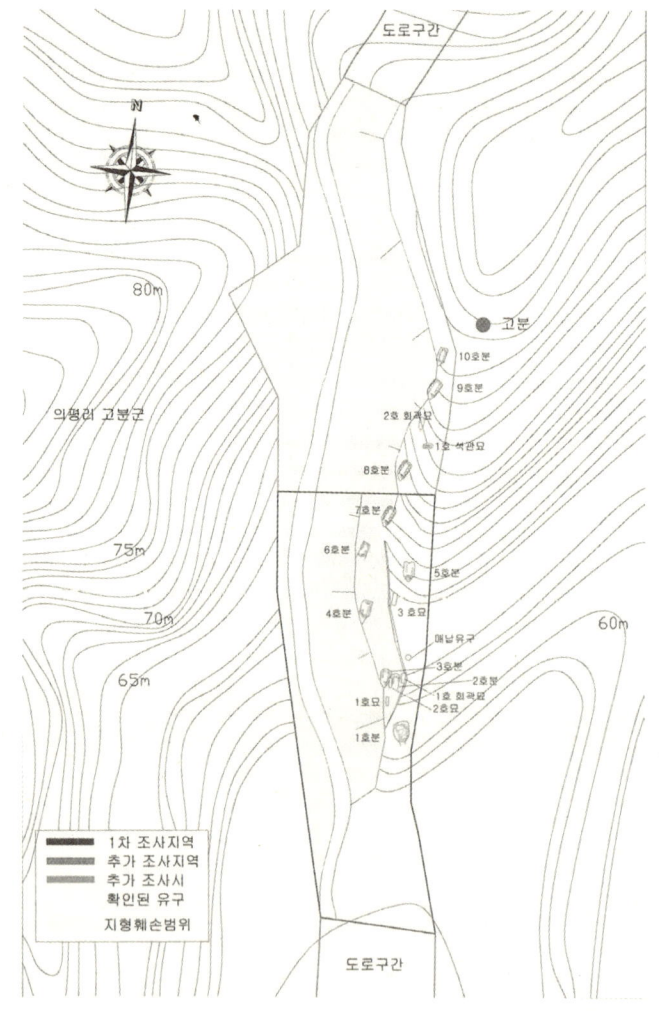

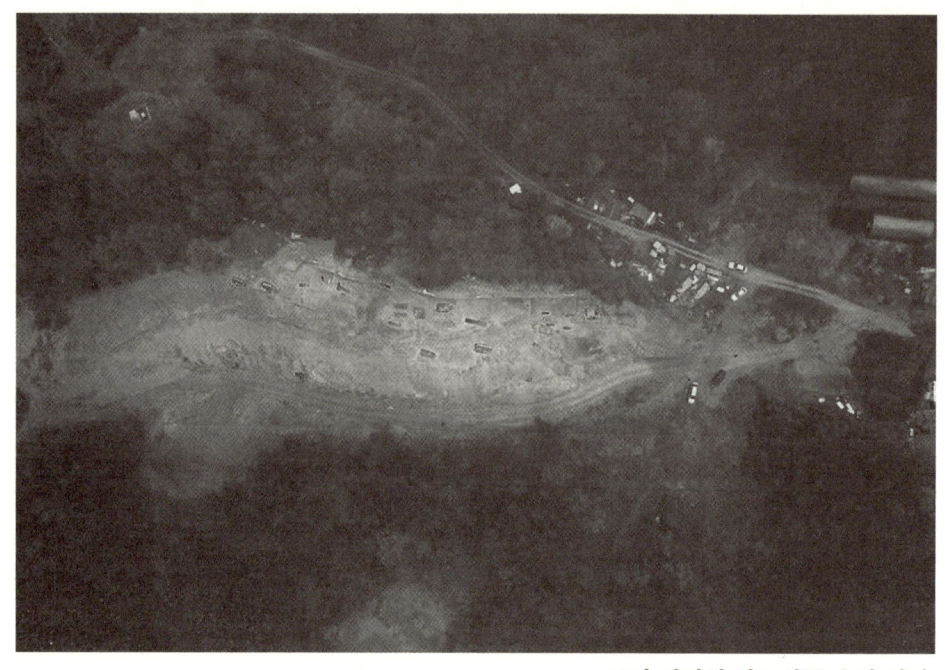

보령 의평리 가느실골 유적 유구배치도

보령 의평리 가느실골 유적 전경

1호 석실묘

(단위 : cm)

봉토	크 기 (길이×너비×높이)	?	묘광	크 기 (길이×너비×깊이)	(420)×(360)×(130+)
	평면형태	?		장폭비	(1.17):1
현실	크 기 (길이×너비×높이)	260×130×120		천장형태	(평)
	장폭비	2.00:1		횡구부위치	남동측 단벽
횡구부	크 기 (길이×너비)	(60)×(120)		묘도크기 (길이×너비)	?
	장폭비	(0.50):1		배수시설 (길이×너비×깊이)	?
시상/관대크기 (길이×너비×높이)		−		두 향	?
장축방향		N-20°-E		벽석종류	판석, 할석
유물	토 기	−			
	철 기	관고리(3), 관정(12)			
	청동기	−			
	옥석류	−			
	기 타	금동제 세환이식(2), 납제 세환이식(2)			
특기사항					

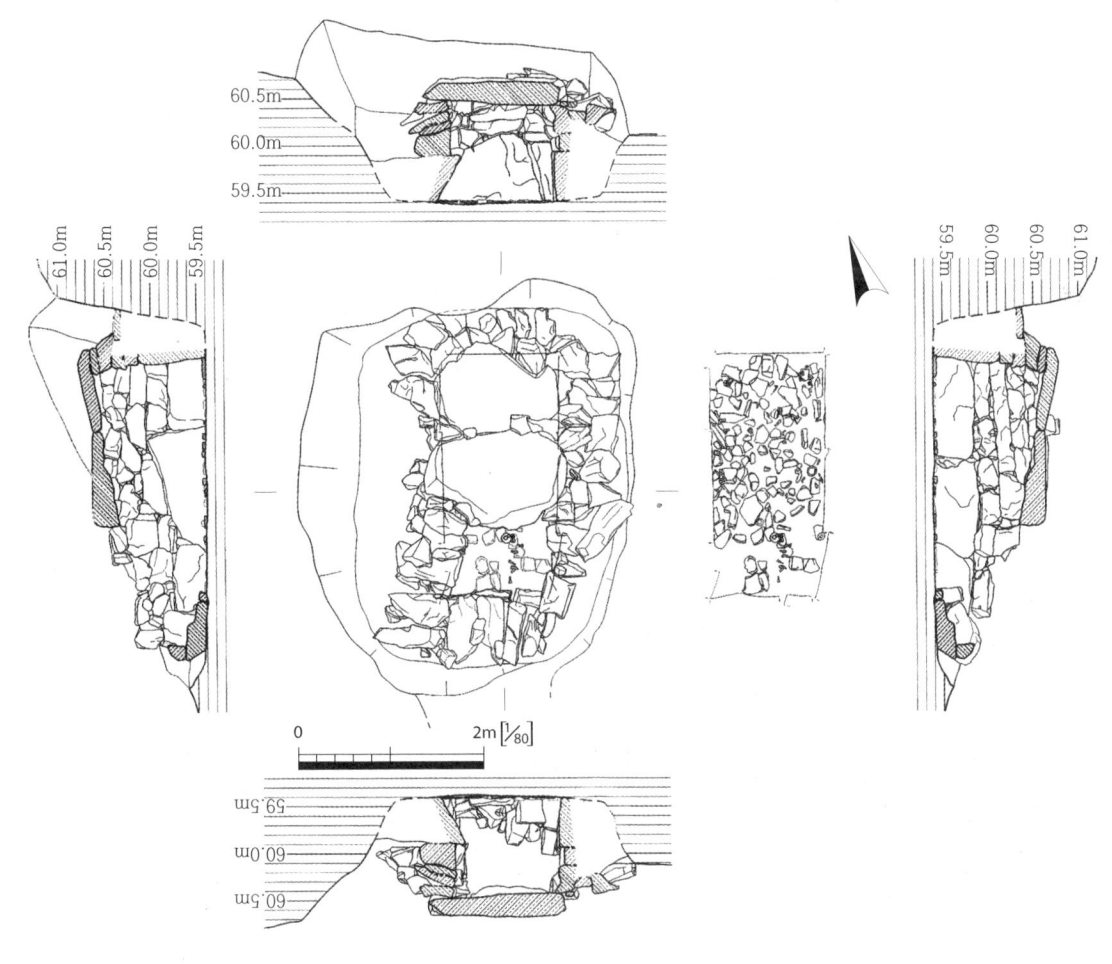

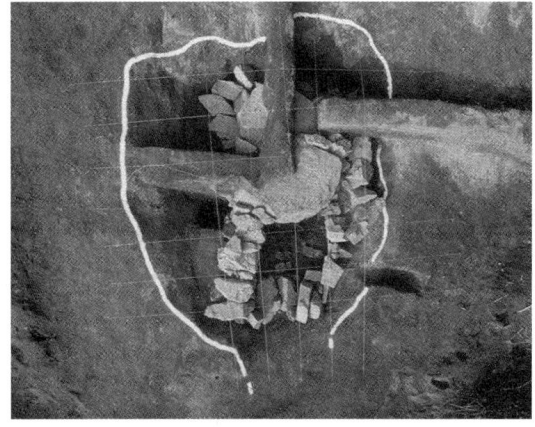

[출토유물]

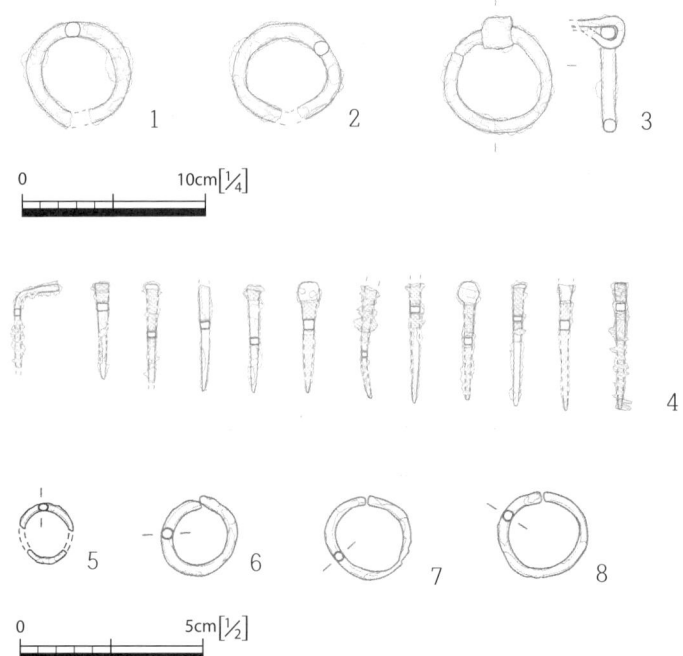

2호 석실묘

(단위 : cm)

봉토	크 기 (길이×너비×높이)	?	묘광	크 기 (길이×너비×깊이)	(290+)×(200)×(100+)
	평면형태	?		장폭비	?
현실	크 기 (길이×너비×높이)	(220+)×(100)×(50+)		천장형태	?
	장폭비	?		연도위치	?
연도	크 기 (길이×너비×높이)	?		묘도크기 (길이×너비)	?
	장폭비	?		배수시설 (길이×너비×깊이)	?
시상/관대크기 (길이×너비×높이)		-	두 향		?
장축방향		N-7°-E	벽석종류		할석
유물	토 기	-			
	철 기	-			
	청 동 기	-			
	옥 석 류	-			
	기 타	-			
특기사항		출토유물 없음. 횡혈식 석실로 보고하였으나 파괴가 심하여 정확한 구조는 알 수 없음.			

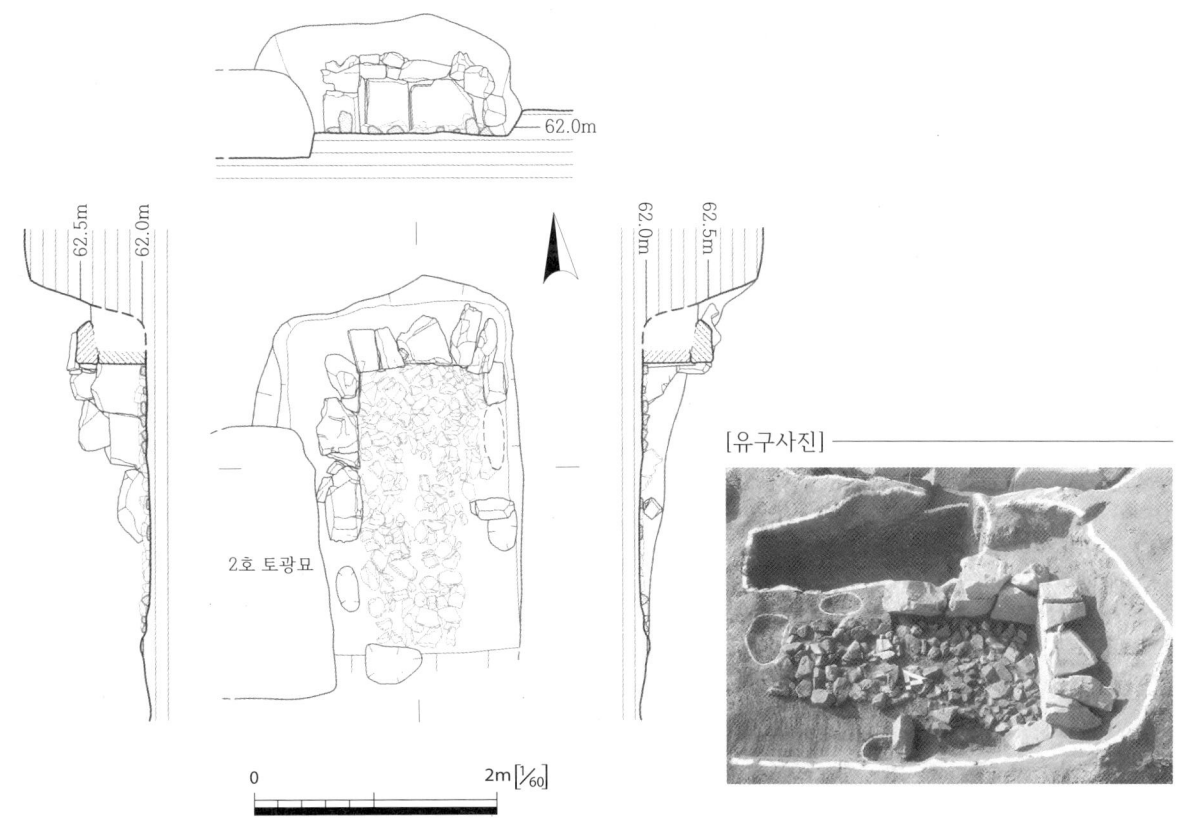

2호 토광묘

62.0m
62.5m
62.0m
62.0m
62.5m

0   2m [1/60]

[유구사진]

3호 석실묘

(단위 : cm)

봉토	크 기 (길이×너비×높이)	?	묘광	크 기 (길이×너비×깊이)	(366+)×(216)×(96+)
	평면형태	?		장폭비	?
현실	크 기 (길이×너비×높이)	242×144×(72+)		천장형태	?
	장폭비	1.68:1		연도위치	?
연도	크 기 (길이×너비×높이)	(120+)×?×(48+)		묘도크기 (길이×너비)	?
	장폭비	?		배수시설 (길이×너비×깊이)	?
시상/관대크기 (길이×너비×높이)		-		두 향	?
장축방향		N-7°-E		벽석종류	판석, 할석
유물	토 기	-			
	철 기	도자(1), 관고리(1), 관모대(1), 관정(11)			
	청동기	-			
	옥석류	-			
	기 타	-			
특기사항		횡혈식 석실로 보고하였으나 파괴가 심하여 정확한 구조는 알 수 없음.			

[출토유물]

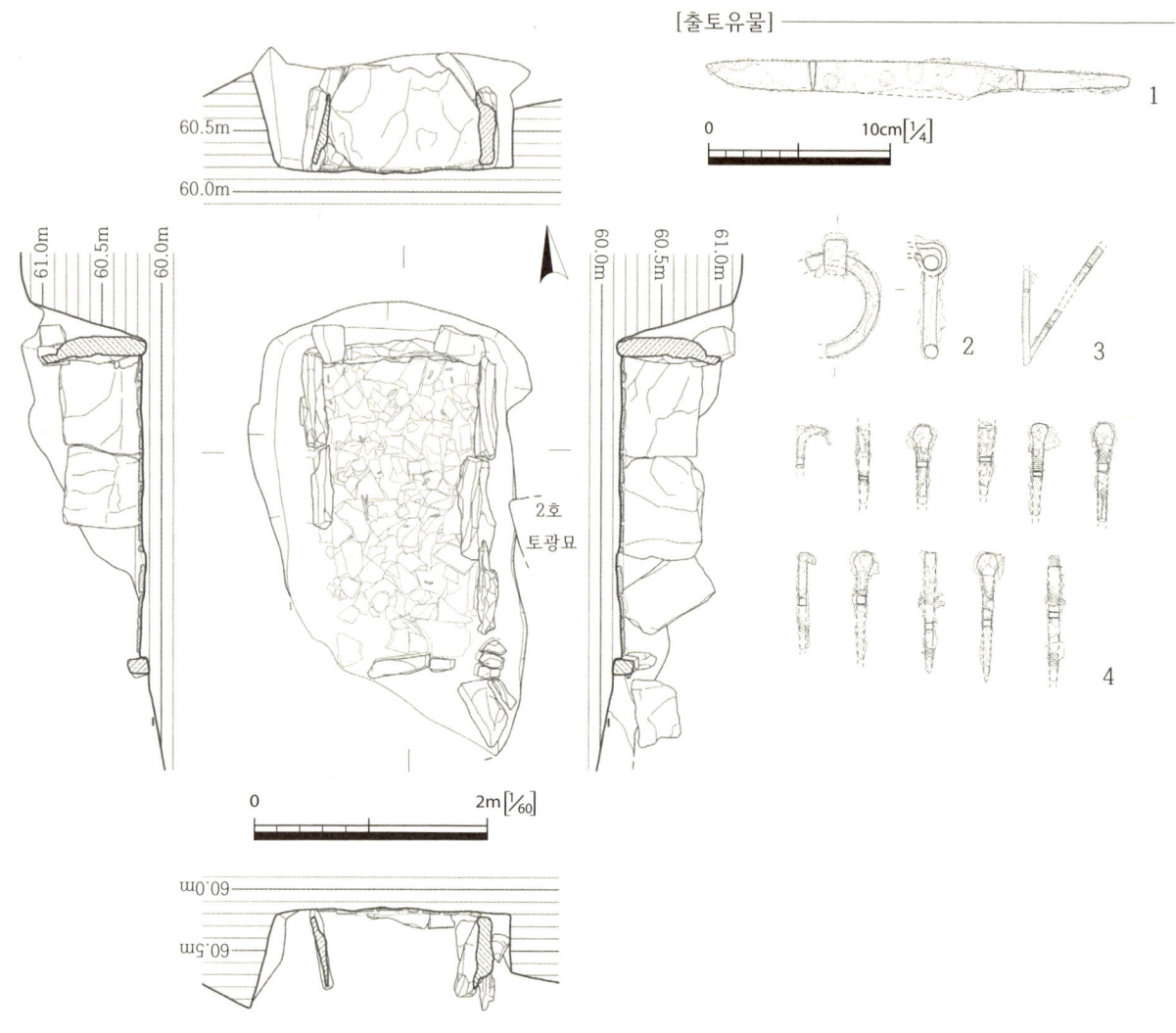

4호 석실묘

(단위 : cm)

봉토	크 기 (길이×너비×높이)	?	묘광	크 기 (길이×너비×깊이)	(400+)×(220)×(104+)
	평면형태	?		장폭비	?
현실	크 기 (길이×너비×높이)	(260)×(80)×(80+)		천장형태	(고임)
	장폭비	(3.25):1		연도위치	좌편재
연도	크 기 (길이×너비×높이)	(48)×(80)×(72)		묘도크기 (길이×너비)	(120)×(88+)
	장폭비	(0.60:)1		배수시설 (길이×너비×깊이)	-
시상/관대크기 (길이×너비×높이)		-	두 향		?
장축방향		N-15°-E	벽석종류		할석
유물	토 기	-			
	철 기	관정(15)			
	청동기	-			
	옥석류	-			
	기 타	금동제 세환이식(2)			
특기사항					

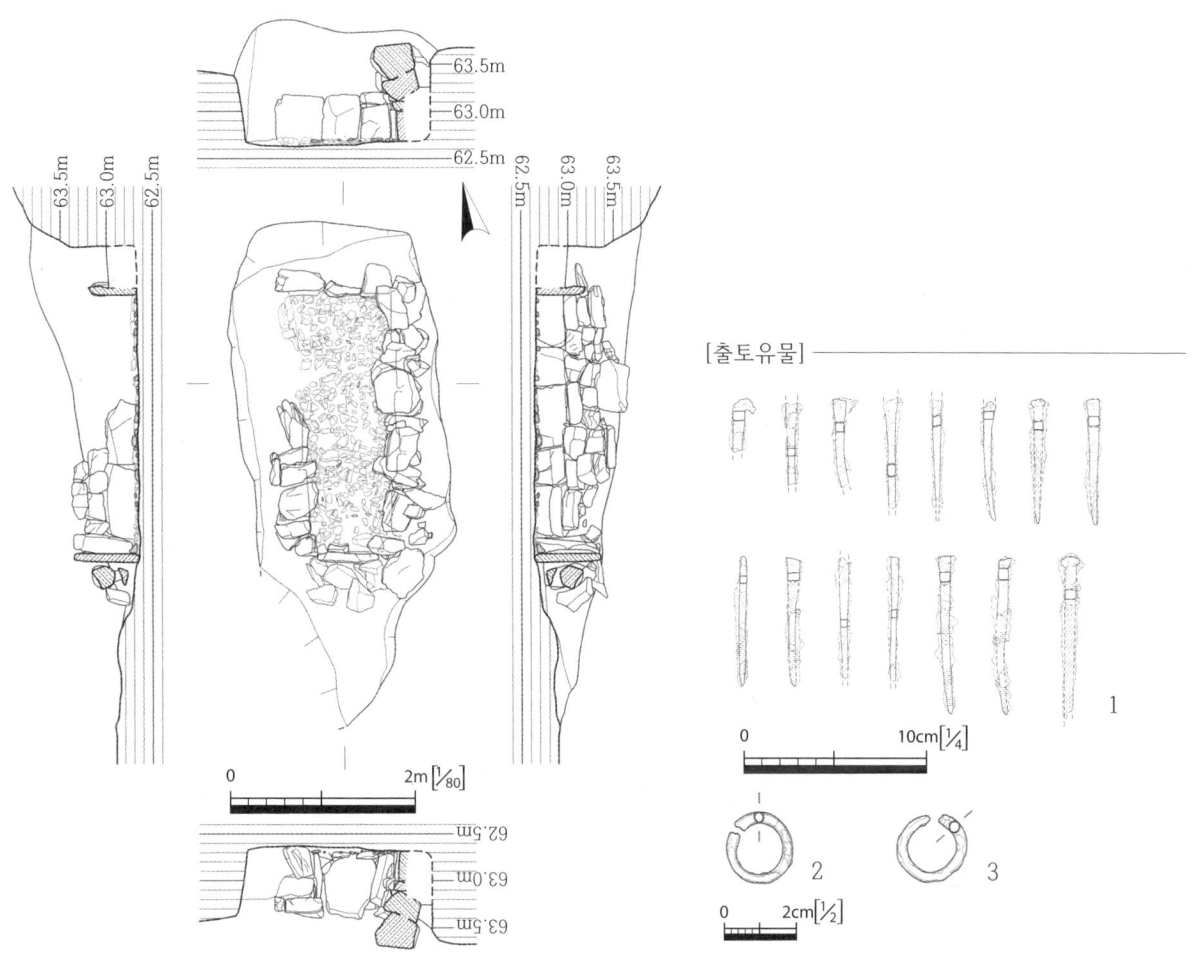

[출토유물]

5호 석실묘

(단위 : cm)

봉토	크 기 (길이×너비×높이)	?	묘광	크 기 (길이×너비×깊이)	430×230×(108+)
	평면형태	?		장폭비	1.87:1
현실	크 기 (길이×너비×높이)	(240)×115×(60+)		천장형태	-
	장폭비	(2.08):1		연도위치	중앙
연도	크 기 (길이×너비×높이)	(96)×(120)×(48)		묘도크기 (길이×너비)	?
	장폭비	(0.80):1		배수시설 (길이×너비×깊이)	-
	시상/관대크기 (길이×너비×높이)	-		두 향	-
	장축방향	N-6°-E		벽석종류	할석, 판석
유물	토 기	-			
	철 기	관고리(3), 관정(15)			
	청동기	-			
	옥석류	-			
	기 타	-			
	특기사항				

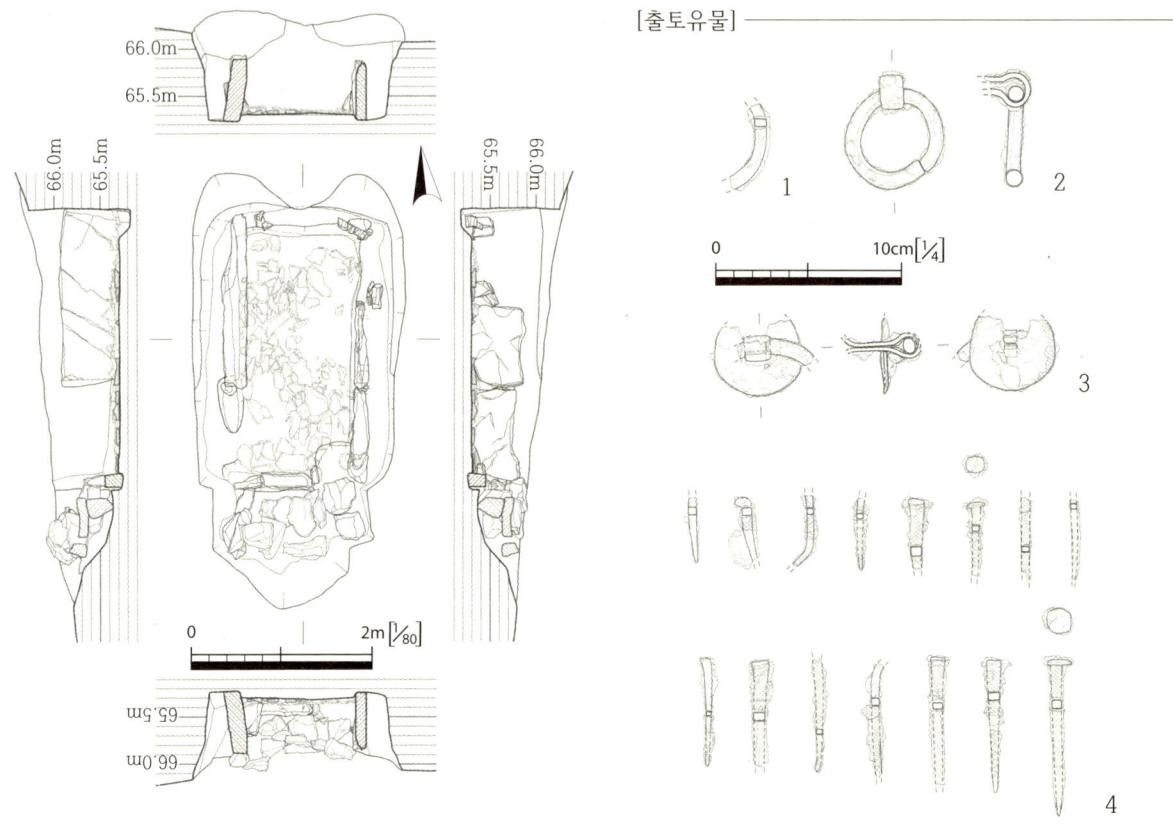

[출토유물]

6호 석실묘

(단위 : cm)

봉토	크 기 (길이×너비×높이)	?	묘광	크 기 (길이×너비×깊이)	(380)×(188)×(92+)
	평면형태	?		장폭비	(2.02):1
현실	크 기 (길이×너비×높이)	(220)×80×(80+)		천장형태	?
	장폭비	(2.75):1		연도위치	(일체형)
연도	크 기 (길이×너비×높이)	(72)×(72)×(76)		묘도크기 (길이×너비)	(88)×(120)
	장폭비	(1:00):1		배수시설 (길이×너비×깊이)	-
시상/관대크기 (길이×너비×높이)		-	두 향		?
장축방향		N-21°-E	벽석종류		할석
유물	토 기	-			
	철 기	관정(2)			
	청 동 기	-			
	옥 석 류	-			
	기 타	-			
특기사항		횡혈식 석실로 보고 하였으나 파괴가 심하여 정확한 구조는 알 수 없음.			

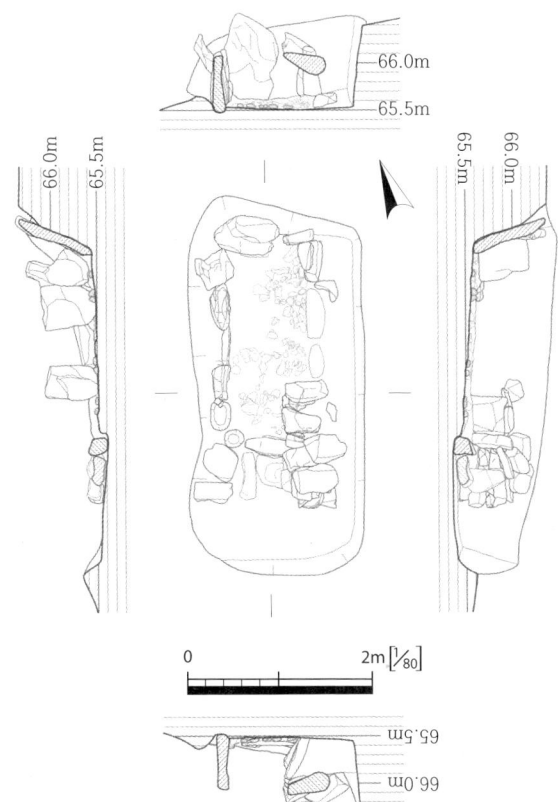

[유구사진]

[출토유물]

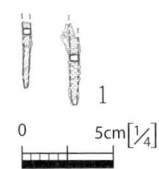

1

7호 석실묘

(단위 : cm)

봉토	크 기 (길이×너비×높이)	?	묘광	크 기 (길이×너비×깊이)	400×170×(60+)
	평면형태	?		장폭비	2.35:1
현실	크 기 (길이×너비×높이)	240×100×(85+)		천장형태	(고임)
	장폭비	2.40:1		횡구부위치	남서측 단벽
횡구부	크 기 (길이×너비)	(30+)×(60)×(66)		묘도크기 (길이×너비)	(90+)×(120)
	장폭비	?		배수시설 (길이×너비×깊이)	?
시상/관대크기 (길이×너비×높이)		-		두 향	?
장축방향		N-30°-E		벽석종류	할석
유물	토 기	직구호(1)			
	철 기	-			
	청 동 기	-			
	옥 석 류	-			
	기 타	-			
특기사항		횡혈식 석실로 보고되었으나, 도면과 사진으로 보아 횡구식 석실로 판단됨.			

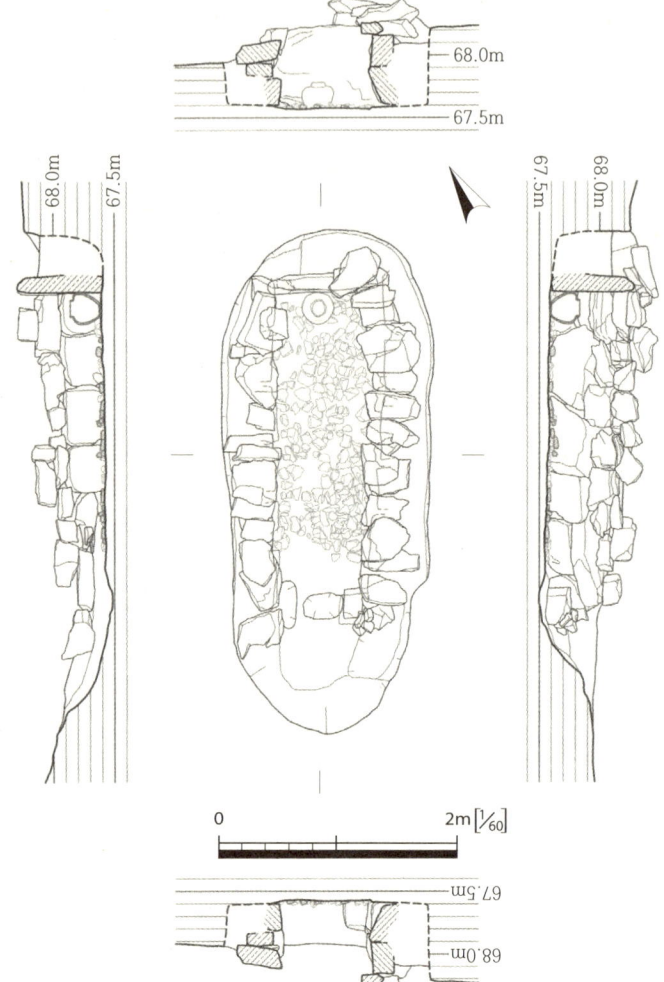

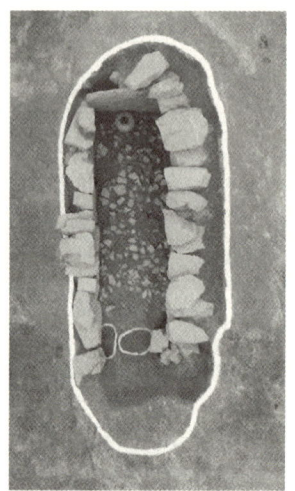

[유구사진]

[출토유물]

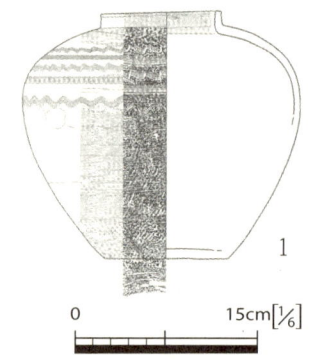

8호 석실묘

(단위 : cm)

봉토	크 기 (길이×너비×높이)	?	묘광	크 기 (길이×너비×깊이)	380×(200)×(100+)
	평면형태	?		장폭비	(1.90):1
현실	크 기 (길이×너비×높이)	260×90×(85+)		천장형태	?
	장폭비	1.44:1		연도위치	중앙
연도	크 기 (길이×너비×높이)	(60)×(78)×(57+)		묘도크기 (길이×너비)	?
	장폭비	(0.76):1		배수시설 (길이×너비×깊이)	-
시상/관대크기 (길이×너비×높이)		-		두 향	?
장축방향		N-34°-E		벽석종류	할석
유물	토 기	-			
	철 기	관정(?)			
	청동기	-			
	옥석류	-			
	기 타	-			
특기사항		유물 도면 미게재.			

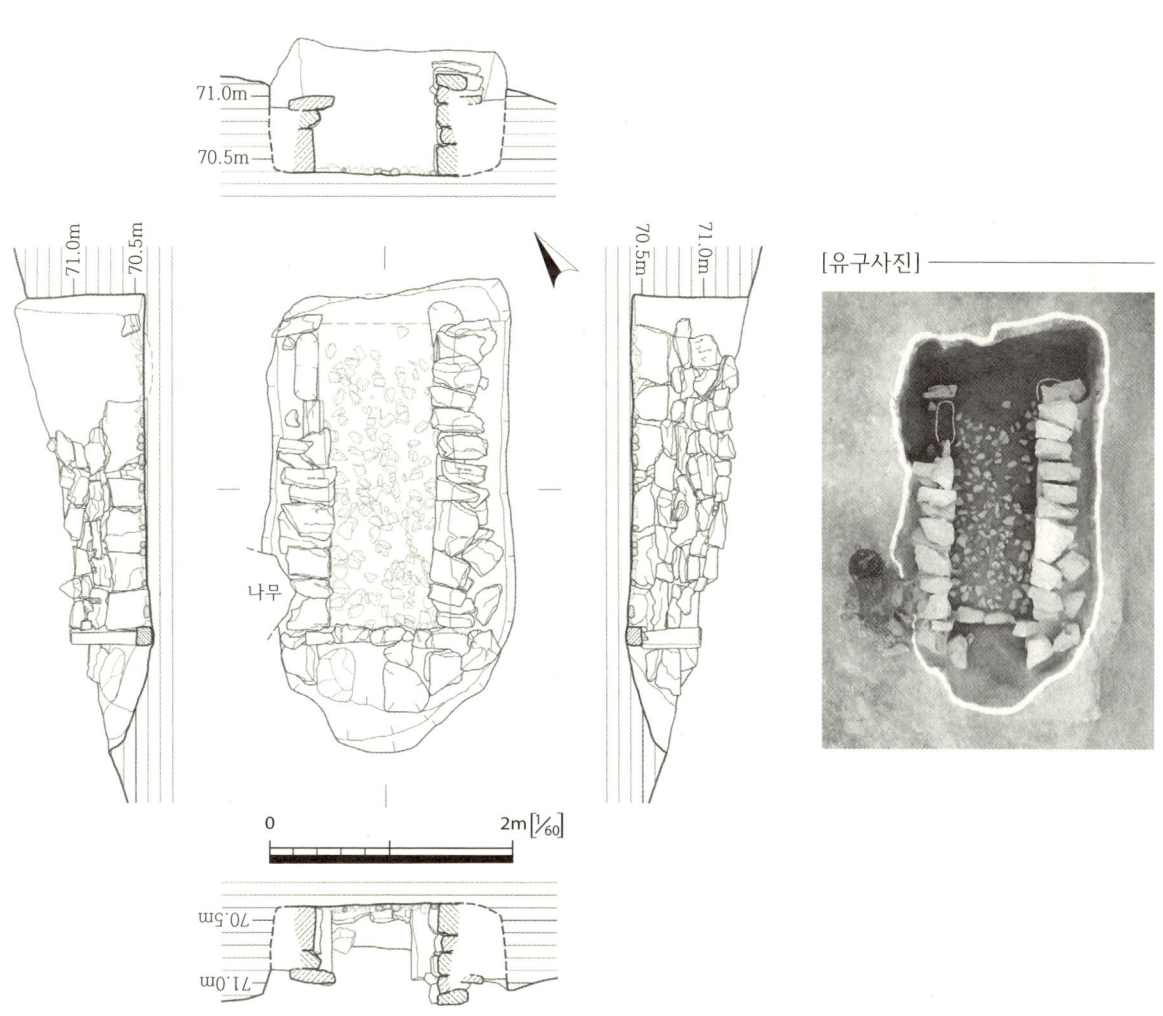

[유구사진]

71.0m
70.5m

나무

0   2m [1/60]

70.5m
71.0m

9호 석실묘

(단위 : cm)

봉토	크 기 (길이×너비×높이)	?	묘광	크 기 (길이×너비×깊이)	385×(185)×(105+)
	평면형태	?		장폭비	1.97:1
현실	크 기 (길이×너비×높이)	(210)×(80)×(105+)		천장형태	고임
	장폭비	(2.63):1		연도위치	중앙
연도	크 기 (길이×너비×높이)	(78)×(78)×(60)		묘도크기 (길이×너비)	(60)×(78)
	장폭비	(1:00):1		배수시설 (길이×너비×깊이)	-
시상/관대크기 (길이×너비×높이)		-		두 향	?
장축방향		N-22°-E		벽석종류	할석
유물	토 기	-			
	절 기	관정(2)			
	청 동 기	-			
	옥 석 류	-			
	기 타	-			
	특기사항				

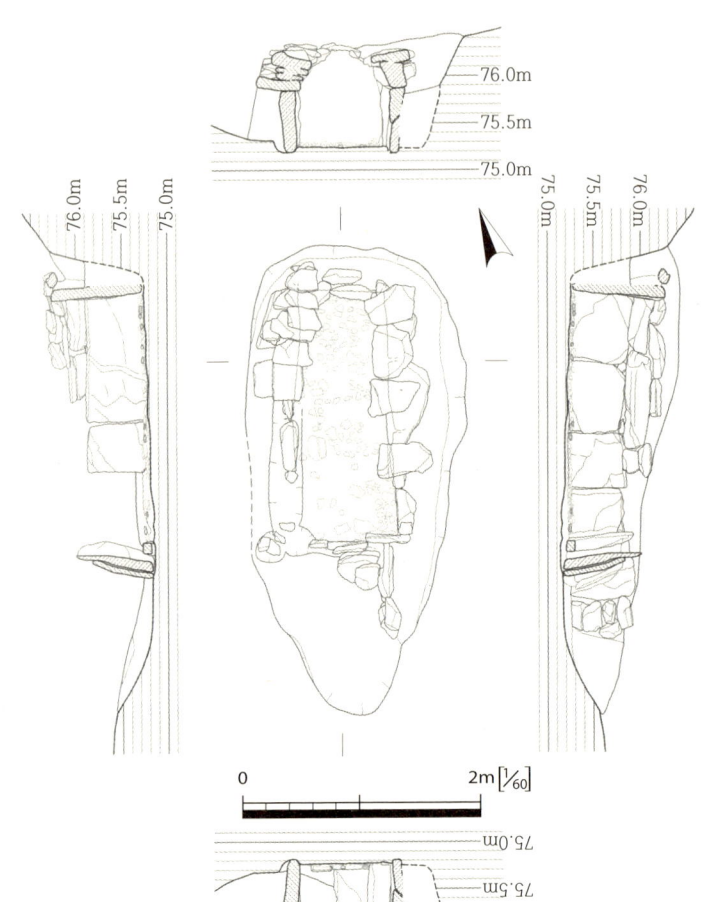

0   2m [1/60]

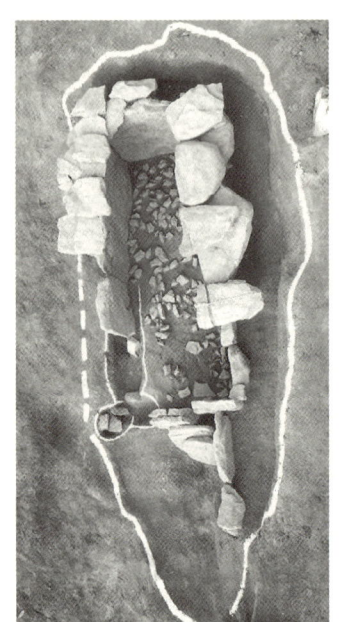

[유구사진]

[출토유물]

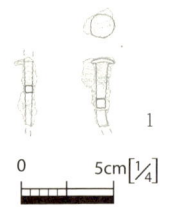

1

0   5cm [1/4]

10호 석실묘

(단위 : cm)

봉토	크 기 (길이×너비×높이)	?	묘광	크 기 (길이×너비×깊이)	444×204×(150+)
	평면형태	?		장폭비	2.18:1
현실	크 기 (길이×너비×높이)	236×110×(94+)		천장형태	고임
	장폭비	2.14:1		횡구부위치	남측 단벽
횡구부	크 기 (길이×너비)	(44+)×(80)×(64+)		묘도크기 (길이×너비)	(88)×(80)
	장폭비	?		배수시설 (길이×너비×깊이)	-
시상/관대크기 (길이×너비×높이)		-		두 향	?
장축방향		N-13°-E		벽석종류	할석
유물	토 기	-			
	철 기	관정(1)			
	청 동 기	-			
	옥 석 류	-			
	기 타	금동제 이식(1)			
	특기사항				

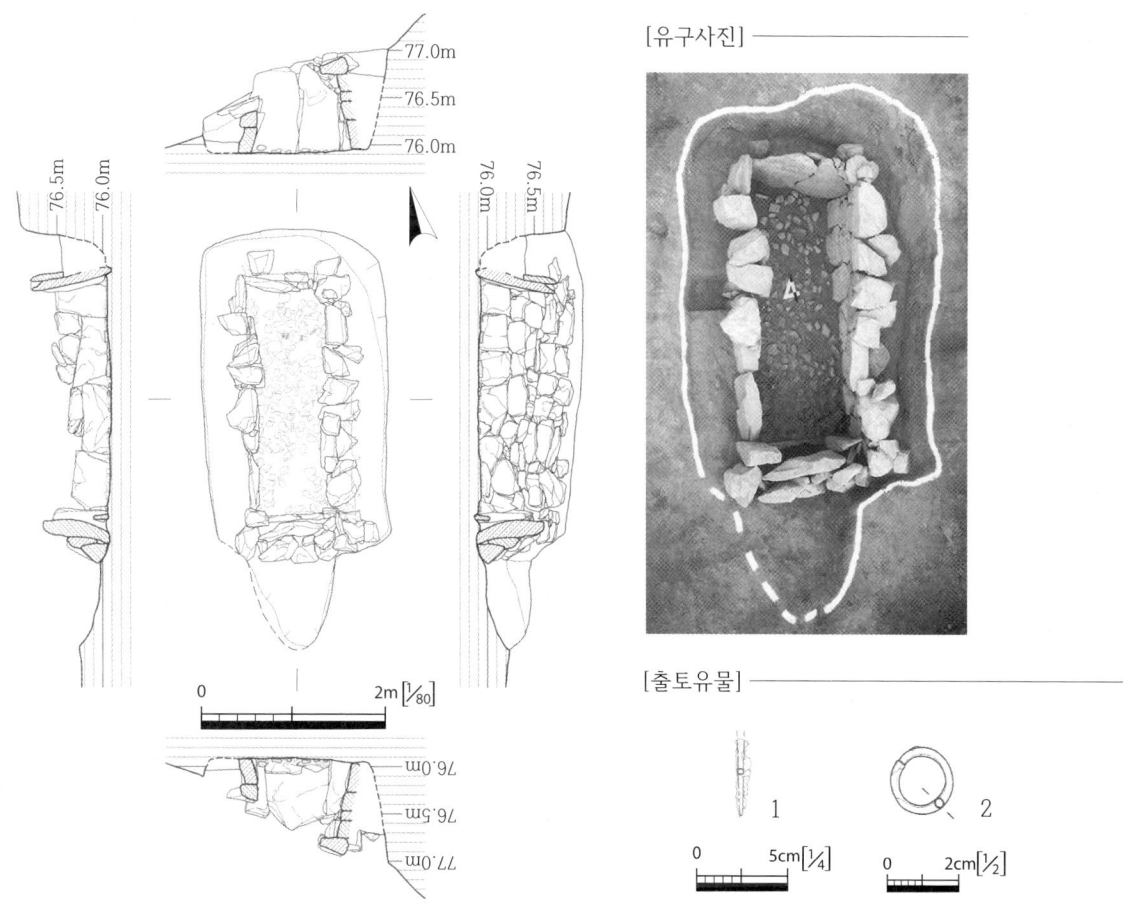

[유구사진]

[출토유물]

1

2

매납유구

(단위 : cm)

묘광	크 기 (길이×너비×깊이)	?	목관	크 기 (길이×너비×높이)	?
	장폭비	?		장폭비	?
장축방향		?	목곽	크 기 (길이×너비×높이)	?
두 향		?		장폭비	?
유물	토 기	단경호(1)			
	철 기	-			
	청동기	-			
	옥석류	-			
	기 타	-			
특기사항		매납유구로 보고하였으나, 유구의 평면형태 및 굴광선 확인되지 않음. 유구 도면 미게재.			

[유구사진]

[출토유물]

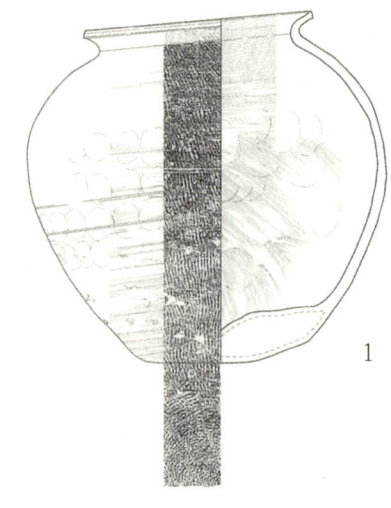

1

보령 장현리유적 保寧 長峴里遺蹟

조사사유	?		
조사연혁	?		
유적위치	충청남도 보령시 청라면 장현리 810번지		
	경·위도 126°40′22.17″E / 36°26′13.78″N		
유적입지	보령시 대천읍에서 북동쪽으로 청양·공주로 이어지는 비포장도로를 따라가면 넓은 제천저수지에 이른다. 저수지에 못미쳐 왼쪽으로 꺾여 저수지 서편으로 뻗는 좁은 길을 따라 7km가량 북동쪽으로 가면 장현리 마을에 이른다. 일대는 마을 북쪽에 솟은 해발 790m의 烏樓山에서 남쪽으로 이어지는 낮은 支脈의 남단에 해당된다.		
유구현황	초기철기시대	-	
	원삼국시대	-	
	삼국시대	석실묘(1)	
	기 타	-	
주요유물	개, 병, 삼족기, 환두도, 관고리 등		
시대·성격	나지막한 구릉의 기슭에 위치하고 있는데, 지금까지 조사된 중기이후의 백제고분이 대부분 구릉상에 위치했던 것으로 보아 입지상 매우 특이한 면을 보여준다. 동쪽과 남쪽 벽이 파괴되어 정확한 구조는 알 수 없다. 구조상 남쪽으로 관을 들이고 밖에서 벽을 쌓은 횡혈식으로 생각되지만 이 지역의 몇몇 고분 예로 보여 여기에 연도가 설치되었을 가능성도 있다. 삼족기, 병, 환두도 등 출토 유물로 보아 6세기 무렵 조영된 것으로 추정된다.		
참고문헌	池健吉, 1978,「保寧 長峴里 百濟古墳과 出土遺物」,『百濟文化』11, 公州大學校 百濟文化研究所.		

1호 석실묘

(단위 : cm)

봉토	크 기 (길이×너비×높이)	?	묘광	크 기 (길이×너비×깊이)	?
	평면형태	?		장폭비	?
현실	크 기 (길이×너비×높이)	320×130×(120+)		천장형태	?
	장폭비	2.46:1		횡구부위치	?
횡구부	크 기 (길이×너비)	?		묘도크기 (길이×너비)	?
	장폭비	?		배수시설 (길이×너비×깊이)	?
시상/관대크기 (길이×너비×높이)		-		두 향	?
장축방향		N-15°-W		벽석종류	판석, 할석
유물	토 기	개(1), 직구호(1), 병(2), 삼족기(3)			
	철 기	환두도(1), 관고리(2), 관정(6)			
	청동기	-			
	옥석류	-			
	기 타	금동제 이식(1)			
특기사항		해발고도 미기술. 횡구식 석실로 보고하였으나 파괴가 심하여 정확한 구조는 알 수 없음.			

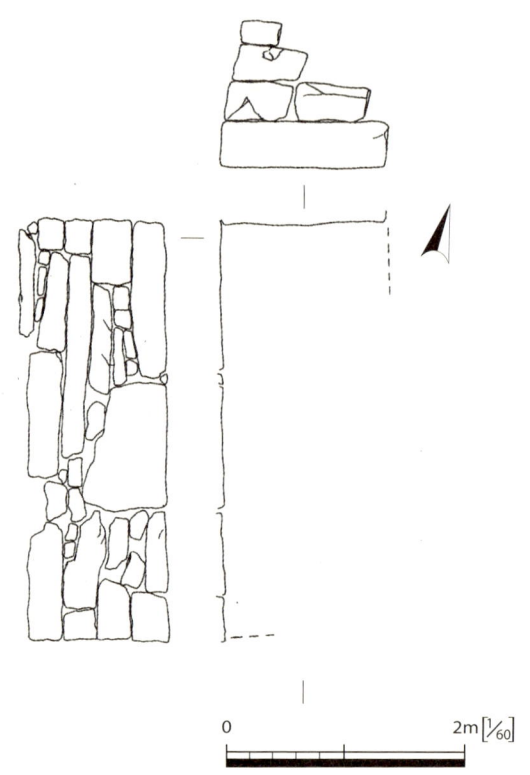

0   2m ⌊1/60⌋

[유구사진]

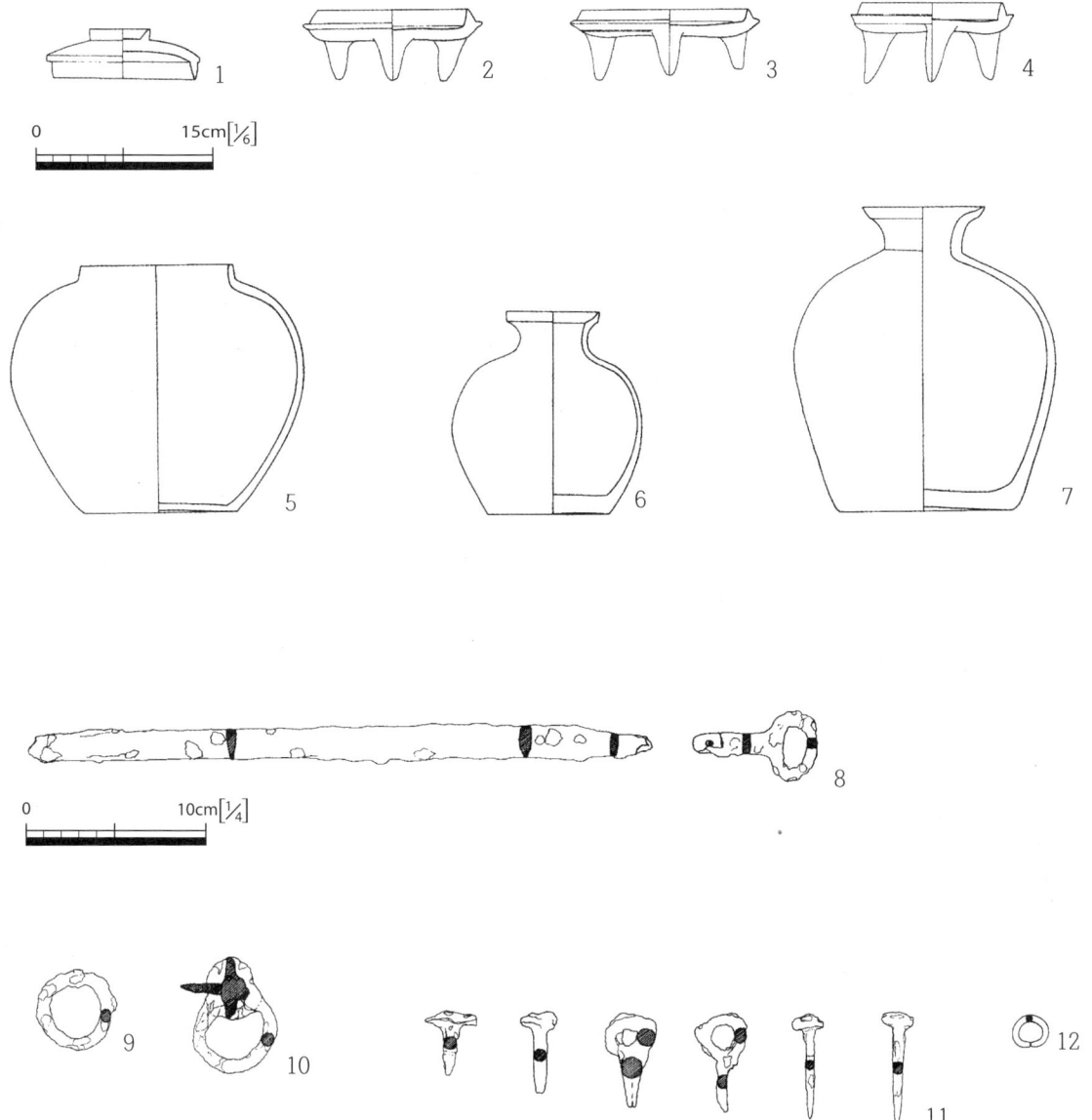

보령 주교리유적 保寧 舟橋里遺蹟

조사사유	서해안고속도로 당진~서천 구간 조성에 따른 구제발굴조사
조사연혁	지표조사 : 1996 (高麗大學校 埋藏文化財研究所) 시굴조사 : 1997 (高麗大學校 埋藏文化財研究所) 발굴조사 : 1998. 05. 21. ~ 1998. 11. 20. (高麗大學校 埋藏文化財研究所)
유적위치	충청남도 보령시 주포면 주교리 산 62-1번지
	경·위도 126°33′29.45″E / 36°22′13.43″N
유적입지	주교리 유적은 台峰山(해발240m)과 북동-남서 방향으로 이어진 奉大山(해발 234m)의 남서사면에 자리하고 있으며, 유적 동쪽에는 지동마을이 자리하고 있다. 마을 주변은 대부분 경작지로 이용되고 있으며, 낮은 구릉과 함께 연정동제와 같은 저수지가 형성되어 있다. 유적의 맞은편에는 鎭堂山(해발 350m)에서 배재산(해발 355m)으로 이어지는 산줄기가 흐르고 있으며 북서쪽으로 烏棲山(해발 791m)이 보인다. 양 산줄기 사이로 폭 600m 정도의 좁고 긴 평지가 형성되어 있으며 그 중앙부에 봉당천이 흐르고 있다.
유구현황	

유구현황	초기철기시대	-
	원삼국시대	-
	삼 국 시 대	석실묘(1)
	기　　타	청동기시대 주거지(17)·지석묘(1)·구상유구(3)·토광(18), 조선시대 주거지(4), 시기미상 굴립주 건물지(1)

주요유물	철기, 관정 등
시대·성격	주교리 유적은 주거지 17기, 지석묘 1기, 토광 18기, 구상유구 등으로 이루어진 청동기시대 취락과 함께 백제 석실묘 1기와 조선시대 주거지 4기, 시기미상의 굴립주 건물지 1기가 조사되었다. 본 유적의 백제 석실묘는 구릉 북동사면에 위치하고 있는데, 경사면 위쪽에 주구가 일부 남아 있다. 인근의 연지리유적에서 50여기의 고분이 발굴조사된 것으로 볼 때 조사구역 밖에 더 많은 고분이 존재할 가능성이 있다.
참고문헌	高麗大學校 埋藏文化財研究所, 1996, 『서해안 고속도로 당진-서천구간 매장문화재 분포조사·민속조사 보고서』. 高麗大學校 埋藏文化財研究所, 1998, 『서해안 고속도로 당진-서천구간 매장문화재 시굴조사 보고서』. 高麗大學校 埋藏文化財研究所, 2004, 『舟橋里 遺蹟』研究叢書 第17輯.

보령 주교리유적 유구배치도

보령 주교리유적 전경

1호 석실묘

(단위 : cm)

봉토	크 기 (길이×너비×높이)	?	묘광	크 기 (길이×너비×깊이)	300×137×(25+)
	평면형태	?		장폭비	2.19:1
현실	크 기 (길이×너비×높이)	(225)×(85)×(25+)		천장형태	평
	장폭비	(2.65):1		연도위치	중앙
연도	크 기 (길이×너비×높이)	?		묘도크기 (길이×너비)	(138)×(72)
	장폭비	?		배수시설 (길이×너비×깊이)	120×39×(18+)
시상/관대크기 (길이×너비×높이)		?	두 향		?
장축방향		N-11°-W	벽석종류		할석
유물	토 기	-			
	철 기	관정(8), 미상철기(1)			
	청 동 기	-			
	옥 석 류	-			
	기 타	-			
특기사항		주구[(320)×(72)×(60)]가 확인됨.			

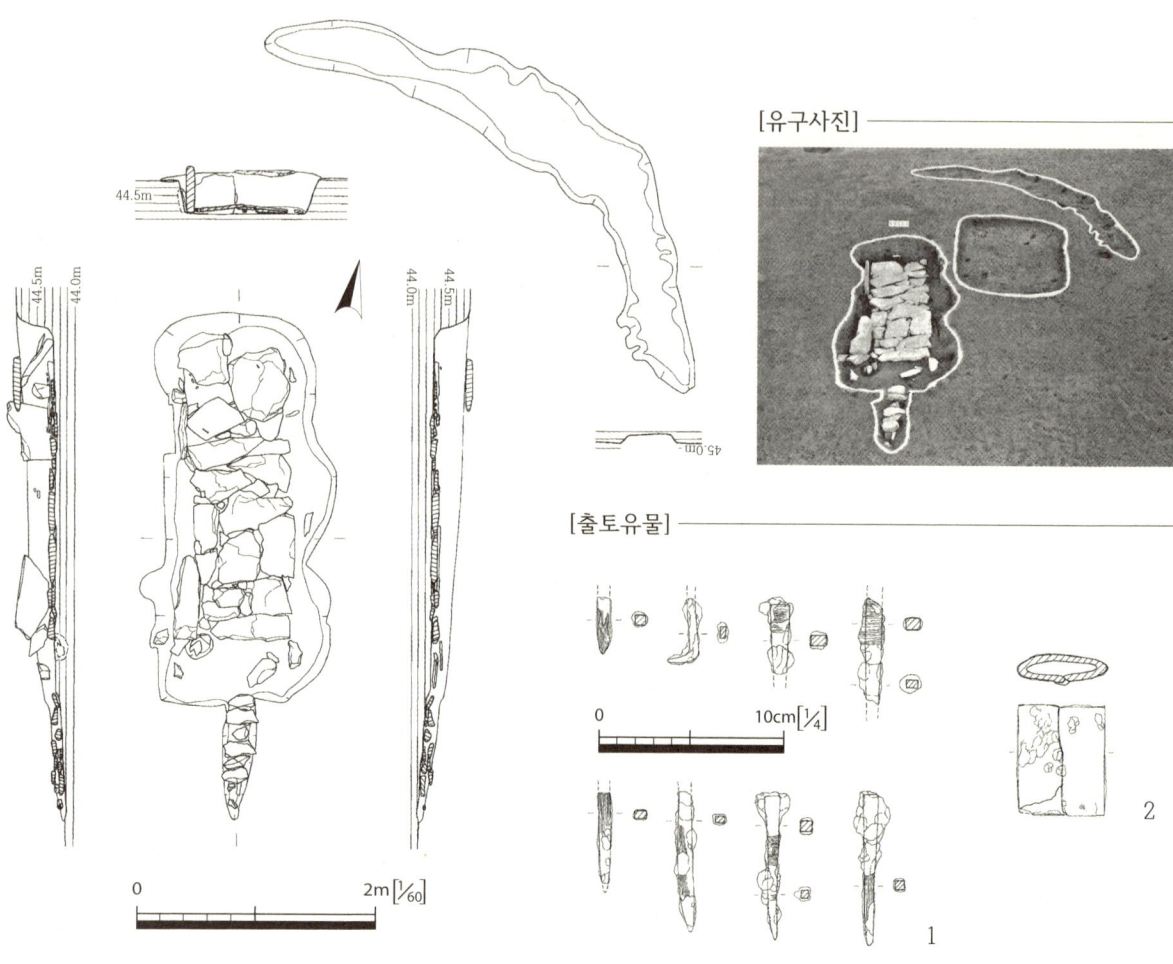

[유구사진]

[출토유물]

0   10cm[¼]

2

1

44.5m

44.5m   44.0m

44.5m   44.0m

45.0m

0   2m[⅟60]

보령 화산동 오야골 유적 保寧 花山洞 오야골 遺蹟

조사사유	보령우회도로 건설공사에 따른 구제발굴조사
조사연혁	지표조사 : 2001. 08. 16. ~ 08. 18.(한국문화재보호재단) 시굴조사 : 2003. 07. 01. ~ 08. 14.(忠淸文化財硏究院) 발굴조사 : 2005. 06. 07. ~ 11. 23.(忠淸文化財硏究院)
유적위치	충청남도 보령시 화산동 오야골 일원
	경·위도 36°20'59.77"E / 126°36'59.65"N
유적입지	조사지역은 보령시의 지형 중 동부산지와 서부 저지대의 경계부인 성태산-문봉산-성주산-옥마산-잔미산-통달산으로 이어지는 주능선에서 주로 성주산(해발 680m)과 옥마산(해발 601.6m) 아래 서쪽사면 말단부에 해당되며, 유적은 주로 서쪽으로 뻗어 내린 여러 갈래의 가지능선에서 확인된다.

유구현황	초기철기시대	-
	원삼국시대	-
	삼 국 시 대	석실묘(2)
	기 타	조선시대 토광묘(22)·주거지(1)·소형가마(1)·수혈유구(1)

주요유물	관고리, 관정
시대·성격	화산동 오야골에서는 조사지역 경계부에서 횡혈식 석실묘 1기와 횡구식 석실묘 1기가 확인되었는데, 조사지역 밖인 동쪽 상부 일대에 많은 수의 고분이 지표상에서 확인되고 있어 고분군의 주 분포범위는 조사지역의 동쪽 구릉으로 추정된다. 경사면 아래에서는 더 이상 고분이 확인되지 않으며, 조사지역 밖인 북동쪽 상부일대에 보다 많은 수의 고분이 지표상에서 확인되고 있어 본 고분군은 동쪽으로 보다 확대될 것으로 판단된다. 따라서 본 유적의 고분 2기는 오야골 고분군의 서쪽 끝 부분에 위치하였던 것으로 생각된다. 주변으로 지표조사 상에서 확인된 동대동 원평 고분군이 위치하고, 2004년 발굴조사가 이루어진 화산동 오야골 유적(1지점)에서도 조사지역 범위 밖에서 고분이 확인되고 있는 것으로 보다 주변으로 다수의 고분군이 조성되었던 것으로 판단된다.
참고문헌	忠淸文化財硏究院, 2008,『保寧 鳴川洞·花山洞 오야골 遺蹟』調査報告 第78輯.

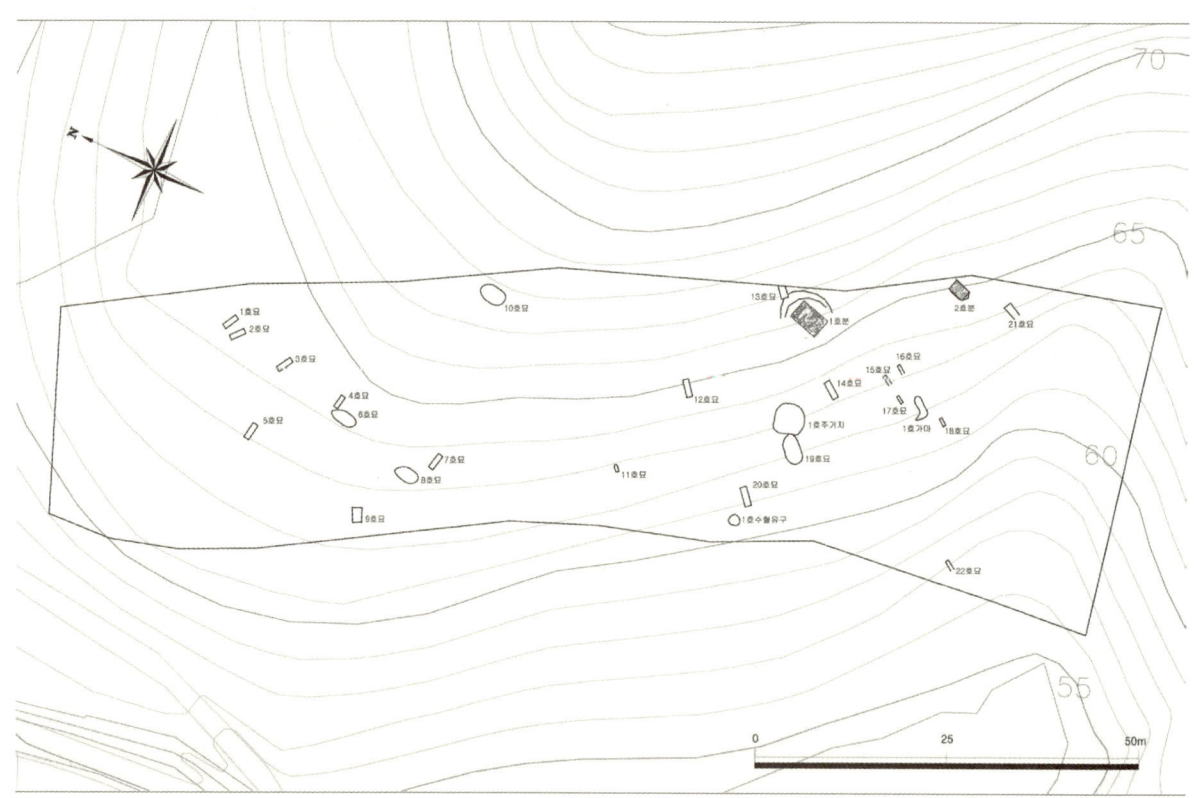

보령 화산동 오야골유적 유구배치도

보령 화산동 오야골유적 전경

1호 석실묘

(단위 : cm)

봉토	크 기 (길이×너비×높이)	?	묘광	크 기 (길이×너비×깊이)	330×230×(135+)
	평면형태	(원형)		장폭비	1.43:1
현실	크 기 (길이×너비×높이)	260×105×(135+)		천장형태	고임
	장폭비	2.50:1		횡구부위치	남측 단벽
횡구부	크 기 (길이×너비)	(80)×(60)		묘도크기 (길이×너비)	-
	장폭비	(1.33):1		배수시설 (길이×너비×깊이)	-
시상/관대크기 (길이×너비×높이)		-		두 향	?
장축방향		N-12°-E		벽석종류	할석, 판석
유물	토 기			-	
	철 기			-	
	청 동 기			-	
	옥 석 류			-	
	기 타			-	
특기사항		출토유물 없음. 반원형의 주구[(490+)×(85+)×(40+)]가 확인됨.			

Ⅰ: 적색 사질점토(2.5YR 5/8) + 암반부스러기
Ⅱ: 황적색 사질점토(5YR 5/6)
Ⅲ: 황적색 사질점토(5YR 4/6)
Ⅳ: 적색 사질점토(2.5YR 5/8) + 암반부스러기
Ⅴ: 황적색 사질점토(5YR 4/6) + 암반부스러기
Ⅵ: 황적색 사질점토(5YR 4/6)
Ⅶ: 황적색 사질점토(5YR 5/6) + 자갈
Ⅷ: 적황색 사질점토(5YR 6/6) + 자갈

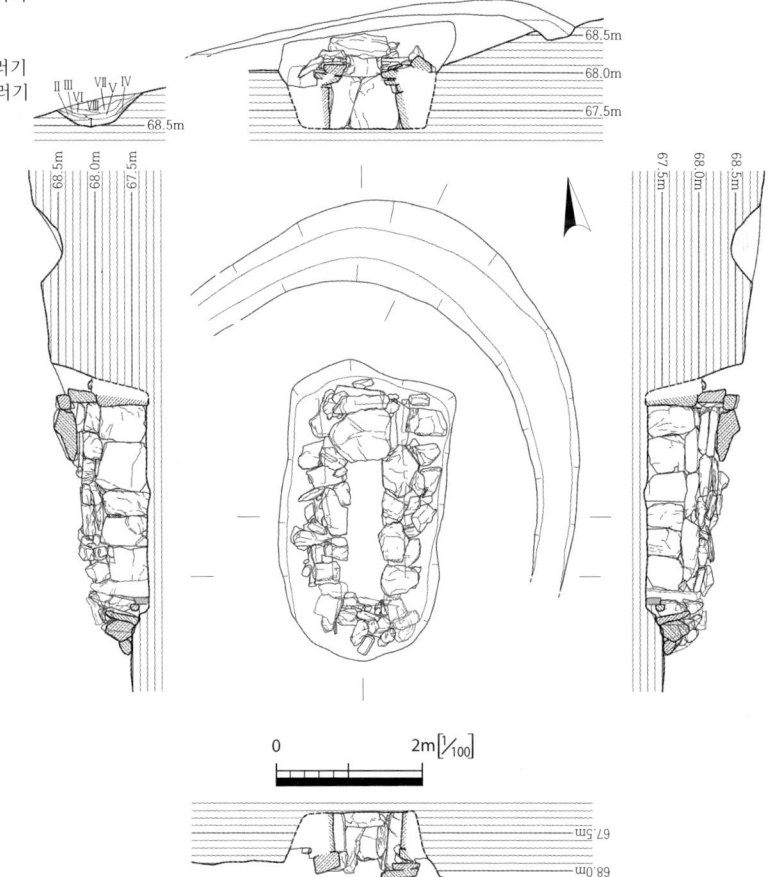

0   2m[1/100]

2호 석실묘

(단위 : cm)

봉토	크 기 (길이×너비×높이)	?	묘광	크 기 (길이×너비×깊이)	300×175×(97+)
	평면형태	?		장폭비	1.71
현실	크 기 (길이×너비×높이)	215×80×(90+)		천장형태	(고임)
	장폭비	2.70:1		횡구부위치	남측 단벽
횡구부	크 기 (길이×너비)	80×75		묘도크기 (길이×너비)	?
	장폭비	1.06:1		배수시설 (길이×너비×깊이)	?
	시상/관대크기 (길이×너비×높이)	-		두 향	?
	장축방향	N-23°-E		벽석종류	할석
유물	토 기	-			
	철 기	-			
	청동기	-			
	옥석류	-			
	기 타	-			
	특기사항	출토유물 없음.			

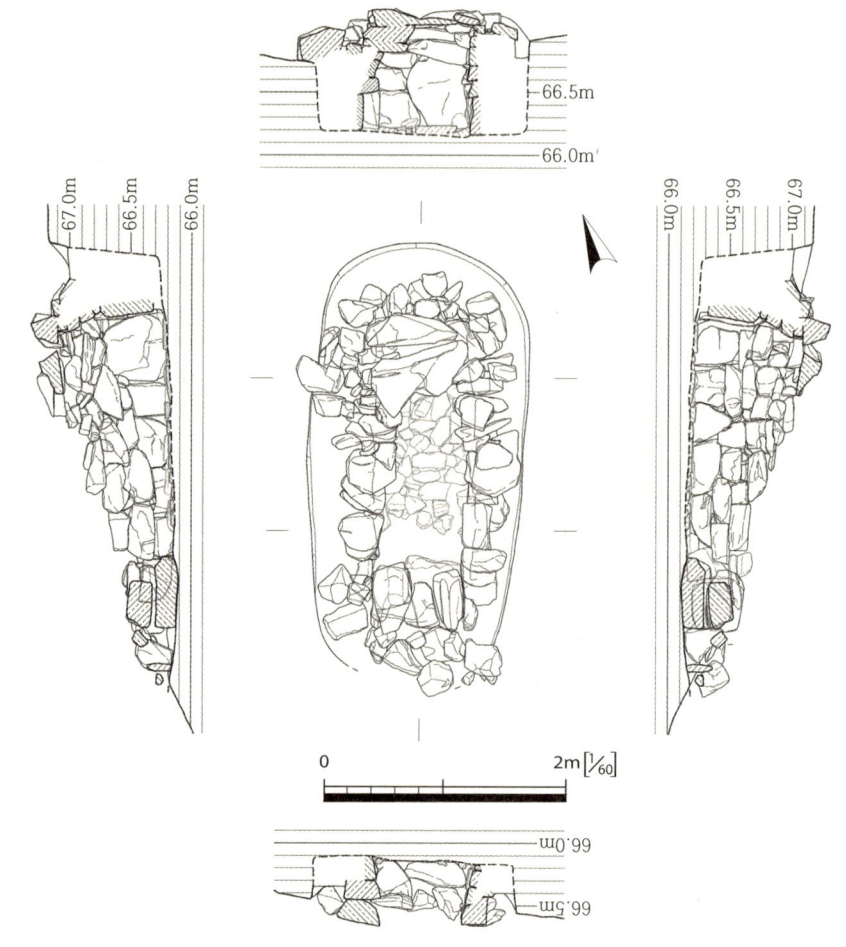